LES TRAVAUX PRÉPARATOIRES DANS L'INTERPRÉTATION CONSTITUTIONNELLE

Logiques Juridiques

Fondée par Gérard Marcou
Dirigée par Jean-Claude Némery et Thomas Perroud

Le droit n'est pas seulement un savoir, il est d'abord un ensemble de rapports et pratiques que l'on rencontre dans presque toutes les formes de sociétés. C'est pourquoi il a toujours donné lieu à la fois à une littérature de juristes professionnels, produisant le savoir juridique, et à une littérature sur le droit, produite par des philosophes, des sociologues ou des économistes notamment.

Parce que le domaine du droit s'étend sans cesse et rend de plus en plus souvent nécessaire le recours au savoir juridique spécialisé, même dans des matières où il n'avait jadis qu'une importance secondaire, les ouvrages juridiques à caractère professionnel ou pédagogique dominent l'édition, et ils tendent à réduire la recherche en droit à sa seule dimension positive. À l'inverse de cette tendance, la collection « Logiques juridiques » des éditions L'Harmattan est ouverte à toutes les approches du droit. Tout en publiant aussi des ouvrages à vocation professionnelle ou pédagogique, elle se fixe avant tout pour but de contribuer à la publication et à la diffusion des recherches en droit, ainsi qu'au dialogue scientifique sur le droit. Comme son nom l'indique, elle se veut plurielle.

Dernières parutions

Christophe AUGER, *Discours d'un procureur de province illustrés et expliqués*, 2020.
Ariane CONUS, *La conciliation judiciaire*, 2020.
André KAZADI, *L'interprétation du droit pénal au Canada et en France. Entre la lettre et l'objectif de la loi*, 2020.
Xavier CABANNES (dir.), *Livres et manuscrits anciens. Approche juridique*, 2020.
Vincent LAUREAU, *Apprendre de Bamako. Un quartier urbain autoconstruit en terre*, 2020.
Olivier RENAUDIE (dir.), *Les aides économiques locales : de quel droit ?*, 2020.
Yue Zhao, *Coopérer en droit international des cours d'eau transfrontaliers, État du droit et étude du cas chinois*, 2020
Jean-Paul VALETTE, *La dynamique du pouvoir exécutif sous la Ve République (1958-1993)*, 2020.
Rachid NACER, *Les normes internationales du travail entre global et local, Étude internationale et comparée de l'interprétation des instruments de l'OIT*, 2020.

Serge Surin

LES TRAVAUX PRÉPARATOIRES DANS L'INTERPRÉTATION CONSTITUTIONNELLE

Étude d'une stratégie interprétative du Conseil constitutionnel français

Préface de Michel Verpeaux

Ouvrage publié avec le concours
de l'École Pratique des Hautes Études

L'Harmattan

École Pratique des Hautes Études | PSL

5-7, rue de l'École-Polytechnique – 75005 Paris
www.editions-harmattan.fr
ISBN : 978-2-343-21442-9
EAN : 9782343214429

À Lilia Casimir,
In memoriam

TABLE DES PRINCIPAUX SIGLES ET ABRÉVIATIONS

PRINCIPAUX SIGLES ET ABRÉVIATIONS	
Sigles / abréviations	***Significations***
AAI	Autorité administrative indépendante
AIDC	Académie internationale de droit constitutionnel
AIJC	Annuaire international de justice constitutionnelle
AJDA	Actualité juridique du droit administratif
Al.	Alinéa
Art.	Article
ANM	Académie nationale de médecine
ARCEP	Autorité de régulation des communications électroniques et des postes
BAILII	British and Irish legal information institute
Bibl.	Bibliothèque
Bout. Ass. nat.	Boutique de l'Assemblée nationale
C	Constitution
Cass. civ.	Chambre civile de la Cour de cassation
Cass. com.	Chambre commerciale de la Cour de cassation
Cass. crim.	Chambre criminelle de la Cour de cassation
CC	Conseil constitutionnel
CCC	Comité consultatif constitutionnel
CCNE	Comité consultatif national d'éthique pour les sciences de la vie et de la santé
CE	Conseil d'État
CESE	Conseil économique, social et environnemental
CGCT	Code général des collectivités territoriales
CJA	Code de justice administrative
CNEN	Commission nationale d'évaluation des normes
CNIL	Commission nationale de l'informatique et des libertés

CNRTL	Centre national de ressources textuelles et lexicales
Cons.	Considérant
Coord.	Coordination, coordonné(e)s par
CSM	Conseil supérieur de la magistrature
DAJ	Direction des affaires juridiques des ministères financiers
DC	Décision de constitutionnalité
DDHC	Déclaration des droits de l'homme et du citoyen
DH	Dalloz hebdomadaire pour « Recueil hebdomadaire de jurisprudence en matière civile, commerciale, administrative et de droit public »
Dir.	Direction, dirigé(e)s par
DP	Dalloz périodique, jurisprudence générale
DPS	Documents pour servir à l'histoire de l'élaboration de la Constitution du 4 octobre 1958
Éd.	Édition, édité(e)s par
EHESS	École de hautes études en sciences sociales
et al., *et ali*	et autres
GDCC	Les grandes décisions du Conseil constitutionnel
GDélCC	Les grandes délibérations du Conseil constitutionnel
GEVIPAR	Groupe d'études sur la vie et les institutions parlementaires
GRECO	Group of States against Corruption
HATVP	Haute autorité pour la transparence de la vie publique
HCA	High Court of Australia
HCFP	Haut conseil des finances publiques
HCSP	Haut conseil de la santé publique
Ibid.	*Ibidem* (même citation, œuvre ou ouvrage immédiatement cité)

IG	Instruction générale du Bureau de l'Assemblée nationale
LFR	Loi de finances rectificative
LOLF	Loi organique relative aux lois de finances
MAJ	Mis(e)s à jour
Not.	Note, noté(e), notamment
OCDE	Organisation de coopération et de développement économiques
Op. cit.	*Opere citato* (œuvre ou ouvrage cité précédemment)
pdt	Présidé(e)s par, présidence de, président(e)s
PFRLR	Principes fondamentaux reconnus par les lois de la République
prés.	Présenté(e)s par, présentation de
PUAM	Presses universitaires d'Aix-Marseille
PUF	Presses universitaires de France
PUR	Presses universitaires de Rouen
QPC	Question prioritaire de constitutionnalité
RAN	Règlement de l'Assemblée nationale
Rappr.	À rapprocher de
RDP	Revue du droit public et de la science politique
Rec. Leb.	Recueil Lebon
Rééd.	Réédition, réédité(e)s par
REF	Référendum
Réimpr.	Réimpression, réimprimé(e)s par
Reprod.	Reproduction, reproduit(s)s par
RFDA	Revue française du droit administratif
RFDC	Revue française du droit constitutionnel
RIDC	Revue internationale de droit comparé
RS	Règlement du Sénat
RTDH	Revue trimestrielle des droits de l'homme
s. (et s.)	suivants (et suivants)
SCR	Supreme Court Reports (Canada)
SGG	Secrétariat général du gouvernement
t.	Tome
TPE	Travaux préparatoires extraparlementaires
TPI	Travaux préparatoires intraparlementaires
Trad.	Traduction, traduit(e) par

AVERTISSEMENTS

Il est précisé que le Conseil constitutionnel a démarré, courant du mois de juillet 2016, la mise en ligne progressive des comptes rendus (délibérés) de ses séances de délibération, depuis 1958. Par conséquent, certains comptes rendus rapportés dans cet ouvrage sont référencés *Archives nationales*, d'autres sont référencés *Site du Conseil constitutionnel.*

De plus, le Conseil constitutionnel a apporté des modifications à certaines de ses décisions, en faisant des tests sur des décisions antérieures, en vue de l'adoption de la nouvelle rédaction de celles-ci intervenue à partir des décisions rendues publiques le 10 mai 2016[1]. Entre le temps de ces tests et le temps de remettre les décisions dans leur rédaction antérieure, nous les avons utilisées en faisant des copier / coller, d'où que certaines versions de ces décisions, en ligne sur le site du Conseil constitutionnel, peuvent comporter de légères différences rédactionnelles. C'est le cas notamment de la décision n° 2012-282 QPC du 23 novembre 2012. *Association France Nature Environnement et autre [Autorisation d'installation de bâches publicitaires et autres dispositifs de publicité].*

S'agissant du Chapitre 1, Titre II, Première partie, les décisions des juges anglais (et, plus généralement, tous ceux de pays de tradition de *Common law*) citées ont toutes été traduites par nous-mêmes. Il en est de même pour certains textes (ouvrages, articles, etc.) édités en langue anglaise. Bien que le plus grand soin ait été pris afin de parvenir à la traduction la plus complète et la plus juste possible, il n'est pas improbable que des erreurs se trouvent dans la traduction de certains passages du contenu de ces écrits. D'avance, que nos excuses soient acceptées pour cet éventuel désagrément.

Par ailleurs, les méthodes d'interprétation des contrats en droit civil ayant eu une influence importante sur l'interprétation constitutionnelle, certaines dispositions du Code civil sont utilisées dans la thèse. Mais une importante réforme du droit civil étant

---

[1] Décision n° 2016-539 QPC. *Mme Ève G. [Condition de résidence fiscale pour l'imposition commune des époux en Nouvelle-Calédonie]* et Décision n° 2016-540 QPC. *Société civile Groupement foncier rural Namin et Co [Servitude administrative grevant l'usage des chalets d'alpage et des bâtiments d'estive].* V. aussi le communiqué de presse accompagnant la publication de ces décisions sur le site internet du Conseil constitutionnel.

intervenue en février 2016, de nombreuses dispositions d'articles de ce Code ont été réécrites et / ou renumérotées. Ainsi, les articles 1156 s. sur l'interprétation des contrats sont devenus les articles 1188 s. de ce Code. Cependant, pour la cohérence et la clarté des propos, nous n'avons pas intégré la nouvelle rédaction ; quant à la nouvelle numérotation, elle est indiquée entre crochets.

Enfin, certains passages de certaines citations du texte sont non seulement en *italique* mais aussi en ***gras*** pour marquer leur pertinence dans la mesure où, s'ils étaient noyés dans le reste des citations, leur sens, sans de longues explications, pouvait échapper aux lectrices et lecteurs.

REMERCIEMENTS

Nul ne saurait l'ignorer, quel que soit le degré d'autonomie, d'indépendance, et surtout de solitude, du doctorant, le travail doctoral demeure une tâche qui nécessite la contribution de nombreux protagonistes. Mais ces derniers, qui, pourtant, ont toujours pris une part considérable à ce travail, demeurent généralement dans l'ombre du doctorant. C'est ainsi pour leur rendre un hommage, toujours insuffisant, qu'il convient de leur adresser des remerciements.

Ainsi, après ces cinq années de recherche (2012-2017), j'aimerais tout d'abord remercier vivement mon directeur de thèse, Monsieur le professeur Michel VERPEAUX, pour avoir accepté, bien sûr, cette direction, mais aussi pour ses nombreux enseignements, critiques, conseils et suggestions, tous clairvoyants, après de nombreuses relectures, qui ont guidé et nourri mes recherches, mes réflexions et mes analyses.

En deuxième lieu, mes remerciements vont à Monsieur le professeur Dominique ROUSSEAU qui a su, par ses nombreux conseils et suggestions, orienter mon mode de procéder dans cette recherche et qui m'a permis de détecter certaines subtilités, non accessibles à première vue, de la jurisprudence constitutionnelle. Dans cette même optique, je suis particulièrement reconnaissant du travail de relecture et des pertinents conseils et suggestions de Monsieur le professeur Olivier LE BOT.

En troisième lieu, je remercie vivement l'ensemble des professeurs ayant enseigné dans le cadre du Master II de *Droit constitutionnel et droits fondamentaux* dont je suis issu (promotion 2011 / 2012), lesquels m'ont apporté leurs précieux soutiens, sous diverses formes, et en particulier, Madame la professeure Marie-Anne COHENDET et Monsieur le professeur Bertrand MATHIEU. Je remercie également, à ce titre, Monsieur Georges BERGOUGNOUS pour ses cours de *Droit parlementaire* dans le cadre de ce Master. Enfin, je suis également reconnaissant envers les professeurs qui ont dirigé de nombreux séminaires portant sur la recherche en droit, et plus particulièrement Madame la professeure

Maryse DEGUERGUE-BOURGOIN, Madame la professeure Jacqueline MORAND-DEVILLER, Monsieur le professeur Étienne PICARD et Monsieur le professeur Norbert FOULQUIER.

Au cours de ces cinq années de recherches, j'ai pu m'entretenir, tant à distance qu'en présentiel, avec Mesdames et Messieurs les professeurs, maîtres de conférences (et assimilés) et hautes personnalités suivants : Monsieur le professeur Xavier BIOY, Monsieur le maître de conférences Bertrand-Léo COMBRADE, Monsieur le professeur Jean-Philippe DEROSIER, Madame la professeure, ministre de la justice, garde des Sceaux et ancienne membre du Conseil constitutionnel Nicole BELLOUBET, Monsieur le président (ancien) du Conseil constitutionnel Jean-Louis DEBRÉ, Monsieur le professeur Mathieu DISANT, Monsieur le conseiller d'État Bruno GENEVOIS, Monsieur le professeur Richard GHEVONTIAN, Monsieur le professeur Jean GICQUEL, Madame la professeure Elena GRITSENKO (Université d'État de Saint-Pétersbourg, Russie), Madame la professeure Emmanuelle TOURME-JOUANNET, Monsieur le professeur Didier MAUS, Monsieur le professeur Pierre de MONTALIVET, Monsieur le professeur Éric OLIVA, Monsieur le professeur Otto PFERSMANN, Madame la maîtresse de conférences Patricia RRAPI, Madame la professeure et ancienne membre du Conseil constitutionnel Dominique SCHNAPPER, Monsieur le professeur Maxime SAINT-HILAIRE (Université de Sherbrooke, Canada), Monsieur le conseiller d'État Bernard STIRN. Qu'ils soient également tous remerciés pour leurs précieux éclairages, conseils, soutiens et / ou suggestions.

Par ailleurs, je ne saurais oublier d'adresser mes plus vifs remerciements à Monsieur le professeur Jean-Marie PONTIER qui, au cours de l'année universitaire 2009 / 2010, m'a persuadé et m'a inculqué l'idée de faire une thèse doctorale.

Enfin, je présente tout particulièrement toute ma gratitude à Maître Florent RUAULT qui, par ses relectures et ses pertinentes remarques, sans compter ses talents intarissables d'ancien élève de l'École des hautes études commerciales de Paris (HEC), non seulement m'a apporté un soutien et une présence quotidiens sans faille, m'a également été d'une aide précieuse pour la mise en page et la présentation générale de cette recherche.

SOMMAIRE

PRÉFACE

C'est avec plaisir que le signataire de ces lignes a accepté de préfacer la thèse de M. Serge Surin dont la soutenance a eu lieu à l'Université Panthéon-Sorbonne (Paris 1) le 5 décembre 2017, devant un jury présidé par le professeur Jean Gicquel, Professeur émérite de l'Université Paris 1-Panthéon-Sorbonne, et composé des professeurs Madame Pauline Türk, Professeure à l'Université Nice-Sophia-Antipolis, rapporteure, M. Bertrand Faure, Professeur à l'Université de Nantes, rapporteur, de M. Georges Bergougnous, Directeur du service des affaires juridiques de l'Assemblée nationale, Professeur associé à l'Université Paris 1 Panthéon-Sorbonne, et de Michel Verpeaux, Professeur à l'Université Paris 1 Panthéon-Sorbonne, directeur de la thèse. Cette dernière et l'ouvrage qui lui succède sont intitulés « Les travaux préparatoires dans l'interprétation constitutionnelle des normes ». Ce titre est accompagné d'un sous-titre destiné à éclairer le lecteur quant aux intentions profondes de l'auteur : « Essai de définition, perspective historique d'un débat juridique ancien, signification et effet d'une stratégie interprétative jurisprudentielle en droit constitutionnel »[2]. Le travail académique a été honoré des meilleures récompenses universitaires.

La thèse se veut une analyse renouvelée de la méthode dite historique de l'interprétation du droit qui consiste à rechercher l'intention ou la volonté de l'auteur d'une norme juridique dans les travaux préparatoires de celle-ci. Ne pouvant envisager l'ensemble des normes, la recherche s'est concentrée sur les normes législatives et constitutionnelles dont l'interprétation a, de manière explicite ou implicite, été appuyée par les travaux préparatoires. Ces deux types de normes, quoique de nature et de valeur inégales, sont en effet soumis à l'interprétation du Conseil constitutionnel français. Pour ce faire, la thèse est structurée en deux parties, la première consacrée à la diversité des sources des travaux préparatoires dans l'interprétation normative constitutionnelle, la seconde envisageant l'impact de l'usage des travaux préparatoires sur la justice constitutionnelle.

---

[2] Ce sous-titre a été modifié pour la publication du présent ouvrage.

L'auteur a voulu montrer l'apport des travaux préparatoires dans le mécanisme de construction interprétative du droit par le Conseil constitutionnel. Dès ses premières décisions, ce dernier a fait utilisation des travaux préparatoires comme technique d'interprétation, comme le montre la décision n° 59-2 DC du 24 juin 1959, ce qui permettait de consolider la légitimité du juge constitutionnel qui ne bénéficiait pas, notamment au début de la Vème République, de la même légitimité démocratique que le Parlement élu. Pour asseoir sa démonstration, l'auteur de la thèse a étudié les différentes catégories de travaux préparatoires, celles qu'il appelle les travaux préparatoires intraparlementaires et les travaux préparatoires extraparlementaires. Sont ainsi considérés, dans cette thèse, comme des travaux préparatoires d'une norme juridique tous les éléments qui, au sein du Parlement, s'il s'agit d'une norme de nature parlementaire, ou à l'extérieur de celui-ci, ont influencé, d'une manière ou d'une autre, l'adoption de cette norme. En cas de difficultés d'interprétation de son contenu, ces éléments d'influence de la norme ont vocation à éclairer son sens.

Monsieur Surin distingue ainsi un pluralisme délibératif et un pluralisme interprétatif. Pour l'auteur, le processus d'édiction des normes n'est pas l'apanage du seul Parlement car, du fait de diverses dispositions constitutionnelles, un certain nombre d'institutions et d'organes ont un rôle essentiel, parfois obligatoire, à jouer dans le cadre de la procédure d'édiction des normes à côté du Parlement. C'est vrai du Conseil d'État (article 39, al. 2, de la Constitution), du Conseil économique, social et environnemental (article 70 de la Constitution), de la Cour des comptes (article 47-2 de la Constitution), à travers le Haut conseil des finances publique, ainsi que des collectivités territoriales, notamment les collectivités d'outre-mer de l'article 74. Pour Monsieur Surin, les citoyens eux-mêmes participent aussi du phénomène, au moins en ce qui concerne les décisions impactant l'environnement (article 7 de la Charte de l'environnement de 2004). Si le pluralisme ne peut pas être qualifié de parlementaire, il est pour le moins délibératif. L'auteur voit dans plusieurs des décisions du Conseil constitutionnel la marque de cette lecture pluraliste de la Constitution depuis les années 1980 (décisions n° 80-122 DC du 22 juillet 1980, n° 2003-468 DC du 3 avril 2003, n° 2005-512 DC du 21 avril 2005, n° 2013-682 DC du 19 décembre 2013...). Chacun de ces organes ou pouvoirs intervenant en amont de la production des normes se livre alors à une interprétation *a priori* de ces dernières en les concrétisant de manière à révéler, entre autres, leur inconstitutionnalité ou leur incohérence éventuelles. Le législateur peut ainsi être invité à modifier ou à corriger le texte en construction afin d'éviter une censure constitutionnelle de ces normes en cas de contentieux. Pour l'auteur, ces interprétations multiples, combinées avec celle prononcée ensuite par le Conseil constitutionnel en aval, forment alors un second pluralisme, qualifié d'interprétatif qui permet au Conseil d'affirmer, au moins de manière symbolique, que certaines interprétations le conduisant à constater l'invalidation constitutionnelle d'une norme trouvent leur source dans ces interprétations multiples qui se sont manifestées au cours du processus de production normative. Ce pluralisme permet aussi au Conseil constitutionnel, selon cette thèse, de ne pas concentrer l'ensemble des critiques adressées à certaines de ses décisions lorsque l'interprétation donnée par le Conseil rencontre des oppositions, alors même que, au regard de l'article 62 de la Constitution de 1958, elle s'impose à tous. Il facilite aussi l'acceptabilité de ces décisions par le corps social. L'auteur voit dans la décision n° 2012-297 QPC du 21 février 2013 sur le financement des cultes en Alsace-Moselle un exemple caractéristique d'une interprétation restrictive de la République « *laïque* » qui s'est fondée sur les « travaux préparatoires de la Constitution ».

L'une des difficultés majeures de la recherche et à laquelle fut confronté Monsieur Surin fut d'élaborer la définition la plus objective et la plus pertinente possible de la notion de travaux préparatoires. Celle-ci n'est en effet définie par aucun texte, ni par la jurisprudence, ni par la doctrine. Depuis la première Constitution française de 1791, les débats parlementaires, qui font partie intégrante des travaux préparatoires, occupent une place de choix, et toutes les autres constitutions qui ont suivi n'ont jamais remis en cause cette tradition constitutionnelle française. Ainsi, le caractère concret des travaux préparatoires, susceptible d'être vérifié par chacun dans les archives parlementaires ou ailleurs, donne à la méthode d'interprétation fondée sur ces derniers une dimension plus démocratique, ce qui a des conséquences particulièrement positives sur la justice constitutionnelle. Pour Monsieur Surin, cette méthode d'interprétation, en devenant accessible, comble, quelque peu, le déficit démocratique du juge constitutionnel.

C'est en quelque sorte le pari fait par l'auteur auquel on peut, ou non, adhérer. Mais c'est aussi le mérite de cette recherche, fondée sur des réflexions originales, de donner à réfléchir sur un sujet classique du droit, celui des sources et des travaux préparatoires. Il faut alors souhaiter à cette thèse et à son auteur, que le préfacier remercie, de convaincre un large lectorat.

Michel Verpeaux, Professeur émérite de l'Université Panthéon-Sorbonne

INTRODUCTION

INTRODUCTION

> « *L'apparente brièveté du temps imparti pour statuer oblige le Conseil tout à la fois à se préparer bien avant la saisine et à ne pas faire languir les citoyens pendant des années.*[3] » (Georges Vedel).

I. Présentation générale

Le Conseil constitutionnel, en tant que « *juge spécial de la constitutionnalité*[4] » et, partant, de l'interprétation constitutionnelle[5], a très tôt fait le choix de la méthode d'interprétation consistant à se référer aux travaux préparatoires des normes juridiques[6] qu'il doit interpréter. Ce constat a conduit naturellement à

---

[3] Georges Vedel, « Préface », *in* Dominique Rousseau, *Droit du contentieux constitutionnel*, Montchrestien, 2010, p. 9.

[4] Alexandre Viala, « L'interprétation du juge dans la hiérarchie des normes et des organes », in *Cahiers du Conseil constitutionnel*, n°6, janvier 1999.

[5] On pourrait aussi parler d'interprétation constitutionnelle *finale*, non pas au sens téléologique mais au sens de celle prononcée en dernier ressort et définitivement, dans l'ordre juridique interne, par le Conseil constitutionnel.

[6] V. Délibérés de la séance sur la décision n° 59-2 DC du 24 juin 1959 (*Règlement de l'Assemblée nationale*), lors de laquelle le Conseil constitutionnel a délibérément fait le choix de cette méthode d'interprétation juridique. V. également Bertrand Mathieu, Jean-Pierre Machelon, Ferdinand Mélin-Soucramanien, Dominique Rousseau et Xavier Philippe (dir.), *Les grandes délibérations du Conseil constitutionnel : 1958-1986* (cité plus loin par *GDélCC*), Dalloz, Coll. : « Grands Textes », février 2014, pp. 45-46, n° 79.

s'interroger du moins sur l'objectif, sinon sur la place et l'intérêt d'une telle démarche dans sa jurisprudence[7].

Du mobile à la phase décisive de cette recherche, son intérêt scientifique doit être précisé. L'intérêt d'une telle démarche scientifique ne doit pas être recherché et mesuré à l'aune de la conception classique de son objet, à savoir les travaux préparatoires des normes juridiques, mais dans la particularité de ces derniers, en tant qu'instruments d'interprétation, dans la jurisprudence constitutionnelle. Cette particularité s'explique en premier lieu par la brièveté du temps imparti au Conseil constitutionnel pour statuer, trois mois dans le cadre du contrôle de constitutionnalité *a posteriori*, un mois, voire huit jours en cas d'urgence, dans le cadre du contrôle de constitutionnalité *a priori*, ce qui a conduit Georges Vedel à affirmer que le Conseil constitutionnel est obligé de se préparer bien avant sa saisine de manière à pouvoir respecter le temps qui lui est imparti pour statuer. Et c'est dans ce même sens que Michel Verpeaux affirme : « *Ces travaux permettent au Conseil constitutionnel [...] d'anticiper la saisine, notamment en contrôle a priori, et de pouvoir respecter les délais de jugement qui sont extrêmement brefs.*[8] » Par

---

[7] Pour une première réflexion sur l'usage des travaux préparatoires, par le Conseil constitutionnel, dans l'interprétation juridique, v. Philippe Josse, *Le rôle de la notion de travaux préparatoires dans la jurisprudence du Conseil constitutionnel*, Éditions Panthéon-Assas, LDGJ, 1998. Mais cet ouvrage, issu du mémoire de DEA de son auteur, malgré son intérêt, ne saurait être considéré comme un travail d'ampleur et complet, eu égard à la complexité et aux différents aspects que revêt l'usage des travaux préparatoires par le juge constitutionnel.

[8] Michel Verpeaux, *Le Conseil constitutionnel*, La Documentation française, p. 48, §5. L'anticipation de la saisine produit certains effets visibles sur l'interprétation constitutionnelle. Dans un entretien avec le Premier ministre, le 23 mai 2015, Jean-Louis Debré, alors président du Conseil constitutionnel, raconte : « *Je ne lui cache pas que le texte adopté par l'Assemblée me paraît présenter a priori plus de fragilités que le projet de loi d'origine, alors qu'il faut parvenir à concilier d'une part la sauvegarde de l'ordre public et la préservation des intérêts fondamentaux de la nation et, de l'autre, le respect de la vie privée et des droits et libertés constitutionnellement protégés.* » (*Ce que je ne pouvais pas dire*, Robert Lafont, avril 2016, p. 315). Les relations privées entre les différentes autorités physiques incarnant le pouvoir, si elles peuvent poser problème au regard de la séparation des pouvoirs, de l'impartialité et de l'indépendance de la justice constitutionnelle, permettent de comprendre la part irréductible d'ombre de tout organe décisionnel, que celui-ci soit politique ou juridictionnelle. Néanmoins, le compte rendu de cet entretien, relatant les relations privées entre autorités de l'État, confirme que le Conseil constitutionnel est conforté par les débats parlementaires et, plus largement, par tous les travaux préparatoires, extraparlementaires comme intraparlementaires, lorsque ceux-ci ont, avant l'intervention du juge constitutionnel, soulevé des motifs d'inconstitutionnalité qui, au regard de la justice constitutionnelle, s'avèrent pertinents et justes. Ainsi, le Conseil constitutionnel se sent d'autant plus conforté que sa décision interprétative ne sera pas appréhendée comme une simple analyse juridique, et donc technique, issue de « l'esprit » de technocrates et d'experts, elle sera davantage regardée comme une sentence dont le prononcé est largement partagé par une « communauté » décisionnelle du fait d'une pluralité d'acteurs ayant

ailleurs, le rôle de Cour suprême, du moins pour ce qui concerne l'interprétation des normes législatives et constitutionnelles, que joue, en pratique, le Conseil constitutionnel, couplé avec cette brièveté du temps qui lui est imparti pour statuer, le conduisent à se tourner vers les travaux préparatoires de ces normes de manière systématique. Ce recours aux travaux préparatoires par le Conseil vise plusieurs objectifs. D'abord, il lui permet de suivre et de comprendre la procédure préparatoire des textes législatifs qui sont susceptibles de lui être déférées. Mais cela lui permet aussi d'interpréter le sens des textes de nature constitutionnelle au regard desquels il exerce son contrôle de constitutionnalité sur les premiers[9].

En tant que technique[10] et / ou méthode[11] d'interprétation juridique, l'usage des travaux préparatoires, par le Conseil constitutionnel contribue non seulement

---

conclu dans le même sens. Ce rapport d'entretien permet aussi de comprendre que l'anticipation des questions de constitutionnalité depuis le stade des débats parlementaires par le Conseil constitutionnel permet à celui-ci d'avoir, *a priori*, un point de vue sur la constitutionnalité de la loi pouvant lui être soumise et dont il ne disposerait que de peu de temps pour en juger le sort. C'est là un rôle crucial de l'usage des travaux préparatoires dans l'interprétation constitutionnelle.

[9] Il est précisé que les travaux préparatoires des textes votés par référendum – quelle qu'en soit leur nature – ne sont pas étudiés en particulier dans cette recherche, du fait notamment que le Conseil constitutionnel refuse de contrôler la constitutionnalité des réformes législatives référendaires (Décision n° 62-20 DC du 6 novembre 1962, Cons. 2 et 5. *Loi relative à l'élection du Président de la République au suffrage universel direct, adoptée par le référendum du 28 octobre 1962*).

[10] Selon le *Littré*, une technique est une « *manière de faire des choses selon une certaine méthode* ». Ainsi, la technique, en tant que mode opératoire du juge constitutionnel, se confond avec la méthode (d'interprétation). La technique renvoie aussi « *à la mise en œuvre d'un art* ». L'art juridique se produit et se pratique par différents canaux, dont le canal de la jurisprudence, par le biais du jeu de l'interprétation juridique. Étant donné que la production jurisprudentielle de l'art juridique est bien souvent contestée, le juge-interprète doit constamment se construire une légitimité dans la pratique de la création de cet art. Ainsi, la méthode consistant, pour le juge constitutionnel, à se référer aux travaux préparatoires se présente comme l'un de ses modes opératoires, dans le processus de production juridique. Ce mode de procédé du juge constitutionnel vise ainsi à dissiper le plus possible les critiques pouvant naître, quant à cette production jurisprudentielle de l'art juridique.

[11] Une méthode d'interprétation, du point de vue juridique et constitutionnel, se présente comme un mode opératoire appliqué au domaine du droit et suivi par le juge (constitutionnel) en vue d'accéder à la logique de justice dont, normalement et conceptuellement, une norme est ou susceptible d'être porteuse. En ce sens, l'interprétation suppose que l'interprète *ajoute* au texte interprété ; l'interprétation devient donc un *ajout* au texte. Cette idée ne doit pas surprendre. En effet, l'histoire du droit rapporte que le verbe latin *augure* qui peut signifier *augmenter, accroître, renforcer*... renvoie à l'« *interprétation des signes* » (François Saint-Bonnet et Yves Sassier, *Histoire des institutions avant 1789*, LGDJ, Coll. : « Droit public », 5ème édition, septembre 2015, p. 15). Ainsi, l'interprétation est l'*ajout* d'une valeur au signe interprété selon une méthode savante, signe qui renvoie au texte interprété dans lequel, au départ, c'est-à-dire avant le processus

à la recherche d'information explicative et de la clarté des normes, mais aussi à une forme de démocratisation de la justice constitutionnelle[12]. En effet, si la nécessité, la pertinence, le caractère convaincant, adéquat ou convenable de l'usage des travaux préparatoires peuvent, parfois, paraître injustifiés, cette méthode d'interprétation juridique contribue, sans conteste, à la construction de ce qu'on appelle la démocratie constitutionnelle et, partant, de la démocratisation de la justice constitutionnelle. Cette fonction de l'usage des travaux préparatoires, on le verra, s'explique notamment par le caractère concret et accessible de ces derniers, ce qui constitue une sorte de caution justificatrice et explicative pour l'interprétation constitutionnelle qui, aux yeux de chacun, paraîtra comme étant construite et fondée sur l'histoire de la norme interprétée, histoire que constituent ses travaux préparatoires (Décision n° 77-82 DC).

Si le Conseil constitutionnel fait référence aux travaux préparatoires des normes juridiques dans un nombre conséquent de ses décisions (près de deux cents au 2 novembre 2020), il ne le fait pas, pour autant, dans toutes ses décisions. Cela signifie que le Conseil constitutionnel, bien qu'il assure un suivi systématique des travaux préparatoires des normes qu'il interprète, opère un tri entre les interprétations qui méritent d'être appuyées par les travaux préparatoires et celles qui ne le méritent pas. Et parmi celles qui le méritent, le Conseil opère un autre tri entre celles où les travaux préparatoires sont décisifs et celles où ces derniers ne jouent qu'un rôle de renfort ou informatif. Parmi les interprétations constitutionnelles où les travaux préparatoires sont décisifs, on distingue encore celles où les travaux préparatoires s'imposent au Conseil comme normes (Décision n° 77-82 DC) ou allant dans le sens de l'interprétation pressentie au départ par le Conseil (majorité des cas) et celles où les travaux préparatoires vont dans un sens contraire (Décision n° 71-44 DC) ou sont silencieux ou ambigus (Décision n° 2012-297 QPC).

Le droit issu de la procédure parlementaire classique est produit par une multitude de mécanismes dont les plus connus et les plus commentés sont le dépôt d'un projet ou d'une proposition de loi sur le bureau de l'Assemblée nationale ou celui du Sénat, le vote du projet dans les mêmes termes par ces deux chambres du Parlement ou par le biais d'une navette parlementaire ou par l'Assemblée nationale en dernier ressort[13], le contrôle de constitutionnalité

---

d'interprétation, les partisans du réalisme juridique ne voient que des simples mots ou signes sans valeur précise.

[12] V. Chap. 1, Titre II, Seconde partie.

[13] V. les termes de l'article 45, al. 2, de la Constitution.

éventuel de la loi avant son entrée en vigueur, etc. Mais le parcours de la norme, outre son processus d'application qui suscite d'abord son interprétation, va bien au-delà. Dans ce cadre-là, il y a aussi une pluralité de mécanismes extraparlementaires qui passent inaperçus (telle la saisine d'un organisme d'expertise), car peut-être moins connus et moins commentés. Pourtant, ces mécanismes, on le verra, ont une place particulièrement importante dans la réalisation et dans l'effectivité du droit ; d'où leur considération dans cette recherche comme un type particulier de travaux préparatoires des normes interprétées.

Le droit romain, qui a fondé la tradition du droit écrit en Occident, ne s'est pourtant pas préoccupé de l'écriture du discours ayant conduit au droit qui, lui, est écrit. Il a préféré mettre l'accent sur la coutume[14] pour une meilleure interprétation juridique, plutôt que sur l'*herméneutique* des normes[15]. Benoît Frydman confirme cette analyse. Celui-ci juge, en effet, que « *si les Anciens [les Romains] pratiquaient bien l'interprétation, moteur du droit vivant, ils n'ont pas jugé utile ou, en tout cas, ne se sont guère montré soucieux de théoriser, encore moins de codifier, cette pratique dans une méthodologie précise.*[16] » C'est l'étude de l'histoire du système juridique britannique – du début du XIIIe à la fin du XXe siècles – qui permet d'avoir une vision historique du débat juridique relatif aux travaux préparatoires dans l'interprétation prétorienne du droit. Le système juridique français n'a pris l'habitude de conserver les travaux parlementaires des normes

---

[14] La coutume comme interprétation du droit. Selon François Saint-Bonnet et Yves Sassier, en effet, le jurisconsulte Paul [Digeste 1.3.37] donna ainsi ses conseils pour l'interprétation du droit : « *lorsque l'on s'enquiert de l'interprétation d'une loi, [il importe] de rechercher d'abord quel droit utilisait la cité, car 'la coutume est la meilleure interprète des lois'* » (*Histoire des institutions avant 1789, Op. cit.*, p. 29). Selon le jurisconsulte Julien [Digeste 1.3.32], la coutume est la « *règle de droit instituée par les mœurs, appliquée à juste titre comme loi* » (*Ibid.*).

[15] Pourtant, l'herméneutique présente la meilleure pratique d'interprétation (du droit). Selon Mark Alizart, en effet, « *il convient pour éviter la mécompréhension d'un texte de reconstruire l'intention originelle de l'auteur, il faudra régresser, de manière génétique, généalogique ou archéologique, jusqu'aux intentions d'un individu, de ses auteurs, de son Auteur, ou de la nature. [...] L'herméneutique devient ainsi [...] le modèle d'une compréhension globale du monde, qui aspire [...] à expliquer la dynamique des événements et des hommes à laquelle peuvent se rattacher tour à tour la psychologie, l'histoire et la sociologie.* » (Mark Alizart, *Pop théologie*, PUF, Coll. : « Perspectives critiques », PUF, Coll. : « perspectives critiques », janvier 2015, p. 71). De ce point de vue-là, la méthode historique d'interprétation des normes juridiques, consistant à se référer aux histoires de celles-ci, est parfaitement compatible avec l'herméneutique.

[16] Benoît Frydman, *Le sens des lois, histoire de l'interprétation et de la raison juridique*, Bruylant, Coll. : « Penser le droit », 3ème édition, Octobre 2011, p. 43.

législatives, en les archivant de manière formelle[17], qu'à partir de la période révolutionnaire, et ce n'est que dans les années 1860[18] que Napoléon III a mis en place, de manière formelle et durable, un système de conservation des débats parlementaires des assemblées législatives.

Il convient, à présent, de s'interroger plus précisément sur le contenu même du sujet de cette recherche, à savoir *Les travaux préparatoires dans l'interprétation constitutionnelle*. Cette interrogation conduit d'emblée à préciser les éléments entrant dans le champ de cette recherche ainsi que ses limites. S'agissant de l'analyse des termes du sujet, il convient de s'intéresser à l'étymologie même des mots afin d'éviter toute commodité consistant à s'enfermer dans ce que l'*on* a toujours dit sur tel ou tel concept sans que l'on sache réellement ce qui s'y cache. Cette manière de procéder ne doit pas être regardée comme une empreinte de naïveté, mais, au contraire, comme une remise à plat salutaire des mots afin de mieux appréhender ce qu'ils recouvrent dans l'analyse ; elle s'inscrit d'ailleurs à l'opposé de ce que Maurice Duverger dénonça comme le « *goût de l'abstraction*[19] » qui n'avait pour objectif que de contribuer à une « *mystification fondamentale qui déifie l'État et les gouvernements qui l'incarnent*[20] ». Enfin, preuve que la démarche sur l'étymologie des mots entreprise ici n'est pas dénuée de pertinence, Maurice Duverger s'attachait au plus près du sens générique des mots du droit constitutionnel, en s'appuyant sur leur sens premier et courant dans les

[17] Une visite spéciale des rayons des archives du Parlement de Paris aux Archives nationales le 21 juin 2017 et la discussion qui s'en est suivi avec le responsable de ses archives particulières nous conduisent à affirmer que l'activité parlementaire du Parlement de Paris fut loin d'être substantielle, hormis le simple mécanisme d'enregistrement (réécriture au propre sur parchemin) des édits royaux qui ne suscitait aucun débat de fond. L'activité parlementaire française, à proprement parler, ne démarre qu'en 1789. On reviendra sur ce point de manière plus approfondie plus tard.

[18] Selon l'Institut d'histoire de la Révolution française (IHRF), en effet, les archives parlementaires, en France, remontent à l'Assemblée des Notables de 1787, date qui marque le début de la conservation formelle des documents proprement parlementaires. Mais il n'était nullement question de la publication des travaux préparatoires des normes législatives. Il faut attendre 1862 pour que la publication de ces travaux soit effective, à l'initiative du Corps législatif du Second Empire. D'abord conçue comme une suite de la réimpression du *Moniteur Universel*, son champ devait se limiter à la période 1800-1860. Selon les informations de l'IHRF, « *le Recueil complet des débats législatifs et politiques des Chambres françaises fut divisé en deux séries (1787-1799, 1800-1860).* » (V. Site internet de l'IHRF : (https://ihrf.univ-paris1.fr/les-archives-parlementaires-1787-1799/) [Consulté le 15 avril 2014]).

[19] Maurice Duverger, *Droit constitutionnel et institutions politiques*, PUF, Coll. : « Thémis », 1955, p. VIII.

[20] *Ibid.*

dictionnaires, avant de cerner le ou les sens que l'on pouvait leur reconnaître dans l'analyse juridique[21].

II. Tentative de définition de la notion de travaux préparatoires

La notion de travaux préparatoires n'a pas de définition, ni de nature juridique, ni de nature scientifique, établie, précise et définitive. C'est à la lumière de la jurisprudence du Conseil constitutionnel, tout en prenant le recul nécessaire, qu'il convient de cerner cette notion dans sa généralité (A), en précisant son sens (B), son étendue (C) et, au-delà de sa nature, son statut au regard des normes juridiques (D).

A) Notion de travaux préparatoires : typologie générale

Il convient, d'abord, sur le plan théorique, de *déconstruire*[22] la notion de travaux préparatoires, afin de mieux la cerner, quitte à sortir du dogme langagier habituel et ainsi de parvenir non pas à une conception révolutionnaire de cette notion, mais de mesurer toute son étendue. Ensuite, il faudra préciser le champ que recouvre la notion de travaux préparatoires.

Dans le strict champ du contentieux constitutionnel, ont été identifiées pas moins de trois catégories (ou plutôt trois phases de construction) de travaux préparatoires, si l'on s'en tient à la définition littérale de cette notion, hors de toute considération généralement convenue. On s'intéressera alors à tout type de travaux qui viennent en amont et pendant le processus d'élaboration et d'adoption d'une norme juridique et qui exercent une influence sur celle-ci dans le cadre de ce processus. Ainsi, une première catégorie possible de travaux préparatoires d'une norme peut se regrouper dans ce qu'on appelle l'opinion

---

[21] V. en ce sens ses définitions des termes « droit constitutionnel » et « institutions politiques », *Ibid.*, pp. 1-11.

[22] Au sens du *déconstructivisme* de Jacques Derrida. Sur le concept de *déconstructivisme*, forme de déconstruction positive et constructive de la pensée, v. Jacques Derrida, *De la grammatologie*, Éditions de Minuit, 1967 ; et aussi *Jacques Derrida, "déconstructeur" de la pensée*, Télérama, 13 novembre 2010 [Consulté en ligne le 3 novembre 2014]) ; *Subjectivité et Histoire : Derrida en Algérie*, Robert J.C. Young, New York University, Julius Silver [Consulté sur *Cairn* le 3 novembre 2014].

publique[23] ; la prise en compte de cette opinion par un programme politique, jusqu'à l'élection du porteur d'un tel programme, constitue une phase préparatoire de l'élaboration de la norme. Une seconde catégorie de travaux préparatoires comprend les travaux d'instances de réflexion et de proposition de réformes normatives nécessaires, tels des comités ou commissions d'experts[24] ; dans cette seconde catégorie, peuvent être classés les différents avis, notamment dans le cadre de la préparation de projets de réformes constitutionnelle et législative, rendus par des organismes consultatifs ou d'expertise, comme le Conseil d'État ou le Conseil économique, social et environnemental, par exemple. La troisième catégorie de travaux préparatoires des normes juridiques est celui qui regroupe les éléments, peut-être les plus connus sous cette dénomination, issus des débats et travaux parlementaires, produits au sein du Parlement, dans le cadre des différentes commissions des deux assemblées législatives. S'agissant de cette troisième et dernière catégorie de travaux préparatoires, l'article 33 de la Constitution du 4 octobre 1958, on le verra, lui assure une exceptionnelle protection. En résumé, les trois phases de préparation dans l'élaboration d'une norme juridique, lesquelles indiquent aussi trois catégories de travaux préparatoires, sont l'opinion publique, les expertises extraparlementaires, et les débats et travaux parlementaires proprement dits. C'est l'ensemble de ces trois éléments qui constituent la notion de travaux préparatoires dans son acception la plus étendue. Mais étant donné que la notion d'opinion publique est une notion particulièrement floue, du point de vue juridique, elle sera éclairée à travers les deux autres catégories de travaux préparatoires, lesquels sont plus concrets, et au regard de ce qu'une certaine doctrine et la jurisprudence constitutionnelle permettent d'observer à son propos.

Dans ce contexte, il convient de s'intéresser à la notion de travaux préparatoires dans son sens littéral avant de cerner ses contours plus précisément juridiques ; et, dans ce cadre, les approches à la fois restrictive et extensive

---

[23] Les archives du Conseil constitutionnel (1958-1986) donnent une réelle illustration de l'importance de l'opinion publique dans la jurisprudence de celui-ci (v. *Les grandes décisions du Conseil constitutionnel* (cité plus loin par *GDCC*), *Infra.*, spéc. p. 10, n°12, p. 50, n° 88, p. 163, n° 76, p. 245, n° 27-28.). En effet, il ressort de ces archives que, conscient qu'il a besoin de l'opinion publique pour asseoir sa légitimité, « *le Conseil constitutionnel se montre sensible aux critiques de la presse* » (*Ibid.*, p. 10, n° 12.), et cela dans « *le souci de se faire comprendre* » (*Ibid.*) par celle-ci ; c'est ainsi pour cela que le Conseil a, dès les années 1970 [1974], commencé la « *diffusion de communiqués de presse* » (*Ibid.*).

[24] Par exemple Comité Vedel en 1993, Commission Avril en 2002, Comité Balladur en 2008 ou encore Commission Jospin en 2012.

exprimées sur cette notion permettront de justifier la définition à large spectre qui lui est accordée dans le cadre de cette recherche.

B) Travaux préparatoires : de leur sens littéral à leur acception juridique

Le déterminant défini au pluriel *les* placé devant *travaux préparatoires*, dans la formulation du sujet, ne doit pas induire en erreur. Il signifie, au sens large, que les travaux préparatoires considérés ici renvoient à l'ensemble des processus conduisant à l'adoption définitive d'une norme, dès lors qu'ils sont accessibles et qu'ils peuvent permettre de mieux comprendre[25] une telle norme lorsqu'elle est soumise à l'interprétation du juge constitutionnel. Cela suppose que ces travaux ont, d'une manière ou d'une autre, influencé l'adoption de la norme. Dans ce contexte, la question de l'accès à l'opinion publique, laquelle est appréhendée comme une catégorie de travaux préparatoires, est palpable ; car l'opinion publique renvoie souvent à une forme de commodité qui consiste à éviter de penser le cheminement intellectuel et politique vers les normes qui encadrent les pratiques sociales. En effet, on peut, par une posture habile qui décharge du poids de la réflexion, faire croire que l'opinion publique n'est que du vent, au sens où elle ne signifierait rien ; mais Dicey montrait justement que l'opinion publique se retrouve concrétisée, donc saisissable, à travers les lois auxquelles elle conduit nécessairement ; que l'on pense, parmi d'autres, à l'autonomie de la femme dans les couples, à l'interruption volontaire de grossesse ou à l'ouverture du mariage aux couples de même sexe, l'opinion publique a largement été un élément instigateur de nombreuses réformes. De ce point de vue, l'opinion publique n'est pas seulement des *verba volant*, c'est-à-dire des paroles sans aucune valeur, sans aucun sens ni portée, elle est matérialisée dans différents supports (presse, doctrine, etc.) auquel le juge a pratiquement accès. À titre d'illustration, lors de la séance de délibération portant sur la décision n° 71-44 DC, certains membres du Conseil constitutionnel, comme Français Luchaire, affirmaient clairement que les opinions exprimées la veille notamment dans la presse devaient conforter l'institution dans sa volonté de prendre la décision qu'elle a effectivement prise ce jour-là sur la liberté d'association. À ce propos, seuls les travaux préparatoires de la phase politique de la production des normes sont considérés, et non « *les*

[25] Du point de vue juridique, *interpréter*, c'est d'abord comprendre, avant de prendre une décision. Sur ce point, v. la définition de l'interprétation juridique *in* Gérard Cornu, *Vocabulaire juridique*, Association Henri Capitant, PUF, 2011, p. 565.

travaux préparatoires des arrêts[26] », c'est-à-dire ceux des jugements des cours de justice, lesquels renvoient à la phase juridictionnelle ou contentieuse de la production normative. Les travaux préparatoires considérés ici sont donc concrètement ceux utilisés dans l'interprétation constitutionnelle.

Le *Vocabulaire juridique* de Gérard Cornu[27] ne donne pas de définition littérale au terme « *travaux* », il renvoie directement à l'adjectif « *préparatoires* » au pluriel pour saisir le sens de l'expression entière de « *travaux préparatoires* ». C'est donc la notion juridique de « *travaux préparatoires* » tout entière qui est considérée par ce dictionnaire juridique et dans la science juridique en général. Cependant, il semble utile, pour l'analyse de cette notion, de s'intéresser à son sens littéral.

Le terme « *travail* » (ou son pluriel « *travaux* ») renvoie d'abord au labeur, en tant qu'activité professionnelle fatigante et fastidieuse[28]. Ce premier sens du terme travail n'est pas sans lien avec l'affirmation de Michel Couderc, selon laquelle, « *[l]es travaux préparatoires de la loi [sont une forme de] remontée des enfers.*[29] » Pierre

---

[26] Pascale Deumier (dir.), *Le raisonnement juridique. Recherche sur les travaux préparatoires des arrêts*, Dalloz, Coll. : « Methodes du Droit », mai 2013, 270 p. L'index de l'ouvrage *GDélCC* sur la notion de travaux préparatoires renvoie à au moins sept entrées à propos de cette notion : p. 21, n° 6, p. 22, n° 9, p. 40, n° 60, p. 41, n° 61 et 63, p. 147, n° 45, p. 150, 50. Les passages qui mentionnent les travaux préparatoires témoignent de leur importance dans l'interprétation constitutionnelle, tant dans les mots utilisés par les auteurs que par l'usage stratégique qu'en a fait le Conseil constitutionnel dans sa jurisprudence.

[27] Gérard Cornu, *Op. cit.*, p. 1030.

[28] Il semble qu'il faut distinguer deux types de définition de la notion de travaux préparatoires. Tout d'abord, on peut s'atteler à une définition *laborieuse* (au sens littéraire du terme *labeur* qui renvoie au *tripalium* latin signifiant un instrument de torture) et une définition *intellectuelle* de la notion de travaux préparatoires (v. Robert de Jouvenel, *La République des camarades*, 1914, Lingua Franca, 2008, pp. 42-45). Ainsi, la définition laborieuse consiste en la compréhension de la notion de travaux préparatoires par et au sens du travail « professionnel » qu'effectuent les parlementaires de manière quotidienne au sein des assemblées parlementaires. Mais cette définition, si elle est intéressante, au sens où elle conduit à l'étude des coulisses des assemblées législatives, pour observer les parlementaires à l'œuvre, s'avère trop large et se trouve donc insatisfaisante ; mais elle permet au moins de s'interroger sur le *travail des parlementaires.* En second lieu, une définition plus intellectuelle s'impose pour cerner le sens du terme travail dans cette méthode d'interprétation juridique. Ainsi, au moins dans cette première acception, ce n'est pas tant la manière dont ces travaux sont produits qui est intéressante que ce qu'ils dégagent intellectuellement, épistémologiquement, du point de vue historique de la confection du droit. C'est davantage le fruit et l'esprit du travail qui importent que son labeur productiviste.

[29] Michel Couderc, « Les travaux préparatoires de la loi ou la remontée des enfers », Dalloz, 1975, p. 251. Pour comprendre l'emploi de ce terme fort « enfers » par l'auteur, il faut comprendre les

Avril, lui aussi, qualifie cette méthode interprétative du droit de « *mythe de la caverne*[30] ». Le terme caverne utilisé par Pierre Avril est loin d'être dénué de sens dans le contexte de l'interprétation juridique. Le *Larousse* définit en effet le terme « caverne » comme étant une « *cavité naturelle, vaste et profonde* ». C'est comme si Pierre Avril recherchait à montrer le *lien naturel* qui existe entre une norme et ses travaux préparatoires : le *caractère vaste* des travaux préparatoires au point de s'y perdre comme dans les « *enfers* », et la *profondeur* des éléments de connaissance de la norme que contiennent les travaux préparatoires. C'est en ce sens que le Centre national de ressources textuelles et lexicales (CNRTL) explique que le terme « travail » « *désigne le résultat de l'activité accomplie*[31] ». Néanmoins, cette définition ne facilite pas beaucoup la compréhension, en confondant le *résultat* du travail (allusion faite à la norme définitivement votée) et le *travail* lui-même (les travaux préparatoires de la norme), quoique le travail puisse aussi être le produit fini. Au sens juridique, ce n'est pas tant la *pénibilité* du terme travail qui importe que ce que ce travail conduit à produire. Il faut entendre par là non pas la norme en tant que *produit fini*, mais les discours écrits çà et là, se présentant comme le *produit semi-fini* du travail fini (la norme). Ces discours conduisent, étape par étape, étant entendu que chaque étape rend le travail brut de plus en plus rafiné et précis, au fur et à mesure qu'on avance, vers le *produit fini*, c'est-à-dire la norme définitivement adoptée.

Ce travail, au sens parlementaire[32], est qualifié de « préparatoire ». Il convient là aussi de s'arrêter sur la racine de ce terme. Cet adjectif vient du mot latin

---

méandres du travail législatif qu'il a décrits avec Jean-Claude Bécane dans *La loi* (Dalloz, 1994, pp. 168 s.).

[30] Pierre Avril, *Les conventions de la Constitution*, PUF, Coll. : « Léviathan », 1997, p. 54.

[31] Le CNRTL renvoie à la note bibliographique suivante : Dehaisnes, *Documents et extraits divers concernant l'histoire de l'art dans la Flandre, l'Artois et le Hainaut avant le XVe siècle*, t. 1, p. 445, *in* Gemmingen Arbeit, p. 107.

[32] Ainsi, le mot « travail » évoque, d'une part, l'idée d'effort avant le réconfort au cours des différentes étapes de toute la chaîne de la procédure législative. Dans la discipline juridique, le réconfort serait la justice, l'harmonie que la norme juridique produite, donc sortie du marasme affligeant ou des enfers des travaux préparatoires (Michel Couderc), a pu instaurer lorsqu'elle a été suffisamment pensée et débattue, quant à son sens réel et positif, tant au stade de sa préparation administrative et politique qu'au stade son applicabilité concrète au stade contentieux. D'autre part, les juristes utilisent souvent le terme « élaboration » du verbe « élaborer » comme dans « l'élaboration de la loi » pour évoquer le processus de création juridique au sein des organes parlementaires. Sans même avoir besoin de l'aide d'un dictionnaire, il n'est pas difficile de décortiquer le mot « élaborer » pour en extraire le sens premier de la notion de travaux préparatoires en tant que notion juridique. En effet, dans « élaborer », on retrouve le terme anglais *labor* qui signifie « travail », l'effort fourni au stade préparatoire d'élaboration de la loi. Le terme *labor* se retrouve aussi dans le mot d'origine latine *laboratoire* qui renvoie au travail de recherche scientifique, ce qui suppose une sérieuse

praeparatorius (*prae*, en amont, avant, etc.) et du verbe latin *praeparare*, ce qui veut dire *préparer* (avant / en amont d'un acte décisif). C'est ce sens latin du terme qui a conduit le *Vocabulaire juridique* de Gérard Cornu à expliquer que ce qui est préparatoire est ce qui « *tend à la préparation ; qui concourt à l'élaboration (définitive) d'un acte, soit à un stade préliminaire (travaux préparatoires), soit au début d'une opération d'ensemble (instruction, jugement préparatoire).*[33] » Toute la question est de savoir comment mesurer et apprécier l'existence des travaux préparatoires comme processus et non pas en tant qu'actes formels. D'abord, on ne peut pas apprécier un acte formel sans le contexte procédural qui a conduit à sa conception, à commencer par des faits sociaux, tels des accidents répétés sur une route sinueuse qui conduit à y limiter la vitesse par une nouvelle norme. Ce qu'il convient de comprendre par-là est que si les travaux préparatoires peuvent prendre la forme d'actes formels au sens où ils sont écrits sur un support, ils ne sont que le fruit, ou du moins le reflet, d'un processus factuel ou situationnel qui les précède. Les travaux préparatoires sont ainsi le produit fini d'un processus en même temps qu'ils sont le produit semi-fini (processus) de l'acte juridique définitivement adopté sur leur base.

Ainsi, dans la mesure où l'adoption de tout acte, qu'il soit juridique ou a-juridique, passe nécessairement par une phase préparatoire, tant du point de vue idéologique que politique, le *travail préparatoire* peut ainsi se définir comme l'ensemble des processus conduisant à l'acte en tant que *produit fini*. C'est l'ensemble de ces processus préparatoires, préliminaires, déclaratoires, etc. qui conduit, dans la science juridique, à l'usage de la formule « travaux préparatoires » au pluriel. Le travail préparatoire n'est pas seulement le texte des comptes rendus, avis, rapports… produit par un organe (une commission parlementaire ou le Conseil d'État) et soumis ou remis à un autre organe (l'Assemblée nationale ou le gouvernement), c'est aussi tout le processus qui a permis l'écriture du texte

---

sincérité dans l'affirmation des résultats (dire vrai) ; il en va de même, s'agissant des fondements des actes parlementaires de portée normative. De plus, étymologiquement parlant, le sens du verbe « élaborer » est « transformer » ou « produire par un long travail » ou « au terme d'un long labeur ». Cela n'est pas sans rappeler les différentes transformations d'un projet de réforme juridique au cours de ses différentes phases d'élaboration.

[33] Gérard Cornu, *Op. cit.*, p. 784-785. Le contour des termes liés à la définition de l'adjectif « préparatoire » permet d'observer que celui-ci est plus ou moins proche de *préliminaire* (ayant la même racine latine *prae*), *officieux*, *préambule*, *dispositions liminaires et déclaration de principe* (d'un acte par son auteur), *pourparlers, entretiens préalables à la conclusion d'un accord (convention, traité), négociations et tractations préliminaires, souvenir*, etc. Tous ces termes renvoient à ce qui se fait en amont en vue de recueillir un résultat donné en aval.

soumis[34]. Le processus préparatoire, c'est-à-dire l'ensemble du mode opératoire, inclut également le respect sincère de toutes les formalités que requiert l'élaboration de la norme. C'est d'ailleurs sur ce fondement que le Conseil constitutionnel a pu censurer une disposition législative du simple fait que le gouvernement, contrairement aux prescriptions de l'article 39, al. 2, de la Constitution, n'a pas sincèrement saisi le Conseil d'État, alors qu'il eût pourtant eu l'intention, dès le départ, de soumettre ces questions au vote du Parlement (Décision n° 2003-468 DC).

Ce dernier point mérite d'être explicité. On l'a vu, les travaux préparatoires ne sont pas que ceux produits à l'intérieur du Parlement, dans le cadre de la procédure législative[35]. Ces derniers incluent, les projets et propositions de texte déposés sur les bureaux des assemblées législatives, l'exposé des motifs, les discussions en séance publique et en commission, mais également des travaux d'expertise hors du cadre strictement parlementaire. Ceci conduit à distinguer deux types de travaux préparatoires : d'abord, les *travaux préparatoires*

---

[34] Ce processus préparatoire inclut plusieurs éléments du travail parlementaire. Parmi eux, on retrouve l'audition de membres du gouvernement, de la société civile (professeurs, avocats, associatifs, etc.), des conseillers d'État..., la consultation d'ouvrages, lecture de rapports, de décisions de justice, de commentaires de jurisprudence, des articles de presse..., l'attention portée aux critiques adressées au projet ou la proposition de texte en cours d'élaboration, etc. C'est dans cette optique d'ailleurs que Jacques Commaille écrivait que « *L'analyse des versions successives d'un texte, des débats parlementaires, des extraits de presse, des positions publiques de partis politiques ou de groupes sociaux divers, des conflits éventuels avec le Conseil d'État, avec la Cour de cassation, de l'influence des intérêts professionnels, des groupes de pression, de l'Église catholique [on peut vérifier cela en pensant à la légalisation sur le mariage entre personnes de même sexe], de l'Élysée, des habiletés techniques en cours de débat parlementaire [qui] devient, dans cette perspective, le support d'une recherche de la place de la loi dans la régulation des sociétés industrielles avancées [...]* » (Jacques Commaille, *L'esprit sociologique des lois : essai de sociologie politique du droit,* PUF, 1994, pp. 34-35). Dans ce contexte, la doctrine universitaire prend toute sa place dans la fabrication des travaux préparatoires des normes juridiques. C'est pour cette raison, d'ailleurs, que Pascale Deumier considère « *l'analyse de la doctrine, qui est, dans les travaux préparatoires [quoiqu'elle parle de ceux des arrêts], aussi bien universitaire* » (Pascale Deumier (dir.), « Présentation », in *Le raisonnement juridique. Recherche sur les travaux préparatoires des arrêts, Op. cit.*, p. 9).

[35] S'agissant de la procédure législative, qui, à certains égards, s'assimile aux travaux préparatoires des normes juridiques, il n'est pas ignoré qu'elle tend à changer totalement de nature, du point de vue démocratique, et au regard des nouvelles technologies qui permettent à tout un chacun de prendre part directement à la confection concrète des normes. Sur ce point, v. notamment Jordane Arlettaz, « E-démocratie et processus normatif », Olivier Le Bot, « Démocratie électronique et droits fondamentaux », Jean-Philippe Dérosier, « Des techniques de participation issues d'un seul gène : la démocratie », *in* Bertrand Mathieu, Anne-Marie Le Pourhiet, Dominique Rousseau et Alain Delcamp (dir.), *Nouvelles questions sur la démocratie,* Dalloz, Coll. : « Thèmes et commentaires », octobre 2010, respectivement pp. 95-99, pp. 101-106, pp. 107-115.

intraparlementaires, dans le sens où ils sont produits à l'intérieur du Parlement et pour le compte de celui-ci ; ensuite, les *travaux préparatoires extraparlementaires*[36], lesquels sont produits à l'extérieur du Parlement, sous différentes formes, et à travers plusieurs mécanismes prévus tant par la Constitution que par la loi. L'étude de la notion de travaux préparatoires extraparlementaires exigeait une minutieuse et complète observation de la jurisprudence du Conseil constitutionnel. Cette observation a en effet permis de retrouver les éléments fondateurs de cette notion[37] illustrée dans la décision n° 2003-468 DC.

Sur cette base, les travaux préparatoires représentent l'ensemble des mécanismes venant en amont et ayant conduit vers une disposition juridique, c'est-à-dire de la phase conceptuelle initiale (pré-parlementaire) en passant par le processus d'élaboration jusqu'à l'adoption définitive de ladite disposition (parlementaire), mais avant son entrée en vigueur. Cette définition qui se veut particulièrement étendue embrasse tout ce – de loin ou de près, directement ou

---

[36] Les travaux préparatoires extraparlementaires renvoient à toutes les procédures, prévues tant par la Constitution que par la loi, à l'extérieur du cadre du Parlement, procédures qui contribuent, de manière active, voire décisive, à l'élaboration et à l'adoption des normes législatives, et même des normes constitutionnelles. En effet, les avis rendus par le Conseil d'État dans le cadre de la procédure législative extraparlementaire, sur le fondement de l'article 39, al. 2, de la Constitution, sont, la plupart du temps, suivis par le gouvernement. Il est clair que, de ce point de vue, un avis du Conseil d'État qui dissuaderait le gouvernement d'aller dans un sens, pour une raison ou pour une autre, conduirait celui-ci à adopter un projet de loi dans le sens de cet avis ; autrement, on le sait, depuis la décision n° 2003-468 DC, que le gouvernement risque de voir son projet retoqué par le Conseil constitutionnel au stade contentieux. Ces procédures se déroulent, du point de vue constitutionnel, non seulement au Conseil d'État, mais également à la Cour des comptes, au Conseil économique, social et environnemental, dans les collectivités territoriales (et plus spécifiquement celles d'outre-mer). À certains égards, d'autres organismes constitutionnels contribuent implicitement à l'élaboration législative. C'est le cas notamment du Défenseur des droits et du Conseil supérieur de la magistrature. Sur le plan législatif, le Haut conseil de la santé publique, l'Académie nationale de médecine, le Comité consultatif national d'éthique, etc. contribuent également, on le verra, à la *préparation*, souvent de manière décisive, des normes dont les projets relèvent de leurs champs d'activité respectifs. Les travaux (avis, rapports, etc.) que produisent ces différents organismes, sur lesquels peut s'appuyer le Conseil constitutionnel, dans son rôle d'interprète final des normes juridiques, constituent la base de la notion de travaux préparatoires extraparlementaires.

[37] Il a fallu, en effet, une lecture de chacune des décisions du Conseil constitutionnel de manière complète. Car une simple recherche par les mots-clés, au singulier et au pluriel : « débat(s) parlementaire(s) », « travail / travaux parlementaire(s) » et « travail/travaux préparatoire(s) » étaient devenus non opérationnels pour la conception de cette notion. Et parfois même pour les travaux préparatoires intraparlementaires, ces trois mots-clés n'étaient pas non plus tout à fait opérationnels car il arrive au Conseil constitutionnel d'employer les termes « rapport(s) » en commission, « projet(s) de loi », « discussion(s) », etc. à la place des mots-clés susvisés.

indirectement – qui a été en rapport, à un moment donné, tant dans la phase de sa pensée conceptuelle que dans la phase de son élaboration concrète, avec la norme considérée. C'est ainsi que les programmes politiques, dont les idées peuvent parfois provenir du simple militant politique de base, peuvent, de ce point de vue, être considérés comme des travaux préparatoires[38] conduisant à la norme qui sera sa réalisation juridique concrète[39]. Quoique plus étendue, cette définition ne diffère, d'ailleurs, que de peu de celle donnée par le *Vocabulaire juridique* de Gérard Cornu qui définit les travaux préparatoires comme l'« *Ensemble des activités et documents (exposés des motifs ou propositions, rapports, discussions, etc.) qui, dans le processus d'élaboration d'un acte juridique (par ex. la loi), ont précédé la manifestation définitive de la volonté de son auteur et sont de nature à éclairer sa signification.*[40] »

Cependant, cette conception particulièrement extensive de la notion de travaux préparatoires n'est pas sans risque ; cela du fait notamment que les éléments constitutifs de ces derniers sont sujets à débat, ce qui a pu même conduire, à tort, à une approche assez restrictive de cette notion.

---

[38] L'alinéa 1er de l'article 4 de la Constitution du 4 octobre 1958 ne fait-il pas des partis et groupements politiques des concurrents (ou courants) nécessaires à l'expression du suffrage ?

[39] Sur ce point précis, en 2010, sous le premier secrétariat de Martine Aubry, les instances compétentes du Parti socialiste ont adopté un texte, à l'unanimité, que le candidat du Parti en 2012 devait *absolument* porter dans son programme, comme la volonté des militants. Parmi les propositions de ce texte, trois, dont deux sont devenues des réalités juridiques, peuvent attirer l'attention : 1. l'ouverture du mariage aux personnes de même sexe (*réalisé*) ; 2. l'égalité effective entre les hommes et les femmes sur tous les plans (*réalisé*, mais cela se discute) ; 3. et le droit de vote des étrangers à certaines élections locales (*abandonné* pour les raisons qu'on sait). Il est vrai que le juge constitutionnel ne pourra pas systématiquement – quoiqu'il puisse le faire, et le fait notamment en auditionnant des anciens ministres, des chefs de partis, etc. ayant pris part à la conception intellectuelle de la norme à interpréter (« *portes étroites* ») – consulter les archives d'un parti politique, qui a initié une réforme normative juridique, afin de saisir le sens des mots contenus dans le texte de cette réforme ; mais il n'empêche que pour la recherche d'une certaine vérité contextuelle et de la compréhension qui entourent le texte juridique, il s'agit d'une phase préparatoire non négligeable du processus d'élaboration normative. Ainsi, même la norme définitivement adoptée par le Parlement demeure, en quelque sorte, du travail préparatoire car tant que le juge constitutionnel n'a pas dit que le texte ainsi adopté par le Parlement est ce qu'il aura dit qu'il est, en s'appuyant, si nécessaire, sur les travaux préparatoires, cette norme n'est pas encore norme dotée d'une charge coercitive.

[40] Gérard Cornu, *Op. cit.*, p. 784.

C) D'une approche restrictive à une conception étendue de la notion de travaux préparatoires

Les juristes contemporains ont souvent effleuré la question des travaux parlementaires dans la jurisprudence du Conseil constitutionnel, mais sans, pour autant lui consacrer une analyse spécifique et approfondie. Mais ils reconnaissent l'importance des travaux préparatoires dans l'interprétation juridique. C'est ainsi que Brunessen Bertrand évoque le « *rôle important [que jouent les travaux préparatoires] dans la compréhension des décisions législatives dès lors que l'interprétation du droit repose souvent sur l'intention du législateur*[41] » ; Christophe Guettier, quant à lui, affirme : « *En effet, il [Conseil constitutionnel] peut être amené à prendre en considération les débats parlementaires, les annexes générales au projet de loi de finances, les comptes-rendus figurant dans les documents fournis au Parlement à l'occasion de l'examen de projets de loi de finances ou dans les rapports d'organismes publics, ou encore, les réponses données aux questions posées par les commissions parlementaires.*[42] » Ainsi, au nom du « *droit général à l'information*[43] » du Parlement, « *dans toute sa dimension*[44] », le Conseil constitutionnel « *recherche parfois si les assemblées ont pu disposer effectivement d'éléments d'information les mettant en mesure d'accomplir leur fonction législative.*[45] » Dans cette perspective, Pierre Avril affirme : « *[...] le recours aux travaux préparatoires a pour objet de déterminer la volonté de l'auteur de l'acte. [Ce recours] ne concerne que les éléments dont l'auteur avait connaissance au moment où il prenait sa décision.*[46] » C'est là une conception assez restrictive de la notion de travaux préparatoires. De cette approche restrictive, Christophe Guettier va ouvrir la voie vers une conception étendue de la notion en visant « *les comptes-rendus figurant dans les documents fournis au Parlement à l'occasion de l'examen de projets de loi de finances ou dans les* ***rapports d'organismes publics*** » ; or, ces derniers ne sont pas toujours portés à la connaissance du Parlement. Les documents fournis au Parlement et les rapports

---

[41] Brunessen Bertrand, *Infra*.

[42] Christophe Guettier, *Le Conseil constitutionnel et le droit parlementaire sous la Vème République*, Thèse, t. II, juin 1986, p. 555.

[43] V. Décision n° 64-27 DC et Christophe Guettier, *Ibid.*, p. 556.

[44] Christophe Guettier, *Ibid.*, p. 559.

[45] *Ibid.*, p. 555.

[46] V. Pierre Avril, Jean Gicquel et Jean-Éric Gicquel, *Droit parlementaire, Droit parlementaire*, LGDJ, 5ème édition, 2014, pp. 205-206, n° 237. Mais nous sommes en mesure d'affirmer que cette affirmation est de Pierre Avril seul, car il a, à titre individuel, avancé cette même conception des travaux préparatoires dans un autre écrit beaucoup plus ancien : v. Pierre Avril, « Le piano mécanique », in *Itinéraires : études en l'honneur de Léo Hamon*, Economica, 1982, p. 16.

d'organismes publics renvoient à ce qui a été désigné plus haut sous la dénomination de *travaux préparatoires extraparlementaires.*

Cette conception large des travaux préparatoires trouve, bien sûr, son fondement dans les décisions du Conseil constitutionnel, mais elle s'inscrit aussi dans l'histoire des institutions de la France, depuis la Révolution française, comme l'ont montré Aubry et Rau qui qualifièrent les « *travaux préparatoires [du Code civil] pendant la Révolution*[47] » de réflexions de « *commission de philosophes*[48] » nommée et « *chargée de rédiger un nouveau projet [de Code civil] plus conforme à l'esprit de l'époque [révolutionnaire].*[49] » C'est cette conception large des travaux préparatoires d'Aubry et Rau qui a conduit Savigny et Gény à voir la norme (législative) d'abord comme une *pensée intellectuelle* exprimée par le langage courant, comme tout concept de l'esprit humain[50].

En tant qu'histoire des normes juridiques[51], les travaux préparatoires permettent au juge constitutionnel de procéder à une « *reconstruction de la pensée contenue dans la loi*[52] ». C'est d'ailleurs dans ce sens qu'Otto Pfersmann considère que « *Les situations de contraintes [de toutes sortes] font l'objet, **selon les documents préparatoires**, d'une classification qui distingue l'émergence d'un comportement, à la production d'une norme ou méta-norme ou enfin à l'introduction d'un concept.*[53] »

Enfin, comme certains spécialistes du droit l'affirment très nettement, la notion de travaux préparatoires semble être une notion purement juridique : « *Les sources qui alimentent les délibérations de la première période sont **principalement***

---

[47] Charles Aubry et Charles Rau, *Cours de droit civil français*, t. 1, 3ème édition, Paris, §9, p. 12 [en ligne, Gallica].

[48] *Ibid.*, p. 13.

[49] *Ibid.*

[50] Friedrich Carl von Savigny, *Traité de droit romain*, 1855, notamment p. 194 ; François Gény, *Méthode d'interprétation et sources en droit privé positif : essai critique*, 1ère édition, 1899, p. 24 et 27 [Cujas et BNF].

[51] En effet, Pierre-André Côté, dans son ouvrage sur l'interprétation législative au Canada, a consacré toute une section à « *l'histoire parlementaire* » (*Historical interpretation*) où il affirme : « *Par 'l'histoire parlementaire' nous nous référons aux documents préliminaires relatifs à la préparation d'une loi, ce que les juristes francophones appellent les travaux préparatoires.* » (Pierre-André Côté, *The interpretation of legislation in Canada*, Les Editions Yvon Blais, Inc, 1992, p. 353 [BU Cujas].

[52] Friedrich Carl de Savigny, *Traité de droit romain*, Chap. VI « Interprétation des lois », trad. Guenoux, t. I, Paris, 1855, pp. 205-206.

[53] Otto Pfersmann, « Critique de la théorie des 'contraintes juridiques' », *in* Michel Troper, Véronique Champeil-Desplats *et ali* (dir.), *Théorie des contraintes juridiques*, Bruylant-LGDJ, 2005, p. 128.

***juridiques**. Il s'agit de la Constitution, de **ses travaux préparatoires**, des précédents, de la doctrine et des jurisprudences du juge ordinaire.*[54] » D'ailleurs, on rechercherait en vain la notion de travaux préparatoires dans un dictionnaire générique. Par exemple, l'*Encyclopedia Universalis*[55] donne différentes théories autour du mot *travail* sans jamais aborder la question de *travail préparatoire* ou *travaux préparatoires*. De ce point de vue, cette notion paraît propre à la science juridique. Pourtant, cette vision des choses est fausse. En effet, toutes les actions conscientes de l'humain requièrent une préparation ; la commission délibérée (et donc non spontanée et non commandée par une situation imprévisible, irrésistible et extérieure) d'une infraction est un acte préparé. De même, dans le milieu des travaux publics, il est souvent indiqué au public, aux usagers et aux passants que des travaux préparatoires *aux travaux*, c'est-à-dire avant des travaux de rénovation, de construction, etc. sont en cours[56]. De ce point de vue, la spécificité des travaux préparatoires dans la science juridique ne s'explique que par le fait que des règles spécifiquement juridiques l'encadrent, de même que, dans chacun des autres secteurs d'activité où ils sont pratiqués, ils doivent aussi obéir à l'exigence de règles spécifiques de production[57].

Ces quelques précisions faites, il convient, à présent, d'analyser le statut (plus que la nature) des travaux préparatoires par rapport aux normes qu'ils précèdent.

---

[54] Bertrand Mathieu, « Introduction », in *GDélCC*, p. 41, n° 61.

[55] *Encyclopedia Universalis*, Thesaurus, 2008, pp. 5520-5522.

[56] Il ressort d'une affiche, observée en été 2014, relative aux travaux de rénovation de la station de métro *Louvre-Rivoli* de la RATP, à Paris : « *Ici nous réalisons des travaux préparatoires en vue de la rénovation de la station à compter de novembre 2014. Merci de votre compréhension. RATP* ». En effet, l'expression « *matériaux* extrinsèques » employée par certains auteurs (v. Stéphane Beaulac, *Infra*, p. 296) pour qualifier les travaux préparatoires témoignent de la proximité entre travaux préparatoires des normes et travaux préparatoires dans le domaine de la construction ; le processus préparatoire étant le même, il s'agit de préparer en vue de bien faire ce que l'on veut ou doit faire.

[57] La seule différence entre travaux préparatoires produits dans le cadre de la procédure législative et ceux produits dans le milieu du bâtiment et de la construction pourrait être l'usage rétroactif qui en est fait d'eux ; mais là encore, la différence n'est pas nette ; lorsqu'un bâtiment s'écroule, la première question posée par les experts (architectes, ingénieurs, etc.) est celle de la fondation du bâtiment, qui renvoie aux travaux préparatoires à la construction de celui-ci, ce qui n'est pas différent de ce que font les juges, s'agissant des travaux préparatoires des normes juridiques posant problème, au stade contentieux de celles-ci.

D) Le statut épistémique des travaux préparatoires des normes juridiques par rapport à celles-ci

Au départ, les travaux préparatoires des normes juridiques sont de deux natures qui conditionnent, non pas leur valeur juridique qui, *a priori*, est nulle, mais leur statut épistémique en tant qu'ils sont porteurs de connaissances sur les normes juridiques. Les travaux préparatoires des normes constitutionnelles possèderaient un statut épistémique constitutionnel et ceux des normes législatives seraient de statut législatif. Cette assertion, ne relevant pas d'une logique naturelle, il convient de la préciser. Si l'on s'en tient uniquement à la fonction de producteurs de connaissances des travaux préparatoires, la valeur de ceux-ci peut dépasser celle de certains textes dont ils ont précédé l'adoption, dans la mesure où les travaux préparatoires d'un texte inférieur et celui-ci, lui-même[58], peuvent constituer un élément d'éclairage pour le juge constitutionnel sur un texte de statut supérieur (constitutionnel). C'est en sens, d'ailleurs, que le Conseil constitutionnel a pu interpréter, dans sa décision n° 60-11 DC du 20 janvier 1961, la notion de « *charge publique* » contenue dans l'article 40 de la Constitution de 1958, en partie, à l'aide d'un éclairage fourni par un simple texte de nature réglementaire. Ainsi, la nature juridique des travaux préparatoires, compte tenu de la fonction épistémologique de ceux-ci, peut transcender celle des textes dont ils ont précédé l'adoption, dans la mesure où leur rôle principal est de permettre de comprendre (ou de *connaître*) le contour contextuel de la norme considérée. Mais il s'agit là des travaux préparatoires intraparlementaires. Qu'en est-il des travaux préparatoires extraparlementaires ?

S'agissant du statut des travaux préparatoires extraparlementaires, il peut également ne pas être lié à celui du projet (ou de la proposition) de loi à l'élaboration duquel ces derniers conduisent. Par exemple, l'avis du Conseil d'État, au titre de l'article 39, al. 2, de la Constitution, se focalise souvent sur des questions de nature constitutionnelle ou conventionnelle (forme d'étude d'impact), alors même que le projet de texte sous au Conseil d'État est un texte de nature législative. Ainsi, le statut, et, partant, la valeur, juridiques de l'analyse constitutionnelle contenue dans l'avis du Conseil d'État dépasse celui du projet qu'il examine.

---

[58] On sait en effet que les textes juridiques en vigueur font, selon certains auteurs, partie des éléments constitutifs des travaux préparatoires des normes juridiques. Peter W. Hogg (*Constitutional law of Canada, Infra*, p. 798), par exemple, énumère six éléments entrant dans le champ de définition de la notion de travaux préparatoires, dont les réformes précédentes à un projet ou une proposition de loi.

Enfin, il convient d'apporter une autre précision, s'agissant de la définition à large spectre attribuée à la notion de travaux préparatoires. En effet, si l'on considère que des programmes politiques, voire des opinions individuelles de militants politiques ou de simples citoyens, peuvent, à certains égards, être constitutifs de travaux préparatoires des normes juridiques, cette situation donne naissance à un réel problème juridique : celui de l'usage de ces travaux préparatoires de type privé (ou non officialisé) dans l'interprétation constitutionnelle[59]. Le Conseil constitutionnel peut-il interpréter les normes juridiques à la lumière des programmes politiques ? La solution à ce problème n'est pas simple. Le Conseil constitutionnel aurait été particulièrement critiqué s'il donnait à voir qu'il prend en compte des intentions partisanes dans l'interprétation constitutionnelle. S'il procède ainsi, et cela arrive qu'il le fasse, ce n'est que par le biais du mécanisme dit des « portes étroites », mécanisme particulièrement critiqué par ailleurs[60]. Ce dilemme conduit alors à la

---

59 Parmi les travaux préparatoires, il y a lieu de distinguer des éléments mobilisables et des éléments non mobilisables par le juge-interprète. Parmi les éléments mobilisables, il y en a qui sont plus mobilisables que d'autres. Le caractère plus ou moins mobilisable des éléments constitutifs des travaux préparatoires tient au degré d'accessibilité de ces derniers. Ainsi, si les programmes politiques peuvent être considérés comme des travaux préparatoires des normes juridiques, leur caractère purement politique, dans le sens où ils ne sont pas visés par les textes juridiques qui encadrent la procédure de production des normes, empêche le juge d'y accéder pleinement et, surtout, ouvertement. Mais il ne s'agit pas de l'accès *physique* et *intellectuel*, tout un chacun peut y avoir accès ; il s'agit de l'accès *technique*, s'agissant de la matérialisation du raisonnement du juge. En effet, le juge ne courrait pas le risque d'une critique l'accablant de démagogie en se référant à des programmes politiques pour interpréter une norme juridique ; mais l'accès *scientifique*, au sens de la recherche de la vérité, et *intellectuel*, sans le dévoiler, demeure tout à fait possible, et le juge constitutionnel y a souvent recours sous différentes formes, notamment par le biais des « portes étroites » et de *l'amicus curiae*. Dans ce contexte, un avis du Conseil d'État paraît plus accessible au juge-interprète que ne le sont ces programmes politiques. De ce point de vue, il faut constater que les travaux préparatoires intraparlementaires (débats, rapports, discussions parlementaires) sont totalement accessibles au juge, alors que les travaux préparatoires extraparlementaires, du moins pour certains d'entre eux, ne lui sont accessibles que de manière limitée.

60 Sur ce point, v. Transparency International France, « Le lobbying au Conseil constitutionnel. Lobbying : la position de Transparency France sur les « portes étroites » du Conseil Constitutionnel » (https://transparency-france.org/project/lobbying-conseil-constitutionnel/), avril 2017 [consulté le 16 avril 2017]. Il est précisé que si le mécanisme des portes étroites peut être considéré comme un travail préparatoire dans la construction des normes législatives au stade du contentieux constitutionnel, donc au niveau prétorien, il ne peut être appréhendé comme un travail préparatoire des normes au sens politique, d'autant plus que le Conseil constitutionnel, s'il rend désormais publique la liste des interventions extérieures entrant dans le champ des portes étroites, ne les utilise pas de manière explicite dans ses décisions comme les travaux préparatoires analysés dans la présente thèse.

démonstration d'un autre aspect des travaux préparatoires des normes juridiques conduisant à distinguer des *travaux préparatoires au sens formel* et des *travaux préparatoires au sens informel.* Les premiers renvoient aux mécanismes *formellement* (juridiquement) prévus dans l'élaboration des normes, quand les seconds relèvent de tout processus constituant un début de réflexion sur la norme et pouvant, sur le plan épistémologique, permettre de comprendre celle-ci, lors de son interprétation par le juge, mais ce processus n'est *formellement* visé par aucun texte juridique. On aura l'occasion de revenir ce point.

Précisons, à présent, l'espace couvert par la recherche.

III. Espaces temporel, géographique et juridictionnel de la recherche

Il est important, en effet, de préciser le contour de cette étude en la situant à la fois dans la temporalité et dans l'espace. S'agissant de la temporalité, il aurait semblé cohérent de se limiter à une période précise d'observation de cette méthode d'interprétation dans la jurisprudence du Conseil constitutionnel. Mais, compte tenu de l'inconsistance, sur le plan contentieux (hormis électoral), de la fonction du Conseil constitutionnel entre les années 1960 et 1970, et du fait que celui-ci n'utilise pas toujours cette méthode d'interprétation de manière visible dans chacune de ses décisions, il a paru incohérent et injustifié de se limiter à une période précise. Ainsi, cette recherche a été envisagée sur l'ensemble de la jurisprudence constitutionnelle du Conseil, du 5 mars 1959, date d'installation de ce dernier, à nos jours. À ce propos, aucune différence d'usage sur le fond ne justifie une exclusion ou une étude particulière de l'usage des travaux préparatoires dans le cadre du mécanisme de la question prioritaire de constitutionnalité (QPC). En effet, le Conseil constitutionnel fait usage de cette méthode d'interprétation tant dans le cadre du contrôle *a priori* (Décision n° 60-11 DC) que dans le cadre du contrôle *a posteriori* (Décision n° 2012-297 QPC) de constitutionnalité.

Quant à l'espace géographique et juridictionnel considéré, il est précisé que la recherche se limite au cadre de la jurisprudence du Conseil constitutionnel français. Cela exclut d'emblée les juges ordinaires[61] qui, pourtant, produisent, à

[61] Bien que les autres juridictions des deux ordres pratiquent également cette méthode d'interprétation juridique (CE 7 avril 2010, *Ministre de l'immigration, de l'intégration et de l'identité nationale,* n°316625 ; Cass. com., 9 novembre 2010 *SAS Distribution Casino de France,* n°10-

leur niveau, également de la jurisprudence et, *a fortiori*, de l'interprétation constitutionnelles. Cette piste exclut également, *a priori*, l'étude *comparative* (à proprement parler) de cette méthode d'interprétation par des cours constitutionnelles étrangères. Mais, on l'aura compris, ces limites, s'agissant d'une recherche en droit constitutionnel, une discipline qui se nourrit constamment du dialogue et de l'influence mutuelle des juges (constitutionnels), dans un monde globalisé, aussi sur le plan juridique[62], ne seront pas de rigueur. Ainsi, on le verra, l'observation de l'usage de cette méthode d'interprétation dans les pays anglo-saxons, notamment du point de vue historique, est d'une grande utilité, tant elle permet de comprendre la place, le sens et la portée, mais aussi le fondement juridique et culturel profond de cette méthode d'interprétation du droit.

Il convient, à présent, de mettre en perspective l'interprétation constitutionnelle, qui se trouve au centre du sujet traité, au regard des différentes théories et conceptions qui gravitent autour de cette notion.

IV. L'interprétation constitutionnelle à travers les travaux préparatoires : acte de connaissance ou acte de volonté ?

L'interprétation juridique (constitutionnelle) est-elle un acte de création, c'est-à-dire un acte de volonté, ou un acte de connaissance du juge constitutionnel, ou les deux à la fois ? Si oui, en quoi est-elle à la fois un acte de volonté (créatrice) et de connaissance ? Est-on allé au fond des idées dissimulées derrière ces théories de l'interprétation juridique ? Il semble qu'il faut sortir de l'acception classique des théories « interprétation-acte de volonté »[63] et « interprétation-acte de connaissance » afin de tenter d'apporter de nouveaux éléments d'explication à la question de l'interprétation juridique, sans pour autant prétendre la résoudre.

10937 ; TC 12 février 2001, *Commune de Courdimanche et compagnie Groupama Île-de-France,* n° 3243, *Leb.* p. 735), sauf exceptions ponctuelles et justifiées, seule la jurisprudence du Conseil constitutionnel est considérée dans le champ de cette recherche.

[62] Sur ce point, v. Stephen Breyer, *La Cour suprême, le droit américain et le monde,* Odile Jacob, Préface de Guy Canivet, octobre 2015, 370 p.

[63] Parmi les auteurs qui soutiennent de manière tranchée que l'interprétation constitutionnelle est un acte de volonté, se trouve Michel Troper pour qui « *L'interprétation n'est pas un acte de connaissance, mais de volonté.* » (Michel Troper, *Le gouvernement des juges, mode d'emploi,* Les Presses de l'Université de Laval, Coll. : « Mercure du Nord / Verbatim », 2006, pp. 8-9).

Méthode d'interprétation bien connue des juristes, mais aussi, peut-être, la plus débattue dans le milieu juridique[64], l'usage des travaux préparatoires, par le juge, dans l'interprétation juridique, demeure peu étudié, voire méconnu[65]. Pourtant, l'usage des travaux préparatoires, on peut l'affirmer, fait partie des « *politiques jurisprudentielles constitutionnelles*[66] » du Conseil depuis sa décision n° 59-2 DC.

Le débat autour de la place des travaux préparatoires, remplis de subjectivités historiques, dans l'interprétation du droit, renvoie à deux approches fondamentales du droit, l'une plus classique, l'autre plus récente et assez critique à l'égard de la première. La première approche est celle dite de la conception moniste du droit et l'autre est relative à la conception pluraliste du droit[67]. Ces approches conduisent à deux autres approches, non pas de la conception du droit cette fois, mais de la nature de l'acte de l'interprétation du droit. La première approche est relative à la question de savoir si l'acte d'interprétation du droit est un acte de volonté et la seconde questionne l'acte d'interprétation en tant qu'acte de connaissance du juge-interprète. Alors l'interprétation constitutionnelle est-elle un acte de volonté ou un acte de connaissance du juge constitutionnel ? Il convient de trancher cette question, avant d'entrer dans le fond du sujet, afin de pallier tout malentendu.

Toute création rationnelle – quelle qu'elle soit – suppose un minimum de connaissance, ne serait-ce que pour anticiper et canaliser les conséquences. Ainsi, l'acte de création juridique ne peut pas se passer de l'acte de connaissance. L'acte de création est ici confondu avec celui de volonté. Si l'interprétation définitive du juge constitutionnel d'un texte juridique est incontestablement un acte de

---

[64] Pierre-André Côté (*The interpretation of legislation in Canada*, *Op. cit.*, pp. 357 s.) a montré ce débat particulièrement virulent au Canada et ailleurs en ces mots : « *Aucune règle d'interprétation législative n'a été aussi débattue et critiquée dans la littérature juridique canadienne. [...] Et même dans les systèmes juridiques comme aux États-Unis et en France où l'histoire parlementaire est admissible dans l'interprétation juridique, la pratique demeure controversée.* »

[65] Parfois expliquer que le juge (constitutionnel) utilise les travaux préparatoires des normes juridiques comme mode opératoire dans l'interprétation constitutionnelle peut même surprendre certains juristes. Cette affirmation a pu être vérifiée lors d'un colloque de *juristes* qui a eu lieu les 4 et 5 novembre 2013 (« Symposium "Three Constitutions" : *The United States (1787), France (1791 etc.), Norway (1814)* »), Fondation Maison de la science de l'homme, Paris).

[66] Dominique Rousseau, *Droit du contentieux constitutionnel*, LGDJ, 10ème édition, septembre 2013, p. 271.

[67] Hugues Moutouh, « Pluralisme juridique », in Denis Alland et Stéphane Rials (dir.), *Dictionnaire de la culture juridique*, PUF, 2007, pp. 1159-1161.

volonté – ce qui suppose aussi une forme de création –, cette volonté ne peut se fonder que sur une connaissance du contexte de la règle de droit considérée. Et les travaux préparatoires sont ainsi un instrument privilégié pour appréhender le contexte politique, sociologique, économique, culturel, etc. dans lequel s'inscrit la norme soumise à l'interprétation constitutionnelle[68]. Mais cette volonté fondée sur la connaissance découverte à l'aide des travaux préparatoires peut aussi être vue comme un acte de désobéissance, ce qui paraît fort problématique. Selon certains, Jean Carbonnier aurait écrit que « *l'interprétation est la forme intellectuelle de la désobéissance* ». Cependant, si cette phrase est attribuée à Jean Carbonnier, la référence à laquelle certains auteurs renvoient[69], sachant que la plupart ne font que citer la phrase sans en donner la source, ne comporte pas cette citation ni même quelque chose qui pourrait être interprété en ce sens. Mais admettons que Jean Carbonnier, ou n'importe quel autre juriste de cette notoriété, aurait effectivement eu cette vision de l'interprétation, une telle conception suscite bien des questions. La première question qu'elle soulève est celle de savoir à quoi renvoie cette désobéissance. Ensuite, il serait nécessaire de savoir qui sont les auteurs de cette désobéissance. Sans vouloir contribuer à une forme de spéculation sur un *inexistant*, on peut, dans le contexte, admettre que la désobéissance renverrait à l'objet désobéi, ici l'énoncé normatif (quelle qu'en soit la forme), c'est-à-dire, en définitive, le détenteur pouvoir normatif (constituant, législateur…). En ce sens, celui qui désobéit à la prescription de l'auteur en interprétant l'énoncé normatif n'est pas seulement l'interprète d'autorité, c'est-à-dire le juge habilité, il doit être considéré comme étant l'ensemble des organes et individus qui, même sans habilitation, interviennent dans l'explication de l'énoncé dont s'agit, bien que l'analyse juridique ne puisse substantiellement se focaliser que sur l'interprétation du juge, seul interprète officiellement habilité. Cependant, en vue de trouver une solution au problème, plutôt que de parler de désobéissance, d'autant qu'il est difficile d'admettre que le juge-interprète n'est là que pour obéir, il serait plus approprié de parler d'écart, car toute interprétation

---

[68] Pour comprendre le poids du contexte d'un objet, d'une situation ou d'une norme juridique, v. Olivier Cayla, *La notion de signification en droit. Contribution à une théorie du droit naturel de la communication*, Thèse, Paris II, t. I, novembre 1992, « Introduction », pp. 9 s. L'auteur, sous le titre de paragraphe « *La force du contexte, ou la signification d'un acte de volonté* » (*Ibid.*, p. 9), en vient à l'exemple du « *brigand, qui en plaquant son pistolet sur la tempe de sa victime, dit : la bourse ou la vie* » (p. 19). Dans une telle situation, sans le contexte du pistolet sur la tempe, la parole déclarative dialogique du brigand n'aurait pas été suffisante à permettre à la victime de comprendre que celui-ci proférait un ordre dont l'irrespect pourrait entraîner sa suppression pure et simple.

[69] Jean Carbonnier, *Droit civil, Introduction*, PUF, Coll. : « Thémis », 26ème édition, 1999, n° 148, p. 283.

suppose nécessairement un écart entre l'objet interprété et le résultat final, ce qui n'est pas moins valable s'agissant de l'interprétation constitutionnelle.

Le légicentrisme, d'une part, et le constitutionnalisme, d'autre part, sont les deux principales doctrines à la base du positivisme juridique, lequel exprime l'idée selon laquelle l'acte d'interprétation du droit est un acte de connaissance. Cependant, le courant doctrinal du réalisme juridique voit l'acte interprétatif du droit comme étant un acte de volonté[70] du juge, non loin de l'acte de désobéissance. On connaît les nuances et les subtilités de ces deux conceptions opposées, à propos de la question de l'interprétation juridique[71], dont il n'est jamais facile de saisir tout à fait les contours.

Si le « *droit [...] est la volonté des hommes*[72] », faut-il encore espérer que cette volonté soit sincèrement élaborée et, surtout, acceptée, du moins tacitement, par le plus grand nombre de ceux qui y seront contraints.

Le juge constitutionnel, lorsqu'il s'appuie sur les travaux préparatoires pour déterminer, dit-on, le sens de la norme qu'il interprète, fait-il découler de ceux-ci sa propre volonté ou se réfère-t-il, au contraire, à ces documents afin de prendre connaissance du sens de la norme considérée ? La question est loin d'être simple. Les positivistes diraient que ce n'est qu'un pur acte de connaissance, en ce sens que l'interprétation constitutionnelle serait simplement déduite des travaux préparatoires. Et les réalistes affirmeraient probablement le contraire, à savoir que le fait de se référer aux travaux préparatoires n'est qu'un acte de volonté du juge qui n'est d'ailleurs pas textuellement obligé de s'y référer. Mais le choix de l'une

---

[70] Pour une critique de cette conception réaliste de l'interprétation du droit, v. Étienne Picard, « Contre la théorie réaliste de l'interprétation juridique », *in* Colloque : « L'office du juge », Sénat, 29-30 septembre 2006 [en ligne]. Cet auteur dénonce la « *destruction du droit* » par la théorie réaliste, du fait, notamment, que celle-ci paraît libérer l'interprète authentique, qui est officiellement habilité, de toute contrainte, de toute justification des résultats de son activité interprétative. Mais, en réalité, on peut affirmer que, si ces critiques sont valides, elles sont dirigées contre une conception peut-être caricaturale du réalisme juridique, car l'interprète authentique est toujours contraint et doit même se contraindre pour amoindrir les inévitables contestations de son interprétation. On y reviendra dans seconde partie de cette thèse à travers la notion de *pluralisme interprétatif*.

[71] V. Ronald Dworkin, « Le positivisme », Trad. Michel Troper, *Droit et société*, 1985-1, pp. 35-36 [Extrait de *Prendre le droit au sérieux*, Duckworth, 3ème édition, 1981, Chap. II] ; v. également Christophe Grzegorczyk, Françoise Michaut et Michel Troper (dir.), *Le positivisme juridique*, LGDJ, 1992, 535 p.

[72] Ernest Renan, *Qu'est-ce qu'une nation ?*, Préface de Nicolas Tenzer, Mille et une nuits [1882], novembre 1997, p. 29.

de ces deux positions théoriques de l'interprétation juridique n'est ni suffisant, ni pertinent pour permettre de mesurer toute la complexité qui s'attache à la fonction de l'interprète constitutionnel. En effet, le juge constitutionnel français, en particulier, est quelque peu obligé, on le verra, de se référer aux travaux préparatoires[73]. Mais le courant réaliste du droit disposerait d'un argument scientifique implacable pour défendre sa position, à savoir que le juge constitutionnel ne se réfère pas toujours aux travaux préparatoires, et même lorsque l'usage de cette méthode d'interprétation paraît nécessaire, il ne suit pas toujours le sens de ses résultats.

Dans ce contexte, le juge constitutionnel est susceptible d'être critiqué des deux côtés. En effet, dire que la référence aux travaux préparatoires est un acte de volonté du juge ou, au contraire, un acte de recherche d'instruments probants lui permettant de *connaître* l'interprétation constitutionnelle place celui-ci au cœur d'un dilemme. Dans un cas, il serait critiqué d'imposer sa volonté, lorsqu'il ne suit pas celle découlant des travaux préparatoires qui, pourtant, indiquent l'interprétation du droit posé ; dans l'autre, il serait considéré comme un juge refusant de percevoir la situation *réelle* et de regarder vers l'avenir, lorsqu'il s'attache à la « vérité » issue des travaux préparatoires, se retournant ainsi vers le passé que représente cette méthode *historique* d'interprétation du droit.

Ainsi, le rapport entre le juge constitutionnel et les travaux préparatoires des normes juridiques qu'il interprète est très particulier. Ce rapport est différent dans les autres ordres juridictionnels (administratif et judiciaire). Le suivi et l'usage des travaux préparatoires par le Conseil constitutionnel sont donc des passages obligés dans le contexte d'une rapidité excessive, quant au court délai dont il dispose, ce que le Conseil déplore[74] par ailleurs. Mais le Conseil constitutionnel

---

[73] Il y est obligé non seulement du fait de la brièveté du temps de jugement qui lui est imparti, mais aussi et notamment du fait d'une exigence constitutionnelle implicite, issue tant de la Constitution de 1958 que de la jurisprudence constitutionnelle elle-même. Sur ce point, v. Chap. 2, Titre II, Première partie, *Infra*. Bien que le Conseil constitutionnel semblât, depuis l'arrivée de Laurent Fabius à sa tête, vouloir se détourner de l'usage explicite de cette méthode d'interprétation juridique, qu'il avait pourtant délibérément adoptée dès le début de son fonctionnement en 1959, l'intérêt et l'importance démocratiques de celle-ci dans la jurisprudence constitutionnelle ne tarira pas pour autant.

[74] En effet, le Conseil constitutionnel a eu l'occasion de juger que « *[...] devant statuer avant la promulgation de la loi dans le délai prévu par l'article 61 de la Constitution, le Conseil constitutionnel ne peut saisir la Cour de justice de l'Union européenne sur le fondement de l'article 267 du traité sur le fonctionnement de l'Union européenne ; qu'en conséquence, il ne saurait déclarer non conforme à l'article 88-1 de la Constitution qu'une disposition législative manifestement incompatible avec la directive qu'elle a pour objet de transposer ; qu'en tout état de cause, il appartient aux juridictions administratives*

utilise ce moyen d'interprétation à d'autres fins, notamment pour asseoir sa légitimité technique et intellectuelle face à la légitimité « populaire » du

---

et judiciaires d'exercer le contrôle de compatibilité de la loi au regard des engagements européens de la France et, le cas échéant, de saisir la Cour de justice de l'Union européenne à titre préjudiciel ; » (Décision n° 2015-726 DC du 29 décembre 2015, Cons. 5, 2ème phrase. *Loi de finances rectificative pour 2015*). Il s'agit là de la confirmation de sa décision n° 2006-543 DC du 30 novembre 2006, Cons. 7. *Loi relative au secteur de l'énergie.* Le Conseil constitutionnel, par cette jurisprudence plaintive, demande clairement de réviser la Constitution en vue de lui accorder davantage de temps dans le cadre du contrôle *a priori* afin de pouvoir exercer pleinement son contrôle, notamment en cas de nécessité de saisine de la Cour de justice de l'Union européenne (CJUE) ou la Cour européenne des droits de l'homme (CEDH) par une question préjudicielle. Certains constitutionnalistes, clairement *nationalistes* et *souverainistes,* du point de vue juridique, diraient que le Conseil constitutionnel ne s'est référé à la CJUE qu'une fois (Décision n° 2013-314 P QPC du 4 avril 2013 à propos du mandat d'arrêt européen) et que, par conséquent, cela ne signifie pas que le Conseil constitutionnel se soumet à l'ordre juridique de l'UE. Dans cette décision n° 2015-726 DC, le Conseil constitutionnel explique, pourtant, la raison pour laquelle il ne peut saisir la CJUE dans le cadre du contrôle *a priori*, alors qu'il tend à le faire régulièrement dans le cadre du contrôle *a posteriori* (Décision n° 2018-750/751 QPC du 7 décembre 2018, §.19. *Société Long Horn International et autre [Régime juridique de l'octroi de mer]*) ; c'est une question liée au court délai dont il dispose pour statuer dans le cadre du contrôle *a priori.* D'ailleurs, cette décision semble s'inscrire dans une forme d'assouplissement progressif de la jurisprudence IVG (décision n° 74-54 DC) qui a maladroitement exclu le Conseil constitutionnel du contrôle de conventionalité. C'est en ce sens, d'ailleurs, quoi que de manière assez discutable, que Jean Foyer jugea cet abandon, par le Conseil constitutionnel, du contrôle de conventionalité aux juges ordinaires comme étant « *contraire à toute tradition républicaine.* » (Jean Foyer, « Pour la suppression du Conseil constitutionnel », *La Revue administrative*, 51ème année, n° 301, janvier-février 1998, p. 98). Il déplora, ainsi, « *une restructuration de l'ordre juridique à la mode normativiste, laquelle n'a pas le moindre souci de la vérité historique.* » (*Ibid.*). Sur ce dernier point, Jean Foyer rejoint le courant qui dénonce le positivisme issu de la pensée comtienne. Désormais, en effet, eu égard aux dispositions de l'article 88-1 de la Constitution, la jurisprudence IVG est dépassée ; une réforme constitutionnelle ou un revirement de jurisprudence du Conseil paraît nécessaire et souhaitable pour sortir ce dernier de cette impasse. Enfin, sur ce point, l'ancien président du Conseil constitutionnel, Jean-Louis Debré, déclare : « *Il me semble qu'après la révolution juridique entraînée par la création de la QPC, c'est-à-dire le contrôle a posteriori de la loi, il convient de s'engager dans une réflexion sur un contrôle de conventionnalité et, plus simplement, de constitutionnalité ; d'examiner si les lois sont ou non conformes aux conventions internationales qui lient la France.* » (*Ce que je ne pouvais pas dire*, Robert Lafont, avril 2016, p. 347). Cette déclaration confirme que le Conseil constitutionnel pratique bel et bien, dans les faits, ce contrôle de conventionalité tout en le dissimulant pour éviter les critiques pour sa soumission à la Cour de justice de l'Union européenne. Dans le même sens, le Conseil constitutionnel s'est déclaré incompétent pour juger qu'une loi qui se borne à tirer les conséquences d'un règlement ou d'une directive de l'Union européenne est conforme ou non à la Constitution. De fait, le Conseil constitutionnel reconnaît la supériorité du droit de l'Union européenne par rapport à la Constitution (Décision n° 2019-818 QPC du 6 décembre 2019. *Mme Saisda C. [Assistance de l'avocat dans les procédures de refus d'entrée en France et de maintien en zone d'attente]*), bien qu'il persiste dans son refus d'opérer un contrôle de conventionnalité.

législateur. Par conséquent, en refusant l'acception réductrice dissimulée derrière ces deux conceptions, l'interprétation constitutionnelle n'est ni un acte de volonté, ni un acte de connaissance ; elle est un acte de construction rationnelle et convaincante du droit, ce qui suppose un travail de création, certes, du juge constitutionnel, mais dont les éléments de fondement, tel que le texte posé, sont, directement ou avec un minimum de connaissance primaire[75], accessibles au plus grand nombre.

Il convient à présent de préciser la position qui est ici adoptée, au regard de ces deux théories dominantes et opposées de l'interprétation juridique. L'étude des travaux préparatoires dans la jurisprudence constitutionnelle française permet d'observer la pertinence de ces deux théories de l'interprétation juridique, mais surtout de conclure à leur nécessaire conciliation, tout en rejetant leur caractère dogmatique réducteur ; cette étude permet également de souligner le lien de complémentarité qui unit les deux théories. En effet, si l'on devait suivre l'une ou l'autre de ces deux théories, sans en tirer les conclusions nécessaires, l'apport à la théorie de l'interprétation serait futile. Ainsi, il pourrait être considéré que la clarté que le juge recherche dans les travaux préparatoires, c'est là l'un des moteurs de l'usage de cette méthode d'interprétation, n'est qu'un mythe, du point de vue de la théorie de l'interprétation comme acte de volonté, puisque cette volonté du juge constitutionnel ne dépendrait que de lui seul. Et, dans l'autre sens, c'est-à-dire en considérant que l'interprétation n'est qu'un acte de connaissance du juge constitutionnel, dans la découverte, si possible dans les travaux préparatoires, de la norme qui en a été (dé)posée, cela reviendrait à dire que le juge constitutionnel s'adonne à la volonté des anciens, des morts, au détriment de la volonté des modernes, des vivants, ce qui serait, pour beaucoup, tout à fait incompréhensible[76]. Une position aussi tranchée conduirait alors à se placer dans une impasse théoriquement et scientifiquement infranchissable. Ceci explique la

---

[75] Le juge ne fonctionne pas dans un terrain vide, même si le sens des éléments contenus sur ce terrain doit être précisé par lui pour exister en tant que tels (*connaissance*). De ce point de vue, il faut bien reconnaître qu'en tant que la bouche de la Constitution, le juge constitutionnel est celui qui, seul, peut dire ce qu'il veut que la Constitution (ou la loi simple) dise (*volonté*). Par conséquent, l'interprétation constitutionnelle s'inscrit dans une démarche de nature mixte, elle ne peut être réduite ni à la seule volonté, ni à la seule connaissance du juge constitutionnel, elle revêt ces deux éléments.

[76] Sur ce point, v. Benjamin Constant, *De la liberté des anciens comparée à celle des modernes* [1819], Préface de Gil Delannoi, Berg International, avril 2014, 48 p ; v. aussi Noémie Porte, *Le Conseil constitutionnel, gardien de la liberté des Anciens*, Dominique Rousseau (dir.), Université de Montpellier, 2013. Cette auteure pointe, par exemple, une tendance du Conseil constitutionnel à donner la priorité (ou gain de cause) au peuple moderne que dans des cas très restreints, ce qui montre que le débat autour de cette problématique est bien réel et actuel.

nécessité de prendre en considération de manière sincère la complexité qui s'attache à la fonction d'interprétation du juge constitutionnel, qui est d'abord une fonction de construction juridique par l'art de la persuasion, quant à ses choix interprétatifs finaux.

Enfin, certains juristes affirment que certaines normes juridiques, à l'instar des normes règlementaires, ne disposent pas de travaux préparatoires. Cette considération est, pour le moins, inexacte, on y reviendra. C'est dans ce contexte qu'il importe de préciser les travaux préparatoires considérés dans le cadre de cette recherche.

V. Travaux préparatoires observés : ceux des lois et de la Constitution de 1958

Bien que les travaux préparatoires des normes législatives et ceux des normes issues de la Constitution de 1958 soient de nature différente, la méthode d'interprétation consistant, pour le Conseil constitutionnel, à faire usage des travaux préparatoires dans l'interprétation constitutionnelle, n'est pas différente ; il ne convient donc pas, du point de vue de la méthode, d'opérer une différence d'usage de ces deux types de travaux préparatoires dans la jurisprudence constitutionnelle.

L'interprétation constitutionnelle consiste en l'interprétation, par le juge constitutionnel, tant des normes de nature constitutionnelle que des normes de nature législative[77]. La démarche adoptée ne se limite donc pas aux travaux

---

[77] Cette recherche se concentre sur les travaux préparatoires des normes de nature législative et constitutionnelle dans le processus de leur interprétation par le juge constitutionnel, en excluant les travaux préparatoires des actes de nature réglementaire. Car, bien que le Conseil constitutionnel puisse être conduit à interpréter et appliquer des actes administratifs (réglementaires), il ne le fait, à quelques rares exceptions près (v. Décision n° 80-119 DC du 22 juillet 1980, Cons. 2 et 9. *Loi portant validation d'actes administratifs*), que dans le cadre du contentieux électoral dont il a la charge au niveau des élections nationales. Ce contentieux n'est donc pas observé dans cette recherche. À ce propos, si certains, à l'instar de Bruno Genevois (notamment lors d'un colloque sur la *Législation déléguée*, Conseil d'État, juin 2014), affirment qu'il n'y a pas de travaux préparatoires des actes administratifs, cette affirmation n'est pas partagée par tous. Ainsi, Bertrand Seiller a pu démontrer avec aisance que les actes administratifs (réglementaires), s'agissant notamment de leur procédure d'adoption, ont de réels travaux préparatoires qui peuvent prendre plusieurs formes. Ainsi, les normes dont il sera question dans cette recherche sont des normes de nature législative et constitutionnelle. Pourtant, les normes réglementaires – quoi qu'on en dise – ont aussi des travaux préparatoires qui conduisent à elles (v. Bertrand Seiller, *Droit administratif*, t. 1 « Les sources et les

préparatoires des normes de nature législative ; elle s'inscrit dans une dimension plus étendue qui inclut l'observation de l'usage des travaux préparatoires des normes de nature constitutionnelle ; l'analyse de ces deux facettes de la démarche permet une meilleure approche de la signification de cette méthode d'interprétation dans la jurisprudence constitutionnelle. La démarche n'est pas une analyse technique décision par décision, mais celle de relever, dans une perspective plus globale, les tenants et les aboutissants d'une telle méthode d'interprétation du droit dans l'interprétation constitutionnelle.

En effet, si le Conseil constitutionnel doit interpréter les normes législatives qui lui sont soumises, il doit aussi procéder à l'interprétation à toutes les normes de références, dont les normes constitutionnelles. Or, celles-ci ne sont pas homogènes, leur histoire contextuelle respective est différente, ce qui, d'ailleurs, explique qu'elles s'inscrivent dans le cadre d'un corpus de constitutionnalité depuis 1971. De ce point de vue, il n'est pas inintéressant, théoriquement, de faire le lien entre les travaux préparatoires de la Constitution de 1958 et ceux des textes mentionnés dans le préambule de celle-ci, c'est-à-dire les travaux préparatoires de la Déclaration des droits de l'homme et du citoyen (DDHC) de 1789, ceux du Préambule de la Constitution de 1946[78] et ceux de la Charte de l'environnement de 2004. Si l'on ne peut pas faire l'impasse sur le lien qui existe entre ces différents textes constitutionnels, il ne sera, pour autant, analysé ici que les travaux préparatoires utilisés, plus ou moins explicitement, dans la jurisprudence du Conseil constitutionnel. Ce choix recentre le sujet traité dans ce contexte précis afin de ne pas sortir du champ du contentieux constitutionnel, et il permet aussi de constater les travaux préparatoires privilégiés par le Conseil constitutionnel, suivant les cas qui se présentent à lui.

Par ailleurs, une autre question, dans le contexte de cette recherche, s'avère tout aussi importante. Dans la mesure où tous les juges utilisent les travaux préparatoires et les citent directement dans leurs décisions, en quoi l'usage des travaux préparatoires dans la jurisprudence du Conseil constitutionnel présente-

---

juges », Flammarion, Coll. : « Champs université », 4ème édition, Septembre 2011, p. 190) ; pour cette raison, il semble qu'ils méritent également d'être étudiés, dans la mesure où ils éclairent aussi, au niveau contentieux, le processus préparatoire dans l'élaboration des normes règlementaires. Cependant, compte tenu de la particularité de ces normes qui ne relèvent pas de la compétence du Conseil constitutionnel, quant à leur contrôle tant de légalité que de constitutionnalité, elles ne seront pas étudiées dans le cadre de cette recherche.

[78] S'agissant des travaux préparatoires de la Constitution de 1946, v. Jeannette Bougrab, *Aux origines de la Constitution de la IVème République*, Dalloz, Coll. : « Nouvelle bibliothèque des thèses », 2002, 684 p.

t-il un intérêt et une importance scientifiques particuliers ? La Constitution et la jurisprudence constitutionnelle étant considérées, en droit interne, comme étant placés au-dessus des deux ordres juridictionnels et de toutes les autres branches du droit, l'étude des travaux préparatoires, dans ce contexte particulier, où se fabrique la normativité constitutionnelle, est tout à fait justifiée. Cela l'est d'autant plus que la jurisprudence constitutionnelle joue un rôle structurant, au sens où elle confère, selon Philippe Ardant, « *ses fondements [à] l'ordre juridique.*[79] » De ce point de vue, l'étude de cette méthode d'interprétation dans l'interprétation constitutionnelle revêt une importance haute et particulière, d'où la focalisation de la recherche dans ce champ particulier.

En outre, si la lecture des travaux préparatoires des normes juridiques s'impose à tout interprète de celles-ci, leur apparition dans la décision interprétative n'est pas toujours exprimée. Ainsi, on peut observer un usage tantôt implicite, tantôt explicite des travaux préparatoires[80] dans la jurisprudence constitutionnelle. Cet usage explicite ou implicite n'est pas sans conséquence sur l'interprétation constitutionnelle. En effet, l'usage explicite des travaux préparatoires par l'interprète permet, en quelque sorte, de démocratiser l'interprétation constitutionnelle, qui paraîtra ainsi moins ésotérique, et plus accessible aux justiciables[81] et, *in fine*, à tous. On reviendra largement sur cet aspect de l'interprétation constitutionnelle dans la seconde partie de cette recherche.

Enfin, l'usage des travaux préparatoires par le Conseil s'observe tant dans les décisions de celui-ci qu'à d'autres endroits liés à ses décisions. En effet, les travaux préparatoires peuvent se trouver directement cités dans les décisions elles-mêmes, mais aussi examinés dans les commentaires aux Cahiers et dans les communiqués de presse, ou les trois en même temps. Ainsi, conscients que les travaux préparatoires sont particulièrement utilisés par le Conseil constitutionnel, d'abord depuis que celui-ci a posé les exigences constitutionnelles de clarté et de sincérité du débat parlementaire[82] et, en particulier, depuis l'avènement du contrôle *a posteriori*, les requérants, institutionnels et non institutionnels, étoffent assez souvent leurs arguments à l'aide des travaux préparatoires, tant intraparlementaires qu'extraparlementaires. Mais les travaux préparatoires de la

---

[79] Philippe Ardant, *Décisions du Conseil constitutionnel*, PUF, Coll. : « Que sais-je », novembre 1990, Avant-propos, p. 3.

[80] Décision n° 2015-719 DC, Cons. 6. Comp. Décision n° 2015-720 DC, Cons. 6.

[81] Sur ce point, v. *Rapport du Groupe de travail sur la rédaction des décisions de la juridiction administrative*, Philippe Martin (pdt), Conseil d'État, avril 2012, *proposition n° 6*, p. 29.

[82] Décision n° 2005-512 DC, Cons. 4 ; Décision n° 2005-532 DC, Cons. 25.

Constitution de 1958 qu'utilise le Conseil constitutionnel ne sont pas pour autant communément admis comme tels ; ils sont l'objet de controverses au niveau de la doctrine.

VI. Controverses autour des travaux préparatoires de la Constitution du 4 octobre 1958 : pour en finir

Dans la mesure où le juge constitutionnel doit aussi interpréter les normes constitutionnelles, l'usage des travaux préparatoires de celles-ci, à l'instar de ceux des normes contrôlées, lui permet aussi d'interpréter ces normes. Or, les éléments pouvant, en substance, être qualifiés de travaux préparatoires de la Constitution de 1958, à savoir les *Documents pour servir à l'histoire de l'élaboration de la Constitution du 4 octobre 1958*, d'un côté, et les *Travaux préparatoires de la Constitution. Avis et débats du Comité consultatif constitutionnel*, de l'autre, sont contestés en tant que tels, du fait notamment qu'il n'y aurait pas eu d'assemblée constituante en 1958. François Luchaire, par exemple, considère que les intentions issues de ces documents ne peuvent s'imposer à l'interprète de la Constitution du fait que « *d'abord avec la procédure du référendum, ce sont les citoyens qui décident et il n'est pas possible de déterminer leurs raisons précises*[83] ». Ainsi, la notion de travaux préparatoires des normes juridiques serait tributaire d'une assemblée expressément élue pour l'élaboration et l'adoption de telles normes. Suivant cette logique, en cas de référendum sur un projet de réforme, la notion de travaux préparatoires disparaîtrait, puisque les électeurs ne peuvent physiquement conduire des travaux préparatoires. Dans ce contexte, le Conseil constitutionnel se trouva face à un dilemme qu'il a fini par trancher ; il a résolu le problème sur le plan juridique, mais, apparemment, pas sur le plan doctrinal, en utilisant largement, lorsqu'il trouve cela nécessaire, ces deux types d'éléments dans sa jurisprudence, sans pour autant les qualifier tous expressément de travaux préparatoires de la Constitution. Mais l'usage de ces éléments par le Conseil constitutionnel lui-même est une indéniable reconnaissance juridique de leur caractère de travaux préparatoires, et cela suffit presque à les qualifier de la sorte, malgré les controverses dont ils sont l'objet. La position adoptée, dans cette recherche, s'agissant de la définition même de la notion de travaux préparatoires, s'oppose à cette conception des travaux préparatoires de la Constitution de 1958,

---

[83] Introduction de François Luchaire, in *Documents pour servir à l'histoire de l'élaboration de la Constitution du 4 octobre 1958*, La Documentation française, 1987, p. VII.

dans la mesure où ces derniers ne sont pas tributaires d'une assemblée élue, mais conditionnés à leur caractère essentiellement *préparatoire* des normes à la production desquelles ils président.

Ainsi, lorsque certains juristes, comme Bruno Genevois et Pierre Avril[84] ou encore Marie-Anne-Cohendet[85], rejettent, comme travaux préparatoires de la

---

[84] Bruno Genevois et Pierre Avril, par exemple, considèrent qu'il n'y a pas d'autres travaux préparatoires de la Constitution de 1958 que le discours prononcé, place de la République, à Paris, par Charles de Gaulle, le 4 septembre 1958, ce qui est contestable à plusieurs égards. D'ailleurs, dans le discours dont fait allusion Bruno Genevois et Pierre Avril, Charles de Gaulle affirme : « *Nous l'avons fait [le projet de Constitution] avec la collaboration du Conseil consultatif institué par la loi. Nous l'avons fait compte tenu de l'avis solennel du Conseil d'État.* » Cette référence à la loi constitutionnelle du 3 juin 1958 de de Gaulle signifie que l'absence d'assemblée constituante, contrairement, il est vrai, à la tradition constitutionnelle de la France (Marcel Morabito, *Histoire constitutionnelle de la France (1789-1958)*, Montchrestien, Coll. : « Droit public », 9ème édition, 2006, pp. 9 s.), ne constitue pas pour autant une irrégularité de la procédure d'adoption de la Constitution de 1958, Constitution sur la base de laquelle bien de personnalités, dont Bruno Genevois et Pierre Avril, eux-mêmes, ont fait carrière sans avoir dénoncé, de manière sérieuse, la régularité de sa procédure d'adoption, ce qui aurait affecté également le texte même de la Constitution. Pour Pierre Avril, posant une question, certes, fondamentale, « *Admettre leur autorité [celle des travaux préparatoires de la Constitution] n'eût-il pas d'ailleurs paralysé sa jurisprudence la plus novatrice en lui interdisant de reconnaître aux dispositions du Préambule la valeur constitutionnelle que le commissaire du gouvernement avait catégoriquement rejetée devant le C.C.C. ?* » (Pierre Avril, « Le piano mécanique », *Op. cit.*, p. 16). La réponse de l'auteur à cette question centrale est que, « *[...] le recours aux travaux préparatoires a pour objet de déterminer la volonté de l'auteur de l'acte. [Ce recours] ne concerne que les éléments dont l'auteur avait connaissance au moment où il prenait sa décision.* » (*Ibid.* ; v. aussi Pierre Avril, Jean Gicquel et Jean-Éric Gicquel, *Op. cit.*). Mais cette vision des choses n'explique pas tout. En effet, si l'on considère qu'interpréter est d'abord comprendre, l'interprète (juridique) ne peut pas, sous prétexte que l'auteur d'un texte à interpréter n'avait pas eu connaissance de certains éléments qui, pourtant, apportent de la clarté à sa décision finale, faire fi de ces éléments, alors même que leur source paraît sure et certaine. D'autant plus que l'auteur de la Constitution dont on parle est un auteur symbolique, sinon un faux auteur pour dire vrai, s'agissant du peuple auquel on attribue beaucoup de choses sans qu'il ne puisse jamais réellement « participer » à aucune prise de décision ni même en être clairement informé.

[85] Cette controverse autour des travaux préparatoires de la Constitution de 1958 est aussi alimentée par Marie-Anne Cohendet. Pour celle-ci, en effet, l'interprétation de la norme, à travers ses travaux préparatoires, relève de ce qu'elle qualifie d'« *interprétation génétique* » (Marie-Anne Cohendet, *Les épreuves en droit public. Conseils et modèles*, 4ème édition, avril 2009, p. 26) : « *L'interprétation génétique est celle par laquelle on se réfère à la genèse du texte, en recherchant l'intention de ses auteurs, généralement dans les travaux préparatoires ou les débats parlementaires lorsqu'il s'agit d'une loi. Il est en effet fréquent que l'auteur du texte ait lui-même dit quels étaient les objectifs de son texte, ou quels sens on devait lui accorder. Il va de soi que de telles déclarations pourront servir de guide à l'interprète.* » (*Ibid*). Jusque-là on suit l'auteure. Mais sa pensée peut aussi surprendre lorsqu'elle affirme que « *l'intérêt et la difficulté de la recherche de la volonté de l'auteur d'un texte (interprétation génétique) ne sont pas les mêmes lorsque l'on est en présence de la Constitution (dont l'auteur juridique est le peuple), d'une loi (les travaux parlementaires permettent souvent d'éclairer la volonté du législateur), ou d'un*

Constitution de 1958, la plupart des documents qui témoignent des processus de l'élaboration de ce texte, il semble qu'ils confondent la notion de *travaux préparatoires* et celle de *travaux parlementaires*. En effet, si les travaux préparatoires englobent les travaux parlementaires qui, eux, englobent les débats parlementaires, ces notions sont techniquement différentes. La notion de travaux préparatoires est une notion générique qui renferme l'ensemble des processus préparatoires d'une norme juridique et tout ce que ces processus conduisent à produire (rapports, comptes rendus, avis, etc.). De ce point de vue, les travaux préparatoires, lorsqu'ils sont conduits de manière claire et sincère, peuvent même renfermer l'esprit *primitif* de la norme, puisqu'ils n'ont, en réalité, pas de limite ; ils vont jusqu'à la pensée intellectuelle de la norme, dont la recherche est l'un des objets de l'interprétation constitutionnelle.

---

arrêté préfectoral. » (*Ibid*). Cette position à l'égard des travaux préparatoires de la Constitution ne diffère pas de celle de Pierre Avril et de Bruno Genevois. Cela voudrait-il dire que les travaux préparatoires de la Constitution seraient l'œuvre directe du peuple et que ceux de la loi ne le seraient pas (ou que ceux de celle-ci seraient seulement l'œuvre du Parlement) ? Il convient de rappeler, sur ce point, que le processus de vote référendaire ne signifie pas que le peuple a œuvré, par le simple dépôt d'un bulletin de vote positif dans l'urne, ce qui n'est qu'un « *acte d'acclamation* » (Dominique Rousseau, *L'équivoque référendaire*, Intervention au Collège de France, 26 février 2014 [en ligne], p. 7), à la production du texte dont s'agit. D'ailleurs, il est communément admis que la Constitution adoptée par le peuple français le 28 septembre 1958 est de plus en plus réduite à force d'intempestives révisions qu'elle a subies, et ce, dans 92% des cas (suivant une simple règle des trois), par le Parlement, fût-il réuni de manière spécifique. En effet, que celui-ci soit réuni en Congrès, à Versailles ou à Lyon, en chambres séparées ou réunies, qu'il décide avec des quorums spécifiques de voix, pour ce qui concerne notamment la révision de la Constitution et l'adoption de lois organiques, ou de manière ordinaire, pour ce qui concerne des lois simples, il demeure le Parlement. Et donc que ce soit pour les lois simples ou pour les lois constitutionnelles, le travail d'édiction du texte est essentiellement fait par le Parlement épaulé par différents organismes d'expertise (Conseil d'État, Conseil économique, social et environnemental, etc.). Dans ce contexte, le peuple demeure à mille lieues du travail préparatoire conduit essentiellement à travers ces différents mécanismes institutionnels. De ce point de vue, les travaux préparatoires d'une simple loi et ceux de la Constitution ne diffèrent pas, quant à leur usage par l'interprète constitutionnel. Ainsi, l'étude séparée de l'usage des travaux préparatoires, dans l'interprétation de ces deux champs juridiques distincts, ne se justifie pas. Cela ne signifie pas, pour autant, que les travaux préparatoires des lois et ceux de la Constitution sont de même niveau ; il ne saurait, par exemple, du point de vue juridique, être utilisé, de manière *décisive*, des travaux préparatoires de niveau législatif pour interpréter une norme de nature constitutionnelle, bien que le contraire soit théoriquement possible. En revanche, les travaux préparatoires, quels que soient leurs niveaux, peuvent servir à la connaissance du contexte de toute norme, y compris de nature constitutionnelle. Ainsi, les travaux préparatoires d'une simple norme de nature législative peuvent théoriquement éclairer le contexte d'une norme de nature constitutionnelle (à moins qu'on considère cet éclairage comme ayant déjà une influence sur l'interprétation constitutionnelle). C'est ainsi davantage la fonction de connaissance historique des travaux préparatoires qui est prisée que leur fonction décisive.

Pour autant, il semble que le Conseil constitutionnel fait l'impasse sur l'usage d'un type spécifique de travaux préparatoires, à savoir ceux des textes internationaux.

VII. Refus de l'usage des travaux préparatoires des textes internationaux par le Conseil constitutionnel ?

Si le Conseil constitutionnel semble avoir refusé de faire usage des travaux préparatoires des textes internationaux[86], il se pourrait que sa position soit calquée sur celle du Conseil d'État. En effet, si le juge administratif est plus enclin à

[86] Sur ce point, cependant, on ne peut que s'interroger à ce stade, compte tenu du fait que le Conseil constitutionnel ne s'est pas exprimé clairement sur la question de l'usage des travaux préparatoires des traités. Le Conseil, dans sa décision n° 2007-560 DC, à propos du traité de Lisbonne de 2007 qui a attribué valeur juridique à la Charte des droits fondamentaux de l'Union européenne, a constaté que « *[...] Les droits, les libertés et les principes énoncés dans la Charte sont interprétés conformément aux dispositions générales du titre VII de la Charte régissant l'interprétation et l'application de celle-ci et en prenant dûment en considération les explications visées dans la Charte, qui indiquent les sources de ces dispositions* » ; » (Décision n° 2007-560 DC du 20 décembre 2007, Cons. 11. *Traité de Lisbonne modifiant le traité sur l'Union européenne et le traité instituant la Communauté européenne*). Par cette décision, on voit que le Conseil constitutionnel n'est pas tout à fait hostile aux travaux préparatoires des traités, d'autant plus qu'il s'agit de traités de l'Union européenne, textes en quelque sorte constitutionnalisés au titre XV de la Constitution française, car il indique les sources (ou les travaux préparatoires) du texte de cette Charte pour son interprétation et pour son application. Ainsi, on peut penser que le Conseil constitutionnel a pu lui-même consulter ces sources pour mieux cerner le sens de cette charte qui lui était soumise à travers le traité de Lisbonne de 2007. Mais l'on sait que le Conseil a, depuis les années 1970, toujours refusé d'exercer un contrôle de conventionalité – au moins *a priori* (75-54 DC, *IVG*) – des lois, mais cela est moins sûr *a posteriori* depuis sa décision préjudicielle de 2013 (Décision n° 2013-314P QPC du 4 avril 2013, *M. Jeremy F. [Absence de recours en cas d'extension des effets du mandat d'arrêt européen - question préjudicielle à la Cour de justice de l'Union européenne]*). Mais on peut aussi considérer que l'indication des sources d'interprétation visées dans la Charte et citées par le Conseil constitutionnel s'adresse aux juges ordinaires qui devront se référer à ces sources pour interpréter les termes de la Charte lorsqu'ils doivent procéder à un contrôle de conventionalité. Enfin, on peut encore considérer, selon une autre approche, que ces sources ne sont pas, en tant que telles, des travaux préparatoires, puisqu'il s'agit en réalité de la tradition et des pratiques constitutionnelles des États membres de la Convention européenne de sauvegarde des droits de l'homme et des libertés fondamentales et de la manière dont la Cour chargée de la protection de ladite Convention interprète les termes de celle-ci (sur ce point, v. les explications des termes du titre VII de la Charte des droits fondamentaux de l'Union européenne fournies par le *praesidium* de la Convention qui a élaboré la Charte sur le site internet de l'Agence des droits fondamentaux de l'Union européenne), conformément, d'ailleurs, aux dispositions des articles 31 et 32 du traité de Vienne de 1969 relatif à l'interprétation des traités.

l'usage des travaux préparatoires que le juge judiciaire[87], le Conseil d'État refuse, cependant, de se référer aux travaux préparatoires d'un acte international de l'État pour l'interpréter. Il a ainsi jugé, dans le cadre de l'examen d'un décret pris sur le fondement d'un acte international lui-même adopté sur le fondement de l'article 53 de la Constitution : « *Considérant, enfin, que si les sociétés requérantes critiquent le contenu de l'échange de notes publiées par le décret attaqué au regard des stipulations de la convention du 4 juillet 1949, il n'appartient pas au Conseil d'Etat, statuant au Contentieux, de se prononcer sur la validité d'un engagement international au regard d'autres engagements internationaux ;*[88] » Mais le Conseil d'État contrôle bien le fait, pour le pouvoir exécutif, de ne pas passer par le Parlement pour adopter l'un des catégories de textes internationaux prévus par l'article 53, al. 1er, de la Constitution[89], comme il semble être le seul à pouvoir le faire[90].

Le refus du Conseil d'État de se référer aux travaux préparatoires des traités s'explique, selon Bertrand Seiller, par la « *mutilation de la fonction*

---

[87] En effet, selon Raymond Odent (*Contentieux administratif*, Cours de 1965-1966, t. 1, Sirey, p. 264-265), le Conseil d'État étant moins formaliste que la Cour de cassation, « *sa jurisprudence essaie davantage de faire prévaloir l'esprit de la loi sur son texte littéral* ». Cette affirmation a *relativement* été justifiée. En effet, de simples statistiques ont montré que sur une période d'une année, les deux cours suprêmes ont rendu de nombreuses décisions dans lesquelles l'expression « travaux préparatoires » a été utilisée avec un taux bien plus élevé dans les décisions du juge de la place du Palais Royal que dans celles du juge du boulevard du Palais. Sur les 375 arrêts rendus par la Cour de cassation en 1933 (DH, 1933, *BNF-Gallica*), 5 seulement ont utilisé l'expression « travaux préparatoires », quand les arrêts rendus par le Conseil d'État dans la même année (*Ibid.*) contiennent 23 qui ont fait usage de la même expression. Toutefois, il convient de préciser que le recueil des décisions du Conseil d'État en 1933 contient plus de 500 décisions, quand celui des décisions de la Cour de cassation n'en contient que 375, du fait que ne sont prises en compte que les décisions rendues par cette Cour en matière civile et commerciale. Néanmoins, il n'est pas difficile de constater qu'une décision du Conseil d'État de la même année 1933 mentionne l'expression « travaux préparatoires » plus d'une fois, alors que ce n'est pas le cas d'une décision de la Cour de cassation. Il faut noter également que les autres expressions renvoyant aux travaux préparatoires (« débats parlementaires », « travaux parlementaires », « rapports », « avis », etc.) n'ont pas été pris en compte pour les statistiques données – ce qui biaise encore celles-ci et qui explique la prudence avec laquelle il convient de considérer ces chiffres.

[88] CE Ass. 18 décembre 1998, *Blotzheim*, n° 181249, Rec. Leb. Cette décision porte sur un accord conclu sous forme d'« échange de notes » entre la France et la Suisse sur le fondement duquel le décret attaqué a été pris.

[89] *Ibid.*

[90] Guy Carcassonne, *La Constitution*, Seuil, Coll. : « Points Essais », janvier 2009, p. 262, n° 346 et p. 271, n° 363.

juridictionnelle[91] », du fait de « *la difficulté pour le juge de donner une interprétation sans avoir accès aux travaux préparatoires du traité, ainsi par la volonté de ne pas perturber la conduite des relations diplomatiques de la France et d'éviter de provoquer la responsabilité de l'État dans la sphère internationale.*[92] » Ainsi, les travaux préparatoires des actes internationaux échappent au contentieux administratif par le refus de son juge[93], et il semble que le Conseil constitutionnel tend à suivre la même voie.

En effet, à la lecture des treize décisions du Conseil constitutionnel sur le contrôle *a priori* de la conformité des textes internationaux à la Constitution, sur le fondement de l'article 54 de celle-ci, aucune trace explicite ne permet de constater l'usage des travaux préparatoires de ces textes. Sans doute est-il peut-être trop tôt pour l'affirmer, mais le Conseil constitutionnel semble avoir pris la même voie que celle du Conseil d'État[94] sur cette question[95].

En s'alignant sur le Conseil d'État, le Conseil constitutionnel semble ainsi éviter un risque, compte tenu des critiques qui peuvent en découler. Il se contenterait tout au plus de mettre une réserve d'interprétation au cas où une disposition conventionnelle qu'il examine s'avérerait non claire. Mais, étant donné le caractère politique du droit constitutionnel[96], le Conseil aurait, peut-

---

[91] Propos de Daniel Labetoulle (concl. CE Sect. 27 octobre 1978, *Debout*, p. 395), cité par Bertrand Seiller, *infra*.

[92] Bertrand Seiller, *Droit administratif*, t. 1 « Les sources et les juges », Flammarion, Coll. : « Champs université », pp. 76-77.

[93] Mais la raison avancée par Bertrand Seiller, si elle s'avèrerait juste, est discutable sur le fond, car un juge ne peut pas, sous prétexte d'une difficulté d'accès à des documents pouvant lui informer et ainsi lui permettre de décider en toute connaissance de cause, se refuser l'accès à de telles sources de connaissances. En effet, rien n'empêche le juge d'exiger du gouvernement les travaux préparatoires des traités afin de vérifier ce qui a été dit en amont de la ratification de ceux-ci. C'est d'ailleurs l'esprit des dispositions de l'article 1156 ancien (article 1188 nouveau) du Code civil sur l'interprétation des conventions, bien que celles-ci ne visent pas les textes internationaux.

[94] CE Ass. 18 décembre 1998, *Blotzheim*, *Op. cit.*

[95] Pour le constater, il a fallu, en effet, procéder à la lecture au peigne fin des treize décisions du Conseil constitutionnel portant sur des traités, conventions et accords internationaux au moins signés par la France. Les travaux préparatoires que le Conseil constitutionnel peut éventuellement regarder, ce sont des travaux préparatoires de la loi de ratification et non du traité lui-même, car cela lui aurait sans nul doute été reproché par la partie de la doctrine qui refuse tout recours aux instruments « étrangers » au texte littéral ; les critiques auraient donc été beaucoup plus prononcées, s'agissant de l'usage de travaux préparatoires de textes internationaux.

[96] Les *lois politiques* de Jean-Jacques Rousseau (*Du contrat social*, Livre II, Chap. XII « De la division des lois », p. 93 ; Livre 4, Chap. IX « Conclusion », p. 180) sont une belle illustration du caractère des racines politiques et philosophiques du droit constitutionnel.

être, pu se référer aux travaux préparatoires des traités pour mieux les interpréter[97], en s'écartant ainsi de la position du Conseil d'État qui est plus compréhensible eu égard à la portée limitée des interprétations juridiques prononcées par celui-ci par rapport à la haute portée de celles prononcées par le Conseil constitutionnel. De plus, un autre argument semble plaider pour l'usage de cette méthode d'interprétation par le Conseil constitutionnel dans ce type de contentieux. Les dispositions des articles 31 et 32 de la Convention de Vienne de 1969 sur le droit des traités font des travaux préparatoires des traités des instruments d'interprétation que le juge (international) *doit* utiliser pour interpréter les traités en cas de carence, quant à la clarté des termes de ces derniers. Mais le problème est que, on peut l'envisager sous cet angle, ces dispositions s'adressent, à première vue, à des organes et / ou des juges internationaux, pas à des juges internes des États, comme le Conseil constitutionnel français. Alors, dans ce contexte, le Conseil constitutionnel doit-il s'inspirer des termes de la Convention de Vienne ou doit-il purement et simplement s'abstenir de l'usage des travaux préparatoires des traités pour protéger sa fonction et sa réputation de juge qui ne s'immisce pas dans la fonction diplomatique de l'État ?[98] Une telle

---

[97] En réalité, il se pourrait que le Conseil constitutionnel regarde les travaux préparatoires des traités pour mieux apprécier la conformité des textes qu'il examine aux textes européens. Cette affirmation paraît, de prime abord, une absurdité, compte tenu de l'existence malheureuse de la décision n° 74-54 DC qui refuse au Conseil constitutionnel un contrôle de conventionalité au profit des juges ordinaires, mais il n'en est rien. En effet, le Conseil constitutionnel ne peut pas ne pas opérer un contrôle de conventionalité ; s'il en allait autrement, il risquerait de discréditer son propre rôle d'interprète final dans l'ordre juridique interne et, partant, l'interprétation constitutionnelle qu'il donne aux normes juridiques. En ce sens, la décision n° 74-54 DC est une boutade du Conseil qui demeure un boulet dont il souhaiterait bien se débarrasser aujourd'hui. Lors des événements, tels des colloques, des conférences et autres, les membres du Conseil confirment à quels points l'institution est sensible à ce que disent les juges européens (CJUE et CEDH) afin de ne pas aller à l'encontre de leurs décisions en vue d'éviter de s'affaiblir elle-même dans l'ordre juridique interne. En effet, pour protéger le justiciable, les juges ordinaires, s'ils venaient à regarder le spectacle où le Conseil constitutionnel serait toujours en désaccord avec les juges européens, ils n'hésiteraient pas à se tourner vers ce que disent ces derniers au détriment de ce que dit le Conseil constitutionnel qui n'est même pas, à bien des égards, tout à fait un juge concret de l'interprétation juridique dans l'ordre interne (à n'en pas douter, l'argument serait avancé).

[98] Mais il y a encore l'idée que les juges internationaux et nationaux agiraient en parfaite *complémentarité*. C'est ce qui ressort en tout cas de l'article 1er du traité portant statut de la Cour pénale internationale. Les dispositions de cet article du traité font des juges nationaux des correspondants et des chevilles ouvrières de la justice pénale internationale dont la Cour a la charge, et, de ce fait, les juges nationaux lui servent de relais et d'appui, notamment pour ses enquêtes et investigations. Et, l'on sait que les articles 31 et 32 du traité de Vienne de 1969 sur le droit et l'interprétation des traités exigent l'usage des travaux préparatoires de ces textes pour le juge international. Par conséquent, on peut imaginer un scénario où, par l'entremise du juge international, le juge national accède aux travaux préparatoires des traités.

prudence peut se justifier, mais l'avenir permettra peut-être de l'affirmer ou de l'infirmer[99]. Cependant, le Conseil constitutionnel n'a, pour l'instant (au 1er août 2017), examiné que treize textes internationaux depuis le 22 avril 1970, il est donc, peut-être, trop tôt en effet pour juger si sa position est une position jurisprudentielle définitive ou si cette hypothèse est fausse.

Par ailleurs, dans la mesure où le Conseil constitutionnel ne se réfère pas aux travaux préparatoires des traités mais parvient tout de même à interpréter ce type de textes sans l'aide de ceux-là, la question se pose de savoir si l'usage des travaux préparatoires des normes juridiques internes n'est pas juste un *artefact*[100]. Mais, ces deux champs juridiques étant différents, il ne faut pas tirer des conclusions hâtives. En effet, pour le contrôle de constitutionnalité de la loi, le Conseil constitutionnel doit s'efforcer de motiver[101] ses décisions interprétatives de façon

---

[99] Sur ce point, il faut remarquer, cependant, que, s'il est difficile pour le Conseil constitutionnel, en raison des hypothèses ci-dessus avancées, de faire usage des travaux préparatoires des traités dans le but de mieux comprendre le sens de leurs termes, il s'est donné la possibilité de recevoir les explications des personnalités ayant pris part aux travaux préparatoires de ces textes. Ainsi, il a, dans sa décision n° 2004-505 DC, jugé : « *Considérant, en particulier, que, si le premier paragraphe de l'article II-70 reconnaît le droit à chacun, individuellement ou collectivement, de manifester, par ses pratiques, sa conviction religieuse en public,* ***les explications du præsidium précisent que le droit garanti par cet article a le même sens et la même portée que celui garanti par l'article 9 de la Convention européenne de sauvegarde des droits de l'homme et des libertés fondamentales*** ; » Les explications du *praesidium* peuvent être assimilées à des arguments préparatoires sur le sens du traité dont s'agit. Mais ces explications ont été publiées avec le texte de la Charte des droits fondamentaux de l'Union européenne, et donc le Conseil constitutionnel a pu les consulter sans craindre l'argument-critique du gouvernement des juges et d'immixtion dans la conduite des affaires extérieures de l'État. Enfin, ces types d'instrument d'interprétation sont assez courants en droit international. Ils permettent aux acteurs de cet ordre juridique de se garantir le plus possible d'une interprétation commune et identique des textes qui les lient. Ainsi, l'accord économique et commercial global (AECG), plus connu, dans l'opinion publique, sous son acronyme anglais CETA (*Comprehensive Economic and Trade Agreement*) entre le Canada, d'une part, et l'Union européenne et ses États membres, d'autre part, a prévu un *Instrument interprétatif commun*, sur lequel, d'ailleurs, le Conseil constitutionnel s'est appuyé pour préciser certains points dans sa décision n° 2017-749 DC, afin de permettre aux instances juridictionnelles et arbitrales prévues de parler le même langage interprétatif.

[100] Cela peut être un artefact, mais un artefact construit par l'artisan spécial du droit constitutionnel, le Conseil constitutionnel, et utile pour le besoin de la science juridique constitutionnelle dans son aspect purement interne. En effet, le Conseil constitutionnel n'a pas une exigence de concilier les textes internationaux avec la Constitution dans la même proportion qu'il doit concilier les lois qu'il examine avec le corpus de constitutionnalité. Ses obligations dans les deux champs interne et externe, mis à part le cas du droit de l'Union européenne qui, pour une part importante, est un droit *constitutionnalisé* et donc différent des normes internationales classiques.

[101] Sur la motivation des décisions du Conseil constitutionnel, v. Denis Baranger, « Sur la manière française de rendre la justice constitutionnelle. Motivations et raisons politiques dans la

que les citoyens-justiciables comprennent le droit qui s'appliquent à eux. Pour ce faire, il procèdera à l'analyse de toutes les sources d'interprétation possibles. Or, s'agissant du contrôle de constitutionnalité des traités, textes qui, au moment du contrôle, ne s'adressent qu'à des institutions, les États parties, le Conseil constitutionnel peut donc faire l'impasse sur l'usage des travaux préparatoires qui peut être utile, voire obligatoire, dans l'interprétation du droit interne, mais pas dans celle des textes de nature conventionnelle. C'est une hypothèse possible. L'effort de clarté des sources d'interprétation des textes internationaux, notamment par l'analyse de leurs travaux préparatoires, aurait pu être regardé comme incomber aux juges ordinaires des deux ordres de juridiction auxquels il revient d'examiner la conventionalité des textes nationaux. Mais, on l'a vu, le Conseil d'État refuse également l'usage de cette méthode d'interprétation dans l'interprétation des textes internationaux.

S'agissant de la Cour de cassation, sa position face aux travaux préparatoires des textes internationaux en vue de leur interprétation paraît assez ambiguë. De prime abord, la Cour de cassation semble s'accorder la possibilité de se référer aux travaux préparatoires des traités internationaux. C'est ce qui ressort d'une étude de l'institution publiée en 2013 : « *Ainsi, c'est à la lumière de cette dernière Convention et des travaux préparatoires de codification qui ont présidé à son adoption que la Cour de cassation a dégagé certaines règles coutumières tenant à la formalisation de la renonciation à l'immunité d'exécution des États et des missions diplomatiques*[102] ». Cependant, la lecture des arrêts pris comme fondements de cette position de la Cour ne présentent pas, de manière explicite, l'usage des travaux préparatoires des traités. Néanmoins, on le sait, le juge, y compris le Conseil constitutionnel, d'ailleurs, même dans l'examen de textes internes, bien qu'il en fasse usage, ne cite pas toujours explicitement les travaux préparatoires

jurisprudence du Conseil constitutionnel », *Jus Politicum*, n° 7, 2012 [en ligne] ; Fabrice Hourquebie et Marie-Claire PONTHOREAU (dir.), *La motivation des décisions des cours suprêmes et cours constitutionnelles*, Bruylant, juin 2012, 310 p. Il convient de préciser que, si les travaux préparatoires peuvent, à certains égards, paraître comme un élément de motivation des décisions du Conseil constitutionnel, ils ne sont pas principalement utilisés à cette fin. L'usage de ces derniers vise donc d'autres stratégies, ce qui complexifie l'étude de leur portée effective dans l'interprétation constitutionnelle. C'est pour cette raison que l'étude ne se cantonnera pas à l'aspect *motivateur* des travaux préparatoires, bien que cet aspect puisse paraître en filigrane, tout au long des différentes réflexions et analyses qui suivront.

[102] V. Rapport annuel 2013, Cour de cassation, p. 122. Cette étude, qui affirme que la Cour de cassation se réfère aux travaux préparatoires des traités, se fonde au moins sur ces quatre décisions : Civ. 1ère, 28 septembre 2011, pourvoi n° 09-72.057, Bull. 2011, I, n° 153 ; Civ. 1ère, 28 mars 2013, pourvoi n° 10-25.938, Bull. 2013, I, n° 62 ; Civ. 1ère, 28 mars 2013, pourvoi n° 11-10.450, Bull. 2013, I, n° 63 ; pourvoi n° 11-13.323, Bull. 2013, I, n° 64.

dans ses décisions rendues publiques. Dans ce contexte, doit-on voir une différence de point de vue entre juge constitutionnel et juge administratif, d'un côté, et juge judiciaire, de l'autre, quant aux conséquences de l'usage des travaux préparatoires des traités ? C'est une hypothèse qui peut, en définitive, s'avérer juste, mais, du point de vue scientifique, rien ne permet, à ce stade, de l'affirmer avec certitude.

Il convient à présent d'apporter quelques précisions sur la notion d'interprétation qui est au cœur de cette recherche, afin de mieux positionner l'interprétation constitutionnelle à travers l'usage des travaux préparatoires.

VIII. Différence et proximité entre interprétation et interprétation juridique constitutionnelle

Averroès, grand juriste du XIIe siècle[103], disait que l'interprétation « *c'est le transfert de la signification du mot de son sens propre vers son sens tropique*[104] ». Il est admis que cette vision de l'interprétation signifie qu'« *Interpréter, c'est passer du sens propre au sens détourné.*[105] » À cet égard, « *Le sens tropique [du texte d'Averroès étant considéré comme] la signification d'une expression détournée de son sens propre.*[106] » Cette vision de la fonction d'interpréter met en lumière un mécanisme de mouvement, celui du passage d'un point à un autre. En effet, ce mécanisme de mouvement ressort de l'étymologie même du terme « *interprétation* ». Le *Vocabulaire juridique* de Gérard Cornu s'est justement intéressé à la racine latine de ce terme, « *interpretatio* », qui découle du verbe « *interprerari* », signifiant « *expliquer* » ou encore « *éclaircir* ». La fonction d'interpréter consiste aussi à décrire, car « *Décrire, c'est interpréter*[107] » ; mais « *décrire [...] c'est avant tout faire des choix.*[108] » Cela suppose que l'acte d'interprétation n'est, par essence, pas neutre. Certains verront dans une telle proposition l'arbitraire du juge, ou du

---

[103] Averroès fut à la fois philosophe, théologien rationaliste islamique, ***juriste***, mathématicien et médecin musulman andalou (1126-1198).

[104] Averroès, *Le livre du discours décisif*, pp. 119, 151, 155, 157, Trad. Marc Geoffroy, Garnier-Flammarion, 1996 (v. extrait « Le droit d'interpréter » *in* Jacqueline Russ et Clotilde Badal-Leguil, *Les chemins de la pensée*, Bordas, 2004, (pp. 152-153), p. 153).

[105] *Ibid.* V. commentaire à la marge du texte d'Averroès.

[106] V. note n° 4 sous le texte d'Averroès, *Ibid.*

[107] François Laplantine, *La description ethnographique*, Nathan, Coll. : « 128 », 1996, p. 34 ; cité par Martyne Perrot et Martin de la Soudière, « Littérature et sciences sociales, entre tension et tentation », *in* Moritz Hunsmann et Sébastien Kapp (dir.), *Devenir chercheur, écrite une thèse en sciences sociales*, Editions de l'EHESS, 2013, p. 195.

[108] Thierry Wendling, « L'apprentissage du xiangqi ou l'ethnographe comme auteur », *Ibid.*, p. 202.

moins l'irréductible aspect subjectif du résultat de l'interprétation. L'analyse philosophique est sans doute la plus étayée de la fonction de l'interprétation. Elle apprend que l'acte d'interprétation suppose plusieurs éléments car interpréter, c'est traduire, et penser, c'est interpréter[109]. L'écriture de l'interprétation, fondée sur les travaux préparatoires, est, elle aussi, porteuse d'un sens particulier, car elle suppose de « *trouver [...] l'accent 'des grandes profondeurs' qui préexiste et dicte l'écriture*[110] ». Plus encore, « *Penser, c'est toujours interpréter, c'est-à-dire expliquer, développer, déchiffrer, traduire un signe*[111] » et ces différentes activités de l'interprétation « *sont la forme de la création pure.*[112] »

Dans ce contexte, le juge-interprète doit s'expliquer et se justifier[113], compte tenu de l'importance de son action interprétative sur l'application concrète de la norme juridique dans la sphère sociale. S'agissant de la fonction d'éclaircissement de l'interprétation, l'usage des travaux préparatoires, en tant qu'histoire des normes juridiques, peut poser quelques difficultés. En effet, comme l'affirme Patrick Boucheron, on croit souvent que ce que rapporte l'histoire est « *clair comme de l'eau de source*[114] », alors que les connaissances historiques ne sont jamais des certitudes irréfragables et absolues. Ainsi, sur ce point, il y a déjà une limite, quant à l'usage des travaux préparatoires dans l'interprétation juridique. Le juge constitutionnel aura ainsi à faire des choix, par exemple, en choisissant délibérément de ne pas suivre une interprétation, découlant, de manière évidente, des travaux préparatoires. Si cette opération[115] est parfois compréhensible, elle

---

[109] Gilles Deleuze, *Proust et les signes*, PUF, 1964, p. 123.

[110] Plinio Prado, « *Sistere.* Proust et l'*aspect* tonal », in *Rue Descartes*, Ciph / PUF, Paris, 15, p. 27.

[111] Gilles Deleuze, *Op. cit.*, p. 119.

[112] *Ibid.*

[113] C'est là l'une des contraintes juridiques nécessaires et qui s'attachent à la fonction du juge. Sur la notion de contrainte juridique, v. Michel Troper et *ali*, *Théorie des contraintes juridiques*, *Op. cit.*, p. 3.

[114] V. l'intervention de Patrick Boucheron dans le colloque *Les neurosciences ont-elles quelque chose à nous apprendre sur le réel ?* (Organisé par la *Villa Gillet* (http://www.villagillet.net/) dans le cadre du festival *Mode d'emploi* (http://www.festival-modedemploi.net), Hôtel de Région (Lyon), 2 décembre 2012).

[115] Selon le *Vocabulaire juridique* de Gérard Cornu, l'interprétation est, en effet, dans une première approche, une « *Opération qui consiste à discerner le véritable sens d'un texte obscur ; désigne aussi bien les éclaircissements donnés par l'auteur même de l'acte (loi interprétative, jugement interprétatif, que le travail d'un interprète étranger à l'acte (interprétation doctrinale, interprétation judiciaire d'une convention, interprétation ministérielle d'une loi).* » (Gérard Cornu, *Op. cit.*, p. 565.). Et, dans une deuxième approche, par extension, il définit l'interprétation comme la « *méthode qui inspire la recherche (l'interprétation littérale s'attache à la lettre du texte ; exégétique, elle s'efforce de dégager l'intention de son auteur ; téléologique, elle se règle sur la finalité de la norme).* » Troisièmement, enfin, l'interprétation « *Se dit aussi du résultat de la recherche.* » (Gérard Cornu, *Op. cit.*, p. 565.).

n'est pas sans risque pour le juge constitutionnel qui doit justifier son choix d'ignorer la volonté législative ou constituante, sous peine de s'attirer de vives critiques. C'est d'ailleurs en ce sens que Stephen Breyer, à propos de l'interprétation juridique, affirme : « *Vous devez vous assurer que ce que vous avez trouvé, les autres gens auraient trouvé la même chose. Pas tous les autres gens, mais beaucoup d'entre eux.*[116] » Otto Pfersmann, quant à lui, affirme qu'« *une interprétation suppose une relation entre deux ensembles de telle sorte que l'ensemble de départ est constitué de signes (ou interprentandum) et l'ensemble d'arrivée (interpretans) d'actions qui s'y rapportent quel que soit le mode de ce rapport. Elle constitue soit l'action de se référer à l'ensemble de départ soit le résultat de cette action.*[117] » Cette vision de l'interprétation s'oppose à une quelconque marge de manœuvre de l'interprète qui demeurera bloqué dans ces ensembles, sans pouvoir répondre à la justice pourtant requise de lui. Ainsi, si l'interprétation constitutionnelle s'intègre, au départ, dans ces deux ensembles de signes, d'un côté, et d'actions, de l'autre, sa complexité exige de l'interprète constitutionnel des choix qui sortiront forcément, à un moment donné, de ces ensembles. C'est une opération inhérente à la fonction d'interprétation qui suppose nécessairement un *ajout* aux signes interprétés[118].

L'un des problèmes de l'interprétation juridique est un problème « *épistémologique* » ; c'est-à-dire « *celui de la pertinence des données explicatives en matière de signification et celui de l'accessibilité de leur connaissance.*[119] » Les travaux préparatoires – face à ce problème d'accessibilité à la connaissance des sources explicatives de l'interprétation juridique – seraient un palliatif pour l'interprète constitutionnel en ce qu'ils peuvent permettre une meilleure accessibilité, quant aux sources de l'interprétation prononcée. Cela dit, l'interprétation juridique, *a fortiori*, l'interprétation constitutionnelle, compte tenu de sa particularité, est une opération complexe dont les difficultés ne pourront jamais être définitivement

---

[116] Propos de Stephen Breyer, lors de son audition par le Sénat américain, en vue de la confirmation de sa nomination en tant que juge de la Cour suprême de ce pays (https://www.youtube.com/watch?v=33BSS5_VyF8) [Consulté le 1er mars 2015].

[117] Otto Pfersmann, « Le sophisme onomastique : changer au lieu de connaître l'interprétation de la Constitution », *in* Ferdinand Mélin-Soucramanien (dir.), *L'interprétation constitutionnelle*, Dalloz, 2005, p. 34.

[118] Cet ajout peut concrètement tout autant signifier une progression qu'une régression volitionnelle du texte interprété. C'est dans ce sens, que Pierre Legendre affirme que « *le message entre humains se trouve toujours quelque peu écorné quand son destinataire en prend acte.* » (Pierre Legendre, « Droit, communication et politique, Entretien avec D. Dayan et J-M. Ferry », *Hermès*, CNRS, 1989/2, n° 5-6, p. 32).

[119] Otto Pfersmann, *Op. cit.*, p. 39.

comblées, du fait même qu'elle est inhérente à la vie humaine, sans cesse en perpétuelles mutations[120]. Cette complexité de l'interprétation juridique s'explique par la nécessaire concurrence des canaux interprétatifs du droit, calquée sur la concurrence, tout aussi nécessaire, de la production forcément pluraliste du droit, dans une société fondée sur des principes démocratiques et de l'État de droit[121]. De ce point de vue, la solution à ces difficultés de l'interprétation

[120] Les lois sont des mots. Les mots proviennent des individus. Cela explique le caractère subjectif des termes des normes écrites, quelles qu'elles soient. La volonté générale ne se trouve donc pas dans les mots de la loi, mais dans la pratique de celle-ci, ponctuée par la précision venant du juge (sur ce point, v. Dominique Rousseau, « Les évolutions du rôle de la loi », Acte de colloque, Sénat, 12 juin 2014). Portalis disait, lors des débats sur le Code civil en 1803, que « *L'office de la loi est de fixer, par de grandes vues, les maximes générales du droit : d'établir des principes féconds en conséquences, et non de descendre dans le détail des questions qui peuvent naître sur chaque matière. C'est au magistrat et au jurisconsulte, pénétrés de l'esprit général des lois, à en diriger l'application.* » (Jean-Étienne-Marie Portalis, *Discours préliminaire au Code civil*, Livre I, Titre XVII [en ligne], p. 17). C'est d'ailleurs en ce sens, dans son *De Interpretatione* (ou *Peri Hermeneias* en grec), qu'Aristote écrivait que « *l'écriture n'est pas la même chez tous les hommes, les mots parlés ne sont pas non plus les mêmes* » (Aristote, *De l'interprétation*, Trad. J. Tricot (1936), Éditions Les Échos du Maquis, Vol. 1, janvier 2014 [en ligne], p. 9). Pour Aristote, en effet, « *Tout discours a une signification, non pas toutefois comme un instrument naturel, mais [...] par convention.* » (*Ibid.*, p. 12). L'interprétation du droit, qui, *in fine*, est une signification des normes composant celui-ci, n'échappe pas à ce consensus. C'est par convention que le juge adopte telle ou telle position interprétative. Le contrat social qui est conclu dans une société démocratique, vivante et humaine, oriente la position interprétative du juge-interprète, bien que, on le verra avec l'étude de la décision n° 71-44 DC, le juge constitutionnel n'ait pas intérêt à dire qu'il décide sous la dictée des opinions sociales. C'est en ce sens d'ailleurs que Michel Troper affirme que le seul « *[...] avantage que le juge peut trouver à se proclamer réaliste est un surcroît de légitimité* », mais il ne le fera pas par crainte notamment d'être sévèrement critiqué. Mais, dans ce contexte, cette méthode d'interprétation poserait un problème majeur si le juge constitutionnel devait suivre de manière systématique et automatique tous les résultats qu'elle produit. Une génération doit-elle être liée de manière définitive par une convention qui a été le choix de ses ancêtres et non le sien ? La réponse à cette question est évidemment négative. D'ailleurs, c'est dans cette optique que la Constitution du 24 juin 1793, en son article 28, disposa : « *Un peuple a toujours le droit de revoir, de réformer et de changer sa Constitution. Une génération ne peut assujettir à ses lois les générations futures.* » Ainsi, il revient au juge constitutionnel, comme l'affirma Averroès, de faire passer la Constitution « *de son sens propre[ment historique] vers son sens [actualisé, moderne]* » (Averroès, *Le livre du discours décisif*, *Op. cit.*, p. 153). Mais, bien entendu, ce détournement de sens de la norme n'est, pour autant, pas la négation de la norme, mais son adaptation à ses sujets vivants. Ainsi, on comprend que les travaux préparatoires, s'ils apportent des éclairages à l'interprète constitutionnel de la norme, à un instant donné, ne sont pas porteurs d'une vérité historique absolue qui s'imposerait de manière automatique et systématique à celui-ci. D'ailleurs le Conseil constitutionnel a montré qu'il n'était pas esclave des travaux préparatoires dont il ne fait qu'un usage partiel et stratégique.

[121] Pour Claude Lefort, en effet, l'État de droit est différent de l'État démocratique, en ce sens que le premier revêt un caractère conservatiste, au sens où il vise essentiellement à conserver et à garantir des droits acquis, lesquels peuvent ne profiter qu'à la démocratie qu'il qualifie de « *bourgeoise* », et

constitutionnelle ne peut se manifester qu'à travers une opération permanente et évolutive de justifications des résultats qu'elle produit, en vue de convaincre, pour un temps seulement, au moins le plus grand nombre, du choix interprétatif privilégié par le juge constitutionnel[122].

Ainsi, bien que l'interprétation juridique puisse paraître comme un mythe[123], ses motifs, ses justifications, exposés par le juge-interprète, conditionnent l'adhésion des justiciables et de la population, c'est-à-dire, *in fine*, le respect d'un mythe juridique commun, qui acquerrait, ainsi, de la crédibilité, au moins pour un temps, toujours dans cette spirale de l'évolution permanente de la vie sociale[124]. C'est sans doute ces méandres des tentatives d'explication et de justification, jamais suffisantes, du phénomène de l'interprétation juridique qui a conduit Kelsen[125] à identifier une interprétation authentique et une interprétation non authentique (interprétation scientifique)[126], dont l'inopérance, on le verra, s'explique par le fait même de la production et des interprétations nécessairement pluralistes du droit, dans un régime constitutionnel et démocratique du temps présent.

Enfin, l'étude porte sur l'interprétation constitutionnelle des normes qui, ainsi, subissent l'action de l'interprétation. Mais qu'entend-on par normes ?

---

le second consiste en la revendication permanente, par la masse des populations, de nouveaux droits (*L'invention démocratique. Les limites de la domination totalitaire*, Fayard, 1981, p. 67, *Infra*.).

[122] Ainsi, la légitimité, celle du juge constitutionnel, entendue, selon le *Larousse*, comme la « *qualité d'un pouvoir d'être conforme aux croyances des gouvernés quant à ses origines et à ses formes* », en dépend.

[123] Frédéric Rouvillois, *Le droit*, Flammarion, 1999, pp. 217-219.

[124] Sur ce point, v. Yves Coppens, *Histoire de l'homme et changements climatiques*, Collège de France / Fayard, 2006, 97 p. Les travaux des préhistoriens, à l'image de ceux de cet auteur paléontologue et paléoanthropologue, sont un excellent indicateur de l'évolution sociale qui, naturellement et nécessairement, influe sur les différentes interprétations du droit suivant les époques.

[125] Hans Kelsen, *Théorie pure du droit*, Trad. Charles Eisenmann, Bruylant-LGDJ, Coll. : « La pensée juridique », 1999, pp. 335 s. et pp. 341 s. Pour une analyse de la théorie kelsenienne de l'interprétation du droit, v. Frédéric Rouvillois, *Le droit*, *Ibid.*, pp. 186-194 et p. 219.

[126] Selon Kelsen, l'interprétation juridique authentique découle de la théorie de l'interprétation consistant à dire que l'interprétation est un acte de connaissance et que le juge trouve – indépendamment de sa volonté – l'interprétation du texte dans le texte lui-même et ce qui environne celui-ci. L'interprétation qu'il qualifie de scientifique, quant à elle, découle de l'autre théorie de l'interprétation qui consiste à dire que l'interprétation est un acte de la volonté du juge.

IX. Quelques précisions sur les normes (juridiques), objet de l'interprétation constitutionnelle

L'interprétation constitutionnelle est celle des normes nécessairement juridiques, au sens coercitif[127], et plus particulièrement de nature parlementaire[128], y compris les normes constitutionnelles[129]. Pour autant, les normes référendaires, dès lors que le Conseil constitutionnel regarde d'autres éléments périphériques qui les expliquent et les clarifient, ne sont pas exlues.

Michel Troper, analysant la théorie des positivistes, aurait affirmé que « *les normes juridiques sont celles qui sont posées ou sanctionnées ou identifiées conformément à d'autres normes juridiques [et] la validité de chaque norme dépend d'une autre norme dont elle est dérivée, et ainsi de suite jusqu'à la Constitution.*[130] » C'est la justice constitutionnelle qui coordonne et régule le fonctionnement de cette chaîne normative.

Dans la mesure où la justice constitutionnelle n'est pas l'apanage du juge spécial de la constitutionnalité[131], il convient de préciser quelque peu la notion

---

[127] Les normes juridiques s'opposent ainsi aux normes dites recognitives ou encore des lois scientifiques servant à reconnaître différentes descriptions scientifiques (v. Frédéric Rouvillois, *Le droit*, *Op. cit.*, pp. 223 s.).

[128] On entend par normes de « nature parlementaire » les normes produites par le canal du Parlement, que celui-ci soit réuni de manière simple, ou en Congrès à Versailles, pour les réformes constitutionnelles. En effet, le Conseil constitutionnel est plus apte et plus légitime à interpréter un texte de nature parlementaire qu'un texte qui a été adopté au référendum, quoique que les réformes constitutionnelles adoptées par référendum passent toujours et d'abord par le canal parlementaire.

[129] Précisons que la norme, en réalité l'énoncé qui renvoie au texte porteur de valeur juridique, est considérée, au départ, de manière neutre, quoi que nous considérions que l'énoncé juridique ne devient norme juridique précise qui s'impose que lorsqu'il aura été interprété et appliqué en tant que telle par le juge constitutionnel qui en est habilité.

[130] André-Jean Arnaud *et ali* (dir.), *Dictionnaire encyclopédique de théorie et de sociologie du droit*, LGDJ, 2ème édition, 1993, p. 275 (cité par Frédéric Rouvillois, *Le droit*, *Op. cit.*, p. 224 ; mais, après vérification, cette citation ne se trouve pas à la page indiquée par l'auteur).

[131] En effet, la justice constitutionnelle n'est pas propre au juge constitutionnel. La Cour de cassation et le Conseil d'État notamment, ainsi que les tribunaux inférieurs dépendant d'eux, font aussi de l'interprétation constitutionnelle, et cela, avant même la naissance du Conseil constitutionnel en 1958. Même les juges ordinaires de premier ressort font de l'interprétation constitutionnelle dans la mesure où ils font respecter – sous l'égide de l'article 62 de la Constitution – les décisions du Conseil constitutionnel qui s'imposent à tous ; et cela est d'autant plus vrai depuis l'entrée en vigueur le 1er mars 2010 de la question prioritaire de constitutionnalité (QPC) issue de

de justice constitutionnelle qui porte d'abord sur les normes juridiques, au regard de cette recherche. La notion de justice constitutionnelle renvoie, en définitive, à celle de l'interprétation constitutionnelle qui en est issue. Bien que les juges ordinaires pratiquent également la justice constitutionnelle, au sens où ils procèdent, à leur niveau, à l'interprétation constitutionnelle, seule est valable, en définitive, l'interprétation constitutionnelle prononcée par le juge constitutionnel spécial[132]. C'est essentiellement ce caractère définitif de l'interprétation constitutionnelle, et donc de la justice constitutionnelle, qui explique et conduit au choix particulier d'observer cette méthode d'interprétation dans la jurisprudence constitutionnelle spéciale, au détriment donc des autres jurisprudences constitutionnelles, notamment celles des juges ordinaires.

L'usage des travaux préparatoires dans la jurisprudence constitutionnelle constitue l'une des différentes méthodes d'interprétation juridique utilisées par le Conseil constitutionnel. Cela signifie qu'il existe d'autres méthodes usitées par le Conseil. Dans ce contexte, il convient de s'interroger sur la place de cette méthode d'interprétation des normes fondée sur des travaux préparatoires, par rapport aux autres méthodes, en particulier, dans le contexte du contentieux constitutionnel. Le Conseil constitutionnel utilise les mêmes méthodes d'interprétation juridiques que n'importe quel autre juge[133], bien que la particularité de la science constitutionnelle, notamment dans certains types de contentieux des normes, puisse conduire à l'inopérance ou l'insuffisance de

---

la réforme constitutionnelle du 23 juillet 2008. En effet, selon Renaud Denoix de Saint-Marc, même le juge de proximité se transforme en juge constitutionnel depuis le mécanisme de la QPC (ces propos ont été recueillis en avril 2012, à l'occasion d'une conférence au Conseil constitutionnel, où cet ancien membre du Conseil expliquait le parcours d'une QPC depuis l'instance d'un juge de proximité d'une province profonde de la France jusqu'au Conseil constitutionnel).

[132] En effet, si, dans certains systèmes juridiques, comme en France, il revient au juge ordinaire de trancher les litiges *en fait* en dernier ressort, s'agissant de l'interprétation constitutionnelle, elle revient au juge constitutionnel spécial seul, par l'effet presque *total* de son interprétation qui, objectivement, s'impose, en définitive, à tous, même dans les systèmes juridiques comme celui des États-Unis où l'interprétation donnée par la Cour suprême n'est pas *erga omnes* (s'imposant à tous), mais *inter partes* (valable entre les parties). S'agissant du cas des États-Unis, en effet, sauf à vouloir faire languir le justiciable, le juge ordinaire (au niveau des États) se conformera le plus souvent possible à l'interprétation constitutionnelle donnée par le juge constitutionnel spécial qu'est la Cour suprême.

[133] De ce point de vue, s'agissant des méthodes d'interprétation juridique, on peut comparer ces deux œuvres de droit public et de droit privé : François Luchaire, « De la méthode en droit constitutionnel », RDP, 2-1981 et François Gény, *Méthode d'interprétation et sources en droit privé positif : essai critique, Op. cit.* Les deux auteurs évoquent les mêmes méthodes d'interprétation qui sont propres à tout interprète essentiellement juridique.

certaines d'entre elles ; mais cela est aussi valable pour tout juge-interprète, dans une branche spécifique du droit.

Certains types de méthodes d'interprétation juridique peuvent paraître – du moins à première vue – incompatibles avec l'usage des travaux préparatoires. C'est le cas de l'interprétation dite grammaticale ou littérale[134] qui consiste à analyser les seuls termes et signes (sujet, verbe, complément, adverbe, adjectif, ponctuation…) utilisés dans la disposition juridique considérée. C'est la méthode d'interprétation dite *textualiste*. Mais ce constat n'est en effet vrai qu'à première vue, car le juge-interprète ne se contente pas de ses seules connaissances, s'agissant de l'interprétation des mots employés dans le texte qu'il interprète, il utilise des dictionnaires – tant génériques que juridiques – afin de combler ses doutes sur le sens littéral des mots du texte. De ce point de vue, on peut considérer que si un simple dictionnaire peut être utile au juge-interprète, les travaux préparatoires, lorsqu'ils sont accessibles[135], lui serviraient d'autant plus que la norme considérée se présente comme étant le fruit de ces travaux. Ainsi, bien qu'indirectement, l'usage des travaux préparatoires peut entrer dans le cadre de la méthode grammaticale (ou littérale) d'interprétation des mots du droit.

Cependant, d'autres méthodes d'interprétation semblent correspondre tout à fait à l'usage des travaux préparatoires. C'est le cas de l'interprétation dite exégétique « *dont le principe est de rechercher ce qu'a voulu dire l'auteur du texte à partir de celui-ci, du contexte, des travaux préparatoires et de l'objectif général de la loi, d'en dégager le sens d'après l'intention du législateur, afin d'en régler la portée sur la ratio legis, de manière à appliquer la règle dans la plénitude de sa raison d'être, en en faisant au besoin prévaloir l'esprit sur la lettre.*[136] »

---

[134] François Gény, *Ibid.*, pp. 25-27.

[135] Car, en effet, certaines normes juridiques, législatives ou constitutionnelles, n'ont pas de travaux préparatoires, à proprement parler, très étayés. Cela s'explique notamment du fait que certaines normes, qui s'intègrent dans un vaste ensemble d'autres normes d'une même réforme, n'ont suscité aucun débat, de la phase préparatoire de la procédure législative jusqu'à leur adoption définitive. En effet, il peut arriver au Conseil d'État de ne faire aucun commentaire particulier sur une disposition d'un avant-projet de réforme, silence qui peut durer jusqu'à l'adoption définitive de cette disposition, conduisant ainsi à une carence de remarques et commentaires préparatoires à propos de celle-ci. Ce constat n'est pas contradictoire avec la conception retenue dans cette recherche selon laquelle toute norme édictée fait d'abord l'objet d'un travail préparatoire, ne serait-ce que sur le plan intellectuel ; seulement, dans ce cas précis, le travail préparatoire de la norme est inaccessible et donc inexploitable de manière visible par le juge, ce qui est propre à l'ordre juridique français.

[136] Gérard Cornu, *Op. cit.*, p. 429.

La méthode téléologique aussi englobe la technique de l'usage des travaux préparatoires. Le *Vocabulaire juridique* de Gérard Cornu ne définit pas le terme de *téléologie* (sciences des fins, des causes finales, opposée à *mécanisme*[137]), mais seulement l'adjectif « *téléologique*[138] », qui en est dérivé. En effet, la finalité et les causes de l'objectif du législateur, *a priori*, ne pourraient pas se trouver à un meilleur endroit que dans les travaux préparatoires[139] qui, logiquement, retracent l'histoire contextuelle des normes interprétées. Mais cette vertu des travaux préparatoires ne doit pas dissimuler l'aspect intellectuel de l'action interprétative. Il paraîtrait, en effet, que l'usage des travaux préparatoires revêt un caractère intellectuel. L'ancien président du Conseil constitutionnel, Jean-Louis Debré, a, en effet, qualifié cette méthode d'interprétation de « *démarche intellectuelle*[140] » du Conseil constitutionnel. Mais cette acception est, à certains égards, assez problématique. Que peut-on entendre concrètement par démarche intellectuelle ? Ce qui est intellectuel est, du point de vue juridique, ce « *Qui se rapporte non à la réalisation mais à la conception d'un acte, par opp[osition] à matériel.*[141] » Cet aspect intellectuel renvoie à « *l'auteur intellectuel d'une infraction* » ou l'instigateur de celle-ci. Cela renvoie ainsi au rôle du législateur dans la confection de la norme juridique. Le travail d'interprétation juridique consiste bien, en partie, en la recherche du *ratio legis* ou « *[…] la raison d'être de la règle établie d'où l'interprétation tire la mesure de la pleine application de celle-ci.*[142] » Cependant, d'ailleurs, au regard de la conception juridique de ce qui relève de l'intellectuel, cette qualification de l'usage des travaux préparatoires, par l'ancien président du Conseil constitutionnel, n'est pas satisfaisante. En effet, cela reviendrait à considérer cette méthode *concrète* d'interprétation juridique comme un processus purement *mental* du juge constitutionnel ; c'est-à-dire une méthode d'interprétation qui serait insusceptible d'être connue ni comprise en dehors du cercle fermé du Conseil constitutionnel, voire du cerveau de chaque membre de celui-ci. Or, les travaux préparatoires, en tant qu'éléments *concrets*, *compréhensibles*, *publics*, et donc *accessibles* à tous, rompent tout lien avec une méthode d'interprétation qui ne serait connue que des membres du Conseil constitutionnel, dans leurs analyses mentalo-psychologiques individuelles. En ce sens, on peut convenir que l'usage des travaux préparatoires ne s'assimile pas à

---

137 V. les différentes définitions données à la téléologie par le CNRTL.
138 Gérard Cornu, *Op. cit.*, p. 1008.
139 À ce propos, v. Michel Couderc, « Les travaux préparatoires de la loi ou la remontée des enfers », *Op. cit.*, p. 251.
140 V. *Réponses à un questionnaire* de Jean-Louis Debré en annexe. Mais on reviendra sur cet aspect intellectuel de la démarche consistant en l'usage des travaux préparatoires.
141 Gérard Cornu, *Op. cit.*, p. 557.
142 *Ibid.*

une démarche intellectuelle du juge constitutionnel, il s'inscrit dans le cadre d'une démarche interprétative concrète. C'est d'ailleurs cet aspect concret que recherche le Conseil constitutionnel dans les travaux préparatoires pour assoir son interprétation.

Par ailleurs, si l'on considère les travaux préparatoires comme des éléments extrinsèques de la norme juridique qui en est pourtant issue, on peut considérer la recherche du sens de la norme dans ses travaux comme la recherche de l'esprit de la norme. Selon François Luchaire, « *l'esprit est recherché en grande partie en dehors du texte tenant compte de tout ce qui l'environne*[143] ». Et c'est d'autant plus que l'esprit de la norme est considéré comme étant l'idée « *qui anime une règle et qui a vocation à guider son interprétation*[144] » ; et en ce sens l'esprit de la norme serait une « *inspiration fondamentale voisine de l'intention du législateur mais plus objective et non nécessairement figée (l'esprit d'une institution peut évoluer), et très proche du ratio legis*[145] ». Bien que l'esprit de la norme puisse être considéré comme plus objectif que l'intention du législateur, cette affirmation n'est pas évidente à accepter. En effet, l'intention du législateur est considérée par ailleurs comme étant la « *Pensée du législateur historique ; idée directrice à l'origine de la loi.*[146] » Mais force est de constater que tous ces termes (esprit, pensée, intention, etc.) partagent une étroite intimité avec la norme. D'ailleurs, plusieurs auteurs reconnaissent cette relation fusionnelle entre les normes juridiques et leur pensée conceptuelle. C'est le cas notamment de Savigny[147] et de Michel Couderc[148]. De ce point de vue, la qualification des travaux préparatoires comme étant des éléments extrinsèques par rapport à la norme à laquelle ils ont présidé, au sens d'extérieur à celle-ci, paraît discutable. C'est ainsi qu'il peut être considéré que toute norme est intrinsèquement liée à ses travaux préparatoires qui, par essence, sont l'histoire de cette norme, et, par conséquent, sont le terreau de la compréhension du contexte historique, politique et sociologique de celle-ci, contexte sans lequel il est difficile de pénétrer l'esprit de la norme.

---

[143] François Luchaire, « De la méthode en droit constitutionnel », *Op. cit.*, p. 315.
[144] Gérard Cornu, *Op. cit.*, pp. 412-413.
[145] *Ibid.*, p. 558.
[146] *Ibid.*
[147] Friedrich Carl de Savigny, *Traité de droit romain*, 1855, *Infra.*
[148] Michel Couderc, « Les travaux préparatoires ou la remontée des enfers », *Recueil d'études en l'honneur de François Gény*, 1975, *Infra.*

En ce sens, si les travaux préparatoires ne peuvent pas *dicter*, à tous les coups, au juge constitutionnel, suivant l'objectif visé par celui-ci[149], l'*Interprétation* du texte à adopter, ils peuvent au moins lui permettre de pallier certaines critiques ; car le juge constitutionnel, grâce aux travaux préparatoires, à condition toutefois que ceux-ci soient clairs et sincères, saura les « raisons d'être » du texte juridique, afin de mieux construire son argumentation visant à défendre et, surtout, à justifier une interprétation qui peut paraître, à certains égards, comme extensive et subitement évolutive par rapport au contexte historique de la norme.

Néanmoins, les autres méthodes d'interprétation du droit, malgré le lien qu'ils peuvent présenter avec l'usage des travaux préparatoires, ne se confondent pas avec celui-ci et n'ont aucun fondement juridique. C'est le juge (constitutionnel) qui décide de la méthode qui lui paraît la plus adaptée dans une situation particulière. Cela est différent, s'agissant de l'usage des travaux préparatoires qui semble, selon une conception volontairement extensive, trouver sa place directement dans des textes de nature constitutionnelle, depuis la période révolutionnaire. En effet, on le verra, il n'est pas exagéré de voir les dispositions de l'article 33 de la Constitution de 1958, qui exigent tant la publicité que la publication du compte rendu des débats parlementaires, au moins comme un début de fondement juridique de l'usage des travaux préparatoires, par le juge (constitutionnel), dans l'interprétation juridique.

Qui dit travaux préparatoires, dit procédure parlementaire. Ainsi, convient-il de montrer le lien existant entre ces deux notions qui se retrouvent régulièrement dans le contentieux constitutionnel.

X. Travaux préparatoires et procédure de la production des normes juridiques

Les travaux préparatoires sont les fruits de la procédure de production des normes juridiques et se confondent même avec celle-ci. Ce lien entre travaux préparatoires et procédure législative s'observe, dans la jurisprudence du Conseil constitutionnel, lorsque celui-ci retrace, dans ses décisions, les différentes phases des travaux préparatoires au Parlement, en vue de mieux cerner le respect par le

[149] Car, on le verra, le Conseil constitutionnel peut faire le choix de suivre l'interprétation dictée par les travaux préparatoires (v. Décision n° 77-82 DC), mais peut aussi s'en éloigner en vue d'atteindre un objectif plus important qu'il s'est fixé, tel celui d'assurer une meilleure protection des droits et des libertés fondamentaux (v. Décision n° 71-44 DC).

législateur des exigences constitutionnelles requises[150]. Cependant, il n'est pas question d'aborder la procédure législative en tant que telle[151]. Ainsi, seul l'aspect lié aux travaux préparatoires, en tant que ceux-ci constituent la base d'une méthode d'interprétation juridique constitutionnelle, sera étudié. Enfin, il convient de ranger les mécanismes extraparlementaires qui, juridiquement, jouent un rôle dans la confection des projets et propositions de réforme, tels la saisine obligatoire du Conseil d'État ou encore celle du CESE, dans le cadre de cette procédure, dont le Conseil constitutionnel exige le respect de manière sincère. Ainsi, la consultation de ces types d'organismes relève du processus d'élaboration des normes à produire, et elle se confond avec l'élaboration de ces normes qui, elle aussi, se confond avec les travaux préparatoires (extra)parlementaires.

Par ailleurs, si l'interprétation des normes constitutionnelles de 1958 est aussi une tâche qui revient au Conseil constitutionnel, l'usage de cette méthode d'interprétation juridique, dans l'accomplissement de cette tâche, a quelque peu bouleversé le Conseil, compte tenu des controverses, déjà pointées plus haut, dont font l'objet les travaux préparatoires de la Constitution de 1958, surtout lorsque l'usage de ces derniers prête à une certaine ambiguïté (Décision n° 2012-297 QPC).

Enfin, cette étude conduit d'emblée à s'intéresser tant à l'histoire qu'au fondement juridique de cette méthode d'interprétation. C'est dans ce contexte historique que l'étude du droit anglais, au regard de cette méthode d'interprétation, sera d'une particulière utilité.

Quoique visible dans la thèse, quelques précisions s'imposent, s'agissant de la méthodologie suivie pour parvenir au résultat final de l'étude,

---

[150] « *Considérant que les amendements dont sont issues les dispositions susmentionnées ont été introduits en deuxième lecture au Sénat ; que ces adjonctions n'étaient pas, à ce stade de la procédure, en relation directe avec une disposition restant en discussion ; qu'elles n'étaient pas non plus destinées à assurer le respect de la Constitution, à opérer une coordination avec des textes en cours d'examen ou à corriger une erreur matérielle ; qu'il s'ensuit que les articles 7 et 10 ont été adoptés selon une procédure contraire à la Constitution ; qu'ils doivent être déclarés contraires à cette dernière ;* » (Décision n° 2014-700 DC du 31 juillet 2014, Cons. 13. *Loi pour l'égalité réelle entre les femmes et les hommes*). V. également : Décision n° 2019-795 DC du 20 décembre 2019, §§. 76-79. *Loi de financement de la sécurité sociale pour 2020* ; Décision n° 2019-796 DC du 27 décembre 2019, §. 146. *Loi de finances pour 2020.*

[151] De nombreux ouvrages décrivent la procédure législative, à l'instar de celui de Pierre Avril, Jean Gicquel et Jean-Éric Gicquel, *Droit parlementaire*, *Op. cit.*

XI. Méthodologie adoptée

La méthodologie adoptée dans cette recherche s'explique en plusieurs points.

D'abord, la lecture de l'ensemble des décisions du Conseil constitutionnel, depuis 1958, s'imposait afin de repérer celles ayant plus ou moins explicitement fait référence aux travaux préparatoires[152]. Compte tenu de la difficulté liée au repérage des travaux préparatoires qualifiés d'extraparlementaires dans la thèse, il a fallu procéder à une lecture particulière des décisions du Conseil constitutionnel, à savoir une lecture de chacune des décisions de l'institution de manière complète. En effet, une simple recherche par des mots-clés, au singulier et au pluriel, tels « débat(s) parlementaire(s) », « travail / travaux parlementaire(s) » et « travail / travaux préparatoire(s) » étaient devenus non opérationnels pour la conception de la notion de travaux préparatoires extraparlementaires. Et parfois même pour les travaux préparatoires intraparlementaires, ces trois mots-clés n'étaient pas non plus tout à fait opérationnels car il arrive au Conseil constitutionnel d'employer les termes « rapport(s) » en commission, « projet(s) de loi », « discussion(s) », etc. à la place des mots-clés susvisés. En plus des décisions de l'institution, ont également été consultés les comptes rendus de séances de ses décisions les plus intéressantes, au regard du sujet, qui ont été rendus publics à partir de 2008. Cette lecture complète de la jurisprudence constitutionnelle a notamment permis de repérer les types de travaux préparatoires cités explicitement dans les décisions du Conseil et la pertinence de ces derniers (rôle d'appui, rôle accessoire, rôle décisif, etc.) dans l'interprétation constitutionnelle finalement retenue.

Ensuite, les publications et d'autres sources pertinentes sur le sujet traité, tels des ouvrages, des articles, des documents vidéographiques ou filmographiques, ont été passées en revue de manière à disposer d'un bagage épistémologique le plus complet possible pour cerner le sujet. Au fil des différentes lectures, notamment sur l'histoire de la Constitution de 1958, il a fallu comparer les commentaires notamment doctrinaux avec les discours des principaux acteurs de la rédaction de cette Constitution (Charles de Gaulle, bien sûr, mais aussi Michel Debré, Raymond Janot et d'autres) afin d'avoir un point de vue averti et sans intermédiaire. Ainsi, par exemple, la consultation du site internet de la Fondation Charles de Gaulle, mais aussi celui de l'Institut national de l'audiovisuel (INA),

---

[152] V. *Liste des décisions du Conseil constitutionnel ayant fait référence aux travaux préparatoires* en fin de bibliographie.

parmi d'autres, a permis d'avoir accès aux originaux de différents discours et prises de position de Charles de Gaulle et d'autres personnalités sur le processus constituant en 1958.

Par ailleurs, dans la mesure où l'usage des travaux préparatoires, comme méthode de l'interprétation constitutionnelle, n'est pas l'apanage du seul Conseil constitutionnel, lequel n'a débuté son activité juridictionnelle qu'en 1959, il a paru pertinent et nécessaire de remonter à l'usage de cette méthode d'interprétation dans la jurisprudence du Conseil d'État et de la Cour de cassation au cours du XIXe siècle afin de comprendre l'héritage que représente celle-ci pour le Conseil constitutionnel. C'est ainsi que les archives du Recueil Dalloz (*Dalloz Hebdomadaire* et *Dalloz périodique* sur les périodes allant de 1833, pour la Cour de cassation, à 1872-1933, pour le Conseil d'État, ont été largement consultées. En outre, les travaux d'Henri Capitant, en particulier, nous ont conduit à la source des questions juridiques posées par cette méthode d'interprétation juridique en Angleterre depuis la *Magna Carta* de 1215. La jurisprudence anglaise, très ancienne et très étayée sur ce sujet, nous ont été d'une très grande utilité ; elle est consultable sur le site internet du BAILII (*British and Irish legal information institute*) qui comporte une base de données exposant assez complètement cette riche jurisprudence.

Puis, nous avons procédé à l'audition de plusieurs personnalités (professeurs de droit public, hauts fonctionnaires, archivistes, etc.), dont certaines ont, de près ou de loin, été associées au rassemblement des travaux préparatoires de la Constitution de 1958, connu sous la dénomination de *Documents pour servir à l'histoire de l'élaboration de la Constitution du 4 octobre 1958*, et nous avons discuté régulièrement ou de manière spontanée avec de nombreuses autres[153]. Mais aucun compte rendu de ces auditions n'est formellement établi dans la thèse du fait notamment d'un trop grand nombre de personnalités qui ont refusé la citation de leurs discours verbaux revoyant ainsi à leurs écrits. S'agissant de celles qui n'ont pas manifesté leur refus à la citation de leurs propos recueillis, elles ne font pas tout à fait l'objet d'un même régime ; en effet, leurs propos sont, lorsque cela s'avère nécessaire, exploités et cités en tant que tels dans la thèse. Cités ou pas, dans la thèse, les enseignements tirés de ces auditions sont d'une grande importance ; ils ont permis de comprendre que la notion de travaux préparatoires était une notion particulièrement floue chez les juristes et que, s'agissant de ceux de la Constitution de 1958, l'ambiguïté liée à leur reconnaissance en tant que tels

[153] V. la liste de ces personnalités en fin de bibliographie, sous le titre *Interviews, entretiens et consultations divers (ordre chronologique)*.

dépasse le raisonnable ; ils ont également permis de constater que la plupart des personnalités auditionnées s'attachent à la position de Georges Vedel qui, *a priori*, et seulement *a priori*, on y reviendra, paraît nier la qualité de travaux préparatoires aux processus constituants de 1958.

Enfin, nous avons procédé à l'exploitation d'un micro-trottoir réalisé par voie de radiodiffusion sur la perception populaire de la diffusion des travaux préparatoires intraparlementaires des normes juridiques dans les médias, dont un résumé se trouve en annexe[154]. D'un point de vue empirique, l'exploitation de micro-trottoir a permis d'avoir une *certaine* idée de la perception du processus de production des normes juridiques, en d'autres termes des travaux préparatoires.

Le contour de ce sujet de recherche étant tracé, il convient à présent de s'intéresser de manière plus précise à sa problématique et à ses axes principaux de réflexion.

XII. Problématique générale

Si les travaux préparatoires sont l'un des instruments permettant au juge constitutionnel d'interpréter les normes juridiques qui lui sont soumises et celles à l'aune desquelles il exerce son contrôle de constitutionnalité, la qualification, ou plutôt l'évaluation, de cet instrument s'impose. L'instrument « travaux préparatoires » est considéré ici dans sa dimension particulière, c'est-à-dire hors de la méthode d'interprétation dont il constitue le fondement. Parmi les autres instruments dont dispose le juge constitutionnel, on retrouve l'incontournable dictionnaire, tant générique que juridique, les témoignages issus des auditions conduites par le juge constitutionnel lui-même au stade de l'instruction, l'*amicus curiae* issu du phénomène de la mondialisation juridique, du contentieux constitutionnel et du dialogue des juges[155], etc. Dans cette configuration, la

[154] V. *Annexe 1 – Micro-trottoir (perception populaire des travaux préparatoires).* Mais nous ne prétendons pas que ce micro-trottoir est représentatif de l'opinion publique en général sur la diffusion des travaux préparatoires par voie télévisuelle ; il ne serait pas étonnant que ce soit une vision assez parisienne qui en a été projetée sur cette question.

[155] Sur ce point, Noëlle Lenoir rapporte : « *Dans une société ouverte comme l'est la nôtre, dans laquelle l'État n'est plus l'acteur principal d'un marché dont la dimension est européenne, voire mondiale, la loi touche à toutes sortes d'intérêts qu'il faut concilier avec l'intérêt général. D'où l'importance pour le juge d'aller quérir l'information là où elle se trouve pour être en mesure d'apprécier le contexte dans lequel se situe la loi. Il m'est arrivé, comme à mes collègues, d'auditionner des experts, professeurs de droit notamment, de même que des représentants professionnels, associatifs ou syndicaux. L'absence de formalisme de la procédure d'instruction devant le Conseil Constitutionnel autorise une grande liberté*

détermination de la place des travaux préparatoires, parmi ce panel d'instruments dont dispose le juge constitutionnel, s'impose. Ainsi, est-ce un instrument *secondaire* par rapport aux autres instruments d'interprétation du droit ? Est-ce, au contraire, un instrument *privilégié*, au sens où le juge constitutionnel s'y réfère de manière récurrente ou même *obligatoire* ? À supposer que la réponse à ces deux dernières interrogations soit positive, il conviendrait alors de mesurer plus précisément cet instrument au regard des autres. Est-ce un instrument important ? Si oui, en quoi consiste cette importance et à quoi servent réellement les travaux préparatoires dans l'interprétation constitutionnelle ? Cette question est particulièrement importante car, on l'a vu, le Conseil constitutionnel ne se réfère pas toujours aux travaux préparatoires des normes qu'il interprète, et ce même lorsque ces derniers contiennent une interprétation contraire à celle qu'il a en définitive adoptée. Ainsi, dans la mesure où l'interprétation, qu'elle soit juridique ou a-juridique, suppose un ajout de sens à la norme interprétée, l'importance de cet instrument d'interprétation conduit également à déterminer ses forces et / ou faiblesses à permettre d'apporter la valeur ajoutée, positive, si possible, attendue de l'interprétation constitutionnelle.

Dans l'hypothèse où les travaux préparatoires ne seraient pas un instrument aussi important qu'on puisse l'imaginer, pour le mécanisme de l'interprétation constitutionnelle, peuvent-ils au moins être considérés comme une simple caution, ou plutôt une *précaution*, du point de vue du juge constitutionnel à qui il revient la lourde tâche des justifications de l'interprétation constitutionnelle ? Si le doute n'est, *a priori*, pas permis, quant à cette dernière interrogation, celle-ci pose d'autres problèmes spécifiques, s'agissant de la stratégie jurisprudentielle du Conseil constitutionnel. Ainsi, à la recherche d'une caution (ou précaution) à sa légitimité interprétative et d'une sécurité juridique au résultat que le processus interprétatif conduit à produire, la question se pose de savoir si le Conseil constitutionnel fait un usage sincère ou purement stratégique des travaux préparatoires. Dans ce cas, les travaux préparatoires constitueraient alors une simple caution anticipatrice, au regard des critiques, pour l'interprétation constitutionnelle[156] et pour le juge constitutionnel qui est chargé de la prononcer.

---

dont ne bénéficient pas les juges des cours étrangères. D'autant que les auditions qui ont lieu dans ces cours devant la formation collégiale et en audience publique – entendre par exemple des amicus curiae – se pratique au Conseil dans le secret du Palais Royal. » (Noëlle Lenoir, « Le métier de juge constitutionnel », Extrait de « Le Débat » n° 114, Editions Gallimard, mars-avril 2001 ; v. aussi ce texte sur le site du Conseil constitutionnel).

[156] La décision n° 2015-9 LOM du 21 octobre 2015 est l'une de ces décisions du Conseil constitutionnel qui confortent ce simple rôle de caution des travaux préparatoires dans la jurisprudence constitutionnelle : « *Considérant, d'autre part, que l'article 515-3-1 du code civil, créé*

Par conséquent, l'usage des travaux préparatoires ne serait qu'un leurre ; le juge constitutionnel n'utiliserait ces derniers, en leur conférant une place décisive dans l'interprétation constitutionnelle, que lorsqu'ils paraissent compatibles et permettent de conforter le sens déterminé et choisi, bien que ce choix, on le verra, soit conditionné, par le juge constitutionnel lui-même.

On l'aura compris, les solutions à apporter à ces interrogations ne sont pas simples. La complexité de celles-ci est due notamment au fait que la jurisprudence constitutionnelle n'est pas très étayée et n'est donc pas très explicative, quant aux différentes interrogations soulevées par l'usage de cet instrument d'interprétation juridique. Cela implique que, du point de vue purement scientifique, il est difficile d'apporter une solution claire et précise à l'ensemble des problèmes posés par cet objet d'étude. Dans la mesure où la jurisprudence constitutionnelle ne permet pas, du point de vue scientifique, de répondre clairement et précisément à nombre de problèmes soulevés par ce sujet, il sera, de temps à autre, formulé des hypothèses possibles, d'ailleurs, parfois, plus ou moins plausibles[157].

Ainsi, dans cette situation particulièrement complexe, tout en considérant l'interprétation juridique comme étant un mécanisme jurisprudentiel de construction rationnelle et convaincante du droit, cette recherche est conduite autour de la question générale suivante : quel est l'apport des travaux préparatoires dans le mécanisme de construction interprétative du droit par le Conseil constitutionnel ?

---

par l'article 26 de la loi du 23 juin 2006, prévoit la mention, en marge de l'acte de naissance de chaque partenaire, de la déclaration de pacte civil de solidarité et de l'identité du partenaire ; qu'il ressort des travaux préparatoires qu'en adoptant ces dispositions le législateur a seulement entendu assurer la publicité du pacte civil de solidarité à l'égard des tiers ; que, par suite, ces dispositions n'ont eu ni pour objet ni pour effet de faire perdre au pacte civil de solidarité sa nature contractuelle ; » (Cons. 8). Et si les travaux préparatoires laissaient entrevoir un doute, le Conseil constitutionnel en déciderait-il autrement ? Cette question paraît simple dans la mesure où la manière dont les travaux préparatoires sont utilisés dans la jurisprudence constitutionnelle permet de voir que ces derniers n'acquièrent un caractère déterminant et ne jouent un rôle décisif, dans l'interprétation constitutionnelle, que lorsqu'ils vont dans le sens que le Conseil constitutionnel s'est d'abord fixé.

[157] Notamment s'agissant des travaux préparatoires des textes internationaux dont le Conseil constitutionnel semble avoir refusé l'usage, à l'instar du Conseil d'État, on ne peut qu'évoquer des hypothèses quant aux réelles raisons de ce refus.

XIII. Plan de la recherche

Ainsi posée, la question de l'apport des travaux préparatoires, dans l'interprétation constitutionnelle, conduit à montrer, d'abord, la grande diversité des sources de la notion – au sens large – de travaux préparatoires, ainsi que le fondement juridique de ces derniers en tant qu'éléments constitutifs d'une méthode d'interprétation du droit, au regard de l'usage qu'en fait le Conseil constitutionnel (**Première partie**) ; bien entendu, « au regard de l'usage qu'en fait le Conseil constitutionnel » ne doit pas être compris comme une limitation de la recherche d'une définition de cette notion à la seule jurisprudence constitutionnelle, ce qui serait futile, notamment du fait que le Conseil constitutionnel, s'il fait un usage explicite de certains types de travaux préparatoires des normes qu'il interprète, ne le fait pas pour tous, ni n'en donne une définition prétorienne de cette notion, par exemple, en qualifiant ce qui relèverait des travaux préparatoires des normes juridiques et ce qui n'en relèverait pas ; ainsi, d'autres éléments d'explication, d'origine tant doctrinale qu'institutionnelle, seront considérés en vue d'étayer la connaissance de cette notion. Ensuite, une fois le contour de la notion de travaux préparatoires et d'un possible fondement juridique de leur usage en tant que méthode d'interprétation aura été tracé, il conviendra d'appréhender la question de l'apport de cet instrument dans la construction interprétative du droit à travers l'étude de l'impact de cette méthode d'interprétation sur l'interprétation constitutionnelle définitivement retenue par le Conseil constitutionnel (**Seconde partie**).

PREMIÈRE PARTIE

PREMIÈRE PARTIE.
LA GRANDE DIVERSITÉ DES SOURCES DES TRAVAUX PRÉPARATOIRES DANS L'INTERPRÉTATION NORMATIVE CONSTITUTIONNELLE

La notion de travaux préparatoires soulève de nombreuses interrogations. Il semble que cette notion est utilisée, et certains éléments de son contenu cités çà et là, sans que l'on sache vraiment ce qu'on entend par-là, ni ce qu'elle recouvre, ni ce que les travaux préparatoires sont et ce qu'ils ne sont pas. La question se pose ainsi de savoir s'il y aurait des documents préparatoires officiels et des documents préparatoires non officiels dans la composition des travaux préparatoires et quels sont leurs modes de production. Cette dernière interrogation renvoie aux différents organismes de production de travaux préparatoires des normes juridiques, ce qui suppose une production plurielle de ces derniers. Dans ce contexte, les chambres parlementaires sont-elles les seules à pouvoir produire les travaux préparatoires des normes juridiques ? Ces questions, on l'aura compris, supposent également une production par étape des travaux préparatoires des normes juridiques.

La question de la diversité des travaux préparatoires des normes juridiques[158] conduit à réaliser d'abord une étude typologique de ces derniers (Titre I), avant

[158] Il a déjà été précisé dans l'introduction de cette recherche que la jurisprudence constitutionnelle considérée est celle du juge constitutionnel par excellence, c'est-à-dire le Conseil constitutionnel en tant que juge de l'interprétation finaliste des normes juridiques en droit interne. Il ne faut pas pour autant comprendre que l'on s'interdit d'utiliser d'autres sources pertinentes, y compris non jurisprudentielles, que celles des décisions du Conseil constitutionnel. L'étude est conduite à partir de celles-ci qui seront d'un rôle d'appui et de démonstration lorsque le Conseil constitutionnel emploie certains éléments des différentes sources des travaux préparatoires des normes juridiques dans sa jurisprudence, laquelle n'en donne souvent que des indications.

de se focaliser sur leur portée, à travers notamment du débat historique dont ils sont l'objet en tant qu'instruments de l'interprétation du droit, et sur le fondement juridique constitutionnel de la méthode d'interprétation juridique dont ils sont à la base (Titre II).

TITRE I

TITRE I –
LA TYPOLOGIE DES TRAVAUX PRÉPARATOIRES

La notion de travaux préparatoires présente une très grande diversité, par sa généralité, quant aux différents éléments qui la constituent. La généralité des sources des travaux préparatoires s'explique par leur origine typologique. Il sera démontré ici qu'il existe deux types de travaux préparatoires des normes juridiques selon leur origine. Certains travaux préparatoires, en effet, et c'est pour les plus connus et sans doute les plus populaires, sont d'origine parlementaire – au sens où ils sont produits à l'intérieur du Parlement. C'est là un premier type de travaux préparatoires des normes juridiques soumises à l'interprétation constitutionnelle. D'autres travaux préparatoires, peut-être beaucoup moins étudiés, et donc beaucoup moins connus, en tant que tels, sont produits à l'extérieur du cadre strictement parlementaire. C'est là un second type de travaux préparatoires des normes juridiques soumises à l'interprétation constitutionnelle. Il est vrai que la jurisprudence constitutionnelle n'a pas explicitement exprimé la typologie que cette étude vise à démontrer ; cependant, certains aspects des délibérés de certaines des décisions antérieures du Conseil constitutionnel – délibérés aujourd'hui librement consultables[159] –, et même de certaines de ses décisions plus récentes, permettent de fonder la distinction qu'il convient d'opérer entre travaux préparatoires *intraparlementaires* (Chapitre 1) et travaux préparatoires *extraparlementaires* (Chapitre 2).

[159] Depuis août 2016, les délibérés des décisions du Conseil constitutionnel, juridiquement accessibles à la consultation après l'écoulement d'un délai de vingt-cinq ans, sont consultables directement sur son site internet.

Chapitre 1. Les travaux préparatoires intraparlementaires

« [N]*e sont considérés comme travaux préparatoires que les éléments dont le législateur avait officiellement connaissance au moment où il prenait sa décision et que rappellent les indications qui accompagnent la publication des lois au Journal officiel.*[160] » (Pierre Avril, Jean Gicquel et Jean-Eric Gicquel).

Ce chapitre peut *a priori* paraître descriptif, en particulier aux yeux des juristes et d'autres praticiens et professionnels du droit habitués à l'usage des travaux préparatoires dans l'interprétation juridique. Mais cette description n'est pas purement *autotélique* (du grec *autos* : même, et *telos* : fin), c'est-à-dire une description qui aurait pour but sa propre finalité[161]. D'abord, ce chapitre fait le point sur les travaux préparatoires sous-entendus de manière subjective dans les analyses juridiques sans aucune approche conventionnelle sur le contenu de la notion. Ensuite, il

[160] Pierre Avril, Jean Gicquel et Jean-Eric Gicquel, *Droit parlementaire*, « La notion de travaux préparatoires », LGDJ, 5ème édition, 2014, pp. 205-206, n° 237.

[161] Sur ce point, v. Guillaume Devin, « Décrire, représenter, interpréter », in Guillaume Devin (dir.), *Méthodes de recherche en relations internationales*, Les Presses de Sciences Po Paris, Mars 2016, (pp. 17-37), p. 17.

justifie le passage des travaux préparatoires intraparlementaires aux travaux préparatoires extraparlementaires. Il est fort à parier que si la matérialité de ce passage entre ces deux notions n'était pas constatée, la critique porterait essentiellement sur ce point en particulier. Ainsi, cette description s'avère nécessaire à l'analyse au sens où elle s'inscrit dans une approche explicative et donc pédagogique. En effet, les travaux préparatoires sont souvent utilisés en méconnaissance, par définition, de leur contenu, de leur portée et de leur sens réel ; il a ainsi paru nécessaire d'opérer cette analyse des *travaux préparatoires intraparlementaires* qui conduira naturellement vers la notion de *travaux préparatoires extraparlementaires* au chapitre suivant.

Ce qu'il convient de nommer « travaux préparatoires intraparlementaires » s'étale de la phase législative préliminaire, qui commence à partir du dépôt d'un projet ou d'une proposition de texte, jusqu'à son adoption finale par le Parlement. Bien qu'il soit possible de voir dans la phase de l'examen de constitutionnalité de la loi exercé par le Conseil constitutionnel un *prolongement* de la procédure parlementaire[162], le fait que celui-ci n'est saisi de manière obligatoire que pour les règlements des assemblées législatives et les lois organiques conduit à arrêter la procédure parlementaire au stade du vote définitif du projet ou de la proposition de texte. D'autant plus que la phase d'examen par le Conseil constitutionnel du texte définitivement adopté par le Parlement consiste en une analyse juridico-jurisprudentielle, alors que l'on se situe ici dans la dimension politique du processus d'élaboration des normes législatives.

Les travaux préparatoires intraparlementaires relèvent exclusivement du Parlement et / ou du fait du Parlement (Section 1). S'agissant de cette catégorie de travaux préparatoires, Georges Vedel, en 1989, donna ainsi le ton : « *Si donc les travaux préparatoires peuvent être invoqués pour interpréter une loi, c'est parce qu'ils sont de nature à faire connaître la 'volonté du législateur' qui s'est exprimé de manière confuse ou insuffisante dans le texte.* ***Les documents pris en considération de ce chef peuvent être variés : un exposé des motifs en tête d'un projet de loi, un rapport de commission, l'intervention au cours des débats d'un membre du***

---

[162] V. Julie Benetti, *Droit parlementaire et fait majoritaire à l'Assemblée nationale sous la Ve République*, Thèse de doctorat, Bibl. Cujas et PMF, pp. 381 et s. Le Conseil constitutionnel, dans la confection de la loi, est beaucoup plus qu'un contre-pouvoir du Parlement, il est la clé de voûte du destin législatif. Jean Foyer attribua déjà ce rôle d'ultime chambre législative au Conseil constitutionnel. En effet, celui-ci, bien qu'il fût contre cet aspect de la justice constitutionnelle, estima que « *la saisine du Conseil constitutionnel devint dans la pratique le dernier acte de la procédure législative* » (Jean Foyer, « Pour la suppression du Conseil constitutionnel », *La Revue administrative*, 51ème année, n° 301, janvier-février 1998, p. 98).

gouvernement, du rapporteur de la commission ou d'un parlementaire exposant ce qui, à leurs yeux, doit être le sens de telle disposition en discussion. *Dans certains cas, ces éléments feront apparaître que les députés ou les sénateurs qui ont voté le texte à interpréter ont été d'accord pour lui attacher tel sens. Dans d'autres cas, il apparaîtra que l'équivoque n'a pas été levée.*[163] » À côté de ces derniers, se trouvent des travaux préparatoires qui paraissent inclassables. Il s'agit des travaux préparatoires de la Constitution du 4 octobre 1958. En effet, si l'on s'en tient à la conception classique de la notion de travaux préparatoires dans la science juridique, ceux de la Constitution de 1958[164] paraissent inclassables dans la mesure où ils ne seraient ni produits, à proprement parler, par une assemblée constituante, ni ne sont tout à fait extérieurs au cadre parlementaire. Mais il semble qu'il faut sortir de cette conception classique, s'agissant de cette notion, en mettant en évidence le caractère *essentiellement* « préparatoire » des mécanismes ayant conduit aux normes issues de la Constitution de 1958[165] (Section 2).

SECTION 1 : DES TRAVAUX PRÉPARATOIRES PRODUITS À L'INTÉRIEUR DU PARLEMENT

La production de travaux préparatoires à l'intérieur du cadre parlementaire met en action plusieurs mécanismes. Ces mécanismes permettent d'identifier deux types de travaux préparatoires d'origine parlementaire. Tout d'abord, certains travaux préparatoires, sans doute des plus connus, sont issus des rapports du ou des rapporteurs de la commission directement intéressée et, éventuellement, de la *commission dite saisie pour avis* qui n'est, elle, pas directement concernée par les discussions préparatoires des normes à produire

---

[163] Georges Vedel, « La place de la Déclaration de 1789 dans le 'bloc de constitutionnalité' », in *La Déclaration des droits de l'homme et du citoyen et la jurisprudence. Colloque des 25 et 26 mai 1989 au Conseil constitutionnel*, PUF, novembre 1989, p. 44.

[164] Les travaux préparatoires de la Constitution de 1958 sont, pour l'essentiel, du point de vue de cette étude, les différents éléments issus de l'ouvrage intitulé *Travaux préparatoires de la Constitution du 4 octobre 1958. Avis et débats du Comité consultatif constitutionnel* et de la série d'ouvrages intitulés *Documents pour servir à l'histoire de l'élaboration de la Constitution du 4 octobre 1958.*

[165] Comme cela a été précisé en introduction, il est informé que, bien que ce ne soient pas les mêmes normes qui sont concernées, les normes législatives et les normes constitutionnelles étant de nature différente, les processus « préparatoires » dans l'élaboration de ces deux types de normes et leur usage dans l'interprétation constitutionnelle demeurent « identiques » au sens où ils président à l'adoption définitive de la norme sur le plan politique (parlementaire) et dans la mesure où ils peuvent permettre de mieux comprendre la norme interprétée, quelle qu'elle soit.

(§1). Ensuite, les différents débats parlementaires, qui portent souvent d'ailleurs sur les rapports précités, forment un second type de travaux préparatoires que l'on retrouve dans l'interprétation constitutionnelle (§2).

§1. Les travaux préparatoires issus des rapports des rapporteurs de la commission saisie au fond et de la commission saisie pour avis

L'objectif ici n'est pas de décrire le travail parlementaire[166], mais d'illustrer la notion de travaux préparatoires dans sa dimension interne au Parlement. Soulignant l'importance des rapports parlementaires dans l'interprétation juridique, Pierre-André Côté a pu démontrer que « *parmi les documents pouvant éclairer les circonstances ayant conduit à l'adoption d'un acte législatif, les rapports des commissions parlementaires méritent une attention toute particulière.*[167] » Cette catégorie des travaux préparatoires intraparlementaires des normes juridiques est en effet formée de différents rapports parlementaires d'un projet ou d'une proposition de loi (A). L'importance que le juge constitutionnel accorde à ces derniers dans son interprétation de la norme législative, en les citant directement et explicitement dans ses décisions, s'explique par leur autorité interprétative, du fait notamment qu'ils ont fait l'objet d'une délibération au stade politique avant la délibération jurisprudentielle (B), lesquelles délibérations collaborent étroitement à la production normative.

A) Les rapports intraparlementaires : de la commission permanente ou spéciale à la commission saisie pour avis

Les commissions[168] des assemblées législatives sont des véritables laboratoires[169] d'idées et d'opinions dans le jeu du travail parlementaire dans la

---

[166] Pour découvrir le jeu du travail parlementaire, v. notamment Pierre Avril, Jean Gicquel et Jean-Eric Gicquel, *Droit parlementaire*, LGDJ, 5ème édition, 2014.

[167] Pierre-André Côté, *The interpretation of legislation in Canada*, Chap. 4 : « Historical interprétation », Yvon Blais, Inc, 2ème édition, 1992, Cujas, p. 347.

[168] Pour l'organisation, le fonctionnement et le rôle des commissions parlementaires, v. Pierre Avril, Jean Gicquel et Jean-Eric Gicquel, *Droit parlementaire*, *Op. cit.*, pp. 123 s.

[169] Pour s'en convaincre, il suffit de se rendre compte du vocabulaire « médical » utilisé pour qualifier le travail des commissions parlementaires : on parle d'« examen en commission » à propos

mesure où ce sont elles qui examinent tous les projets et propositions de loi. Le rôle des commissions a été nettement renforcé par la réforme constitutionnelle de 2008 qui a modifié l'article 42 de la Constitution, lequel dispose désormais : « *La discussion des projets et des propositions de loi porte, en séance, sur le texte adopté par la commission saisie en application de l'article 43* ».

En vertu de l'article 43, alinéa 1er, de la Constitution, « *Les projets et propositions de loi sont envoyés pour examen à l'une des commissions permanentes dont le nombre est limité à huit dans chaque assemblée.* » L'alinéa 2 de cet article dispose, quant à lui, qu'« *À la demande du Gouvernement ou de l'assemblée qui en est saisie, les projets ou propositions de loi sont envoyés pour examen à une commission spécialement désignée à cet effet.* »

Ces deux commissions susvisées, à savoir la commission permanente et la commission spéciale, peuvent être considérées comme des commissions d'une seule et même catégorie[170] dans la mesure où la première est logiquement celle qui discute les projets et propositions de loi qui se rapportent à son objet et son champ de compétence, ce pourquoi elle a été créée, et que la seconde est spécialement conçue pour traiter également, mais de manière spontanée, du contenu d'un projet ou d'une proposition de loi en particulier.

Il faut en effet distinguer ici les rapports de la commission permanente directement intéressée, d'où est issu le rapporteur général du projet ou de la proposition de loi (1), des rapports de la commission saisie pour avis, dont le rapporteur désigné porte aussi le nom de rapporteur pour avis[171] (2). De ces deux premiers types de rapports parlementaires, une place particulière doit être faite au rapport de la commission permanente ou spéciale[172] (3) et aux amendements qui forment l'essentiel de celui-ci (4). De plus, les exposés des motifs des propositions de loi (5) et les avis du Conseil d'État relatifs aux *propositions* de loi (6) doivent

---

de la discussion des projets et propositions de loi comme s'il s'agissait de laboratoires d'analyses médicales.

170 Bien que les spécialistes du droit parlementaire qualifient d'*ad hoc* la commission spéciale qui est différente de la commission permanente (v. Pierre Avril, Jean Gicquel et Jean-Eric Gicquel, *Droit parlementaire*, LGDJ, 5ème édition, 2014, « Les commissions législatives », p. 123, n° 127 s.), son rôle ne diffère pas de celui de celle-ci.

171 Il s'agit de la même démarche dans la production des travaux préparatoires des normes, qu'il s'agisse d'une loi constitutionnelle, d'une loi organique ou d'une loi ordinaire.

172 En effet, on le verra, la commission permanente produit un rapport autonome et différent de celui du rapporteur saisi au fond qui est issu de cette commission.

également être étudiés dans cette typologie, en ce qu'ils sont constitutifs des travaux préparatoires intraparlementaires.

1. Le rapport du rapporteur saisi au fond

On le sait, pour chaque projet ou proposition de loi, un rapporteur est nommé. Son rôle est de mener un travail pouvant quasiment être qualifié de « scientifique » autour des questions soulevées par le projet ou la proposition de loi, afin de mieux les surmonter dans le processus d'élaboration de celle-ci. Le rapport que doit produire le rapporteur conclut, selon les termes de l'article 86, al. 3 et 4, du RAN, soit à un rejet, soit à des modifications – ce qui est le plus souvent le cas –, soit à l'adoption en l'état – ce qui est très rare – du texte soumis à l'assemblée concernée[173]. Ce processus n'est pas différent, s'agissant du Sénat.

La phase la plus importante du travail du rapporteur est celle des différentes *auditions* et *consultations* d'experts qu'il décide d'entendre afin d'éclairer le texte. Ces auditions et consultations débouchent évidemment sur un rapport. Ce rapport est particulièrement important pour les interprètes de la loi définitivement votée et entrée en vigueur, et plus particulièrement pour le juge constitutionnel. D'ailleurs, la plupart des travaux préparatoires cités par le Conseil constitutionnel dans ses décisions sont en réalité les éléments développés dans le rapport du rapporteur du texte de loi lors de son élaboration au sein des deux assemblées du Parlement. Ainsi, lorsque le Conseil constitutionnel cite les travaux parlementaires, il renvoie à des éléments issus des rapports parlementaires[174].

---

[173] Il arrive aussi que l'élaboration du rapport s'inscrive dans le contexte particulier de la ratification, par le Parlement, d'un texte négocié en amont par le gouvernement, tel un accord ou une convention internationale. Le rapport peut aussi être élaboré dans le cadre d'un projet de ratification d'une ordonnance qui a été prise sur habilitation du Parlement.

[174] À titre d'illustration, v. Décision n° 2015-711 DC du 5 mars 2015, Cons. 10. Le Conseil constitutionnel, par cette formule qui revient souvent dans sa jurisprudence, affirme que « *le législateur a entendu assurer une représentation plus adaptée de ces communes et réduire les écarts de représentation entre les plus petites communes et des communes plus peuplées ;* » Et lorsque l'on se réfère aux observations du gouvernement soumises au Conseil constitutionnel à l'occasion de la saisine ayant conduit à cette décision, on y retrouve cette formule : « *Il ressort toutefois de l'économie générale de l'article 4 de la loi déférée, **ainsi que des travaux préparatoires de la loi**, que le législateur a voulu que tout établissement public de coopération intercommunale qui était régi par un accord local avant le 20 juin 2014 conserve la possibilité de conclure un nouvel accord dans tous les cas où une élection partielle aurait pour effet de remettre en cause l'accord préexistant.* » Ainsi, le Conseil constitutionnel s'appuie, ici de manière implicite, sur les différents rapports parlementaires de la loi litigieuse afin de mieux déchiffrer ce que « *le législateur a entendu* » ou « *voulu* » faire. V. également : Décision n° 2018-771

Le rapport contient un élément particulièrement important pour l'éclairage des interprètes de la loi, il s'agit du *tableau comparatif* du texte de loi en première lecture. Ce tableau, en effet, met en évidence et compare, comme son nom l'indique, d'une part, le texte en vigueur (mais pas toujours), d'autre part, le texte du projet ou de la proposition de loi, ensuite, le texte adopté par l'assemblée précédente (si le texte à examiner s'inscrit dans le contexte de la navette parlementaire), puis, enfin, le texte élaboré par la commission de l'assemblée concernée en vue de l'examen en séance publique. Ainsi, l'intérêt de ce tableau comparatif pour l'interprète constitutionnel est qu'il permet à celui-ci d'observer et de comprendre l'orientation, l'objectif et l'intention du législateur, et donc l'interprétation à retenir, bien que cela ne signifie pas pour autant que celle-ci doive s'imposer au juge constitutionnel qui, bien qu'il ne se reconnaisse pas un pouvoir d'appréciation de même nature que celui du Parlement[175], n'est lié que par les principes, exigences et objectifs de valeur constitutionnelle.

DC du 25 octobre 2018, §§. 10 et 11. *Loi pour l'équilibre des relations commerciales dans le secteur agricole et alimentaire et une alimentation saine, durable et accessible à tous* ; Décision n° 2018-748 QPC du 30 novembre 2018, §. 7. *Société Zimmer Biomet France Holdings [Limitation de la déduction des charges financières afférentes à l'acquisition de titres de participation]* ; Décision n° 2018-750/751 QPC du 7 décembre 2018, §. 38. *Société Long Horn International et autre [Régime juridique de l'octroi de mer]* ; Décision n° 2018-754 QPC du 14 décembre 2018, §. 8. *Société Viagogo et autre [Délit de vente ou de cession irrégulière de titres d'accès à une manifestation sportive, culturelle ou commerciale ou à un spectacle vivant]* ; Décision n° 2018-776 DC du 21 décembre 2018, §. 17. *Loi de financement de la sécurité sociale pour 2019* ; Décision n° 2018-757 QPC du 25 janvier 2019, §. 9. *Société Ambulances-taxis du Thoré [Prise en charge des frais de transport sanitaire]* ; Décision n° 2019-778 QPC du 10 mai 2019, §. 8. *Époux B. et autres [Vente ou changement d'usage des biens d'une section de commune décidé par le conseil municipal]* ; Décision n° 2019-781 DC du 16 mai 2019, §§. 61 et 62. *Loi relative à la croissance et la transformation des entreprises* ; Décision n° 2019-812 QPC du 15 novembre 2019, §. 13. *M. Sébastien M. et autre [Suppression de l'abattement pour durée de détention sur les gains nets retirés des cessions d'actions et de parts sociales]* ; Décision n° 2019-824 QPC du 31 janvier 2020, §. 11. *M. Thierry A. [Régime fiscal de la prestation compensatoire]* ; Décision n° 2020-801 DC du 18 juin 2020, §. 17. *Loi visant à lutter contre les contenus haineux sur internet* ; Décision n° 2020-846/847/848 QPC du 26 juin 2020, §. 12. *M. Oussman G. et autres [Violations réitérées du confinement]* ; Décision n° 2020-286 L du 2 juillet 2020, §. 5. *Nature juridique de certaines dispositions du paragraphe IX de l'article 6 de la loi n° 2020-289 du 23 mars 2020 de finances rectificative pour 2020* ; Décision n° 2020-803 DC du 9 juillet 2020, §. 15 et 25. *Loi organisant la sortie de l'état d'urgence sanitaire.*

[175] La célèbre formule du Conseil constitutionnel qui ne se reconnaît pas « *un pouvoir d'appréciation de même nature que celui du Parlement* » dans ses décisions ne signifie pas pour autant que le Conseil constitutionnel n'a pas de pouvoir d'appréciation du tout. Il en a bien un ; seulement celui-ci n'est pas de même nature que celui dont dispose le Parlement ; mais peut-être même, voire sans nul doute, eu égard au très large pouvoir du Conseil constitutionnel qui peut décider du sort final de la loi qui lui est soumise, qu'il a un pouvoir d'appréciation, au regard de la Constitution dont il est le gardien, beaucoup plus large que celui dont dispose le Parlement.

Le rapporteur saisi au fond du texte est parfois appelé « rapporteur général »[176] car il est possible que celui-ci, qui fait partie d'une commission permanente, celle dont relève le projet de texte à examiner, ou d'une commission spéciale, saisisse une autre commission[177] afin d'obtenir son avis également sur le texte. La commission saisie pour avis désigne alors un « rapporteur pour avis »[178].

2. *Le rapport du rapporteur pour avis*

La saisine d'une commission pour avis n'est pas prévue par la Constitution, mais par les règlements des assemblées parlementaires. En effet, en vertu des règlements des deux assemblées, « *Toute commission permanente qui s'estime compétente pour donner un avis sur un projet, une proposition, un article de loi ou un crédit budgétaire, renvoyé à une autre commission permanente, informe le Président du Sénat qu'elle désire donner son avis ; s'il n'est saisi que d'une seule demande d'avis, le Président renvoie le texte pour avis à la commission permanente qui l'a formulée et en informe le Sénat. Dans le cas contraire, le Président saisit la Conférence des présidents, laquelle peut soit ordonner le renvoi pour avis aux différentes commissions qui en ont formulé la demande, soit proposer au Sénat la création d'une commission spéciale.* » (article 17, al. 1er, du RS) et « *Toute commission permanente qui décide de se saisir pour avis de tout ou partie d'un projet ou d'une proposition renvoyé à une autre commission permanente en informe le Président de l'Assemblée. Cette décision est publiée au Journal officiel.* » (article 87, al. 1er, du RAN) ; l'alinéa 2 de ce dernier article prévoit que « *Lorsqu'un projet ou une proposition a été l'objet d'un renvoi pour avis, la commission saisie désigne un rapporteur. Celui-ci dispose d'une voix consultative lorsqu'il participe aux travaux de la commission saisie au fond. Réciproquement, le rapporteur de la commission saisie au fond a le droit de participer, avec voix consultative, aux travaux de la commission saisie pour avis.* »

La commission saisie pour avis va, comme pour la commission saisie au fond, procéder à la nomination d'un rapporteur pour avis. Son nom, « rapporteur pour avis », ne trompe pas. En effet, on comprend fort aisément que l'on ne demande que l'avis de ce rapporteur. Son rapport n'est donc pas obligatoire. Autant le pré-

---

[176] Alors même que ce titre est en général réservé aux rapporteurs des commissions des finances et des affaires sociales.

[177] À l'Assemblée nationale, en vertu de l'article 87, al. 1er, du Règlement de l'Assemblée nationale (RAN), cette commission saisie pour avis peut même se saisir d'office de tout ou partie d'un projet ou d'une proposition de loi en informant d'abord, toutefois, le président de l'Assemblée nationale.

[178] Pierre Avril, Jean Gicquel et Jean-Eric Gicquel, *Op. cit.*, p. 210, n° 243.

rapport du rapporteur général est obligatoire, même si la commission saisie au fond peut décider de ne pas suivre ce pré-rapport du rapporteur général elle doit travailler sur la base de ce pré-rapport[179], autant ce n'est pas le cas du rapport du rapporteur pour avis. Cependant, nonobstant le caractère non obligatoire du rapport du rapporteur saisi pour avis, la saisine de la commission dont il relève par la commission saisie au fond témoigne de l'intérêt de l'avis du rapporteur saisi pour avis. Son rapport peut être éclairant sur des points précis sur lesquels les membres de la commission saisie au fond l'attendent.

Le rapporteur saisi pour avis ne peut se saisir de l'intégralité du projet ou de la proposition de texte, il rend son avis sur des questions précises qui relèvent de son domaine d'expertise. La saisine d'une commission pour avis est souvent nécessaire lorsque, et c'est souvent le cas, le projet ou la proposition de texte en question couvre plusieurs champs d'activité : l'économie, les finances, la culture, le marché du travail… On comprend aisément que le rapporteur général, malgré le caractère général de son rapport, ne peut pas conduire seul des auditions et consultations d'experts de tous les domaines du texte ; il se trouve alors « obligé » de saisir d'autres collègues parlementaires sur le texte. De ce point de vue-là, il peut y avoir plusieurs rapporteurs pour avis.

Ces rapports préparatoires intraparlementaires des normes entrent dans le champ du contentieux constitutionnel par le biais de plusieurs processus. D'une part, les observations du gouvernement devant le Conseil constitutionnel y font régulièrement référence. D'autre part, le Conseil constitutionnel les reprend, plus ou moins implicitement, dans ses décisions, comme dans sa décision n° 2015-711 DC où le gouvernement évoquait les rapports parlementaires pour persuader le juge du juste objectif que le législateur poursuivait et où le Conseil constitutionnel (Cons. 10) a laissé entendre qu'il s'est lui aussi penché sur ces travaux préparatoires intraparlementaires pour décortiquer l'intention du législateur.

---

[179] Chaque rapporteur d'un texte, qu'il soit rapporteur principal ou rapporteur pour avis, établit au cours de ses travaux une forme de pré-rapport (document de travail comprenant un tableau comparatif, v. *infra*) sur la base duquel va travailler la commission saisie. La commission doit travailler sur la base de ce pré-rapport du rapporteur même si elle n'est pas obligée de suivre les positions du rapporteur. Pour la clarté de l'explication, le terme « rapport » de la commission est privilégié au détriment de celui de « pré-rapport », car du fait qu'il n'est pas toujours aisé de distinguer les deux, on utilise couramment le terme « rapport ». Sur ce point, v. *L'examen des textes en commission*, Site du Sénat, Fiches techniques [Consulté le 10 janvier 2016].

Enfin, il n'est pas ignoré que la réforme constitutionnelle de 2008 a engendré de nombreux changements dans le travail parlementaire. Désormais l'article 87, al. 4, du RAN prévoit que les rapports ou avis des commissions saisies pour avis sont, comme au Sénat (article 17, al. 4, du RS), imprimés et distribués, alors qu'avant la réforme constitutionnelle de 2008 ces avis n'étaient présentés qu'en annexe du rapport de la commission permanente ou spéciale saisie au fond.

3. Le rapport de la commission

Tout d'abord, il est précisé qu'il ne convient pas d'analyser dans cette recherche la question de l'organisation et du fonctionnement complets des commissions parlementaires permanentes, cette question ayant déjà largement été traitée, notamment par Pauline Türk[180], il s'agit seulement de montrer la contribution des commissions parlementaires, permanentes ou non, à la fabrication des travaux préparatoires des normes législatives qui servent à l'interprétation constitutionnelle.

Le rapport de la commission saisie au fond, celui du rapporteur général et celui du rapporteur saisi pour avis constituent-ils un seul et même rapport ? Évidemment non. Pourtant, on observe que le rapport du rapporteur général et celui du rapporteur saisi pour avis sont bien trop souvent confondus avec le rapport de la commission permanente ou spécialement conçue pour examiner un projet ou une proposition de loi. Le rapport de la commission, désormais exigée par la Constitution comme base essentielle et obligatoire des débats en séance publique, est bien différent des rapports des rapporteurs. Cette nouvelle exigence constitutionnelle, bien que sévèrement critiqué par certains[181], vient particulièrement marquer la distinction entre le pré-rapport (document de travail) du rapporteur du texte et le rapport de la commission spéciale ou saisie au fond.

---

[180] V. Pauline Türk, *Les commissions parlementaires permanentes et le renouveau du Parlement sous la Vᵉ République*, Dalloz, 2005, 780 p.

[181] Jean-Louis Debré, ancien président du Conseil constitutionnel, estime, par exemple, que « *Depuis la réforme constitutionnelle de 2008, les parlementaires examinent en séance publique, non plus le projet du gouvernement mais le texte amendé par les commissions, et souvent il perd en logique et en cohérence, donc en lisibilité.* » (*Ce que je ne pouvais pas dire*, Robert Laffont, avril 2016, p. 240).

En effet, le rapporteur d'un texte établit son « pré-rapport » qui sera soumis à l'examen de la commission[182] dont il relève. Ce n'est donc pas le rapport du ou des rapporteurs qui fera l'objet de débats en séance publique, mais le rapport de la commission. Le pré-rapport n'est qu'une base pour le travail de la commission qui, elle-même, le cas échéant, sous l'autorité de sa présidence, va procéder à des auditions et à l'examen d'amendements dans le but d'élaborer le rapport de la commission[183]. Celui-ci est né par la discussion qui porte sur le pré-rapport du ou des rapporteurs. Cette discussion peut confirmer certaines positions des rapporteurs et en rejeter ou en modifier d'autres.

Ainsi, le pré-rapport des rapporteurs ne constitue que la base, bien qu'essentielle et éclairante, sur laquelle la commission va examiner le projet ou la proposition de texte ; mais le rapport de la commission proprement dit, qui sera à la fois la base et la condition des débats en séance publique, est un tout autre texte au regard du pré-rapport initial du ou des rapporteurs de la ou des commissions saisies, bien que ces rapporteurs demeurent le « *'pivot de la procédure législative'*[184] » et les principaux « *interprète[s] des positions de la commission*[185] » dans les débats, tant devant la commission qu'en séance publique de l'assemblée concernée.

Outre le rapport du rapporteur général, et, éventuellement celui du ou des rapporteurs saisis pour avis, et le rapport de la commission permanente ou spéciale sur le projet ou la proposition de loi, les amendements aussi sont des actes d'élaboration du texte, parfois très éclairants pour l'interprète, et, à ce titre, sont un type particulier de travaux préparatoires intraparlementaires de la norme législative.

4. Le cas des amendements

La Constitution du 4 octobre 1958 distingue deux types d'amendements. Les amendements d'origine parlementaire (a) et les amendements d'origine gouvernementale (b). Les deux types d'amendements sont – ou du moins peuvent être – éclairants pour la compréhension du texte finalement adopté ; ils peuvent

---

[182] V. *L'examen des textes en commission, Op. cit.* Il est à noter que cette analyse ne concerne que le Sénat, mais, en général, cela se passe de la même manière à l'Assemblée nationale.

[183] *Ibid.*, v. point IV « Quatrième étape : intervention de la commission après l'adoption du rapport ».

[184] Pierre Avril, Jean Gicquel et Jean-Eric Gicquel, *Op. cit.*, p. 214, n° 246.

[185] *Ibid.*

par exemple permettre à l'interprète d'identifier la volonté de chacune des composantes du *législateur*, bien que l'esprit de la Vème République eût, au départ, érigé le Conseil constitutionnel en censeur du Parlement dont il contrôle les actes[186].

a. Les amendements parlementaires

Il convient de nouveau de le souligner, tout ce qui entre dans le cadre de la préparation de la norme est utile à ses interprètes pour mieux pouvoir la comprendre et l'appliquer. Bien que l'interprète juridictionnel ne soit pas lié par ce qui a pu affirmer ou infirmer le sens d'une norme soumise à son interprétation, il doit s'intéresser également aux amendements qui ont discuté celle-ci, lesquels sont également des travaux préparatoires de la norme[187].

Pour illustrer cette position, il convient de prendre un exemple précis d'amendement qui peut s'avérer, à plusieurs égards, utile pour l'interprète constitutionnel. L'amendement n° 209 présenté respectivement par les députés Charles de Courson, Gilles Carrez, Yves Bur, Étienne Blanc et Frédéric Lefebvre sur le projet de loi constitutionnelle relatif à la modernisation des institutions de la Vème République et qui est devenue la loi constitutionnelle n° 2008-724 du 23 juillet 2008 illustre très bien, semble-t-il, cette analyse.

La réforme constitutionnelle de 2008 a procédé à la modification de plusieurs dispositions constitutionnelles. Parmi les dispositions constitutionnelles modifiées se trouvent celles de l'article 70 de la Constitution concernant la consultation obligatoire pour avis du Conseil économique, social et environnemental. L'ancien Conseil économique et social, devenu Conseil économique, social et environnemental en 2008, en vue de tenir compte de la Charte de l'environnement de 2004 hissée au rang constitutionnel en 2005 et de

[186] En considérant l'affirmation de Michel Debré selon laquelle le Conseil constitutionnel n'aurait été que le « *chien de garde de l'exécutif* » face au Parlement, sinon contre celui-ci.

[187] La consultation, et donc l'usage des débats parlementaires dans sa jurisprudence, permet au Conseil constitutionnel de contrôler l'effectivité de l'exercice du droit d'amendement des parlementaires. Dans sa décision n° 75-57 DC, il a en effet jugé : « *Considérant, au surplus, que dans le même temps, l'ampleur des discussions devant les assemblées ainsi que le nombre et l'importance des modifications apportées au cours des débats au texte déposé font apparaître qu'il y a eu, dans l'élaboration de la loi, exercice réel du droit d'amendement ;* » (Cons. 5).

l'importance grandissante des questions environnementales[188], n'était pas consulté, même de manière facultative, sur les projets de loi de programmation relatifs aux finances publiques. Cela aurait été logique que le mot « économique » dans la dénomination du Conseil inclue aussi les finances publiques, étant donné que celles-ci sont les principales ressources et économies de l'État, mais il n'en était rien jusqu'à la réforme constitutionnelle de 2008. C'est l'amendement n° 209 précité qui va proposer en séance publique de l'Assemblée nationale de permettre la saisine facultative du futur Conseil économique, social et environnemental comme le montre l'exposé sommaire de l'amendement : « *Le présent amendement vise à prévoir, tout en lui conférant un caractère facultatif, la consultation du conseil économique et social sur les projets de loi de programmation des finances publiques prévus par l'article 34 de la Constitution.* »

C'est ainsi dans ce contexte que l'article 70 de la Constitution a été modifié par l'article 30 de la loi constitutionnelle du 23 juillet 2008 qui lui a ajouté cette phrase : « *Le Gouvernement peut également le consulter sur les projets de loi de programmation définissant les orientations pluriannuelles des finances publiques.* »[189]

Cette situation dont il vient d'être fait état n'est qu'un exemple parmi d'autres. Son choix plutôt que celui d'une autre s'explique par sa contribution au renforcement du processus préparatoire extraparlementaire de la norme ainsi considérée[190]. Par cette présentation du parcours complet de la norme à interpréter, il peut aisément être observé l'importance des travaux préparatoires issus des amendements parlementaires pour le juge interprète. En effet, de tels amendements retracent l'histoire de la norme en faisant apparaître l'intention et l'objectif du géniteur de celle-ci.

Par ailleurs, cette analyse conduit à déceler que le terme « législateur » que l'on comprend souvent comme étant le Parlement, indépendamment de toute autre source de volonté du droit législatif, est une fausse croyance. La Constitution du 4 octobre 1958 a mis en place un canevas bien complexe des organes constitutifs du « législateur » dont le gouvernement fait évidemment partie ; ainsi, le rôle de

---

[188] V. le rapport de la Commission des lois constitutionnelles, de la législation et de l'administration générale de la République sur le projet de loi constitutionnelle (n° 820) de modernisation des institutions de la Vème République, présenté par Jean-Luc Warsmann, député, p. 463.

[189] L'article 70 de la Constitution a fait l'objet d'une interprétation très intéressante du Conseil constitutionnel, on le verra, sous des aspects différents, dans le chapitre suivant et dans la seconde partie de la présente recherche.

[190] V. le chapitre suivant pour les travaux préparatoires extraparlementaires.

législateur du gouvernement paraît bien visible, notamment à travers son droit d'amendement dans le processus préparatoire des normes parlementaires.

b. Les amendements gouvernementaux

Les amendements gouvernementaux ont une place particulièrement importante[191] dans ce processus de reconstruction interprétative des normes à travers leurs travaux préparatoires. Cela s'explique par l'autorité attachée aux amendements gouvernementaux. Cette autorité des amendements gouvernementaux est dû à la priorité que le constituant de 1958 avait accordée au gouvernement sur le Parlement dans la conduite des débats parlementaires. Ce privilège gouvernemental dans la fabrication de la loi rendait crédible la thèse de René Capitant qui estima que « *gouverner, c'est légiférer*[192] ». Cependant, depuis la réforme constitutionnelle de 2008, la réalité est quelque peu différente. En effet, si cette réforme a été pensée dans l'objectif de moderniser les institutions de la Vème République, elle l'a aussi, et surtout, été en vue d'instituer un rééquilibrage des pouvoirs entre exécutif et législatif, car le constituant de 1958, pour des raisons que l'histoire constitutionnelle de la France a montrées, avait contenu le législatif au profit de l'exécutif[193]. Depuis 1958, en effet, la parole gouvernementale[194] est la plus crédible notamment aux yeux du juge

---

[191] À titre liminaire, il faut remarquer que le Conseil constitutionnel contrôle plus sévèrement l'exercice du droit d'amendement des parlementaires (Décision n° 2015-719 DC du 13 août 2015, Cons. 38. *Loi portant adaptation de la procédure pénale au droit de l'Union européenne*) qu'il ne le fait, s'agissant du droit d'amendement du gouvernement (Décision n° 2016-739 DC du 17 novembre 2016, §5. *Loi de modernisation de la justice du XXIème siècle*) en vue d'éviter à celui-ci de revenir systématiquement devant le Conseil d'État comme il le fait parfois (CE Ass. gén., 6 juin 2019, *Avis sur une lettre rectificative au projet de loi relatif à l'énergie et au climat*, https://www.conseil-etat.fr/ressources/avis-aux-pouvoirs-publics/derniers-avis-publies/avis-sur-une-lettre-rectificative-au-projet-de-loi-relatif-a-l-energie-et-au-climat?utm_source=sendinblue&utm_campaign=LJA58&utm_medium=email, Consulté le 26 juillet 2019) ; et le Conseil constitutionnel juge même que l'exposé des motifs soulignant la portée d'un amendement présenté par le gouvernement suffit à éclairer le Parlement et donc respecter exigences de clarté et de sincérité du débat parlementaire (Décision n° 2019-795 DC du 20 décembre 2019, §. 5-9. *Loi de financement de la sécurité sociale pour 2020*).

[192] René Capitant, « La réforme du parlementarisme », Recueil Sirey, 1934 [Cujas].

[193] Charles de Gaulle, dans son *Discours de Bayeux* du 16 juin 1946, avait posé les bases idéologico-politiques de ce déséquilibrage entre exécutif et législatif au profit du premier.

[194] Pour une manifestation de l'importance de la parole gouvernementale dans la procédure parlementaire, v. Michel Couderc, « La difficile parole du législateur », Chronique Dalloz, 1977, p. 184.

constitutionnel qui, au départ, n'a été mis en place que pour contrôler les actes législatifs dans l'esprit du discours de Bayeux.

Il est intéressant d'analyser l'attention accordée par le juge constitutionnel au discours gouvernemental, par rapport à celui des parlementaires, dans le processus du contrôle de constitutionnalité de la loi. Il est possible de s'appuyer sur un constat pour affirmer un tel comportement du juge constitutionnel. Ce constat est issu de l'étude des délibérés des décisions du Conseil constitutionnel qui témoignent de l'importance de la parole gouvernementale dans la jurisprudence de celui-ci.

En effet, l'analyse des séances de délibérations des décisions du Conseil constitutionnel entre 1959 et 1986 montre que celui-ci donne beaucoup plus de crédit à la parole gouvernementale, prononcée à travers la voix d'un ministre qui porte un projet ou une proposition de loi, qu'à la parole d'un député ou celle d'un sénateur, laquelle peut s'assimiler à ce qu'Henri Capitant qualifia, de manière péjorative, de « *marais des discussions parlementaires*[195] ».

Par exemple, lors de la séance de délibération de la décision n° 59-5 DC, relative à l'examen d'une résolution du 18 décembre 1959 tendant à modifier les articles 95 et 96 du règlement de l'Assemblée nationale, le président Vincent Auriol, alors membre de droit du Conseil constitutionnel, se dit « *ému jusqu'aux larmes [...] de voir invoquer la Constitution de 1946 à la rescousse d'une cause mauvaise*[196] ». Et l'auteur ajoute : « *Mais la Constitution que le Conseil est chargé de faire respecter est celle de 1958.*[197] » Ces propos reflètent exactement le parlementarisme rationalisé qu'a voulu mettre en place Charles de Gaulle dès 1946 et que le constituant de 1958 a acté en vue de mettre fin aux instabilités gouvernementales chroniques provoquées par la « toute-puissance » du législatif sur l'exécutif sous les IIIème et IVème Républiques.

Plus loin, c'est au tour du président René Coty de rappeler « *que sous le régime précédent, lorsque le Gouvernement déposait un projet, des amendements surgissaient sur chaque phrase – ce qui avait pour effet de prolonger les débats et ce qui constituait*

---

[195] Henri Capitant, « Les travaux préparatoires et l'interprétation des lois », in *Mélanges en l'honneur de François Gény*, Dalloz-Sirey, 1977, p. 214.

[196] V. p. 5 du délibéré de la décision n° 59-5 DC. Les pages des délibérés des décisions du Conseil constitutionnel sont parfois très mal numérotées, il peut y avoir plusieurs pages portant le même numéro et même des pages ne comportant pas de numéro du tout alors qu'elles se trouvent au milieu de pages correctement numérotées.

[197] *Ibid.*

un procédé d'obstruction – dont les partis extrêmes avaient il est vrai rarement usé.[198] » René Coty en sait quelque chose, lui qui a tant subi ces obstructions et qui a connu pas moins de huit présidents du Conseil pendant son mandat[199] de président de la République. Et ses propos rappellent ceux de Charles de Gaulle dans le discours de Bayeux qui allaient dans le sens d'un système politique sans partis. Désormais la priorité, sinon la toute-puissance, revient à l'exécutif dans la Constitution de 1958. La matérialisation de cette priorité gouvernementale se trouve à l'article 45, al. 3, de la Constitution de 1958 qui dispose : « *Le texte élaboré par la commission mixte peut être soumis par le Gouvernement pour approbation aux deux Assemblées. Aucun amendement n'est recevable sauf accord du Gouvernement.* » Ainsi, cela revient à dire que si « *Le Parlement vote la loi* » (article 24, al. 1er, de la Constitution), c'est désormais aux conditions posées par le gouvernement, le Parlement ne discute pas de ce qu'il veut et ne fait pas tout à fait la *loi* dans le cadre de la procédure législative. Dans ce contexte, ce n'est pas étonnant qu'un néo-député, pour manifester son mécontentement du constat que la loi se fait ailleurs qu'au Parlement, déclare qu'à « *l'Assemblée, c'est du flan [...] un bureau d'enregistrement*[200] ».

Tout ceci conduit à la conclusion que la parole des membres du gouvernement est mieux considérée sous la Vème République[201]. Non seulement les membres du gouvernement ont un droit d'accès aux travaux des commissions parlementaires qui examinent les projets et propositions de loi, « *ils doivent être entendus quand ils le demandent* », dispose l'article 45, al. 1er, du RAN, conformément à l'article 44 de la Constitution. Le Conseil constitutionnel vient en outre préciser « *que ces dispositions constitutionnelles impliquent que le Gouvernement puisse participer aux travaux des commissions consacrés à l'examen des projets et propositions de loi ainsi que des amendements dont ceux-ci font l'objet et assister aux votes destinés à arrêter le*

---

[198] V. p. 7 du délibéré de la décision n° 59-5 DC. Mais on sait qu'aujourd'hui on atteint le niveau d'une vraie « *pathologie* » (Pierre Avril, Jean Gicquel et Jean-Eric Gicquel, *Droit parlementaire*, *Op. cit.*, p. 236, n° 278) du droit d'amendement dont le nombre a atteint le chiffre de 243 811 sous la 12ème législature (2002-2007).

[199] René Coty, dernier président de la IVème République, a connu pas moins de huit présidents du Conseil en 4 ans, 11 mois et 23 jours de mandat : Joseph Laniel, Pierre Mendès France, Edgar Faure, Guy Mollet, Maurice Bourgès-Maunoury, Félix Gaillard, Pierre Pflimlin et Charles de Gaulle. D'où d'ailleurs est née l'idée de celui-ci de la réforme constitutionnelle de 1958.

[200] Sur ce point, v. Marc de Boni, « Pour le député Ruffin (LFI), 'l'Assemblée, c'est du flan' », *Le Figaro*, 16 août 2017.

[201] Mais la parole gouvernementale n'est pas mieux considérée que dans le système français. Au Royaume-Uni, par exemple, un juge a pu, dans une opinion majoritaire, déclarer « *je ne peux pas admettre que toute déclaration autre que la déclaration du ministre ou d'un autre promoteur ayant défendu le projet de loi est susceptible de répondre à ces critères.* » (in *Pepper v. Hart* [1992], *Infra*).

texte sur lequel portera la discussion en séance ; qu'il s'ensuit, d'une part, que les dispositions en vigueur des règlements des assemblées restreignant dans ces hypothèses le droit d'accès du Gouvernement aux travaux des commissions sont rendues caduques par l'effet de l'entrée en vigueur de la révision constitutionnelle et, d'autre part, que le dernier alinéa de l'article 13 de la loi organique qui limite le droit d'accès du Gouvernement aux travaux des commissions est contraire à la Constitution ;[202] » De plus, le Conseil constitutionnel a censuré une disposition de la loi organique de 2009 relative à l'application des articles 34-1, 39 et 44 de la Constitution qui renvoyait aux règlements des assemblées le soin de fixer les modalités d'accès des membres du gouvernement aux travaux des commissions en décidant que ladite loi organique, en disposant ainsi, « *limite le droit d'accès du Gouvernement aux travaux des commissions*[203] ». La décision n° 2009-582 DC est allée encore plus loin en décidant que « *le Gouvernement puisse participer, quand il le souhaite, aux travaux des commissions consacrés à l'examen des projets et propositions de loi ainsi que des amendements dont ceux-ci font l'objet et assister à l'ensemble des votes destinés à arrêter le texte sur lequel portera la discussion en séance ;* »

En résumé, on peut constater que la forme de ces travaux préparatoires intraparlementaires est diverse et leurs résultats se trouvent synthétisés dans les rapports des différentes commissions qui ont été saisies au fond et, le cas échéant, pour avis sur le projet ou la proposition de loi. Dans l'architecture des travaux des commissions, les amendements, tant parlementaires que gouvernementaux, occupent une place particulière, du moins par leur volume, sinon par leur contribution au contenu définitif des projets et propositions de loi ; d'ailleurs les amendements représentent l'essentiel du rapport souvent assez volumineux sur lequel doit – depuis la réforme constitutionnelle du 23 juillet 2008 – porter les débats en séance publique des deux assemblées législatives.

c. *Les sous-amendements*

À ce droit d'amendement, il convient d'ajouter un droit de sous-amendement que le Conseil constitutionnel juge indissociable du droit d'amendement : « *Le droit de sous-amendement est indissociable du droit d'amendement, reconnu aux membres du Parlement et au Gouvernement par le premier alinéa de l'article 44 de*

---

[202] Décision n° 2009-579 DC, Cons. 36. V. aussi les analyses de Pierre Avril, Jean-Gicquel et Jean-Eric Gicquel, *Op. cit.*, p. 211, n° 244 bis.
[203] Décision n° 2009-579 DC, *Ibid.*

la Constitution.[204] » Cependant, le Conseil constitutionnel précise que ce droit n'est illimité.

En effet, eu égard aux conséquences imprévues engendrées par la survenance surprise du mouvement des *gilets jaunes* sur les finances publiques, le Conseil constitutionnel s'est, dans l'examen de la loi de finances pour 2019, montré particulièrement indulgent à l'égard des détenteurs du droit d'amendement en même temps qu'il a quelque peu reconnu d'autres critères pouvant justifier l'exercice du droit d'amendement même en seconde lecture du projet de loi. En effet, le Conseil constitutionnel juge : « *Bien que l'article liminaire de la loi déférée, relatif à la prévision des déficits de l'ensemble des administrations publiques, ait été adopté conforme, à l'issue de la première lecture par les deux assemblées, le Gouvernement a déposé, en nouvelle lecture à l'Assemblée nationale, un amendement pour le modifier. Cet amendement, qui visait à tenir compte des conséquences, sur cette prévision, des mesures adoptées dans le cours de l'examen du texte et des dernières* ***données conjoncturelles affectant les recettes*** *était recevable.*[205] »

L'ouverture exceptionnelle de ce de ce droit d'amendement au profit du gouvernement, ce qui qui témoigne une certaine indulgence du juge de la rue de Montpensier à l'égard de celui-ci, implique celle, tout aussi exceptionnelle, d'un droit de sous-amendement à l'égard des membres du Parlement[206], à condition, toutefois, sous peine d'irrecevabilité, que les sous-amendements déposés ne « *modifi[ent] non certaines mais la quasi-totalité des prévisions de déficit retenues par l'amendement du Gouvernement, y compris d'ailleurs celles portant sur l'exécution budgétaire de 2017 et la prévision d'exécution budgétaire pour 2018*[207] ».

Il convient à présent de s'intéresser à un autre type de travaux préparatoires intraparlementaires, celui de l'exposé des motifs des propositions de loi.

---

[204] Décision n° 2018-777 DC du 28 décembre 2018, §. 10. *Loi de finances pour 2019*. Sur les conditions d'exercice du droit de sous-amendement, v. article 98 du RAN.
[205] *Ibid.*
[206] *Ibid.*
[207] *Ibid.*

5. *Le cas de l'exposé des motifs des propositions de loi*

L'exposé des motifs et, depuis la réforme constitutionnelle de 2008, les études d'impact des projets de loi[208] – les propositions de loi n'étant juridiquement pas concernées par les études d'impact – sont des travaux préparatoires tout aussi approfondis qu'obligatoires ; l'exposé des motifs s'impose(rait) même à la présentation des amendements. Cependant, il convient de préciser d'emblée que la loi organique n° 2009-403 du 15 avril 2009 qui, en son article 7[209], a donné un fondement juridique aux exposés des motifs des projets de loi n'a pas inclus ceux des propositions de loi qui relèvent encore de la tradition comme avant. Mais le Conseil constitutionnel précise que ce fondement juridique des exposés des motifs des projets de loi n'emporte pas l'exigence de tels exposés pour les amendements[210].

L'exposé des motifs est le premier élément formel d'une proposition de loi. La loi étant un « *commandement*[211] », disait Portalis, ce commandement se doit d'être clairement énoncé. L'exposé des motifs est considéré comme l'élément essentiel de l'éclairage du commandement dont la loi se revendique. Cet exposé des motifs est tellement important dans la procédure législative qu'il est l'un des éléments indicatifs accompagnant la publication des lois au *Journal officiel*[212] et donc un élément constitutif des travaux préparatoires des normes législatives nées à partir de l'initiative parlementaire. Contrairement à l'étude d'impact qui, juridiquement, ne concerne que les projets de loi, l'exposé des motifs concerne tant les textes d'initiative gouvernementale que ceux d'origine parlementaire.

L'objectif et l'intérêt de l'exposé des motifs sont notamment d'« exposer » l'état d'esprit et le but que veut poursuivre le ou les initiateurs de la proposition dans le cadre de leur action politique et leur volonté législative pendant toutes les étapes de la procédure législative, ce qui, peut-être, permettra au citoyen-

---

[208] On le verra, l'exposé des motifs et l'étude d'impact des projets de loi sont ainsi considérés dans cette recherche comme des travaux préparatoires extraparlementaires, d'où leur étude dans le chapitre suivant consacré à ce type de travaux préparatoires des normes juridiques.

[209] Les dispositions de l'article 7 de cette loi organique précisent seulement : « *Les projets de loi sont précédés de l'exposé de leurs motifs.* »

[210] Décision n°2018-769 DC du 4 septembre 2018, §. 5. *Loi pour la liberté de choisir son avenir professionnel.*

[211] Jean-Étienne-Marie Portalis, « Discours préliminaire du premier projet de Code civil », 1801.

[212] Pierre Avril et Jean Gicquel, *Droit parlementaire*, Montchrestien, 4ème édition, 2010, p. 177, n° 237.

justiciable et au juge constitutionnel de mieux apprécier le sens exact du texte finalement voté, en vue de mieux l'interpréter par rapport aux exigences constitutionnelles.

L'obligation de présenter un exposé des motifs des propositions de loi est étendue aux amendements présentés par les parlementaires. La technique rédactionnelle et matérielle des amendements[213] requiert en effet un exposé des motifs comme pour les projets et propositions de loi : « *Tout amendement comporte un dispositif qui précise son insertion dans le texte et son contenu et un exposé sommaire, qui décrit brièvement l'objectif de l'amendement.*[214] » Exiger de manière systématique un exposé des motifs des amendements présentés par les membres du Parlement aurait pu avoir pour conséquence de réduire le nombre incontrôlé d'amendements – à caractère d'obstruction – déposés devant les deux assemblées législatives, mais aurait-il encore fallu que la règle fût strictement respectée.

En outre, les amendements sont l'une des principales sources des cavaliers législatifs, sociaux et budgétaires, ou encore de malfaçons législatives, auxquelles, selon Anne-Laure Cassard-Valembois, le Conseil constitutionnel essaie de réagir[215]. L'intention de l'Assemblée en particulier d'exiger l'exposé des motifs a cependant un effet purement platonique, c'est-à-dire sans réelles contraintes. En effet, la brièveté, les maladresses, voire l'inexistence de l'exposé des motifs précédant l'amendement n'ont, bien souvent, pas empêché sa recevabilité, voire son vote, dans la loi définitive. Cela dit, des efforts doivent être encore poursuivis pour atteindre les objectifs attendus. Sur ce point, le Conseil constitutionnel semble se décider à invalider même des dispositions issues d'amendements déposés en première lecture mais sans « lien » avec les dispositions initiales d'un projet de loi[216]. Cependant, si cette jurisprudence peut être saluée, notamment lorsque l'on se trouve face à des amendements farfelus, elle présente certaines difficultés quant au sens même du terme « lien ». Est-ce « lier » au contenu du

---

[213] V. *Fiche 38 : l'exercice du droit d'amendement*, site internet de l'Assemblée nationale.

[214] *Ibid.*

[215] Anne-Laure Cassard-Valembois, « De l'usage de la gomme, comme du crayon, par le Conseil constitutionnel face aux malfaçons législatives », *Revue Constitutions*, juillet-septembre 2011, n° 3, p. 316.

[216] Décision n° 2018-761 DC du 21 mars 2018, §. 115. *Loi ratifiant diverses ordonnances prises sur le fondement de la loi n° 2017-1340 du 15 septembre 2017 d'habilitation à prendre par ordonnances les mesures pour le renforcement du dialogue social* ; Décision n° 2019-781 DC du 16 mai 2019, §§. 12-15 et 96-115. *Loi relative à la croissance et la transformation des entreprises* ; Décision n° 2019-784 DC du 27 juin 2019, §. 11. *Loi portant diverses dispositions institutionnelles en Polynésie française.*

projet de loi ou à l'objectif général de celui-ci ? Il semble que la conception extrêmement restrictive qu'a le juge constitutionnel de ce terme pose un problème car il est difficile de prévoir lorsqu'un amendement est susceptible d'être en lien ou sans lien avec un projet de loi, que le lien vise le contenu de celui-ci ou son objectif général.

Un dernier type d'élément pouvant être inscrit dans le cadre des travaux préparatoires intraparlementaires issus des rapports des commissions saisies au fond ou pour avis s'explique par sa nouveauté. Il s'agit de l'avis facultatif du Conseil d'État sur les propositions de loi.

6. *Le cas très particulier des avis facultatifs du Conseil d'État relatifs aux propositions de loi sur saisine du président d'une des assemblées parlementaires*

L'article 39, dernier alinéa, de la Constitution dispose : « *Dans les conditions prévues par la loi, le président d'une assemblée peut soumettre pour avis au Conseil d'État, avant son examen en commission, une proposition de loi déposée par l'un des membres de cette assemblée, sauf si ce dernier s'y oppose.* »

Le choix d'évoquer cet avis du Conseil d'État[217] dans le cadre des travaux législatifs intraparlementaires s'impose du fait que le Conseil d'État n'est pas ici saisi par un membre extérieur du Parlement – tel qu'un ministre par exemple – mais sur la décision volontaire des membres du Parlement eux-mêmes. Ainsi, le Conseil d'État n'est pas sollicité sans la volonté expresse des organes du Parlement ; par conséquent, on peut considérer que de tels avis du Conseil d'État sont des travaux préparatoires intraparlementaires bien que réalisés à l'extérieur du Parlement et par des personnes appartenant à un organe autre que le Parlement. Ainsi, le fait que les membres du Conseil d'État sont expressément « sollicités », comme l'a voulu le constituant de 2008, par le Parlement, on peut

---

[217] L'institution explique elle-même que le fait, notamment, qu'au moment où il est saisi, la proposition de loi est déjà déposée sur le bureau d'une des assemblées législatives, contrairement à ce qui se passe, s'agissant des projets de loi qui requièrent d'abord son avis, elle ne peut rendre qu'« *une note relevant les difficultés juridiques que pourrait soulever la rédaction retenue par l'auteur de la proposition et exposant, le cas échéant, les voies permettant de surmonter ces difficultés.* » (v. Dossier du participant, Colloque du vendredi 25 novembre 2016 : « *L'Assemblée nationale et les avis du CE* », p. 9).

considérer qu'ils ont été mandatés[218] par le Parlement. Mais, il est vrai, le choix de classer ce type d'avis dans la catégorie des travaux préparatoires intraparlementaires n'est pas d'une évidence incontestable, il aurait pu, à certains égards, être classé dans le cadre des travaux préparatoires extraparlementaires.

Depuis l'entrée en vigueur de l'article 39 de la Constitution, modifié par la réforme constitutionnelle de 2008, le Conseil d'État a été saisi d'assez peu de propositions de loi[219]. Mais il est vrai que le président de l'assemblée concernée, faut-il encore obtenir l'accord du parlementaire à l'initiative de la proposition en question, ne transmet pas la proposition au Conseil d'État si elle est jugée « farfelue », dans le but d'éviter une obstruction du Conseil d'État identique à celle que connaît les chambres du Parlement depuis la IVème République[220].

Après l'étude des différents rapports auxquels donnent lieu les travaux des différentes commissions des deux assemblées législatives, il convient d'aborder plus concrètement le processus délibératif dans l'élaboration de ces rapports, processus délibératif qui est non négligeable compte tenu du rôle éclairant que peuvent jouer de tels rapports dans l'interprétation constitutionnelle.

---

[218] C'est un mandat non refusable, du fait des termes de la Constitution, bien que le Conseil d'État ne fût pas particulièrement réjoui de cette nouvelle mission que la Constitution lui confère, notamment compte tenu de la médiocrité et du caractère « farfelu » de certaines propositions de loi.

[219] Entre août 2009 et avril 2011, le Conseil d'État a rendu 5 avis sur saisine parlementaire relative à une proposition de loi (V. Damien Chamussy, « Le travail parlementaire a-t-il changé ? Le point de vue d'un praticien », in *Le Parlement français et le nouveau droit parlementaire après la réforme de 2008*, Jus Politicum, n° 6 (http://juspoliticum.com/Le-travail-parlementaire-a-t-il.html) – [Consulté le 25 mai 2015]). Et jusqu'en mars 2015, le Conseil d'État a statué sur quinze propositions de loi en tout depuis 2009 (v. *Intervention de Jean-Marc Sauvé devant le Parlement de la République de Croatie*, 3 mars 2015, site du Conseil d'État). Au 7 janvier 2016, le Conseil d'État a examiné 22 propositions de loi, en tout, sur le fondement de l'article 39, dernier alinéa, de la Constitution (v. la présentation de ces textes d'origine parlementaire, *in* Dossier du participant, *Op. cit.*, pp. 9-24).

[220] René Coty, ancien président de la République et nouveau membre de droit du Conseil constitutionnel, a soulevé ce point lors de la séance relative à la décision n° 59-5 DC (v. les délibérés de cette décision).

B) Les rapports intraparlementaires : une délibération politique avant la délibération juridique

La délibération est un processus propre à tout organe de décision[221] et cela quelle qu'en soit sa nature. Le Parlement et ses différents organes de pré-décision – avant la décision finale qu'est la loi définitivement votée – procèdent à un large processus de délibération. C'est en ce sens d'ailleurs que l'article 10, al. 2, de la Constitution parle de « *délibération de la loi* ». Donc la phase de la procédure législative est une phase de délibération, bien que politique ou, forcément, politisée, avant la délibération juridique constitutionnelle opérée par le Conseil constitutionnel. C'est dans cet esprit que l'accent sera mis sur ce travail délibératif du Parlement dans le cadre de l'élaboration de ses rapports (1) et les propositions auxquelles lesdits rapports ont conclu (2).

1. L'élaboration des rapports intraparlementaires

Dans la phase d'élaboration des rapports au sein des commissions parlementaires, le processus le plus important à mentionner, dans la typologie des travaux préparatoires, est celui des différentes auditions et consultations auxquelles procèdent lesdites commissions. La procédure d'auditions est prévue par le règlement de chaque assemblée. Il s'agit de l'article 16, al. 8, du RS et de l'article 46, al. 3, du RAN.

Ce sont ces auditions qui donnent lieu à ce qu'on appelle, et que l'on voit, souvent à tort, d'un œil antipathique, le *lobbysme*. Le lobbysme – en paraphrasant la thèse de Grégory Houillon[222] – est cette pratique qui consiste à donner la parole à différents corps de métiers qui seront affectés par le projet ou la proposition, une fois que ceux-ci auront été adoptés et entrés en vigueur en tant que norme juridique coercitive, afin qu'ils soient entendus quant aux difficultés, particularités et aléas de leurs métiers dont les membres, tant du Parlement que

---

[221] Dominique Rousseau, « La Constitution ou la politique autrement », in *Dossier « Le droit contre la politique »*, Le Débat, n° 64, 1991/2 ; Dominique Rousseau et Alexandre Viala, *Droit constitutionnel*, Montchrestien, 2004, pp. 237-242 ; Dominique Rousseau, « Constitutionnalisme et démocratie », La vie des idées, Septembre 2008 (http://www.laviedesidees.fr/IMG/pdf/20080919_drousseau.pdf) – [Consulté le vendredi 18 avril 2014], p. 17.

[222] Grégory Houillon, *Le lobbying en droit public* (1150 p.), Bruylant, 1ère édition, mai 2012, Thèse sous la direction de Jean-Bernard Auby, Préface de Frédéric Rouvillois, p. 5.

du gouvernement, n'auraient eu tout à fait connaissance avant de procéder à des réformes sur leurs terrains professionnels. Grégory Houillon a ainsi donné « *une définition à large spectre*[223] » du lobbysme exercé devant les organes producteurs de normes juridiques : « *un ensemble de pratiques variables mises en œuvre par divers organismes, qu'il est possible de synthétiser comme une action d'influence motivée par un intérêt particulier, catégoriel, fractionnel, qui s'exerce sur un auteur ou auprès d'un organe producteur de normes juridiques impératives, sans contrepartie.*[224] »

Les auditions auxquelles procèdent les commissions parlementaires dans le cadre de la procédure législative représentent, peut-être, le début de cette procédure qui commencerait au stade de l'élaboration des rapports parlementaires sur les lois, avant d'atteindre la cour du juge constitutionnel. Il n'est pas ignoré que le Conseil constitutionnel pratique également le procédé de recueil d'informations[225] dans le cadre de son travail d'interprétation des textes par des auditions de différentes personnalités en vue de recueillir leur expertise[226]. Ainsi, les deux institutions, le Parlement et le Conseil constitutionnel, présentent sur ce point un élément de convergence dans la recherche d'informations pour bien écrire (le Parlement) et pour mieux interpréter (le Conseil constitutionnel) le droit. Ces différentes auditions avant l'écriture du droit par le Parlement sont des véritables enquêtes scientifiques et sociologiques qui confrontent différents points de vue sur le sens d'une norme juridique. En ce sens, on peut considérer ces mécanismes divers de recueil d'informations avant d'écrire le droit comme un réel travail de délibération (politique) qui pourra faciliter sinon influencer la délibération juridique de la norme.

Une autre forme de rapports, les « *rapports d'information*[227] », existe. Ils sont le fruit d'enquêtes menées par les commissions parlementaires dans leur rôle de

---

[223] *Ibid.*, Préface de Frédéric Rouvillois, p. 5.

[224] *Ibid.*

[225] V. Noëlle Lenoir, « Le métier de juge constitutionnel », Extrait de « Le Débat » n° 114, Editions Gallimard, mars-avril 2001 (V. aussi ce texte sur le site du Conseil constitutionnel). Ce processus de recueil d'informations de part et d'autre dans la délibération constitutionnelle fait partie de ce qu'on a pris coutume d'appeler l'entrée par la petite porte. C'est d'ailleurs ce que l'actuel président du Conseil constitutionnel, Laurent Fabius, exprime dans l'avant-propos du tout premier rapport annuel d'activité de cette institution paru le 4 octobre 2016 (pp. 4-5) [en ligne sur le site du Conseil].

[226] À titre d'exemple, v. Bertrand Mathieu, Dominique Rousseau *et ali.* (dir.), *Les grandes délibérations du Conseil constitutionnel : 1958-1986* (cité plus loin par *GDélCC*), Dalloz, Coll. Grands Textes, février 2014, « Introduction », pp. 13-14, n° 22-24.

[227] Pierre Avril, Jean Gicquel et Jean-Eric Gicquel, *Droit parlementaire, Op. cit.*, p. 353, n° 447.

contrôle des actions du gouvernement, de l'application des normes, de la pratique des entreprises publiques, des situations de prétendus évadés fiscaux, etc. Ils sont ainsi différents des rapports législatifs des commissions, même s'ils peuvent bien servir de bases ou de motifs à de nouveaux projets ou propositions de loi. Ils ne peuvent faire l'objet de vote ni à l'Assemblée nationale (IG article 1er, al. 9), ni au Sénat (article 29, al. 4, du RS). Cependant, ces rapports d'information peuvent être publiés et donner lieu – en tant que support – à des projets ou propositions de loi, ou même à des amendements sur des projets ou propositions de loi en cours de discussion au Parlement. De ce point de vue-là, leur caractère de travaux préparatoires intraparlementaires ne peut pas être occulté.

L'Office parlementaire d'évaluation des choix scientifiques et technologiques montre bien le rôle du travail des organes de contrôle au sein du Parlement à travers les auditions auxquelles procèdent les commissions. « *Inspiré de l'Office of Technology Assessment du Congrès des États-Unis*[228] », cet Office « *a pour mission d'informer le Parlement des conséquences des choix de caractère scientifique et technologique afin, notamment, d'éclairer ses décisions. À cet effet, [l'Office] recueille des informations, met en œuvre des programmes d'études et procède à des évaluations*[229] ». Le caractère délibératif des rapports législatifs des commissions parlementaires témoigne du sérieux du contenu de ces rapports. Cette délibération politique des normes législatives contribue également aux exigences de clarté et de sincérité des débats parlementaires dégagées par le Conseil constitutionnel dès 2005.

Ainsi, on a vu le processus de délibération du travail parlementaire des commissions à travers l'élaboration des rapports intraparlementaires ; il convient à présent de s'intéresser au contenu de ces rapports en vue de mieux cerner en quoi ils constituent un processus délibératif dans la production des normes au stade politique.

2. *Les conclusions (ou propositions) des rapports intraparlementaires*

Les rapports intraparlementaires, quels que soient les projets ou propositions de loi, concluent soit au rejet, soit à la modification, soit à l'adoption pure et

---

[228] *Ibid.*, p. 368, n° 346.

[229] Article 6 ter de l'ordonnance du 17 novembre 1958 relative au fonctionnement des assemblées parlementaires.

simple du projet ou de la proposition en question. Le cas le plus fréquent est celui d'un rapport qui conclut à la modification du projet ou de la proposition de texte

Ces rapports – tant de la commission saisie au fond que de la ou des commissions saisies pour avis – sont le fruit d'une longue délibération des commissions parlementaires qui ont été saisies. Cette délibération est le fait des membres du Parlement et les membres du gouvernement qui disposent tous du droit d'amendement au titre de l'article 44, al. 1er, de la Constitution.

Que contiennent en réalité les rapports des commissions saisies ? Ces rapports intraparlementaires sont le fruit et la compilation de toute une série de témoignages, d'amendements et d'autres discours recueillis lors des différentes auditions et consultations évoquées plus haut. Toutes ces informations recueillies par le ou les rapporteurs du projet ou de la proposition de texte sont autant de travaux préparatoires réalisés à l'intérieur des chambres du Parlement que le juge-interprète des normes nées de ces différentes positions ne peut ignorer. L'interprète constitutionnel doit ainsi observer, que ce soit implicitement ou explicitement, le contenu des rapports parlementaires, dès lors qu'un doute se présente sur l'interprétation du texte qui lui est soumis en examen de constitutionnalité.

Parmi les différents éléments qui sont contenus dans les rapports intraparlementaires, le tableau comparatif occupe une place singulière de par sa clarté et donc son utilité présumée pour qui se voue à la recherche de l'intention ou de la volonté du législateur à travers les différentes phases d'écriture de la norme définitivement adoptée. Le Sénat explique fort bien l'intérêt de ce tableau comparatif dans le rapport des rapporteurs saisis d'un projet ou d'une proposition de texte : « *le tableau comparatif- mettant en regard les textes en vigueur ou de référence, éventuellement, le projet initial du Gouvernement s'il a été déjà examiné par l'Assemblée nationale, puis le texte en discussion : ce tableau en plusieurs colonnes sera annexé au rapport. Au fil de la navette, ce document est ajusté afin de permettre de confronter, à chaque étape, les modifications successives apportées au texte par chacune des deux assemblées. En règle générale, à partir de la deuxième lecture, ce tableau comporte trois colonnes comprenant dans l'ordre : le dernier texte voté par le Sénat, le dernier texte voté par l'Assemblée nationale et dont le Sénat est -à ce moment précis- saisi, la dernière colonne étant réservée aux nouvelles propositions de la commission.*[230] » Bien entendu, le suivi régulier, en amont, de ces différentes phases de la procédure législative permet au Conseil constitutionnel d'anticiper sa saisine et d'avoir une vision claire du texte définitivement voté, lequel est potentiellement susceptible de lui être déféré pour l'examen de sa constitutionnalité dans le bref délai qui lui est imparti. À titre d'illustration, pour apprécier la constitutionnalité d'une différence de traitement créée par le législateur devant le droit du sol à Mayotte, le Conseil constitutionnel a, sans aucune précision sur ses sources d'inspiration, constaté que « *la population de Mayotte comporte, par rapport à l'ensemble de la population résidant en France, une forte proportion de personnes de nationalité étrangère, dont beaucoup en situation irrégulière, ainsi qu'un nombre élevé et croissant d'enfants nés de parents étrangers. Cette collectivité est ainsi soumise à des flux migratoires très importants*[231] ». Ce sont les travaux préparatoires issus des rapports intraparlementaires qui permettent au Conseil constitutionnel d'apprécier les raisons de cette différence de traitement face au droit du sol à Mayotte.

Après avoir évoqué les travaux préparatoires intraparlementaires nés des différents rapports adoptés par les commissions permanente ou spéciale et / ou saisies pour avis, il convient d'aborder les travaux préparatoires intraparlementaires nés dans le cadre des débats parlementaires.

§2. Les travaux préparatoires issus des débats parlementaires

Dès la première décision du Conseil constitutionnel examinant un règlement de l'Assemblée nationale, le rapporteur de la décision a fixé les règles du jeu de la délibération constitutionnelle. C'est ainsi une réelle « *méthodologie que doit suivre le Conseil*[232] » que le rapporteur de la décision a exposée devant ses pairs en leur recommandant de « *ne pas simplement confronter la lettre des textes, mais à se reporter à une multitude de sources*[233] » dont « *les débats parlementaires*[234] » du texte

---

[230] V. *L'examen des textes en commission*, site internet du Sénat (http://www.senat.fr/role/fiche/exam_com.html) [consulté le 6 juin 2015]. Pour une illustration de ce tableau comparatif, v. Pierre Avril, Jean-Gicquel et Jean-Eric Gicquel, *Op. cit.*, p. 213.

[231] Décision n° 2018-770 DC du 6 septembre 2018, §. 43. *Loi pour une immigration maîtrisée, un droit d'asile effectif et une intégration réussie.*

[232] *GDélCC, Op. cit.*, pp. 45-46, n° 79. V. aussi les délibérés de la décision n° 59-2 DC et notamment les propos de son rapporteur, Victor Chatenay.

[233] *Ibid.*

[234] *Ibid.*

examiné par le Conseil constitutionnel en premier lieu. En effet, il ressort des délibérés de la décision n° 59-2 DC que cette méthodologie a été approuvée à l'unanimité par les membres du Conseil constitutionnel. Ainsi, dès cette décision, on peut observer l'intérêt que le Conseil constitutionnel manifeste envers les travaux préparatoires issus des débats parlementaires. On le sait, les débats parlementaires sont scindés en deux catégories que sont les débats en commission (A) et les débats en séance publique (B) ; il convient de présenter tour à tour ces deux types de travaux préparatoires qui, dans les différentes et longues phases de la procédure législative intraparlementaire, sont les plus proches des normes définitivement adoptées par le Parlement.

A) Débats en commission

Jusqu'à présent, il a été question du contenu des travaux des commissions parlementaires dans le cadre de la procédure législative. Il ne serait pas incongru de traiter les débats en commission dans le cadre des travaux des commissions déjà exposés plus haut ; mais la particularité de ces débats, notamment leur caractère discursif et verbal, conduit à les traiter au côté des débats en séance publique.

Les « débats en commission » font partie de ce qu'on a pris coutume d'appeler « les débats parlementaires ». On retrouve cette terminologie à la fois dans la doctrine[235] et dans la jurisprudence du Conseil constitutionnel[236]. On a déjà rappelé dans l'introduction de cette recherche la différence entre les notions de « travaux préparatoires », « travaux parlementaires » et « débats parlementaires »[237]. On a aussi rappelé que le Conseil constitutionnel a adopté la technique d'interprétation consistant à se référer aux « débats parlementaires » relatifs au texte contrôlé dès sa première décision n° 59-2 DC du 24 juin 1959 (suite de la décision n° 59-1 du 14 mai 1959), tel que l'atteste le rapport de la séance du délibéré de cette décision.

---

[235] Henri Capitant, « Les travaux préparatoires et l'interprétation des lois », in *Ibid.*, pp. 204-216 et Michel Couderc, « Les travaux préparatoires de la loi ou la remontée des enfers », *Mélanges en l'honneur de François Gény*, Dalloz, 1975, p. 251.

[236] V. par exemple la décision n° 78-100, Cons. 4 : « *Considérant que, contrairement à ce qui figure dans l'exposé des motifs et aux déclarations faites au nom du Gouvernement au cours* ***des débats parlementaires****, il résulte des termes mêmes de l'article 16 de la loi soumise au Conseil constitutionnel que ce texte a pour objet et aura pour seul effet d'autoriser, non une cession de créances de l'Etat, non plus qu'une dation en paiement de créances de l'Etat, mais l'affectation de certaines recettes à certaines dépenses ;* »

[237] V. *Réponses à un questionnaire* (par Jean-Louis Debré), en annexe.

La doctrine, en effet, emploie de manière assez abondante la notion de « débats parlementaires », que ce soit pour critiquer, réfuter ou conforter ces derniers en tant que sources de normativité interprétative juridique. Les débats en commission sont devenus, avec la « *technicité*[238] » de plus en plus grande de la procédure législative à travers les commissions parlementaires, plus importants que les débats en séance. Mais force est de constater qu'il existe parfois une certaine confusion entre ces différentes notions et celle de travaux préparatoires. En effet, à lire Henri Capitant, fervent détracteur des travaux préparatoires comme instruments et / ou sources d'interprétation juridique, la notion de travaux préparatoires se confond avec celle de travaux parlementaires, alors même que ces deux notions, bien que complémentaires, ne couvrent pas le même champ ; la notion de travaux préparatoires étant plus large que celle de travaux parlementaires. Il est ainsi intéressant de discuter la notion de « travaux parlementaires » parce que celle-ci est souvent – surtout dans la doctrine – confondue avec celle de « débats parlementaires ». Étant donné que ceux-ci couvrent aussi le champ des débats ayant eu lieu au sein des commissions parlementaires qui examinent les projets et propositions de texte, il s'avère logique de marquer la nuance existante entre ces différentes notions.

Les débats en commission sont généralement plus des débats de fond que des débats de nature symbolique comme se présentent, par exemple, les débats en séance publique, souvent diffusés par les chaînes de télévision chargées de cette mission[239].

Le Conseil constitutionnel apporte une attention particulière à ces « débats parlementaires » en commission qui sont des débats de fond. En effet, ces débats soulèvent parfois des éventuelles inconstitutionnalités de certaines dispositions du texte examiné au cours de la procédure parlementaire. Le Conseil constitutionnel s'appuie sur les débats parlementaires en commission notamment pour ce qui concerne les questions soulevées d'office[240]. Le Conseil constitutionnel refuse cependant de soulever d'office – par souci d'éviter la

---

[238] Pierre Avril, Jean-Gicquel et Jean-Eric Gicquel, *Droit parlementaire*, *Op. cit.*, p. 157, n° 170.

[239] Mais la diffusion à la télévision des débats en séance publique n'est pas neutre, elle a son importance. Selon Jean-Louis Debré, ancien président du Conseil constitutionnel, « *Aujourd'hui la retransmission télévisée des débats fait que tout se remarque.* » (*Ce que, je ne pouvais pas dire*, *Op. cit.*, p. 258). Cette opération télévisuelle, qui peut être vue comme une opération de simple communication, a donc aussi pour rôle de contribuer à la transparence et à la sincérité des débats parlementaires.

[240] V. Anne-Charlène Bezzina, *Les questions et les moyens soulevés d'office par le Conseil constitutionnel*, Dalloz, 1ère édition, mai 2014, 832 p.

critique du « *gouvernement des juges*[241] » – une inconstitutionnalité, au motif que si « *aucun parlementaire n'a émis de réserve sur [l'inconstitutionnalité d'une disposition d'un projet ou d'une proposition de loi] lors de la discussion de la loi*[242] », alors il vaut mieux éviter d'attirer une foudre de critiques sur le Conseil constitutionnel[243]. Mais cette position, assez délicate, s'estompe avec la fulgurante promotion du contentieux constitutionnel en faveur des droits et des libertés fondamentaux ; et si elle se tient, elle n'est valable que dans le cadre du contentieux constitutionnel *a priori*.

Durant les débats en commission, la « parole » d'un ministre – celui qui porte ou qui est concerné par le projet ou la proposition de loi en discussion – est celle qui, *a priori* et seulement *a priori*, est considérée ou peut – si cela est nécessaire – être considérée par le juge-interprète. La parole du membre du gouvernement est ainsi mise en concurrence par rapport à la parole d'un parlementaire isolé. La forme verbale ou écrite de cette parole n'a pas d'importance, du moment qu'elle a été « rapportée » dans le rapport de la commission comme l'expression de la position du gouvernement par la voix d'un ministre. Cette parole du ministre fait d'emblée partie de ce qu'on appelle les travaux préparatoires intraparlementaires car les représentants du gouvernement – au moins dans le cadre du processus d'élaboration de la norme législative – agissent en tant que composantes du « législateur ». Le gouvernement qui fait partie du pouvoir exécutif se retrouve ainsi composante du pouvoir législatif, et pas n'importe quelle composante puisque la parole d'un de ses membres vaut davantage que celle d'un membre du Parlement qui est pourtant censé représenter le pouvoir législatif par excellence. Ainsi, comme l'a constaté Pierre-André Côté, au Canada, bien que les débats en commission se présentent comme des débats de fond, le ministre en charge du projet ou de la proposition de loi demeure, sinon le seul maître, du moins le maître le plus important à bord, car il représente la volonté gouvernementale, quand un parlementaire isolé ne représente, suivant les règles du jeu parlementaire, que lui seul.

Enfin, on retrouve une forme d'admission sans conteste de cette emprise de la parole gouvernementale sur la parole parlementaire dans les débats en

---

[241] *GDélCC*, IV. 56, p. 348.
[242] *Ibid.*, p. 349.
[243] On peut très bien observer ce comportement méfiant du Conseil constitutionnel dans le délibéré de la décision n° 82-141 DC du 27 juillet 1982.

commission tant dans la doctrine[244] que dans la jurisprudence constitutionnelle qui semble se conformer à l'esprit du constituant de 1958. C'est d'autant plus le cas dans le cadre des débats en séance publique des assemblées parlementaires.

B) Débats en séance publique

Il peut être affirmé que les débats en séance publique sont le symbole du « *crédit des lois.*[245] » Crédit au sens de crédibilité de la norme aux yeux de celles et ceux qui, concrètement, auront à l'appliquer. Si ces débats en séance portent sur le rapport de la ou des commissions saisies au fond et, éventuellement, pour avis sur le projet ou la proposition de texte, ils donnent également lieu à un « compte rendu de séance » qui vaut procès-verbal de la séance et qui est publié au *Journal officiel* conformément aux dispositions de l'article 33, al. 1er, de la Constitution.

Le compte rendu des séances soulève la question de la publicité du débat parlementaire posée par la Constitution en son article 33. Le Conseil constitutionnel a fait de la diffusion audiovisuelle des débats en séance publique des assemblées législatives une modalité de la publicité des travaux préparatoires : « *Considérant que l'article 30 prévoit la production, la diffusion ou la distribution, dans les conditions déterminées par le Bureau, d'une relation audiovisuelle des débats en séance publique ; qu'une telle relation constitue une des modalités de publicité du débat, prévue à l'article 45-1 de la loi du 30 septembre 1986 dans sa rédaction résultant de la loi susvisée du 1er février 1994 ; que cet article n'est pas contraire à la Constitution ;*[246] » Ce mécanisme de publicité contribue aussi à ce que le Conseil constitutionnel a qualifié de « *principe de clarté de la loi*[247] » auquel le législateur est soumis au titre de l'article 34 de la Constitution. Le Conseil constitutionnel a même étendu ce principe de clarté de la loi aux débats parlementaires en l'érigeant en « *exigence de clarté et de sincérité du débat parlementaire*[248] »

---

[244] V. notamment Alexender Larry, « All or Nothing at All? The Intentions of Authorities and the Authority of Intentions », in Andrei Marmor (éd.), *Law and interpretation: essays in legal philosophy*, février 1997, pp. 357 s.

[245] V. Rapport du Comité (Balladur) de réflexion et de proposition sur la modernisation et le rééquilibrage des institutions de la Ve République, *Une Ve République plus démocratique*, 2007, p. 108.

[246] Décision n° 94-338 DC du 10 mars 1994, Cons. 13.

[247] Décision n° 2004-500 DC du 29 juillet 2004, Cons. 13 ; Décision n° 2005-512 DC du 21 avril 2005, Cons. 9, 19 et 21.

[248] V. Brunessen Bertrand, « L'exigence de clarté et de sincérité du débat parlementaire. Étude sur un concept régulateur de la procédure législative sous la Ve République », RDP, novembre 2010,

Comme l'affirment Pierre Avril, Jean-Gicquel et Jean-Eric Gicquel, des « *conséquences juridiques importantes s'attachent au compte rendu qui constitue, avec les rapports établis par les commissions, les travaux préparatoires servant à l'interprétation des décisions prises par les assemblées.*[249] » Les décisions prises par les assemblées étant – en l'occurrence – les lois votées, que celles-ci soient de nature ordinaire, organique ou constitutionnelle, et leurs règlements qui font régulièrement l'objet de contentieux devant le Conseil constitutionnel.

Avant la réforme constitutionnelle du 23 juillet 2008, l'article 90 du RAN interdisait qu'un projet ou une proposition de texte soit mis en discussion sans que ce texte n'ait fait l'objet d'un rapport de la commission dont relève les matières traitées par ledit texte en substance. On voit bien que, même si la priorité gouvernementale était toujours présente, le rapport de la commission était tout aussi important pour permettre le déroulement des débats en séance publique. La nouvelle rédaction de l'article 42, al. 1er, de la Constitution, qui dispose désormais que « *La discussion des projets et des propositions de loi porte, en séance, sur le texte adopté par la commission saisie* », a *de facto* rendu « *caduque*[250] » l'ancienne rédaction de l'article 90 du RAN. Cependant, comme le soulignent Pierre Avril, Jean Gicquel et Jean-Eric Gicquel, en citant une déclaration de Louis Mermaz du 15 décembre 1983, « *si l'on pouvait opposer au Gouvernement l'absence ou le caractère incomplet d'un rapport [...], on rendrait caduc le droit que le Gouvernement tient de la Constitution [...] d'établir l'ordre du jour.*[251] » On comprend par cette affirmation que le gouvernement peut précipiter les travaux des commissions – notamment dans le cadre des procédures d'urgence ou accélérées – de manière telle qu'on pourrait au mieux conclure à un rapport incomplet, sinon à une absence totale de rapport des commissions avant les séances publiques. Or le Conseil constitutionnel a validé cette pratique gouvernementale au détriment de la transparence des travaux parlementaires[252]. Mais cette anomalie constitutionnelle peut, du moins en partie, être considérée comme étant corrigible, puisque l'article 42, al. 1er, de la Constitution veut désormais que, à titre de règle de principe, ce soit le texte de la commission qui soit le support des débats en séance publique.

---

n° 2, p. 431. Les exigences de clarté et de sincérité des débats parlementaires seront étudiées plus en détails au Chapitre 2, du Titre II, de la Première partie de cette recherche.

[249] Pierre Avril, Jean-Gicquel et Jean-Eric Gicquel, *Droit parlementaire, Op. cit.*, p. 157, n° 172.

[250] *Ibid.*, p. 214.

[251] *Ibid.*, p. 215.

[252] V. Décision n° 84-181 DC du 11 octobre 1984, Cons. 3 et 5.

Le rôle des travaux menés au sein des commissions parlementaires se trouve ainsi renforcé depuis 2008 puisque désormais c'est la Constitution qui affirme ce rôle primordial de la commission dans le cadre du débat parlementaire en séance publique, lequel débat porte désormais sur le texte de la commission élaboré après maints débats entre les membres du gouvernement et du Parlement et auditions de personnalités et experts de toutes disciplines affectées par le projet ou la proposition, etc. Ces débats et auditions constituent ainsi l'une des phases de production des travaux préparatoires intraparlementaires des normes législatives définitivement votées.

Mais cet avantage désormais accordé par la Constitution aux débats en commission n'altère pas pour autant la force des prérogatives gouvernementales. Dans la phase des débats en séance publique des assemblées parlementaires, en effet, l'autorité de la parole gouvernementale se trouve plus que jamais renforcée puisque l'article 44, al. 2, de la Constitution dispose : « *Après l'ouverture du débat, le Gouvernement peut s'opposer à l'examen de tout amendement qui n'a pas été antérieurement soumis à la commission.* ». L'article 45, al. 3, pour ce qui concerne la commission mixte paritaire[253], va même plus loin puisqu'il dispose qu'« *Aucun amendement [parlementaire] n'est recevable sauf accord du Gouvernement.* » Ainsi, l'initiative des parlementaires dans la réalisation du texte se trouve quelque peu limitée face à la priorité gouvernementale.

Les travaux de Pierre-André Côté[254] ou encore ceux de Peter Hogg[255] – au Canada – ont montré que la parole officielle d'un ministre dans le processus de l'élaboration législative (intra)parlementaire, par rapport à la parole d'un parlementaire isolé, pouvait davantage lier le juge-interprète. Ceci est d'autant plus vrai dans le cadre des « débats en séance publique » des assemblées législatives françaises.

---

[253] Il est précisé que les rapports de la commission mixte paritaire ne sont pas des travaux préparatoires de la norme en tant que tels, car ils ne permettent pas de débattre, mais constate une situation de fait, comme l'a jugé le Conseil constitutionnel : « *Considérant qu'il ressort du rapport établi conjointement par les rapporteurs des deux assemblées à l'issue de la réunion de la commission mixte paritaire, d'une part, que la commission a constaté l'impossibilité de parvenir à l'adoption d'un texte commun, et, d'autre part, que ce constat n'a pas été contesté ; qu'il n'appartient pas au Conseil constitutionnel de contrôler pour quels motifs ou dans quelles conditions une commission mixte paritaire ne parvient pas à l'adoption d'un texte commun ;* » (Décision n° 2015-718 DC du 13 août 2015, Cons. 8).

[254] V. Pierre-André Côté, *The interpretation of legislation in Canada*, *Op. cit.*, pp. 345 s.

[255] V. Peter Wardell Hogg, *Constitutional law of Canada*, Thomson/Carswell, 2007, Ch. 60 : "Proof" (pp. 797-814), pp. 806 et s.

La considération de cette analyse, au regard de la jurisprudence constitutionnelle française, conduit à observer, en effet, que la parole du gouvernement à travers une simple lettre du Premier ministre marque une réelle supériorité de son droit d'amendement, donc de sa parole, par rapport à celle des membres du Parlement. Le Conseil constitutionnel a, sur ce point, jugé : « *Considérant ainsi que les articles 24 à 49 de la loi de finances rectificative pour 1978 ne résultent pas du vote d'amendements tendant à insérer dans cette loi des articles additionnels mais, ayant leur origine dans une lettre rectificative déposée par le Premier ministre, ont été soumis à bon droit à la procédure prévue par l'article 42 de la Constitution pour l'examen et le vote du texte d'un projet de loi ;*[256] » Par conséquent, une simple lettre du gouvernement, à ce stade de débats en séance publique, suffit à amender le texte en discussion, alors que les membres du Parlement eux-mêmes – symboles de la puissance législative par excellence – ne peuvent prétendre d'un droit de modification dudit texte qu'en comptant sur le bon gré du gouvernement.

Ainsi, il a été démontré – très modestement – les éléments pouvant être regardés comme constitutifs des travaux préparatoires intraparlementaires. Cependant, certains travaux préparatoires semblent être inclassables. C'est par exemple le cas des travaux préparatoires résultant à la fois de l'ouvrage intitulé *Travaux préparatoires de la Constitution* et de la série d'ouvrages intitulés *Documents pour servir à l'histoire de l'élaboration de la Constitution du 4 octobre 1958*. Face à cette situation, il est intéressant de se poser la question d'un possible classement de ces documents dans cette typologie des travaux préparatoires des normes ; il semble possible, pour différentes raisons, de ranger les éléments issus de ces ouvrages au niveau des travaux préparatoires intraparlementaires.

SECTION 2 : LES TRAVAUX PRÉPARATOIRES DE LA CONSTITUTION DU 4 OCTOBRE 1958 : DES TRAVAUX *A PRIORI* INCLASSABLES

Tout d'abord, il convient de préciser que la *tentative*, non sans gêne, de classification des travaux préparatoires de la Constitution de 1958, dont le processus d'adoption a effectivement rompu avec la tradition des assemblées

[256] Décision n° 78-100 DC, Cons. 9. Le considérant 10, la suite du contenu du considérant 9, est intéressant également pour se rendre compte de l'importance de la parole gouvernementale à ce stade de la procédure parlementaire.

constituantes constatée depuis 1789 jusqu'en 1946[257], dans le cadre des travaux préparatoires intraparlementaires ne signifie pas pour autant que l'on place sur le même plan ces derniers que les travaux préparatoires des constitutions précédentes, ni sur le même plan que les travaux préparatoires de textes de nature législative. En effet, le caractère *a priori* « inclassable » qui leur est attribué dans cette thèse témoigne de l'ambiguïté qu'ils suscitent. Cependant, s'il existe une différence entre les travaux préparatoires de la Constitution de 1958 et ceux des constitutions antérieures (et ceux des lois inférieures), quant à leur mode de production et leur origine, cette différence ne se retrouve pas dans l'usage qu'en fait le Conseil constitutionnel dans l'interprétation des textes.

Dans le cadre de ces travaux préparatoires inclassables, il convient de ranger les travaux issus de l'ouvrage *Travaux préparatoires de la Constitution*[258] et ceux résultant de la série d'ouvrages portant le titre de *Documents pour servir à l'histoire de l'élaboration de la Constitution du 4 octobre 1958*[259] dans la même catégorie, eu égard notamment à leur origine conceptuelle et matérielle commune[260]. Avant de s'intéresser à ces documents relatifs à l'élaboration de la Constitution du 4 octobre 1958, il a été rendu possible de rencontrer différentes personnalités qui, de près ou de loin, ont pris part au rassemblement de ces documents ainsi qu'à leur diffusion. D'après les informations recueillies, lors des discussions avec ces témoins directs ou indirects de l'élaboration de la Constitution, il a été possible d'observer un sentiment fort récalcitrant chez ces personnalités – et certains sont même carrément opposés – face au qualificatif de « travaux préparatoires » parfois attribué aux résultats des différents mécanismes préparatoires de la Constitution de 1958. Dans ce contexte, il était logique de s'intéresser à ce qui a pu inciter les auteurs des *Documents pour servir* à ne pas retenir le qualificatif de « travaux préparatoires », tel que ce fut le cas de l'ouvrage de 1960 précité, pour les nommer, mais celui de *Documents pour servir à l'histoire de l'élaboration de la Constitution du 4 octobre 1958*.

---

[257] Sur la formation de cette tradition constitutionnelle, v. Marcel Morabito, *Histoire constitutionnelle de la France (1789-1958)*, Montchrestien, 9ème édition, mai 2006, pp. 13 s.

[258] V. *Travaux préparatoires de la Constitution. Avis et débats du Comité consultatif constitutionnel*, La Documentation française, 1960.

[259] On utilisera le raccourci « *Documents pour servir* » pour *Documents pour servir à l'histoire de l'élaboration de la Constitution du 4 octobre 1958*.

[260] Ainsi, les deux textes seront souvent évoqués, sauf exceptions, sous la même dénomination *Documents pour servir*. Le caractère globalisant de ces derniers, qui prennent en compte l'ensemble des travaux du Comité consultatif constitutionnel, explique le choix, non pas de les confondre, mais de les évoquer dans une seule et même catégorie.

Les travaux préparatoires qualifiés plus haut d'« intraparlementaires » sont en effet ceux en général considérés par la doctrine comme des travaux préparatoires des normes. Il semble que cette position doctrinale est, scientifiquement, un peu trop hâtive. Trop hâtive car le Conseil constitutionnel lui-même a qualifié ces documents de « *travaux préparatoires de la Constitution* » dans sa jurisprudence, donc du point de vue purement scientifique et juridique, il semble qu'ils doivent être regardés en tant que tels, sauf à risquer de mépriser la jurisprudence constitutionnelle sur ce point.

Pour tenir compte de cette position doctrinale consistant à rejeter la qualité de travaux préparatoires de la Constitution de 1958, il a été décidé de mettre hors catégorie les résultats des mécanismes de son élaboration, dans la mesure où la classification des résultats produits par ces mécanismes s'avère tout de même complexe. C'est dans ce contexte que le choix a été fait d'analyser ce qui rend inclassables les différents documents préparatoires de la Constitution de 1958 en tant que travaux préparatoires de celle-ci (§1), en s'appuyant notamment sur les témoignages spécifiques de certaines personnalités ayant pris concrètement part au processus constituant en 1958 (§2). Une fois que cette analyse aura été effectuée, il conviendra alors de rechercher et d'attribuer une qualification spécifique à ces documents préparatoires de la Constitution (§3).

§1. Le caractère inclassable des actes préparatoires de la Constitution de 1958 au regard des travaux préparatoires classiques des normes juridiques

Le juge constitutionnel, lorsqu'il examine la constitutionnalité d'une disposition législative, doit non seulement interpréter ladite disposition, mais aussi le texte constitutionnel de référence auquel il doit confronter celle-ci. Ainsi, le Conseil constitutionnel français, dans ce contexte, doit avoir recours aux différentes méthodes et aux différents outils d'interprétation qui sont naturellement à la disposition de tout juge en vue de procéder à l'interprétation du texte constitutionnel de référence. Pour ce qui concerne le texte de la Constitution du 4 octobre 1958, le Conseil constitutionnel a souvent eu recours aux données résultant des différents mécanismes préparatoires de sa rédaction. Pourtant la qualité de travaux préparatoires de la Constitution de ces éléments a été rejetée par l'instance chargée de leur rassemblement à partir des années 1980, et cela pour deux raisons au moins. D'une part, il est considéré que le fait que ces documents n'ont pas été produits par et dans le cadre d'une assemblée constituante (A), et, d'autre part, le fait que ce soient des experts et des techniciens – termes clairement péjoratifs dans le contexte – qui ont élaboré le texte de la Constitution de 1958 (B) privent ces derniers de tout caractère de travaux préparatoires.

A) Absence d'organe constituant dans l'élaboration de la Constitution de la Vème République ?

La Constitution de 1958 est un texte de circonstance lié à la fin de la Seconde Guerre mondiale et à la crise algérienne dont les effets et les éléments instigateurs n'ont pas été éradiqués par la IVème République souvent qualifiée de petite sœur de la IIIème, elle-même tenue pour responsable – entre autres – de la tentative d'asservissement de la France entre 1939 et 1945[261].

Il a fallu rattraper le temps perdu entre le *Discours de Bayeux* prononcé par Charles de Gaulle le 16 juin 1946 et la crise algérienne. Charles de Gaulle voyait les maux de la France, qu'il voulut profondément réformer dès 1946, dans la « toute-puissance » du Parlement de la IIIème République. Or, la IVème, au lieu de remédier à ces maux, les aurait confortés. Alors, en 1958, la volonté de Charles de Gaulle, revenu à la charge des affaires de l'État, était de favoriser un changement politique radical et le plus rapidement possible. Dans un tel contexte, le temps semblait donc manquer pour permettre les conditions de l'élection d'une assemblée constituante en vue d'adopter une nouvelle Constitution dans le strict respect de la tradition constitutionnelle française[262].

Par conséquent, il a fallu travailler à la nouvelle Constitution avec les moyens immédiatement disponibles et mobilisables, en l'occurrence des techniciens issus

[261] Le préambule du discours de Michel Debré devant le Conseil d'État le 27 août 1958 ne présente aucune ambiguïté sur ce point : « *Une première volonté a dominé ce projet : refaire le régime parlementaire de la République.* »

[262] Sur la tradition constitutionnelle française, v. Michel Verpeaux, *La Constitution*, Première partie, Chap. 1 : « L'établissement des constitutions », Dalloz, Coll. : « Connaissance du droit », octobre 2008, pp. 7 s. et Marcel Morabito, *Histoire constitutionnelle de la France (1789-1958)*, Première partie : « La formation des traditions constitutionnelles françaises (1789-1848) », LGDJ, 9ème édition, mai 2006, pp. 9 s.

des administrations publiques et des experts issus[263], pour l'essentiel, du Conseil d'État, en vue d'élaborer de manière urgente la nouvelle loi fondamentale.

Il est vrai – et c'est notamment cet aspect-là qui justifie le refus[264] du caractère de travaux préparatoires aux *Documents pour servir* – ces experts et techniciens ne représentent pas le peuple français qui, pourtant, sera considéré comme étant l'auteur du texte constitutionnel de 1958. Ainsi, suivant cette logique, si ces experts et techniciens ne représentaient pas le peuple visé par la Constitution, alors on ne pouvait que très difficilement qualifier les actes préparatoires de cette Constitution de travaux préparatoires de celle-ci. Tel est l'un des arguments – et c'est sans doute le plus plausible – avancés par la partie de la doctrine qui ne considère pas les *Documents pour servir* comme étant des travaux préparatoires de la Constitution du 4 octobre 1958. Mais cet argument – aussi fondé qu'il soit du point de vue de l'exercice démocratique des pouvoirs – est, pour le moins, discutable.

Ainsi, poursuivant l'argument, si la Constitution de 1958 n'a pas été préparée par des représentants du peuple français régulièrement désignés dans le cadre d'une assemblée constituante – *ad hoc* – c'est-à-dire spécialement prévue à cet effet, alors celle-ci est une constitution issue de travaux d'experts, travaux qui ne peuvent être hissés au rang de travaux préparatoires de la Constitution de 1958.

Il est vrai que, du point de vue purement politique, ce qu'on désigne souvent sous l'expression « travaux préparatoires » est limité, quant à ses composantes, son contenu et son contour. Pour ne prendre que cet exemple, la loi constitutionnelle du 3 juin 1958 portant dérogation transitoire aux dispositions de l'article 90 de la Constitution de 1946[265] comporte à la fin une rubrique intitulée « travaux préparatoires » qui énumère comme de manière exclusive ce qu'on entend par l'expression « travaux préparatoires » dans les deux assemblées de l'époque, l'Assemblée nationale et le Conseil de la République. On a pu constater, en effet, et cela dans les deux assemblées, que cette notion de « travaux préparatoires » désignait seulement le projet de loi constitutionnelle proprement dit, une lettre

---

[263] Mais il est vrai que la réunion de ces experts peut également être vue comme une manière court-circuiter le Parlement en place.

[264] Comme pour marquer le refus explicite de cette qualification aux *Documents pour servir*, les membres du CCC ont, en effet, pris le soin de rappeler, dans une note technique du premier tome de cette série d'ouvrages, « *qu'il s'agit de 'Documents pour servir à l'histoire de l'élaboration de la Constitution de la Ve République'* » (*Documents pour servir*, *Op. cit.*, p. XXI).

[265] V. ce texte sur le site internet de *Légifrance*.

rectificative, qui peut s'apparenter aujourd'hui à un amendement[266], le rapport fait au nom de la commission du suffrage universel qui a été saisie à l'époque sur ce texte et les discussions avant l'adoption du texte. C'est là une conception très restrictive de la notion de travaux préparatoires qui ne se fonde sur aucun élément objectif et incontestable, ni de nature théorique, ni de nature juridique. Pour ce qui concerne les « débats parlementaires » de cette loi constitutionnelle, dans les deux assemblées parlementaires, ils ne couvrent que le compte rendu *in extenso* des débats sur le projet de loi constitutionnelle tenus le 3 juin 1958, les questions écrites et les réponses des ministres à celles-ci. En termes parlementaires (politiques), les travaux préparatoires sont ainsi des actes écrits de manière plus ou moins officielle voire scientifique, alors que les débats parlementaires seraient des pourparlers ou des échanges verbaux reproduits sous forme écrite dans un compte rendu.

On est bien là dans le cadre de travaux préparatoires strictement limités au cadre intraparlementaire. Cependant, il demeure toujours difficile de qualifier les *Documents pour servir* de travaux préparatoires de la Constitution si l'on s'en tient uniquement à la conception politique et restrictive de cette notion. Cependant, et c'est là que l'argument est débattu, le Comité consultatif constitutionnel chargé par la loi constitutionnelle du 3 juin 1958 de réfléchir sur le projet de constitution est composé pour deux tiers de parlementaires. Cette composition de l'instance conduit à la question de savoir si ce Comité ne pouvait pas être regardé comme une instance – non pas totalement parlementaire, au sens de constituant – mais du moins qui s'apparente à une assemblée spécialement désignée[267], avec une large majorité de parlementaires pour élaborer le projet de constitution. Une tentative de réponse sera consacrée à cette question plus loin. Pour le moment, il est intéressant de se concentrer sur le caractère de « travaux d'experts » dont serait issue la Constitution de 1958.

---

[266] D'ailleurs, sur ce point, Guy Carcassonne a pu écrire : « *Le Premier ministre peut modifier tout projet de loi par une lettre rectificative, adoptée selon la même procédure, lorsqu'il s'agit d'introduire des changements jugés importants pour emprunter la voie ordinaire de l'amendement* » (*La Constitution introduite et commentée*, Préface de Georges Vedel, Éditions du Seuil, Coll. : « Points Essais », 9ème édition, 2009, p. 204, n° 269).

[267] On s'amuse d'ailleurs même à appeler les réunions du Conseil des ministres de Charles de Gaulle sur le processus constitutionnel de « *réunions constitutionnelles* » (*Documents pour servir*, *Op. cit.*, p. 277) pour marquer la teneur du travail de ses membres dans ce contexte particulier ; et les résultats produits lors de ces réunions furent qualifiés de « *travaux constitutionnels* » (*Ibid.*, p. 273).

B) Une Constitution issue de travaux d'experts

Ce qu'il faut comprendre, c'est qu'il est considéré que ce sont des experts[268] et des techniciens qui ont élaboré la Constitution de 1958. De ce point de vue, il n'est pas inutile de se pencher sur l'origine professionnelle ou fonctionnelle des membres du Comité consultatif constitutionnel chargé de réfléchir et de rédiger la nouvelle constitution (1), ainsi que sur la prétendue prédominance du Conseil d'État (2) dans ce processus, afin de mieux comprendre les travaux de préparation de cette Constitution.

1. L'origine fonctionnelle (ou professionnelle) des membres du Comité consultatif constitutionnel

Si les membres du Comité consultatif constitutionnel, au nombre de trente-neuf[269], furent, pour les deux tiers, des parlementaires (b), l'avant-projet de Constitution n'était pas rédigé par ce Comité mais par le Conseil des ministres – ce qui conduit certains à conclure que la Constitution de 1958 est un texte produit par des experts (a) et non par une assemblée constituante spécialement désignée à cet effet comme cela aurait dû l'être suivant la tradition.

a. Les experts ou techniciens proprement dits

Pour bien comprendre pourquoi une partie de la doctrine et de la classe politique française considère que la Constitution de 1958 est une constitution qui est issue de travaux d'experts, il faut s'intéresser en effet à la qualification professionnelle ou à la fonction[270] des membres du Comité consultatif constitutionnel et à celle des rédacteurs initiaux de l'avant-projet. L'avant-projet de constitution est prévu par les dispositions de l'article 4 du décret du 16 juin 1958 concernant le Comité consultatif constitutionnel. Ce texte dispose en effet : « *Le Comité consultatif constitutionnel est saisi de l'avant-projet de Constitution*

---

[268] En effet, en vue d'élaborer la nouvelle constitution, un « *Groupe des experts* », dont a fait partie François Luchaire, a été mis sur pied en 1958. Sur ce point et pour la composition de ce groupe d'experts, v. *Documents pour servir, Op. cit.*, p. XXIV.

[269] Article 1er, al. 1er, du décret du 16 juillet 1958 concernant le Comité consultatif constitutionnel.

[270] C'est-à-dire le corps de métier auquel appartiennent les membres désignés ou nommés pour siéger au sein du Comité consultatif constitutionnel.

préparé par le Gouvernement en application des dispositions de l'article unique de la loi constitutionnelle du 3 juin 1958. »

Cet avant-projet est l'œuvre du Conseil des ministres qui a été secondé par un « comité d'experts ». C'est pour cette raison que François Luchaire évoque les « *experts [qui] ont conseillé des personnalités importantes*[271] » lors de l'élaboration de la Constitution en 1958. Quant au rôle de ces experts, Raymond Janot affirme que « *ce que l'on appelle maintenant les experts, avaient deux rôles : au sein du groupe de travail, ils étaient à la fois représentants des ministres d'État et d'autres membres du conseil interministériel [et] ils étaient également en tant que tels, en tant que personnes ayant réfléchi à ces questions.*[272] » Cela n'est pas étonnant puisque Raymond Janot, lui-même, qui fut l'un de ces experts, en tant que conseiller d'État, raconte qu'il avait « *déjà beaucoup réfléchi au sujet*[273] » en déclarant : « *j'avais fait une série de conférences à l'université de Casablanca sur la Constitution d'un État moderne.*[274] » Le groupe de travail dont sont issus ces experts avaient ainsi pour rôle de suggérer « *des idées sur lesquelles le conseil prenait une décision, et, deuxièmement, il proposait au conseil une rédaction pour mettre en forme la solution retenue.*[275] »

L'avis du 11 août 1958 du Comité consultatif constitutionnel[276] montre en effet que la Constitution de 1958 est bel et bien issue de travaux de techniciens. Ces techniciens sont les membres du gouvernement qui ont rédigé l'avant-projet dans le cadre d'un comité interministériel[277]. Et même si cet avant-projet devait être soumis à l'avis du Comité consultatif constitutionnel, ce dernier ne pouvait pas procéder à un travail de fond car il ne disposait que de « *vingt jours* » pour « *émettre son avis [...] à compter du jour où il [a été] saisi.*[278] » C'est pour cette raison que Pierre Avril soulève, en rappelant l'affirmation de Guy Mollet qui considéra les membres du comité interministériel comme « *les vrais*

---

[271] François Luchaire, *in* Didier Maus et Olivier Passelecq (dir.), *Témoignages sur l'écriture de la constitution de 1958 autour de Raymond Janot. Actes de la journée organisée le 1er octobre 1993 à la Maison de l'Europe de Paris*, La Documentation française, Coll. : « Les Cahiers constitutionnels de Paris 1 », Sous-coll. : « Notes et études documentaires », 1997, p. 20.

[272] *Ibid.*, p. 24.

[273] *Ibid.*, p. 12.

[274] *Ibid.*

[275] *Ibid.*, p. 24.

[276] V. ce texte sur le site internet de *Légifrance.*

[277] V. Pierre Avril, « Le piano mécanique », in *Itinéraires : études en l'honneur de Léo Hamon*, Economica, 1982, p. 14.

[278] Article 6 du décret du 16 juin 1958 concernant le Comité consultatif constitutionnel.

constituants[279] », que les ministres qui rédigèrent le projet de Constitution et leurs collaborateurs avaient le sentiment que leurs « *travaux comportaient une évidente analogie avec ceux des membres d'une assemblée constituante.*[280] » Mais Pierre Avril n'adhère pas, pour autant, à cette thèse. Il considère que « *s'ils [les travaux du comité] présentaient un intérêt politique, et déjà historique, leur valeur juridique était nulle.*[281] »

Par conséquent, et malgré l'affirmation de Pierre Avril sur la valeur des travaux du comité interministériel, on voit bien que même si cet avant-projet de Constitution, rédigé par le Conseil des ministres (le comité interministériel), a été débattu par les membres du Comité consultatif constitutionnel, celui-ci ne pouvait mener une réflexion de fond. Dans ce contexte, on pourrait même considérer que le projet de constitution – à peu de chose de près – est l'avant-projet rédigé par le gouvernement de Charles de Gaulle selon les vœux de ces derniers, peu importe la veleur juridique que l'on peut accorder aux travaux du gouvernement.

La précipitation, vingt jours seulement, dans laquelle devait travailler ce Comité fait douter de l'importance de son rôle même dans la rédaction du projet de Constitution. Eu égard à cette précipitation, il est permis de ne voir dans le Comité ainsi mis sur pied qu'une formalité, voire un simulacre, dont la raison d'être fut de calmer les ardeurs des critiques quant au processus – quelque peu discutable, du point de vue démocratique – d'élaboration de cette Constitution qui a rompu avec les traditions constitutionnelles françaises.

Outre la participation très active et bien en amont des membres du gouvernement de Charles de Gaulle dans la rédaction de la Constitution, il y a eu d'autres experts et techniciens qui ont pris part au Comité consultatif constitutionnel. En effet, l'article 1er, al. 4, du décret du 16 juin 1958 concernant le Comité consultatif constitutionnel dispose : « *Treize membres du Comité consultatif constitutionnel sont choisis parmi les personnalités compétentes et nommés par décret.* » La compétence renvoie ici à l'expertise intellectuelle et technique, d'où le sens des termes « experts » et « techniciens ». Le décret portant nominations au Comité consultatif constitutionnel a été pris le 26 juillet 1958. Parmi ces treize personnalités compétentes, on y trouve des juristes dont des professeurs de droit (Marcel Waline, Jacques Chardonnet, Marc Lauriol), des

---

[279] Débats AN 1960, p. 674.
[280] Pierre Avril, *Op. cit.*, p. 15.
[281] *Ibid.*, pp. 15 et 17.

hauts fonctionnaires (Léon Noël, René Chazelle, Maxime Blocq-Mascart, Raymond Janot) et un ancien homme politique (Paul Raynaud, désigné président du Comité). Il y avait également des hommes d'affaires. Bref, que des techniciens et experts recrutés pour leurs expertises techniques.

La troisième phase de l'adoption de la Constitution de 1958 est celle du passage au Conseil d'État. En effet, le 5°, al. 3, de l'article unique de la loi constitutionnelle du 3 juin 1958 dispose : « *Le projet de loi arrêté en conseil des ministres, après avis du Conseil d'État, est soumis au référendum.* » Le rôle constitutionnel du Conseil d'État dans l'élaboration des textes normatifs (lois, décrets, arrêtés...) est aujourd'hui bien connu ; mais en 1958, ce fut inédit, la Constitution de 1946 ne prévoyait pas le rôle consultatif actuel du Conseil d'État ; le rôle de ce dernier dans le processus normatif n'a été prévu que par une simple ordonnance de nature législative, l'ordonnance du 31 juillet 1945 portant sur le Conseil d'État. Ainsi, celui-ci a vu pour la première fois dans l'histoire constitutionnelle moderne de la France sa compétence prévue par une loi constitutionnelle. Peut-être est-ce le début du processus de constitutionnalisation du rôle consultatif obligatoire du Conseil d'État à l'article 39 de la future Constitution de 1958.

Ainsi, la Constitution du 4 octobre 1958 a été élaborée en trois étapes principales. L'étape de l'avant-projet rédigé par le gouvernement de Charles de Gaulle, l'étape de l'avis du Comité consultatif constitutionnel sur l'avant-projet et, enfin, l'étape de l'avis du Conseil d'État avant la soumission du projet au référendum le 28 septembre 1958.

Mais, eu égard à la composition du Comité consultatif constitutionnel en majorité de parlementaires, il est permis de renverser les arguments conduisant à rejeter la qualité de travaux préparatoires de la Constitution aux éléments issus des *Documents pour servir.* En effet, ne peut-on pas voir l'apparence d'une assemblée spécifiquement prévue pour l'élaboration de la Constitution de 1958 dans le Comité consultatif constitutionnel ?

b. La présence majoritaire de membres issus des assemblées parlementaires

Le Comité consultatif constitutionnel, malgré le court délai de vingt jours qui lui a été imparti pour donner son avis sur l'avant-projet de Constitution, présentait tout de même une particularité, celle de sa composition. Il était en effet composé pour une écrasante majorité de deux tiers de membres issus des commissions dites de suffrage universel des deux assemblées législatives. Cela équivaut, sur les trente-neuf membres du Comité, à vingt-six membres parlementaires, soit 66,67% de l'ensemble des membres du Comité, ce qui est considérable. Ce quota de parlementaires au Comité était prévu par la loi constitutionnelle du 3 juin 1958. En effet, l'article unique de cette loi constitutionnelle dispose : « *Pour établir le projet [de Constitution], le Gouvernement recueille l'avis d'un comité consultatif où siègent notamment des membres du Parlement désignés par les commissions compétentes de l'Assemblée nationale et du Conseil de la République. Le nombre de membre du comité consultatif désignés par chacune des commissions est au moins égal au tiers du nombre des membres de ces commissions ; le nombre total des membres du comité consultatif désignés par les commissions est égal aux deux tiers des membres du comité.* » Cette disposition constitutionnelle a été précisée par le décret du 16 juillet 1958 concernant le Comité consultatif constitutionnel. En effet, parmi les vingt-six membres parlementaires du Comité, en vertu de l'article 1er, al. 2, de ce décret, « *seize membres [étaient] désignés par la commission du suffrage universel de l'Assemblée nationale, et dix membres [étaient] désignés par la commission du suffrage universel du Conseil de la République.* »

Quoi qu'il en soit, ce Comité consultatif constitutionnel était dominé par des parlementaires. Bien qu'en bien plus petit nombre par rapport à l'ensemble des membres des deux assemblées législatives, on peut y voir l'apparence d'une assemblée constituante restreinte, composée seulement de vingt-six parlementaires constituants appuyés par treize experts et techniciens issus de la société civile et de la haute administration publique. De ce point de vue, le Comité consultatif constitutionnel ne peut pas être simplement qualifié d'organe technique, il porte des traits de caractère d'une assemblée constituante restreinte dans un contexte politique difficile ; ainsi, il devient plus difficile de disqualifier en bloc tous les éléments résultant des *Documents pour servir* en tant que travaux préparatoires de la Constitution. Mais faut-il encore – et ce n'est pas le seul argument qu'on peut opposer à une telle position – que les délais accordés à une telle instance n'aient pas été aussi symboliques.

S'agissant du Conseil d'État, certains prétendent que celui-ci a dominé le processus constituant de 1958. Qu'en est-il exactement ?

2. *La prétendue prédominance du Conseil d'État dans les débats préparatoires : mythe ou réalité ?*

Mais si l'on poursuit la réflexion sur le caractère de ces documents, il est possible de déceler, du moins en apparence, qu'ils sont, par nature, et donc incontestablement, des travaux préparatoires de la Constitution du 4 octobre 1958. Cela pour au moins deux raisons. La première est qu'après l'élaboration de l'avant-projet de Constitution par le Conseil des ministres et la rédaction du projet définitif de Constitution par le Comité consultatif constitutionnel, le texte a été soumis – tel que l'a prévu la loi constitutionnelle du 3 juin 1958 – à l'examen du Conseil d'État, conformément à la procédure habituelle prévue pour l'élaboration des projets de texte d'initiative gouvernementale. La seconde raison est que le rôle du Conseil d'État – en vertu de l'ordonnance du 31 juillet 1945 – est en quelque sorte de tenter – hélas bien souvent en vain – d'enlever le *dard* du projet de texte et d'en apporter ce qui lui manque[282]. Ainsi, le Conseil d'État aurait influé de manière importante sur le projet de Constitution. Il est vrai que, selon les propos de Jean Foyer, « *il y avait parmi les personnalités qui préparaient les textes constitutionnels beaucoup de membres du Conseil d'État*[283] ». Mais là encore, le passage du projet du gouvernement devant le Conseil d'État s'est fait dans un délai extrêmement bref ; le projet issu de l'avis du Comité consultatif constitutionnel a été soumis au Conseil d'État le 27 août 1958, le 3 septembre 1958, le projet a été déjà adopté en conseil des ministres. C'est pour cette raison que l'argument consistant à insister sur la prédominance du Conseil d'État[284]

---

[282] François Luchaire disait que « *le texte a [ainsi] été 'vidé de son venin'* » (*in* Didier Maus et Olivier Passelecq (dir.), *Op. cit.*, p. 68).

[283] Jean Foyer, *in* Didier Maus et Olivier Passelecq (dir.), *Ibid.* Mais, selon ce même auteur, il semblerait que les membres du Conseil d'État recherchèrent davantage à protéger leur œuvre jurisprudentielle qu'à influencer le projet constitutionnel que, d'ailleurs, Charles de Gaulle suivait de très près.

[284] Il est vrai que le Conseil d'État mena des travaux préparatoires de la Constitution de manière non visible, voire non officielle, comme le montre cette analyse de Didier Maus : « *En ce qui concerne les délibérations du Conseil d'État, entre le 20 et le 28 août 1958, elles font également l'objet de la discrétion réglementaire qui entoure les travaux de l'institution. De manière classique, les délibérations du Conseil d'État, qu'il s'agisse de sa commission spéciale, de son assemblée générale ou de son avis final, ne sont pas rendues publiques, mais destinées simplement à alimenter les réflexions et décisions ultérieures du Gouvernement.* » (« La genèse de la Constitution de 1958 », in *La Constitution en 20 questions : question n° 2*, v. site du Conseil constitutionnel). Mais le Conseil d'État n'a pu rendre son avis sur le projet de loi constitutionnelle du 3 juin 1958 que le 1er juin 1958 (v. Avis du CE, 1er juin 1958, in *Documents pour servir*, *Op. cit.*, p. 103), soit deux jours avant l'adoption définitive du texte. Ceci montre l'exceptionnel contexte d'urgence dans lequel se trouvaient les

dans l'élaboration de la Constitution ne semble pas mesurer la brièveté du passage du texte devant celui-ci, ce qui n'a pu lui permettre de *prédominer*. Sur ce point, il faut remarquer que si une tentative de retrouver « *le rôle du Conseil d'État dans l'écriture de la Constitution du 4 octobre 1958*[285] » fut entreprise dans les années 2000, elle s'est vite transformée en une analyse des interventions du Conseil d'État en matière constitutionnelle en général, tant ce rôle de l'institution dans la rédaction de la Constitution de 1958 fut mince. Cet argument relève donc davantage d'un mythe que d'une réalité. Mais il est vrai aussi, on l'a vu, que deux membres du Conseil d'État, en la personne de Maxime Blocq-Mascart et de Raymond Janot, a participé activement au Comité consultatif constitutionnel en tant que membres nommés au sein de celui-ci. Quoi qu'il en soit, les délais entre la saisine du Comité et la fin des travaux du Conseil d'État étaient trop brefs pour permettre un vrai examen du projet constitutionnel par l'ensemble des techniciens et experts qui en ont été saisis, ce qui, d'ailleurs, a été confirmé par certains témoignages chargés de signification sur le processus constituant de 1958.

§2. L'apport de certains témoignages éclairants sur le caractère du processus constituant de l'été 1958

Pour consolider la qualification de travaux préparatoires des éléments constitutifs des *Documents pour servir*, il est intéressant de s'appuyer sur les témoignages de personnalités ayant pris part, de manière concrète, au processus constituant en 1958, bien que la fiabilité de ces témoignages ne puisse pas être tout à fait garantie. « *Le Centre de recherche de droit constitutionnel de l'université Paris I et la Maison de l'Europe de Paris ont réuni* ***des témoins, des juristes et des historiens pour évoquer les conditions concrètes du travail de l'été 1958.***[286] » Lors

---

acteurs de cette réforme constitutionnelle. Hormis l'urgence et le caractère atypique du CCC, le déroulement du processus préparatoire semblait fort bien à celui d'un processus normal d'une réforme constitutionnelle. En effet, le gouvernement a d'abord sollicité l'avis du Conseil d'État qu'il a reçu, a adopté le projet, puis l'a soumis au CCC comme si celui-ci fut une assemblée parlementaire (constituante) élue. À cela s'ajoutèrent les débats au sein du Conseil d'État après le texte du CCC.

[285] Emmanuel Savarin, *Le Conseil d'État et le pouvoir constituant : le rôle du Conseil d'État dans l'écriture de la Constitution du 4 octobre 1958*, Mémoire de DEA, Paris II, Michel Verpeaux (dir.), 2000, 145 p.

[286] Didier Maus et Olivier Passelecq (dir.), *Témoignages sur l'écriture de la constitution de 1958 autour de Raymond Janot. Actes de la journée organisée le 1er octobre 1993 à la Maison de l'Europe de Paris,*

des débats de cette réunion, Nicholas Wahl, de New York University, a posé la question suivante à Raymond Janot : « *qu'est-ce qui a amené le Général à vous charger de la direction des* ***travaux de l'élaboration de la Constitution en mai-juin 1958*** *?*[287] » Odile Rudelle, rendant hommage à Raymond Janot, affirme que celui-ci « *évoque ses souvenirs personnels pour qu'ils deviennent publics*[288] ». Ce point est intéressant car, en effet, le *Vocabulaire juridique* de Gérard Cornu voit un lien entre travaux préparatoires et souvenirs. Dans cette même logique, Didier Maus et Olivier Passelecq affirment : « *nous avons pensé qu'une journée de témoignages ne serait pas inutile pour* ***compléter notre connaissance du processus d'écriture de la Constitution de 1958****. Compte tenu du rôle joué par Raymond Janot en tant que conseiller technique au cabinet du général de Gaulle, président du Conseil, mais aussi du soutien qu'il a toujours apporté à toutes les initiatives visant à* ***mieux connaître la naissance et la vie de la Vᵉ République****, il nous a paru légitime d'organiser cette réunion autour de lui et de la lui dédier.*[289] » Ils ajoutent : « *MM. Michel Guillaume, membre du groupe d'expert, et Marc Lauriol, membre du Comité consultatif constitutionnel, ont bien voulu compléter par des entretiens personnels les débats collectifs.*[290] » Ces déclarations témoignent de la fonction épistémologique des processus d'élaboration des normes.

Raymond Janot, répondant à la question qui lui été posée, raconte son « *entrée dans le processus constitutionnel*[291] » par une rencontre avec Georges Pompidou, et il aurait affirmé à celui-ci : « *J'ai le sentiment que le Général va revenir aux affaires et j'appelle votre attention sur le fait qu'il y a une erreur fondamentale à ne pas commettre : il faut surtout, à tout prix, pour des raisons de convenance et pour des raisons juridiques essentielles, ne rien faire qui ressemble à la loi constitutionnelle du 11 juillet 1940 [Vichy]. Pour cela, il n'y a qu'un moyen : la révision doit porter sur le mode de révision de la Constitution.*[292] » Il explique son propos en ces termes : « *J'avais été aidé par le Manuel de droit constitutionnel du professeur Burdeau qui, se décarcassant pour arriver à trouver légitime cette loi de 1940 [Vichy], disait qu'il faut l'interpréter comme étant une modification du mode de révision de la*

La Documentation française, Coll. : « Les Cahiers constitutionnels de Paris 1 », Sous-coll. : « Notes et études documentaires », octobre 1997, Quatrième de couverture.

[287] Nicholas Wahl, *Ibid.*, p. 10.

[288] Odile Rudelle, *Ibid.*, p. 14.

[289] Didier Maus et Olivier Passelecq (dir.), « Avant-propos », in *Ibid.*, p. 5.

[290] *Ibid.*

[291] Raymond Janot, *Ibid.*, p. 11.

[292] *Ibid.*, p. 11.

Constitution[293] ». Pour lui, cette interprétation met plutôt en exergue « *une délégation du pouvoir constituant*[294] », mais l'idée de Burdeau paraît intéressante pour Pompidou qui répond : « *Ah bon, c'est intéressant*[295] ». Lorsque Charles de Gaulle arrive aux responsabilités, Janot lui est présenté par Pompidou. C'est à ce moment que de Gaulle a pensé à passer d'un régime parlementaire à un régime présidentiel[296] en l'annonçant par la voie d'un communiqué de presse, ce que Janot lui déconseille : « *Il ne faut pas que les gens aient le sentiment que les choses sont déjà jouées.*[297] » De Gaulle a consenti à la proposition de Janot à qui il aurait affirmé : « *[...] je suis d'accord [...] avec ce que vous pensez de la nécessité de procéder, non pas par délégation, mais par une révision du mode de révision de la Constitution et, à partir de ce moment-là, si les choses vont comme je le souhaite, vous viendrez à mon cabinet vous occuper des questions constitutionnelles.*[298] »

Raymond Janot, parlant des relations entre Charles de Gaulle et Michel Debré, affirme qu'« ***au cours des travaux préparatoires****, il est bien apparu qu'il y avait un accord profond sur pratiquement tous les points entre les deux hommes.*[299] » Pour lui, « *un parlementarisme rationalisé ne pouvait évidemment qu'être compatible avec* ***l'intention initiale du Général.***[300] » Il ajoute que « *la rationalisation du parlementarisme est apparue au Général comme un complément de* ***ce qu'il souhaitait***[301] », ce qui montre bien que Charles de Gaulle tenait à ce que sa vision seule soit au centre du processus constituant.

Selon Raymond Janot, Pierre « *Pflimlin qui représentait le Général à la commission du suffrage universel de l'Assemblée nationale est revenu avec la conviction que, pour que notre loi constitutionnelle [celui du 3 juin 1958] passe, il fallait une lettre rectificative faite* ***de telle sorte que l'on associe le Parlement****, d'où*

---

293 *Ibid.* Ainsi, lorsque l'auteur raconte plus loin que « *jamais on s'est demandé ce qu'il y avait dans les bouquins de Tardieu* » (*Ibid.*, p. 18) pour expliquer que la doctrine n'a joué aucun rôle dans les conceptions constitutionnelles en été 1958, il ne semble pas prendre conscience que les références doctrinales dans la conception du droit ne sont pas forcément exprimées ; la preuve que la doctrine a joué un rôle majeur dans la production de la Constitution de 1958, Janot raconte lui-même d'où vient l'idée de la loi constitutionnelle du 3 juin 1958 qui a rendu possible l'élaboration particulière de la Constitution de 1958.

294 *Ibid.*

295 *Ibid.*

296 *Ibid.*, p. 12.

297 Raymond Janot, *Ibid.*

298 *Ibid.*

299 *Ibid.*, p. 20.

300 *Ibid.*

301 *Ibid.*, p. 21.

cette idée du Comité consultatif constitutionnel.[302] » Ainsi, bien qu'au départ l'urgence, mais surtout la volonté de saper le rôle du Parlement, expliquaient que l'on n'envisagea pas une assemblée constituante classique, la volonté de permettre l'aboutissement de cette réforme a conduit à accorder une place considérable aux parlementaires dans le processus constituant.

Sur la question de savoir « *pourquoi il n'y a pas eu de procès-verbal*[303] » du Comité consultatif constitutionnel, Pierre Pflimlin raconte : « *il y a eu un procès-verbal de la toute première réunion du 13 juin 1958 et s'il n'y a pas d'autres procès-verbal c'est que Guy Mollet – [...] – à la seconde réunion, avait fait des observations sur le procès-verbal de la première.* ***Cela agaçait le général de Gaulle qui a décidé qu'il n'y aurait plus de procès-verbal...***[304] ». Dans ce contexte, si certains éléments des travaux préparatoires de la Constitution n'ont pas été rendus publics, c'est parce que l'auteur *réel* de celle-ci s'opposa à cette transparence. Ce n'est donc pas une raison pour refuser de concevoir qu'il existe bel et bien des travaux préparatoires de la Constitution dont la publicité, quoiqu'importante, n'est pas un critère essentiel à la qualification des processus constituants en tant que tels. Cet épisode montre que de Gaulle conduisait depuis l'extérieur les travaux du Comité et, c'est le moins que l'on puisse dire, avec beaucoup d'autorité. Pourtant, contre toute attente, Pierre Pflimlin, dans l'intervalle de seulement quelques lignes plus loin, affirme : « *je m'imaginais que le Général allait nous proposer – pour ne pas dire nous imposer – un schéma constitutionnel et qu'il n'y aurait pas de place pour la discussion. Ce n'est pas du tout ce qui s'est passé. Au début de la première séance, le Général s'est contenté de faire un exposé très bref (dix minutes peut-être) sur les très grandes lignes de la Constitution telle qu'il l'envisageait.*[305] » Au regard de cette déclaration de Pierre Pflimlin et celle que celui-ci a rapportée plus haut, qui sont contradictoires, deux conclusions peuvent

---

[302] *Ibid.*

[303] Pierre Pflimlin, *Ibid.*, p. 25.

[304] *Ibid.* Un autre aspect du comportement de Charles de Gaulle, quoique celui-ci intervienne après 1958, est tout aussi porteur de signification. Jean Foyer raconte qu'« *à l'époque où a été élaboré le projet de révision de 1962 [...] quelqu'un a proposé que l'on supprimât l'article 20 et, à ce moment-là,* ***le général de Gaulle s'y est opposé.*** » (*Ibid.*, p. 29). Cet élément pourrait aussi servir d'argument à ceux qui soutiennent qu'il n'existe pas d'autres travaux préparatoires de la Constitution de 1958 que le discours prononcé le 4 septembre 1958 place de la République par Charles de Gaulle, du fait notamment que le Comité consultatif constitutionnel aurait été complètement soumis à Charles de Gaulle. Mais cet argument manquerait en substance car la loi constitutionnelle du 3 juin 1958 qui a posé les conditions de création et de composition du Comité a été votée par le Parlement. La question de savoir si les parlementaires de l'époque, qui ont voté cette loi, ont été instrumentalisés ou manipulés relève d'un autre débat.

[305] *Ibid.*

en être tirées. Comme il est difficile d'imaginer que Pierre Pflimlin dissimule la réalité, on doit, semble-t-il, admettre que celle-ci est fabriquée de manière si disparate, de part et d'autre, qu'elle n'est que difficilement fiable et apte à être considérée et analysée sur le plan scientifique. Mais, compte tenu de la réticence de bon nombre d'auteurs à qualifier l'essentiel des processus constituants de 1958 de travaux préparatoires, il est intéressant de considérer ces témoignages afin de mieux comprendre les incohérences qui justifient que la position de ces auteurs ne doive pas être prise pour une vérité absolue.

S'agissant de l'argument, notamment de Pierre Avril, consistant à dire que le Conseil constitutionnel ignorait les travaux du Comité consultatif constitutionnel dans la décision n° 71-44 DC sur la liberté d'association, sous prétexte que ceux-ci n'auraient pas été des travaux préparatoires de la Constitution[306], il est intéressant de remarquer que certains témoins du processus constituant de 1958 désapprouvent ce point de vue, à l'instar de Jean Foyer qui, sans ambiguïté, parla de « *travaux préparatoires de la Constitution*[307] ». En effet, celui-ci considère que « *le caractère parlementaire du régime, dans la Constitution en cours d'élaboration, était imposé par la loi constitutionnelle du 3 juin 1958.*[308] » Ce dernier, rejetant le contrôle de constitutionnalité, estime que « *ce que nous avons fait en 1958 a tourné à l'exagération*[309] » tout en reconnaissant que « *tout pouvoir a quelque tendance à l'expansion.*[310] » Cela fait écho à cette affirmation d'Alain : « *Tout pouvoir est méchant dès qu'on le laisse faire ; tout pouvoir est sage dès qu'il se sent jugé.*[311] ». Selon Jean Foyer, en effet, « *il est acquis que par la décision du 16 juillet 1971, le président du Conseil constitutionnel, Gaston Palewski, a voulu assouvir une vengeance. Il n'avait pas obtenu la grand croix de la Légion d'honneur à la promotion du 14 juillet. Il s'est entendu avec le président du Sénat afin que ce dernier saisisse le Conseil du texte de la loi Marcellin et s'arrangeât pour obtenir la déclaration de non-conformité*[312] » au détriment des travaux préparatoires de la

---

[306] Mais l'on aura l'occasion de revenir sur ce point plus tard.

[307] Jean Foyer, « Pour la suppression du Conseil constitutionnel », *La Revue administrative*, 51ème année, n° 301, janvier-février 1998, (pp. 97-101), p. 97.

[308] Jean Foyer, *in* Didier Maus et Olivier Passelecq (dir.), *Ibid.*, p. 29.

[309] *Ibid.*, p. 64.

[310] *Ibid.*

[311] Alain, *Propos sur les pouvoirs. Éléments d'éthique politique*, *Propos* du 25 janvier 1930, Gallimard, 1985, p. 277.

[312] Jean Foyer, *in* Didier Maus et Olivier Passelecq (dir.), *Op. cit.*, p. 64.

Constitution qui contrevenaient à la décision de donner valeur juridique au Préambule de la Constitution de 1958[313].

Ainsi, bien que les témoignages sus-rappelés apportent quelques éclairages sur le processus constituant de 1958, il existe une réelle ambiguïté quant à la qualification juridique des actes préparatoires de la Constitution de 1958 qui ne s'inscrivent pas dans le contexte classique des travaux préparatoires de normes juridiques. Dans ce contexte, la question se pose de savoir quelle qualification accorder aux *Documents pour servir* dans la mesure où ils paraissent inclassables dans la catégorie des travaux préparatoires élaborés dans le cadre interne d'une assemblée législative (constituante).

§3. Les *Documents pour servir* : quelle qualification possible ?

Pierre Avril, Jean-Gicquel et Jean-Eric Gicquel, marchant dans les pas de Georges Vedel, après avoir présenté les travaux préparatoires des normes législatives comme étant les seuls éléments dont le Parlement avait officiellement connaissance[314], en l'occurrence essentiellement les travaux préparatoires intraparlementaires, ont paradoxalement reconnu que « *le terme de 'travaux préparatoires' a été utilisé dans un sens plus large que celui que lui donne [cependant] le droit dans la dénomination du Comité national chargé de la publication des travaux préparatoires des institutions de la Vᵉ République.*[315] ». Selon ces auteurs, les *Documents pour servir à l'histoire de l'élaboration de la Constitution du 4 octobre 1958* portent cette dénomination « *en raison de [leur] élaboration gouvernementale et de [leur] adoption par référendum.*[316] » Mais il semble que ce n'est pas parce que ces travaux préliminaires à l'adoption de la Constitution ont été entrepris par une instance gouvernementale qu'ils ne peuvent pas être qualifiés de travaux

---

[313] François Luchaire, qui participa à ce même débat, devait sans doute se sentir gêné, eu égard à sa proposition de passer sous silence le non-respect de la procédure de saisine du Conseil constitutionnel en 1971, laquelle proposition, dans une certaine mesure, a dû faciliter le plan de Gaston Palewski. En effet, Luchaire a été si agacé par les déclarations de Jean Foyer qu'il s'en est suivi un échange assez houleux entre les deux hommes (François Luchaire, *Ibid.*, pp. 65-66).

[314] Pierre Avril, Jean-Gicquel et Jean-Eric Gicquel, *Op. cit.*, pp. 205-206, n° 237.

[315] *Ibid.*, p. 206.

[316] *Ibid.* Philippe Josse (*Le rôle de la notion de travaux préparatoires dans la jurisprudence du Conseil constitutionnel*, LGDJ, septembre 1998, p. 21) a également pu arguer que, dans ce contexte, « *Les 'travaux préparatoires' de la Constitution ne peuvent donc pas être aussi aisément identifiés que ceux, par exemple, de la Constitution de 1946 ou d'une loi adoptée par le Parlement.* »

préparatoires de la norme fondamentale. Et pour ce qui concerne l'adoption par référendum du texte, cela n'a aucune importance du point de vue scientifique, c'est le travail préparatoire ayant donné lieu au texte soumis au référendum qui compte, pas le résultat final, d'autant plus que le peuple qui vote aurait été bien incapable par lui-même de conclure à un tel résultat, alors même qu'il n'en avait pas les moyens et n'a pas été mis dans les conditions nécessaires pour conduire de tels travaux. Le référendum n'est qu'un acte d'acclamation[317] du produit fini issu des différents mécanismes préparatoires.

Mais pour sortir de cette routine, s'agissant des actes issus des *Documents pour servir*, il convient de se détacher de la conception « généralement » admise de la notion de travaux préparatoires, en vue de mieux cerner le sens réel de cette notion et donc apporter une réelle réponse quant à la qualification qu'il conviendrait d'attribuer à ces documents. C'est à cette tâche qu'il faut se consacrer à présent en analysant, d'abord, une position assez incohérente de Georges Vedel (A) et en prenant, ensuite, appui notamment sur le caractère intrinsèquement préparatoire des *Documents pour servir* (B) et en présentant, enfin, quelques éléments comme fondement juridique du caractère *préparatoire* de ces documents (C).

A) Le refus de la qualification de travaux préparatoires au contenu des *Documents pour servir* par Georges Vedel : entre incohérences et incompréhensions

Tout d'abord, dans la mesure où l'analyse de la position de Georges Vedel ici peut paraître assez longue, il convient de préciser que cette analyse s'impose pour des raisons diverses. D'abord, la plupart des juristes rencontrés et qui s'intéressent aux questions soulevées par les travaux préparatoires de la Constitution de 1958 semblent adhérer à la position de Georges Vedel. Ensuite, dans ce contexte, la réflexion entreprise ici sur ces questions manquerait en objectivité si la position de Georges Vedel n'était pas mise en exergue afin de l'évaluer au regard du cadre

[317] C'est en ce sens d'ailleurs que Jacques Rancière affirme à juste titre que « *l'élection [qui n'est pas différent, dans son principe faussement légitimateur, au référendum] n'est pas davantage en soi une forme démocratique par laquelle le peuple fait entendre sa voix. Elle est à l'origine l'expression d'un consentement qu'un pouvoir supérieur demande et qui n'est vraiment tel qu'à être unanime.* » (Jacques Rancière, *La haine de la démocratie*, La fabrique, 2005, p. 60). Mais même dans le cas de l'unanimité, il faut se méfier, car les systèmes totalitaires arrachèrent et arrachent encore de nos jours l'unanimité aux individus des peuples avilis à coups de propagandes et par la peur de l'autre.

contextuel particulier de la rédaction de la Constitution de 1958. Ainsi, les éléments qui suivent ne doivent pas être considérés comme une considération disproportionnée pour une simple position doctrinale, comme s'il s'agissait d'un argument d'autorité émanant du pouvoir normatif ou du juge (constitutionnel), mais comme une mise au point afin d'éviter toute ambiguïté à propos de la position retenue dans la thèse.

Lors de l'exposition de son rapport aux membres du Conseil constitutionnel sur la décision n° 85-197 DC du 23 août 1985 relative à loi sur l'évolution de la Nouvelle-Calédonie, Georges Vedel a catégoriquement refusé l'idée de l'existence même de travaux préparatoires de la Constitution de 1958 pour rejeter un argument tiré de ces derniers : « *il n'y a pas de travaux préparatoires. Il ne peut y avoir, le cas échéant, que des travaux administratifs. Outre le fait que ces travaux ne sont pas connus de manière certaine, il y a surtout le fait qu'ils n'ont pas été portés à la connaissance des Français de 1958 qui, en tant que constituants, ont adoptés la Constitution du 4 octobre 1958.*[318] »

Pourtant, immédiatement après avoir effacé presque d'un revers de main l'idée de l'existence de travaux préparatoires de la Constitution de 1958, Georges Vedel s'est lui-même fondé sur ce qu'il appelle des « *travaux administratifs* », et non des travaux préparatoires, pour mieux réfuter l'argument qui était tiré de ces derniers : « *la question avait été posée par Monsieur de MONTALEMBERT, dans le cadre des travaux du Comité constituant consultatif, de savoir ce qui se passerait en cas de censure partielle d'une loi par le Conseil constitutionnel. Il lui avait été répondu à l'époque, par le Garde des Sceaux qui était Michel DEBRE, qu'aucune procédure particulière n'était à prévoir [...].*[319] » Ce point montre qu'il existe une réelle ambiguïté chez Vedel quant à la qualification de « travaux préparatoires de la Constitution » et à l'usage de ceux-ci comme éléments juridiques pouvant fonder une interprétation du contenu de cette Constitution, en ce qu'il refuse tout argument fondé sur eux alors que lui-même se permet d'appuyer ses propres arguments sur eux.

Plus tard, Georges Vedel abandonnera la qualification de « *travaux administratifs* » pour des raisons qu'on ignore. En effet, pour l'essentiel, il estime

---

[318] V. le rapport de Georges Vedel dans la séance de délibération sur la décision n° 85-197 DC du 23 août 1985 (*Loi sur l'évolution de la Nouvelle-Calédonie*), p. 9 [http://www.conseil-constitutionnel.fr/conseil-constitutionnel/root/bank_mm/decisions/PV/pv1985-08-23.pdf], Consulté le 18 mai 2018.
[319] *Ibid.*

en 1989 que les éléments du contenu des *Documents pour servir « ne sont pas des 'vrais' travaux préparatoires.*[320] » Si ces derniers ne sont pas des « *vrais* » travaux préparatoires, c'est que l'auteur les considère comme étant des « *faux* » travaux préparatoires. Mais alors, dans ce cas, il faudrait une explication de ce qu'il entend par « faux travaux préparatoires ». Dans la mesure où l'auteur n'a pas exprimé l'ombre d'une explication sur ce point, il convient d'analyser son discours pour tenter de comprendre.

Georges Vedel, peut-être malgré lui, donne une définition de la notion de travaux préparatoires qui coïncide tout à fait à la conception étendue de cette notion adoptée dans le cadre de la présente thèse. En effet, évoquant les différentes méthodes dont dispose le juge constitutionnel, Vedel affirme : « *nous ne retiendrons pas au titre de ces méthodes l'examen de ce que l'on appelle quelquefois improprement les 'travaux préparatoires' de la Constitution de 1958, c'est-à-dire les discussions, les avis ou les décisions intervenus au sein du gouvernement, des formations gouvernementales, des groupes de travail, du Comité consultatif constitutionnel ou du Conseil d'État.*[321] » Bien que l'auteur semble seulement constater ce qui se dit sur le contenu de cette notion, il n'ignore pas, pour autant, ce contenu particulièrement large. Cependant, il prend immédiatement ses distances avec ce contenu. En effet, après avoir tout de même soulevé que « *Les documents qui les relatent ont certes un intérêt historique et politique puissant*[322] », il a ajouté que « *ces documents n'ont aucune portée juridique*[323] », bien qu'« *il fa[ille] se féliciter de ce que leur publication soit aujourd'hui assurée et que l''écriture de la Constitution' soit de mieux en mieux éclairée.*[324] » Mais Vedel reconnaît lui-même que l'« *On peut s'étonner de [son] ostracisme*[325] » dans la mesure où « *l'examen des travaux préparatoires est l'une des méthodes auxquelles la jurisprudence recourt pour interpréter une loi lorsque le sens de certaines de ses dispositions n'est pas assuré par*

---

[320] Georges Vedel, « La place de la Déclaration de 1789 dans le 'bloc de constitutionnalité' », in *La Déclaration des droits de l'homme et du citoyen et la jurisprudence. Colloque des 25 et 26 mai 1989 au Conseil constitutionnel*, PUF, novembre 1989, p. 44.

[321] *Ibid.*, p. 43.

[322] *Ibid.*, pp. 43-44.

[323] *Ibid.*, p. 44.

[324] *Ibid.* Cet adoucissement apporté par l'auteur à son propos paraît clairement comme une manière de ne pas froisser Didier Maus, secrétaire du Comité chargé de la publication des travaux préparatoires de la Constitution, alors présent au colloque.

[325] *Ibid.*, p. 44. Sur ce point, il est intéressant de constater que Jean Foyer se distançait nettement de ses compères en parlant, sans ambiguïté, et donc sans ostracisme, « *des travaux préparatoires de la Constitution du 4 octobre 1958.* » (Jean Foyer, « Pour la suppression du Conseil constitutionnel », *Op. cit.*, p. 97).

une simple analyse littérale.[326] » Face à ce constat, l'auteur s'interroge lui-même sur la raison qui pourrait expliquer que les travaux préparatoires « *de la Constitution de 1958 seraient [...] récusés*[327] » alors même que le Conseil constitutionnel utilise ceux des lois qu'il examine. En voici sa réponse : « *La raison en est que, au sens juridique du terme, c'est-à-dire celui qu'on lui attache quand il s'agit de faire servir les travaux préparatoires à l'interprétation d'une loi, les actes, les avis ou décisions évoqués ci-dessus ne sont pas des 'vrais' travaux préparatoires.*[328] » La question se pose là de savoir ce que Vedel entend par vrai ou faux travaux préparatoires. Il ne donne aucune information de nature à répondre à cette interrogation, ce qui montre une certaine difficulté dans sa tentative de qualification des documents préparatoires de la Constitution de 1958. Par ailleurs, il affirme haut et fort que « *Le Conseil constitutionnel ne s'est jamais laissé aller à faire état de 'travaux préparatoires' de la Constitution alors d'ailleurs que les débats au sein du gouvernement, des groupes de travail, du Comité consultatif constitutionnel, du Conseil d'État n'ont été que lentement dévoilés. Sans doute a-t-il invoqué l''esprit de la Constitution' ou la liaison logique entre ses diverses parties. Mais, même quand l'ombre du général De Gaulle était présente, il n'a pas fait état des travaux préparatoires ou de la volonté du ou des constituants.*[329] »

Il est important d'analyser un instant ce langage. Vedel avoue implicitement, ou inconsciemment ?, que le peuple n'est pas le seul constituant puisqu'il évoque « *la volonté du ou des constituants* » ; d'ailleurs, sur ce point, Guy Mollet considéra même que les membres du comité interministériel furent « *les vrais constituants*[330] ». Un autre aspect du discours de Vedel mérite quelques rectifications. L'on sait que le Conseil constitutionnel, depuis 1960 (Décision n° 60-11 DC), a expressément utilisé les travaux préparatoires de la Constitution, travaux qu'il a fini par qualifier comme tels en 1977 (Décision n° 77-82 DC). Par conséquent, on peut affirmer que soit Georges Vedel ignorait, sincèrement ou non, ces deux décisions du Conseil, soit il considérait que ce fut à tort que celui-ci les eût ainsi qualifiés.

Pour Georges Vedel, en effet, « *quelle que soit leur variété, les travaux préparatoires au sens juridique du terme (qui n'est pas un sens 'historique') ont ceci en commun que les éléments dont on peut déduire une certaine interprétation du texte*

[326] *Ibid.*
[327] *Ibid.*
[328] *Ibid.*
[329] *Ibid.*, p. 45.
[330] Débats AN 1960, p. 674.

ont été connus ou pouvaient être connus de ceux qui ont participé au vote sur le texte. En revanche, quelle que soit leur importance ou leur valeur, les travaux relatifs à ce texte qui n'ont pas été connus ou n'étaient pas connaissables par les 'votants' ne sont pas, juridiquement, 'préparatoires'.[331] » En ce sens, l'auteur affirme que l'« *On ne peut pas invoquer, pour interpréter une loi, un rapport administratif, les conclusions d'une commission d'experts, un avis du Conseil d'État si ceux-ci n'ont pas été portés à la connaissance des députés et des sénateurs. Ils ne relèvent en effet rien de l''intention du législateur*[332] ». L'auteur semble ignorer que le législateur n'est pas seulement constitué des deux chambres du Parlement, mais implique, par un mécanisme complexe, la participation de plusieurs organes et personnalités et qu'il ne s'agit donc pas seulement des députés et sénateurs.

Vedel poursuit ainsi son analyse : « *Sans doute, rien n'interdit d'utiliser les travaux préparatoires pour l'interprétation des textes constitutionnels lorsque ceux-ci ont précisément donné lieu à des travaux préparatoires au sens juridique du terme. Il en est ainsi pour les constitutions votées par des assemblées délibérantes. Il peut en être de même pour les constitutions adoptées par référendum si les 'votants', c'est-à-dire les citoyens, ont pu connaître les débats ayant servi à leur élaboration. Mais la Constitution de 1958 n'a livré comme travaux préparatoires aux électeurs que le discours prononcé par le général de Gaulle le 4 septembre 1958 pour présenter la Constitution de la Ve République et qui était reproduit en accompagnement des bulletins de vote.*[333] » Ce discours vedelien, diffus dans une certaine doctrine, sur les travaux préparatoires de la Constitution de 1958 est celui que tiennent en général les partisans de l'ignorance de la partie la plus substantielle du contenu de ces derniers. Cette analyse conduit à s'interroger sur deux points précis. D'abord, sur la notion de « *travaux préparatoires au sens juridique du terme* » ; ensuite, sur celle de la « connaissance ou non des travaux préparatoires par le peuple constituant ». S'agissant de la notion de « *travaux préparatoires au sens juridique du terme* », on a vu que jusqu'à la tentative de définition, d'ailleurs plus ou moins réussie, esquissée dans la présente thèse[334], aucune frange doctrinale ne s'est jamais attelée à ce sens « *juridique* » des travaux préparatoires. Ensuite, comme cela a déjà été démontré, du moins du point de vue épistémologique et conceptuel, le législateur, qu'il soit constituant, organique ou ordinaire, n'est pas un organe

---

[331] Georges Vedel, « La place de la Déclaration de 1789 dans le 'bloc de constitutionnalité' », *Op. cit.*, p. 44.
[332] *Ibid.*
[333] *Ibid.*, p. 45.
[334] V. Titre II, Première partie.

unique[335], et surtout pas le seul Parlement bicaMériste. D'ailleurs, un projet constitutionnel, au regard de l'article 89 de la Constitution, pour qu'il soit soumis au peuple qui, de fait, n'est qu'une partie du constituant, doit d'abord passer les filtres des autres parties constituantes que sont notamment le président de la République, le Conseil d'État et le Parlement dont les avis, conformes ou non conformes, sont *exigés*, le président de la République et le Parlement pouvant même faire cesser le processus constituant si leur avis conforme et obligatoire n'est pas exprimé, empêchant ainsi, en définitive, au peuple constituant de décider. Dans le même sens, on remarquera que la seconde phrase de l'alinéa 2 de l'article 89 de la Constitution dispose : « *La révision est définitive après avoir été* ***approuvée*** *par référendum.* » Approuver, c'est « *donner son accord* » ; le peuple constituant ne peut donner son accord que lorsque les autres parties constituantes précitées avaient d'abord donné les leurs ; par conséquent, refuser les éléments qui ont conduit ces dernières à donner leur accord, sous prétexte que le peuple les aurait ignoré, relève davantage d'un refus de penser la situation juridique telle qu'elle est exprimée à l'article 89 de la Constitution, sans compter que l'élaboration de celle-ci ne fut possible que par l'intervention d'une loi constitutionnelle adoptée le 3 juin 1958 qui en avait posé les conditions.

Vedel affirme ensuite : « *Sans doute, pour interpréter notre Constitution, on peut recourir à d'autres méthodes que celle de la lecture littérale du texte. En particulier, il est utile et parfois indispensable d'utiliser le critère de cohérence et de faire valoir que telle interprétation s'impose comme découlant de la logique d'ensemble du texte alors que telle autre n'y répond pas. Mais alors ce n'est plus la* ***volonté subjective du constituant*** *(c'est-à-dire le peuple) qui est invoquée, mais la structure objective de la Constitution.*[336] » L'évocation par Vedel de la volonté subjective du constituant qu'est le peuple peut prêter à confusion, dans la mesure où elle renvoie à la question de savoir comment tout un peuple peut manifester une opinion *subjective* s'il n'est pas comparé à d'autres peuples. Mais il n'est nul besoin de s'y arrêter, l'erreur d'analyse n'est pas impardonnable.

Enfin, Georges Vedel, rejetant ainsi, en bloc, l'essentiel des travaux préparatoires de la Constitution de 1958, conclut : « *Aussi bien, à propos des divers problèmes d'interprétation que nous allons rencontrer [...], nous laisserons hors de discussion les travaux dits à tort 'préparatoires' – ce qui* ***n'ôte rien aux richesses qu'ils***

---

[335] V. Chapitre 2, Titre II, Seconde partie.

[336] Georges Vedel, « La place de la Déclaration de 1789 dans le 'bloc de constitutionnalité' », *Op. cit.*, p. 45.

offrent pour l'exploration de l'historien ou du politiste.[337] » Pourtant, en 1974, il semblerait que l'auteur déclara que « *les travaux préparatoires et les intentions des constituants paraissent beaucoup plus clairs dans le cas de l'art. 29 que dans le cas du 1er al. de l'art. 49.*[338] » Mais on reviendra sur ce point plus tard. Dans ce contexte, en définitive, cet élément du langage, assez ambigu, adopté par Vedel en 1989 sur les travaux préparatoires de la Constitution aurait suffi à neutraliser toute discussion sur le contenu réel de ceux-ci si le Conseil constitutionnel ne les avait pas qualifiés comme tels dès la fin des années 1970. Face à cette difficile appréhension de ce que l'on peut considérer comme travaux préparatoires, fussent-ils ceux de la Constitution de 1958, même par Georges Vedel, il convient de trouver d'autres issues.

B) Le caractère préparatoire des *Documents pour servir*

D'un point de vue purement scientifique et intellectuel, les *Documents pour servir* peuvent être qualifiés de travaux préparatoires de la Constitution de 1958, dont ils précèdent l'adoption, du fait de leur seul caractère incontestablement *préparatoire*. Cette conception s'inscrit dans le cadre de la définition à large spectre volontairement retenue dans cette thèse pour la notion de travaux préparatoires. Ce caractère intrinsèquement et intimement lié à ces documents a d'ailleurs conduit les membres du comité chargé de leur rassemblement et de leur publication à leur reconnaître, du moins implicitement, cette qualité. En effet, bien que le titre officiel de ces documents ne mentionne pas les termes « travaux préparatoires », on peut toutefois observer la mention de ces termes ailleurs, et notamment sur les différents tomes des recueils les contenant. Cela est dû au caractère préparatoire, pourrait-on dire la *préparatoriété*, inhérent à ces documents qui ont présidé à la Constitution de 1958.

De ce point de vue, la définition retenue de la notion de travaux préparatoires, qui se veut particulièrement étendue, embrasse, de loin ou de près, directement ou indirectement, tout ce qui a été en rapport, à un moment donné, tant dans la pensée conceptuelle[339] que dans l'élaboration concrète de la norme considérée,

---

[337] *Ibid.*

[338] V. Christian Coste, *La violation de la Constitution. Réflexions sur les violations des règles constitutionnelles relatives aux pouvoirs publics en France*, « Monsieur le Doyen Georges Vedel Entretien du 23/07/74 », Thèse de doctorat à Paris 2, 1981, pp. 510-512.

[339] En ce qui concerne la pensée conceptuelle des normes juridiques, la doctrine n'est pas en reste (v. Yves Poirmeur, « La doctrine administrative et le juge administratif. La crise d'un modèle de

avec celle-ci. Suivant une telle conception, les *Documents pour servir* seraient incontestablement des travaux préparatoires de la Constitution de 1958. Mais une telle conception pose problème. La seule mention « travaux préparatoires » que l'on peut observer sur les différents recueils consacrés aux *Documents pour servir* suffit-elle à éteindre les débats sur le caractère de ces documents ? À première vue, cela relève de l'évidence ; et pourtant le Comité chargé de rassembler lesdits documents – selon les déclarations de François Luchaire – semble avoir été formellement prié de ne pas les désigner en tant que tels.

Dans l'introduction qu'il a consacrée au premier tome de ces documents, François Luchaire, alors président du *Comité national chargé de la publication des travaux préparatoires des institutions de la Vᵉ République*, et non pas de la Constitution de 1958[340], a, tout au long de ses lignes, refusé d'affirmer que les *Documents pour servir* pouvaient être utilisés par le juge (constitutionnel) comme travaux préparatoires permettant d'interpréter le texte de la Constitution de 1958[341]. Mais c'était sans compter sur la conscience intime de l'auteur qui ne pouvait ignorer qu'il était bel et bien, quoi qu'on en dise, face à des travaux

production du droit », *in* Jacques Chevallier (dir.), *Le droit administratif en mutation*, PUF, 1993. Cet ouvrage montre très bien l'importance de la doctrine juridique dans la formation du droit). Il suffit de songer à la doctrine du bloc de constitutionnalité, concept qui est passé d'un « *bloc constitutionnel* » en 1960 (Jacques Clavière-Schiele, *Les techniques jurisprudentielles du Conseil constitutionnel*, Mémoire DES droit public, 1960, p. 81 (cité par Xavier Prérot et Pascal Jan, « Bloc de constitutionnalité », *Jurisclasseur administratif*, 2010, fasc. n° 1418)) à un « *bloc de constitutionnalité*[339] » en 1977 (Louis Favoreu, « Le principe de constitutionnalité. Essai de définition d'après la jurisprudence du Conseil constitutionnel », *in* Mélanges Charles Eisenmann : Cujas, 1977, p. 35 (cité par Xavier Prérot et Pascal Jan, *Ibid.*)), pour s'en convaincre.

[340] On voit bien – par cette dénomination du Comité – que toutes les précautions ont été prises pour ne pas parler de travaux préparatoires de la Constitution du 4 octobre 1958, mais des travaux préparatoires des « *institutions de la Vᵉ République* ». On a ainsi décidé de rester vague pour éviter de présenter l'évidence du caractère préparatoire des *Documents pour servir* qui ont présidé à l'adoption définitive de la Constitution de 1958.

[341] « *La portée d'une telle publication [celle des travaux préparatoires de la Constitution de 1958] doit être bien comprise : le lecteur ne doit pas s'attendre à y trouver des règles juridiques complétant la Constitution ; certes, il est intéressant de mieux connaître, pour chaque disposition comme pour l'ensemble d'un texte, l'intention tant de ceux qui les ont rédigés que de ceux qui les ont acceptés ; mais de telles intentions ne peuvent avoir valeur contraignante pour ceux qui appliquent et interprètent la Constitution ;* ***d'abord avec la procédure du référendum, ce sont les citoyens qui décident et il n'est pas possible de déterminer leurs raisons précises*** *; ensuite, lorsqu'un texte est une œuvre collective, ses auteurs peuvent accepter la même disposition mais avec des intentions et même des interprétations différentes ; enfin, si les textes demeurent, les intentions sont fonctions des circonstances du moment et par conséquent changent ; le Code civil ne s'interprète pas aujourd'hui en fonction des préoccupations du législateur de 1804.* » (Introduction de François Luchaire, in *Documents pour servir à l'histoire de l'élaboration de la Constitution du 4 octobre 1958*, *Op. cit.*, p. VII).

préparatoires de la Constitution de 1958. Le caractère préparatoire de ces documents ne s'explique pas ; il leur est intrinsèque du fait même qu'ils ont contribué en amont à l'élaboration du texte constitutionnel final qui a été soumis au peuple français le 28 septembre 1958.

La conscience intime de François Luchaire relève d'un paradoxe exprimé dans l'une de ses déclarations affirmant, clairement, non seulement que les *Documents pour servir* sont des « *travaux préparatoires de la Constitution*[342] », mais encore que ces documents pourraient être utilisés dans l'interprétation des normes constitutionnelles, au sens où, selon lui, ces documents sont des « *écrits qui permettront à d'autres, juristes [dont le juge en premier lieu], historiens ou simplement lecteurs, de tirer les conclusions qui leur sembleront devoir s'imposer.*[343] » Il convient de rappeler ici que le juge constitutionnel est, lui aussi, l'un des juristes dont parle Luchaire ; et donc celui-ci peut, lui aussi, tirer des conclusions des *Documents pour servir*. Ainsi, considérer que ces documents sont des travaux préparatoires du texte de la Constitution de 1958 n'est pas une invention, il s'agit d'une observation de la pure et simple réalité quant au caractère propre de ces documents, réalité que le juriste et, *a fortiori*, le chercheur ne peuvent occulter. Ctte opération visant à dissimuler la qualification naturelle et réelle de ces documents ressemble fort bien à ce que Ronald Dworkin appela une « *supercherie* » juridique visant à « *cacher la vérité au public*[344] ».

Pour couronner le tout, Luchaire invite à se demander encore, pour se justifier, sans doute : « *[...] selon quel processus la Constitution a-t-elle été élaborée ? Comment les assemblées dont les avis étaient requis ont-elles recueilli les projets de texte ? Dans quelle mesure ces avis ont-ils influencé la rédaction définitive ? Comment ont pu se concilier ou s'additionner des courants fort différents d'idées ?* » Ces questions soulevées par Luchaire sont celles que se pose tout interprète d'un texte juridique. Ainsi, la *question* de ces questions se pose. Pourquoi désirerait-on une réponse à ces questions, à travers ces documents, sinon dans le but de tenter de

---

[342] *Ibid.* En effet, Luchaire a pu écrire : « *L'intérêt de publier* ***les travaux préparatoires de la Constitution*** *avait été maintes fois signalé [...].* » Selon plusieurs protagonistes du Comité chargé de la publication des DPS, après d'âpres débats entre les membres de celui-ci, l'expression « travaux préparatoires » n'a pas été admise dans le titre des différents ouvrages qui leur seront consacrés. Mais Luchaire n'a pas pu s'empêcher d'utiliser une telle expression dès la première page de sa présentation, ce qui est un élément non négligeable, s'agissant du caractère intrinsèque de ces DPS en tant que travaux préparatoires de la Constitution de 1958.

[343] *Ibid.*

[344] Ronald Dworkin, « La théorie du droit comme interprétation », *Droit et Société*, 1-1985, p. 103, §2.

trouver d'éventuelles explications – premier rôle du processus d'interprétation juridique – afin de mieux comprendre le texte constitutionnel qu'ils ont précédé ?[345]

L'évidence et la logique du caractère *préparatoire* des *Documents pour servir*, en tant que travaux préparatoires de la Constitution de 1958, ainsi exprimée, jusque dans les pensées profondes de François Luchaire, malgré les apparences, conduisent à poursuivre sur la question du fondement scientifique de cette qualification, tant naturelle que juridique, de travaux préparatoires de ces documents.

C) Le fondement juridique de la qualification de travaux préparatoires des *Documents pour servir*

Reconnaître le caractère de travaux préparatoires de la Constitution de 1958 aux *Documents pour servir* requiert une justification scientifique convaincante tirée de la pratique de la science juridique. Ainsi, il est possible de déceler deux fondements juridiques possibles à cette qualification. D'une part, le regard de certains membres de la doctrine juridique permettra – du moins théoriquement – d'apporter très brièvement un début de justification à cette qualification (1). D'autre part, et cette approche scientifique est beaucoup plus plausible, il est possible de s'appuyer sur l'œuvre jurisprudentielle constitutionnelle elle-même pour justifier cette qualification (2).

1. *Le regard doctrinal sur la notion de travaux préparatoires appliqué aux Documents pour servir*

Il n'est nul besoin ici de dresser une longue liste de courants doctrinaux ayant adopté une définition à large spectre de la notion de travaux préparatoires. Cela a déjà été dit, la notion juridique de travaux préparatoires, telle qu'elle est couramment appréhendée, tant dans les écrits officiels que dans les écrits

[345] Il faut également noter que le titre « *Documents pour servir à l'histoire…* » est trompeur, et semble n'avoir été adopté que dans ce but trompeur. En effet, la tâche du rassemblement et de la publication de ces documents a été confiée à un comité de juristes « constitutionnalistes ». Si l'objectif fut réellement de servir l'histoire, cette tâche aurait sans doute été confiée à une équipe d'historiens (du droit).

individuels des spécialistes du droit, est largement sous-évaluée, quant à tout ce qu'elle sous-entend en réalité et au champ qu'il peut recouvrir.

On retrouve, en effet, cette définition étendue de la notion de travaux préparatoires chez une partie de la doctrine ; mais il est impossible d'évaluer l'ampleur de ce courant doctrinal dans la mesure où l'ambigüité qui accompagne les différentes approches sur cette notion ne permet pas d'affirmer si un tel courant est majoritaire ou minoritaire. Gérard Cornu, du moins dans son dictionnaire intitulé *Vocabulaire juridique*, permet d'appuyer cette définition à large spectre de la notion juridique de travaux préparatoires. La définition de Gérard Cornu de cette notion est un mélange d'éléments composites. On y retrouve ou, plus convenablement, on y peut combiner des pourparlers, des souvenirs, des éléments préalables, des éléments préliminaires, des éléments officieux, etc. Tout ceci forme un « *Ensemble des activités et documents (exposés des motifs ou propositions, rapports, discussions, etc.) qui, dans le processus d'élaboration d'un acte juridique (par ex. la loi), ont précédé la manifestation définitive de la volonté de son auteur et sont de nature à éclairer sa signification.*[346] » Suivant une telle définition de la notion de travaux préparatoires, la référence à une assemblée de type parlementaire n'est pas une nécessité. S'agissant des travaux préparatoires des normes législatives, par exemple, cette définition ne se réfère pas en particulier aux mécanismes préparatoires au sein du Parlement. Par conséquent, les *propositions, rapports, discussions*, etc., dont fait état le dictionnaire de Gérard Cornu, peuvent émaner de n'importe quel organe, du moment que celui-ci a eu un rôle actif, de près ou de loin, dans le processus conduisant à l'élaboration et à l'adoption définitive de la norme considérée. D'ailleurs, sur ce point, Michel de Villiers et Armel Le Divellec définissent la notion de travaux préparatoires simplement comme l'« *Ensemble des documents relatifs à l'élaboration d'une Constitution (ou d'une loi).*[347] » Et cela sans aucune référence aux organes pouvant produire de tels documents[348].

---

[346] Gérard Cornu (Association Henri Capitant), *Vocabulaire juridique*, PUF, 2011, p. 784.

[347] Michel de Villiers et Armel Le Divellec, *Dictionnaire du droit constitutionnel*, Sirey, 9ème édition, 2013, p. 354.

[348] Selon ces mêmes auteurs, cependant, « *L'autorité des travaux préparatoires, pour éclairer le sens des dispositions du texte constitutionnel, dépend de la publicité qui leur a été donnée, et, notamment de la connaissance qu'a pu en avoir l'organe d'adoption de la Constitution.* » (*Ibid.*, pp. 354-355). Cette conception ne diffère pas de celle de Pierre Avril et des autres auteurs déjà vus. La conséquence de cette analyse est qu'« *On ne saurait ainsi mettre sur le même plan les travaux préparatoires de la Constitution de la IVe République, élaborée par une assemblée constituante dont les débats ont été au fur et à mesure publiés au Journal officiel, et ceux de la Constitution de la Ve République, élaborée par le gouvernement du général de Gaulle, et tardivement publiés à partir de 1984.* » Ce point a été discuté

L'analyse comparative, s'agissant de la doctrine juridique sur cette notion, permet aussi de conforter cette approche des travaux préparatoires des normes juridiques. Ainsi, le juriste Canadien Pierre-André Côté a lui aussi discuté de l'inclusion ou de l'exclusion des documents ou discours faits à l'extérieur d'un organe normatif officiel comme une assemblée parlementaire et a fini par conclure à leur grande utilité en tant que travaux préparatoires pour l'interprétation de la norme considérée[349]. Il en est de même pour le constitutionnaliste Canadien Peter Hogg qui va jusqu'à inclure des « *témoignages*[350] » dans l'« *histoire parlementaire* » considérée aux Canada comme l'ensemble des travaux préparatoires. De ce point de vue, il n'est nul besoin d'appuyer davantage cette définition doctrinale très large de la notion de travaux préparatoires, laquelle permet d'attribuer aux *Documents pour servir* la qualification, qu'ils méritent, de travaux préparatoires de la Constitution de 1958. Ainsi, ces documents ne sont pas tout à fait hors catégorie, s'agissant de leur qualification en tant que travaux préparatoires, dès lors que leur rôle dans l'élaboration du texte de la Constitution de 1958 demeure, du moins sur le plan scientifique et intellectuel, incontestable. D'ailleurs, il faut ajouter que le terme de « travaux préparatoires » a été retenu par *La Documentation française* en 1960[351] pour qualifier les *avis et débats du Comité consultatif constitutionnel* qui, en 1987, feront partie des *Documents pour servir à l'histoire de l'élaboration de la Constitution du 4 octobre 1958*. Dans ce même état d'esprit, Didier Maus n'emprunte pas un vocabulaire différent, s'agissant de la qualification de ces documents, lorsqu'il affirme dans son hommage à Gérard Conac : « *C'est à travers les 'Travaux préparatoires de la Constitution de 1958' que sont nées entre nous une collaboration et une amitié qui ne disparaissent qu'aujourd'hui.*[352] » En outre, un

---

en introduction, mais encore une fois, si ces deux types de travaux préparatoires ne peuvent être mis sur le même plan, ce ne doit pas être tant une question de publicité (ou d'autorité) qu'une question de contexte d'élaboration, du fait notamment que le rôle des travaux préparatoires est d'abord et avant tout épistémologique, ceux-ci permettent au juge constitutionnel de comprendre (interpréter c'est d'abord comprendre) le texte qu'il interprète peu importe le degré de la publicité qui en a été faite. D'ailleurs le Conseil constitutionnel a rejeté cet argument fondé sur la « publicité » des travaux préparatoires de la Constitution de 1958 en conférant même à ces derniers, publiés à partir de 1984, un rôle décisif (Décision n° 77-82 DC).

[349] V. Pierre-André Côté, *Op. cit.*, pp. 353-355.

[350] V. Peter W. Hogg, *Op. cit.*, p. 798.

[351] *Travaux préparatoires de la Constitution. Avis et débats du Comité consultatif constitutionnel, Op. cit.*

[352] Didier Maus, « Message pour les membres de l'AFDC. Gérard Conac (1930-2016) », *Hommage en l'honneur de Gérard Conac*, Site internet de l'AFDC, 1er janvier 2017. L'auteur vise justement, à travers les travaux préparatoires de la Constitution de 1958, les *Documents pour servir…* dont il a été l'un des artisans.

autre élément marquant permet d'appuyer ce dernier point. Dans la « *Liste des rapporteurs et intervenants*[353] » de l'ouvrage consacré aux actes du colloque relatif au bicentenaire de la DDHC de 1789, qui s'est tenu au Conseil constitutionnel en novembre 1989, se trouve Didier Maus dont la qualité mentionnée, au titre de laquelle celui-ci intervenait, étonne à plus d'un titre : « *Secrétaire du Comité national chargé de la publication des **travaux préparatoires de la Constitution***[354] ». Ici, ce ne sont plus « *les travaux préparatoires des institutions de la Vème République* » ou « *Documents pour servir à l'histoire de la l'élaboration de la Constitution du 4 octobre 1958* », mais carrément ceux de la Constitution. Il s'agit là d'une contradiction terminologique flagrante. Mais il est assez facile de contrevenir à cet argument tiré de la contradiction des différentes terminologies employées, s'agissant des travaux préparatoires de la Constitution de 1958, suivant le lieu où l'on se trouve, en estimant, par exemple, qu'il ne signifie rien sur le plan juridique ; mais personne ne peut ignorer qu'il s'agit au moins d'un indice, du moins sur le plan psychologique, sinon du point de vue conceptuel, sur l'état d'esprit des différents acteurs, quant à la qualification propre qu'il convient d'accorder à ces documents.

Enfin, dans la mesure où cet appui doctrinal ne suffirait pas à convaincre, il est possible que la jurisprudence constitutionnelle contribue à apaiser, sinon clore définitivement, un débat sans fin, s'agissant de la qualification juridique de ces documents.

2. L'apport de la jurisprudence du Conseil constitutionnel

Du côté de la jurisprudence constitutionnelle, en effet, le doute semble se dissiper, quant au caractère de travaux préparatoires des *Documents pour servir.* Le Conseil constitutionnel a, dans un premier temps et par anticipation, implicitement adopté cette qualification pour ces documents à partir des années 1960. C'est une qualification anticipée car au moment où le Conseil constitutionnel va, étape après étape, former cette qualification, c'est-à-dire entre les années 1960 et la fin des années 1970, les *Documents pour servir* n'existent pas encore en tant que tels, ils ne seront rassemblés et publiés sous cette dénomination

---

[353] Georges Vedel, « La place de la Déclaration de 1789 dans le 'bloc de constitutionnalité' », in *La Déclaration des droits de l'homme et du citoyen et la jurisprudence. Colloque des 25 et 26 mai 1989 au Conseil constitutionnel*, PUF, novembre 1989, p. 7-8.
[354] *Ibid.*, p. 8.

qu'à partir de 1987[355] ; il s'était ainsi appuyé sur le contenu des *Travaux préparatoires. Avis et débats du Comité consultatif constitutionnel* publiés en 1960 à La Documentation française.

On sait, désormais, que dès la première décision du Conseil constitutionnel en 1959, ce dernier a fait le choix d'un élargissement des données pouvant lui servir dans l'interprétation des normes juridiques, qu'il s'agisse de normes (constitutionnelles) de référence ou de normes inférieures soumises à son interprétation. Dans sa décision n° 59-2 DC, la première examinant un règlement de l'Assemblée nationale sous la Vème République, le rapporteur de l'affaire devant le Conseil constitutionnel, Victor Chatenay, a proposé au Conseil d'élargir le champ des instruments d'interprétation qu'il convient d'utiliser dans l'interprétation des textes. Chatenay propose en effet au Conseil constitutionnel d'utiliser quatre instruments d'interprétation dont les trois premiers sont particulièrement intéressants : « *premièrement les débats parlementaires relatifs à ce règlement ou au règlement provisoire ; deuxièmement le texte définitif de la Constitution mais aussi ses différentes rédactions émanant successivement du Conseil des ministres, du Comité consultatif constitutionnel et du Conseil d'État ; troisièmement les débats relatifs à l'élaboration du texte constitutionnel soit au Comité, soit au Conseil d'État ; quatrièmement les lois organiques et même certains articles de lois ordinaires lorsqu'ils sont le développement nécessaire de la Constitution.*[356] » Certes, ces instruments d'interprétation constitutionnelle demeurent strictement dans le cadre du Comité consultatif constitutionnel et du Conseil d'État. Cependant, on l'a vu, nul ne peut ignorer que les débats tenus au sein de ces deux instances ont été préparés bien à l'avance et donc en dehors de leur cadre.

Cette « *méthodologie* » à large spectre proposée par Victor Chatenay a été approuvée par l'« *ensemble des conseillers*[357] » du Conseil constitutionnel. C'est là une première étape, décisive, dans la reconnaissance et la qualification jurisprudentielles constitutionnelles de travaux préparatoires de la Constitution de 1958, s'agissant des *Documents pour servir*. Cette méthodologie adoptée par le Conseil constitutionnel a été particulièrement marquée au début du

---

[355] V. *Documents pour servir à l'histoire de l'élaboration de la Constitution du 4 octobre 1958*, Tome 1 : « Des origines de la loi constitutionnelle du 3 juin 1958 à l'avant-projet du 29 juillet 1958 », La Documentation française, 1987.

[356] V. *GDélCC*, pp. 45-46, n° I79. V. aussi les archives du Conseil constitutionnel, *Archives nationales*, Site de Pierrefitte.

[357] *Ibid.*

fonctionnement de l'institution par l'usage de *perroquets* qui transmettaient les débats des deux chambres auprès des Hauts conseillers du Conseil constitutionnel par la voie de radiodiffusion[358]. En effet, à une période où les médias modernes, tels qu'ils sont aujourd'hui connus, n'étaient pas aussi développés[359], le Conseil constitutionnel devait trouver des moyens de s'informer, du moins des travaux préparatoires intraparlementaires, de manière à anticiper les saisines DC, alors qu'il ne dispose que d'un bref délai d'un mois, voire de huit jours en cas d'urgence[360], pour statuer. C'est dans cette même optique, d'ailleurs, que Georges Vedel écrivait : « *L'apparente brièveté du temps imparti pour statuer oblige le Conseil tout à la fois à se préparer bien avant la saisine et à ne pas faire languir les citoyens pendant des années*[361]. » Cette méthode de travail anticipé a sans doute été empruntée par le Conseil constitutionnel pour la première fois aussi nettement sur proposition de Georges Vedel, lors de la première séance du 12 décembre 1981 à propos de la loi de nationalisation. En effet, il ressort du procès-verbal de cette séance : « *Sans attendre d'être saisi et pour anticiper sur les travaux, le Président a réuni le Conseil pour que Monsieur VEDEL présente, dès à présent, les principales questions qui se poseront après le vote définitif de la loi dont le Conseil sera saisi.*[362] »

---

[358] Propos recueillis lors d'un entretien en 2012 avec Jean Gicquel à l'Assemblée nationale, alors qu'il en a été le déontologue. Cependant, malgré les recherches dans les archives du Conseil constitutionnel à Fontainebleau puis à Paris, aucune trace de ce mode (*perroquet*) de transmission des débats parlementaires aux Hauts conseillers du Conseil constitutionnel n'a été retrouvée ; mais il s'agissait d'une pratique courante.

[359] Il faut attendre 1999, en France, pour que les chaînes parlementaires (Public Sénat et LCP Assemblée nationale) diffusent les débats des deux chambres législatives. À ce titre, l'article 45-1 de la loi n° 86-1067 du 30 septembre 1986 relative à la liberté de communication (Loi Léotard) dispose : « *L'Assemblée nationale et le Sénat produisent et font diffuser, sous le contrôle de leur bureau, par câble et par voie hertzienne, un programme de présentation et de compte rendu de leurs travaux. Ce programme peut également porter sur le fonctionnement des institutions parlementaires et faire place au débat public, dans le respect du pluralisme des groupes constitués dans chacune des assemblées.* » L'article 45-2 de cette loi précise, quant à lui, que les chaînes parlementaires assurent « *une mission de service public,* ***d'information et de formation des citoyens à la vie publique****, par des programmes parlementaires, éducatifs et civiques* ». À titre de comparaison, la chaîne *C-Span* aux États-Unis a été créée dès 1979 et diffuse les débats du Sénat et de la Chambre des représentants depuis lors, et plus récemment les débats de la Cour suprême des États-Unis.

[360] D'autant que l'urgence, même dans le cadre d'une QPC, peut réduire le délai de décision du Conseil constitutionnel bien en deçà de huit jours depuis la décision n° 2017-651 QPC du 31 mai 2017. *Association En marche ! [Durée des émissions de la campagne électorale en vue des élections législatives]* où l'institution s'est infligé un modique délai de quarante-huit heures pour décider.

[361] Dominique Rousseau, *Droit du contentieux constitutionnel*, Montchrestien, 2010, Préface de Georges Vedel, p. 9.

[362] Procès-verbal de la décision n° 81-132 DC du 16 janvier 1982 relative à la loi de nationalisation, Séance du 12 décembre 1982, p. 1.

Plus tard, dans sa décision n° 60-11 DC, le Conseil constitutionnel franchit une seconde étape dans cette qualification, en utilisant – au moins de manière implicite – des éléments issus des *Documents pour servir* comme travaux préparatoires de la Constitution en vue de mieux l'interpréter et ainsi de saisir le sens de ses termes. Examinant une loi relative aux assurances maladie, invalidité et maternité des exploitants agricoles et des membres non-salariés de leur famille, le Conseil constitutionnel a en effet jugé : « *Considérant que l'expression "charge publique" doit être entendue comme englobant, outre les charges de l'État, toutes celles antérieurement visées par l'article 10 du décret du 19 juin 1956 sur le mode de présentation du budget de l'État et, en particulier, celles des divers régimes d'assistance et de Sécurité sociale ;* ***que cette interprétation est confirmée tant par les débats du Comité consultatif constitutionnel que par le rapprochement entre les termes de l'article 40 précité et ceux du projet de loi déposé le 16 janvier 1958 qui tendaient à la révision de l'article 17 de la Constitution du 27 octobre 1946*** ;[363] »

Il est vrai que le Conseil constitutionnel n'a, dans cette décision de 1961, pas utilisé l'expression « travaux préparatoires » pour qualifier les éléments dont il se sert et qui vont en 1987 faire partie des éléments constitutifs des *Documents pour servir* issus des débats du Comité consultatif constitutionnel qu'il cite ; mais leur usage par le Conseil, ou plutôt l'appui qu'il prend sur eux, en vue d'interpréter les textes constitutionnels témoignent à lui seul, sur la plan juridique, le caractère et la qualité de travaux préparatoires de ces documents ; car le Conseil constitutionnel, tant du point de vue politique que juridique, n'aurait pas pu s'intéresser à ces documents s'ils étaient dénués de ce caractère.

Mais il faudra attendre une troisième étape, dénuée de toute ambiguïté, celle de la décision n° 77-82 DC, pour que le Conseil constitutionnel qualifie explicitement les *Documents pour servir* de travaux préparatoires de la Constitution de 1958. Dans cette décision, en effet, le Conseil, examinant une loi tendant à compléter les dispositions du Code des communes relatives à la coopération intercommunale, a décidé : « *Considérant que,* ***des travaux préparatoires de la Constitution****, et notamment du fait que l'article 40 de cette dernière n'a pas repris* ***les dispositions de l'article 35 de l'avant-projet de Constitution soumis au Comité consultatif constitutionnel le 29 juillet 1958****, aux termes desquelles le Conseil constitutionnel aurait été appelé à intervenir avant l'achèvement de la procédure législative en cas de désaccord entre le Gouvernement et le président de l'assemblée intéressée, il résulte qu'un contrôle de la recevabilité de ces*

[363] Décision n° 60-11 DC du 20 janvier 1961, Cons. 2.

initiatives doit être mis en oeuvre au cours des débats parlementaires et effectué alors par des instances propres à l'Assemblée nationale et au Sénat ;[364] » Ainsi, cette qualification juridique jurisprudentielle – bien que non exempte de débats – mérite une certaine considération eu égard au fait qu'elle émane du juge constitutionnel, le Conseil constitutionnel lui-même. Il n'est pas impossible de penser que le Conseil constitutionnel a été conforté par la saisine du Premier ministre, Michel Debré, qui a donné lieu à la décision n° 60-11 DC, laquelle saisine avait très clairement adopté la qualification de travaux préparatoires, s'agissant d'éléments issus des *Documents pour servir*. La saisine du Premier ministre fait, en effet, état de ceci : « ***Les travaux préparatoires de la Constitution*** *fournissent, en premier lieu, des* ***indications très précises sur les intentions qui ont animé le Gouvernement dans l'élaboration de la règle actuellement inscrite à l'article 40 de la Constitution*** *et qui figurait, à l'origine, dans* ***l'article 35 de l'avant-projet soumis au Comité Consultatif Constitutionnel.***[365] » Quoi qu'il en soit, la décision du juge constitutionnel suprême est celle qui, peut-être, permettra d'apaiser le débat récurrent autour du caractère de ces *Documents pour servir* ou, du moins, de servir de point de repère, sinon de convergence, dans le cadre d'un tel débat.

Conclusion du chapitre

Pour conclure ce chapitre, il est possible d'arguer que les travaux préparatoires intraparlementaires correspondent en réalité à la notion de « travaux parlementaires » au sens de travaux réalisés par des parlementaires ou par le fait de parlementaires ou du Parlement pour le compte de celui-ci lui-même dans le cadre du travail législatif. La notion de travaux parlementaires elle-même couvre celle de débats parlementaires que sont les débats en commission et en séance publique. Cependant, les travaux préparatoires intraparlementaires ne signifient pas pour autant que leur réalisation se déroule obligatoirement et toujours au *sein*

[364] Décision n° 77-82 DC 20 juillet 1977, Cons. 2. Cette décision est à rapprocher de la décision n° 2019-2 AUTR du 24 octobre 2019, §. 2 (*Demande de M. Jean LASSALLE et autres*) où le Conseil précise : « *Aucune disposition de la Constitution ni des lois organiques prises en application de celle-ci ne donne compétence au Conseil constitutionnel pour se prononcer sur* » la conformité « *à la Constitution [de] la décision de la Conférence des présidents de l'Assemblée nationale du 10 septembre 2019 relative à la répartition du temps de parole pour l'examen du projet de loi relatif à la bioéthique [déposé le 24 juillet 2019]* ».

[365] Propos issus de la saisine du Premier ministre (décision n° 60-11 DC), lequel cite la source suivante : « Documentation Française : Travaux préparatoires de la Constitution, Avis et débats du Comité Consultatif Constitutionnel, page 114 ».

du Parlement. La preuve en est que lors de la réforme initiée par Nicolas Sarkozy en 2007 pour soulager les finances publiques, réforme connue sous la dénomination de « *Révision générale des politiques publiques* », dit RGPP[366], une délégation de parlementaires composée notamment du Sénateur Philippe Marini[367] et du député Didier Migaud[368], a été dépêchée à Ottawa, au Canada, pour étudier la manière dont ce pays avait réussi en quelques années à réduire drastiquement ses dettes et ses déficits publics, afin d'envisager d'entreprendre la même voie en France[369]. Cette mission, bien qu'extérieure au Parlement, s'inscrit dans le cadre du travail préparatoire intraparlementaire car elle est le fait de parlementaires pour le compte du Parlement. De ce point de vue, ce qui importe est, d'une part, le fait que de tels travaux sont menés et réalisés par des parlementaires ou des missionnés parlementaires[370] et, quoi qu'il en soit, pour le compte du Parlement lui-même, eu égard à son rôle dans le vote de la loi prévu à l'article 24, al. 1er, de la Constitution et, d'autre part, le fait que de tels travaux jouent un rôle épistémologique indéniable dans la compréhension des normes auxquelles ils conduisent, au stade de l'interprétation prétorienne de celles-ci.

Les travaux préparatoires le plus souvent cités dans la jurisprudence du Conseil constitutionnel regroupent ainsi l'ensemble des mécanismes énumérés dans ce chapitre comme des types ou sous-types de travaux préparatoires des normes juridiques. Les débats parlementaires cités dans la jurisprudence du Conseil constitutionnel sont les débats en séance publique et / ou en commission ; pour s'en convaincre, il suffit de remonter à la racine des travaux préparatoires (ou travaux parlementaires) qu'il cite tant implicitement qu'explicitement dans sa jurisprudence.

Par ailleurs, eu égard à la fonction épistémologique des travaux préparatoires, au sens où ils permettent au juge constitutionnel de comprendre le contexte de la norme pour mieux l'interpréter, il peut être affirmé que la production de ceux-ci

---

366 V. *Rapport d'information* n° 4019 du Comité d'évaluation et de contrôle des politiques publiques sur l'évaluation de la révision générale des politiques publiques (RGPP), François Cornut-Gentille et Christian Eckert (rapp.).

367 *Ibid.*, pp. 44 s.

368 *Ibid.*, pp. 50 s.

369 Mais l'on sait que le statut général de la fonction publique française n'a pas permis d'importer purement et simplement le mode de procédé du gouvernement canadien. La RGPP se présente ainsi comme une adaptation française de la politique de la fonction publique canadienne mise en place dans ce pays dans les années 1990.

370 Tels, par exemple, des experts non parlementaires envoyés à l'étranger pour étudier un phénomène ou négocier un accord au nom du Parlement.

par une assemblée législative ou constituante et leur connaissance par les électeurs qui auraient été appelés, en définitive, à approuver le texte finalement élaboré, ne sont pas des critères essentiels à la qualification des travaux préparatoires. C'est ainsi qu'il a été possible, contrairement à la conception d'une certaine doctrine, de ne pas ignorer les travaux préparatoires de la Constitution de 1958 qui, dans bien des circonstances, permettent au Conseil constitutionnel d'interpréter son contenu.

Enfin, le titre de ce chapitre, *Les travaux préparatoires intraparlementaires*, n'est pas neutre. Il suppose qu'il existe un autre type de travaux préparatoires, des *travaux préparatoires extraparlementaires*. C'est à celui-ci qu'il convient à présent de s'intéresser.

*****

Chapitre 2. Les travaux préparatoires extraparlementaires

> « *Je propose par exemple une réforme institutionnelle qui transformerait le Conseil économique, social et environnemental en Conseil des générations futures. Tout projet de loi, avant le vote au Parlement, devrait être soumis à ce Conseil comme il l'est au Conseil d'État. Et, dans le cas où le Parlement ne suivrait pas les demandes du Conseil des générations suivantes, il pourrait y avoir un recours devant le Conseil constitutionnel.*[371] » (Jacques Attali).

Tout d'abord, ce chapitre a pour objectif de *présenter* de manière succincte et *démonstrative* les différents organismes extraparlementaires auxquels la Constitution de 1958 permet de jouer un rôle plus ou moins important dans la préparation des projets et propositions de loi. Les résultats des travaux de ces différents organismes (avis, rapports, propositions, etc.) remis aux autorités dotées du pouvoir des initiatives normatives constituent d'emblée des travaux préparatoires extraparlementaires dont le rôle pour le juge dans l'interprétation constitutionnelle est non négligeable. Pour autant, c'est dans la seconde partie de

[371] Jacques Attali : « Donner le pouvoir aux générations futures », Interview, *Les Échos*, 10 septembre 2014.

cette recherche que sera abordée la question de l'impact réel de ce type particulier de travaux préparatoires sur l'interprétation constitutionnelle.

Les juristes, qui ont étudié la notion de travaux préparatoires, semblent généralement adhérer à l'idée que « *ne sont considérés comme travaux préparatoires que les éléments dont le législateur avait officiellement connaissance au moment où il prenait sa décision.*[372] » Ainsi, les travaux préparatoires renverraient « *[...] aux seuls documents parlementaires, c'est-à-dire le projet ou la proposition de loi avec son exposé des motifs, les rapports des commissions et les débats en séance*[373] ». Par conséquent, au regard de cette conception particulièrement restrictive, tout ce qui sera analysé ici comme étant des travaux préparatoires extraparlementaires – au sens de travaux réalisés en dehors du cadre intraparlementaire – se trouveraient hors du champ doctrinal traditionnel de cette notion. Pourtant, si l'on considère la terminologie employée, à savoir l'adjectif « préparatoires », il n'est pas certain que les travaux préparatoires se limitent aux seuls éléments dont le « législateur »[374] avait connaissance au moment où il élaborait le projet ou la proposition de texte, car la phase préparatoire des initiatives législatives débute systématiquement dans un cadre extraparlementaire jusqu'au dépôt du projet ou de la proposition sur le bureau de l'une des deux assemblées législatives. Il est possible de qualifier également ces travaux préparatoires extraparlementaires de « travaux périphériques » par rapport à ceux produits de manière officiel au sein du

---

[372] Pierre Avril, Jean Gicquel et Jean-Éric Gicquel, *Droit parlementaire*, « La notion de travaux préparatoires », LGDJ, 5ème édition, 2014, pp. 205-206, n° 237. Cette affirmation est de Pierre Avril, il faut se référer à sa contribution intitulée « Le piano mécanique » de 1982 (qu'on verra *infra*, p. 16) pour le comprendre. Il écarte clairement les éléments composant « les travaux préparatoires extraparlementaires » comme travaux préparatoires des normes. Pour justifier cette analyse, ces auteurs expliquent que la volonté du législateur « *résulte de ce que le législateur a dit et a fait dans le cadre de la procédure, c'est-à-dire les explications qu'il a présentées à l'appui des décisions positives, que viennent éclairer les votes par lesquels il a exclu les solutions alternatives ou concurrentes.* » (*Ibid.*). Mais cette analyse est, du moins sur certains points, aujourd'hui éclatée. Elle est éclatée car les travaux préparatoires ne se limitent plus aux seules indications accompagnant la publication des lois. En effet, bien d'autres documents relevant de la procédure parlementaire préparatoire ne sont pas publiés avec le texte normatif du Parlement et la jurisprudence ultérieure à 1982 du Conseil constitutionnel a donné tort à cette conception.

[373] *Ibid.*, p. 206, n° 237.

[374] D'autant que le terme « législateur » ne signifie pas le Parlement, il renvoie à un mécanisme nécessitant l'intervention de plusieurs organes et institutions dans le processus de la confection normative. C'est ainsi qu'après avoir constaté que le terme « législateur » est ignoré par le « *droit constitutionnel positif* » (p. 207), Michel de Villiers et Armel Le Divellec concluent que « *le législateur est un organe complexe associant différents acteurs (Premier ministre et ministres, Conseil d'État, assemblées parlementaires, Conseil constitutionnel)* » (Michel de Villiers et Armel Le Divellec, *Dictionnaire du droit constitutionnel*, Sirey, 9ème édition, 2013, p. 208).

Parlement bicaméral ; car ils sont plus ou moins réalisés à la périphérie du Parlement, si bien que l'on peut voir dans les instances qui les produisent des caractéristiques de réelles instances parlementaires. Ces travaux préparatoires externes au Parlement contribuent aussi – pour reprendre les termes de Bruno Genevois – à l'« *enrichissement des techniques de contrôle*[375] » de la « *constitutionnalité externe*[376] » des normes législatives. Si ces travaux préparatoires extraparlementaires peuvent être qualifiés de « périphériques » par rapport aux travaux intraparlementaires, il convient de remarquer qu'ils sont antérieurs à ces derniers ; le qualificatif « périphérique » peut être retenu du fait que les instances qui les produisent et dont l'intervention est prévue dans la Constitution (ou dans des textes inférieurs) s'apparentent à des instances parlementaires aux côtés des deux assemblées législatives.

À partir de là, il est permis de distinguer deux types de travaux préparatoires périphériques ou extraparlementaires. D'une part, des travaux préparatoires périphériques directement exigés par la Constitution de 1958 (Section 1) et, d'autre part, des travaux préparatoires périphériques indirectement exigés par cette Constitution (Section 2).

SECTION 1 : DES TRAVAUX PRÉPARATOIRES PÉRIPHÉRIQUES OBLIGATOIRES ET DIRECTEMENT PRÉVUS PAR LA CONSTITUTION DE 1958

Pierre Avril affirme que « *l'identification des sources de la législation doit tenir compte du contexte politique et, en particulier, de l'alternance des majorités*[377] ». Il ajoute : « *Lorsque la décision de légiférer est prise, la première mouture du projet est rédigée par les services du ministère compétent. Cette première phase donne lieu à de multiples consultations, consultation formelle des organismes divers dont les avis sont requis (conseil de ceci, commission de cela...), concertation informelle avec les groupes professionnels ou syndicaux intéressés en vue de sonder leurs réactions, sans oublier le recours aux « experts », qui constituent une autre source d'inspiration.* » Ainsi, la particularité des travaux préparatoires extraparlementaires réside dans le fait qu'ils

---

[375] Bruno Genevois, « L'enrichissement des techniques de contrôle », Colloque du Cinquantenaire du Conseil constitutionnel, *Cahiers du Conseil constitutionnel*, Hors-série 2009, novembre 2009.
[376] *Ibid.*, p. 3.
[377] Pierre Avril, « Qui fait la loi ? », *Pouvoirs*, 2005/3, n° 114, p. 91.

constituent l'illustration et la manifestation même d'un pluralisme délibératif voulu par le constituant de 1958 à travers l'ouverture des débats relatifs à la norme juridique, notamment au sein d'organismes comme le Conseil d'État, le Conseil économique, social et environnemental, ou encore la Cour des comptes à travers le Haut conseil des finances publiques.

Outre le rôle et le poids croissants du *lobbying*[378], qui ressortent des propos de Pierre Avril, dans la confection du droit à travers la consultation de groupes professionnels, il convient de remarquer que ces derniers ne défendent pas les mêmes intérêts que les individus composant la société. Il importe alors de concilier ces différents intérêts afin de présenter le droit produit de manière la plus acceptable possible et ainsi d'éviter les conséquences non souhaitables sur la pratique du droit devant les juges. Pour concilier ces différents intérêts, le constituant de 1958 semble avoir fait le choix d'un mécanisme de confection plurielle du droit législatif. Ce mécanisme de confection plurielle du droit se manifeste à travers quatre organismes constitutionnels, en périphérie du Parlement, ayant pour rôle de produire des travaux préparatoires permettant d'éclairer les normes juridiques. Ces organismes sont le Conseil d'État (§2), le Conseil économique, social et environnemental (§3), la Cour des comptes (§4) et, en particulier, les collectivités territoriales (§5). Les travaux de ces institutions, dans le cadre de la procédure parlementaire, se présentent ainsi comme des travaux préparatoires, du fait notamment que la Constitution les a désignés comme autorités dont le rôle délibératif est obligatoire dans la « préparation » des projets de loi. Mais une telle conception de la notion de travaux préparatoires pourrait être mal comprise si, d'abord, elle n'était pas expliquée. C'est la raison pour laquelle les différents mécanismes précédemment énumérés seront tour à tour analysés après une mise au point conceptuelle sur l'approche étendue de la notion de travaux préparatoires adoptée dans la présente thèse (§1).

---

[378] V. Grégory Houillon, *Le lobbying en droit public*, Bruylant, 1ère édition, mai 2012, Thèse sous la direction de Jean-Bertrand Auby, préface de Frédéric Rouvillois, 1150 p.

§1. Une mise au point de la conception étendue de la notion de travaux préparatoires des normes juridiques au regard de la doctrine anglaise

La notion de travaux préparatoires extraparlementaires peut, à première vue, surprendre, compte tenu notamment des présupposés analysés dans le chapitre précédent portant sur les travaux préparatoires intraparlementaires. Afin de dépasser le cadre réducteur de ces présupposés attachés à cette notion, il convient d'appréhender celle-ci au regard de sa perception, plus que sa conception qui n'est pas privilégiée, dans le pays où les travaux préparatoires des normes juridiques ont, sans nul doute, été le plus l'objet de débat sur le plan juridique[379], à savoir le Royaume-Uni. Cette étude conduit à l'analyse des différentes terminologies renvoyant aux travaux préparatoires dans les systèmes juridiques de tradition britannique. En effet, les termes suivants : « *Hansard* », « *travaux préparatoires* », « *preparatory work* », « *legislative history* » et « *statutory history* » renvoient tous, en définitive, au même concept, c'est-à-dire le contexte historique, immédiat ou plus ou moins lointain, du processus tant matériel et formel qu'intellectuel de la pensée d'une norme juridique soumise à l'interprétation juridique. Il convient d'analyser tour à tour ces différents termes

Hansard, que l'on verra en détail plus loin, en droit anglais, se définit comme « *les compte rendus officiels des débats du Parlement britannique.*[380] » *Hansard* est ainsi l'équivalent de la notion de travaux préparatoires, dans toute sa généralité, en français. En ce sens, plusieurs autres notions lui sont rattachées. C'est le cas de la notion d'histoire législative (« *legislative histoy* »).

L'histoire législative renvoie aux « *procédures conduisant à l'édiction d'une loi, incluant les auditions, les rapports de comité et les débats parlementaires.*[381] » Elle « *est parfois archivée de manière à permettre son usage ensuite comme aide influençant les interprétations de la loi.*[382] » Cette approche de l'histoire législative renvoie à la notion anglaise de *statutory history*, ce qui revient au même puisque le *statute* anglais est l'équivalent de la loi parlementaire, au sens de *votée par le Parlement*, donc *statutory history* renvoie aussi à l'histoire législative, mais peut-être plus spécifique que l'histoire législative en général. Mais cette différence, ou plutôt

[379] V. Chapitre 1, Titre II, Première partie.
[380] Bryan A. Garner (éd.), *Black's Law Dictionary*, Thomson Reuters, 2014, 10ème édition, p. 830.
[381] *Ibid.*, p. 1039.
[382] *Ibid.*

cette nuance, ne semble avoir aucun fondement conceptuel et scientifique précis, elle s'apparenterait à une difficulté criante à cerner, du point de vue juridique, voire même épistémologique, la notion de travaux préparatoires, même en Angleterre où cette notion est débattue depuis 1215.

Bryan A. Garner permet aisément, cependant, de voir la nuance entre l'histoire législative en général et l'histoire du *statute* spécifiquement lorsqu'il définit celle-ci comme « *La lignée généalogique d'une loi, incluant les précédentes législations, les amendements, les codifications et les abrogations.*[383] » Cette définition renvoie à celle de Peter Hogg qui, clairement, a compté parmi les éléments constitutifs de travaux préparatoires la législation précédente dans laquelle s'inscrit la loi spécifiquement nouvelle (le *statute*). Et, comme pour montrer le lien étroit entre l'histoire législative en général et celle du *statute*, la définition de celle-ci renvoie naturellement les lecteurs vers celle de la première.

Mais cette approche anglaise des travaux préparatoires ne s'arrête pas là. Pour le comprendre, il faut s'intéresser à la traduction littérale de la notion de travaux préparatoires en anglais, *preparatory work*. La définition de *preparatory work* par le dictionnaire de Bryan A. Garner renvoie naturellement, et sans aucun autre commentaire, vers la notion française de *travaux préparatoires* que les juristes anglais semblent préférer utiliser[384]. En effet, Richard K. Gardiner, citant une source non identifiée, affirme que « *même dans les cas où ils se réfèrent aux règles [de la Convention de Vienne de 1969 sur l'interprétation des traités], les juges anglais semblent avoir une préférence pour 'travaux préparatoires'*[385] ». Selon le dictionnaire de Garner, travaux préparatoires, qu'il précise entre parenthèse qu'il s'agit du *French 'preparatory works'*, depuis 1935[386], renvoient aux « *Matériaux utilisés dans la préparation de la forme définitive d'un accord ou d'une loi (statute), et plus spécifiquement d'un traité international ; le brouillon ou l'histoire législative d'un traité.* » Pour terminer le dictionnaire précise que les travaux préparatoires sont « *aussi appelés preparatory work* », et, comme pour montrer, là encore, le lien étroit existant entre toutes ces notions, il renvoie à la notion d'histoire législative.

---

[383] *Ibid.*, p. 1638.

[384] *Ibid.*

[385] *Ibid.*, p. 1729.

[386] Influence d'Henri Capitant sans doute qui a écrit un article en 1934 et une chronique en 1935, tous deux très commentés, sur l'usage des travaux préparatoires. Mais c'est une erreur, car la notion de « travaux préparatoires », en France, remonte au moins au XIXe siècle et se retrouve tant dans la jurisprudence du Conseil d'Etat que dans celle de la Cour de cassation.

Pour montrer l'impossibilité ou plutôt la difficulté de procéder à une définition précise et définitive de la notion de travaux préparatoires, ce point de vue d'un juriste anglais s'avère assez intéressante : « *La Commission du droit international ne pense pas qu'il y a quelque chose à gagner dans la recherche d'une définition de travaux préparatoires, dans la mesure où cela conduirait 'à exclure la possibilité de preuves pertinentes*[387] » dans l'interprétation des textes. Cependant, il faut comprendre par cette assertion de l'auteur, non pas le refus de toute tentative de définition de la notion de travaux préparatoires, mais plutôt celui d'une définition trop étriquée qui aurait pour conséquence d'exclure nombre d'éléments essentiels et constitutifs de travaux préparatoires d'une norme juridique et qui, de ce fait, aurait privé le juge de sources « *pertinentes* » lors de l'interprétation de celle-ci. Cette démarche consistant à ne pas chercher à contenir précisément la notion de travaux préparatoires témoigne du fait que celle-ci peut, du moins *a priori*, se constituer de tout élément ou tout mécanisme conduisant à l'édiction d'un acte en exerçant, de près ou de loin, directement ou indirectement, une certaine influence sur le résultat définitif qu'est celui-ci. C'est d'ailleurs en ce sens que Gardiner, citant McNair, consent à l'idée que « *les travaux préparatoires sont comme une expression omnibus qui est plutôt vaguement utilisée pour désigner tous les documents, tels que les memoranda, les procès-verbaux de conférences et les brouillons du traité en phase de négociation.*[388] »

Cependant, ces considérations de *Hansard* par l'éditeur de la dixième édition du *Black's Law Dictionary*, Bryan A. Garner, ne sont pas celles retenues par les éditeurs de la septième édition de *A Dictionary of Law* d'Oxford, Jonathan Law et Elisabeth A. Martin. En effet, ces derniers estiment que les travaux préparatoires « *ne peuvent pas être utilisés par les juges comme aide en vue de l'interprétation législative.*[389] » Pourtant, ces auteurs ont adopté une tout autre approche de *Hansard*, lequel, selon eux, « *Dans certaines circonstances, [...] peut être utilisé dans l'objectif de découvrir la volonté du Parlement, et donc comme une aide dans l'interprétation prétorienne de la loi lorsque celle-ci n'est pas claire.*[390] »

Mais la doctrine des chercheurs d'Oxford étant réputée pour son conservatisme, il est probable que cette approche diamétralement opposée à

---

[387] Richard K. Gardiner, *Treaty Interpretation*, The Oxford International Law Library, 2ème édition, 2015, p. 25. L'auteur renvoie au *Yearbook of the ILC* [1964], Vol. II, p. 205, §. 17.
[388] Bryan A. Garner (éd.), *Op. cit.*, p. 1729.
[389] Jonathan Law and Elisabeth A. Martin (éd.), *Oxford Dictionary of Law*, Oxford University Press, 2009, p. 557.
[390] *Ibid.*, p. 257.

l'usage des travaux préparatoires autres que *Hansard*, malgré le peu de différence, en termes de contenus, entre celui-ci et les différentes notions évoquées plus haut, relève d'un choix conceptuel et communicationnel particulièrement restrictif, sinon méprisant, quant à la portée de la décision *Pepper v. Hart* rendue en 1992 par la Chambre des Lords dont le revirement qu'elle a opéré, s'agissant de la règle d'exclusion de *Hansard* dans l'interprétation juridique qui s'appliquait jusque-là, sera largement démontré plus loin. Néanmoins, au regard de tout ce qui précède, du moins dans la doctrine, sinon dans le système juridique anglais, la notion de travaux préparatoires demeure particulièrement étendue. Par conséquent, l'approche extensive de la notion de travaux préparatoires adoptée ici est loin d'être isolée du point de vue conceptuel.

Cette mise au point étant faite, il convient d'emblée d'aborder les travaux préparatoires extraparlementaires produits par le Conseil d'État tel que le prévoit formellement le texte de la Constitution de 1958.

§2. Les travaux préparatoires périphériques produits par le Conseil d'État

Le rôle du Conseil d'État dans la procédure parlementaire lui est directement conféré par la Constitution dès 1958 en son article 39[391]. Avant 1958, le Conseil d'État avait déjà ce rôle mais il n'était prévu que par une ordonnance ayant valeur d'une loi ordinaire[392]. Le constituant de 1958 a décidé de constitutionnaliser ce

---

[391] Mais le caractère de travaux préparatoires des avis du Conseil d'État et ceux d'autres institutions auxquelles la Constitution confère un rôle dans la procédure parlementaire n'est pas simple à accepter. Ainsi, Pierre Avril considère que « *[...] les documents internes à l'administration, les intentions du gouvernement, etc., ne peuvent être pris en considération en tant que tels au titre de travaux préparatoires, mais seulement dans la mesure où ils ont été connus du législateur à travers les exposés des motifs et les explications fournies par le ministre et reproduites dans les rapports ou les comptes rendus de séance.* » (Pierre Avril, « Le piano mécanique », *Op. cit.*, p. 16). Parmi ces documents internes à l'administration, bien que Pierre Avril ne les cite pas expressément, il semble qu'on y peut ranger les avis du Conseil d'État et ceux d'autres institutions sur les projets de loi du gouvernement qui ne sont pas obligatoirement rendus publics. Or, depuis la décision n° 2003-468 DC, que ce type de documents soit rendu public ou non, le Conseil constitutionnel, lorsqu'il le souhaite, se donne toujours les moyens d'y accéder dans l'exercice de son pouvoir d'instruction et d'enquête, pouvoir inhérent à toute fonction de nature juridictionnelle, afin de mieux cerner la disposition normative qu'il doit interpréter.

[392] V. Ordonnance n°45-1708 du 31 juillet 1945 portant sur le Conseil d'État, Titre II : « Le Conseil d'État dans ses attributions en matière administrative et législative. », Art. 21 : « *Le Conseil*

rôle du Conseil d'État, ce qui a conduit certains membres de la doctrine et de la classe politique à voir dans cette institution une chambre parlementaire en périphérie du Parlement officiel[393] ou, du moins, le « *conseil du Parlement*[394] » au-delà du seul conseil du gouvernement.

L'article 39, al. 2, de la Constitution dispose : « *Les projets de loi sont délibérés en conseil des ministres après avis du Conseil d'État et déposés sur le bureau de l'une des deux Assemblées.* » La seconde partie de cette disposition constitutionnelle (« *et déposés sur le bureau de l'une des deux Assemblées.* ») fait naître un lien entre le Conseil d'État et le Parlement ou, plus précisément, entre les avis du Conseil d'État sur les projets de loi déposés sur le bureau des assemblées législatives et le besoin d'information des parlementaires eux-mêmes. Cette disposition constitutionnelle n'oblige-t-elle pas le gouvernement à communiquer les projets de loi accompagnés de l'avis du Conseil d'État au Parlement afin que celui-ci puisse bénéficier des éclairages apportés par cet avis ? Cette question est régulièrement soulevée tant par des politiques – tels des parlementaires – que des membres de la doctrine juridique, du fait notamment que le gouvernement, en pratique, et non en droit, ne rend publics les avis du Conseil d'État que lorsqu'il le souhaite. Pourtant, la conjonction de coordination « et » telle qu'utilisée dans cette disposition semble ne pas permettre au gouvernement un choix autre que celui de devoir communiquer officiellement les avis du Conseil d'État au Parlement[395], mais la pratique parlementaire n'a pas adopté cette position qui,

---

d'Etat participe à la confection des lois ou ordonnances dans les conditions fixées par l'ordonnance du 31 juillet 1945. Il est saisi par le Premier ministre des projets établis par les ministres, il donne son avis sur ces projets et propose les modifications de rédaction qu'il juge nécessaires. Il prépare et rédige les textes qui lui sont demandés. Le vice-président peut, à la demande des ministres désigner un membre du Conseil d'Etat pour assister leur administration dans l'élaboration d'un projet d'ordonnance déterminé. » Pour comprendre le rôle étendu du Conseil d'État dans la production normative, tant sur le plan législatif que sur le plan réglementaire, v. également les articles 22 et 23 de la présente ordonnance.

393 V. par exemple, Guillaume Drago, « La loi contrôlée », in *Vive la Loi* ! Actes de colloque, Sénat, mai 2004. L'auteur a mis le doigt sur ce que certains politiques, comme Patrice Gélard, paraphrasé par Guillaume Drago – regardant de près le rôle consultatif du Conseil d'État dans la fabrication de la loi – voient au mieux comme surprenant, sinon comme une anomalie juridico-politique : « *la 'troisième chambre' n'était pas en réalité le Conseil constitutionnel, comme on le pense souvent, mais bien le Conseil d'Etat, qui intervient, quant à lui, avant les deux premières.* »

394 V. Pascale Gonod, « Le Conseil d'État, conseil du Parlement », RFDA, 2008, pp. 871 s.

395 Outre cette évidence, un autre point témoigne tant du rôle de législatif du Conseil d'État que du devoir du gouvernement de communiquer les avis de ce dernier, rendus sur le fondement de l'article 39, al. 2, de la Constitution, au Parlement. En effet, l'article 39 de la Constitution se trouve placé presque juste après l'article 33 de celle-ci, lequel vise à protéger les débats parlementaires qui renvoient aux travaux préparatoires, en général, des normes législatives. De plus, l'article 33 de la Constitution, qui clôture le titre IV de celle-ci portant sur le Parlement, se présente comme une

pourtant, paraît plus conforme au sens littéral des termes de la Constitution. En outre, comme l'avait souligné Guy Carcassonne, la loi organique de 2009 relative – entre autres – à l'application de l'article 39 de la Constitution, devait « *détailler, d'une part, les éléments d'information que le gouvernement doit donner au Parlement, d'autre part, les formes et conditions de cette information.*[396] » On aurait pu croire – à juste titre – que, dans cette logique d'information du Parlement dans le processus d'écriture la loi, la communication officielle des avis du Conseil d'État au Parlement aurait été rendue obligatoire, mais il n'en est rien. La jurisprudence constitutionnelle n'a pas non plus tranché la question malgré un effort considérable du Conseil constitutionnel dans sa décision n° 2003-468 DC[397] qui semble contraindre le gouvernement à respecter davantage le rôle constitutionnel et obligatoire de consulter le Conseil d'État en bonne et due forme avant de prendre une initiative législative.

Sur ce point, lors d'un colloque au Sénat en juillet 2014[398], le sénateur Patrice Gélard a soulevé une discussion autour de la question de savoir pourquoi le Parlement n'est pas destinataire – comme c'est le cas pour le gouvernement – des avis du Conseil d'État sur les projets de loi ; l'ensemble des intervenants ont consenti qu'il s'agit là d'une anomalie dans la procédure législative, bien qu'officieusement – lorsque le gouvernement le « souhaite » – certains passages des avis du Conseil d'État sont portés à la connaissance du Parlement. Cependant, il faut faire un point sur ces avis du Conseil d'État, depuis des

---

transition entre ce dernier titre et le titre V suivant qui, justement, est consacré aux « *rapports entre le Parlement et le Gouvernement* ». Cette relation officiellement reconnue par la Constitution elle-même entre ces deux organes suppose, voire même exige, par-là même, une confiance mutuelle entre eux. Ainsi, de ce que l'un sait, dans le cadre, du moins, des débats et de l'élaboration des normes, l'autre *doit* en être aussi informé de manière pleine et complète. En procéder autrement, comme le gouvernement le fait, s'agissant de la communication restreinte, voire inexistante, des avis du Conseil d'État, n'est autre qu'une infraction manifeste du contenu même de la Constitution.

[396] Guy Carcassonne, *La Constitution introduite et commentée*, Éditions du Seuil, Coll. : « Points Essais », 9ème édition, 2009, p. 202. C'est grâce à l'intervention des parlementaires, lors de l'élaboration de la loi organique de 2009 relative – entre autres – à l'application de l'article 39 de la Constitution, que la proposition faite par le rapport du Comité Balladur, non retenue au départ par le gouvernement, d'exiger une étude d'impact de tout nouveau projet de loi, a pu voir le jour non plus dans la Constitution, mais dans cette loi organique qui a été validée – au moins sur ce point – par le Conseil constitutionnel.

[397] Cette décision n° 2003-468 DC sera analysée dans la deuxième partie de cette recherche lors de l'étude consacrée à l'usage des travaux préparatoires périphériques dans la jurisprudence constitutionnelle.

[398] V. Introduction de la Troisième table ronde : « La qualité de l'écriture - le style de la loi », in *L'écriture de la loi*, Acte de colloque, Sénat, n° 3, 31 juillet 2014 [en ligne].

changements annoncés par François Hollande en janvier 2015. En effet, celui-ci annonçait en 2015 : « *L'exemplarité, c'est enfin des lois bien écrites et rapidement mises en œuvre. Je pense que c'est là une responsabilité collective. [...]. Mieux légiférer, c'est aussi mieux préparer les projets de loi. C'est la raison pour laquelle j'ai décidé de rompre avec une tradition séculaire des secrets qui entourent les avis du Conseil d'Etat. Le Conseil d'Etat est le conseil juridique du gouvernement. Son avis est d'intérêt public et son expertise sera donc rendue publique. Le Conseil d'Etat, par ses avis, informera donc les citoyens, mais il éclairera aussi les débats parlementaires.*[399] » Ce discours et les appréciations qui lui ont suivi auraient pu détourner l'attention à la réalité, mais il n'en est rien. Tout d'abord, la règle de la publication ou non des avis du Conseil d'État ne semble pas être écrite, elle relève d'une « *tradition séculaire* », si bien que, non seulement, les chefs d'État successifs pourront adopter leur propre attitude en la matière, mais encore il est constaté que tous les avis du Conseil d'État, même après ce discours de François Hollande le 20 janvier 2015, ne sont pas publiés. Parmi les raisons avancées pour expliquer ce fait se trouve le manque de temps, du fait de modifications apportées aux projets de loi après l'avis du Conseil d'État[400]. Mais il convient là encore de souligner que la Constitution ne semble pas laisser un choix aux autorités, celles-ci *doivent* rendre publics les avis du Conseil d'État, conformément à l'interprétation téléologique des dispositions de l'alinéa 2, de l'article 39, de la Constitution. Par ailleurs, si le 1° de l'article L311-5 du Code des relations entre le public et l'administration (ancien article 6 de la loi n° 78-753 du 17 juillet 1978) dispose que « *Les avis du Conseil d'Etat [...]* » ne sont pas communicables, ce texte ne précise nullement s'il s'agit des avis rendus par le Conseil d'État sur le fondement de l'article 39, al. 2, de la Constitution, ou ceux rendus dans le cadre de la fonction de justice administrative de l'institution (article L113-1 du CJA) ; mais le fait que cette disposition date de 1987 permet d'écarter son approche du mécanisme prévu à l'article 39 de la Constitution. Néanmoins, s'il advenait que ces deux types d'avis du Conseil d'État soient concernés par cette disposition, il s'agirait d'un excès de pouvoir manifeste de la part du législateur, car, encore une fois, du point de vue de la transparence du débat démocratique, la Constitution exige la publicité des avis rendus par le Conseil d'État dans le cadre des travaux préparatoires des projets de loi.

---

[399] François Hollande, « Discours à l'occasion des vœux aux Corps constitués et aux bureaux des Assemblées », Paris, *Palais de l'Élysée*, 20 janvier 2015.

[400] Propos du Secrétaire général du gouvernement, Marc Guillaume, recueillis lors du colloque intitulé « L'Assemblée nationale et les avis du Conseil d'État », Paris, *Assemblée nationale*, 25 novembre 2016. Mais les actes de ce colloque qui sont publiés à *La semaine juridique*, sans surprise, ne font pas état des confidences orales qui témoignent du mauvais fonctionnement du nouveau régime *annoncé* des avis du Conseil d'État.

Ainsi, le Conseil d'État participe à la production de travaux préparatoires dans un cadre périphérique à celui du Parlement. Et, on le verra, le juge constitutionnel n'a pas manqué de se saisir des avis du Conseil d'État pour interpréter les textes votés par le Parlement dans le cadre du contrôle de constitutionnalité *a priori* des lois. Mais le caractère de travaux préparatoires des avis rendus par des organes tels que le Conseil d'État ne relève pas de l'évidence, notamment du fait que la notion juridique de travaux préparatoires est souvent rattachée au fruit d'une assemblée parlementaire. Pourtant, si l'on part du caractère de travaux préparatoires des *Documents pour servir*, tel que proposé plus haut, et si l'on insiste sur le qualificatif « préparatoire » qui est le cœur de cette notion, ces types d'avis sont d'emblée des éléments constitutifs de la notion de travaux préparatoires, bien que produits à l'extérieur du Parlement. En effet, les auteurs de l'ouvrage *Travaux préparatoires de la Constitution* préconisaient très clairement cette qualification pour ces types d'avis. Il ressort de cet ouvrage, en effet, que « *Les travaux préparatoires de la Constitution comprennent, outre la loi constitutionnelle du 3 juin 1958 : 1° L'avant-projet soumis par le Gouvernement au Comité consultatif constitutionnel le 29 juillet 1958, les débats du Comité (compte rendu analytique) ainsi que l'avis du Comité en date du 14 août 1958. 2° Le projet soumis par le Gouvernement au Conseil d'État le 21 août 1958,* ***les débats de la commission spéciale constitutionnelle et de l'assemblée générale du Conseil d'État (compte rendu analytique) ainsi que l'avis du Conseil d'État en date du 28 août 1958.***[401] » Ainsi, bien que l'avis du Conseil d'État ici s'inscrit dans un contexte particulier, celui d'une réforme constitutionnelle entreprise de manière précipitée, le principe est le même pour tous les actes du législateur, conformément à l'article 39, al. 2, de la Constitution.

Enfin, le Conseil d'État n'est pas le seul organe dont le rôle est constitutionnellement prévu dans le cadre du mécanisme de la confection plurielle des normes juridiques. D'où il convient à présent de présenter le rôle constitutionnel du Conseil économique, social et environnemental dans le travail législatif.

---

[401] V. *Travaux préparatoires de la Constitution. Avis et débats du Comité consultatif constitutionnel*, La Documentation française, encadré, p. 4.

§3. Les travaux préparatoires périphériques produits par le Conseil économique, social et environnemental

Le rôle « législatif » du Conseil économique, social et environnemental (CESE), au sens où celui-ci intervient en amont dans la procédure parlementaire, est doublement et directement prévu dans la Constitution. D'une part, au titre d'une saisine facultative, à l'article 69 et, d'autre part, au titre cette fois d'une saisine obligatoire, à l'article 70 de la Constitution. Dans le cadre de l'article 69, le rôle du CESE est en effet facultatif dans la mesure où il n'est saisi que si les organes dotés du pouvoir d'initiative des normes juridiques « souhaitent » obtenir son avis (A), alors que dans le cadre de l'article 70, il joue un rôle obligatoire dans l'initiative et l'élaboration des certaines normes précisées par le texte constitutionnel (B).

A) La saisine facultative du Conseil économique, social et environnemental dans la procédure législative

La Constitution de 1958 – en permettant aux pouvoirs exécutif et législatif de consulter le CESE dans l'initiative et le processus de prise de décision – a confié à cette institution un rôle de soutien du législateur. La saisine facultative du CESE peut s'effectuer de deux manières. D'abord, par les pouvoirs normatifs de l'État (1), ensuite, par l'initiative populaire (2).

1. À l'initiative des organes dotés du pouvoir normatif de l'État

Cette initiative de consultation à titre facultatif du CESE est d'abord confiée au pouvoir exécutif représenté par le gouvernement (a) et ensuite au pouvoir législatif représenté par le Parlement (b). Ce sont ces deux organes de l'État, à savoir le gouvernement et le Parlement, qui constituent ce qu'il convient d'appeler le pouvoir normatif de l'État, dans le sens où ils sont à l'origine du déclenchement concret des processus normatifs au niveau étatique, bien que dans des proportions différentes.

a. Par le pouvoir d'initiative du gouvernement

L'article 69, al. 1er, de la Constitution dispose : « *Le Conseil économique, social et environnemental, saisi par le Gouvernement, donne son avis sur les projets de loi, d'ordonnance ou de décret ainsi que sur les propositions de loi qui lui sont soumis.* » L'alinéa 2, de ce même article, quant à lui, dispose : « *Un membre du Conseil économique, social et environnemental peut être désigné par celui-ci pour exposer devant les assemblées parlementaires l'avis du Conseil sur les projets ou propositions qui lui ont été soumis.* »

Le gouvernement se voit encore reconnaître le droit de saisine du CESE à la première phrase de l'article 70 de la Constitution : « *Le Conseil économique, social et environnemental peut être consulté par le Gouvernement [...] sur tout problème de caractère économique, social ou environnemental. Le Gouvernement peut également le consulter sur les projets de loi de programmation définissant les orientations pluriannuelles des finances publiques.* » Mais ici, à la différence de son rôle consultatif au titre de l'article 69 de la Constitution, le CESE n'est pas consulté pour donner son avis sur un projet de loi, mais sur un problème, relevant de son champ de compétences, rencontré par le gouvernement.

Ces deux dispositions constitutionnelles combinées attribuent, bien qu'à titre facultatif, un rôle législatif au CESE dans la mesure où l'intervention de celui-ci relève d'emblée de la procédure parlementaire, du moins lorsqu'il est saisi en ce sens par le gouvernement. Le Conseil économique, social et environnemental se voit ainsi érigé en soutien ou assistant du « législateur » et du pouvoir exécutif dans l'initiative des actes normatifs de l'État[402].

Si les dispositions de l'article 69 et 70 de la Constitution offrent la possibilité de saisine du CESE au gouvernement, dans le cadre de la procédure législative, le Parlement n'est pas écarté de cette possibilité qui lui est reconnue à l'article 70 de la Constitution.

---

[402] C'est d'ailleurs pour cette raison que Pierre Avril, Jean Gicquel et Jean-Eric Gicquel (*Droit parlementaire*, LGDJ, 5ème édition, 2014, p. 215, n° 247) n'ont pas manqué de souligner l'importance de ce rôle législatif du CESE.

b. Par le pouvoir d'initiative du Parlement

La première phrase de l'article 70 de la Constitution dispose : « *Le Conseil économique, social et environnemental peut être consulté par [...] le Parlement sur tout problème de caractère économique, social ou environnemental.* » À l'instar de la possibilité qu'elle laisse à l'initiative du gouvernement, cette disposition constitutionnelle ne confère pas au Parlement un droit de saisine du CESE sur des projets de loi, mais sur « *tout problème* » relevant de son champ d'activité.

Certes, c'est uniquement en cas de « *problème* », et non dans le cadre de « projets de loi », « projets d'ordonnance » ou de « propositions de loi » que le CESE peut intervenir au secours du Parlement. Et il ne peut intervenir sur saisine du Parlement que dans le strict cadre des compétences économique, social et environnemental qui lui sont conférées. Mais, compte tenu de tout ce que les compétences du CESE peuvent recouvrir et du fait que la Constitution ne définit ni la typologie ni le contenu des *problèmes* qu'elle prévoit, le Parlement dispose, tant en théorie qu'en pratique, d'une marge de manœuvre significative, quant aux problèmes sur lesquels il peut saisir cette institution.

Ainsi, cette possibilité de saisine du CESE par les deux principaux organes constitutifs du « législateur » confirme qu'il s'agit bien d'un processus de la procédure parlementaire, bien que la saisine du CESE demeure, dans ce cas, facultatif. Et, dans ce cadre, les avis du CESE relèvent des éléments constitutifs des travaux préparatoires extraparlementaires, comme ceux du Conseil d'État.

Enfin, cette possibilité de saisine facultative du CESE est aussi offerte aux citoyens sous forme d'un droit de pétition.

2. À l'initiative des citoyens

L'article 69, al. 3, de la Constitution dispose : « *Le Conseil économique, social et environnemental peut être saisi par voie de pétition dans les conditions fixées par une loi organique. Après examen de la pétition, il fait connaître au Gouvernement et au Parlement les suites qu'il propose d'y donner.* » Ce droit de pétition citoyen a été inséré dans la Constitution par la réforme constitutionnelle du 23 juillet 2008.

Pour le moment, eu égard notamment au nombre très élevé – pour ne pas dire décourageant – de cinq cent mille soutiens exigés pour permettre l'exercice effectif de ce droit de pétition, il n'y a que très peu de saisines citoyennes du CESE dans ce cadre. Les statistiques de l'institution font néanmoins état, au 11 janvier 2016, de trois pétitions déposées devant elle depuis la réforme constitutionnelle de 2008. La première pétition lancée devant le CESE, sur le fondement de cette disposition constitutionnelle, est relative au *coût économique et social de l'autisme.* Elle a fait l'objet d'un avis de la part de l'institution le 9 octobre 2012[403].

La deuxième pétition citoyenne, et sans doute la plus importante, jusqu'ici, a été déposée le 15 février 2013 devant l'institution ; elle visait à attaquer le débat parlementaire sur le projet de loi relatif à *l'ouverture du mariage aux couples de même sexe.* Par une délibération en date du 26 février 2013, le CESE a, après avoir pourtant vérifié que « *les conditions de nombre [les cinq cent mille signatures] et de forme étaient réunies*[404] », jugé irrecevable cette pétition au motif qu'« *en vertu de l'article 69 de la Constitution et de l'article 2 de l'ordonnance du 29 décembre 1958 portant loi organique relative au Conseil économique social et environnemental, la saisine du CESE pour avis sur un projet de loi relève exclusivement du Premier Ministre. Celle-ci ne saurait ainsi être autorisée par voie de pétition citoyenne.* » Le CESE dessine par cette délibération les limites de sa compétence et, *a fortiori*, celles du droit de pétition posé par le constituant de 2008. Ainsi, si le Premier ministre ne souhaite pas saisir le CESE sur le fondement de l'article 69 de la Constitution, les citoyens ne peuvent pas le faire par le biais du droit de pétition. Une étude comparative des alinéas 1er et 3 de l'article 69 de la Constitution a pu permettre au CESE de prendre cette décision, mais il n'en demeure pas moins que cette délibération vient limiter le droit de pétition. C'est sans doute cette limite du droit de pétition – bien que juridiquement fondée – qui a conduit le CESE à se saisir d'office des questions portant sur « *les évolutions contemporaines de la famille et ses conséquences en matière de politiques publiques*[405] » dans sa délibération afin d'apaiser l'atmosphère particulièrement agitée, en 2013, sur ces questions relatives au droit de la famille.

La troisième pétition dont le CESE a été saisie en avril 2012 est relative à *la politique de l'éducation à la nature, à l'environnement et au développement durable en France.* Le site internet de l'institution mentionne que cette pétition est en

---

[403] Avis publié au *Journal officiel* de la République française du 16 octobre 2012.

[404] V. la rubrique *Suivi des pétitions* du site internet du CESE [Consulté le 8 juin 2015]. Pour les conditions de forme du dépôt des pétitions devant le CESE, v. l'article 5 de la loi organique n° 2010-704 du 28 juin 2010 relative au Conseil économique, social et environnemental qui a modifié l'article 4-1 de l'ordonnance n° 58-1360 du 29 décembre 1958 portant loi organique relative au Conseil économique, social et environnemental.

[405] Avis de novembre 2013 – *Journal officiel* du 6 novembre 2013 (v. site du CESE).

cours de constitution et n'a pas encore atteint le seuil des cinq cent mille signatures.

Par ailleurs, il convient de noter que les avis du CESE relatifs au droit de pétition font l'objet d'une communication spéciale aux principaux organes du pouvoir normatif étatique. En effet, le dernier alinéa de l'article 4-1 de l'ordonnance organique de 1958 sur le Conseil économique, social et environnemental dispose : « *L'avis [relatif à la pétition citoyenne] est adressé au Premier ministre, au président de l'Assemblée nationale, au président du Sénat et au mandataire de la pétition. Il est publié au Journal officiel.* » Il y a là un développement de l'article 69, al. 3, de la Constitution. L'avis ainsi adressé à ces trois personnalités visées par cette ordonnance organique et publié au *Journal officiel* peut paraître comme un avertissement en provenance des citoyens de la société, par le biais du CESE, en direction des organes étatiques dotés du pouvoir normatif concret, afin que ceux-ci tiennent compte de la volonté, de la réalité, des besoins et des attentes, avant de prendre une initiative normative, dans un domaine donné relevant des trois champs de compétence du CESE. Cette remarque est d'autant plus pertinente que le Conseil constitutionnel, lorsqu'il procède au contrôle de la constitutionnalité des textes dont la procédure d'adoption requiert l'avis du CESE, procède, par la même occasion, au contrôle du respect par le gouvernement de cette phase de la procédure législative préparatoire devant cette institution[406].

B) La saisine obligatoire du Conseil économique, social et environnemental dans la procédure législative

La dernière phrase de l'article 70 de la Constitution est ainsi rédigée : « *Tout plan ou tout projet de loi de programmation à caractère économique, social ou environnemental lui [le CESE] est soumis pour avis.* » À la lecture des dispositions de cet article 70 de la Constitution, on constate que cette phrase se trouve noyée parmi d'autres. C'est comme si le constituant cherchait à dissimuler ce rôle consultatif obligatoire du CESE dans la procédure législative, de manière à éviter qu'il le joue pleinement. En effet, comme pour le Conseil d'État en 2003, il y a eu en 2005 une tentative gouvernementale de méconnaître ce rôle consultatif

[406] Ainsi, les travaux préparatoires issus des avis du CESE, même dans le cadre de cette procédure de saisine facultative, peuvent éclairer le juge constitutionnel dans l'interprétation des normes dont il contrôle la constitutionnalité.

obligatoire du CESE. Mais le Conseil constitutionnel, dans sa décision n° 2005-512 DC (Cons. 14), a rappelé que les dispositions législatives adoptées en méconnaissance de la procédure de consultation obligatoire du CESE, sont nulles et non avenues.

Le rôle du CESE, qui se veut la troisième assemblée de la République, n'est en général pas mal perçue dans l'opinion, hormis quelques critiques acerbes venant d'une opinion minoritaire[407]. Pourtant, Charles de Gaulle souhaita supprimer de manière très subtile cette institution en la fusionnant avec le Sénat ; mais l'on sait que cette tentative a coûté à la politique de l'ancien chef de l'État, et l'institution a survécu à cette tentative funeste[408] au point de devenir une réelle instance de débat public où toutes les classes sociales peuvent se faire entendre de la part des pouvoirs publics. C'est ainsi que Jacques Attali a – à propos de la question « Pourquoi la France est-elle moins bien classée ?[409] » par rapport aux autres pays de l'OCDE dans la prise en compte des intérêts des générations futures – pu déclarer : « ***Je propose par exemple une réforme institutionnelle qui transformerait le Conseil économique, social et environnemental en Conseil des générations futures. Tout projet de loi, avant le vote au Parlement, devrait être soumis à ce Conseil comme il l'est au Conseil d'État. Et, dans le cas où le Parlement ne suivrait pas les demandes du Conseil des générations suivantes, il pourrait y avoir un recours devant le Conseil constitutionnel.***[410] » Cette

---

[407] Commentant les propos de François Hollande, lors de la cérémonie d'anniversaire de la Constitution, le 3 octobre 2013, Jean-Louis Debré affirme : « *Il évoque aussi le Conseil économique, social et environnemental. Jean-Paul Delevoye, son président, est là en tant qu'ancien ministre. En écoutant Hollande, je me demande pourquoi il a éprouvé le besoin de parler de cette institution dont tout le monde sait qu'elle ne sert à rien d'autre qu'à placer des amis ou recaser de vieux syndicalistes et coûte très cher à la République. De Gaulle souhaitait déjà la faire disparaître.* » (*Ce que je ne pouvais pas dire*, Robert Lafont, avril 2016, p. 196). Cet auteur doit bien être le seul à avoir une vision aussi négative et réductrice du travail et de l'existence même du CESE – ce qui est fort regrettable pour quelqu'un qui se réclame du sens de l'État et de la République.

[408] Bien que le rapport Bartolone-Winock (Claude Bartolone et Michel Winock, *Refaire la démocratie*, Assemblée nationale, Rapport n° 3100, octobre 2015, Proposition n° 10, p. 102) propose de nouveau cette fusion du CESE avec le Sénat, des voix s'élèvent contre cette réforme ; c'est le cas de Pascal Jan qui écarte cette option en proposant plutôt de « *[r]enforcer la force des avis du CESE* » (« 3 questions à Pascal Jan sur une éventuelle réforme du contrôle parlementaire », Blog du Club des juristes, 12 mai 2017) dans sa fonction consultative dans l'élaboration des normes juridiques.

[409] À propos du classement de l'OCDE des pays les mieux à même de prendre en compte les intérêts des générations futures (conditions de vie, partage des richesses, qualité de l'environnement et de l'éduction, etc.).

[410] Jacques Attali, Interview, *Les Échos*, *Op. cit.* Ce vœu de l'auteur semble être en passe de devenir réalité car, dans son discours devant le Congrès du Parlement réuni à Versailles le 3 juillet 2017, le

déclaration témoigne non seulement l'importance du CESE dans la procédure de production des normes communes, mais, plus largement encore, elle permet de mesurer l'importance du pluralisme des institutions auxquelles la Constitution confère un rôle obligatoire dans la production normative et dont les avis préparatoires sont d'une très grande utilité pour le travail d'interprétation jurisprudentielle des normes définitivement adoptées.

La troisième institution intervenant de manière obligatoire dans la procédure préparatoire extraparlementaire des normes juridiques est la Cour des comptes, notamment à travers le Haut conseil des finances publiques.

§4. Les travaux préparatoires périphériques produits par la Cour des comptes

Tout d'abord, il convient de noter que le constituant de 1958 a fait de la Cour des comptes un soutien incontestable de l'État dans le cadre de l'élaboration des lois de finances (A). Afin de compléter ce rôle de la Cour, certains organes spécifiques ont été créés pour éclairer « scientifiquement » les débats parlementaires. C'est le cas notamment du Haut conseil des finances publiques dont les avis permettent au Conseil constitutionnel de contrôler, avec un minimum de connaissance de cause, la constitutionnalité des lois de finances (B).

A) Le rôle de la Cour des comptes dans les travaux législatifs

En vertu de l'article 47-2 de la Constitution, la Cour des comptes a pour fonction principale d'« assister » à la fois le Parlement et le gouvernement dans leurs prérogatives respectives (1). Ensuite, la Cour, par ses différents travaux publiés en matière de finances publiques, contribue à l'information des « citoyens » sur l'utilisation de leurs ressources (2).

---

président de la République, Emmanuel Macron, évoque une réforme de grande ampleur tendant à revitaliser les « *trois assemblées de la République* », dont le CESE.

1. *Un rôle d'assistance du Parlement et du gouvernement*

En premier lieu, les deux premières phrases de l'article 47-2, al. 1er, de la Constitution dispose : « *La Cour des comptes assiste le Parlement dans le contrôle de l'action du Gouvernement. Elle assiste le Parlement et le Gouvernement dans le contrôle de l'exécution des lois de finances et de l'application des lois de financement de la sécurité sociale ainsi que dans l'évaluation des politiques publiques.* » Cette disposition constitutionnelle, il est vrai, ne concerne pas directement la procédure législative, comme c'est le cas pour le Conseil d'État et le CESE. Mais il n'empêche que l'aide ainsi apportée à la fois au Parlement dans son rôle de contrôle de l'action de l'exécutif, d'une part, et au gouvernement et au Parlement dans le contrôle de l'exécution du budget de l'État, d'autre part, contribue sans conteste à l'amélioration du débat parlementaire et donc à la qualité de la loi définitivement adoptée. C'est là toute l'importance et tout l'intérêt du rôle d'expertise de la Cour des comptes dans la procédure législative relative aux lois de finances.

En second lieu, l'alinéa 2 de l'article 47-2 de la Constitution dispose : « *Les comptes des administrations publiques sont réguliers et sincères. Ils donnent une image fidèle du résultat de leur gestion, de leur patrimoine et de leur situation financière.* » La charge du contrôle de la régularité et de la sincérité des comptes publics[411] – tâche qui, théoriquement, incombe au Parlement – repose pratiquement sur la Cour des comptes qui assiste à la fois le gouvernement et le Parlement dans l'élaboration et l'exécution des lois de finances et de financement de la sécurité sociale. Le rôle de la Cour, dans ce processus, on le verra, est d'un intérêt élevé pour l'interprète constitutionnel dont les connaissances en matière de finances publiques et d'économie politique sont limitées[412].

Ce rôle d'assistance de la Cour des comptes, couplé avec son rôle d'information des citoyens, se trouve renforcé ; et, de ce fait, la Cour participe de plus en plus près à la préparation des normes législatives.

---

[411] Pour une analyse complète du contrôle de la régularité et de la sincérité des comptes publics, v. notamment Michel Bouvier, Marie-Christine Esclassan et Jean-Pierre Lassale, *Finances publiques*, LGDJ, Coll. : « Manuels », 15ème édition, septembre 2016, 960 p.

[412] Sur ce point, on le verra, Thomas Piketty (*Le capital au XXIe siècle*, *Infra*) critique particulièrement sévèrement ce manque de connaissances et de compétences du juge constitutionnel français qui est pourtant chargé de contrôler le bien-fondé des lois de finances et de fixer de manière quasi ésotérique le seuil des taux de prélèvements obligatoires compatibles avec des règles constitutionnelles connues de lui seul.

2. *Un rôle d'information des citoyens*

La dernière phrase de l'alinéa 1er de l'article 47-2 de la Constitution dispose, quant à elle : « *Par ses rapports publics, elle contribue à l'information des citoyens.* » Ce rôle d'information des citoyens de la Cour des comptes est particulièrement important pour la démocratie budgétaire. C'est par les rapports de la Cour que les citoyens et les contribuables peuvent avoir une idée plus ou moins claire de la gestion de leurs contributions communes et de l'usage qui en est fait, mais aussi, et surtout, de l'efficacité, de la performance et de l'efficience de cette gestion.

La Cour des comptes, par ses différents travaux portés à la connaissance du public par le biais de ses rapports annuels, semestriels, trimestriels, et par ses avis rendus sur demande du gouvernement[413], a largement accompagné la révolution financière que constitue la loi organique relative aux lois de finances (LOLF) de 2001[414] et à la mise en place de la politique corrective de la LOLF – bien que parfois critiquée – dite de *révision générale des politiques publiques*[415] en 2007.

Il est vrai que ces deux fonctions d'assistance du gouvernement et du Parlement, dans leurs différentes tâches respectives, et d'information du public sur l'usage et la gestion des finances publiques ne signifient pas pour autant une participation directe de la Cour des comptes à la procédure législative relative aux lois de finances ou aux lois comportant des dispositions qui affectent les finances publiques. Il n'en demeure pas moins que tant le gouvernement que le Parlement ont besoin du soutien et de l'expertise de la Cour afin de mieux accomplir leurs tâches et obligations respectives l'un envers l'autre dans l'élaboration et l'exécution des lois de finances.

Le gouvernement, notamment, s'appuie sur les données analytiques de la Cour pour s'acquitter de son devoir d'information envers le Parlement et celui-ci – par le biais notamment des groupes d'opposition – s'appuie également sur les

---

413 À l'instar de l'audit, très médiatisé, datant de juin 2017, commandé à la Cour des comptes (*La situation et les perspectives des finances publiques*, Audit, juin 2017, 253 p.) par le Premier ministre Édouard Philippe.

414 V. *La mise en œuvre de la loi organique relative aux lois de finances (LOLF) : un bilan pour de nouvelles perspectives*, Cour des comptes, Rapport public thématique, novembre 2011. Ce rapport montre très bien le rôle d'accompagnement et d'expertise de la Cour des comptes – tant auprès du Parlement que du gouvernement – dans la mise en œuvre des changements apportés par la LOLF après que l'affaire dite *la cagnotte de Bercy* a provoqué la suppression de l'ancienne ordonnance de 1959 (v. par ex. p. 95 du rapport) qui régissait, jusque-là, les lois de finances.

415 *Ibid.*, v. par ex. pp. 116, 119 et 186.

mêmes données pour critiquer et dénoncer l'irrégularité et l'insincérité des informations que le gouvernement a le devoir de lui fournir. Pour ce qui concerne la régularité et la sincérité des comptes, mais aussi les informations fournies au Parlement par le gouvernement, ce dernier a le soutien d'un organe spécial au sein de la Cour, il s'agit du Haut conseil des finances publiques (HCFP).

B) Le rôle spécifique du Haut conseil des finances publiques dans les travaux législatifs

Le Haut conseil des finances publiques a été créé par la loi organique du 17 décembre 2012 relative à la programmation et à la gouvernance des finances publiques[416]. L'article 11 de cette loi organique dispose : « *Le Haut Conseil des finances publiques, organisme indépendant, est placé auprès de la Cour des comptes. Il est présidé par le premier président de la Cour des comptes.* »

Il est vrai qu'une loi organique n'est, en théorie, pas un texte de nature constitutionnelle. Mais, à certains égards, on pourrait considérer les lois organiques, par rapport à la Constitution, comme étant le même marteau qui frappe, mais en raccourcissant le manche ; de ce point de vue, il n'est pas absurde de considérer que les lois organiques, telles qu'interprétées par le Conseil constitutionnel, sont la Constitution elle-même[417]. D'ailleurs le Conseil constitutionnel a confirmé à demi-mot cette analyse[418]. Ainsi, le Haut conseil des finances publiques peut être considéré comme étant une instance constitutionnelle de par sa nature et son rattachement à la Cour des comptes. En effet, il faut remarquer que cet organisme a non seulement été créé par une loi organique mais encore il est présidé par le Premier président de la Cour des

---

[416] V. le chapitre III : Dispositions relatives au Haut Conseil des finances publiques.

[417] D'ailleurs on pourrait affirmer le même point de vue pour toutes les normes déclarées conformes à la Constitution par le Conseil constitutionnel. On reviendra sur ce point plus tard, notamment à travers le concept d'interprétativité constitutionnelle.

[418] V. Décision n° 2000-426 DC du 30 mars 2000, Cons. 19. *Loi relative à la limitation du cumul des mandats électoraux et des fonctions et à leurs conditions d'exercice.* Dans cette décision, le Conseil constitutionnel s'est référé à une autre décision qu'il a rendue le même jour (Décision n° 2000-427 DC du 30 mars 2000. *Loi organique relative aux incompatibilités entre mandats électoraux*) alors même que celle-ci n'a même pas encore été rendue publique. Dans le même sens, v. Décision n° 2016-741 DC du 8 décembre 2016, §§137. *Loi relative à la transparence, à la lutte contre la corruption et à la modernisation de la vie économique.* Ainsi, la seule validation d'un texte par le Conseil constitutionnel suffit à lui conférer une valeur juridique, du point de vue du Conseil constitutionnel, pour le besoin de l'interprétation constitutionnelle, sans même que le texte ait été publié au *Journal officiel* de la République française.

comptes, laquelle est un organe constitutionnel. Cela montre la très grande importance de ce Haut conseil quant aux analyses scientifiques de nature économique et budgétaire qu'il doit fournir au gouvernement notamment dans l'élaboration des lois de finances.

Au 31 juillet 2015, le site internet du HCFP exposait comme suit sa mission : « *Le Haut Conseil des finances publiques (HCFP) est chargé d'apprécier le réalisme des prévisions macroéconomiques du Gouvernement et de vérifier la cohérence de la trajectoire de retour à l'équilibre des finances publiques avec les engagements européens de la France. Organisme indépendant du Gouvernement et du Parlement, il est placé auprès de la Cour des comptes et présidé par son Premier président.* »

Les compétences du HCFP sont clairement définies par la loi organique. La combinaison de ses compétences est ainsi exposée : « *le Haut Conseil des finances publiques (HCFP) éclaire les choix du Gouvernement et du Parlement et veille à la cohérence de la trajectoire de retour à l'équilibre des finances publiques avec les engagements européens de la France. Pour cela, il apprécie le réalisme des prévisions macroéconomiques du Gouvernement et se prononce sur la cohérence des objectifs annuels présentés dans les textes financiers (projets de loi de finances, projets de loi de finances rectificatives…) avec les objectifs pluriannuels de finances publiques.*[419] »

Il faut noter qu'un argument consistant à dire que le gouvernement aurait fourni des chiffres insincères au Parlement dans l'élaboration d'une loi de finances, alors même que le gouvernement s'est fondé sur les analyses macroéconomiques de ce Haut conseil, n'entraînera pas l'irrégularité de la procédure préparatoire extraparlementaire. Un tel argument est écarté par le Conseil constitutionnel du fait que le gouvernement s'est fondé sur des données statistiques (des analyses macroéconomiques) du HCFP[420].

Enfin, il reste une dernière catégorie d'organismes extérieurs au Parlement qui a constitutionnellement compétence pour participer activement à la procédure d'élaboration de des normes. Il s'agit des collectivités territoriales qui, en tant que pouvoir politique local, occupent une place singulière dans le processus de

---

[419] Il faut noter que le Conseil constitutionnel réclame régulièrement les avis du HCFP quand ils ne sont pas encore publiés au moment où il statue sur les lois de nature financière qu'ils ont précédées dans la phase consultative et préparatoire d'un débat parlementaire sincère.

[420] V. Décision n° 2013-682 DC du 19 décembre 2013, JO du 24 décembre 2013, p. 21069, Texte n° 4, Cons. 4 et 5. *Loi de financement de la sécurité sociale pour 2014*.

production des travaux préparatoires extraparlementaires des normes juridiques pouvant également servir à l'interprétation constitutionnelle.

§5. Les travaux préparatoires périphériques produits par les assemblées délibérantes des collectivités territoriales de la République

Le constituant de 1958 met aussi en mouvement les collectivités territoriales de la République dans le cadre de l'élaboration des normes qui les concernent, tant au niveau de la Constitution elle-même qu'au niveau conventionnel. Cette mise en mouvement des collectivités territoriales s'exprime, d'une part, par le rôle consultatif obligatoire des collectivités d'outre-mer fixé par la Constitution (A) et, d'autre part, par le rôle consultatif de l'ensemble collectivités de la République, s'agissant des réformes qui, directement, concernent celles-ci (B).

A) Le rôle consultatif obligatoire des collectivités territoriales d'outre-mer dans l'élaboration des normes les concernant

La Constitution de 1958 a prévu deux modes de consultation obligatoire des collectivités territoriales d'outre-mer. D'une part, une consultation des organes délibérants de ces collectivités (1) et, d'autre part, une consultation de leurs électeurs (2).

1. La consultation des organes délibérants

L'article 74, dernier alinéa, de la Constitution dispose : « *Les autres modalités de l'organisation particulière des collectivités relevant du présent article sont définies et modifiées par la loi après consultation de leur assemblée délibérante.* » Dans ce cadre, ce sont les assemblées délibérantes des collectivités d'outre-mer qui sont mises en mouvement. C'est encore celles-ci qui sont mis en avant par le constituant de 1958, en cas de nécessité de légiférer par ordonnance[421]. À la lecture de cette disposition de la Constitution, il est clair que le constituant de 1958 a voulu permettre aux collectivités territoriales non métropolitaines de

---

[421] V. article 74-1, al. 2, de la Constitution.

participer, par le biais de leurs organes délibérants, à l'élaboration des mesures législatives qui les concernent et donc de participer à l'élaboration de la loi.

Ainsi, le législateur ne peut pas se permettre d'adopter une loi qui affecte directement ou indirectement les collectivités territoriales ultra-marines sans avoir recueilli, en amont, du moins l'avis, sinon le consentement de leurs organes délibérants. Le Conseil constitutionnel veille au respect de cette exigence constitutionnelle expresse en cas de méconnaissance de la part du « législateur » ; celui-ci renvoie, en l'occurrence, au gouvernement notamment auquel il revient d'engager la procédure de consultation avant la discussion d'un projet de loi concernant ces collectivités au Parlement[422]. Cette jurisprudence peut être étendue à l'ensemble des processus de consultation obligatoire de ces collectivités, au regard du texte constitutionnel, y compris la consultation des électeurs.

2. *La consultation des électeurs*

L'article 72-4, al. 1er, de la Constitution dispose, quant à lui : « *Aucun changement, pour tout ou partie de l'une des collectivités mentionnées au deuxième alinéa de l'article 72-3*[423]*, de l'un vers l'autre des régimes prévus par les articles 73 et 74, ne peut intervenir sans que le consentement des électeurs de la collectivité ou de la partie de collectivité intéressée ait été préalablement recueilli dans les conditions prévues à l'alinéa suivant. Ce changement de régime est décidé par une loi organique.* » Cette disposition de la Constitution fait également et directement participer les électeurs des collectivités territoriales d'outre-mer énumérées à l'article 72-3, al. 2, de la Constitution à l'élaboration des normes concernant celles-ci. Cela engendre une procédure juridiquement plus lourde et plus contraignante pour le législateur, et le gouvernement en particulier, car il n'y a pas de moyen de discuter avec les électeurs de manière telle que cela pourrait l'être avec une assemblée délibérative.

Par ailleurs, l'alinéa 2 de l'article 72-4 de la Constitution prévoit : « *Le Président de la République, sur proposition du Gouvernement pendant la durée des*

---

[422] V. Décision n° 80-122 DC du 22 juillet 1980, Cons. 3. *Loi rendant applicable le code de procédure pénale et certaines dispositions législatives dans les territoires d'outre-mer.*

[423] L'article 72-3, al. 2, de la Constitution dispose : « *La Guadeloupe, la Guyane, la Martinique, La Réunion, Mayotte, Saint-Barthélemy, Saint-Martin, Saint-Pierre-et-Miquelon, les îles Wallis et Futuna et la Polynésie française sont régis par l'article 73 pour les départements et les régions d'outre-mer et pour les collectivités territoriales créées en application du dernier alinéa de l'article 73, et par l'article 74 pour les autres collectivités.* »

sessions ou sur proposition conjointe des deux assemblées, publiées au Journal officiel, peut décider de consulter les électeurs d'une collectivité territoriale située outre-mer sur une question relative à son organisation, à ses compétences ou à son régime législatif. Lorsque la consultation porte sur un changement prévu à l'alinéa précédent et est organisée sur proposition du Gouvernement, celui-ci fait, devant chaque assemblée, une déclaration qui est suivie d'un débat. » Il n'est pas ignoré qu'il s'agit, dans ce cadre, d'une consultation facultative. En effet, le président de la République n'est, juridiquement, pas obligé de consulter ces collectivités d'outre-mer. Cependant, les pratiques de ces dispositions constitutionnelles sur certaines questions importantes montrent que les gouvernements successifs s'obligent à recueillir par référendum l'avis de la population de ces collectivités d'outre-mer et non un simple avis de leurs assemblées délibérantes[424].

Enfin, si la Constitution de 1958 fait une place particulière aux collectivités territoriales d'outre-mer, à travers leur assemblée délibérante et leurs électeurs, dans le processus préparatoire des normes qui les concernent, les autres collectivités territoriales de la République ne sont pas, pour autant, en reste dans l'élaboration législative.

B) Le rôle consultatif facultatif et obligatoire de l'ensemble des collectivités territoriales de la République dans l'élaboration des normes les concernant

La Charte européenne de l'autonomie locale « oblige » les États qui l'ont ratifiée à consulter les collectivités locales qu'elle vise avant de prendre toute décision qui concerne directement celles-ci (1). Mais, pour sa part, le Conseil constitutionnel dégage du texte de la Constitution une forme de consultation facultative de l'ensemble des collectivités territoriales au moins au profit de la branche gouvernementale du législateur (2).

[424] V., sur ce point, le dossier « La France d'outre-mer », site internet de *La Documentation française* [consulté le 17 juin 2015] ; ce dossier est mis à jour régulièrement sur les questions territoriales ultramarines traitées ou en cours de traitement. On peut aussi citer le référendum qui a eu lieu à Mayotte en 2009 et le référendum à venir en 2018 en Nouvelle-Calédonie.

1. *Le rôle consultatif obligatoire des collectivités territoriales prévu par la Charte européenne de l'autonomie locale*

Outre les collectivités territoriales ultramarines, il existe également une forme de participation de l'ensemble des collectivités territoriales de la République dans l'élaboration législative. Elle découle de la Charte européenne de l'autonomie locale[425]. En effet, aux termes de l'article 4, al. 6, de cette Charte, « *Les collectivités locales* ***doivent*** *être consultées, autant qu'il est possible, en temps utile et de façon appropriée, au cours des processus de planification et de décision pour toutes les questions qui les concernent directement.*[426] » La France, ayant ratifié cette Charte depuis une loi du 10 juillet 2006, suivie par un décret présidentiel de 2007, s'oblige donc à consulter les collectivités territoriales dans tous les processus d'élaboration législative ou règlementaire qui les concernent directement. Il est vrai que la Charte laisse la possibilité aux États de ne la ratifier que partiellement, avec tout de même une obligation de ratifier au moins certaines de ses dispositions qui sont limitativement énumérées dans sa première partie, mais, par une déclaration solennelle, « *la République française se considère liée par tous les paragraphes de la partie I de la Charte, à l'exception du paragraphe 2 de l'article 7.*[427] » Cette déclaration française va encore plus loin en considérant que « *les collectivités locales et régionales auxquelles s'applique la Charte sont les collectivités territoriales qui figurent aux articles 72, 73, 74 et au titre XIII de la Constitution ou qui sont créées sur leur fondement.*[428] » Ainsi, les dispositions précitées de la Charte engage la France vis-à-vis de l'ensemble des collectivités territoriales de la République.

Cette exigence conventionnelle de participation des collectivités territoriales à l'élaboration de toutes décisions qui les concernent a fait son entrée dans le contentieux constitutionnel en 2014. Dans leur saisine du Conseil

---

[425] Commission européenne, *Gouvernance européenne – Un livre blanc*, COM(2001) 428 final, pp. 15-16 ; Gérard Marcou et Jean-François Akandji-Kombé, *La Charte européenne de l'autonomie locale et l'impact du droit communautaire sur les collectivités locales des Etats membres*, Rapport pour le Comité européen sur la démocratie locale et régionale et pour le Congrès des pouvoirs locaux et régionaux, Novembre 2011, pp. 27 et s.

[426] Cette exigence constitutionnelle vise notamment la « *[p]rotection des limites territoriales des collectivités territoriales* » prévue aux dispositions de l'article 5 de la Charte européenne de l'autonomie locale de 1985.

[427] V. *Déclarations françaises* à la fin du décret n° 2007-679 du 3 mai 2007 portant publication de la Charte européenne de l'autonomie locale, adoptée à Strasbourg le 15 octobre 1985.

[428] *Ibid.*

constitutionnel, dans le cadre du contrôle de constitutionnalité *a priori*, à propos de la loi relative à la délimitation des régions aux élections régionales et départementales et modifiant le calendrier électoral, les requérants ont soulevé le non-respect de l'obligation du gouvernement de consulter les collectivités territoriales en méconnaissance de ses engagements au regard de la Charte. Ils ont en effet soutenu qu'au regard de l'article 55 de la Constitution, le gouvernement était obligé de respecter ses engagements de consulter les collectivités territoriales directement concernées par la loi en question, avant l'adoption de celle-ci. Le Conseil constitutionnel a, dans cette affaire, conformément à sa jurisprudence, décidé « *qu'il n'appartient pas au Conseil constitutionnel, saisi en application de l'article 61 de la Constitution, d'examiner la conformité d'une loi aux stipulations d'un traité ou d'un accord international ; qu'ainsi, doit être écarté le grief tiré de ce que l'absence de consultation des départements et des régions préalablement au dépôt du projet ou à l'adoption de la loi modifiant les délimitations régionales méconnaîtrait les stipulations de la Charte européenne de l'autonomie locale ;*[429] » Par conséquent, au regard de cette jurisprudence constante du Conseil constitutionnel, depuis sa décision IVG de 1975[430], il reviendrait au juge ordinaire de contrôler le respect de cette exigence constitutionnelle que le Conseil constitutionnel n'a, pour autant, pas démentie en tant que telle. Ainsi, en attendant que le juge ordinaire se prononce sur cette disposition de la Charte, il est permis de voir là une exigence de nature tant conventionnelle que constitutionnelle de participation des collectivités territoriales de la République aux travaux préparatoires des dispositions législatives qui les concernent.

Cette jurisprudence constitutionnelle a une portée juridique très élevée. Elle signifie que les justiciables et les collectivités territoriales en sont avertis si les parlementaires, dans leur saisine *a priori*, n'ont pas réussi à faire déclarer contraire à la Constitution la loi dont les travaux préparatoires ne respecteraient pas les exigences de la Charte, par le Conseil constitutionnel ; ils pourraient, à l'occasion d'un litige relatif à cette loi, soulever une question de conventionalité devant le juge ordinaire ; mais il semble inutile de soulever une question prioritaire de constitutionnalité, car les normes issues du système juridique de la CEDH ne sont pas, comme tendent à l'être les normes de l'Union européenne, « constitutionnalisées » – ce qui pourrait conduire le Conseil constitutionnel à

---

[429] Décision n° 2014-709 DC du 15 janvier 2015, Cons. 4. V., dans le même sens, décision n° 2018-770 DC du 6 septembre 2018, §. 54. *Loi pour une immigration maîtrisée, un droit d'asile effectif et une intégration réussie.*

[430] Décision n° 74-54 DC du 15 janvier 1975, *Loi relative à l'interruption volontaire de grossesse*, Cons. 7.

apprécier la constitutionnalité de la loi sur le fondement de l'article 61-1 de la Constitution, au regard de la procédure préparatoire suivie par le gouvernement comme il l'avait fait dans sa décision n° 80-122 DC. Mais la question du respect de cette exigence conventionnelle reste entière. En effet, il n'est pas certain que le juge ordinaire admette de contrôler la conventionalité de la loi pour une simple question de procédure préparatoire, et il n'est pas plus certain qu'il admette de poser une question préjudicielle à la Cour de Strasbourg sur ce point. Mais, à supposer que le juge ordinaire pose une telle question préjudicielle, il semble plus que probable que la CEDH égratignerait, du moins, la procédure d'adoption de la loi dont s'agit.

Par ailleurs, il semble qu'on peut faire un parallèle entre les articles 72 et 74 de la Constitution et le dernier alinéa de l'article 53 de la Constitution qui dispose : « *Nulle cession, nul échange, nulle adjonction de territoire n'est valable sans le consentement des populations intéressées.* » Dans ce cadre, la consultation des électeurs de la collectivité territoriale est non seulement obligatoire, mais encore son résultat est décisif pour l'adoption de la décision normative finale. Autant de mécanismes qui conditionnent la procédure législative dans certaines matières spécifiques dont se saisissent les projets de réforme relatifs aux collectivités territoriales de la République. Ainsi, la procédure législative est partagée entre les chambres parlementaires, le gouvernement et les institutions et organes constitutionnellement désignés pour y prendre part.

Outre le rôle consultatif obligatoire des collectivités territoriales de la République, on l'a vu, tant sur le plan conventionnel que constitutionnel, il convient d'analyser le rôle consultatif facultatif de celles-ci, dans l'élaboration des normes qui les concernent, suivant la jurisprudence du Conseil constitutionnel.

2. *Le rôle consultatif facultatif des collectivités territoriales au regard de la jurisprudence constitutionnelle*

Pour le Conseil constitutionnel, en effet, « *en vertu du troisième alinéa de l'article 72 de la Constitution, les collectivités territoriales s'administrent librement par des conseils élus, dans les conditions prévues par la loi ; que, selon la dernière phrase du dernier alinéa de l'article 72-1 : « La modification des limites des collectivités territoriales* ***peut*** *également donner lieu à la consultation des électeurs dans les conditions prévues par la loi » ; que ni ces dispositions ni aucune autre exigence constitutionnelle n'imposent la consultation des collectivités territoriales* *préalablement au dépôt d'un projet ou à l'adoption d'une loi modifiant leurs délimitations territoriales ;*[431] » Bien que l'article 72 de la Constitution ait été profondément modifié en 2003, notamment en vue d'y intégrer les éléments issus de la Charte européenne de l'autonomie locale, l'exigence de consultation préalable pour la modification des limites territoriales des collectivités n'a pas été reprise par la réforme constitutionnelle de 2003. Dans ce contexte, le Conseil constitutionnel ne voit pas une atteinte à la procédure législative en l'absence de consultation préalable d'une collectivité territoriale dont le territoire est modifié dans ses limites. Sur ce terrain, il semble qu'il faudrait se référer là encore au juge ordinaire ; et la même problématique revient, car il n'est pas certain que le juge ordinaire puisse opérer un contrôle de conventionalité sur une question de procédure législative.

Cependant, une analyse juridique s'impose au regard des dispositions de l'article 53, al. 3, de la Constitution. Celui-ci n'évoque que trois champs pour lesquels le consentement des populations des collectivités territoriales est requis : la « cession », l'« échange » et l'« adjonction » de territoire de ces collectivités. On peut toutefois se demander si la fusion de plusieurs collectivités territoriales – telle la fusion des régions opérée par la loi n° 2015-29 du 16 janvier 2015 relative à la délimitation des régions, aux élections régionales et départementales et modifiant le calendrier électoral – ne peut pas être considérée comme étant une adjonction de territoire au sens de l'article 53, al. 3, de la Constitution. Le législateur de 2015 a pris le soin d'employer le verbe « délimiter » au lieu de « fusionner » car celui-ci, étymologiquement, paraît plus proche du verbe « adjoindre » que « délimiter ». Mais le Conseil constitutionnel n'a pas raisonné et n'a pas tranché dans le sens de cet argument lors de l'examen de constitutionnalité *a priori* de cette loi. Pour autant, dans sa décision n° Décision n° 75-59 DC, le Conseil constitutionnel a précisé que « *les dispositions de cet article [53, al. 3, de la Constitution] doivent être interprétées comme étant applicables, non seulement dans l'hypothèse où la France céderait à un État étranger ou bien acquerrait de celui-ci un territoire, mais aussi dans l'hypothèse où un territoire cesserait d'appartenir à la République pour constituer un État indépendant ou y être rattaché ;* [432] » Cette décision semble écarter la question de l'adjonction en considérant seulement la cession et l'échange de territoires, mais elle apporte une précision essentielle au sens où elle paraît signifier que ces dispositions constitutionnelles renverraient à

431 Décision n° 2014-709 DC, *Op. cit.*, Cons. 5.

432 Décision n° 75-59 DC du 30 décembre 1975, Cons. 2. *Loi relative aux conséquences de l'autodétermination des îles des Comores.*

« *l'hypothèse où un territoire cesserait d'appartenir à la République* », ce qui n'était pas le cas des fusions de régions intervenues en 2015.

Par ailleurs, il convient de noter que les consultations constitutionnellement obligatoires conduites devant les collectivités territoriales au titre d'étude d'impact doivent être exposées avec précision au Conseil d'État dans son rôle consultatif. C'est ce qui ressort de l'article 8 de la loi organique n° 2009-403 qui évoque « *les consultations qui ont été menées avant la saisine du Conseil d'État* ».

Ainsi, ont été présentés quatre mécanismes constitutionnels de production de travaux préparatoires de normes juridiques à la périphérie des assemblées parlementaires. Il s'agit de mécanismes obligatoires qui, bien que dans des proportions différentes, s'imposent aux autorités détentrices du pouvoir des initiatives normatives. Mais de nombreux autres travaux préparatoires périphériques, bien que non obligatoires, sont également, directement ou indirectement, prévus par la Constitution. Ainsi, il s'avère intéressant d'analyser le cadre de production de ces derniers, et surtout de se poser la question de leur intérêt et de leur importance dans la mesure où ils se trouvent, de près ou de loin, régis par la Constitution elle-même.

SECTION 2 : DES TRAVAUX PRÉPARATOIRES PÉRIPHÉRIQUES NON OBLIGATOIRES MAIS DIRECTEMENT OU INDIRECTEMENT PRÉVUS PAR LA CONSTITUTION

Selon les analyses de Guy Carcassonne à propos de l'article 39 de la Constitution, si les projets de texte du gouvernement doivent, parfois, « *recueillir des avis* » avant de pouvoir être soumis au Parlement, « *seuls les avis prévus par la Constitution elle-même sont inséparables à la régularité de la procédure [législative], et non ceux envisagés par des lois ordinaires.*[433] » En effet, il semble impossible que

[433] Guy Carcassonne, *La Constitution introduite et commentée*, *Op. cit.*, p. 201. Mais on verra que cette affirmation de Guy Carcassonne n'est plus exacte, et cela pour au moins deux raisons. D'une part, le législateur peut se lier par une formalité législative du même type que celle prévue par la Constitution, et, d'autre part, le Conseil constitutionnel reconnaît qu'il doit prendre en considération non seulement les avis d'instances visées par la Constitution, dans la procédure

le Conseil constitutionnel censure une disposition législative sur le fondement d'une formalité qui n'a pas été érigée en tant que telle dans la procédure législative. Ainsi, si le constituant de 1958 a prévu ces formalités qui peuvent s'apparenter à celles qui s'imposent au législateur dans l'élaboration normative, il ne les érige pas en formalités substantielles pour autant, elles demeurent donc accessoires. Mais cette explication n'est pas suffisante. En effet, il semble difficile d'avoir un point de vue arrêté sur la portée de telles formalités qui, bien que non substantielles pour la régularité de la procédure parlementaire, sont tout de même prévues par la Constitution. Dans ce contexte, il est donc permis de se poser la question de la visée, mais aussi du sens et de l'objectif de ces formalités constitutionnelles « non obligatoires » dans la procédure législative.

Cette position n'est pas loin d'une conception purement comptable, au sens de la rentabilité en termes d'apport et d'efficacité des mécanismes formels non obligatoires prévus par la Constitution[434]. Elle pose la question de savoir pourquoi l'acte fondamental de l'État, c'est-à-dire la Constitution, a-t-il prévu que certains des organismes qu'il met en place doivent fournir un rapport ou un avis annuel à telle ou telle autorité de l'État, soit sur la demande de cette autorité[435], soit de manière automatique[436]. Il s'agit là d'une question fondamentale à laquelle il faudra tenter d'apporter une réponse à travers un constat. Ce constat est celui de la Constitution de la Vème République qui prévoit un rôle de donneur d'avis – bien que facultatif car sur demande d'une autorité de l'État – ou un rôle de producteur de rapports destinés à être lus par telle ou telle autorité de l'État – lesquels avis et rapports sont établis par certains organes et institutions dont le rôle est prévu directement dans la Constitution. D'un point de vue purement comptable, ces instances utilisent des moyens tant humains que matériels mis à leur disposition et financés par les budgets de l'État. Pourquoi le constituant de

---

législative, mais aussi ceux d'autres instances qui ne trouvent leur fondement que dans un texte de nature législative.

434 Cette analyse comptable des normes constitutionnelles n'est pas totalement différente de certains aspects de ce que l'on qualifie d'« *analyse économique du droit* » d'origine américaine. Sur cette dernière notion, v. Thierry Kirat, *Économie du droit*, La Découverte, Coll. : « Repères », 1999 ; Emmanuel Jeuland, *Droit processuel général*, Montchrestien, 2ème édition, 2012, pp. 64-65. Sur sa critique en France, v. Bruno Oppetit, *Droit et économie*, Archives de philosophie du droit, 1992, t. 37, pp. 17 s. Mais l'analyse comptable proposée dans cette thèse réfute l'aspect de l'analyse économique du droit consistant à dire que le juge doit rechercher la solution la moins coûteuse pour la collectivité ; une telle conception du droit rompt, entre autres, avec le principe d'impartialité du juge et favorise l'irresponsabilité des personnes publiques.

435 Tels les différents avis du Conseil supérieur de la magistrature prévus à l'article 65 de la Constitution.

436 Exemple de l'article 71-1 de la Constitution.

1958 aurait-il permis et mis en place une telle *gabegie* budgétaire si le rôle de ces instances devait être purement superfétatoire ? Il est permis de répondre par la négative car le Conseil constitutionnel précise que « *le bon usage des deniers publics*[437] » « *constitue une exigence constitutionnelle qui découle de l'article 14 de la Déclaration de 1789*[438] ». Si l'on admet qu'il est impossible que le constituant puisse permettre l'usage de moyens de l'État pour aboutir à des résultats dont l'intérêt est nul, alors les travaux de ces instances doivent être regardés comme devant inspirer les autorités de l'État, et en particulier le législateur, dans son rôle de régulateur de la vie sociale par les normes qu'il adopte.

Le constituant de 1958 a, en effet, mis en place plusieurs organes de support[439] au profit des pouvoirs publics dans le cadre de leurs actions. Chacun de ces organes, dans le cadre de l'exercice de leur activité respective, contribue à éclairer les actions de l'État, et en premier lieu celles du Parlement qui est le premier organe chargé de l'adoption des normes communes. Parmi ces organes, l'un attire particulièrement l'attention compte tenu de la charge que la Constitution lui

---

[437] Décision n° 2003-473 DC du 26 juin 2003, Cons. 10 et 18. *Loi habilitant le Gouvernement à simplifier le droit* ; Décision n° 2019-802 QPC du 20 septembre 2019, §. 9. *M. Abdelnour B. [Utilisation de la visioconférence sans accord du détenu dans le cadre d'audiences relatives au contentieux de la détention provisoire].*

[438] Décision n° 2019-781 DC du 16 mai 2019, §§. 14, 59 et 65. *Loi relative à la croissance et la transformation des entreprises.*

[439] À titre d'exemple, le Conseil supérieur de la magistrature et les cours suprêmes de l'ordre judiciaire et de l'ordre administratif constituent une fonction support non négligeable dans l'étude d'impact des projets et propositions de loi. En effet, bien que le lien puisse, à première vue, ne pas paraître évident, les rapports annuels des cours suprêmes et les différents avis et rapports annuels du Conseil supérieur de la magistrature contribuent, au même titre que ceux que la Constitution « exige », à éclairer le gouvernement et, dans une moindre mesure, le Parlement, à l'élaboration et à l'amélioration de la législation. S'agissant du Conseil d'État, c'est son rôle administratif, dans le cadre de ses rapports et études annuels, qui est considéré, quoique son rôle juridictionnel contribue aussi au même objectif par le biais des affaires concrètes que l'institution traite. Bien que les rapports et études annuels du Conseil d'État ne trouvent leur fondement dans aucun texte juridique précis, il n'empêche qu'ils constituent un support nécessaire à la qualité normative, problématique qui revient d'ailleurs souvent dans les analyses de cette institution (v. rapport / études annuel de 1991, 2006 et 2016). Quant à la Cour de cassation, outre son rôle juridictionnel qui, comme pour le Conseil d'État dans ce même rôle, contribue à faire évoluer les normes juridiques, elle produit également un rapport annuel, à la différence que celui-ci trouve un fondement juridique, du moins de nature réglementaire (v. article R111-2 du Code de l'organisation judiciaire, créé par le décret n°2008-522 du 2 juin 2008), contrairement aux rapports et études du Conseil d'État qui ne sont fondés sur aucun texte juridique précis, sinon la volonté de celui-ci de rendre plus accessibles au public ses différentes activités. Enfin, le Conseil supérieur de la magistrature, sur le fondement de l'article 64 de la Constitution, contribue également à la préparation de nouvelles législations, de même que le sont tout autre organe qui officie aux côtés des pouvoirs publics.

attribue au regard du gouvernement et du Parlement ; il s'agit du Défenseur des droits dont le rôle dans la procédure législative, on le verra, n'est pas neutre. Ainsi, il sera étudié la manière dont la Constitution fait participer le Défenseur des droits à l'élaboration des normes juridiques et la portée du rôle de celui-ci (§1). Par ailleurs, compte tenu de la particularité de l'exposé des motifs et de l'étude d'impact des projets de loi, leur analyse devait trouver une place dans le cadre des travaux préparatoires extraparlementaires à l'étude. C'est ainsi qu'il sera étudié ici le mécanisme de ces deux derniers types de travaux préparatoires extraparlementaires (§2), bien que ces derniers ne présentent, à proprement parler, aucun lien particulier avec le Défenseur des droits.

§1. La contribution du Défenseur des droits à la production de travaux préparatoires extraparlementaires des normes juridiques

Organe créé par la réforme constitutionnelle de 2008[440], le Défenseur des droits a pour fonction d'accompagner les citoyens dans la défense de leurs droits. Mais le constituant de 2008 a confié une autre fonction, plus subtile, à cet organisme qui mérite d'être analysée. En effet, le Défenseur des droits est aussi un donneur d'avis, rôle qui lui est dévolu par la Constitution elle-même, dont le dernier alinéa de son article 71-1 dispose : « *Le Défenseur des droits rend compte de son activité au Président de la République et au Parlement.* » Le président de la République et le Parlement étant deux éléments constitutifs et essentiels du « législateur », la Constitution exige ainsi un éclairage de l'un et de l'autre par le compte rendu annuel du Défenseur des droits. Ainsi, par la production de ce compte rendu annuel, le Défenseur des droits participe de manière indirecte à la préparation des projets et propositions de loi relevant de son champ d'activité. C'est dans ce contexte qu'il convient de mesurer l'effet préparatif de ce compte rendu à la fois au gouvernement (A) et au Parlement (B).

---

[440] Idée issue des travaux du Comité Balladur de 2007 qui proposa de créer un « Défenseur des droits fondamentaux ».

A) L'éclairage du gouvernement par le Défenseur des droits

Tout d'abord, il convient de préciser le choix d'impliquer le gouvernement dans cette étude alors que l'article 71-1 prévoit que le Défenseur des droits communique son compte rendu au président de la République, et non au chef du gouvernement. L'explication de ce choix est simple. En France, il n'est pas ignoré, hormis l'éventualité de la cohabitation que la réforme constitutionnelle de 1995 a d'ailleurs neutralisée[441], qu'il existe une confusion entre le chef du gouvernement (le Premier ministre) et le chef de l'État (le président de la République) qui, de fait, se trouvent tous les deux chefs du gouvernement, encore que le Premier ministre qui est juridiquement le chef du gouvernement (article 21 de la Constitution) s'efface souvent dans l'exercice de cette fonction au profit du président de la République[442]. Mais, étant donné que l'initiative de la production normative relève en général des compétences du chef du gouvernement, qu'il soit permis de substituer sur ce plan celui-ci au président de la République qui, pourtant, est constitutionnellement destinataire du compte rendu du Défenseur des droits.

Par ailleurs, il convient de préciser encore l'article 71-1, dernier alinéa, de la Constitution sur un second point. Dans la mesure où cette disposition constitutionnelle ne fait pas état de la périodicité du compte rendu du Défenseur des droits, il est intéressant de s'y arrêter un instant. En effet, la Constitution restant silencieuse sur ce point, c'est la loi organique n° 2011-333 du 29 mars

---

[441] Sur ce point, v. Dominique Rousseau, *Radicaliser la démocratie. Propositions pour une refondation*, Seuil, avril 2015, p. 90. Selon cet auteur, en effet, l'alignement du quinquennat parlementaire au quinquennat présidentiel a affaibli le poids d'un Parlement capable d'imposer le respect de son programme au gouvernement ; car le passage du septennat au quinquennat en 2000 a eu pour effet pervers de rendre dépendante l'élection des parlementaires de celle du président de la République au point que Jean-Louis Debré puisse déclarer que les députés sont élus « *grâce* » au président de la République (*Ce que je ne pouvais pas dire*, *Op. cit.*, p. 198) ; et, par la même occasion, les parlementaires, craignant l'arme de la dissolution du Parlement, qui leur est posée, comme une épée de Damoclès, sur la tête, évitent le renversement du gouvernement, même si celui-ci fait n'importe quoi sous leurs yeux. À cet égard, il est regrettable de constater qu'un gouvernement qui a osé proposer la déchéance de l'État, à travers l'insertion d'une déchéance de la nationalité dans le texte de la Constitution, n'a pas été renversé, malgré le désaccord profond entre celui-ci et un grand nombre de parlementaires, ainsi qu'une grande majorité de l'opinion publique.

[442] Sur ce point, le documentaire *Jacques Chirac, l'homme qui ne voulait pas être Président* (France 2, 16 octobre 2016) a très bien mis en scène le fait qu'en France un président de la République peut parfaitement se substituer à la place du Premier ministre en nommant la totalité des ministres importants en méconnaissance du rôle de ce dernier dans la formation du gouvernement.

2011 relative au Défenseur des droits qui est venue préciser cette disposition constitutionnelle, s'agissant du rythme de production du compte rendu du Défenseur des droits.

En effet, le II de l'article 36 de cette loi organique comporte plusieurs précisions sur le compte rendu obligatoire du Défenseur des droits. D'une part, il dispose que le Défenseur des droits « *présente* ***chaque année*** *au Président de la République, au président de l'Assemblée nationale et au président du Sénat : 1° Un rapport qui rend compte de son activité générale et comprend une annexe thématique relative à chacun de ses domaines de compétences énumérés à l'article 4 ;* » D'autre part, il ajoute qu'il présente également « *Un rapport consacré aux droits de l'enfant à l'occasion de la journée internationale des droits de l'enfant.*[443] »

S'agissant du compte rendu prévu à l'article 71-1 de la Constitution, la loi organique de 2011 a fait le choix de l'annualité de sa production par le Défenseur des droits, et elle a également substitué le terme « rapport » à celui de « compte rendu » employé par le constituant de 2008, à supposer que les deux termes, par définition, se confondent. En effet, cette loi organique, qui a été pleinement validée par le Conseil constitutionnel[444], a fixé une périodicité annuelle pour le compte rendu d'activité du Défenseur des droits. Le président de la République, à qui le rapport d'activité du Défenseur des droits est en premier lieu et obligatoirement adressé, est aussi le président du Conseil des ministres où les projets de loi sont concrètement pensés et adoptés avant d'être déposés sur le bureau de l'une des deux assemblées législatives.

Ainsi, il peut être admis qu'un tel rapport a clairement pour objectif au moins d'éclairer le président de la République qui donne ses instructions à son Premier ministre et directement ou indirectement à ses ministres qui porteront les projets de texte tenant compte des propositions de réforme faites par le Défenseur des droits ou aux problèmes juridiques que celui-ci rencontre dans le cadre de l'exercice de ses fonctions. C'est ici le président de la République en tant que

[443] Sur ce point, il peut même être admis que le Défenseur des droits constitue également une force de proposition auprès de l'Organisation des nations unies, s'agissant des réformes, dans ce cadre international, relatives aux droits de l'enfant protégés par la Convention internationale des droits de l'enfant de 1989 dont la France est partie. Le Défenseur des droits pourra aussi, désormais, seconder le conjoint ou la conjointe du chef de l'État dont le statut a été défini, quoique de manière non contraignante, dans une *Charte de transparence relative au statut du conjoint du Chef de l'État* le 21 août 2017 et dont l'une des missions est de « *lutter contre [...] les violences faites [...] aux enfants.* » (Article 1er).

[444] V. Décision n° 2011-626 DC du 29 mars 2011. *Loi organique relative au Défenseur des droits.*

détenteur d'un fragment du pouvoir de l'initiative législative qui est avisé et moins le président de la République en tant que simple arbitre des pouvoirs publics[445].

Enfin, le III de l'article 36 de la loi organique de 2011 dispose : « *Le Défenseur des droits peut également présenter tout autre rapport au Président de la République, au président de l'Assemblée nationale et au président du Sénat. Ce rapport est publié.* » De fait, cette faculté du Défenseur des droits d'attirer à tout moment l'attention du président de la République et des assemblées parlementaires renforce le pouvoir constitutionnel de cette institution, quant à son rôle et son influence dans la production des travaux préparatoires extraparlementaires.

B) L'éclairage du Parlement par le Défenseur des droits

Si l'article 71-1 de la Constitution et l'article 36 de la loi organique de 2011 relative au Défenseur des droits exigent que celui-ci fournisse un compte rendu annuel de son activité au président de la République, cette formalité est également exigée de lui au regard du Parlement, mais avec un degré supplémentaire, s'agissant de ce dernier. En effet, l'alinéa 2 du II de l'article 36 de la loi organique de 2011 dispose : « *Les rapports visés aux 1° et 2° sont publiés et peuvent faire l'objet d'une communication du Défenseur des droits devant chacune des deux assemblées.* » Le texte de la Constitution et surtout celui de la loi organique sont clairs, les deux rapports annuels du Défenseur des droits, sur son activité et sur les droits de l'enfant, sont obligatoirement adressés et au président de la République et au Parlement, mais le Défenseur des droits a également la possibilité de communiquer ses deux rapports annuels aux deux assemblées parlementaires ; la communication dont il s'agit est une communication verbale devant ces assemblées ; cette possibilité de communication orale n'est pas envisagée devant le président de la République qui est aussi destinataire des rapports de

---

445 Car, en pratique, le rôle du président de la Vème République ne se limite pas à un simple arbitrage entre institutions, le président gouverne, que l'on soit d'accord ou pas avec la posture de gouvernant du président de la République. Sur ce point, v. la proposition de Lucie Sponchiado (*La compétence de nomination du président de la Cinquième République*, Dalloz, Coll. : « Bibliothèque parlementaire et constitutionnelle », février 2017, pp. 175 s., 198 et 235 s.) de réforme, voire de suppression de l'ordonnance n° 58-1136 du 28 novembre 1958 portant loi organique concernant les nominations aux emplois civils et militaires de l'État qui, selon l'auteure, permet au président de la République de « *capter* » le pouvoir de nommer à toutes les hautes fonctions administratives de nature civile et militaire, au détriment du chef du gouvernement.

l'institution. Dans ce contexte, il convient d'interroger cette possible formalité supplémentaire du Défenseur des droits devant les assemblées parlementaires.

Il semble qu'il n'y pas de place pour le doute quant à l'intérêt des rapports du Défenseur des droits pour le Parlement. En effet, si l'on considère que les rapports (annuels) de cette institution éclairent le président de la République, et donc le gouvernement, sur ce qu'il conviendrait d'améliorer afin de mieux permettre la protection des droits des citoyens, ces derniers rapports représentent le même intérêt pour les assemblées parlementaires. Mais en plus de cet intérêt qui profite à ces deux principales branches du législateur, la loi organique de 2011 permet, bien que de manière non obligatoire, une présentation orale des rapports du Défenseur des droits devant le Parlement, ce qui a pour objectif de susciter des discussions quant aux propositions de ces rapports au sein des différents organes parlementaires. Ainsi, cette possibilité offerte au Défenseur des droits de pouvoir communiquer oralement ses rapports aux parlementaires vise en quelque sorte à recentrer le débat public au sein du Parlement et à permettre aux membres de celui-ci de se saisir, notamment par le biais de propositions de loi, mais aussi par des questions nourries dans leur fonction de contrôle des actions gouvernementales, de problématiques afférentes à la protection des droits et libertés des citoyens.

Mais c'est là un mécanisme constitutionnel complexe qu'a mis en place le constituant de 2008, à travers le Défenseur des droits, du point de vue juridique, et il faut comprendre ce mécanisme en considération de toute sa complexité. Cette complexité est liée au fait que le Défenseur des droits « doit », d'un côté, fournir ses rapports au « législateur » chaque année alors que, de l'autre côté, ce dernier, à travers le président de la République et le Parlement, n'a aucune obligation de prendre en compte de manière concrète les préconisations éventuelles formulées dans les rapports du Défenseur des droits. Dans ce contexte, il est permis de déceler, par cette complexité, un mécanisme purement formel, sans aucune valeur juridique concrète, hormis le formalisme communicationnel. Cependant, si on pousse la réflexion autour de cette logique constitutionnelle jusqu'au bout, une interprétation téléologique de son mécanisme doit être opérée afin de saisir son sens sur le plan juridique.

Le Défenseur des droits affirme que « *La loi organique prévoit que le Défenseur des droits conduit une mission préventive, dédiée à la promotion des droits et de l'égalité, exact pendant de sa mission de protection des droits et libertés.*[446] » L'institution considère elle-même que « *Ces interventions sont adossées à sa capacité d'influer sur la norme elle-même en proposant des réformes aux pouvoirs publics.*[447] » À ce titre, un *comité des réformes* a été constitué au sein du Défenseur des droits, lequel a déjà œuvré en faveur de modifications législatives conséquentes visant à améliorer les services publics vis-à-vis des usagers[448].

Par ailleurs, depuis sa mise en œuvre concrète en 2011, le Défenseur des droits a publié six rapports annuels (de 2011 à 2016). Ces rapports adoptent une structure identique où une partie, souvent un chapitre, consacrée à la promotion des droits et des libertés, fait systématiquement état des préconisations législatives et réglementaires présentes et passées, ainsi que la prise en compte[449] de ses préconisations dans l'élaboration des normes par l'autorité décisionnaire concernée.

En outre, il convient de remarquer que ce rôle de soutien du Défenseur des droits auprès des deux principales branches du « législateur » se trouve placé dans le chapitre III, du titre III, de la loi organique de 2011. Ce chapitre III a pour intitulé « *Dispositions relatives aux* ***pouvoirs*** *du défenseur des droits* ». Si l'on se réfère à la cohérence et à la logique de la loi organique, on peut voir dans les termes de celle-ci un réel pouvoir, bien qu'indirect, de participation du Défenseur des droits aux décisions normatives, que ce soit au côté du Parlement ou au côté du pouvoir réglementaire. Ainsi, il se trouve investi d'un pouvoir normatif étant donné son rôle obligatoire – le présent de l'indicatif « rend compte » (article 71-1 de la Constitution) oblige – d'éclaireur des pouvoirs publics décisionnaires (constituant, législateur et pouvoir réglementaire).

Cependant, ce rôle du Défenseur des droits présente une difficulté majeure. Le problème du rôle d'éclaireur du Défenseur des droits est qu'il s'agit d'un

---

[446] *Rapport annuel d'activité 2011* du Défenseur des droits, p. 39.

[447] *Ibid.*

[448] Par exemple, le Défenseur des droits affirme que, grâce aux actions de son comité des réformes, il a pu permettre, dans le cadre de l'élaboration de la loi n° 2011-1862 du 13 décembre 2011 relative à la répartition des contentieux et à l'allègement de certaines procédures juridictionnelles, que les propriétaires initiaux de véhicules qu'ils ont par la suite vendus n'aient plus à payer des amendes qui leur sont infligées par l'administration alors même qu'ils n'étaient plus propriétaires de ces véhicules depuis bien longtemps (rapport 2011 cité, p. 41).

[449] Pour mesurer la prise en considération de ses propositions de réformes, le Défenseur des droits assure un suivi régulier, suivi constatable dans ses différents rapports annuels, des actes tant parlementaires que réglementaires qui ont donné à celles-ci une concrétisation juridique.

engagement monodirectionnel ; car, si la Constitution et la loi organique de 2011 exigent des rapports (annuels) d'activité du Défenseur des droits destinés au président de la République et au Parlement, ces textes ne précisent pas l'usage que ces derniers doivent en faire. Si bien que le mécanisme laisse à penser que seul le Défenseur des droits serait obligé envers ces deux branches du législateur, lesquelles n'ont aucune obligation juridique de « justifier » qu'elles ont bien pris en compte d'éventuelles préconisations de réformes avancées dans les rapports d'activité du Défenseur des droits. Sur ce point, il faut noter une différence entre ce rôle d'avis du Défenseur des droits par le biais de ses rapports et celui du Conseil d'État dont l'avis doit être pris en compte par le gouvernement[450]. Malgré cette difficulté, en toute logique et en toute cohérence, suivant l'interprétation téléologique proposée, le constituant de 2008 n'a pas pu instituer un tel mécanisme de conseil du Défenseur des droits à destination du législateur sans qu'il n'y ait un certain sens (ou un certain « esprit » normatif) dans le processus d'élaboration des normes juridiques. Car la Constitution est en principe le garant du meilleur usage possible des moyens du système politique qu'elle régit et, de là, elle vise à assurer la performance, l'efficacité et l'efficience de l'usage de ces moyens. Ainsi, l'effort de communication entre le législateur et le Défenseur des droits n'est pas un mécanisme vide de sens, comme il pourrait être interprété. Une relation (de communication) suppose un échange de procédés dont le résultat est non seulement de comprendre, mais aussi d'agir pour le bien commun, ici la production de normes juridiques adaptées. Suivant cette conception, non déformée, du principe constitutionnel posé, il est permis de conclure que la communication annuelle de rapports, tant à l'écrit qu'à l'oral, par le Défenseur des droits au législateur, ne peut pas, constitutionnellement parlant, avoir un but purement platonique ; ce mécanisme permet au Défenseur des droits de prendre toute sa place parmi les autorités constitutionnelles dotées du pouvoir normatif dans un cadre pluraliste de production des normes juridiques. D'ailleurs, conscient du rôle crucial de conseil du Défenseur des droits auprès des pouvoirs normatifs, un rapport d'information de la Commission des lois de l'Assemblée nationale du 15 juillet 2020[451] propose, à l'instar de ce qui est prévu pour le CESE à l'article 70 de la Constitution, de rendre obligatoire la saisine du Défenseur des droits sur certains projets de texte : « *une saisine obligatoire pour avis doit être instituée pour le Défenseur des droits, s'agissant de l'ensemble des projets ou propositions de texte ayant trait à la lutte contre les discriminations, à la promotion de l'égalité, aux droits de l'enfant, à la déontologie de la sécurité ainsi qu'aux lanceurs d'alerte.* »

[450] Décision n° 2003-468 DC, *Op. cit.*

[451] *Rapport d'information AN*, n° 3203, 15 juillet 2020.

Jusqu'ici, l'étude de la notion de travaux préparatoires extraparlementaires n'a été conduite qu'au travers de mécanismes organiques institués par la Constitution dans l'objectif d'une production plurielle (des travaux préparatoires) des normes juridiques. Mais ces mécanismes de nature constitutionnelle ne sont pas les seuls mécanismes juridiques à contribuer à la production de travaux préparatoires extraparlementaires ; des mécanismes politico-sociologiques et scientifiques de nature législative, notamment à travers le Haut conseil de la santé publique, le Comité consultatif national d'éthique, l'Académie nationale de médecine, ou encore la participation du public à l'élaboration des décisions ayant une influence sur l'environnement prévue par la Charte de l'environnement de 2004[452], participent également à cette fonction productrice de normes juridiques. Cependant, compte tenu de la particularité de ces derniers mécanismes, qui ne sont d'ailleurs pas prévus par la Constitution, leur intérêt dans l'interprétation constitutionnelle ne sera analysé que dans la seconde partie de cette recherche au moment d'aborder la question de l'interprétation scientifique des normes juridiques, et l'on verra que leur intérêt dans l'interprétation constitutionnelle n'est pas neutre.

Il convient à présent s'intéresser à deux éléments, différents mais complémentaires, faisant partie des travaux préparatoires extraparlementaires des normes juridiques ; il s'agit de l'exposé des motifs et de l'étude d'impact des projets de loi.

§2. Le cas des exposés des motifs et des études d'impact des projets de loi

L'exposé des motifs et l'étude d'impact[453] – tous deux rendus obligatoires dans la conception des projets de loi déposés par le gouvernement sur le bureau d'une

---

[452] Bien que ce mécanisme de participation du public trouve son fondement dans le bloc de constitutionnalité, à travers la Charte de l'environnement de 2004, sa concrétisation n'est rendue possible que par la loi ordinaire. Sa particularité conduit à l'étudier dans la seconde partie de cette recherche également.

[453] Il convient de noter une différence non négligeable entre les exposés des motifs et les études d'impact des projets (et propositions) de loi qui, de droit comme de fait, sont des travaux préparatoires des normes dont ils précèdent l'édiction par rapport aux travaux du Conseil supérieur de la magistrature, du Conseil d'État et de la Cour de cassation qui, eux, ne sont des travaux préparatoires des normes que de fait. À noter également que le Conseil d'État produit des travaux préparatoires des normes juridiques à un double titre : d'abord, dans le cadre de sa fonction

des deux assemblées législatives – sont des travaux préparatoires également réalisés à l'extérieur du cadre de celles-ci ; d'où leur étude ici dans le cadre de l'analyse des travaux préparatoires extraparlementaires. Il sera ainsi procédé, d'abord, à l'analyse des exposés des motifs (A) et, ensuite, à celle des études d'impact (B) des projets de loi[454] comme travaux préparatoires des normes juridiques pouvant servir à l'interprétation de celles-ci. Puis, enfin, il sera analysé l'articulation entre ces deux mécanismes, dans la mesure où ils paraissent parfois se recouper.

A) Les exposés des motifs des projets de loi

Le mécanisme de l'exposé des motifs n'est pas différent pour les projets de loi par rapport à l'exposé des motifs des propositions de la loi. En effet, hormis le fait que l'exposé des motifs des projets de loi émane du gouvernement, donc en dehors du cadre intraparlementaire *stricto sensu*, et que celui des propositions de loi est réalisé dans le cadre de l'initiative interne des membres du Parlement, le processus est à peu près identique et se présente de la même manière. Comme son nom l'indique, l'exposé des motifs « expose » les motifs, les raisons, l'intention, ou les mobiles qui ont conduit le gouvernement à légiférer[455].

Avant la réforme constitutionnelle de 2008, qui, par ailleurs, a conduit à un nombre important de lois organiques, le mécanisme de l'exposé des motifs n'avait aucun fondement juridique précis ; il relevait de l'ordre de la pratique traditionnelle de la procédure législative. Pour la première fois, la loi organique n° 2009-403 relative à l'application des articles 34-1, 39 et 44 de la Constitution a consacré, en son article 7, l'exposé des motifs qui, jusque-là, ne fut qu'une coutume parlementaire de la République. Ainsi, le Conseil constitutionnel, examinant cette loi organique qui a donné un fondement juridique certain à l'exposé des motifs des projets (et des propositions) de loi, a pu considérer que « *[...] l'article 7 dispose que "les projets de loi sont précédés de l'exposé de leurs motifs" ;*

---

consultative née de l'article 39, al. 2, de la Constitution, puis par ses rapports et études annuels, activité qui n'est fondée sur aucun texte juridique.

454 Il ne s'agit pas ici d'ignorer que les propositions de loi peuvent aussi comporter un exposé des motifs et une étude d'impact, mais compte tenu de la faiblesse du nombre de propositions de loi et aussi de leur très peu de chance d'aboutir au niveau « norme », le choix a été fait de porter l'analyse uniquement sur les seuls projets de loi. Le cas de l'exposé des motifs des propositions de loi a été traité dans le chapitre précédent car ceux-ci relèvent des travaux préparatoires intraparlementaires.

455 Le procédé permet ainsi d'identifier ce que des constitutionnalistes Canadiens qualifient de « *mal à corriger* » (*mischief*) qui renvoie à une situation ayant posé problème et dont il revient au législateur de lui apporter la solution la plus adéquate possible. Sur ce point, v. Pierre-André Côté, *The interpretation of legislation in Canada*, Les Editions Yvon Blais, Inc, 1992, p. 364 [BU Cujas]).

qu'il consacre ainsi une tradition républicaine qui a pour objet de présenter les principales caractéristiques de ce projet et de mettre en valeur l'intérêt qui s'attache à son adoption ; qu'il n'est pas contraire au troisième alinéa de l'article 39 de la Constitution ;[456] »

Le Conseil constitutionnel avait déjà, en 2005, précisé l'objectif de l'exposé des motifs des projets de loi, tel qu'il ressort des analyses de ses décisions : « *L'exposé des motifs, qui, conformément à la tradition républicaine, accompagne un projet de loi et présente les motifs pour lesquels son adoption est proposée, est inséparable de ce projet.*[457] » Un tel exposé a aussi « *pour objet de présenter les principales caractéristiques du projet de loi*[458] » et « *de mettre en valeur l'intérêt qui s'attache à son adoption*[459] ». Cette jurisprudence du Conseil constitutionnel n'a donc été que confirmée par la décision n° 2009-579 DC précitée sur une base juridique plus ferme qu'une simple tradition républicaine[460].

Ainsi, comme travaux préparatoires extraparlementaires des normes juridiques, l'exposé des motifs des projets de loi est particulièrement utile à l'interprète constitutionnel. Il permet au Conseil constitutionnel de contrôler notamment le respect par le législateur du principe d'égalité devant la loi ou devant l'impôt. Dans la quasi-totalité de ses décisions sur le principe d'égalité, le Conseil constitutionnel contrôle en effet si le législateur a fondé « *son appréciation sur des critères objectifs et rationnels en fonction des buts qu'il se propose* ». Parfois le Conseil constitutionnel utilise à la place du terme « buts », les termes « objet » et « objectifs » de la loi, ou encore « intention » du législateur. Toutes ces expressions renvoient aux raisons (d'être) de la réforme législative, raisons qui

---

[456] Décision n° 2009-579 DC du 09 avril 2009, Cons. 11. *Loi organique relative à l'application des articles 34-1, 39 et 44 de la Constitution.*

[457] V. *Tables analytiques de 1959-2015*, pp. 2426-2427 [consultée le 10 août 2015].

[458] *Ibid.*, p. 2427 ; Décision n° 2005-33 REF, Cons. 6 et 9 et Décision n° 2005-35 REF, Cons. 10.

[459] *Ibid.*

[460] Mais cette tradition républicaine, découverte et affirmée par le Conseil constitutionnel, revêt une importance particulière, sur le plan juridique, si l'on songe aux principes fondamentaux reconnus par les lois de la République (PFRLR). En effet, si le mécanisme de l'exposé des motifs fut un droit ou une liberté fondamentale et visé par des lois républicaines, il est fort probable que le Conseil constitutionnel rechercherait son caractère de PFRLR, en vue de mieux le protéger. Car la tradition (ou la coutume) est, selon le jurisconsulte Paul [Digeste 1.3.37], la meilleure des preuves de l'existence du droit d'une société. Celui-ci estima, en effet, que « *lorsque l'on s'enquiert de l'interprétation d'une loi, [il importe] de rechercher d'abord quel droit utilisait la cité, car 'la coutume est la meilleure interprète des lois'* » (cité *in* François Saint-Bonnet et Yves Sassier, *Histoire des institutions avant 1789*, LGDJ, Coll. : « Droit public », 5ème édition, 2015, p. 29).

sont l'essence même de l'exposé des motifs, suivant la définition de cette notion par le Conseil constitutionnel lui-même.

L'attachement du juge constitutionnel spécial, de par la manière dont il met en avant de tels objectifs de l'exposé des motifs des projets de loi, bien que celui-ci n'ait pas de valeur juridique en soi[461], révèle ainsi que celui-ci constitue l'un des instruments pouvant éclairer les normes qu'il a la mission d'interpréter. Mais l'exposé des motifs présente des lacunes quant à son contenu. Les raisons de la réforme envisagée ne sont, bien souvent, pas rigoureusement exposées. Le bureau des assemblées législatives, qui, normalement, contrôle la présence matérielle de l'exposé des motifs accompagnant les projets (et propositions) de loi, se montrait, avant la loi organique de 2009, de plus en plus laxiste au regard du contenu et de la rigueur de cet écrit. Si bien qu'au lieu d'exiger un exposé des motifs – par un « *simple bon sens* », affirmait Guy Carcassonne – avec les rigueurs nécessaires afin de permettre un réel éclairage du Parlement et du juge-interprète, il a été inventé un autre mécanisme qui vient s'ajouter à l'exposé des motifs : l'étude d'impact.

B) Les études d'impact des projets de loi

Avant la réforme constitutionnelle du 23 juillet 2008 et, notamment, la loi organique n° 2009-403 précitée, les projets de loi[462] n'étaient composés que de l'exposé des motifs et du dispositif, c'est-à-dire le texte du projet proprement dit. Mais cette loi organique vient ajouter une obligation supplémentaire pour le

---

[461] L'exposé des motifs ne fait pas parties du « dispositif » des projets de loi, c'est-à-dire qu'il n'est pas compris dans la liste des articles numérotés du texte. De ce fait, il ne peut pas faire l'objet d'amendements, comme certains parlementaires novices peuvent quelquefois croire pouvoir le faire, et n'est donc pas contestable devant le juge constitutionnel. De cette précision se trouve une question juridique d'une particulière importance : si le Conseil constitutionnel a donné valeur juridique au préambule de la Constitution de 1958, qui se présente comme une sorte d'exposé des motifs de celle-ci, ne pourrait-il pas le faire également pour l'exposé des motifs des projets de loi ? En effet, le juge-interprète se fait une idée de l'ensemble d'un texte d'abord à travers l'exposé des motifs de celui-ci. Ainsi, suivant la manière dont l'histoire de l'idée de la naissance de ce texte est narrée dans son exposé des motifs, le juge-interprète peut en tirer des conclusions différentes. De ce point de vue-là, il n'est pas si incohérent d'amender l'histoire racontée dans un exposé des motifs.

[462] Il s'agit bien, ici, de l'étude d'impact des *projets* de loi, celle des propositions de loi n'étant pas obligatoire, bien que certains parlementaires essaient de la rendre aussi obligatoire pour les propositions de loi. Sur ce point, v. Proposition de résolution (n° 739, déposée le 21 février 2013) de Bernard Accroyer tendant à modifier le Règlement de l'Assemblée nationale afin d'obliger à joindre une étude d'impact aux propositions de loi discutées en séance publique. Une étude du CESE propose même de l'étendre aux « *amendements substantiels* » (*Étude d'impact : mieux évaluer pour mieux légiférer*, Septembre 2019, p. 72)

gouvernement, à l'occasion du dépôt d'un projet de loi devant la première assemblée saisie, à travers le mécanisme de l'étude d'impact[463]. Ce nouveau mécanisme, dans le cadre de la procédure législative, a pris une ampleur très importante dans la présentation des projets de loi. L'étude d'impact est en effet une nouveauté organique dans ce cadre. La notion d'étude d'impact est une notion empruntée au droit de l'urbanisme et au droit de l'environnement[464]. La confusion et l'absence constante de clarté des dispositions législatives et l'important succès de l'étude d'impact dans d'autres domaines que la production législative ont conduit le législateur organique de 2009 à adopter ce mécanisme comme une nouvelle contrainte procédurale, notamment pour le gouvernement, dans l'élaboration des normes juridiques.

Dans sa conception, la notion d'étude d'impact présente un lien étroit avec ce qu'on qualifie, souvent sans la définir, d'opinion publique[465]. Ainsi, l'accent sera mis sur cet aspect un peu particulier du mécanisme de l'étude d'impact des projets de loi, dans sa relation avec l'opinion publique, notamment dans les pratiques parlementaires à l'Assemblée nationale. Cette relation entre étude d'impact et opinion publique s'explique par le fait que le public, composé de citoyens et de groupements « politiquement » actifs, est amené à donner son opinion sur les projets de loi par le biais de l'étude d'impact. Ce mécanisme d'étude d'impact a été concrétisé par le Règlement de l'Assemblée nationale en 2009[466]. Dans son principe, à travers la relation que l'étude d'impact entretient avec l'opinion publique, elle constitue un dispositif original permettant aux autorités détentrices du pouvoir de l'édiction des normes juridiques d'être connectées de manière moins distante avec celles et ceux pour qui elles sont en fonction, les électeurs. En effet, désormais, le site internet de l'Assemblée nationale peut mentionner : « '*L'Assemblée nationale vous remercie de votre contribution*' : *Vous pouvez désormais vous exprimer sur les études d'impact accompagnant les projets de loi*[467] », avec un exposé liminaire expliquant que « *L'Assemblée nationale a décidé de renforcer*

---

[463] Pour une vision complète de la notion d'étude d'impact, v. Bertrand-Léo Combrade, *L'obligation d'étude d'impact*, Thèse soutenue en 2015, Université Paris 1, Dalloz, 2017, 628 p.

[464] V. *Code urb.*, art. L. 424-4 à L. 430-1 et *Code env.*, art. L. 122-1 à L. 122-3-5.

[465] Pour une approche juridique de la notion d'opinion publique, v. A. V. Dicey, *Leçons sur les rapports entre le droit et l'opinion publique en Angleterre au cours du dix-neuvième siècle*, Max Boucard et Gaston Gèze (dir.), Trad. Gaston Gèze et *ali*, Paris, 1906 [Cujas]. Mais on aura l'occasion de revenir sur la définition de cette notion plus tard.

[466] V. article 83 du Règlement de la l'Assemblée nationale.

[467] V. ce lien internet du site de l'Assemblée nationale : (http://etudesimpact.assemblee-nationale.fr/). [Consulté le 10 mai 2015].

l'information et les contributions du public à la procédure d'examen des projets de loi par les députés.[468] »

Cette initiative parlementaire de l'Assemblée nationale ne paraît ainsi pas fortuite, puisque, comme cela peut désormais être observé sur le site internet de cette Assemblée, de nombreux projets de loi (à peu près vingt-cinq études d'impact de vingt-cinq projets de loi consultés en mai 2016) – bien que ce ne soient pas forcément les plus importants[469] – ont été soumis à l'accueil de contributions venant du public par le biais d'un formulaire en ligne ; hormis d'importantes difficultés démocratiques que soulèvent l'unique moyen de communication qu'il constitue[470], ce dispositif semble fonctionner. Ainsi, le public est invité à « opiner » quant à l'impact des lois futures. C'est une initiative démocratique dans la production législative dont il est cependant difficile, pour l'instant, de mesurer l'efficacité ; mais il n'y a nul doute que cette participation

---

[468] *Ibid.* Propos introductif expliquant la démarche de recherche d'informations pour mieux permettre aux membres du Parlement de décider dans un esprit de démocratie participative.

[469] Pour information, la plupart de ces projets de loi sont relatifs soit à la ratification de traités, accords et conventions internationaux, soit à l'habilitation du gouvernement afin de permettre à celui-ci d'agir dans le domaine de la loi. Mais quelques-uns – comme celui visant à recueillir l'avis du public exigé par l'article 7 de la Charte de l'environnement de 2004 – méritent l'attention.

[470] En effet, bien souvent, de nombreuses personnes qui auraient pu et voulu contribuer aux études d'impact des projets de loi ne le peuvent pas, soit par manque de communication, soit par un accès difficile à l'unique moyen de communication utilisé, à savoir le moyen informatique. Sur ce point, il est à noter que l'étude d'impact des projets de loi présente également un lien avec la politique visant à permettre un meilleur accès à internet au plus grand nombre de foyers français. C'est dans ce contexte d'ailleurs que la ministre qui fut en charge de ce projet affirme : « *La loi pour une République numérique a été discutée par les 21 000 internautes qui ont participé à la consultation : 5 nouveaux articles ont été ajoutés et plus de 90 modifications ont été apportées. Le débat parlementaire a ensuite été fortement enrichi par les propositions citoyennes, qui ont pour nombre d'entre elles inspiré des amendements présentés par députés et sénateurs.* » (Axelle Lemaire, « Construisons ensemble la République numérique », Éditorial in *Lettre d'actualité juridique du ministère de l'économie et des finances*, n° 219, 3 novembre 2016 ; v. également « Projet de loi pour une République numérique », Entretien avec Axelle Lemaire, *La Semaine juridique*, Édition générale, Supplément au n° 7, 15 février 2016, pp. 3-9). Présenté comme tel, le mécanisme semble fonctionner à la perfection, mais cette unique voie de communication employée soulève de plus fort la question de sa démocratisation. Ainsi, néanmoins, outre la mesure des seules « *conséquences économiques* » (Stéphane Gerry-Vernières, « L'argument sociologique dans les études d'impact », in *L'argument sociologique en droit. Pluriel et singularité*, Dalloz, Coll. : « Thèmes et commentaires », 2015, p. 167) d'une réforme, la participation du public dans la complétude de l'étude d'impact fournie par le gouvernement marque sans doute mieux la différence entre étude d'impact et exposé des motifs des projets de loi ; mais sur le plan théorique, au moins, les deux mécanismes se ressemblent. Il ne reste qu'à espérer que leur articulation contribue réellement à l'amélioration de la qualité de la normativité juridique.

du public, inscrit dans le Règlement de l'Assemblée nationale, est une forme d'intervention de celui-ci dans la procédure parlementaire.

En quoi consiste l'étude d'impact des projets de loi ? L'étude d'impact consiste, pour le gouvernement, selon une fiche explicative du site internet de l'Assemblée nationale, à « *définir les objectifs poursuivis, exposer les motifs du recours à une nouvelle législation, l'état actuel du droit dans le domaine visé, l'articulation du projet avec le droit européen, l'évaluation des conséquences économiques, financières, sociales et environnementales des dispositions du projet et les modalités d'application envisagées ainsi que leurs conséquences.* » À la lecture de cette fiche explicative, il ressort que l'étude d'impact inclut des éléments de l'exposé des motifs, mais il diffère de celui-ci, notamment par son but. Ainsi, l'étude d'impact peut apporter des précisions sur les raisons pour lesquelles le législateur intervient pour modifier la loi. L'étude d'impact peut notamment éclairer sur les consultations qui ont été menées et sur les raisons pour lesquelles il a été décidé d'augmenter un impôt (à l'instar du « forfait social »[471]), ainsi que sur le champ d'application temporel et géographique de la loi nouvelle[472].

Pour être plus complet, l'article 8 de la loi organique de la loi organique n° 2009-403 du 15 avril 2009, modifiant la LOLF de 2001, a prévu d'assurer la meilleure information possible du Parlement, par une étude d'impact présentée sous la forme d'un document qui présente huit éléments[473] qui renvoient à un véritable art de bien légiférer notamment par une analyse économique complète

---

[471] Le forfait social est cette contribution visant certaines rémunérations salariales – comme l'épargne salariale – qui échappent aux cotisations de sécurité sociale.

[472] Sur ce point, v. *Étude d'impact* sur le projet de loi de financement de la sécurité sociale pour 2012, octobre 2011, p. 17 s. [en ligne]. Le lecteur est averti que la pagination du document n'a pas été effectuée ; il convient donc de rechercher dans le moteur de recherche du document numérique.

[473] Ces huit éléments sont les suivants : 1. L'articulation du projet de loi avec le droit européen en vigueur ou en cours d'élaboration, et son impact sur l'ordre juridique interne ; 2. L'état d'application du droit sur le territoire national dans le ou les domaines visés par le projet de loi ; 3. Les modalités d'application dans le temps des dispositions envisagées, les textes législatifs et réglementaires à abroger et les mesures transitoires proposées ; 4. Les conditions d'application des dispositions envisagées dans les collectivités régies par les articles 73 et 74 de la Constitution, en Nouvelle-Calédonie et dans les Terres australes et antarctiques françaises, en justifiant, le cas échéant, les adaptations proposées et l'absence d'application des dispositions à certaines de ces collectivités ; 5. L'évaluation des conséquences économiques, financières, sociales et environnementales, ainsi que des coûts et bénéfices financiers attendus des dispositions envisagées pour chaque catégorie d'administrations publiques et de personnes physiques et morales intéressées, en indiquant la méthode de calcul retenue ; 6. L'évaluation des conséquences des dispositions envisagées sur l'emploi public ; 7. Les consultations qui ont été menées avant la saisine du Conseil d'État ; 8. La liste prévisionnelle des textes d'application nécessaires.

des nouvelles normes. Cependant, bien que ces mesures paraissent générer un terrain propice à l'art de bien légiférer, elles n'ont, pour autant, pas empêché la nécessité d'une circulaire du Premier ministre paru le 26 juillet 2017 relative à la maîtrise du flux des textes réglementaires et de leur impact rappelant aux ministres les méthodes de rédaction de nouvelles législations, ce qui montre que les exigences de l'étude d'impact ou de l'évaluation préalable ne sont pas observées autant qu'on l'aurait souhaité dans les administrations centrales qui interviennent dans la rédaction des premières moutures des réformes normatives.

Cette loi organique de 2009 a par ailleurs dispensé les projets de loi de finances d'étude d'impact, mais en prévoyant à la place une « évaluation préalable » (article 11 et 12 de la loi organique). Il semble qu'en pratique la présentation faite dans le cadre de l'étude d'impact et celle faite dans le cadre d'une « évaluation préalable » soit « *sans conséquence aucune sur le contenu des documents à présenter et sur leur degré d'exigence*[474] ». Ainsi, l'évaluation préalable peut, comme une étude impact, expliquer pourquoi le législateur intervient dans l'objectif, par exemple, de mettre la loi française en conformité avec le droit européen. Elle peut apporter un éclairage sur les différentes options qui étaient à disposition du législateur, dans le but, par exemple, de mettre fin à une discrimination injustifiée découlant de la loi française, et préciser les raisons qui ont conduit à retenir l'une de ces options[475].

Dans ce contexte, en définitive, de même que, dans le domaine du droit de l'urbanisme et du droit de l'environnement, l'étude d'impact consisterait à éviter la construction d'une autoroute sur une zone volcanique, elle consiste, dans le domaine du droit parlementaire et de la procédure législative, par exemple, à éviter de légiférer là où la nouvelle norme ne pourrait que demeurer inappliquée ou là où il n'y aurait pas besoin de nouvelles législations, sous peine de semer davantage de troubles juridiques là où la situation est déjà assez critique. Les

---

[474] Jean-Marc Sauvé, « Le rôle du Conseil d'Etat dans la mise en œuvre des études d'impact », Intervention lors de la conférence *L'impact du droit : l'évaluation économique comparée de la norme juridique*, Université Paris Ouest Nanterre La Défense, Cercle France Amériques, p. 3 [en ligne].

[475] Sur ce point, v. *Évaluations préalables*, in Jean-Marc Ayrault, Pierre Moscovici et Jérôme Cahuzac, *Projet de loi de finances rectificative pour 2012*, AN, n° 71, juillet 2012, (pp. 145-264), pp. 175 s., à propos de l'article 5 du projet qui visait à la fois supprimer la retenue à la source sur les distributions de dividendes de source française à des organismes de placement collectif en valeurs mobilières (OPCVM), et à créer en contrepartie une contribution additionnelle à l'impôt sur les sociétés (IS) sur les montants distribués par les sociétés françaises autres que les PME notamment.

impacts, d'ordre juridique, que l'étude d'impact peuvent éviter, sont multiples[476] et peuvent être de nature constitutionnelle, législative, mais aussi réglementaire.

Cela dit, si le Conseil constitutionnel a validé cette disposition organique ayant créé cette obligation d'étude d'impact pour les projets de loi du gouvernement, il a pris le soin d'encadrer cette obligation dans le temps. En effet, dans sa décision n° 2009-579 DC relative à l'examen de la loi organique relative à l'application des articles 34-1, 39 et 44 de la Constitution, le Conseil constitutionnel a décidé : « *que la compétence conférée par le troisième alinéa de l'article 39 de la Constitution à la loi organique concerne la présentation des projets de loi par le Gouvernement ; que, s'il était loisible au législateur de subordonner, sous les réserves énoncées aux articles 11 et 12 de la loi organique, l'inscription d'un projet de loi à l'ordre du jour de la première assemblée saisie au dépôt d'une étude d'impact et s'il appartient à la Conférence des présidents de cette assemblée de constater que cette étude d'impact est conforme aux prescriptions de l'article 8 de la loi organique, le législateur ne pouvait demander au Gouvernement de justifier de la réalisation de cette étude dès le début de l'élaboration des projets de loi ; que, par suite, les mots : " dès le début de leur élaboration " insérés dans la première phrase du premier alinéa de l'article 8 de la loi organique sont contraires à la Constitution ;*[477] » Le Conseil constitutionnel aurait pu – dans l'esprit d'une transparence totale des débats parlementaires – permettre la réalisation de cette étude d'impact des projets de loi dès le début de la procédure parlementaire, notamment au Conseil d'État ; mais il semble se comporter, par cette décision, davantage comme le « chien de garde » du gouvernement (article 37) face au Parlement (article 34)[478]. Ce constat

[476] Ces impacts renvoient à tous ces maux qu'on reproche souvent aux normes juridiques, notamment à la loi ordinaire, tels des malfaçons dans l'écriture et la conception même des normes ou encore de l'inflation normative.

[477] Décision n° 2009-579 DC du 09 avril 2009, Cons. 13. *Op. cit.* Il a encore précisé que « *l'article 39 de la Constitution et la loi organique du 15 avril 2009 mentionnée ci-dessus n'imposent la présentation d'une étude d'impact, la consultation du Conseil d'État et une délibération en conseil des ministres que pour les projets de loi avant leur dépôt sur le bureau de la première assemblée saisie et non pour les amendements. Par conséquent, est inopérant le grief selon lequel le Gouvernement aurait contourné ces exigences procédurales en exerçant le droit d'amendement qu'il tient du premier alinéa de l'article 44 de la Constitution.* » (Décision n° 2016-739 DC du 17 novembre 2016, §6. *Loi de modernisation de la justice du XXIème siècle*). Il en a fait de même dans sa Décision n° 2019-778 DC du 21 mars 2019, §. 9. *Loi de programmation 2018-2022 et de réforme pour la justice* ; v. aussi, à propos d'une proposition de loi cette fois, Décision n° 2019-780 DC du 4 avril 2019, §. 5. *Loi visant à renforcer et garantir le maintien de l'ordre public lors des manifestations.*

[478] Mais cette décision du Conseil constitutionnel confirme que la phase législative commence dès le stade des pourparlers gouvernementaux et donc avant même la phase de l'avis du Conseil d'État. Et, dans ce contexte, à la lecture de l'article 8, al. 1er, de la loi organique n° 2009-403, le Conseil d'État est présenté par le juge constitutionnel comme une instance quasi parlementaire, à côté des

est d'autant plus appuyé par Dominique Chagnollaud qui estime que « *le Conseil fait preuve d'une grande mansuétude quant à son contenu quitte à autoriser le Gouvernement à vider cette étude [d'impact] de sa substance.*[479] »

Le Conseil constitutionnel va encore plus loin dans la limite temporelle apportée à l'exigence d'étude d'impact en décidant « *que, si, par suite des circonstances, tout ou partie d'un document constituant l'étude d'impact d'un projet de loi venait à être mis à la disposition de la première assemblée saisie de ce projet après la date de dépôt de ce dernier, le Conseil constitutionnel apprécierait, le cas échéant, le respect des dispositions précitées de l'article 8 de la loi organique au regard des exigences de la continuité de la vie de la Nation ;*[480] » Nonobstant cette importante limite temporelle apportée au mécanisme de l'étude d'impact, certains courants doctrinaux ne semblent se préoccuper que de l'utilité de l'imposer au gouvernement. Sur ce point, le regretté Guy Carcassonne commenta ainsi l'imposition de l'étude d'impact aux législateurs : « *En fait, ce à quoi le constituant a dû se résigner, ici et ailleurs, c'est à imposer des règles que le simple bon sens aurait rendu inutiles : il est préférable de réfléchir avant de légiférer. Puisque les intéressés ne le font pas spontanément, il faut en appeler à la norme pour les y contraindre.*[481] » Mais, le Conseil constitutionnel, qui, à l'instar du Conseil d'État, ne semble pas être ravi de son nouveau rôle d'arbitre[482] entre le gouvernement et le Parlement, s'agissant des conflits nés des conditions et critères de l'étude d'impact des projets de loi, paraît orienter sa jurisprudence en matière d'étude d'impact vers celle qu'il adoptée au regard du contentieux né de la recevabilité

---

deux chambres parlementaires officielles, quant à son rôle dans les mécanismes préparatoires d'élaboration de la norme législative.

[479] Dominique Chagnollaud de Sabouret, « Le projet de loi de moralisation de la vie politique est-elle vraiment constitutionnelle », *Les Blogs du Huffpost*, 4 septembre 2017.

[480] Décision n° 2009-579 DC, *Op. cit.*, Cons. 17. On remarquera, par ce considérant, que le Conseil constitutionnel se réserve tout de même le droit de contrôler le respect de cette formalité d'étude d'impact. Par l'expression « *continuité de la vie de la Nation* », le Conseil constitutionnel semble également signifier que le processus politique de production des normes ne se limite pas aux deux assemblées parlementaires. La continuité renvoie ainsi au mécanisme d'étude d'impact, bien sûr, mais aussi au-delà, en incluant l'ensemble des mécanismes préparatoires extraparlementaires intervenant dans la chaîne de la production normative.

[481] Guy Carcassonne, *La Constitution introduite et commentée*, *Op. cit.*, pp. 202-203, n° 265.

[482] Article 39, al. 3 et 4, de la Constitution : « *La présentation des projets de loi déposés devant l'Assemblée nationale ou le Sénat répond aux conditions fixées par une loi organique. - Les projets de loi ne peuvent être inscrits à l'ordre du jour si la Conférence des présidents de la première assemblée saisie constate que les règles fixées par la loi organique sont méconnues. En cas de désaccord entre la Conférence des présidents et le Gouvernement, le président de l'assemblée intéressée ou le Premier ministre peut saisir le Conseil constitutionnel qui statue dans un délai de huit jours.* »

financière des amendements déposés au titre de l'article 40 de la Constitution[483]. En effet, dans sa décision n° 2017-752 DC, le juge de la rue de Montpensier a décidé : « *Le projet de loi a été déposé le 14 juin 2017 sur le bureau du Sénat et la Conférence des présidents du Sénat n'a été saisie d'aucune demande tendant à constater que les règles relatives aux études d'impact étaient méconnues. Le grief tiré de la méconnaissance de l'article 8 de la loi organique du 15 avril 2009 doit donc être écarté.*[484] »

Par ailleurs, pour éviter les amendements précipités donnant lieu à des lois médiocres ou, selon l'expression, éviter l'accrochage au *train qui circule*[485], il aurait été nécessaire d'exiger également une étude d'impact pour la présentation des amendements. Cela contribuerait peut-être à résorber le problème de l'excessivité de leur nombre. Mais, de manière assez regrettable d'ailleurs, seul l'exposé des motifs est « traditionnellement » requis pour le dépôt des amendements, encore que les instances parlementaires, y compris le gouvernement, se montrent particulièrement laxistes quant à la présentation matérielle de l'exposé des motifs des amendements.

Enfin, l'exposé des motifs et l'étude d'impact des projets de loi sont présentés comme étant deux procédés différents mais nécessairement complémentaires du mécanisme d'élaboration des normes législatives ; mais il convient, par ailleurs, de s'interroger sur l'articulation de ces deux mécanismes, dans la mesure où ils paraissent parfois couvrir le même champ.

C) L'articulation entre l'exposé des motifs et l'étude d'impact des projets de loi

Comment articuler l'exposé des motifs et l'étude d'impact des projets de loi qui semblent – à certains égards – se recouper ? Cette interrogation suppose le constat que les deux mécanismes peuvent se trouver couvrir un même champ. Pour s'en convaincre, il suffit de procéder à une lecture attentive de la loi organique n° 2009-403 du 15 avril 2009 relative à l'application des articles 34-1, 39 et 44 de la Constitution. Cette loi organique dispose en son article 7 : « *Les projets de loi sont précédés de l'exposé de leurs motifs.* » L'article 8, al. 1er, dispose,

---

[483] Décision n° 77-82 DC.

[484] Décision n° 2017-752 DC du 8 septembre 2017, §. 75. *Loi pour la confiance dans la vie politique.*

[485] En effet, le gouvernement, très souvent, quand l'examen d'un texte est bien enclenché, profite du parcours pour introduire des dispositions difficiles à faire passer autrement ; c'est comme s'accrocher à un train qui circule pour éviter l'arrêt et donc du retard.

quant à lui : « *Les projets de loi font l'objet d'une étude d'impact* » et que les « *documents [rendant compte de cette étude d'impact] définissent les objectifs poursuivis par le projet de loi, recensent les options possibles en dehors de l'intervention de règles de droit nouvelles et* ***exposent les motifs*** *du recours à une nouvelle législation.* » L'étude d'impact ne recouvre-t-elle pas, ainsi présentée, le champ que recouvre déjà l'exposé des motifs ? Rien ne paraît plus certain. Cette étude d'impact a donc pour objectif principal d'éviter les *illogismes*, les *recoupements*, voire les *inutilités* juridiques des nouvelles législations en expliquant les raisons d'être d'une réforme par le biais d'un exposé des motifs de celle-ci. Ainsi, l'exposé des motifs, en tant que concept différent de la procédure parlementaire, constitue, en quelque sorte, un élément du contenu de l'étude d'impact. Dans ce contexte, l'exposé des motifs en tant que mécanisme à part entière de la procédure parlementaire paraît superfétatoire.

Suivant l'analyse précédente, l'étude d'impact pourrait supprimer l'autonomie du concept de l'exposé des motifs des projets de réforme. Pourtant, une autre lecture paraît possible. Ce processus consistant à soumettre les études d'impact de certains projets de loi[486] à l'avis et à la contribution du public présente un caractère démocratique indéniable dans l'élaboration des normes législatives et le juge constitutionnel en particulier, lorsqu'il aura à se prononcer sur la constitutionnalité de telles normes, ne devrait pas ignorer ces travaux préparatoires venant du public, compte tenu notamment de leur caractère démocratique, le rôle du Conseil constitutionnel étant aussi de promouvoir la démocratie constitutionnelle par son action et sa politique jurisprudentielles. Cet

---

[486] Quelques-uns des projets de loi dont les études d'impact ont été soumises à ce processus de démocratie participative méritent d'être cités ici. *Projets de loi dont les études d'impact sont actuellement ouvertes aux contributions* (au 30 septembre 2015) :

- Projet de loi habilitant le Gouvernement à simplifier les relations entre l'administration et les citoyens, n° 1016.
- Projet de loi renforçant la protection du secret des sources des journalistes, n° 1127.
- Projet de loi relatif à la déontologie et aux droits et obligations des fonctionnaires, n° 1278.
- Projet de loi organique relatif au renforcement des obligations déontologiques des magistrats de l'ordre judiciaire, n° 1321.
- Projet de loi relatif au renforcement des obligations déontologiques des magistrats de l'ordre judiciaire, n° 1322.
- Projet de loi ratifiant l'ordonnance n° 2013-714 du 5 août 2013 relative à la mise en œuvre du principe de participation du public défini à l'article 7 de la Charte de l'environnement, n° 1504.
- Projet de loi relatif à la désignation des conseillers prud'hommes, n° 1722.
- Projet de loi relatif au droit des étrangers en France, n° 2183.

aspect de l'étude d'impact lui est spécifique, et se retrouve au centre de sa conception. Il suppose également un certain exposé des motifs fondé sur des éléments factuels, empiriques, et donc de nature scientifique, de manière à éviter la cacophonie juridique, au sens de normes dont les contenus ne présentent aucune harmonie dans l'ordre juridique. Ainsi, l'étude d'impact se présente comme le mécanisme à travers lequel le gouvernement apporte la preuve de la nécessité de sa volonté réformatrice, quand le concept de l'exposé des motifs ne vise qu'à « exposer », souvent sans que cet exposé soit accompagné d'éléments probatoires convaincants ; cela est d'ailleurs souvent le cas des exposés des motifs des propositions de loi et des amendements, d'où la tentative de certains parlementaires de rendre également obligatoire l'étude d'impact pour la présentation de ces derniers. De ce point de vue, l'exposé des motifs et l'étude d'impact ne s'excluent ni ne s'opposent ; ils se complètent et interagissent entre eux, en tant que travaux préparatoires extraparlementaires.

Cette procédure préparatoire extraparlementaire, à travers ces deux mécanismes, prévus par la Constitution et confortés par la jurisprudence constitutionnelle, a été mise en avant par Bruno Genevois qui, en 2009, comparant le contrôle de constitutionnalité devant le Conseil constitutionnel au contrôle de légalité en droit administratif, en a vu un contrôle de la « *constitutionnalité externe*[487] » de la loi, c'est-à-dire le contrôle de la procédure parlementaire préparatoire externe aux deux chambres législatives. Cette analyse conforte l'importance de cette procédure extraparlementaire dans l'interprétation constitutionnelle[488].

---

[487] Bruno Genevois, « L'enrichissement des techniques de contrôle », Colloque du Cinquantenaire du Conseil constitutionnel, *Cahiers du Conseil constitutionnel*, Hors-série 2009, 3 novembre 2009.

[488] V. Michel de Villiers et Armel Le Divellec, *Dictionnaire du droit constitutionnel*, Sirey, 9ème édition, « Avis », p. 21. Les deux auteurs ont mis en exergue quatre institutions (Conseil économique, social et environnemental, Conseil supérieur de la magistrature, Conseil d'État et collectivités territoriales ultramarines) dont la consultation est obligatoire avant l'adoption de certaines décisions normatives. D'autres instances, comme le Défenseur des droits, ne sont pas considérés par les auteurs, car leur avis n'est pas obligatoire dans le processus décisionnel. Mais il semble que le constituant de 1958 n'a pas pu prévoir l'avis d'institutions telles que le Défenseur des droits sans que cet avis ne serve à quelque chose, notamment à l'État, dans son rôle d'édiction de normes juridiques.

Conclusion du chapitre

Enfin, l'objectif de ce chapitre a été de démontrer que la notion de travaux préparatoires des normes juridiques ne pouvait, malgré les effets d'apparence, plus être définie en considérant seulement des documents dont le Parlement ou l'autorité décisionnelle a eu connaissance au moment où ils élaboraient leurs décisions destinées à produire des effets de droit ou, à l'exemple du Parlement, des documents produits en son sein pendant la procédure législative. La Constitution de 1958 a ainsi mis au point un *maillage* à la fois complexe et complet qui – à travers de nombreuses instances de nature directement ou indirectement constitutionnelle, et dont on a vu la force respective dans l'élaboration des normes – conditionne la procédure de prise de décision, que celle-ci soit d'origine parlementaire (lois constitutionnelle, organique ou ordinaire) ou réglementaire.

Conclusion du Titre I de la Première partie

En conclusion de ce titre portant sur la typologie des travaux préparatoires, on remarquera que tous les types de travaux préparatoires évoqués ici n'ont pas encore tous été observés dans l'interprétation constitutionnelle. Le rôle d'avis obligatoire du Conseil d'État (article 39, al. 2 de la Constitution), la consultation obligatoire des collectivités territoriales, notamment celles d'outre-mer sur les réformes les concernant (article 74, dernier alinéa de la Constitution), ainsi que la consultation obligatoire du Conseil économique, social et environnemental (article 70 de la Constitution) – ont tous été considérés par la jurisprudence constitutionnelle qui exige leur respect en tant qu'ils constituent une étape substantielle dans la procédure de production normative législative. Cependant, on l'a vu, ce n'est pas le cas des avis non obligatoires issus des rapports d'activité du Défenseur des droits. Néanmoins, utilisés ou non, dans la jurisprudence constitutionnelle, tous ces mécanismes, qu'ils relèvent des travaux préparatoires intraparlementaires ou des travaux préparatoires extraparlementaires des normes, constituent la phase préparatoire d'élaboration des normes juridiques et, à ce titre, ils sont potentiellement porteurs d'une meilleure qualité et d'une meilleure compréhension de celles-ci à travers l'aide qu'ils peuvent apporter au juge constitutionnel dans la construction interprétative de la normativité juridique.

Ainsi, cette typologie des travaux préparatoires pourrait, avec un peu d'espoir, susciter davantage d'intérêt, tant pour le juge constitutionnel en particulier que pour la doctrine, voire les citoyens-justiciables, en vue de parvenir à une réelle dynamique de l'interprétation des normes juridiques à travers le contexte historique de celles-ci et ainsi de permettre une meilleure connaissance à la fois de la notion de travaux préparatoires (qui dépasse le cadre de la notion de travaux (intra)parlementaires) et de l'utilité de ces derniers dans la théorie de l'interprétation constitutionnelle. Mais, jusqu'à présent, ce n'est pas tant la méthode d'interprétation que l'usage des travaux préparatoires constitue que ces derniers en tant qu'instruments de la méthode d'interprétation juridique qui ont été traités. L'*usage des travaux préparatoires* par le juge constitutionnel comme *méthode* ou technique intellectuelle d'interprétation du droit a fait l'objet d'un très vif débat dans la doctrine juridique et au sein des prétoires. L'étude du contexte historique de ce débat juridique permettra de mieux comprendre l'assise juridique de cette méthode d'interprétation du droit. Ce sera l'objet du titre qui suivra.

*****

TITRE II

TITRE II – DU DÉBAT AU FONDEMENT JURIDIQUES DES TRAVAUX PRÉPARATOIRES COMME INSTRUMENTS DE L'INTERPRÉTATION CONSTITUTIONNELLE

L'étude des travaux préparatoires comme instruments de base d'une technique méthodique d'interprétation normative pose certaines questions fondamentales. Elle conduit à s'interroger notamment sur le niveau de crédit accordé à l'usage des travaux préparatoires dans l'interprétation juridique et le fondement juridique de cette méthode d'interprétation. Ce point est particulièrement intéressant, dans la mesure où l'interprétation, qu'elle soit juridique ou non, est généralement considérée comme un processus purement intellectuel[489], alors que l'usage des travaux préparatoires paraît rompre avec ce caractère intellectuel de l'interprétation juridique, en vue de rendre, ainsi, celle-ci plus concrète et donc plus accessible. Les recherches entreprises ici ont montré que les travaux préparatoires dans l'interprétation juridique ont toujours été sujets à un passionnant et passionné débat qui mérite d'être mis en exergue car il permet de mesurer le poids de cette méthode particulière d'interprétation juridique. C'est ainsi que le choix a été fait de retracer le fil de ce débat en vue de mieux appréhender ce mécanisme particulier[490] de l'interprétation juridique. Il ne s'agit pas d'un simple débat d'ordre scientifique, mais un débat qui a été formalisé et organisé au sein des prétoires de certains systèmes juridiques. Les origines de ce débat juridique – de manière aussi formalisée et organisée – remontent au moins au XIIIe siècle au sein du royaume d'Angleterre. Cependant, ce débat n'a été que très peu suivi en France de manière aussi formelle ; seule la doctrine juridique

---

489 Bruno Deffains et Samuel Ferey, *Agir et juger. Comment les économistes pensent le droit*, Éditions Panthéon-Assas, LGDJ, 2010, p. 45.

490 L'interprétation juridique fondée sur les travaux préparatoires, notamment pour les membres de la doctrine « positiviste » du droit, est un mécanisme particulier, voire atypique, car cette méthode d'interprétation consiste en l'éclairage de la norme par ses brouillons qui, pourtant, aux yeux de cette doctrine, n'ont aucune valeur. C'est le point de vue que défendait sans relâche Henri Capitant dans les années 1930. On aura l'occasion de revenir ce point plus tard.

française semble avoir porté le débat de l'usage des travaux préparatoires dans l'interprétation juridique, les prétoires français n'ayant pas considéré ce débat. À côté de ce débat purement juridique, une autre question tout aussi fondamentale se pose ; il s'agit de celle de savoir, non plus la seule valeur épistémique, mais aussi le fondement juridique des travaux préparatoires en tant qu'instruments – c'est-à-dire moyens techniques de communication du juge – et en tant que méthode – c'est-à-dire mode d'emploi du juge – de l'interprétation des normes juridiques[491]. Dans cette perspective, il convient, d'une part, de remonter à l'origine de ce débat juridique autour des travaux préparatoires dans l'interprétation du droit (Chapitre 1) et, d'autre part, d'en rechercher les possibles fondements juridiques qui font de l'usage des travaux préparatoires une méthode de l'interprétation juridique, dont la solidité, malgré les débats, demeure intacte à travers le temps (Chapitre 2).

[491] En effet, l'usage des travaux préparatoires dans l'interprétation juridique est à la fois une *méthode* d'interprétation, c'est-à-dire un procédé (ou un mode d'emploi) pouvant permettre au juge (constitutionnel) de parvenir au sens normatif réel de la règle, et une *technique* moins intellectuelle, d'interprétation, c'est-à-dire un mode de raisonnement et d'argumentation du juge (constitutionnel).

Chapitre 1. Le débat relatif aux travaux préparatoires dans l'interprétation du droit

> « *Finalement, l'admissibilité de preuves extrinsèques devrait encourager une sérieuse reconsidération de notre théorie générale d'interprétation. Plus spécifiquement, le rôle créatif du juge devrait être reconnu plus ouvertement, en particulier dans le domaine du droit constitutionnel, et, plus généralement, son rôle d'arbitre entre l'État et les citoyens, rôle qui vise à éviter la production de lois aux résultats déraisonnables.*[492] » (Pierre-André Côté).

Ce chapitre aurait pu être consacré à *la valeur historique des travaux préparatoires dans la construction du droit*, dans la mesure où ces derniers peuvent renfermer « une certaine » réalité historique[493] du contenu des normes juridiques qui s'appliquent. L'histoire vue

[492] Pierre-André Côté, *The interpretation of legislation in Canada*, Les Editions Yvon Blais, Inc, 1992, pp. 366-367 (BU Cujas).

[493] Pour Jean-Claude Bécane et Michel Couderc (*La loi*, Dalloz, Coll. : « Méthodes du droit », 1994, p. 155), en effet, « *les travaux préparatoires se présentent comme une histoire, une chronologie et non comme une explication.* »

comme norme sociale ou comme « *fonction identitaire*[494] » de la vie collective n'est, de ce fait, pas étrangère à la discipline juridique. D'ailleurs Montesquieu écrivait : « *Il faut éclairer les lois par l'histoire, et l'histoire par les lois.*[495] » C'est cet éclairage et cette influence mutuels de ces deux disciplines voisines des sciences humaines et sociales qui ont conduit certains internationalistes à faire le lien entre les travaux préparatoires des normes juridiques, d'un côté, et l'histoire de celles-ci, de l'autre[496].

Mais, dans cette perspective historique des travaux préparatoires des normes juridiques, c'est vers le débat proprement juridique qui a eu lieu autour de l'usage de ces travaux dans la construction jurisprudentielle du droit, en tant que méthode d'interprétation juridique, qu'il faut s'orienter. Le choix de la mise en lumière de ce débat s'impose pour des raisons diverses. D'une part, l'analyse de ce débat permet, en effet, de mieux mesurer le poids des travaux préparatoires qui constituent les instruments sur lesquels est fondée cette méthode d'interprétation juridique. D'autre part, la confrontation de l'ancienneté de ce débat à la réalité juridique de ce que sont les travaux préparatoires aujourd'hui dans l'interprétation juridique[497] permet de percer l'ancrage historique de cette méthode technique d'interprétation du droit. Enfin, l'analyse de ce débat juridique révèle la force, souvent inconsidérée ou ignorée, sinon invisible, de cette méthode d'interprétation juridique qui a pourtant réussi à s'imposer à tout interprète du droit : juges, avocats, enseignants du droit, citoyens, justiciables, mais aussi spécialistes de toutes les autres disciplines dont le droit régit l'activité, afin de mieux appréhender l'évolution explicative et réflexive des normes sociales.

Mais la particularité de ce débat s'explique, et étonne même, par son origine anglaise[498]. Le parlementarisme historique étant né en Angleterre, celui-ci étant

---

[494] V. Chantal Provost, *L'enseignement de l'histoire et la fonction identitaire : étude des procédés de formation de l'identité collective*, BU UQAM, Montréal, Archipel, mars 2006 [en ligne].

[495] Montesquieu, *Œuvres de Montesquieu*, A. Belin, Paris, 1817, Livre XXXI, Chap. II, p. 555.

[496] Emmanuelle Tourme-Jouannet, « Les travaux préparatoires de la Charte des Nations unies », *in* Jean-Pierre Cot, Mathias Forteau et Alain Pellet, *La Charte des Nations Unies. Commentaire article par article*, Vol. I, 3ème édition, Paris, Economica, avril 2005, pp. 1-24.

[497] Il faut avoir à l'esprit que l'usage des travaux préparatoires par le juge fut, par moment et à des degrés différents, dans chaque système juridique, tout simplement banni par et dans tout le système de *Common law*.

[498] Les recherches entreprises sur l'origine de cette méthode historique d'interprétation du droit ont, en effet, conduit à affirmer que le débat que celle-ci a suscité, tant dans les prétoires que dans les travaux de la doctrine, a pris sa naissance dans le système juridique britannique. Cependant, qu'il soit permis de prendre quelques précautions, quant à cette affirmation, dans la mesure où

intimement lié à la notion de travaux préparatoires, il n'est pas étonnant que le débat autour de la question de l'usage de ces derniers dans l'interprétation des normes juridiques soit également né au sein du système juridique de ce pays. Le débat consiste, à grands traits, à se demander si le juge devrait se prêter au jeu de l'interprétation normative juridique à travers les travaux préparatoires qui représentent l'histoire des normes ainsi interprétées. Ce débat divise les différents courants de la théorie de l'interprétation juridique, et notamment le positivisme, qui suppose l'attachement au mythe du formalisme[499], et le réalisme juridiques. Pour retracer ce débat, il est possible de s'appuyer sur des travaux antérieurs qui ont été faits, non pas exactement sur l'analyse du débat, mais sur la routine des travaux préparatoires dans ce débat juridique au sein des pays de tradition de *Common law*[500], et, en particulier, sur la jurisprudence anglaise qui, pour ainsi dire, a, à travers plusieurs siècles, fait et défait l'usage des travaux préparatoires comme méthode d'interprétation juridique. Mais si ce débat paraît largement jurisprudentiel et purement anglo-saxon, la science juridique française l'a longtemps eu, et peut-être même aujourd'hui encore, dans son rétroviseur[501]. Jusqu'à aujourd'hui, en effet, ce débat demeure sous-jacent ; il revient régulièrement dans les discours juridiques sans jamais, toutefois, être l'objet d'une étude approfondie.

Dans ce contexte, ce débat, purement jurisprudentiel au départ, né en Angleterre (Section 1), conduit à l'observation et à l'analyse de l'accueil qui lui a été réservé dans le système juridique français (Section 2). Cette analyse historique du débat permet de mesurer son poids, son sens et sa portée dans l'interprétation constitutionnelle.

---

l'histoire, comme dirait Patrick Boucheron, doit toujours être prise avec le recul nécessaire, afin de ne pas tomber dans la caricature.

499 Bruno Deffains et Samuel Ferey, *Agir et juger. Comment les économistes pensent le droit*, Éditions Panthéon-Assas, LGDJ, 2010, p. 46.

500 Notamment sur les travaux de Pierre-André Côté, Peter W. Hogg et Stéphane Beaulac, *Infra.*

501 Avec les travaux de Mailher-Antoine de Chassat, Savigny, Gény, Henri Capitant ou encore Michel Couderc, on peut conclure que ce débat demeure largement doctrinal en France.

SECTION 1 : UN DÉBAT JURISPRUDENTIEL NÉ EN ANGLETERRE

L'Angleterre est considérée comme le berceau du parlementarisme depuis l'adoption de la Grande charte (*Magna Carta*) en 1215 qui a mis en place un *Grand conseil* dont le rôle principal fut de fonder le consentement démocratique à l'impôt. Cette vertu démocratique anglaise du début du XIIIe siècle a, depuis lors, eu des conséquences considérables sur le système juridique constitutionnel britannique. La Chambre des Lords – à la fois chambre haute et juridiction suprême du XIVe siècle au 1er octobre 2009[502] – considéra la *Magna Carta* comme l'un des éléments d'un bloc de constitutionnalité à l'anglaise[503], bien que la Constitution de la Grande Bretagne soit considérée comme une Constitution non écrite. Le Grand conseil, créé par la *Magna Carta*, a, vers 1240, pris de l'ampleur, au point d'être plus tard dénommé « Parlement de la Grande Bretagne ». Les travaux préparatoires (débats, rapports et autres) conduits au sein de ce parlement primitif seront rassemblés et archivés, bien que de manière non officielle encore, dans un document dénommé *Hansard*[504] à partir du XVIIIe siècle. Un débat autour de *Hansard* passionnera le système juridique anglais tout au long des XVIIe au XXe siècles. Ainsi, le débat qui tourne autour des travaux préparatoires dans l'interprétation juridique est un débat ancien (§1) qui a connu de nombreux revirements au fil des années (§2).

---

[502] Avant la réforme constitutionnelle de 2005, qui a créé une Cour suprême distincte de la Chambre des Lords, celle-ci fut l'institution juridictionnelle suprême du Royaume-Uni et dont le rôle fut, *a fortiori*, d'interpréter les normes juridiques au regard des principes constitutionnels qui encadrent le système politique britannique. Sur ce point, v. la rubrique *History* du site internet de la nouvelle Cour suprême.

[503] Sur ce point, v. Vernon Bogdanor, *The New British Constitution*, Hart Publishing, Oxford and Portland, Oregon, 2009, p. 277 *in fine*.

[504] Pour une connaissance juridique plus approfondie des débats parlementaires (ou *Hansard*), dans les pays de tradition de *Common Law*, v. Peter W. Hogg, *Constitutional law of Canada*, Chap. 60 « Proof », Thomson/Carswell, 2007, pp. 800 sqq ; Pierre-André Côté, *The interpretation of legislation in Canada*, Chap. 4 « Historical interprétation », Les Éditions Yvon Blais, Inc, 1992, pp. 361 sqq [BIU Cujas] ; et Stéphane Beaulac, « Parliamentary Debates in Statutory Interpretation: A Question of Admissibility or of Weight? », *McGill Law Review*, Vol. 43, 1998, pp. 287-324.

§1. Un débat ancien

Ce débat juridique tourne autour de la question de l'*exclusion* ou non des travaux préparatoires dans l'interprétation juridique. Il s'agit, en effet, d'un vieux débat, puisqu'on peut aisément faire remonter son démarrage à l'édiction de la *Magna Carta* en 1215. Mais c'est en 1769 que ce débat a atteint son paroxysme au Royaume-Uni (A). Et ce qui est intéressant à observer, dans ce contexte, c'est que, contrairement à ce qui se passera au sein du système juridique français, la question de l'usage des travaux préparatoires, objet de ce débat, dans l'interprétation juridique, a davantage été laissée à la jurisprudence anglaise (B), bien que la doctrine juridique anglaise n'ait, au demeurant, pas été silencieuse.

A) Un débat né au début du XIIIe siècle

Le débat juridique autour de l'usage des travaux préparatoires par les tribunaux dans l'interprétation du droit trouve sa genèse dans le régime politique anglais fondé sur le parlementarisme (1). Les travaux préparatoires des lois (*statutes*), produits par le Parlement britannique, vont être rassemblés dans l'ouvrage dénommé *Hansard* à travers lequel le juge va ancrer le débat dans la tradition juridique britannique (2).

1. Genèse des travaux préparatoires au Parlement anglais

La Grande charte du Royaume-Uni de la Grande Bretagne de 1215[505], rédigée et imposée au roi Jean Sans Terre après la révolte des nobles anglais contre la tyrannie de celui-ci[506], est considérée comme le fondement des grands principes de la vie politique et démocratique de ce pays et, par sa vertu universelle en termes de protection des droits et des libertés[507], elle n'a jamais cessé d'être observée et

[505] Ce texte emblématique a fêté tout au long de l'année 2015 ses huit cents ans, et, avec lui, de nombreuses institutions britanniques, dont le Parlement. Et, à ce titre, l'une des deux copies originales conservées, de ce document, a fait l'objet d'une exposition spéciale à la *Metropolitan Museum of Art* de New York, aux États-Unis.

[506] V. Stéphane Caporal, « Droits de l'homme, droits fondamentaux : histoire et concepts », *in* Thierry Renoux (dir.), *Protection des libertés et droits fondamentaux*, 2ème édition, La Documentation française, Coll. : « Les Notices », p. 9.

[507] *Ibid.*

même admirée[508]. En effet, comme l'explique l'historien anglais David Carpenter, « *la Magna Carta a posé les fondations d'un régime parlementaire fondé sur l'impôt.*[509] » En vérité, la Charte n'a pas créé le Parlement britannique tel qu'il fonctionne aujourd'hui[510], mais c'est elle qui a posé les principes de la monarchie parlementaire qu'est aujourd'hui le Royaume-Uni.

La Charte, en son article 61[511], a créé un *Grand conseil* composé de vingt-cinq barons[512] « élus » par et entre eux-mêmes qui ont imposé ce texte au monarque anglais. Le texte lui-même n'a pas désigné le corps de ces barons comme un « conseil », mais cette dénomination a été adoptée sur le modèle du Conseil privé ou *Privy Council* du roi pour marquer une forme de *contre-pouvoir* – sinon un pouvoir supérieur de *représentants du royaume* – par rapport au pouvoir personnel du roi. Le texte de la Charte ne mentionne pas non plus le rôle des vingt-cinq barons dans la levée de l'impôt, mais étant donné que c'est notamment pour la question de la levée de l'impôt que ces derniers s'étaient révoltés contre la monarchie, ils sont donc automatiquement considérés comme compétents pour autoriser la monarchie à lever l'impôt dans tout le royaume. C'est là les prémisses du régime parlementaire britannique[513].

---

[508] La *Magna Carta* a été et est encore une source d'inspiration pour beaucoup, notamment certains hommes politiques dans le monde, comme Thomas Jefferson aux États-Unis. On sait que Montesquieu s'est lui-même inspiré du modèle britannique – de par les travaux de John Locke – pour développer le concept des trois pouvoirs séparés dans *De l'esprit des lois* en 1748.

[509] David Carpenter sur la présentation de la Grande Charte, « Consequences of Magna Carta », *British Library* [conférence en ligne].

[510] V. Actes d'union de 1707 et 1801.

[511] L'alinéa 1er de l'article 61 de la Charte dispose : « *Les barons élisent vingt-cinq d'entre eux pour conserver et faire observer avec toute leur force, la paix et les libertés accordées et confirmées à leur disposition par cette charte.* » Cette disposition n'est aujourd'hui plus en vigueur, mais ses principes sur la représentation politique en Angleterre ont largement inspiré le modèle parlementaire actuel du Royaume-Uni.

[512] Il faut voir dans ce *Grand conseil* un organe, bien que primitif et éphémère, de représentation politique, comme l'explique Nicholas Vincent : « *La Grande Charte a survécu aux tentatives de tyrannie de tous les monarques depuis lors parce qu'elle est devenue davantage un principe plutôt qu'une pratique politique.* » (Présentation de la Grande Charte, « Consequences of Magna Carta », *Op. cit.* [en ligne]).

[513] Comme l'explique d'ailleurs David Carpenter : « *La Grande Charte était devenue très importante pour le développement du Parlement. Tout d'abord, a été affirmé comme principe fondamental l'obligation pour le monarque d'avoir le consentement du royaume pour pouvoir lever l'impôt. Ensuite, la Grande Charte rend l'impôt absolument nécessaire pour le roi parce qu'il conditionne d'autres sources de revenus. Enfin, en faisant des concessions à des chevaliers dans les comtés et aux bourgeois dans les villes, la Charte a acté leur représentation au Parlement en rendant leur convocation obligatoire pour consentir à l'impôt.* » (David Carpenter, *Op.cit.*). C'est de cette tradition que la fonction

De 1215, date de création du Grand conseil, aux années 1770, date d'ouverture des travaux du Parlement britannique vers l'extérieur[514], les travaux de cette institution étaient très peu ouverts au grand public, si bien que certains ont pu parler d'un *Parlement secret*. Cependant, et malgré tout, cette esquisse de représentation parlementaire en Angleterre moyenâgeuse a pu prendre des décisions et a donc permis de parler de travaux parlementaires, s'agissant de ses activités. Et de là, apparaissent une prise de conscience de l'importance de ces travaux et l'idée de les rassembler de manière à permettre leur exploitation à des fins multiples, dont l'interprétation du droit élaboré et édicté par le Parlement.

2. *De la Magna Carta (1215) à Hansard (1771)*

Le Parlement anglais, à travers le Grand conseil qui vient d'être décrit, n'était pas, à ce stade, un organe formel doté de toutes les vertus démocratiques d'une représentation parlementaire moderne[515]. Tout au long du XVIIIe siècle, jusque vers les années 1770, les travaux du Parlement demeurent secrets. Mais des éditeurs se sont livrés en toute illégalité à la publication d'extraits de rapports, de discours, de projets de textes discutés au sein du Parlement à Westminster. Ces publications clandestines, sous forme de revues et de journaux, portaient des titres très divers, tels *House of Commons Papers, The Parliamentary Debates* (future *Hansard*), *The Mirror of Parliament,* ou encore *Parliamentary Papers*[516]. Plusieurs éditeurs ont été poursuivis et même condamnés en justice, pour avoir procédé à cette activité clandestine, jusqu'à l'affaire *Millar v. Taylor*[517] de 1769 qui provoqua le renversement de l'ordre jusque-là bien établi.

Hansard est le nom de l'éditeur-imprimeur officiel du Parlement britannique depuis 1889. Mais il l'a été de manière informelle bien avant cette date. Thomas Curson Hansard, qui a repris l'activité de son oncle, Luke Hansard (1752-

---

parlementaire, dans les démocraties modernes, trouve son paroxysme dans le vote du budget de l'État.

514 Grâce notamment aux actions, tant artistiques que littéraires, de John Wilkes soutenu par la population londonienne de l'époque, et cela au nom de la liberté de parole. Mais on ne peut pas encore parler d'une publication officielle des travaux préparatoires du Parlement britannique.

515 Il faut attendre le XVIIIe siècle, avec l'*Act of Union* de 1707, pour voir apparaître le Parlement du royaume de Grande Bretagne, plus moderne, qui ressemble davantage donc au Parlement actuel.

516 Les titres de ces publications clandestines sont encore consultables en ligne sur le site internet des Archives nationales anglaises (*The National Archives*).

517 *Millar v. Taylor* (1769). La décision est consultable sur le site internet de *Arts and Humanities Research Council,* Primary Sources on Copyright (1450-1900).

1828)[518], a su s'imposer en tant que « le » spécialiste officiel de la publication des débats parlementaires anglais parmi de nombreux autres concurrents entre 1771 et 1889. C'est à partir de 1829 que la première page du document portant publication des travaux du Parlement porte officiellement le nom de l'éditeur, jusqu'à nos jours dans tous les pays dont le système parlementaire est basé sur le modèle britannique.

Plusieurs décisions de justice successives vont trancher, de manière périodique et alternée, dans un sens comme dans l'autre, la question de l'usage de *Hansard* (les travaux préparatoires) dans l'interprétation prétorienne des normes juridiques. *Queen's Bench* (règne d'une reine) ou *King's Bench* (règne d'un roi) est la Cour supérieure de la Grande Bretagne. Elle fait aujourd'hui partie de la Haute Cour de justice de l'Angleterre et du Pays de Galles. C'est cette instance juridictionnelle qui, en 1839, avait rendu la célèbre décision *Stockdale v. Hansard*[519], laquelle illustre parfaitement le débat juridique autour de cette méthode d'interprétation. Le contexte de cette affaire mérite d'être exposé. Comme la plupart des parlements des pays du monde, il est de coutume, jusqu'à nos jours, de publier des circulaires au sein du Parlement britannique pour l'usage interne des parlementaires dans les deux chambres. En 1836, Hansard a publié au sein du Parlement britannique, sur ordre de la « seule » Chambre des Communes, le contenu d'un ouvrage dit « indécent » car à caractère « pornographique ». L'ouvrage a été publié par un certain John Joseph Stockdale sous le pseudonyme de Thomas Little. Ce livre a été découvert dans la prison de Newgate par l'inspecteur Whitworth Russel qui l'a signalé au Parlement britannique. Il est clair que cette publication était destinée aux seuls membres du Parlement. Mais Joseph Hume, un membre du Parlement alors en campagne pour sa réélection, a « divulgué » au grand public le contenu de cette publication et le nom de son réel auteur, en faisant la proposition électorale de rendre publics tous les rapports et autres documents parlementaires au nom du droit et de la liberté de l'information.

Stockdale, s'estimant avoir subi un préjudice par la publication du contenu de cet ouvrage et surtout la révélation de son vrai nom, en tant que son auteur, a

---

[518] V. la définition de Hansard *in* Bryan A. Garner (éd.), *Black's Law Dictionary*, Thomson Reuters, 2014, p. 830.

[519] *Stockdale v. Hansard* (1839). Un résumé de cette affaire peut être consulté *in* Jean-Jacques Gaspard Foelix, Jean-Baptiste Duvergier et Claude Denis Auguste Valette (pub.), *Revue étrangère et française de législation, de jurisprudence et d'économie politique*, t. VII, Paris, Joubert, 1840, pp. 591-592.

poursuivi l'éditeur Hansard en justice. Pour marquer l'importance de cette affaire, la Chambre des communes avait poussé Hansard à plaider sous couvert de l'immunité parlementaire comme éditeur autorisé par elle. La question juridique qui a été posée à la *Queen's Bench* (règne de la reine Victoria) était de savoir si le privilège du Parlement, attaché au principe quasi dogmatique de souveraineté du Parlement britannique[520], depuis la *Magna Carta* de 1215, s'appliquait pour les décisions prises par une seule des deux chambres du Parlement, en l'occurrence la Chambre des communes, qui a ordonné la publication de l'ouvrage de Stockdale sous son vrai nom par Hansard, et, dans le cas d'une réponse positive, si ce privilège était absolu.

La *Queen's Bench* a tranché cette affaire en 1839[521] en décidant que seule la Couronne, dans les *deux* chambres du Parlement, pouvait faire ou défaire les lois, et que nulle résolution d'une seule chambre du Parlement ne pouvait être au-dessus du contrôle juridictionnel de la loi. La Cour a jugé également que la Chambre des Communes seule n'a aucun privilège pour autoriser ou ordonner la publication de documents diffamatoires en dehors du strict cadre interne du Parlement.

Cette décision de justice, assez sévère et osée, quant à son contenu et sa portée[522], a provoqué une vive et immédiate réaction politique qui s'est traduite par l'adoption de la *Parliamentary Papers Act* (loi sur la publication des travaux parlementaires) du 14 avril 1840. Cette loi, tirant les conséquences de la décision de la *Queen's Bench* de 1839, établit, depuis lors, un privilège pour les publications parlementaires sous l'autorité conjointe des deux chambres du Parlement britannique. En effet, en vertu de la section 1 de cette loi, le juge britannique, qui est saisi d'une question en diffamation relative à la publication d'un document parlementaire, doit surseoir à statuer pendant vingt-quatre heures

---

[520] Sur le caractère quasi dogmatique de la souveraineté parlementaire au Royaume-Uni, v. Vanessa Barbé, *Le rôle du Parlement dans la protection des droits fondamentaux. Étude comparative : Allemagne, France, Royaume-Uni*, LGDJ, Coll. : « Thèses », Sous-coll. : « Bibliothèque constitutionnelle et de science politique », Tome 131, Avril 2009, pp. 84 s.

[521] *Stockdale v. Hansard*, 112 ER 1112, (1839) 9 Ad & Ell 96, (1839) 3 St Tr (NS) 723, (1839) 9 Ad & El 1, [1839] EWHC QB J21 (v. *BAILII*).

[522] On peut voir là l'esquisse d'une forme de contrôle de constitutionnalité *a posteriori* des lois à l'anglaise, tel dans *Marbury v. Madison* [1803] de la Cour suprême des États-Unis. Mais dans le système français aussi, on sait que les parlements d'Ancien Régime exercèrent une forme de contrôle de constitutionnalité *a priori*, notamment par le mécanisme de l'enregistrement des édits royaux, textes qu'ils rejetaient parfois, aux motifs qu'ils furent contraires aux lois fondamentales du royaume de France.

afin que le procureur près de lui puisse établir si le Parlement avait ou non autorisé une telle publication. Si le procureur a pu, pendant ce laps de temps, obtenir un « certificat », émanant d'une des autorités désignées par ladite loi dans l'une ou l'autre chambre, démontrant que la publication présumée diffamatoire a été autorisée par les deux chambres du Parlement, alors le juge qui en a été saisi doit conclure à une fin de non-recevoir de l'affaire. Autrement dit, *a contrario*, si le procureur n'a pas pu produire un tel certificat, dans les vingt-quatre heures, le juge est en mesure d'examiner l'affaire portée devant lui. C'est là une limite importante à la fonction juridictionnelle en Angleterre, du moins dans le champ de la propriété intellectuelle ou *copyrights*[523].

Cependant, le débat autour de l'usage de *Hansard* dans l'interprétation du droit en Angleterre est un débat qui a été soulevé et attisé par la jurisprudence des tribunaux anglais eux-mêmes.

B) Un débat soulevé par la jurisprudence anglaise

Malgré ces querelles apparentes sur la publication des travaux préparatoires des chambres parlementaires britanniques, il semble que l'accès et l'usage des travaux préparatoires par le juge n'ont jamais été interdits par une disposition juridique issue d'un acte parlementaire. Le juge pouvait donc y accéder et utiliser les documents parlementaires ou préparatoires des lois qu'il applique sans aucune difficulté.

C'est le juge lui-même – à travers sa jurisprudence – qui va faire naître ce débat, du point de vue juridique, dans le système juridico-judiciaire britannique. En effet, en 1769, dans l'affaire *Millar v. Taylor*, le *King's Bench* (règne du roi George III) de la Grande Bretagne a jugé : « *Le sens et la compréhension d'un acte du Parlement [d'une loi] doivent être recherchés dans ses termes tels qu'ils ont été adoptés et non dans l'histoire des changements que cet acte a subis lors de son élaboration. Car le processus parlementaire dans une des deux chambres du Parlement n'est connu ni par l'autre chambre, ni par le Souverain [la Couronne].*[524] »

---

[523] Si un tel certificat ne peut pas, à proprement parler, être considéré comme du travail préparatoire d'un acte parlementaire, le débat juridique dont il fait l'objet englobe tout ce qui se passe à l'intérieur du Parlement britannique, dont les travaux préparatoires sur les lois auxquels les juges anglais s'interdisent, eux-mêmes, d'accéder.

[524] Cette décision du juge anglais rejoint le point de vue de Pierre Avril sur la notion de travaux préparatoires. Cependant, il convient de noter que la jurisprudence anglaise adopta cette

Comme l'a pu relever Stéphane Beaulac, ce passage de la décision du *King's Bench* est un « *obiter dictum*[525] », dans la mesure où rien ne semble justifier une décision aussi radicale[526]. Dans ce contexte, la question se pose de savoir pourquoi le juge s'est interdit le bénéfice de cette source importante d'éclairage des normes qu'il doit interpréter et appliquer. Était-ce une intimidation ou une pression d'ordre politique ? Était-ce une manière honorable d'éviter aux membres des tribunaux d'effectuer des recherches en remontant « *les enfers*[527] » des travaux préparatoires ? Il semble que, face à une si surprenante décision de la Cour, sans aucune demande expresse des parties à l'instance, l'on peut se poser toutes sortes de question en vue de comprendre ce qui s'est passé dans son raisonnement en 1769.

Ainsi, avec cette décision juridictionnelle, le débat, jusque-là informel, sur l'usage des travaux préparatoires dans l'interprétation juridique, était désormais formalisé par la jurisprudence ; avec, d'un côté, les partisans et défenseurs des travaux préparatoires dans l'interprétation du droit[528] et, de l'autre, ceux qui sont contre[529] ces « éléments de preuves extrinsèques », comme sont souvent qualifiés les travaux préparatoires, sans oublier ceux qui étaient pour un usage limité de l'histoire parlementaire dans la jurisprudence[530]. De fait, à partir de 1769, date

---

conception des travaux préparatoires à un moment où les moyens de communication entre les chambres parlementaires, et entre celles-ci et la cour du monarque, étaient indéfiniment réduits.

[525] Stéphane Beaulac, « Parliamentary Debates in Statutory Interpretation: A Question of Admissibility or of Weight? », *Op. cit.*, p. 292. Les termes de cette décision du *King's Bench* montrent qu'il y a eu un important déficit de relation et donc de dialogue entre les pouvoirs.

[526] Les arguments avancés par la Cour, pour écarter définitivement, par une règle jurisprudentielle de portée générale, les travaux préparatoires dans l'interprétation juridique devant les tribunaux anglais, sonnent comme un poids supporté par elle depuis bien longtemps et dont elle souhaita se débarrasser. En effet, même si une partie à l'instance ou un de ses membres avait soulevé la question de l'usage des travaux préparatoires dans cette affaire, on voit mal les fondements rationnels de cette position radicale de la Cour. Les travaux préparatoires, peu importe qu'ils aient été conduits dans les deux chambres et dans les mêmes termes ou qu'ils aient été méconnus par les autres instances intervenant dans l'élaboration de la loi, à savoir l'autre chambre ou encore le roi ou la reine qui donne son *assentiment* (« *Royal Assent* ») pour la promulgation de cette loi, n'ont pas pour vocation de servir ces dernières instances, mais d'éclairer le juge dans le cadre précis d'une interprétation juridictionnelle de la disposition dont s'agit.

[527] Michel Couderc, « Les travaux préparatoires de la loi ou la remontée des enfers », *Mélanges en l'honneur de François Gény*, Recueil Sirey, 1975 (Réed. 1977), pp. 251 sqq.

[528] V. la position de Lord Denning dans l'affaire *Davis v. Johnson* ([1978] 2 WLR 553, [1978] UKHL 1, [1979] AC 264 ; V. aussi *BAILII*).

[529] V. la position de Lord Reid dans l'affaire *Beswick v. Beswick* ([1967] 3 WLR 932, [1967] 2 All ER 1197, [1967] UKHL 2, [1968] AC 58 ; v. aussi *BAILII*).

[530] V. l'affaire *Sagnata Investments Ltd v. Norwich Corporation*, *Infra*.

de la première interdiction de l'utilisation des travaux préparatoires dans la jurisprudence, jusqu'en 1992, date à laquelle les tribunaux anglais semblent avoir définitivement abandonné la règle de l'exclusion des travaux préparatoires dans l'interprétation juridictionnelle du droit, on a assisté à une situation incertaine tant il y a eu de revirements de jurisprudence sur cette question, si bien que l'on peut parler d'un débat incessamment inversé au fil des années.

§2. Un débat incessamment inversé

L'inversion dont il s'agit est celui du rôle des acteurs du débat autour de la question de l'usage ou non des travaux préparatoires dans l'interprétation jurisprudentielle des normes juridiques. Ainsi, il y a eu des temps victorieux pour ceux, avec les modérés, qui sont favorables à l'usage de cette méthode d'interprétation juridique par le juge et des temps victorieux pour ceux qui s'y opposent. Cette inversion quasi permanente du rôle des acteurs du débat s'explique d'abord et avant tout par des revirements réguliers de jurisprudence depuis 1769 (A) jusqu'à une période de stabilisation constatée depuis 1992 (B).

A) Des revirements jurisprudentiels périodiques

Le débat juridique sur le rôle des travaux préparatoires dans l'interprétation du droit n'était pas pour autant inexistant avant 1769. Un peu moins d'un siècle plus tôt, dans la décision *Ash v. Abdy* de 1678, et contrairement à une forme de résistance des tribunaux anglais à l'égard de l'usage des travaux préparatoires, la Chambre des Lords a choisi de se référer aux travaux préparatoires d'une loi sur la fraude (*Statute of Frauds*[531]) qu'il examinait. Cette décision montre que le débat existait bien avant la décision du *King's Bench* de 1769. Mais la littérature juridique des pays de civilisation britannique sur la question ne semble pas donner de l'importance à ce débat avant la décision de 1769 qui a exclu de manière générale les travaux préparatoires dans l'interprétation du droit[532]. On sait désormais que les travaux préparatoires sont formellement interdits dans

---

[531] V. Stephen D. Girvin, « Hansard and the Interpretation of Statutes », *Anglo-American Law Review*, n° 22, Tolley Publishing, 1993.

[532] Les trois auteurs, Pierre-André Côté, Peter W. Hogg et Stéphane Beaulac n'ont pas évoqué la décision de 1678 dans leurs analyses sur la question ; pourtant, cette décision s'avère très intéressante, car elle montre au moins, non seulement l'ancienneté, mais aussi la constance du débat relatif à l'usage des travaux préparatoires par les tribunaux en Angleterre.

l'analyse juridique des tribunaux anglais à partir de cette décision *Millar v. Taylor* (1769) par la jurisprudence anglaise elle-même. Depuis cette décision, de nombreux revirements de jurisprudence sont intervenus sur cette question au Royaume-Uni.

Le principe de la séparation des pouvoirs exécutif, législatif, judiciaire est, depuis 1215 et sous l'influence, par la suite, des travaux de John Locke[533], reconnu au Royaume-Uni bien avant que la France l'ait adopté, de manière formelle, par la loi des 16-24 août 1790. On a vu que la *Magna Carta* de 1215 avait clairement mis en place, de manière séparée, les pouvoirs du Parlement et de la monarchie britanniques. Depuis lors, le débat sur l'interprétation des actes du Parlement britannique s'est imposé, en plusieurs étapes, dans le paysage juridique de ce pays. Les débats ont montré que, malgré l'interdiction d'utiliser cette méthode technique d'interprétation juridique, les juges britanniques y ont toujours eu recours, au moins de manière spontanée, bien qu'ils soient revenus sur l'interdiction et l'aient rappelée par la suite. Mais la question de cette interdiction générale de l'usage des travaux préparatoires par les juges anglais, pour autant, ne s'éteint pas. La règle de l'exclusion des travaux préparatoires est née d'une méconnaissance (ou, plutôt, d'une mauvaise interprétation), à l'époque, de la notion de « *parlementary privilege* » qui suppose notamment l'indépendance et l'impartialité du Parlement, et l'immunité parlementaire[534]. Aujourd'hui, il est admis, au Royaume-Uni, comme ailleurs, que l'usage des travaux préparatoires, surtout dans l'interprétation constitutionnelle des normes, est une technique d'interprétation pouvant se présenter beaucoup « *plus respectueuse de la 'démocratie représentative*[535] », et donc du Parlement, contrairement à ce que les cours et la doctrine anglaises avançaient avant une décision rendue par la Chambre des Lords en 1992, décision qui, semble-t-il, lève définitivement l'interdit[536].

---

[533] John Locke, *Traité du gouvernement civil*, C. Vollard, Paris, 1802, pp. 229 s. [Gallica]. La théorie de la séparation des pouvoirs de Locke a largement été inspirée par la Grande Charte de 1215.

[534] Il est évident que la référence à *Hansard* n'est pas une atteinte à la séparation des pouvoirs législatif. Le pouvoir législatif anglais est, selon Albert Venn Dicey (*Introduction to the study of the law of the Constitution*, Paris, 1959, [BIU Cujas], p. 407), composé de la *Couronne*, de la *Chambre des Lords* et de la *Chambre des Communes*. Cette figure tripartite du Parlement anglais fonde, au moins en théorie, la souveraineté presqu'« absolue » de ce dernier, souveraineté à laquelle, selon la doctrine qui s'exprima jusque-là contre l'usage des travaux préparatoires par les tribunaux, cette méthode d'interprétation portait gravement atteinte.

[535] Stephen Breyer, *Pour une démocratie active*, Ch. 6 : « L'interprétation de la loi », Odile Jacob, janvier 2007 (2005 pour la version en langue anglaise), p. 121.

[536] En 1971, il semble qu'il a été admis de nouveau (v. affaire *Sagnata Investments Ltd v. Norwich Corporation* [1971] 2 QB 614.) que les tribunaux anglais puissent se référer à *Hansard*, mais la levée

Après une autorisation partielle de l'usage des travaux préparatoires dans l'interprétation juridique, dans les années 1970[537], le juge anglais devait encore poursuivre cette démarche de limitation de la règle de l'interdiction de l'usage de *Hansard*. En effet, dans sa décision *Pickstone v. Freemans plc* de 1989[538], il a été admis que les travaux préparatoires pouvaient être « tolérés » pour aider à la

---

de l'interdiction de l'usage des travaux préparatoires avait une portée limitée. La Chambre des Lords a en effet approuvé le recours à *Hansard* afin de déterminer le but poursuivi par le législateur et non pas pour interpréter la loi. Mais, on peut se demander si la détermination du but de la norme, qui ne se trouve pas dans le texte, n'est pas déjà l'interpréter. En effet, certains juristes, y compris en France, partagent la conception que le rôle du juge n'est pas d'interpréter la loi. Robert Badinter, par exemple, affirme : « *Le juge n'est pas un législateur. Il doit appliquer la loi, non la créer ni même l'interpréter. D'où l'exigence que les lois soient écrites, claires et ordonnées, pour que le juge n'ait pas à se fonder sur 'l'esprit des lois' qui ouvre la porte à l'arbitraire.* » (*Des délits et des peines de Cesare Beccaria*, Préface, GF Flammarion, 1991, p. 27). Quand on sait que ces propos viennent d'un ancien garde des sceaux qui « devrait » bien connaître le fonctionnement des systèmes politiques, notamment celui du mécanisme complexe de fabrication des normes, on ne peut que se désoler. Il semble qu'une telle conception du juge au XXIe siècle est dépassée. L'époque révolutionnaire où les juges des parlements de l'Ancien Régime étaient considérés comme les principaux responsables des malheurs de la France est révolue. Le juge, tel le juge constitutionnel, aujourd'hui, joue un rôle important dans la nécessaire construction et reconstruction du droit par le jeu de l'interprétation. Un droit appliqué sans être interprété, n'est-ce pas celui-là même qui crée l'arbitraire ? La malfaçon normative est décriée depuis qu'il existe des organes destinés à la fabrication de normes collectives, d'où le rôle de rempart du juge dont la principale fonction, avant celle d'appliquer la norme, est d'interpréter celle-ci afin, s'il y a lieu, d'enlever le *dard* qu'elle contient et ainsi promouvoir la justice qu'elle doit dégager et qui est attendue d'elle. La question de lois bien écrites, claires et ordonnées sera, peut-être, résolue lorsque l'on on parviendra à créer des machines capables de produire la justice humaine telle qu'elle est attendue par tous, tel un feu rouge régule la circulation routière. En attendant, il semble que le juge – qu'il soit critiqué par les acteurs de la science juridique, lorsque cela s'avère nécessaire – est le premier rempart contre l'arbitraire du droit posé par le jeu de l'interprétation des normes qu'il applique. C'est pour cette raison que Raymond Odent voyait une « *obligation [pour tout juge] d'interpréter les textes invoqués ou applicables dans un litige.* » (*Contentieux administratif*, Cours 1966, Sirey, t. 1, Sirey, p. 264). Ainsi, pour Badinter, le rôle du juge serait réduit à néant. Mais cette conception du rôle d'une juridiction est dépassée car, pour être appliquée en bonne et due forme, c'est-à-dire de manière la plus juste possible, la norme juridique a besoin d'être expliquée et précisée – ce qui est propre au travail d'interprétation du juge. En effet, la norme générale, impersonnelle et abstraite qui est le fruit du débat politique ne pourra jamais atteindre l'objectif idéal du décret des 16 et 24 août 1790 selon lequel « *Les lois civiles seront revues et réformées par les législateurs et il sera fait un code général des lois simples, claires et appropriées à la Constitution.* » Le discours politique est bien souvent et volontairement déconnecté de la réalité : « *Nos concitoyens veulent des lois claires, simples, stables. Des lois qui disent sans équivoque ce qui est permis et ce qui ne l'est pas, qui soient écrites dans leur langage.* » (Discours du président de la République, prononcé lors du centenaire du Sénat en 1975). Mais le droit issu des débats parlementaires ne pourra jamais être aussi clairs qu'on le prétend tant qu'il n'aura pas été confronté au jeu de l'interprétation concrète devant le juge.

[537] V. *Sagnata Investments Ltd v. Norwich Corporation* [1971] 2 QB 614.

[538] V. affaire *Pickstone v. Freemans plc* [1989] AC 66.

compréhension de la législation *déléguée*. Mais cet assouplissement de la règle relève de l'exception et non d'un principe général. Cette situation n'a fait qu'attiser les débats devant les tribunaux anglais. La règle de l'interdiction des travaux préparatoires a connu une vive contradiction exprimée par Lord Denning dans la décision *Davis v. Johnson* déjà citée. En effet, ce dernier a fait savoir que dire que les tribunaux ne peuvent pas utiliser les travaux préparatoires revenait à dire que le juge « *doit tâtonner dans le noir pour retrouver le sens d'une loi sans allumer la lumière [que peuvent être les travaux préparatoires]. Dans certains cas, les travaux parlementaires montrent sans aucune ambiguïté dans les termes employés les effets que le Parlement souhaitait donner à la loi. C'est sur ce point que les membres du Parlement sont censés donner leur consentement à la norme adoptée. [...]. Dans pareilles situations, je pense que le juge devrait être en mesure de regarder la procédure [parlementaire qui a été suivie jusqu'à l'adoption de la loi].* » Là encore, bien qu'allant dans le sens d'un rejet de la règle de l'interdiction des travaux préparatoires, ces propos ne semblent pas mesurer tout l'intérêt de cette méthode d'interprétation. En effet, Lord Denning semble signifier que la référence aux travaux préparatoires ne peut être admise que si ceux-ci peuvent éclairer la norme. Mais pour savoir si les travaux préparatoires sont porteurs d'éclairage pour la norme interprétée, il faut d'abord en faire usage. Ensuite, la référence aux travaux préparatoires n'est pas seulement une question de recherche de clarté de la norme, la vertu des travaux préparatoires est multiple. Les travaux préparatoires jouent aussi un rôle démocratique dans l'interprétation juridique, si bien que le juge-interprète peut avoir intérêt à en faire usage même en dehors de la simple recherche de la clarté de la norme[539].

Néanmoins, les timides exceptions apportées à la règle d'exclusion des travaux préparatoires dans l'interprétation juridique ne suffisait pas à donner une réelle liberté interprétative jurisprudentielle au juge ; ainsi, ces incessants revirements de jurisprudence sur la question de l'usage des travaux préparatoires dans l'interprétation du droit devaient conduire à une progressive stabilité et, partant, à une meilleure reconnaissance de l'intérêt de cette méthode d'interprétation juridique.

---

[539] La procédure interne de fonctionnement du Conseil constitutionnel montre que la première démarche des rapporteurs de ses décisions est de consulter les travaux préparatoires, peu importe le degré de clarté apparente du texte examiné. La recherche dans les travaux préparatoires est d'ailleurs l'une des principales fonctions des stagiaires accueillis au Conseil constitutionnel. Sur ce point, des documents de nature à illustrer ces propos sur le fonctionnement interne du Conseil constitutionnel ont été consultés, mais il n'est pas permis de les citer.

B) Avènement d'une position jurisprudentielle stable

La règle d'exclusion des travaux préparatoires dans l'interprétation des normes législatives découle du privilège du Parlement anglais. Parmi les attributs du privilège du Parlement, on retrouve son rôle exclusif dans le vote des lois, son indépendance et son impartialité, mais aussi l'immunité parlementaire qui suppose le droit de ses membres de ne pas être poursuivis en justice, ni civilement, ni pénalement, pour leurs propos au sein du Parlement, etc. Ces attributs du privilège du Parlement se trouvent à l'article 61 de la Grande Charte de 1215 confirmé par le *Bill of Rights* de 1688[540].

La décision de la Chambre des Lords *Pepper v. Hart*[541], rendue en novembre 1992, semble rompre, de manière radicale et plus stable, avec la tradition et la position ambiguës des juges anglais face à l'usage des travaux préparatoires des normes juridiques[542]. En effet, Lord Browne-Wilkinson, partisan de l'opinion majoritaire, s'est exprimée en ces termes : « *Mes pairs, je suis arrivé à la conclusion que, d'un point de vue purement juridique, il y a des bonnes raisons pour apporter une modification limitée à la règle existante selon laquelle les travaux parlementaires ne peuvent être utilisés par les tribunaux, à moins qu'il y ait des raisons pratiques et constitutionnelles qui y font obstacle. Dans mon jugement, sous réserve des questions relatives aux privilèges de la Chambre des Communes,* ***la référence aux documents parlementaires devrait être autorisée comme une aide à la construction de la législation qui s'avère ambiguë ou obscure, ou à la recherche du sens littéral de ce qui a conduit à une absurdité****. Et même dans l'hypothèse d'un privilège de la Chambre des Communes,* ***la référence par les tribunaux aux documents parlementaires devrait être autorisée pour permettre au juge de révéler clairement le mobile pervers de la loi ou l'intention du législateur derrière les mots ambigus ou obscurs de celle -ci****.* » Le juge anglais a ainsi posé une limite, quant au champ des travaux préparatoires pouvant être utilisés par les tribunaux, en déclarant : « *Cependant, pour ce qui concerne les déclarations faites au Parlement, telles qu'elles sont établies dans la présente affaire, je ne peux pas admettre que toute déclaration autre que la déclaration du ministre ou d'un* ***autre promoteur ayant défendu le projet de loi*** *est susceptible de répondre à ces critères.* » Cette position, à

---

[540] V. Stéphane Rials et Julien Boudon, *Textes constitutionnels étrangers*, PUF, Coll. : « Que sais-je », pp. 8-10.

[541] *Pepper (Inspector of Taxes) v Hart* [1992] UKHL 3 (26 novembre 1992), *BAILII*, [1993] AC 593.

[542] Cette décision est une réplique – plus étendue, quant à sa portée – de la décision *Sagnata Investments Ltd v. Norwich Corporation* datant de 1971.

comparer avec le cas français d'un législateur multi-tête (Conseil d'État, Conseil économique, social et environnemental, Cour des comptes, commissions parlementaires...), n'exclut pas les travaux préparatoires extraparlementaires, dans la mesure où Lord Browne-Wilkinson donne crédit à tout « *promoteur* » de la loi, promoteur qui est doté d'une forme d'autorité en tant que tel dans la procédure de production de celle-ci.

La Chambre des Lords a, en effet, toujours par la voix de Lord Browne-Wilkinson, dans cette décision *Pepper v. Hart*, remis en cause la règle de l'exclusion des travaux préparatoires dans l'interprétation du droit en décidant : « *À mon avis, le sens ordinaire de l'article 9*[543]*, vu le contexte historique dans lequel ce texte a été adopté, était de veiller à ce que les membres du Parlement ne soient pas soumis à une pénalité, civile ou pénale, pour ce qu'ils ont dit et qu'ils ont pu discuter, contrairement aux affirmations précédentes du règne des Stuart, ou pour ce qu'ils ont choisi de discuter. L'assouplissement de la règle [d'interdiction de se référer aux travaux parlementaires] ne signifie pas que les tribunaux pourront critiquer ce qui se dit au Parlement. La référence à Hansard [par les tribunaux] n'a pas pour objet d'interpréter les mots utilisés [dans les discussions sur la loi], mais d'éclairer les mots utilisés dans la loi pour autant que les discussions parlementaires soient claires.* ***Loin de remettre en cause l'indépendance du Parlement et de ses débats, la référence à Hansard permettra seulement aux tribunaux de donner effet à ce qui a été dit et fait.*** » Les arguments utilisés ici, pour rejeter la règle de l'interdiction, dans cette décision, est à la hauteur de l'incompréhension qui accompagnait l'interdiction de la référence à *Hansard*, posée en 1769. Il est important de souligner que la décision affirme que les tribunaux pourront « *donner effet* » aux travaux préparatoires. C'est là un rôle actif qui est accordé – par le jeu de l'interprétation juridictionnelle – aux travaux préparatoires dans l'interprétation juridique, dans la mesure où ceux-ci contribuent à la construction de l'acte du Parlement.

Toujours dans l'opinion de la majorité de la Chambre des Lords, dans cette décision, Lord Griffiths ajouta : « *L'époque où les tribunaux avaient adopté la conception constructiviste stricte de l'interprétation [juridique] qui les obligea à se cantonner au sens littéral des termes de la loi est révolue. Les tribunaux adoptent désormais une approche téléologique qui vise à donner effet à l'objet véritable de la législation et sont prêts à regarder d'autres éléments [que le seul sens des mots de la loi]*

---

[543] Article 9 du *Bill of Rights* ; mais, en réalité, il s'agit de « l'alinéa » 9 du texte, car le texte originel, ni même les versions révisées, ne sont pas formellement numérotés ; et même les alinéas prêtent à confusion eu égard à la configuration générale du texte.

qui portent sur le contexte dans lequel celle-ci a été adoptée. » Outre la part d'objectivité que cette affirmation vient apporter aux arguments avancés pour l'assouplissement de la règle d'exclusion des travaux préparatoires contenus dans *Hansard*, elle permet de deviner que cette décision de 1992 n'a, en réalité, fait qu'acter, de manière formelle, l'assouplissement de la règle d'exclusion, car les tribunaux anglais ne l'avaient jamais strictement suivie[544].

Cette évidence s'est exprimée jusque dans les rangs des partisans de l'opinion dissidente de la Chambre des Lords. Ainsi, Lord Mackay a pu avancer : « *Je crois que pratiquement toutes les questions d'interprétation des lois qui arrivent devant les tribunaux impliqueront l'usage des travaux parlementaires. Il en résulte que les conseillers juridiques des parties auront besoin d'étudier Hansard dans pratiquement tous ces cas pour voir si oui ou non il y a un bénéfice à tirer [pour éclairer les dispositions juridiques en cause]. Je crois que cela est une objection de substance réelle. Il s'agit d'une objection pratique, pas une question de principe [...] une telle approche, il me semble, engendrera une immense augmentation du coût des litiges dans lesquels est impliquée l'interprétation des lois.* » Si cette opinion dissidente ne condamne pas l'usage de *Hansard* dans le cadre de questions liées à l'interprétation des dispositions juridiques, elle manifeste une réelle réticence quant à l'augmentation du coût des litiges à la fois pour les tribunaux et pour les parties qui devront allouer des moyens supplémentaires pour la recherche de « clarté » dans les travaux préparatoires. L'argument est valable mais il semble qu'il ne justifie pas, pour autant, l'interdiction pure et simple de cette méthode d'interprétation juridique par le juge. Car le rôle de ce dernier n'est pas de bafouer le sens des normes qu'il applique, en vue de réduire le coût des litiges, ni de limiter le temps nécessaire à la recherche de la clarté de la norme. Dans cette affaire *Pepper v. Hart*, certains arguments avancés pour consolider cette méthode d'interprétation juridique sont particulièrement intéressants et constructifs. Lord Wilberforce, alors partisan, lui aussi, de l'opinion majoritaire, déclara : « *La seconde [raison pour laquelle la référence aux travaux préparatoires doit être autorisée] relève d'un principe constitutionnel. La législation, en Angleterre, est adoptée par le Parlement et mise sous la forme de mots écrits. Cette législation prend effet à partir de son application par le juge. C'est la fonction même des tribunaux de dire comment les mots de la législation doivent être utilisés et appliqués à des cas ou des individus particuliers... Ce serait une dégradation du rôle des tribunaux [anglais] s'ils devaient être considérés comme un simple miroir réfléchissant par rapport au pouvoir de certains autres organes d'interprétation juridique.* » Il est évident que ce point de vue sur le rôle du juge dans l'application et donc dans la construction pratique du droit s'inscrit dans la

---

544 Lord Wilberforce, in *Pepper v. Hart* [1992], AC 1993 (v. *BAILII*)

doctrine du réalisme juridique. Un tel point de vue ne peut qu'être partagé dans la mesure où il s'inscrit dans la réalité concrète du mécanisme de fonctionnement des normes juridiques. Le point de vue de ce juge en 1992 sur la question du rôle du pouvoir juridictionnel par rapport au pouvoir législatif n'est pas nouveau, il s'inscrit dans la lignée des propos de Lord Diplock qui, dans une affaire antérieure (1981), affirma : « *La fonction constitutionnelle accomplie par les tribunaux de justice comme interprètes des mots employés dans les lois votées par le Parlement est souvent décrite comme la recherche de l'intention du législateur ; mais ce que cette métaphore bien commode omet de prendre en compte, c'est que le juge, lorsqu'il agit dans son rôle d'interprète des mots du droit ou quand il s'engage dans l'examen de la légalité de l'action administrative, il le fait en tant que médiateur entre l'État dans l'exercice de son pouvoir législatif et le citoyen particulier pour que la loi adoptée par le Parlement puisse être acceptée par lui comme règle contraignante et exécutoire par le pouvoir exécutif de l'État. La justice élémentaire [...] ou le besoin de sécurité juridique exige que les règles par lesquelles le citoyen est lié soient vérifiables par lui (ou, de façon plus réaliste, par un avocat compétent qui lui conseille) par référence à des sources identifiables et accessibles au public.*[545] » La doctrine anglaise a également soutenu le mouvement vers la fin de cette règle jurisprudentielle encombrante. Ainsi, B. A. Wortley se plaignait en 1975 qu'en Angleterre, « *il n'y a pas de moyen sûr de trouver l'intention du Parlement, puisque la tradition actuelle ne permet pas qu'on tienne compte des débats parlementaires ni des travaux préparatoires pour l'y trouver.*[546] » Néanmoins, nul besoin de préciser que ces arguments – aussi attrayants et convaincants soient-ils, dans la défense de cette méthode d'interprétation – ne sont pas restés sans critiques. Dans une autre affaire jugée en 1979, qui souleva la question de l'usage des travaux préparatoires, Lord Scarman déclara à propos des travaux préparatoires devant les tribunaux anglais : « *de tels matériaux sont un guide peu fiable pour le sens de la loi promulguée. Il favorise la confusion, pas la clarté. Les coupes et les retours en arrière permanents du débat [parlementaire], les pressions exercées sur l'exécutif et les caractéristiques essentielles d'un gouvernement ouvert et responsable ne sont pas toujours propices à une explication claire et impartiale de la signification du libellé de la loi. En outre, de par leur volume, les pourparlers parlementaires et ministériels peuvent prêter à confusion et induire en erreur sur le sens de la loi.*[547] »

---

[545] Lord Diplock, in *Fothergill v. Monarch Airlines Ltd* [1981] AC 251, 279 (V. *BAILII*). On reviendra sur cette déclaration dans la seconde partie de la thèse.

[546] B. A. Wortley, « La théorie des sources en droit privé positif de François Gény considérée dans son rapport avec la jurisprudence anglaise », in *Recueil d'études sur les sources du droit en l'honneur de François Gény*, Recueil Sirey, rééd. 1977, (pp. 16-29), p. 20.

[547] Lord Scarman dans la décision *Davis v. Johnson* [1979] AC 264, 350 (V. *BAILII*).

Ainsi, depuis 1992, la position du juge anglais, s'agissant de l'usage des travaux préparatoires dans l'interprétation juridique paraît stable ; mais cette stabilité n'est qu'en apparence, elle ne doit pas occulter les débats qui continuent d'agiter tant les juges que les praticiens du droit.

Enfin, l'ampleur de ce débat juridique est telle qu'il a dépassé le cadre du seul système juridique britannique pour atteindre l'ensemble des systèmes juridiques fondés sur la tradition de *Common law*.

§3. Un débat diffus dans les pays de tradition de *Common Law*

Le débat autour de l'usage des travaux préparatoires dans l'interprétation juridique a, à la suite de ces revirements de la jurisprudence anglaise, été diffusé dans l'ensemble des anciennes colonies de la Grande Bretagne et des pays de tradition de *Common Law*, excepté le cas particulier des États-Unis d'Amérique[548], bien que ce dernier n'ait pas été épargné par ce débat juridique, bien au contraire, comme l'a pu démontrer Edward Hudon dans les années 1980[549]. L'analyse de la diffusion de ce débat sera entreprise à travers les cas les plus représentatifs des pays de tradition de *Common Law*. Ainsi, le cas du Canada, d'une part (A), et celui de l'Australie et de la Nouvelle-Zélande, d'autre part (B),

---

[548] Le cas des États-Unis n'est pas abordé ici car ce pays, bien qu'il soit une ancienne colonie de la Grande Bretagne, n'est pas – ou du moins ne peut pas – être considéré comme faisant partie des pays de tradition de *Common Law*, eu égard notamment au pragmatisme et à la mixité de son système juridique empreint tant de la tradition civiliste que de la tradition de *Common Law*. C'est en ce sens, d'ailleurs, qu'Élisabeth Zoller affirme que « *si la common law a certainement laissé une forte empreinte sur le droit des États-Unis, c'est plus pour ce qui touche à la mentalité qu'elle véhicule (préférence pour la souplesse du droit dit par le juge, rejet de la rigidité du droit édicté par les codes) ou aux techniques qu'elle met en œuvre (culte de la procédure accusatoire dans laquelle les parties établissent les faits par confrontation entre elles devant un jury, rejet de tout élément de procédure inquisitoire) que pour ce qui concerne les règles de fond qui avaient été dégagées par les juges anglais sur plusieurs siècles et qui ne convenaient pas toujours aux besoins des colons.* » (Élisabeth Zoller, *Le droit des États-Unis*, 2014, p. 5 à 6. Document disponible en ligne sur le site du CDPC (http://www2.u-paris2.fr/1396864022103/0/fiche___article/&RH=CDPC-ETUDES) [Consulté le 2 décembre 2016]).

[549] Edward G. Hudon, « Quelques mots sur la recevabilité des éléments de preuve extrinsèques devant les tribunaux : le Canada et les États-Unis », *Les Cahiers de droit*, vol. 22, n° 2, 1981, pp. 371-382 [en ligne]. Sur ce point, v. aussi Stéphane Bealac, *Op. cit.*, pp. 298-299.

s'avèrent particulièrement représentatifs dans ce débat diffus autour de cette méthode d'interprétation juridique.

A) L'exemple du Canada

L'analyse de la jurisprudence constitutionnelle et des travaux doctrinaux canadiens relatifs à cette problématique a montré que la question de l'admissibilité des travaux préparatoires dans l'interprétation juridique par le juge n'a pas été définitivement tranchée dans ce pays. Le débat autour de cette question a lieu tant devant les cours des provinces (entités fédérées) que devant les cours fédérales. Il est à noter que, au niveau fédéral, la Cour suprême du Canada joue un rôle important dans l'orientation de ce débat ; d'où le choix de mener l'étude à travers la jurisprudence de celle-ci en particulier.

Tout d'abord, la Cour suprême du Canada, qui a commencé à fonctionner en 1875[550], n'a assumé un rôle de juge de dernier ressort au Canada que tardivement. Cette situation s'explique par le fait que le *Conseil privé* (*Privy Council*) du monarque anglais a été – tel qu'il l'est encore aujourd'hui pour certains pays dont le monarque anglais demeure le chef d'État – la juridiction suprême du Canada jusqu'en 1949[551], du moins en matière civile. Les questions juridiques les plus aigües, les appels et les pourvois en dernier ressort étaient alors traités par le *Comité judiciaire du Conseil privé* du monarque anglais. Ce mécanisme complexe conduisait à des procédures extrêmement longues et coûteuses pour les justiciables et l'État canadiens.

Très rapidement, après avoir (re)trouvé son rôle complet de juridiction suprême du Canada, la Cour suprême a semblé – du moins en pratique – adopter la logique anglaise excluant l'usage des travaux préparatoires dans l'interprétation

---

[550] L'article 101 de la loi constitutionnelle de 1867 (*Constitution Act, 1867*) a prévu la création d'une Cour d'appel fédérale pour tout le Canada, mais ce n'est qu'une loi fédérale ordinaire de 1875 qui a créé la Cour suprême. D'un point de vue théorique, la Cour suprême canadienne, juge fédéral de dernier ressort et qui traite de questions constitutionnelles, n'a pas de valeur juridique constitutionnelle. C'est pourquoi des constitutionnalistes Canadiens, comme Peter W. Hogg, plaident pour que la loi fédérale de 1875 ayant créé la Cour soit élevée au rang constitutionnel afin de conforter la base juridique de la Cour suprême du Canada.

[551] V. Peter W. Hogg et Wade K. Wright, « Canadian Federalism, the Privy Council and the Supreme Court: Reflections on the Debate about Canadian Federalism », *UBC Law Review 38.2*, 2005, (pp. 329-352), p. 339. Notons que la Cour n'a commencé à assumer son plein pouvoir en matière pénale, au détriment du *Conseil privé* du monarque anglais, qu'en 1933, soit près de seize ans avant de retrouver sa pleine compétence en matière civile en 1949.

des normes juridiques. En effet, dans une décision de 1951[552], la Cour a refusé de se référer à l'histoire de la norme en cause pour l'interpréter[553]. En 1960, la Cour a encore jugé clairement qu'« *Il a été avancé qu'il était nécessaire de vérifier la vraie intention du Parlement [dans les travaux préparatoires]. Mais le Parlement est une entité qui, de par sa nature, ne peut pas être considéré comme pouvant avoir un motif ou une intention autre que celle qui est exprimée dans ses actes formels.*[554] » Dans ce contexte, il a semblé que le *Comité judiciaire du Conseil privé* du monarque anglais a légué ses compétences à la Cour suprême canadienne avec la règle de l'exclusion des travaux préparatoires dans l'interprétation juridique. Mais, un peu plus tard, la Cour apportera plusieurs assouplissements à cette règle et finira par changer complètement sa jurisprudence sur la question, bien avant le juge anglais qui ne le fera, on l'a vu, qu'en 1992.

Peter Hogg affirme, en effet, qu'« *il est clair que toutes sortes [d'éléments de l'histoire législative*[555]*] sont désormais admissibles.*[556] » Mais Pierre-André Côté semble être un peu plus réservé, quant à cette observation ; car, bien que celui-ci concède que « *la règle de l'exclusion des travaux préparatoires est de plus en plus débattue au Canada*[557] », il conclut à un usage d'exception des travaux préparatoires plutôt que d'une remise en cause générale de la règle d'exclusion posée en 1769 au Royaume-Uni et en 1960 au Canada. Pour Pierre-André Côté, en effet, « *[...] l'admissibilité de preuves extrinsèques dans la recherche de la compréhension d'une loi ne doit pas nous faire perdre de vue le besoin du respect des attentes de ceux auxquels les lois sont destinées : seul un problème sérieux d'interprétation justifie le recours aux travaux préparatoires.*[558] » Ainsi, pour

---

[552] V. *Canadian Wheat Board v. Nolan*, [1951] SCR. 81.

[553] V. Stéphane Beaulac, *Op. cit.*, p. 301.

[554] *Attorney General of Canada v. The Reader's Digest Association (Canada) Ltd*, [1961] SCR 775.

[555] Peter W. Hogg énumère six types d'éléments entrant dans la composition de l'histoire législative ou travaux préparatoires (*Op. cit.*, p. 798) : le rapport d'une commission royale, d'une commission de réforme ou d'un comité parlementaire (1), des livres blancs ou verts relatifs à la politique du gouvernement (2), des rapports et / ou études produits à l'extérieur du cadre gouvernemental (3), les réformes précédentes à un projet ou proposition de loi (4), des déclarations ministérielles ou venant de membres du Parlement ou venant de témoins experts lors de leurs auditions avant les débats en commission (5), et les discours prononcés au Parlement lors des débats (6).

[556] Peter W. Hogg, *Ibid.*, p. 801.

[557] Pierre-André Côté, *Op. cit.*, p. 357.

[558] *Ibid.* En matière constitutionnelle, pourtant, il semble que la donne est différente. Le juge constitutionnel, dont la décision ne peut que très difficilement être remise en cause, n'a pas à se soucier du caractère sérieux ou pas d'une question d'interprétation pour justifier un recours aux instruments préparatoires ayant conduit à la norme qu'il interprète, car, on le verra, cette technique est une caution démocratique pour le juge face à ceux qui ont été élus pour confectionner la norme,

certains, le recours aux travaux préparatoires protège les citoyens car il permet de mieux construire la règle de droit en la précisant, mais pour d'autres, à l'instar de Pierre-André Côté, l'usage de cette méthode d'interprétation peut, au contraire, porter atteinte au droit édicté pour le citoyen, ce qui justifierait un usage le plus modéré possible de ces derniers. Il y a là deux conceptions presqu'irréconciliables de cette méthode d'interprétation juridique.

Pierre-André Côté ajoute : « *[...] les travaux préparatoires ont, en général, davantage de valeur dans la reconstitution du contexte factuel de l'adoption d'une loi que dans le soutien de l'exacte interprétation à accorder à une loi en particulier.*[559] » Cette conception du rôle des travaux préparatoires dans l'interprétation juridique mérite quelques commentaires. Pierre-André Côté distingue « *la reconstitution du contexte factuel* » de « *l'interprétation* » de la norme. Une telle distinction demeure en-deçà de toute la dimension du travail d'interprétation juridique. En effet, *interpréter*, c'est d'abord *comprendre* pour *expliquer*, voire *justifier*[560]. Mais « *interpréter c'est [aussi] convertir la lecture en écriture*[561] ». Ainsi, le juge-interprète est (ou devrait être) en permanence à la recherche d'éléments pouvant lui permettre de reconstituer les faits ayant conduit à une norme pour l'interpréter. Cette reconstitution des faits est déjà l'interprétation, non comme résultat, mais comme processus acheminant vers le résultat interprétatif final. Mais, malgré ses limites, c'est cette conception des travaux préparatoires qui a été adoptée par la Cour suprême du Canada depuis sa décision *Re Anti-Inflation Act* de 1976[562]. En 1985, dans l'affaire *B. C. Motor Vehicule Reference*[563], la Cour a adopté une décision très commentée qui a tranché la question du « *poids des travaux préparatoires*[564] » dans l'interprétation juridique. Dans cette affaire, la Cour devait trancher la question de l'interprétation de la notion de « *justice fondamentale*[565] »

---

et c'est d'autant plus que, pour reprendre le vocabulaire de Stephen Breyer, cette méthode s'avère plus « *respectueuse* » de l'organe producteur de cette norme.

559 Pierre-André Côté, *Op. cit.*

560 V. la définition de l'interprétation juridique *in* Gérard Cornu, *Vocabulaire juridique*, PUF, 2011.

561 V. Claude Lefort, « L'image du corps et le totalitarisme », *in* Claude Lefort, *L'invention démocratique. Les limites de la domination totalitaire*, Fayard, 1981, p. 165.

562 *Re Anti-Inflation Act* [1976] SCR 373.

563 *B. C. Motor Vehicule Act*, SCR [1985] 2, 486.

564 Peter W. Hogg, *Op. cit.* p. 805.

565 V., sur cette notion, v. Nicole Duplé, « L'article 7 de la Charte canadienne des droits et libertés et les principes de justice fondamentale », *Les Cahiers de droit*, vol. 25, n° 1, 1984, pp. 99-124. Cette notion demeure particulièrement ambiguë au Canada. Sans se confondre à elles, elle est très proche des notions de *justice naturelle* et d'*équité*. La notion de justice fondamentale a été préférée par les auteurs de la réforme constitutionnelle canadienne de 1982 à ces dernières notions, en vue de limiter le droit à la vie, le droit à la liberté et le droit à la sécurité des personnes, en permettant

contenue dans la section 7 de la Charte canadienne des droits et libertés de 1982, et plus précisément, elle devait établir si cette notion visait uniquement la procédure ou incluait également les questions de fond. Les experts auditionnés par la Cour ont tous conclu que les travaux préparatoires « prouvent » que les rédacteurs de cette norme constitutionnelle ne visaient pas le fond mais la forme (la procédure). La Cour a cependant refusé de les suivre en expliquant que, eu égard au contexte dans lequel le texte avait été adopté, il fallait intégrer les questions de fond également dans cette notion de justice fondamentale. Pour se justifier de cet écart, la Cour a, selon les mots de Peter Hogg, argumenté que « *même si les travaux préparatoires peuvent être utilisés dans les affaires devant la Cour, leur poids demeure faible.* » Cet écart de la Cour est donc fondé sur la faiblesse du poids des travaux préparatoires. Cette position de la Cour a conduit Peter Hogg à considérer que « *les travaux préparatoires sont admis, non pas pour prouver une quelconque vérité contenue dans les faits qu'ils relatent, mais pour appréhender les considérations qui ont été prises en compte par le corps légiférant ayant voté une loi.*[566] » En réalité, il semble que le juge constitutionnel canadien procède ainsi afin de consolider sa légitimité et, ainsi, promouvoir la démocratie juridique. Mais dans ce cas précis relatif à la notion de « justice fondamentale », le juge a préféré faire droit à la *justice* (celle des droits et des libertés fondamentaux des prévenus dans toutes les étapes de la procédure juridictionnelle, tant sur le fond que sur la forme), telle qu'elle est attendue dans une société démocratique, plutôt que de se cacher derrière une vérité historique que renfermeraient les documents parlementaires préparatoires. Cela rejoint, au final, l'analyse susvisée de Pierre-André Côté.

Ce contexte particulier du cas canadien ainsi rapidement passé en revue, il est permis de conclure que le débat relatif à l'usage des travaux préparatoires dans l'interprétation juridique est toujours en ébullition au Canada, bien que le juge ait admis le principe de non-exclusion de cette méthode d'interprétation ; ce débat se répand encore dans de nombreux autres pays de tradition de *Common Law*, tel qu'en Australie et en Nouvelle-Zélande.

---

aux pouvoirs exécutifs et législatifs de prendre des mesures adéquates, en cas de périls, sous le contrôle, toutefois, du juge.

[566] Peter W. Hogg, *Op. cit.*, p. 800.

B) L'exemple de l'Australie et de la Nouvelle-Zélande

Ces deux États, géographiquement voisins, ont, tous les deux, été des colonies britanniques, tout comme le Canada, et le monarque anglais demeure encore aujourd'hui leur chef d'État. Ce lien historique entre ces États et l'Angleterre demeure très fort ; cela explique leur tradition de *Common Law* et leur forte implication dans le débat juridique né autour de l'usage des travaux préparatoires des normes juridiques par le juge. Dans ce contexte, il sera fait rapidement l'état de ce débat en Australie, d'abord (1), puis en Nouvelle-Zélande, ensuite (2).

1. Le cas de l'Australie

L'Australie est un jeune État qui n'a acquis son indépendance de la Grande Bretagne que le 1er janvier 1901. Dans le contexte postcolonial, le pays a dû, tout au long du XXe siècle, construire son modèle juridique, tout en étant très proche de celui de la Grande Bretagne. Il n'est donc pas étonnant que l'Australie ait « *hérité [...] de la règle anglaise d'exclusion*[567] » des travaux préparatoires dans l'interprétation juridique.

Dans l'affaire *South Australia v. Commonwealth*[568], s'appuyant sur une série de jugements antérieurs[569] rendus un peu partout dans les pays de tradition de *Common Law*, la Haute Cour d'Australie a jugé : « *Les rapports des discours tenus au sein du Parlement n'ont aucune pertinence et sont, de ce fait, inadmissibles. Le Parlement est composé de deux chambres au sein du Commonwealth [d'Australie]. Elles contiennent cent dix membres qui votent et qui appartiennent à des partis [politiques] différents ou à aucun parti. Les membres du Parlement ont la plupart du temps des avis différents, non seulement sur le bien-fondé et l'objet réel des projets de loi discutés, mais aussi sur leur signification. Ni la validité, ni l'interprétation d'une loi votée par le Parlement ne peuvent être fondées sur ce que les membres du Parlement, que ce soit un ministre ou non, ont choisi de dire lors du débat parlementaire. La Cour doit prendre les mots de la loi tels qu'ils sont formellement exprimés comme la seule expression de l'intention du Parlement.* » Cette décision est

---

[567] Stéphane Beaulac, *Op. cit.*, p. 296.

[568] *South Australia v. Commonwealth*, [1942] HCA 14.

[569] *Richards v. McBride*, [1881] 8 QBD 119 ; *R. v. Comptroller-General of Patents*, (1899) 1 QB 909, p. 917 ; *Sydney Municipal Council v. The Commonwealth*, [1904] HCA 50 ; *Administrator-General of Bengal v. Prem Lal Mullick*, (1895) L.R. 22 Ind. App. 107, p. 118.

l'exacte reprise de la règle d'exclusion des travaux préparatoires posée, en Angleterre, par le *King's Bench*, dans son arrêt *Millar v. Taylor* de 1769.

Mais cette règle a progressivement été assouplie. En effet, Stéphane Beaulac écrit que « *le Commonwealth d'Australie [l'État fédéral] et plusieurs entités fédérées ont [par la suite] voté des lois remettant en cause la règle [restrictive] sur l'usage de matériaux extrinsèques, y compris les débats parlementaires.*[570] »

Dans la conception britannique de ce débat, on l'a vu, le juge n'a jamais fait appel au Parlement pour trancher la question de savoir si les travaux préparatoires devaient ou non être utilisés par le juge ; il s'est lui-même soumis à la règle de l'exclusion des travaux du Parlement, puis s'en est affranchi. Pourtant, le juge australien a, en 1977[571], fait appel au Parlement pour trancher la question par la loi. En effet, le Parlement australien a répondu à cet appel en modifiant la loi d'interprétation de 1901, par une réforme datant de 1984[572], soit sept ans après l'appel du juge australien. Cette réforme permet désormais au juge d'utiliser librement les travaux préparatoires même si les termes de la loi « *sont a priori clairs*[573] ». Cette nouvelle conception, à l'égard des travaux préparatoires des normes juridiques, en Australie, n'est pas neutre. Elle renvoie à d'autres effets que l'usage de ce procédé interprétatif peut revêtir pour le juge, notamment l'effet démocratique de ses jugements, du fait de l'accessibilité du mode opératoire employé par celui-ci.

Enfin, malgré la proximité géographique entre l'Australie et la Nouvelle-Zélande, celle-ci a une politique et une culture jurisprudentielles quelque peu différentes, s'agissant de l'usage des travaux préparatoires dans l'interprétation juridique.

2. *Le cas de la Nouvelle-Zélande*

La culture juridique de la Nouvelle-Zélande est, tout comme celle de l'Australie, très liée au système juridique anglais ; ce pays n'étant devenu indépendant de la Grande Bretagne qu'en 1907, soit près de six ans après

[570] Stéphane Beaulac, *Op. cit.*, p. 296.

[571] *Commissioner for Prices and Consumer Affairs (S.A.) v. Charles Moore (Aust.) Ltd.* (1977) 51 ALJR, 715.

[572] V. Stéphane Beaulac, *Op. cit.*, p. 296-297.

[573] V. article 15AB de la loi d'interprétation australienne (*Acts Interprétation Act*, 1901). Sur ce texte, v. également Stéphane Beaulac, *Ibid.*, p. 297.

l'indépendance de l'Australie. Il y avait, là aussi, une forte probabilité que la règle de l'exclusion des travaux préparatoires dans l'interprétation du droit y soit applicable.

Un rapport de la Commission des lois de la Nouvelle-Zélande[574] affirme que la « *règle d'interdiction [de l'usage de Hansard] n'a jamais été clairement établie en Nouvelle-Zélande.*[575] » La Commission rappelle qu'il ne serait pas approprié d'appliquer la règle d'exclusion des travaux préparatoires dans l'interprétation du droit car « *l'histoire législative fait sans nul doute partie de la loi et de la pratique de l'interprétation législative en Nouvelle-Zélande.*[576] » De ce point de vue-là, la Commission semble rejeter le qualificatif d'« éléments extrinsèques » souvent accolé aux travaux préparatoires des normes juridiques par rapport à celles-ci, et les considère donc comme étant des « éléments intrinsèques » de la norme dont ils « *font partie* »[577].

---

[574] La Commission des lois (*Law Commission*) – organe tout à fait indépendant du Parlement néo-zélandais – a été créée par une loi de 1985. Il est écrit sur le site internet de l'institution qu'elle « *a pour rôle de promouvoir l'examen systématique, la réforme et le développement de la loi en Nouvelle-Zélande. En tant qu'entité indépendante de la Couronne [du monarque anglais qui est le chef de l'État], ses fonctions sont de critiquer la loi et de faire des recommandations pour son amélioration.* » (Site internet de l'institution, consulté le 23 août 2017). L'article 17 de la loi de 1985 prévoit que la Commission produit un rapport annuel sur ses activités. Ce rapport d'activité de la Commission est comparable à ceux produits par des institutions françaises, tels la Cour des comptes, le Conseil d'État, la Cour de cassation, le Conseil supérieur de la magistrature ou encore le Défenseur des droits... dont le rôle dans le débat normatif préparatoire est non négligeable. Il est intéressant également de remarquer que la loi de 1985 précise que cette Commission a le « *pouvoir de faire le droit par le biais de ses propositions* ».

[575] *A New Interpretation Act to avoid « Prolixity and Tautology*, New Zeland Law Commission, décembre 1990, Report n° 17, p. 50 [en ligne]. Sur ce point, v. aussi Stéphane Beaulac, *Op. cit.*, p. 297.

[576] *Ibid.*

[577] L'ambiguïté liée à l'expression « éléments extrinsèques » employée pour qualifier les travaux préparatoires est particulièrement frappante chez Jean-Claude Bécane et Michel Couderc qui, citant une série de sources parlementaires et extraparlementaires, utilisent l'expression tout en affirmant le caractère intime de la relation entre travaux préparatoires et normes juridiques : « *tous 'les éléments extérieurs au texte interprété, placé dans un* ***contexte intime*** *avec lui et* ***sans lesquels ce texte resterait muet*** *ou ne révèlerait que fort incomplètement la volonté qu'ils recouvrent'.* » (*La loi*, Dalloz, Coll. : « Méthodes du droit », 1994, p. 160 ; v. aussi p. 161). Ainsi, par ce « *contexte intime* », on voit bien que les travaux préparatoires ne peuvent pas être considérés comme des éléments extérieurs ou extrinsèques aux normes juridiques dont ils précèdent l'adoption et auxquelles ils ont présidé, ils sont « intrinsèquement » et « intimement » liés à ces normes.

Pourtant, comme le précise Stéphane Beaulac, « *la situation est loin d'être aussi claire que la Commission la présente.*[578] » En effet, en 1884[579], la Cour suprême néo-zélandaise a jugé que les débats parlementaires ne pouvaient pas être utilisés comme aide dans l'interprétation juridique. Mais il est vrai que la tendance actuelle montre que la jurisprudence néo-zélandaise est très favorable à ces instruments dans l'interprétation du droit. Et puis, il faut dire que le juge est fortement appuyé par la très puissante Commission des lois qui promeut cette méthode d'interprétation. Ainsi, lorsque la Commission affirmait, dans son rapport de 1990[580], qu'il n'y avait pas de règle d'interdiction des débats parlementaires dans l'interprétation du droit en Nouvelle-Zélande, les auteurs du rapport faisaient sans doute allusion à une règle législative car, en effet, la loi n'a jamais résolu cette question qui a toujours été laissée aux mains des tribunaux[581]. C'est là une différence notable au regard du juge australien qui, en 1984, en a appelé au législateur pour résoudre la question.

Par ailleurs, il convient de noter qu'il existe une réelle culture de *lois d'interprétation* dans les pays de tradition de *Common Law*[582]. Ainsi, compte tenu de la règle d'exclusion des travaux préparatoires dans l'interprétation juridique,

---

[578] Rapport de la New Zeland Law Commission, *Op. cit.*, p. 298.

[579] *Otago Land Board v. Higgins*, (1884) NZLR 3, p. 80 (CA), cité par Stéphane Beaulac, *Ibid.*, p. 298.

[580] Rapport critiqué par Stéphane Beaulac (*Ibid*) comme n'ayant pas pris en compte toute la réalité des choses.

[581] *Ibid.*

[582] Cette culture de lois interprétatives n'existe pas en France, mais le mécanisme de *référé législatif* qui, entre 1790 et 1804, a existé, en France, est présenté par Mailher-Antoine de Chassat (in *Traité de l'interprétation des lois,* Paris, 1836, Note 1, pp. 260-262) comme un procédé débouchant sur des lois interprétatives. V. ses analyses relatives à ce mécanisme en annexe. De plus, Raymond Odent (*Contentieux administratif,* Cours 1966, t. 1, Sirey, p. 270) parlait de « *lois rétroactives ou interprétatives* » à propos des lois expresses visant à contrevenir au principe de l'effet non rétroactif des règles juridiques posé à l'article 2 du Code civil. Néanmoins, ces mécanismes ne sont en rien des lois générales d'interprétation que le législateur français aurait imposé aux juges comme dans le cas de pays de tradition de *Common Law* ; ce sont plutôt des lois de réhabilitation de situations juridiques jusque-là éteintes que des lois interprétatives en tant que telles. Enfin, si Marat constata que « *Chapelier et Desmeuniers [...] préparent un décret interprétatif de celui qui anéantit les titres de noblesse* » (Marat, *Infernal projet des ennemis de la Révolution* [14 juillet 1790], Les Pamphlets, Éd. Vellay, 1911, p. 198), ce cas ne peut pas être érigé en généralité, compte tenu de son contexte dans un moment particulier au début de la période révolutionnaire. À ce propos, Cournot, bien que celui-ci reconnût une forme de justification de lois interprétatives, en cas de texte « *ambigu* » (p. 131), estima, justement, que « *La loi interprétative est inutile, et il faut s'en prendre aux vices de l'organisation judiciaire si la rigueur des déductions et la justesse des analogies ne finissent pas par prévaloir* » (Antoine-Augustin Cournot, *Essai sur les fondements de nos connaissances et sur les caractères de la critique philosophique*, Paris, 1851, t. 2, p. 132 [Gallica]).

dans la plupart des pays de tradition de *Common Law*, plusieurs de ces pays, tels le Royaume-Uni, la Nouvelle-Zélande, l'Australie ou encore l'Irlande, se sont lancés dans l'édiction de lois d'interprétation en vue de *dire* au juge comment interpréter certaines dispositions législatives particulières. Mais, comme l'ont pu d'ailleurs souligner certains experts, les règles disposées dans ces lois s'avèrent incompréhensibles pour les juges qui pratiquent le droit[583]. Il semble, en effet, que ce n'est pas le rôle du Parlement de *dicter* au juge ce qu'il doit faire pour interpréter les normes qu'il applique. Si une telle culture de lois d'interprétation venait à s'appliquer en France, cela s'apparenterait à un retour au mécanisme du *référé législatif*, voire même, à certains égards, à une forme de *lit de justice*, mécanismes paraissant inacceptables dans un système démocratique fondé sur le principe de l'État de droit.

Enfin, ce débat juridique complexe, né en Angleterre, a été largement soulevé par la jurisprudence, et a affecté l'ensemble des pays dont le système juridico-judiciaire est basé sur le modèle britannique. Mais les pays de tradition de *Common Law* ne sont pas les seuls à connaître ce débat, d'autres systèmes juridiques en ont aussi été affectés, bien que de manière moins marquée. Ainsi, compte tenu de l'ampleur de cette méthode d'interprétation juridique, une partie de la doctrine juridique française s'est saisie du débat qu'il a pu soulever ailleurs, parfois en provoquant le juge français qui, pourtant, paraît faire le choix d'une position assez neutre.

SECTION 2 : UN DÉBAT SAISI PAR LA DOCTRINE JURIDIQUE FRANÇAISE

L'interprétation juridique, et, *a fortiori*, l'interprétation constitutionnelle, préoccupe particulièrement la science juridique dans l'ensemble des sociétés démocratiques. À ce titre, elle soulève certaines questions, pour l'essentiel, insolubles : qui est le juge (constitutionnel) pour disposer de l'autorité ultime de dire ce que le droit est ? Quels sont les éléments qui guident le juge dans l'interprétation du droit ? Quelle est le degré d'objectivité des instruments d'interprétation sur lesquels le juge se base pour décider la *juste interprétation*[584] à

[583] V. Interpretation Act, 2005, *Infra*, p. 92.

[584] Sur cette notion, v. Michel Rosenfeld, *Les interprétations justes*, Bruylant-LGDJ, Coll. : « La pensée juridique », novembre 2000.

attribuer à une norme juridique qui s'applique à tout un chacun dans son individualité la plus intime ? Si, comme l'affirment certains philosophes du droit, l'« *interprétation [juridique] est devenue l'une des principaux paradigmes [questions] de la science juridique ces dernières années*[585] », ces questions portant sur l'interprétation juridique sont anciennes. C'est dans cette perspective que le débat juridique, qui a eu lieu en Angleterre, sur l'usage des travaux préparatoires des normes juridiques, en vue d'interpréter celles-ci, doit être appréhendé.

Il ne s'agit pas de faire l'historique de ce débat juridique autour de l'usage prétorien des travaux préparatoires en France, mais de montrer comment il a été accueilli dans le système et la science juridiques français, ce qui permettra de mieux appréhender l'usage que fait, aujourd'hui, le Conseil constitutionnel de cette méthode d'interprétation juridique et le poids de celle-ci dans l'interprétation constitutionnelle. Ainsi, bien que ce débat ait été effectivement accueilli en France, il a davantage été l'apanage de la doctrine (§1) qu'une préoccupation de premier plan de la jurisprudence (§2).

§1. Un débat purement doctrinal

Fait notoire, l'analyse doctrinale de ce débat juridique, dans le sillage de ce qui se passait en Angleterre depuis déjà plusieurs siècles, s'est faite à la suite d'une prise de conscience de l'intérêt, en France, de la conservation et de la publication de manière constante des travaux du Parlement[586]. Cependant, si la conservation des documents préparatoires du Parlement eut débuté dès l'Assemblée des Notables de 1787[587], ce n'est qu'en 1862 que la publication de ces travaux va se concrétiser, à l'initiative du Corps législatif du Second Empire.

---

[585] Andrei Marmor (éd.), *Law and interpretation: essays in legal philosophy*, Préface, Oxford University Press, février 1997, p. V.

[586] L'Institut d'histoire de la Révolution française (IHRF) a mis en avant les Archives parlementaires en commençant par une première période allant de 1787 à 1799.

[587] Les juridictions d'Ancien Régime, comme on le sait, comprenaient les parlements, dont celui de Paris fut la plus emblématique par sa position centrale, qui avaient la double fonction de juridictions suprêmes et parlementaire. Cependant, ces parlements qui pouvaient être exilés ou se mettre en grève posèrent des difficultés majeures au royaume lorsqu'ils ne fonctionnaient pas. C'est dans ce contexte que Charles VIII a, en 1497, créé le Grand Conseil, juridiction souveraine d'exception à compétence nationale, dont le rôle fut tant de se substituer à celui des parlements, lorsque, pour une raison ou pour une autre, ces derniers ne fonctionnaient pas, que de désengorger le Conseil privé (ou Conseil des procès privés) qui existait avant lui. Eu égard à ce que donnent à penser les archives des parlements de l'Ancien Régime, il n'est pas exagéré d'affirmer que l'activité de ces

Ce débat juridique qui a pénétré la doctrine juridique française peut être appréhendé en deux temps. D'abord le XIXe siècle[588] (A), puis le XXe siècle (B) ; cependant, le débat ne s'est pas éteint au XXe siècle, ni en Angleterre, ni en France, ni ailleurs, il continue, bien que dans une moindre mesure, à bousculer la science juridique.

A) Analyse doctrinale des travaux préparatoires au XIXe siècle

Au XIXe siècle, plusieurs auteurs ont examiné la question relative au rôle des travaux préparatoires dans l'interprétation juridique. Parmi ces auteurs, Savigny, notamment, à travers la notion d'« histoire législative » (1), et Gény (2) ont présenté des travaux particulièrement intéressants dans ce débat.

1. La notion d'« histoire législative » dans les travaux de Savigny

Pour catégoriser les travaux préparatoires, la doctrine juridique anglo-saxonne utilise souvent l'expression « histoire législative » (*Legislative History*). On retrouve ce même vocabulaire dans les travaux de Savigny, ce qui montre une certaine proximité, du moins sur le plan sémantique, entre l'auteur et la doctrine anglo-saxonne.

---

derniers fut davantage juridictionnelle que parlementaire compte tenu de la pauvreté de la dimension « parlementaire » des fonds conservés les concernant. Ce sont les assemblées dites d'états qui semblaient jouer un rôle proprement « parlementaire », au sens de conduire des débats en vue de produire des normes juridiques, mais la réunion de celles-ci était très irrégulière. Parmi ces assemblées d'états, il faut distinguer les États généraux et assemblées de notables, dont les États généraux réunis à Paris en 1593, 1614 et 1789, qui concernaient tout le royaume, des assemblées particulières ou de villes, tels les états provinciaux, à l'instar de celui de Tours réuni en 1484. Cependant, de ces assemblées d'états, on ne retrouve que des pièces disparates dans les archives pouvant être qualifiés de travaux « parlementaires » et donc « préparatoires » des normes juridiques du royaume. Les documents que l'on retrouve de ces assemblées sont notamment des mémoires, des minutes et des compte rendus peu consistants en termes de contenus. Cette précision historique permet d'affirmer que les travaux parlementaires, en France, à proprement parler, relève de la période révolutionnaire à partir de 1787.

[588] Il importe de préciser que les auteurs du XIXe siècle étudiés ici, notamment Savigny et Gény, ont été choisis compte tenu de l'intérêt toujours présent de leurs travaux dans la doctrine juridique ; cependant, ils ne font qu'indirectement ou implicitement référence au débat anglais sur les travaux préparatoires des normes juridiques d'origine législative. C'est au XXe siècle qu'on aura une référence explicite au débat anglais notamment par Henri Capitant.

Dans son *Traité de droit romain*[589] de 1855, Savigny explique les éléments constitutifs des méthodes d'interprétation juridique où il écrit : « *Ainsi, on y distingue quatre éléments, l'élément grammatical, logique, historique et systématique.*[590] » Seul l'élément historique présente ici un lien direct avec l'histoire législative ; et il correspond à l'usage des travaux préparatoires par le juge. Selon Savigny, en effet, l'« *élément historique a pour objet l'état du droit existant sur la matière, à l'époque où la loi a été rendue. Cet état détermine le mode d'action de la loi : c'est ce mode d'action et le changement introduit par la loi que l'élément historique doit mettre en lumière.*[591] »

Savigny poursuit : « *L'étude de ces quatre éléments épuise le contenu de la loi. Ce ne sont donc pas quatre espèces d'interprétations, parmi lesquelles on peut choisir selon son goût ou son caprice ; ce sont quatre opérations distinctes, dont la réunion est indispensable pour interpréter la loi.*[592] » Et ceci, malgré le fait que « *l'un ou l'autre de ces éléments [peut] avoir plus d'importance et ressortir davantage.*[593] » Autrement dit, pour la légitimité de l'interprétation du juge, celui-ci doit utiliser, confronter, mettre en concurrence toutes les méthodes d'interprétation existantes afin de dissiper, peut-être, le doute que peut susciter l'interprétation juridique. On retrouvera également cette conception de l'interprétation de la norme juridique chez François Luchaire[594]. Selon Savigny, il « *faut éviter le mot intention, parce qu'il a une double signification ; car il peut s'entendre également du but immédiat de la loi, et d'un but plus éloigné du législateur auquel la loi concourt indirectement.*[595] » Cette affirmation sur la double signification de l'intention du législateur que renfermerait l'histoire législative n'est pas anodine. Elle sous-entend que le juge ne devrait pas se limiter à l'intention immédiate du législateur mais aussi au « *but plus éloigné* » de celui-ci. Sur ce point, à propos de la notion de *Constitution vivante*, Stephen Breyer affirme que la norme – en l'occurrence la Constitution –

---

[589] Friedrich Carl de Savigny, *Traité de droit romain*, Chap. VI « Interprétation des lois », trad. Guenoux, t. I, Paris, 1855. Il est vrai que l'auteur de cet ouvrage est allemand et l'ouvrage – publié d'abord en allemand – est consacré au droit romain. Mais, compte tenu des débats de toujours sur l'interprétation du droit, l'ouvrage, qui comporte un chapitre complet sur la question de l'interprétation des lois, avec de nombreuses références au droit issu du Code civil français, a été très vite traduit et publié en français.

[590] *Ibid.*, p. 206.

[591] *Ibid.*, pp. 206-207.

[592] *Ibid.*, p. 207.

[593] *Ibid.*

[594] François Luchaire, « De la méthode en droit constitutionnel », *RDP*, 2-1981, pp. 276-329.

[595] Friedrich Carl de Savigny, *Op. cit.*, note de bas de page, p. 206.

est porteuse de « *valeurs qui sont permanentes*[596] » ; et il semble que le juge doit identifier ces valeurs normatives permanentes afin que celles-ci s'adaptent et s'intègrent au droit qui régit des personnes *vivantes*. D'où l'intérêt de connaître l'histoire des normes soumises à l'interprétation du juge, et c'est en ce sens que Savigny convoque le « *motif de la loi [...], c'est-à-dire le but, l'intention de la loi*[597] » qui, selon lui, est d'une particulière importance pour l'interprétation de celle-ci. Cette référence au motif de la loi renvoie logiquement au mécanisme de l'exposé des motifs qui, depuis 2009, sont rendus obligatoires pour chaque projet (et proposition) de loi.

Mais force est de constater que, si Savigny fait quelques références à l'Angleterre dans son ouvrage, il ne fait pas directement référence à la règle de l'interdiction des travaux préparatoires dans l'interprétation juridique. Ce constat mérite l'attention. Savigny paraît éviter la question anglaise, étant donné qu'il se consacre au droit romain, mais il n'a pas, pour autant, ignoré la particularité du système juridique anglais. En effet, Savigny affirme : « *Les Anglais n'ont pas de droit étranger, mais une masse énorme d'actes du parlement et de décisions judiciaires, dont l'étude, comme chez nous celle du droit romain, donne aux juges anglais un caractère tout à fait différent de celui des anciens échevins.*[598] » Les anciens échevins

---

[596] Dans un débat entre Justice Antonin Scalia et Justice Stephen Breyer sur la question de savoir si la notion de *Constitution vivante* est « *idiote* » (*Antonin Scalia and Stephen Breyer debate the Constitution* (https://www.youtube.com/watch?v=_4n8gOUzZ8I), 23ème minute, [Consulté le 11 septembre 2015), celui-ci avance que même si cette notion de « *Constitution vivante* » sonne comme un « *cliché* », elle renvoie à l'idée qu'au XVIIIe siècle les rédacteurs de la Constitution américaine, lorsqu'ils élaboraient le *Commerce clause* (al. 3, Sect. 8, Art. 1er de la Constitution des États-Unis), ne pensaient pas à internet et d'autres formes de technologies nouvelles, mais le principe posé dans cette disposition a une valeur qui dépasse l'époque des pères fondateurs. Ainsi, dans l'esprit de ce texte, renfermant certaines « *valeurs qui sont permanentes* », le juge constitutionnel doit, par conséquent, adapter (assimiler) le *Commerce clause* (la rendre vivante) au regard de ces nouvelles technologies. Cela sous-entend que, si les pères fondateurs légiféraient à l'ère de l'internet et des nouvelles technologies, ils parviendraient à la même décision que celle de l'interprétation dite « vivante » de la Constitution. Mais la question se pose de savoir comment les modernes peuvent penser à la place des anciens, et *vice versa*.

[597] Friedrich Carl de Savigny, *Op. cit.*, p. 209. L'auteur semblait refuser le mot intention, pourtant il l'utilise, sans doute de manière inconsciente, naturellement. Il écrivait, en effet, « *(a) J'emploie le mot pensée, comme le plus propre à exprimer la partie intellectuelle de la loi. D'autres emploient le mot sens. Il faut éviter le mot intention, parce qu'il a une double signification ; car il peut s'entendre également du but immédiat de la loi, et d'un but plus éloigné du législateur auquel la loi concourt indirectement. [...].* » (*Ibid.*, note de bas de page, p. 206).

[598] *Ibid.*, note de bas de page, p. 183. Cet emprunt aux pratiques du droit romain n'est pas anodin. En effet, l'historien du droit Paul Fournier, et d'autres lui ont suivi, aurait affirmé qu'« *il est impossible de bien connaître l'histoire du droit français sans le secours du droit ecclésiastique* » (Raoul Naz, « Précace », in *Dictionnaire de droit canonique*, Paris, Librairie Letouzey et Ané, 1935). Et,

sont des magistrats municipaux et trouvent leur origine dans l'empire romain, comme Savigny l'explique dans *Histoire du droit romain* (1830) ; ces derniers étaient en effet libres du choix des méthodes d'interprétation du droit, contrairement à la règle restrictive au regard du rôle d'interprète des juges anglais[599].

Ainsi, contrairement à des auteurs contemporains, comme le juriste Canadien Pierre-André Côté, Savigny n'analyse pas la méthode historique de l'interprétation juridique à travers les travaux préparatoires, bien que certaines allusions aux travaux préparatoires puissent être déduites de son œuvre, telle la notion d'intention législative par exemple[600]. Mais Savigny semble pousser encore beaucoup plus loin les limites de la notion d'histoire législative dans l'interprétation du droit lorsqu'il explique : « *Pour que la loi parvienne à [son] but, il faut que sa pensée soit saisie tout entière, et dans toute sa pureté, par tous ceux qu'atteint ce rapport de droit. Ceux-ci doivent alors se transporter au point de vue du législateur, reproduire artificiellement ses opérations, et* ***recomposer la loi par la pensée. Tel est le procédé de l'interprétation****, que l'on peut définir ainsi :* ***la reconstruction de la pensée contenue dans la loi***[601]. » Dans ce contexte, « *l'interprétation de la loi ne diffère en rien de l'interprétation de toute autre pensée exprimée par le langage*[602] ».

Si Savigny a délaissé la notion de travaux préparatoires au profit de « l'histoire législative » que renferme celle-ci, en cette moitié du XIXe siècle, on retrouve bien la notion dans l'œuvre de Gény à la toute fin de ce siècle.

---

selon Raoul Naz, « *pour bien connaître certaines institutions comme pour expliquer correctement certains textes, il faut suivre le processus de leur formation* » (*Ibid.*), ce qui renvoie à l'histoire ancienne, romaine, du droit et pas seulement aux travaux préparatoires immédiats.

599 Compte tenu de l'apport du *Traité* de Savigny à la théorie du droit, et celle de l'interprétation juridique en particulier, Charles Guenoux a trouvé nécessaire de le traduire en français. Dans ce contexte, le *Traité du droit romain* se présente comme une forme de *contre-argumentation* par rapport à l'argumentation anglaise de l'histoire législative dans l'interprétation du droit.

600 Peut-être qu'à son époque cette méthode d'interprétation n'était pas encore aussi populaire qu'à l'époque de François Gény (1899) quarante ans plus tard ? Mais il y a également une différence de culture juridique à ne pas ignorer entre ces deux auteurs de la première (Savigny) et de la seconde (Gény) moitiés du XIXe siècle.

601 Friedrich Carl de Savigny, *Op. cit.*, pp. 205-206.

602 *Ibid.*, p. 206. Gény aussi parle de la pensée du législateur en faisant allusion à l'aspect intellectuel de la loi, *Infra*, p. 24.

2. *Les travaux préparatoires dans l'œuvre de Gény*

La pensée juridique de François Gény sur l'interprétation du droit n'est, contrairement à ce qu'on peut retrouver ailleurs, pas hostile à l'usage des travaux préparatoires. Il suffit, pour le comprendre, de parcourir son ouvrage intitulé *Méthode d'interprétation et sources en droit privé positif* paru en 1899[603]. Les travaux préparatoires peuvent, peut-être, au moins dans certaines hypothèses, éviter de conduire l'exégèse à ce que Gény appela le « *développement à outrance de l'interprétation des formules légales.*[604] »

Pour Gény, en effet, « *suivant le texte pas à pas, [l'exégèse] peut se flatter de découvrir ainsi plus facilement la pensée du législateur*[605] ». Cette affirmation de l'auteur paraît plus actuelle que jamais, car le Conseil constitutionnel assure un suivi régulier de tous les projets de loi tant dans le cadre intraparlementaire[606] que dans celui extraparlementaire[607]. Gény partage ainsi l'idée selon laquelle « *on ne suppose pas que le législateur, pour exprimer sa pensée, s'écarte des règles normales et usuelles de la langue.*[608] » Il rejoint, en quelque sorte, au moins sur ce point, Savigny.

Gény aborde la question des travaux préparatoires dans la présentation des méthodes d'interprétation juridique[609]. Il présente l'interprétation dite *logique* comme une méthode qui « *consiste, en passant au-dessus des mots, à chercher la pensée de la loi jusqu'en l'âme de son auteur.*[610] » Ainsi, la méthode consistant à se référer aux travaux préparatoires est liée à cette méthode *logique* de

---

603 François Gény, *Méthode d'interprétation et sources en droit privé positif : essai critique*, Paris, 1899, p. 24 [Cujas].

604 *Ibid.*

605 *Ibid.* Citation de Demolombe, *Cours de code Napoléon*, Préface, p. VI. C'est à ce travail de suivi des travaux préparatoires que s'adonne le Conseil constitutionnel avant ses séances, notamment dans le contrôle *a priori* des lois.

606 Le Conseil constitutionnel le fait pour des raisons différentes, certes, liées au délai très court qui lui est imparti pour statuer, mais il importe aussi que ce procédé manifeste une certaine rigueur nécessaire pour comprendre les détails des travaux préparatoires des normes juridiques.

607 V. Décision n° 2003-468 DC, Cons. 7.

608 François Gény, *Op. cit.*, p. 25. D'où le droit n'est que des mots auxquels l'interprétation juridique doit donner un sens qui doit le plus possible être compréhensible par tous mais doit aussi revêtir une certaine particularité car il s'agit, malgré tout, d'une discipline conservatrice et, en cela, contraignante tant dans son application que dans son respect concret.

609 *Ibid.*, pp. 26-33.

610 *Ibid.*, p. 27.

l'interprétation juridique, car, pour « pénétrer » l'âme d'un organe, comme le Parlement, composé tant d'individus d'opinions différentes les uns des autres – cela s'avère non seulement impossible, mais encore la « tentative » ne peut se faire qu'à travers les documents préparatoires qui peuvent renfermer, jusqu'à une certaine limite, une certaine idée de ce que « pourrait » être la pensée législative[611]. En effet, le texte littéral de la norme, en soi, ne dit rien de scientifique qui puisse persuader l'interprète et les destinataires de l'interprétation. Se cantonner au seul texte littéral pour l'interpréter est un procédé d'autant plus *ésotérique* que le citoyen, comme le juriste chevronné, serait perdu dans la recherche de la compréhension de l'interprétation normative juridique.

L'auteur manifeste tout de même une certaine réticence, quant au bienfait de cette méthode d'interprétation. Cette dernière, qu'il reconnaît lui-même comme étant l'une des « méthodes traditionnelles » d'interprétation juridique, est une méthode comportant des risques : « *on va chercher à tout prix et à tout risque, l'intention du législateur dans mille circonstances extrinsèques à la loi, dans celles surtout qui ont accompagné sa naissance*[612] » et qui peuvent conduire à « *multiplier les effets de la loi*[613] ». Les travaux préparatoires sont ainsi présentés comme des « *procédés d'investigation auxiliaire*[614] » dont la valeur est quelque peu douteuse : « *l'examen des travaux préparatoires de la loi dont la valeur toute relative dépend*

---

[611] Pour *tenter* de trouver cette pensée jusque dans l'âme du législateur, le Conseil constitutionnel, comme le Conseil d'État, peut aussi passer par le mécanisme des « *portes étroites* », expression ainsi qualifiée par Georges Vedel dans les années 1970, qui consiste en « *une procédure informelle qui permet à toute personne — en connaissant l'existence — de communiquer au Conseil son avis sur la constitutionnalité d'une loi qu'il s'apprête à examiner.* » (Thomas Perroud, « Pour la publication des 'portes étroites' devant le Conseil constitutionnel et le Conseil d'État », *La reprise* [journal en ligne, consulté le 21 novembre 2016 ; v. également Denis de Béchillon, *Réflexions sur le statut des « portes étroites » devant le Conseil constitutionnel*, Les notes du Club des juristes, janvier 2017). Mais ce mécanisme est, à juste titre, sévèrement critiqué pour son caractère opaque et donc antidémocratique. En février 2017, par le biais d'un communiqué, le Conseil constitutionnel a assimilé ce mécanisme de portes étroites à des « *"contributions extérieures"* » [en ligne sur le site internet de l'institution] qu'il rend désormais publiques. Mais ce communiqué n'est pas suffisant et n'est surtout pas de nature à mettre fin au doute, quant au fonctionnement de ce mécanisme, puisque celui-ci inclue les auditions auxquelles le Conseil constitutionnel procède en *catimini* (parlementaires, ministres ou anciens ministres, etc.), ce qui n'est pas rendu transparent.

[612] François Gény, *Op. cit.*, p. 27.

[613] *Ibid.*

[614] *Ibid.*

surtout du mode constitutionnel suivi pour sa confection, mais qui ne sauraient que très rarement apporter la certitude complète sur un texte obscur ou équivoque[615] ».

Il est vrai que, comme Savigny, Gény ne se réfère pas à la règle d'exclusion des travaux préparatoires posée par la jurisprudence anglaise, alors même qu'il connaissait, sans doute, les querelles soulevées par cette méthode d'interprétation juridique et qui bouleversèrent les prétoires d'outre-manche, car le débat était déjà fort répandu, en France, à son époque. Mais, nonobstant cette réticence vis-à-vis des travaux préparatoires dans l'interprétation du droit, il faut le souligner, la position de Gény n'est pas aussi radicale que celle exprimée plus tard par Henri Capitant qui prône une « *abstraction complète des travaux préparatoires*[616] » dans l'interprétation des textes juridiques. Bien que Gény considère les travaux préparatoires comme comportant des « *risques* » et ayant une « *valeur relative* », il ne leur dénie pas, pour autant, toute forme de considération, loin s'en faut. Gény cite les auteurs de son époque qui ont écrit sur le sujet, tels Charles Aubry et Charles Rau[617] entre autres. Aubry et Rau ont en effet écrit : « *La discussion au Conseil d'état et les observations du Tribunat sont de la plus grande utilité pour l'interprétation du Code Napoléon, en ce qu'elles font connaître l'origine de plusieurs de ses dispositions, et les changements successifs qu'ont subis les différents articles du projet avant leur rédaction définitive. Toutefois, quelques ressources que présente la discussion au Conseil d'état pour l'intelligence des lois qui composent le Code Napoléon, on ne saurait assimiler à une interprétation authentique les opinions émises au sein de ce corps, lors même qu'elles y auraient été adoptées, soit à la majorité, soit à l'unanimité.*[618] »

Aubry et Rau continuent en expliquant : « *Les discours officiels prononcés au Corps législatif, n'exprimant que l'opinion personnelle des orateurs dont ils sont l'ouvrage, ne peuvent avoir d'autre autorité que celle d'une* ***interprétation privée****. On y rencontre un assez grand nombre d'erreurs ; pressés par la rapidité des travaux législatifs, ou détournés par d'autres occupations, les auteurs de ces discours n'ont pu apporter à leur composition tous les soins qu'elle réclamait.*[619] » On retrouve là les

---

[615] *Ibid.* Il s'appuie sur des auteurs de son époque qui ont partagé le même point de vue que lui, tels : Aubry et Rau, §41, n° 2-3, 5ème édition, t. 1, pp. 198-199 ; Laurent, t. 1, n° 375, pp. 348-350 ; Baudry-Lacantinerie et Honques-Fourcade, n° 361, t. 1, pp. 174-175.

[616] V. Henri Capitant, *Infra.*

[617] V. la biographie de ces auteurs sur le *blog* de Daniel Mainguy.

[618] Charles Aubry et Charles Rau, *Cours de droit civil français*, t. 1, 3ème édition, Paris, §9, pp. 13, n°2 [Gallica].

[619] *Ibid.*, n° 2.

arguments traditionnels proférés à l'encontre des travaux préparatoires[620], mais Aubry et Rau, auxquels se joint Gény, n'ont pas dénié le fait qu'il existe « *la plus grande utilité* » dans l'usage des travaux préparatoires, du moins ceux dignes d'intérêts[621].

Ainsi, à travers les œuvres de ces deux grands juristes, que sont Savigny et Gény, il est possible de constater que le débat relatif aux travaux préparatoires dans l'interprétation juridique s'est retrouvé dans la doctrine juridique française au XIXe siècle, bien que de manière beaucoup moins marquée que l'expression de ce débat au siècle suivant.

B) Analyse doctrinale des travaux préparatoires au XXe siècle

L'évolution et le développement de la science juridique dans tous les systèmes démocratiques au XXe siècle a conduit à de nombreux travaux portant sur le fondement et la force de cette science, notamment la force interprétative du juge dans l'application du droit. C'est ce mouvement qui a conduit à une forme de débat *posthume*[622] entre Henri Capitant (1) et Michel Couderc (2) en 1977 sur l'utilité des travaux préparatoires dans l'interprétation du droit. Ce débat juridique n'étant pas l'apanage des seuls juristes civilistes, les constitutionnalistes (3) – notamment à partir de l'avènement de la Constitution de 1958 – partagent, au moins en majorité, l'idée que les travaux préparatoires peuvent jouer un certain rôle, même très minime, dans l'interprétation juridique, du moins sur le plan épistémologique.

---

620 Comp. *South Australia v. Commonwealth*, [1942] HCA 14.

621 Mais, là encore, le juge constitutionnel français, on le verra, recherche d'autres vertus dans les travaux préparatoires que la simple aide à l'interprétation des termes contenus dans les normes juridiques qu'il interprète. Parmi ces vertus, on retrouve le confort de sa légitimité technique dans la construction interprétative prétorienne du droit.

622 Car Henri Capitant n'était plus de ce monde au moment où Michel Couderc rouvrait ce débat en 1975. V. *infra*.

1. *Le refus doctrinal de l'usage des travaux préparatoires par le juge dans la pensée juridique d'Henri Capitant*

Henri Capitant a manifesté son hostilité face à la méthode d'interprétation de la loi consistant en l'usage des travaux préparatoires au moins en deux temps. Le premier temps est acté par son article publié d'abord en 1934, puis réédité en 1977 dans le *Recueil d'études sur les sources du droit en l'honneur de François Gény* sous le titre « Les travaux préparatoires et l'interprétation des lois[623] ». Le second temps de cette hostilité est marqué par sa chronique intitulée « L'interprétation des lois d'après les travaux préparatoires[624] » parue un peu plus tard, en 1935. Dans ces deux textes, Capitant fonde clairement son hostilité à l'égard de cette méthode d'interprétation juridique sur la position des tribunaux anglais. L'argument de Capitant emprunté aux Anglais peut être résumé à travers cette affirmation : « *C'est une règle fondamentale de la loi anglaise [...] qu'un document écrit doit être interprété selon l'intention des parties, telle qu'elle a été exprimée dans ce document ou qu'elle peut être déduite de ses termes actuels.*[625] » Il faut comprendre par-là un *textualisme* juridique, au sens d'un cantonnement (excessif) au seul *texte* de la norme à interpréter ; la notion d'« *intention des parties* », c'est-à-dire celle des décideurs (législateur, constituant, etc.), chez Capitant, ne renvoie pas ailleurs que dans le seul *texte*. Mais, on l'aura compris, cette déclaration ne résume pas la position anglaise, dont la complexité a été analysée plus haut[626], s'agissant de cette méthode d'interprétation juridique ; Capitant a donc pris un raccourci qui court-circuite la complexité du problème. Mais il a été conforté dans cette voie par le jurisconsulte anglais, Dicey, qui, sans ambiguïté, ni nuance, écrivait : « *Il en résulte sans doute que l'interprétation des lois [en Angleterre] est un peu étroite. Mais*

[623] Henri Capitant, « Les travaux préparatoires et l'interprétation des lois », in *Recueil d'études sur les sources du droit en l'honneur de François Gény*, Recueil Sirey, 1977, pp. 204-216. Cet article a seulement été republié en 1977. Il a fait l'objet d'une première publication en 1934. La chronique de 1935 (*Infra*) est d'ailleurs issue de cet article. Pour des raisons d'ordre pratique, seule la publication de 1977 de l'article sera considérée ici et sera citée comme telle.

[624] Henri Capitant, « L'interprétation des lois d'après les travaux préparatoires », Recueil Sirey, 1935, pp. 77-80. Cette chronique est un dérivé de l'article de 1977 (1934), Henri Capitant le dit lui-même dans la première note de bas de page de sa chronique.

[625] Intervention de Douglas Hogg devant la Cour permanente de justice internationale, 26 octobre 1925 [Cité par Henri Capitant, *Op. cit.*, p. 77].

[626] On sait, en effet, à présent, que Capitant a une vision excessivement réductrice de la réalité ; la position anglaise est, on l'a vu, beaucoup plus complexe qu'elle ne paraît sous la plume d'Henri Capitant. Cette contradiction de Capitant à propos des termes de l'article 1156 ancien [1188 nouveau] du Code civil sera développée plus loin.

cela augmente de beaucoup l'autorité des juges et la fixité du droit.[627] » En réalité, ce qu'Henri Capitant rechercha, à travers cette position, fut l'adoption, par mimétisme, de la règle anglaise d'exclusion des travaux préparatoires par le prétoire français. Mais il a apparemment échoué dans cette voie.

Les arguments d'Henri Capitant à l'encontre de l'usage des travaux préparatoires, dans l'interprétation juridique, comportent de nombreuses contradictions pouvant être qualifiées de *contradictions-concessions inconscientes*, dans la mesure où elles ne plaident pas en faveur de sa thèse. Une première contradiction est la citation des dispositions de l'article 1156 ancien du Code civil qui, pourtant, ont pris l'exact contrepied de ses arguments. Une seconde contradiction est que Capitant affirme que « *L'interprète sait bien qu'il doit toujours* ***sous la lettre*** *rechercher l'esprit qui l'a inspirée.*[628] » Ce qu'il faut comprendre, c'est que la position de Capitant à l'égard de cette méthode d'interprétation n'est pas une simple réticence, il s'agit d'un rejet complet de son usage par le juge. Il a exprimé cette position dans la toute dernière phrase de sa chronique de 1935 en affirmant : « *En résumé, l'interprétation des lois deviendrait plus simple, plus forte si l'on faisait abstraction complète des travaux préparatoires.*[629] » C'est là la démonstration que, en réalité, Capitant caresse le rêve de voir les tribunaux français s'aligner sur ceux d'Angleterre, s'agissant de l'usage des travaux préparatoires, mais cela n'a jamais eu lieu. En effet, du *Tribunal de cassation*[630] au Conseil constitutionnel[631], en passant par le Conseil d'État, le mouvement de considération pour les travaux préparatoires comme sources de normativité juridique n'a jamais faibli[632].

---

[627] Cité par Henri Capitant, *Ibid.*

[628] Henri Capitant, *Op. cit.*, p. 80.

[629] *Ibid.*

[630] V. Yves Hufteau, *Le référé législatif et les pouvoirs du juge dans le silence de la loi*, PUF, 1965 (BU PMF et Cujas) et Jean-Louis Halpérin, *Le tribunal de cassation et les pouvoirs sous la Révolution (1790-1799)*, LGDJ, 1987 (BU Cujas et PMF). Le Tribunal de cassation, créé par la loi du 1er décembre 1790 portant institution d'un tribunal de cassation et réglant sa composition, son organisation et ses attributions., est une transformation du Parlement de Paris de l'Ancien Régime et l'ancêtre direct de la Cour de cassation qui n'a vu le jour, sous sa forme actuelle, qu'en 1804.

[631] Le Conseil constitutionnel a même fini par poser une exigence constitutionnelle de clarté et de sincérité du débat parlementaire (v. Décision n° 2005-532 DC du 19 janvier 2006, Cons. 25. *Loi relative à la lutte contre le terrorisme et portant dispositions diverses relatives à la sécurité et aux contrôles frontaliers*), débats qui font partie intégrante des travaux préparatoires des normes juridiques.

[632] Le Tribunal de cassation était, en effet, tenu de se référer au Corps législatif, par le biais du processus dit de *référé législatif* (v. Jean-Louis Halpérin, *Op. cit.*, et Mailher-Antoine De Chassat (v. texte en annexe)) en cas de difficulté sérieuse tant d'interprétation que d'application d'un texte de loi, ce qui était incontestablement une cacophonie juridique et démocratique au regard du principe de séparation des pouvoirs et des principes de liberté interprétative (Savigny), d'indépendance et

Si, comme l'affirmait Michel Debré, « *les assemblées, en régime parlementaire, ne sont pas des organes permanents de la vie politique*[633] », l'autorité judiciaire, elle, l'est indiscutablement. Celle-ci s'adapte, dans la mesure du possible, à toutes les situations et à toutes les périodes de la vie politique. Sur ce point, un éditorial signé par Vincent Lamanda sur le rapport annuel 2011 de la Cour de cassation, illustre parfaitement ce rôle d'adaptation que doivent jouer les juridictions aux évolutions sociétales : « *[…]. On pourrait ainsi multiplier les exemples qui montrent combien la Cour de cassation est sollicitée pour répondre à toutes les grandes problématiques de notre temps, avec le souci constant de préserver les équilibres nécessaires entre des intérêts antagonistes et en prenant en compte les évolutions de la société et des technologies*[634]. » C'est là l'illustration de la finalité même du droit et du rôle de la jurisprudence. Ainsi, l'utilisation des travaux préparatoires dans l'interprétation des normes juridiques, par le juge, même à l'époque de Capitant, n'était pas aussi timide que ses travaux veulent le laisser entendre[635]. Et cela n'est pas étonnant. La fonction de juger et celle de légiférer sont bel et bien deux fonctions différentes qui impliquent, *a fortiori*, une collaboration nécessaire et indiscutable entre elles, mais l'une ne peut pas prétendre contrôler l'autre, sous peine de certains *inconvénients*[636], tels le manque de confiance dans le système judiciaire et le risque d'instabilité de celui-ci et, partant, de tout le système démocratique. En effet, le juge ne peut, s'il veut atteindre le principal objectif du droit, le maintien des liens sociaux, se refermer sur lui-même sous prétexte du

---

d'impartialité des juges. S'agissant du *référé législatif*, le Corps Législatif, le *référent* lui-même, se tournait souvent vers les travaux préparatoires[632] pour comprendre et voir plus clair dans le texte juridique litigieux. Ce fut une complexité qui dépassait tant le Corps Législatif que celui-ci a naturellement fini par attribuer la compétence au Tribunal de cassation pour trancher, *in fine*, les questions d'interprétation juridique posées aux cours et tribunaux inférieurs, bien que ce fût quelques fois sous la dictée de parlementaires et conseillers du roi qui siégèrent au sein de ce Tribunal.

633 Michel Debré, « L'exercice du pouvoir », Discours devant l'Assemblée générale du Conseil d'État, 27 août 1958.

634 Vincent Lamanda, présentation du *Rapport annuel 2011 de la Cour de cassation*, *in* Lettre d'actualité juridique des ministères financiers (éditorial), n° 120, 12 avril 2012.

635 Sur ce point, d'ailleurs, Henri Capitant a lui-même écrit : « *Dans tous les autres Etats, en France notamment, il est admis que l'interprète doit chercher dans les travaux préparatoires la pensée du législateur, non seulement lorsque le texte est obscur et ambigu, mais même quand il s'agit de préciser ce qu'on appelle "l'esprit de la loi", la ratio legis, en vue de décider si on doit l'appliquer à telle ou telle hypothèse qui n'est pas expressément prévue par elle.* » (Henri Capitant, « Les travaux préparatoires et l'interprétation des lois », *Op. cit.*, p. 205).

636 Propos de Garran-Coulon (membre du Tribunal de cassation) après la fuite du roi Louis XVI, *in* Jean-Louis Halpérin, *Op. cit.*, p. 103. Ces inconvénients témoignent – selon lui – du manque de confiance et de stabilité dans le système judiciaire en ce qui concerne l'interprétation conforme et uniforme de la loi.

respect du droit posé en ne recourant strictement pas aux autres instruments liés au texte juridique, tels les travaux préparatoires, pour l'interpréter ou, du moins, pour essayer de mieux le comprendre, de mieux saisir son sens en vue d'une plus juste interprétation.

Dans ce contexte, et sans surprise, la conception de Capitant, à l'égard de cette méthode d'interprétation juridique, est critiqué par Michel Couderc. Il y a ainsi eu une forme de débat entre Henri Capitant (à titre posthume) et Michel Couderc qui, lui, défend cette méthode d'interprétation juridique, tout en étant conscient des difficultés liées à celle-ci, quant, notamment, à l'accessibilité et la compréhensibilité des travaux préparatoires eux-mêmes ou des informations qu'ils renferment.

2. *La défense des travaux préparatoires par Michel Couderc*

Michel Couderc se présente, pour ainsi dire, comme le meilleur défenseur de l'utilisation des travaux préparatoires dans l'interprétation du droit ; il n'a jamais cherché à dissimuler la difficulté que représente le fait de rechercher une quelconque « vérité » dans les documents préparatoires, tel que le montrent les titres même de deux articles qu'il a publiés sur le sujet[637].

Prenant le contre-pied de la conception de Capitant sur cette méthode d'interprétation dans la construction interprétative du droit, Michel Couderc a aisément révélé les incohérences des bases argumentatives de ce dernier.

Dans son article de 1977 précité, Capitant s'était, en partie, fondé sur les dispositions de l'article 1156 ancien du Code civil. Or, ces dispositions ne plaident clairement pas en son sens. En effet, l'article 1156 ancien [1188 nouveau] du Code civil, dont l'esprit n'a pas évolué depuis février 1804, dispose : « *On doit dans les conventions rechercher quelle a été la commune intention des parties contractantes, plutôt que de s'arrêter au sens littéral des termes.* » Après avoir paradoxalement cité cette disposition, Capitant affirme : « *C'est dans la convention qu'il faut rechercher la commune intention des contractants.*[638] » On ne peut ne pas détecter l'anomalie que représente cette analyse. On pourrait y voir, de la part de

---

637 : *Les travaux préparatoires des lois ou la remontée des enfers* (1975) et *La difficile parole du législateur* (1977).

638 Henri Capitant, « Les travaux préparatoires et l'interprétation des lois », *Op. cit.*

l'auteur, à tout le moins, une certaine incompréhension du sens de ces dispositions. Ainsi, suivant cette analyse de Capitant, le rôle d'interprète du juge est très limité, sinon réduit presqu'à néant. À propos de cette affirmation de Capitant, Michel Couderc s'est, à plus forte raison, posé la question suivante : « *Où trouver cette intention sinon dans les travaux préparatoires ?*[639] » En effet, l'évocation, par Capitant, des dispositions de l'article 1156 ancien du Code civil contredit davantage sa position, vis-à-vis de l'usage des travaux préparatoires des normes juridiques, qu'elle ne la défend.

En définitive, pour Michel Couderc, « *le Parlement n'adopte pas une démarche différente de celle du juge ou du commentateur. [...] Il s'en fait donc le premier exégète avant d'en devenir, par l'effet de la délibération et du vote, constitutionnellement l'auteur. [...] Ainsi, parce que la même réalité économique et sociale est appréhendée avec les mêmes outils intellectuels d'un bout à l'autre de la chaîne juridique, il n'y a pas de rupture entre la démarche prétendument abstraite du législateur, le commentaire pratique de la doctrine et la décision du juge.*[640] » Ainsi, l'usage des travaux préparatoires permet cette continuité dans la compréhension et dans la précision du sens de la norme au niveau prétorien.

---

[639] Michel Couderc, « les travaux préparatoires des lois ou la remontée des enfers », *Op. cit.*, p. 251. En effet, si l'on considère qu'« *Interpréter c'est [d'abord] comprendre* » (*Ibid.*), le juge, dans son rôle d'interprète, se doit d'aller « quérir » les informations pour comprendre la norme qu'il interprète avant de l'appliquer, peu importe l'endroit où elles se trouvent, dès lors que les voies d'accès à ces informations ne présentent pas un risque de *compromission* de l'interprétation et de la légitimité même de ce juge. Michel Couderc, qui n'ignore pas cet intérêt attaché aux travaux préparatoires, rejette ainsi les arguments de Capitant qui rêve de voir le juge français adopter la même position que le juge anglais à l'égard de cette méthode d'interprétation juridique. La tradition anglaise était, car ce n'est plus le cas, dans un esprit très strict de séparation des pouvoirs, au sens où elle interdisait aux juges de se référer à des travaux préparatoires qu'ils ne maîtrisent pas « par manque d'outils » pour comprendre ces derniers qui sont d'ailleurs aussi complexes que politiques. Mais, on l'a vu, les Anglais ont fini par comprendre que la règle d'exclusion radicale des travaux préparatoires dans l'interprétation juridique par le juge était inconcevable, tant pour le bon fonctionnement de la vie démocratique que pour le maintien et l'assurance du rôle premier du droit, à savoir la justice accessible à tous. La conclusion en est que la question se pose de savoir si le texte définitif du législateur est sa seule volonté ou s'il existe une autre volonté ou un complément de volonté dans les travaux préparatoires. La réponse à cette question n'est évidemment pas simple. Mais la complexité du travail parlementaire ayant présidé à la norme à interpréter conduit à pencher davantage pour la seconde considération, à savoir que le texte définitif du législateur peut, et c'est souvent le cas, ne pas être la réelle volonté du législateur. L'analyse des travaux préparatoires peut révéler certains éléments de cette volonté manquante ou, du moins, certains éléments d'un complément de volonté du législateur. C'est cette réalité-là que Michel Couderc a mis en exergue dans ce débat qu'il a rouvert à titre posthume avec le défunt Henri Capitant et que le Conseil constitutionnel a validé dans sa décision n° 77-82 DC.

[640] Michel Couderc, « La difficile parole du législateur », Chronique Dalloz, 1977, p. 183.

Au-delà des seuls termes du texte de la norme, sa « *source première d'information [...] contenue dans les travaux préparatoires*[641] », laquelle source, dans le pire des cas, « *ne peut être que surabondante*[642] », n'est, pour autant, pas dangereuse. Autrement dit, cette *surabondance* des informations contenues dans les travaux préparatoires de la norme ne signifie pas pour autant que cette source d'information est à bannir ; il suffit d'utiliser ces informations avec toutes les précautions que la technique juridique[643] nécessite, afin d'éviter une déviation excessive par rapport au texte posé[644].

Enfin, la science constitutionnelle n'étant devenue une discipline juridique autonome, du moins en France, qu'après la Seconde Guerre mondiale, il n'est pas étonnant que ce débat, autour de cette méthode d'interprétation, a presqu'exclusivement été saisi par des privatistes[645] au cours du XIXe siècle. Les questions constitutionnelles étaient jusque-là traitées par des civilistes, parfois de manière tout à fait inconsciente, eu égard notamment à la notoriété du Code Napoléon devenu Code civil. Dans ce contexte, il est fort compréhensible que les méthodes d'interprétation, notamment l'usage des travaux préparatoires, ne fussent peut-être pas les préoccupations premières des constitutionnalistes qui ne vont se saisir de cette question que bien tardivement, notamment après l'avènement de la Constitution de 1958.

3. La position des constitutionnalistes

L'essentiel du débat entre constitutionnalistes autour de l'utilité des travaux préparatoires dans l'interprétation constitutionnelle, notamment à partir de l'avènement de la Vème République, se concentre sur les travaux préparatoires de la Constitution du 4 octobre 1958[646]. Il semble qu'aucun grand nom du droit

---

641 *Ibid.*, p. 184.

642 *Ibid.*

643 Sur la notion de *technique juridique*, v. Gaston Jèze, *Les principes généraux du droit administratif. La technique juridique du droit public français*, t. 1, 3ème édition (1925), Dalloz, juin 2005.

644 Ainsi, bien que le juge puisse compléter la norme par son interprétation, il ne peut trop s'éloigner du texte juridique posé, il doit, en cas de nécessité, alerter le législateur, le constituant, etc. afin que ces derniers assument la responsabilité constitutionnelle qui leur incombe dans l'édiction et la prescription des normes juridiques.

645 En effet, mis à part Michel Couderc, les juristes et penseurs français présentés dans le cadre de ce débat juridique sur les travaux préparatoires, jusqu'ici, sont des civilistes (Aubry et Rau, de Chassat, Gény, Capitant) ou ont travaillé principalement sur le droit civil (Savigny).

646 V. les ouvrages *Travaux préparatoires de la Constitution. Avis et débats du Comité consultatif constitutionnel*, La Documentation française, 1960 et *Documents pour servir à l'histoire de*

constitutionnel, de 1958 à nos jours, n'a manifesté une hostilité telle que celle d'Henri Capitant sur l'utilité des travaux préparatoires dans la construction normative. Les entretiens entrepris avec plus d'une dizaine de constitutionnalistes dans le cadre de cette recherche ont confirmé ce constat[647], bien que certains manifestent une certaine réticence quant à leur portée dans la décision du juge constitutionnel. Ainsi, bien que la position des constitutionnalistes soit, parfois, quelque peu réservée (a), celle-ci n'est cependant pas radicalement hostile à l'usage, par le juge constitutionnel, des travaux préparatoires comme instruments d'interprétation juridique (b).

a. *Une position relativement réservée*

Cette réserve a, pour ainsi dire, été provoquée par l'esprit et le climat institutionnel dans lesquels se trouvaient les constitutionnalistes et constituants du XXe siècle. Par exemple, Georges Pompidou, qui fut l'un des personnages clés des processus constituants de 1958[648], a été plutôt hostile à la publication des travaux préparatoires de la Constitution de 1958[649], par crainte, sans doute, que sa conception conservatrice[650] du droit constitutionnel ne s'évapore.

---

l'élaboration de la Constitution du 4 octobre 1958, La Documentation française, t. 1., 1987. Sur l'analyse de ces deux textes, v. Chapitre 1, Titre I, Première partie de la présente thèse.

[647] V. la liste de ces entretiens en fin de bibliographie. Cependant, il est précisé que le contenu des entretiens n'est pas reproduit.

[648] En effet, Raymond Janot affirme qu'« *on a oublié le rôle de Georges Pompidou dans l'élaboration* » (Didier Maus et Olivier Passelecq (dir.), *Témoignages sur l'écriture de la constitution de 1958 autour de Raymond Janot. Actes de la journée organisée le 1er octobre 1993 à la Maison de l'Europe de Paris*, La Documentation française, Coll. : « Les Cahiers constitutionnels de Paris 1 », Sous-coll. : « Notes et études documentaires », octobre 1997, p. 13) de la Constitution de 1958. Il ajoute : « *Lorsque je demandais des suspensions de séance au Comité consultatif constitutionnel, c'était à lui que je téléphonais pour savoir ce qu'il fallait dire* » (*Ibid.*). Pour Janot, Pompidou « *a eu un rôle considérable dans la réflexion constitutionnelle de 1958, et, bien sûr, après.* » (*Ibid.*). En effet, en tant que membre du Conseil constitutionnel, Pompidou tenait à ne pas laisser abattre le présidentialisme gaullien. De ce point de vue-là, d'ailleurs, on aurait tendance à dire que c'est pour cela qu'il y a été nommé.

[649] *La Constitution de 1958*, Émission France Culture, *La Fabrique de l'histoire*, 3/4, 24 septembre 2008 : « *pendant plus de 20 ans, malgré des demandes réitérées de la part d'hommes politiques, de juristes ou d'historiens, l'ensemble de ces documents ne fut jamais édité. En 1967, Georges Pompidou fit même savoir qu'il n'était plus souhaitable de publier les travaux du Conseil d'Etat.* » Émission commentée par Didier Maus et Jean Massot.

[650] Cette conception conservatrice peut être déduite des différentes positions de Georges Pompidou, notamment à propos de l'article 16, (v. *Les grandes délibérations du Conseil constitutionnel*, références, p. 592). De plus, en tant qu'admirateur de Charles de Gaulle, il plaida volontiers pour une application stricte du texte de 1958.

Il faut attendre un décret présidentiel de 1984 de François Mitterrand pour voir apparaître un *Comité national chargé de la publication des travaux préparatoires des institutions de la Vème République*[651]. Bien que les débats sur les travaux de ce comité aient été analysés dans le chapitre précédent, il convient de revenir sur certains aspects particuliers des derniers ici afin d'éclairer la position des constitutionnalistes contemporains dans ce débat autour de l'usage des travaux préparatoires dans l'interprétation juridique. Présidé par François Luchaire, ce Comité a adopté une position, en apparence, hostile aux travaux préparatoires de la Constitution de 1958 en tant qu'instruments d'interprétation de celle-ci. Mais, en réalité, cette position n'est qu'une apparence. D'abord, le titre *Documents pour servir à l'histoire de l'élaboration de la Constitution du 4 octobre 1958* a été préféré à celui de *Travaux préparatoires de la Constitution du 4 octobre 1958* après de nombreux débats qui ont animé l'opinion et les membres du Comité[652]. Ensuite, les explications de François Luchaire sur le rôle de ces documents dans l'interprétation des normes constitutionnelles ne font, *a priori*, pas de doute : « *La portée d'une telle publication [celle des Documents pour servir…] doit être bien comprise : le lecteur ne doit pas s'attendre à y trouver des règles juridiques complétant la Constitution ; certes, il est intéressant de mieux connaître, pour chaque disposition comme pour l'ensemble d'un texte, l'intention tant de ceux qui les ont rédigés que de ceux qui les ont acceptés ; mais de telles intentions ne peuvent avoir valeur contraignante pour ceux qui appliquent et interprètent la Constitution ; d'abord avec la procédure du référendum, ce sont les citoyens qui décident et il n'est pas possible de déterminer leurs raisons précises ; ensuite, lorsqu'un texte est une œuvre collective, ses auteurs peuvent accepter la même disposition mais avec des intentions et même des interprétations différentes ; enfin, si les textes demeurent, les intentions sont fonctions des circonstances du moment et par conséquent changent ; le Code civil ne s'interprète pas aujourd'hui en fonction des préoccupations du législateur de 1804.*[653] » Cette présentation des *Documents pour servir* par Luchaire est censée être la position de tous les juristes membres du Comité.

François Luchaire dénie donc, *a priori*, un quelconque caractère d'instruments d'interprétation de la Constitution de 1958 à ces documents. Mais, en réalité, Luchaire n'a pas pu dissimuler sa conviction profonde et sincère sur le rôle que peuvent jouer ces documents dans l'interprétation des normes constitutionnelles

[651] V. Décret du 8 juin 1984 portant création d'un comité national chargé de la publication des travaux préparatoires des institutions de la Ve République et nommant les membres de ce comité, JO du 9 juin 1984.

[652] V. *Documents pour servir, Op. cit.*, p. 483.

[653] V. *Ibid.*, « Présentation générale » de François Luchaire, p. VIII.

qu'ils ont précédées. Cette plaidoirie contre une quelconque valeur des travaux préparatoires de la Constitution, et donc contre leur usage par le juge constitutionnel, ne pouvait pas être mieux exprimée. Mais dans l'enchainement logique des phrases et des mots de François Luchaire, il y a un certain *paradoxe* ; celui-ci conduit à déceler une position réservée mais non radicalement hostile chez les constitutionnalistes membres du Comité, quant à la valeur des *Documents pour servir*, comme travaux préparatoires de la Constitution de 1958, dans et pour l'interprétation des normes constitutionnelles issues de cette Constitution.

b. Une position non radicalement hostile

Certains systèmes juridiques, notamment de tradition de *Common law*[654], font des travaux préparatoires une partie non détachable des normes auxquelles ils ont présidé. Ainsi, les travaux préparatoires ne sont plus considérés comme des éléments *extrinsèques*, par rapport à la norme, mais des éléments *intrinsèques* de celle-ci. Ce caractère des travaux préparatoires paraît si naturel qu'il a pu conduire François Luchaire à affirmer, par des propos quelque peu contradictoires, que les *Documents pour servir* étaient des travaux préparatoires de la Constitution de 1958 et que, à ce titre, ils pouvaient jouer un rôle constructif dans l'interprétation des normes constitutionnelles. En effet, comme l'a affirmé de Chassat, en 1836, « *le motif de la loi en est l'âme, et est par suite toute la loi.*[655] » Les travaux préparatoires sont les meilleurs éléments pouvant permettre de révéler le motif de la norme, du fait notamment de leur autorité épistémologique[656] ; c'est en cela qu'ils sont, en quelque sorte, inséparables de celle-ci. En se demandant « *Dans quelle mesure [les documents préparatoires] ont-ils influencé la rédaction définitive ?* » du texte de la Constitution de 1958, Luchaire a laissé entendre que les travaux préparatoires de la Constitution ont une influence, du moins rédactionnelle, sur celle-ci, ce qui n'est pas anodin. L'auteur est allé encore plus loin, en affirmant que les *Documents pour servir* constituent des « *écrits qui permettront à d'autres, **juristes**, historiens ou simplement lecteurs, de **tirer les conclusions qui leur sembleront devoir s'imposer.***[657] » Cette affirmation ne pouvait pas être plus claire ;

---

[654] « A New Interpretation Act to avoid « Prolixity and Tautology », New Zeland Law Commission, *Op. cit.*

[655] Mailher-Antoine de Chassat, *Traité de l'interprétation des lois*, *Op. cit.*, p. 3.

[656] Au sens où les travaux préparatoires permettent de connaître ou de comprendre le contexte de la norme, ce qui permet de mieux l'interpréter.

[657] François Luchaire, *Op. cit.*, p. VII. Pour une analyse plus approfondie des travaux préparatoires de la Constitution de 1958, v. Section 2, Chap. 1, Titre I, Première partie de la présente thèse.

elle signifie que les travaux préparatoires issus des *Documents pour servir*, peuvent servir aux juristes, dont le juge constitutionnel. Le Conseil constitutionnel n'a pas ignoré cette déclaration de Luchaire puisqu'il accorde aux travaux préparatoires de la Constitution, issus des *Documents pour servir*, toute leur place dans l'interprétation constitutionnelle[658].

Une autre déclaration particulièrement marquante, sur cette méthode d'interprétation, est celle de Georges Vedel. Il faut cependant noter que celui-ci ne déniait pas l'utilité des travaux préparatoires dans l'interprétation juridique (constitutionnelle), mais refusait l'essentiel des travaux préparatoires de la Constitution de 1958. Du haut de ses expériences d'ancien membre du Conseil constitutionnel, tout comme Luchaire, Vedel a pu affirmer que « *L'apparente brièveté du temps imparti pour statuer oblige le Conseil tout à la fois à se préparer bien avant la saisine et à ne pas faire languir les citoyens pendant des années*[659]. » En 1974, dans un entretien, répondant à une question relative au caractère impératif du premier alinéa de l'article 49 de la Constitution, Georges Vedel a répondu que « *les travaux préparatoires et les intentions des constituants paraissent beaucoup plus clairs dans le cas de l'art. 29 que dans le cas du 1er al. de l'art. 49.*[660] » Ainsi, si les travaux préparatoires des normes constitutionnelles de 1958 peuvent paraître éclairants pour Georges Vedel, c'est que celui-ci ne leur dément pas tout rôle dans l'interprétation constitutionnelle. Cependant, cette position de l'auteur trahit une position contradictoire qu'il a pu laisser transparaître sur le même sujet par ailleurs[661]. En effet, en parlant de la valeur juridique de la DDHC de 1789, Vedel affirme : « *Ce n'est qu'avec la Constitution de 1958 que la Déclaration s'insèrera – peut-être* ***sans que les rédacteurs de la Constitution l'aient tout à fait voulu*** *– dans le bloc de constitutionnalité et deviendra partie intégrante de notre loi fondamentale.*[662] » Ce langage trahit la position de l'auteur sur la valeur et le rôle

---

[658] C'est le sens même de la décision n° 77-82 DC.

[659] V. Dominique Rousseau, *Droit du contentieux constitutionnel*, Montchrestien, 2010, Préface de Georges Vedel, p. 9. La déclaration de Vedel est confirmée par Michel Verpeaux (*Le Conseil constitutionnel*, La Documentation française, 2014, p. 48).

[660] V. Christian Coste, *La violation de la Constitution. Réflexions sur les violations des règles constitutionnelles relatives aux pouvoirs publics en France*, « Monsieur le Doyen Georges Vedel Entretien du 23/07/74 », Thèse de doctorat à Paris 2, 1981, pp. 510-512.

[661] Georges Vedel, « La place de la Déclaration de 1789 dans le 'bloc de constitutionnalité' », in *La Déclaration des droits de l'homme et du citoyen et la jurisprudence, colloque des 25 et 26 mai 1989 au Conseil constitutionnel*, PUF, 1989, (pp. 35-64), pp. 43-45.

[662] *Ibid.*, p. 35.

insignifiants des rédacteurs normatifs. En effet, si les rédacteurs peuvent manifester une volonté, c'est qu'ils ne sont pas que des rédacteurs au rôle nul, ceux-ci expriment leurs propres volontés qu'ils soumettent ensuite au peuple qui n'a aucun moyen adéquat pour exprimer sa propre volonté, celui-ci ne vote pour ou contre un texte qui lui est soumis au référendum qu'en fonction du climat régnant dans l'opinion publique du moment[663].

Pierre Avril, quant à lui, a assimilé les travaux préparatoires de la Constitution au « *mythe de la caverne*[664] » de Platon[665], afin de marquer la distance que l'interprète doit prendre par rapport à eux lorsque cela s'avère nécessaire, car ces instruments d'interprétation juridique ne cachent pas forcément une vérité inconditionnelle dont le juge-interprète serait à la recherche en leur sein. Mais l'auteur ne s'est pas montré complètement hostile à cette méthode d'interprétation, bien que, on l'a vu, à l'instar de Georges Vedel, il refuse le caractère de travaux préparatoires, du point de vue juridique, à l'essentiel du contenu des *Documents pour servir*[666].

En définitive, le débat juridique autour des travaux préparatoires, en France, a été d'abord un débat saisi par la doctrine juridique ; et la jurisprudence a paru

---

663 Ainsi, dans les années 1950, le climat politique, dans le contexte de la guerre d'Algérie et de l'usure du gouvernement en place dont les hommes eussent déjà gouvernés, était favorable à un nouvel air tant du point de vue institutionnel que du point de vue des têtes dirigeantes. Dans ce contexte, Charles de Gaulle ayant été présenté au peuple comme le sauveur de la France, celui-ci ne pouvait qu'avaliser sa politique, n'importe laquelle. La preuve en est qu'il a suffi, en 1946, que Charles de Gaulle se prononce contre un projet constitutionnel en discussion pour que le peuple auquel ce projet a été soumis se démobilise (v. Georges Vedel, « La place de la Déclaration de 1789 dans le 'bloc de constitutionnalité' », *Op. cit.*, p. 40) alors qu'en 1969 ce même peuple, qui fut dans un climat différent de celui de 1946 et de 1958, a congédié un projet constitutionnel conçu et voulu par ce même Charles de Gaulle.

664 Pierre Avril, *Les conventions de la Constitution, normes non écrites du droit politique*, Coll. : « Léviathan », PUF, 1997, pp. 54-57. Marie-Anne Cohendet a, elle aussi, adopté une conception proche de celle de Pierre Avril, s'agissant des travaux préparatoires (Marie-Anne Cohendet, *Les épreuves en droit public. Conseils et modèles*, 4ème édition, avril 2009, p. 26), mais elle n'est nullement hostile à cette méthode d'interprétation du droit.

665 Platon, *La République*, Livre 7. Ce mythe invite chaque acteur, notamment du monde scientifique, à ne jamais considérer quoi que ce soit pour vrai ou pour parfait, mais à toujours questionner les choses, les idées, les concepts…, afin de parvenir, non pas à une vérité absolue, mais à l'interprétation la plus juste possible aux yeux, non pas de tous, mais du plus grand nombre, à un moment donné.

666 Pour comprendre la motivation, quelque peu critiquable, de ce refus de la part de Pierre Avril, v. Section 2, Chap. 1, Titre I, Première partie de la présente thèse.

négliger ce débat, malgré le mimétisme du débat anglais auquel l'appela Henri Capitant.

§2. Un débat négligé par la jurisprudence française

Depuis l'avènement du Code civil en France en 1804 et le succès reconnu à celui-ci [667], la tradition juridique française est devenue un modèle planétaire. Cette situation ne favorisait donc pas la référence au droit étranger par les juges français. Ainsi, le modèle juridique anglais, encore très coutumier, et la règle anglaise d'exclusion des travaux préparatoires dans l'interprétation juridique, ne pouvaient que très difficilement pénétrer le droit français par le biais de la jurisprudence. Mais à partir des travaux d'auteurs, comme Aubry et Rau, Gény, ou encore d'Henri Capitant, portant sur cette méthode d'interprétation, il est possible de déterminer dans quelle mesure le juge français a prêté attention à ce débat juridique.

Ainsi, malgré les conclusions d'Henri Capitant au début du XXe siècle, le juge français a semblé demeurer assez « insensible » à ce débat (A), et cela, au nom du principe de la liberté interprétative des juges (B) qui est incontestablement un principe issu de la tradition du droit romain sur laquelle repose, *a fortiori*, le droit français.

A) Une réception *désenchantée* du débat par la jurisprudence française

Henri Capitant, qui souhaita voir les juges français adopter la doctrine anglaise, prétendait que ces derniers manifesteraient une forte réticence à l'usage des travaux préparatoires[668]. Mais il n'en est rien en réalité. Il semble que, si le juge français prend les précautions nécessaires à l'égard de cette méthode particulière d'interprétation juridique, tels que le montrent les arguments de Michel Couderc qui ne dissimule, d'ailleurs, pas le fait qu'il est difficile, parfois,

---

[667] V. « Le Code civil français et son influence dans le Bassin méditerranéen, l'Orient et l'Extrême-Orient », *Revue internationale de droit comparé*, Vol. 2, n° 4, Octobre-décembre 1950, pp. 771-780.
[668] Henri Capitant, *Op. cit.*, pp. 208-210.

telle une « *remontée des enfers* », d'accéder aux informations que peuvent renfermer les travaux préparatoires, les tribunaux français ne se sont jamais interdit l'usage de ce procédé interprétatif.

La Cour de cassation, malgré certaines contraintes historiques[669], pendant très longtemps, jusqu'en 1872[670], était la seule juridiction française à appliquer et interpréter les normes juridiques en dernier ressort. Dans le langage juridique moderne, on pourrait dire que la Cour de cassation fut – en quelque sorte – le juge constitutionnel de la France. Dans ce contexte particulier, c'est d'abord vers la jurisprudence de cette Cour qu'il convient de se tourner afin d'essayer de remonter le plus loin possible à la position jurisprudentielle française au regard de l'usage des travaux préparatoires dans l'interprétation juridique.

Contrairement à la présentation, assez pessimiste, faite par Capitant, et sans avoir manifesté la moindre « *répugnance[...] à invoquer dans ses arrêts les travaux préparatoires*[671] », la Cour de cassation a, dans un arrêt de principe de 1932, posé la règle suivante : « *Si, en principe, le recours aux travaux préparatoires est permis lorsqu'un texte nécessite une interprétation, le juge doit, au contraire, se l'interdire lorsque le sens de la loi, tel qu'il résulte de sa rédaction, n'est ni obscur ni ambigu et doit, par conséquent, être tenu pour certain.*[672] » Pour l'époque, cette règle

---

[669] Notamment le *référé législatif* auquel son ancêtre, le Tribunal de cassation, puis elle-même, furent soumis.

[670] Date à laquelle le Conseil d'État a reçu les compétences de rendre une justice déléguée. Depuis lors, le Conseil d'État ne s'est jamais privé de faire usage, plus que le juge judiciaire encore, des travaux préparatoires en vue d'une interprétation plus téléologique de la norme juridique.

[671] Henri Capitant, *Op. cit.*, p. 209. Mais l'on constate qu'Henri Capitant n'est pas le seul à minimiser l'usage des travaux préparatoires par la Cour de cassation. Raymond Odent écrit que « *Les tribunaux judiciaires ont une méthode d'interprétation différente fondée sur l'exégèse littérale du texte et l'exposé des motifs qu'ils considèrent comme faisant corps avec le texte. La Cour de cassation ne se réfère pas aux autres travaux préparatoires que le Conseil d'État n'hésite pas à retenir.* » (*Contentieux administratif*, Cours 1966, t. 1, Sirey, p. 269). Mais cette analyse est invalidée par la lecture de différentes décisions de la Cour de cassation, de la fin des années 1800 à la première moitié des années 1900, décisions qui, bien que dans une proportion nettement plus réduite par rapport aux décisions du Conseil d'État, ont fait très largement référence aux travaux préparatoires et nullement aux seuls exposés des motifs.

[672] Cass. civ. 22 novembre 1932, DH 1933, p. 2. Capitant (*Ibid.*, p. 210), citant le développement de ces arrêts par Gény : Cass. civ. 4 juin 1889, DP 91-1-351 ; Cass. civ. 22 juin 1898, DP 99, 1, 5 (*Op. cit.*, pp. 209-211). Toutes ces décisions anciennes sont disponibles en ligne à partir de la bibliothèque virtuelle *Gallica*. Il est à remarquer que l'article de Capitant exprimant son intransigeante hostilité et, partant, selon lui, celle du juge français à l'usage des travaux préparatoires est publié trois ans après cette règle jurisprudentielle de principe posée par l'arrêt de la Cour de cassation de 1932.

jurisprudentielle française est assez compréhensible. Il ne s'agit pas là d'une réticence du juge à l'égard de l'usage de cette méthode d'interprétation, mais un simple rappel que le texte juridique *posé* est la base à partir ou autour de laquelle l'interprétation juridique doit se faire.

Ainsi, cet arrêt de principe de la Cour de cassation a clos le débat autour de cette méthode d'interprétation juridique, du moins sur le plan prétorien. Cette position de la jurisprudence française n'est pas neutre ; elle marque l'identité même du droit français, dans la mesure où elle se fonde sur la tradition juridique romano-germanique de la libre interprétation du droit par le juge.

B) Une position jurisprudentielle fondée sur la *liberté interprétative* du juge français

Pour Henri Capitant, en effet, « *le marais des discussions parlementaires*[673] » – entre autres – explique que « *la Cour de cassation [n'utilise] que très rarement dans ses arrêts d'argument tiré des travaux préparatoires du Code civil ou des lois récentes.*[674] » Cela a été dit, Capitant n'a pas dissimulé sa préférence pour le système anglais qui adopterait une conception hostile à l'égard de cette méthode d'interprétation juridique. Il a en effet déclaré : « *Toutes ces considérations démontrent, nous semble-t-il, la supériorité du système adopté par les juges anglais.*[675] » Comme l'auteur le remarque lui-même, en se référant au constitutionnaliste anglais Dicey[676], « *le système anglais d'interprétation judiciaire des lois [est] un peu étroit*[677] ». Mais cette étroitesse de l'interprétation, selon lui, « *augmente beaucoup l'autorité des juges et la fixité du droit, et cela a une importance primordiale, car la fixité du Droit est la garantie du justiciable.*[678] » En somme, suivant cette conception, le juge devrait interpréter les normes juridiques sans se préoccuper de la réalité afin de pouvoir « *exercer une heureuse influence sur le législateur, en l'obligeant à donner plus d'attention à la rédaction de la loi, à éviter les formules ambiguës ou équivoques et surtout les contradictions.*[679] » Chacun pourra apprécier

---

[673] *Ibid.*, p. 214.
[674] *Ibid.*
[675] *Ibid.*
[676] V. Albert Venn Dicey, *Introduction to the study of the law of the Constitution*, Paris, 1959, 8ème édition, pp. 403 et 404 [Cujas].
[677] Henri Capitant, *Op. cit.*, p. 214.
[678] *Ibid.*
[679] *Ibid.*

les limites de ces affirmations au vu de la situation politique contemporaine où la qualité des normes juridiques est assez systématiquement remise en cause.

Mais, nonobstant ces considérations, le juge (constitutionnel) français – fidèle à la tradition de la libre interprétation juridique par le juge, avec pour seul objectif de rendre une justice aussi objective que possible – a fait le choix inverse, en utilisant assez largement les travaux préparatoires dans sa jurisprudence, tout en exigeant de la clarté et de la sincérité des *débats parlementaires* qui sont une composante substantielle des travaux préparatoires des normes juridiques.

Cette libre interprétation juridique est, en effet, selon Savigny, une particularité du droit romano-germanique dont est issu le droit français. Savigny explique, dans son *Traité du droit romain*, justement, que « *Chez les Romains, les jurisconsultes avaient une position très élevée, à cause de* ***l'exercice entièrement libre*** *et bienveillant* ***de leurs fonctions***[680] ». Ainsi, « *celui qui, prêtant ses idées à la pratique moderne, lui [le droit] attribue une autorité bien éloignée de l'esprit de ses fondateurs [est impropre] à ce travail.*[681] » Ces constats renforcent la conception française à l'égard de l'usage des travaux préparatoires dans la recherche de l'esprit normatif ; le juge français possède une grande liberté, quant aux méthodes utilisables et utilisées pour parvenir à l'interprétation juridique ; et ce principe de liberté interprétative est fondé sur la tradition juridique romano-germanique. C'est, du moins en partie, ce principe qui, contrairement à l'étroitesse du pouvoir d'interprétation dont disposait le juge anglais, de tradition de *Common Law*, explique le *désenchantement* du débat juridique, autour de cette méthode d'interprétation, devant les prétoires français. Il s'agit là d'une réelle et profonde différence de culture (juridique)[682].

---

[680] Friedrich Carl de Savigny, *Traité de droit romain, Op. cit.*, p. 82. Il est vrai que les jurisconsultes ne comprenaient pas que des magistrats qui interprétèrent les normes juridiques, mais aussi des avocats, auteurs, professeurs…, mais cela montre clairement l'origine romaine de cette tradition de la libre interprétation de la loi qui est incompatible avec la tradition anglaise que voulait Capitant pour la France.

[681] *Ibid.*, p. 92.

[682] Mais Savigny parle aussi d'une « *pratique moderne* ». S'agit-il de la modernité de la règle anglaise d'exclusion des travaux préparatoires par rapport à la tradition romaine de libre interprétation juridique par le juge ? Il n'existe aucune référence à cette règle anglaise dans l'œuvre de Savigny ; il est donc difficile – voire impossible – de répondre à cette question. Mais cela ne remet en rien en cause l'origine de ce débat juridique, de manière aussi formalisée et organisée, né et nourri par la jurisprudence anglaise, néanmoins ignoré, voire rejeté, par le prétoire français.

En résumé, le contexte de l'interdiction de l'usage des travaux préparatoires par le juge, en Angleterre, s'explique par la crainte d'une perte d'autonomie du Parlement britannique et d'une remise en cause de la séparation des pouvoirs, par un gouvernement des juges, du fait de l'usage des travaux préparatoires. Ce contexte particulier n'a pas été soulevé par Henri Capitant, ce qui montre que la réalité était, et est encore aujourd'hui, très différente en France. Néanmoins, Henri Capitant n'avait, étonnamment, pas trouvé nécessaire de révéler la complexité, et le mythe même, du contexte de l'interdiction des travaux préparatoires (*Hansard*) dans l'interprétation juridique en Angleterre, ce qui, pourtant, du point de vue scientifique et théorique, paraît une exigence. En effet, les revirements de jurisprudence et les autorisations partielles de l'usage de ces instruments d'interprétation juridique, dans les prétoires britanniques, ont montré que la position d'Henri Capitant, qui manifesta une exceptionnelle intransigeance à l'égard de cette méthode d'interprétation du droit, était, au fond et scientifiquement, peu sensible à la subtile et complexe réalité de la règle anglaise d'exclusion des travaux préparatoires. Cette complexité de la règle posée en Angleterre n'a, ainsi, pas dissipé le juge français qui n'a jamais appliqué une telle règle. D'ailleurs, bien avant la réouverture de ce débat juridique dans les années 1930 par Henri Capitant, les travaux préparatoires ont toujours été utilisés, à tous les échelons des juridictions de l'ordre judiciaire, comme le montre ce jugement du Tribunal civil de Vesoul rendu en 1908 : « *Lors des débats auxquels a donné lieu l'article 5 de la loi du 2 janvier 1907, le ministre des cultes a précisé que les Églises appartenaient au domaine privé de la commune*[683] ».

Conclusion du chapitre

En conclusion de ce chapitre, il semble important de souligner la portée de ce débat juridique. Ce débat conduit à une réflexion plus approfondie sur les instruments d'interprétation que sont les travaux préparatoires des normes juridiques. Il paraît incontestable que cet incessant débat a donné une valeur et une portée considérables aux travaux préparatoires dans l'interprétation du droit. Ces derniers ont, en effet, subsisté, et subsistent encore, malgré les hostilités et réticences passées, présentes et, à n'en pas douter, à venir contre eux. Ainsi, au-delà de ce débat

[683] Tribunal civil de Vesoul, 2 juin 1908, *Abbé Valot*. V. l'analyse de ce jugement *in* Yves Gaudemet, *Droit administratif des biens*, LGDJ, 13ème édition, 2008, n° 165, p. 94.

juridique autour des travaux préparatoires, une question essentielle se pose : y a-t-il un fondement juridique (textuel) des travaux préparatoires en tant qu'instruments et éléments constitutifs d'une méthode d'interprétation juridique, c'est-à-dire le fondement juridique de leur usage par le juge comme procédé acheminant vers l'interprétation juridique, et, si oui, lequel ? Telle est la difficulté à laquelle les analyses du chapitre suivant seront consacrées.

*****

Chapitre 2. Le fondement juridique de l'usage des travaux préparatoires comme méthode d'interprétation du droit

> « *Les sources qui alimentent les délibérations [du Conseil constitutionnel] de la première période sont principalement juridiques. Il s'agit de la Constitution, de ses travaux préparatoires, des précédents, de la doctrine et des jurisprudences du juge ordinaire.*[684] » (Bertrand Mathieu).

Y a-t-il un fondement juridique de la méthode d'interprétation juridique consistant en l'usage des travaux préparatoires, en tant que ces derniers constituent un type d'instrument particulier contribuant à l'interprétation constitutionnelle ? La question est posée spécialement du point de vue de l'interprétation constitutionnelle car celle-ci est l'ultime sanction juridique, en droit interne, du texte contrôlé et du texte constitutionnel lui-même qui ne deviennent normes concrètes, précises, coercitives et définitives que sous l'œil interprétatif du juge. Le contrôle de constitutionnalité des normes, qui implique d'abord l'interprétation de celles-ci,

---

[684] Bertrand Mathieu, Jean-Pierre Machelon, Ferdinand Mélin-Soucramanien, Dominique Rousseau et Xavier Philippe (dir.), *GDélCC*, Dalloz, Coll. : « Grands textes », février 2014, p. 41, n° 61.

qu'il s'exerce dans un système de contrôle diffus, de type américain, ou dans un système de contrôle concentré, de type kelsenien, requiert la mise en jeu du rôle final du juge constitutionnel spécial, lequel a le dernier mot dans l'expression de l'interprétation constitutionnelle[685]. Ainsi, seule cette instance juridictionnelle suprême, dans l'ordre juridique interne, peut, en dernier ressort, prononcer l'interprétation constitutionnelle d'une norme quelconque et celle de la norme constitutionnelle elle-même. Dans ce contexte, la méthode d'interprétation utilisée par ce juge spécifique présente un intérêt de grande importance, dans la mesure où celle-ci sera le terreau de tous les commentateurs du résultat interprétatif final, du fait notamment que celui-ci ne peut être que très difficilement remis en cause, quant à ses effets, positifs ou négatifs, sur le système juridique. C'est cette situation qui conduit à s'interroger sur cette méthode particulière d'interprétation juridique usitée par le Conseil constitutionnel et, notamment, sur son fondement juridique.

L'usage des travaux préparatoires est une méthode d'interprétation juridique particulièrement débattue. Cela parce qu'elle semble permettre au pouvoir judiciaire d'empiéter sur le pouvoir législatif, voire sur le pouvoir exécutif, lequel est souvent à l'initiative des normes produites. Ce fut d'ailleurs l'un des arguments des détracteurs de cette méthode d'interprétation en Angleterre, parce que cette méthode d'interprétation permet, selon ces derniers, au juge de revenir sur les débats tenus au sein d'un Parlement souverain. Par conséquent, si le juge fait usage d'une telle méthode d'interprétation, il doit montrer la nécessité d'y recourir. Y a-t-il une nécessité de recourir aux travaux préparatoires des normes juridiques par le juge constitutionnel ? Autrement dit, le juge constitutionnel est-il contraint de faire usage des travaux préparatoires des normes juridiques dans l'interprétation constitutionnelle ? La question n'est, au fond, pas simple. Si contrainte ou nécessité il y a, celles-ci ne peuvent être mieux soutenues que par un fondement juridique de cette méthode d'interprétation, au-delà de la fonction et de l'importance épistémologiques des travaux préparatoires au regard des normes juridiques dont ils ont précédé l'adoption. Ainsi, convient-il de rechercher le fondement juridique de cette méthode d'interprétation. Peut-on considérer la mention de « travaux préparatoires » ou « travaux parlementaires » sous les lois adoptées par le Parlement, législateur ou constituant, comme étant un fondement juridique de cette notion et, de surcroît, de la méthode

---

[685] À titre d'illustration, le Conseil constitutionnel français est, au regard de l'article 62 de la Constitution, celui qui détient ce rôle finaliste du jeu interprétatif. La section 1 de l'article 1er de la Constitution américaine a attribué ce pouvoir à la Cour suprême.

d'interprétation juridique consistant à s'appuyer sur ces travaux préparatoires ?[686] Si ce signe n'est pas suffisant comme fondement juridique de cette méthode d'interprétation, il constitue un indice conduisant en ce sens. Le juge constitutionnel, conformément à la tradition du droit romain, est juridiquement laissé libre de privilégier les méthodes et techniques d'interprétation qui lui paraissent les plus appropriées. Il n'existe pas de lois d'interprétation à caractère général en France, comme cela peut l'être notamment dans certains pays de tradition de *Common law*[687]. Dans ce même sens, Michel Troper affirme qu'« *il n'existe aucun critère objectif imposant de choisir l'une ou l'autre méthode d'interprétation*[688] ». En cela, l'interprétation constitutionnelle par le juge *ad hoc* ne diffère pas de l'interprétation (juridique) en général. C'est pourquoi Michel Troper écrit encore : « *La principale spécificité de l'interprétation constitutionnelle réside dans la nature de ce qu'elle conduit à produire.*[689] » C'est-à-dire que, dans la mesure où la décision déclarant l'interprétation constitutionnelle par le juge *ad hoc* est une décision très difficile à remettre en cause, il existe une contrainte prudentielle qui s'impose davantage à ce juge *ad hoc*, le juge constitutionnel spécial, qu'à d'autres juges, au regard du résultat interprétatif qu'il produit. Dans ce contexte, le principe de la liberté interprétative du juge, issu de la tradition du droit romain, s'agissant, du moins, de la méthode d'interprétation juridique consistant en l'usage des travaux préparatoires, se trouverait restreint pour le juge constitutionnel, dont les contraintes liées notamment au caractère définitif de ses résultats interprétatifs sont nettement plus élevées au regard de celles des juges inférieurs, dans la mesure où ce juge serait, en définitive, contraint de faire usage des travaux préparatoires.

---

[686] Il faut bien distinguer *fondement juridique des travaux préparatoires* en tant que notion juridique et *fondement juridique de la méthode d'interprétation* consistant à s'appuyer sur ces derniers. La juridicité des travaux préparatoires n'est plus à démontrer, elle est bien ancrée dans la tradition juridique, dans la mesure où elle est saisie tant par la doctrine (v. Bertrand Mathieu, *Op. cit.*) que par la jurisprudence (v. *Rapport du Groupe de travail sur la rédaction des décisions de la juridiction administrative*, Philippe Martin (pdt), Conseil d'État, avril 2012, proposition n° 6, p. 29). C'est bien la juridicité, c'est-à-dire le fondement juridique, de la méthode d'interprétation fondée sur l'usage des travaux préparatoires qui interroge et qu'il convient d'analyser.

[687] Irlande : *Interprétation Act 2005* (Seán Patrick Donlan et Rónán Kennedy, « A flood of light?: comments on the interpretation act 2005 », *Judicial Studies Institute Journal* [6:1], 2006, pp. 92 sqq.). Il faut observer que ces lois d'interprétation sont elles-mêmes assez vagues. Cette loi d'interprétation irlandaise de 2005 n'a, cependant, rien dit sur l'usage ou non des débats parlementaires.

[688] Michel Troper, « L'interprétation constitutionnelle », *in* Ferdinand Mélin-Soucramanien (dir.), *L'interprétation constitutionnelle*, Dalloz, Coll. : « Thèmes et commentaires », 2005, p. 20.

[689] *Ibid.*, p. 21.

Ces quelques mises au point sur l'interprétation constitutionnelle étant faites, il importe de se concentrer sur la question principale, celle du possible fondement juridique des travaux préparatoires comme instruments méthodiques de l'interprétation constitutionnelle. Il existe plusieurs indices permettant de cerner un possible fondement juridique de cette méthode d'interprétation juridique. De manière non exclusive, on peut s'appuyer sur de nombreux éléments qui permettront de dégager des assises du fondement juridique de cette méthode d'interprétation. Ces éléments d'appui sont de niveau tant doctrinal que textuel et jurisprudentiel. De ce point de vue-là, cette méthode d'interprétation juridique paraître être la seule à disposer d'un fondement juridique et dont le juge-interprète ne peut, semble-t-il, se passer. Ces indices peuvent être rangés dans deux catégories distinctes mais complémentaires. Certains indices relèvent du « tissu constitutionnel » textuel (Section 1), quand d'autres, dans une relation de parfaite complémentarité par rapport aux premiers, trouvent plutôt leur place dans la jurisprudence constitutionnelle elle-même (Section 2).

SECTION 1 : UN FONDEMENT JURIDIQUE CONSACRÉ PAR LE *TISSU* CONSTITUTIONNEL TEXTUEL

Le tissu constitutionnel, plus qu'un bloc de constitutionnalité qui est d'ailleurs dépassé[690], s'entend comme l'ensemble des règles – quelles que soient leurs sources[691] – qui forment le champ normatif dans lequel le juge constitutionnel opère et auquel il ne peut théoriquement déroger. À titre d'exemple, la notion de déni de justice n'existe pas dans les dispositions constitutionnelles mais dans le Code civil, texte *a priori* de valeur législative. Et

---

[690] V. Michel Verpeaux, « Contrôle de constitutionnalité des actes administratifs », *AJDA*, janvier 2011 [MAJ juin 2014]. L'auteur propose de parler de « principe de constitutionnalité », sous le modèle du « principe de légalité », plutôt que de « bloc » de constitutionnalité. Mais, quelle que soit la dénomination qu'on adoptera pour ce corpus de textes de nature constitutionnelle, celui-ci demeurera, du moins aux yeux de certains, ainsi que le qualifia Jean Foyer, comme « *un fourre-tout* » (Jean Foyer, « Pour la suppression du Conseil constitutionnel », *La Revue administrative*, 51ème année, n° 301, janvier-février 1998, p. 99).

[691] Sur ce point, v. Pierre Avril (*Les conventions de la Constitution*, PUF, Coll. : « Léviathan », 1997) qui a mis en exergue plusieurs types de règles, ou plutôt contraintes, constitutionnelles dont celles qualifiées de conventions constitutionnelles à l'anglaise. Mais, dans le cas français, celles-ci, bien souvent, s'apparentent davantage à des violations, non dénoncées, dans la pratique du droit constitutionnel écrit qu'à autres choses.

pourtant, le Conseil constitutionnel est soumis à cette règle qui, bien que ne faisant pas partie des règles constitutionnelles formelles, fait partie de ce qu'on peut qualifier de *tissu* constitutionnel[692]. En ce sens, le tissu constitutionnel peut être appréhendé comme un ensemble combiné d'éléments, de principes, ou de règles de valeur juridique différente, mais qui s'imposent au juge constitutionnel de par leur caractère *transcendant* et *universel* dans un système juridique donné. C'est dans ce tissu constitutionnel qu'il convient d'abord de rechercher les indices permettant de cerner le fondement juridique de cette méthode d'interprétation.

De manière sous-entendue, l'usage des travaux préparatoires dans l'interprétation des normes juridiques semble se trouver gravé, en tant que méthode interprétative juridique, dans des textes de valeur constitutionnelle. Ces textes laissent, en effet, apparaître des indices permettant, au moins, de se faire une idée. Ces indices, essentiels pour la constitution du fondement juridique de cette méthode d'interprétation du droit, n'ont, jusqu'ici, pas été explorés. Par conséquent, l'exercice de leur exploration entrepris ici présente une certaine nouveauté, mais aussi un certain risque, dans la mesure où il propose de procéder, d'une part, à une lecture différente de l'article 33 de la Constitution du 4 octobre 1958 (§1) et, d'autre part, de l'article 1156 ancien [1188 nouveau] du Code civil français (§2), Code auquel Dicey attribua un caractère quasi divin[693]. Ces deux textes seront tour à tour explorés au regard de la problématique envisagée.

§1. Un fondement constitutionnel *indiciel* issu des dispositions de l'article 33 de la Constitution du 4 octobre 1958

Pour comprendre ce fondement juridique de la méthode d'interprétation consistant, pour le juge (constitutionnel), à se référer aux travaux préparatoires

---

[692] Le « tissu » (constitutionnel) fait allusion aux tissus du corps humain (groupe de cellules à fonction commune) qui, bien que d'une complexité élevée et malgré leur diversité, présentent une parfaite harmonie structurale et fonctionnelle. La structure du système juridique, avec des normes d'une diversité, parfois, complexe, peut être appréhendée à la manière des tissus du corps humain qui ne visent qu'une seule finalité. S'agissant du tissu normatif constitutionnel, qui pioche des règles et principes juridiques à tous les niveaux normatifs du système juridique, sa finalité est, avant tout, de rendre opérationnel ce système.

[693] Dicey disait, en effet, que ce « *Code a été investi d'une sorte de sainteté légale* » (A. V. Dicey, *Leçons sur les rapports entre le droit et l'opinion publique en Angleterre au cours du dix-neuvième siècle*, Max Boucard et Gaston Gèze (dir.), Trad. Gaston Gèze *et ali*, Paris, 1906 [Cujas], p. 7).

des normes juridiques, il faut d'abord s'intéresser au sens des dispositions de l'article 33 de la Constitution de 1958 (A). Ce fondement juridique indiciel, non visible à première lecture, fait en réalité partie de ces *énigmes*[694] des textes constitutionnels, auxquelles doit se vouer l'interprète constitutionnel dans sa fonction d'interprétation des normes du tissu constitutionnel (B).

A) La force des dispositions de l'article 33 de la Constitution de 1958

L'article 33, al. 1er, de la Constitution de 1958 dispose : « *Les séances des deux Assemblées sont publiques. Le compte-rendu intégral des débats est publié au Journal officiel.* » Il est vrai que ce texte ne parle que des débats des assemblées législatives[695]. Mais il faut s'intéresser à la fois à l'ancrage historique (1) et au sens téléologique (2) de cette disposition afin de mieux appréhender sa *visée* constitutionnelle étendue, au regard de la méthode d'interprétation juridique consistant, pour le juge constitutionnel, à se référer aux travaux préparatoires des normes qu'il examine.

1. L'ancrage historique des dispositions de l'article 33 de la Constitution de 1958

La disposition issue de l'alinéa 1er de l'article 33 de la Constitution n'est pas anodine, en ce qu'elle présente un fort enracinement historique constitutionnel. En ce sens, elle requiert une analyse particulière. L'ancrage historique de cette disposition s'inscrit dans la tradition constitutionnelle de la France. Une fine lecture des quinze textes constitutionnels français[696], de 1789 à 1958, officiellement connus à ce jour, selon la liste dressée par le Conseil constitutionnel, permet d'appréhender l'ancrage historique de cette disposition.

---

[694] Au sens où le juge doit se vouer à un rôle de devin, en « devinant » ce que disent les textes de la Constitution et ceux dont il procède au contrôle de constitutionnalité.

[695] Sachant que les débats parlementaires font partie intégrante des travaux préparatoires au sens large.

[696] V. la liste des quinze textes constitutionnels que, selon le Conseil constitutionnel, la France a connu depuis 1791 [site internet de l'institution]. Cependant, cette liste et surtout le nombre de « quinze » ne semblent pas être approuvés par tous ; la doctrine peut parvenir à un nombre différent selon les interprétations. Sur ce point, v. Stéphane Rials, *Textes constitutionnels français*, PUF, Coll. : « Que sais-je », 27ème édition, septembre 2015, 128 p.

La première Constitution française, écrite, des 3 et 4 septembre 1791 disposait : « *Les délibérations du Corps législatif seront publiques, et les procès-verbaux de ses séances seront imprimés.* » (Chapitre III, Section II, Article 1). On peut, en toute logique, considérer que l'impression des procès-verbaux des séances suppose également leur publication, bien que ce ne soit pas formellement écrit dans le texte.

Bien que jamais appliquée, il n'est pas inintéressant de rappeler les dispositions de la Constitution du 24 juin 1793. En effet, elle aussi prévoyait en son article 45 : « *Les séances de l'Assemblée nationale sont publiques.* » Elle précisait, en outre, en son article 46 : « *Les procès-verbaux de ses séances seront imprimés.* » Impression, il est vrai, n'est pas publication, mais on peut penser que l'impression précéda et signifia la publication de ces procès-verbaux ensuite.

La Constitution du 5 fructidor An III (22 août 1795) disposait, quant à elle, , en son article 64 : « *Les séances de l'un et de l'autre Conseil sont publiques ; [...] Les procès-verbaux des séances sont imprimés.* »

Il en va de même de la Constitution du 5 Frimaire An VIII (13 décembre 1799) qui disposait : « *Les séances du Tribunat et celles du Corps législatif sont publiques* ».

Cependant, la Constitution du 16 thermidor An X (4 août 1802) n'a pas prévu des aménagements particuliers pour les travaux des séances du Corps législatif. C'est là une rupture par rapport à la tradition constitutionnelle bien établie jusque-là.

La Constitution du 28 floréal An XII (18 mai 1804), qui a établi le Premier empire, disposait en son article 83 : « *Le Corps législatif se forme en comité général, - 1° Sur l'invitation du président pour les affaires intérieures du corps ; - 2° Sur une demande faite au président et signée par cinquante membres présents ; - Dans ces deux cas, le comité général est secret, et les discussions ne doivent être ni imprimées ni divulguées* ». Par déduction, et suivant une analyse *a contrario*, par rapport au caractère secret du comité général, il n'est pas difficile de comprendre que cette disposition constitutionnelle avait renoué les liens avec la tradition constitutionnelle de publicité des séances et de publication des débats issus des séances de l'organe législatif, tradition qui a été rompue en 1802.

La première Restauration de la royauté en 1814 a établi un pouvoir législatif tripartite qui allie le roi, la Chambre des pairs et la Chambre des députés des départements. Cette configuration particulière, qui complique quelque peu les travaux du Parlement, mérite quelques explications. L'article 44 de la Charte constitutionnelle du 4 juin 1814 disposait : « *Les séances de la Chambre sont publiques ; mais la demande de cinq membres suffit pour qu'elle se forme en comité secret.* » On peut ainsi constater une « entorse » à la tradition constitutionnelle de publicité des séances et de publication des procès-verbaux, dans la mesure où il s'avère très facile de remettre en cause le principe de publicité des séances, ce qui suppose également, par conséquent, une remise en cause du principe de publication du compte-rendu des débats, du fait du caractère secret des séances ; mais le principe de publicité en tant que tel n'est, pour autant, pas remis en cause, il subit seulement (ou peut subir) une entorse par la demande exagérée de séances en comité secret. S'agissant de la Chambre des pairs, l'article 32 de la Charte disposait : « *Toutes les délibérations de la Chambre des pairs sont secrètes.* » Mais cette disposition ne peut, à proprement parler, être regardé comme une atteinte au principe de publicité et de publication, du fait, notamment, que les textes constitutionnels précédents n'ont jamais donné beaucoup d'importance aux travaux de la chambre haute du corps législatif qui, bien souvent, n'avait pas un rôle « législatif ».

Comme pour consolider ce qui n'a été fait qu'implicitement en 1804, l'Acte additionnel aux Constitutions de l'Empire du 22 avril 1815, très explicitement, en son article 20, prévoyait : « *Les séances des deux Chambres sont publiques. Elles peuvent néanmoins se former en comité secret, la Chambre des pairs sur la demande de dix membres, celle des représentants sur la demande de vingt-cinq. Le gouvernement peut également requérir des comités secrets pour des communications à faire. Dans tous les cas, les délibérations et les votes ne peuvent avoir lieu qu'en séance publique.* »

La Charte constitutionnelle du 14 août 1830 (article 27), qui a repris celle de 1814, a fait preuve de davantage de transparence parlementaire en prévoyant : « *Les séances de la Chambre des pairs sont publiques, comme celles de la Chambre des députés.* » Mais, comme en 1814, l'article 38 de ce texte constitutionnel précisait encore : « *Les séances de la Chambre sont publiques mais la demande de cinq membres suffit pour qu'elle se forme en Comité secret.* »

La Constitution du 4 novembre 1848 (IIème République) avait, quant à elle, prévu une assemblée parlementaire unique. Elle disposait, en son article 39 : « *Les séances de l'Assemblée sont publiques. - Néanmoins, l'Assemblée peut se former en comité secret, sur la demande du nombre de représentants fixé par le règlement.* »

La Constitution du Second empire du 14 janvier 1852 disposait en son article 42 que « *Le compte rendu des séances du Corps législatif par les journaux ou tout autre moyen de publication, ne consistera que dans la reproduction du procès-verbal, dressé, à l'issue de chaque séance, par les soins du président du Corps législatif.* » Les premières archives des travaux parlementaires en France ont été mises en place en 1862 sous le Second empire. Il n'est donc pas étonnant que le Sénatus-consulte du 2 février 1861 portant modification de l'article 42 de la Constitution soit venu préciser plus fermement ce principe dans la Constitution de 1852. En effet, l'article unique de ce Sénatus-consulte disposait : « *Les débats des séances du Sénat et du Corps législatif sont reproduits par la sténographie et insérés in extenso dans le Journal officiel du lendemain. - En outre, les comptes rendus de ces séances, rédigés par des secrétaires-rédacteurs placés sous l'autorité du président de chaque Assemblée, sont mis, chaque soir, à la disposition de tous les journaux. - Le compte rendu des séances du Sénat et du Corps législatif par les journaux, ou tout autre moyen de publication, ne consistera que dans la reproduction des débats insérés in extenso dans le Journal officiel, ou du compte rendu rédigé sous l'autorité du président, conformément aux paragraphes précédents. - Néanmoins, lorsque plusieurs projets ou pétitions auront été discutés dans une séance, il sera permis de ne reproduire que les débats relatifs à un seul de ces projets ou à une seule de ces pétitions. Dans ce cas, si la discussion se prolonge pendant plusieurs séances, la publication devra être continuée jusqu'au vote et y compris le vote. - Le Sénat, sur la demande de cinq membres, pourra décider qu'il se forme en comité secret. - L'article 13 du sénatus-consulte du 25 décembre 1852 est abrogé en ce qu'il a de contraire au présent sénatus-consulte.*[697] » À la lecture du Sénatus-consulte du 25 décembre 1852, on comprend fort bien que celui de 1861 est venu libérer le droit à l'information parlementaire, bien que, là encore, la possibilité offerte à cinq membres du Sénat de demander la formation d'un comité biaise quelque peu ce droit. En effet, l'article 13 du texte de 1852, abrogé par celui de 1861, disposait : « *Le compte rendu prescrit par l'article 42 de la Constitution est soumis, avant sa publication, à une commission composée du président du Corps législatif et des présidents de chaque bureau. En cas de partage d'opinions, la voix du président du Corps législatif est prépondérante. - Le procès-verbal de la séance, lu à l'Assemblée, constate seulement les opérations et les votes du Corps législatif.* » On comprend ainsi que les travaux parlementaires représentaient un haut intérêt politique et stratégique, d'où son « encadrement », de manière si étroite, en 1852.

---

[697] V. Stéphane Rials, *Op. cit.*, pp. 52-53.

S'agissant de la IIIème République, l'article 5 de la loi constitutionnelle du 16 juillet 1875 sur les rapports des pouvoirs publics a consacré la publicité des séances des deux chambres parlementaires. Mais il n'a pas été question de la publication de leurs travaux, puisque le texte de 1861 continuait, semble-t-il, de s'appliquer.

La loi constitutionnelle du 2 novembre 1945 portant organisation provisoire des pouvoirs publics est si brève qu'elle n'a pas fait mention de ce principe de publicité des séances et / ou de publication du compte-rendu des débats parlementaires. Mais, avec le contexte politique de l'époque, lié à la sortie de la Seconde Guerre mondiale, il n'est pas difficile de comprendre ce manque.

Quant à la Constitution de la IVème République du 27 octobre 1946, elle précisait en son article 10 : « *Les séances des deux Chambres sont publiques. Les comptes rendus in extenso des débats ainsi que les documents parlementaires sont publiés au Journal officiel.* »

Ainsi, la publicité et la publication tant des séances parlementaires que des comptes rendus de celles-ci présentent un ancrage historique qui attire l'attention. Dans ce contexte, les dispositions de l'article 33 de la Constitution de 1958 s'inscrivent logiquement dans un héritage historique constitutionnel ancien. L'enracinement historique de près de deux siècles et demi de ces dispositions constitutionnelles interrogent tout naturellement, quant à leur sens téléologique.

2. Le sens téléologique des dispositions de l'article 33 de la Constitution de 1958

Pour rappel, l'alinéa 1er de l'article 33 de la Constitution du 4 octobre 1958 dispose : « *Les séances des deux Assemblées sont publiques. Le compte-rendu intégral des débats est publié au Journal officiel.* »

La question est ici posée de savoir quel est l'objectif poursuivi par les constituants, depuis 1791, de poser ces dispositions directement dans la Constitution. L'objectif du constituant ne peut être simplement celui de « *servir à l'histoire*[698] », dans la mesure où la Constitution est d'abord et avant tout un

---

[698] L'expression « *pour servir à l'histoire* » a été préférée à celle de travaux préparatoires pour les *Documents pour servir à l'histoire de l'élaboration de la Constitution de 1958*. Mais cette expression

instrument juridique. Alors s'agit-il d'une erreur ? Il semble que les constituants successifs de 1791 à 1958 ne pouvaient pas tous se tromper et commettre une seule et même erreur sur une période aussi longue. Dans ce contexte, on peut encore se demander si, à travers les dispositions de l'article 33 de la Constitution, le constituant n'a pas érigé une *boussole* en direction des interprètes de la Constitution, dont l'interprète spécifique, le Conseil constitutionnel, dans le jeu de l'interprétation des normes juridiques.

Cette disposition constitutionnelle est intéressante à analyser à plus d'un titre. Elle allie publicité des séances des assemblées législatives, d'un côté, et publication du compte-rendu « intégral » des débats de ces assemblées, de l'autre. Ainsi, son objectif, on peut le supposer, paraît vouloir permettre au public, au citoyen et au justiciable de pouvoir connaître le contenu de *ses* normes à la fois en train de se faire en amont et en aval de leur adoption. Dans cette même optique, le juge constitutionnel, à qui il revient le rôle d'interprète finaliste de ces normes, avant de les appliquer, semble être contraint de se référer au compte-rendu des débats auxquels ces normes ont donné lieu, de manière à mieux saisir le sens de celles-ci[699]. En effet, la première question à se poser, s'agissant d'une telle disposition constitutionnelle, est celle du but de la publication du « *compte-rendu intégral des débats* » parlementaires. Le juge constitutionnel n'est-il pas lié par ces débats que le constituant a voulu publics, écrits et publiés ? Compte tenu de l'usage que fait le Conseil constitutionnel de ces débats dans sa jurisprudence, il semble qu'il a compris, au travers de cette disposition constitutionnelle, un devoir tant constitutionnel que démocratique posé par l'acte fondamental de l'État. La doctrine commence à peine à s'intéresser au sens de l'article 33 de la Constitution de 1958, en termes de transparence[700] pour « *le bon déroulement du débat*

---

ne semble pas vouloir dire grand-chose ; si bien que François Luchaire, lui-même, n'a pu s'empêcher de faire comprendre, dans la présentation de ces documents, que les juristes aussi pouvaient y avoir un intérêt à les regarder. En outre, les moyens consacrés à la conservation et à la publication des débats parlementaires et, par extension, de ces documents, conformément aux termes de l'article 33 de la Constitution de 1958, sont un éclairant indice qui montre que l'on n'y met pas autant de moyens dans de tels instruments juridiques pour un intérêt platonique. Cet indice sera, par ailleurs, mis en lumière et conforté par la jurisprudence constitutionnelle, notamment à travers les exigences de clarté et de sincérité des débats parlementaires.

[699] Tel pour l'interprétation des traités, le Conseil constitutionnel sait qu'il est l'interprète juridique suprême de l'État, et, par conséquent, il adopte l'attitude et les méthodes de l'interprétation des traités – textes qui, normalement, « engagent » des États (v. les articles 31, 32 et 33 de la Convention de Vienne de 1969 sur le droit des traités), bien que la France ne soit pas partie de cette convention.

[700] Sur ce point, v. Pauline Türk, *Les institutions de la Ve République*, Mémentos LMD, Gualiano / Lextenso, 10ème édition, août 2017, p. 121.

démocratique[701] », mais pas au regard du rôle interprétatif constitutionnel de ce texte tel qu'abordé ici. Néanmoins, les débats parlementaires n'étant qu'une composante des travaux parlementaires qui, eux-mêmes, ne sont qu'une composante des travaux préparatoires des normes juridiques, cette disposition constitutionnelle ne peut être qu'un indice, un début de fondement juridique de cette méthode d'interprétation consistant, pour le juge constitutionnel, à se référer aux travaux préparatoires des normes juridiques qu'il interprète.

En somme, ce début de fondement constitutionnel indiciel, qui est d'abord celui de la notion de travaux préparatoires, dans les dispositions de l'article 33 de la Constitution, se présente aussi – on peut le supposer – comme un début de fondement juridique de la méthode jurisprudentielle d'interprétation du droit consistant à prendre appui sur les travaux préparatoires tant des normes contrôlées que des normes à l'aune desquelles le juge constitutionnel opère son contrôle de constitutionnalité sur les premières. En effet, la publicité et la publication des débats parlementaires – parties intégrantes des travaux préparatoires – ne peuvent pas avoir pour autre objectif, aux yeux du constituant de 1958, que de servir au plus grand nombre, et en particulier au juge constitutionnel, dans l'interprétation des normes juridiques, et précisément afin de permettre à celui-ci de saisir le sens à donner aux normes juridiques édictées.

C'est là une manifestation pratique du *raisonnement logique* qui renvoie à « *la logique juridique*[702] », dans l'interprétation du droit ; en effet, le jeu de l'interprétation, que celle-ci soit purement juridique ou même littéraire, n'est qu'un jeu de logique qui n'est prévu par aucun texte juridique particulier ; dans ce contexte, bien qu'encadrée par la confrontation obligée des différentes méthodes d'interprétation, c'est la pure logique du juge-interprète qui guide l'interprétation juridique, comme cela semble être le cas pour tout autre interprète.

Par conséquent, cette méthode d'interprétation à travers les travaux préparatoires, dont se méfiait Gény en 1899[703] et qui a suscité le rejet total chez

---

[701] Georges Bergougnous, « Le Parlement et la transparence », *in* Bertrand Mathieu et Michel Verpeaux (dir.), *Transparence et vie publique*, Dalloz, Coll. : « Thèmes et commentaires », 2015, p. 55.

[702] François Luchaire, « De la méthode en droit constitutionnel », *RDP*, 1981-2, « *Le recours à la logique juridique* », p. 322.

[703] François Gény, *Méthode d'interprétation et sources en droit privé positif : essai critique*, LGDJ, 2ème édition, 1919, p. 27 [BIU Cujas]. Dans ce passage, en effet, l'auteur précise : « *Il faut bien, puisque la formule [juridique] reste muette et close, pénétrer par d'autres voies, la volonté qui l'a inspirée, dégager*

Henri Capitant dans les années 1930[704], est devenue, en réalité, une méthode d'interprétation de la plus haute importance, puisqu'elle trouve au moins un début de fondement juridique dans la Constitution elle-même, si l'on suit l'interprétation *extensive*, certes, mais *logique* des dispositions de l'article 33 de la Constitution. Ainsi, il ne s'agit donc pas seulement d'une posture ou d'une simple « *démarche intellectuelle*[705] » inventée par la seule volonté du juge constitutionnel, c'est une volonté du constituant lui-même[706]. C'est en cela qu'il y a une restriction, sinon une rupture, du principe de la liberté interprétative pour le juge constitutionnel, au regard, du moins, de cette méthode d'interprétation particulière.

Enfin, bien que, dans sa jurisprudence, le Conseil constitutionnel n'ait jamais fait le lien entre l'utilisation de la technique du recours aux travaux préparatoires dans l'interprétation des normes juridiques et les dispositions de l'article 33 de la Constitution, le lien paraît, du moins logique, sinon évident, pour l'observateur extérieur d'une telle technique d'interprétation. En tout cas ce lien ne paraît pas si difficile à deviner dans le paysage du tissu constitutionnel.

---

l'esprit de la loi, pour contrôler, rectifier, compléter, restreindre ou étendre sa lettre. Ainsi, on va chercher, à tout prix, et à tout risque, l'intention du législateur dans mille circonstances extrinsèques à la loi, dans celles surtout qui ont accompagné sa naissance, et qui, habilement surprises, permettront de la féconder, même d'en multiplier les effets. Ici prennent place les procédés d'investigation auxiliaire, qui constituent la monnaie courante de notre méthode traditionnelle. D'abord l'examen des travaux préparatoires de la loi, dont la valeur toute relative dépend surtout du mode constitutionnel suivi pour sa confection, mais qui ne sauraient que bien rarement apporter la certitude complète sur un texte obscur ou équivoque. »

[704] Henri Capitant, « Les travaux préparatoires et l'interprétation des lois », Recueil Sirey [1934], Rééd. 1977, pp. 204-216.

[705] Jean-Louis Debré, ancien président du Conseil constitutionnel, qualifie en effet cette méthode d'interprétation consistant à recourir aux travaux préparatoires de « *démarche intellectuelle* » du juge, dans sa réponse à un questionnaire qui lui a été soumis pour notre mémoire de recherche portant sur *La technique de l'interprétation de la loi par le juge constitutionnel français à travers les travaux parlementaires* [2011 / 2012].

[706] Cette volonté du constituant de permettre une prise en considération par le juge (constitutionnel) des travaux préparatoires dans l'interprétation des normes juridiques est confortée par la jurisprudence du Conseil constitutionnel qui, dans sa décision n° 2005-532 DC, a fait naître une exigence constitutionnelle de clarté et de sincérité des débats parlementaires. Dans cette décision fondatrice de cette exigence constitutionnelle, il est vrai, le Conseil n'a pas cité comme base juridique de cette exigence les dispositions de l'article 33 de la Constitution. Mais le couple publicité / publication des débats, d'un côté, prévues par la Constitution, et le couple clarté / sincérité des débats, exigées par le juge constitutionnel, de l'autre, sont incontestablement constitutionnellement liés par le tissu constitutionnel.

B) Le caractère *énigmatique* des dispositions de l'article 33 de la Constitution

La Constitution de 1958 est chargée d'*énigmes*. C'est à l'ensemble des acteurs de la science juridique (juges, doctrines, praticiens...) qu'il revient de les *deviner*, de révéler leur sens et de les faire respecter en tant que normes juridiques contraignantes. Une autre question qu'il convient de poser, s'agissant des dispositions de l'article 33 de la Constitution, afin de mieux appréhender leur rôle essentiel dans la reconnaissance juridique de la méthode d'interprétation consistant à se référer aux travaux préparatoires des normes juridiques, est la suivante : pourquoi le constituant de 1958 a-t-il fait le choix de la poursuite de cette tradition constitutionnelle et pourquoi toutes ces Constitutions ont toujours constamment intégré ces dispositions en leur sein ? Outre cette interrogation légitime, les textes juridiques, qu'ils soient de nature constitutionnelle ou législative, sont toujours publiés au *Journal officiel* avec l'indication des travaux préparatoires. Cette constatation légitime encore davantage l'interrogation.

Si « *Personne n'est contraint d'être rationnel*[707] », le juge constitutionnel, de par la spécificité de sa fonction et la qualité que celle-ci requiert, doit, du moins, s'efforcer de l'être. Ainsi, la référence aux travaux préparatoires par le juge constitutionnel se présente comme une contrainte que celui-ci se serait lui-même infligé et qui, de ce fait, lui obligerait par la même occasion à aller regarder les *brouillons* de la norme qu'il doit interpréter, même si ces brouillons sont bien souvent dénués de toute information normative pertinente. Cette contrainte infligée au Conseil constitutionnel, apparemment par lui-même, devrait ainsi conduire celui-ci à deviner ce que les normes juridiques obligent, permettent ou interdisent. Mais cette auto-contrainte du Conseil constitutionnel n'est qu'une apparence puisque l'exceptionnelle protection des travaux préparatoires, à travers, notamment, des dispositions de l'article 33 de la Constitution, suppose que le juge constitutionnel, en particulier, plus que les autres juges de l'ordre juridique, « doit » s'y référer.

Cependant, si la Constitution plaide, d'un côté, pour une protection des travaux préparatoires des normes juridiques, il semble qu'elle contribue aussi, parfois, d'un autre côté, à la fragilisation des travaux préparatoires au regard des

[707] Otto Pfersmann, « Critique de la théorie des 'contraintes juridiques' », *in* Michel Troper, Véronique Champeil-Desplats et Christophe Grzegorczyk (dir.), *Théorie des contraintes juridiques*, *Op. cit.*, p. 130.

exigences de clarté et de sincérité des débats parlementaires posées par le Conseil constitutionnel. À ce propos, les dispositions de la Constitution qui limitent ou qui freinent les débats au sein du Parlement sont particulièrement révélatrices. Ainsi, l'article 49, al. 3, de la Constitution limite, voire freine complètement, l'expression parlementaire ; et c'est donc une contrainte juridiquement fondée. Cette situation est particulièrement problématique pour l'interprétation des normes juridiques, de manière complète, par le biais de leurs travaux préparatoires ; cela est dû au fait qu'une partie des travaux préparatoires ne sont ainsi pas réalisés. C'est là l'un des problèmes générés par l'usage de l'article 49, al. 3, de la Constitution au regard de cette méthode d'interprétation juridique. En effet, l'usage de la procédure accélérée née de cette disposition peut s'interpréter comme étant antidémocratique et comme empêchant la recherche d'une certaine clarté dans les travaux préparatoires.

En définitive, un conflit semble naître entre les dispositions de l'article 49, al. 3, de la Constitution, qui freine les débats parlementaires, et celles de l'article 33 de ce même texte qui semblent poursuivre un intérêt adverse, celui de la publicité et de la publication des débats parlementaires. De ce conflit, se révèle l'importance des dispositions de l'article 33 pour cette méthode d'interprétation juridique. Mais cette disposition n'est pas le seul indice constitutionnel sur lequel cette méthode d'interprétation juridique peut être fondée. Certaines dispositions historiques du Code civil relatives à l'interprétation des contrats ont été esquissées comme un possible fondement de cette méthode d'interprétation du droit. En effet, un second pilier *indiciel* possible de cette méthode d'interprétation juridique semble se fonder sur les dispositions originelles – en vigueur jusqu'en 2016 – de l'article 1156 ancien [1188 nouveau] du Code civil dont certains principes font partie du tissu constitutionnel.

§2. Un fondement constitutionnel *indiciel* issu des dispositions de l'article 1156 du Code civil français

Tout d'abord, si des dispositions du Code civil sont appréhendées comme un possible fondement juridique constitutionnel de cette méthode d'interprétation, il ne s'agit pas d'une erreur ou d'une invention. Pour le comprendre, il convient d'analyser la portée des dispositions des articles 1156 et suivants de ce Code dans la discipline constitutionnelle.

L'article 1156 ancien du Code civil dispose : « *On doit dans les conventions rechercher quelle a été la commune intention des parties contractantes, plutôt que de s'arrêter au sens littéral des termes.* » Bien que les textes du Code civil soient de caractère législatif, plusieurs principes de ce Code ont été érigés au rang de principes de valeur constitutionnelle, et de ce fait, il semble tout à fait plausible de voir un caractère constitutionnel dans le principe posé par l'article 1156 du Code civil qui fait ainsi partie du tissu constitutionnel (A). Mais, dans la mesure où ce texte est relatif au droit des contrats, et plus précisément à l'interprétation des contrats civils, il n'est pas aisé de comprendre le rapport entre l'interprétation contractuelle et l'interprétation juridique constitutionnelle, ce qu'il convient de démontrer en s'appuyant notamment sur la doctrine civiliste importée dans la conception méthodique du droit constitutionnel (B).

A) Le caractère constitutionnel du principe de l'article 1156 ancien du Code civil

Certains principes posés dans le Code civil, à l'instar du principe de réparation des dommages subis issu de l'article 1382 ancien [1240 nouveau] de ce Code[708], ont, comme le constata Jean Foyer[709], été hissés au rang constitutionnel par le Conseil constitutionnel. Parmi ces principes civilistes ayant acquis valeur constitutionnelle, il semble possible de ranger celui posé par les dispositions de l'article 1156 ancien [1188 nouveau] du Code civil. Il s'agit d'abord d'une

---

[708] V. Décision n° 99-419 DC, Cons. 69 et 70. Le Conseil constitutionnel constitutionnalise ainsi les principes posés par l'article 1382 ancien [1240 nouveau] du Code civil. Il a tout récemment encore réaffirmé ce principe : « *Considérant qu'aux termes de l'article 4 de la Déclaration des droits de l'homme et du citoyen de 1789 : « La liberté consiste à pouvoir faire tout ce qui ne nuit pas à autrui » ; qu'il résulte de ces dispositions qu'en principe tout fait quelconque de l'homme qui cause à autrui un dommage oblige celui par la faute duquel il est arrivé à le réparer ; que la faculté d'agir en responsabilité met en œuvre cette exigence constitutionnelle ; que la loi peut instituer une solidarité de paiement dès lors que les conditions d'engagement de cette solidarité sont proportionnées à son étendue et en rapport avec l'objectif poursuivi par le législateur ;* » (Décision n° 2015-479 QPC du 31 juillet 2015, Cons. 9. *Société Gecop [Solidarité financière du donneur d'ordre aux paiements des sommes dues par son cocontractant ou un sous-traitant au Trésor public et aux organismes de protection sociale en cas de travail dissimulé]* ; v. aussi Décision n° 2019-795 QPC du 5 juillet 2019, §. 5. *Commune de Sainte-Rose et autre [Monopole du ministère public pour l'exercice des poursuites devant les juridictions financières]*).

[709] En effet, bien que de manière ironique, Jean Foyer reconnut que « *le code civil était antérieur de quelques jours au Sénatus consulte qui institua l'Empire, le Conseil a [ainsi] vu dans le code une loi de la République* » (Jean Foyer, « Pour la suppression du Conseil constitutionnel », p. 99), ce qui a conduit celui-ci à « *fai[re] de la responsabilité délictuelle pour faute, celle de l'article 1382, un principe fondamental reconnu par les lois de la République.* » (*Ibid.*).

question de méthode de travail en droit constitutionnel qui ne diffère pas de celle utilisée en droit civil. En ce sens, l'article 1156 ancien [1188 nouveau] du Code civil représente un début de fondement juridique constitutionnel « par intention », non seulement celle des cocontractants, mais également celle du législateur, pour la méthode interprétative juridique consistant à s'appuyer sur les travaux préparatoires des textes soumis à l'interprétation constitutionnelle. Cet article insiste, en effet, sur « *la commune intention des parties contractantes* ». Il est vrai que cette disposition du Code civil est relative et applicable à l'interprétation du contrat, loi relative et particulière des parties contractantes (article 1134 ancien [1103 nouveau] du Code civil), et non à celle de textes juridiques de caractère général, impersonnel et abstrait, comme la loi ou la Constitution ; mais la doctrine, tant civiliste que publiciste, a pu rapprocher ces deux types d'interprétation.

En effet, plusieurs dispositions du Code civil ont valeur constitutionnelle de par leur ancienneté, leur généralité et de par l'importance des principes qu'elles posent. C'est ainsi que Michel Verpeaux a pu affirmer que « *la formulation générale [des dispositions de l'article 4 du Code civil qui prohibe le déni de justice] peut être interprétée comme s'appliquant à toutes les juridictions*[710] ». Le titre de juridiction n'est plus ou est de moins en moins contesté, s'agissant du Conseil constitutionnel, dans la mesure celui-ci « *s'est hissé au rang des cours constitutionnelles qui existent dans les autres démocraties.*[711] » On peut donc considérer que le Conseil constitutionnel lui-même entre dans cette catégorie et que d'autres dispositions de formulation générale d'autres articles du Code civil, tels les articles 1156 ancien [1188 nouveau] et suivants, peuvent être regardés comme ayant une valeur juridique étendue, voire universelle. François Gény affirmait déjà à la fin du XIXe siècle que « *défendant sévèrement aux juges de s'abstenir de juger*[712] », « *il n'est pas douteux que les rédacteurs de cet article 4 aient compris tout autrement la mission du magistrat, placé en face des lacunes de la loi*[713] ». Cette affirmation montre que l'opinion réductrice et négative à l'égard de la fonction des juges, qui s'était fait jour à la fin du siècle précédent, à travers la loi des 16-24 août 1790, est révolue ; désormais, la science juridique, s'appuyant sur ces dispositions du Code civil, défend le rôle du juge tant avec les moyens juridiques que scientifiques – sachant que le mécanisme de *référé législatif*, qui

[710] Michel Verpeaux, *Le Conseil constitutionnel*, La Documentation française, 2014, p. 150.
[711] *Ibid.*, « Introduction », p. 9.
[712] François Gény, *Méthode d'interprétation et sources en droit privé positif : essai critique*, LGDJ, 1ère édition, 1899, p. 33 [BU Cujas et microfiche BNF].
[713] *Ibid.*

restreignait le juge dans son rôle[714], a pris fin bien après 1804, soit après la substitution de la Cour de cassation au Tribunal de cassation[715]. C'est, d'ailleurs, dans cette optique que l'autorité constitutionnelle des dispositions de l'article 1156 ancien [1188 nouveau] du Code civil a particulièrement été soutenue dans les années 1980, notamment pour des questions de méthode.

S'agissant des méthodes employées en droit constitutionnel, celles-ci paraissent aujourd'hui revêtir une parfaite autonomie. Pourtant, le droit constitutionnel n'a accédé à cette autonomie qu'en s'appuyant, au départ, sur la pratique civiliste qui précéda la sienne. Sur ce point, François Luchaire ne pouvait pas être plus clair lorsqu'il affirma que « *cette méthode [du droit constitutionnel] s'inspire pour une très grande part des articles 1156 et suivants du code civil relatifs à 'l'interprétation des conventions' ; notamment le procédé de 'l'effet utile' (art. 1157 c. civ.) est largement utilisé. Le civiliste qui trouverait que la norme constitutionnelle réduit par trop l'autonomie du droit civil aura donc une compensation en pensant que ce sont les règles d'interprétation élaborées par le droit civil qui permettent de définir les expressions contenues dans les textes de valeur constitutionnelle.*[716] » Mais l'emprunt de cette méthode d'interprétation d'origine civiliste dans l'interprétation constitutionnelle semblait être contesté. En effet, Georges Vedel écrivait : « *[...] au cas où une disposition législative n'est pas claire selon sa lettre, on recherche, pour en déterminer le sens, quelle a été la volonté du législateur qui l'a votée. Et, certes, l'interprétation de règles objectives par la volonté subjective de leur auteur, technique empruntée de l'interprétation des actes privés (testament par exemple) générateurs de droits subjectifs et ne s'imposant pas nécessairement erga*

---

[714] En effet, l'article 1er de la loi du 1er décembre 1790 portant institution d'un tribunal de cassation et réglant sa composition, son organisation et ses attributions disposait : « *Il y aura un Tribunal de cassation établi auprès du Corps législatif.* » Donc, d'un certain point de vue, cette disposition, qui a établi la plus haute juridiction du pays auprès du Parlement, marque la volonté du pouvoir politique de la contrôler et, par-là même, a rompu de manière assez subtile avec le principe de séparation des pouvoirs pourtant institué quatre mois plus tôt par la loi des 16-24 août 1790.

[715] Mailher Antoine de Chassat, *Traité de l'interprétation des lois*, Paris, 1836, Note 1, pp. 260-262 [Gallica].

[716] François Luchaire, « Fondements constitutionnels du droit civil », Avant-propos, in *Revue trimestrielle de droit civil*, n° 2, 1982, p. 248. Ce texte a fait l'objet d'une critique intéressante, mais contestable, de la part de Bastien François, « La Constitution du droit ? La doctrine constitutionnelle à la recherche d'une légitimité juridique et d'un horizon pratique », CURAPP-PUF, Université de Picardie, (pp. 210-229), pp. 223-224.

omnes, peut être et a été critiqué.[717] » Mais Vedel reconnut lui-même que cet emprunt du droit civil « *est très largement reçu dans notre pratique juridique.*[718] »

Par ailleurs, les dispositions de l'article 1156 ancien [1188 nouveau] du Code civil sont à combiner avec l'esprit de celles de l'article 4 de ce même Code. Celui-ci dispose : « *Le juge qui refusera de juger, sous prétexte du silence, de l'obscurité ou de l'insuffisance de la loi, pourra être poursuivi comme coupable de déni de justice.* » Il est vrai que le Conseil constitutionnel n'a, semble-t-il, pas encore eu l'occasion de se prononcer sur le principe posé par cette disposition du Code civil, mais une simple lecture de la Déclaration des droits de l'homme et du citoyen du 26 août 1789 permet de constater que cette disposition civiliste est directement rattachée au tissu constitutionnel. D'abord, l'article 8 de la DDHC de 1789 prévoit que « *[…] nul ne peut être puni qu'en vertu d'une Loi […] légalement appliquée* » ; l'application de la loi en bonne et due forme est le rôle essentiel du juge, et ce rôle du juge, vis-à-vis du citoyen-justiciable, relève de la garantie des droits prévue par l'article 16 de cette Déclaration. En second lieu, le droit au juge est encore consacré par l'article 6 de la Convention européenne de sauvegarde des droits de l'homme et des libertés fondamentales[719]. La consécration conventionnelle du principe posé par l'article 4 du Code civil, dans le rapport de celui-ci avec l'article 1156 ancien [1188 nouveau] de ce même Code, parachève sa valeur juridique excédant celle du Code civil.

Mais cette conception constitutionnelle de dispositions issues du Code civil peut, à première vue, paraître assez faible, du point de vue juridique, voire incompréhensible. Cela suscite donc des éclairages supplémentaires[720]. Les

---

[717] Georges Vedel, « La place de la Déclaration de 1789 dans le 'bloc de constitutionnalité' », in *La Déclaration des droits de l'homme et du citoyen et la jurisprudence. Colloque des 25 et 26 mai 1989 au Conseil constitutionnel*, PUF, novembre 1989, p. 44.

[718] *Ibid.*

[719] À ce titre, il est considéré que « *L'importance du droit au juge est considérable dans la mesure où il n'est autre que la conséquence de la prééminence du droit : s'il n'était pas consacré, il serait illusoire de parler de bonne justice et de procès équitable.* » (Jean-François Renucci, *Introduction générale à la Convention européenne des Droits de l'Homme. Droits garantis et mécanisme de protection*, Editions du Conseil de l'Europe, 2005, p. 74).

[720] Ces dispositions ont-elles valeur constitutionnelle ? La réponse à une telle question paraît, à première vue, simple, mais tel n'est pas le cas. On aurait pu affirmer, de manière hâtive, que ces dispositions sont dénuées de toute valeur constitutionnelle du fait de leur seule nature législative. Cependant, compte tenu de l'ancienneté de ces dispositions législatives, il n'est pas inutile de questionner leur valeur – constitutionnelle – à la lumière, notamment, des principes fondamentaux reconnus par les lois de la République (PFRLR), bien que le Conseil constitutionnel n'ait donné ouvertement valeur constitutionnelle qu'à un seul PFRLR, celui de la liberté d'association dans sa

---

décision n° 71-44 DC. En effet, les dispositions de l'article 1156 ancien [1188 nouveau] du Code civil sont l'une des dispositions originelles, depuis février 1804, jusqu'en novembre 2016, qui se font de plus en plus rares, de ce Code. Bien que les conditions posées, par le Conseil constitutionnel, pour revêtir une règle de nature législative du caractère de PFRLR, soient particulièrement rigides (Pour une vision générale et plus complète des PFRLR, v. Marie-Anne Cohendet, *Droit constitutionnel*, LGDJ, 2013, pp. 605 et s., n° 1653 et s. ; Dominique Rousseau, *Droit du contentieux constitutionnel*, Montchrestien, 2013, pp. 99 et s., n° 92 et s.), il n'est pas incongru de voir dans ces dispositions du Code civil un PFRLR. On sait cependant que – à lire Dominique Rousseau, s'appuyant sur la décision n° 2013-669 DC du 17 mai 2013 – « *ne peut constituer un principe fondamental reconnu par les lois de la République au sens du premier alinéa du Préambule de 1946 qu'une règle qui intéresse les droits et les libertés fondamentaux, la souveraineté nationale et l'organisation des pouvoirs publics.* » (Dominique Rousseau, *Droit du contentieux constitutionnel* [« Les principes fondamentaux reconnus par les lois de la République et les principes ayant valeur constitutionnelle »], *Ibid.*, pp. 99 et s., n° 95.). L'interprétation en bonne et due forme par un juge impartial et indépendant d'un contrat selon la réelle volonté des parties n'est-elle pas à la fois un droit et, partant, une liberté, celle de contracter, fondamentaux, du moins pour les parties au contrat ? La question est loin d'être simple à résoudre. Ensuite, vient un autre critère, celui de la constance *des* lois de la République qui ont répété le principe pouvant être qualifié de PFRLR. En effet, comme le souligne Marie-Anne Cohendet, l'expression « ***Les** lois [contenue dans le titre des PFRLR] tout d'abord, dans la jurisprudence du Conseil, cela signifie non seulement plusieurs lois, mais toutes les lois car cette reconnaissance doit être répétée de manière constante.* » Cependant, malgré ces critères restrictifs à la qualification des PFRLR, le poids de la tradition républicaine, constante ou non, ne laisse pas indifférent. Ainsi, dans sa décision 2013-669 DC relative à la loi ouvrant le mariage aux couples de même sexe, le Conseil a relaté les arguments des requérants selon lesquels « *[...] l'ouverture du mariage aux couples de personnes de même sexe méconnaît le principe fondamental reconnu par les lois de la République selon lequel le mariage est l'union d'un homme et d'une femme ;* » (Cons. 18). Et le Conseil a répondu que « ***la tradition républicaine ne saurait être utilement invoquée pour soutenir qu'un texte législatif qui la contredit serait contraire à la Constitution qu'autant que cette tradition aurait donné naissance à un principe fondamental reconnu par les lois de la République** au sens du premier alinéa du Préambule de la Constitution de 1946 ; que, **si la législation républicaine antérieure à 1946 et les lois postérieures ont, jusqu'à la loi déférée, regardé le mariage comme l'union d'un homme et d'une femme, cette règle qui n'intéresse ni les droits et libertés fondamentaux, ni la souveraineté nationale, ni l'organisation des pouvoirs publics, ne peut constituer un principe fondamental reconnu par les lois de la République au sens du premier alinéa du Préambule de 1946** ;* » (Cons. 21). Il est vrai que – fidèle à sa jurisprudence – le Conseil constitutionnel a battu en brèche l'argument fondé sur la tradition juridique, mais il n'empêche que les saisissants ont senti le besoin de tenter l'argument, ce qui montre le poids des traditions juridiques, républicaines ou non, dès lors que celles-ci présente une certaine cohérence dans l'esprit du vivre-ensemble qui est le but ultime du concept de droit. En outre, il convient de remarquer que les critères-conditions de ces PFRLR ne sont posés que par la seule volonté du juge constitutionnel pour restreindre cette catégorie de normes constitutionnelles dans leur qualification. Dès lors, on peut se poser la question du bien-fondé de la restriction posée par le Conseil, quant à la qualification d'une règle de tradition républicaine d'avant-1946 de PFRLR (sachant que l'on ne défend pas ici une posture particulière du juge constitutionnel, on se place sur le strict terrain du droit et de son interprétation, sans aucun préjugé, ni prescription), dans la mesure où le texte constitutionnel n'a rien dit d'autres, sinon leur réaffirmation en tant que tels. Dans ce contexte jurisprudentiel, on ne peut pas affirmer de manière certaine que les dispositions de l'article

analyses de François Luchaire, s'appuyant sur une curieuse disposition du Code civil suisse, permettront, peut-être, de mieux comprendre le caractère constitutionnel de ces grands principes civilistes. Luchaire, recherchant sans doute à conforter le bien-fondé de l'article 4 du Code civil français, s'appuyait sur le Code civil suisse qui « *dispose d'ailleurs que le juge dans le silence de la loi applique 'les règles qu'il établirait s'il était législateur'.*[721] » Il est à noter que l'auteur est parvenu à cette analyse dans un écrit consacré à la *méthode en droit constitutionnel* ; il n'est ainsi pas difficile de comprendre que Luchaire a voulu démontrer, par cet exemple du Code civil suisse, que le juge constitutionnel est soumis au principe posé par l'article 4 du Code civil français, principe qui ne relève pourtant pas du texte de la Constitution. Ainsi, le tissu constitutionnel, en ce sens qu'il revêt un caractère plus étendu, transcende le bloc de constitutionnalité.

Enfin, les dispositions de l'article 1156 ancien [1188 nouveau] du Code civil sont complétées par celles de l'article 1157 ancien [1189 nouveau] du même Code qui dispose : « *Lorsqu'une clause est susceptible de deux sens, on doit plutôt l'entendre dans celui avec lequel elle peut avoir quelque effet, que dans le sens avec lequel elle n'en pourrait produire aucun.* » Bien entendu, avant de considérer le sens d'une clause contractuelle « *avec lequel elle peut avoir quelque effet* », ce que François Luchaire qualifia d'« *effet utile* », il faut que le sens du contrat en général soit recherché et posé par le juge-interprète ; cette opération jurisprudentielle renvoie encore à l'intention des parties dans l'objet et la cause du contrat. L'intention des parties au contrat est ainsi assimilée à l'intention du législateur issue des travaux préparatoires. C'est ce rapprochement entre l'intention des parties au contrat et celle du législateur qui semble lier l'interprétation contractuelle à l'interprétation juridique (constitutionnelle).

1156 ancien [1188 nouveau] du Code civil ont valeur de PFRLR. Mais, du point de vue constitutionnel, la question des critères de détermination et de qualification des PFRLR se pose d'amblée. Quoi qu'en disent la jurisprudence constitutionnelle, ces dispositions civilistes qui posent une obligation de recherche d'éléments extrinsèques pour l'interprétation d'un contrat, et, *a fortiori*, d'une disposition juridique, trouveraient pleinement et logiquement leur place parmi les PFRLR. C'est, d'ailleurs, la raison pour laquelle François Luchaire, et il n'est pas le seul, n'hésita pas à s'appuyer sur ces dispositions comme fondement juridique de certaines réalités de la science constitutionnelle. En conclusion sur ce point, s'il est difficile de qualifier ces dispositions du Code civil de normes constitutionnelles, leur continuité existentielle dans la tradition républicaine depuis 1804 leur confère une autorité plus que considérable, et celle-ci permet, du point de vue juridique, de conforter la méthode d'interprétation juridique consistant en l'usage des travaux préparatoires par le juge (constitutionnel).

[721] V. François Luchaire, « De la méthode en droit constitutionnel », *Op. cit.*, p. 311.

B) Le lien entre interprétation contractuelle et interprétation juridique

Selon un courant doctrinal ancien, dont Henri Capitant fut sans doute l'un des instigateurs en France[722], l'interprétation du droit peut être assimilée, d'une certaine manière et à maints égards, à celle des contrats. Ainsi, il ne paraît pas incongru de voir un fondement juridique de la notion de travaux préparatoires, et, *a fortiori*, de la méthode interprétative fondée sur ces derniers, dans les dispositions de l'article 1156 ancien [1188 nouveau] du Code civil. Il faut noter que les dispositions de cet article se trouvent sous une section du Code civil relative à « *l'interprétation des conventions*[723] », d'où l'intérêt que leur manifesta Henri Capitant en les rapprochant de l'interprétation des normes juridiques dès 1934.

La Cour de cassation, de manière assez étonnante, nie tout caractère impératif aux dispositions de cet article 1156 ancien [1188 nouveau] du Code civil. Pourtant, la clarté des termes[724] de cet article, notamment la présence du verbe *devoir*, employé au présent de l'indicatif, ne paraît pas permettre le doute, quant à leur caractère impératif. Depuis 1808, selon la jurisprudence de la Cour de cassation, c'est au juge du fond qu'il revient souverainement d'interpréter et d'apprécier la portée des conventions[725] sous l'égide de ces dispositions pourtant qualifiées comme étant non impératives.

Bien que le rapprochement envisagé par Henri Capitant entre interprétation contractuelle et interprétation juridique textuelle puisse paraître *partiellement* convaincant et acceptable – compte tenu notamment des particularités, d'une part, d'un texte juridique d'autorité générale, impersonnelle et abstraite (telle la loi ou la Constitution), et, d'autre part, d'un contrat d'effet relatif entre les seules parties –, il n'est pas interdit de concilier ces deux types d'interprétations, du point de vue de la démarche interprétative justificatrice du juge-interprète. C'est la démarche interprétative, celle de la recherche d'une justification juridique rationnelle, commune à tout acte ou phénomène soumis à interprétation, qui unit, de manière assez étonnante, ces deux types d'actes de nature contractuelle et de nature juridique (constitutionnelle).

---

[722] Henri Capitant, « Les travaux préparatoires et l'interprétation des lois », *Op. cit.*

[723] V. Section V « *De l'interprétation des conventions* » du Chapitre III, du Titre III, du Livre troisième, du Code civil.

[724] V. par exemple Civ. 1ère, 6 mars 1979, Bull. civ. I, n° 81.

[725] V. par exemple Cass., 2 février 1808, GAJC, 11ème édition, n° 159.

Par ailleurs, il a été affirmé que « *La valeur juridique des travaux préparatoires de la Constitution est faible*[726] », si bien que « *La politique jurisprudentielle du Conseil [constitutionnel] l'a conduit à s'écarter progressivement des intentions des rédacteurs de la Constitution.*[727] » Force est de constater que la réalité est plus complexe que ce que sous-entendent ces affirmations. Les décisions du Conseil constitutionnel qui sont appuyées sur les travaux préparatoires de la Constitution de 1958, notamment les décisions n° 71-44 DC et 77-82 DC, lesquels vont dans un sens opposé, démontrent clairement cette complexité de la jurisprudence constitutionnelle sur ce point. Comme l'affirme Pierre Rosanvallon, « *Il n'y a pas de théorie possible de la justice. La justice est toujours incertaine, dérivée du débat public dans lequel se bricole le contrat social.*[728] » La loi, quelle qu'elle soit, est le fruit du débat public issu du contrat social. Dans ce contexte, le juge constitutionnel est contraint de se ressourcer dans les débats publics qui ont contribué à la construction de la norme sur le plan politique afin de lui attribuer un sens sur le plan juridique. Ainsi, la valeur, la force et la portée juridiques des travaux préparatoires des normes juridiques ne sont pas tant à rechercher dans ce qu'ils ont ou pas été décisifs pour et dans l'interprétation constitutionnelle que dans la stratégie qu'ils ont contribué à mettre en place comme appui nécessaire à la légitimité, à la réceptivité, à la soutenabilité et, *in fine*, à l'acceptabilité de cette interprétation.

Enfin, bien que les éléments juridiques développés ici ne puissent être considérés que comme des indices, et non comme des fondements juridiques fermes, de cette méthode d'interprétation, ils constituent, au moins, un début de fondement juridique à celle-ci, lequel se trouve conforté par la jurisprudence du Conseil constitutionnel.

---

[726] V. Philippe Josse, *Le rôle de la notion de travaux préparatoires dans la jurisprudence du Conseil constitutionnel*, Editions Panthéon-Assas, LDGJ, 1998, pp. 45-53 et 73 sqq.

[727] *Ibid.*, p. 51 sqq.

[728] Pierre Rosanvallon, *La nouvelle question sociale. Repenser l'État-providence*, Points, Coll. : « Points Essais », 1995, p. 60. On peut voir là une opposition de cet auteur aux travaux d'autres auteurs qui pensent qu'une théorie de la justice est possible, tel, par exemple, John Rawls (*Théorie de la justice*, Points, Coll. : « Points Essais », avril 2009 pour « cette » édition française. L'édition originale en langue anglaise date de 1971).

SECTION 2 : UN FONDEMENT JURIDIQUE CONFORTÉ PAR LA JURISPRUDENCE CONSTITUTIONNELLE

Le fondement juridique textuel de la méthode d'interprétation juridique consistant à se référer aux travaux préparatoires des normes soumises à l'interprétation est établi sur la base d'indices observés dans le tissu constitutionnel. Le problème des indices juridiques développés, à travers les dispositions d'article 33 de la Constitution de 1958 et de l'article 1156 ancien [1188 nouveau] du Code civil, est leur insuffisance du point de vue juridique. En effet, le texte de l'article 33 de la Constitution de 1958 ne vise cette méthode d'interprétation que par son sens téléologique, et, par conséquent, rien n'y est clairement exprimé sur ce point. Le lien entre interprétation contractuelle et interprétation constitutionnelle ne convainc que d'un point de vue théorique ou méthodique. Cette insuffisance est d'autant plus marquée par le fait que ces dispositions n'embrassent pas, loin s'en faut, l'ensemble des éléments qui entrent dans la composition de la notion de travaux préparatoires. Mais la jurisprudence constitutionnelle semble avoir comblé cette lacune. En effet, par toute une série de stratégies, la jurisprudence constitutionnelle a donné une forme de statut juridique à part entière, notamment aux travaux préparatoires intraparlementaires (§1) dont il fait un usage croissant dans l'interprétation des textes qui lui sont soumis (§2). La stratégie utilisée par le juge constitutionnel, en vue de consolider cette méthode d'interprétation juridique, s'exprime particulièrement dans ce que le Conseil constitutionnel qualifie lui-même d'exigences de clarté et de sincérité du débat parlementaire (§3) qui contribuent à l'objectif de valeur constitutionnelle d'accessibilité et d'intelligibilité de la loi (§4). Ces quatre points combinés constituent un fondement jurisprudentiel de taille à la méthode d'interprétation juridique consistant en l'usage des travaux préparatoires.

§1. Le statut juridique des différents travaux préparatoires intraparlementaires au regard de la jurisprudence constitutionnelle

L'invocation de « différents travaux préparatoires » ne doit pas induire en erreur. Il ne sera pas question des *différents* travaux préparatoires dans leur globalité. *A priori*, les travaux préparatoires n'ont d'autre nature que celle de « travaux préparatoires », en ce sens qu'ils n'ont pas de valeur juridique en soi. Ainsi, le « statut » des travaux préparatoires renvoie, non pas à leur nature intrinsèque, mais à leur *potentielle* nature juridique au regard de ce que la jurisprudence constitutionnelle donne à y voir. Étant donné que les travaux préparatoires acquièrent le statut, ou la nature juridique, des normes dont ils précèdent l'adoption, il sera ici question du « statut » juridique *potentiel*[729] des travaux préparatoires des textes constitutionnels, d'une part, et des travaux préparatoires des textes législatifs, et plus généralement de tous les textes contrôlés, d'autre part, au regard de la jurisprudence constitutionnelle.

Les travaux préparatoires, de même que les normes qu'ils précèdent et auxquelles ils conduisent, ne sont pas de la même nature conceptuelle et juridique. Ainsi, les travaux préparatoires des lois ordinaires, depuis 1958, ne sont pas de même nature juridique que les travaux préparatoires de la Constitution de 1958 elle-même. D'ailleurs la qualification de travaux préparatoires conférée, de fait, par le Conseil constitutionnel, aux *Documents pour servir* est parfois contestée, ce qui complique l'analyse de cette notion, au regard du texte de la Constitution. Dans ce contexte, il convient de préciser, à la lumière de la jurisprudence constitutionnelle, la particularité des travaux préparatoires des normes constitutionnelles de 1958 (A) par rapport aux travaux préparatoires des normes infra-constitutionnelles contrôlées (B).

A) Le statut juridique des travaux préparatoires de la Constitution de 1958 dans l'interprétation constitutionnelle

Malgré la diversité des textes composant la Constitution française de droit positif et la particularité s'attachant à chacun d'eux, il ne sera question ici que des travaux préparatoires de la Constitution de 1958[730], en incluant ceux de ses différentes révisions, au nombre de vingt-quatre actuellement.

---

[729] En effet, si, *a priori*, et seulement *a priori*, les travaux préparatoires n'ont pas de valeur juridique naturelle, ils sont potentiellement porteurs de normativité juridique dans les circonstances de l'interprétationnelle.

[730] À ce propos, on remarquera que certains membres de la doctrine pensent que les travaux préparatoires de la Constitution de 1946 et ceux de la Constitution de 1958 sont dotés d'une autorité juridique différente, quant à leur degré de notoriété, lié à leur publicité (v. Michel de Villiers et Armel Le Divellec, *Op. cit.*, p. 354). Ainsi, selon cette opinion, les premiers, qui ont fait l'objet d'une publicité immédiate, ont une notoriété et donc une autorité juridique plus grande que

Les travaux préparatoires des normes constitutionnelles permettent au Conseil constitutionnel de cerner le contenu de celles-ci. En effet, si le contrôle de constitutionnalité par le juge de la rue de Montpensier est d'abord celui des normes législatives, entre autres, et non des normes constitutionnelles elles-mêmes, celui-ci doit interpréter les deux types de normes, à savoir les normes contrôlées – de nature législative – et les normes de référence – en général de nature constitutionnelle, par essence, ou de par leur *interprétativité* constitutionnelle[731]. Dans le cadre de l'interprétation des normes constitutionnelles, le Conseil constitutionnel n'hésite pas à se référer aux travaux préparatoires de la Constitution pour construire en substance le contenu effectif de ces normes. Certaines décisions de l'institution, en la matière, sont particulièrement éloquentes. Ainsi, dans sa décision n° 77-82 DC, le Conseil constitutionnel a jugé : « *Considérant que, des travaux préparatoires de la Constitution, et notamment du fait que l'article 40 de cette dernière n'a pas repris les dispositions de l'article 35 de l'avant-projet de Constitution soumis au Comité consultatif constitutionnel le 29 juillet 1958, aux termes desquelles le Conseil constitutionnel aurait été appelé à intervenir avant l'achèvement de la procédure législative en cas de désaccord entre le Gouvernement et le président de l'assemblée intéressée, il résulte qu'un contrôle de la recevabilité de ces initiatives doit être mis en oeuvre au cours des débats parlementaires et effectué alors par des instances propres à l'Assemblée nationale et au Sénat ;*[732] »

Dans cette affaire, il a été question, notamment, du silence de la Constitution, sur une question cruciale, celle d'un rôle d'arbitre du Conseil constitutionnel entre le gouvernement et les assemblées parlementaires pendant la procédure législative. Par cette décision, le Conseil constitutionnel a pu mesurer le silence

---

les seconds. Cependant, compte tenu du rôle de clarté que les travaux préparatoires « peuvent », comme on vient de le voir, apporter aux textes constitutionnels qu'ils précèdent dans le processus d'interprétation de ces derniers, que ces travaux préparatoires aient été publiés de manière immédiate ou tardivement après l'adoption de ces textes, il semble que cette opinion doit être mesurée.

[731] V. la notion d'*interprétativité* constitutionnelle au Chapitre 2, Titre II, Seconde partie. Mais, d'emblée, de cette notion, il est possible de retenir l'idée suivante : on sait que les normes de référence peuvent, formellement, être aussi de nature infra-constitutionnelle, telles des normes issues des lois organiques ou ordinaires ou des règlements des assemblées législatives, etc. ; mais, dans le cadre du contrôle de constitutionnalité, c'est leur *interprétativité* constitutionnelle, qui leur est conférée par le juge constitutionnel, pour le besoin du contrôle de constitutionnalité, qui leur attribue un contenu constitutionnel circonstancié en substance et qui permet leur utilisation comme norme de référence.

[732] Décision n° 77-82 DC, Cons. 2. On aura l'occasion de revenir en détails sur cette décision plus tard.

de la Constitution sur la question qui lui a été posée – à savoir le contrôle constitutionnel de la recevabilité financière des amendements parlementaires au titre de l'article 40 de la Constitution – à l'aune des travaux préparatoires de celle-ci. Fort de cette interprétation, dictée par les travaux préparatoires de la Constitution, le Conseil constitutionnel a pu ainsi créer la norme constitutionnelle qui s'imposait, en décidant qu'« *il résulte qu'un contrôle de la recevabilité de ces initiatives **doit** être mis en oeuvre au cours des débats parlementaires et effectué alors par des instances propres à l'Assemblée nationale et au Sénat ;*[733] » On verra plus tard que ce n'est pas aussi simple, mais cette décision donne, en quelque sorte, un statut juridique de valeur constitutionnelle aux travaux préparatoires de la Constitution de 1958.

Cette décision de 1977 n'est, pour autant, pas la première décision à présenter ce rôle décisif des travaux préparatoires dans l'interprétation constitutionnelle. Le Conseil constitutionnel avait, dans les années 1960, eu l'occasion de préciser le contenu de la notion de « *charge publique* » de l'article 40 de la Constitution, en s'appuyant, de manière similaire, sur les travaux préparatoires de celle-ci. En effet, les travaux préparatoires ont pu largement guider le Conseil constitutionnel dans sa décision n° 60-11 DC où il a décidé : « *Considérant que l'expression "charge publique" doit être entendue comme englobant, outre les charges de l'État, toutes celles antérieurement visées par l'article 10 du décret du 19 juin 1956 sur le mode de présentation du budget de l'État et, en particulier, celles des divers régimes d'assistance et de Sécurité sociale ; **que cette interprétation est confirmée tant par les débats du Comité consultatif constitutionnel** que par le rapprochement entre les termes de l'article 40 précité et ceux du projet de loi déposé le 16 janvier 1958 qui tendaient à la révision de l'article 17 de la Constitution du 27 octobre 1946 ;*[734] » La confirmation de cette interprétation constitutionnelle par les travaux préparatoires de la Constitution devait, en effet, être précisée car, autrement, celle-ci ne se fonderait que sur la volonté du Conseil constitutionnel, et non pas sur des arguments juridiques solides[735]. En effet, cette interprétation aurait du

---

[733] Depuis cette décision du Conseil constitutionnel, ce sont les commissions et leur bureau ou, en séance publique, le président de séance qui sont chargés de contrôler la recevabilité financière des amendements déposés sur le fondement des dispositions de l'article 40 de la Constitution (v. les irrecevabilités constitutionnelles de l'article 40 de la Constitution *in* Pierre Avril, Jean-Gicquel et Jean-Éric Gicquel, *Droit parlementaire, Op. cit.*, pp. 242 s., §282 s.).

[734] Décision n° 60-11 DC du 20 janvier 1961, Cons. 2. On remarquera que, dans cette décision, le Conseil constitutionnel se réfère à un projet de loi constitutionnelle qui entre ainsi également dans la composition de la notion de travaux préparatoires de l'article 40 de la Constitution.

[735] Le projet de loi déposé le 16 janvier 1958, qu'évoque le Conseil constitutionnel, est celui dit « projet Gaillard ». L'article unique de ce projet de réforme constitutionnelle disposa en son alinéa

mal à se tenir, du point de vue d'une justice constitutionnelle, si elle s'était fondée sur le seul éclairage apporté par un texte règlementaire. Ainsi, la référence aux travaux préparatoires de la Constitution paraît, là encore, avoir été décisive dans l'interprétation constitutionnelle. De ce point de vue, les travaux préparatoires peuvent se substituer aux normes juridiques auxquelles ils ont présidé, au sens où ils peuvent apporter un éclairage ou une confirmation salutaire du contenu de ces normes. L'absence de cet éclairage (ou de cette confirmation) aurait été néfaste pour une interprétation constitutionnelle qui aurait été nettement affaiblie.

S'agissant des travaux préparatoires des réformes constitutionnelles successives, depuis 1958, leur statut juridique a été cristallisé par le Conseil constitutionnel, dans la mesure où il s'en est également servi pour l'interprétation constitutionnelle. La démonstration de l'usage de ces travaux préparatoires par le juge constitutionnel suffit à justifier l'économie de longs développements à ce sujet. À titre d'illustration, il convient de préciser que le Conseil constitutionnel a pu justifier le réexamen de l'article 32 du RS par un changement des circonstances de droit né entre la réforme constitutionnelle de 1995 et celle de 2008[736], en s'appuyant sur les travaux préparatoires de ces deux réformes

---

1er : « '*ART. 17. – Les propositions formulées par les membres du Parlement ne sont pas recevables lorsque leur adoption aurait pour conséquence une diminution des recettes ou un accroissement des charges publiques.*' » (v. « Le projet de révision de Félix Gaillard » [exposé des motifs et projet de loi], *Pouvoirs*, n° 76, 1996, p. 129 s.). L'article 10 du décret du 19 juin 1956 (v. *Légifrance*, JO du 20 juin 1956, p. 05634) confirme, en effet, l'interprétation constitutionnelle retenue par le Conseil constitutionnel. Cette interprétation constitutionnelle, qui prend appui sur des éléments datant d'avant la Constitution de 1958, est particulièrement frappante. On se souvient que, lors des délibérés au sein du Conseil constitutionnel à propos de la décision n° 59-5 DC, Vincent Auriol se disait « *ému jusqu'aux larmes* [...] *de voir invoquer la Constitution de 1946 à la rescousse d'une cause mauvaise* », alors même que « *la Constitution que le Conseil est chargé de faire respecter est celle de 1958.* » Cet argument aurait pu être interprété comme étant contre une liaison possible entre les dispositions constitutionnelles passées et celles d'à partir du 28 septembre 1958, mais le Conseil constitutionnel semble ne pas retenir une telle interprétation et montre une forme de continuité dans la tradition constitutionnelle française.

[736] V. Décision n° 2015-712 DC du 11 juin 2015, Cons. 50 et 51. *Résolution réformant les méthodes de travail du Sénat dans le respect du pluralisme, du droit d'amendement et de la spécificité sénatoriale, pour un Sénat plus présent, plus moderne et plus efficace* : « *[...], le Conseil constitutionnel a jugé qu'il ressort des dispositions du quatrième alinéa de l'article 28 de la Constitution, éclairées par les travaux préparatoires de la loi constitutionnelle du 4 août 1995 susvisée, que le Constituant a entendu habiliter chaque assemblée non seulement à fixer a priori dans son règlement des jours et horaires de séance mais encore à déterminer des procédures lui permettant de tenir d'autres séances dès lors que leur mise en œuvre demeure subordonnée à la double condition que le plafond de cent-vingt jours de séance fixé par le deuxième alinéa de l'article 28 n'a pas été dépassé, et qu'il s'agit de semaines au cours desquelles chaque assemblée a décidé de tenir séance ; [...] ;* » (Cons. 50) ; « *[...] depuis la décision du Conseil constitutionnel du 15 décembre 1995, l'article 48 de la Constitution a été modifié par la loi*

constitutionnelles, en vue de parvenir à l'interprétation constitutionnelle à laquelle il convenait d'aboutir.

Enfin, on peut conclure, sur ce point, que les travaux préparatoires de la Constitution de 1958 et de ses différentes réformes postérieures, dans la mesure où, comme cela a été démontré, ils peuvent jouer un rôle supplétif aux normes constitutionnelles proprement dites, acquièrent, par l'effet de la jurisprudence constitutionnelle, un statut de rang constitutionnel en tant qu'ils « peuvent » combler une carence juridique constitutionnelle. De ce point de vue, cette méthode d'interprétation juridique, à travers les travaux préparatoires de la Constitution de la Vème République, se trouve ainsi validée par la jurisprudence constitutionnelle. La situation n'est pas différente, s'agissant de l'usage des travaux préparatoires des textes de nature législative par le Conseil constitutionnel.

B) Le statut juridique des travaux préparatoires des normes contrôlées dans l'interprétation constitutionnelle

Sont considérés ici les textes législatifs de toute nature dont le Conseil constitutionnel peut avoir à connaître[737]. Il convient de préciser que les travaux préparatoires sont davantage utilisés dans le contrôle de constitutionnalité des normes législatives que dans l'interprétation des normes constitutionnelles. Mais cela n'est pas une surprise. En effet, le Conseil constitutionnel est lui-même, du moins en théorie, soumis au texte constitutionnel clair ; et, de ce fait, il ne procède à une interprétation approfondie du texte constitutionnel qu'en cas de sérieuses difficultés, telles le silence de la norme fondamentale, cela a notamment été le cas avec l'interprétation restrictive de l'article 40 de la Constitution de 1958 en 1961[738] par le Conseil.

---

constitutionnelle du 23 juillet 2008 susvisée ; qu'il résulte des dispositions du deuxième alinéa de l'article 48 de la Constitution, éclairées par les travaux préparatoires de la loi constitutionnelle du 23 juillet 2008, que le Constituant a entendu permettre au Gouvernement de faire inscrire de droit des textes et des débats à l'ordre du jour de deux semaines de séance sur quatre et assurer ainsi au Gouvernement qu'il dispose effectivement de la moitié de l'ordre du jour de la session ordinaire ; [...] ; » (Cons. 51).

[737] Il n'est nul besoin de préciser que les textes considérés ne se limitent pas à l'après-1958, car, dans le cadre du contrôle *a posteriori* des lois, le Conseil constitutionnel peut avoir à connaître tant des dispositions législatives antérieures que des dispositions législatives postérieures à l'entrée en vigueur de la Constitution du 4 octobre 1958.

[738] Décision n° 60-11 DC, *Op. cit.*

À ce jour, sur les quelques cent quatre-vingt-dix décisions du Conseil constitutionnel ayant fait référence aux travaux préparatoires[739] des normes juridiques qu'il interprète, près d'une centaine concerne les travaux préparatoires des normes législatives. L'analyse de ces décisions a permis de mesurer la finalité des travaux préparatoires dans la jurisprudence du Conseil constitutionnel. Philippe Josse a pu repérer plusieurs finalités[740] des travaux préparatoires dans les décisions du Conseil constitutionnel. Ainsi, il a pu détecter, entre autres, un contrôle des motifs[741], une réserve d'interprétation en vue d'une interprétation constructive[742] et un contrôle de séparabilité. L'objet de la présente recherche n'étant pas de refaire ce travail de repérage des finalités des travaux préparatoires dans le contrôle de constitutionnalité des lois, il n'est pas nécessaire de s'appesantir sur ce point ; d'autant plus que la liste de ces finalités se présente comme une boite à idées dans laquelle l'auteur distingue les différentes décisions du Conseil constitutionnel ayant fait référence aux travaux préparatoires, et dont l'objet ne couvre pas l'enjeu de cette méthode d'interprétation juridique. Néanmoins, à titre d'illustration, il est intéressant de s'arrêter sur le contrôle de séparabilité qui, avec le contrôle des motifs de la loi, est le plus représentatif des finalités du recours aux travaux préparatoires des normes législatives par le juge de la rue de Montpensier. Dans sa décision n° 63-21 DC, à propos de la loi portant réforme de l'enregistrement, du timbre et de la fiscalité immobilière, le Conseil constitutionnel a décidé : « *Considérant qu'il ne résulte ni de l'amendement dont il s'agit, tel qu'il a été rédigé et adopté, ni des débats auxquels la discussion du projet de loi a donné lieu devant le Parlement, que la disposition de l'article 28 précité soit inséparable de l'ensemble du texte de la loi ;*[743] » En effet, le Conseil, pour évaluer l'étendue de sa décision de non-conformité à la Constitution de la disposition de la loi qui lui a été soumise, a opéré un contrôle de liaison entre la disposition déclarée inconstitutionnelle et les autres dispositions du texte. C'est ce que Philippe Josse appelle un « *contrôle de séparabilité*[744] ». Ce contrôle de séparabilité ou de liaison permet au Conseil constitutionnel d'étendre ou non les effets de sa décision de non-conformité à d'autres dispositions de la loi contrôlée.

---

[739] Travaux préparatoires intraparlementaires et extraparlementaires confondus. La liste de ces décisions se trouve en fin de bibliographie.

[740] V. le tableau dressé *in* Philippe Josse, *Op. cit.*, pp. 117-129.

[741] Décision n° 97-388 DC, Cons. 4 ; Décision n° 96-372 DC, Cons. 1 ; Décision n° 95-370 DC, Cons. 16 ; Décision n° 95-371 DC, Cons. 5 ; Décision n° 2015-492 QPC, Cons. 7.

[742] Décision n° 96-383 DC, Cons. 22.

[743] Décision n° 63-21 DC du 12 mars 1963, Cons. 5. *Loi portant réforme de l'enregistrement, du timbre et de la fiscalité immobilière.*

[744] V. Philippe Josse, *Op. cit*, p. 110.

C'est ce qu'on peut appeler une « inconstitutionnalité en cascade » fondée sur les travaux préparatoires.

Enfin, l'usage des travaux préparatoires intraparlementaires, tant des normes constitutionnelles que des normes contrôlées, permet au Conseil constitutionnel de combler les vides auxquels il est souvent confronté dans sa tâche interprétative. À titre d'illustration, s'il en était besoin, à l'occasion de sa saisine blanche par le Premier ministre, Édouard Philippe, le Conseil constitutionnel constate qu'en l'absence d'arguments de celui-ci « *[i]l n'y a pas lieu [...] d'examiner spécialement d'office des dispositions de la loi déférée*[745] » en appuyant cette décision sur le fait qu'« *aucun motif particulier d'inconstitutionnalité ne ressort des travaux parlementaires*[746] ». Autrement dit, sa décision aurait été différente si lesdits travaux laissaient apparaître un motif d'inconstitutionnalité. En ce sens, les travaux préparatoires, qu'ils soient de normes constitutionnelles ou ceux de normes infra-constitutionnelles, ont assez logiquement le statut juridique des textes auxquels ils ont contribué à l'élaboration en vue de leur adoption. Ainsi, la contribution des travaux préparatoires à la construction des normes juridiques, malgré certaines lacunes que peuvent présenter ces derniers, leur attribue une fonction active dans l'interprétation constitutionnelle.

§2. Le rôle *actif* des travaux préparatoires intraparlementaires dans l'interprétation constitutionnelle

Dans la mesure où, de l'aveu même de certains constitutionnalistes[747], les normes écrites, tant de nature constitutionnelle qu'infra-constitutionnelle, sont souvent glissantes, donc insaisissables, le juge constitutionnel se devait d'employer certaines techniques d'interprétation, si possible non contestables et non contestées, dans le contrôle de constitutionnalité, techniques dont relève l'usage des travaux préparatoires des normes juridiques. Dans ce contexte, le rôle des travaux préparatoires, dans l'interprétation constitutionnelle, ne devait pas

---

[745] Décision n° 2020-798 DC du 26 mars 2020, §2. *Loi modifiant la loi n° 2010 838 du 23 juillet 2010 relative à l'application du cinquième alinéa de l'article 13 de la Constitution et prorogeant le mandat des membres de la Haute autorité pour la diffusion des œuvres et la protection des droits sur internet.*

[746] *Ibid.*

[747] Sur ce point, v. le débat entre constitutionnalistes in *Séminaire 2 : Le droit constitutionnel non écrit*, Site de l'Encyclopédie de droit politique (http://droitpolitique.com/spip.php?article22), 22 septembre 2010.

être purement platonique. Ces derniers devaient, ainsi, jouer un rôle *actif* dans le contentieux constitutionnel. Mais ce rôle actif des travaux préparatoires ne signifie pas, pour autant, qu'ils dictent, de manière systématique, la bonne interprétation à attribuer à une norme. En effet, dans la plupart des cas d'usage des travaux préparatoires à fin d'interprétation, par le Conseil constitutionnel, ces derniers jouent davantage un rôle *d'appui* qu'un rôle *décisif*[748] dans le contrôle de constitutionnalité (A) – ce qui conduit à y voir une forme d'explication des réserves dont a fait et fait encore aujourd'hui l'objet cette technique interprétative des normes (B).

A) Un *appui* pour l'interprétation constitutionnelle des normes juridiques

Henri Capitant, défendant non pas la priorité, mais l'exclusivité du texte normatif pour sa propre interprétation, évoqua l'obligation traditionnelle de l'écrit pour prouver les obligations juridiques, telles celles découlant des contrats (article 1341 ancien [1159 nouveau] du Code civil), à savoir « *l'Ordonnance de Moulins (1563) qui a introduit la nécessité de l'écrit.*[749] » Une telle conception, si elle présente un intérêt, notamment de par son poids historique, semble ignorer que les travaux préparatoires des normes juridiques sont aussi des textes écrits et archivés avec le plus grand soin et le plus grand sérieux, et que l'État dispose d'un budget annuel considérable destiné à leur conservation, conformément à la tradition constitutionnelle française réaffirmée par la Constitution de 1958 dans son article 33. En ce sens, l'usage massif et exprès des travaux préparatoires des normes juridiques, par le Conseil constitutionnel, conforte les dispositions de l'article 33 de la Constitution en tant qu'un début de fondement juridique de cette méthode d'interprétation du droit.

L'appui argumentatif apporté par les travaux préparatoires aux décisions du Conseil constitutionnel se constate aisément dans ses décisions. Par exemple, la décision n° 75-57 DC du 23 juillet 1975, ayant eu recours aux travaux préparatoires, est ainsi rédigée : « *Considérant qu'il résulte tant du titre et des termes*

---

[748] Mais, bien que dans une proportion nettement limitée, les travaux préparatoires, on l'a vu, peuvent jouer un rôle décisif dans l'interprétation constitutionnelle. C'est ce qu'enseigne l'analyse de certaines décisions du Conseil, telles les décisions n° 77-82 DC et n° 2012-297 QPC dont le contexte et la portée, mis en perspective avec ceux d'autres décisions de l'institution, seront présentés en détails en seconde partie.

[749] Henri Capitant, « Les travaux préparatoires et l'interprétation des lois », *Op. cit.*, p. 212 (*erreur* : il est numéroté comme p. 221).

mêmes de la loi soumise à l'examen du Conseil constitutionnel que des travaux préparatoires de cette loi et des débats auxquels elle a donné lieu devant le Parlement, que l'institution par ladite loi de la taxe professionnelle doit être regardée, non comme la création d'une ressource fiscale entièrement nouvelle, mais seulement comme la substitution de cette taxe professionnelle à la contribution des patentes tout en assurant d'ailleurs très explicitement la continuité et les transitions entre le régime ancien et le régime nouveau ; » Le Conseil constitutionnel aurait pu se contenter « *du titre et des termes mêmes de la loi* », mais il a préféré recourir également aux travaux préparatoires qui, du coup, peuvent paraître superfétatoires[750]. Il existe plusieurs décisions du Conseil constitutionnel de cette typologie rédactionnelle[751] qu'il ne convient pas de détailler ici.

Ce rôle d'appui des travaux préparatoires aux décisions du Conseil constitutionnel, s'il est notable, un appui argumentatif étant toujours souhaitable pour un juge-interprète de ce rang, il n'en demeure pas moins qu'il s'agit d'un « simple » appui dont le juge constitutionnel aurait peut-être pu se passer. Ce dernier point conduit d'emblée à une relativisation du rôle des travaux préparatoires des normes juridiques dans l'interprétation constitutionnelle.

B) Le rôle en apparence *limité* des travaux préparatoires dans l'interprétation constitutionnelle

C'est la doctrine qui voit un rôle conditionné, et donc limité, des travaux préparatoires dans l'interprétation normative constitutionnelle. Le juge

---

[750] V. Décision n° 2019-1-9 RIP du 18 juin 2020, point 4. b. *Observations du Conseil constitutionnel sur les opérations de recueil des soutiens à la proposition de loi visant à affirmer le caractère de service public national de l'exploitation des aérodromes de Paris.* Ayant refusé, par une interprétation stricte de l'article 3 de la Constitution, d'admettre le droit pour les citoyens d'autres États de l'Union européenne vivant en France de pouvoir apporter leur soutien à la proposition de loi visant à interdire la privatisation des aérodromes de Paris, le Conseil constitutionnel précise : « *Cette interprétation ressortait d'ailleurs des travaux préparatoires de la révision constitutionnelle du 23 juillet 2008 et de ceux des dispositions organiques prises pour sa mise en œuvre, selon lesquels l'électorat susceptible de soutenir une telle proposition de loi devait être le même que celui appelé à s'exprimer à l'occasion de l'éventuel référendum portant sur cette proposition.* » (Point 4. b). Mais ce comportement du Conseil constitutionnel face aux travaux préparatoires n'est pas anodin. Il sera démontré dans la seconde partie de cette recherche les raisons de ce comportement.

[751] V., par exemple, les décisions n° 80-127 DC du 20 janvier 1981, Cons. 51 ; n° 84-181 DC du 11 octobre 1984, Cons. 44 ; n° 85-191 du 10 juillet 1985, Cons. 5 ; n° 86-223 DC du 29 décembre 1986, Cons. 4 ; n° 97-389 DC du 22 avril 1997, Cons. 5. Cette liste de décisions,. sur ce point, n'est pas exhaustive.

constitutionnel n'exprime pas cette idée. En effet, si celui-ci a fait usage des travaux préparatoires d'une norme juridique qu'il interprète, ce geste signifie forcément qu'un tel usage a été rendu nécessaire. S'agissant de la position doctrinale, les vives oppositions qu'Henri Capitant manifesta à l'égard du recours aux travaux préparatoires dans l'interprétation des lois sont désormais bien connues. Cependant, chez les publicistes, la réticence vis-à-vis de l'usage des travaux préparatoires dans l'interprétation constitutionnelle n'est pas aussi prononcée. Il existe toutefois des réserves chez ces derniers quant au degré de fiabilité à accorder à cette méthode d'interprétation juridique dans l'interprétation constitutionnelle.

D'ailleurs, c'est dans cet état d'esprit que François Luchaire a pu inviter à ne pas regarder cette méthode d'interprétation juridique, malgré l'intérêt des travaux préparatoires dans la compréhension des textes dont ils servent l'interprétation, comme étant une méthode d'interprétation inconditionnellement fiable. Dans ce contexte, Luchaire, dans un véritable mode opératoire pour l'interprétation constitutionnelle[752], explique qu'« *il faut enfin* ***mais seulement en certaines hypothèses*** *rechercher la norme juridique au-delà des textes.*[753] » L'emploi de l'adverbe « seulement » exprime toute la teneur de la condition posée par Luchaire préalablement à l'usage de cette méthode d'interprétation juridique. Il est plus explicite encore lorsqu'il affirme : « *Le rappel historique est certainement très utile, mais le juriste ne peut utiliser qu'avec précaution l'histoire qu'il aime bien mais parce qu'elle ne se renouvelle pas ; c'est qu'en effet les circonstances changent et il est difficile d'interpréter un texte et surtout de dégager une norme constitutionnelle en fonction des circonstances qui n'existent plus*[754] », car « *il se peut que postérieurement à la promulgation d'une Constitution certains termes aient changé de définition.*[755] »

---

[752] V. François Luchaire, *Op. cit.*

[753] *Ibid.*, p. 277.

[754] *Ibid.*, p. 316.

[755] *Ibid.*, p. 317. Sur ce point, il est intéressant de se reporter à l'idée de « *dénaturalisation par la loi des termes utilisés par la Constitution* » (François Luchaire, « Les sources des compétences législatives et réglementaires », *AJDA*, 20 juin 1979 ; v. également François Luchaire, « Procédures et techniques de protection des droits fondamentaux. Conseil constitutionnel français », *Revue internationale de droit comparé*, vol. 33, n° 2, avril-juin 1981, pp. 285-334). À cela, cependant, on peut fort aisément répliquer que le juge constitutionnel est parfois obligé d'interpréter le texte de la Constitution, de manière plus ou moins étendue, mais il est compétent pour le faire ; le législateur, lui, n'a aucune compétence pour restreindre ou étendre la définition de certains termes constitutionnels, sauf à recevoir l'aval du juge constitutionnel *a posteriori*, mais, dans ce cas, l'infraction à la Constitution aurait déjà été consommée. Par exemple, il est inimaginable aujourd'hui de se faire à l'idée que la DDHC de 1789 s'appliquent uniquement au citoyen et à

Ainsi, si l'intention normative, telle celle du constituant, « *peut faciliter l'interprétation du texte*[756] » juridique qu'elle accompagne, « *plus le temps passe et moins l'interprète se sent lié par l'intention des auteurs du texte.*[757] »

Cela a été dit, parmi les décisions du Conseil constitutionnel ayant fait référence aux travaux préparatoires, une écrasante majorité fait état d'un rôle *d'appui* (et non *décisif*) joué par ceux-ci dans l'interprétation constitutionnelle. Ce constat conduit inévitablement à la prudence quant au rôle *actif* réel de cette technique d'interprétation juridique dans la jurisprudence constitutionnelle. Mais, bien que ce rôle d'appui des travaux préparatoires ne vaille pas un rôle décisif de ces derniers dans l'interprétation constitutionnelle, l'appui qu'ils apportent à la décision interprétative constitutionnelle finale est capitale pour la transparence[758] de celle-ci aux yeux de tous. La décision n° 75-57 DC précitée permet là encore de constater ce rôle *capital* des travaux préparatoires en tant que simple *appui*, pourtant, de l'interprétation constitutionnelle. En effet, avant de s'appuyer sur les travaux préparatoires, dans cette décision, le Conseil constitutionnel a déchiffré une interprétation issue « *du titre et des termes mêmes de la loi* ». Le recours aux travaux préparatoires, dans cette décision, a ainsi permis au Conseil de rendre cette interprétation moins *mentale*, moins *intellectuelle*, donc moins *métaphysique* et moins *ésotérique*, dans le but de permettre à tous d'y accéder[759]. Par conséquent, bien que le rôle des travaux préparatoires dans l'interprétation constitutionnelle soit rarement un rôle actif, au sens de décisif, cette méthode d'interprétation juridique présente un enjeu pédagogique et stratégique majeur pour l'œuvre du juge constitutionnel.

---

l'homme (masculins), excluant ainsi citoyennes et femmes, alors même que ce fut le cas en 1789. C'est la décision n° 71-44 DC qui va définitivement redéfinir le titre de cette Déclaration.

[756] *Ibid.*, p. 316.

[757] *Ibid.*, p. 318. Mais si cette affirmation de François Luchaire présente une certaine considération, il semble, on le verra, que le juge constitutionnel ne pourra que très difficilement se délier d'une interprétation constitutionnelle qu'il a fondée sur les travaux préparatoires en tant qu'histoire de la norme constitutionnelle.

[758] La question de la transparence de l'interprétation constitutionnelle n'est neutre. Guy Carcassonne souligna, au début des années 2000, que « *Qui se veut respectable se doit d'être transparent* » (Guy Carcassonne, « Le trouble de la transparence », *Pouvoirs*, n° 97, 2001, p. 17), en ajoutant que « *La discrétion est suspecte, la pudeur maladive, l'opacité illégitime, le secret monstrueux* », ce qui, selon lui, peut « *nuire à tout exercice de la volonté* » (*Ibid.*, p. 21).

[759] Cette fonction clairement démocratique des travaux préparatoires, dans l'interprétation constitutionnelle des normes juridiques, sera développée en détails et à travers d'études de cas concrets, dans la seconde partie de cette recherche.

Le rôle actif que le juge constitutionnel a, depuis 1959, pu faire jouer aux travaux préparatoires des normes qu'il interprète a ainsi contribué à assurer un fondement juridique de nature jurisprudentielle, et constitutionnelle, à la méthode d'interprétation consistant à se référer aux travaux préparatoires des normes soumises à l'interprétation constitutionnelle. Ce fondement jurisprudentiel constitutionnel des travaux préparatoires comme instruments d'une méthode d'interprétation juridique est particulièrement marqué par ce que le Conseil constitutionnel désigne sous le vocable d'« *exigences de clarté et de sincérité des débats parlementaires* ».

§3. Les exigences constitutionnelles de clarté et de sincérité des débats parlementaires : support juridique de l'usage des travaux préparatoires comme méthode d'interprétation du droit

Le terme « exigence », plutôt que celui de « principe » ou d'« objectif » constitutionnel ou de valeur constitutionnelle, employé par le Conseil constitutionnel, n'est pas anodin. En effet, un principe peut connaître des exceptions au point que celles-ci se substituent à la règle posée par le principe ; il en va de même de l'objectif, celui à qui il incombe n'a aucune obligation de l'atteindre. Cependant, une exigence exprime l'idée d'un respect inconditionnel et inconditionné, c'est-à-dire qui ne laisse pas de place à l'exception que peut connaître le principe ou à l'usage de moyens qu'on « peut » pour ce qui concerne l'objectif à atteindre. En ce sens, l'exigence de clarté et de sincérité du débat parlementaire[760] apparaît comme un véritable devoir constitutionnel plein et entier[761].

---

[760] Pour la sincérité, v. Décision n° 2005-512 DC du 21 avril 2005, Cons. 4. *Loi d'orientation et de programme pour l'avenir de l'école*. Pour le couple « clarté et sincérité », v. la décision 2005-526 DC du 13 octobre 2006, Cons. 5. L'expression « exigence de clarté et de sincérité du débat parlementaire » a été construite par la doctrine à partir de différentes décisions du Conseil constitutionnel. Sur ce point, v. par exemple Brunessen Bertrand, « L'exigence de clarté et de sincérité du débat parlementaire. Étude sur un concept régulateur de la procédure législative sous la Ve République », *RDP*, 2011-2, pp. 431 s.). Mais le Conseil constitutionnel a par la suite complètement intégré cette construction doctrinale (Décision n° 2019-795 DC du 20 décembre 2019, §. 4. *Loi de financement de la sécurité sociale pour 2020*).

[761] Les exigences de clarté et de sincérité du débat parlementaire sont même jugées plus importantes que le droit d'amendement qui peut être encadré voire limité pour le respect de telles exigences. Sur ce point, v., par exemple, la décision n° 2005-532 DC du 19 janvier 2006, Cons. 25 ; v.,

Par cette exigence de clarté et de sincérité des seuls débats parlementaires, le Conseil constitutionnel vise en réalité l'ensemble des travaux préparatoires (A) en vue d'atteindre une finalité bien définie, celle de la clarté de la norme elle-même (B). C'est d'ailleurs la raison pour laquelle le Conseil constitutionnel a donné une importance aussi capitale aux travaux préparatoires, tant intraparlementaires qu'extraparlementaires, qu'il se donne comme moyens d'interprétation des normes juridiques.

A) Les exigences de clarté et de sincérité des débats parlementaires : des exigences pouvant être étendues à l'ensemble des travaux préparatoires

Les débats parlementaires ont, on l'a vu plus haut, au moins un début de fondement constitutionnel textuel de par leur protection notamment par les dispositions de l'article 33 de la Constitution de 1958. À cette notion juridique constitutionnelle de débat parlementaire, en tant que composante de la notion juridique plus large de travaux préparatoires, il manque un fondement juridique constitutionnel à leur usage, assez fréquent, par le juge constitutionnel, comme méthode d'interprétation juridique. C'est le Conseil constitutionnel, seul, qui pouvait faire entrer ces exigences dans le cadre de la méthode d'interprétation consistant en l'usage des travaux préparatoires des normes juridiques.

En visant les débats parlementaires, par les exigences de clarté et de sincérité, il semble que le Conseil constitutionnel vise particulièrement le droit d'amendement des parlementaires[762] qui fait partie du processus préparatoire dans la confection de la loi. En effet, dans sa décision n° 95-370 DC du 30 décembre 1995, il ressort « *que le bon déroulement du débat démocratique et, partant, le bon fonctionnement des pouvoirs publics constitutionnels, supposent que soit pleinement respecté le droit d'amendement conféré aux parlementaires par l'article 44 de la Constitution, et que, parlementaires comme Gouvernement puissent utiliser sans entrave les procédures mises à leur disposition à ces fins ;*[763] » Pour Georges Bergougnous, cette décision touche directement la « *publicité des débats*[764] » parlementaires. Cette publicité des débats est elle-même couplée d'un autre

également, cette étude sur le site du Conseil constitutionnel : « État de la jurisprudence du Conseil constitutionnel sur le droit d'amendement », services du Conseil constitutionnel, juillet 2007.

[762] V. commentaires de Georges Bergougnous, *Op. cit.*, pp. 53-70.

[763] Décision n° 95-370 DC du 30 décembre 1995, Cons. 10. *Loi autorisant le Gouvernement, par application de l'article 38 de la Constitution, à réformer la protection sociale.*

[764] Georges Bergougnous, *Op. cit.*, pp. 55-56.

objectif, celui d'« *une législation plus respectueuse de la sincérité du débat politique*[765] » en général. Le Conseil constitutionnel a régulièrement réaffirmé cette jurisprudence. De manière plus claire encore, dans sa décision n° 2014-703 DC du 19 novembre 2014, il a jugé : « *Considérant, en premier lieu, que le premier alinéa de l'article 3 de la Constitution dispose : 'La souveraineté nationale appartient au peuple qui l'exerce par ses représentants et par la voie du référendum' ; que, par suite, l'exigence de clarté et de sincérité des débats parlementaires, qui résulte notamment du premier alinéa de l'article 3 de la Constitution, s'impose aux débats devant le Parlement constitué en Haute Cour ;*[766] » Mais si le Conseil constitutionnel interdit tout obstacle aux exigences de clarté et de sincérité des débats parlementaires[767], il précise, toutefois, que tout doit être fait dans le strict respect du parlementarisme rationnalisé[768].

En définitive, ce que le juge constitutionnel requiert, à travers ces exigences de clarté et de sincérité des débats parlementaires, à savoir la transparence de la procédure législative, s'impose à l'ensemble des travaux préparatoires[769]. Le débat parlementaire, ou plus largement le débat politique pluriel, clair et sincère, aux yeux de tous, est l'une des conditions d'application et d'acceptation de la loi comme norme juridique contraignante. C'est dans ce sens que François Gény écrivait : « *Une loi bien comprise et bien interprétée [...] doit fournir toutes les solutions juridiques désirables*[770] ». Mais comment mesurer cette *désirabilité* des

---

[765] V. Hugues Portelli et Jean-Pierre Sueur (rapp.), *Sondages et démocratie : pour une législation plus respectueuse de la sincérité du débat politique*, Sénat, Commission des lois, Rapport d'information n° 54 (2010-2011), 20 octobre 2010.

[766] Décision n° 2014-703 DC du 19 novembre 2014, Cons. 6 et 8. *Loi organique portant application de l'article 68 de la Constitution.* V. également Décision n° 2014-708 DC du 29 décembre 2014, Cons. 27 et 28. *Loi de finances rectificative pour 2014.*

[767] Décision n° 2014-705 DC du 11 décembre 2014, Cons. 15, 19, 40, 42, 45. *Résolution tendant à modifier le règlement de l'Assemblée nationale.*

[768] *Ibid.*, Cons. 39. En visant le premier alinéa de l'article 3 de la Constitution, cette décision précise, en effet, ce qui est d'une importance particulière, que les parlementaires et les responsables politiques en général n'exercent leurs prérogatives qu'à travers le peuple souverain, et que, par conséquent, les débats que ces derniers conduisent doivent présenter un degré minimal de transparence, afin que le peuple soit pleinement informé de ce qui se fait, en son nom, par ses représentants. Mais le Conseil constitutionnel n'a, pour autant, pas moins rappelé le principe du parlementarisme rationnalisé qui suppose le non-blocage du débat public par une partie des détenteurs du pouvoir du souverain populaire.

[769] Pour le contrôle de la sincérité des travaux préparatoires extraparlementaires (Chapitre 1, Titre II, Seconde partie.), v. par exemple la décision n° 2003-468 DC, Cons. 7. Mais la question de l'impact des travaux préparatoires extraparlementaires sera étudiée en détails dans la seconde partie de cette recherche.

[770] François Gény, *Op. cit.*, p. 24.

solutions juridiques d'une norme ? La question mérite d'être posée. Le juge est donc poussé à interpréter les normes, non pas à outrance, mais en tenant compte d'une certaine réalité sociale. Et, là encore, la clarté et la sincérité des débats ayant présidé à la norme permettra, peut-être, non pas d'atteindre, ce serait une utopie, mais de tendre le plus possible vers cet objectif.

B) Les exigences de clarté et de sincérité des débats parlementaires : des exigences ayant pour finalité la clarté des normes juridiques

Suivant une conception extensive de la notion de clarté, en matière constitutionnelle, celle-ci « *peut être comprise comme une des nombreuses facettes de l'État de droit et a plusieurs domaines d'application : [... dont] la loi*[771] ».

En effet, la protection de la procédure législative, par une exigence de clarté et de sincérité des débats parlementaires, n'aurait pas de sens si elle ne contribuait pas à la clarté et à la sincérité de la loi elle-même. Le sérieux attaché aux travaux préparatoires des normes juridiques et qu'exige le Conseil constitutionnel à travers cette jurisprudence n'est pas nouveau, il s'inscrit dans l'histoire politique de la République. Sophie Wahnich a montré que le « *sérieux du travail parlementaire et la place de l'opinion* » étaient au cœur des préoccupations d'éminents membres de l'Assemblée constituante en 1790 où le Marquis de Bonnay[772] affirma : « *L'affluence des adresses [...] occupe presque en entier toutes les séances du soir au détriment des questions importantes sur lesquelles vous ne trouvez pas le temps de vous prononcer. Je fais la motion qu'il y ait tous les lundis, une séance extraordinaire destinée à recevoir les adresses, pétitions [...].*[773] » C'était ainsi une manière de canaliser le processus préparatoire afin de ne pas porter atteinte à la qualité requise et attendue de la norme qui sera sortie de la délibération parlementaire. En ce sens, Patricia Rrapi a pu affirmer que « *'L'amélioration des débats parlementaires' équivaut à 'l'amélioration de la procédure législative' qui équivaut à 'l'amélioration de la qualité de la loi'.*[774] » La clarté des débats parlementaires est forcément un attribut essentiel de la qualité de la loi. D'ailleurs,

---

[771] V. la définition de Michel de Villiers et Armel Le Divellec, *Dictionnaire du droit constitutionnel*, Sirey, 9ème édition, p. 48.

[772] Sophie Wahnich, « Fragments d'institutions parlementaires. Faire circuler la parole du Souverain », *Politix*, Vol. 5, n°20, Quatrième trimestre 1992, (pp. 119-128), p. 120.

[773] *Archives parlementaires*, t. 16, p. 233 [cité par Sophie Wahnich, *Ibid.*].

[774] Patricia Rrapi, « Qualité de la norme et débats parlementaires », 2015, *à paraître*.

bien avant d'imposer ces exigences aux débats parlementaires en 2005[775], le Conseil constitutionnel a posé le principe constitutionnel de « *clarté de la loi* » et « *l'objectif de valeur constitutionnelle d'intelligibilité de la loi* » en 2001[776].

Enfin, si, depuis 2005, le Conseil constitutionnel n'avait pas eu l'occasion de préciser le champ de ces exigences, au regard de la procédure législative, l'occasion s'est présentée à lui une décennie plus tard, en 2015, et il n'a pas manqué de la saisir en ce sens.

C) Le champ couvert par les exigences de clarté et de sincérité des débats parlementaires

La jurisprudence du Conseil constitutionnel a mis en avant plusieurs éléments du champ couvert par ces exigences constitutionnelles de clarté et de sincérité du débat parlementaire. La décision n° 2015-712 DC[777] précise assez complètement ce champ.

Tout d'abord, le Conseil constitutionnel précise l'intérêt du temps de parole en séance et en commission. Ce temps de parole doit être fixé de manière telle qu'il assure l'effectivité du droit d'amendement des parlementaires. Un délai raisonnable et suffisant doit ainsi être prévu pour le dépôt des amendements parlementaires[778].

Ensuite, les modalités de communication de l'avis rendu par le Conseil d'État sur une proposition de loi doivent être fixées par la loi et non par les règlements

---

[775] Décision n° 2005-512 DC, *Op. cit.*, Cons. 4.

[776] Décision n° 2001-455 DC du 12 janvier 2002, Cons. 9. *Loi de modernisation sociale*. Pour le Conseil constitutionnel, le principe de clarté de la loi découle directement de l'article 34 de la Constitution et l'objectif de valeur constitutionnelle d'intelligibilité de la loi trouve ses sources juridiques dans les articles 4, 5, 6 et 16 de la DDHC de 1789. Mais il semble qu'il trouve également sa source dans les dispositions de l'article 33 de la Constitution, au point que le GRECO y voit un principe de la « *transparence du travail législatif* » (GRECO, *Prévention de la corruption des parlementaires, des juges et des procureurs*, Rapport d'évaluation sur la France [en ligne, site internet du Conseil de l'Europe], 27 janvier 2014, p. 10) en France.

[777] Décision n° 2015-712 DC du 11 juin 2015, *Op. cit.* V. également Décision n° 2019-785 DC du 4 juillet 2019, §§. 9, 11, 22, 29, 33. *Résolution modifiant le règlement de l'Assemblée nationale* ; Décision n° 2019-786 DC du 11 juillet 2019, §. 10. *Résolution clarifiant et actualisant le règlement du Sénat.*

[778] *Ibid.*, Cons. 12, 21 et 24.

des assemblées législatives, tel que cela ressort du dernier alinéa de l'article 39 de la Constitution[779].

Troisièmement, le Conseil constitutionnel affirme que si la Constitution a prévu une priorité gouvernementale à certains moments, pendant les débats parlementaires, cette priorité ne peut, pour autant, porter atteinte aux exigences de clarté et de sincérité des débats parlementaires[780].

Quatrièmement, il ressort de cette décision du Conseil constitutionnel qu'il faut concilier l'octroi de la parole à un « orateur contre » sur chaque amendement d'un projet ou d'une proposition de texte avec l'explication de vote sur chaque amendement de manière à ce que l'un au moins de ces deux modes d'expression des minorités politiques soit effectif, et cela dans le but de ne pas heurter les exigences de clarté et sincérité des débats[781]. Cependant, les exigences de clarté et de sincérité des débats parlementaires ne sont pas affectées si l'on accorde la parole à un seul orateur par groupe et à un seul orateur ne figurant sur la liste d'aucun groupe. Pour autant, le temps de parole fixé par la Conférence des présidents doit être raisonnable et suffisant pour, réellement, ne pas porter atteinte à ces exigences[782].

Cinquièmement, si les règlements des assemblées législatives peuvent prévoir – dans la discussion générale d'un texte – de proposer la limitation du temps de parole en clôturant les discussions, après qu'au moins deux orateurs d'avis contraires se soient exprimés, le président de la séance doit veiller au respect des exigences de clarté et de sincérité du débat dans l'application de ces limitations de temps de parole. Quoi qu'il en soit, chaque président de groupe ou un non inscrit, à sa demande, doit pouvoir s'exprimer sur cette proposition[783]. Mais cette prise de parole d'un président de groupe ou d'un non inscrit sur la proposition de clôture des débats n'est pas décisive. C'est donc – pourrait-on dire – une prise de parole juste à titre symbolique et non un droit contraignant du point de vue décisionnel.

---

779 *Ibid.*, Cons. 16 et 17.

780 *Ibid.*, Cons. 28.

781 *Ibid.*, Cons. 29.

782 *Ibid.*, Cons. 30.

783 *Ibid.*, Cons. 32.

Sixièmement, et enfin, la Conférence des présidents peut décider que le droit d'amendement tant du gouvernement que du Parlement, sauf exceptions[784], ne s'exerce qu'en commission, à condition qu'il y ait un examen systématique de la recevabilité financière des amendements ainsi présentés en commission au regard de l'article 40 de la Constitution[785]. Le Conseil constitutionnel précise également que, au regard de ces exigences, le délai d'examen d'un texte en commission doit être suffisant pour permettre le contrôle de la recevabilité financière des amendements au regard de l'article 40 de la Constitution[786].

Quoi qu'il en soit, le couple formé par les exigences de clarté et de sincérité des débats parlementaires n'est qu'un moyen pour arriver à une fin, celle de normes juridiques accessibles et donc intelligibles pour chacun. Ainsi, cette exigence de clarté et de sincérité du débat parlementaire, loin d'être inutile[787], se complète « *d'une référence à l'objectif de valeur constitutionnelle d'accessibilité et d'intelligibilité de la loi.*[788] »

§4. La contribution des travaux préparatoires clairs et sincères à l'accessibilité et à l'intelligibilité des normes juridiques

Toujours dans cet esprit du fondement juridique de cette méthode d'interprétation du droit consistant à recourir aux travaux préparatoires des normes juridiques, par le juge constitutionnel, il n'est pas difficile de comprendre que les travaux préparatoires, dans leur aspect lié à la procédure législative, sont des instruments pouvant conduire à l'accessibilité (A) et à l'intelligibilité (B) de la normativité juridique, pourvu que ces travaux se soient clairement et sincèrement déroulés lors du processus d'élaboration de la norme.

---

[784] Les projets de loi constitutionnelle, de loi de finances ou de financement de la sécurité sociale ne sont, cependant, pas concernés par cette mesure du Règlement du Sénat (*Ibid.*, Cons. 35).

[785] Décision n° 2015-712 DC, *Ibid.*, Cons. 35.

[786] Décision n° 2019-795 DC du 20 décembre 2019, §. 10. *Loi de financement de la sécurité sociale pour 2020.*

[787] En effet, Gilles Lebreton dénonce « *l'inutilité des concepts qui prétendent, à l'instar des 'exigences de clarté et de sincérité du débat parlementaire', [...] apporter des solutions technocratiques [au problème de la qualité de la loi] et [la] vouent à la disparition.* » (« La sincérité des débats parlementaires », *in* Olivier Le Bot (coord.), *La sincérité en droit*, Larcier, 2011, (pp. 169-183), p. 183).

[788] Michel de Villiers et Armel Le Divellec, *Op. cit.*, p. 48

A) Les travaux préparatoires clairs et sincères comme instruments de l'accessibilité des normes juridiques

L'accessibilité des normes juridiques en général est calquée sur celle de la loi posée par le juge constitutionnel lui-même. Avant d'ériger en exigence constitutionnelle l'accessibilité de la loi[789], le Conseil constitutionnel a d'abord évoqué l'accessibilité de la loi comme un simple objectif constitutionnel[790]. Mais cet objectif constitutionnel ne s'applique pas aux actes non normatifs et de caractère privé : « *Considérant, en premier lieu, que la méconnaissance de l'objectif de valeur constitutionnelle d'accessibilité et d'intelligibilité de la loi ne saurait être utilement invoquée à l'encontre d'un titre de propriété tel qu'un brevet ;*[791] »

Les travaux préparatoires – tant intraparlementaires qu'extraparlementaires – peuvent en effet être regardés comme étant un canal permettant d'accéder aux normes juridiques auxquelles ils ont présidé. Le juge constitutionnel est, en quelque sorte, obligé de se référer aux travaux préparatoires des normes qu'il examine, afin de mieux mettre en balance le « *caractère polysémique*[792] » des différents « sens » des « mots » du droit et de choisir celui qu'il convient juridiquement d'adopter. Selon Dominique Rousseau, en effet, « *Un juriste a, naturellement, tendance à penser qu'une constitution est faite de normes, est faite de droit « dur » et qu'en conséquence il n'est nul besoin de délibérer pour savoir ce que la constitution impose ou interdit : il suffit de lire la constitution et, s'il le faut, ses travaux préparatoires, pour découvrir la norme, le principe, la règle qui y est déposé.*[793] » Cette « *tendance à penser* » du juriste n'est pas une pensée consciente, dans la mesure où la réalité de la construction normative est toute autre. Outre la norme constitutionnelle, cette affirmation est transposable à toutes les normes juridiques. Ainsi, bien que cela soit critiquable et critiqué, les travaux préparatoires se présenteraient comme des sources sérieuses d'accessibilité à la normativité juridique.

---

[789] Décision n° 2004-500 DC, Cons. 15.

[790] Décision n° 99-421 DC, Cons. 13. *Loi portant habilitation du Gouvernement à procéder, par ordonnances, à l'adoption de la partie législative de certains codes.*

[791] Décision n° 2006-541 DC du 28 septembre 2006, Cons. 8. *Accord sur l'application de l'article 65 de la convention sur la délivrance de brevets européens (Accord de Londres).*

[792] Dominique Rousseau, « Constitutionnalisme et démocratie », *La vie des idées*, Septembre 2008 (en ligne) [consulté le vendredi 18 avril 2014), p. 12.

[793] *Ibid.*

Dans ce contexte, en effet, les travaux préparatoires, dans leur dimension diverse, donnent à penser au juge constitutionnel, car ils permettent à celui-ci de comprendre, entre autres, l'objectif du Parlement. Si l'on considère les différents travaux préparatoires relatifs à la loi n° 2013-404 du 17 mai 2013 ouvrant le mariage aux couples de personnes de même sexe, on observe qu'ils sont fondés sur des réalités politiques, sociales et juridiques concrètes. Ils sont ainsi composés de témoignages de citoyens qui vivent des situations concrètes[794], sur des analyses d'experts[795], sur des sondages d'opinion[796], etc. qui reflètent des réalités auxquelles le juge (constitutionnel) interprète ne peut rester insensible s'il veut que toutes les conditions de l'interprétativité constitutionnelle soient réunies pour permettre la crédibilité de son interprétation ; et l'usage des différentes voies d'accès aux normes juridiques, dont les travaux préparatoires, contribue à cette finalité ; le juge constitutionnel pourra, au moins, se tenir informé de ces différentes réalités qui englobent le texte normatif, grâce aux éclairages pouvant lui être apportés par les travaux préparatoires.

Mais plus qu'un chemin privilégié conduisant à l'accessibilité juridique – ce qui est déjà non négligeable –, les travaux préparatoires peuvent dégager et même dicter directement la norme d'un énoncé juridique au juge constitutionnel. C'est ce qui s'est passé dans la décision n° 77-82 DC où le Conseil constitutionnel explique qu'il ne peut se déclarer compétent pour contrôler, en premier, la recevabilité des amendements relatifs au domaine de l'article 40 de la Constitution au Parlement, du fait que les travaux préparatoires[797], en l'occurrence les *Documents pour servir*,

---

[794] Auditions (20 décembre 2012, Erwann Binet, *Rapporteur*), par exemple, d'enfants adoptés par des couples homosexuels lors de l'examen de la loi relative au mariage entre les personnes de même sexe.

[795] Tels des travaux de psychanalystes, de sociologues, d'historiens, de religieux, etc. L'avis du Conseil d'État rendu en octobre 2012 et celui du Conseil économique, social et environnemental, qui s'était autosaisi, rendu en novembre 2013 (sachant que la loi a définitivement été votée en mai !) ne sont pas en reste.

[796] Sur ce point, on peut se référer aux différents études et sondages qui ont montré, malgré tout, qu'une large majorité des Français était pour, et une portion non négligeable, n'était ni pour ni contre l'ouverture du mariage aux couples homosexuels.

[797] V. Décision n° 77-82 DC du 20 juillet 1977, Cons. 2. Sachant que cet argument n'est pas valable pour les amendements présentés en dehors du champ de l'article 40 de la Constitution, c'est-à-dire les amendements qui n'ont pour conséquence ni une diminution des ressources publiques, ni la création ou l'aggravation d'une charge publique. La preuve de cette différence entre droit d'amendement de l'article 40 et droit d'amendement de l'article 41 de la Constitution est que le constituant de 1958 a expressément prévu l'intervention du Conseil constitutionnel à l'article 41 en cas de conflit entre le gouvernement et l'une des assemblées relatif à la recevabilité d'un amendement et a refusé, tout aussi expressément, tels que le montrent les documents historiques, très probants, de la Constitution, les *Documents pour servir*, la compétence du Conseil

ont montré que cette compétence du Conseil constitutionnel avait été envisagée par le constituant de 1958 – dans l'article 35 de son avant-projet de Constitution présenté au Comité consultatif constitutionnel le 29 juillet 1958 –, mais que ce même constituant a décidé de la lui enlever dans la version finale devenue l'actuel article 40 de la Constitution du 4 octobre 1958. Ainsi, le Conseil constitutionnel se fonde sur les travaux préparatoires qui expriment explicitement le refus catégorique du constituant de 1958 de lui attribuer la compétence de statuer sur les conflits nés au sein des assemblées législatives sur la recevabilité des amendements relatifs à l'article 40 de la Constitution, donc au stade de la procédure législative en cours. Dans le cadre du processus d'élaboration d'une loi entrant dans le champ de l'article 40 de la Constitution, c'est aux assemblées elles-mêmes[798] qu'il revient de prévoir une instance en leur sein – en l'occurrence leur bureau – qui puisse contrôler en amont la recevabilité des amendements des membres du Parlement. Ce n'est qu'à cette condition que le Conseil constitutionnel accepte de statuer, dans le cadre du contrôle de constitutionnalité *a priori* des lois, sur la recevabilité d'un amendement[799] qui a été déposé sur le fondement de l'article 40 de la Constitution. Ainsi, les travaux préparatoires, à condition, toutefois, que les exigences de clarté et de sincérité, dans le cadre de leur production, aient été respectées, sont sources d'accessibilité juridique et même, dans certains cas, sources de droit, ou mieux encore, l'expression ou la bouche du droit que cachent les énoncés normatifs juridiques. Dans cette même logique, les travaux préparatoires sont, à maints égards, des instruments de l'intelligibilité normative.

B) Les travaux préparatoires clairs et sincères comme instruments de l'intelligibilité des normes juridiques

L'autre membre du couple formé par le Conseil constitutionnel dans sa décision n° 99-421 DC est l'intelligibilité de la loi. L'idée d'une loi intelligible est celle d'une expression non équivoque[800] des termes de la loi par le législateur. Mais le Conseil

---

constitutionnel dans le champ de l'article 40. Mais l'on sait que le Conseil constitutionnel ne s'attache à l'histoire des normes que lorsque celle-ci ne contrarie pas l'objectif, quoique conditionné, qu'il s'est fixé et qu'il veut atteindre.

[798] V., par exemple, l'article 44, al. 1er, de la Constitution et la loi organique n° 2009-403 du 15 avril 2009 relative à l'application des articles 34-1, 39 et 44 de la constitution.

[799] V. Décision n° 77-82 DC, Cons. 4. Pour la pratique de ce mécanisme, v. Pierre Avril, Jean Gicquel et Jean-Éric Gicquel, *Op. cit.*, p. 246, n° 285.

[800] V. Décision n° 2020-803 DC du 9 juillet 2020, §. 4. *Loi organisant la sortie de l'état d'urgence sanitaire* (coronavirus).

constitutionnel, conscient que la clarté totale des termes des normes législatives est, du point de vue politique, une utopie, recherche d'autres voies de construction de cette clarté, dont l'usage des travaux préparatoires dans l'interprétation de ces normes.

Examinant la conformité à la Constitution de la loi n°2003-591 du 2 juillet 2003 habilitant le gouvernement à simplifier le droit, le Conseil constitutionnel a précisé que les mesures de simplification et de codification du droit répondent « *à l'objectif de valeur constitutionnelle d'accessibilité et d'intelligibilité de la loi*[801] ». Les Hauts conseillers ont, en effet, considéré que seule une connaissance suffisante par les citoyens des normes qui leur sont applicables assure à la fois l'effectivité de l'égalité devant la loi énoncée à l'article 6 de la Déclaration des droits de l'homme et du citoyen, la garantie des droits requise par son article 16 et l'exercice des droits et libertés prévus par ses articles 4 et 5[802]. Ce sont-là des attributs de l'intelligibilité de la loi guidée par l'objectif de valeur constitutionnelle d'intelligibilité des normes juridiques posé par le juge constitutionnel. Mais celui-ci précise : « *Il ne saurait résulter du seul renvoi à des règlements européens l'intelligibilité d'un texte législatif*[803] ». Par conséquent, tous les éléments invoqués comme constitutifs de l'intelligibilité de la loi ne sont pas recevables.

Conclusion du chapitre

Pour conclure ce chapitre, il convient de préciser que, s'il faut combiner indices juridiques et jurisprudence constitutionnelle pour dégager une base juridique de la méthode d'interprétation consistant à recourir aux travaux préparatoires des normes en vue de leur interprétation en droit interne, cette méthode d'interprétation du droit semble, « conventionnellement » et non juridiquement, bien établie dans les relations internationales[804] à travers les articles 31 et 32 de la Convention de Vienne de 1969 sur l'interprétation des

---

[801] Décisions n° 99-421 DC du 16 décembre 1999, Cons. 13 et n° 2001-455 DC du 12 janvier 2002, Cons. 9 et 100. *Loi de modernisation sociale.*

[802] V. Proposition de loi relative à la simplification du droit de Jean-Luc Warsmann, Etienne Blanc et Yves Jégo, n° 20 (2007-2008), Exposé général, Sénat, 2007.

[803] Décision n° 2019-795 DC du 20 décembre 2019, §. 29. *Loi de financement de la sécurité sociale pour 2020.*

[804] L'expression « relations internationales » est préférée ici à celle de « droit international » car il paraît difficile de parler d'un « droit international » alors même que ce droit ne revêt pas de l'attribut le plus élémentaire et essentiel du droit, à savoir la *coercition*.

traités[805]. Ces dispositions ont inspiré le législateur australien qui a intégré leur principe dans son ordonnancement juridique par une réforme législative de 1984. Selon la législation australienne issue de cette réforme[806], « *même si les termes de la loi sont clairs, il importe de se référer aux travaux préparatoires*[807] », ce qui montre que le but de la référence aux travaux préparatoires n'est pas seulement juridique, elle est aussi politique, stratégique et démocratique[808]. Ainsi, à l'instar de l'aide qu'ils ont vocation à apporter au juge-interprète international, les travaux préparatoires permettent de sortir d'une forme d'*ésotérisme* interprétatif si décrié[809] en droit constitutionnel interne.

En ce sens, le crédit accordé par la jurisprudence du Conseil aux indices constitutionnels appuyés sur les dispositions des articles 33 de la Constitution de

---

805 Convention de Vienne sur le droit des traités du 23 mai 1969, ONU, *Recueil des Traités*, vol. 1155, *Extrait* (articles 31 et 32), pp. 372-373. Il est à noter que la France n'est pas partie à cette convention et n'avait pas pris part à son élaboration en 1969.

806 V. Article 15AB de *Acts Interpretation Act*, 1901.

807 Cité par Stéphane Beaulac, « Parliamentary Debates in Statutory Interpretation: A Question of Admissibility or of Weight? », *McGill Law Review*, Vol. 43, p. 297. La Cour internationale de justice a affirmé, bien avant le traité de 1969, dans un avis de 1950 sur la compétence de l'Assemblée générale pour l'admission d'un État aux Nations unies, qu'il n'y a pas lieu de recourir aux travaux préparatoires si le texte d'une convention est, en lui-même, suffisamment clair (sur ce point, v. Louis Favoreu, « L'arrêt de la Cour internationale de Justice dans l'affaire de la compétence en matière de pêcheries (Royaume-Uni c/ Islande et Allemagne fédérale c/ Islande) », in *Annuaire français de droit international*, volume 19, 1973 (pp. 272-289), p. 277). Puis, en 1973, elle est revenue sur cette considération en décidant que même s'il est inutile de recourir aux travaux préparatoires du traité lorsque le texte est clair, la Cour peut toutefois s'y référer pour confirmer la lecture qu'elle fait du texte du traité (CIJ, 2 févr. 1973, arrêt, *Royaume-Uni de la Grande Bretagne c/ Islande* [Compétence en matière de pêcheries], Rec., p. 10, §§17 et 18). On peut voir dans ce retournement, quoique peu enthousiasmant, du juge international, un effet des dispositions des articles 31 et 32 du traité de 1969.

808 Sur ce point, on y reviendra dans le titre qui suit.

809 Sur ce point, v. Wanda Mastor, « Opiner à voix basse... et se taire : réflexion critiques sur le secret des délibérés », in *Mélanges en l'honneur du Président Bruno Genevois*, Dalloz, 2008, pp. 725-751. Comme une illustration de ce que le juge constitutionnel devrait éviter, l'auteure affirme : « *Des décisions enrobées du bois précieux des rhétoriques, des formulations et tournures flirtant avec les frontières de l'ésotérisme, suscitant une crainte révérencielle envers qui les manie avec une si magique habileté... Douce et inaccessible hermine. Le profane, au nom duquel la justice est censée être rendue, semble parfois rassuré de ne pas saisir un jugement, comme si l'hermétique rimait avec le supérieur. Auréolé du mystère inséparable de toute grande fonction, celle de juger est floutée par de multiples voiles que les intéressés se plaisent à utiliser.* » (*Ibid.*, p. 725). Ce sont là des mots lourds de sens. Compte tenu de telles charges pesant sur l'épaule du juge (constitutionnel), dont l'œuvre est comparée à la pureté d'une hermine, un objet inaccessible, on comprend que celui-ci ait le souci de justifier, par des éléments concrets et accessibles au plus grand nombre, comme les travaux préparatoires, les résultats de ses raisonnements interprétatifs.

1958 et 1156 et suivants du Code civil constitue un fondement juridique solide et inouï pour une méthode d'interprétation juridique, celle consistant à recourir aux travaux préparatoires des normes juridiques en vue de leur propre interprétation. Ainsi, cette méthode d'interprétation juridique, qualifiée d'historique dans les systèmes juridiques anglo-saxons, est la seule, à proprement parler, qui dispose d'un fondement juridique dans le système juridique français. On est donc bien loin du rêve d'Henri Capitant qui souhaita, au début des années 1930, l'adoption par le juge français de la règle anglaise d'exclusion de travaux préparatoires (*Hansard*) dans l'interprétation juridictionnelle des normes juridiques.

Conclusion du Titre II de la Première partie

Ce chapitre s'intègre dans un titre dont l'objectif était tant de cerner le débat historique qui entourait et entoure encore cette méthode d'interprétation juridique que de (re)trouver les traces d'un fondement juridique de celle-ci. Il a ainsi été démontré que cette méthode d'interprétation juridique a survécu à tous les débats qui lui auraient pu être fatals. Le poids historique de cette méthode d'interprétation juridique renforce d'autant plus son poids juridique, ce qui explique que le juge (constitutionnel) se l'impose dans l'interprétation constitutionnelle des normes juridiques en même temps qu'elle s'impose à lui.

Conclusion de la Première partie

Enfin, il a été question, dans la première partie de cette recherche, toujours à la lumière de la jurisprudence du Conseil constitutionnel, à chaque fois que cela a été rendu possible, de l'étude de la diversité des sources de la notion de travaux préparatoires des normes juridiques, notamment à travers la typologie générale de ces derniers[810], ainsi que de la place qu'ils occupent, du point de vue historique et juridique, en tant qu'instruments d'une méthode d'interprétation juridique parmi d'autres. Si cette méthode d'interprétation est, comme cela a été démontré, la seule méthode d'interprétation juridique qui est fondé sur le droit, qui plus est le droit constitutionnel, alors la question se pose de savoir quel est l'impact d'un tel mécanisme sur la justice constitutionnelle, dans la mesure où il est directement saisi par celle-ci.

*****

[810] C'est l'objet même du Titre I de cette Première partie de la recherche.

SECONDE PARTIE

SECONDE PARTIE. L'IMPACT DE L'USAGE DES TRAVAUX PRÉPARATOIRES SUR LA JUSTICE CONSTITUTIONNELLE

La première partie de cette recherche laisse entrevoir plusieurs aspects d'un éventuel impact de l'usage des travaux préparatoires dans l'interprétation juridique constitutionnelle. Il en va ainsi de la clarté, de l'accessibilité, de l'intelligibilité et, *in fine*, de la qualité attendue ou, du moins, espérée, des normes juridiques que peut générer l'usage des travaux préparatoires. Mais la question de l'impact de cette méthode d'interprétation juridique devient très vite différente si elle est posée sur la base de la démocratie constitutionnelle[811].

Il serait opportun, dans la recherche de l'impact de cette méthode d'interprétation sur la justice constitutionnelle, celle rendue en dernier ressort par le Conseil constitutionnel, d'opérer un travail de classification des décisions de celui-ci ayant fait référence aux travaux préparatoires en plusieurs catégories, voire sous-catégories. Cette classification consisterait à regrouper les décisions allant dans le même sens (confortation interprétative, informations accessoires ou fantaisistes, informations pertinentes, informations décisives...), celles concernant un domaine précis (économie, finances, social, institutions...), etc. Cependant, sur le plan scientifique, ce travail n'aurait pas beaucoup de sens,

[811] Pour une première approche de cette notion, v. Carl Joachim Friedrich, *La démocratie constitutionnelle*, Préface de Marcel Prélot, PUF, 1958. Cet auteur a esquissé la notion de démocratie constitutionnelle à travers l'ouvrage cité qui, malgré le titre, est plutôt centré sur le droit constitutionnel classique à travers l'organisation des pouvoirs. La démocratie constitutionnelle s'entend, pour l'auteur, au sens de la place centrale des normes constitutionnelles qui font une large part au juge et à la justice constitutionnels. Mais l'approche moderne de la démocratie constitutionnelle ne se limite pas à cette place centrale des normes constitutionnelles, elle place la délibération prétorienne constitutionnelle au centre de l'organisation de l'État et, dans ce cadre, le juge constitutionnel devient un représentant à part entière du peuple souverain au même titre que les organes élus.

notamment pour la doctrine et la science constitutionnelles, sans tirer les conclusions nécessaires de cette technique interprétative constitutionnelle, et ce d'autant qu'un travail de ce type a été esquissé à la fin des années 1990[812] bien que, depuis cette analyse, la jurisprudence du Conseil constitutionnel ait évolué, notamment dans le sens d'un élargissement du champ des éléments constitutifs de la notion de travaux préparatoires. De plus, les conditions du caractère contentieux de l'usage des travaux préparatoires, contentieux qui aurait pu conduire à une classification des décisions qui en font référence, au regard de la place que le Conseil constitutionnel confère aux arguments que les requérants fondent sur ces deniers, ne paraissent pas réunies[813] ; rien ne dit, pour autant, qu'il ne sera pas utile à l'avenir d'opérer cette étude *classifiée* des décisions du Conseil faisant référence aux travaux préparatoires. Cela étant dit, il n'est pas ignoré que cet angle méthodologique puisse être discuté. Cependant, ce caractère contentieux, quoi qu'assez embryonnaire, semble poindre lorsque l'on observe l'usage des travaux préparatoires extraparlementaires que l'on abordera plus loin, du moins dans le domaine des lois finances. Ainsi, ce travail de classification n'est pas celui choisi dans la présente thèse, du fait du risque de confusion qu'il pourrait générer, tant il y aurait des catégories et sous-catégories à dégager pour un intérêt, en définitive, insignifiant.

Par ailleurs, il semble que cette méthode d'interprétation juridique, que les membres du Conseil constitutionnel ont unanimement adoptée dès le début du fonctionnement de l'institution en 1959, interpelle la recherche constitutionnelle et conduit, en l'état actuel de la jurisprudence du Conseil, le chercheur de ce champ épistémologique sur d'autres terrains que celui technique d'une classification *commentée* des décisions du Conseil faisant référence aux travaux préparatoires. L'usage de ceux-ci par le Conseil constitutionnel est une technique que celui-ci a adoptée pour des raisons bien plus stratégiques et politiques que celle de la simple recherche de clarté ou de sens d'une norme obscure ou de la volonté du législateur. Si le Conseil constitutionnel recherche la clarté de la norme dans les travaux préparatoires, c'est qu'il cherche à se protéger en construisant des éléments concrets qui confortent l'acte de volonté contraignant

---

[812] V. Philippe Josse, *Le rôle de la notion de travaux préparatoires dans la jurisprudence du Conseil constitutionnel*, Préface de Pierre Avril, LGDJ, Coll. : « Science politique », 1998.

[813] En effet, il semble que le Conseil constitutionnel laisse peu de place à ce caractère contentieux de l'usage des travaux préparatoires puisqu'il paraît peu enclin à censurer le législateur sur le fondement d'un argument des requérants tiré du non-respect de la procédure législative tant intraparlementaire qu'extraparlementaire. Son objectif est davantage d'assurer la légitimité de son rôle, d'où la prépondérance des travaux préparatoires extraparlementaires dans ses motivations que l'on analysera plus tard.

et conditionné qu'il pose par l'interprétation qu'il attribue aux normes qu'il contrôle ou applique.

L'interprétation juridique est un art, celui de convaincre. C'est ainsi un art que l'artisan du droit, qu'est d'abord le juge constitutionnel, se doit de maîtriser afin de mieux susciter l'attractivité à ce qui est interprété et, ainsi, répondre à l'exigence d'*interprétativité constitutionnelle*[814] dont les différents usages des travaux préparatoires sont un facteur de construction. Ainsi, on ne peut avoir un point de vue sur l'impact que les travaux préparatoires exercent sur la justice constitutionnelle, celle rendue par le juge constitutionnel en dernier ressort, qu'à travers une étude des différents usages de ces derniers dans la jurisprudence de celui-ci. Il convient alors, du point de vue scientifique, de préciser l'intérêt de cette seconde partie de la thèse. Toute recherche de nature scientifique s'inscrit soit dans le champ de la recherche dite fondamentale – c'est-à-dire de la recherche pure et simple de nouvelles connaissances –, soit dans celui d'une recherche appliquée – qui suppose une recherche dont l'objectif est de répondre à une problématique définie et précisée à l'avance[815]. Dans cette optique, cette seconde partie de la recherche peut, à maints égards, revêtir le caractère d'une recherche appliquée, puisqu'elle prétend démontrer que l'usage des travaux préparatoires par le juge constitutionnel est une explication du concept d'une justice constitutionnelle plus accessible[816].

La question de l'impact de l'usage des travaux préparatoires sur la justice constitutionnelle renvoie à celle du rôle de ces derniers dans l'interprétation constitutionnelle, en particulier, et au-delà de la simple recherche de clarté ou du sens du texte soumis à l'interprétation. Ont été développées, sur ce point, en première partie, les différentes facettes de la notion, assez difficiles à cerner, de travaux préparatoires, du point de vue juridique, notamment du fait de la grande diversité de leur source. Ce point conduit à l'explication du choix du terme « impact » plutôt que celui de « conséquence » ou d'« effet ». Ce choix s'explique

---

[814] Pour la notion d'*interprétativité constitutionnelle*, v. le chapitre 2 du titre suivant.

[815] Sur ce point, v. Raymond Robert Tremblay et Yvan Perrier, *Savoir plus : outils et méthodes de travail intellectuel*, Les Éditions de la Chenelière inc., 2ème édition, 2006 [en partie consultable en ligne] ; v. aussi le Manuel de Frascati, OCDE R&D, 2002.

[816] Sur ce point, v. Dominique Rousseau, *Droit du contentieux constitutionnel*, LGDJ, 2013, « La démocratie constitutionnelle, fondement de la légitimité du rôle du Conseil constitutionnel », pp. 555 s., n° 620 s.

par le fait que ces deux derniers termes renvoient, de manière implicite, du moins à première vue, à un jugement de valeur ; celui-ci conduirait alors à se positionner, dans une grille, quant aux points négatifs et positifs de cette méthode d'interprétation du droit et à constater lesquels l'emportent sur les autres. Il faut renoncer à entrer dans pareil débat afin de se placer au centre, et non pas à la périphérie, de l'impact de cette méthode d'interprétation juridique. Ainsi, convient-il, dans cette seconde partie de la recherche, de se concentrer sur un aspect, jusqu'à présent non étayé, malgré les nombreux débats juridico-scientifiques, de cette méthode d'interprétation qui, pourtant, paraît particulièrement intéressante à explorer au moment où l'on vit un niveau de crise de confiance sans précédent dans les institutions publiques, dont l'institution juridictionnelle elle-même. Cet aspect particulier est celui de la démocratie qui, de nos jours, suppose la transparence décisionnelle à tous les niveaux[817]. Cela s'applique en premier lieu au juge constitutionnel dont le rôle est d'interpréter de manière claire et précise, sous le regard de tout un chacun, les normes juridiques qui tiennent la vie en société. Dans cette perspective, l'usage des travaux préparatoires dans l'interprétation constitutionnelle, au-delà de la simple technique formelle, de la recherche de clarté des normes, ne constitue-t-il pas une forme de démocratisation de la justice constitutionnelle, dans la mesure où il concrétise les éléments sur lesquels l'interprétation constitutionnelle est fondée ? Il faut, à ce titre, remarquer que la notion de démocratie constitutionnelle[818], qui est fondée sur le respect des droits et libertés fondamentaux et sur la démocratie par le droit[819], dépasse l'idée classique de démocratie représentative. L'idée de démocratisation de la justice constitutionnelle a fait l'objet de sérieuses recherches par des membres de la doctrine constitutionnelle. Ce courant doctrinal plaide, notamment, pour une démocratisation de la façon de rendre la justice constitutionnelle, dans le sens d'une meilleure transparence de l'interprétation du droit dans l'ordre juridique interne. Cette transparence interprétative est, en effet,

---

[817] Sur cet engouement contemporain de la transparence qui oblige et contraint l'action de tout dépositaire d'autorité dans tous les domaines de la vie sociale, v. Guy Carcassonne, « Le trouble de la transparence », *Pouvoirs*, n° 97, 2001, pp. 17-23.

[818] Mais cette notion est particulièrement critiquée dans la mesure où elle laisse transparaître une forme de gouvernement des juges constitutionnels au détriment de la démocratie par le vote. Sur ce point, v. Bastien François, « Justice constitutionnelle et 'démocratie constitutionnelle'. Critique du discours constitutionnaliste européen », *Droit et politique*, 1993, PUF, pp. 53-64.

[819] La notion de démocratie par le droit est définie par la *Commission de Venise*, dont les différentes activités sur la promotion des droits et libertés fondamentaux sont particulièrement notables, comme celle qui, notamment, assure la « *prééminence du droit* » [Consulté en ligne le 25 août 2017]. Ainsi définie, on comprend les critiques que cette notion peut susciter ; mais la démocratie par le droit ne signifie pas, pour autant, la méconnaissance de l'importance et de l'intérêt des disciplines a-juridiques, telles les sciences politiques, bien au contraire.

particulièrement appuyée par l'usage des travaux préparatoires. Cet aspect des choses, consistant à aborder la démocratisation de la justice constitutionnelle sous l'angle de l'usage des travaux préparatoires, ou plutôt à associer celle-ci à cette méthode d'interprétation du droit, présente un caractère nouveau non négligeable à explorer. Pour illustrer ce point, il suffit d'observer le comportement des tribunaux, à l'instar du Conseil d'État, soucieux de leur autorité et de leur légitimité prétorienne dans la société démocratique. En effet, en avril 2012, un rapport commandé par le Conseil d'État plaide pour un usage explicite des travaux préparatoires dans l'interprétation des normes juridiques, dans le sens où cette méthode d'interprétation contribuerait à « *renforcer l'autorité et l'intelligibilité*[820] » des décisions du juge. Cependant, cette autorité renforcée des décisions du juge, grâce à l'usage explicite des travaux préparatoires, ne peut exister que si lesdits travaux – histoire des normes juridiques auxquelles ils président – présentent un caractère éminemment démocratique au sens où ils sont accessibles à tous. Et le fait que le juge constitutionnel fasse usage de cette méthode d'interprétation du droit – même lorsque la nécessité de procéder ainsi ne s'y prête pas –, est une circonstance qui laisse exprimer, *a priori*, une certaine transparence sur l'interprétation du droit ; mais, il convient de le souligner, cette recherche de transparence dans l'usage des travaux préparatoires n'est pas toujours aussi explicite qu'attendue dans la jurisprudence constitutionnelle.

Ces considérations relatives à l'impact des travaux préparatoires et, *a fortiori*, à la méthode d'interprétation juridique consistant en l'usage de ces derniers par le juge constitutionnel conduisent à deux observations principales. La première est que l'usage des travaux préparatoires dans l'interprétation normative juridique joue un rôle de protection de l'inévitable fonction créatrice[821] du juge constitutionnel (Titre I). Et, partant, l'ouverture, par la jurisprudence

---

[820] V. *Rapport du Groupe de travail sur la rédaction des décisions de la juridiction administrative*, Philippe Martin (pdt), Conseil d'État, Avril 2012, « proposition n° 6 », p. 29. Les propositions de ce rapport sont en partie appliquées par la jurisprudence administrative depuis une série d'expérimentations menées entre 2014 et 2015, et plus récemment par le Conseil d'État à partir de mai 2016.

[821] La fonction créatrice du juge n'est pas une simple idéologie dogmatique issue de la doctrine du réalisme juridique. Elle est inhérente à la fonction même de juger et elle est ancrée dans le paysage juridique depuis au moins l'expérience de l'Empire romain (Haut-Empire). En effet, depuis cette époque, l'« *interprétation [opérée par le juge], lorsque la règle [de droit] est obscure ou inadaptée aux évolutions, [se présente comme] une démarche créatrice de norme.* » (François Saint-Bonnet et Yves Sassier, *Histoire des institutions avant 1789*, LGDJ, Coll. : « Droit public », 5ème édition, 2015, p. 27). Dans le même sens, Muriel Fabre-Magnan affirme que « *Toute interprétation est donc créatrice et ajoute à la règle.* » (Muriel Fabre-Magnan, *Introduction au droit*, PUF, Coll. : « Que sais-je ? », 3ème édition, août 2016, p. 79).

constitutionnelle, des lieux traditionnels des débats préparatoires des normes juridiques, au-delà des seules chambres du Parlement bicaméral, constitue une extension du lieu d'expression du parlementarisme qui, en définitive, affecte directement la justice constitutionnelle, laquelle, du même coup, s'intègre pleinement dans la sphère démocratique[822] (Titre II).

---

[822] Il n'est pas ignoré que le juge (constitutionnel) est condamné à la définition sans cesse de sa place dans le système politique comme un acteur démocratique au même titre que les acteurs issus du mécanisme électoral. Selon Jean-Louis Debré, son père « *s'est toujours opposé à ce que le Conseil [constitutionnel] devienne une Cour constitutionnelle, changement qu'il jugeait incompatible avec la démocratie.* » (*Ce que je ne pouvais pas dire*, Robert Lafont, avril 2016, p. 125). Qu'est-ce que la démocratie pour Michel Debré ? L'élection. D'où le dilemme du juge constitutionnel face à une telle conception de la démocratie qui ravit encore sur la scène politique. Pour aller plus loin sur les difficultés du pouvoir (ou contre-pouvoir) du juge constitutionnel, du point de vue démocratique, v. Fabrice Hourquebie, *Sur l'émergence du contre-pouvoir juridictionnel sous la Vème République*, Bruylant, 2004, not. pp. 48-53, 258-270, 308-314.

TITRE I

TITRE I –
L'USAGE DES TRAVAUX PRÉPARATOIRES DANS L'INTERPRÉTATION CONSTITUTIONNELLE : UN MÉCANISME PROTECTEUR DE LA FONCTION CRÉATRICE DU JUGE CONSTITUTIONNEL

La question de la légitimité d'un organe de délibération et de décision[823] n'est pas tant liée à l'origine de son pouvoir qu'au degré de réceptivité, de crédibilité, de recevabilité et d'acceptabilité attaché à ses décisions. Traditionnellement, s'agissant des organes élus, leur légitimité est souvent fondée sur la seule élection, longtemps considérée comme source de tout pouvoir en démocratie, et, dans une moindre mesure, en ce qui concerne les organes juridictionnels en droit français, depuis 1790 où la pratique de l'élection des juges a été abandonnée, sur le fondement juridique textuel de l'organe. Ainsi, la légitimité du Conseil constitutionnel est d'emblée fondée sur les articles 56 à 63 de la Constitution de 1958 qui fondent ses compétences et la portée de ses décisions. Par comparaison, la légitimité de la Cour suprême du Canada, qui rend la justice constitutionnelle de ce pays, est considérée comme juridiquement fragile, du fait de la faiblesse de son fondement juridique textuel. En effet, la Section 1 de la *Constitution Act, 1867* n'a fait qu'affirmer qu'« *une Cour d'appel fédérale est créée pour le Canada* ». Dans ce contexte, contrairement au Conseil constitutionnel français, ce n'est qu'une loi fédérale ordinaire qui a créé la Cour suprême du Canada et qui a défini ses compétences et sa composition. Or, la légitimité de cette Cour semble être

[823] Le choix, ici, de distinguer les fonctions délibérative et décisionnelle d'un organe peut ne pas paraître simple de prime abord. D'où il convient de l'expliquer. À certains égards, un organe chargé d'une mission décisionnelle connaît deux moments clés différents, bien qu'en général seule la décision prise est, *in fine*, évaluée. D'abord, le moment de la délibération qui suppose des débats, des gesticulations, des oppositions, des argumentations, des contradictions, des démonstrations, des contestations, des heurts, des énervements, des hausses de ton, des insultes plus ou moins polies... entre ses membres ; ensuite, vient le moment de la décision qui, une fois prise, devient, en quelque sorte, irréprochable et incontestable au sein de cet organe, hormis le cas de certains systèmes décisionnels pouvant reconnaître le procédé des opinions dissidentes.

intacte et elle ne semble pas non plus être moins légitime que le Conseil constitutionnel français. À partir de là, la question se pose de savoir si la légitimité d'un organe délibératif et décisionnel, telle une instance de justice constitutionnelle, tient vraiment à ces deux seuls éléments, à savoir l'élection ou le fondement juridique de cet organe. La tradition de juges-élus a été abolie en France par les révolutionnaires qui y voyaient un danger tant pour le législateur que pour la République naissante, du fait, notamment, du risque d'une emprise du juridique sur le politique. En effet, la fonction du juge étant, par nature, considérable, l'élection de celui-ci pourrait le doter d'une légitimité supplémentaire et le conduire à élaborer des lois de règlement, au détriment du rôle législatif de la représentation parlementaire. Ainsi, en l'absence d'une légitimité électorale, la légitimité du juge constitutionnel se fonderait exclusivement sur le texte constitutionnel qui définit ses compétences. Si l'on considère ce point de vue, un juge constitutionnel dont la création, les compétences et la composition ne se trouveraient pas régies directement par la Constitution du système politique qu'il a vocation à encadrer et dans lequel il opère est illégitime ou, du moins, sa légitimité souffre d'une certaine fragilité existentielle et opérationnelle. Pourtant, cette conception des choses paraît fausse. Le respect dû au juge constitutionnel canadien est incontestable, et, de ce point de vue-là, son existence et sa fonction peuvent être regardées comme étant aussi légitimes que celles du juge constitutionnel français. Cette équivalence dans le respect dû aux deux juges constitutionnels, respect qui fonde, du moins en partie, leur légitimité interprétative, alors même qu'ils ne sont pas élus et qu'ils reposent sur un fondement juridique distinct, celui du juge constitutionnel canadien étant juridiquement inférieur, signifie qu'il y a au moins un tiers élément, autre que l'élection et le fondement juridique, qui peut servir de fondement à la légitimité d'un organe délibératif et décisionnel, à l'instar du juge constitutionnel. Cela signifie surtout que les assises traditionnelles de la légitimité des organes de délibération et de décision sont dépassées et éclatées. Dans ce contexte, la question du tiers élément qui peut également servir de fondement à la légitimité d'un juge constitutionnel se pose. Cet élément est, semble-t-il, tissé de différents facteurs issus du processus de délibération du juge constitutionnel et qui, partant, lui permettent une rigueur technique et intellectuelle solide et visible dans la décision définitive[824].

[824] C'est cette rigueur du juge constitutionnel qui peut le mieux assurer l'assise de ses décisions dans tout le système politique dans lequel il opère. En effet, « *Plus le respect de la communauté pour les Cours est profondément enraciné et moins celles-ci courent de risque à assumer la fonction d'arbitre suprême de l'interprétation constitutionnelle.* » (Carl Joachim Friedrich, *La démocratie constitutionnelle*, Préface de Marcel Prélot, PUF, 1958, p. 139).

La solidité de cette rigueur technique et intellectuelle est visible dans la jurisprudence du Conseil constitutionnel, bien que celle-ci ne soit, pour autant, pas exempte de critiques justifiées. À ce titre, tant dans le contrôle de constitutionnalité *a priori* que dans celui *a posteriori*, le Conseil constitutionnel affirme, de manière stratégique, que « *la Constitution ne [lui] confère pas [...] un pouvoir général d'appréciation et de décision de même nature que celui du Parlement*[825] ». Si le pouvoir du Conseil constitutionnel n'est pas de même nature que celui du Parlement, cela ne signifie pas, pour autant, qu'il n'a pas de pouvoir ; le sien est simplement différent par rapport à celui du Parlement. Ainsi, le Conseil constitutionnel, tout en démontrant que le pouvoir législatif du Parlement qui produit la norme et le pouvoir interprétatif du juge constitutionnel qui précise et encadre celle-ci sont deux pouvoirs séparés, affirme en même temps la coopération et la complémentarité nécessaires de ces deux catégories de pouvoirs créateurs de droit dans une société démocratique. Sur ce point, sans entrer dans le débat doctrinal français sur le réalisme juridique, débat qui recherche notamment à savoir si le Conseil constitutionnel pratique la théorie du réalisme juridique ou pas, le rôle créateur du juge constitutionnel français n'est plus à démontrer[826]. Cette coopération, très visible à travers l'usage des travaux préparatoires des normes par le juge constitutionnel, contribue à la construction du tiers élément qui renforce indéniablement la légitimité de celui-ci (Chapitre 1). Ce renforcement de la légitimité du juge constitutionnel par l'usage des travaux préparatoires des normes juridiques apporte ainsi une plus-value considérable à ses décisions ; cette plus-value est précisément ce qui a été désigné plus haut comme l'*interprétativité* constitutionnelle (Chapitre 2).

---

[825] V. Décision n° 2003-468 DC du 3 avril 2003, Cons. 42. *Loi relative à l'élection des conseillers régionaux et des représentants au Parlement européen ainsi qu'à l'aide publique aux partis politiques* et Décision n° 2010-66 QPC du 26 novembre 2010, Cons. 4. *M. Thibaut G. [Confiscation de véhicules].*

[826] V. Michel Troper, « Le réalisme et le juge constitutionnel », in *Dossier : Le réalisme en droit constitutionnel*, Cahiers du Conseil constitutionnel, n° 22, juin 2007. Pour cet auteur, « *l'avantage que le juge peut trouver à se proclamer réaliste est un surcroît de légitimité* ». Mais, justement, le Conseil constitutionnel peut rechercher à se défaire du réalisme, même s'il le pratique, pour accroître sa légitimité. Car le réalisme, en ce sens qu'il se présente, à certains égards, comme « *le refus du formalisme* », est mal perçu en droit français où les juristes s'attachent particulièrement aux textes posés, bien qu'avec des marges d'interprétation plus ou moins étendues de ces derniers.

Chapitre 1. Les travaux préparatoires au secours de la légitimité créatrice du juge constitutionnel

> « *L'homo juridicus a une propension à vouloir défendre sa sphère de compétence, à ne pas vouloir que sa décision soit renversée, à préserver son existence institutionnelle, ainsi qu'à maintenir ou optimiser son pouvoir, notamment en fournissant des justifications institutionnellement acceptables de ses choix.*[827] » (Michel Troper et Véronique Champeil-Desplats).

Plus qu'un tremplin pour le juge constitutionnel face à la carence de normativité juridique, l'usage des travaux préparatoires par ce dernier constitue un rempart pour sa propre légitimité créatrice de droit[828] face à celle du législateur. En effet, bien que non élu, le juge, quel qu'il soit,

[827] Michel Troper et Véronique Champeil-Desplats, « Proposition pour une théorie des contraintes juridiques », *in* Michel Troper *et ali* (dir.), *Théorie des contraintes juridiques*, Bruylant-LGDJ, 2005, (pp. 11-23), p.15.

[828] La fonction créatrice du juge constitutionnel et l'exercice par lui de cette fonction n'est plus à démontrer (v. Michel Troper, « Le réalisme et le juge constitutionnel », in *Dossier : Le réalisme en droit constitutionnel*, Cahiers du Conseil constitutionnel, n° 22, juin 2007 ; Marie-Claire Ponthoreau, *La reconnaissance des droits non écrits par les cours constitutionnelles italienne et française. Essai sur le pouvoir créateur du juge constitutionnel*, Economica, 1994, Coll. : « Droit public positif », 280 p.), bien qu'elle soit parfois contestée. On l'a vu encore récemment, le rôle créateur joué par

n'a pas une légitimité moindre que celle des législateurs successifs qui « font » le droit posé. À ce propos, Michel de Villiers et Armel Le Divellec affirment : « *Le droit positif français n'a jamais accueilli, en dépit de l'intitulé parfois retenu (par ex. dans la Constitution de 1791), le concept d'un pouvoir judiciaire exprimant la souveraineté nationale au même titre que les pouvoirs législatif et exécutif. N'étant pas élus, les magistrats ne sauraient d'ailleurs être considérés comme des représentants du peuple.*[829] » Et pourtant, bien que non élus, si la justice n'était pas rendue par les juges au nom du peuple, donc comme représentants du peuple, mais au nom des élus qui les ont nommés, à n'en pas douter, cette justice serait, tôt ou tard, une justice *dictée* par les autorités de nomination et donc une justice arbitraire. Sur ce

---

le Conseil constitutionnel, qui, dans sa décision n° 2012-297 QPC (si l'on se place du point de vue de la théorie du réalisme juridique de type américain, l'interprétation constitutionnelle qui ressort de cette décision relèverait d'un certain *pragmatisme* réaliste du Conseil constitutionnel), s'est abrité derrière des travaux préparatoires qui n'existent pas, comme une « *rhétorique de la justification* » (*Ibid.*), sans doute pour « *masquer le caractère politique de la décision derrière la référence à la réalité* » (*Ibid.*), a été violemment critiqué. Le Conseil constitutionnel utilise ainsi les travaux préparatoires comme un camouflage de son rôle créateur (*Ibid.*). L'une des explications d'un tel comportement est que, comme l'affirme Michel Troper, « *lorsque l'interprétation émane d'une autorité compétente [tel le juge constitutionnel], et que les décisions de cette autorité sont insusceptibles de recours, elle s'impose et produit des effets dans l'ordre juridique quel que soit son contenu, même si elle va à l'encontre du sens commun, de l'intention de l'auteur du texte interprété ou des règles du langage ordinaire.* » (*Ibid.*). Pour certains auteurs aux idées peut-être un peu trop tranchées, « *l'interprétation est une fonction de la volonté et non de la connaissance* » (*Ibid.*) car « *le véritable auteur de la norme n'est pas l'auteur du texte, mais l'interprète.* » (*Ibid.*) On retrouve là la définition même de la théorie du réalisme juridique. Mais l'auteur reconnaît lui-même que le juge est obligé de croire, de feindre de croire ou de faire croire « *qu'il se borne à appliquer un droit préexistant* » dans le texte formellement posé alors que, justement, « *le réalisme [juridique] est un refus du formalisme* » (*Ibid.*). Ces considérations sont problématiques si l'on considère que le Conseil constitutionnel applique la théorie du réalisme. Mais il semble qu'il ne faut pas figer, de manière aussi catégorique, les choses. Il y a, dans l'interprétation constitutionnelle, tant de la *volonté* de la part du juge, cela est certain, que de la *connaissance*, ce qui est tout aussi certain. D'abord, il y a l'autorité indéniable qui s'attache aux décisions du juge constitutionnel, bien que cette autorité puisse être défaite par le processus de révision constitutionnelle ; cette autorité est censée, en partie, couvrir la volonté du juge. Le juge constitutionnel, pris dans sa subjectivité, est une composante de la société, qui observe, qui est affectée dans un sens ou dans un autre par les questions qui se posent dans cette société. De ce point de vue-là, comme toute composante humaine d'une société, la volonté politique du juge, sans vouloir entrer dans sa psychologie, aura sans nul doute un impact sur ses choix et donc sur ses décisions ; c'est là un aspect du réalisme juridique. Mais étant donné les contraintes formalistes attachées au droit, contraintes qui s'imposent au juge lui-même qui contribue à la création du droit, celui-ci doit « *cesser d'être réaliste* » (*Ibid.*) une fois devenu juge ; et même si le juge constitutionnel dirait que sa « *stratégie est de n'avoir pas de stratégie* » (Propos de Georges Vedel rapportés par Michel Troper, *Ibid.*), il n'est pas difficile de constater qu'il ne s'agit que d'un comportement protecteur tissé par le juge constitutionnel de sa propre fonction.

[829] Michel de Villiers et Armel Le Divellec à propos de l'« autorité judiciaire » (*Dictionnaire du droit constitutionnel*, Sirey, 9ème éd., 2013, p. 19).

dernier point, Jean Foyer écrivait justement : « *La justice politique est une notion connue et ancienne. Le Conseil constitutionnel est nommé par les trois hautes autorités politiques, qui ne sont tenues d'observer aucune règle de titres, de compétences ou de capacité. Les autorités de nomination ne nomment pas des adversaires politiques.*[830] ». De ce point de vue, l'élection n'est plus la seule source de légitimité en démocratie, et le juge constitutionnel doit se distancier du pouvoir politique dont il contrôle l'activité, bien que, formellement, il tienne sa nomination de celui-ci. C'est dans cette optique que certains auteurs ont pu déconstruire le mythe de l'élection, en démontrant que les élus ne représenteraient, en réalité, pratiquement pas les électeurs sans le contrôle systématique du juge-représentant non élu[831], mais intègre, impartial et indépendant[832], sur leurs actions. Ainsi, le pouvoir judiciaire représente bel et bien le peuple dans tout État de droit. Cependant, nonobstant cette analyse positive de la fonction de juger, le mythe de l'élection est encore bien présent, et, de ce fait, le juge doit en permanence lutter pour asseoir sa légitimité face à celle des « élus ». Ainsi, on peut concevoir que le législateur détient une légitimité « populaire », de par son élection populaire, et que les juges, eux, et plus particulièrement le juge constitutionnel, détiennent une légitimité « technico-intellectuelle ». La légitimité du juge constitutionnel, qui contrôle, modifie, défait, refait… la norme législative votée par l'élu-législateur, n'a, pour autant, pas une importance moindre, par rapport à celle de l'élu. C'est dans cette optique que Savigny, s'appuyant sur l'article 4 du

---

[830] Jean Foyer, « Pour la suppression du Conseil constitutionnel », *La Revue administrative*, 51ème année, n° 301, janvier-février 1998, pp. 99-100.

[831] Le rôle de représentant du peuple joué par le juge constitutionnel est soutenu par plusieurs auteurs, dont Michel Troper qui affirme que « *s'il peut être admis qu'il [le Conseil constitutionnel] participe à la production des normes législatives, il peut être considéré comme représentant.* » (Michel Troper, *Le gouvernement des juges, mode d'emploi*, Les Presses de l'Université de Laval, Coll. : « Mercure du Nord / Verbatim », 2006, p. 35).

[832] D'ailleurs, on remarquera que la justice, tant administrative que judiciaire, est rendue « au nom du peuple français ». Bien que les décisions du Conseil constitutionnel ne portent pas cette mention, le souhait de voir le Conseil adopter cette formule se fait entendre jusque parmi ses propres membres ; c'est ainsi que Nicole Belloubet, lors d'une conférence prononcée en Sorbonne le 10 septembre 2014, a manifesté le vœu de voir un jour le Conseil constitutionnel rendre la justice au nom du peuple français. L'expression « au nom du peuple français » marque, du moins symboliquement, le caractère démocratique de la fonction de juger et de la justice rendue. Ainsi, la nomination des juges par une personnalité politique et élue, comme le président de la République, peut être considérée comme un prolongement de la démocratie élective et populaire. La fonction de juger est, par essence, une fonction suffisamment puissante en tant que telle pour ne pas lui conférer une légitimité supplémentaire par l'élection, ce qui pourrait, sans doute, la rendre totalitaire et arbitraire.

Code civil français, invita à opérer une conciliation, difficile mais nécessaire, entre ces deux types de légitimités complémentaires[833].

Dans ce contexte, les travaux préparatoires sont l'un – parmi bien d'autres mais insuffisants – des instruments au service du juge constitutionnel dans sa quête permanente d'une légitimité interprétative de force équivalente par rapport à celle, populaire, du législateur. La démonstration de la complémentarité de ces deux types de légitimité exige une étude claire de deux modes de production du droit ; celui, politique, suivi par le Parlement et celui, strictement juridique, que doit emprunter le juge constitutionnel. Dans cette perspective, il convient d'étudier, d'abord, ce qui est désigné sous le vocable « légitimité populaire » du législateur, quant au rôle de celui-ci dans la production du droit (Section 1), avant de s'intéresser, ensuite, à la « légitimité technique et intellectuelle » du juge constitutionnel au stade, cette fois, de l'interprétation du droit (Section 2).

SECTION 1 : LA LÉGITIMITÉ POPULAIRE DU LÉGISLATEUR ÉLU AU SERVICE DE LA PRODUCTION DU DROIT

Quelle que soit la qualité des normes législatives, leur production est réglementée par la Constitution de 1958 qui en donne la compétence, du moins à première vue, au seul Parlement bicaméral. En effet, au regard des dispositions des articles 24 et suivants de la Constitution, le Parlement est élu pour produire les normes. Représentant du peuple souverain délégataire et détenteur primaire de tout pouvoir normatif, le Parlement n'est, pour autant, pas libre dans le processus de production des normes. Son calendrier peut notamment être bouleversé par des événements imprévus, et l'opinion de ceux qui l'ont élu peut le conduire à agir là où il n'avait manifesté aucune volonté d'agir avant son élection[834]. Des contraintes particulières pèsent autant sur le Parlement, dans des

---

[833] Friedrich Carl von Savigny, *Traité de droit romain*, trad. Guenoux, t. I, Paris, 1855, p. 191.

[834] C'est sans doute la seule explication convaincante du caractère non impératif du mandat de parlementaire prévu à l'article 27 de la Constitution. Les attentats de Paris en 2015 illustrent parfaitement cet état de fait. En effet, ces événements ont conduit le législateur à produire des normes, tant législatives que constitutionnelles, alors même que ces réformes n'ont pas été prévus dans son calendrier. Bien que les réformes constitutionnelles relatives à l'état d'urgence et à la déchéance de la nationalité française aient été abandonnées en mars 2016, les différentes lois votées relatives à l'état d'urgence ont conduit le Conseil constitutionnel à se prononcer sur la

circonstances exceptionnelles, qu'il est parfois conduit à produire des normes à une vitesse telle qu'il passe à côté de certaines exigences essentielles de l'État de droit[835]. De telles circonstances ont bien des impacts sur le processus préparatoire de la production des normes par le législateur. Ainsi, les organes ayant pour rôle de réfléchir avant la production de la norme peuvent ne pas disposer du temps nécessaire pour ce faire. Dans ce contexte, il y a un manque tant au stade des travaux préparatoires intraparlementaires qu'extraparlementaires. Mais les travaux préparatoires, aussi inachevés qu'ils puissent paraître, serviront au juge (constitutionnel) qui, à la suite de l'adoption définitive de la norme, prendra le relais, afin d'achever le contenu de celle-ci au regard de la Constitution, au stade de son interprétation et de son application concrètes, en bonne et due forme.

La spécificité de la production normative par le législateur s'explique par les différents mécanismes préparatoires, auxquels celui-ci est soumis, en amont de la production des normes. C'est cette spécificité du travail du législateur, combinée avec l'élection du Parlement, qui le rend aussi « populaire », en tant que représentant des électeurs, ce qui suppose également qu'il est soumis à des contraintes particulières (§1). Cette spécificité de la production normative par le législateur conduit à s'intéresser au caractère *sociologique* des travaux préparatoires des normes législatives (§2).

§1. La spécificité de la production du droit par le législateur

La spécificité de la production normative par le législateur obéit à des exigences particulières de procédure. Ces exigences sont prévues tant dans le cadre de la Constitution qu'à l'extérieur de ce cadre. Le Parlement n'est, *a priori*[836], juridiquement lié que par le cadre constitutionnel (A), mais politiquement il est

---

constitutionnalité de ces lois, ce qui, de fait, peut être considéré comme une forme de production normative constitutionnelle sur le plan prétorien.

[835] Manque de prise en compte des exigences relatives au respect des droits et libertés fondamentaux notamment, on l'a vu avec les controverses sur l'état d'urgence et sur la déchéance de nationalité, après les attentats de Paris en février puis en novembre 2015. Le juge est ainsi là pour corriger les erreurs ; c'est en cela que ces deux autorités, intervenant chacun à son tour et à son niveau dans la confection des normes juridiques, sont complémentaires.

[836] Il s'agit bien, ici, du Parlement, et non du législateur qui est différent de celui-ci, en ce sens que le législateur est un mécanisme pluriel et complexe. On verra plus loin que le Parlement peut souverainement décider de lier une branche du législateur (tel le gouvernement) par des travaux préparatoires supplémentaires, au-delà des exigences constitutionnelles textuelles.

aussi lié par toute une série de mécanismes préparatoires dont il ne peut que très difficilement se passer (B).

A) La soumission du législateur aux exigences des procédures préparatoires prévues par la Constitution

Sur le plan strictement juridique, le législateur n'est lié que par les textes constitutionnels et leurs démembrements (lois organiques, règlements des assemblées, etc.) relatifs à la procédure législative. Ainsi, au niveau extraparlementaire, la saisine du Conseil d'État pour tout projet de texte de nature législative, du CESE, pour ce qui concerne les projets de loi de programme pluriannuelle, ou encore des collectivités territoriales d'outre-mer (article 74 de la Constitution), s'agissant des textes les concernant, sont autant de procédures obligatoires auxquelles le législateur est constitutionnellement soumis.

Chacune de ces procédures obligatoires reflète une certaine popularité[837] du travail parlementaire. En effet, chacun des organes institutionnels qui ont à produire un avis au législateur, et en particulier au gouvernement, dans le cadre de la procédure législative, est en relation directe avec un type particulier de public, dans un cadre tout aussi particulier. Ainsi, le CESE, qui intervient dans la procédure législative sur le fondement de l'article 70 de la Constitution, regroupe, en son sein, des syndicalistes, des intellectuels, des membres d'associations luttant pour certaines causes particulières d'utilité publique (environnement, famille…), des économistes, etc., sans compter d'autres spécialistes extérieurs à cette institution qui sont invités à prendre part à ses débats internes, et ainsi à contribuer à ses avis. Tous ces contingents de la population sont imprégnés, d'une certaine façon, de problématiques de différentes sphères de la société. Le même constat, mais avec d'autres types de contingents de la population, peut être dressé, s'agissant du Conseil d'État qui intervient dans la procédure législative sur le fondement de l'article 39, al. 2, de la Constitution, ou encore des collectivités territoriales d'outre-mer, au titre de l'article 74, dernier alinéa, et 74-1, al. 2, de la Constitution, pour n'en considérer qu'eux.

---

[837] Popularité, non plus seulement au sens de l'élection populaire des membres du Parlement, mais aussi au sens d'une ouverture des travaux du Parlement législateur à ceux d'autres organes qui viennent éclairer le débat législatif.

À tout cela, il faut ajouter tous les mécanismes préparatoires intraparlementaires, de l'exercice du droit d'amendement aux auditions des membres de la société civile par les membres du Parlement, auxquels, du moins *de facto*, le législateur est également soumis[838]. En effet, les règlements des assemblées législatives exigent des contacts et des dialogues entre les membres de celles-ci et des personnalités de terrain dans tous les champs et domaines affectés par un projet ou une proposition de loi déposé sur le bureau de l'une d'elles. Ces contacts et dialogues se manifestent par les différentes auditions et interventions d'experts devant les chambres parlementaires dans le cadre de la procédure législative intraparlementaire.

Chacune de ces phases de la procédure législative, qui font intervenir des contingents différents de la population dans le débat parlementaire, constitue une caution populaire à la fonction de production des normes par le législateur à travers le dialogue. Mais ces contingents interviennent seulement dans le cadre de la procédure obligatoire de production des normes prévue par la Constitution qui se dissout dans les règlements des assemblées législatives. La popularité de la fonction productrice du législateur est encore plus étendue si l'on compte le nombre de procédures non prévues ni directement, ni indirectement par la Constitution et auxquelles le législateur est pourtant réellement soumis.

B) La soumission du législateur aux exigences de certaines procédures préparatoires non prévues par la Constitution

Ces exigences qui s'imposent politiquement au législateur sont particulièrement remarquables à travers le rôle de certaines autorités administratives indépendantes (AAI) dans la procédure législative. À ce titre, la Commission nationale de l'informatique et des libertés (CNIL) joue un rôle considérable dans la préparation des réformes législatives au côté du législateur.

---

[838] En effet, si les auditions auxquelles procède le législateur au cours de la procédure législative intraparlementaire relèvent, sur le plan strictement juridique, d'un choix, il est tenu de le faire, sur le plan pratique et politique (démocratique), s'il souhaite que le texte final soit approuvé par ceux qui y seront soumis. C'est en ce sens d'ailleurs que Dicey affirma que tout gouvernement démocratique doit gouverner en s'appuyant sur l'opinion publique dont les experts auditionnés par le législateur sont une composante essentielle.

La CNIL est, pour ainsi dire, un organe dont la « popularité »[839] est à l'image de la mission de protection des droits essentiels des personnes qui lui incombe, notamment des droits individuels, contre les structures, que celles-ci soient publiques ou privées. En s'appuyant sur les travaux d'organes institutionnels de ce genre, qui appliquent les normes juridiques au quotidien, le législateur se dote de moyens supplémentaires lui permettant d'agir avec un minimum de connaissance de cause.

Sur le plan formel, la loi n° 78-17 du 6 janvier 1978 relative à l'informatique, aux fichiers et aux libertés, dans sa rédaction issue de la loi n°2009-526 du 13 mai 2009, a rendu obligatoire pour le gouvernement la consultation de la CNIL sur tout projet de loi ou de règlement relatif au traitement de données automatisées des personnes. En effet, depuis 2009, le a) du 4° de l'article 11 de cette loi dispose : « *Elle [la CNIL] est consultée sur tout projet de loi ou de décret relatif à la protection des personnes à l'égard des traitements automatisés. À la demande du président de l'une des commissions permanentes prévue à l'article 43 de la Constitution, l'avis de la commission sur tout projet de loi est rendu public ;* ». Le b) du 4° de ce texte ajoute : « *Elle propose au Gouvernement les mesures législatives ou réglementaires d'adaptation de la protection des libertés à l'évolution des procédés et techniques informatiques ;* » Dans ce contexte, la CNIL acquiert un rôle considérable, voire incontournable, dans la production normative en matière de protection des droits et des libertés dont elle a la charge, bien que, toutefois, le Conseil constitutionnel précise « *qu'au regard de l'article 34 de la Constitution, [le législateur ne peut pas se remettre aux] seules autorisations délivrées par la Commission nationale de l'informatique et des libertés*[840] », quant aux précisions nécessaires de certaines infractions qui justifieraient un rassemblement massif de données personnelles comme éléments de preuve. Le 4° de cet article 11 de la loi de 1978 a été complété par l'article 1er de la loi relative à la protection des données personnelles de mai 2018. Désormais, il contient une phrase ainsi rédigée : « *Elle [la CNIL] peut également être consultée par le Président de l'Assemblée nationale, par le Président du Sénat ou par les commissions compétentes de l'Assemblée nationale et du Sénat ainsi qu'à la demande d'un président de groupe parlementaire sur toute proposition de loi relative à la protection des données à caractère personnel ou au*

---

[839] Cette fois la popularité n'est pas liée à l'élection, la CNIL n'étant pas un organe dont les membres sont populairement élus, elle renvoie à l'adhésion de la population dans l'action considérée comme positive de l'organe, en l'occurrence la CNIL, dans la protection des droits et libertés informatiques.

[840] Décision n° 2004-499 DC du 29 juillet 2004, Cons. 12. *Loi relative à la protection des personnes physiques à l'égard des traitements de données à caractère personnel et modifiant la loi n° 78-17 du 6 janvier 1978 relative à l'informatique, aux fichiers et aux libertés.*

traitement de telles données. » Dans cette nouvelle version, cet article a fait l'objet d'un examen du Conseil constitutionnel qui l'a validé en ces termes : « *la deuxième phrase du a du 4° de l'article 11 de la loi du 6 janvier 1978, qui ne méconnaît ni les exigences de clarté et de sincérité du débat parlementaire, ni aucune autre exigence constitutionnelle, est conforme à la Constitution.* [841] »

Ce rôle de donneur d'avis de la CNIL a été mis en pratique à travers le projet de loi sur le renseignement en 2015[842]. On pouvait lire, sur le site internet de la CNIL, à propos de son avis sur ce projet de loi, l'information suivante : « *Monsieur Jean-Jacques Urvoas, Président de la Commission des Lois de l'Assemblée Nationale, a demandé ce jour à la Présidente de la CNIL que l'avis de la Commission sur le projet de loi relatif au renseignement soit rendu public, afin d'éclairer les travaux du Parlement sur ce texte.* » La publicité de cet avis, qui, *a priori*, semble viser le Parlement, a une portée bien plus étendue ; elle permet à tout citoyen de pouvoir contribuer au débat parlementaire, tout en disposant d'éclairages techniques nécessaires, à travers l'expertise de l'avis public de la CNIL.

Mais la CNIL n'est pas l'unique AAI à jouer ce rôle dans la production normative. D'autres, comme l'Autorité de régulation des communications électroniques et des postes (ARCEP)[843], contribuent également à la fabrication des normes juridiques, alors même que, tout comme la CNIL, leur rôle n'est nullement prévu par la Constitution. Le rôle de ces autorités dans la production normative n'est pas très différent de celui exercé par des organismes tels que le Conseil d'État au titre de l'article 39, al. 2, de la Constitution ; la seule différence notable est que le rôle du Conseil d'État est général, puisque celui-ci intervient dans le cadre de tout projet législatif et constituant (et dans quasiment tout projet règlementaire), alors que lesdites autorités n'interviennent que dans le cadre de projets normatifs relatifs à leurs champs de compétences respectifs ; de plus, le rôle du Conseil d'État est de nature constitutionnelle, alors que celui de ces autorités n'est que de nature législative ou règlementaire, voire même n'est fondé sur aucun texte juridique précis.

---

[841] V. Décision n° 2018-765 DC du 12 juin 2018, §. 17. *Loi relative à la protection des données personnelles.*

[842] V. Délibération n° 2015-078 du 5 mars 2015 portant avis sur un projet de loi relatif au renseignement (demande d'avis n° 15005319).

[843] V., par exemple, l'avis n° 2015-0291 du 5 mars 2015 de l'ARCEP sur le projet de loi relatif au renseignement. Cet avis a également été rendu sur saisine du gouvernement.

Ainsi, les exigences de procédure du Parlement législateur, dans les différentes phases de production des normes, le conduisent à exercer sa fonction législative sous le regard populaire à travers plusieurs sphères de la société. Dans ce contexte, on peut noter d'emblée que le juge constitutionnel, soucieux, lui aussi, de s'approprier cette popularité, afin de renforcer sa légitimité, suit les travaux préparatoires des normes à tous les stades, y compris ceux non prévus par la Constitution. Ainsi, Michel Troper a pu affirmer : « *La contrainte qui s'exerce sur un Parlement résulte en partie du comportement probable du juge constitutionnel, et elle est la même, que l'on estime que le juge se déterminera conformément à une obligation constitutionnelle ou conformément à l'idéologie de la majorité de ses membres.*[844] » Loin de désavouer cette affirmation, le Conseil constitutionnel le confirme. Ainsi, dans sa décision n° 2012-653 DC, il a jugé : « *Considérant que le Conseil constitutionnel est chargé de contrôler la conformité à la Constitution des lois de programmation relatives aux orientations pluriannuelles des finances publiques, des lois de finances et des lois de financement de la sécurité sociale ; que, saisi dans le cadre de l'article 61 de la Constitution, il doit notamment s'assurer de la sincérité de ces lois ; qu'il aura à exercer ce contrôle en prenant en compte l'avis des institutions indépendantes préalablement mises en place ;*[845] » Cette décision du Conseil montre clairement que les avis rendus par les institutions consultées par le Parlement ou par le gouvernement, dans le cadre de la production normative, ne le laissent pas indifférent lorsqu'il procède à l'interprétation des normes produites, même si la procédure de consultation n'est pas prévue par le texte de la Constitution[846]. De ce point de vue, le respect de toutes ces procédures préparatoires de consultation se présente comme une condition nécessaire à l'acceptabilité du droit pour tout un chacun.

---

[844] Michel Troper *et ali* (dir.), *Op. cit.*, p. 22.

[845] Décision n° 2012-653 DC du 09 août 2012, Cons. 27. *Traité sur la stabilité, la coordination et la gouvernance au sein de l'Union économique et monétaire.* Cette décision montre que les expertises érigées par la loi s'imposent au législateur qui les a pourtant librement générées. Cette situation n'est pas étonnante du point de vue l'analyse dialogique du droit. Olivier Cayla, sur ce point, affirme que « *la promesse est le don de ma parole monologique à un interlocuteur, auquel je me lie en demeurant idéalement toujours libre, puisqu'en me rappelant à ma promesse, l'interlocuteur ne fait que m'opposer ma propre parole.* » (Olivier Cayla, *La notion de signification en droit. Contribution à une théorie du droit naturel de la communication*, Thèse, Paris II, Tome II, novembre 1992, p. 1047). Impossible d'ignorer dans ce jeu du langage juridique l'image d'un législateur ou d'un constituant auxquels un autre acteur habilité, le juge constitutionnel, rappelle leurs propres promesses.

[846] À ce titre, bien que le Conseil constitutionnel ne l'ait pas mentionné dans sa décision n° 2015-713 DC du 23 juillet 2015, à propos de la loi relative au renseignement, il n'est pas impossible qu'il eût eu recours aux avis à la fois du Conseil d'État, de la CNIL et de l'ARCEP sur ce projet de loi.

§2. Le caractère populaire de la production normative par le législateur comme condition de l'acceptabilité du droit

En faisant usage des travaux préparatoires dans l'interprétation des normes, le juge constitutionnel pratique en réalité une forme de sociologie du droit. En effet, pour s'assurer de l'acceptabilité des normes par ceux auxquels elles seront applicables et appliquées, le législateur est contraint de prendre en considération un maximum de points de vue différents qui reflètent une majorité de l'échantillon le plus concerné de la population. Dans ce contexte-là, le législateur procède à un réel travail sociologique[847]. Contribuant au rôle du Parlement dans « *la recherche d'adhésion [à la norme] par l'argumentation et la persuasion*[848] », l'étude sociologique, dans le processus de fabrication du droit, participe aussi à la popularité de ce processus, et, *in fine*, à celle du législateur lui-même. Les travaux sociologiques sont en effet nombreux dans les travaux préparatoires, et la méthode de production de ces derniers ne diffère pas beaucoup des méthodes de la science sociologique[849]. Ainsi, il semble nécessaire de démontrer le mode de fabrication sociologique des travaux préparatoires des normes juridiques (A), contribuant à la popularité du processus de production de celles-ci au stade politique (parlementaire), avant de mesurer l'influence réelle de cette sociologie sur le droit ainsi produit (B).

---

[847] Marc Milet, « L'argument sociologique au Parlement », *in* Dominique Fenouillet (dir.), *L'argument sociologique en droit*, Dalloz, Coll. : « Thèmes et commentes », Actes, 2015, p. 151.

[848] *Ibid.* Cependant, Marc Milet a montré que « *la référence à la sociologie dans les débats parlementaires* » (*Ibid.*, pp. 160) n'est pas exempte de clivages politiques selon la force politique majoritaire dans les assemblées législatives. La majorité peut ainsi avoir tendance à auditionner des sociologues dont les opinions coïncident avec sa couleur politique plutôt que d'autres d'opinions contraires. Mais ce fait politique, bien qu'il soit, du point de vue de la transparence politique, anormal et équivoque, ne remet pas pour autant en cause le fait que le droit est empreint de sociologie. Ce sera au juge interprète de faire la part des choses au stade interprétatif, de manière à ne pas se laisser influencer par des arguments sociologiques d'un seul tranchant dans l'usage qu'il fait des travaux préparatoires des normes qu'il interprète.

[849] Lors d'un entretien avec la sociologue Dominique Schnapper, ancienne membre du Conseil constitutionnel, en novembre 2015, celle-ci reconnaît que les arguments sociologiques n'avaient, en son temps au Conseil, aucune influence sur la jurisprudence constitutionnelle ; mais elle reconnaît que les travaux préparatoires des normes parlementaires présentent une certaine similarité aux travaux sociologiques.

A) Le mode de fabrication sociologique des travaux préparatoires des normes juridiques

Si, dans le champ législatif, l'on considère la sociologie comme le mécanisme permettant au législateur de comprendre un échantillon social[850] dont il vise à encadrer l'activité et le fonctionnement, le travail de confrontation des points de vue qu'il opère en auditionnant[851] et en recueillant les contributions de spécialistes et de représentants professionnels d'une activité et / ou d'un échantillon social donné est une activité sociologique permettant au législateur de s'assurer de l'acceptabilité des normes qu'il pose. En effet, les auditions au sein des commissions parlementaires peuvent être assimilées à ce qu'on appelle, en sociologie, les *méthodes qualitatives* ; outre ces auditions, le Parlement utilise également la technique des sondages établissant des statistiques, ce qui renvoie aux *méthodes dites quantitatives* dans la science sociologique[852]. En effet, Jean-Claude Bécane et Michel Couderc ont pu montrer que les rapports parlementaires comportent bien souvent « *le résultat d'enquêtes sociologiques présentées en annexe*[853] », en vue d'informer le plus possible la décision législative finale ; il s'agit là d'une réelle obligation dans le cadre de l'élaboration des lois de finances prévue à l'article 39 de la loi organique du 1er août 2001, bien que le

---

[850] V. Michèle Giacobbi et Jean-Pierre Roux, *Initiation à la sociologie : les grands thèmes, la méthode, les grands sociologues*, Hatier, Paris, octobre 1990, pp. 6-7.

[851] Quoique les auditions parlementaires, dans le cadre du travail législatif, ne soient pas toujours des auditions visant à recueillir des informations d'intérêt général en vue d'une construction sincère de la volonté générale. Certains sociologues (v. Thomas Amadieu et Nicolas Framont, *Les citoyens ont de bonnes raisons de ne pas voter. Pour mieux comprendre*, Le Bord de l'Eau, octobre 2015, pp. 67-72) ont pu démontrer le rôle néfaste pour l'intérêt général de l'audition de lobbyistes au Parlement dans le cadre du processus de production normative. Pour autant, nous n'entrerons pas ici dans l'analyse du bien-fondé ou pas des auditions parlementaires.

[852] Michèle Giacobbi et Jean-Pierre Roux, *Op. cit.*, p. 177.

[853] Jean-Claude Bécane et Michel Couderc, *La loi*, Dalloz, Coll. : « Méthodes du droit », 1994, p. 161. Dans cette même optique, Louis Favoreu n'avait-il pas souligné l'importance des éléments sociologiques dans la théorie juridique, en arguant que la « *justice constitutionnelle [...] est l'un des éléments les plus originaux et les plus importants [et] aussi l'un de ceux les plus appréciés par l'opinion publique, comme l'a révélé un sondage effectué à l'occasion du vingt-cinquième anniversaire de l'adoption de la Constitution, en septembre 1983.* » (Louis Favoreu, *Les Cours constitutionnelles*, PUF, Coll. : « Que sais-je ? Le point des connaissances actuelles », 1986, p. 84) ? Les deux éléments à considérer, dans cette déclaration, qui ont trait directement à la sociologie, sont l'opinion publique, d'une part, et le sondage, d'autre part. Il est inutile de développer ces deux éléments sociologiques ici, Max Weber, et bien d'autres après lui, à la recherche d'une meilleure compréhension du droit, a bien esquissé le rôle de l'opinion et de ses études dans une forme de création décentralisée du droit (Max Weber, *Sociologie du droit*, PUF, Coll. : « Quatrige », 2007, p. 113).

Conseil constitutionnel tend sérieusement à la minimiser[854] ; ce mode de procédé vise ainsi à combler « *le fossé entre le législateur juridique et le législateur sociologique, entre le pays légal et le pays réel*[855] » par un « *contact direct avec [l]es électeurs*[856] », dans la phase de production des normes juridiques d'origine législative. Ainsi, les travaux préparatoires sont des « *Clés pour l'interprétation de la loi*[857] », non seulement du point de vue technique et méthodique, mais aussi du point de vue démocratique. Cette production démocratique des travaux préparatoires des normes est nécessaire pour éviter que « *l'interprète ou le citoyen ne rencontre plus, dans sa recherche, que le 'silence' du législateur.*[858] » C'est cet état de fait qui explique l'introduction des exigences de clarté et de sincérité des débats parlementaires imposées par le juge constitutionnel.

Ainsi, il n'est pas difficile d'observer la proximité entre le travail du Parlement, dès lors que l'une des commissions de l'une des deux assemblées parlementaires a été saisie sur un projet ou une proposition de loi, et le travail sociologique. De ce point de vue-là, on voit bien que le travail sociologique que reflète celui du Parlement, dans le processus de production des normes juridiques, quelles qu'elles soient (loi, Constitution, règlement des assemblées législatives), relève davantage des travaux préparatoires intraparlementaires que des travaux préparatoires extraparlementaires[859]. C'est, ainsi, pour cette raison que le raisonnement est centré sur la première catégorie de travaux préparatoires.

En effet, le mécanisme de production des travaux préparatoires intraparlementaires permet de constater que les méthodes sociologiques sont un phénomène diffus dans quasiment toutes les productions normatives du Parlement. Ce phénomène est tout à fait compréhensible, souhaitable, et même attendu, surtout lorsque le raisonnement est porté sur la dimension sociale et

---

[854] Décision n° 2018-777 DC du 28 décembre 2018, §. 4. *Loi de finances pour 2019.*

[855] *Ibid.*

[856] *Ibid.*

[857] *Ibid.*, p. 166.

[858] *Ibid.*, p. 161.

[859] Bien que les travaux préparatoires extraparlementaires ne soient pas en reste ; il suffit de regarder la composition du Conseil économique, social et environnemental pour se rendre compte que les avis que cette institution produit sur les projets de loi du gouvernement, au titre de l'article 70 de la Constitution, et sur les pétitions visant à projeter une proposition, sur le fondement de l'article 11 de la Constitution, sont le fruit d'un travail sociologique notable. Les travaux d'autres institutions, tel le Conseil d'État qui recueille les difficultés juridiques, tant dans le cadre du contentieux administratif que dans le cadre consultatif, difficultés qui se retrouvent forcément dans ses avis au gouvernement et au Parlement sur leurs projets normatifs, s'apparentent à un travail sociologique.

politique des normes juridiques. C'est en ce sens, d'ailleurs, que Jacques Chevallier affirme que « *l'idée fondamentale selon laquelle le phénomène juridique ne peut être saisi et encore moins expliqué sans que soit prise en compte sa dimension sociale et politique, à travers l'étude de sa genèse et de l'influence qu'il exerce sur la société, ainsi que du champ formé par les individus, les groupes, les institutions qui gravitent autour du droit, constitue le dénominateur commun de la sociologie du droit*[860] ». L'auteur affirme encore que cette « *démarche [celle de la sociologie] est transposable à toutes les branches du droit, qui constituent autant de sous-ensembles, partiellement autonomes, du système juridique, et donc du droit constitutionnel aussi.*[861] » En effet, la norme constitutionnelle qui, quel que soit son mode d'adoption, par le Parlement via le Congrès de Versailles ou par référendum, est aussi une norme fortement empreinte du travail parlementaire ; ainsi, elle est aussi fabriquée selon cette méthodologie sociologique qui est diffuse dans tout le système juridique.

Cette position, qui manifeste un certain intérêt pour la sociologie, et donc, *in fine*, pour l'opinion publique, dans la fabrication du droit, n'est, en réalité, pas

---

[860] Jacques Chevallier, « L'argument sociologique dans l'étude du droit constitutionnel », *in* Dominique Fenouillet (dir.), *Op. cit.*, p. 241.

[861] *Ibid.* Sur ce point, on peut rappeler la définition, toute sociologique, du droit constitutionnel par Léon Duguit : « *Comme étude scientifique, je définis le droit constitutionnel : l'étude systématique des faits relatifs à l'origine de l'Etat, à son développement dans les sociétés anciennes et à sa forme dans les sociétés contemporaines, dans le but de déterminer son organisation dans les sociétés futures. Observer et constater des faits ;* » (Léon Duguit, « Le droit constitutionnel et la sociologie », Extrait de la *Revue internationale de l'Enseignement*, 15 novembre 1889, *Revue générale du droit* [en ligne], 2014, n° 16365). Gaston Jèze avait cette même vision du droit, au-delà du seul droit constitutionnel. En effet, celui-ci affirmait que « *la méthode d'observation des faits... des faits économiques, sociaux, politiques, les milieux dans lesquels [les normes] naissent [...]* » est « *la seule chose qui importe pour l'étude du droit* » (Gaston Jèze, *Les principes généraux du droit administratif. La technique juridique du droit public français*, t. 1, Dalloz, 2005, 3ème édition, Préface). Pour cet auteur, « *Un ouvrage de droit doit contenir l'exposé des règles que le législateur, l'opinion publique des juristes, et, en particulier, l'opinion des tribunaux, déclarent, dans un pays donné, à un moment donné, être justes et utiles. Le rôle du théoricien est, avant tout, quel que soit son avis personnel, de dégager ces règles, de les classer, de leur donner une forme claire et précise. Il doit aussi expliquer leurs origines, montrer leur développement historique sous la pression des faits sociaux, économiques, politiques. Toute théorie juridique qui n'a pas pour point de départ l'observation minutieuse et attentive des faits et qui n'en est pas la synthèse exacte et adéquate est dénuée de valeur.* » (*Ibid.*, Quatrième de couverture). Dans la préface de l'édition de 1925 de cet ouvrage, Jèze avait déjà intégré dans ses travaux cette conception salutaire de la théorie du juridique : « *Plus j'avance en âge, plus je suis convaincu que la seule chose qui importe pour l'étude du droit c'est une bonne méthode : c'est la méthode d'observation des faits... des faits économiques, sociaux, politiques, les milieux dans lesquels ils naissent, se développent et s'appliquent les règles de conduite sociale dont l'ensemble constitue le droit d'un pays donné à un moment donné* » (*Ibid.*, Préface de Serge Salon et Jean-Charles Savignac).

nouvelle. Déjà au XIXe siècle, Dicey démontra, avec aisance, le poids de l'opinion publique dans la production normative en Angleterre[862]. Mais Jacques Chevallier n'a, pour autant, pas ignoré que la science juridique anglo-saxonne était différente, « *notamment aux États-Unis*[863] », par rapport aux études de juristes français sur la question de l'usage de la sociologie dans la construction du droit.

Mais la sociologie ne se manifeste pas seulement au stade de la production normative, elle est également opérationnelle au stade de l'application concrète des normes juridiques. Il s'agit, dans ce cas, d'une sociologie des normes telles qu'elles sont appliquées sur le terrain par les différents acteurs. Sur ce point, les travaux du Conseil national d'évaluation des normes ou CNEN (ex-Commission consultative d'évaluation des normes), eu égard à la fonction particulièrement importante[864] de celui-ci, permettent de mieux appréhender l'action sociologique au stade de l'application des normes juridiques. À ce titre, le rapport d'activité 2014 de cette instance, déplorant ses saisines d'urgence, trop nombreuses, par le gouvernement, ce qui court-circuite le plein exercice de sa tâche, rappelle que « *Chaque rédacteur de texte obligatoire devrait être invité à relire Portalis pour comprendre que les normes sont faites pour les hommes et non les hommes pour les normes. Qu'elles doivent être adaptées au caractère, aux habitudes, et à la situation des collectivités, parce que, s'il est possible de calculer les avantages que la théorie nous offre, il ne l'est pas de connaitre tous les inconvénients que la pratique seule peut découvrir.*[865] » Ainsi, les travaux préparatoires des normes juridiques peuvent être regardés, non seulement comme l'histoire de ces normes, mais également comme des instruments permettant d'observer la pratique concrète du droit dans toutes les sphères sociales. Ce constat contribue à l'idée d'une phase populaire, de bout en bout, du processus de fabrication des normes juridiques au stade politique. Mais s'il n'est pas difficile de comprendre le caractère sociologique des travaux préparatoires des normes juridiques, au regard de leur mode de fabrication, ceux-ci ne se constituent pas des seuls éléments sociologiques. Le caractère sociologique

---

[862] A. V. Dicey, *Leçons sur les rapports entre le droit et l'opinion publique en Angleterre au cours du dix-neuvième siècle*, Max Boucard et Gaston Gèze (dir.), Trad. Gaston Gèze *et ali*, Paris, 1906 [Cujas].

[863] Jacques Chevallier, *Op. cit.*, p. 241.

[864] L'action du CNEN vise à tisser des relations entre élus locaux et législateur afin de parvenir à élaborer des normes de qualité. En effet, l'alinéa 1er de l'article 1er de la loi n° 2013-921 du 17 octobre 2013 portant création d'un Conseil national d'évaluation des normes applicables aux collectivités territoriales et à leurs établissements publics dispose « *'Art. L. 1212-1. - I. - Le Conseil national d'évaluation des normes est chargé d'évaluer les normes applicables aux collectivités territoriales et à leurs établissements publics.* »

[865] Rapport public d'activité 2014 du CNEN, juillet 2015, p. 24.

des travaux préparatoires n'est qu'un aspect mis en avant ici pour illustrer l'analyse de la légitimité populaire du législateur dans la production normative. Dans ce contexte, il convient de mesurer l'impact réel des travaux sociologiques, distinctement, dans la production normative.

B) L'influence réelle de la sociologie dans la production du droit

L'accent sera mis ici sur un aspect particulier de la « sociologie normative » – au sens du travail sociologique réalisé en vue de mieux assoir la norme juridique en voie de production[866] – en s'appuyant sur la notion d'opinion publique chez le constitutionnaliste anglais, Dicey. Le lien entre sociologie (juridique) et opinion publique s'explique ici par le rôle de « rapporteur » et d'éclaireur de l'opinion publique joué par la recherche sociologique.

Dicey voyait dans les productions normatives juridiques – en France et en Angleterre – un droit qui se présente comme « *le produit de l'opinion publique.*[867] » Ce constat, il est vrai, a été porté sur les productions normatives juridiques du XIXe siècle ; cependant, il semble que, compte tenu de la volonté populaire qui anime les processus de production normative dans les sociétés *démocratiques*, d'une façon ou d'une autre, l'opinion de celles et ceux concernés par les normes qui seront produites, pour le moins, compte. Mais faudrait-il encore pouvoir mesurer cet aspect du travail préparatoire de recueil de l'opinion publique dans le processus de production normative juridique et dans les normes juridiques ainsi établies. Sur ce point, Dicey, après avoir constaté, en s'appuyant sur les écrits de Hume[868], que les gouvernants ne peuvent que s'appuyer sur l'opinion publique afin de mieux comprendre le tissu social et, ainsi, de mieux légiférer en direction du public concerné, estima qu'une telle observation est « *si vraie [...] que même l'autorité d'un planteur du Sud sur ses esclaves reposait au fond sur l'opinion des nègres qu'il pouvait à volonté fouetter ou tuer.*[869] » Cette opinion est forgée, selon lui,

---

[866] Pour une première approche du « courant sociologique » en droit, v. Christophe Grzegorczyk, « Introduction », *in* Christophe Grzegorczyk, Françoise Michaut et Michel Troper (dir.), *Le positivisme juridique*, LGDJ, 1992, [pp. 33-67], p. 45.

[867] Dicey, *Op. cit.*, p. X.

[868] Hume écrivait : « *Comme la force [...] est toujours du côté des gouvernés, les gouvernants n'ont rien pour les soutenir que l'opinion publique.* » (cité par Dicey, *Ibid.*, p. 2).

[869] *Ibid.* Ainsi, le public régi par la norme absurde peut, et doit même, s'il souhaite sortir de sa condition qu'il jugerait absurde, comme la condition d'esclave, se défaire de cette norme par tous les moyens de rébellion possible. Car, poursuivit Dicey, « *les forces physiques combinées [des esclaves]*

d'« *une espèce d'atmosphère morale dominante*[870] » qui fait croire à l'esclave que l'autorité de son maître se justifie.

Selon Dicey, « *l'opinion des gouvernés, voilà le fondement véritable de tout gouvernement*[871] » et « *[d]ans tout pays qui est gouverné d'accord avec les volontés de ses habitants, il n'existe, en général, aucun désir effectif en faveur de changements.*[872] » Maurice Hauriou, lui aussi, allait dans ce sens. Pour celui-ci, en effet, « *'La base de l'autorité se trouve dans le consentement des gouvernés'*[873] ». Ainsi, l'opinion publique se confond avec l'accord et la volonté populaires. Mais cette notion d'opinion publique mérite une définition plus nette, du point de vue juridique. Celle de Dicey est assez satisfaisante et complète : « *Ce terme, quand on l'emploie en parlant de la législation, est simplement une manière abrégée de décrire la croyance ou la conviction prépondérante dans une société donnée que certaines lois sont bonnes et, par conséquent, devraient être maintenues, ou qu'elles sont mauvaises et devraient être modifiées ou abrogées. Et dire que, dans un pays en particulier, l'opinion publique gouverne la législation, cela signifie que les lois y sont maintenues ou abrogées d'accord avec l'opinion ou avec les désirs de ses habitants.*[874] » Du moins en théorie, la pratique politique de fabrication normative juridique étant plus complexe[875], c'est cette opinion publique que le législateur paraît rechercher, dans le processus

---

surpassaient la force personnelle du planteur et celle de quelques blancs que l'on pouvait supposer l'assister. »

870 *Ibid.*

871 *Ibid.*, p. 3.

872 *Ibid.*, p. 17.

873 Maurice Hauriou, *Précis de droit constitutionnel*, Sirey, 2ème édition, réimpr. CNRS, 1965, p. 4.

874 Dicey, *Op. cit.*, p. 3. Cette définition de l'opinion publique par Dicey peut être comparée à d'autres approches, telle celle Jacques Commaille qui propose une sociologie politique du droit : « *L'analyse de processus de production des lois participe d'une sociologie politique entendue ici comme discipline dont l'objet d'étude est le pouvoir, en l'occurrence un pouvoir de régulation qui détermine des contraintes à destination des pratiques individuelles et collectives, en vue de produire leur ajustement.* » (Jacques Commaille, *L'esprit sociologique des lois : essai de sociologie politique du droit*, PUF, décembre 1994, pp. 31-32). Pour une analyse plus approfondie de l'opinion publique en droit constitutionnel, v. Sébastien Bénétullière, *La démocratie d'opinion. Contribution à une étude constitutionnelle de l'opinion publique*, thèse, Université Lyon 3, 2007, 837 p. Si cet auteur affirme que « *Le droit public en général, et le droit constitutionnel en particulier, semblent en effet ignorer complètement cette notion* » (*Ibid.*, p. 8) d'opinion publique, force est de constater, cependant, qu'il ne s'agit que d'une situation théorique liée au fait des contraintes pesant sur le juge constitutionnel, dans un système juridique privilégiant l'écrit, et, *a fortiori*, sur les praticiens de cette discipline ; en pratique, l'opinion publique, tout dépend ce qu'on met comme contenu derrière cette notion, se trouve au centre de l'interprétation constitutionnelle depuis les années 1970.

875 Dicey le reconnaît lui-même dans son raisonnement sur la question de l'opinion publique dans le processus normatif juridique (*Ibid.*, pp. 9-12).

préparatoire d'élaboration des normes, afin de pouvoir afficher le plus possible le caractère populaire de la norme qu'il pose.

La complexité de l'opinion publique dans la production normative juridique est qu'elle s'accompagne bien souvent de *compromis* entre gouvernants et gouvernés, mais aussi entre des intérêts partisans en présence, et que ces derniers, gouvernants et gouvernés, représentent[876], au point d'en laisser entrevoir une forme de *compromission* avec les intérêts partisans, au détriment de l'intérêt général. C'est à l'aune de cette complexité-là qu'il est possible de mesurer l'influence réelle du « pouvoir » de l'opinion publique dans la production normative juridique. L'opinion publique peut ainsi se transformer en intérêt partisan et en égoïsme car « *les hommes [sont d'abord] surtout gouvernés par l'intérêt, cependant l'intérêt lui-même, ainsi que toutes les affaires humaines, est entièrement gouverné par l'opinion*[877] ». Et comme un de ses nombreux exemples choisis pour illustrer ses propos, Dicey affirme que « *si vous rencontrez des lois votées pour le bénéfice spécial des manufacturiers ou des ouvriers, vous pouvez être certain que ces classes, d'une manière ou d'une autre, ont une importance politique.*[878] » Ainsi, l'opinion de ces deux échantillons sociaux est une opinion fragmentaire et non une opinion publique au sens d'un intérêt général.

Malgré cette complexité qui vient démystifier l'opinion publique dans le processus préparatoire d'élaboration des normes, Dicey déclare : « *même en admettant que les personnes qui ont le pouvoir de faire la loi soient uniquement et entièrement influencées par le désir de servir leurs intérêts personnels et égoïstes, néanmoins, la notion qu'ils ont de leur intérêt, et, par suite, leur législation, seront déterminées par leur opinion ; dès lors, partout où le public a de l'influence, le développement du droit doit nécessairement être gouverné par l'opinion publique.*[879] » Ainsi, la notion d'opinion publique n'est, chez Dicey, pas tout à fait l'intérêt général, tel que tout un chacun aurait pu le supposer ; c'est un mécanisme, voire

---

[876] *Ibid.*, p. 9.

[877] Dicey citant Hume, *Ibid.*, p. 12.

[878] *Ibid.*, pp. 11-12. Mais l'opinion partisane peut aussi provenir des législateurs successifs eux-mêmes lorsqu'une question d'ordre institutionnel qui les concerne est réclamée par l'opinion publique représentant un intérêt général. Ainsi, sous le quinquennat de François Hollande (2012 / 2017), les dispositifs normatifs relatifs au non cumul des mandats et la transparence de la vie publique ou politique, pour ne choisir que ces deux exemples, parmi tant d'autres, ont été considérés comme étant vidés de leur substance, si bien que les textes qui les contenaient avaient suscité davantage de débats qu'ils ne résolvaient les problèmes posés et soulevés de manière récurrente par l'opinion publique.

[879] *Ibid.*, pp. 12-13.

même un phénomène, beaucoup plus complexe à cerner du point de vue juridique.

Quoi qu'il en soit, les travaux préparatoires des normes juridiques, dans toute leur diversité, présentent une certaine similarité, sur certains aspects, avec la science du social ; et la notion d'opinion publique, que la sociologie met en évidence, permet de se rendre compte et de comprendre cet aspect des travaux préparatoires des normes juridiques qui contribuent à la popularité du mécanisme de production normative au stade politique, ce qui est quelque peu différent du processus de construction et / ou de reconstruction des normes juridiques au stade prétorien. En effet, il semble que le Conseil constitutionnel n'ignore pas tout à fait les travaux sociologiques. Dans sa décision n° 2010-14/22 QPC sur la garde à vue, par exemple, le Conseil, après un premier assouplissement[880], semble avoir définitivement fait sauter ce que Louis Favoreu appela l'effet cliquet ou cliquet « anti-retour »[881], à propos des droits et libertés fondamentaux, en se fondant notamment sur des éléments statistiques qui lui ont permis de détecter un changement de circonstances, quant aux conditions procédurales de la garde à vue et de sa durée. En effet, après avoir constaté qu'il y avait « *un recours de plus en plus fréquent à la garde à vue*[882] », ce qui a « *modifié l'équilibre des pouvoirs et des droits fixés par le code de procédure pénale*[883] », le Conseil a pu observer « *qu'ainsi la proportion des procédures soumises à l'instruction préparatoire n'a cessé de diminuer et représente moins de 3 % des jugements et ordonnances rendus sur l'action publique en matière correctionnelle*[884] » jusqu'à entrer dans le comptage du nombre de garde à vue réalisées entre 1993 et 2009 pour décider « *que ces modifications des circonstances de droit et de fait justifient un réexamen de la constitutionnalité des dispositions contestées ;*[885] »

Ainsi, entre le législateur et le juge constitutionnel, il y a un jeu coopératif évident et nécessaire. Pierre Avril, Jean Gicquel et Jean-Éric Gicquel ont particulièrement mis en évidence ce jeu coopératif entre les deux institutions. En

---

880 V. Décision n° 86-217 DC du 18 septembre 1986, Cons. 4. *Loi relative à la liberté de communication.*

881 V. Décision n° 83-165 DC du 20 janvier 1984, Cons. 17 ; Décision n° 84-181 DC du 11 octobre 1984, Cons. 37.

882 Décision n° 2010-14/22 QPC du 30 juillet 2010, Cons. 15. *M. Daniel W. et autres [Garde à vue].* Sous-entendu, le recours de plus en plus fréquent à la garde à vue est accepté, ou, du moins, soutenu, par l'opinion publique actuelle.

883 *Ibid.*

884 *Ibid.*, Cons. 16.

885 *Ibid.*, Cons. 18.

effet, selon ces auteurs, « *Le principe du contradictoire [dans la procédure parlementaire], qui caractérise la délibération de bout en bout, présente une évidente analogie avec le débat contentieux. La répétition résulte du bicamérisme, qui s'apparente au double degré de juridiction, mais prolongé en dialogue entre les deux chambres [...].*[886] » Dans l'esprit de ce dialogue et de cette similarité, le Conseil constitutionnel recherche à conforter le plus possible sa légitimité technique d'interprète impartial des décisions parlementaires par l'usage des travaux préparatoires ayant présidé à celles-ci.

SECTION 2 : LA LÉGITIMITÉ TECHNIQUE ET INTELLECTUELLE DU JUGE CONSTITUTIONNEL AU SERVICE DE L'INTERPRÉTATION DU DROIT

L'interprétation d'un texte juridique, surtout lorsque celui-ci est empreint d'obscurité, suppose nécessairement que le juge-interprète doit, d'une manière ou d'une autre, remonter à son esprit. Dès lors, un problème majeur se pose. L'esprit d'une norme étant, techniquement parlant, particulièrement délicat à démontrer, le juge-interprète, et le juge constitutionnel, en particulier, se trouve lui-même au centre d'un dilemme qui l'expose aux jugements des différents acteurs du droit observant minutieusement son travail interprétatif. Comment démontrer qu'il ressort de l'esprit d'un texte juridique ou d'un corpus de textes juridiques, comme la Constitution ou encore la loi, l'existence d'une norme, alors même que, à l'ère du tout scientifique où toute allégation doit être dûment justifiée[887], sinon prouvée, cet esprit normatif ne peut pas être concrétisé ? Dans ce contexte où les autres acteurs du droit, et les justiciables, en particulier, ont besoin d'éléments concrets pour se fier à l'interprétation juridictionnelle des normes, le juge constitutionnel doit faire preuve d'une grande responsabilité et d'une grande habileté pédagogiques dans la confection de l'interprétation

---

[886] Pierre Avril, Jean Gicquel et Jean-Éric Gicquel, *Droit parlementaire*, LGDJ, 5ème édition, 2014, p. 205, n° 236. Jean-Claude Bécane et Michel Couderc (*La loi*, *Op. cit.*, p. 163) ont fait un constat similaire à propos du principe du contradictoire dans l'élaboration législative.

[887] Ainsi, si l'on peut affirmer qu'« *Avec la QPC, le contrôle de constitutionnalité sort d'une logique purement abstraite pour connaître non plus la loi parlementaire mais la loi 'juridictionnelle'* » (Dominique Rousseau, « Le procès constitutionnel », *Pouvoirs*, n°137, *La question prioritaire de constitutionnalité*, avril 2011, (pp. 47-55), p. 50), l'acceptation de cette loi prétorienne n'est possible que par une justification qui soit la plus convaincante possible. Sur ce point, v. également Michel Troper *et ali* (dir.), *Théorie des contraintes juridiques*, *Op. cit.*, p. 15.

constitutionnelle, qui plus est une interprétation définitive dans l'ordre juridique interne. Pour tenter de limiter, sinon d'éviter les critiques, ce à quoi il est soucieux et sensible, le Conseil constitutionnel trouve un certain refuge dans les travaux préparatoires qui, à certains égards, peuvent être révélateurs de l'esprit normatif. Ainsi, grâce à l'usage des travaux préparatoires, aux yeux des autres acteurs juridiques qui scrutent la moindre interprétation donnée par le Conseil à un texte, cette interprétation paraîtra moins *ésotérique*[888] et donc beaucoup plus accessible.

Dans le contexte d'une méfiance accrue dans l'activité du juge constitutionnel et d'une critique de plus en plus prononcée, quoique nécessaire dans une démocratie, celui-ci se trouve ainsi contraint de sortir du terreau des méthodes interprétatives habituelles afin de justifier, le mieux que faire se peut, ses interprétations. Ainsi, les travaux préparatoires sont, pour le Conseil constitutionnel, un précieux instrument de justification, même si ces derniers peuvent, parfois, se présenter comme étant vides de clarté et de sens, au regard des normes qu'ils ont précédées. À cet égard, le rôle des travaux préparatoires est particulièrement marqué dans la construction, par le Conseil constitutionnel, de « l'esprit normatif », en tant que notion de droit politique (§1). Mais le recours, par le juge constitutionnel, à l'esprit normatif, qu'il doit lui-même révéler, avec toutes les difficultés que cela représente, n'est pas une fantaisie. Le juge constitutionnel qui y a eu recours est forcément dans une situation où les textes qu'il interprète ne revêtent pas toutes les caractéristiques essentielles d'une norme de droit (§2).

§1. L'« esprit normatif » : une notion juridique insaisissable

Charles de Gaulle affirma en 1964 qu'« *Une Constitution, c'est un esprit, des institutions et une pratique*[889] ». Cette définition, apparemment simple, de la

---

[888] Pour emprunter ce vocabulaire à Bastien François à propos de la notion de démocratie constitutionnelle (« Justice constitutionnelle et 'démocratie constitutionnelle'. Critique du discours constitutionnaliste européen », *Op. cit.*, p. 56).

[889] Déclaration de Charles de Gaulle, lors d'une conférence de presse le 31 janvier 1964, *in* Charles de Gaulle, *Discours et messages*, Plon, 1970, t. IV, p. 168. L'esprit de la Constitution peut être appliqué à l'ensemble des normes juridiques qui seraient toutes animées par un certain esprit. Ainsi, l'esprit normatif vise celui de toutes normes juridiques. Plus concrètement, dans le cadre du contentieux constitutionnel, l'esprit qui anime la Constitution de 1958, serait, entre autres, selon certains, le respect de l'équilibre et de la « *séparation des pouvoirs* » et du pragmatisme des

notion de Constitution, ne cache pas, pour autant, sa complexité. En effet, si les *institutions* et la *pratique*, qui entrent dans le cadre de cette définition, ne sont pas difficiles à cerner, il n'en va pas de même de l'*esprit* du texte constitutionnel. Dès lors, la nécessité de rechercher à comprendre un tel concept (avant d'être une notion juridique) s'impose. Ainsi, il a semblé opportun de rechercher la philosophie de ce concept d'esprit normatif (A) avant de s'intéresser à sa signification en tant que notion de droit politique (B).

A) La philosophie du concept de l'esprit normatif

De Socrate[890] à Montesquieu, en passant par Locke, le concept de l'esprit normatif[891] a été beaucoup pensé par les plus grands philosophes du droit. Mais c'est Montesquieu avec *De l'esprit des lois*[892] qui va marquer l'attention des juristes sur ce concept.

L'idée qui a guidé les penseurs de l'esprit normatif peut être résumée dans cette conception, bien connue, de Montesquieu, selon laquelle le juge ne serait que la « *bouche* » de la loi[893] qui est chargée de révéler l'esprit des lois. Schmitt, marchant dans les pas des partisans de ce courant et qui, au passage, accuse Kriegel de parvenir à « *l'aboutissement totalitaire de la philosophie du sujet*[894] », au détriment du volontarisme posé du droit, a pu affirmer que « *l'indépendance des*

---

institutions (« Trois experts « notent » les juges : Louis Favoreu, Pierre Avril, Georges Vedel. La lettre et l'esprit de la Constitution passés au crible. », *Libération*, 20 mars 1999).

890 Platon, *La République*, Trad. Georges Leroux, Flammarion, 2ème éd., 2004, Livre II, [377b] : « *Nous exhorterons ensuite les nourrisses et les mères à raconter aux enfants les histoires que nous aurons choisies [...].* »

891 Il n'est, d'ailleurs, pas certain que toutes les sciences aient la même approche de cette notion. Bien qu'elles l'emploient toutes, elles lui donnent, chacune, des connotations bien différentes. Ainsi, les historiens sont convaincus que cette notion, prise sous l'angle du positivisme comtien, est une forme de complot contre l'histoire, dans la mesure elle est considérée comme étant un triomphe : « *Le triomphe de l'esprit normatif coïnciderait donc avec l'idéologie de la fin de l'Histoire, telle qu'y encourage le postmodernisme* » (Jean-Michel Besnier, « La norme entre conformisme et autonomie », *in* Claude Debru, Philippe Billet, Mireille Delmas-Marty et *al.*, *Sciences et Société, les normes en question*, Actes Sud / IHEST, Coll. : « Questions vives », mars 2014, (pp. 63-86), p. 66).

892 Montesquieu, *De l'Esprit des lois*, 1748, Gallica (BNF).

893 Montesquieu, *De l'esprit des lois*, Livre XI, Chap. VI, p. 327 : « *Les juges de la nation ne sont [...] que la bouche qui prononce les paroles de la loi ; des êtres inanimés, qui n'en peuvent modérer ni la force ni la rigueur.* ».

894 Norbert Campagna, *Le droit, la nature et la volonté. Essai sur les fondements de la normativité*, L'Harmattan, 2006, p. 89.

juges ne peut jamais être autre chose que l'autre face de leur dépendance de la loi.[895] » Mais, à supposer que cette affirmation fût acceptable[896], s'attacher à « l'esprit » de la norme, n'est-ce pas s'écarter du texte de celle-ci dont le juge serait dépendant ? Les théories philosophiques de l'esprit normatif peuvent également être appréhendées par la gnoséologie[897] (juridique) de Van Riet. La gnoséologie du droit, à la différence de la critique épistémologique, n'aborderait pas de « l'intérieur » les limites du « connaissable » normatif, mais chercherait à décrire de « l'extérieur » les processus d'acquisition et d'élaboration de la connaissance juridique. Elle serait, pourtant, selon Christian Atias[898], dénuée de pertinence, dans la mesure où la gnoséologie étudie la faculté de connaître, ce qui n'est, à première vue, pas pertinent en droit. Le juge, lui, ne peut pas être indifférent à la pensée gnoséologique – tout comme celle de l'épistémologie – du droit, dans la mesure où il doit réfléchir, de l'intérieur comme de l'extérieur, à ce à que le législateur, ou toute autre autorité, qui a eu la volonté d'agir par des normes, à un moment donné, a pu penser. Et les travaux préparatoires lui permettent, parfois, de donner un certain contenu à son interprétation lorsqu'il se réfère à l'esprit normatif.

Ainsi, le concept d'esprit normatif s'est formé à partir de la philosophie du droit, mais les auteurs de cette philosophie ne pouvaient pas donner une très grande portée à ce concept au-delà de l'ordre purement idéologique. C'est la pratique, notamment jurisprudentielle, qui donnera à ce concept un certain sens du point de vue juridique.

B) La signification pratique du concept de l'esprit normatif en droit

Pour Olivier Camy, « *l'esprit : c'est l'idée générale qui a présidé à l'élaboration d'un texte et continue à l'animer. Par exemple, l'esprit de notre Constitution de 1958, c'est un parlementarisme original incorporant des traits présidentiels compte tenu de*

---

[895] *Ibid.*, p. 57.

[896] Mais l'on sait que cette affirmation de Schmitt ne peut être vraie qu'à une condition. Le juge n'est jamais dépendant d'une norme que dans le contexte où celle-ci est d'une particulière clarté face à une situation concrète qui est en instance de jugement, ce qui est assez rare.

[897] Selon le philosophe Van Riet, la gnoséologie est une branche de la philosophie visant à établir « *les conditions, la valeur et les limites de la connaissance* ». Ce terme correspond mieux à l'acception anglaise d'*epistemology* (épistémologie), il se confond même avec elle en anglais.

[898] Christian Atias, *Epistémologie juridique*, Dalloz, Coll. : « Précis », 1ère édition, 2002, « Introduction », p. 1-10.

la position d'arbitre du Président de la République. Le juriste devra se guider sur l'esprit d'un texte pour l'interpréter (et comprendre son application) si le sens littéral ne fournit pas la solution.[899] » La plupart des constitutionnalistes pourrait admettre cette conception de l'esprit de la Constitution ; mais elle pose un problème juridique majeur, du fait, notamment, de l'absence de critères concrets permettant de dégager l'esprit d'un texte juridique, quel que soit l'interprète.

Partons d'un cas concret, en considérant, à tout hasard, l'arrêt *D'Aillières* (7 février 1947) du Conseil d'État, pour illustrer ce problème. À certains égards, le Conseil d'État, en tant que bouche de la loi, a fait dire à la loi ce qu'elle ne dit pas[900] dans cette décision. En effet, malgré la clarté de l'ordonnance qui était applicable, en l'espèce, le Conseil d'État n'a pas hésité à décider : « *Considérant à la vérité qu'aux termes du 3e alinéa de l'article 18 bis ajouté à l'ordonnance du 21 avril 1944 par celle du 6 avril 1945, qui était en vigueur au moment de l'introduction de la requête et dont la modification ultérieure par l'ordonnance du 13 septembre 1945 n'a d'ailleurs eu ni pour but, ni pour effet de changer sur ce point la signification, la décision du jury d'honneur "n'est susceptible d'aucun recours" ;*[901] ». Pourtant, malgré cette formulation « *aucun recours* » dans l'ordonnance dont s'agit, le Conseil d'État a pu considérer que « *l'expression dont a usé le législateur ne peut être interprétée, en l'absence d'une volonté contraire, clairement manifestée par les auteurs de cette disposition, comme excluant le recours en cassation devant le Conseil d'Etat ;* ». Eu égard aux termes de cette décision, il peut être considéré que le Conseil d'État *lit* dans l'esprit des textes afin de parvenir à cette interprétation. Le comportement du juge face à l'esprit législatif n'est, dans ce cas, pas étonnant. En effet, si entre deux individus, l'un (le juge) est la bouche de l'autre (la loi), le premier est donc supérieur et en situation de force dominante par rapport au second puisqu'en étant sa bouche, il peut, comme l'affirmait le juge Holmes, faire dire à l'autre ce qu'il veut qu'il dise[902]. Dès lors, la théorie de Montesquieu, et ses

---

[899] V. Site internet d'Olivier Camy, « Petit lexique de droit constitutionnel, (https://www.droitconstitutionnel.net/lexique.htm) [Consulté le 30 décembre 2016].

[900] Sur cet arrêt du Conseil d'État, v. Pierre Delvolvé, « Le Conseil d'Etat, Cour suprême de l'ordre administratif », *Pouvoirs*, 2007/4, n° 123, (pp. 51-60), p. 56.

[901] CE Ass. 7 février 1947, *D'aillières*, n° 79128, Rec. Leb., p. 50.

[902] L'ancien juge de la Cour suprême des États-Unis, Holmes (1902-1932), est le chef de file du courant dit *réaliste* qui prône l'aspect créateur de droit de l'interprétation jurisprudentielle de celui-ci. Selon ce courant, lorsqu'un juge interprète la loi ou la Constitution, il y a nécessairement une part de subjectivité et d'arbitraire qui rentre dans cette interprétation. Autrement dit, c'est le juge qui dit ce que la loi (le droit) est, ce que dit le juge devient alors le droit concret, le droit réel, d'où le *réalisme*. C'est, d'ailleurs, en ce sens que Michel Troper affirme que « *celui qui interprète peut ainsi donner au texte la signification qui lui permettra d'obtenir la décision souhaitée.* » (Michel Troper, *Le gouvernement des juges, mode d'emploi*, Les Presses de l'Université de Laval, Coll. : « Mercure du

partisans (Schmitt et autres), en considérant la signification habituelle qu'on lui reconnaît, ne peut pas tenir ; et la jurisprudence, par le jeu de l'interprétation des normes, en donne la preuve de manière constante. C'est une politique « qui ne dit mot consent » qu'applique le juge ordinaire, en l'occurrence le Conseil d'État, dans sa décision. Mais cet esprit législatif, contraire à l'interprétation donnée par le Conseil d'État, qui n'est pas trouvé dans la loi posée, même s'il existait[903], devrait affronter l'esprit d'autres normes supérieures, comme le principe d'un double degré de juridiction, visible dans le cas d'espèce. Sur ce dernier point, bien que le Conseil constitutionnel semble affirmer que ce principe de double degré

Nord / Verbatim », 2006, p. 20). Dans le même sens, Olivier Cayla affirme : « *Par la lecture, l'interlocuteur voit en moi l'auteur qu'il veut bien entendre, il lui donne la voix qui lui plaît et répond 'à son bon plaisir' [et] fait de moi l'auteur de son choix* » (Olivier Cayla, *La notion de signification en droit. Contribution à une théorie du droit naturel de la communication, Op. cit.*, p. 1047). Comme illustration, l'auteur déclare encore : « *Si mon interlocuteur préfère voir dans le texte 'maison', une cabane plutôt qu'un château* » (*Ibid.*), il est autorisé à le faire par le jeu interprétatif. Ainsi, le ton *réaliste* est donné car cet auteur. Le simple texte écrit, qualifié de juridique, n'est, du moins au départ, qu'un acte tendant à la « *réalisation d'une performance communicationnelle* » (*Ibid.*) dialogique entre l'auteur de l'acte (législateur, constituant, etc.) et les récepteurs de celui-ci, dont le juge constitutionnel. En ce sens, le texte juridique écrit n'est qu'une « *promesse illusoire de l'écriture* » (p. 1046) qui laisse place à une « *infinie liberté du lecteur* » (p. 1046) qu'est le juge constitutionnel, dans la mesure où, quoique « *nécessaire* » (*Ibid.*, p. 1037), « *l'écriture de la lettre législative* » (*Ibid.*) seule demeure insuffisante pour s'imposer en tant que norme juridique porteuse de sens et de force, lesquels sont indissociables « *au sein de toute signification* » (*Ibid.*, Tome I, pp. 24 s.).

903 Que ferait le Conseil d'État de la clarté de la formule de ce texte règlementaire : « *Lorsqu'une juridiction de l'ordre judiciaire ou de l'ordre administratif a, par une décision qui n'est plus susceptible de recours, décliné la compétence de l'ordre de juridiction auquel elle appartient au motif que le litige ne ressortit pas à cet ordre, toute juridiction de l'autre ordre, saisie du même litige, si elle estime que ledit litige ressortit à l'ordre de juridictions primitivement saisi, doit, par un jugement motivé qui* ***n'est susceptible d'aucun recours même en cassation****, renvoyer au tribunal des conflits le soins de décider sur la question de compétence ainsi soulevée et surseoir à toute procédure jusqu'à la décision de ce tribunal.* » (Article 34 du décret du 26 octobre 1849 portant règlement d'administration publique déterminant les formes de procédure du Tribunal des conflits) si elle était de nature législative ? En toute vraisemblance, il devrait s'incliner. Mais il faut bien reconnaître que le sens premier et courant des mots est souvent déformé par les pouvoirs normatifs eux-mêmes, si bien que les juges se trouvent contraints de s'adapter à ces déformations du sens des mots du langage courant pour s'en sortir. En effet, si le Conseil d'État constate que le pouvoir normatif utilise la formule « aucun recours », d'un côté, et celle plus précise « aucun recours même en cassation », de l'autre, c'est que le sens premier du pronom indéfini « aucun », qui, couramment, signifie que rien d'autre n'est possible, est déformé et, de ce fait, suscite d'autres significations, comme on peut le constater dans l'arrêt *D'Aillières* ; et l'on pourrait, même dans ce cas très précis, trouver matière à interprétation, si jamais une autre formule viendrait à préciser plus finement « aucun recours même en cassation, à moins que… ».

de juridiction n'a pas de valeur constitutionnelle[904], il est gardé à l'esprit que c'est une garantie essentielle pour une bonne justice. Ainsi, l'esprit normatif peut être la porte ouverte à toutes les dérives si le juge-interprète ne fait pas sienne ce que Cournot appela « *la rigueur des déductions et la justesse des analogies*[905] » dans l'interprétation juridique.

L'emprunt de la technique d'interprétation consistant à se référer aux travaux préparatoires est, quelques fois, une manifestation de l'insuffisance de la lettre de la loi soumise à interprétation. Henri Capitant, malgré son hostilité à l'usage des travaux préparatoires, écrivait : « *La lettre du texte [de loi] ne suffisant pas, il faut se tourner vers son esprit.*[906] » Initiant l'idée de faire en sorte que ce soit le texte de la commission, dans le cadre du travail parlementaire, qui fait l'objet de discussion en séance publique, ce qui sera admis trois ans plus tard par la réforme constitutionnelle du 23 juillet 2008, Pierre Avril[907] explique que l'effet d'un tel mécanisme est que « *le gouvernement serait contraint à une attitude défensive pour revenir à son texte lorsqu'il le jugerait dénaturé et que cette situation serait contraire à l'esprit de la Constitution.*[908] » Ainsi, l'expression *gaulliste* d'esprit de la Constitution, ou synonyme de Constitution, que l'on peut reformuler en « esprit normatif constitutionnel », semble marquer l'esprit de nombre de juristes. Mais cela ne permet toujours pas d'accéder pleinement au sens et au contenu de ce concept.

Ainsi, l'esprit normatif, pour le juriste, et ce malgré les indices qui tentent d'éclairer son sens, demeurera un concept mystérieux, du fait de son caractère non concret et indéterminé. Frédéric Rouvillois, recherchant le sens de la notion d'esprit constitutionnel auquel de Gaulle pensait en 1964, conclut que le terme d'*esprit* relève de l'*énigmatique*[909]. Qu'est-ce qu'une *énigme* ? C'est de l'*obscurantisme* qui se prête à la devinette dit le *Littré*. Ce même dictionnaire

---

[904] Décision n° 2012-243/244/245/246 QPC du 14 mai 2012, JO du 15 mai 2012, p. 9097, Texte n° 3, Cons. 13. *Société YONNE REPUBLICAINE et autre [Saisine obligatoire de la commission arbitrale des journalistes et régime d'indemnisation de la rupture du contrat de travail].*

[905] Antoine-Augustin Cournot, *Essai sur les fondements de nos connaissances et sur les caractères de la critique philosophique, Op. cit.*, p. 132.

[906] Henri Capitant, « Les travaux préparatoires et l'interprétation des lois » in *Recueil d'étude sur les sources du droit en l'honneur de François Gény*, t. 2, Paris, Duchemin, 1977, n° 204, pp. 213 et s. Pascale Deumier, faisant allusion à l'esprit « romain » du droit civil français, n'en dit pas moins (Pascale Deumier, *Introduction générale au droit*, LGDJ, 2011, p. 122, n° 118).

[907] Pierre Avril, « Qui fait la loi ? », *Pouvoirs*, 2005/3, n° 114, pp. 89-99.

[908] *Ibid.*, p. 96.

[909] Frédéric Rouvillois, *Droit constitutionnel*, Tome 2 : « La Ve République », Flammarion, 2004, p. 9.

ajoute que l'esprit est une « *substance corporelle et intellectuelle* » ; dès lors, le juge n'étant pas un magicien, comment peut-il deviner la substance intellectuelle d'une norme pensée par un individu dans son esprit alors même qu'il est en permanence confronté à des revendications individuelles autres qui lui demandent d'aller dans un sens contraire à l'esprit que contiendrait la norme ? En utilisant le terme d'esprit, il semble que de Gaulle fit référence à l'intention qui l'animait quant à ce que devaient être, dans sa pensée (synonyme d'esprit), les institutions politiques de la France, à savoir « *la nécessité d'assurer aux pouvoirs publics l'efficacité, la stabilité et la responsabilité dont ils manquaient organiquement sous la IIIe et la IVe République*[910] » et qu'il « *consiste, tout en gardant un Parlement législatif, à faire en sorte que le pouvoir ne soit plus la chose des partisans, mais qu'il procède directement du peuple, ce qui implique que le chef de l'Etat, élu par la nation, en soit la source et le détenteur.*[911] » C'est cette conception gaulliste du pouvoir qui avait conduit Gaston Palewski à considérer que « *Tant que le siège présidentiel avait été occupé par le général, le Conseil constitutionnel avait été rangé au nombre des béni oui-oui*[912] ». Dans ce contexte, la signification, à la fois ambitieuse sur le plan politique et pernicieuse du point de vue juridique[913], qu'a voulu dissimuler de Gaulle sous le vocable d'« esprit constitutionnel », est sans doute une forme de camouflage visant à détourner l'attention sur son exercice personnel du pouvoir, diraient certains auteurs[914].

Mais le concept de l'esprit normatif pose également problème du point de vue de la transparence interprétative du juge constitutionnel. François Luchaire résuma parfaitement le problème de ce concept en affirmant : « *L'esprit de la loi n'est qu'un prétexte pour ajouter à la loi et même parfois pour l'écarter*[915] ». Ainsi, le concept de l'esprit normatif est non seulement insaisissable, sur le plan juridique, il s'apparenterait à une forme de « *supercherie*[916] » de l'interprétation juridique

---

[910] Cité par Frédéric Rouvillois, *Ibid.*, p. 13.

[911] *Ibid.*

[912] Propos rapportés par François Luchaire, « Souvenirs du 16 juillet 1971 », in *La liberté d'association et le droit*, Conseil constitutionnel, vendredi 29 juin 2001 [en ligne, site internet du Conseil constitutionnel], p. 20.

[913] Certains diraient même que l'esprit de la Constitution, considérant la personnalité de son auteur, aurait une signification messianique. Et aujourd'hui encore, dans certains milieux, il suffit de dire que « De Gaulle avait dit » pour faire cesser toute discussion, comme si la parole de ce maître avait valeur normative.

[914] Sur ce point, v. Marie-Anne Cohendet, *Droit constitutionnel*, LGDJ, 2013, p. 460, n° 1242.

[915] François Luchaire, « De la méthode en droit constitutionnel », *RDP*, 2-1981, (pp. 276-329), p. 315.

[916] Au sens de Ronald Dworkin qui évoqua une « *supercherie* » juridique visant à « *cacher la vérité au public* » (« La théorie du droit comme interprétation », *Droit et Société*, 1-1985, p. 103, §2).

(constitutionnelle), dans la mesure où ce concept ne peut naître que d'un exercice purement intellectuel qui varie suivant les sujets pensants qui y ont recours, si bien que chaque sujet peut, en définitive, dégager son propre sens de l'esprit normatif. Dans ce contexte, si l'esprit normatif devait avoir un certain sens, sur le plan juridique, ce ne serait qu'au travers les travaux préparatoires qui peuvent donner quelques indications sur l'intention, la volonté, l'esprit… qui ont été ceux du législateur au moment où il édictait la norme[917]. C'est en ce sens, d'ailleurs, que Raymond Odent disait que « *Même s'il paraît résulter des travaux préparatoires que le législateur a exprimé sa pensée ou sa volonté en des termes qui ont trahi ses intentions, la lettre du texte, lorsqu'elle ne permet pas la controverse, doit prévaloir sur son esprit*[918] » Cette affirmation signifie que l'esprit normatif, du point de vue juridique, ne peut s'entendre, en tant qu'il aurait un certain sens, qu'à travers l'usage des travaux préparatoires. En ayant recours aux travaux préparatoires, le Conseil constitutionnel convaincrait sans doute mieux que s'il se cantonnait à un concept aussi vide et insaisissable que celui d'esprit normatif.

§2. L'exigence d'une technicité interprétative convaincante quant à l'invocation de l'esprit normatif par le juge constitutionnel

L'usage des travaux préparatoires – même lorsque cela paraît, *a priori*, inutile – permet au juge constitutionnel de combler le vide de l'esprit normatif et, ainsi, d'indiquer au justiciable ou, du moins l'informer, des chemins qu'il a empruntés pour parvenir à l'interprétation constitutionnelle d'une norme juridique. En ce sens, l'usage de cette méthode d'interprétation vise également à révéler au mieux la cohérence et l'idée de justice dont les normes juridiques sont censées être porteuses.

---

[917] Tout ceci montre que, dans les travaux préparatoires des normes juridiques, il existe une stratégie normative, une pensée, un esprit, qui, souvent, n'est pas visible dans la norme elle-même ; là réside l'intérêt pour le juge d'aller les chercher afin de pallier le flou de ce concept et d'éviter la remise en cause de sa légitimité interprétative en donnant à voir une forme d'ésotérisme jurisprudentiel dans ses décisions. Enfin, on aurait pu croire que ce *flou* ambiant qui accompagne l'esprit normatif ferait rejeter cette notion par les juristes ; pourtant, nonobstant certaines critiques, il paraît plutôt être bien accepté puisqu'on le retrouve dans le discours juridique, de droit public comme de droit privé. Dans cette quête de protection de sa légitimité interprétative, le Conseil constitutionnel s'appuie particulièrement sur l'art de convaincre au-delà d'une simple posture.

[918] Raymond Odent, *Contentieux administratif*, Cours 1966, t. 1, Sirey, p. 265.

En effet, l'idée d'« esprit » normatif, en tant que telle, est insuffisante, voire inacceptable. Ce concept ne permet pas de justifier le sens donné à un texte juridique au stade de la construction interprétative jurisprudentielle de celui-ci, en ce sens qu'il relève davantage de l'énigmatique. D'ailleurs, le juge constitutionnel en a bien conscience. Celui-ci va ainsi multiplier ses efforts dans l'objectif de recourir le moins possible à ce concept flou, sinon de l'accompagner, lorsqu'il y a recours, d'éléments explicatifs concrets, tirés notamment des travaux préparatoires, qui confèrent à ce concept un caractère plus concret. Mais la difficulté est que les travaux préparatoires, malgré les exigences de clarté et de sincérité auxquelles ils sont soumis, ne sont pas toujours satisfaisants. Cela crée alors une nécessité d'ouverture du champ des travaux préparatoires afin que le juge constitutionnel puisse s'appuyer sur d'autres mécanismes préparatoires des normes soumises à son interprétation en vue d'essayer, du moins, de pallier la difficulté (A). C'est à travers cette manœuvre, en particulier, qu'il est possible d'observer une concrétisation des travaux sociologiques dans la jurisprudence constitutionnelle, du moins de manière implicite (B). Ainsi, cette stratégie interprétative du Conseil constitutionnel constitue une barrière de sécurité tant pour la légitimité que pour la crédibilité de sa fonction (C).

A) La diversité des sources argumentaires dans la construction de l'esprit normatif

La question de la diversité des sources argumentaires de l'interprétation juridique appelle celle de la diversité des méthodes utilisées, dont le recours aux travaux préparatoires. Tour à tour, suivant les époques et l'avancée de la science juridique, plusieurs auteurs ont pu traiter les questions des sources et des méthodes de l'interprétation juridique. C'est le cas notamment de Chassat[919], Savigny[920], Gény[921], ou encore, s'agissant de la matière constitutionnelle pure, de François Luchaire[922], et plus récemment de Michel Rosenfeld[923].

---

919 Antoine Mailher de Chassat, *Traité de l'interprétation des lois*, 1845, Gallica.

920 Friedrich Carl de Savigny, *Traité de droit romain*, trad. Guenoux, t. I, Paris, 1855, Gallica.

921 François Gény, *Méthode d'interprétation et sources en droit privé positif : essai critique*, 1899.

922 François Luchaire, « De la méthode en droit constitutionnel », *Op. cit.*

923 Michel Rosenfeld, *Les interprétations justes*, Bruylant-LGDJ, Coll. : « La pensée juridique », novembre 2000.

Les sources utilisées par le Conseil constitutionnel sont, en ce sens, diverses et variées[924]. Les travaux préparatoires eux-mêmes renferment d'autres sources dont celle qualifiée de sociologique. On a vu le rôle des arguments sociologiques dans la production politique (parlementaire) du droit, bien que cette source de l'interprétation constitutionnelle semble avoir été longtemps négligée par le Conseil constitutionnel[925], comme ont pu le montrer différents travaux récemment publiés[926]. Sur ce point, il semble que le Conseil constitutionnel fait un usage stratégique – sinon inconscient – d'arguments sociologiques dans l'interprétation constitutionnelle des normes. C'est ainsi que Jacques Chevallier s'est posé la question de savoir si « *Les constitutionnalistes ne feraient [...] pas de la sociologie, comme Monsieur Jourdain de la prose, sans le savoir*[927] ». Il est vrai que cette interrogation ne semble pas tant viser le juge constitutionnel qui, à n'en pas douter, aurait été sévèrement critiqué, de part et d'autre, s'il faisait ouvertement et directement référence à tel ou tel argument issu de travaux sociologiques dans l'interprétation constitutionnelle. La question est donc posée ici du point de vue de la doctrine constitutionnaliste.

Cependant, il semble que si le Conseil constitutionnel n'ose pas faire entrer ouvertement les arguments sociologiques dans sa jurisprudence, il le fait soit implicitement, soit de manière inconsciente, notamment lorsqu'il invoque certains types particuliers de travaux préparatoires. En effet, étant donné que les travaux préparatoires, dans leur grande diversité, sont aussi formés par des méthodes sociologiques (enquêtes, sondages, etc.), et peuvent, sous cet aspect, être considérés comme des travaux sociologiques, rappelant ainsi la sociologie du droit. Le rapporteur du projet ou de la proposition de texte utilise au moins une méthode sociologique et de science politique qui est aujourd'hui de plus en plus utilisée en droit, celle de l'enquête par l'interview de personnalités qualifiées afin de recueillir des informations tant pratiques que théoriques nécessaires à la

---

[924] On peut ainsi parler d'un vrai canevas des sources auxquelles le juge constitutionnel puise ses arguments d'interprétation fondés notamment sur les travaux préparatoires des normes. L'interprétation constitutionnelle qui en est issue illustre elle-même ce canevas.

[925] V. Dominique Schnapper, *Une sociologue au Conseil constitutionnel*, Gallimard, Coll. : « NRF Essais », mars 2010. Pour aborder la question de la sociologie dans la production normative constitutionnelle prétorienne, le témoignage d'une sociologue et ancienne membre du Conseil constitutionnel était nécessaire. Lors d'un entretien avec Dominique Schnapper le 19 novembre 2015, celle-ci nous a confié que les arguments sociologiques n'avaient, au temps de son mandat au Conseil constitutionnel, aucune influence sur les décisions de celui-ci. Toutes ses tentatives, en tant que sociologue, furent reçues avec courtoisie mais pas moins avec un certain mépris en pratique. Mais force est de constater que la donne a par la suite changé.

[926] Sur ce point, v. Dominique Fenouillet (dir.), *L'argument sociologique en droit, Op. cit.*

[927] Jacques Chevallier, *Op. cit.*, 1ère note de bas de page.

confection de la norme législative[928]. Et ce sont ces mêmes travaux que le juge constitutionnel va utiliser pour juger du sens et, *in fine*, de la constitutionnalité des normes infra-constitutionnelles, et du sens des normes constitutionnelles elles-mêmes.

C'est d'ailleurs en ce sens que Jacques-Henri Robert estime que les études sociologiques, notamment celles des études d'impact des lois, comme « *sources utilisées* » dans l'argumentation juridique, peut être salutaire pour le droit ; cependant, l'auteur a montré que cette sociologie, nécessaire au droit, à travers les études d'impact, est applaudie, au sens où elle a droit de « *cité*[929] », lorsqu'elle est bien faite, ou – au contraire – « *décrié[e]*[930] », quand elle est « *bâclée*[931] ».

B) La concrétisation des sources sociologiques dans l'interprétation constitutionnelles des normes juridiques

Pour Jacques Chevallier, « *L'approche sociologique conduit à s'intéresser de près à la genèse des Constitutions, résultante de luttes sociales et politiques*[932] ». Il en va ainsi de toutes normes juridiques, et pas seulement des Constitutions. Les commissions parlementaires, au sein desquelles les projets et propositions de loi sont discutés, procèdent, on l'a vu, à un vaste travail sociologique. Les rapporteurs désignés auditionnent – de manière aussi représentative que possible – des personnes qui, par leurs métiers et professions, connaissent le secteur d'activité et les domaines que la réforme va affecter. C'est là une étape politiquement et socialement inévitable, même si les auditions peuvent, parfois, paraître partisanes, du fait du jeu politique entre la majorité et l'opposition.

Ces exigences de la fabrication des normes, qui sont nécessaires au juge constitutionnel pour assurer sa propre fonction interprétative, passent par la critique. C'est, d'ailleurs, en ce sens, entre autres, que Jacques Chevallier estime

---

[928] Sur ce point, v. Jacques Commaille, *Op. cit.*, pp. 12-13 et Jean-Claude Bécane et Michel Couderc, *Op. cit.*, pp. 156-157.

[929] Jacques-Henri Robert, « Rapport conclusif », *in* Dominique Fenouillet (dir.), *L'argument sociologique en droit, Op. cit.*, p. 328.

[930] *Ibid.*

[931] *Ibid.*

[932] Jacques Chevallier, *Op. cit.*, p. 250.

que « *Les deux pôles [du droit constitutionnel sont] la jurisprudence et la doctrine*[933] ». La première décide et la seconde critique, de manière objective et constructive, les décisions de la première. Ainsi, on voit bien le contingent de « *la contribution [que la doctrine] apporte, en étroite collaboration avec son partenaire juridictionnel, à la production du droit constitutionnel positif.*[934] » Selon ce point de vue, « *il s'agit de mettre en évidence le rôle joué par les différentes forces en présence et d'étudier les conditions de leur interaction.*[935] » Mais la sociologie ne peut évidemment pas se résumer à cela, elle doit éclairer aussi le législateur sur l'évolution des mœurs afin d'adapter le droit en conséquence. Dans cette optique, « *Cette dynamique des normes constitutionnelles conduit à élargir les perspectives, en s'attachant aux règles qui, si elles ne bénéficient pas de la force attachée aux énoncés constitutionnels, n'en sont pas moins présentes, en tant que contraintes, dans l'interaction politique.*[936] »

À travers les travaux préparatoires, le Conseil constitutionnel s'imprègne de l'argument sociologique, dans la mesure où ceux-ci constituent non seulement l'*histoire* des normes juridiques, mais aussi, sur certains aspects, leur *sociologie*. À ce propos, la décision n° 2001-445 DC illustre parfaitement cette analyse. En effet, après avoir pris à témoin les travaux préparatoires : « *Considérant que si, aux termes des dispositions du cinquième alinéa de l'article 3 de la Constitution, dans leur rédaction issue de la loi constitutionnelle n° 99-569 du 8 juillet 1999 : " La loi favorise l'égal accès des femmes et des hommes aux mandats électoraux et fonctions électives ", il résulte tant des travaux parlementaires ayant conduit à leur adoption que de leur insertion dans ledit article que ces dispositions ne s'appliquent qu'aux élections à des mandats et fonctions politiques ;*[937] », le Conseil constitutionnel ajoute « *que les règles édictées pour l'établissement des listes de candidats à l'élection à des dignités, places et emplois publics autres que ceux ayant un caractère politique ne peuvent, au regard du principe d'égalité d'accès énoncé par l'article 6 de la Déclaration de 1789, comporter une distinction entre candidats en raison de leur sexe ; que, dès lors, les dispositions de l'article 33 de la loi organique, qui introduisent une distinction selon le sexe dans la composition des listes de candidats aux élections au Conseil supérieur de la magistrature, sont contraires à la Constitution ;*[938] ». Ainsi, les données sociologiques sur les sexes sont entrées dans le contentieux

---

[933] *Ibid.*, p. 251. Sur ce point, v. également les actes du colloque *Le Conseil d'État et l'Université*, Paris, Dalloz, 2015.
[934] Jacques Chevallier, *Ibid.*
[935] *Ibid.*, p. 250.
[936] *Ibid.* V. aussi Michel Troper *et ali* (dir.), *Op. cit.*
[937] Décision n° 2001-445 DC du 19 juin 2001, Cons. 57. *Loi organique relative au statut des magistrats et au Conseil supérieur de la magistrature.*
[938] *Ibid.*, Cons. 58.

constitutionnel, mais le Conseil, en toute vraisemblance, paraît freiner cet élan sociologique visant à promouvoir la candidature des femmes aux élections professionnelles.

En s'intéressant aux sources sociologiques des normes qui lui sont soumises, le Conseil constitutionnel affiche une forme de volontarisme le conduisant à aller à la *génétique des lois*. Comme l'affirment Jean-Claude Bécane et Michel Couderc, « *il y a bien une génétique des lois, c'est-à-dire une explication rationnelle de leur élaboration. Dès lors, on retrouve la question de la pertinence des travaux parlementaires à laquelle Henri Capitant donnait une réponse négative.*[939] » Bien que « *La lecture des travaux préparatoires ne condui[se] pas purement et simplement de l'exposition du problème à sa résolution*[940] », parce qu'ils sont la genèse du texte juridique et parce qu'ils présentent un caractère démocratique qui manque au juge constitutionnel, celui-ci, s'associant à eux, donne l'impression de pallier ce manque. Mais cette opération relève davantage d'une stratégie. En effet, les travaux préparatoires des normes juridiques se montrent, parfois, si vides de sens, eu égard à leur mode de production, que la question de leur intérêt dans et pour l'interprétation du droit peut se poser. En 1991, Jean Carbonnier se demandait si « *La vérité de l'histoire législative [n'était pas devenue] inaccessible*[941] », du fait des moyens, encore modernes pour l'époque, comme « *le téléphone [qui] véhicule des arguments sans laisser des traces*[942] », ou encore ce qu'il appela les « *secrets de château*[943] » qui ne sont pas inclus dans les compte rendus publiés des travaux préparatoires. Si cette interrogation n'est pas tout à fait infondée, le Conseil constitutionnel, ayant dû, en 2005, imposer au législateur une exigence de clarté et de sincérité des débats parlementaires au législateur, contre les « *'bruits' [de couloir inaudible] de la délibération*[944] » parlementaire, l'histoire législative n'est pas pour autant inaccessible ; elle est cependant rendue difficile avec de telles pratiques qu'est venue freiner la jurisprudence du Conseil constitutionnel avec les exigences de clarté et de sincérité des débats parlementaires.

Selon Jacques Commaille, « *'la force du droit' peut être reconnue non pas par sa nature propre, mais par 'un effet de croyance' susceptible de permettre ainsi au droit d'acquérir une autorité qu'il ne possède pas en tant que tel*[945] ». En effet, le droit est,

[939] Jean-Claude Bécane et Michel Couderc, *Op. cit.*, p. 156.
[940] *Ibid.*, p. 157.
[941] Cité in Jacques Commaille, *Op. cit.*, p. 13.
[942] *Ibid.*
[943] *Ibid.*
[944] Jean-Claude Bécane et Michel Couderc, *Op. cit.*, p. 168.
[945] Jacques Commaille, *Op. cit.*, pp. 21-22.

à bien des égards, un artifice confectionné par son artiste, le juriste-politiste[946]. Pour être accepté, en tant que norme contraignante, respectable et respectée, cet artifice a besoin d'une autorité et d'une force de persuasion, ce qui n'est pas facile. C'est là une condition essentielle de l'acceptabilité et de la soutenabilité de la norme juridique dans la sphère sociale. Cette condition est, au moins en partie, remplie par l'usage des travaux préparatoires qui revêtent un certain caractère démocratique, dans le sens où ceux-ci sont censés être accessibles à tous, car censés être produits par tous et sous les yeux de tous. C'est d'ailleurs dans ce contexte qu'il est admis que les débats parlementaires sont « *une source de connaissance et de transparence démocratique.*[947] » On est loin du caractère sibyllin de l'esprit

---

[946] Le juriste – comme tout homme – étant considéré comme un « *animal politique* » au sens platonicien du terme.

[947] V. Thomas Piketty, *Le capital au XXIème siècle*, Seuil, Coll. : « Les livres du nouveau monde », 2013, p. 813. De ce point de vue, le Conseil constitutionnel, à l'évidence et en maintes reprises, prend les travaux préparatoires comme une sorte de caution démocratique, même lorsque ces derniers ne paraissent pas opportuns dans sa jurisprudence. En effet, plusieurs décisions dans lesquelles le Conseil se réfère aux travaux préparatoires ne présentent pas un réel besoin de cette référence, dans la mesure où ces travaux n'ont pas vraiment permis, c'est le moins qu'on puisse dire, de comprendre, ni d'éclairer davantage la norme dont s'agit. En effet, on sait qu'« *Au niveau de l'instruction, il consiste d'abord pour le juge désigné comme rapporteur à étudier les mémoires écrits (députés et/ou sénateurs, en général), tout en se référant aux débats parlementaires publiés au Journal Officiel qui éclairent la portée de la loi et le sens des controverses auxquelles elle donne lieu.* » (Noëlle Lenoir, « Le métier de juge constitutionnel », Extrait de « Le Débat » n° 114, Editions Gallimard, Mars-avril 2001 ; ce texte est également consultable sur le site du Conseil constitutionnel). Mais force est de constater que cette fonction de clarté des travaux préparatoires n'est pas la seule vertu que leur reconnaît la jurisprudence du Conseil constitutionnel. Dès 1960, le Conseil constitutionnel a confié ce rôle de caution démocratique aux travaux préparatoires. En effet, dans sa décision n° 60-11 DC sur l'article 40 de la Constitution de 1958 (on a déjà vu plus haut que plusieurs décisions du Conseil constitutionnel expliquent ce raisonnement), le Conseil a jugé « *que l'expression "charge publique" doit être entendue comme englobant, outre les charges de l'État, toutes celles antérieurement visées par l'article 10 du décret du 19 juin 1956 sur le mode de présentation du budget de l'État et, en particulier, celles des divers régimes d'assistance et de Sécurité sociale ;* » (Cons. 2). Dans la mesure où le décret de 1956 cité était relatif à la présentation du budget de l'État et où les régimes d'assistance et de sécurité sociale relèvent de la politique budgétaire de l'État, le Conseil constitutionnel aurait pu s'en tenir là, dans la justification de son interprétation, puisque le constituant n'avait rien précisé sur ce point. Pourtant, il a trouvé nécessaire d'ajouter « *que cette interprétation est confirmée tant par les débats du Comité consultatif constitutionnel que par le rapprochement entre les termes de l'article 40 précité et ceux du projet de loi déposé le 16 janvier 1958 qui tendaient à la révision de l'article 17 de la Constitution du 27 octobre 1946 ;* » (*Ibid*). Cette posture du Conseil est encore plus visible lorsqu'il emprunte cette formule : « *qu'il résulte tant du titre et des termes mêmes de la loi soumise à l'examen du Conseil constitutionnel que des travaux préparatoires de cette loi et des débats auxquels elle a donné lieu devant le Parlement, que l'institution par ladite loi de la taxe professionnelle doit être regardée, non comme la création d'une ressource fiscale entièrement nouvelle, mais seulement comme la substitution de cette taxe professionnelle à la contribution des patentes*

normatif. Suivant ce contexte, certaines observations des intervenants devant le Conseil constitutionnel ne manquent pas d'utiliser le schéma tracé par lui, à l'image du gouvernement qui n'hésite pas à reprendre sa formule : « *Il ressort toutefois de l'économie générale de l'article 4 de la loi déférée,* ***ainsi que des travaux préparatoires de la loi****, que le législateur a voulu que […]*[948] ». Ainsi, le Conseil constitutionnel, en s'appuyant sur les travaux préparatoires, même lorsque ceux-ci ne lui sont, apparemment, d'aucune utilité immédiate, recherche, surtout, à ne pas se déconnecter du travail parlementaire, dans le cadre de son rôle technique d'interprète du droit. En effet, à l'instar du « *législateur français, plus qu'aucun autre, [qui] a senti le besoin d'organiser des sondages d'opinion à des fins législatives, comme s'il lui fallait renouer contact avec le peuple par-dessus la tête des députés*[949] », le Conseil constitutionnel, faisant usage des travaux préparatoires, lesquels font état de ces données sociologiques (telles des enquêtes d'opinion), se rapproche également de la sphère sociale, qui est destinataire de son interprétation des textes, par-dessus la tête du législateur.

Pour Georges Vedel, « *Les données politiques et sociologiques et les données institutionnelles et juridiques se cumulent, s'entrelacent et réagissent les unes sur les autres. De quoi prouver l'angoisse classique du débutant déchiré entre deux divinités jalouses : la science politique et le droit.*[950] » Cette affirmation témoigne d'une certaine crainte des juristes à l'égard des données sociologiques. Pourtant, malgré ce constat, certains considèrent que « *Les sources de la création de la loi, de l'élaboration du texte dans les travaux préparatoires apparaîtra aux étudiants les plus appliqués comme le résultat heureux d'un travail d'induction basé sur l'observation attentive des faits par des mandataires attitrés, soucieux de favoriser le bien-être général !*[951] »

---

tout en assurant d'ailleurs très explicitement la continuité et les transitions entre le régime ancien et le régime nouveau ; » (Décision n° 75-57 DC, Cons. 3).

[948] V. Observations du gouvernement devant le Conseil constitutionnel à propos de la décision n° 2015-711 DC du 5 mars 2015, cf. Cons. 10.

[949] Jean Carbonnier, *Essais sur les lois*, Paris, Répertoire du Notariat Défrénois, 1979, p. 235, cité in Jacques Commaille, *Op. cit.*, pp. 26-27. Mais Dicey, dans ses *Leçons sur les rapports entre le droit et l'opinion publique en Angleterre au cours du XIXème siècle* [1906], a montré que le législateur français n'était pas le seul à utiliser cette méthode sociologique.

[950] Georges Vedel, Préface, *in* Geneviève Bastid-Burdeau, *La genèse de l'initiative législative. Un cas : l'agriculture. 1958-1968*, Paris, PUF, 1973, p. 5, cité *in* Jacques Commaille, *Ibid.*, p. 28.

[951] Xavier Janne, « Les sources du droit au point de vue général de la pédagogie », in *Recueil d'études sur les sources du droit en l'honneur de François Gény*, Recueil Sirey, rééd. 1977, (pp. 85-90), p. 87.

Tout ce mécanisme, bien stratégique, tant du côté du Parlement que de celui du juge constitutionnel, a une finalité, qu'on peut estimer heureuse, la collaboration nécessaire entre les différents pouvoirs. En ce sens, Raymond Odent avait justement affirmé : « *Dans toute la mesure où il doit interpréter les intentions des auteurs des textes législatifs ou réglementaires [et a fortiori constitutionnels], le juge devient véritablement un collaborateur soit du législateur, soit du gouvernement et, par sa jurisprudence, crée un droit complémentaire.*[952] » Le terme « collaborateur » utilisé par Odent ne doit pas être entendu comme une forme de confusion ou compromission des pouvoirs exécutif, législatif et judiciaire, mais comme un dialogue constructif entre ces différents pouvoirs, dialogue dont l'usage des travaux préparatoires de nature sociologique, par le juge constitutionnel, dans l'interprétation du droit, témoigne parfaitement. En effet, Odent ajoute encore en s'expliquant : « *On peut ainsi aboutir à des interprétations hardies qui font bien ressortir la collaboration nécessaire s'établissant dans le temps entre les auteurs d'un texte législatif ou réglementaire et les juges, interprètes forcés de ce même texte.*[953] » Ce rôle du juge dans la construction active du droit est en effet inhérent et même ontologique à sa fonction, tel que le supposa Platon : « *Avec de bons magistrats, les mauvaises lois peuvent encore être supportables.*[954] »

Selon Raymond Odent, lorsque le texte est clair, « *le juge administratif ne se livre à aucune fantaisie interprétative ; il applique strictement ce texte sans tenir compte ni des travaux préparatoires, ni de l'objectif du législateur. Même s'il paraît résulter des travaux préparatoires que le législateur a exprimé sa pensée ou sa volonté en des termes qui ont trahi ses intentions, la lettre du texte, lorsqu'elle ne permet pas la controverse, doit prévaloir sur son esprit*[955] ». C'est là une conception classique renvoyant à une *condition* nécessitant et justifiant le recours aux travaux préparatoires. Cependant, cette considération ne semble pas s'imposer au Conseil constitutionnel qui, dans l'ordre juridique interne, doit rendre une justice quasi absolue, au sens d'une justice *finaliste* s'imposant à tous (article 62 de la Constitution), hormis les rares cas de révision constitutionnelle visant à invalider ses décisions. À ce titre, si certains auteurs semblent vouloir exclure le juge constitutionnel – et même le juge spécifique de la puissance publique (le juge

---

[952] Raymond Odent, *Contentieux administratif*, Cours 1966, Sirey, t. 1, p. 264.
[953] *Ibid.*, p. 275.
[954] Sébastien Bissardon, *Droit et justice en citation et adages*, LexisNexis, 2011, 3ème édition, p. 165.
[955] Raymond Odent, *Op. cit.*, p. 265. L'auteur se fonde sur plusieurs décisions du Conseil d'État dont CE Sect. 30 mai 1947, *Le Marhadour*.

administratif) – de la fonction juridictionnelle[956], la tentative paraît aussi justifiée qu'inefficace et dangereuse, du fait même que l'interprétation du juge constitutionnel spécial a une portée totalisante par son effet *erga omnes* et de son intrusion dans la vie quotidienne des individus. Si les règles élémentaires de la fonction de juger du juge constitutionnel – telles celles relatives à son impartialité devant la procédure et à son indépendance vis-à-vis du pouvoir spécifiquement politique – n'étaient pas observées, il conviendrait alors de s'interroger sérieusement sur le caractère démocratique ou autoritaire du régime dans lequel le juge (constitutionnel) opère. La justice constitutionnelle pourrait alors prendre la forme d'une justice politique au sens d'une justice connue d'avance et dictée par le pouvoir proprement politique pour des raisons politiques[957]. Mais Raymond Odent n'a, pour autant, pas ignoré qu'« *Il y a aussi des exemples de textes dont le sens pouvait paraître clair et qui ont été interprétées compte tenu des travaux préparatoires.*[958] » Cette conception semble plus appropriée et plus réelle, du point de vue de la jurisprudence constitutionnelle, qui ne se réfère clairement pas aux travaux préparatoires des normes uniquement pour une question de clarté de celles-ci, mais pour des raisons plus stratégiques que juridiques.

Cette collaboration nécessaire est favorable à l'acceptation du « grand pouvoir » du juge constitutionnel. En effet, selon Stephen Breyer, les juges constitutionnels américains « *ont un grand pouvoir [celui de défaire la loi, alors même qu'] ils ne sont pas élus*[959] ». S'appuyant sur la conception hamiltonienne[960] du pouvoir du juge constitutionnel, Stephen Breyer est persuadé que le bon juge constitutionnel est celui qui ose défendre des *gens impopulaires*[961] ; de ce fait, il n'est pas étonnant que certaines des décisions de ce juge soient – par voie de conséquence – *impopulaires.* Mais le juge constitutionnel est, à certains égards, naturellement impopulaire, puisqu'il n'est élu par aucun échantillon représentatif du peuple. Le juge constitutionnel peut, de ce point de vue, envier le législateur dont le pouvoir dans la production normative est fondé sur l'élection populaire. Ainsi, en vue de combler cette impopularité, le juge constitutionnel s'efforce de s'appuyer sur les travaux préparatoires, en marchant dans tous les chemins qui

---

[956] Sur ce point, v. Isabelle Boucobza, *La fonction juridictionnelle. Contribution à une analyse des débats doctrinaux en France et en Italie*, Dalloz, Coll. : « Nouvelle bibliothèque des thèses », mars 2005, pp. 29 s. et pp. 61 s.

[957] Sur ce point, v. Denis Salas (dir.), *Le procès politique. XVe-XXe siècle*, La Documentation française, Coll. : « Histoire de la justice », t. 27, mai 2017.

[958] *Ibid.*, p. 267, v. CE Sect. 25 mai 1962, *Dame veuve Duhail.*

[959] Stephen Breyer, *Interview France 24*, mars 2011.

[960] De Alexander Hamilton (1757-1804), révolutionnaire et homme politique américain.

[961] Stephen Breyer, *Op. cit.*

ont conduit à la norme interprétée, afin de mieux la reconstruire, lorsque cela s'avère nécessaire, sans heurter le législateur, ni craindre des critiques négatives qui réduiraient l'autorité et la portée de son interprétation. De ce point de vue, le rôle du juge constitutionnel, s'il est identique à celui du législateur dans sa finalité, à savoir la production normative, n'en demeure pas moins un rôle technique[962] qui conditionne et relègue du même coup sa force productive et normative à une légitimité technique qui mérite consolidation.

En ce sens, le juge constitutionnel se trouve constamment dans une position défensive. Selon Michel Troper, en effet, « *L'homo juridicus a une propension à vouloir défendre sa sphère de compétence, à ne pas vouloir que sa décision soit renversée, à préserver son existence institutionnelle, ainsi qu'à maintenir ou optimiser son pouvoir, notamment en fournissant des justifications institutionnellement acceptables de ses choix.*[963] » Ce comportement est un « *versant stratégique de l'homo juridicus*[964] ». Ainsi, « *L'homo juridicus a [...] une connaissance complète de l'état du système juridique au sein duquel il opère, y compris des interprétations que peuvent en donner les autres acteurs de ce système.*[965] » Et il « *est notamment attentif à la façon dont les acteurs qu'il doit convaincre ou qui peuvent agir contre lui ou sa décision, interprètent le droit.*[966] » Ces analyses permettent de comprendre la stratégie du juge constitutionnel qui s'efforce de faire son travail interprétatif avec les mêmes instruments que le Parlement et les autres acteurs intervenant dans la protection normative utilisent afin de mieux protéger sa légitimité interprétative. Là semble naître une contrainte supplémentaire pour le juge constitutionnel. Selon la théorie des contraintes juridiques, « *la contrainte peut produire une nouvelle norme ou conférer au contenu d'un énoncé un rang supérieur dans la hiérarchie des normes.*[967] » Si l'on considère que l'usage des travaux préparatoires est – en quelque sorte – une contrainte pour le Conseil constitutionnel, dans sa marge d'action et d'appréciation, on peut déduire de cette contrainte tant de nouvelles normes[968] que de nouveaux comportements de la part d'autres acteurs du système

---

[962] V. Jivoïn-M. Péritch, « Quelques observations sur le problème des sources du droit et la fonction de la loi », in *Recueil d'études sur les sources du droit en l'honneur de François Gény*, Recueil Sirey, rééd. 1977, (pp. 227-241), p. 237.

[963] Michel Troper *et ali* (dir.), *Op. cit.*, p.15.

[964] *Ibid.*, v. note de bas de page.

[965] *Ibid.*, p. 16.

[966] *Ibid.*

[967] *Ibid.*, p. 17.

[968] Obligation juridique de soumettre l'ensemble des questions relatives à un projet de loi au Conseil d'État (Décision n° 2003-468 DC), au CESE (Décision n° 2005-512 DC) ou de consulter une

juridique (mêmes décisions) ; car les gouvernements successifs ont parfois tendance à négliger certaines procédures préparatoires d'élaboration des normes ; en ce cas, c'est le Conseil constitutionnel, en se référant – ce qui est inhabituel – à la manière dont ces procédures ont été menées, qui rappelle qu'il y a une norme née d'une « *formalité substantielle*[969] » à ne pas méconnaître.

C'est une légitimité à la fois technique et intellectuelle pour l'interprétation constitutionnelle car la norme se trouve avant tout dans une pensée intellectuelle, comme l'affirmait Savigny : « *J'emploie le mot pensée, comme le plus propre à exprimer la partie intellectuelle de la loi. D'autres emploient le mot sens. Il faut éviter le mot intention, parce qu'il a une double signification ; car il peut s'entendre également du but immédiat de la loi, et d'un but plus éloigné du législateur auquel la loi concourt indirectement.*[970] » N'étant pas suffisante, cette légitimité particulière de l'interprétation constitutionnelle doit être accompagnée. Ainsi, pour se protéger, le Conseil constitutionnel adopte une habile stratégie : « *Considérant qu'il ne résulte ni de l'amendement dont il s'agit, tel qu'il a été rédigé et adopté, ni des débats auxquels la discussion du projet de loi a donné lieu devant le Parlement, que la disposition de l'article 38 précité soit inséparable de l'ensemble du texte de la loi ;*[971] » S'appuyant sur les débats parlementaires, le Conseil constitutionnel a pu éviter d'avoir à trancher lui-même la séparabilité entre les dispositions qu'il a déclaré comme entachées d'inconstitutionnalité et d'autres dispositions du texte qui lui est soumis. Il en va de même dans la décision n° 75-60 DC. Par cette décision, le Conseil constitutionnel a jugé, à propos des comptes spéciaux du trésor public, « *[...] qu'il ressort de l'examen des documents fournis au Parlement à l'occasion de l'élaboration et du vote de la loi de finances pour 1976 que des renseignements détaillés ont été donnés sur le fonctionnement de ce compte spécial et les opérations auxquelles il a donné lieu au regard de chacun des pays intéressés ;*[972] » et, de ce fait, des membres du Parlement n'ont pas à se plaindre de ce qu'ils n'ont pas été suffisamment informés sur le fonctionnement de ce compte dont, d'après les travaux préparatoires, ils ne pouvaient ignorer l'existence. La question se pose de savoir, dans l'hypothèse où ces documents n'étaient pas communiqués au Parlement ou n'étaient pas à la portée du Conseil constitutionnel, si la décision

---

assemblée délibérative locale ultra-marine avant de produire des normes la concernant compte tenu de sa spécificité (Décision n° 80-122 DC).

[969] Décision n° 2005-512 DC.

[970] Friedrich Carl von Savigny, *Traité de droit romain, Op. cit.*, note de bas de page, p. 206.

[971] Décision n° 63-21 DC du 12 mars 1963, Cons. 5. *Loi portant réforme de l'enregistrement, du timbre et de la fiscalité immobilière.*

[972] Décision n° 75-60 DC du 30 décembre 1975, Cons. 4. *Loi de finances pour 1976 et notamment ses articles 41-III et 47.*

aurait été la même. Ce n'est pas sûr. Mais dans le cas présent, le Conseil constitutionnel semble avoir fondé son interprétation sur un faisceau d'indices. Il a en effet, à côté de ces documents informatifs, relevé « *que par l'article 72 de la loi de finances pour 1966, il a été ouvert dans les écritures du Trésor un compte spécial de règlement avec les gouvernements étrangers [...] que ce compte unique s'est, à partir du 1er janvier 1966, substitué à des comptes spéciaux existant antérieurement [et] qu'il est chaque année doté par la loi de finances de crédits destinés à autoriser des découverts* » (Cons. 3). Ces documents ne viennent donc qu'à compléter et conforter ce faisceau d'indices. Mais la question demeure entière, quant à ce que ferait le Conseil constitutionnel si ce faisceau d'indices n'existait pas dans cette situation.

Enfin, cette stratégie jurisprudentielle du Conseil constitutionnel, à travers l'usage des travaux préparatoires, ne vise, *in fine*, que la protection de la légitimité interprétative de celui-ci.

C) La protection de la légitimité interprétative du Conseil constitutionnel

La nécessité de protéger la légitimité interprétative du juge constitutionnel s'explique, en particulier, par le fait que celui-ci est, de fait comme de droit, chargé de contrôler un pouvoir souverain et élu, alors même qu'il est perçu comme dépourvu d'un tel pouvoir, ce qui est problématique. Si la souveraineté populaire a été préférée à celle de la nation en 1958[973], celle-ci n'a, pour autant, pas été effacée par la première. Les dispositions des articles 3, 24 et 34 de la Constitution confient la souveraineté populaire à la représentation nationale (et non populaire). Mais celle-ci est particulièrement insaisissable, du point de vue juridique, du fait de son caractère non concret. Ainsi, la représentation nationale, dotée de la *souveraineté* nationale, aurait pu échapper à tout contrôle. Mais tel n'est pas le cas, puisque le peuple, en tant que donnée concrète[974], soumet régulièrement la souveraineté nationale au contrôle du juge constitutionnel. Dès lors que la loi ordinaire s'est vu ôtée l'expression de la volonté générale pour la

---

973 V. l'ouvrage intitulé *Code constitutionnel et des droits fondamentaux*, Dalloz, 5ème édition, novembre 2015, commentaires sous art. 3 de la Constitution, p. 579.

974 Bien que le peuple puisse être considéré comme n'étant « *ni une donnée immédiate de la conscience, ni une donnée naturelle* » (Dominique Rousseau, « L'équivoque référendaire », intervention au Collègue de France, février 2014 [en ligne], p. 9), contrairement au *multitudo* (la foule) de Cicéron, il est, dans une démocratie, concrètement le miroir de la représentation nationale, à travers lequel les représentants doivent se regarder.

confier à un autre type de loi, la loi fondamentale qu'est la Constitution[975], avec un juge spécial chargé de la protection de cette nouvelle loi-volonté générale, il était normal que ce juge procède au contrôle du respect de la volonté populaire confiée à la représentation nationale. En effet, l'exercice de la souveraineté nationale doit se faire, dans toute la chaîne du processus d'élaboration de la loi, de manière à ce que tout se passe comme si c'était la souveraineté populaire qui, directement, s'exprimait. Lorsque le peuple souverain s'exprime, il est au moins « censé » savoir ce qu'il fait, ce qui ne peut être le cas, s'agissant de la nation qui n'est qu'une fiction. Par conséquent, il est normal que le peuple sache ce que fait la représentation nationale à laquelle il confie sa souveraineté. De cette idée découle la signification étendue des dispositions de l'article 33 de la Constitution qui exigent la publication, la publicité et la conservation des débats parlementaires. Ainsi, la référence aux travaux préparatoires par le Conseil constitutionnel, dans ses décisions, est tout à la fois une obligation constitutionnelle qu'une nécessité stratégique visant à protéger son rôle interprétatif ultime dans l'ordre juridique interne face à celle de la représentation nationale.

La protection de la légitimité interprétative du Conseil constitutionnel s'observe tant dans l'exploitation de la fonction épistémologique des travaux préparatoires (1) que par le rituel de l'usage de ces derniers au sein de l'institution (2).

1. Une protection issue de l'exploitation de la fonction épistémologique des travaux préparatoires

Dès lors qu'il est considéré que les travaux préparatoires ne se rattachent pas forcément à une assemblée parlementaire et qu'ils ont, d'abord, une fonction épistémologique, en ce sens qu'ils permettent de produire de la connaissance sur les normes juridiques qu'ils ont précédées, il semble qu'il est possible de distinguer deux types particuliers de travaux préparatoires des normes juridiques.

---

975 Décision n° 85-197 DC du 23 août 1985, Cons. 27. *Loi sur l'évolution de la Nouvelle-Calédonie* : « *la loi n'exprime la volonté générale que dans le respect de la Constitution* ». Avec cette décision, le parlementarisme n'est plus absolu, comme le décrivait de Gaulle dans le discours de Bayeux de 1946, il est devenu si relatif, à partir de 1958, qu'il a dû faire l'objet d'une revalorisation en 2008 pour rééquilibrer l'exercice du pouvoir normatif entre l'exécutif et le législatif. Mais au-delà de ce constat relatif au parlementarisme, cette décision du Conseil constitutionnel permet de constater aussi qu'il y a une mutation de la volonté générale de la loi ordinaire à la loi constitutionnelle.

Tout d'abord, il existe des travaux préparatoires au sens formel et, ensuite, des travaux préparatoires de nature informelle. Les travaux préparatoires au sens formel sont tous ceux dont la typologie générale a été dressée, qu'il s'agisse des travaux préparatoires intraparlementaires ou des travaux préparatoires extraparlementaires dont la production est prévue par un texte. Le caractère formel et informel des travaux préparatoires[976] intéresse davantage l'analyse juridique dans la mesure où il permet de saisir la matérialité de ces derniers dans l'analyse purement juridique. En effet, le caractère formel des travaux préparatoires est lié au fait que la production de ceux-ci est prévue par un texte de nature juridique, ce qui est le cas de l'ensemble des travaux préparatoires relevés dans la jurisprudence du Conseil constitutionnel. Cependant, le caractère informel des travaux préparatoires renvoie à tous les éléments qui ont pu jouer un rôle dans la production des normes juridiques, sans pour autant formellement disposer d'un fondement juridique. Cette catégorie de travaux préparatoires intéresse davantage l'analyse scientifique que l'analyse juridique, dans la mesure où, de fait, il peut être vérifié que les différents éléments qui la constituent ont joué un rôle plus ou moins actif dans la production des normes juridiques ; mais,

---

[976] Cette conception large de la notion de travaux préparatoires des normes juridiques interroge à plus d'un titre. Tout d'abord, où se place le curseur des éléments qui relève des travaux préparatoires et ceux qui n'en relève pas ? Faut-il exclure les programmes et ouvrage politiques, les émissions télévisées de débats entre candidats à une élection, etc. ? La réponse à ces questions n'est pas simple. Lors des débats relatifs à la loi n° 2014-873 du 4 août 2014 pour l'égalité réelle entre les femmes et les hommes, le sénateur Jean-Pierre Sueur, qui organisait au même moment un colloque au Sénat sur l'écriture de la loi (v. actes de cet événement sur le site internet du Sénat), s'est particulièrement battu, d'un bon sentiment, hélas, en vain, pour faire exclure l'adjectif « réelle » dans le titre de la loi. Quand on sait que des militants féministes et du Parti socialiste sont derrière ce mot « réelle » depuis, au moins, 2010 (sur ce point, v. Michel Noblecourt, « 'L'égalité réelle' écorne l'unité du Parti socialiste », *Le Monde*, 10 novembre 2010), on peut se demander si les travaux préparatoires de ce terme, du moins, de la loi n'ont pas débuté à cette époque, soit près de quatre ans avant le vote de la loi. S'agissant de l'intention ou de la volonté du législateur à laquelle certains rattachent l'usage des travaux préparatoires, on feint, de manière volontairement biaisée, de croire que cette intention est multiple, car cela est bien commode, pour éviter de s'interroger, du fait de débats complexes entre opinions individuelles différentes au sein du Parlement. Or, l'intention du législateur, bien souvent, n'est autre que la volonté du chef de l'État, voire même de militants politiques, comme on vient de le voir, qui se construit, d'ailleurs, bien avant l'élection de celui-ci. Cet aspect des travaux préparatoires révèle que l'on connaît peut-être mieux les travaux préparatoires de nature formelle réalisés plutôt vers la fin qu'au début de la pensée intellectuelle du texte. Dans ce contexte, tout et n'importe quoi semble pouvoir être qualifié de travaux préparatoires des normes juridiques ; or, il paraît nécessaire d'opérer un tri ; toute la difficulté est de savoir comment y procéder. Une seule solution semble possible. En ce cas, en effet, sur le plan empirique, on peut débuter le stade préparatoire d'un texte à une date assez éloignée du processus législatif formel, mais, sur le plan strictement juridique, dans le silence des textes, seul le comportement du juge constitutionnel doit guider.

en droit, le mécanisme desdits éléments n'est pas prévu par un texte juridique. Ainsi, dans les travaux préparatoires de nature informelle, il semble possible de ranger les différents discours, programmes politiques, livres politiques (émanant, par exemple, d'individus ayant l'ambition de prendre part, en tant que candidat, à une élection)[977], etc. En effet, bien que ces différents discours, programmes, etc. ne soient exigés par aucun texte juridique, il n'empêche que leur rôle dans la réalisation des promesses faites au moment des élections, par et à l'égard de différentes parties prenantes de l'opinion publique, promesses pouvant accéder au rang de réformes normatives concrètes, constituent des éléments de nature épistémologique permettant de comprendre les normes juridiques ainsi produites. Le problème des travaux préparatoires de nature informelle est qu'ils semblent, *a priori*, inaccessibles à la fois au juge et même aux justiciables. Ils sont inaccessibles, parfois, non pas de manière physique, mais de manière, pourrait-on dire, probatoire, dans la mesure où l'élément juridique, qui suppose qu'ils soient prévus par un texte juridique, fait défaut. Le juge constitutionnel ne pourrait donc pas se permettre de les utiliser de manière explicite[978] dans ses

---

[977] Politiquement, les porteurs de programmes et projets électoraux, notamment lors des campagnes présidentielles, peuvent avoir pour intention d'expliquer de manière alléchante pour les électeurs leurs projets de réformes pour la France, sans pour autant avoir la moindre intention de mettre en œuvre ces projets tels qu'ils les avaient présentés aux électeurs avant leur élection. Par conséquent, le porteur de projet, le président de la République, par exemple, va tout faire en agissant notamment sur son Premier ministre qui lui-même agira sur le ministre devant défendre un projet, en particulier, afin de se détourner de l'intention affichée au départ et, ainsi, de parvenir à un tout autre acte juridique d'une une toute autre portée. On pourrait, par exemple, regarder ce qui a été fait au Parlement des promesses de transparence politique (pour une vision complète sur ce thème, v. Bertrand Mathieu et Michel Verpeaux (dir.), *Transparence et vie publique*, Dalloz, Coll. : « Thèmes et commentaires », 2015), qui devait donner naissance à une « *République exemplaire* », affichées dans le programme politique de François Hollande en 2012 (François Hollande, *Mes 60 engagements pour la France*, Programme de campagne politique de 2012, p. 30). De ce point de vue-là, le contexte intentionnel de la norme change. Il serait périlleux que le juge constitutionnel recherche l'intention du législateur dans ce document préparatoire alors que cette intention se trouve ailleurs. C'est, donc, davantage l'intérêt démocratique que le juge recherche dans la référence à ce document préparatoire.

[978] Cependant, si le juge constitutionnel ne peut pas utiliser ce type de travaux préparatoires de manière explicite, ces derniers peuvent, de manière implicite cette fois, jouer un rôle dans l'interprétation constitutionnelle. C'est ce que sous-entend Jean-Louis Debré, s'agissant de la décision du Conseil portant sur la loi relative à l'ouverture du mariage aux personnes de même sexe, lorsqu'il concède : « *Depuis le début de l'examen de cette loi, j'ai observé attentivement les débats à l'Assemblée et les manifestations dans la rue.* » (*Ce que je ne pouvais pas dire*, Robert Lafont, avril 2016, p. 157. Hormis le mépris des travaux du Sénat par l'auteur, on ne peut ne pas souligner, à travers sa déclaration, le poids des travaux préparatoires intraparlementaires (à l'Assemblée nationale) et extraparlementaires (*dans la rue*, ce qui renvoie à l'opinion publique) dans la construction tant politique que juridictionnelle des normes juridiques).

décisions interprétatives des normes juridiques[979]. Ils peuvent aussi être inaccessibles physiquement par tout un chacun, ce qui réduit alors leur poids démocratique. Ainsi, lors des primaires de la droite et du centre en 2016, le programme des candidats n'étaient pas tous exposés sur tous les sujets. Il a donc fallu une recherche approfondie dans les ouvrages publiés par certains candidats et aller chercher dans des archives des petites phrases, que tel candidat aurait écrites ou prononcées, sur un sujet donné, en vue de présenter à l'opinion publique ce que « pense » celui-ci sur tel sujet[980]. Ce travail préparatoire influence également l'interprétation constitutionnelle, non pas de manière visible, mais de manière discrète et silencieuse[981], pour les raisons évoquées plus haut, liées à l'esquive des critiques par le Conseil constitutionnel. C'est, d'ailleurs, en ce sens que Dominique Rousseau affirme que « *le contexte n'est pas une vapeur légère qui se dissiperait à la porte du Conseil ; elle pénètre la décision – comme les saisines – et se mélange aux éléments de droit.*[982] »

Enfin, si l'usage et l'exploitation de ce type de travaux préparatoires informels posent des difficultés évidentes, au regard de l'exigence d'une interprétation constitutionnelle transparente, qu'il soit permis, sur le plan strictement scientifique, de ne pas aller plus loin sur ce sujet, du fait notamment qu'il n'est pas permis de divulguer des éléments justifiant ce mode de procéder du Conseil constitutionnel. Ainsi, ce qu'il convient de retenir, c'est que le Conseil

---

[979] Mais ils peuvent entrer dans l'interprétation constitutionnelle par le biais des « portes étroites », mais ce mécanisme n'est pas transparent et se trouve même antidémocratique, et, de ce fait, décrié par la doctrine (v. Arnaud Perroud, « Pour la publication des 'portes étroites' devant le Conseil constitutionnel et le Conseil d'État », *La reprise* [journal en ligne, consulté le 21 novembre 2016]).

[980] V. « Primaire à droite : comparez les programmes des candidats », *Le Figaro*, 17 novembre 2016 [tableau comparatif des programmes des candidats aux primaires du parti Les Républicains, *Institut Thomas More*]. L'intention du législateur, voire même la génèse de la pensée normative, est recherchée jusque dans les informations délivrées des années plus tôt sur des réseaux sociaux (Tweeter, Facebook, etc.) par les dirigeants politiques qui les portent : sur ce point, v. Charlie Vandekerkhove, « Baisse des contrats aidés : la génèse d'une mesure polémique », *BFMTV*, 5 septembre 2017. De même, qui pourrait aujourd'hui se vanter de bien connaître la philosophie des réformes du premier quinquennat d'Emmanuel Macron s'il n'a pas lu les seize chapitres de *Révolution. C'est notre combat pour la France*, XO Éditions, novembre 2016, 270 p. ?

[981] Ainsi, on le verra, la solution adoptée dans la décision n° 2009-599 DC du 29 décembre 2009 a été soutenue par le rapport Rocard (2009) sur le climat sans même qu'elle n'en fasse explicitement mention. Pour le comprendre, il suffit de lire le journal de l'ancien président du Conseil constitutionnel Jean-Louis Debré Jean-Louis Debré, *Ce que je ne pouvais pas dire*, *Op. cit.*, pp. 68-69.

[982] Dominique Rousseau, « Une décision non commentée existe-t-elle ou commenter est-ce délirer ? », *in* Denys de Béchillon, Pierre Brunet, Véronique Champeil-Desplats et Éric Millard, *L'architecture du droit. Mélanges en l'honneur de Michel Troper*, 2006, (pp. 897-905), p. 899.

constitutionnel est davantage à la recherche de la connaissance du contexte des normes qu'il examine, en se donnant les moyens d'aller « *quérir l'information là où elle se trouve*[983] », en vue de parvenir à la meilleure interprétation possible, que toute autre chose. C'est là la fonction purement épistémologique des travaux préparatoires des normes juridiques. Ce moyen de protection de la légitimité interprétative du Conseil s'observe également dans le rituel de l'usage des travaux préparatoires en son sein.

2. *Une protection marquée par le rituel de l'usage des travaux préparatoires au sein du Conseil constitutionnel*

La spécificité de l'interprétation constitutionnelle est marquée aussi bien par l'usage des travaux préparatoires que par le rituel de cet usage au sein du Conseil constitutionnel. Avant la montée en puissance des nouvelles technologies[984], le Conseil constitutionnel pouvait compter sur des *perroquets* qui lui transmettaient les débats parlementaires depuis les deux assemblées du Parlement[985]. Grâce aux nouvelles technologies, ses membres suivent les débats parlementaires en direct, lorsque cela s'avère possible ; en outre, le Service de la documentation du Conseil constitutionnel fournit, chaque semaine, par messagerie électronique, à ses membres, l'ordre du jour de l'Assemblée nationale et celui du Sénat, les jours où le Parlement ne siège pas. À tout cela, s'ajoute la structure de cet ordre du jour ;

---

[983] Noëlle Lenoir, « Le métier de juge constitutionnel », Extrait de « Le Débat » n° 114, Editions Gallimard, mars-avril 2001.

[984] Sur ce point, il faut noter que les nouvelles technologies ont permis une nouvelle forme, beaucoup plus démocratique, de production des travaux préparatoires, dans la mesure où elles permettent que le citoyen ne soit plus un simple spectateur du processus de production des normes, mais un réel acteur de celui-ci. En s'appuyant notamment sur le processus d'élaboration de la loi dite Lemaire sur le numérique (2016), à travers son étude d'impact, on constate d'emblée une mutation de la notion de travaux préparatoires quant à son mode de production. Sur ce dernier point, étant donné qu'il n'est pas opportun d'analyser cet aspect des travaux préparatoires ici, il convient de se reporter à d'autres analyses. V. notamment « La notion de travaux préparatoires des normes juridiques et la justice constitutionnelle à l'ère des nouvelles technologies : reconsidération théorique d'un concept juridique en mutation », Colloque France-Colombie, Chaire des Amériques, Paris, 13-14 novembre 2017.

[985] Propos recueillis lors d'un entretien en 2012 avec Jean Gicquel à l'Assemblée nationale, alors qu'il en a été le déontologue. Cependant, comme cela a déjà été signalé, malgré les recherches dans les archives du Conseil constitutionnel à Fontainebleau puis à Paris (site de Pierrefitte), aucune trace de ce mode (*perroquet*) de transmission des débats parlementaires aux Hauts conseillers du Conseil constitutionnel n'a été retrouvée ; mais il s'agissait d'une pratique courante, qui se prolonge encore aujourd'hui sous d'autres formes.

le message adressé aux membres du Conseil contenant cet ordre du jour est structuré en cinq parties. La partie I dresse la liste des *saisines* du Conseil ; la II est relative aux *textes définitivement adoptés mais non encore promulgués* et donc susceptibles de faire l'objet d'une saisine du Conseil ; la III concerne les *textes en discussion* ; la IV liste les *textes à venir* ; et, enfin, la V vise la *sélection de propositions et de rapports déposés* au Parlement et dont les contenus sont susceptibles d'aboutir et de déboucher sur une saisine du Conseil. Toute cette configuration des différentes phases analytiques des travaux préparatoires intraparlementaires conduisant à l'adoption d'un texte législatif montre à quel point ces derniers sont importants pour l'interprétation constitutionnelle de ce texte. Le suivi des travaux préparatoires, dans le cadre du contrôle *a priori*, permet ainsi au Conseil constitutionnel d'anticiper, lors de l'examen éventuel des textes actuellement en discussion au Parlement, les questions et moyens pouvant être soulevés d'office[986], lesquels ne seraient pas spécialement soulevés devant lui[987], eu égard au fait que, en l'absence de cette saisine d'office, « *une norme de référence [serait] susceptible d'être violée de manière manifeste ou suffisamment grave*[988] » avant une éventuelle intervention *a posteriori* du Conseil. Ainsi, ces questions et moyens soulevés d'office, sans ce rite du suivi des travaux préparatoires des normes en discussion au Parlement, pourraient ne pas être repérés par le Conseil constitutionnel, surtout dans le cadre de l'examen de textes particulièrement volumineux, dans un contexte de délai d'examen particulièrement bref et donc exigent. C'est là l'une des raisons pour lesquelles, il n'y a que le Conseil constitutionnel qui est soumis à un tel régime de suivi des travaux préparatoires ; ce processus de l'analyse de ces derniers tient de la particularité du Conseil, en tant que juge suprême de l'interprétation constitutionnelle, dans l'ordre juridique interne. Ce rituel, bien qu'il ne soit pas accessible au grand public, donne ainsi du crédit à la légitimité interprétative de l'institution[989]. Ce mode de procédé est d'autant plus

[986] Sur ce point, v. Anne-Charlène Bezzina, *Les questions et les moyens soulevés d'office par le Conseil constitutionnel*, Dalloz, Coll. : « Bibliothèque parlementaire et constitutionnelle », 1ère édition, Mai 2014.

[987] Comp. Décision n° 74-53 DC du 30 décembre 1974, Cons. 3 (*Loi de finances pour 1975*) avec décision n° 2016-744 DC, Cons. 98 s.

[988] Anne-Charlène Bezzina, *Op. cit.*, (v. *Résumé*).

[989] C'est peut-être ce souci de protection de sa légitimité qui a conduit le Conseil à se méfier de l'usage de certains travaux préparatoires, tels ceux des textes internationaux. Néanmoins, le rôle du juge constitutionnel, dans cette nouvelle époque, subit une réelle métamorphose, quant à la manière dont il doit procéder pour convaincre de la qualité, mais aussi pour susciter de l'adhésion au produit de son travail interprétatif. En effet, le XXe siècle a marqué le paroxysme de la mondialisation économique. Celle-ci ne pouvait pas se faire sans être accompagnée d'un volet juridique. Ainsi, on assiste à un réel phénomène de mondialisation juridique calquée sur la mondialisation économique. Les signes de cette mondialisation juridique sont nombreux, qu'il s'agisse de la réforme du Code

compréhensible et propre au Conseil constitutionnel que celui-ci ne dispose que d'un délai assez limité, par rapport à ses homologues étrangers, pour statuer[990], tant dans le cadre du contrôle *a priori* que dans celui du contrôle *a posteriori*. Dès lors, on comprend fort bien que le Conseil constitutionnel procède ainsi pour ne pas *languir* lui-même, mais surtout pour ne pas « *faire languir*[991] » le peuple-citoyen, au nom duquel il procède au contrôle de la représentation nationale.

En définitive, le Conseil constitutionnel ne semble être ni tout à fait le bras armé du gouvernement face au Parlement, dans le cadre d'un parlementarisme rationnalisé, ni tout à fait absent dans la protection des initiatives gouvernementales[992]. C'est un veilleur qui est vigilant et dont, du moins, le seul souci est la protection du bien commun, malgré certaines maladresses inévitables et propres à tout organe de décision de son rang. Ce nouveau rôle du juge au début de ce XXIe siècle est un rôle exigeant pour la transparence interprétative qui s'allie à la libre recherche de la « vérité » que prônait François Gény[993]. Dans

---

civil français en vue, notamment, de rendre les normes relatives aux obligations et à la responsabilité civile qu'il contient aussi attractives que les normes américaines dans les milieux des affaires (v. Avant-projet de réforme du Code civil, Dalloz, 2015 (le volet « Droit des obligations et responsabilité civile » est offert avec l'achat du Code civil ; le volet « Droit des biens » est consultable sur le site internet de l'Association Henri Capitant ; cette réforme, dans son volet relatif au droit des obligations et de la responsabilité civile, devrait entrer en vigueur progressivement à partir de l'été 2016), ou encore du dialogue de plus en plus prononcé des juges dans le monde (sur ce point, v. Stephen Breyer, *La Cour suprême, le droit américain et le monde*, Odile Jacob, octobre 2015, Préface de Guy Canivet), tous les éléments semblent être réunis pour armer le juge constitutionnel dans sa tâche de plus en plus ardue d'interprétation juridique et de rendre une justice acceptable et acceptée par le plus grand nombre.

[990] Mais cela dépasse la seule exigence du court délai qui est imparti à l'institution pour statuer. Le Conseil constitutionnel vise à montrer qu'il suit de près les travaux préparatoires de manière à ne pas décrocher l'interprétation constitutionnelle des élus de la nation. D'ailleurs, à ce titre, la manière dont les décisions du Conseil constitutionnel sont présentées, avec, au début, la liste des parlementaires requérants, c'est comme si l'institution voulait montrer que celles-ci n'émanaient pas du Conseil constitutionnel, en réalité, mais des parlementaires, ou, du moins, qu'elles ont été rendues au nom du Parlement, via les parlementaires requérants.

[991] On peut citer ce résumé de la situation par Georges Vedel qui écrivait : « *L'apparente brièveté du temps imparti pour statuer oblige le Conseil tout à la fois à se préparer bien avant la saisine et à ne pas faire languir les citoyens pendant des années.* » (*in* Dominique Rousseau, *Droit du contentieux constitutionnel*, *Op. cit.*, Préface de Georges Vedel, p. 9.).

[992] Pierre Avril, « Le Conseil constitutionnel est-il toujours le bras armé du Gouvernement dans le parlementarisme rationnalisé ? », Nouveaux Cahiers du Conseil constitutionnel, n° 50 (Dossier : *Le Conseil constitutionnel et le pouvoir exécutif*), janvier 2016, pp. 39-49.

[993] Selon Daniel Mainguy, en effet, dans sa *Méthode d'interprétation et sources en droit privé positif…*, Gény « *attaque l'Ecole de l'exégèse, alors régnante, en montrant que la loi ne peut pas, à elle seule tout expliquer et que la tradition, notamment doctrinale et donc historique, en d'autres termes, la coutume, justifie le recours à la libre recherche scientifique, formule puissante attachée à son nom (comp. B.*

ce contexte, il fallait bien un dépassement de la conception classique de cette méthode d'interprétation selon laquelle : « *L'utilisation des travaux préparatoires obéit à deux règles principales. En premier lieu, le juge ne peut y recourir pour rechercher l'intention du législateur que lorsqu'il se trouve en présence d'une disposition dont le sens est obscur ou ambigu, voire lorsque l'application d'un texte clair aboutirait à 'quelque absurdité'.*[994] » Cette règle a déjà été posée par la jurisprudence de la Cour de cassation[995] ; elle vaut aussi « *pour le juge administratif*[996] », « *et on pourrait naturellement l'étendre au juge constitutionnel.*[997] » Mais force est de constater que l'usage des travaux préparatoires par le Conseil constitutionnel a dépassé la simple recherche de l'intention du législateur.

Conclusion du chapitre

En conclusion de ce chapitre, il est admis d'affirmer que « *Les assemblées [...] ne sont pas des organes permanents de la vie politique.*[998] ». Si cette déclaration de Michel Debré devant l'Assemblée générale du Conseil d'État en 1958 a une vérité, c'est celle du phénomène du changement ou du progrès social des idées et des mœurs. Le phénomène du changement social refuse un législateur permanent, fut-il doté d'une souveraineté nationale, ayant des idées préconçues sur la forme ou la manière d'être de la société[999]. Dans ce contexte, il convient

---

Frydman, Le projet scientifique de François Gény), inversant alors la considération normative, de la loi vers la jurisprudence. C'est la fin de la loi comme grand tout, alpha et omega de la norme, et les débuts d'une sociologie juridique alors balbutiante. » (Bio de juristes : Gény, Billet de blog, Le blog de Daniel Mainguy).

[994] Pierre Avril, « Le piano mécanique », *Op. cit.*, p. 15, citant Michel Couderc.

[995] Cour de cassation, Chambre civile, 22 novembre 1932, DH 1932, 2 [Cujas et Gallica].

[996] Pierre Avril, *Ibid.* Citant Raymond Odent (*Contentieux administratif*, 1965-1966, t. 1, Sirey, pp. 264-265) qui précisa que la « *jurisprudence [du Conseil d'État] essaie davantage de faire prévaloir l'esprit de la loi sur son texte littéral* ». En une simple recherche par le mot clé « travaux préparatoires » dans les recueils en ligne (BNF) de jurisprudence Dalloz de 1872 à nos jours montre, en effet, que le Conseil d'État se réfère davantage aux travaux préparatoires que la Cour de cassation.

[997] *Ibid.*, p. 15.

[998] Michel Debré, « L'exercice du pouvoir », Discours devant l'Assemblée générale du Conseil d'État (en tant que garde des Sceaux), 27 août 1958. Bien que l'auteur parlasse des sessions parlementaires, s'il pouvait faire cette déclaration en visant les simples coupures entre sessions parlementaires, la même affirmation serait valable pour le fait que le Parlement a vocation à se renouveler, au sens où ses membres sont élus pour un mandat limité dans le temps.

[999] C'est le refus d'un tel législateur et le jeu de la démocratie qui expliquent l'alternance politique. L'*impermanence* parlementaire fait écho à la pensée des sociologues qui prônent le refus de la *staticité* de la société, d'une société *posée* ou *imposée* par le législateur sans aucune possibilité de progrès.

d'admettre que, si le Parlement-législateur n'est pas un organe permanent de la vie politique, le juge constitutionnel, lui, est un organe permanent de la vie publique[1000], bien qu'il risque de voir son œuvre continue remise en cause par le Parlement-constituant. Mais c'est aussi le jeu démocratique. La question ici est de savoir comment le juge constitutionnel peut assurer son rôle juridictionnel face à un Parlement malade qui plus n'est pas un organe permanent de la vie politique. N'a-t-il pas été créé pour pallier ce caractère éphémère du Parlement et pour assurer à la fois la continuité et l'adaptabilité normatives ? Ainsi, le juge constitutionnel semble être définitivement un acteur de la continuité de la démocratie à travers sa fonction interprétative[1001], bien que certains puissent, parfois à juste titre, y voir un organe composé de « *magistrats [qui] empiètent, sous le masque du droit, sur le domaine politique*[1002] » et qui disposent « *d'un pouvoir suprême de censure confié à neuf personnes totalement irresponsables, arbitrairement désignés et, de surcroît, en fait le plus souvent choisies selon les aimables critères de la faveur personnelle*[1003] ».

Pour autant, la position de ces deux fonctions, celle de légiférer et celle de juger, semble être le compromis nécessaire dans un État de droit. Ainsi, le temps

---

Ainsi, le sociologue canadien Guy Rocher a pu affirmer : « *Le troisième pilier [de la société] se situe dans le contexte de la légalité : je l'appellerai le pilier de la rationalité. [...]. La jeunesse se refuse à dire quelle sorte de société elle veut à l'avenir. Mais on l'entend condamner avec force les cadres rigides de la société programmée d'aujourd'hui.* » (Guy Rocher, « L'idéologie du changement comme facteur de mutation sociale », *Revues.org, SociologieS*, 2008). Ce discours de Michel Debré en 1958 marqua le sort que la Constitution du 4 octobre 1958 comptait réserver au Parlement que le constituant « *originaire* » a voulu *rationalisé.* Cette rationalisation du Parlement s'est très vite transformée en soumission de celui-ci au gouvernement, si bien qu'on a pu affirmer que le Parlement est l'homme malade de la Vème République en paraphrasant François Mitterrand qui écrivait que la France est « *l'homme malade de l'Europe* » (François Mitterrand, *L'abeille et l'architecte*, Flammarion, 1978). Face à un Parlement malade, le juge, lui, se devant d'être en bonne santé, se trouve – *a fortiori* – le mieux placé pour soigner et tenter de guérir les maux du Parlement, et, partant, de la société tout entière, à travers l'interprétation des normes que celui-ci pose.

[1000] D'ailleurs le Conseil constitutionnel s'est lui-même qualifié dès 1962 de « *régulateur de l'activité des pouvoirs publics* » (Décision n° 62-20 DC du 6 novembre 1962, Cons. 2. *Loi relative à l'élection du Président de la République au suffrage universel direct, adoptée par le référendum du 28 octobre 1962*), bien qu'il ait, s'inspirant de « l'esprit de la Constitution de 1958 », changé de paradigme pour s'adapter à l'évolution des institutions en se reconnaissant un rôle plus général que celui d'un simple « régulateur » (V. Décision n° 92-313 DC, Cons. 2. *Maastricht III* et *Les grandes décisions du Conseil constitutionnel, Op. cit.*, p. 150, n° 9).

[1001] Sur ce point, v. Dominique Rousseau (dir.), *La démocratie continue*, LGDJ-Bruylant, Coll. : « La pensée juridique moderne », 1995, 165 p.

[1002] V. Roger Pinto, « Les excès du Conseil constitutionnel », *Le Monde*, 24 janvier 2001.

[1003] René de Lacharrière, « Opinion dissidente » [Avril 1980], Rééd. *Pouvoirs* n°13, *Le Conseil constitutionnel*, juillet 1991, (pp.141-159), p. 142.

où, pour reprendre les termes de Guy Carcassonne, « *Tous les pouvoirs politiques, quels qu'ils soient, ont cherché à disposer d'une magistrature aussi docile qu'ils pouvaient la rêver*[1004] » est révolu. Mais si ce rêve de la magistrature docile s'est, au fil des années, estompé, celle-ci, en l'occurrence la plus haute que représente le Conseil constitutionnel, du moins pour ce qui concerne l'interprétation constitutionnelle dans l'ordre juridique interne, est au centre d'une bataille permanente pour garder l'attribut essentiel de son œuvre interprétative, l'*interprétativité constitutionnelle*, à l'abri de tout soupçon et de toute critique.

*****

[1004] V. Guy Carcassonne, *La Constitution* (commentée), Seuil, Coll. : « Essais Points », 9ème éd., 2009, p. 312, n° 423.

Chapitre 2. Les travaux préparatoires au secours de l'*interprétativité* constitutionnelle

> « *[D]ans tous les cas complexes la charte constitutionnelle ne peut être qu'un esprit à faire vivre et non un texte à appliquer*[1005] » (Pasquale Pasquino).

Ce chapitre fait appel à une attention particulière, dans la mesure où sa première section, notamment, propose de mettre fin à un tabou, celui relatif au mythe des normes de référence dans le contrôle de constitutionnalité. Ainsi, seul l'attachement à l'aspect purement scientifique, lié à l'analyse empirique des faits et leurs conséquences, sans aucune considération dogmatique préétablie, permettra de saisir l'idée d'*interprétativité constitutionnelle* qui est au cœur de ce chapitre.

Parce que le juge constitutionnel aura entouré son interprétation prétorienne du droit d'un ensemble d'éléments empiriques et théoriques qui permettent de la comprendre, il aura mis celle-ci dans les conditions de son acceptabilité sociale vis-à-vis à la fois des initiés du droit, c'est-à-dire les juristes avertis, et des non-initiés, c'est-à-dire les simples citoyens. L'ensemble de ces conditions d'acceptabilité de l'interprétation constitutionnelle du droit, dont fait partie la technique de l'usage des travaux préparatoires, du moins comme appui, sinon

---

[1005] Pasquale Pasquino, « Contraintes juridiques ? La Cour constitutionnelle italienne », *in* Michel Troper *et ali* (dir.), *Théories des contraintes juridiques*, Bruylant-LGDJ, février 2005, p. 184. Cette assertion vaut pour toutes les normes juridiques.

comme la règle elle-même éclairée, forme ce qu'on peut désigner par l'*interprétativité constitutionnelle*[1006] des normes. L'interprétativité est « constitutionnelle », dans l'ordre juridique interne, du fait qu'elle est conçue par le Conseil constitutionnel dont la décision, en vertu de l'article 62, al. 3, de la Constitution, s'impose « *aux pouvoirs publics et à toutes les autorités administratives et juridictionnelles.* » Ainsi, à certains égards, s'il est possible de parler également d'interprétativité, s'agissant de l'effet des décisions interprétatives des deux cours suprêmes, à savoir le Conseil d'État et la Cour de cassation, cette interprétativité revêt un degré moins important, ce qui est dû au fait que l'interprétation du droit par ces deux cours et les conditions même de cette interprétation sont susceptibles d'être remises en cause par le Conseil constitutionnel en tant que seul juge suprême, du moins en matière d'interprétation constitutionnelle, dans l'ordre juridique interne. En effet, hormis les possibles, mais rares, révisions constitutionnelles visant à désavouer une interprétation du Conseil constitutionnel, comme celle de 1993 sur le droit d'asile, les décisions interprétatives de celui-ci disposent d'une autorité fondée sur un certain nombre d'éléments empiriques, pédagogiques, pratiques, théoriques, etc. qui la conditionnent et qui permettent de la considérer comme socialement acceptable ; il s'agit là de l'interprétativité constitutionnelle attachée aux décisions du Conseil constitutionnel. Ainsi, l'interprétativité constitutionnelle, dans l'ordre juridique interne, est liée à la décision juridictionnelle finale du Conseil que personne ne pourra remettre en cause de manière autre que par l'effet éventuel de décisions d'instances juridictionnelles externes au système juridique interne (CEDH, CJUE…) ou par l'intervention d'une révision de la norme de droit ayant fait l'objet de l'interprétation ou de la norme de référence, donnant ainsi lieu à un changement des circonstances de droit.

L'explication de l'interprétativité constitutionnelle se trouve dans la jurisprudence du Conseil constitutionnel. Celui-ci affirme qu'il contrôle la constitutionnalité des lois non seulement au regard des textes du bloc de constitutionnalité, mais aussi au regard des lois organiques et des règlements des assemblées parlementaires déclarés par lui conformes à la Constitution. Il a, plus récemment, fait découler cette même règle de l'article 77 de la Constitution, s'agissant de l'accord de Nouméa du 5 mai 1998 qu'il érige en norme de référence du contrôle de constitutionnalité, en décidant : « *Il résulte des dispositions du premier alinéa de l'article 77 de la Constitution que le contrôle du Conseil*

[1006] L'idée cachée derrière la notion d'interprétativité constitutionnelle a été esquissée plus haut, pour le besoin de certains développements ; mais il convient à présent de s'y attarder davantage afin d'analyser son contexte, sa conceptualisation et son sens dans le cadre de la présente recherche.

constitutionnel sur la loi organique doit s'exercer non seulement au regard de la Constitution, mais également au regard des orientations définies par l'accord de Nouméa, lequel déroge à un certain nombre de règles ou principes de valeur constitutionnelle.[1007] » Dans la mesure où le Conseil constitutionnel exerce un contrôle de constitutionnalité et non de *réglementarité* (c'est-à-dire à l'aune des règlements des assemblées), ni d'*organicité* ou de *légalité organique* (c'est-à-dire à l'aune des lois organiques), ni de *légalité ordinaire* (c'est-à-dire au regard des lois ordinaires), on peut considérer que l'effet de son interprétation d'un texte, même issu d'une loi ordinaire, dès lors qu'il a déclaré ce texte conforme à la Constitution, attribue à celui-ci une valeur constitutionnelle *circonstanciée*[1008] pour le besoin du contrôle de constitutionnalité. C'est là l'origine de l'*interprétativité* constitutionnelle ; c'est-à-dire l'ensemble des éléments qui entre en ligne de compte pour construire l'autorité de cette constitutionnalité prétorienne venant du juge constitutionnel, constitutionnalité accordée à des normes inférieures aux textes du « bloc de constitutionnalité » pour le besoin du contrôle de constitutionnalité. Parmi ces éléments de construction de l'interprétativité constitutionnelle, les travaux préparatoires se trouvent au premier plan, du fait de leur caractère concret et du fait que tout un chacun peut accéder à leur contenu et les vérifier.

Ainsi présentée, il convient tout d'abord de préciser l'origine de la pensée conceptuelle de cette interprétativité constitutionnelle (Section 1), avant de s'intéresser à l'influence de l'usage des travaux préparatoires des normes juridiques sur sa construction et sa soutenabilité (Section 2).

SECTION 1 : LA NOTION D'*INTERPRÉTATIVITÉ* CONSTITUTIONNELLE

La justice constitutionnelle, en France, a commencé avec un contrôle de constitutionnalité à l'aune de la seule Constitution du 4 octobre 1958 qui, jusqu'en 1971, est le seul texte constitutionnel français disposant de valeur

[1007] Décision n° 2018-764 DC du 19 avril 2018, §. 3. *Loi organique relative à l'organisation de la consultation sur l'accession à la pleine souveraineté de la Nouvelle-Calédonie.*

[1008] On pourrait aussi parler d'une valeur constitutionnelle acquise par ricochet ; c'est-à-dire que le fait qu'un texte inférieur au texte de la Constitution est déclaré conforme à celle-ci le fait devenir la Constitution elle-même par l'effet de la déclaration prétorienne et conditionnée de la conformité à celle-ci. Ainsi, on pourrait aussi parler d'une valeur constitutionnelle acquise par conformité (c'est donc une valeur de conformité).

juridique. Or, le texte de la Constitution de 1958 est très incomplet, tant il compte peu de contenus relatifs aux droits et libertés fondamentaux qui sont pourtant le cœur du droit constitutionnel moderne alors encore très largement en construction jusque dans les années 1970. La décision n° 71-44 DC du 16 juillet 1971, révolutionnaire à plus d'un titre, est venue faire basculer le contrôle de constitutionnalité opéré à l'aune du strict texte constitutionnel de 1958 à un contrôle de constitutionnalité au regard d'un *bloc* de constitutionnalité, incluant donc plusieurs textes constitutionnels de référence, contenant des droits et libertés fondamentaux, en vue de la complétude matérielle de la Constitution au sens large. Mais, compte tenu du fait que, selon les termes de Pasquale Pasquino, « *la charte constitutionnelle ne peut être qu'un esprit à faire vivre et non un texte à appliquer* », le Conseil constitutionnel devait se démarquer d'un simple *bloc de constitutionnalité*, composés de textes et donc de mots, à un *bloc d'interprétativité* qui donnera aux textes et mots constitutionnels toute leur vivacité[1009].

Pour illustrer le mécanisme de l'interprétativité constitutionnelle, on peut reprendre les normes auxquelles le juge constitutionnel français confronte les règlements des assemblées législatives. Le Conseil constitutionnel contrôle en effet la constitutionnalité des règlements des assemblées parlementaires, non seulement à l'aune du bloc de constitutionnalité, mais également au regard des lois organiques et ordinaires[1010]. Selon Christophe Guettier, « *cette situation peut paraître étrange dans la mesure où elle conduit le Conseil constitutionnel à opérer un contrôle de conformité à des simples lois.*[1011] » Face à cette étrangeté, il ajoute : « *Peut-on considérer qu'il exerce bien un contrôle de conformité des règlements à la 'Constitution', ce à quoi l'engage l'article 61, alinéa 1, de la Constitution ?*[1012] » Son

---

[1009] Allusion faite au concept de *Constitution vivante.* Sur ce point, v. Gustavo Zagrebelsky, « La doctrine du droit vivant », AIJC, II, 1986, pp. 55 et s. ; v. aussi Jean-Jacques Pardini, « Réalisme et contrôle des lois en Italie », *Cahiers du Conseil constitutionnel* n° 22 (Dossier : *Le réalisme en droit constitutionnel*), juin 2007 [Site du CC, Consulté le 25 décembre 2016]

[1010] V. Décision n° 66-28 DC du 8 juillet 1966, Cons. 2. *Résolution tendant à modifier les articles 18, 42, 54 et 60 du règlement du Sénat et à compléter celui-ci par l'adjonction d'un article 21 bis* ; et Décision n° 69-37 DC, Cons. 2. *Résolution modifiant et complétant le règlement de l'Assemblée nationale.* Cependant, il convient de noter que, comme l'a soulevé Christophe Guettier, si « *Cette solution [est] retenue, lorsque sont en cause des dispositions contenues dans les règlements des assemblées, [elle] n'est pas reprise quand sont déférées au Conseil constitutionnel des lois organiques ou même des lois simples contenant des dispositions de droit parlementaire.* » (Christophe Guettier, *Le Conseil constitutionnel et le droit parlementaire*, Thèse, Paris 1, t. II, 1986, p. 48, note 1). C'est donc un sort réservé en particulier aux règlements de ces assemblées. Mais cela ne change rien du point de vue du contrôle de *constitutionnalité* qu'exerce le Conseil constitutionnel.

[1011] Christophe Guettier, *Ibid.*

[1012] *Ibid.*, p. 478.

explication est que « *la référence à des dispositions contenues dans la Constitution, entendue au sens matériel, ne sert qu'à lui fournir des éléments d'interprétation de certaines dispositions du texte du 4 octobre 1958.*[1013] » Si cette explication est intéressante, elle n'est pas suffisante. Les dispositions infra-constitutionnelles que le Conseil constitutionnel hisse au rang de normes « forcément constitutionnelles[1014] » de référence le sont, ou plutôt le deviennent, par le mécanisme de l'interprétativité, c'est-à-dire la force constitutionnelle que son interprétation accorde auxdites dispositions pourtant de nature législative. Ainsi, s'il peut être affirmé qu'il y a une « *exigence de conformité des actes de toute nature par rapport à des normes de valeur constitutionnelle*[1015] », il peut aussi être considéré que les normes de toute nature, ainsi déclarées conformes aux normes de nature constitutionnelle, par l'effet de leur interprétation de conformité à la Constitution, acquièrent la nature constitutionnelle, dans le cadre précis et pour le besoin du contrôle de *constitutionnalité*. On reviendra sur ce point, mais c'est un aspect très important de l'idée d'interprétativité constitutionnelle qu'il convient de garder à l'esprit.

Cependant, l'idée d'interprétativité constitutionnelle est encore en phase d'ébauche dans cette recherche. Par conséquent, afin de se diriger progressivement vers la « notion » d'interprétativité, il est d'abord nécessaire de tenter de cerner un concept d'interprétativité (§1) qui renvoie à l'effectivité de l'interprétation constitutionnelle des normes juridiques (§2), effectivité qui, elle-même, c'est là sa condition essentielle, est fondée sur un mode opératoire le plus objectif et le plus transparent possible suivi par le juge constitutionnel (§3).

[1013] *Ibid.*

[1014] Si les normes de référence, dans le contrôle de *constitutionnalité*, ne sont, au sens matériel et formel, pas toutes des normes de nature constitutionnelle, les normes infra-constitutionnelles prises, par le Conseil constitutionnel, comme étant des normes de référence sont devenues constitutionnelles du fait de leur interprétativité constitutionnelle. Ainsi, dès lors qu'une norme formellement et / ou matériellement infra-constitutionnelle a été prise comme norme de référence, dans le cadre et pour le besoin du contrôle de *constitutionnalité*, elle quitte dès cet instant sa matérialité d'origine pour acquérir une matérialité de nature constitutionnelle, car, encore une fois, le Conseil constitutionnel n'exerce, au regard des dispositions des articles 61 et 61-1 de la Constitution, qu'un contrôle de *constitutionnalité*, c'est-à-dire un contrôle au regard d'une norme *forcément* de nature constitutionnelle, et aucun autre type de contrôle. C'est l'interprétativité constitutionnelle qui donne cette *force* constitutionnelle à la norme de référence, pourtant, au départ, de nature infra-constitutionnelle.

[1015] Michel Verpeaux, « Contrôle de constitutionnalité des actes administratifs », *AJDA*, janvier 2011 [MAJ juin 2014].

§1. La naissance du concept d'interprétativité constitutionnelle

Le concept d'interprétativité constitutionnelle est, pour ainsi dire, un phénomène d'esprit (A) qui est engendré par une forme de facilité de langage puisque le mot « interprétativité » n'existe pas (encore) dans le langage courant[1016], fut-ce le langage technique du droit (B).

A) Un phénomène d'esprit

En effet, si l'on se réfère à Hegel[1017], on peut estimer que le concept d'interprétativité relève de ce qu'on pourrait appeler un phénomène de l'esprit humain.

Pour comprendre ce phénomène, il convient de retracer l'histoire et la raison de son usage dans cette thèse. L'idée de ce vocabulaire, encore inexistant des dictionnaires de français, a, pour ainsi dire, subitement fait surface dans notre pensée[1018]. Ce à quoi nous pensions, en ayant ce mot à l'esprit, est l'effectivité concrète de l'interprétation juridique constitutionnelle prononcée par le juge constitutionnel, en l'occurrence le Conseil constitutionnel français. Le sens de ce terme renvoyait alors aux conditions de réceptivité, de soutenabilité, de respectabilité et d'acceptabilité[1019] de la normativité interprétative constitutionnelle.

[1016] Mais ce n'est pas parce qu'il n'existe dans aucun dictionnaire qu'il faut s'abstenir à l'esquisser dans le langage juridique ; les mots, y compris et surtout ceux du droit, sont des inventions de l'esprit humain.

[1017] Georg Wilhelm Friedrich Hegel, *La phénoménologie de l'esprit*, 1807.

[1018] Il nous est venu ce mot en pleine rédaction de notre mémoire de Master 2 (2011/2012) sur *La technique de l'interprétation de la loi par le juge constitutionnel français à travers les travaux parlementaires*. Nous avons couché le terme sur le papier aussitôt qu'il a fait son apparition dans notre pensée sans savoir qu'il n'existait pas couramment dans la langue française.

[1019] En effet, la longévité d'une norme juridique dans la sphère sociale qu'elle régit est conditionnée par des facteurs conditionnant sa *réceptivité*, sa *soutenabilité*, sa *respectabilité* et son *acceptabilité*. La présentation de la norme conditionne la manière dont ceux qu'elle concerne la reçoivent (*réceptivité*). La bonne réceptivité de la norme implique que ses destinataires la soutiennent (*soutenabilité*), la respectent (*respectabilité*) et, *in fine*, l'acceptent (*acceptabilité*) en tant que règle contraignante qui s'impose en tant que telle dans la durée. Ainsi, le juge de l'interprétation constitutionnelle, au regard de la pertinence des techniques et méthodes utilisées, participe à la réalisation des conditions de longévité de la norme interprétée.

La précision du sens réel du terme d'« interprétativité », eu égard à sa longueur et sa lourdeur, conduisait à la recherche dans un dictionnaire, parmi les plus accessibles (*Larousse, Robert, Littré…*), mais cela n'a donné aucun résultat sur l'existence de ce mot. Espérant que les juristes seraient assez hardis pour considérer ce terme dans les lexiques juridiques, mais force était de constater que même le célèbre *Lexique des termes juridiques* de Dalloz ou encore l'inévitable *Vocabulaire juridique* de Gérard Cornu en étaient et demeurent encore silencieux. De ce point de vue-là, l'expression de l'idée qui se trouve derrière l'interprétativité devenait quasiment inexprimable, indicible même, par un simple mot, sans entrer dans une longue série d'explication. Alors une recherche, notamment sur internet, s'imposa, en vue de trouver une explication, un fondement ou un usage de ce terme. La seule discipline qui connaît ce terme est la discipline médicale qui suggère que « *interprétativité* » ou, plus précisément, « *interprétativité pathologique* » est une pathologie mentale qui conduit celle ou celui qui en est atteint à interpréter de manière très illogique la réalité des choses. Sur ce point, Jean Foyer n'était pas loin d'accuser le Conseil constitutionnel d'un *délire d'interprétation*[1020] au point d'appeler à sa suppression[1021], notamment lorsqu'il a basculé, en 1971, du texte de la Constitution du 4 octobre 1958 au bloc de constitutionnalité, dans l'objectif de proclamer les droits et libertés que la Constitution garantit, au détriment de la réplique de Raymond Janot qui affirmait, en tant que rapporteur du projet de texte de 1958, que son préambule n'aurait pas valeur normative.

Dès lors, l'idée conçue autour de ce terme ne pouvait plus demeurer sans explication, d'où l'analyse conceptuelle, et *solitaire*, de ce terme, quelque peu *inventé*, pour le besoin de cette recherche. Ainsi, derrière ce terme, il a été possible de penser qu'il s'agissait en fait des conditions *sine qua non* de l'acceptabilité et donc d'applicabilité de l'interprétation constitutionnelle. Parmi ces conditions, il y a lieu de ranger les différentes méthodes et techniques d'interprétation

---

[1020] Sur ce point, v. Paul Sérieux et Joseph. Capgras. « Le délire d'interprétation et la folie systématisée », in *L'année psychologique*, 1910, vol. 17, n° 1, pp. 251-269. En effet, l'auteur, par cette expression, désigne des « *interprétations fausses* » (p. 251) d'« *une catégorie de déséquilibrés qui arrivent à forger un roman délirant grâce à la multiplicité de leurs erreurs de jugement, à la signification personnelle qu'ils donnent aux sensations ou aux événements les plus fortuits.* » (p. 251). Or, c'est justement ce caractère personnel de l'interprétation constitutionnelle que le Conseil recherche à éliminer sous l'effet de l'usage explicite des travaux préparatoires les plus divers dans ses décisions. Sur l'erreur de jugement, qui s'apparente à un délire d'interprétation, v. également Dominique Rousseau, « Une décision non commentée existe-t-elle ou commenter est-ce délirer ? », *Op. cit.*

[1021] Jean Foyer, « Pour la suppression du Conseil constitutionnel », *La Revue administrative*, 51ème année, n° 301, janvier-février 1998, (pp. 97-101), pp. 97-101.

concrètes, claires, explicites et accessibles à chacun, en vue de faciliter la compréhension de la décision interprétative constitutionnelle. C'est là le sens juridique qu'il a été convenu de donner au concept (ou plutôt au mot) d'« interprétativité ». En effet, si les normes juridiques ne sont qu'un ensemble de mots choisis[1022] et porteurs d'un certain sens, du point de vue de la normativité, ces mêmes mots peuvent ne pas être suffisants pour exprimer ce que les normes sont et expriment réellement. Par exemple, les termes français « interpréter », « interprétation », « interprété », « interprète », « interprétatif » – en considérant leurs déclinaisons au féminin et au masculin et leur pluriel dans le singulier employés – sont les seuls considérés par les dictionnaires tant techniques (juridiques) que génériques. Pourtant, d'autres mots vont plus loin, quant à la déclinaison de leur sens, y compris dans le langage courant. Ainsi, « cesser » va jusqu'à se décliner en « cessible » ou encore « cessibilité » ; « activer » va jusqu'à « activité », « activisme », etc. Pour ne considérer que le terme « interprétation » qui est bien pauvre en droit pour exprimer tout ce qu'il peut recouvrir, il faut admettre qu'il lui manque certaines déclinaisons porteuses de sens plus précis, par exemple, « interprétabilité », ou encore l'idée d'« interprétativité » ici à l'étude.

Souvent des spécialistes – tant de la science juridique que d'autres disciplines, à l'instar de la médecine avec l'interprétativité pathologique – se rendant compte des manques et de la pauvreté du sens de certains mots – se trouvent contraints d'écrire ceux-ci avec leurs déclinaisons nécessaires qui manquent entre guillemets ou en italique pour mieux exprimer le message qu'ils veulent faire passer. Et petit à petit, ces mots entrent dans le langage scientifique spécialisé, puis dans le langage courant, avec la considération que l'esprit humain et le temps leur réservent. C'est ainsi que sont nés des mots comme « *constitutionnalité* » ou encore « *conventionalité* » qui, il y a encore peu, n'existaient même pas et donc n'avaient ni de *signifiant*, ni de *signifié*.

L'interprétativité, selon la conception et l'acception qui lui sont accordées ici, est la dynamique de l'application des normes interprétées, c'est-à-dire l'ensemble des conditions réunies de leur acceptabilité, de leur applicabilité et donc de leur crédibilité aux yeux de tous. Car le citoyen-justiciable a besoin de matières pour s'accrocher, quant au vouloir-dire des normes. En effet, une interprétation de nature philosophique – voire ésotérique – ne peut satisfaire les citoyens. Ainsi, en reconnaissant les conditions de la conception du mot « interprétativité », on peut

---

[1022] En ce sens, v. Pierre Avril, *Les conventions de la Constitution*, PUF, Coll. : « Léviathan », octobre 1997, « le rôle de l'interprétation », p. 58. L'auteur écrit justement que « *le compromis qui a présidé à [la] rédaction [de la Constitution de 1958] est un compromis sur les mots* ».

glisser de manière progressive du simple concept à une notion juridique d'interprétativité constitutionnelle fortement appuyée par l'usage des travaux préparatoires des normes juridiques.

Toute norme est norme « constitutionnelle » par l'effet de l'interprétativité constitutionnelle ; c'est ce qui ressort d'une jurisprudence constante du Conseil constitutionnel depuis au moins sa décision n° 95-366 DC[1023]. Dans sa décision n° 2015-712 DC, le Conseil a encore précisé : « *Considérant qu'en raison des exigences propres à la hiérarchie des normes juridiques dans l'ordre interne, la conformité à la Constitution des règlements des assemblées parlementaires* ***doit s'apprécier au regard tant de la Constitution elle-même que des lois organiques prévues par celle-ci ainsi que des mesures législatives prises pour son application*** *; qu'entrent notamment dans cette dernière catégorie l'ordonnance du 17 novembre 1958 relative au fonctionnement des assemblées parlementaires ainsi que les modifications qui lui ont été apportées ; que* ***ces textes législatifs ne s'imposent à une assemblée parlementaire, lorsqu'elle modifie ou complète son règlement, qu'autant qu'ils sont conformes à la Constitution*** *;*[1024] » Cette idée d'un élargissement du bloc de constitutionnalité à des normes inférieures à la Constitution semble avoir été mise en exergue par Louis Favoreu[1025], bien qu'il ait « *postérieurement exclu les lois organiques du bloc*[1026] ». Il avait en effet compté le texte de la Constitution de 1958, la DDHC de 1789, le Préambule de la Constitution de 1946, les textes visés dans le Préambule de la Constitution de 1958, les traités ou accords internationaux, les ordonnances organiques et les lois

---

[1023] Décision n° 95-366 DC du 8 novembre 1995, Cons. 1. *Résolution modifiant le règlement de l'Assemblée nationale.*

[1024] Décision n° 2015-712 DC du 11 juin 2015, Cons. 1. *Résolution réformant les méthodes de travail du Sénat dans le respect du pluralisme, du droit d'amendement et de la spécificité sénatoriale, pour un Sénat plus présent, plus moderne et plus efficace.* Et, à certains égards, il semble que le Conseil constitutionnel pourrait même être tenté d'ériger des textes de nature réglementaire en normes de référence, dans le contrôle de constitutionnalité, suivant les termes de sa décision n° 75-57 DC qui expliquent « *que l'expression "charge publique" doit être entendue comme englobant, outre les charges de l'État,* ***toutes celles antérieurement visées par l'article 10 du décret du 19 juin 1956 sur le mode de présentation du budget de l'État*** *et, en particulier, celles des divers régimes d'assistance et de Sécurité sociale ;* » (Cons. 3). En effet, alors même que le texte de l'article 40 de la Constitution ne s'est pas référé au texte de ce décret, le Conseil constitutionnel a en quelque sorte substitué le contenu de celui-ci à la notion de charge publique. Sur les normes de référence, v. également Décision n° 2019-785 DC du 4 juillet 2019, §. 1. *Résolution modifiant le règlement de l'Assemblée nationale* ; Décision n° 2019-786 DC du 11 juillet 2019, §. 2. *Résolution clarifiant et actualisant le règlement du Sénat.*

[1025] Louis Favoreu, « Le principe de constitutionnalité, essai de définition d'après la jurisprudence du Conseil constitutionnel », in *Mélanges Eisenmann*, 1975, Cujas.

[1026] Cité par Michel Verpeaux, « Contrôle de constitutionnalité des actes administratifs », *Op. cit.*, pp. 47 s.

organiques. Et, comme l'affirme Michel Verpeaux, si la « *composition du bloc de constitutionnalité peut varier selon la nature des actes contrôlés*[1027] », il semble que c'est par l'effet de l'interprétativité constitutionnelle que la norme interprétée retrouvera valeur constitutionnelle selon les circonstances et les besoins dans lesquels se trouve le Conseil constitutionnel ; car, faut-il le rappeler, les textes inférieurs à ceux du bloc de constitutionnalité, par essence, n'ont pas de valeur constitutionnelle ; pour acquérir une telle valeur, ils ont besoin de l'onction du Conseil constitutionnel. Une autre conception pourrait aboutir à l'idée qu'il n'y a pas d'extension du bloc de constitutionnalité, mais seulement une utilisation d'autres normes de référence. Mais cette conception ne tient pas, car le contrôle dont il s'agit est un « contrôle de *constitutionnalité* », donc seulement au regard de textes de nature constitutionnelle. Par conséquent, si le juge constitutionnel utilise d'autres normes de référence dans l'exercice de ce contrôle précis de constitutionnalité, ce ne peut être qu'à condition de conférer, d'abord, une valeur constitutionnelle au contenu de celles-ci, ce que le Conseil constitutionnel paraît, d'ailleurs, affirmer très clairement dans les décisions précitées.

Enfin, certains auteurs proposent de considérer « *l'interprétation de la Constitution comme [étant une] science de la réalité*[1028] » par opposition « *au positivisme de droit public*[1029] » classique. À la lecture de sa jurisprudence sus-rappelée, le Conseil constitutionnel semble s'inscrire dans cette voie du réalisme normatif et interprétatif, en éclairant les sources de son travail d'interprétation à travers cette facilité de langage qu'est, jusque-là, l'interprétativité.

B) Une « facilité de langage »

Si le terme « interprétativité » ne se trouve dans aucun dictionnaire, il n'est pas dénué de sens, pour autant, du point de vue juridique. Le terme a tant de sens qu'il a été employé dans un mélange en l'honneur de Jean-Louis Bergel[1030]. L'emploi du mot a été découvert dans la contribution de Frédéric Zenati-

---

[1027] Michel Verpeaux, *Ibid.*

[1028] Ernst-Wolfgang Böckenförde, *Le droit, l'État et la Constitution démocratique. Essais de théorie juridique, politique et constitutionnelle*, Trad. Olivier Jouanjan, Bruylant-LGDJ, pp. 237 s.

[1029] *Ibid.*

[1030] Jean-Yves Chérot, Sylvie Cimamonti, Laetitia Tranchant et Jérôme Tremeau (coord.), *Le droit, entre autonomie et ouverture : Mélanges en l'honneur de Jean-Louis Bergel*, Bruylant-LGDJ, Coll. : « Penser le droit », Juillet 2013, 800 p.

Castaing[1031] à cet ouvrage. Expliquant la différence entre « *déclarativité juridictionnelle* » et « *déclarativité interprétative* », cet auteur précise qu'il désigne sous l'expression déclarativité interprétative, « *ce que l'on pourrait appeler, par facilité de langage, l'"interprétativité".* » Autrement dit, pour l'auteur, l'action déclarative de l'interprétation du juge, c'est-à-dire l'action ou le fait de déclarer le droit par l'interprétation ou par le fait ou par l'effet de l'interprétation du juge, pourrait s'appeler « interprétativité ». C'est dans ce contexte qu'a pris fin une forme d'isolement conceptuel solitaire autour du sens de ce terme[1032].

Ainsi, du simple concept, on peut désormais parler d'une notion d'interprétativité, au sens juridique du terme. La notion d'interprétativité permet de répondre à un paradoxe qu'a justement soulevé Michel Troper à propos de la volonté générale que sont censées exprimer tant la loi ordinaire que la Constitution elle-même. En effet, il faut admettre qu'« *Il est contradictoire de prétendre que dans une démocratie représentative, la loi et la Constitution sont toutes deux l'expression de la volonté générale, mais que celle-ci doit prévaloir sur celle-là.*[1033] » En réalité, tous les textes de nature juridique, quel que soit leur rang dans la hiérarchie des normes, dès lors qu'eux-mêmes ou leurs effets ont été au préalable interprétés comme étant conformes à la Constitution par le juge constitutionnel spécial, peuvent, dans ce cas précis, être considérés comme étant la Constitution elle-même.

Enfin, ainsi conçue, de l'idée au concept juridique, fût-ce par une simple facilité de langage, il est à présent permis de parler d'une notion d'interprétativité constitutionnelle, laquelle renferme et assure une certaine effectivité de l'interprétation constitutionnelle.

1031 Frédéric Zenati-Castaing, « Pour un droit des revirements de jurisprudence », *in* Jean-Yves Chérot et *ali* (coord.), *Ibid.*, Chap. 27, p. 514. Cette découverte de l'emploi du mot « interprétativité » est intervenue au cours du mois d'août 2015, soit près de cinq ans après son esquisse dans nos recherches.

1032 Cette découverte est, en effet, importante, dans la mesure où la conceptualisation de ce terme, quelque peu inventé, par nous seul, au départ, comportait un certain risque, celui de sa mauvaise réception dans la doctrine.

1033 Michel Troper, *Le gouvernement des juges, mode d'emploi*, Les Presses de l'Université de Laval, Coll. : « Mercure du Nord / Verbatim », 2006, pp. 36-37.

§2. L'interprétativité constitutionnelle comme effectivité de l'interprétation constitutionnelle jurisprudentielle des normes juridiques

La notion d'interprétativité constitutionnelle[1034] renvoie à la fois au degré d'acceptation de l'interprétation donnée par le juge constitutionnel à une norme juridique et aux conditions qui permettent et favorisent ou qui soutiennent cette acceptation de la norme ainsi interprétée. De ce point de vue, l'interprétativité constitutionnelle est l'acceptabilité conditionnelle de l'interprétation constitutionnelle d'une norme juridique. Mais, l'interprétativité constitutionnelle, étant une notion difficilement compréhensible, il convient d'avancer quelques arguments supplémentaires pour sa compréhension. Christophe Guettier, on l'a vu, avance que le fait de prendre des normes infra-constitutionnelles comme normes de référence revient « *à opérer un contrôle de conformité à des simples lois.* » Sa conclusion, bien que non étayée, est fondée et logique. Bien que ce contrôle à l'aune de simples lois ne semble, pour le moment, viser que les règlements des assemblées législatives, cela ne change rien à l'opération entreprise par le Conseil constitutionnel, celle-ci aurait pu être effectuée dans le contrôle de constitutionnalité de n'importe quelle autre norme. En effet, le premier alinéa de l'article 61 de la Constitution dispose que « *[...] les règlements des assemblées parlementaires, avant leur mise en application, doivent être soumis au Conseil constitutionnel, qui se prononce sur leur conformité à la Constitution.* » Ainsi, la Constitution exige une « *conformité à la Constitution* », et à rien d'autres. Dans ce contexte, si le Conseil constitutionnel exerce ce contrôle de conformité à une norme inférieure à la Constitution, deux scénarios explicatifs se dessinent. Le premier consisterait à dire que le Conseil constitutionnel a

[1034] Charles Eisenmann déclarait que « *seule une loi constitutionnelle peut déroger à une loi constitutionnelle* » (Michel de Villiers et Armel Le Divellec, *Dictionnaire du droit constitutionnel*, Sirey, 9ème édition, 2013, « Constitutionnalité (principe de) », p. 80). Lorsque le Conseil constitutionnel affirme que « *la loi votée [...] n'exprime la volonté générale que dans le respect de la Constitution* » (Décision n° 85-197 DC du 23 août 1985, Cons. 27. *Loi sur l'évolution de la Nouvelle-Calédonie*), il sous-entend, non seulement que la disposition législative exprimant la volonté générale est forcément conforme à la Constitution, mais surtout que celle-ci déclarée, par lui, conforme à la Constitution devient, par l'effet de son interprétation, de fait comme de droit, une norme « constitutionnelle » de référence, du moins pour la nécessité du contrôle de constitutionnalité. C'est l'effet de l'interprétativité constitutionnelle qui permet à la norme déclarée conforme à la Constitution de devenir norme de référence (forcément constitutionnelle) dans le cadre du contrôle de *constitutionnalité.* En ce sens, il faut donc compter la norme revêtue de l'interprétativité constitutionnelle comme étant une norme constitutionnelle.

commis un acte de gouvernement des juges, en dépassant le cadre de son pouvoir, et donc son action interprétative, dans ce cas précis, est nulle et non avenue. Mais, à la lumière de ce qu'apporte la notion d'interprétativité constitutionnelle, il est possible de rejeter ce premier scénario par un second qui paraît intellectuellement plus rationnel et plus utile. Ce second scénario consisterait à dire que la norme infra-constitutionnelle prise comme norme de référence dans le contrôle de « *conformité à la Constitution* », et qui, de ce fait, est forcément prise comme une norme « constitutionnelle » de référence, n'acquiert cette qualité et ce statut de norme constitutionnelle que par son interprétativité constitutionnelle, laquelle est issue d'un raisonnement méthodique et rationnel du juge constitutionnel qui voit dans la norme infra-constitutionnelle, prise comme norme de référence, dans le cas précis du contrôle de « *conformité à la Constitution* », des traits de caractère similaires à ceux d'une norme issue de la Constitution elle-même.

Une telle interprétativité contribue d'emblée à l'efficacité et à l'effectivité de l'interprétation constitutionnelle de la norme dont s'agit. La question se pose ainsi de savoir ce qui permet ou favorise une telle acceptation, tant par les spécialistes du droit que par le grand public, de l'interprétation constitutionnelle de la norme juridique. Il semble que la méthode interprétative employée par le juge constitutionnel, en ce cas, compte pour beaucoup. Savigny, de Chassat, Gény, Luchaire…, tant de juristes ont étudié les méthodes exégétiques pratiquées pour justifier une interprétation juridique. D'une manière ou d'une autre, l'usage des travaux préparatoires dans l'interprétation juridique a toujours eu sa place dans les analyses de ces auteurs. De ce point de vue-là, les travaux préparatoires contribuent forcément à l'acceptabilité et donc à l'efficacité de l'interprétation constitutionnelle. En particulier, les travaux préparatoires favorisent cette acceptabilité par ce qu'on pourrait appeler le *déconstructivisme juridique* qu'ils permettent au juge constitutionnel de pratiquer. Le déconstructivisme juridique s'appuie sur cette théorie développée dans le monde de la philosophie et de la littérature par le philosophe Jacques Derrida à partir des années 1970[1035] ; il consiste à remettre à plat, et non pas en cause[1036], les paradigmes de la pensée dans

---

[1035] V. notamment Jacques Derrida, *De la grammatologie*, Éditions de Minuit, 1967 ; « Jacques Derrida, "déconstructeur" de la pensée », *Télérama*, 13 novembre 2010 (http://www.telerama.fr/idees/derrida-le-deconstructeur,62287.php) [Consulté le 3 novembre 2014] ; *Subjectivité et Histoire : Derrida en Algérie*, Robert J.C. Young, New York University, Julius Silver, (http://www.cairn.info/revue-litterature-2009-2-page-135.htm) [Consulté le 3 novembre 2014].

[1036] Derrida ne se permettait pas de décrier ou de dénigrer les œuvres qu'il déconstruisait ; il recherchait la « vérité » de la pensée construite à travers ces œuvres, en remettant à plat, de manière

le souci de faire la lumière sur ce que dissimulent de vrai et de faux ces derniers. Cet aspect théorico-philosophique de l'interprétation juridique n'est pas ignoré par les juristes. Ainsi, Muriel Fabre-Magnan consent que « *le mouvement dit de la 'déconstruction'*[1037] » de Jacques Derrida est un élément pris en compte dans le discours interprétatif du droit.

À la manière de cette théorie philosophique, le juge constitutionnel n'opère pas moins un travail de déconstruction des normes qu'il interprète. C'est ce travail même de déconstruction des normes, quelles qu'elles soient, constitutionnelles ou infra-constitutionnelles, normes qui, *a priori*, ne sont que des mots sans force obligatoire, qui permet au Conseil constitutionnel de donner sens à celles-ci. Ainsi, le Conseil, dans le processus de l'interprétation constitutionnelle, entreprend une opération de déconstruction puis de (re)construction des normes.

Le déconstructivisme normatif – au sens juridique du terme – est d'abord constitutionnel lorsqu'il s'agit de l'interprétation des normes constitutionnelles elles-mêmes – dites normes de référence – notamment à travers leurs travaux préparatoires. Il est ensuite législatif[1038] quand il s'agit de l'interprétation de règles législatives, et peut être d'une autre nature lorsqu'il implique des règles d'une autre nature que celles de nature constitutionnelle ou législative.

Il y a une dimension psychologique de ce déconstructivisme normatif chez les juges constitutionnels. Le fait de reprendre les discours qui ont accompagné la conception (intra)parlementaire, voire extraparlementaire, de la norme est bien une forme, non pas de remise en cause, mais de remise à plat de la norme, donc une déconstruction de celle-ci comme si le juge constitutionnel reprenait les travaux préparatoires de la norme, dans toutes leur diversité, afin de préciser le sens des mots de celle-ci. Le juge constitutionnel peut ainsi distinguer les éléments constitutifs de la norme qui vont dans le sens du maintien de l'ordre juridique de ceux qui ne vont pas dans ce sens. Ce travail de déconstruction normative lui

---

la plus objectivement possible, les fondements des arguments avancés en soutien de cette pensée. En ce sens, le déconstructivisme consiste en une opération éminemment scientifique.

1037 Muriel Fabre-Magnan, *Introduction au droit*, PUF, Coll. : « Que sais-je ? », 3ème édition, août 2016, p. 83.

1038 Nous utilisons l'expression « déconstructivisme législatif » en se basant sur le système français de contrôle de constitutionnalité (et assimilé) qui ne permet au juge constitutionnel d'opérer son contrôle que sur les normes de nature législative. Mais évidemment, pour ce qui concerne d'autres cours constitutionnelles dans le monde qui peuvent examiner d'autres types de normes (même référendaires) que les seules normes législatives, on peut parler également de « déconstructivisme réglementaire » et ainsi de suite, suivant le type de norme dont s'agit.

permet de réorienter le sens des mots qui entrent dans la composition de la norme. Le fait de retravailler de tels instruments, à savoir les travaux préparatoires de la norme considérée, donne une forme de bonne conscience à l'interprète. Cela lui permet de dissuader les critiques d'un observateur extérieur et de persuader celui-ci que, finalement, si l'interprétation des normes est l'œuvre du juge, cette œuvre se détache de la subjectivité de ce dernier, elle est objectivement fondée sur des éléments constitutifs de la norme, éléments qui sont extérieurs à la simple pensée individuelle de l'auteur ou des auteurs de l'interprétation constitutionnelle. Sur ce point, le déconstructivisme juridique rejoint le courant dit réaliste de l'interprétation du droit qui, du moins dans son acception américaine, vise à « *allier la dimension pratique et la dimension réellement théorique (pour la déconstruction du droit aux fins de mieux l'enseigner, pour bien l'utiliser).*[1039] » De ce point de vue-là, le recours aux travaux préparatoires s'apparente davantage à l'idée de « reconstruction » de la norme, issue de la théorie réaliste scandinave, qu'à la conception du réalisme américain qui voit dans la norme un pur « *produit du juge*[1040] ».

Pour autant, il ne s'agit pas simplement de dire que le juge constitutionnel est systématiquement objectif lorsqu'il s'appuie sur les travaux préparatoires de la norme. L'objectivité est conditionnée à l'utilisation de l'ensemble des techniques d'interprétation existantes pour convaincre[1041] et permettre de percevoir le bien-

---

[1039] V. Éric Millard, « Réalisme scandinave, réalisme américain : un essai de caractérisation », *in* Pierre Brunet et Éric Millard (dir.), *Le réalisme scandinave en question*, Actes de colloque, Rouen 17-18 mai 2002, PUR, 2004. Il paraîtrait, à côté de ces deux formes de réalismes juridiques, qu'il faut désormais ranger un « *réalisme français* ». Sur ce dernier point, v. Xavier Magnon, *Théorie(s) du droit*, Ellipses, Coll. : « Universités Droit », 2008, p. 27. En effet, pour cet auteur, le réalisme défendu par Michel Troper, en France, aurait des traits spécifiques qui le distinguent des deux autres.

[1040] *Ibid.*

[1041] Il est vrai que – surtout en France, le juge constitutionnel ne peut pas faire apparaître tous les éléments, notamment psychologiques (sur ce point, v. *Droit et psychisme*, Séminaire du psychanalyste Gérard Haddad, EHESS, 7 novembre 2014 ; « La notion d'Etat et la psychologie sociale. À propos de la théorie freudienne des foules », Imago, *Revue de psychanalyse appliquée aux sciences humaines*, 1922). De même que l'enfance influe – selon le monde de la psychologie – sur le caractère et le comportement des hommes et femmes politiques (v. l'analyse du psychanalyste Jean-Pierre Friedman, *in* « Un politique se remet plus facilement des coups que Monsieur Tout le monde », *Le Figaro*, 6 novembre 2014), les sciences qui ont animé la vie de tous les décideurs – et en premier lieu le juge constitutionnel qui « décide » de l'interprétation du droit – influent indéniablement sur la psychologie de ces derniers et finalement sur les décisions ainsi prises par eux), qui ont contribué à concevoir l'interprétation constitutionnelle des normes. Tout au plus le Conseil constitutionnel expliquera certaines choses dans ses commentaires aux Cahiers ou dans ses communiqués de presse, ce qu'on juge insuffisant par rapport à la plupart des juridictions

fondé des interprétations constitutionnelles[1042]. Tout ceci démontre clairement que le processus qui conduit à l'interprétativité normative constitutionnelle, donc l'acceptabilité conditionnelle de l'interprétation constitutionnelle des normes par le juge constitutionnel, est un mécanisme complexe, certes, mais qui conduit à l'efficacité de la norme juridique telle qu'interprétée par le juge constitutionnel en s'appuyant sur les travaux préparatoires, comme l'illustre le raisonnement suivi dans la décision n° 2015-715 DC[1043] qui, une fois de plus, a montré que le caractère quelques fois décisif des travaux préparatoires sur lesquels s'est appuyé

---

constitutionnelles étrangères, mais nullement dans ses décisions elles-mêmes. Les travaux préparatoires sont ainsi les seuls – parmi ces éléments constitutifs – à détenir une notoriété telle que le juge constitutionnel peut se permettre de les citer directement dans sa décision. Sachant que les travaux préparatoires reflètent l'ensemble des éléments constitutifs de la norme interprétée. En effet, il n'est pas difficile de se rendre compte que les rapports parlementaires et d'autres rapports extérieurs aux instances parlementaires, qui précèdent la norme et qui font d'emblée partie des travaux préparatoires de celle-ci, font référence à des arguments historiques, philosophiques, sociologiques… et d'autres discours issus d'autres disciplines pour éclairer le Parlement sur ce dont il a vocation à délibérer.

[1042] Lorsqu'un observateur extérieur à l'instance interprétative constitutionnelle lit une décision interprétative de celle-ci, il n'a pas forcément tous les éléments constitutifs de cette décision, car il n'a pas pris part à l'élaboration de celle-ci et ne pourra accéder au délibéré que vingt-cinq ans plus tard. Cela est d'autant plus vrai s'agissant du cas français où le système juridique n'admet pas l'expression des opinions dissidentes en dehors des instances juridictionnelles. Mais s'il participait au processus d'élaboration de la décision qui en est issue, il s'apercevrait que la décision du juge est remplie d'éléments issus de plusieurs sciences et disciplines (philosophie, histoire, sociologie…) qui animent les membres de l'instance constitutionnelle ayant rendu ladite décision.

[1043] Décision n° 2015-715 DC du 05 août 2015. *Loi pour la croissance, l'activité et l'égalité des chances économiques* : « *Considérant qu'en adoptant le 2° de l'article 39, le législateur a entendu corriger ou mettre fin aux accords et actes par lesquels s'est, dans le commerce de détail, constituée une situation de puissance économique portant atteinte à une concurrence effective dans une zone considérée se traduisant par des pratiques de prix ou de marges élevés en comparaison des moyennes habituellement constatées dans le secteur économique concerné ; qu'il a ainsi poursuivi un objectif de préservation de l'ordre public économique et de protection des consommateurs ; que, toutefois, d'une part, les dispositions contestées peuvent conduire à la remise en cause des prix ou des marges pratiqués par l'entreprise ou le groupe d'entreprises et, le cas échéant, à l'obligation de modifier, compléter ou résilier des accords ou actes, ou de céder des actifs alors même que la position dominante de l'entreprise ou du groupe d'entreprises a pu être acquise par les mérites et qu'aucun abus n'a été constaté ;* ***que, d'autre part, les dispositions contestées s'appliquent sur l'ensemble du territoire de la France métropolitaine et à l'ensemble du secteur du commerce de détail, alors même qu'il ressort des travaux préparatoires que l'objectif du législateur était de remédier à des situations particulières dans le seul secteur du commerce de détail alimentaire ;*** *qu'ainsi, eu égard aux contraintes que ces dispositions font peser sur les entreprises concernées et à leur champ d'application, les dispositions de l'article L. 752-26 du code de commerce portent tant à la liberté d'entreprendre qu'au droit de propriété une atteinte manifestement disproportionnée au regard du but poursuivi ; que, par suite et sans qu'il soit besoin d'examiner les autres griefs, le 2° de l'article 39 est contraire à la Constitution ; qu'il en va de même du 1° de ce même article, qui en est inséparable ;* » (Cons. 32).

le juge constitutionnel. Ainsi, la justice, l'efficacité, la cohérence… de la norme peuvent demeurer dans les travaux préparatoires alors que la norme elle-même est dépourvue de ces qualités pourtant nécessaires à sa survie. Par conséquent, l'usage des travaux préparatoires dans l'interprétation constitutionnelle paraît attribuer un caractère objectif à celle-ci.

§3. L'interprétativité constitutionnelle comme fruit d'une interprétation constitutionnelle jurisprudentielle des normes juridiques tendant vers une objectivité maximale

L'objectivité de l'interprétation juridique constitutionnelle ne s'invente pas. Elle se construit en fonction de l'instant durant lequel a lieu le processus interprétatif, suivant le type de texte concerné, le risque et le degré potentiels de critique possible, etc. Dans ce contexte, parler d'objectivité au regard de l'interprétation constitutionnelle, du point de vue théorique, n'a presque pas de sens ; et pourtant cela s'avère nécessaire, du moins pour le climat social, sinon la psychologie sociale, dans lequel la décision constitutionnelle est rendue.

Ainsi, dans les décisions de nature politique ou d'une portée sociale symbolique, le degré d'objectivité attendu est assez élevé. L'usage des travaux préparatoires, dans ce cadre précis, permettra au moins de simuler une certaine objectivité de l'interprétation constitutionnelle. Par exemple, dans sa décision n° 2015-521/528 QPC portant sur la métropole d'Aix-Marseille-Provence, le Conseil constitutionnel a décidé : « *Considérant qu'ainsi qu'il ressort des travaux préparatoires de la loi du 27 janvier 2014, le législateur a entendu, en instituant cette règle complémentaire réservée à la métropole d'Aix-Marseille-Provence, réduire les écarts de représentation entre les communes les plus peuplées et les autres communes de cette métropole, lesquels résultent des écarts démographiques particulièrement prononcés entre les communes membres de cette métropole et de l'application de la règle fixée par le 2° du paragraphe IV à un nombre important de communes peu peuplées ;*[1044] » L'éclairage, même symbolique, au sens de purement formel,

[1044] Décision n° 2015-521/528 QPC du 19 février 2016, Cons. 10. *Commune d'Éguilles et autre [Répartition des sièges de conseillers communautaires entre les communes membres de la métropole d'Aix-Marseille-Provence].* V., dans le même sens, décision n° 2018-698 QPC du 6 avril 2018, §. 7. *Syndicat secondaire Le Signal [Exclusion de la procédure d'expropriation pour risques naturels majeurs en cas d'érosion dunaire]* et décision n° 2018-729 QPC du 7 septembre 2018, §. 12. *Société Tel and Com [Sanction de la nullité d'un licenciement économique].*

apporté par l'usage des travaux préparatoires justifie la conclusion du Conseil constitutionnel selon laquelle les dispositions législatives contestées « *qui ont pour effet d'améliorer la représentativité des membres de l'organe délibérant de la métropole d'Aix-Marseille-Provence, ne méconnaissent pas le principe d'égalité devant le suffrage ;*[1045] »

Dans une autre décision n° 2015-522 QPC, relative à l'allocation de reconnaissance d'anciens combattants de la guerre d'Algérie, le Conseil constitutionnel a jugé : « *Considérant qu'il résulte des travaux parlementaires qu'en adoptant les dispositions contestées, le législateur a entendu, à la suite de la décision du Conseil constitutionnel du 4 février 2011 susvisée, réserver aux seuls anciens harkis, moghaznis et personnels des formations supplétives ayant servi en Algérie, qui ont connu des difficultés particulières d'insertion après leur arrivée sur le territoire national, le dispositif d'indemnisation qu'il avait institué et qui privait de son bénéfice, à l'origine, entre autres, les anciens harkis, moghaznis et personnels des formations supplétives de statut civil de droit commun ; qu'il a également entendu prévenir les conséquences financières de l'octroi d'allocations de reconnaissance à ces derniers ;*[1046] » Là encore, le Conseil constitutionnel s'appuie sur les travaux préparatoires, cette fois-ci, non pas pour valider la disposition législative contestée, mais pour mieux la déclarer inconstitutionnelle : « *que, sans qu'il soit besoin d'examiner l'autre grief, le paragraphe II de l'article 52 de la loi du 18 décembre 2013 doit être déclaré contraire à la Constitution ;*[1047] » Dans ce cas, les travaux préparatoires paraissent jouer un rôle décisif dans l'interprétation constitutionnelle. Ainsi, on peut penser que sans le secours de ces derniers, le Conseil aurait du mal à prononcer cette inconstitutionnalité dont l'interprétativité aurait manqué de fondement. Tout au plus, le Conseil pourrait aboutir à une réserve d'interprétation, mais pas à une inconstitutionnalité aussi explicite.

Ainsi, il faut comprendre par « interprétation objective », qui suppose davantage un objectif à atteindre qu'une réalité concrète, une interprétation qui, tant sur le fond que sur la forme, laisse le moins possible apparaître d'ambiguïtés ou d'espaces d'ombre au regard des observateurs extérieurs du droit interprété, que ceux-ci soient des initiés, disposant, *a priori*, de certains moyens nécessaires au déchiffrement de l'interprétation constitutionnelle, ou des non-initiés, ne

---

[1045] *Ibid.*, Cons. 11 *in fine*.

[1046] Décision n° 2015-522 QPC du 19 février 2016, Cons. 10. *Mme Josette B.-M. [Allocation de reconnaissance III]*.

[1047] *Ibid.*, Cons. 11.

disposant pas forcément de certains éléments, au départ, nécessaires à la compréhension de celle-ci. Mais face à une interprétation constitutionnelle non matériellement motivée, c'est-à-dire non fondée sur des éléments objectivement et concrètement accessibles, ces deux types d'observateurs (initiés et non-initiés) peuvent se trouver dans une situation identique, c'est-à-dire une situation où ni les uns ni les autres ne peuvent accéder à l'interprétation constitutionnelle prononcée. Dans ce contexte, les deux décisions précitées sont intéressantes à plus d'un titre. Eu égard au raisonnement suivi par le Conseil constitutionnel, dans ces deux décisions, on a pu constater une fois de plus que celui-ci est particulièrement sensible à la manière dont l'opinion publique perçoit son action interprétative[1048] ; ceci conduit donc l'institution à certaines précautions particulières, de manière à éviter un jugement trop sévère de cette opinion sur son travail interprétatif. Ainsi, a-t-il été préférable de faire appel à l'éclairage des travaux préparatoires, plutôt que de se vouer à l'opération, moins neutre, de la réserve d'interprétation. De ce point de vue, l'usage des travaux préparatoires, dans ces cas précis, profite donc au devoir d'objectivité du juge de l'interprétation constitutionnelle et s'impose à lui comme une contrainte juridique.

En effet, si l'on suit la théorie des contraintes juridiques[1049], l'usage des travaux préparatoires, par le juge constitutionnel, est non seulement une obligation juridique, mais aussi une contrainte juridique. Étant entendu que l'obligation et la contrainte juridiques sont deux notions différentes ; l'une renvoie à une situation purement juridique, étant prévue dans les textes, l'autre relève d'une situation de fait. Ainsi, le président de la République est *obligé* de nommer le Premier ministre (obligation juridique découlant de l'article 8 de la Constitution) et seulement *contraint* d'en nommer un qui corresponde à la majorité parlementaire à l'Assemblée nationale, même si cette majorité ne lui est pas favorable ; c'est une contrainte juridique née d'une situation de fait, car si le président de la République ne s'y soumet pas, il ne risque aucune sanction, mais

---

[1048] V. Jean-Pierre Machelon, « I. Présentation », in *Les grandes délibérations du Conseil constitutionnel*, pp. 45-46, n° 79 et Décision n° 59-2 DC du 24 juin 1959. *Règlement de l'Assemblée nationale*. Lors des séances de délibérations sur cette décision les 17, 18 et 24 juin 1959, Victor Chatenay propose de se référer aux travaux préparatoires tant de la Constitution que des textes interprétés pour élargir le champ des éléments d'appui de l'interprétation constitutionnelle dans un contexte où les normes constitutionnelles furent déjà restrictives et incomplètes tant en termes de contenu qu'en termes de signification.

[1049] Michel Troper *et ali* (dir.), *Théories des contraintes juridiques*, *Op. cit.*

il risque de provoquer des crises politiques insupportables[1050]. On a vu aussi que l'usage des travaux préparatoires peut être vu comme une obligation juridique, eu égard à la place et à la constante protection[1051] que la Constitution offre aux travaux préparatoires, à travers et selon une interprétation relativement extensive des dispositions de l'article 33 de celle-ci. Pour autant, rien n'oblige le juge constitutionnel de citer directement les travaux préparatoires dans ses décisions. Il est seulement contraint de le faire car s'il veut atteindre un niveau convenable de crédibilité, d'acceptabilité, de soutenabilité… et d'objectivité de ses interprétations constitutionnelles des normes, il se doit donc de montrer les éléments concrets sur lesquels il se fonde pour parvenir à de telles interprétations. C'est là que les travaux préparatoires – dans leur diversité – servent de bouclier tant au juge qu'à l'interprétation constitutionnels[1052].

Enfin, le sens de cette notion d'interprétativité constitutionnelle, au regard de l'usage des travaux préparatoires, étant précisé, il convient à présent d'analyser l'apport (ou l'influence) quelque peu ambigu de l'usage de cette méthode d'interprétation sur cette notion.

SECTION 2 : L'INFLUENCE ÉQUIVOQUE DES TRAVAUX PRÉPARATOIRES SUR L'INTERPRÉTATIVITÉ CONSTITUTIONNELLE

Dans sa décision n° 2012-297 QPC, le Conseil constitutionnel s'est fondé sur les travaux préparatoires de la Constitution de 1946 pour déclarer conforme à celle de 1958 le concordat alsacien-mosellan. Or, le poids des travaux

---

[1050] Christophe Grzegorczyk, « Obligations, normes et contraintes juridiques. Essai de reconstruction conceptuelle », *in* Michel Troper et Véronique Champeil-Desplats (dir.), *Op. cit.*, pp. 25 et s.

[1051] Compte tenu du fait que toutes les Constitutions françaises, depuis 1791, ont toujours consacré cette protection des travaux préparatoires, à travers celle des débats parlementaires se trouvant aujourd'hui dans les dispositions de l'article 33 de la Constitution de 1958.

[1052] Ceci, dans la mesure où les travaux préparatoires permettent au Conseil de s'appuyer sur plusieurs institutions coproductrices des normes qu'il interprète ; ainsi, les travaux des chambres du Parlement, du CESE, du Conseil d'État, de la Cour des compte, des experts de toute nature, etc., ayant contribué à éclairer le législateur, dans sa tâche d'édiction des normes, par leurs réflexions dans le cadre de comités, de commissions, de groupes de travail, etc. constituent un pilier majeur des éléments concrets pouvant contribuer à l'objectivité de l'interprétation constitutionnelle.

préparatoires, dans ce cas particulier, est quelque peu faible, sinon inexistant. De ce fait, l'usage de des travaux préparatoires, dans ce cas précis, a suscité de vives critiques de la part des commentateurs des choix interprétatifs du juge constitutionnel. Mais, si, de prime abord, ces critiques paraissent fondées, du fait notamment de l'apparence d'une certaine équivoque dans l'usage de cette méthode d'interprétation, l'interrogation à laquelle le Conseil constitutionnel devait trouver une solution juridique n'est pas simple à appréhender. Le Conseil constitutionnel était, en effet, face à un dilemme : celui d'une pratique sociale, il est vrai, qui a perduré dans le temps et de textes, et même des contextes, constitutionnels qui, quoique d'apparence claire, semblent avoir laissé des marges d'interprétation à l'interprète ; si bien que le juge constitutionnel fut contraint de se plier à une seule interprétation parmi de nombreuses autres possibles. C'est cette situation, entre autres, et les arguments, quoique tout aussi faibles, fondés sur les travaux préparatoires combinés des constitutions de 1946 et de 1958 qui ont permis au Conseil constitutionnel de pouvoir conclure, non sans critiques, mais sans doute à moindre risques, à cette interprétation salutaire pour l'accord concordataire de 1801. Ainsi, les travaux préparatoires paraissent comme un dictionnaire au service de la construction de l'interprétativité constitutionnelle (§1). Mais ce miroir, qui consiste à permettre au Conseil constitutionnel de regarder au-delà du contenu apparent des normes, avec un certain recul du point de vue historique, semble être utilisé, par ce dernier, de manière équivoque (§2), ce qui conduit à y voir un usage ambivalent des travaux préparatoires.

§1. Les travaux préparatoires : un dictionnaire interprétatif pour le juge ?

L'interprétation constitutionnelle est d'abord un travail de compréhension exercé sur les mots du droit qui, bien souvent, manquent de sens. L'usage des travaux préparatoires comme un *dictionnaire interprétatif* renvoie à un travail d'éclairage des mots du droit à la lumière du contenu des travaux préparatoires qui se présente, ainsi, comme un miroir permettant au juge constitutionnel d'y voir plus clair en transperçant la partie apparente des normes qu'il interprète. En effet, aussi brouillons que les travaux préparatoires des normes juridiques puissent paraître, ils servent, dans de nombreux cas, au juge constitutionnel comme un dictionnaire visant à éclairer le contenu des normes, que celles-ci soient des normes contrôlées ou des normes de référence (A) ; l'aide apportée par les travaux préparatoires au juge constitutionnel paraît, ainsi, précieuse, notamment du fait qu'elle lui permet de combler les vides et les flous juridiques face auxquels il est contraint, voire obligé, d'agir sous peine de tomber sous le coup du déni de justice (B).

A) L'usage des travaux préparatoires comme un dictionnaire interprétatif par le Conseil constitutionnel

Les travaux préparatoires contribuent de manière évidente à soutenir les arguments du juge constitutionnel dans plusieurs situations. Ainsi, en est-il dans la recherche des objectifs ou motifs dissimulés derrière la norme législative[1053], du contrôle de la suffisance d'intérêt général en cas de rupture du principe d'égalité dans l'œuvre du législateur[1054], mais aussi dans les situations de vides et de flous juridiques[1055].

Le rôle de dictionnaire des travaux préparatoires, dans les cas de vides et de flous juridiques, exige que ceux-ci obéissent eux-mêmes, au départ, à une condition de clarté. Ainsi, l'expression claire des travaux préparatoires conditionne le degré d'autorité, et donc de sérieux, attaché à leur usage. En effet, la clarté des travaux préparatoires peut conduire le juge constitutionnel à s'intéresser davantage à eux qu'aux textes interprétés eux-mêmes ; cela s'explique notamment par le fait que l'un des éléments que le juge constitutionnel recherche, à travers cette méthode d'interprétation juridique, est la clarté des textes afin de

---

[1053] Les décisions du Conseil constitutionnel invoquent parfois – à plusieurs reprises – les travaux préparatoires comme fondement des appréciations qu'il porte sur le travail du législateur, quant à la mesure ou au contrôle de la suffisance d'intérêt général ou de critères d'intérêt général suffisant, pour justifier son initiative. Dans plusieurs de ses décisions le Conseil constitutionnel marie en effet les travaux préparatoires de la loi contrôlée et le fondement de son appréciation sur le travail du législateur sur des motifs (d'intérêt général suffisant ou insuffisant), tant en DC (Décisions n° 82-132 DC, Cons. 19 ; n° 82-144 DC, Cons. 7 ; n° 84-153 DC, Cons. 7 ; n° 94-341, Cons. 7 ; n° 96-372 DC, Cons. 1 ; n° 97-388 DC, Cons. 34) qu'en QPC (Décisions n° 2010-2 QPC, Cons. 14-15 ; n° 2012-251 QPC, Cons. 6 ; n° 2016-605 QPC, §. 8 ; n° 2016-745 DC, §§. 7, 36 et 89 ; n° 2016-610 QPC, §. 11 ; n° 2016-611 QPC, §. 15 ; n° 2017-655 QPC, §. 7). Dès lors la question se pose de savoir quelles sont les raisons et la logique de ce mariage. À première vue, rien ne rapproche ces deux notions, et pourtant une lecture fine des décisions du Conseil constitutionnel permet de déceler l'énigme de la référence aux travaux préparatoires pour justifier ou désapprouver la position du législateur. En faisant usage de travaux préparatoires pour détecter les motifs de la décision du législateur, le Conseil constitutionnel donne à penser et à comprendre que sa décision de censurer celle du législateur ne vient pas de lui, mais du propre mal (« *mischief* ») du législateur, ainsi que le qualifie Pierre-André Côté.

[1054] V. Décision n° 81-132 DC, Cons. 19.

[1055] V. Décision n° 96-383, Cons. 22 ou n° 94-350 DC, Cons. 4.

repérer leur signification juridique ; si cette claire signification réside dans les travaux préparatoires des textes, alors le juge constitutionnel se servira de ces derniers comme d'un dictionnaire interprétatif juridique, en les faisant davantage triompher dans le processus d'interprétation que le contenu des textes interprétés eux-mêmes.

Sur ce point, Raymond Odent écrivit : « *L'interprétation que la jurisprudence donne d'une loi n'est pas cristallisée : elle évolue si le besoin s'en fait ressentir. Cette plasticité des interprétations jurisprudentielles est nécessaire ; elle pallie un peu les inconvénients que présente la lenteur du travail parlementaire.*[1056] » Ainsi, si les travaux préparatoires sont utilisés comme un dictionnaire renfermant le sens des mots du droit, ce sens ne s'impose pas pour autant au juge constitutionnel, puisqu'il évolue avec constance. De ce point de vue, les travaux préparatoires permettent (ou peuvent permettre) au juge constitutionnel de soulager le Parlement en interprétant de manière constructive les décisions de celui-ci afin d'éviter un trop grand bouleversement de son agenda politique ; et pour ce faire, le juge doit connaître de manière assez complète le contour contextuel des normes législatives. Mais cette vision des choses ne coïncide, *a priori*, pas avec le principe de séparation des pouvoirs. Si bien que certains parlementaires avertis peuvent s'agacer de l'usage de cette méthode d'interprétation par l'interprète juridictionnel des normes adoptées par le Parlement, à l'instar de Patrice Gélard qui, lors d'un colloque sur *l'écriture de la loi* au Sénat en 2014, déclara : « *La loi donne ses quartiers de noblesse, sa généalogie : ce sont les travaux préparatoires, que le juge consulte à l'occasion ; s'y référer, c'est faire insulte à la loi. Selon la base Ariane, le Conseil d'État s'est référé 281 fois aux travaux préparatoires ces dernières années : la loi n'est sans doute pas toujours claire. Quand, pour comprendre votre interlocuteur, vous devez consulter un dictionnaire, c'est qu'il y a un problème. Mais c'est une noblesse de la loi d'assumer sa parentèle...*[1057] ». Ainsi, le parallèle a été fait entre la consultation d'un dictionnaire et la consultation des travaux préparatoires. Sauf que la consultation des travaux préparatoires comme dictionnaire interprétatif est virulemment contestée puisqu'elle est présentée comme « *une insulte à la loi*[1058] ». Mais le mécanisme du recours aux travaux préparatoires est aussi vu comme un mécanisme salutaire de rachat de la loi dont la qualité « significative » n'est pas souvent prouvée, au regard de son contenu apparent. C'est d'ailleurs ce problème

---

[1056] Raymond Odent, *Contentieux administratif*, Cours IEP 1965-1966, t. 1, Sirey, p. 276.

[1057] Patrice Gélard, « Introduction », Troisième table ronde : « La qualité de l'écriture - le style de la loi », Actes de colloque, Sénat, n° 3, 31 juillet 2014 [actes consultables sur le site internet du Sénat].

[1058] *Ibid.*

récurrent de la loi qui a conduit le Conseil constitutionnel à élargir le champ de la notion juridique de travaux préparatoires en se référant aux avis préparatifs des projets de loi rendus par des organismes extérieurs au Parlement, tels que le Conseil d'État (2003-468 DC, Cons. 7) ou encore le CESE (décision 2005-512 DC, Cons. 2), dans le but de trouver de plus larges justifications aux textes non ou peu clairs, mais aussi vides de sens, à condition, toutefois, que ces différents types de travaux préparatoires soient eux-mêmes clairs et, surtout, sincères.

Du simple rôle de dictionnaire interprétatif dans le cadre du silence des normes, sachant que les définitions issues d'un dictionnaire ne s'imposent pas forcément à celle ou celui qui le consultent, les travaux préparatoires se voient attribuer un rôle de *dictée* des normes au Conseil constitutionnel[1059]. Ainsi en allait-il dans les décisions n° 77-82 DC et 2012-297 QPC où, du moins en apparence, le Conseil constitutionnel s'est laissé *dicter* la norme constitutionnelle applicable par les travaux préparatoires. Ainsi, ce rôle de dictionnaire interprétatif des travaux préparatoires, dans l'œuvre du juge constitutionnel, est particulièrement visible dans les situations où le droit nécessaire est abonné absent.

B) Les travaux préparatoires dans les situations de vides ou de flous juridiques

Il est de coutume d'entendre certains juristes affirmer que le vide juridique n'existe pas[1060]. Peu à peu, les néophytes finissent bien par comprendre que l'existence de vide juridique est une situation bien réelle et même constante. En effet, cet argument-opinion est celui de la plupart des défenseurs de la théorie réaliste de l'interprétation, théorie elle-même fondée, du moins en partie, sur

---

[1059] En effet, le Conseil constitutionnel considère lui-même que « *L'autorité des décisions visées par cette disposition [celle de l'article 62 de la Constitution] s'attache non seulement à leur dispositif mais aussi aux motifs qui en sont le soutien nécessaire et en constituent le fondement même.* » (Décision n° 2016-744 DC du 29 décembre 2016 (*Loi de finances pour 2016*, §. 13) ; Décision n° 2016-612 QPC du 24 février 2017, §. 6). Par conséquent, lorsque le Conseil constitutionnel s'appuie, tel dans la décision n° 77-82 DC, exclusivement sur les travaux préparatoires pour affirmer une interprétation constitutionnelle, il se laisse réellement, dans ce cas précis, *dicter* celle-ci, par lesdits travaux, qui doivent être regardés comme constituant le motif et le fondement même de cette interprétation.

[1060] Notamment dans les premières années d'études de droit. Mais les étudiants se rendent vite compte que le juge est là bien souvent pour combler les vides du droit tel que le fait le Conseil constitutionnel en se référant aux travaux préparatoires des normes qu'il interprète, en vue d'étendre ou de restreindre celles-ci au regard de situations inédites se présentant à lui et qu'il doit trancher.

l'interdiction d'arrêts de règlement formulée à l'article 5 du Code civil. Selon la théorie réaliste de l'interprétation, critiquée par Otto Pfersmann[1061], qui est aussi en grande partie fondée sur l'article 4 du Code civil[1062], le juge est celui qui dit le droit, qui dit ce que le droit est ; et, en ce sens, « *le juge qui [s'il] refusera de juger, sous prétexte du silence, de l'obscurité ou de l'insuffisance de la loi, pourra être poursuivi comme coupable de déni de justice*[1063] » est amené, par sa jurisprudence, à combler les vides juridiques. Dans ce contexte, s'il existe un risque de « *silence [...] de la loi* », pour lequel l'intervention du juge peut être nécessaire et est même dûment requis, c'est que le vide juridique, ou du moins le flou juridique qui, à bien des égards, peut s'apparenter au vide, existe bel et bien. Dans ce cas, il faut bien admettre que la jurisprudence s'assimile à une règle de droit. C'est pour cette raison, d'ailleurs, que Jean Carbonnier estimait que « *Du magma jurisprudentiel, il n'émerge chaque année qu'un petit nombre de normes, mais ce sont des véritables règles de droit.*[1064] »

Mais cette tâche assez particulière et hardie du juge constitutionnel, celle de combler les vides juridiques, est conditionnée par la contrainte interprétative qui pèse sur lui lorsqu'il décide, face à un vide juridique, d'étendre ou de restreindre le champ d'une disposition normative qu'il doit appliquer en vue de l'adapter à un cas inédit. Ainsi, « *ce qui est contraignant par rapport au but [visé par le juge, soit combler le vide juridique constaté] consiste dans l'exigence de compréhensibilité de la formulation du résultat souhaité*[1065] », de manière à prévoir « *l'acceptabilité de la justification*[1066] » de sa décision. On retrouve ainsi la vocation justificatrice des travaux préparatoires comme caution du juge constitutionnel.

[1061] V. Otto Pfersmann, « Le sophisme onomastique : changer au lieu de connaître. L'interprétation de la Constitution », *in* Ferdinand Mélin-Soucramanien (dir.), *L'interprétation constitutionnelle*, Dalloz, Coll. : « Thèmes et commentaires », 2005, pp. 33-60.

[1062] À certains égards, la combinaison des dispositions des articles 4 et 5 du Code civil paraît ériger un terrain d'entente entre les théories normativistes (positivistes) et réalistes de l'interprétation juridique. En effet, l'article 5 du Code civil, qui interdit au juge des arrêts de règlement, est quelque peu favorable aux positivistes dans la mesure où le juge-interprète ne se voit pas reconnaître un pouvoir général de création du droit en même temps qu'il ne l'interdit pas à titre particulier, ce qui est également favorable aux réalistes. Quant à l'article 4 de ce Code, qui interdit au juge-interprète de refuser de juger sous peine de déni de justice, il paraît favoriser totalement la théorie réaliste de l'interprétation, mais demeure suspendu à la création d'une règle interprétative de nature particulière et non générale, ce qui participe également à une certaine satisfaction des posivistes.

[1063] Termes de l'article 4 du Code civil.

[1064] Jean Carbonnier, *Droit civil, Introduction*, PUF, Coll. : « Thémis », 26ème édition, 1999, n° 148, p. 283.

[1065] Otto Pfersmann, « Critique de la théorie des 'contraintes juridiques' », *in* Michel Troper, *et ali*, *Théorie des contraintes juridiques*, *Op. cit.*, p. 138.

[1066] *Ibid.*

Le juge constitutionnel se trouve ainsi obligé de combler les vides juridiques, de manière la plus objective possible, afin de tenter de heurter le moins possible les observateurs extérieurs. Ainsi, dans l'exercice de cette tâche particulièrement rude, parmi les moyens objectifs possibles, les travaux préparatoires prennent toute leur place dans la jurisprudence constitutionnelle. Mais, comme le dit si bien Pasquale Pasquino, analysant un cas de la Cour constitutionnelle italienne, « *il ne s'agit pas de suggérer que la Cour constitutionnelle est toute-puissante et qu'elle peut faire et défaire à loisir l'ordre juridique. Loin de là. Mais il faut chercher les contraintes qui pèsent sur elle et non pas seulement celles internes qui tiennent au mécanisme délibératif [...] – mais ailleurs que dans le texte et la lettre de la Constitution, plutôt dans la nature du système politique italien [...] et dans le cadre de l'équilibre difficile entre les forces politiques, d'un côté, et l'opinion publique (les électeurs), de l'autre.*[1067] » Cette analyse du système de justice constitutionnelle italien est tout à fait transposable au système français, où le Conseil constitutionnel accorde au moins autant d'attention à l'opinion publique en général, et à tout le système démocratique fondé sur le principe de l'État de droit.

Dans un tel contexte, combler un vide juridique, pour le juge, n'est pas toujours chose simple. Comme l'a rappelé Bastien François, « *agir juridiquement [...] est par définition contraignant.*[1068] » La complexité des justifications attendues, de manière permanente, du juge constitutionnel, surtout en cas de vide juridique, le conduit, compte tenu, comme l'a rappelé Pasquale Pasquino, des contraintes, nombreuses, « *qui pèsent sur [lui]* », à faire un usage parfois équivoque des travaux préparatoires, ce qui n'échappe évidemment pas à la critique dont le Conseil constitutionnel recherche pourtant à se débarrasser.

Enfin, l'usage des travaux préparatoires, par le Conseil constitutionnel, comme un dictionnaire interprétatif, notamment pour combler les situations où le droit ne s'exprime pas, ou que très peu, ne pose, *a priori*, pas de difficultés particulières. Cependant, l'usage parfois *différencié* que l'institution fait de cette méthode d'interprétation juridique dans des situations qui paraissent pourtant identiques conduit à déceler un usage équivoque, fort critiquable, de celle-ci, au point de semer le plus grand trouble sur la compréhension du rôle réel des travaux préparatoires dans l'interprétation constitutionnelle.

[1067] Pasquale Pasquino, « Contraintes juridiques ? La Cour constitutionnelle italienne », in *Ibid.*, p. 184.

[1068] Bastien François, « Une théorie des contraintes juridiques peut-elle n'être que juridique ? », in *Ibid.*, p. 171.

§2. Une utilisation équivoque des travaux préparatoires par le Conseil constitutionnel

Ce caractère équivoque de l'usage des travaux préparatoires discrédite quelque peu la méthode d'interprétation juridique dont ces derniers sont l'instrument.

Les trois décisions sur lesquelles cette analyse s'appuiera en particulier, à savoir les décisions n° 71-44 DC, n° 77-82 DC et n° 2012-297 QPC, révèlent des débats relatifs à l'usage de travaux préparatoires de textes de nature constitutionnelle[1069] ; ce sont ces débats soulevés par l'usage ou le non usage de travaux préparatoires de textes de nature constitutionnelle qui guideront les analyses qui suivront. De ce point de vue-là, on pourrait penser que l'analyse ne serait pas complète, mais il n'en est rien. Cela pour une raison simple ; la nature constitutionnelle ou législative du texte ne change pas la nature et l'intérêt de la technique d'interprétation. Par conséquent, que le texte interprété soit de nature constitutionnelle ou législative, les conclusions, pour le moins ambigües, qui seront tirées de la technique d'interprétation, restent les mêmes.

Tout d'abord, il convient de s'appuyer sur deux exemples marquants pour illustrer cette utilisation équivoque des travaux préparatoires dans l'interprétation constitutionnelle. D'une part, le refus du Conseil constitutionnel de reconnaître sa compétence pour contrôler en premier la recevabilité des amendements issus de l'article 40 de la Constitution, dans sa décision n° 77-82 DC, au motif, mais il s'agit en réalité d'un prétexte, que les travaux préparatoires de la Constitution lui ont interdit cette compétence (A) et, d'autre part, la révolution constitutionnelle opérée par le même Conseil constitutionnel dans sa décision n° 71-44 DC tout en ignorant les travaux préparatoires de la Constitution de 1958 qui, pourtant, lui interdisait autant qu'en 1977, bien que dans un sens opposé, d'aller dans le sens de la solution qu'il a finalement retenue (B). Cet usage équivoque des travaux préparatoires de la Constitution par le Conseil conduit naturellement à voir une position ambigüe de celui-ci face à cette méthode d'interprétation juridique (C).

[1069] On remarquera que la décision n° 71-44 DC, qui n'a fait référence qu'aux travaux préparatoires du texte contrôlé, n'a fait que soulever, en doctrine, notamment au regard de son contexte, la question de l'usage, ou plutôt de non usage, des travaux préparatoires des normes constitutionnelles de référence. Mais seul ce débat autour de l'usage des travaux préparatoires de textes de nature constitutionnelle sera considéré dans les analyses qui suivent.

A) Le comportement *respectueux* du Conseil constitutionnel à l'égard des travaux préparatoires de la Constitution de 1958

Il semble que, lorsque les travaux préparatoires servent sa cause, le Conseil constitutionnel les considère volontiers. C'est ce qui ressort des décisions n° 77-82 DC et n° 2012-297 QPC sur lesquelles on peut s'appuyer pour cerner le caractère équivoque de cette méthode d'interprétation, telle qu'adoptée par le Conseil constitutionnel qui semble apprécier les travaux préparatoires de la Constitution de 1958 dans des circonstances assez hétérogènes. En effet, le Conseil constitutionnel utilise volontiers les travaux préparatoires de la Constitution lorsqu'ils sont clairs (1), mais aussi, semble-t-il, même lorsque ces travaux sont apparemment silencieux ; ainsi, le silence des travaux préparatoires de la Constitution vaut curieusement l'expression d'une norme pouvant servir de fondement à une interprétation constitutionnelle venant du Conseil (2).

1. La clarté des travaux préparatoires de la Constitution de 1958 servant de fondement juridique à la décision n° 77-82 DC

Pour bien comprendre le sens de la décision n° 77-82 DC, il convient de s'attarder quelque peu sur l'analyse de son contexte[1070] (a) avant de parvenir à la solution du Conseil constitutionnel fondée sur les seuls travaux préparatoires (b), sans omettre l'attitude ambiguë de celui-ci, quant à la limitation excessive de sa compétence sur les recevabilités financières d'amendements fondées sur l'article 40 de la Constitution (c).

[1070] À ce propos, certains ont peut-être raison de penser que l'année 1977 est un tournant. Elle l'est, en effet, non seulement du point de vue culturel et des rapports au reste du monde (Jean-Marie Durand, *1977, Année électrique*, Robert Laffont, janvier 2017, 288 p.), mais aussi, en termes juridiques, du moins en France, avec cette décision n° 77-82 DC qui révèle un comportement assez ambigu du Conseil constitutionnel à l'égard des travaux préparatoires des normes qu'il interprète, quant à l'usage ambivalent qu'il en a fait. Mais ce n'est, loin s'en faut, pas la première attitude ambiguë du Conseil constitutionnel. Comme a pu le démontrer Pierre de Montalivet, s'agissant des objectifs à valeur constitutionnelle, la détermination de ceux-ci par le Conseil présente une réelle ambiguïté (*Les objectifs à valeur constitutionnelle*, Dalloz, Coll. : « Bibliothèque parlementaire et constitutionnelle », 2006, p. 35) qui s'explique en partie du fait que ces objectifs, contrairement à d'autres catégories de normes, ne sont nullement consacrés par la Constitution (*Ibid.*).

a. *Brève analyse du contexte de la décision n° 77-82 DC*

Cette brève analyse s'appuie sur la séance du 20 juillet 1977 du Conseil constitutionnel où le rapporteur de cette décision, François Goguel, a défini le contexte de la saisine du Conseil[1071].

Le rapporteur Goguel a procédé à l'analyse du parcours intraparlementaire du texte[1072] en précisant qu'il est issu d'une proposition de loi de Jean Foyer, amendée par un rapport de Jacques Limouzy de la commission des lois. Ce rappel n'est pas anodin ; il témoigne, une fois de plus, du grand intérêt des travaux préparatoires dans la jurisprudence du Conseil constitutionnel.

Les requérants demandaient au Conseil constitutionnel de déclarer non conformes à la Constitution certaines dispositions, notamment des articles 2, 4, 6 et 7, de la loi tendant à compléter les dispositions du Code des communes relatives à la coopération intercommunale, car adoptées, selon eux, en méconnaissance des dispositions de l'article 40 de la Constitution qui prônent l'irrecevabilité des textes d'origine parlementaire visant à diminuer des ressources publiques ou à la création ou l'aggravation d'une charge publique.

Les conflits liés à l'irrecevabilité des amendements relatifs à l'article 40 de la Constitution[1073] doivent être tranchés par les instances réglementairement compétentes dans les deux assemblées législatives[1074]. Goguel évoque les deux précédents cas où le Conseil constitutionnel a eu à se prononcer sur la question de la recevabilité des initiatives parlementaires (propositions de loi et amendements) au titre des dispositions de l'article 40 de la Constitution[1075]. Dans ces deux cas, le conflit d'irrecevabilité a été tranché par l'instance réglementairement compétente du Sénat en 1960, à savoir la commission des

---

[1071] V. Procès-verbaux des séances et originaux des décisions du Conseil constitutionnel, Cotes n° 20040168/1 à 14, Séance du 20 juillet 1977, JO du 23 juillet 1977 [cité *infra* comme Délibéré], *Archives du Conseil constitutionnel* [Site de Pierrefitte-sur-Seine], pp. 5-15.

[1072] Délibéré, pp. 5-6.

[1073] Pour comprendre le mécanisme de l'article 40 de la Constitution, v. Guy Carcassonne, *La Constitution introduite et commentée*, Préface de Georges Vedel, Éditions du Seuil, Coll. : « Points Essais », 9ème édition, 2009, pp. 204-208.

[1074] V. Décision n° 75-57 DC, Cons. 4. Mais cette décision n'a rappelé qu'implicitement le mécanisme.

[1075] V. Décisions n° 60-11 DC du 20 janvier 1961, *Op. cit.*, Cons. 2 et n° 75-57 DC du 23 juillet 1975, *Op. cit.*, Cons. 3 et 4.

finances, et de l'Assemblée nationale en 1975, en l'occurrence le président de celle-ci[1076].

Le problème particulier dans la décision n° 77-82 DC, c'est qu'aucune irrecevabilité n'a été soulevée devant l'instance réglementairement compétente[1077] au cours des débats sur le texte dont s'agit à l'Assemblée nationale[1078].

Goguel formule la question juridique posée au Conseil constitutionnel dans les termes suivants : « *le Conseil peut-il être valablement saisi de la question de savoir si l'article 40 de la Constitution a été respecté dans le vote d'une loi, dans une espèce où le problème de recevabilité au regard de cet article n'a pas été soulevé au cours de la procédure parlementaire ?*[1079] » Pour Goguel, la réponse à cette question nécessite la consultation des travaux préparatoires de la Constitution[1080]. Rappelons que, sur proposition de Victor Chatenay, le Conseil constitutionnel s'était, à l'unanimité, en 1959[1081], converti à cette méthode d'interprétation juridique, tant pour les textes de référence que pour les textes contrôlés. Le rapporteur argumente assez longuement sur la solution qu'il propose au Conseil dont il convient de retracer le cheminement intellectuel.

b. Le cheminement intellectuel vers la solution adoptée par le Conseil constitutionnel

Il est nécessaire d'avoir en vue les arguments du rapporteur Goguel afin de comprendre le raisonnement intellectuel, largement fondé sur les travaux préparatoires de la Constitution de 1958, qu'il a suivi[1082]. Le rapport de François Goguel, dans cette affaire, contrairement à celui de 1971, dans la décision n° 71-44 DC, que l'on verra plus loin, « *a été adopté à l'unanimité.*[1083] »

1076 Délibéré, pp. 6-7.

1077 Sur le fondement de l'article 92 ancien du règlement de l'Assemblée nationale et de l'article 45 ancien de celui du Sénat en vigueur au moment où le Conseil constitutionnel se prononça.

1078 Délibéré, p. 7.

1079 *Ibid.*

1080 *Ibid.*, p. 8.

1081 V. Délibéré des 17, 18 et 24 juin 1959, notamment sur la décision n° 59-2 DC ; v. aussi *GdélCC, Op. cit.*, pp. 45-46, n° 79.

1082 L'essentiel du raisonnement de Goguel sur cette décision se trouve en annexe. Seuls les passages les plus importants de son analyse et les plus intéressants pour notre sujet sont rapportés dans le tableau. Les passages en gras et / ou soulignés marquent leur importance dans la décision finale.

1083 Délibéré, p. 15.

Goguel, en s'appuyant sur les travaux préparatoires de la Constitution de 1958, a déclaré à la toute fin de son rapport que « *si le Conseil constitutionnel devait apprécier la recevabilité de l'article 40 sans exiger un tel préalable, il tomberait dans le défaut du gouvernement des juges.* »

Dès lors, la question se pose de savoir quelle serait la sanction d'une mauvaise application des dispositions de l'article 40 de la Constitution au cas où un contrôle *a posteriori* du Conseil constitutionnel allant dans ce sens aurait été possible. La question ne s'est pas posée dans les deux cas antérieurs à 1977 car le Conseil constitutionnel a déclaré que les irrecevabilités qui ont été opposées aux initiatives parlementaires en 1960 (décision n° 60-11 DC) et en 1975 (décision n° 75-57 DC) étaient conformes aux dispositions de l'article 40 de la Constitution. Il en est de même en 1977. Les travaux préparatoires de la Constitution ont des limites, et ils n'aident malheureusement pas à répondre à cette question. On peut imaginer que le Conseil pourrait déclarer la disposition dont un amendement, jugé irrecevable dans la phase préalable, visait à modifier, pour une raison ou pour une autre, inconstitutionnelle par le seul fait du rejet dudit amendement sur le fondement de l'article 40 alors même que le texte adopté aurait été, par ailleurs, conforme à la Constitution. Cette solution qui s'apparente à une forme de sanction ne serait pas une décision absurde, car, on l'a dit, la procédure, en droit, est essentielle, dans le sens où elle permet de lutter contre l'arbitraire et contribue au principe de sécurité juridique.

Ce passage en revue des travaux préparatoires de la Constitution de 1958 n'a pas été opéré en 1971. Goguel semble pourtant très attaché à l'intention du constituant de 1958 en 1977. Était-il empêché par ses collègues ou par d'autres circonstances, vu que la décision n° 71-44 DC était quelque peu politique car répondant à une loi clairement politicienne, pour ne pas avoir songé à faire usage des travaux préparatoires, ou n'avait-il pas encore connaissance de cette redoutable méthode d'interprétation à double tranchant, vu qu'il venait à peine d'être nommé au Conseil constitutionnel le 3 mars 1971, soit moins de cinq mois avant ce premier rôle de rapporteur de cette importante décision qu'il a endossé ? Il semble que plusieurs interprétations de cette situation sont possibles en l'absence d'éléments de certitude.

Par ailleurs, pour convaincre ses collègues d'aller dans le sens qu'il proposa, c'est-à-dire de rejeter la saisine des députés, en se fondant exclusivement sur les travaux préparatoires, Goguel évoqua le mécanisme des *maxima*. La loi dite des maxima[1084], abrogée en 1959, est un mécanisme permettant de contrôler la maîtrise du budget de l'État dans son intégralité et ainsi d'affirmer son unicité[1085]. Ce mécanisme est l'ancêtre du principe d'irrecevabilité financière posée par l'article 40 de la Constitution. Guy Carcassonne a montré que cette disposition a été adoptée en 1958 pour mettre fin à la « *gabegie*[1086] » dont le gouvernement était taxé jusque-là. Ainsi, celui-ci ne peut plus tolérer l'inscription d'une « *proposition dépensière*[1087] » dans le seul but de satisfaire ou séduire « *un secteur de l'électorat*[1088] ». Pourtant, le mécanisme prévu à l'article 40 de la Constitution ne semble pas remédier au problème soulevé par Guy de Carcassonne. En effet, le fait que le Conseil constitutionnel, s'appuyant sur les travaux préparatoires de la Constitution de 1958, relègue le contrôle préalable de la recevabilité des amendements relatifs à l'article 40 de la Constitution aux instances parlementaires, et donc, *in fine*, à la majorité parlementaire, et au gouvernement qui en est issu, peut conduire à une forme de politisation à outrance du mécanisme à des fins partisanes, dans la mesure où la majorité peut, à sa guise, décider de rejeter des amendements venant de l'opposition sans raisons valables. Sur ce point, Pauline Türk s'est justement posé la question de savoir si le « *contrôle de la recevabilité financière [de l'article 40 de la Constitution] par la majorité*[1089] » ne serait pas instrumentalisé.

Néanmoins, ce point montre que les travaux préparatoires de la Constitution de 1958, au moins au début de la justice constitutionnelle en France, ont beaucoup aidé le Conseil constitutionnel à asseoir l'autorité de la chose interprétée par lui, autorité que l'article 62, al. 3 (ex. al. 2), de la Constitution n'avait pas toujours suffi à affirmer, à force d'interprétations concurrentes des

---

[1084] Loi (*abrogée*) n° 48-1921 du 21 décembre 1948 portant exercice 1949 : simplification de la procédure de vote, JORF du 22 décembre 1948.

[1085] V. Hervé Message, Michel Bermond et Jean-Luc Matt (rééd.), *Lois de finances et lois de financement à l'Assemblée nationale*, Connaissance de l'Assemblée n° 3, 1ère édition 1996, 2ème édition 2000 ; 3ème édition 2007, Première partie, MAJ Daniel Hochedez et Simon Corley (http://www.assemblee-nationale.fr/connaissance/lois_finances_lois_financement/sommaire.asp – [Consulté le 17 mars 2016]). L'insatisfaction de ce mécanisme des maxima a conduit à l'adoption de l'ordonnance organique relative aux lois de finances en 1959 qui, elle-même, a été remplacée par la loi organique relative aux lois de finances de 2001.

[1086] Guy Carcassonne, *Op. cit.*, p. 205, n° 270.

[1087] *Ibid.*, p. 205, n° 271.

[1088] *Ibid.*, p. 201, n° 263.

[1089] Pauline Türk, *Les commissions parlementaires permanentes et le renouveau du Parlement sous la Ve République*, Dalloz, 2005, pp. 380-387.

textes constitutionnels[1090]. C'est ainsi que, lorsque le président Palewski déclara que « *le Conseil constitutionnel 'dit la vérité constitutionnelle'*[1091] », celui-ci a dû lui-même interpréter les travaux préparatoires de la Constitution qui pouvaient et peuvent encore être brandis contre ses tentatives de s'affirmer en tant que défenseur du droit[1092].

c. *Le problème du refus du Conseil de se laisser saisir en premier sur la recevabilité financière de l'article 40*

On pourrait comprendre que le Conseil constitutionnel veuille permettre à la procédure de vivre au sein des deux assemblées législatives, au cours des débats, en refusant que la question d'irrecevabilité soit soulevée devant lui pour la première fois[1093]. Mais on comprend moins quand le Conseil exige encore des requérants de la première assemblée saisie sur le texte qu'ils aient d'abord soulevé la question devant celle-ci afin d'espérer la lui soumettre *a posteriori*. C'est ce qui ressort de la décision n° 2003-476 DC : « *Considérant que le Conseil constitutionnel n'examine la conformité de la procédure législative aux prescriptions de l'article 40 de la Constitution que si la question de la recevabilité de la proposition ou de l'amendement dont il s'agit a été soulevée devant la première assemblée parlementaire qui en a été saisie ; qu'en l'espèce, la question de la recevabilité financière de la proposition de loi n'a été évoquée devant le Sénat, première assemblée*

[1090] V. Mathieu Disant, « L'autorité de la chose interprétée par le Conseil constitutionnel. Permanence et actualité(e) », *Les Cahiers du Conseil constitutionnel* n° 28, 2010, p. 199.

[1091] V. Bertrand Mathieu, « Introduction », in *GdélCC, Op. cit.*, p. 15, n° 28.

[1092] Sur ce point, Gilbert-Jules, rejetant en 1967 « *le principe d'une autorité de chose interprétée des décisions [du Conseil constitutionnel] pesant sur les autres juridictions* » (*Ibid.* V. Délibéré de la décision n° 67-44 L sur le Code des débits de boissons, in *GDélCC*, pp. 165 s.), sur le fondement de l'article 62 de la Constitution, s'est appuyé sur les travaux préparatoires pour démontrer que, malgré la clarté de ce texte constitutionnel, le constituant n'avait pas voulu instaurer une réelle autorité de la chose interprétée par le Conseil constitutionnel.

[1093] Décision n° 75-57 DC, Cons. 4 : « *Considérant que si l'article 40 apporte, en ce qui concerne les membres du Parlement, une limitation aux principes posés aux articles 39, alinéa premier, et 44, alinéa premier, de la Constitution, c'est en vue d'éviter que des dispositions particulières ayant une incidence financière directe, puissent être votées sans qu'il soit tenu compte des conséquences qui pourraient en résulter pour la situation d'ensemble des Finances publiques ; qu'il ressort de l'analyse des débats devant l'une et l'autre assemblée du Parlement, que dans tous les cas où, suivant les procédures et dans les formes prévues par les règlements de ces assemblées, des amendements ont été déclarés irrecevables, il s'agissait de mesures qui auraient eu une incidence financière directe se traduisant soit par une diminution de ressources soit par l'aggravation d'une charge publique ; que, dès lors, il a été fait dans les cas dont il s'agit une exacte application de l'article 40 de la Constitution ;* ». La décision n° 77-82 DC à l'étude ici a rejeté de la même manière et pour les mêmes motifs la requête des parlementaires.

saisie, ni lors de son dépôt, ni au cours de sa discussion ; que, dès lors, et en tout état de cause, le Conseil constitutionnel n'a pas à soulever directement l'irrecevabilité instituée par l'article 40 de la Constitution à l'encontre de la loi organique soumise à son examen ;[1094] » Dans ce contexte-là, on peut se demander si le Conseil constitutionnel n'a pas commis un excès de limitation de sa compétence juridictionnelle au regard de l'article 40 de la Constitution. En effet, un simple oubli par des membres d'une assemblée parlementaire, quand bien même elle serait la première assemblée saisie et quand bien même la seconde assemblée saisie aurait soulevé la question d'irrecevabilité, empêcherait les membres de cette première assemblée de pouvoir saisir le Conseil constitutionnel pour faire respecter les termes de l'article 40 de la Constitution. De ce point de vue-là, cette autolimitation de sa propre compétence par le Conseil au regard du respect de l'article 40 et cette disposition elle-même se présentent comme une chimère constitutionnelle.

Cependant, le délibéré de la décision n° 77-82 DC donne un indice qui pourrait expliquer la position du Conseil constitutionnel. En effet, celui-ci, en 1977, contrairement à la situation constatée dans sa décision n° 71-44 DC, n'était pas face à une liberté fondamentale en danger, mais face à une confrontation purement institutionnelle. Sur ce point, il ressort du rapport de Goguel, sur la décision de 1977, que « *M. JANOT, commissaire du gouvernement, s'était exprimé en ces termes : 'il est apparu qu'il n'y avait pas d'intérêt à maintenir la consultation du Conseil constitutionnel, dont il faut bien le dire, à la vérité, que les compétences seront plus juridiques ou politiques que financières. [...] comme le système de la loi des maxima fonctionnait jusqu'à ce jour sans intervention d'un Conseil constitutionnel, il a paru qu'il n'y avait pas d'inconvénient à ce qu'il continue de fonctionner ainsi.'* » Par conséquent, cet indice permet de comprendre que le Conseil constitutionnel peut se montrer favorable à la reconnaissance de sa compétence en vue d'assurer la protection d'un droit ou d'une liberté fondamentale en danger, mais pas en vue d'acquérir une compétence sur une querelle politique entre parlementaires et gouvernement. Ainsi, le contrôle interne dans les deux chambres du Parlement suffit à résoudre les questions liées à la recevabilité financière des amendements au regard des dispositions de l'article 40 de la Constitution de 1958.

Enfin, si la clarté des travaux préparatoires de la Constitution de 1958 a pu aisément donner l'impression que le Conseil constitutionnel les a confondus avec

---

[1094] Décision n° 2003-476 DC du 24 juillet 2003, Cons. 4. *Loi organique portant réforme de la durée du mandat et de l'âge d'éligibilité des sénateurs ainsi que de la composition du Sénat.*

les normes constitutionnelles de référence elles-mêmes, tel dans cette décision n° 77-82 DC, il n'en est pas de même du silence des travaux préparatoires des textes constitutionnels.

2. *La curieuse suffisance du silence des travaux préparatoires de la Constitution de 1958 servant de fondement juridique à la décision n° 2012-297 QPC*

Pour illustrer cet état de fait, on peut rapprocher la décision n° 77-82 DC de la décision n° 2012-297 QPC. La différence de nature de ces deux décisions, quant à leur caractère *a priori* et *a posteriori*, n'empêche pas, pour autant, d'observer la similarité de la méthode d'interprétation utilisée, à savoir l'usage des travaux préparatoires des textes constitutionnels de référence. L'usage des travaux préparatoires de la Constitution dans ces deux décisions ne permet curieusement pas de parvenir à une conclusion identique, ce qui révèle un manque de cohérence. En effet, logiquement, si la clarté des travaux préparatoires de la Constitution a permis d'adopter une solution ou un raisonnement juridique dans la décision n° 77-82 DC, l'usage de la même méthode dans la décision n° 2012-297 QPC, mais avec des travaux préparatoires cette fois-ci silencieux, parallélisme des formes oblige, devrait donner lieu une autre solution ou un autre raisonnement tout à fait opposé par rapport au premier cas. Pourtant il n'en est rien. Mais cela peut être dû à une contrainte particulière pesant sur le juge constitutionnel.

La contrainte pouvant peser sur le Conseil constitutionnel est particulièrement visible dans sa décision n° 2012-297 QPC : « *Considérant, toutefois, qu'il ressort tant des travaux préparatoires du projet de la Constitution du 27 octobre 1946 relatifs à son article 1er que de ceux du projet de la Constitution du 4 octobre 1958 qui a repris la même disposition, qu'en proclamant que la France est une « République... laïque », la Constitution n'a pas pour autant entendu remettre en cause les dispositions législatives ou règlementaires particulières applicables dans plusieurs parties du territoire de la République lors de l'entrée en vigueur de la Constitution et relatives à l'organisation de certains cultes et, notamment, à la rémunération de ministres du culte ;*[1095] » Cette

---

[1095] Décision n° 2012-297 QPC du 21 février 2013, Cons. 6. *Association pour la promotion et l'expansion de la laïcité [Traitement des pasteurs des églises consistoriales dans les départements du Bas-Rhin, du Haut-Rhin et de la Moselle]* ; v. aussi Commentaires aux Cahiers (pp. 20-23) sur l'explication du recours aux travaux préparatoires.

décision du Conseil a, d'ailleurs, curieusement été confirmée en 2017[1096], s'agissant du financement du culte catholique en Guyane.

Il n'y a nul doute quant à l'« *ampleur sociétale* » de la question du concordat alsacien-mosellan[1097], mais cette décision du Conseil constitutionnel ne l'épargne pas pour autant de la critique du « *gouvernement des juges*[1098] » couplée avec son manque de « *légitimité démocratique*[1099] », critique allant jusqu'à voir une décision « *dénuée de fondements juridiques pertinents*[1100] ». Dans cette affaire, le Conseil constitutionnel s'était heurté à une contradiction importante entre les différents textes constitutionnels (l'article 10 de la DDHC de 1789, l'alinéa 1er, de l'article 1er, de la Constitution de 1958) qui prônent le principe de laïcité de l'État, et la pratique de financement public de cultes en Alsace-Lorraine. Là encore, il n'est pas

---

1096 V. Décision n° 2017-633 QPC du 2 juin 2017, §. 8. *Collectivité territoriale de la Guyane [Rémunération des ministres du culte en Guyane].* Dans cette décision, le Conseil constitutionnel a, en effet, jugé : « *Toutefois, il ressort tant des travaux préparatoires du projet de la Constitution du 27 octobre 1946 relatifs à son article 1er que de ceux du projet de la Constitution du 4 octobre 1958 qui a repris la même disposition, qu'en proclamant que la France est une « République ... laïque », la Constitution n'a pas pour autant entendu remettre en cause les dispositions législatives ou règlementaires particulières applicables dans plusieurs parties du territoire de la République lors de l'entrée en vigueur de la Constitution et relatives à l'organisation de certains cultes et, notamment, à la rémunération de ministres du culte.* » Ayant constaté que la loi de 1905 ne s'applique pas à la collectivité de la Guyane, notamment du fait que les textes réglementaires qui auraient été nécessaires en ce sens n'ont jamais été pris (*Ibid.*, §. 7), le Conseil a, par conséquent, conclu qu'il n'existe pas de rupture d'égalité entre les religions (*Ibid.*, §. 11), alors même que seuls des ministres du culte catholique sont rémunérés par des deniers publics en Guyane.

1097 Selim Degirmenci, « Principe de laïcité : quand le Conseil constitutionnel veut éviter toute discorde sur le front alsacien-mosellan », *Lettre Actualités Droits-Libertés du CREDOF*, 29 mars 2013 [consultable en ligne].

1098 *Ibid.*

1099 *Ibid.*

1100 Franck Laffaille, « La neutralisation du principe de laïcité au profit du droit cultuel alsacien mosellan à propos d'une décision... dénuée de fondements juridiques pertinents (« Vu la Constitution et notamment Raymond Janot ») », *La Semaine juridique. Administrations et collectivités territoriales*, 15 avril 2013, n° 16, p. 22-25. Pour aller plus loin, v. Jordane Arlettaz, « L'inégalité conciliée aux libertés : le compromis critiquable de la décision QPC sur le droit local d'Alsace-Moselle », *Revue des droits et libertés fondamentaux*, 2011, Chronique n° 1 [En ligne, Consulté le 30 juin 2017]) ; Agnès Roblot-Troizier, « L'interprétation du principe constitutionnel de laïcité à la lumière des travaux préparatoires de la Constitution », *Nouveaux Cahiers du Conseil constitutionnel*, n° 40, Chronique de jurisprudence constitutionnelle, juin 2013 [en ligne sur le site du CC] ; Agnès Roblot-Troizier, « Le principe constitutionnel de laïcité et la prétendue volonté du pouvoir constituant », *RFDA*, mai-juin 2013, n° 3, pp. 663-667 : « *cette démarche est pour le moins contestable et la solution qui en résulte juridiquement mal fondée.* » Et cela, à cause des travaux préparatoires qui ne seraient pas des travaux préparatoires de la Constitution de 1958, seule en vigueur au jour de la décision n° 2012-297 QPC.

difficile de remarquer que la portée symbolique de cette pratique contraire au principe de laïcité et, partant, la portée de la décision du Conseil constitutionnel sur cette question, ne permettent pas à celui-ci d'interpréter les textes constitutionnels de manière simple, eu égard à l'ampleur de l'enjeu. D'où le recours aux travaux préparatoires qui lui permet de limiter, sinon d'éviter, les critiques. Mais, quoi qu'il en soit, cette décision du Conseil constitutionnel est critiquable à un double titre. D'abord, si l'on a une conception purement textualiste (ou même purement réaliste) de l'interprétation juridique, on devrait parvenir à la même conclusion que le Conseil constitutionnel aurait dû, dans ce cas précis, se limiter aux textes constitutionnels qui ne sont pas muets sur la question tout en étant clairs sur le principe de laïcité et donc de neutralité de l'État vis-à-vis de questions religieuses. Cette conception est d'autant plus appuyée par la loi de 1905 qui, dans les deux premières phrases de son article 2, dispose : « *La République ne reconnaît, ne salarie ni ne subventionne aucun culte. En conséquence, à partir du 1er janvier qui suivra la promulgation de la présente loi, seront supprimées des budgets de l'Etat, des départements et des communes, toutes dépenses relatives à l'exercice des cultes.* » Par conséquent, les textes, tant constitutionnels que législatifs, sont clairs sur la neutralité totale de l'État quant aux cultes. Mais le réalisme juridique permettrait de parvenir à une autre conclusion. Ensuite, en effet, pour une approche réaliste de l'interprétation juridique, on pourrait tout aussi retrouver la conception précédente et / ou une autre conception fondée sur la pratique réelle et le caractère symbolique et paisible, bien que l'argument soit faible, du point de vue purement juridique, de cette contradiction constitutionnelle sur laquelle le constituant de 1958 ne s'est pas prononcé. Donc le Conseil constitutionnel pouvait être la cible de ces deux critiques. Mais les commentaires du Conseil constitutionnel lui-même, dans ses Cahiers, relatifs à cette décision, montrent que les travaux préparatoires de la Constitution de 1958, en tant que tels, n'ont rien dit sur les cultes en Alsace-Moselle. Ainsi, le Conseil constitutionnel s'est fondé exclusivement sur des conceptions doctrinales subjectives[1101] pour déclarer conforme à la Constitution cette mesure pourtant contradictoire. De plus, d'un point de vue purement juridique, le Conseil constitutionnel ne pouvait pas se fonder sur les travaux préparatoires du premier projet de Constitution de 1946 qui, d'une part, a été rejeté par référendum, et, d'autre part, la Constitution de 1946 a été remplacée par une nouvelle Constitution en 1958 à cause de son inefficacité. Sur ce point, d'ailleurs, Vincent Auriol faisait remarquer, assez justement, lors de la séance de délibérations sur la décision n° 59-5 DC : « *Je suis ému jusqu'aux larmes [...] de voir invoquer la*

[1101] Telles celles de Maurice Barbier et de Philippe Ségur (v. commentaires aux Cahiers) qui ne parlaient qu'en leur nom, et leurs arguments n'étaient fondés sur rien d'autre que leurs convictions et interprétations personnelles.

Constitution de 1946 à la rescousse d'une cause mauvaise [renvoi aux mauvaises pratiques sous la Constitution de 1946]. Mais la Constitution que le Conseil est chargé de faire respecter est celle de 1958.[1102] »

Lors des débats de la première Assemblée constituante en 1946, le principe de laïcité de l'État a été largement débattu. Jacques Fonlupt-Esperaber, alors membre de l'Assemblée, déclara : « *[...] Le concordat n'est pas simplement une loi nationale ; c'est, en même temps, un concordat international. La modification de la situation impliquerait donc des négociations internationales, en vue de la suppression de ce contrat*[1103] ». Ce à quoi Jacques Baumel, suivi de Jean Wagner et Pierre Muller, avait très justement répondu : « *il ne peut y avoir de doute dans l'esprit de qui que ce soit : [...] l'article (est voté) pour l'ensemble du territoire français sans faire aucune discrimination entre ces départements français de l'Est, qui font partie de la France, et les autres départements français* ». Pour Jean Wagner, « *il ne peut y avoir plusieurs Constitutions pour la France, une pour le Nord, une pour le Midi, une troisième pour l'Est et une autre pour l'Ouest* » et que « *lorsque la Constitution sera votée, elle sera applicable à l'Alsace comme à tous les autres départements de la France*[1104] ». Le Conseil constitutionnel n'a recherché que des arguments à décharge, c'est-à-dire en faveur du maintien du concordat en Alsace-Moselle, et non des arguments à charge, à l'encontre de ce dernier, alors même que, eu égard au texte de la Constitution de 1958, de celui de la DDHC de 1789 et les explications de Raymond Janot en 1958 selon celui-ci, « *le laïcisme dont il est question est la neutralité, et non je ne sais quel combat*[1105] »), les arguments en défaveur du concordat sont quantitativement beaucoup plus nombreux et juridiquement beaucoup plus solides. D'ailleurs, lors du débat au sein de la première Assemblée constituante en vue de l'adoption de la Constitution de 1946, bien que ce premier projet ait été rejeté par référendum, certains arguments de bon sens s'exprimaient sur le principe de laïcité. Cette décision est, du point de vue juridique, et sans aucune considération pour une conception réaliste ou positiviste (ou *textualiste*) de l'interprétation, critiquable car elle donne à voir un double jeu dans l'usage des travaux préparatoires par le Conseil constitutionnel qui, semble-t-il, ne les utilise et ne les fait jouer un rôle actif que

---

[1102] V. Délibéré de cette décision, *Archives du Conseil constitutionnel* [Site de Pierrefitte-sur-Seine], Séance du 8 janvier 1960 (Décision n° 59-5 DC du 15 janvier 1960. *Résolution modifiant les articles 95 et 96 du règlement de l'Assemblée nationale*).

[1103] V. les travaux préparatoires de la première Assemblée constituante élue le 21 octobre 1945, 2ème séance, 14 mars 1946.

[1104] *Ibid.*

[1105] V. *Documents pour servir à l'histoire de l'élaboration de la Constitution du 4 octobre 1958*, vol. IV, La Documentation française, Paris, 2001, pp. 159-160. Comme en 1971, les arguments du rapporteur du texte constitutionnel de 1958 sont rejetés par le Conseil constitutionnel.

lorsque cela sert sa cause ou plutôt lorsque cela l'arrange. Mais, là encore, comme en 1977, les travaux préparatoires semblent, du point de vue du juge constitutionnel, avoir été déterminants dans l'interprétation constitutionnelle. Pourtant, le Conseil constitutionnel aurait très bien pu dire que les travaux préparatoires de la Constitution de 1958 sont muets sur la question du concordat tout en ayant donné naissance à un principe de laïcité de l'État qui, lui, est très clairement exprimé dans la Constitution, et donc le concordat, qui impose le financement étatique des cultes en Alsace-Moselle, est inconstitutionnel. Cette interprétation, en sens inverse, susciterait autant, voire beaucoup moins, de critiques, mais elle aurait juridiquement été plus logique et soutenable. Mais la solution retenue par le Conseil constitutionnel dans cette décision n° 2012-297 QPC pourrait bien avoir une autre explication qui, malgré tout, a son importance. Jean-Louis Debré, à propos de François Hollande, affirme : « *Il me dit enfin avoir apprécié notre décision sur la laïcité [en l'occurrence la décision n° 2012-297 QPC] qui a permis de ne pas déclencher une nouvelle guerre de religion ni semer la révolte en Alsace-Moselle.*[1106] » Donc, cette décision est beaucoup plus politique encore qu'elle ne veuille paraître. Elle paraîtrait même avoir été inspirée, entre autres, par la franc-maçonnerie. En effet, après avoir admis qu'« *À l'intérieur de chaque groupe politique [de l'Assemblée nationale et du Sénat], la solidarité franc-maçonne joue parfois un rôle dans les discussions internes*[1107] », Jean-Louis Debré affirme que « *Lorsque le Conseil s'est penché sur la question de la laïcité en Alsace-Moselle, nous avons reçu un abondant courrier pour « éclairer » notre réflexion. Une partie émanait de franc-maçons qui, d'ailleurs, ne s'en cachaient pas. J'ai consulté ensemble les dirigeants du Grand Orient, du Droit humain, de la Grande Loge féminine et de la Grande Loge de France, pour évoquer leur conception de la laïcité. Pas plus que d'autres, ils ne nous ont convaincus de remettre en cause le régime juridique des cultes dans cette région de France.*[1108] »

Enfin, ces deux décisions de 1977 et de 2012 montrent que l'argument qui consiste à dire que plus on s'éloigne dans le temps des travaux préparatoires d'une norme, plus la valeur de ceux-ci s'estompe[1109] ne tient pas, du moins pas en matière d'interprétation des normes constitutionnelles. En effet, on pourrait dire qu'en 1977 où le Conseil constitutionnel a fait référence aux travaux préparatoires de la Constitution de 1958 on n'était pas si éloigné que cela des travaux préparatoires de celle-ci (soit 19 ans à peine d'intervalle entre 1958 et 1977) ; cependant, en 2012,

---

[1106] Jean-Louis Debré, *Ce que je ne pouvais pas dire*, Robert Lafont, avril 2016, p. 223.
[1107] *Ibid.*, p. 232.
[1108] *Ibid.*
[1109] C'est le point de vue de Pierre Avril, Michel Couderc ou encore Henri Capitant, dont le point de vue, au regard de l'usage des travaux préparatoires, diverge, par ailleurs.

le Conseil constitutionnel s'est fondé sur des travaux préparatoires même plus éloignés encore que ceux de la Constitution de 1958, à savoir ceux de la Constitution de 1946 (soit 66 ans de 1946 à 2012 et 54 ans de 1958 à 2012). De ce point de vue-là, il est permis de conclure que les travaux préparatoires peuvent s'avérer aussi importants, voire décisifs, tant à moyen et à court termes qu'à long terme.

Néanmoins, ces deux décisions montrent que le Conseil constitutionnel s'est servi des travaux préparatoires de la Constitution plutôt comme une simple caution, et ne semble les prendre au sérieux que lorsque cela sert sa cause interprétative. Cet aspect des choses apparaît plus clairement lorsque le Conseil décide, comme dans sa décision du 16 juillet 1971, de ne pas se confier aux travaux préparatoires, pourtant assez clairs, de la Constitution.

B) Le *désintérêt* complet du Conseil constitutionnel pour les travaux préparatoires de la Constitution de 1958

Le contexte particulier de la loi examinée par le Conseil constitutionnel dans la décision n° 71-44 DC (1) l'a conduit à adopter une décision tout aussi particulière (3), du point de vue de la méthode d'interprétation employée pour les normes constitutionnelles de référence (2).

1. Le contexte particulier de l'interprétation constitutionnelle de la loi complétant les dispositions des articles 5 et 7 de la loi du 1er juillet 1901 relative au contrat d'association

Comme la décision n° 77-82 DC, il convient de s'intéresser au contexte de la décision n° 71-44 DC, en s'appuyant sur les faits, selon la délibération du Conseil constitutionnel dans sa séance du 16 juillet 1971[1110].

1110 Délibéré, pp. 1 s. Le délibéré portant sur la décision n° 71-44 DC se trouve également reproduit dans les *GDélCC*, *Op. cit.*, pp. 207-219.

En 1971[1111], la délivrance du récépissé de l'association « *Les amis de la cause du peuple* » a été refusée à cette dernière par le préfet de police de Paris[1112]. L'association a donc formé un recours en référé contre ce refus devant le Tribunal administratif de Paris qui, le 25 janvier 1971[1113], selon une jurisprudence constante de la juridiction administrative, a annulé la décision du préfet et lui a enjoint de délivrer le récépissé à l'association. En mai 1971, le gouvernement a choisi d'agir par voie réglementaire en envisageant de modifier le décret du 16 août 1901[1114] en vue d'exiger une autorisation préalable à la création d'une association et, ainsi, de remettre en cause le principe fondamental de la liberté d'association. Cette réforme est d'origine purement *politicienne*[1115] et le Conseil constitutionnel a adopté une décision tout au moins

---

1111 À cette période post-Mai-1968, certains artistes décident de créer des associations inspirées de l'idéologie communiste. C'est l'hostilité manifestée par les partisans zélés du gaullisme, alors en chute libre, qui explique le refus du préfet de Paris de délivrer le récépissé requis, par crainte de voir les communistes reprendre le pouvoir.

1112 Le ministre de l'intérieur d'alors, Raymond Marcellin, soupçonnait l'association d'être une organisation « gauchiste » se proposant de reconstituer une association dissoute qui s'appelait *La Cause du peuple*. Sur ce point, v. *Allocution de Monsieur François LUCHAIRE. La décision du 16 juillet 1971*, Site du Conseil constitutionnel, Dossiers thématiques.

1113 TA Paris 25 janvier 1971, *De Beauvoir et Leiris*, AJDA 1971, p. 229.

1114 Délibéré, p. 12.

1115 Dans les années 1970, dans la foulée de Mai-68, il y a eu une vraie chasse aux communistes. Ces derniers furent toujours considérés comme la cause de l'envahissement de la France dans les années 1940, et la tentative de Waldeck Rochet, dans les années 1970, de redresser le Parti communiste ne plaît pas aux héritiers du gaullisme. Dans la même logique, il ne faut pas occulter les discours de Charles de Gaulle contre les partis politiques (v. l'entretien de Charles de Gaulle avec Michel Droit, 3ème partie, 15 décembre 1965 [en ligne sur le site internet de l'INA]). C'est dans ce contexte que le préfet de police de Paris a refusé de délivrer aux créateurs de l'« Association des amis de la cause du peuple », dont Simone de Beauvoir et Michel Leiris, le récépissé de déclaration, au motif que celle-ci fut l'émanation d'une association précédemment dissoute en application de la loi de 1901. Ces derniers ont déposé un recours en référé et un recours pour excès de pouvoir devant le Tribunal administratif de Paris contre la décision du préfet en vue de voir enjoint à celui-ci de délivrer le récépissé litigieux. Dans une ordonnance (on dit jugement à l'époque) du 22 septembre 1970 (Cette ordonnance de cinq pages est consultable aux Archives départementales de Paris sous la côte 2005W293), le Tribunal rejette la demande en référé et cette ordonnance sera confirmée par le Conseil d'État un mois plus tard (v. CE 21 octobre 1970, *Dame de Beauvoir et sieur Leiris*, n° 81.624, Leb., p. 600). Cependant, le Tribunal administratif de Paris, par un jugement du 25 janvier 1971, a fini par annuler la décision du préfet de ne pas délivrer le récépissé pour excès de pouvoir aux motifs, notamment, que « *l'autorité administrative, territorialement compétente, n'a d'autre attribution légale que celle d'en constater l'accomplissement matériel par la délivrance du récépissé prévu, exclusive en tant que tel de toute appréciation relative tant à la licéité de l'association en cause qu'à la légalité de ses statuts ; [...] aucune disposition législative n'a davantage confié compétence à ladite autorité à l'effet de sursoir à la délivrance du récépissé dont s'agit en l'attente de l'intervention éventuelle des mesures de dissolution ou de l'application des pénalités prévues*

politique pour y répondre. Ainsi, le gouvernement, face à la décision du Tribunal administratif de Paris, a décidé de passer par la force, d'abord, du règlement, puis, de la loi, au lieu d'user de son droit de faire appel de l'ordonnance du Tribunal[1116].

La Section de l'intérieur du Conseil d'État, saisi pour avis dans le cadre du processus préparatoire de la réforme, conformément à l'article 39, al. 2, de la Constitution, avait rendu un premier avis favorable à la voie réglementaire ; mais l'Assemblée générale du Conseil d'État s'est finalement saisie de l'affaire en décidant, selon le rapport Goguel, que cette réforme « *mettait en cause les règles concernant les droits civiques et les garanties fondamentales accordées aux citoyens pour l'exercice des libertés publiques et ne pouvait donc, en application de l'article 34 de la Constitution, être traitée que par la loi.*[1117] » Ce second avis du Conseil d'État, il faut le saluer, est plus conforme à une analyse juridique. La procédure législative étant plus contraignante, on aurait pu croire que le gouvernement se résoudrait à abandonner la réforme. Mais il n'en est rien. Celui-ci a préféré chambouler l'agenda parlementaire pour faire adopter la réforme, ce qui montre un certain zèle, alors qu'il n'y a aucune urgence.

Le projet adopté en conseil des ministres, avant de déclarer l'urgence à l'Assemblée nationale le 11 juin 1971[1118], et définitivement voté par cette

---

par la loi ; » (TA de Paris 25 janvier 1971, *Dame de Beauvoir et sieur Leiris*, Leb., (pp. 812-814), p. 814). En ce sens, ce jugement du Tribunal administratif de Paris est l'élément déclencheur de la décision du Conseil constitutionnel sur la liberté d'association en 1971. Au lieu d'interjeter appel contre le jugement du Tribunal, le gouvernement a choisi d'agir par voie réglementaire en envisageant de modifier le décret du 16 août 1901 (Délibéré, p. 12) en vue d'exiger une autorisation préalable à la création d'une association et, ainsi, de remettre en cause le principe fondamental de la liberté d'association. Cette réforme est donc d'origine purement *politicienne* et le Conseil constitutionnel va adopter une décision tout au moins *politique* pour y répondre. Ainsi, le gouvernement, face à la décision du Tribunal administratif de Paris, a décidé de passer par la force, d'abord, du règlement, puis, de la loi, au lieu d'user de son droit de faire appel du jugement du Tribunal.

1116 Pour comprendre le contexte de cette décision, v., notamment, Dominique Rousseau, *Droit du contentieux constitutionnel*, LGDJ, 10ème édition, Coll. : « Droit public », 2013, pp. 32-35 et Pierre de Montalivet, *in* Michel Verpeaux, Pierre de Montalivet, Agnès Roblot-Troizier et Ariane Vidal-Naquet, *Droit constitutionnel. Les grandes décisions de la jurisprudence*, Paris, PUF, Coll. : « Thémis », 1ère édition, 2011, pp. 234-244. La qualification « politique » accolée à cette décision ne signifie pas que nous considérons que la solution retenue par le Conseil est mauvaise, mais du point de vue purement scientifique et juridique, nul ne peut ignorer l'acte politique qu'elle impose dans une société fondée sur le droit.

1117 CE 17 mai 1971, *Avis*. V. aussi Délibéré, p. 12.

1118 Délibéré, p. 2.

Assemblée le 23 juin 1971, visait à permettre au procureur de la République de sursoir à la délivrance du récépissé de la déclaration d'une association dont l'activité tomberait sous le coup de l'article 3 de la loi de 1901 qui dispose : « *Toute association fondée sur une cause ou en vue d'un objet illicite, contraire aux lois, aux bonnes mœurs, ou qui aurait pour but de porter atteinte à l'intégrité du territoire national et à la forme républicaine du gouvernement, est nulle et de nul effet.* » Goguel, qui se posait la question du caractère du domaine (législatif ou réglementaire) de cette réforme[1119], commenta ainsi ce dernier avis du Conseil d'État : « *Notre Conseil n'est évidemment pas lié par l'avis du Conseil d'État. Mais les raisons qui ont motivé celui-ci vous paraîtront sans doute, comme moi-même, parfaitement fondées.*[1120] »

L'Assemblée nationale a pu voter le projet[1121] du gouvernement sans difficulté. Mais il en allait quelque peu autrement au Sénat. Lors des débats parlementaires devant celui-ci[1122], le sénateur Pierre Marcilhacy[1123] a procédé à une réelle analyse juridique de la réforme et a rapproché la situation et le rôle des associations de ceux des groupements politiques prévus à l'article 4 de la Constitution pour conclure au libre exercice des activités de ces deux formes d'actions politiques jusqu'à rappeler la décision n° 71-42 DC du Conseil[1124] qui, dans la lignée de sa décision n° 59-3 DC, avait laissé entendre que l'obligation faite à chaque groupe de déclarer ses objectifs politiques et les

---

[1119] Délibéré, p. 12.

[1120] *Ibid.* Ainsi, on voit encore une fois l'importance des avis du Conseil d'État dans la jurisprudence constitutionnelle en tant que travaux préparatoires extraparlementaires des normes juridiques.

[1121] Le caractère politicien de ce projet de loi, comme cela a été dit, s'explique par le fait que le gouvernement ne fut animé que par sa volonté de freiner toute action du Parti communiste, en refusant, dans ce cas précis, le droit d'association à un groupe d'individus d'inspiration communiste. Cette situation n'est pas sans rappeler les polémiques autour de l'affaire Dieudonné en 2014 où il a été reproché tant au gouvernement qu'au juge administratif de faire preuve d'un rare zèle en vue de remettre en cause le principe de la liberté d'expression par la technique contestée de la « *censure préventive* » (Anne-Marie Le Pourhiet, « L'encadrement juridique de la liberté d'expression en France », *Assemblée parlementaire de la francophonie*, Région Europe, XXVIIIème Assemblée régionale, Saint-Hélier (Jersey), 14 octobre 2015).

[1122] Séance débats, Sénat, JO du 28 juin 1971, n° 433.

[1123] Il faut rappeler que Pierre Marcilhacy est juriste de formation et sera lui-même nommé au Conseil constitutionnel en mars 1983.

[1124] Décision n° 71-42 DC du 18 mai 1971, Cons. 1. *Résolution tendant à modifier les articles 2, 3, 5, 6, 7, 8, 11, 13, 14, 17, 21, 22, 29, 32, 36, 42, 45, 59, 72 et 108 du règlement du Sénat, à le compléter par un article 29 bis et un article 109 et à abroger l'article 84 dudit règlement* : « *Considérant que l'obligation faite à chaque groupe de rendre publique une déclaration politique formulant les objectifs et les moyens de la politique qu'il préconise, n'emporte aucun contrôle sur le contenu de cette déclaration ; que, dès lors, cette obligation n'est contraire à aucune disposition de la Constitution ;* »

moyens nécessaires à leur réalisation au Sénat ne pouvait pas aller jusqu'à contrôler le contenu de cette déclaration[1125]. L'argument fondé sur l'article 4 de la Constitution a été écarté par Goguel, compte tenu de la particularité des groupes politiques, notamment leur participation à l'expression du suffrage ; mais il n'en demeure pas moins que ces débats au Sénat ont contribué à inciter le Conseil constitutionnel à déclarer la loi inconstitutionnelle pour avoir attenté à la liberté fondamentale d'association. Ainsi, on peut dire que le Conseil constitutionnel a, dans cette décision de 1971, donné une importance particulière aux travaux préparatoires de la loi, en ignorant ceux de la Constitution.

Goguel était favorable à un contrôle juridictionnel des associations, bien qu'après leur déclaration, car, selon lui, « *la liberté n'est pas la licence ou l'anarchie [...] la liberté n'exclut ni la réglementation, ni le contrôle, à condition que celui-ci ne soit pas arbitraire, c'est-à-dire qu'il relève de l'autorité judiciaire et non des pouvoirs gouvernementaux ou de l'administration.*[1126] »

Enfin, on l'a vu, le contexte de cette décision du 16 juillet 1971 est du moins politique, sinon politicien. Mais le problème de cette décision au regard de notre sujet est celui de l'interprétation des normes de référence.

2. L'analyse des normes de référence par le Conseil constitutionnel sans le recours à leurs travaux préparatoires

Après cette analyse du parcours historique de la loi, par François Goguel, celui-ci a entamé une analyse des normes de référence en commençant par le Préambule de la Constitution de 1958 qui renvoie à la DDHC de 1789 et au Préambule de la Constitution de 1946[1127]. N'ayant rien trouvé dans la DDHC à l'appui du droit des associations, Goguel se retranche derrière le Préambule de la Constitution de 1946 qui, lui, renvoie aux principes fondamentaux reconnus par les lois de la République (PFRLF)[1128]. Mais le rapporteur évacue tout de suite l'emprunt de cette voie en considérant les PFRLR comme une : « *Formule, à vrai dire, tellement générale et tellement vague qu'il m'apparaîtrait*

[1125] Délibéré, pp. 12-13.
[1126] Délibéré, pp. 14-15.
[1127] *Ibid.*, p. 15.
[1128] *Ibid.*

fort difficile et fort dangereux parce que nécessairement fort arbitraire ou au moins fort subjectif de l'invoquer à l'appui d'un contrôle de constitutionnalité d'une loi votée conformément aux règles fixées par la Constitution de 1958, aux termes de laquelle (article 3) 'la souveraineté nationale appartient au peuple, qui l'exerce par ses représentants (c'est le cas de la loi que nous examinons) ou par la voie du référendum'.[1129] » Goguel a donc conclu dans son rapport, pour lequel il a été applaudi par le président du Conseil et par d'autres de ses collègues, à la proposition de déclarer que la loi « *n'est contraire à aucune disposition de la Constitution*[1130] » ; mais Paul Coste-Floret lui a immédiatement fait comprendre qu'il empruntait les mêmes voies que lui « *mais pour arriver à une conclusion contraire.*[1131] » Coste-Floret s'appuie notamment sur la jurisprudence constante du Conseil d'État qui reconnaît que « *la liberté d'association était un principe constitutionnel.*[1132] »

Curieusement, le débat sur la valeur juridique du Préambule de 1958 ne s'est posé que tardivement et timidement. Paul Coste-Floret a déclaré que « *Cette liberté [d'association] est en effet comprise dans les lois fondamentales de la république. Il reste dès lors à s'avoir s'il lui est porté atteinte par la loi nouvelle. Celle-ci a pour objet de substituer un contrôle a priori à un contrôle a posteriori. […]. Il convient donc de déclarer la loi soumise au Conseil contraire au préambule de la Constitution de 1958.*[1133] » Georges-Léon Dubois a à peine songé à la question de la valeur juridique du Préambule du texte de 1958 en affirmant : « *le texte soumis au Conseil est contraire au préambule de la Constitution que le Conseil a d'ailleurs déjà visé dans sa décision de juin 1970 sur les Communautés européennes.*[1134] » Dubois va jusqu'à affirmer que « *C'est exactement comme si un individu qui achète une maison n'en devenait propriétaire qu'au bout de deux mois. Il y aurait atteinte au droit de propriété.*[1135] » François Luchaire parvient à la

---

[1129] *Ibid.*, p. 16.
[1130] *Ibid.*, p. 17.
[1131] *Ibid.*
[1132] *Ibid.*
[1133] *Ibid.*, p. 18.
[1134] *Ibid.* V. Décision n° 70-39 DC du 19 juin 1970. *Traité signé à Luxembourg le 22 avril 1970 portant modification de certaines dispositions budgétaires des traités instituant les communautés européennes et du traité instituant un conseil unique et une commission unique des Communautés européennes et décision du Conseil des Communautés européennes en date du 21 avril 1970, relative au remplacement des contributions des Etats membres par des ressources propres aux Communautés* : « Vu la Constitution et notamment son préambule et ses articles 53, 54 et 62 ; » Par le rappel de ce visa en 1970, Dubois semble montrer que le Conseil constitutionnel a préparé le chemin de la reconnaissance de la valeur constitutionnelle du Préambule de la Constitution de 1958.
[1135] Délibéré, p. 21.

même conclusion[1136]. Celui-ci a d'ailleurs demandé au Conseil constitutionnel de saisir cette occasion pour affirmer son rôle de défenseur des libertés : « *Lorsque l'on compare le Conseil constitutionnel aux autres juridictions qui, dans le monde, exercent une activité semblable, on dit toujours que le Conseil est l'organe régulateur de l'activité des pouvoirs publics alors que les autres institutions étrangères sont les défenseurs des libertés.*[1137] » Et Luchaire a tout de suite ajouté qu'« *Aujourd'hui, le Conseil doit donc faire très attention car par l'affaire dont il a à connaître il retrouve cette tâche de défenseur des libertés.*[1138] » Arguments que Goguel a tout de suite qualifié davantage « *d'opportunité que d'arguments constitutionnels.*[1139] »

Pendant un long moment, lors de la séance du 16 juillet 1971, mis à part le président du Conseil constitutionnel, Gaston Palewski, qui intervenait rarement, il s'agissait d'un trilogue entre Goguel, Coste-Floret et Luchaire. Et tout à coup, Pierre Chatenet a « *fait part de sa perplexité*[1140] » en soutenant Goguel, et, de manière étonnante, il « *suggère de poser la question aux représentants du ministère de l'intérieur qui sont venus*[1141] », ce à quoi Dubois a répondu négativement car, selon lui, « *l'audition des fonctionnaires du ministère de l'Intérieur [...] risque d'amener le Conseil à juger sur des intentions.*[1142] » Mais on aurait surtout dit que le ministre-juge a fait son retour devant le Conseil constitutionnel après avoir perdu cette qualité devant le Conseil d'État[1143].

Contrairement à ce qui sera fait en 1977 (77-82 DC), aucune des interventions au cours de cette séance de délibération sur la décision n° 71-44 DC n'a fait allusion aux travaux préparatoires des normes de référence se trouvant dans le Préambule de la Constitution de 1958. Pourtant, suivant la solution adoptée en 1977 et l'importance accordée aux travaux préparatoires de la Constitution, ceux-ci auraient dû, en 1971, conduire le Conseil constitutionnel à adopter une autre solution que celle qu'il a finalement

---

1136 *Ibid.*, p. 20.
1137 *Ibid.*, p. 19.
1138 *Ibid.*
1139 *Ibid.*, p. 20.
1140 *Ibid.*, p. 21.
1141 *Ibid.*
1142 *Ibid.*
1143 Bien qu'en toute discrétion le Conseil constitutionnel auditionne encore aujourd'hui, quand il le souhaite, des personnalités de qualité diverse sur des lois qu'il a à connaître (c'est le mécanisme critiquable et critiqué des « *portes étroites* »). Pour ce qui concerne la fin de la pratique du ministre-juge, v. CE 13 décembre 1889, *Cadot*, n° 66145, Leb.

adoptée. En effet, les travaux préparatoires de la Constitution de 1958 montrent que le constituant de 1958 n'avait pas voulu attribuer valeur constitutionnelle au Préambule de cette Constitution. Cette affirmation se vérifie aisément dans les débats tenus sur l'avant-projet de Constitution soumis au Comité consultatif constitutionnel le 29 juillet 1958.

Lors de la séance du 7 août 1958, on a longuement débattu la question de la valeur du préambule de la Constitution de 1958. Voici quelques éléments intéressants issus des débats de cette séance : « *M. de MONTALEMBERT. – Le groupe de travail a adopté un amendement de M. de Van Graefschepe tendant à rédiger ainsi le début de 2e alinéa [de l'article 31]. 'Dans le respect des principes généraux, des droits et libertés individuels définis par le préambule, sont réglés par la loi les questions relatives…'. M. le COMMISSAIRE du GOUVERNEMENT [Raymond Janot représentant officiel du président du CCC]. – S'il ne s'agissait par là que d'affirmer que la conception générale de la vie publique définie dans le préambule ne sera pas mise en cause par décret, je n'y verrais pas d'inconvénients. Mais le préambule se référant à la déclaration de 1789 et au préambule de la Constitution de 1946, je crains que des juristes soient tentés d'invoquer la mention du préambule à l'article 31 pour donner valeur constitutionnelle aux précédentes déclarations des droits de l'homme. […] M. DEJEAN. – Pour les auteurs de l'avant-projet le préambule n'a donc pas valeur constitutionnelle ? M. le C. du G. – Non, certainement. M. D. – Il l'acquerrait si l'amendement était adopté. […].*[1144] »

Cela est fort compréhensible, l'article 31 de l'avant-projet de Constitution devait reconnaître dans le corps du texte constitutionnel une valeur juridique, sinon constitutionnelle, du moins législative, au préambule de 1958. Mais le commissaire du gouvernement, qui porte la voix, sinon du constituant, du moins celle de Charles de Gaulle[1145], a affirmé avec *certitude* que ce texte n'aurait pas de valeur constitutionnelle. Et pour couronner le tout, le dispositif du texte finalement soumis au référendum en septembre 1958 s'est débarrassé de toute disposition se référant au préambule de la Constitution de 1958. Néanmoins, malgré la clarté de ces travaux préparatoires de la Constitution de 1958, la

---

[1144] V. *Travaux préparatoires de la Constitution. Avis et débats du Comité consultatif constitutionnel*, La Documentation française, 1960, (pp. 100-108), Séance du 7 août 1958, p. 101.

[1145] Car, à ce titre, le commissaire du gouvernement, Raymond Janot, est le « *représentant [du] général de Gaulle au Comité consultatif constitutionnel et [qui a fait cette déclaration] après en avoir parlé avec Michel Debré* » (v. Dominique Rousseau, *Droit du contentieux constitutionnel, Op. cit.*, p. 28 ; v. aussi *Travaux préparatoires de la Constitution, Ibid.*, p. 19) qui, avec Charles de Gaulle et Michel Debré, est un personnage très important à l'initiative de cette réforme constitutionnelle en 1958.

solution adoptée en 1971, par le Conseil constitutionnel, ne s'est pas souciée de leur intérêt.

3. La décision n° 71-44 DC : une solution politique ignorant volontairement les travaux préparatoires de la Constitution pour une question politicienne

Selon François Luchaire, « *le juge constitutionnel a beaucoup plus de liberté pour rechercher une norme constitutionnelle qui ne fait pas obstacle à la loi mais au contraire la justifie.*[1146] » Cette liberté du juge constitutionnel s'explique, en partie, par la tradition issue du droit romain de la fonction de juger[1147] et, en partie, mais c'est peut-être aussi une conséquence, par le fait que le juge administratif, qui, du moins au départ, a beaucoup influencé le mode de penser du juge constitutionnel, a davantage recours à l'esprit des normes que ne l'aurait fait le juge judiciaire[1148]. Luchaire ajoute que « *Le juge se trouve devant une situation non prévue par les textes, il y a une lacune du texte constitutionnel ; c'est évidemment dans cette circonstance que, comme l'y invite le droit suisse, le juge doit se faire législateur et le juge constitutionnel doit se faire constituant non pas pour paralyser le législateur mais au contraire pour lui donner la justification constitutionnelle qui par hypothèse lui manque.*[1149] » La décision n° 77-82 DC illustre parfaitement la justification constitutionnelle manquante et que le Conseil constitutionnel a pu accorder à la loi pour son salut, grâce à l'évidence révélée par les travaux préparatoires de la norme constitutionnelle applicable mais silencieuse. Mais la décision n° 71-44 DC a fait tout le contraire pour éliminer la loi dont s'agit mais pour sauver une cause plus grande, celle de la liberté d'association. Ainsi, semble-il, dans la décision de 1971, le juge constitutionnel s'est fait plus constituant pour détruire la norme législative que législateur pour la sauvegarder. Dans cette même optique, le Conseil constitutionnel a pu ériger une norme ordinaire en norme de référence en dotant celle-ci de l'interprétativité constitutionnelle qui, dans le cadre précis du contrôle de *constitutionnalité*, lui fait devenir norme constitutionnelle.

1146 François Luchaire, « De la méthode en droit constitutionnel », *Op, cit.*, p. 314.

1147 Savigny, *Traité du droit romain*, *Op. cit.*, p. 82.

1148 V. Pierre Avril, « Le piano mécanique », *Op. cit*, p. 15.

1149 François Luchaire, *Op. cit.*, pp. 312-313.

La solution adoptée par le Conseil constitutionnel dans cette décision a été expliquée par son président, Gaston Palewski. En effet, celui-ci a, enfin, à la suite du rapport Goguel et les remarques qui s'en sont suivies, pris assez longuement la parole[1150], en vue de compléter les arguments déjà avancés par d'autres membres du Conseil, afin de parvenir à la décision finalement adoptée.

Après cette assez longue plaidoirie[1151] de Gaston Palewski, Coste-Floret a déclaré à celui-ci que son analyse « *était contenue dans le rapport fait par M. GERBET, pour la commission des lois, à l'Assemblée nationale.*[1152] » Il ressortait du rapport Gerbet, en effet, qu'« *Il s'agit là d'un régime rigoureux fondé sur la nature particulière des associations en cause.*[1153] » Un tel discours, relatant les travaux préparatoires du Parlement sur le texte, renforce là encore l'idée de la légitimité que recherche le Conseil constitutionnel dans l'usage des travaux préparatoires de la norme contrôlée. Cela renforce d'autant plus l'interprétativité constitutionnelle ayant conduit à la décision adoptée, et donc de l'interprétation constitutionnelle donnée aux textes en jeu, à savoir la loi contrôlée et les PFRLR à travers le préambule de la Constitution de 1958.

Cette décision qualifiée de « *'révolution constitutionnelle'*[1154] » notamment par François Luchaire ou de « *tournant jurisprudentiel*[1155] » par Dominique Rousseau, qualifications rejetées par d'autres juristes, comme Otto Pfersmann[1156], est importante à plus d'un titre. On a vu que lors de la séance du 16 juillet 1971 sur cette décision, son rapporteur, François Goguel, a minutieusement retracé les différentes phases parlementaires du texte, allant de son dépôt à son adoption finale par le dernier mot de l'Assemblée nationale, en

---

[1150] V. le résumé des propos en annexe. Là encore, ne sont reproduits que les passages les plus intéressants pour le sujet.

[1151] On ne reprend que les éléments les plus importants ici. Les passages en gras et / ou soulignés marquent, le plus souvent, leur importance dans la décision finale.

[1152] Délibéré, p. 24.

[1153] *Ibid.*, p. 25.

[1154] François Luchaire, « Allocution à l'occasion du centenaire de la loi de 1901 », 29 juin 2001 (v. Séance du 16 juillet 1971 du délibéré sur la décision n° 71-44 DC, *Archives du Conseil constitutionnel*, p. 31 [la page est non numérotée, elle se trouve bien après la page 30 qui, elle, est régulièrement numérotée]).

[1155] Dominique Rousseau, *Droit du contentieux constitutionnel, Op. cit.*, p. 32.

[1156] V. Otto Pfersmann, « Révolutions constitutionnelles, analyses doctrinales et justifications jurisprudentielles », Contribution à la demi-journée : « *Théorie et pratique d'une révolution constitutionnelle : le cas israélien* » du 6 décembre 2013, Organisé par Claude Klein, Cycle de recherche de l'ANR-CNRS, *à paraître*.

passant par le passage du texte en commission mixte paritaire. Cette historiographie complète du texte témoigne de son importance.

Goguel proposa au Conseil constitutionnel de se prononcer sur une question préalable qu'il a qualifiée de « *question préjudicielle*[1157] », celle des votes intervenus après minuit le dernier jour de la session parlementaire dans laquelle le texte a été juridiquement inscrit[1158]. Cet épisode a conduit le rapporteur à poser la question de savoir si les votes sur la version finale du texte, intervenus après minuit, furent irréguliers. Ayant constaté que cela est déjà « *arrivé en 1959, 1961, 1969, 1970*[1159] » sans que les votes intervenus après minuit aient été qualifiés comme ayant été intervenus lors d'une nouvelle session[1160], Goguel a proposé de considérer cette situation, qui se produit couramment au Parlement, comme faisant partie de « *la tradition parlementaire française*[1161] », ce que le Conseil constitutionnel a accepté. Le délibéré montre aussi que certains membres du Conseil, comme Paul Coste-Floret et Georges-Léon Dubois, estimèrent « *souhaitable de préciser dans la décision que la loi a été votée régulièrement*[1162] », d'où les termes du premier considérant : « *Considérant que la loi déférée à l'examen du Conseil constitutionnel a été soumise au vote des deux assemblées, dans le respect d'une des procédures prévues par la Constitution, au cours de la session du Parlement ouverte le 2 avril 1971* », bien qu'une « *légère irrégularité*[1163] », soulevée par Goguel, fût produite dans la saisine du Conseil[1164].

[1157] Délibéré, p. 5.

[1158] En effet, un député, par voie de rappel au règlement, souleva une irrégularité de la procédure parlementaire sur ce point (Compte rendu du délibéré, Séance du 16 juillet 1971, p. 3) au titre de l'article 28 ancien de la Constitution qui limita à 90 jours la session parlementaire.

[1159] Délibéré, p. 4.

[1160] *Ibid.*

[1161] *Ibid.*, pp. 4-5.

[1162] *Ibid.*, p. 5.

[1163] *Ibid.*

[1164] En méconnaissance, selon Goguel, des deux alinéas de l'article 18 de l'ordonnance n° 58-1067 du 7 novembre 1958 portant loi organique sur le Conseil constitutionnel. Pourtant ce texte qui, semble-t-il, n'a pas été modifié depuis 1958 [ou 1974] dispose : « *Lorsqu'une loi est déférée au Conseil constitutionnel à l'initiative de parlementaires, le Conseil est saisi par une ou plusieurs lettres comportant au total les signatures d'au moins soixante députés ou soixante sénateurs. Le Conseil constitutionnel, saisi conformément aux articles 54 ou 61 (alinéa 2) de la Constitution, avise immédiatement le Président de la République, le Premier ministre et les présidents de l'Assemblée nationale et du Sénat. Ces derniers en informent les membres des assemblées.* » Les commentaires sur le site du Conseil constitutionnel indiquent que la rédaction de cet article résulte de la loi organique n° 74-1101 du 26 décembre 1974, mais dans la version originale du site *Légifrance*, on passe de l'article 17 à l'article 19 de cette ordonnance, ce qui explique que l'article 18 a été oublié ou supprimé. Donc il est difficile de savoir

Un peu avant la déclaration du président du Conseil, rapportée ci-dessus, ce dernier exhortait les membres du Conseil constitutionnel à bien se garder hors de l'influence de l'opinion publique : « *jusqu'à présent les membres du Conseil n'ont jamais fait état des commentaires de presse, ce qui est un bon principe. L'honneur du Conseil tient à ce qu'il se décide en dehors de toute pression de l'opinion publique. Il est donc souhaitable de demeurer dans cette voie.*[1165] » Le

---

où le Conseil constitutionnel a pu obtenir ce texte en 1971. Quoi qu'il en soit, en l'absence du texte de l'ordonnance en vigueur au moment où le Conseil statue en 1971, il est possible d'affirmer que l'irrégularité soulevée par Goguel relève d'une incompréhension du texte qui n'oblige pas de notification de la part d'une autorité qui saisit le Conseil aux autres autorités de saisine. Ou alors, Goguel a confondu la procédure de fin de non-recevoir, adoptée en application de l'article 41 de la Constitution, prévue à l'article 27 de l'ordonnance n° 58-1067 du 7 novembre 1958 (« *Au cas prévu par le deuxième alinéa de l'article 41 de la Constitution, la discussion de la proposition de loi ou de l'amendement auquel le Gouvernement a apposé l'irrecevabilité est immédiatement suspendue. L'autorité qui saisit le Conseil constitutionnel en avise aussitôt l'autorité qui a également compétence à cet effet selon l'article 41 de la Constitution.* »), avec celle de l'article 40 de la Constitution. Par ailleurs, bien que Goguel ait affirmé que « *l'irrégularité ainsi constatée est sans importance* » (Délibéré, p. 5) et que Coste-Floret ait, quant à lui, déclaré que « *les notifications de l'article 18 [de l'ordonnance, précité] sont de pure courtoisie et ne sont pas obligatoires* » (*Ibid.*, pp. 5-6), François Luchaire rectifie en proposant de passer cette irrégularité « *sous silence* » (Délibéré, p. 6) tout en affirmant que « *la notification n'en est pas moins une formalité obligatoire car elle permet aux autorités de présenter des mémoires* » (*Ibid*). En effet, en admettant que le Conseil constitutionnel avait mystérieusement en sa possession cet article 18 de l'ordonnance de 1958, il s'agit là d'une question de procédure. Or, la procédure est sans doute, si ce n'est l'élément le plus important, l'un des éléments les plus importants du droit, car elle permet de lutter contre l'arbitraire et le délit d'initié. C'est cet état de fait qui a conduit le Conseil constitutionnel à qualifier de « *formalité substantielle* » (Décision n° 2005-512 DC) la saisine du CESE au titre de l'article 70 de la Constitution sur les lois de programme pluriannuelles qui relèvent de sa sphère de compétence ; d'ailleurs Georges-Léon Dubois, sur ce point, a fait remarquer à la fin de la séance que « *bien souvent en matière pénale, par exemple, la garantie du citoyen se trouve dans la procédure.* » (Délibéré, p. 25). Sur ce point, Anne-Marie Le Bos-Le Pourhiet estime justement que « *Le respect des règles de compétence et de procédure n'est pas négligeable, il est aussi important.* » (*in* Didier Maus et Olivier Passelecq (dir.), *Témoignages sur l'écriture de la constitution de 1958 autour de Raymond Janot. Actes de la journée organisée le 1er octobre 1993 à la Maison de l'Europe de Paris*, La Documentation française, Coll. : « Les Cahiers constitutionnels de Paris 1 », Sous-coll. : « Notes et études documentaires », 1997, p. 69). Ainsi, la décision n° 71-44 DC, au moins sur ce point d'irrégularité, n'aurait pas dû avoir lieu ou il aurait dû y avoir une seconde saisine si le Conseil constitutionnel s'était purement conformé au droit ; il aurait dû en effet rejeter la saisine du président du Sénat qui ne lui avait pas saisi de manière régulière, mais il a décidé de suivre les propositions de ses conseillers et ainsi de s'assoir sur le droit. Pour illustrer une ambigüité là encore, c'est que trois membres du Conseil constitutionnel a décidé de ne pas prendre en compte un mémoire qu'ils avaient reçu d'Alain Poher ni même de le communiquer aux autres membres du Conseil sous prétexte que ledit mémoire n'était pas signé (Délibéré, p. 6), alors qu'il s'est arrogé le droit de s'assoir sur un texte juridique qui ne comporte aucune ambigüité.

[1165] Délibéré, p. 20.

président faisait ce rappel car, après que François Luchaire, « *très touché*[1166] » par un article de Jacques Robert paru dans le Journal *Le Monde*, sur lequel il s'est appuyé, a proposé au Conseil de saisir cette occasion pour se faire « *défenseur des libertés*[1167] », Goguel s'est offusqué en déclarant qu'il était, contrairement à Luchaire, « *profondément choqué*[1168] » par cet article. Le matin même de cette séance du Conseil sur la décision n° 71-44 DC, Olivier Dupeyroux écrivait, dans le même quotidien, qu'à travers la loi de 1901, ce fut le destin du Conseil constitutionnel qui se jouait dans cette décision[1169]. Pourtant, malgré l'exhortation de Palewski, la solution qu'il a fait adopter par ses collègues dans cette décision semble davantage aller dans le sens de l'opinion publique qui s'exprimait que dans celui des travaux préparatoires de la Constitution de 1958 qui devaient pourtant le conduire, en toute logique, à rejeter la qualification de PFRLR à la liberté d'association.

Dans cette décision, le Conseil constitutionnel savait, et Luchaire avait très bien résumé la situation lors de la séance de délibération[1170], qu'il était très décalé par rapport à ses homologues étrangers qui appliquent une Constitution ayant dressé une liste de droits et libertés fondamentaux, en général dans sa première partie, pour marquer leur rôle premier dans une société fondée sur le droit. Ainsi, la Constitution de 1958, qui ne comporte pas une telle liste de droits et libertés fondamentaux, ne pouvait pas se référer à la DDHC de 1789 et au préambule de la Constitution de 1946 tout en regardant ces textes comme ayant une simple valeur d'idées philosophiques, au sens de juridiquement *nulle*. De ce point de vue, par cette décision n° 71-44 DC, le Conseil constitutionnel se trouvait contraint de reconnaître la haute valeur juridique attachée aux droits et libertés contenus dans ces derniers textes, quitte à écarter la volonté constituante qui n'est plus d'actualité. Mais le Conseil constitutionnel n'est pas le seul juge de ce rang à se comporter de la sorte face aux travaux préparatoires des textes constitutionnels en vue de protéger les droits et libertés fondamentaux. La Cour suprême du Canada fut, en 1985, confrontée à un problème assez similaire, à propos de la notion de « *justice fondamentale* » contenue dans la Charte canadienne des droits fondamentaux[1171]. En vue de

---

1166 *Ibid.*, p. 19.

1167 *Ibid.*

1168 *Ibid.*, p. 20.

1169 Olivier Dupeyroux, « La loi de 1901 et le destin du Conseil constitutionnel », *Le Monde*, 16 juillet 1971 ; cité et commenté aussi *in* Dominique Rousseau, *Op. cit.*, p. 36.

1170 Délibéré, p. 19.

1171 *B. C. Motor Vehicule Act*, SCR [1985] 2, 486.

faire bénéficier les justiciables d'une garantie complète, au regard du principe de la justice fondamentale, qui suppose le respect des droits humains de tout inculpé dans une affaire pénale, la Cour a rejeté tous les arguments fondés sur les travaux préparatoires de la Charte, lesquels démontraient que le constituant canadien ne visait, par la notion de justice fondamentale, qu'une garantie au niveau de la procédure d'inculpation, et non sur le fond[1172]. Ainsi, si le juge constitutionnel décide d'écarter l'interprétation issue des travaux préparatoires d'une norme, il ne le fait pas dans n'importe quelle circonstance ; il procède ainsi en vue de lutter pour une cause plus noble, celle de la protection des droits et libertés fondamentaux.

Mais, s'agissant du Conseil constitutionnel, il semble que celui-ci aurait pu éviter l'incompréhension qu'il a suscitée en écartant, de manière juridiquement aussi injustifiée, les travaux préparatoires de la Constitution. En effet, plusieurs indices pouvaient permettre au Conseil constitutionnel de s'appuyer sur un type et un aspect particuliers des travaux préparatoires de la Constitution de 1958 pour justifier sa décision[1173]. Un premier indice, pour le juge constitutionnel, qui pouvait le conduire à ignorer les travaux préparatoires, déjà évoqués, de la Constitution de 1958, se trouve dans la loi constitutionnelle du 3 juin 1958 portant dérogation transitoire aux dispositions de l'article 90 de la Constitution de 1946. Le 4° de l'article unique de cette loi constitutionnelle dispose : « *L'autorité judiciaire doit demeurer indépendante pour être à même*

[1172] Pour une analyse plus approfondie sur ce point, v. « L'exemple du Canada », *Supra*, Chapitre 1, Titre II, Première partie.

[1173] Par exemple, non seulement que toute valeur *juridique* n'était pas dénuée au préambule de 1946 – ce qui a conduit Coste-Floret à proposer de donner la même valeur juridique au préambule de 1958 que celle que détenait celui de 1946 (*Travaux préparatoires de la Constitution*, *Op. cit.*, p. 101) –, Léopold Sédar Senghor souleva un problème juridique et politique majeur, qu'aurait pu utiliser le Conseil, par cette déclaration : « *À quoi sert le préambule s'il n'a pas valeur constitutionnelle ? Cette question est très importante pour l'Outre-Mer puisque c'est le préambule qui proclame que la France forme avec les peuples d'outre-mer une union fondée sur l'égalité des droits et des devoirs, sans distinction de race ni de religion.* » C'est là une remarque fondamentale. En effet, comment concevoir la garantie et l'effectivité de ces principes sans reconnaître la valeur juridique constitutionnelle du Préambule de 1958 ? Autant d'arguments fondés sur les travaux préparatoires de la Constitution qui auraient pu appuyer la même solution retenue par le Conseil constitutionnel dans la décision n° 71-44 DC. Mais le Conseil a sans doute préféré laisser de côté ces arguments isolés dont la faiblesse, face à la position officielle déclarée par Raymond Janot, ne fit et ne fait aucun doute. Toutefois, l'interrogation soulevée par Senghor pose la question de la sincérité même du constituant de 1958, quant aux principes posés dans le Préambule de la Constitution de 1958 à l'égard des peuples d'outre-mer. Cette ambiguïté ne pouvait d'ailleurs que servir de justification de l'ignorance manifestée par le Conseil constitutionnel à l'égard de la position de Raymond Janot qui dénua toute valeur juridique audit préambule.

d'assurer le respect des libertés essentielles telles qu'elles sont définies par le préambule de la Constitution de 1946 et la Déclaration des droits de l'homme à laquelle il se réfère ; » Le constituant du 3 juin 1958 ne peut-il pas être considéré comme étant le constituant initial, sinon originaire, de la Constitution de 1958 ? On peut le supposer, même si cela se discute. En le supposant, le Conseil constitutionnel aurait donc pu se fonder sur le texte de cette loi, juridiquement beaucoup plus solide, pour atteindre son objectif, celui de qualifier la liberté d'association de PFRLR. Un second indice trouve sa place dans le silence du constituant de 1958, quant à ce que le Conseil constitutionnel a le droit de faire ou le devoir de ne pas faire. Sur ce point, selon Dominique Rousseau, « *en conférant au nouveau Conseil constitutionnel compétence pour contrôler la constitutionnalité des lois, sans lui interdire, comme le faisait la Constitution de 1946, de se référer aux Déclarations, ils [les constituants] laissent la porte ouverte à leur utilisation contentieuse [les textes du préambule de 1958].*[1174] » Bien que ce second indice puisse paraître un peu faible, compte tenu de la position ferme du rapporteur de la Constitution de 1958, Raymond Janot, quant à la valeur nulle du préambule de celle-ci, il renforce le premier.

Quoi qu'il en soit, s'agissant du contexte de la décision du 16 juillet 1971, « *si Gaston Palewski, déçu de ne pas avoir été élevé à la dignité de Grand-croix de la Légion d'honneur lors de la promotion du 14 juillet, avait souhaité manifester son mécontentement à l'égard de l'Exécutif en faisant censurer la loi Marcellin*[1175] », sa tâche a été facilitée par François Luchaire qui, avec son autorité, a proposé de passer « *sous silence* » le non-respect de la procédure prévue à l'article 18 (disparue) de l'ordonnance de 1958 portant loi organique sur le Conseil

---

[1174] Dominique Rousseau, *Droit du contentieux constitutionnel, Op. cit.*, pp. 97-98, n° 91. En effet, si l'on s'en tient à la définition de la notion de Constitution à l'article 16 de la DDHC de 1789, qui dispose que « *Toute Société dans laquelle la garantie des Droits n'est pas assurée, ni la séparation des Pouvoirs déterminée, n'a point de Constitution* », le constituant de 1958 ne pouvait pas rédiger une Constitution digne de cette dénomination sans en dresser une liste des droits et libertés fondamentaux. Or, ces derniers, obligatoires pour qualifier un texte de Constitution, ne se trouvent que dans le Préambule de la Constitution de 1958. C'est donc à bon droit que le Conseil constitutionnel a reconnu une valeur juridique constitutionnelle audit préambule. Mais il aurait dû motiver autrement et bien mieux la reconnaissance de celui-ci dans sa décision en 1971.

[1175] Pierre de Montalivet, *in* Michel Verpeaux, Pierre de Montalivet, Agnès Roblot-Troizier, Ariane Vidal-Naquet, *Droit constitutionnel. Les grandes décisions de la jurisprudence*, Paris, PUF, Coll. : « Thémis », 1ère édition, 2011, p. 243. Ces propos de l'auteur sont issus de Jean Foyer, *in* Didier Maus et Olivier Passelecq (dir.), *Témoignages sur l'écriture de la constitution de 1958 autour de Raymond Janot. Actes de la journée organisée le 1er octobre 1993 à la Maison de l'Europe de Paris*, La Documentation française, Coll. : « Les Cahiers constitutionnels de Paris 1 », Sous-coll. : « Notes et études documentaires », 1997, p. 64.

constitutionnel. Il est vrai que pointer ce fait ne rend pas hommage au grand juriste et universitaire que fut François Luchaire, mais le taire ne rend pas non plus hommage à l'honnêteté scientifique et à l'autorité de la parole universitaire. Toujours au regard de ce point, si Pierre de Montalivet affirme que « *L'indépendance même du Conseil sort renforcée de la censure de la loi votée par le Parlement et souhaitée par le Gouvernement*[1176] », force est de constater que l'autre volet essentiel de la fonction du juge qu'est l'impartialité est volée en éclat.

Pour autant, le Conseil constitutionnel n'a, dans la décision n° 71-44 DC, fait référence aux travaux préparatoires, ceux de la loi contrôlée[1177], que pour opérer ce que Philippe Josse a appelé un « *contrôle de séparabilité* ». Ces modes opératoires du Conseil constitutionnel en 1977 et en 1971 rendent la méthode d'interprétation consistant en l'usage des travaux préparatoires de la Constitution assez ambiguë.

C) L'ambigüité de la position du Conseil constitutionnel face à la méthode d'interprétation constitutionnelle fondée sur l'usage des travaux préparatoires

On l'a vu, François Goguel ne s'est pas référé aux travaux préparatoires de la Constitution en 1971 alors que des éléments importants, en termes d'arguments, telles les déclarations de Raymond Janot, auraient pu donner davantage de force à son projet de décision finalement rejeté par ses collègues. Mais, en 1977, il semble que les documents accompagnant la saisine du Conseil par le Premier ministre lui ont permis de redécouvrir l'intérêt de cette méthode d'interprétation consistant à se référer aux travaux préparatoires. En effet, cette saisine relate : « ***Les travaux préparatoires de la Constitution*** *fournissent, en premier lieu, des* ***indications très précises sur les intentions qui ont animé le Gouvernement dans l'élaboration de la règle actuellement inscrite à l'article***

[1176] *Ibid.*, p. 242.

[1177] « *Considérant qu'il ne résulte ni du texte dont il s'agit, tel qu'il a été rédigé et adopté, ni des débats auxquels la discussion du projet de loi a donné lieu devant le Parlement, que les dispositions précitées soient inséparables de l'ensemble du texte de la loi soumise au Conseil ;* » (Cons. 5).

40 de la Constitution** et qui figurait, à l'origine, dans **l'article 35 de l'avant-projet soumis au Comité Consultatif Constitutionnel.[1178] »

En 1986, à propos des vices de procédure au Parlement, Christophe Guettier écrivait dans sa thèse de doctorat que « *Le Conseil constitutionnel [...] recherche avant tout à assurer la protection des droits du parlement face au gouvernement.*[1179] » Mais force est de constater, avec une autolimitation aussi ambigüe du rôle du Conseil constitutionnel face au contrôle de la recevabilité financière des initiatives parlementaires au titre de l'article 40 de la Constitution, que cette protection du Parlement par le Conseil ne se vérifie pas toujours.

Il est souvent considéré que les « *travaux préparatoires ne peuvent prévaloir sur le texte clair de la loi*[1180] ». Cette considération est partiellement vérifiée dans la jurisprudence constitutionnelle[1181]. Mais l'intention du constituant de 1958, dans les travaux préparatoires de la Constitution qu'il a conçue, semble poser problème au Conseil constitutionnel ; si bien que ce dernier, lorsqu'il le souhaite, fait occuper une place importante et décisive à ces travaux préparatoires dans sa jurisprudence, on l'a vu avec la décision n° 77-82 DC, mais les refuse quand il ne souhaite pas les utiliser, tel dans la décision n° 71-44 DC, voire même, dans une moindre mesure, dans la décision n° 2012-297 QPC. Faudrait-il en conclure que le Conseil constitutionnel accorde davantage d'importance aux travaux préparatoires et donc à l'intention du législateur par rapport à celle du constituant de 1958 ? Autrement dit, le Conseil constitutionnel est-il moins fantaisiste à l'égard des travaux préparatoires de la loi qu'à l'égard de ceux de la Constitution de 1958 ? Une réponse affirmative à cette question pourrait poser un autre problème. En effet, le Conseil constitutionnel est gardien de la Constitution qu'il doit protéger mais pas celui de la loi. Comment pourrait-il donc assumer cette position du point de vue juridique ? Mais là encore, il faut prendre du recul avant d'avancer sur une telle piste. Les délibérations de la décision n° 71-44 DC, qui ont largement passé en revue les travaux préparatoires de la loi contrôlée, ont pu montrer que, malgré

1178 Propos issus de la saisine du Premier ministre, lequel cite la source suivante : « *Documentation Française : Travaux préparatoires de la Constitution, Avis et débats du Comité Consultatif Constitutionnel, page 114* ».

1179 Christophe Guettier, *Le Conseil constitutionnel et le droit parlementaire*, *Op. cit.*, p. 478.

1180 V. Philippe Josse, *Op. cit.*, p. 73-75 et Pierre Avril, « Le piano mécanique », *Op. cit.*, p. 16.

1181 À titre d'illustration, v. décisions n° 78-100 DC, Cons. 3 et n° 97-389 DC, Cons. 4.

le fait que la nouvelle loi modificatrice de la loi de 1901 sur la liberté d'association ne visait pas à remettre en cause cette liberté, cela n'a pas empêché la déclaration d'inconstitutionnalité de la loi. Le Conseil constitutionnel aurait donc pu émettre une réserve d'interprétation, comme il le fait souvent, en neutralisant l'interprétation de la partie du texte qui pouvait laisser entendre une autre interprétation visant à remettre en cause le principe d'absence de contrôle *a priori* de l'exercice de la liberté d'association, tout en laissant la loi survivre ; mais il a décidé d'invalider purement et simplement l'initiative du législateur. Cet état de fait démontre que les travaux préparatoires de la loi ne sont pas plus protégés par le Conseil que ne le sont ceux de la Constitution de 1958.

Le Conseil constitutionnel semble garder sa liberté interprétative. Ainsi, il semble qu'il se donne la possibilité de décider à sa guise de se référer ou pas aux travaux préparatoires de la norme qu'il interprète, quelle que soit la nature de cette norme, si bien que Pierre Avril a pu affirmer qu'« *il a [...] un pouvoir d'appréciation discrétionnaire quant à la valeur [des] travaux préparatoires.*[1182] » Pour illustrer cet état de fait, Pierre Avril observe, à juste titre, que le Conseil constitutionnel « *a mentionné explicitement les travaux préparatoires de l'article 40 (77-82 DC), mais il a passé sous silence la référence à ceux-ci invoquée par le recours des députés socialistes sur l'application de l'article 38 (76-72 DC).*[1183] »

Face à cette position du Conseil relative à l'usage quelque peu équivoque des travaux préparatoires des normes juridiques, certains problèmes se posent. À ce propos, Pierre Avril a posé une question fondamentale : « *Admettre leur autorité [celle des travaux préparatoires] n'eût-il pas d'ailleurs paralysé sa jurisprudence la plus novatrice en lui interdisant de reconnaître aux dispositions du Préambule la valeur constitutionnelle que le commissaire du gouvernement avait catégoriquement rejetée devant le C.C.C. ?*[1184] » La réponse de Pierre Avril à cette question centrale est que, « *[...] le recours aux travaux préparatoires a pour objet de déterminer la volonté de l'auteur de l'acte. [Ce recours] ne concerne que les*

[1182] Pierre Avril, « Le piano mécanique », *Op. cit.* Ainsi, enfin, étant donné que l'auteur paraît reconnaître que le Conseil constitutionnel a bien qualifié les processus constituants de 1958 de « travaux préparatoires », on aurait pu comprendre qu'il se résoudrait à revoir sa position sur l'existence de travaux préparatoires de cette Constitution, mais il persiste à affirmer qu'il n'y a pas d'autres travaux préparatoires de celle-ci que le discours de de Gaulle du 4 septembre 1958, place de la République, en ignorant la jurisprudence du Conseil constitutionnel.

[1183] *Ibid.*

[1184] *Ibid.*

éléments dont l'auteur avait connaissance au moment où il prenait sa décision.[1185] » Mais cette vision des choses n'explique pas tout. En effet, si l'on considère qu'interpréter est d'abord comprendre, l'interprète (juridique) ne peut pas, sous prétexte que l'auteur d'un texte à interpréter n'avait pas eu connaissance de certains éléments qui, pourtant, apportent de la clarté à sa décision finale, faire fi de ces derniers, dès lors que leur source paraît sure et certaine.

De ce point de vue-là, face au texte clair, on pourrait considérer que le juge constitutionnel ne devrait pas pouvoir se défaire de celui-ci pour adopter une autre solution contenue et retrouvée dans les travaux préparatoires. En effet, du moins parfois, « *Ce que nous connaissons des travaux préparatoires révèle que l'interprétation dont étaient apparemment convenus les principaux rédacteurs [de la Constitution de 1958] n'annonce pas toujours celle qui a prévalu*[1186] », ce qui réduit voire même remet « *en cause l'autorité des travaux préparatoires*[1187] » de la Constitution.

« *Guy Mollet, se référant aux procès-verbaux [des] réunions*[1188] » du comité interministériel qui élabora le projet de Constitution initial, affirma que ces documents « *contenaient*[1189] » « *l'interprétation qu'en donnaient les vrais constituants que nous formions.*[1190] » Mais cette conception du rôle des travaux préparatoires, dont l'usage serait toujours décisif dans la jurisprudence constitutionnelle, n'est pas une réalité scientifiquement prouvée à travers cette jurisprudence.

[1185] *Ibid.* V. aussi Pierre Avril, Jean Gicquel et Jean-Éric Gicquel, *Droit parlementaire*, *Op. cit.*, pp. 205-206, n° 237.

[1186] Pierre Avril, « Le piano mécanique », *Op. cit.*, p. 14. En effet, le texte clair de l'article 1er de la Constitution de 1958, dans la décision n° 2012-297 QPC, n'a pas prévalu. Dans cette décision, le Conseil constitutionnel confère aux travaux préparatoires, au détriment du texte clair de la Constitution, une autorité dont ceux-ci ne disposent pas lorsque l'on procède à leur analyse de manière sincère et logique.

[1187] Pierre Avril, *Ibid.*

[1188] *Ibid.*

[1189] *Ibid.*

[1190] *Débats AN 1960*, p. 674. Cité par Pierre Avril, *Ibid.*

Conclusion du chapitre

Enfin, en conclusion de ce chapitre, il convient de noter que, si l'usage des travaux préparatoires contribue indéniablement au renforcement de la légitimité technique du Conseil constitutionnel face à la légitimité populaire du législateur, le caractère quelque peu équivoque de l'usage que celui-ci contribue, du même coup, ou peut contribuer, à la destruction de cette légitimité et, partant, à celle de l'interprétativité constitutionnelle. En effet, il n'est pas exagéré de considérer que le Conseil constitutionnel devrait soit respecter et se conformer, de manière systématique et cohérente, aux travaux préparatoires, lorsque les textes qu'il interprète ne sont pas, ou pas suffisamment, clairs, ou qu'ils sont tout simplement silencieux, soit s'en détourner pour se cantonner au seul texte du droit positif, lorsque celui-ci paraît clair, et ainsi rendre une décision qui explique clairement les types de travaux préparatoires qu'il considère et les situations qui le conduisent à accueillir certains et à en rejeter d'autres ; cela dans l'objectif même d'enlever l'ambiguïté qui accompagne cette méthode d'interprétation du droit par ce caractère équivoque de l'usage des travaux préparatoires. En l'état actuel des choses, il est possible de considérer que l'usage, par le Conseil constitutionnel, des travaux préparatoires dans l'interprétation constitutionnelle des normes juridiques paraît comme une méthode d'interprétation à double tranchant. Il semble, par conséquent, que le Conseil constitutionnel doit corriger le tir en apportant davantage de clarté à l'emprunt de cette méthode d'interprétation afin de dissiper les critiques qui, à juste titre, peuvent s'exprimer.

Conclusion du Titre I de la Seconde partie

Ce chapitre s'intègre dans un titre dont l'objectif fut de démontrer que l'usage des travaux préparatoires dans l'interprétation constitutionnelle a une fonction protectrice du rôle et de la légitimité créateurs du juge constitutionnel. De cette perspective, l'usage des travaux préparatoires, notamment dans certaines situations de vides juridiques, peut faire ses preuves. Néanmoins, l'usage ambigu de cette méthode d'interprétation juridique, par le Conseil constitutionnel, semble semer le doute quant sa sincérité. Mais, si l'on fait abstraction de cet aspect de l'usage des travaux préparatoires, il est possible de constater que l'objectif ultime de celui-ci ne se résume pas à la simple recherche de la clarté des normes ou de l'intention du législateur ou du constituant, il vise, par ailleurs, non seulement à renforcer la légitimité technique du juge constitutionnel face à la légitimité populaire des législateurs passés et actuels, mais aussi à promouvoir un versant démocratique inouï de la justice constitutionnelle, notamment à travers la garantie du pluralisme des lieux de fabrication des normes juridiques et du contrôle du respect et de la sincérité du processus de production pluraliste de celles-ci.

Enfin, ainsi que le propose Dominique Schnapper, à propos de la question de savoir si le Conseil constitutionnel ne serait pas une instance de la démocratie post-représentative[1191], on peut souscrire à l'idée que « *La légitimité par le droit ne s'oppose pas à la légitimité électorale. Les juges constitutionnels s'inscrivent dans le prolongement de la démocratie et non en rupture avec elle.*[1192] »

*****

[1191] Dans la mesure où la démocratie dite « représentative » semble être essoufflée, sinon dépassée (Pierre Rosanvallon, *La légitimité démocratique. Impartialité, réflexivité, proximité*, Points, Coll. : « Essais », 2008, pp. 10 s.), l'idée de démocratie « post-représentative » résulte d'une autre forme de démocratie qui émerge, selon les auteurs, d'une juste interprétation du droit ou de l'application de celui-ci selon les procédures définies de manière prévisibles et acceptables par tous (Jürgen Habermas, *Théorie de l'agir communicationnel*, 2 tomes, trad. J.-M. Ferry, Fayard, 1987), sans que celle-ci puisse, pour autant, purement remplacer la démocratie représentative (Dominique Rousseau, *Radicaliser la démocratie. Propositions pour une refondation*, *Infra*.).

[1192] Dominique Schnapper, *Une sociologue au Conseil constitutionnel*, Gallimard, Coll. : « NRF Essais », 2010, (pp. 366-378), pp. 374-375.

TITRE II

TITRE II – LA DÉMOCRATISATION DE LA JUSTICE CONSTITUTIONNELLE PAR L'USAGE DES TRAVAUX PRÉPARATOIRES EXTRAPARLEMENTAIRES

L'usage des travaux préparatoires des normes juridiques par le juge-interprète participe d'emblée à une forme de démocratisation de la justice constitutionnelle, dans la mesure où ces derniers constituent des outils objectivement connus de tous ou, à tout le moins, accessibles à tous. Ainsi, la *démocratisation* s'entend ici comme une ouverture de la justice constitutionnelle, ce qui suppose une meilleure accessibilité à celle-ci. La notion de démocratisation de la justice constitutionnelle ne doit pas ici surprendre. L'idée qu'elle renferme ne diffère pas de celle de la notion de démocratisation de la justice en général[1193] ; elle ne diffère pas non plus de l'idée dissimulée derrière des notions voisines, telles la notion de démocratisation ou démocratie scolaire[1194] ou encore celle de démocratisation de la culture ou démocratie culturelle[1195]. Toutes ces notions, qu'il s'agisse du droit, de la culture ou encore de l'éducation, renvoient au rejet d'une conception

---

[1193] Sur l'idée de démocratisation de la justice en France, v. Emmanuel Jeuland, *Droit processuel général*, LGDJ, Coll. : « Droit privé », 3ème édition, 2014, « L'organisation et la démocratisation de la justice », pp. 147 s. Pour l'auteur, la démocratisation de la justice suppose l'« *ouverture des juridictions sur la société* » (p. 157) en évoquant, comme exemple, notamment les communiqués de presse du Conseil constitutionnel, dans l'objectif, selon lui, de « *rendre compte et parfois expliquer une nouvelle jurisprudence* » (p. 156) ; ce procédé du Conseil constitutionnel apporte, selon lui, « *un élément d'interprétation qui donne sens à la décision* » (*Ibid*) de l'institution. Cette opération du Conseil n'est évidemment pas sans rappeler les détails sur l'usage des travaux préparatoires dans les Cahiers et dans les communiqués de presse du Conseil.

[1194] Pierre Merle, *La démocratisation de l'enseignement*, La Découverte, Coll. : « Repères », 2009 ; Gérard Aschieri (rapp.), *Réussir la démocratisation de l'enseignement supérieur : l'enjeu du premier cycle*, CESE, septembre 2012 [en ligne], Consulté le 3 janvier 2017.

[1195] Sur cette notion, v. Adeline Clerc, « Jean Caune, La démocratisation culturelle, une médiation à bout de souffle », *Questions de communication*, n° 15, 2009 [en ligne], Consulté le 3 janvier 2017. Le mouvement de la démocratie (ou démocratisation) culturelle et scolaire, qui vont de pair, remonte au début du XXe siècle, comme le montre Marie-Madeleine Fragonard, *Précis d'histoire de la littérature française*, Didier, 7ème édition, 1986, p. 80.

aristocratique de la discipline, ce qui suppose une diffusion de celle-ci au plus grand nombre et en toute transparence. De ce point de vue, la logique de la démocratisation de la justice constitutionnelle, par l'usage de cette méthode d'interprétation juridique, ne s'inscrit pas en faux, par rapport à d'autres logiques qui lui sont plus proches que celles évoquées plus haut. Ainsi, le concept de *démocratie constitutionnelle*[1196], celui de *démocratie continue*[1197] ou encore celui de *démocratie inachevée*[1198], sont des supports, du moins sur le plan théorique, à la démocratisation de la justice constitutionnelle. Partant de ces logiques, la fonction démocratique de l'usage de cette méthode interprétative du droit s'inscrit dans cette perspective d'ouverture continuelle du contentieux constitutionnel, à travers le débat juridique, dans la mesure où les travaux préparatoires, notamment extraparlementaires, permettent de *décloisonner* le mode de raisonnement du juge constitutionnel pour le rendre accessible au plus grand nombre, sinon à tous. C'est là un intérêt particulier de cette méthode d'interprétation dans l'interprétation constitutionnelle. Cet intérêt s'apprécie d'autant mieux au prisme de l'usage, en particulier, des *travaux préparatoires extraparlementaires*, du fait que ces derniers, bien qu'ils ne soient pas l'œuvre d'un Parlement ou d'une assemblée élue, occupent, toutefois, une place de choix dans l'interprétation constitutionnelle.

Ainsi entendue, la démocratisation de la justice constitutionnelle, au regard de l'usage des travaux préparatoires extraparlementaires, se présente comme un processus d'ouverture de cette justice, présentée de manière moins technique et moins intellectuelle, en vue de la rendre davantage accessible à ce que Dominique Rousseau appelle le « *peuple-tout-un-chacun*[1199] ».

En effet, l'usage des travaux préparatoires, et, en particulier, des travaux préparatoires extraparlementaires, apporte, en quelque sorte, un contenu

---

[1196] Carl Joachim Friedrich, *La démocratie constitutionnelle*, Préface de Marcel Prélot, PUF, 1958. L'auteur présente la démocratie constitutionnelle comme le procédé de la fabrication de la vie politique (pp. 64 s.), entendue comme la vie dans la société vivante et évolutive, en s'appuyant sur l'apport de la philosophie, notamment celle d'Aristote, sur les luttes sociales, « *le pouvoir constituant des révolutions* » (pp. 97 s.) et la question de la représentation et ses crises diverses (pp. 232 s.), sans oublier le contrôle de constitutionnalité qui suppose le nécessaire soutien de la communauté pour la survie et la suprématie de l'interprétation constitutionnelle (p. 139).

[1197] Dominique Rousseau (dir.), *La démocratie continue*, LGDJ-Bruylant, Coll. : « La pensée juridique moderne », 1995, 165 p.

[1198] Pierre Rosanvallon, *La démocratie inachevée. Histoire de la souveraineté du peuple en France*, Gallimard, septembre 2000, 440 p.

[1199] Dominique Rousseau, *Radicaliser la démocratie. Propositions pour une refondation*, Seuil, avril 2015, p. 139.

démocratique à l'interprétation constitutionnelle par sa contribution à réduire l'ampleur du processus du vote. Le processus de vote, que ce soit par un référendum (vote populaire) ou par une élection (vote populaire ou vote des représentants), est traditionnellement appréhendé comme étant suffisant à la définition de la notion de démocratie par son caractère presqu'absolu[1200]. Sur ce point, Jean Foyer déclara : « *Certes, depuis plus d'un siècle, la Cour suprême des États-Unis s'était arrogé le pouvoir de connaître incidemment de la constitutionnalité d'une loi invoquée par une partie au soutien d'une prétention. Mais la République autrichienne semble avoir institué, la première, un tribunal constitutionnel, sorti du cerveau du juriste théoricien Hans Kelsen. Bien évidemment, les juristes d'autres pays se pâmèrent d'admiration : quel progrès de l'État de droit ! Des juges recevaient la mission de brider un législateur même procédant du suffrage universel.*[1201] » L'auteur ajouta : « *En France, le constituant de la IVe République fut prudent. Il n'était pas soucieux de couper les ongles du législateur. Il institua un modeste Comité constitutionnel. La saisine en était mal aisée. Le pouvoir en était limité. [...] Il ne fut saisi qu'une fois, dans des conditions de régularité discutables.*[1202] » Ce constat l'a conduit à la proposition suivante : « *A côté de révisions inopportunes et même néfastes déjà réalisées, l'on m'autorisera à en proposer une, qui ne serait que le retour à la volonté du Constituant.*[1203] » Cette proposition fut celle de la suppression pure et simple du Conseil constitutionnel dont le rôle, selon l'auteur, est incompatible avec la démocratie. Il est vrai que référendum et élection relèvent de deux logiques différentes. Mais ils reposent tous les deux sur le même principe. Celui de convoquer les électeurs pour approuver une politique – plus ou moins précise –, d'un côté, et, plus souvent, celui de convoquer ces mêmes électeurs, de l'autre, en vue d'approuver, cette fois, un homme ou une femme (politique) qui procédera, à l'issue de son élection, à la mise en œuvre d'une politique, par l'adoption de nouvelles normes ou par la modification de normes jusque-là en vigueur. Que l'on soit dans l'un ou l'autre schéma, il n'est en effet pas question de *participation*

[1200] Sur ce point, v. Alexandre Viala, « L'interprétation du juge dans la hiérarchie des normes et des organes », *Cahiers du Conseil constitutionnel*, n° 6, janvier 1999. L'auteur affirme que l'interprétation constitutionnelle est inférieure au processus de *vote constituant* pouvant remettre en cause une interprétation constitutionnelle, à l'instar de la révision constitutionnelle du 25 novembre 1993, sur le droit d'asile, qui a clairement été mise en œuvre pour contrevenir à une décision du Conseil constitutionnel [v. Décision n° 93-325 DC du 13 août 1993, Cons. 3, 4, 74, 75, 86. *Loi relative à la maîtrise de l'immigration et aux conditions d'entrée, d'accueil et de séjour des étrangers en France*].

[1201] Jean Foyer, « Pour la suppression du Conseil constitutionnel », *La Revue administrative*, 51ème année, n° 301, janvier-février 1998, (pp. 97-101), p. 97.

[1202] *Ibid.*

[1203] *Ibid.*

des électeurs à la préparation du programme politique dont s'agit[1204], et encore moins au processus de prise de décision normative. Ainsi, on se retrouve dans un réel « *équivoque référendaire*[1205] » et, partant, électoral. Pour tenter d'éteindre les effets néfastes de cette équivoque de la *votation* sur la démocratie réelle, au quotidien, au stade de l'interprétation constitutionnelle, l'usage des travaux préparatoires des politiques transformées en règles de droit par la suite est intéressant à observer. Dans ce cas, le rôle du juge constitutionnel, mais aussi son mode de procéder, deviennent particulièrement importants et intéressants ; l'usage qu'il fait des travaux préparatoires, comme mode opératoire, dans son travail d'interprétation des normes juridiques qui lui sont soumises le conduit à inclure dans les normes interprétées celles et ceux qui en ont été exclus au stade de la construction politique de celles-ci. En s'appuyant sur les pourparlers préparatoires des normes, le juge constitutionnel essaie, du moins, de faire participer la masse des électeurs à sa décision et, *in fine*, à la création normative. C'est notamment ce processus qui explique l'extension de la notion de travaux préparatoires intraparlementaires à celle de travaux préparatoires extraparlementaires par le Conseil constitutionnel. De ce point de vue, on peut considérer qu'en faisant usage de ces deux types de travaux préparatoires, internes

---

[1204] Sur ce point, v. Bernard Manin, *Principes du gouvernement représentatif*, Flammarion, Coll. : « Champs »,1996, pp. 19 s. Dans cet ouvrage, en s'appuyant, d'un point de vue comparatif, d'une part, sur la notion de démocratie dite directe et de gouvernement dit représentatif et, d'autre part, sur les modèles démocratiques antiques, dont celui d'Athènes qui accorda une place, bien que modérée, au mécanisme du tirage au sort, l'auteur affirme : « *Le gouvernement représentatif n'accorde aucun rôle institutionnel au peuple assemblé.* » (p. 19). Maurice Hauriou avait fait ce même constat au début des années 1930 (Maurice Houriou, *Précis élémentaire de droit constitutionnel*, Sirey, 2ème édition, 1930, BNF [Gallica], p. 60). En effet, si de nombreuses constitutions, dont celle française de 1958 qui dispose, en son article 3, al. 1er, que « *La souveraineté nationale appartient au peuple qui l'exerce par ses représentants et par la voie du référendum* », semblent accorder un rôle institutionnel au peuple sur le plan formel, en pratique, celui-ci n'est que très peu sollicité pour jouer ce rôle, et, bien souvent, lorsque l'on sollicite en ce sens, c'est parce que l'on s'assure d'abord de sa faveur bien avant son intervention, autrement l'on s'abstiendrait de le solliciter au profit du gouvernement représentatif. Pourtant, ce débat sur la démocratie n'a pas été ignoré en France, il a même été très tôt engagé, comme le montre Jean-Christophe Le Coustumer qui affirme : « *dès les premiers constituants, et lorsqu'il s'est agi de concrétiser constitutionnellement des conceptions de la mise en forme de l'exercice du pouvoir, [les constituants] se sont interrogés sur la différence entre la démocratie proprement dite et le gouvernement représentatif.* » (Jean-Christophe Le Coustumer, « Introduction », in *Liberté d'expression, souveraineté nationale et justice constitutionnelle. Recherches sur une théorie de la fonction du juge constitutionnel en démocratie*, Thèse, Université de Caen-Normandie, 2002, p. 6. L'auteur, remontant à l'origine de ce débat constituant vers 1770, renvoie à Pierre Rosanvallon, *Le peuple introuvable. Histoire de la représentation démocratique en France*, Gallimard, 1998, p. 11). Néanmoins, ce débat n'a pas empêché de donner la priorité au gouvernement représentatif.

[1205] V. Dominique Rousseau, « L'équivoque référendaire », Intervention au Collègue de France, février 2014.

et externes au Parlement, le juge constitutionnel affiche, au niveau prétorien, un système de représentation pluraliste, et donc plus étendu, de la masse des électeurs. Cette jurisprudence constitutionnelle remet donc la participation du public au centre du processus de production normative juridique. Ainsi, par ce processus interprétatif, le Conseil constitutionnel renforce les travaux préparatoires dans l'interprétation constitutionnelle autant qu'il se renforce lui-même, du point de vue démocratique, dans sa tâche interprétative.

Mais la question se pose de savoir en quoi, concrètement, l'usage des travaux préparatoires contribue à la démocratisation de la justice constitutionnelle. Dans le contexte particulier, décrit plus haut, l'usage de cette méthode d'interprétation se présente comme une caution démocratique pour le juge constitutionnel, car, bien que cette opération puisse paraître empreinte d'équivoque et de subjectivité, les travaux préparatoires, en tant que tels, sont des éléments incontestablement objectifs et concrets qui permettent un débat beaucoup plus apaisé autour de l'interprétation constitutionnelle. Ainsi, cette méthode d'interprétation permet notamment une mutation des critiques qui ne se focalisent plus sur l'*individu-juge* constitutionnel et sa légitimité, mais sur les *résultats* de sa tâche interprétative.

Cette méthode d'interprétation juridique, notamment à travers l'usage des travaux préparatoires extraparlementaires, est celle qui permet le mieux d'avancer l'idée de démocratisation de la justice constitutionnelle. En effet, le Conseil constitutionnel, prenant à témoins l'ensemble des lieux où le débat juridique préparatoire se fait (assemblées parlementaires, bien sûr, mais aussi Conseil d'État, Conseil économique, social et environnemental, Haut conseil des finances publiques, Haut conseil de la santé publique, etc.), esquisse une nouvelle forme d'exercice de la démocratie[1206]. Ainsi, comme le dit si bien Dominique Rousseau,

---

[1206] Sur ce point, bien que le mode de procédé soit critiqué, il n'est pas ignoré que le Conseil constitutionnel fait – souvent, mais dans le secret cependant – appel également à différents experts pour l'éclairer sur les décisions interprétatives à prendre. Pour atténuer les critiques, s'agissant de l'interprétation constitutionnelle, cette pratique de recours aux experts, par le biais de « *portes étroites* », pourrait s'institutionnaliser par la création d'un organe pluridisciplinaire de débat démocratique mêlant droit, histoire, sociologie, philosophie, économie, etc. sur lequel le Conseil constitutionnel s'appuierait – telle une commission de réformes législatives à l'australienne – et qui pourrait se diviser en sections spécialisées, aux couleurs des disciplines précitées, de manière à lui permettre de prendre des décisions interprétatives plus transparentes, sous les yeux de tous les citoyens qui sont aussi potentiellement des justiciables constitutionnels. Dans le cadre de la commission des lois australienne, les propositions de réforme de celle-ci au Parlement australien sont hautement considérées et honorées, du fait, notamment, qu'il s'agit d'un organe indépendant et libre qui arrête ses propositions sans aucune pression ; et ses propositions sont fondées sur des données non empreintes d'idéologie politique. En effet, à l'instar de la *Law Commission* de la

par ce mécanisme, « *le Conseil constitutionnel met la représentation [politique électoraliste] en représentation ou, plus exactement, il déconstruit le système de justifications en dévoilant l'illusion que constitue l'identification du peuple à ses représentants.*[1207] »

L'interprétation juridique, on l'a vu, est à la fois un acte de connaissance qui conditionne la légitimité technique et intellectuelle du juge constitutionnel et un acte de volonté qui renvoie au choix final de la décision de celui-ci ; mais cette volonté du juge constitutionnel est une volonté contrainte et conditionnée. Ainsi, l'affirmation selon laquelle le Conseil constitutionnel « *peut seulement prétendre contribuer à la volonté générale, s'il soutient que l'acte, par lequel il déclare que le texte a été fait 'dans le respect de la Constitution', est une fonction non de la volonté, mais de la connaissance*[1208] » doit être nuancée, en ce sens que l'interprétation constitutionnelle est beaucoup trop complexe pour la réduire à une simple volonté ou connaissance du juge qui en est chargé. Les travaux préparatoires dans l'interprétation constitutionnelle se présente, ainsi, comme un instrument de mesure du degré d'écart entre les normes posées et le choix final des décisions du juge constitutionnel qui interprète ces normes. L'espoir du Conseil constitutionnel, à travers l'usage de cette méthode d'interprétation, est, en définitive, celui de présenter une interprétation constitutionnelle moins subjective et plus rationnellement et matériellement fondée.

L'utilisation des travaux préparatoires dans l'interprétation juridique n'est, certes, pas le seul mécanisme qui, sur le plan social, contribue à la démocratisation de la justice constitutionnelle. Mais, sur le plan purement juridique, ce mécanisme contribue pour une part considérable à cette démocratisation. Il convient ainsi de démontrer en quoi l'usage, par le Conseil constitutionnel, des travaux préparatoires extraparlementaires constitue une opération de collaboration à la démocratisation de la justice constitutionnelle. Cette opération

---

Nouvelle-Zélande, dont on a vu le rôle fondamental dans l'élaboration normative dans ce pays, la Commission australienne de réforme législative (*Australian Law Reform Commission* [http://www.alrc.gov.au/]) a pour objectif de « *s'assurer que les réformes législatives australiennes fournissent un meilleur accès à la justice pour tous les Australiens en adoptant des lois et des mécanismes y afférant plus égalitaires (équitables), plus modernes, plus justes et plus efficaces.* » Il est vrai qu'il s'agit d'une instance de *proposition* de réformes au Parlement de ces pays, mais rien n'empêche qu'une telle instance soit au service des juges constitutionnels pour permettre à ces derniers de bénéficier de leur expertise, en vue d'une interprétation plus éclairée des normes.

[1207] Dominique Rousseau, *Radicaliser la démocratie*, *Op. cit.*, p. 53.

[1208] Michel Troper, « Démocratie continue et justice constitutionnelle », *in* Dominique Rousseau (dir.), *La démocratie continue*, *Op. cit.*, p. 135.

se manifeste par ce que le Britannique B. A. Wortley appela, à la fin des années 1970, l'« *interprétation sociologique*[1209] » des normes. C'est dans ce contexte qu'il est permis de voir dans l'usage des travaux préparatoires, notamment extraparlementaires, un processus qui non seulement contribue à conforter la légitimité du juge constitutionnel, mais aussi un mécanisme revêtu d'un intérêt démocratique important (Chapitre 1), au sens où il participe, non pas à la *désacralisation*[1210] de la justice constitutionnelle, mais à la *dés-aristocratisation* ou à la *dé-technocratisation*[1211] de celle-ci, dans l'objectif qu'elle devient, par cette dynamique interprétative, la chose de tous (Chapitre 2).

*****

[1209] B. A. Wortley, « La théorie des sources en droit privé positif de François Gény considérée dans son rapport avec la jurisprudence anglaise », *Recueil d'études sur les sources du droit en l'honneur de François Gény* [1934], *rééd.* 1977, pp. 16-29. L'interprétation sociologique des normes juridiques est celle qui ne se contente pas d'une analyse purement intellectuelle de celle-ci, mais d'une analyse fondée sur tous les faits sociaux y afférant. Ainsi, l'usage des travaux préparatoires extraparlementaires, lesquels sont produits dans des sphères sociales très différentes les unes des autres, permet au juge constitutionnel de réviser le contexte des normes auxquelles ces derniers président de manière la plus complète possible.

[1210] La désacralisation pourrait s'entendre, de manière péjorative, comme l'appel à un comportement irrespectueux vis-à-vis de la justice constitutionnelle, alors que, au contraire, la justice constitutionnelle, sous le feu de la nécessaire critique, toutefois, devrait être la religion civile, et donc l'élément le plus sacré qui soit, pour tout citoyen, dans une société fondée sur le droit.

[1211] Certains auteurs, en effet, qualifient le Conseil constitutionnel de juge « *technocrate* » (Jean Foyer) ou « *aristocrate* » (Anne-Marie Le Pourhiet). On reviendra plus tard sur ces qualificatifs particulièrement péjoratifs employés pour le Conseil constitutionnel relégué au rang des juridictions internationales créées, selon les auteurs, dans l'ignorance totale des peuples. Ces critiques proférées à l'endroit du juge constitutionnel affectent indéniablement l'interprétation constitutionnelle que celui-ci a vocation à produire.

Chapitre 1. L'intérêt démocratique des travaux préparatoires extraparlementaires dans l'interprétation constitutionnelle

> « *La justice élémentaire [...] ou le besoin de sécurité juridique exige que les règles par lesquelles le citoyen est lié doivent être vérifiables par lui (ou, de façon plus réaliste, par un avocat compétent qui lui conseille) par référence à des sources identifiables et accessibles au public.*[1212] » (Lord Diplock).

Dans la mesure où la production des normes juridiques, par les organes représentants du peuple « souverain », engendre la participation de plusieurs acteurs extérieurs au cadre parlementaire, il devient nécessaire de s'interroger sur l'importance de la diversité des sources des travaux préparatoires dans l'interprétation constitutionnelle de ces normes, au regard de la représentation politique et démocratique. La jurisprudence du Conseil constitutionnel a, en effet, étendu le champ de la notion de travaux préparatoires qui ne se limite plus aux seuls travaux produits à l'intérieur du Parlement ou dont celui-ci avait connaissance au moment où il procédait à la discussion de tel projet

[1212] Lord Diplock dans l'opinion majoritaire de la décision *Fothergill v. Monarch Airlines Ltd* [1981] AC 251, 279 (v. BAILII).

ou proposition de loi. On l'a vu, dans la première partie de cette thèse, les acteurs extérieurs aux assemblées législatives contribuant à la production normative vont du Conseil d'État au CESE en passant par la Cour des comptes. Le rôle de contributeur aux travaux préparatoires que jouent ces organismes est formellement prévu, de manière explicite, par le constituant lui-même. Mais, on l'a également vu, d'autres organismes prévus par la loi, à l'instar de la CNIL, contribuent également, à leur niveau, au processus de production normative. S'agissant de ces derniers organismes, bien que leur rôle dans le débat normatif préparatoire ne soit pas reconnu par la Constitution, le Conseil constitutionnel accorde une place non négligeable à leurs travaux dans l'interprétation constitutionnelle. Ainsi, se forment deux mécanismes distincts de production de travaux préparatoires extraparlementaires des normes juridiques. L'un tient sa place dans la Constitution, l'autre dans la loi. Mais cette différence de fondement juridique ne semble pas déterminant dans l'usage des travaux préparatoires extraparlementaires. Ainsi, on peut observer que les deux groupes d'organismes producteurs de ce type de travaux préparatoires des normes juridiques, par le biais des avis et rapports qu'ils rendent, notamment au gouvernement, contribuent, de manière identique, au processus de production normative, bien que la fonction principale du contenu de ces différents rapports et avis puisse diverger. S'agissant de la valeur attachée à ces travaux préparatoires extraparlementaires, on pourrait considérer que ceux dont le mécanisme de production est directement prévu par la Constitution possèdent une autorité coercitive s'imposant au législateur et que les autres, dont le mécanisme de production n'est prévu que par le législateur, lui-même, ne détenant pas une telle autorité, ne s'imposerait pas à celui-ci, en tout cas pas au même plan. Ainsi, Guy Carcassonne a-t-il pu affirmer que « *seuls les avis prévus par la Constitution elle-même sont indispensables à la régularité de la procédure, et non ceux envisagés par des lois ordinaires.*[1213] » Cependant, contrairement à cette affirmation de Guy Carcassonne, le Conseil constitutionnel semble faire le choix d'une autre conception des travaux préparatoires extraparlementaires dont le mécanisme de production n'est établi que par la simple volonté législative ; ce point sera éclairé à la lumière des interprétations constitutionnelles fondées notamment sur les expertises scientifiques.

Cependant, l'intérêt démocratique de l'usage des travaux préparatoires, notamment extraparlementaires, dans l'interprétation constitutionnelle

[1213] Guy Carcassonne, *La Constitution introduite et commentée*, Préface de Georges Vedel, Éditions du Seuil, Coll. : « Points Essais », 9ème édition, 2009, p. 201.

finaliste[1214] n'est, à première vue, pas visible. Pour l'observer, il convient de s'intéresser au contrôle, par le Conseil constitutionnel, à la fois de la régularité (Section 1) et de la sincérité (Section 2) de l'ensemble des procédures législatives ayant lieu en dehors du cadre intraparlementaire.

[1214] Le caractère *ultime* ou *finaliste* de l'interprétation constitutionnelle, peut, à première vue, être discuté. Mais quelques explications peuvent permettre de dissiper cette discussion. En effet, s'il revient au juge ordinaire de trancher les litiges *en fait* en dernier ressort, s'agissant de l'interprétation constitutionnelle, il revient au juge constitutionnel spécial, seul, par l'effet, à certains égards, presque *totalitaire* de son interprétation qui, objectivement, s'impose à *tous* en définitive, même dans les systèmes juridiques comme celui des États-Unis où l'interprétation donnée par la Cour suprême n'est pas *erga omnes* (s'imposant à tous), comme en France, mais *inter partes* (valable entre les parties). Sur ce point, v. Guillaume Drago, *Contentieux constitutionnel français*, PUF, Coll. : « Thémis droit », 4ème édition, 2016, p. 122). Le juge ordinaire, inférieur au juge constitutionnel spécial, ne fait, en réalité, que reprendre et appliquer, sans une trop grande marge de manœuvre, l'ultime interprétation (l'interprétation *finaliste*) prononcée par celui-ci. Cette analyse de la situation est d'autant plus avérée, s'agissant du cas français, que, depuis l'avènement du mécanisme de la QPC en 2010, les interprétations données à des textes juridiques, parfois depuis près ou plus de deux siècles, par les juges ordinaires (Conseil d'État et Cour de cassation, et leurs démembrements) sont susceptibles d'être remises en cause devant le Conseil constitutionnel qui tranche bien, s'agissant de l'interprétation constitutionnelle, en dernier ressort, dans l'ultime procès constitutionnel, dont il est le seul maître. Deux autres arguments peuvent être avancés en soutien du caractère finaliste de l'interprétation constitutionnelle. D'une part, lorsque le juge constitutionnel tranche en premier et dernier ressort, il neutralise par-là même toute autre possibilité d'interprétation, d'où qu'elle vienne dans l'ordre juridique interne ; de ce point de vue, son intervention dans l'interprétation constitutionnelle peut être considérée comme *ultime* puisqu'il intervient aussi en *dernier* ressort. D'autre part, pour ce qui concerne le juge constitutionnel spécial, son interprétation n'est pour autant pas figée ; non seulement qu'il peut y avoir un « *changement des circonstances* », de droit ou de fait, notamment du fait d'une révision constitutionnelle ou d'une réforme législative, qui le conduit à réinterpréter le texte, il ne peut pas prévoir toutes les facettes d'interprétation d'un texte, ce qui dépend du comportement de ce que Michel Troper appelle l'*homo juridicus* et des vicissitudes de la vie humaine dont le droit est tributaire ; là aussi son interprétation peut être considérée comme *finaliste* jusqu'à ce qu'il soit conduit à réinterpréter le texte en question. En définitive, c'est le caractère objectivement et juridiquement *erga omnes* (article 62 de la Constitution), jusqu'à nouvel ordre, de l'interprétation constitutionnelle donnée par le juge constitutionnel spécial qui permet, dans tous les cas de figure, de parler d'une interprétation constitutionnelle *finaliste*. Évidemment ces considérations ne sont valables que dans le strict jeu juridique interne des États, sans égard pour les interprétations des juges européens et internationaux qui peuvent influer, de différentes manières, sur l'interprétation constitutionnelle en droit interne.

SECTION 1 : LE CONTRÔLE DE LA RÉGULARITÉ DES TRAVAUX PRÉPARATOIRES EXTRAPARLEMENTAIRES PAR LE CONSEIL CONSTITUTIONNEL

La participation d'organes extérieurs au Parlement[1215] à la production de travaux préparatoires extraparlementaires ayant déjà été démontrée[1216], il ne convient pas de s'y attarder. Par conséquent, l'accent sera mis plus précisément sur l'aspect contentieux de ces derniers, à travers le contrôle que le Conseil constitutionnel exerce sur le déroulement de la procédure législative extraparlementaire[1217].

L'extension des éléments constitutifs de la notion de travaux préparatoires par la jurisprudence du Conseil constitutionnel suppose un contrôle assidu, exercé par celui-ci, de la régularité des travaux préparatoires extraparlementaires prévus par la Constitution (§1). Dans cette même optique, et contrairement à ce que pensait Guy Carcassonne, s'agissant des travaux préparatoires extraparlementaires non prévus par la Constitution[1218], le Conseil constitutionnel semble accorder, dans le cadre du contentieux constitutionnel, une place non négligeable à ce dernier type de travaux. Ainsi, conviendra-t-il d'observer, par ailleurs, le contrôle par le Conseil de la régularité de ces derniers types de travaux préparatoires extraparlementaires, notamment à travers l'interprétation constitutionnelle pouvant être qualifiée de scientifique (§2).

[1215] Il n'est pas question de décrire ici les tâches des différents organes internes (v. Chap. 1, Titre I, Première partie) et externes (v. Chap. 2, Titre I, Première partie) au Parlement, qui interviennent dans la production normative, mais d'analyser la manière dont le Conseil constitutionnel utilise les travaux préparatoires extraparlementaires, que ces derniers produisent, dans sa jurisprudence – ce qui permettra de cerner les conséquences possibles de cet usage de travaux préparatoires d'origine multiple, non seulement sur la justice constitutionnelle, mais aussi, plus généralement, sur tout le système de représentation politique nationale.

[1216] V. Chap. 2, Titre I, Première partie.

[1217] Ce qu'il convient de qualifier de procédure législative extraparlementaire est celle qui donne lieu à la production des travaux préparatoires extraparlementaires, contrairement à celle conduite dans les enceintes des deux chambres du Parlement en vue de produire des travaux préparatoires intraparlementaires.

[1218] Guy Carcassonne, *La Constitution introduite et commentée*, *Op. cit.*

§1. Le contrôle concret par le Conseil constitutionnel du respect des procédures législatives extraparlementaires prévues par la Constitution

La procédure de consultation obligatoire des organes extraparlementaires dans le cadre de la procédure législative n'est pas seulement une formalité ; elle constitue également un travail préparatoire des normes produites par le Parlement, travail sur lequel s'appuie le juge constitutionnel dans le cadre du contentieux constitutionnel de ces normes. C'est là une explication du contrôle concret, exercé par le Conseil constitutionnel, du respect des règles relatives à cette procédure législative extraparlementaire. Ce contrôle peut en effet être qualifié de concret car il s'opère tant sur le respect du déclenchement de la procédure qui incombe au gouvernement-législateur et, bien que dans une moindre mesure, au Parlement que sur le contenu de la consultation.

Ainsi, en tant qu'institutions de production de travaux préparatoires extraparlementaires dans le processus de production normative, le Conseil d'État (A), le Conseil économique, social et environnemental ou CESE (B), la Cour des comptes (C) et les collectivités territoriales d'outre-mer (D), dont le rôle est prévu dans la Constitution et dont les avis et rapports servent de renfort à l'interprétation constitutionnelle, se trouvent hautement protégés par le Conseil dans le cadre de cette procédure. L'apport des travaux de ces institutions à l'interprétation constitutionnelle est particulièrement visible à travers le contrôle concret qu'opère le Conseil constitutionnel sur le respect de la procédure de leur consultation par le gouvernement, respect dont le défaut, en amont, c'est-à-dire avant le dépôt d'un projet et même, s'agissant notamment de la consultation des collectivités territoriales, d'une proposition de loi, peut entraîner, en aval, la censure pure et simple de la disposition législative[1219] définitivement adoptée. Enfin, si ces quatre institutions ou catégories d'institutions sont mises en avant, du fait notamment que leur rôle consultatif est une exigence constitutionnelle, dans le débat législatif extraparlementaire, il y a un phénomène nouveau qui

[1219] Il convient de préciser, cependant, qu'une telle censure ne peut intervenir que si le Conseil constitutionnel venait à être saisi dans le cadre du seul contrôle de constitutionnalité *a priori*. En effet, la censure d'une telle irrégularité de la procédure législative pour défaut de la procédure de consultation dans le cadre de la procédure législative extraparlementaire paraît difficile, voire impossible, dans le cadre du contrôle de constitutionnalité *a posteriori*, notamment du fait qu'une telle procédure extraparlementaire pourrait difficilement être considérée comme portant atteinte à un droit ou une liberté que la Constitution garantit.

intervient dans le cadre de ce débat et qu'il convient de ne pas occulter ; il s'agit du principe de participation du public dans le processus d'élaboration des décisions publiques relatives à l'environnement (E), procédure qui, à bien des égards, est tout autant une exigence constitutionnelle.

A) Le contrôle de la procédure législative extraparlementaire suivie devant le Conseil d'État

Le rôle du Conseil d'État, dans la procédure législative extraparlementaire, suscite de l'intérêt à plus d'un titre. D'abord, le Conseil d'État est l'institution dont le rôle constitutionnel est le plus étendu dans le cadre d'une telle procédure, d'autant plus que son rôle s'étend aux projets de textes réglementaires, ce qui conduit à une observation particulière de ce qu'il fait. Ensuite, son rôle suscite également de l'intérêt du fait des critiques dont il peut être l'objet, critiques notamment liées au caractère *trialiste* de la fonction de l'institution[1220] qui, par ailleurs, pose problème. Sur ce point, Jean Foyer affirma : « *il y avait parmi les personnalités qui préparaient les textes constitutionnels [en 1958] beaucoup de membres du Conseil d'État*[1221] », lesquels « *n'ont pas voulu condamner la jurisprudence du Conseil d'État qui s'était développée entre 1946 et 1958.*[1222] » Néanmoins, la procédure devant le Conseil d'État étant de nature constitutionnelle, il était normal que le Conseil constitutionnel contrôle sa régularité[1223], notamment à travers son déclenchement.

[1220] La fonction du Conseil d'État est trialiste, car celui-ci n'est pas seulement un conseiller du gouvernement et du Parlement et juge suprême du contentieux administratif, il est également chargé de la gestion de l'ensemble du système de la juridiction administrative française qui ne relève paradoxalement pas du ministère de la justice.

[1221] Jean Foyer, *in* Didier Maus et Olivier Passelecq (dir.), *Témoignages sur l'écriture de la constitution de 1958 autour de Raymond Janot. Actes de la journée organisée le 1er octobre 1993 à la Maison de l'Europe de Paris*, La Documentation française, Coll. : « Les Cahiers constitutionnels de Paris 1 », Sous-coll. : « Notes et études documentaires », 1997, p. 68.

[1222] *Ibid.* Ainsi, le caractère pluriel de la fonction du Conseil d'État, qui allie fonction consultative et administrative et fonction juridictionnelle, laisse transparaître un mélange des genres difficile à admettre. Cette critique du caractère pluriel du rôle du Conseil d'État n'est pas donc une nouveauté du temps présent. Jean Foyer, en cette fin des années 1990, constata : « *Beaucoup d'esprits censés pensent que la dualité des ordres de juridictions, administrative et judiciaire, est d'un autre âge. La jurisprudence administrative n'offre pas plus de garanties à l'État que ne fait le judiciaire.* » (Jean Foyer, « Pour la suppression du Conseil constitutionnel », *La Revue administrative*, 51ème année, n° 301, janvier-février 1998, p. 101). On reviendra en substance sur ce point plus tard.

[1223] Ce contrôle de la régularité du déclenchement de la procédure législative extraparlementaire devant le Conseil d'État s'explique principalement du fait que le Conseil constitutionnel attend beaucoup de l'éclairage apporté aux projets de loi du gouvernement par le Conseil d'État. Jean-

S'agissant du contrôle du déclenchement en bonne et due forme de la procédure législative extraparlementaire devant le Conseil d'État, notamment par le gouvernement, le Conseil constitutionnel semble exercer un contrôle restreint (1), bien que sa jurisprudence paraisse tendre vers une certaine ouverture (2).

1. Un contrôle restreint

La décision n° 2003-468 DC est à ce jour l'unique décision du Conseil constitutionnel sur le rôle législatif extraparlementaire du Conseil d'État[1224].

Louis Debré conforte particulièrement ce point lorsqu'il déclare : « *Nous examinons des textes gonflés d'amendements non soumis à l'analyse du Conseil d'État. Nous voyons revenir chaque année, notamment en droit fiscal, des modifications récurrentes des mêmes règles, ce qui rend improbable que leur sens soit réellement réfléchi. Bref, le Conseil subit des bégaiements et des malfaçons législatives qui ne sont pas nouveaux mais sont désormais fort nombreux.* » (*Ce que je ne pouvais pas dire*, Robert Laffont, avril 2016, p. 221). Ainsi, il n'est pas difficile de comprendre que le rôle du Conseil d'État se révèle important dans la production politique de la norme législative, il conduirait, selon Jean-Louis Debré, à des normes plus réfléchies que le Conseil constitutionnel pourrait moins facilement invalider.

[1224] Quatre textes importants marquent l'ancienneté et la constance du rôle du Conseil d'État dans la procédure législative extraparlementaire : 1. Constitution du 28 floréal An XII (18 mai 1804, article 82) : « *En séance ordinaire, le Corps législatif entend les orateurs du Conseil d'Etat et ceux des trois sections du Tribunat, et vote sur le projet de loi. - En comité général, les membres du Corps législatif discutent entre eux les avantages et les inconvénients du projet de loi.* » 2. Article 8 de la loi du 24 mai 1872 sur la réorganisation du Conseil d'État : « *Le Conseil d'Etat donne son avis : 1° sur les projets d'initiative parlementaire que l'Assemblée nationale juge à propos de lui renvoyer ; 2° sur les projets de loi préparés par le Gouvernement, et qu'un décret spécial ordonne de soumettre au Conseil d'Etat; 3° sur les projets de décret et, en général, sur toutes les questions qui lui sont soumises par le Président de la République ou par les ministres. Il est appelé nécessairement à donner son avis sur les règlements d'administration publique et sur les décrets en forme de règlements d'administration publique. Il exerce, en outre, jusqu'à ce qu'il en soit autrement ordonné, toutes les attributions qui étaient conférées à l'ancien Conseil d'Etat par les lois ou règlements qui n'ont pas été abrogés. Des conseillers d'Etat peuvent être chargés par le Gouvernement de soutenir devant l'Assemblée les projets des lois qui ont été renvoyés à l'examen du Conseil.* » 3. Article 19 de la loi du 18 décembre 1940 (abrogé) : « *Le Conseil d'État participe à la confection des lois dans les conditions fixées par la Constitution. Il prépare et rédige les textes qui lui sont demandés, et donne son avis sur les projets établis par le Gouvernement.* » (Cité *in* Jean Massot, « Le Conseil d'État et le régime de Vichy », Vingtième Siècle, *Revue d'histoire*, 1998, Vol. 58, n° 1, Persée (pp. 83-99), p. 88). 4. Article 21 de l'ordonnance n° 45-1708 du 31 juillet 1945 : « *Le Conseil d'Etat participe à la confection des lois ou ordonnances dans les conditions fixées par l'ordonnance du 31 juillet 1945. - Il est saisi par le président du Gouvernement provisoire [Premier ministre] des projets établis par les ministres, il donne son avis sur ces projets et propose les modifications de rédaction qu'il juge nécessaires. - Il prépare et rédige les textes qui lui sont demandés. - Le vice-président peut, à la demande des ministres, désigner un membre du Conseil d'Etat pour assister leur administration dans l'élaboration d'un projet d'ordonnance déterminé* ». En outre, ce rôle du Conseil d'État est résumé dans le Code de justice administrative (v. le chapitre III de ce Code intitulé « *Le Conseil*

Certes, le Conseil d'État s'est reconnu ce rôle en se déclarant détenteur d'une compétence partagée avec le gouvernement dans le cadre de la procédure législative extraparlementaire[1225], mais il a fallu une décision du Conseil constitutionnel pour confirmer le sens et la portée de cette autoévaluation par l'institution de son propre rôle de co-législateur[1226].

En effet, le Conseil constitutionnel a, après avoir constaté « *qu'aux termes du deuxième alinéa de l'article 39 de la Constitution : "Les projets de loi sont délibérés en Conseil des Ministres après avis du Conseil d'État et déposés sur le bureau de l'une des deux assemblées"*[1227] », jugé « *que, si le Conseil des ministres délibère sur les projets de loi et s'il lui est possible d'en modifier le contenu, c'est, comme l'a voulu le constituant, à la condition d'être éclairé par l'avis du Conseil d'Etat ; que, par suite, l'ensemble des questions posées par le texte adopté par le Conseil des ministres doivent avoir été soumises au Conseil d'Etat lors de sa consultation ;*[1228] ». Le Conseil va plus loin, en liant, à certains égards, le gouvernement par le contenu de l'avis rendu par le Conseil d'État, lorsqu'il affirme : « *en l'espèce, qu'en substituant, pour l'accès au second tour des élections régionales, un seuil égal à 10 % du nombre des électeurs inscrits au seuil de 10 % du total des suffrages exprimés retenu par le projet de loi soumis au Conseil d'État, le Gouvernement a modifié la nature de la question posée au Conseil d'État ; que ce seuil de 10 % des électeurs inscrits n'a été évoqué à aucun moment lors de la consultation de la commission permanente du Conseil d'État ; que les requérants sont dès lors fondés à soutenir que cette disposition du projet de loi a été adoptée selon une procédure irrégulière ;*[1229] ». Le constat d'un tel irrespect de l'avis du Conseil d'État ne pouvait qu'être fatal pour l'acte législatif. Ceci a, en effet, conduit le Conseil constitutionnel à juger « *qu'il y a lieu, par voie de conséquence, de déclarer contraires à la Constitution, au a) du 2° de l'article 4, les mots : "" 5 % du total des suffrages exprimés " et", "respectivement" et "" 10 % du nombre des électeurs inscrits" et" ;*[1230] ».

---

d'État dans l'exercice de ses attributions administratives et législatives ». Donc ce rôle du Conseil d'État, bien gravé dans le marbre de l'article 39, al. 2, de la Constitution, est ancré dans le tissu historique du système juridique français.

1225 CE Ass. 9 juin 1978, *SCI du 61-67 boulevard Arago*.

1226 Sur ce point, v. Guillaume Drago, « Fonction consultative du Conseil d'Etat et fonction de Gouvernement : de la consultation à la codécision », *AJDA*, 2003, p. 948.

1227 Décision n° 2003-468 DC du 3 avril 2003, Cons. 6. *Loi relative à l'élection des conseillers régionaux et des représentants au Parlement européen ainsi qu'à l'aide publique aux partis politiques*.

1228 *Ibid.*, Cons. 7. Cette décision de principe du Conseil constitutionnel est sur le point de faire jurisprudence puisqu'elle est confirmée par sa décision n° 2017-755 DC du 29 novembre 2017, §. 4. *Loi de finances rectificative pour 2017*.

1229 *Ibid.*, Cons. 8.

1230 *Ibid.*, Cons. 9.

La censure du législateur par cette décision du Conseil constitutionnel n'est pas surprenante ; elle s'inscrit dans le principe du respect d'un cadre procédural établi, ce qui est fondamental, s'agissant de l'exigence constitutionnelle de sécurité juridique, et dans le principe général du respect du rôle des instances administratives consultatives, à l'instar du Conseil d'État, qui, selon Bertrand Seiller, ont un rôle de « *coauteur*[1231] » des actes du gouvernement lorsque l'avis desdites instances est juridiquement obligatoire. En ce sens, bien que les avis obligatoires du Conseil d'État ne lient pas tout à fait le gouvernement, le Conseil constitutionnel semble avoir été inspiré par la jurisprudence du Conseil d'État lui-même[1232] pour parvenir à une telle conclusion en 2003.

Ainsi, de même qu'elle renforce le pouvoir normatif du Conseil d'État dans sa fonction consultative, cette jurisprudence du Conseil constitutionnel semble limiter, voire anéantir, les marges de manœuvre du gouvernement qui ne peut, à certains égards, plus avoir une « idée novatrice » qu'il n'avait pas en tête au moment des discussions en vue de l'avis du Conseil d'État dans le cadre de la procédure législative externe au Parlement. Il semble que le gouvernement ne peut même pas, sans risquer la critique d'un détournement de procédure, compenser cette limite de sa marge de manœuvre en attendant, par exemple, l'ouverture de la procédure législative intraparlementaire pour pouvoir procéder, par voie d'amendement, à l'ajout d'une nouvelle disposition dans le projet de loi ; il lui faudrait, éventuellement, passer par le mécanisme de lettres rectificatives en repassant par le Conseil d'État avant de pouvoir amender un projet de loi avec une disposition nouvelle[1233].

[1231] Bertrand Seiller, *Droit administratif*, t. 2 : « L'action administrative », Flammarion, Coll. : « Champs Université », 4ème édition, 2011, p. 135. Sur ce point, bien que les actes législatifs ne soient pas des actes du seul gouvernement, les projets de loi que celui-ci dépose devant les assemblées législatives émanent de lui ; et, de ce fait, ces projets de loi, dont l'écriture, tant sur le fond que sur la forme, relève d'une compétence partagée entre le Conseil d'État et le gouvernement, peuvent être considérés comme des actes de celui-ci.

[1232] CE Ass. 9 juin 1978, *Supra.*

[1233] Sur ce point, v. commentaires aux Cahiers sur la décision n° 2003-468 DC, p. 2 (v. un extrait en annexe). Bien que ceux-ci évoquent la possibilité du droit d'amendement du gouvernement qui résulte de l'article 44 de la Constitution, au regard de cette jurisprudence du Conseil constitutionnel, ce droit ne semble pas être illimité, compte tenu du rôle consultatif obligatoire des organes tels que le Conseil d'État dans la procédure législative extraparlementaire. Cependant, le Conseil constitutionnel ne réduit pas à néant le droit d'amendement tant du gouvernement que des membres du Parlement. En effet, dans sa décision n° 2017-759 DC du 28 décembre 2017 (*Loi de finances rectificative pour 2017*), il a jugé que « *l'article 39 de la Constitution et la loi organique du 1er août 2001 mentionnée ci-dessus n'imposent la présentation d'une évaluation préalable, la consultation du Conseil d'État et une délibération en conseil des ministres que pour les projets de loi de*

Il est à observer que les parlementaires requérants, dans cette affaire, saisissaient le Conseil constitutionnel en remettant en cause la procédure législative : « *Considérant que les députés et les sénateurs requérants soutiennent que la procédure législative serait viciée du fait que le texte du projet de loi déposé sur le bureau de l'Assemblée nationale aurait été différent tant de celui soumis au Conseil d'État que de celui adopté par lui ;*[1234] ». Le Conseil n'a pas désapprouvé la qualification de « *procédure législative* » ainsi attribuée à la consultation du Conseil d'État. De ce point de vue, le Conseil constitutionnel confirme que cette consultation s'intègre bien dans le cadre de la procédure législative, bien qu'extraparlementaire.

Le rôle consultatif du Conseil d'État a, avant l'intervention de la décision n° 2003-468 DC, déjà été érigé en un rôle de co-législateur de celui-ci par une frange importante de la doctrine[1235], non toutefois sans quelques critiques d'une institution non élue disposant d'une emprise sur l'agenda politique[1236]. Le Conseil d'État ne semble pas ignorer ces critiques ; il tenterait même, autant que

---

finances avant leur dépôt sur le bureau de l'Assemblée nationale et non pour les amendements. » (§. 5). Cette précision le conduit à déclarer « *inopérant le grief selon lequel le Gouvernement aurait méconnu ces exigences procédurales [découlant notamment de l'article 39, al. 2, de la Constitution] en exerçant le droit d'amendement qu'il tient du premier alinéa de l'article 44 de la Constitution.* » (*Ibid.*). Ainsi, le grief tiré du non-respect de l'article 39, al. 2, de la Constitution par l'exercice du droit d'amendement du gouvernement ne peut être utilement invoqué que si celui-ci paraît abusif, comme il apparaît dans certaines des décisions remarquées du Conseil : v. Décision n° 2015-715 DC du 05 août 2015, Cons. 165. *Loi pour la croissance, l'activité et l'égalité des chances économiques* et Décision n° 2015-719 DC du 13 août 2015, Cons. 38. *Loi portant adaptation de la procédure pénale au droit de l'Union européenne.*

1234 Décision n° 2003-468 DC, *Op. cit.*, Cons. 5.

1235 Michel Bernard, « Le renouveau de la fonction consultative du Conseil d'Etat sous la Ve République », *EDCE*, 1994, n° 46, p. 439 ; Guy Braibant, « Le rôle du Conseil d'Etat dans l'élaboration du droit », in *Mélanges René Chapus*, Droit administratif, Montchrestien, 1992, p. 91 ; Roland Drago, « Incidences contentieuses des attributions consultatives du Conseil d'État », in *Mélanges Marcel Waline*, LGDJ, 1974, p. 379 ; Yves Gaudemet, « Le Conseil constitutionnel et le Conseil d'Etat dans le processus législatif », in Université Paris II (org.), *Conseil constitutionnel et Conseil d'Etat*, LGDJ-Montchrestien, 1988, p. 87 ; Yves Gaudemet, « La Constitution et la fonction législative du Conseil d'État », in *Mélanges Jean Foyer*, PUF, 1997, p. 61 ; Yves Gaudemet, « La VIe République ? Quel Conseil d'Etat ? », *RDP*, 2002, p. 376 ; Anne Jeannot-Gasnier, « La contribution du Conseil d'Etat à la fonction législative », *RDP*, 1998, p. 1131 ; Marceau Long, « Le Conseil d'Etat et la fonction consultative : de la consultation à la décision », *RFDA* 1992, p. 787 ; Marceau Long, « Mon expérience de la fonction consultative du Conseil d'Etat de 1987 à 1995 », *Les 40 ans de la Ve République*, *RDP*, 1998, p. 1421 ; Hélène Simonian-Gineste, « Nouveau regard sur l'avis consultatif », *RDP*, 1999, p. 1121.

1236 Guillaume Drago, « Fonction consultative du Conseil d'Etat et fonction de Gouvernement : de la consultation à la codécision », *Op. cit.*

faire se peut, de calmer leur ardeur. À titre d'illustration, Catherine Bergeal, alors secrétaire générale du Conseil d'État, à propos de l'avis de celui-ci sur le projet de loi relatif au renseignement[1237], estime que le rôle consultatif de l'institution est à la fois d'« *Informer les citoyens [et d'] éclairer le Parlement...*[1238] » ; cette auteure semble clairement lancer une tentative dans l'objectif de pallier les critiques dirigées à l'endroit de ce rôle législatif du Conseil d'État lorsqu'elle affirme : « *Certains y voient la dangereuse résurrection d'une troisième chambre législative. D'autres envisagent l'éventualité d'une remise en cause de l'articulation, au sein du Conseil d'État, entre fonctions consultatives et fonctions contentieuses.*[1239] » Mais ces critiques sont loin de s'éteindre. Récemment, il a été proposé, avec beaucoup de vigueur, la suppression pure et simple du Conseil d'État[1240], malgré une certaine considération, du moins, du rôle consultatif de cette institution dans le milieu des experts juridiques.

Fort de la considération, bien qu'en net déclin, compte tenu des critiques ci-dessus évoquées, manifestée à l'égard de sa fonction consultative, notamment dans une partie de la doctrine, le Conseil d'État n'a cessé d'affirmer avec constance, depuis sa décision de 1978 précitée[1241], qu'il a une « *compétence partagée* » qu'il « *exerce conjointement avec le gouvernement* » en matière d'élaboration législative. Ainsi, depuis 2003, ce rôle du Conseil d'État se trouve, sur le plan juridique, renforcé par la jurisprudence du Conseil constitutionnel.

Cependant, on a pu le deviner, le contrôle opéré par le Conseil constitutionnel, quant à ce rôle législatif du Conseil d'État, est un contrôle qui ne soumet pas pour autant l'interprétation constitutionnelle à ce que le Conseil d'État a pu conseiller au gouvernement. Guy Carcassonne avait jugé l'« *examen [des projets de texte par le Conseil d'État] globalement efficace*[1242] », tout en

---

[1237] CE Ass. 12 mars 2015, *Sections de l'intérieur et de l'administration, Avis* n° 389.754.

[1238] Catherine Bergeal, Éditorial in *Lettre d'actualité juridique des ministères économiques et financiers*, n° 186, 23 avril 2015.

[1239] *Ibid.*

[1240] V. Dominique Rousseau, *Radicaliser la démocratie. Propositions pour une refondation, Op. cit.*, pp. 185 s.

[1241] V. dans le même sens : CE 16 novembre 1979, *Syndicat national de l'éducation physique et de l'enseignement public*, Dalloz, 1980, IR, p. 123. À ce propos, pour celles et ceux qui auraient encore quelques doutes, quant au caractère de travaux préparatoires des avis du Conseil d'État, dans l'élaboration législative, on peut encore avancer un autre argument. Si les projets de loi sont considérés comme faisant partie des travaux préparatoires de la loi, alors, puisque le Conseil d'État contribue à l'élaboration des projets de loi, ses avis, dans ce cadre précis, ne peuvent être mis à l'écart des travaux préparatoires que sont lesdits projets de loi.

[1242] Guy Carcassonne, *La Constitution introduite et commentée, Op. cit.*, p. 202.

soulignant, toutefois, que « *le Conseil d'État, assez souvent, n'ait rien trouvé à redire à des dispositions [législatives issues de projets qui lui sont soumis] qu'ensuite le Conseil constitutionnel a censurées.*[1243] » Ainsi, il est permis de se poser la question de l'efficacité du rôle de conseil du gouvernement que joue le Conseil d'État dans le processus législatif extraparlementaire.

Jusqu'à la fin de l'étape consultative du Conseil d'État, Guy Carcassonne qualifia le texte qui en est l'objet d'un simple « *avant-projet* » qui ne deviendra « *projet* » qu'à la suite « *d'un décret du Premier ministre, qui charge l'un de ses collègues d'en 'exposer les motifs et soutenir la discussion' devant les assemblées.*[1244] » En effet, après avoir reçu l'onction du Conseil d'État, le texte retourne et « *est inscrit pour délibération au Conseil des ministres – [une délibération qui sera] plus formelle que réelle puisqu'il n'est plus possible [depuis la décision n° 2003-468 DC] de modifier le contenu*[1245] ».

S'agissant des avis obligatoires prévus par la Constitution, à l'instar de ceux du Conseil d'État, dans la procédure législative extraparlementaire, l'affirmation de Guy Carcassonne, selon laquelle « *seuls les avis prévus par la Constitution elle-même sont indispensables à la régularité de la procédure, et non ceux envisagés par des lois ordinaires*[1246] », paraît, *a priori*, juste ; elle permettrait ainsi de conclure à un contrôle restreint du Conseil constitutionnel qui ne peut juridiquement défendre que les avis constitutionnellement prévus ; mais cette affirmation est quelque peu désavouée par la jurisprudence constitutionnelle qui tend vers une certaine extension de ce contrôle des procédures législatives extraparlementaires à des cas de consultations obligatoires qui ne sont prévues que par des simples textes de nature législative[1247]. En outre, ce contrôle des procédures législatives extraparlementaires, au regard de ce rôle consultatif du Conseil d'État, ne se limite pas au seul cadre extraparlementaire, il s'étend au cadre intraparlementaire, compte tenu de l'impact que le premier cadre peut avoir sur le second.

1243 *Ibid.*

1244 *Ibid.*

1245 *Ibid.*

1246 *Ibid.*

1247 Il n'est pas nécessaire de revenir sur les organismes de nature législative dont le rôle est obligatoire dans la procédure législative extraparlementaire, à l'instar de celui de la CNIL. Sur ce point, v. *Infra*, mais aussi, notamment, Chap. 2, Titre I, Première partie, *Supra*.

2. *Un contrôle tendant à l'extension*

La décision n° 2003-468 DC semble en effet être en voie de s'étendre à la procédure intraparlementaire, dans la mesure où le Conseil constitutionnel ne se limite pas au contrôle de la procédure extraparlementaire, en vérifiant seulement que le Conseil d'État a bien été saisi, il considère également que la procédure extraparlementaire est liée à la procédure intraparlementaire ; ainsi, la première procédure, celle opérée à l'extérieur du Parlement, est la condition d'un débat éclairé dans le cadre de la seconde. Plusieurs décisions du Conseil constitutionnel, notamment celles faisant apparaître ce qu'on a pris coutume d'appeler les cavaliers législatifs, budgétaires ou sociaux, dont certaines, assez récentes, permettent d'illustrer ce point.

Dans sa décision n° 2015-715 DC portant sur la loi dite Macron du 6 août 2015, le Conseil constitutionnel a décidé que « *les dispositions des articles 69, 83, 132, 201, 202, 225, 227, 264, 265, 300, 301, 302, 303, 304, 305, 306 et 307 introduites en première lecture, ne présentent pas de lien, même indirect, avec celles qui figuraient dans le projet de loi ; que, par suite, elles ont été adoptées selon une procédure contraire à l'article 45 de la Constitution ; qu'elles sont contraires à cette dernière ;*[1248] » Ces dispositions, déclarées contraires à la Constitution, à l'aide d'un examen d'office par le Conseil constitutionnel, ont été introduites dans la loi en première lecture par le gouvernement. Or, on le sait, depuis au moins sa décision précitée de 2003, le Conseil constitutionnel exige le respect par le gouvernement du rôle de co-législateur du Conseil d'État dans la procédure législative extraparlementaire. En décidant ainsi, dans la décision n° 2015-715 DC, c'est comme si le Conseil constitutionnel cherchait à faire comprendre au gouvernement et aux parlementaires qu'ils ne pouvaient pas intégrer en première lecture autant de dispositions, soit seize articles supplémentaires, dans le projet de loi par voie d'amendement, sans avoir eu l'intention de le faire avant le dépôt du projet de loi sur le bureau de l'Assemblée nationale. En les intégrant en première lecture, le geste peut en effet donner à voir une forme de contournement de la consultation obligatoire du Conseil d'État sur ces dispositions qui ne présentent même pas un lien indirect avec le texte du projet initial. Ainsi, le contenu de ces dispositions déclarées inconstitutionnelles par le Conseil aurait

[1248] Décision n° 2015-715 DC du 05 août 2015, Cons. 165. *Loi pour la croissance, l'activité et l'égalité des chances économiques.* Dans le même sens, v. Décision n° 2018-770 DC du 6 septembre 2018, 110-114. *Loi pour une immigration maîtrisée, un droit d'asile effectif et une intégration réussie* ; Décision n° 2019-778 DC du 21 mars 2019, §§. 392-395. *Loi de programmation 2018-2022 et de réforme pour la justice.*

non seulement dû être soumis au Conseil d'État pour avis, conformément à l'article 39, al. 2, de la Constitution, mais encore il aurait dû faire l'objet d'un autre projet ou proposition de loi, ce que le Conseil d'État ne manquerait peut-être pas de signifier au gouvernement lorsqu'il aurait été saisi de ces dispositions. Sur ce point, Michel Verpeaux et Bertrand Mathieu, commentant la décision 2003-468 DC, affirment, à juste titre, que « *le conseiller du gouvernement [le Conseil d'État] doit avoir été en mesure de se prononcer sur l'ensemble des questions soulevées par le texte adopté en Conseil des ministres*[1249] ».

Le Conseil constitutionnel a pratiqué la même opération « d'exorcisme », s'agissant de la loi dite Taubira du 23 juillet 2015, en décidant : « *Considérant que les articles 4, 8, 9, 10, 13, 15, 16, 17, 18, 19, 20, 21, 22, 23, 24, 25, 26, 27, 28, 29, 30, 31, 32, 33, 34 et 36, qui n'ont pas de lien, même indirect, avec le projet de loi initial, ont été adoptés selon une procédure contraire à la Constitution ; que, dès lors, ces articles sont contraires à la Constitution ;*[1250] » Cette décision du Conseil, qui a fait barrage à pas moins de vingt-six articles irrégulièrement agrégés au texte initial au Parlement, n'est pas passée inaperçue dans les médias[1251]. Ainsi, au regard de cette jurisprudence tendant à l'extension du contrôle de la régularité des procédures législatives extraparlementaires, il n'est pas incongru d'affirmer que la pratique consistant à profiter d'un débat parlementaire bien enclenché en vue de faire passer discrètement certaines dispositions étrangères au texte initial est peut-être en voie de disparition. Le Conseil constitutionnel tend ainsi à freiner un détournement de la procédure législative avec toutes ses contraintes constitutionnelles[1252]. Et il n'est plus permis de parler d'une jurisprudence

---

[1249] Michel Verpeaux et Bertrand Mathieu, « Chronique de jurisprudence constitutionnelle n° 31 », février-juin 2003, *Petites affiches [Lextenso]*, 19 septembre 2003, p. 3.

[1250] Décision n° 2015-719 DC du 13 août 2015, Cons. 38. *Loi portant adaptation de la procédure pénale au droit de l'Union européenne*. V. aussi Décision n° 2016-741 DC du 8 décembre 2016, §§. 122 et 135. *Loi relative à la transparence, à la lutte contre la corruption et à la modernisation de la vie économique*. Dans le même sens, v. Décision n° 2016-745 DC, §§. 155, 165 et 190. S'agissant de cette dernière décision, les commentaires ne se sont pas fait attendre : « *Toutes ces dispositions censurées comme cavaliers législatifs ou au titre de la règle de l'entonnoir auraient mérité des textes de loi distincts, précédés d'un travail approfondi de concertation et d'évaluation de leur impact, tant de la part du Gouvernement que des assemblées.* » (« M. Philippe Bas salue la décision du Conseil constitutionnel sur la loi "Égalité et citoyenneté" : "Une sanction contre la frénésie et le désordre législatifs" », Site internet du Sénat, Consulté le 28 janvier 2017). Dans une moindre mesure, v. également Décision n° 2018-776 DC du 21 décembre 2018, §§. 61-63. *Loi de financement de la sécurité sociale pour 2019*.

[1251] « Plusieurs mesures portées par Taubira sabrées par le Conseil constitutionnel », *Le Figaro*, 16 août 2015.

[1252] Cependant, il faut être prudent à ce stade, bien que tout laisse à penser que le Conseil constitutionnel opère là un contrôle sérieux du lien entre l'avant-projet qui a été soumis au Conseil

embryonnaire en ce sens puisque le Conseil constitutionnel semble confirmer sa position. En effet, dans sa décision n° 2018-771 DC du 25 octobre 2018, le juge de la rue de Montpensier a décidé : « *Introduites en première lecture, les dispositions des articles 12, 21, 22, 31, 32, 33, 34, 35, 36, 37, 39, 40, 41, 42, 43, 49, 56, 58, 59, 60, 78, 86 et 87 ne présentent pas de lien, même indirect, avec celles qui figuraient dans le projet de loi déposé sur le bureau de l'Assemblée nationale. Adoptées selon une procédure contraire à la Constitution, elles lui sont donc contraires.*[1253] » Il en est de même dans sa décision n° 2018-772 DC du 15 novembre 2018 : « *Introduites en première lecture, les dispositions des articles 52, 53, 66, 72, 73, 76, 91, 101, 108, 121, 123, 135, 144, 147, 152, 155, 161, 184 et 200 ne présentent pas de lien, même indirect, avec celles qui figuraient dans le projet de loi déposé sur le bureau de l'Assemblée nationale. Adoptées selon une procédure contraire à la Constitution, elles lui sont donc contraires.* [1254] »

Dans ces conditions, le Conseil constitutionnel semble serrer de plus en plus les étaux sur le législateur en matière de contrôle de dispositions introduites en première lecture. En effet, depuis sa décision n° 2018-769 DC du 4 septembre 2018, le « lien même indirect » en première lecture de dispositions nouvelles ajoutées à un projet de loi n'est plus considéré de manière extrêmement large comme auparavant. Ainsi, un projet de loi dont l'objectif est d'assurer la possibilité de choisir son avenir professionnel ne présente, selon le Conseil constitutionnel, aucun lien même indirect avec des dispositions qui prévoient « *certaines facilités d'enseignement à distance* », définissent le « *campus des métiers et des qualifications* », « *prévoient la remise au Parlement de rapports portant,*

---

d'État et les amendements déposés et agrégés au texte au Parlement ; car le Conseil tolère, de manière incompréhensible, au regard de cette jurisprudence assez sévère, certains cavaliers législatifs (à titre d'illustration, compar. §. 147 avec §§. 155, 165 et 190 de la décision n° 2016-745 DC) ; d'autant plus que le Conseil constitutionnel tend à abandonner la logique des lettres rectificatives qui exigeait un retour systématique au Conseil d'État en vue d'amender sur le fond un projet de loi en discussion. Sur ce dernier point, il est flagrant de constater que, lors d'un colloque tenu en novembre 2016 (« L'Assemblée nationale et les avis du Conseil d'État », AN, 25 novembre 2016, *Op. cit.*), au centre duquel fut l'article 39, al. 2, de la Constitution, personne, pas même les membres de la doctrine, n'a évoqué le mécanisme des lettres rectificatives, ce qui indique un oubli, sinon l'abandon définitif, de celui-ci.

[1253] Décision n° 2018-771 DC du 25 octobre 2018, §. 39. *Loi pour l'équilibre des relations commerciales dans le secteur agricole et alimentaire et une alimentation saine, durable et accessible à tous.*

[1254] Décision n° 2018-772 DC du 15 novembre 2018, §. 39. *Loi portant évolution du logement, de l'aménagement et du numérique* ; v. aussi : Décision n° 2019-787 DC du 25 juillet 2019, §§. 11-14. *Loi pour une école de la confiance* ; Décision n° 2019-794 DC du 20 décembre 2019, §§. 58-64. *Loi d'orientation des mobilités* ; Décision n° 2019-796 DC du 27 décembre 2019, §. 142. *Loi de finances pour 2020.*

respectivement, sur les politiques régionales de lutte contre l'illettrisme et les centres d'information et d'orientation », imposent des négociations sur des « *mesures destinées à faciliter la conciliation entre la vie professionnelle et la vie personnelle des 'salariés proches aidants'* », prévoient « *l'allongement de la durée du premier contrat professionnel d'un jeune sportif passé par un centre de formation* »[1255]. De même, une disposition relative « *à la responsabilité sociale des plateformes de mise en relation par voie électronique* »[1256] et des dispositions autorisant « *la nomination de personnes n'ayant pas la qualité de fonctionnaire dans certains emplois de direction des fonctions publiques d'État, territoriale et hospitalière* »[1257] ont été jugées sans lien même indirect avec le projet de loi susvisé sur la liberté de choisir son avenir professionnel. Cette sévère restriction du lien même indirect en première lecture paraît particulièrement contraignante pour le législateur. Par cette décision, le Conseil constitutionnel semble enfin décider à faire respecter à la lettre les termes de l'article 39 de la Constitution et sa décision n° 2003-468 DC par laquelle il a imposé que le gouvernement pose l'ensemble des questions liées à son projet au Conseil d'État avant même l'adoption de celui-ci en Conseil des ministres.

Cette jurisprudence du Conseil présente un lien entre l'alinéa 1er de l'article 45 de la Constitution, qui dispose que « *Tout projet ou proposition de loi est examiné successivement dans les deux Assemblées du Parlement en vue de l'adoption d'un texte identique. Sans préjudice de l'application des articles 40 et 41, tout amendement est recevable en première lecture dès lors qu'il présente un lien, même indirect, avec le texte déposé ou transmis* », et la première phrase de l'alinéa 2 de l'article 39 de la Constitution, qui dispose que « *Les projets de loi sont délibérés en conseil des ministres après avis du Conseil d'Etat et déposés sur le bureau de l'une des deux Assemblées.* » Ce lien entre ces deux textes est tout à fait compréhensible. En effet, si le gouvernement et le Parlement pouvaient, à leur guise, ajouter à un projet de loi en discussion tout ce qu'ils voulaient, en méprisant le conseil que la Constitution a mis à leur disposition[1258], cela entacherait dangereusement

---

[1255] Décision n°2018-769 DC du 4 septembre 2018, §§. 80-85. *Loi pour la liberté de choisir son avenir professionnel.* Dans le même sens, v. Décision n° 2018-770 DC du 6 septembre 2018, §§. 115-118. *Loi pour une immigration maîtrisée, un droit d'asile effectif et une intégration réussie* ; Décision n° 2018-777 DC du 28 décembre 2018, §§. 75-86. *Loi de finances pour 2019* : le Conseil constitutionnel annule les cavaliers qui ont été introduits clandestinement dans le projet loi en première et en seconde lecture.

[1256] *Ibid.*, §§. 59-63.

[1257] *Ibid.*, §§. 69-71.

[1258] En considérant que l'alinéa 2 de l'article 39 de la Constitution exige l'avis du Conseil d'État tant pour le gouvernement que pour le Parlement, ce qui rend inconstitutionnelle la non communication de ce type d'avis par le premier au second, dans le cadre de la procédure législative.

l'intelligibilité, l'accessibilité, la clarté et la sincérité du débat législatif et, *in fine*, du droit produit lui-même ; et surtout, l'avis obligatoire du Conseil d'État, dans la procédure législative extraparlementaire, prévu expressément par la Constitution, serait de nul effet. Or, cette jurisprudence de principe du Conseil constitutionnel, désormais bien établie, vient justement rappeler une exigence constitutionnelle dont l'effet n'est pas nul. Ainsi, cette position du Conseil protège, du moins, autant les citoyens-justiciables auxquels le droit devrait s'appliquer en toute clarté, transparence et cohérence, que le rôle du Conseil d'État dans la procédure législative extraparlementaire[1259]. Cependant, il se pourrait que cette jurisprudence du Conseil constitutionnel soit, à terme, brouillée au regard d'une analyse quelque peu ambiguë que celui-ci a développée dans sa décision n° 2019-778 DC. En effet, dans cette décision, le Conseil a jugé : *« si certaines décisions d'irrecevabilité prononcées sur le fondement du premier alinéa de l'article 45 de la Constitution selon lequel « tout amendement est recevable en première lecture dès lors qu'il présente un lien, même indirect, avec le texte déposé ou*

[1259] Mais ce rôle « législatif » du Conseil d'État, au stade de la préparation de la norme, pose un problème important qu'il ne faut pas occulter. Le Conseil d'État est souvent qualifié de juge et partie, et il a parcouru un long chemin avant de faire non pas cesser mais diminuer les critiques à son égard. En effet, le Conseil d'État fait la norme dans sa fonction consultative et administrative, et la juge ou l'applique dans sa fonction contentieuse en tant que juge suprême de l'ordre juridictionnel administratif. Ainsi, il semble que, pour l'accessibilité de la norme juridique et pour la transparence de la justice administrative, il est nécessaire de repenser ce double rôle du Conseil d'État, comme le Conseil constitutionnel, d'ailleurs, semble vouloir limiter certains effets pervers de ce double rôle de l'institution : « *Il résulte de ce qui précède que les dispositions contestées attribuent au Conseil d'État statuant au contentieux la compétence d'autoriser, par une décision définitive et se prononçant sur le fond, une mesure d'assignation à résidence sur la légalité de laquelle il pourrait ultérieurement avoir à se prononcer comme juge en dernier ressort. Dans ces conditions, ces dispositions méconnaissent le principe d'impartialité et le droit à exercer un recours juridictionnel effectif. Ainsi, les mots « demander au juge des référés du Conseil d'État l'autorisation de » figurant à la première phrase du treizième alinéa de l'article 6 de la loi du 3 avril 1955, les deuxième et troisième phrases du même alinéa ainsi que les mots « autorisée par le juge des référés » figurant à la quatrième phrase de cet alinéa doivent être déclarés contraires à la Constitution. Par voie de conséquence, la dernière phrase du paragraphe II de l'article 2 de la loi du 19 décembre 2016 doit également être déclarée contraire à la Constitution.* » (Décision n° 2017-624 QPC du 16 mars 2017, §. 12. *M. Sofiyan I. [Durée maximale de l'assignation à résidence dans le cadre de l'état d'urgence]*). Selon Xavier Dupré de Boulois, « *Cette solution, inédite à notre connaissance, jure avec d'autres.* » (« 3 questions à Xavier Dupré de Boulois sur la décision rendue par le Conseil Constitutionnel concernant les assignations à résidence longue durée en état d'urgence », *Blog du Club des juristes*, 20 mars 2017). Cet auteur fait ainsi allusion à une décision de la CEDH (CEDH, 9 novembre 2006, *Sacilor Lormines / France*, n°65411/01) selon laquelle « *la seule circonstance que le Conseil d'Etat est susceptible de connaître d'un même acte au titre successivement de ses fonctions consultative et juridictionnelle ne viole pas le principe d'impartialité* » (même article). Cette nouvelle jurisprudence du Conseil constitutionnel semble contraster avec celle de la CEDH sur les différentes casquettes du Conseil d'État.

transmis », ont été contestées lors des débats à l'Assemblée nationale, il ne résulte pas des travaux parlementaires que les amendements déposés par les députés appartenant à des groupes d'opposition aient fait l'objet d'un traitement différent des autres amendements. Au demeurant, ***des amendements du Gouvernement et de députés du groupe majoritaire ont été déclarés irrecevables, en commission et en séance, sur le même fondement****. En outre, aucune exigence constitutionnelle n'impose la motivation des décisions d'irrecevabilité prononcées à ce titre par les instances parlementaires, pas davantage que l'existence d'un recours au sein de l'assemblée en cause.*[1260] » Cette conclusion du Conseil constitutionnel est particulièrement problématique, voire dangereuse, dans la mesure où la majorité parlementaire pourrait à dessein faire déposer des amendements farfelus par certains de ses membres pour pouvoir les rejeter dans les mêmes conditions que des amendements d'opposition afin de maquiller une fausse égalité de traitement dont la finalité ne serait autre que de faire croire que le rejet de certains amendements d'opposition en première lecture n'est pas arbitraire alors que, en réalité, cela pourrait être le cas. Par conséquent, à lui seul, cet argument du Conseil fondé sur le traitement identique d'amendements de la majorité n'est pas de nature à soutenir sa fonction d'arbitre entre la majorité parlementaire et l'opposition. D'ailleurs le Conseil constitutionnel paraît, dans sa décision n° 2019-781 DC du 16 mai 2019[1261], justifier une rupture d'égalité entre les parlementaires de la majorité et ceux de l'opposition en donnant aux premiers accès à des informations auxquels les seconds n'ont pas eu accès. Cette solution crée un précédent dangereux car les gouvernements peuvent tout à fait favoriser leur majorité en leur donnant certaines informations au détriment des autres. En statuant ainsi, le Conseil montre une fois de plus qu'il n'applique pas toujours de manière stricte le droit parlementaire, ce qui est dommage et ne se justifie pas par souci de pragmatisme.

Pour autant, malgré cette tendance à l'extension du contrôle de la procédure législative devant le Conseil d'État, cette jurisprudence constitutionnelle pourrait ne pas trouver davantage de précision, quant à l'étendue de sa portée, et cela pour une raison simple. Le gouvernement, dans l'état actuel du droit, et ce malgré les pressions politiques et doctrinales qui pèsent sur lui, n'a aucune obligation de rendre publics les avis rendus par le Conseil d'État sur ses projets de réforme au titre de l'article de 39, al. 2, de la Constitution. De ce point de vue-là, il semble

---

[1260] Décision n° 2019-778 DC du 21 mars 2019, §. 11. *Loi de programmation 2018-2022 et de réforme pour la justice.*

[1261] Décision n° 2019-781 DC du 16 mai 2019, §§. 36. *Loi relative à la croissance et la transformation des entreprises.*

difficile, pour le Conseil constitutionnel, de requérir un avis non rendu public, sauf à entrer dans une pratique qui, de fait, contraindrait l'exécutif à faire une exception lorsqu'il s'agit d'une réquisition juridictionnelle d'un avis du Conseil d'État de la part du Conseil constitutionnel[1262]. Jean-Claude Bécane et Michel Couderc ont pourtant fait de la publicité de la procédure législative préparatoire un critère de cette notion et de sa valeur démocratique dans la délibération parlementaire. Ainsi, « *En remplissant une fonction médiatique et pédagogique au bénéfice de la compréhension de la loi, la publicité est l'une des marques du caractère démocratique du travail parlementaire.*[1263] » Or, contrairement à ce principe de publicité du débat législatif, les avis du Conseil d'État relatifs aux projets de loi ne sont rendus publics que lorsque le gouvernement le souhaite. Mais il semble qu'il faut, du moins, nuancer cette considération des travaux préparatoires, à travers les avis obligatoires du Conseil d'État, au regard de la jurisprudence constitutionnelle. Sans pour autant conclure à un mélange des genres qui attenterait au principe de la séparation des pouvoirs, en l'occurrence entre les autorités juridictionnelles et administratives, les juges se parlent. Les avis du Conseil d'État, bien qu'ils ne soient pas rendus publics, peuvent aisément parvenir au Conseil constitutionnel si celui-ci en fait la demande dans le cadre de l'instruction des affaires qu'il traite, sachant que son secrétariat général, à une exception près[1264], a toujours eu à sa tête un conseiller d'État[1265], ce qui peut faciliter le dialogue entre ces deux institutions.

D'ailleurs, s'agissant de la transparence du débat normatif, il semble que le Conseil constitutionnel s'est bien rendu compte de l'intérêt démocratique et du bénéfice de cette publicité attachée aux travaux préparatoires dans le cadre de la procédure législative extraparlementaire. Bien que la publicité ne soit pas considérée dans cette recherche comme un critère de définition des travaux préparatoires, ni comme une condition de leur usage dans l'interprétation

---

[1262] Peut-être qu'une telle pratique est déjà en place. En effet, de même que le Conseil constitutionnel requiert assez souvent les avis du HCFP, dans le cadre de l'examen de constitutionnalité des lois de finances, rien ne lui interdit de procéder de la même manière, s'agissant des avis du Conseil d'État.

[1263] Jean-Claude Bécane et Michel Couderc, *La loi*, Dalloz, Coll. : « Méthodes du droit », 1994, p. 159.

[1264] Pour une explication de cette exception, v. Michel Verpeaux, *Le Conseil constitutionnel*, La Documentation française, 2ème édition, Coll. : « Les études », 2014, p. 45.

[1265] Sur ce point, rien ne dit que le Conseil constitutionnel n'a pas eu accès à l'avis du Conseil d'État, dont il était question dans la décision n° 2003-468 DC, par l'entremise de son secrétaire général ; en effet, entre 1997 et 2007, le poste de secrétaire général du Conseil constitutionnel fut tenu par Jean-Eric Schoettl, qui était aussi conseiller d'État.

constitutionnelle, il ne serait pas étonnant que cette considération de la publicité soit une explication de l'importance que le Conseil accorde à ces derniers en vue d'assurer sa fonction de contrôle de la constitutionnalité des normes législatives, en conférant, ainsi, une résonnance démocratique supplémentaire à la justice constitutionnelle. Ainsi, le Conseil constitutionnel exploiterait autant que faire se peut le rôle épistémologique de l'ensemble des travaux préparatoires des normes dont l'usage « *alimente et accroît la connaissance et la compréhension du texte*[1266] » soumis à son contrôle.

Certes, la jurisprudence issue de la décision n° 2003-468 DC et de celles interdisant les cavaliers[1267] vise à mettre en valeur la fonction consultative du Conseil d'État, qui s'estimait déjà avoir une compétence partagée avec le gouvernement dans la phase préparatoire des projets de loi, mais aussi à protéger le droit d'amendement des parlementaires face à l'emprise du gouvernement dans la procédure législative ; mais il semble que cette jurisprudence, bien qu'elle soit loin d'être exagérément fournie, tend aussi à un objectif non explicitement exprimé : celle de la mise en scène du rôle consultatif du Conseil d'État par le Conseil constitutionnel en vue d'une meilleure visibilité démocratique de celui-ci dans son rôle d'interprète finaliste des normes dans l'ordre juridique interne.

Cependant, les arguments d'inconstitutionnalité avancés par le Conseil d'État, dans le cadre de ses avis préparatoires obligatoires, ne sont pas forcément certains du sort que le Conseil constitutionnel leur réserve lorsque celui-ci statuera *in fine* sur le texte. À titre d'illustration, le Conseil constitutionnel a, dans sa décision n° 2015-715 DC, à propos de l'éviction des actionnaires désapprouvant un plan de redressement, sèchement rejeté une interprétation prononcée par le Conseil d'État dans son avis sur le texte en question[1268]. Sur ce dernier point, une commentatrice a pu affirmer : « *Saisi pour avis préalable dans le cadre des travaux préparatoires de l'ordonnance du 12 mars 2014, le Conseil d'Etat avait jugé qu'une telle éviction risquait l'inconstitutionnalité.*[1269] » Or, force est de

---

[1266] Michel Verpeaux, *Le Conseil constitutionnel*, *Op. cit.*, p. 159.

[1267] Il convient cependant de distinguer deux types de cavaliers législatifs. D'abord les cavaliers conformes, puis des cavaliers non conformes aux exigences constitutionnelles, s'agissant de la procédure législative. Le Conseil constitutionnel a notamment précisé cette distinction dans sa Décision n° 2017-752 DC du 8 septembre 2017, §§. 10, 55, 69, 70, 71, 72-73. *Loi organique pour la confiance dans la vie politique*.

[1268] Décision n° 2015-715 DC du 5 août 2015, Cons. 139 s. *Loi pour la croissance, l'activité et l'égalité des chances économiques*.

[1269] Emilie Haroche, « L'éviction des actionnaires validée par le Conseil constitutionnel au nom du droit à l'emploi », *Option Finance n° 1332*, Lundi 14 septembre 2015, p. 36.

constater que le Conseil constitutionnel a finalement validé la disposition de la loi Macron qui prévoyait une telle possibilité d'éviction d'actionnaires en son article 238. Ainsi, le rôle du Conseil d'État qui pourrait être vu comme celui d'un gendarme législatif[1270] est atténué et encadré à sa juste valeur, en même temps qu'il est protégé, par la jurisprudence constitutionnelle. Cette manœuvre confirme que le Conseil constitutionnel exploite le rôle consultatif du Conseil d'État au profit du renforcement de l'interprétation constitutionnelle qu'il prononce.

Au regard de cette jurisprudence constitutionnelle protectrice du rôle du Conseil d'État dans la procédure législative extraparlementaire, il serait permis de penser que le Conseil constitutionnel accepterait que l'absence, voire même l'insuffisance d'étude d'impact d'un projet de loi, conformément à l'article 8 de la loi organique du 15 avril 2009, lors de la soumission de ce projet au Conseil d'État, entacherait la régularité de la procédure législative extraparlementaire[1271] ; mais le Conseil constitutionnel en a pourtant décidé autrement en décidant « *que le caractère éventuellement incomplet de l'étude d'impact dans l'état antérieur à son dépôt sur le bureau de la première assemblée saisie est sans incidence sur le respect des exigences de l'article 8 de la loi organique du 15 avril 2009 ; qu'au regard du contenu de l'étude d'impact, le grief tiré de la méconnaissance de l'article 8 de la loi organique du 15 avril 2009 doit être écarté ; qu'il en va de même du grief tiré de l'atteinte aux exigences constitutionnelles de clarté et de sincérité des débats parlementaires ;*[1272] »

Enfin, bien que son rôle soit plus étendu, le Conseil d'État n'est pas le seul organe à avoir un rôle constitutionnel obligatoire aussi protégé dans la procédure législative extraparlementaire ; le Conseil économique, social et environnemental, bien que dans une moindre mesure, a un rôle constitutionnel similaire à celui du Conseil d'État, dont il convient de mesurer la portée également à la lumière de la jurisprudence constitutionnelle.

[1270] Marie Visot, « Le Conseil d'État porte un coup à la loi Sapin 2 anti-blanchiment », *Le Figaro*, 27 mars 2016.
[1271] V. Décision n° 2015-715 DC du 05 août 2015, Cons. 2. *Op. cit.*
[1272] *Ibid.*, Cons. 5. V. également Décision n° 2019-794 DC du 20 décembre 2019, §. 5. *Loi d'orientation des mobilités.*

B) Le contrôle de la procédure législative extraparlementaire suivie devant le Conseil économique, social et environnemental

La fonction législative du CESE, en tant que conseiller du gouvernement, n'est sans doute pas aussi célèbre que celle du Conseil d'État. Il semble que Léo Hamon tenait à « *orienter et diriger certains de ses élèves vers l'étude du Conseil économique et social*[1273] ». Mais force est de constater que, malgré cette bonne volonté de Léo Hamon, cette institution présente peu d'intérêt dans les travaux de recherche juridique ; pourtant son poids dans l'opinion et le débat publics peut être salutaire et son rôle dans la production de certaines normes s'avère fondamental. Claude Lefort, témoignant de l'importance du rôle du prédécesseur du CESE, dans l'opinion publique, a pu affirmer que « *dès 1949, les révélations faites au Conseil économique et social sur le nombre des détenus dans les camps se trouvaient répandues dans l'opinion publique, elles frappaient de stupeur les intellectuels de gauche non communistes, en France, et arrachaient à Sartre et à Merleau-Ponty la condamnation d'un régime qui, allaient-ils jusqu'à dire, ne faisait peut-être qu'usurper le nom de socialisme.*[1274] » Si « *le juridique ne peut être expliqué par le juridique que pour des raisons sociologiques*[1275] », ce n'est pas tant cet aspect sociologique du CESE qui est à l'étude ici que son rôle dans la procédure législative extraparlementaire.

Il est à observer que le CESE est impliqué dans la production normative à plusieurs stades[1276] ; cela a déjà été évoqué, il ne convient pas d'y revenir. Le rôle du CESE dans le cadre de sa mission législative extraparlementaire est prévu à l'article 70, dernière phrase, de la Constitution qui dispose : « *Tout plan ou tout projet de loi de programmation à caractère économique, social ou environnemental lui est soumis pour avis.* » C'est sur ce fondement que le Conseil constitutionnel a

---

[1273] Gabriel Ventejol, « Léo Hamon au Conseil économique et social », in *Itinéraires : études en l'honneur de Léo Hamon*, Economica, 1982, p. 616.

[1274] Claude Lefort, « Une autre révolution », *in* Claude Lefort, *L'invention démocratique. Les limites de la domination totalitaire*, Fayard, 1981, pp. 236-237. Ces propos sont la critique de la passivité de la gauche française, notamment communiste, qui tardait à condamner les dérives du communisme en URSS et à regarder comme telle la juste cause des révolutionnaires hongrois du 23 octobre au 11 novembre 1956.

[1275] V. Bastien François, « Une théorie des contraintes juridiques peut-elle n'être que juridique », *in* Michel Troper et *ali* (dir.), *Théorie des contraintes juridiques*, Bruylant-LGDJ, 2005, p. 170.

[1276] Pierre Avril, Jean Gicquel et Jean-Éric Gicquel, *Droit parlementaire*, LGDJ, 5ème édition, 2014, p. 215, n° 247. Cet aspect du rôle du CESE a été déjà présenté *Supra*, v. Chap. 2, Titre I, Première partie.

pu opérer un contrôle du déclenchement du rôle législatif extraparlementaire que doit jouer le CESE.

En effet, dans sa décision n° 2005-512 DC, le Conseil constitutionnel a jugé : « *Considérant, en l'espèce, que, dès le dépôt du projet dont est issue la loi déférée sur le bureau de la première assemblée saisie, le rapport annexé à celle-ci se rattachait à la catégorie des lois de programme ; qu'en effet, bien qu'ayant fait l'objet de nombreux amendements parlementaires au cours de son examen, il a toujours eu pour objet de faire approuver par le Parlement des dispositions dénuées d'effet juridique, mais fixant des objectifs qualitatifs et quantitatifs à l'action de l'Etat en matière éducative ; que, dès lors, en vertu de l'article 70 de la Constitution, il aurait dû être soumis pour avis au Conseil économique et social ; que l'omission de cette formalité substantielle a entaché la régularité de la procédure mise en oeuvre pour son approbation ;*[1277] ». Comme pour le Conseil d'État, en 2003, la sentence est fatale pour le gouvernement-législateur puisque le Conseil constitutionnel conclut « *qu'il résulte de ce qui précède que l'article 12 de la loi déférée, qui approuve le rapport annexé, est contraire à la Constitution ;*[1278] ». Cette décision du Conseil constitutionnel confirme le rôle législatif du CESE, dans la procédure législative extraparlementaire, au même titre que celui du Conseil d'État, bien que dans un champ nettement limité. Mais le rôle du CESE n'a pas toujours été aussi limité dans la confection des normes législatives, l'institution a même, pendant longtemps, bénéficié d'un statut constitutionnel bien avant le Conseil d'État.

En effet, sous la IVème République, le Conseil économique et social, devenu Conseil économique, social et environnemental depuis la réforme constitutionnelle du 23 juillet 2008, avait, en vertu de la hiérarchie des normes, un rôle beaucoup plus protégé, dans le processus préparatoire d'élaboration des normes législatives, que celui du Conseil d'État[1279] jusqu'en 1958. La Constitution de 1946 comportait un titre (le titre III) intitulé « *Du Conseil économique* » dont l'article unique (l'article 25 de la Constitution) disposa : « *Un Conseil économique, dont le statut est réglé par la loi, examine, pour avis, les projets*

[1277] Décision n° 2005-512 DC du 21 avril 2005, Cons. 14. *Loi d'orientation et de programme pour l'avenir de l'école.*

[1278] *Ibid.*, Cons. 15.

[1279] D'ailleurs, jusqu'à une période récente, comme l'a souligné Guy Braibant, en effet, « *la consultation du Conseil d'Etat sur les lois n'était que facultative, à l'initiative, d'ailleurs, des chambres comme du gouvernement. En raison de l'hostilité des parlementaires, elle était en réalité très rare – deux ou trois projets par an – malgré le vigoureux combat mené par Laferrière, par la plume et par la parole, pour la développer* » (Guy Braibant, « Le rôle du Conseil d'Etat dans l'élaboration du droit », in *Mélange René Chapus : Droit administratif*, Montchrestien, 1992, p. 93).

et propositions de loi de sa compétence. Ces projets lui sont soumis par l'Assemblée nationale avant qu'elle n'en délibère [al. 1er]. Le Conseil économique peut, en outre, être consulté par le Conseil des ministres. ***Il l'est obligatoirement sur l'établissement d'un plan économique national ayant pour objet le plein emploi des hommes et l'utilisation rationnelle des ressources matérielles*** *[al. 2].* »

Alors que le Conseil d'État lui-même ne voyait sa compétence consultative dans le processus normatif prévue que par une simple ordonnance de nature législative, en l'occurrence l'ordonnance du 31 juillet 1945 portant sur le Conseil d'État, le CESE a vu sa compétence fixée par le constituant dès 1946, et la Constitution de 1958 ne remettra pas en cause ce rôle constitutionnel du CESE[1280], quoi qu'elle en ait quelque peu limité sa prépondérance et son champ d'intervention.

Comme pour le Conseil d'État, le gouvernement pouvait mal comprendre la dernière phrase de l'article 70 de la Constitution en minimisant son sens et sa portée. Mais le Conseil constitutionnel est venu préciser en 2005 qu'il s'agissait là, certes, d'une formalité d'ordre procédural, mais surtout une « *formalité substantielle* », si jamais le terme *formalité* pouvait être entendu et compris comme *sans intérêt*. Là aussi, le présent de l'indicatif (« *lui est soumis pour avis* ») employé par le constituant de 1958, s'agissant du rôle du CESE dans la procédure législative extraparlementaire, vaut impératif. En ce sens, le constituant de 1958 s'est inscrit dans les pas du constituant de 1946 qui avait expressément prévu l'impérativité qui s'attachait au rôle législatif extraparlementaire du CESE par la phrase : « *Il l'est obligatoirement* », s'agissant de la saisine de l'institution, dans ce cadre précis.

Depuis cette décision n° 2005-512 DC, le gouvernement semble avoir bien compris les exigences constitutionnelles découlant de l'article 70 de la Constitution. En effet, lors de l'examen de constitutionnalité de la loi de programmation sur la transition énergétique du 18 août 2015, le gouvernement a bien démontré au Conseil constitutionnel qu'il a respecté ses exigences. Dans ses observations relatives à la décision n° 2015-718 DC, le gouvernement a ainsi

---

1280 Comme le montrent d'ailleurs ces mots de Charles de Gaulle : « *Qu'un Conseil économique et social, désigné en dehors de la politique par les organisations professionnelles et syndicales du pays et de l'outre-mer, fournisse ses avis au Parlement et au gouvernement.* » (« Discours prononcé place de la République », Paris, 4 septembre 1958, Fondation Charles de Gaulle [en ligne]). Malgré la querelle qui a eu lieu dans les années 1970 entre le CESE et Charles de Gaulle, ce qui, d'ailleurs, a précipité la retraite politique de celui-ci, ce discours montre bien que le rôle constitutionnel du CESE fut envisagé, dès le départ, par Charles de Gaulle lui-même.

argumenté : « *Le Conseil constitutionnel a repris cette jurisprudence applicable aux lois de programmes pour les lois de programmation en jugeant que les dispositions dénuées de portée normative figurant dans les lois de programmation qui mettent en œuvre le vingtième alinéa de l'article 34 de la Constitution ne sont pas contraires à la Constitution (décision n°2011-625 DC, cons. 4).*[1281] » Et le gouvernement a ajouté : « *Les projets de loi de programmation doivent être soumis pour avis au Conseil économique, social et environnemental, conformément aux dispositions de l'article 70 de la Constitution, ce qui a été le cas du projet de loi relatif à la transition énergétique pour la croissance verte.*[1282] » Conscient de l'inconstitutionnalité que pouvait encourir le manquement à une procédure qualifiée de « *substantielle* » par la décision n° 2005-512 DC, le gouvernement a conclu : « *Dans ce contexte, on ne saurait reprocher aux dispositions contestées, qui fixent des objectifs équilibrés à la politique énergétique dans le cadre d'une loi de programmation, d'être insuffisamment précises et normatives. Et, du fait même qu'elles fixent des objectifs, on ne saurait utilement soutenir qu'elles méconnaissent des principes constitutionnels.*[1283] »

Dans l'attente d'une meilleure visibilité de la fonction du CESE dans la procédure législative extraparlementaire, notamment après la revalorisation de son rôle par la réforme constitutionnelle de 2008, les avis de cette institution, sur le fondement de la dernière phrase de l'article 70 de la Constitution, sont loin d'être d'une popularité excessive. Cela est, peut-être, voire sans nul doute, dû à l'absence de normativité des lois de programme ou de programmation sur les projets desquels le CESE est conduit à se prononcer[1284].

[1281] Observations du gouvernement, *in* Décision n° 2015-718 DC.

[1282] *Ibid.*

[1283] *Ibid.* On l'a vu, trois éléments ont été mis en avant dans ce texte. D'abord, la portée normative des lois de programme ou de programmation. Ensuite, la saisine obligatoire du CESE (art. 70 de la Constitution : le Premier ministre a saisi le CESE le 18 juin 2014, lequel a rendu un avis le 18 juillet 2014). Puis, enfin, la particularité des lois de programme (absence de normativité acceptée). Ces trois éléments qui sont aussi le terreau des critiques traditionnelles pouvant être dirigées à l'endroit des lois de programme et de programmation pluriannuelle, sont les caractéristiques même de cette catégorie particulière de loi prévue par la Constitution.

[1284] Cependant, une formation des membres du CESE à la *légistique* en général et à l'analyse de la jurisprudence constitutionnelle tendant à valoriser son rôle semble s'avérer nécessaire. Cela permettrait à l'institution de proposer, dans le cadre de ses avis rendus au titre de l'article 70 de la Constitution, une meilleure rédaction et donc une meilleure cohérence des projets de loi sur lesquels il avise le gouvernement en le conduisant à respecter les formalités constitutionnelles nécessaires, telles que le Conseil constitutionnel les définit (v. Décisions n° 2015-715 DC, Cons. 165 et n° 2015-719 DC, Cons. 38). Cette formation à la *légistique* des membres de l'institution permettrait aussi une meilleure crédibilité de ses propositions, car, lorsque le Conseil constitutionnel déclare inconstitutionnelle une disposition législative pour une raison purement procédurale, l'ensemble des organes qui ont contribué de près ou de loin à la préparation de cette disposition sont affectés.

Enfin, après l'analyse du contrôle de la régularité du déclenchement du rôle constitutionnel du Conseil d'État et celui du CESE, dans le cadre de la procédure législative extraparlementaire, il convient de s'intéresser à celui de la Cour des comptes qui, à certains égards, est assez complexe.

C) Le contrôle de la procédure législative extraparlementaire suivie devant la Cour des comptes par le biais du Haut Conseil des finances publiques

Le rôle de la Cour des comptes dans la procédure législative extraparlementaire est prévu à l'article 47-2 de la Constitution. Cependant, cette disposition n'a fait de la Cour des comptes qu'un assistant du Parlement et du gouvernement dans l'élaboration des lois de finances. En tant qu'assistant, son rôle paraît secondaire par rapport à celui du Parlement. En outre, son rôle paraît moins important que celui du Conseil d'État ou encore celui du CESE, dans la mesure où il serait difficile pour le Conseil constitutionnel de déclarer le rôle de la Cour, dans la procédure législative extraparlementaire, comme étant une « *formalité substantielle* ». En effet, la Constitution ne semble pas conférer un caractère substantiel au rôle de la Cour des comptes dans la procédure législative. Mais ce n'est pas tant ce rôle d'assistant, malgré son importance pratique[1285], de

---

Leurs compétences, et donc leur crédibilité et leur efficacité professionnelles en tant qu'organismes experts, en dépendent, même si, en théorie, seul le gouvernement semble être responsable de l'invalidation de ladite disposition. Cette analyse est loin d'être isolée car, en effet, François Luchaire écrivait que, lorsque le Conseil constitutionnel censure une disposition législative, « *dans son esprit, [il] condamne non seulement le Parlement mais aussi le Gouvernement ; on pourrait ajouter également le Conseil d'État.* » (François Luchaire, « Souvenirs du 16 juillet 1971 », in *La liberté d'association et le droit*, Conseil constitutionnel, vendredi 29 juin 2001 [en ligne, site internet du CC], p. 20). Et pour cela, cette formation à la *légistique* devrait être élargie à la capacité d'analyse des décisions du Conseil constitutionnel rendues sur des lois relevant des trois domaines de compétence du Conseil économique, social et environnemental, en vue de mieux évaluer les travaux de celui-ci dans la jurisprudence constitutionnelle.

[1285] En effet, selon Martin Collet, « *Sur le plan strictement juridique, les conclusions des rapports de la Cour des comptes – lorsque, comme en l'espèce, elle intervient dans le cadre de ses compétences non-juridictionnelles – n'ont effectivement aucune portée contraignante ni ne produisent aucun effet de droit. Mais cela ne signifie évidemment pas qu'elles n'ont pas de portée pratique : la forte médiatisation dont elles sont l'objet est de nature à inciter le gouvernement et le Parlement à modifier leur comportement, ou bien encore à leur fournir des arguments pour conduire certaines réformes jugées indispensables au regard des conclusions de la Cour. Et c'est bien la raison pour laquelle, depuis 1981, les nouvelles majorités s'empressent de manière quasi-systématique de commander un audit des finances publiques à*

la Cour qui est intéressant ici que sa responsabilité, dans le contrôle de la régularité, de la sincérité et de la fidélité du résultat de la gestion des comptes des administrations publiques. En effet, l'alinéa 2, de l'article 47-2, de la Constitution dispose : « *Les comptes des administrations publiques sont réguliers et sincères. Ils donnent une image fidèle du résultat de leur gestion, de leur patrimoine et de leur situation financière.* » Ainsi, le contrôle de la régularité, de la sincérité et de la fidélité du résultat des comptes des administrations publiques incombe, *a fortiori*, à la Cour des comptes.

Dans l'objectif de mieux assurer cette triple fonction à l'égard du résultat de la gestion des comptes des administrations publiques, du moins sur le plan macroéconomique, il a été procédé, en 2012, à la création du Haut conseil des finances publiques (HCFP) chargé de « *Rendre un avis sur le réalisme des prévisions macroéconomiques du Gouvernement [et] sur la cohérence des objectifs annuels avec les objectifs pluriannuels de finances publiques*[1286] ». Placé auprès de la Cour des comptes, le HCFP, qui exerce sa mission en toute indépendance, notamment par rapport au gouvernement, s'inscrit dans le prolongement du rôle de cette Cour dont le premier président le préside également. Ainsi, on peut considérer que le rôle du HCFP est un rôle constitutionnel par ricochet ; d'ailleurs le Conseil constitutionnel semble le reconnaître dans plusieurs de ses décisions.

La reconnaissance de l'expertise du HCFP dans l'élaboration des lois de finances est en effet assez visible dans les analyses du Conseil constitutionnel. Dans sa décision n° 2013-682 DC, pouvant être qualifiée de décision de principe en la matière, celui-ci a jugé : « *Considérant, en premier lieu, que le projet de loi de financement de la sécurité sociale pour 2014 a été fondé sur des prévisions de croissance de 0,1 % en moyenne annuelle pour 2013 et de 0,9 % pour 2014 ; que, dans son avis susvisé, le Haut conseil des finances publiques a estimé que si « les prévisions de croissance sont plausibles », « le scénario macroéconomique présente des éléments de fragilité » ;*[1287] » ; le Conseil ajoute : « *Considérant qu'il ne ressort ni de l'avis du*

---

une commission d'expert. » (« 3 questions à Martin Collet sur les constats du rapport d'audit de la Cour des comptes », *Blog du Club des juristes*, 3 juillet 2017).

[1286] V. Chap. III, article 11, de la loi organique du 17 décembre 2012 relative à la programmation et à la gouvernance des finances publiques. V. aussi le site internet de l'organisme (http://www.hcfp.fr/Missions) [Consulté le 31 juillet 2015].

[1287] Décision n° 2013-682 DC du 19 décembre 2013, JO du 24 décembre 2013, p. 21069, Texte n° 4, Cons. 4. *Loi de financement de la sécurité sociale pour 2014* ; dans le même sens, v. Décision n° 2015-725 DC du 29 décembre 2015, Cons. 5 et 6. *Loi de finances pour 2016.* Outre le HCFP, un autre organisme à compétence financière pourrait jouer le même rôle que ce dernier dans la production extraparlementaire des lois de finances. Il s'agit du Haut conseil de stabilité financière

Haut conseil des finances publiques ni des autres éléments soumis au Conseil constitutionnel que les hypothèses économiques sur lesquelles est fondée la loi de financement de la sécurité sociale soient entachées d'une intention de fausser les grandes lignes de l'équilibre de la loi déférée ;[1288] » Ainsi, l'avis du HCFP est présenté comme l'un des éléments essentiels permettant au Conseil constitutionnel d'apprécier la sincérité ou non des lois de nature financière.

Dans sa décision n° 2014-698 DC, le Conseil constitutionnel a décidé : « *Considérant, en premier lieu, qu'il ne ressort ni de l'avis du Haut conseil des finances publiques ni des autres éléments soumis au Conseil constitutionnel que les hypothèses économiques pour l'année 2014 sur lesquelles est fondée la loi déférée soient entachées d'une intention de fausser les grandes lignes de son équilibre ;*[1289] » Ici, le Conseil confirme sa précédente décision au regard du rôle des avis du HCFP dans la procédure législative extraparlementaire.

Dans sa décision n° 2014-699 DC, le Conseil a encore jugé : « *Considérant, en premier lieu, qu'il ne ressort ni de l'avis du Haut conseil des finances publiques ni des autres éléments soumis au Conseil constitutionnel que les hypothèses économiques pour l'année 2014 sur lesquelles est fondée la loi déférée soient entachées d'une intention de fausser les grandes lignes de son équilibre ; […] ; Considérant qu'il résulte de ce qui précède que les griefs tirés du défaut de sincérité de la loi de finances rectificative pour 2014 doivent être écartés ;*[1290] » Cette troisième décision du Conseil associant le HCFP dans son interprétation de la situation en jeu permet de parler d'une véritable jurisprudence constitutionnelle des avis du HCFP adressés au gouvernement dans le cadre de l'élaboration des projets de loi de nature financière.

Dans sa décision n° 2016-742 DC du 22 décembre 2016, où, sur le fondement de l'avis du HCFP, les requérants reprochaient, une fois de plus, la

---

(HCSF), créé par la loi de séparation et de régulation des activités bancaires du 26 juillet 2013 (v. la présentation du « Rapport annuel 2015 » de cet organisme, in *Lettre de la DAJ n° 190*, juin 2015). Le seul problème est que cet organisme est purement politique, son président n'étant autre que le ministre du budget lui-même (v. le même rapport annuel, p. 1).

[1288] *Ibid.*, Cons. 5.

[1289] Décision n° 2014-698 DC du 06 août 2014, Cons. 4. *Loi de financement rectificative de la sécurité sociale pour 2014.* Dans le même sens, v. Décision n° 2015-723 DC du 17 décembre 2015, Cons. 3. *Loi de financement de la sécurité sociale pour 2016.*

[1290] Décision n° 2014-699 DC du 06 août 2014, Cons. 4 et 6. *Loi de finances rectificative pour 2014.*

sincérité des informations chiffrées fournies par le gouvernement[1291], le Conseil constitutionnel a estimé que, nonobstant la prudence qui ressortait des analyses du HCFP[1292], le gouvernement, qui, bien qu'avec un léger optimisme, par rapport aux analyses du HCFP, ne s'est pas écarté de manière disproportionnée desdites analyses[1293], n'a pas été insincère. Par conséquent, le Conseil a pu conclure qu'« *Il résulte de ce qui précède que le grief tiré du défaut de sincérité de la loi de financement de la sécurité sociale pour 2017 doit être écarté.*[1294] »

[1291] Décision n° 2016-742 DC du 22 décembre 2016, §. 2. *Loi de financement de la sécurité sociale pour 2017*. Les députés requérants s'appuyaient également sur l'avis du comité d'alerte sur l'évolution des dépenses d'assurance maladie du 12 octobre 2016 pour faire « *valoir que la prévision d'augmentation de l'objectif national de dépenses d'assurance maladie est sous-évaluée.* »

[1292] Le Conseil constitutionnel a soulevé que « *Le projet de loi de financement de la sécurité sociale a été fondé sur des prévisions de croissance du produit intérieur brut de 1,5 % pour l'année 2016 comme pour l'année 2017. Dans son avis mentionné ci-dessus, le Haut conseil des finances publiques a estimé que la prévision pour 2016 était « un peu élevée au regard des informations connues à ce jour » et « supérieure à la plupart des prévisions publiées récemment ». Il a considéré que celle pour 2017 était « optimiste compte tenu des facteurs baissiers qui se sont matérialisés ces derniers mois ». Le Haut conseil des finances publiques a par ailleurs souligné les « fortes incertitudes sur la réalisation des économies de grande ampleur » prévues pour l'établissement de l'objectif national de dépenses d'assurance maladie.* » (*Ibid.*, §. 5). La décision n° 2016-743 DC (*Loi de finances rectificative pour 2016*, §§. 2-6) va dans le même sens.

[1293] *Ibid.*, §. 6. Le Conseil a d'ailleurs constaté que d'autres analyses faites par d'autres institutions ont confirmé les analyses du HCFP et ont démontré que le gouvernement ne recherchait pas à dissimuler des informations sincères au Parlement : « *En premier lieu, si les hypothèses retenues peuvent être regardées comme optimistes, ainsi que le Haut conseil des finances publiques l'a relevé, il ne ressort toutefois ni de l'avis de ce dernier, ni des autres éléments soumis au Conseil constitutionnel, et notamment des prévisions de croissance du produit intérieur brut pour 2016 et 2017 établies par différentes institutions telles que la commission européenne, la banque de France, le fonds monétaire international et l'organisation de coopération et de développement économiques, que les hypothèses économiques sur lesquelles est fondée la loi de financement de la sécurité sociale sont entachées d'une intention de fausser les grandes lignes de l'équilibre de la loi déférée.* » Il en va de même dans la décision n° 2016-744 DC du 29 décembre 2016 (*Loi de finances pour 2017*, §. 6). Cette décision est d'autant plus intéressante qu'elle montre que le Conseil s'appuie sur les analyses scientifiques de nombreux organes extérieurs au Parlement pour contrôler la sincérité des débats parlementaires sur les projets de loi de nature financière. Mais il ne serait pas étonnant (ni excessif) que le Conseil constitutionnel cherche plutôt à protéger la marge de manœuvre du gouvernement en matière de loi de finances vis-à-vis du Parlement devant demeurer *rationnalisé*, d'autant plus qu'il a, dans sa décision n° 2017-758 DC du 28 décembre 2017, semblé recentrer son besoin d'expertises macroéconomiques aux seuls avis du HCFP (§§. 2-5), recentrage sans doute lié au changement de présidence de l'institution depuis mars 2016.

[1294] *Ibid.*, §. 8. V., dans le même sens : Décision n° 2017-755 DC du 29 novembre 2017, §§. 2, 9, 10, 12 et 13. *Loi de finances rectificative pour 2017*.

Enfin, dans sa décision n° 2016-744 DC portant sur la loi de finances pour 2017, les requérants, en s'appuyant sur l'avis du HCFP du 24 septembre 2016[1295], remettaient, une nouvelle fois, en cause la sincérité des informations fournies au Parlement par le gouvernement, informations qui auraient sous-évalué l'ampleur des dépenses publiques et surévalué celle des recettes publiques[1296]. Le Conseil constitutionnel a, encore, d'abord constaté que le HCFP, dans cet avis, estime que les prévisions du gouvernement, notamment en termes de croissance économique du pays pour 2017, est optimiste par rapport aux données disponibles[1297] ; mais il a aussi constaté que le gouvernement a, par voie d'amendement, tiré les conséquences de cet avis en baissant sa prévision de croissance pour 2017 de 1,5% à 1,4%[1298], soit de 0,1 point, ce qui, pour le Conseil, répond à « *l'impératif de sincérité qui s'attache à l'examen des lois de finances pendant toute la durée de celui-ci.*[1299] » Cette décision laisse à penser que si le gouvernement n'avait pas tiré de telles conséquences de l'avis du HCFP, sa prévision de croissance aurait été invalidée par le Conseil constitutionnel sur le fondement de l'avis d'expert du HCFP. En effet, le Conseil constitutionnel suggère que « *si l'évolution des charges ou des ressources était telle qu'elle modifierait les grandes lignes de l'équilibre budgétaire, il appartiendrait* ***en tout état de cause*** *au Gouvernement de soumettre au Parlement un projet de loi de finances rectificative.* » Ainsi, bien que cette affirmation du Conseil laisse penser qu'il pourrait censurer une loi de finances se présentant avec une telle insincérité, il laisse aussi entendre une certaine souplesse au profit du gouvernement qui peut se rattraper par le biais d'une loi de finances rectificative. Ainsi, comme une forme de compensation de cette souplesse, le Parlement n'aurait pas d'autre choix que de rectifier le tir *a posteriori.*

Depuis l'affirmation de cette jurisprudence du Conseil constitutionnel qui met en valeur le rôle du HCFP dans le processus législatif extraparlementaire, les

---

[1295] Cet avis est consultable en ligne, comme la plupart des avis du HCPF, sur le site internet de celui-ci.

[1296] Décision n° 2016-744 DC du 29 décembre 2016, §. 2.

[1297] *Ibid.*, §. 4. Mais il semble que le terme « *optimisme* » employé par le Conseil constitutionnel n'est pas neutre. Un commentateur de cette décision n° 2016-744 DC affirme que le Conseil constitutionnel exprime un certain doute, quant à la « *crédibilité* » (Renaud Honoré, « Le Conseil constitutionnel valide le budget mais écorne sa crédibilité », *Les Echos*, 29 décembre 2016) du budget du gouvernement. De ce point de vue-là, celui-ci devrait peut-être davantage se méfier, quant à ses prévisions budgétaires, car le Conseil constitutionnel pourrait, à l'aide des expertises du HCFP, retoquer une part substantielle de son budget comme en décembre 1974 (Décision n° 74-53 DC du 30 décembre 1974, Cons. 2. *Loi de finances pour 1975*).

[1298] *Ibid.*, §. 5.

[1299] *Ibid.*, *in fine.*

requérants parlementaires changent de méthodes dans leur contestation du caractère insincère des projets de loi de finances. Ils se fondent désormais sur les prévisions macroéconomiques produites par ce HCFP[1300].

Les requérants, dans chacune de ces décisions, mettaient en cause notamment la sincérité des chiffres des projets de loi de finances ou de financement de la sécurité sociale présentés par le gouvernement. On l'a vu, le Conseil constitutionnel a, lui aussi, à chaque fois, pris appui sur les avis du HCFP pour écarter l'argument tiré de l'insincérité du projet de loi et déclarer la validité des dispositions législatives contestées. Ainsi, le HCFP, complétant le rôle de la Cour des comptes, peut être regardé comme étant un organisme contribuant activement à la procédure législative extraparlementaire, s'agissant de l'élaboration des projets de loi de finances ou de financement de la sécurité sociale, et se présente comme un guide macroéconomique et financier pour le gouvernement et dont les avis semblent s'imposer au Conseil constitutionnel qui ne dispose pas de connaissances suffisantes pour décider en toute connaissance de cause sur certains aspects des lois de nature financière. Ce point de vue est loin d'être isolé ; l'ancien président du Conseil constitutionnel, Jean-Louis Debré, lui-même, estime que « *la législation fiscale, où la réglementation est si confuse et si complexe qu'il faut être un spécialiste aguerri pour être apte à en juger.*[1301] » C'est ainsi que le Conseil constitutionnel semble s'obliger, du moins en matière de lois

---

[1300] V. Décision n° 2014-707 DC du 29 décembre 2014, Cons. 3, 4, 35. *Loi de finances pour 2015*. Mais, comme cela avait été souligné dans une précédente note, cette décision montre que le Conseil constitutionnel ne soumet pas le gouvernement à un régime de reprise à la lettre des prévisions macroéconomiques du HCFP, dans la confection des projets de loi de finances, il semble lui laisser une certaine marge de manœuvre pour établir son budget. Ceci étant, le Conseil constitutionnel n'en donne pas moins une précieuse indication au gouvernement de ce qu'il devrait faire attention, quant au contenu des avis du HCFP, lesquels se présentent comme un instrument de mesure de sa sincérité en matière économique et financière.

[1301] Jean-Louis Debré, *Ce que je ne pouvais pas dire*, *Op. cit.*, p. 240. Mais les avis du HCFP semblent s'imposer également au Conseil d'État, dans son rôle consultatif au titre de l'article 39, al. 2, de la Constitution. En effet, dans la décision n° 2017-755 DC du 29 novembre 2017, les requérants soutenaient que le Conseil d'État, dans son rôle consultatif, n'avait pas pu être éclairé par l'avis du HCFP (§. 2). Loin d'objecter cet argument, avant de préciser, une fois de plus, qu'« *il ne ressort ni de l'avis du Haut conseil des finances publiques ni des autres éléments soumis au Conseil constitutionnel que les hypothèses économiques et les prévisions de recettes et de charges sur lesquelles est fondée la loi de finances rectificative soient entachées d'une intention de fausser les grandes lignes de l'équilibre qu'elle retient* » (§. 12), le Conseil constitutionnel affirme qu'« *il est établi que le Conseil d'État a disposé de cet avis du Haut conseil des finances publiques avant de formuler son avis sur le projet de loi dont est issue la loi déférée.* » (§. 10). Ainsi, le conseil général du gouvernement au titre de l'article 39, al. 2, de la Constitution doit lui aussi être conseillé, ce qui n'est sans poser certaines questions du point de vue logique et pratique.

relatives aux finances, de contrôler la constitutionnalité de ces lois « *en prenant en compte l'avis* » de tout organe d'expertise intervenant dans la procédure législative extraparlementaire. En effet, le Conseil, évaluant son propre rôle, a décidé « *que le Conseil constitutionnel est chargé de contrôler la conformité à la Constitution des lois de programmation relatives aux orientations pluriannuelles des finances publiques, des lois de finances et des lois de financement de la sécurité sociale ; que, saisi dans le cadre de l'article 61 de la Constitution, il doit notamment s'assurer de la sincérité de ces lois ;* ***qu'il aura à exercer ce contrôle en prenant en compte l'avis des institutions indépendantes préalablement mises en place ;*** *[...] ;*[1302] » Cette jurisprudence ne semble, cependant, pas s'appliquer aux seuls lois de programmation pluriannuelle à caractère financier, mais à l'ensemble des lois soumises au contrôle de constitutionnalité.

Ainsi, le rôle du HCFP a un caractère d'expertise évident qui semble d'emblée s'imposer au juge constitutionnel. Il sera analysé plus loin le lien entre une telle expertise et l'interprétation constitutionnelle. Enfin, dans la mesure où le Conseil constitutionnel semble accorder une grande importance aux procédures législatives extraparlementaires prévues par la Constitution, il est donc nécessaire d'appréhender le rôle qu'attribue la Constitution aux assemblées délibérantes locales dans le cadre de ces procédures au regard de la jurisprudence constitutionnelle.

D) Le contrôle de la procédure législative extraparlementaire suivie devant les assemblées délibérantes des collectivités territoriales ultra-marines

Tout d'abord, il est précisé qu'il sera procédé, en particulier, à l'analyse du contrôle concret opéré par le Conseil constitutionnel de la procédure législative extraparlementaire suivie devant les assemblées délibérantes des collectivités territoriales d'outre-mer au travers de cas spécifiques mis en lumière par la jurisprudence constitutionnelle ; l'objectif n'est donc pas de faire une analyse théorique complète du rôle de l'ensemble des collectivités territoriales d'outre-mer, et encore moins de l'ensemble des collectivités territoriales de la République qui, à la lecture des dispositions des articles 72 à 77 de la Constitution, ainsi que

---

[1302] Décision n° 2012-653 DC du 09 août 2012, Cons. 27 et 28. *Traité sur la stabilité, la coordination et la gouvernance au sein de l'Union économique et monétaire.*

celles de lois organiques portant sur des collectivités en particulier[1303], peuvent tous jouer un rôle, bien que plus ou moins important, selon le statut respectif, la particularité et la spécificité de chaque collectivité, dans cette procédure.

Un premier cas concret apprécié par le Conseil constitutionnel est celui de la consultation des collectivités prévues à l'article 74 de la Constitution. Dans sa décision de principe n° 80-122 DC, le juge de la rue de Montpensier a décidé : « *Considérant que cette loi, qui établit pour la justice pénale dans les territoires d'outre-mer une organisation spécifique tenant compte des conditions propres à chacun d'eux, constitue un élément de l'organisation particulière de ces territoires et* ***aurait dû, en application de l'article 74 de la Constitution, être précédée d'une consultation des assemblées territoriales intéressées*** *; que, dès lors,* ***une telle consultation n'ayant pas eu lieu, ces dispositions n'ont pas été adoptées selon une procédure conforme à la Constitution*** *;*[1304] » Cette première décision relative à la procédure législative extraparlementaire devant les collectivités territoriales d'outre-mer concerne l'ensemble des collectivités visées à l'article 74 de la Constitution. La conséquence d'une absence de consultation de ces collectivités particulières dans le cadre de la procédure législative extraparlementaire d'un projet de loi visant à s'appliquer à elles est l'invalidité pure et simple de la disposition législative adoptée. Il a plus récemment confirmé à plusieurs reprises cette décision. En effet, dans sa décision

---

[1303] En l'occurrence, deux collectivités territoriales font l'objet d'une loi organique spécifique précisant les modalités de la consultation de leur assemblée délibérante dans le cadre de la procédure législative extraparlementaire. Il s'agit, d'une part, de la Nouvelle-Calédonie (v. article 90 de la loi organique n° 99-209 du 19 mars 1999 relative à la Nouvelle-Calédonie) et, d'autre part, de la Polynésie française (v. article 9 de la loi organique n° 2004-192 du 27 février 2004 portant statut d'autonomie de la Polynésie française). Pour l'appréciation de ces deux textes dans la jurisprudence constitutionnelle, v. Décision n° 2015-724 DC du 17 décembre 2015, Cons. 2, 3 et 4. *Loi organique portant dématérialisation du Journal officiel de la République française* : « *Considérant que les dispositions de la proposition de loi particulières à chacune des collectivités de Saint-Barthélemy, de Saint-Martin, de Saint-Pierre-et-Miquelon et de la Polynésie française dont sont issues les dispositions de cette loi organique ont, dans les conditions prévues respectivement aux articles L.O. 6213-3, L.O. 6313-3 et L.O. 6413-3 du code général des collectivités territoriales et à l'article 9 de la loi organique du 27 février 2004 susvisée, fait l'objet d'une consultation des assemblées délibérantes de ces collectivités avant que le Sénat, première assemblée saisie, délibère en première lecture ; qu'il en va de même pour les dispositions de la proposition de loi relatives à la Nouvelle-Calédonie, qui ont fait l'objet d'une consultation du congrès de la Nouvelle-Calédonie dans les conditions prévues à l'article 90 de la loi organique du 19 mars 1999 susvisée ; 3. Considérant que la proposition de loi a été soumise à la délibération et au vote du Parlement conformément aux trois premiers alinéas de l'article 46 de la Constitution ; 4. Considérant qu'il résulte de tout ce qui précède que la loi dont est saisi le Conseil constitutionnel a été adoptée selon les règles prévues par la Constitution ;* » (Cons. 2).

[1304] V. Décision n° 80-122 DC du 22 juillet 1980, JO du 24 juillet 1980, p. 1869, Rec., p. 49, Cons. 3. *Loi rendant applicable le code de procédure pénale et certaines dispositions législatives dans les territoires d'outre-mer.*

n° 2018-764 DC du 19 avril 2018, le Conseil constitutionnel a d'abord statué sur la procédure d'adoption de la loi organique examinée, à savoir celle relative à l'organisation de la consultation sur l'accession à la pleine souveraineté de la Nouvelle-Calédonie, avant de juger : « ***Le projet dont sont issues les dispositions de cette loi organique a****, dans les conditions prévues à l'article 90 de la loi organique du 19 mars 1999,* ***fait l'objet d'une consultation du congrès de la Nouvelle-Calédonie avant que le Conseil d'État ne rende son avis****. Il a été délibéré en conseil des ministres et déposé en premier lieu sur le bureau du Sénat. Il a été soumis à la délibération et au vote du Parlement conformément aux trois premiers alinéas de l'article 46 de la Constitution.* ***Ainsi, les dispositions de la loi organique ont été adoptées dans les conditions prévues par la Constitution.***[1305] » Le Conseil constitutionnel opère systématiquement le même contrôle lorsqu'il statue sur des lois relatives aux collectivités d'outre-mer comme le montrent les décisions n° 2019-783 DC et n° 2019-784 DC du 27 juin 2019 sur la Polynésie française[1306]. Ainsi, il ressort de cette jurisprudence que la formalité de consultation de ces collectivités est également une formalité substantielle.

Mais cette jurisprudence du Conseil constitutionnel devait être précisée. La décision n° 2016-733 DC précise davantage cette formalité de consultation des collectivités visées à l'article 74 de la Constitution[1307].

En Nouvelle-Calédonie, cette décision du Conseil constitutionnel apporte des restrictions, quant à la procédure de consultation de l'organe délibérant de cette collectivité. En effet, ainsi qu'il est exposé dans les commentaires aux Cahiers sur cette décision, une consultation, au titre de l'article 90 de la loi organique de 1999, n'est pas nécessaire dans deux cas. D'une part, « *lorsque le projet ou la proposition de loi, qui modifie le droit applicable en métropole, ne concerne pas la législation applicable dans ce territoire, laquelle est déjà distincte de celle applicable en métropole ;*[1308] » et, d'autre part, « *lorsque le projet ou la proposition de loi envisage*

[1305] Décision n° 2018-764 DC du 19 avril 2018, §. 6. *Loi organique relative à l'organisation de la consultation sur l'accession à la pleine souveraineté de la Nouvelle-Calédonie.*

[1306] Décision n° 2019-783 DC du 27 juin 2019, §. 1. *Loi organique portant modification du statut d'autonomie de la Polynésie française* et Décision n° 2019-784 DC du 27 juin 2019, §. 1. *Loi portant diverses dispositions institutionnelles en Polynésie française.*

[1307] Décision n° 2016-733 DC du 28 juillet 2016, §§. 6 à 9. *Loi organique rénovant les modalités d'inscription sur les listes électorales des ressortissants d'un État membre de l'Union européenne autre que la France pour les élections municipales.*

[1308] V. *Commentaires aux Cahiers* sur cette décision n° 2016-733 DC, p. 6 ; v. dans le même sens : Décision n° 2013-668 DC du 16 mai 2013, Cons. 28. *Loi organique relative à l'élection des conseillers municipaux, des conseillers communautaires et des conseillers départementaux* ; Décision n° 2015-716

de modifier de la même manière la législation applicable en métropole et celle applicable dans ce territoire.[1309] » En revanche, le gouvernement ne peut pas déroger à la formalité requise pour la consultation sous peine d'inconstitutionnalité de la disposition législative rendue applicable dans ce territoire[1310]. Il ressort de cette jurisprudence du Conseil constitutionnel, en effet, que seul le Congrès de la Nouvelle-Calédonie est compétent pour rendre de tels avis, et la consultation ne peut être implicite, elle doit être explicitement dirigée vers le Congrès de cette collectivité[1311].

Lorsqu'il existe un délai juridiquement prévu pour que la collectivité rende son avis[1312], le défaut de celui-ci à l'expiration de ce délai n'entache pas la procédure législative, cet avis étant « *réputé avoir été donné*[1313] ». Mais la première assemblée législative saisie, sur le texte ayant fait l'objet de l'avis de l'assemblée

---

DC du 30 juillet 2015, Cons. 5. *Loi organique relative à la consultation sur l'accession de la Nouvelle-Calédonie à la pleine souveraineté* ; Décision n° 2016-731 DC du 21 avril 2016, Cons. 2. *Loi organique relative au statut des autorités administratives indépendantes créées par la Nouvelle-Calédonie.* Mais ces explications sont quelque peu ambigües. En effet, on comprend mal pourquoi la consultation de la collectivité n'est pas obligatoire lorsque le projet ou la proposition de loi vise à modifier de la même manière qu'en métropole la législation applicable sur son territoire. Pourtant, il semble qu'on pouvait considérer, à juste titre, que, dès lors que le projet ou la proposition de loi dont s'agit vise à modifier la législation applicable sur le territoire d'une collectivité territoriale d'outre-mer, l'exigence constitutionnelle de consultation de l'assemblée délibérante de celle-ci s'appliquerait.

1309 *Ibid.*

1310 Décision n° 2016-733 DC, *Op. cit.*, §. 9 : « *La proposition de loi dont sont issues les dispositions de la loi organique déférée n'a pas été transmise dans la forme requise au congrès de la Nouvelle-Calédonie, par le haut-commissaire. Dès lors, lorsque l'Assemblée nationale, première assemblée saisie, a délibéré en première lecture sur cette proposition de loi le 26 mai 2016, le congrès de la Nouvelle-Calédonie n'avait pas été consulté. Par suite, l'examen de la proposition de loi n'a pas respecté les règles de procédure prévues par l'article 90 de la loi organique du 19 mars 1999 prise pour l'application de l'article 77 de la Constitution. Le paragraphe II de l'article 2, adopté selon une procédure contraire à la Constitution, doit donc lui être déclaré contraire.* »

1311 *Ibid.*, §. 8 : « *'Le congrès est consulté par le haut-commissaire : 1° sur les projets de loi et propositions de loi et les projets d'ordonnance qui introduisent, modifient ou suppriment des dispositions particulières à la Nouvelle-Calédonie'* ». Mais la question de ce qu'on entend par « *dispositions particulières* » demeure entière.

1312 V. Articles L.O. 6213 s. du CGCT, s'agissant de Saint-Barthélemy. Les délais pour rendre leur avis sont les mêmes pour les assemblées délibérantes de la Nouvelle-Calédonie (article 90, al. 4, de la loi organique de 1999) et de la Polynésie française (article 9, 3°, 3ème phrase, de la loi organique de 2004 sur la Polynésie française) ; ils sont d'un mois, ou 15 jours en cas d'urgence.

1313 V. Article 90, al. 5, de la loi organique de 1999 sur la Nouvelle-Calédonie et article 9, al. 3, de la loi organique de 2004 sur la Polynésie française. V. aussi Décision n° 2015-721 DC du 12 novembre 2015, Cons. 4. *Loi organique portant diverses dispositions relatives à la collectivité de Saint-Barthélemy.*

délibérante de la collectivité, avant l'expiration du délai imparti à celle-ci, n'a pas à craindre une inconstitutionnalité de la procédure parlementaire dès lors que le processus de consultation a été régulièrement lancé et que la loi n'a pas été votée avant l'expiration de ce délai. Et même si l'assemblée délibérante de la collectivité a commis une erreur, quant au type d'avis qu'il devait rendre[1314], le Parlement et / ou le gouvernement n'ont pas à attendre une nouvelle délibération en vue d'un nouvel avis de la collectivité, avant de commencer à délibérer sur le texte visé par l'avis, et il ne peut être reproché au gouvernement « *une méconnaissance de la sincérité des débats parlementaires*[1315] » sur ce fondement.

Pourtant, l'obligation de consultation du Conseil des ministres de la Polynésie française, sur le fondement de l'article 32 de l'ancienne loi organique du 12 avril 1996 qui disposait : « *Le conseil des ministres est obligatoirement consulté [...] sur les questions ou dans les matières suivantes : [...] 3° Conditions de la desserte aérienne entre la Polynésie française et tout autre point du territoire national* », n'a pas été retenue pour déclarer l'inconstitutionnalité de la disposition législative attaquée. En effet, bien que le Conseil constitutionnel ait, du moins pour ce qui concerne les règlements des assemblées législatives, jugé que le contrôle de constitutionnalité peut s'exercer même à l'aune d'une disposition législative tant organique qu'ordinaire[1316], il a précisé dans ce cas précis relatif à la Polynésie française qu'il « *se prononce sur la régularité de la procédure législative au regard des règles que la Constitution a elle-même fixées ou auxquelles elle a expressément renvoyé*[1317] » – ce qui n'est pas le cas de la loi organique du 12 avril 1996 à laquelle la Constitution n'a pas renvoyé, contrairement à l'accord de Nouméa du 5 mai 1998 sur la Nouvelle-Calédonie, prévu à l'article 76 de la Constitution ; c'est une interprétation possible de cette jurisprudence. Mais le Conseil constitutionnel a

---

[1314] Décision n° 2015-721 DC, Cons. 4. *Ibid.* En l'occurrence, l'avis du conseil territorial de Saint-Barthélemy « *n'a pas été considéré lors des travaux parlementaires comme celui exigé par les dispositions* » de l'article L.O. 6213-3 du CGCT.

[1315] *Ibid.*

[1316] V. Décision n° 95-368 DC du 15 décembre 1995 (*Résolution modifiant le règlement du Sénat*) par laquelle le Conseil a jugé « *qu'en raison des exigences propres à la hiérarchie des normes juridiques dans l'ordre interne, la conformité à la Constitution des règlements des assemblées parlementaires doit s'apprécier au regard tant de la Constitution elle-même que des lois organiques prévues par celle-ci ainsi que des mesures législatives prises, en vertu du premier alinéa de l'article 92 de la Constitution alors en vigueur, pour la mise en place des institutions ;* » (Cons. 1) ; il en va de même dans les décisions n° 2009-582 DC du 25 juin 2009, Cons. 2. *Résolution tendant à modifier le règlement du Sénat pour mettre en œuvre la révision constitutionnelle, conforter le pluralisme sénatorial et rénover les méthodes de travail du Sénat*, et n° 2009-581 DC du 25 juin 2009, Cons. 2. *Résolution tendant à modifier le règlement de l'Assemblée nationale.*

[1317] Décision n° 2003-474 DC du 17 juillet 2003, Cons. 10. *Loi de programme pour l'outre-mer.*

modifié sa jurisprudence, eu égard au changement de circonstance de droit intervenu en 2004 par l'adoption de la nouvelle loi organique du 27 février 2004 portant statut d'autonomie de la Polynésie française qui a abrogé celle de 1996[1318].

Ainsi, la question se pose de savoir quelle est la portée effective des avis rendus par les assemblées délibérantes de la Nouvelle-Calédonie et de la Polynésie française, dans le cadre de la procédure législative extraparlementaire, par rapport à la procédure législative intraparlementaire. Si ces avis peuvent également être qualifiés de « *formalité substantielle* », ils ne semblent cependant pas s'imposer au Parlement. L'alinéa 7 de l'article 9 de la loi organique du 27 février 2004 portant statut d'autonomie de la Polynésie française dispose : « *Lorsque l'assemblée de la Polynésie française fait usage de la faculté qui lui est ouverte par l'article 133, les résolutions par lesquelles elle présente des propositions de modification des dispositions législatives et réglementaires applicables en Polynésie française ont valeur d'avis au sens du présent article lorsque le Parlement ou le Gouvernement décident de suivre, en tout ou partie, ces propositions.* » Bien que les résolutions dont s'agit soient différentes des avis que doivent rendre l'assemblée délibérante de cette collectivité sur « *les projets de loi et propositions de loi et les projets d'ordonnance qui introduisent, modifient ou suppriment des dispositions particulières à la Polynésie française*[1319] », l'alinéa 7 de l'article 9 de la loi organique de 2004 permet de deviner que les avis de cette assemblée délibérante ne sont pas des avis conformes qui s'imposent au législateur national métropolitain. Ainsi, on pourrait dire que la procédure de consultation est une formalité substantielle, donc obligatoire, mais que le respect du résultat de la consultation, c'est-à-dire de l'avis rendu, ne l'est pas. S'agissant du cas de la Nouvelle-Calédonie, à la lecture de l'article 90 de la loi organique de 1999, rien ne permet d'affirmer, du point de vue juridique, un avis conforme ou un avis simple. Cependant, le gouvernement et le Parlement métropolitains jouent la diplomatie politique, s'agissant de ces deux collectivités, en particulier, en s'efforçant de ne pas aller de manière trop abrupte à l'encontre des avis qu'elles rendent dans le cadre de la procédure législative extraparlementaire, et en donnant un rôle plus décisif à ces avis qu'il en donnerait à d'autres avis d'autres

---

[1318] Mais, à certains égards, on pourrait aussi considérer que la loi organique du 19 mars 1999 sur le statut de la Nouvelle Calédonie et celle de 2004 sur le statut de la Polynésie française sont prévues au dernier alinéa de l'article 74 de cette Constitution. Cette disposition prévoit, en effet, que « *Les autres modalités de l'organisation particulière des collectivités relevant du présent article sont définies et modifiées par la loi après consultation de leur assemblée délibérante.* » Bien que ce texte prévoie l'intervention d'une loi simple, qui peut le plus peut le moins, la loi organique du 19 mars 1999 pourrait, ainsi, être considérée comme étant fondée sur cette disposition constitutionnelle.

[1319] Selon le 1°, de l'alinéa 1er, de l'article 9, de la loi organique de 2004.

assemblées délibérantes territoriales. Pour appuyer ce point, l'on peut se référer à l'analyse de Michel Verpeaux à propos du statut de la collectivité de Corse. En effet, celui-ci a constaté que le projet de créer une collectivité territoriale unique en Corse par la loi du 10 juillet 2003 organisant une consultation des électeurs de Corse sur la modification de l'organisation institutionnelle de la Corse « *a été abandonné par les autorités politiques, alors que la consultation ne devait conclure qu'à un simple avis*[1320] ». Bien que ce soit « *ce même projet que le législateur a fait inscrire dans la loi relative à la nouvelle organisation territoriale de la République du 7 août 2015, sans recourir à un quelconque consentement populaire*[1321] », l'abandon du projet en 2003, à la suite du vote négatif de la population corse, montre que l'État craint d'aller à l'encontre de l'avis de ces types particuliers de collectivité en édictant de manière trop brutale des normes les concernant au regard desquelles ils manifesteraient pourtant de manière expresse leur désaccord.

Enfin, parmi[1322] ces procédures législatives extraparlementaires prévues par la Constitution de 1958, il faut ranger désormais le processus particulier de la participation du public aux décisions publiques qui affectent l'environnement, participation dont le principe est clairement exposé par l'article 7 de la Charte de l'environnement de 2004 et dont le Conseil constitutionnel contrôle l'effectivité.

E) La particularité du contrôle du principe de participation du public à l'élaboration des décisions publiques impactant l'environnement

Le mécanisme de la participation du public dans l'élaboration des décisions publiques relatives à l'environnement est une nouveauté constitutionnelle qui s'inscrit dans le prolongement d'autres formes de mécanismes constitutionnels, non étudiés, de participation directe[1323] des citoyens à l'élaboration législative. En

---

1320 « 3 questions à Michel Verpeaux sur les demandes des élus de la nouvelle majorité de l'Assemblée territoriale de Corse », *Blog du Club des juristes*, 20 décembre 2017.

1321 *Ibid.*

1322 Ou plutôt « à côté » d'elles, si l'on n'adhère pas à l'interprétation de la jurisprudence du Conseil constitutionnel, issue de la décision n° 71-44 DC, consistant à dire que tous les textes du Préambule de la Constitution de 1958, y compris la Charte de l'environnement de 2004, sont réputés avoir été adoptés le 4 octobre 1958.

1323 On va retrouver ce phénomène de la participation du public dans l'élaboration des normes dans les travaux préparatoires de certaines lois ou projets de loi, ou encore dans les travaux de certains organes chargés de réfléchir sur des projets de réforme. Ainsi, la Commission Jospin, lors de ses travaux en 2012, a parfaitement illustré ce phénomène qui a été présenté comme très novateur dans la manière de faire ; à titre d'exemple, un site internet a été dédié par la Commission à l'accueil de

effet, le corpus des textes formant le bloc de constitutionnalité contient plusieurs dispositions qui prônent une forme de participation du public dans la prise de décision normative[1324]. C'est dans l'objectif d'illustrer ce phénomène participatif du citoyen que le rapport de la Haute autorité pour la transparence de la vie publique, remise au Président de la République le 7 janvier 2015, prônant les *bienfaits* de la participation du public dans l'élaboration des normes, a pu conclure : « *La concertation en amont dans la prise de décision contribue à améliorer l'acceptabilité des réformes en aval.*[1325] » Ce rapport propose également de « *Faire apparaître l'empreinte normative de la loi et du règlement*[1326] » de manière à indiquer les éléments constitutifs de son origine. Cela va dans le sens d'une meilleure clarté et sincérité du débat parlementaire qui, parfois, peut être mal perçu[1327].

La participation du public à l'élaboration des décisions publiques qui affectent l'environnement n'a pas été présentée dans les travaux préparatoires extraparlementaires[1328], du fait de sa particularité. En effet, jusqu'à présent, il n'a été observé l'exigence de cette procédure législative extraparlementaire que dans le texte de la Constitution de 1958. Qu'en est-il des autres textes du bloc de constitutionnalité ? Si la DDHC de 1789 et le Préambule de 1946 ne présentent

---

propositions venant d'individus de la société civile qui voulaient prendre part à la rénovation de la vie démocratique française ; et Lionel Jospin, lors de ses communications avec les journalistes, tout au long des phases d'avancement des travaux de la Commission, a particulièrement mis l'accent sur le fait d'avoir donné autant de place à la participation du public et donc au public lui-même dans la conception du rapport issu de la Commission qu'il présidait. On peut discuter du type de personnes qui ont été en mesure de connaître, comprendre et contribuer réellement au rapport de la Commission, de l'ampleur de la publicité qui a été faite pour ce mécanisme, de la prise en compte réelle de propositions venant de citoyens non membres, hormis des personnes, intellectuellement, professionnellement ou affectivement, proches des membres de la Commission, etc. ; néanmoins, il n'empêche qu'il y a eu, du moins de manière formelle, une ouverture des travaux de ladite Commission au public.

[1324] Outre l'article 7 de la Charte de l'environnement qui prône la participation du public, l'article 13 de la DDHC de 1789 qui évoque le consentement « *préalable* » à l'impôt, le *préalable* étant exclusivement associé – à tort et à raison – à la seule représentation nationale parlementaire et non aux individus de manière directe ; mais il n'est pas interdit de pousser la réflexion sur cette dernière disposition au regard d'une forme de participation directe du public à l'élaboration de son budget tant sur le plan local que national.

[1325] Jean-Louis Nadal (pdt), *Renouer la confiance publique*, Rapport au président de la République, HATVP, 7 janvier 2015, p. 62.

[1326] *Ibid.*, p. 77.

[1327] Du fait notamment de la présence sournoise de lobbyistes, entachant ainsi le débat parlementaire, voire même du débat au sein d'organes chargés de réfléchir sur un projet de réforme, tel un comité ou une commission, d'un manque de transparence.

[1328] V. Chap. 2, Titre II, Première partie, *Supra*.

pas d'éléments pouvant renvoyer explicitement, du moins, à une telle procédure, il n'en est pas de même de la Charte de l'environnement de 2004 dont l'article 7 dispose : « *Toute personne a le droit, dans les conditions et les limites définies par la loi, [...] de participer à l'élaboration des décisions publiques ayant une incidence sur l'environnement.* » Plusieurs dispositions législatives du Code de l'environnement, à l'instar de l'article L. 120-1 de ce Code, ont qualifié la procédure de participation du public de « *consultation publique* ». Par extension, on peut considérer que la loi parlementaire, bien qu'elle soit une décision particulière, demeure une décision publique comme une autre. Ainsi, ces dispositions de la Charte de l'environnement semblent convoquer les citoyens à participer directement et activement aux procédures législatives extraparlementaires, s'agissant des textes de loi dont l'application, de près ou de loin, affectera l'environnement.

À première vue, les termes « *décisions publiques* » employés à l'article 7 de la Charte de l'environnement semblent renvoyer et se limiter aux seuls actes règlementaires, catégorie bien spécifique de normes et bien différente des normes de nature législative. Mais force est de constater que certains textes de nature législative (et même de nature constitutionnelle, conventionnelle ou européenne) peuvent impacter l'environnement. Par exemple, une loi visant à classer ou déclasser un bien du domaine public (terrain, bâtiment, cours d'eau, lais et relais de la mer, etc.), en vue de permettre son aliénation ou sa protection, peut sérieusement affecter l'environnement. Bien qu'une telle loi n'envisage pas l'affectation concrète du domaine public, elle en pose le principe. Dans ce cas, c'est le texte ayant posé le principe qui est important et dont le public devrait contribuer à adopter ou à en refuser le contenu, et pas seulement le texte de la décision réglementaire qui met en œuvre de manière concrète le principe ainsi posé. De ce point de vue, il ne faudrait pas alors attendre la phase concrète pour permettre au public de faire savoir son point de vue. En effet, l'article 7 de la Charte de l'environnement n'exige-t-il pas que des aménagements soient mis en place pour que le public parisien puisse participer à la procédure législative qui vise à poser le principe qui affectera l'environnement d'un quartier de la Ville de Paris, que le public français puisse participer activement à l'élaboration du projet de règlement ou de directive de l'Union européenne, ou même à la négociation d'une convention internationale qui impactera l'environnement en France ? La lecture contextuelle de cette disposition ne permet pas de donner une simple réponse négative à ces questions ; cette disposition semble permettre à *tous* de prendre part à l'élaboration des normes environnementales, quel que soit le rang de celles-ci dans la hiérarchie des normes, de l'ordre interne à l'ordre international[1329], en passant par l'ordre européen. Ainsi, la participation du public à l'élaboration des décisions impactant l'environnement peut être considérée comme étant relevée de la procédure législative extraparlementaire dont le Conseil constitutionnel contrôle le respect par les autorités responsables et qui y sont soumises. Mais le législateur, auquel la compétence a été conférée pour mettre en œuvre le principe de participation du public, a décidé de limiter ce principe « *aux seules décisions réglementaires de l'État et de ses établissements publics* », et le Conseil constitutionnel a validé cette disposition législative[1330] en acceptant, ainsi, une telle limitation du champ de la participation du public.

Le Conseil constitutionnel a, en effet, eu l'occasion de se prononcer sur la procédure de consultation du public, en vertu de l'article 7 de la Charte de l'environnement de 2004, où il a censuré une disposition législative comme ayant privé de garanties légales l'exigence constitutionnelle[1331] de participation du public prévu par cette disposition, en ce que celle-ci renvoyait les compétences

---

[1329] D'ailleurs, s'agissant de la participation du public à tous les niveaux normatifs, en vue de peser dans les processus de décisions relatives à l'environnement, les travaux préparatoires de la Charte de 2004 n'avaient pas ignoré cette question. En effet, un *Rapport d'information* (n° 1372, AN, 21 janvier 2004), présenté par Bernard Deflesselles, pour la Délégation de l'Assemblée nationale pour l'Union européenne, allait jusqu'à évoquer « *la convention d'Aarhus du 25 juin 1998 sur l'accès à l'information, la participation du public au processus décisionnel et l'accès à la justice en matière d'environnement qui reconnaît, par exemple, que chacun a 'le devoir, tant individuellement qu'en association avec d'autres, de protéger et d'améliorer l'environnement'* » et le « *principe 10 de la déclaration de Rio de 1992 [qui] prévoit ainsi que 'La meilleure façon de traiter les questions d'environnement est d'assurer la participation de tous les citoyens concernés,* ***au niveau qui convient. Au niveau national, chaque individu doit avoir dûment accès aux informations relatives à l'environnement que détiennent les autorités publiques, y compris aux informations relatives aux substances et activités dangereuses dans leurs collectivités, et avoir la possibilité de participer au processus de prise de décision (...)'*** ». La référence faites aux exigences de ces textes internationaux sur la participation du public semble envisager une réelle participation du public à tous les niveaux de décisions, et pas seulement les décisions de nature règlementaire interne aux États. Mais la question demeure entière, quant au contrôle de l'effectivité de la participation du public dans l'élaboration des textes constitutionnels ou internationaux relatifs à l'environnement.

[1330] Le Conseil constitutionnel a en effet jugé « *que l'article 7 de la Charte de l'environnement prévoit que le principe de participation du public s'exerce « dans les conditions et les limites définies par la loi » ; qu'en prévoyant que ne doivent être regardées comme « ayant une incidence sur l'environnement » que les décisions qui ont une incidence « directe et significative » sur l'environnement, le législateur a fixé au principe de participation du public des limites qui ne méconnaissent pas les exigences de l'article 7 de la Charte de l'environnement ;* » (Décision n° 2012-282 QPC, Cons. 16 ; v. également Décision n° 2019-778 DC, §§. 351-353).

[1331] Pour une analyse complète de cette expression apparue dans la jurisprudence du Conseil constitutionnel en 1986, v. Ariane Vidal-Naquet, *Les « garanties légales des exigences constitutionnelles » dans la jurisprudence du Conseil constitutionnel*, Thèse, Édition Panthéon-Assas, Préface de Michel Verpeaux, LGDJ, 2007.

du législateur au pouvoir réglementaire. En effet, dans sa décision n° 2012-282 QPC, le Conseil constitutionnel a précisé que « *toutefois, [...] les dispositions de l'article L. 120-1 du code de l'environnement relatives aux modalités générales de participation du public limitent celle-ci, ainsi qu'il résulte de son premier alinéa, aux seules décisions réglementaires de l'État et de ses établissements publics. Aucune autre disposition législative générale n'assure, en l'absence de dispositions particulières, la mise en œuvre de ce principe à l'égard de leurs décisions non réglementaires qui peuvent avoir une incidence directe et significative sur l'environnement. Par suite, le législateur a privé de garanties légales l'exigence constitutionnelle prévue par l'article 7 de la Charte de l'environnement.*[1332] » Dans ces conditions, bien que le Conseil constitutionnel semble assurer une protection constitutionnelle du principe de participation du public, il anéantit du même coup sa portée.

Ainsi, la méconnaissance par le législateur de sa propre compétence en privant de garanties légales une telle exigence constitutionnelle entraîne d'emblée la censure de sa décision par le Conseil constitutionnel : « *Considérant qu'il résulte de ce qui précède que le premier alinéa de l'article L. 120-1 du code de l'environnement doit être déclaré contraire à la Constitution. Les autres dispositions de cet article n'en sont pas séparables. Par suite, sans qu'il soit besoin d'examiner les autres moyens soulevés à l'encontre de l'article L. 120-1 du code de l'environnement, cet article doit être déclaré contraire à la Constitution.*[1333] »

Cependant, cette censure du législateur par le Conseil constitutionnel, sur le fondement de l'article 7 de la Charte de l'environnement, ne va pas aussi loin qu'elle pouvait être attendue. En effet, dès lors que des moyens ont été mis en œuvre par le législateur pour assurer cette participation du public aux décisions publiques impactant l'environnement, le Conseil constitutionnel n'exige pas du législateur qu'il aille jusqu'à déterminer de manière précise les parcelles de terrains

---

[1332] Décision n° 2012-282 QPC du 23 novembre 2012, Cons. 17. *Association France Nature Environnement et autre [Autorisation d'installation de bâches publicitaires et autres dispositifs de publicité]*. Compar. Décision n° 2016-595 QPC du 18 novembre 2016, §. 6. *Société Aprochim et autres [Conditions d'exercice de l'activité d'élimination des déchets]*. ***Nota bene*** : le Conseil constitutionnel a apporté quelques modifications au style rédactionnel de ses décisions à compter du 10 mai 2016. Avant l'adoption de ce nouveau style, des tests ont été effectués, parfois par erreur, sur des décisions antérieures à cette date, dont la décision n° 2012-282 QPC. Pendant la phase de test sur cette dernière décision, nous avons travaillé (copier / coller) avec celle-ci sans avoir remarqué immédiatement la nouvelle rédaction. C'est cet état de fait qui explique l'écart de rédaction entre les versions rapportées ici et celle se trouvant en ligne actuellement de cette même décision. Ces informations nous ont été confirmées par le Secrétariat général du Conseil constitutionnel le 8 septembre 2016.

[1333] *Ibid.*, Cons. 18.

concernés par une décision publique impactant l'environnement. Ainsi, en a-t-il décidé dans sa décision n° 2015-518 DC : « *Considérant que, dans les cas prévus au chapitre II ou au chapitre III du titre II du livre Ier du code de l'environnement, l'article L. 323-3 du code de l'énergie prévoit que la déclaration d'utilité publique des travaux nécessaires à l'établissement et à l'entretien des ouvrages de la concession de transport ou de distribution d'électricité est précédée d'une étude d'impact et d'une enquête publique ; que, si le projet de travaux n'est pas soumis à enquête publique en application du code de l'environnement, l'article L. 323-3 prévoit l'organisation d'une consultation du public sur le dossier de déclaration d'utilité publique et en fixe les modalités ; que cette consultation est organisée dans les mairies des communes traversées par l'ouvrage ; que la durée de cette consultation ne peut être inférieure à quinze jours ; que cette consultation est annoncée par voie de publication dans au moins un journal de la presse locale et par affichage en mairie, l'information précisant les jours, heures et lieux de consultation ; qu'un registre est mis à la disposition du public afin de recueillir ses observations ; que le maître de l'ouvrage adresse une synthèse de ces observations et de celles reçues, par ailleurs, au service instructeur avant la décision de déclaration d'utilité publique ; que, par suite, le grief tiré de la méconnaissance de l'article 7 de la Charte de l'environnement doit être écarté ;*[1334] » Le Conseil valide ainsi les modalités concrètes mises en œuvre par le législateur pour l'exercice du droit de participation du public en écartant les griefs proférés à l'encontre du fait que le législateur n'a pas exigé la précision des espaces précisément concernés[1335] par une décision publique impactant l'environnement.

Ainsi, ces cinq procédures législatives extraparlementaires, à travers le rôle consultatif obligatoire du Conseil d'État, du CESE, des assemblées délibératives de collectivités territoriales d'outre-mer, de la Cour des comptes, à travers le HCFP, et du mécanisme particulier de participation de chacun à l'élaboration de

---

[1334] Décision n° 2015-518 QPC du 2 février 2016, Cons. 12. *Association Avenir Haute Durance et autres [Traversée des propriétés privées par les ouvrages de transport et de distribution d'électricité]*.

[1335] Dans ces conditions, on peut même se demander si cette décision n'a pas tout simplement vidé l'exigence constitutionnelle de participation du public d'une part de sa substance. Sachant que les requérants se plaignaient à juste titre de l'imprécision des parcelles des terrains visées par la décision publique, imprécision qui ne permet pas au public de participer en toute connaissance de cause à l'élaboration de la décision ; en effet, dans la mesure où, en ignorant les parcelles de terrains concernées, le public ne peut pas déterminer les caractéristiques précises de celles-ci, du moins du point de vue technique et scientifique, ce qui aurait permis de vérifier leur fragilité ou leur particularité, il devient donc impossible au public de participer de manière éclairée à l'élaboration de la décision. Ainsi, cette décision semble freiner ce qu'Amartya Sen appelle « *les capabilités* » (*L'idée de justice*, Trad. Paul Chemla, Flammarion, Coll. : « Champs essais », 2009, pp. 283 s.) du public, c'est-à-dire les possibilités (les moyens) réelles dont disposent les citoyens pour accomplir ce qu'ils souhaitent et / ou ce dont ils ont besoin.

décisions publiques impactant l'environnement, bien qu'elles soient assez différentes les unes des autres, peuvent être envisagées comme un soutien extérieur du Parlement qu'a voulu le constituant de 1958 et dont le Conseil constitutionnel assure le respect de manière concrète. Mais, contrairement à ce que l'on pourrait penser, le Conseil constitutionnel ne se limite pas aux procédures législatives extraparlementaires engendrés par ces seuls mécanismes constitutionnels ; il apprécie aussi d'autres mécanismes particuliers, qui s'apparentent à une telle procédure, bien que lesdits mécanismes ne soient pas le fait direct du constituant.

§2. L'usage de certains types de travaux préparatoires extraparlementaires non prévus par la Constitution : l'interprétation constitutionnelle soumise à l'expertise scientifique

Il s'avère plus correct de parler d'*organes* plutôt que d'*institutions*[1336], s'agissant des organismes non constitutionnellement *institués*, mais prenant également part aux procédures législatives extraparlementaires ; car, en effet, ces entités de production de travaux préparatoires des normes de nature parlementaire[1337] ne sont pas prévues directement dans la Constitution, et donc leur rôle dans le processus d'élaboration de normes juridiques n'a pas de base constitutionnelle directe ; c'est la jurisprudence constitutionnelle, en utilisant les travaux de ces organes, qui permet de les considérer comme des organes intervenant dans le processus des débats législatifs extraparlementaires. Ainsi, ces organes collaborent également avec le Parlement dans la production juridique, et, de ce point de vue, ils peuvent être considérés comme des coproducteurs de la norme dont s'agit, au

---

[1336] Bien que les termes d'organe et d'institution puissent se confondre ; car ils désignent tous deux un groupement d'individus ayant pour objectif de réaliser un travail particulier au sein d'un système quelconque. Le *Larousse* dévoile, d'ailleurs, qu'un organe est une « *Institution chargée de faire fonctionner certains services de l'État* » en donnant comme exemple « *Les organes directeurs de l'État.* »

[1337]Le terme *parlementaire* est préféré ici à celui de *législatif* qui peut renvoyer aux seules lois. À travers l'expression « normes de nature parlementaire », sont visées toutes les productions normatives du Parlement : normes législatives ordinaires, certes, mais aussi constitutionnelles. Car le Congrès convoqué à Versailles n'est qu'une *formalité parlementaire particulière*, au regard de la nature des normes à produire dans la hiérarchie des normes. En effet, l'adoption de lois organiques par le Parlement répondent aussi à sa propre formalité parlementaire par rapport aux lois dites ordinaires, ce qui, au fond, n'est pas différent de la convocation du Congrès de Versailles, s'agissant des lois constitutionnelles.

même titre que les institutions de nature constitutionnelle précédemment étudiées. La jurisprudence constitutionnelle permet de repérer au moins un organe de production de travaux préparatoires périphériques (par rapport au Parlement), non prévu dans la Constitution, dont les travaux sont pourtant utilisés dans l'interprétation juridique constitutionnelle ; il s'agit du Haut Conseil de la santé publique (HCSP). Le choix de se focaliser sur le HCSP, en particulier, s'explique par le caractère scientifique de ses avis, lesquels seront analysés en perspective avec d'autres types d'avis rendus par des organes ayant un rôle similaire dans l'élaboration de la loi.

Dans ce contexte, il convient de préciser tout d'abord la notion d'interprétation scientifique en partant des analyses de Kelsen sur cette notion (A), avant de procéder à l'analyse de travaux de caractère scientifique produits par certains organes non prévus pas la Constitution, à travers les avis du HCSP, lesquels avis semblent trouver une force *interprétante* ou, selon les termes de Denis Baranger, « *une charge d'autorité*[1338] » (B), dans l'interprétation constitutionnelle.

A) Expertise scientifique et interprétation scientifique des normes juridiques : quelques précisions préliminaires

Aubry et Rau écrivaient : « *Les discours officiels prononcés au Corps législatif, n'exprimant que l'opinion personnelle des orateurs dont ils sont l'ouvrage, ne peuvent avoir d'autre autorité que celle d'une interprétation privée.*[1339] » Si l'on part des analyses de Kelsen, la notion d'interprétation privée, à certains égards, semble se confondre avec celle d'interprétation scientifique.

En effet, l'interprétation scientifique, telle que l'abordait Kelsen, lorsque celui-ci opposa interprétation authentique à interprétation non-authentique, n'est pas une interprétation authentique. Il faut comprendre par interprétation authentique, au sens de Kelsen, l'interprétation donnée « *par un organe*

[1338] Denis Baranger, « Sur la manière française de rendre la justice constitutionnelle. Motivations et raisons politiques dans la jurisprudence du Conseil constitutionnel », *Jus Politicum*, n° 7, 2012 [en ligne], p. 36.

[1339] Charles Aubry et Charles Rau, *Cours de droit civil français*, t. 1, 3ème édition, 1897, Paris, §. 9, p. 13, n°2 [en ligne sur Gallica].

d'application du droit[1340] ». L'organe d'application du droit doit être entendu comme le juge qui est juridiquement, et donc officiellement, désigné à cet effet, tel que le « *juge spécial*[1341] » de l'interprétation constitutionnelle.

Ainsi, il convient de distinguer « *l'interprétation du droit par les organes d'application du droit, et l'interprétation du droit donnée par des personnes, et en particulier par la science juridique, par les juristes, qui ne sont pas des organes du droit.*[1342] » Mais cette affirmation de Kelsen est discutable à plus d'un titre. D'abord, les juristes, si, individuellement, ils ne se constituent pas en organe, ils sont, comme tout individu, des sujets de droit censés appliquer ce droit dans leur vie quotidienne ; et, comme individus pensants, ils sont en mesure d'interpréter le contenu du droit qui s'applique à eux et qui impacte leurs conditions de vie ou leurs comportements politiques, économiques, sociaux, environnementaux, culturels, etc. Ensuite, les juristes, à bien des égards, peuvent être considérés comme étant constitués en organe d'application du droit, voire même « *comme acteurs du changement social*[1343] ». L'université, par exemple, au sein de laquelle des juristes entreprennent des recherches en vue de constituer un savoir qu'ils enseignent ensuite à des futurs juristes, peut être considérée comme un organe d'application et même de création du droit. Ainsi, les juristes, en tant que professionnels, au sein de l'université, et en tant que groupe d'individus conscients, procèdent à l'application et à la création du droit, notamment lorsqu'ils dénoncent, d'une manière ou d'une autre, ou lorsqu'ils portent à la connaissance d'un juge des faits et / ou des actes qu'ils pensent être illégaux. De ce point de vue, l'université, qui est aussi un organe officiel de la vie sociale d'un État, est aussi habilitée à interpréter le droit, interprétation d'ailleurs que les juges eux-mêmes intègrent dans leurs propres analyses visant à l'interprétation juridictionnelle du droit[1344].

[1340] Hans Kelsen, *Théorie pure du droit*, Trad. Charles Eisenmann, Bruylant-LGDJ, Coll. : « La pensée juridique », 1999, p. 342. Pour une analyse de la théorie kelsenienne de l'interprétation du droit, v. Frédéric Rouvillois, *Le droit*, Flammarion, 1999, pp. 186-194.

[1341] D'après Alexandre Viala, « L'interprétation du juge dans la hiérarchie des normes et des organes », in *Cahiers du Conseil constitutionnel*, n° 6, janvier 1999.

[1342] Hans Kelsen, *Théorie pure du droit*, *Op. cit.*, p. 336.

[1343] Aude Lejeune, *Le droit au Droit. Les juristes et la question sociale en France*, Editions des Archives contemporaines, juin 2011, p. 100.

[1344] Sur ce point, v. les actes du colloque tenu au Conseil d'État en février 2014 sur le thème : « *Le Conseil d'État et l'Université* » *in* Jacques Caillosse et Olivier Renaudie (dir.), *Le Conseil d'Etat et l'Université*, Paris, Dalloz, 2015, et plus précisément la contribution de Gilles Pellissier, « L'utilisation de la doctrine universitaire dans les conclusions des rapporteurs publics », pp. 189 s. En effet, que ferait les membres du Conseil d'État, surtout les plus novices, sans le *Chapus* dans les rayons de la bibliothèque de cette institution ? Cette interrogation n'est pas moins valable pour le

Dans ce contexte, au risque d'être accusé de remettre en cause la théorie kelsenienne de l'interprétation juridique, qu'il soit permis d'affirmer que l'interprétation du droit n'est pas celle d'un organe unique et défini ; cette interprétation, on le verra dans le chapitre suivant, est et doit être *plurielle* en vue d'éviter le risque d'arbitraire ; c'est ce principe d'interprétation plurielle dans un État de droit qui permet d'amortir les effets du risque d'abus[1345]. En effet, comme le disait Montesquieu, « *Tout homme qui a du pouvoir est porté à en abuser*[1346] » ; le juge aussi, en tant qu'organe authentique et officiel de l'application du droit, pourrait en abuser car il a du pouvoir, un pouvoir pouvant être « *redoutable*[1347] » même, s'agissant du Conseil constitutionnel français qui interprète les normes en dernier ressort. C'est dans cette optique d'ailleurs que l'on peut, ou doit, peut-être, comprendre cette affirmation de Thomas Piketty : « *la démocratie réelle et la justice sociale exigent des institutions spécifiques, qui ne sont pas simplement celles du marché, et qui ne peuvent pas non plus se réduire aux institutions parlementaires et démocratiques formelles.*[1348] »

Il semble aussi que Kelsen retenait une acception de l'interprétation scientifique, voire même de la définition du terme « science » ou « scientifique », assez restreinte. L'interprétation scientifique est simplement assimilée à l'interprétation doctrinale en général. Une telle conception de la science ou du scientifique doit aussi être nuancée. En effet, la place des travaux préparatoires à caractère scientifique, d'origine diverse, dans la construction, tant au stade parlementaire qu'au stade prétorien, du droit, conduit à un élargissement de la conception de l'interprétation scientifique. Ainsi, celle-ci n'est plus seulement un simple raisonnement intellectuel découlant de la pensée individuelle et subjective de quelques spécialistes du droit, fussent-ils des juges constitutionnels officiellement désignés, comme le sous-entend Kelsen, mais une démarche de l'interprète consistant à s'appuyer sur des faits de nature à permettre de dire que l'interprétation qui en découle est plausible ou non plausible, pour ne pas dire vraie ou fausse. Ainsi, en matière médicale, l'expertise qui conduit le juge à décider dans un sens plutôt que dans un autre est une interprétation scientifique

---

Conseil constitutionnel dont les membres ont aussi besoin de ressources, tant pratiques que théoriques, afin d'accomplir leur mission.

1345 Sur la notion d'abus en droit public, v. Laurent Eck, *L'abus de droit en droit constitutionnel*, L'Harmattan, Coll. : « Logiques Juridiques », 2010, 593 p.

1346 Montesquieu, *De l'esprit des lois*, Livre XI, Chap. 4.

1347 Dominique Rousseau et Julien Bonnet, *L'essentiel de la QPC. Mode d'emploi de la question prioritaire de constitutionalité*, Lextenso, 2012, p. 108.

1348 Thomas Piketty, *Le capital au XXIème siècle*, Seuil, Coll. : « Les livres du nouveau monde », septembre 2013, p. 675.

qui découle très souvent de la pensée intellectuelle, individuelle et subjective de quelques spécialistes. Cela renvoie à ce qu'on peut appeler un processus d'« *élaboration mentale*[1349] » de la norme qui est d'abord une construction intellectuelle. En conséquence, cela ne signifie pas, pour autant, que l'expertise *scientifique* est sûre. Sur ce dernier point, certaines affaires pénales, sur lesquelles il n'est pas nécessaire de s'attarder, ont rappelé cet état de fait[1350].

De ce point de vue-là, la question de la place de la doctrine constitutionnelle dans la construction du droit se pose. Kelsen a complètement neutralisé la doctrine en tant source créatrice du droit. En effet, en dissociant l'interprétation authentique du droit par l'organe habilité à le faire de l'interprétation scientifique issue notamment des travaux de la doctrine, Kelsen réduit cette seconde interprétation à néant dans le processus de création juridique[1351]. Pour Kelsen,

---

[1349] L'expression est empruntée à Abd Al Malik, *Camus, l'art de la révolte*, Fayard, novembre 2016, p. 91.

[1350] Sur ce point, le film *Marie Besnard, l'empoisonneuse* [2006] est une très belle illustration du doute que peut susciter la science, quant aux drames auxquels peuvent conduire certains résultats qu'elle révèle. Dans ce contexte, l'interprétation scientifique pose problème. En effet, comment éviter la critique du gouvernement fondé sur « *la connaissance* » et sur le « *savoir expert* » au détriment du « *choix populaire* » (à propos de cette interrogation, v. notamment Jacques Rancière, *La haine de la démocratie*, La fabrique, 2005, p. 86) ? Jacques Rancière se pose justement la question de savoir « *comment la science peut-elle gouverner ceux qui ne l'entendent pas* » (*Ibid.*, p. 88). Il est vrai que la science dont il est question ici est moins sujette à polémique, telle que l'est la science qu'on pourrait qualifier de *science légitimatrice* consistant à valider telle ou telle posture politico-intellectuelle progressiste, capitaliste ou néolibéraliste, mais elle ne demeure pas, pour autant, sans soupçon. Pour s'en convaincre, il suffit d'avoir un regard sur les débats passés et actuels entre corps de médecins et groupes de parents et familles et gouvernants autour de questions telles les vaccinations obligatoires des enfants, le droit à la mort artificielle, le droit à la procréation assistée, etc. qui ont passionné et passionnent encore la vie sociale. Dans cette mouvance de critique de la science légitimatrice et *mesquine*, Pierre Bourdieu, critiquant la logique du néolibéralisme, écrivit en 1998 : « *Au nom [d'un] programme scientifique de connaissance, converti en programme politique d'action, s'accomplit un immense travail politique [...] qui vise à créer les conditions de réalisation et de fonctionnement de la "théorie"* » (« L'essence du néolibéralisme », *Le Monde diplomatique*, mars 1998). Mais l'activité des organes périphériques au Parlement, qui interviennent dans la procédure législative, n'est pas *antipolitique*, elle s'inscrit, au contraire, dans ce que Jacques Rancière appelle « *l'action politique extra-parlementaire* » (*Ibid.*, p. 84) qui, si elle se pratique en dehors du cadre parlementaire, n'est pas *antiparlementaire*, mais complémentaire à l'action politique du Parlement, et c'est en ce sens seulement qu'elle peut être valide et légitime.

[1351] Hans Kelsen, *Théorie pure du droit*, *Op. cit.*, Titre VIII « L'interprétation », pp. 335-342 ; compar. Savigny, *Traité de droit romain*, trad. Guenoux, t. I, Paris, 1855, [Gallica], « Interprétation des lois. Définition. Interprétation législative. Interprétation doctrinale », pp. 199 s. Par rapport à Kelsen qui disqualifie un quelconque poids de la science dans la construction normative, Savigny, au contraire, considère « *la science comme [...] un élément qui concourt à la formation du droit* » (*Ibid.*, p. 200).

l'interprétation issue de la science juridique, sous-entendue de la doctrine juridique, « *consiste à déterminer, par une opération purement intellectuelle, le sens de normes juridiques.*[1352] » Cette considération fait écho aux propos de Jean-Louis Debré qui place au rang d'une « *démarche intellectuelle*[1353] » l'usage des travaux préparatoires dans l'interprétation juridique. Mais, bien que cette conception de l'usage des travaux préparatoires soit réfutable[1354], il ne faut pas y voir, comme l'entendait Kelsen ou encore Aubry et Rau, une conception réductrice de cette démarche interprétative, le terme « intellectuel » n'est pas réducteur dans le sens que Jean-Louis Debré l'a employé, alors qu'il le paraît incontestablement chez Kelsen. Ainsi, suivant cette affirmation, le processus d'interprétation du droit n'est pas étranger au mécanisme de pensée intellectuelle ; les juges constitutionnels, eux aussi, pensent, si possible, en toute intelligence le droit. En définitive, si l'élément intellectuel n'est pas étranger au processus juridique, l'usage des travaux préparatoires, considéré comme une démarche intellectuelle d'interprétation juridique, suppose un rôle, même très réduit, de la science juridique, qui, forcément, revêt un aspect intellectuel, dans l'interprétation normative[1355].

D'ailleurs, Kelsen, lui-même, semble le reconnaître ; celui-ci adhère, en effet, à l'idée que l'acte juridique est en quelque sorte *indéterminé*[1356] ; et il ne peut en être autrement pour autant que le droit s'applique à des sujets dont les comportements ne peuvent être déterminés d'avance. C'est en ce sens qu'il peut être admis que « *la démocratie est un régime inachevé et que l'inachèvement la constitue dans la mesure où il montre sa capacité à accueillir le conflit en faisant droit*

[1352] *Ibid.*, p. 341.

[1353] V. *Réponses à un questionnaire* en annexe.

[1354] Comme cela a déjà été rappelé, l'usage des travaux préparatoires dans l'interprétation juridique rompt avec le caractère purement intellectuel du processus d'interprétation, dans la mesure où les travaux préparatoires constituent des instruments matériellement accessibles qui permettent de constater de manière concrète la source de l'interprétation prononcée par le juge, bien que celui-ci ne s'adonne pas toujours aux résultats interprétatifs révélés par les travaux préparatoires, dans certaines situations précises, comme en 1971 (Décision n° 71-44 DC).

[1355] Ainsi, du moins en pratique, le point de vue de Kelsen est quelque peu désavoué. Que l'on soit ou non d'accord avec l'adoption de cette technique d'interprétation par le Conseil constitutionnel, force est de constater que la méthode s'impose dans son travail d'interprétation juridique depuis 1959 sans jamais faillir. Kelsen ajoute que cette interprétation scientifique « *n'est pas création du droit* » (p. 341) contrairement à l'interprétation authentique, celui du juge.

[1356] Hans Kelsen, *Op. cit.*, p. 336.

à l'indétermination du social[1357] ». Le juge constitutionnel doit donc être toujours à la recherche d'une certaine *proximité*[1358] avec l'*homo juridicus* dans son interprétation des textes, en s'imprégnant de toute la communauté sociologico-scientifique, au-delà même de la seule science juridique.

Sur ce dernier point, il semble qu'il faut apporter une précision supplémentaire, quant à la notion d'interprétation scientifique. En effet, on l'a vu, Kelsen, qui a mis en théorie cette notion, oppose l'interprétation jurisprudentielle à l'interprétation qu'il qualifie de *privée*, ce qui est très contestable. L'interprétation scientifique, prise à grands traits, chez Kelsen, renvoie en définitive à cette interprétation privée, au sens d'Aubry et Rau. Mais on peut aussi entendre par interprétation scientifique une interprétation fondée sur des connaissances scientifiques dans un domaine déterminé et non accessible, intellectuellement et techniquement, par le juge-interprète. En effet, l'interprétation donnée par un juriste à un texte juridique ou au contenu d'une jurisprudence n'est pas inaccessible au juge constitutionnel qui comprendra aisément cette interprétation par la seule lecture de la pensée exprimée de son auteur. Mais il sera très difficile pour le juge constitutionnel qui, par supposition, et ce n'est pas excessif, s'agissant du Conseil constitutionnel français, n'est pas ou peut ne pas être suffisamment compétent en matière d'économie, par exemple, domaine qui exige et implique souvent des connaissances mathématiques et statistiques extrêmement poussées afin de pouvoir l'appréhender. Ainsi, lorsque le Conseil constitutionnel décide de commander un rapport du Haut Conseil des finances publiques (HCFP) et a finalement déclaré que le gouvernement qui s'est fondé sur les chiffres et calculs de cet organe expert de la science économique n'a pas faussé le débat parlementaire, en présentant un projet de loi de finances qui serait ainsi insincère, il reconnaît par la même occasion ses limites en substituant l'interprétation fournie par l'avis du HCFP à celle qu'il aurait dû ou pu fournir lui-même, s'il avait les connaissances scientifiques nécessaires dans ce domaine spécifique. C'est davantage de cette interprétation scientifique-là qu'il sera ici question que celle imaginée par Aubry et Rau à la fin du XIXe siècle et par Kelsen dans les années 1960.

[1357] Claude Lefort, *L'invention démocratique. Les limites de la domination totalitaire*, Fayard, 1981. Cité *in* Dominique Rousseau, *Radicaliser la démocratie. Propositions pour une refondation*, *Op. cit.*, p. 19.

[1358] Sur ce point, v. Pierre Rosanvallon, *La légitimité démocratique. Impartialité, réflexivité, proximité*, Seuil, 2008, pp. 15 s. et 267 s. La notion de proximité, chez cet auteur, est une fonction légitimatrice de la démocratie (« *légitimité de proximité* ») qui suppose une « *attention à la particularité* », ce qui renvoie à la considération de la situation individuelle de certains groupes sociaux, voire de certains individus, composant l'ensemble du social.

En ce sens, l'interprétation scientifique a fait son entrée dans la jurisprudence constitutionnelle dans les années 1970 avec la décision n° 74-54 DC. Mais c'est l'usage exprès des travaux préparatoires fournis par le Haut Conseil de la santé publique (HCSP), dans le cadre des procédures législatives extraparlementaires, qui permet de cerner le mieux l'interprétation scientifique dans la jurisprudence constitutionnelle française.

B) L'expertise scientifique dans l'interprétation constitutionnelle

Il faut préciser d'emblée qu'il est très dommage de constater que la loi n° 2016-87 du 2 février 2016 créant de nouveaux droits en faveur des malades et des personnes en fin de vie n'a pas été soumise au Conseil constitutionnel. Cela est, en effet, regrettable parce que la saisine du Conseil constitutionnel sur cette loi lui aurait permis de préciser davantage la place que celui-ci accorde aux travaux préparatoires périphériques produits par des organismes tels que le Comité consultatif national d'éthique (CCNE)[1359], par exemple, dans le cadre de la

---

[1359] Le CCNE a été conduit à se prononcer à plusieurs reprises sur la fin de vie en France. Dans son avis n° 26 rendu en 1991, l'organisme désapprouvait l'idée qu'un texte législatif ou réglementaire vienne légitimer l'acte de donner la mort à un malade ; en 1998, avis n° 58, sa position a évolué car il a pu se déclarer « *favorable à une discussion publique sereine sur le problème de l'accompagnement des fins de vies comprenant notamment la question de l'euthanasie* » ; en 2000, avis n° 63, le CCNE s'est adapté aux mutations de l'opinion sur la question de la fin de vie en proposant la notion « *d'engagement solidaire et d'exception d'euthanasie* ». Plus récemment, sa contribution a pu éclairer le Parlement sur la loi du 2 février 2016 sur la fin de vie (v. Avis n° 121 : « *Fin de vie, autonomie de la personne, volonté de mourir* », juin 2013 et « *Rapport du CCNE sur le débat public concernant la fin de vie* »). Quant au fondement juridique de la fonction du Comité dans la procédure législative, l'article 1er de la loi n°2004-800 du 6 août 2004 dispose : « *Le Comité consultatif national d'éthique pour les sciences de la vie et de la santé a pour mission de donner des avis sur les problèmes éthiques et les questions de société soulevés par les progrès de la connaissance dans les domaines de la biologie, de la médecine et de la santé.* » L'article 12 de la loi n°2016-87 du 2 février 2016, quant à lui, renforce indéniablement le rôle législatif du Comité, en disposant : « *Tout projet de réforme sur les problèmes éthiques et les questions de société soulevés par les progrès de la connaissance dans les domaines de la biologie, de la médecine et de la santé doit être précédé d'un débat public sous forme d'états généraux. Ceux-ci sont organisés à l'initiative du Comité consultatif national d'éthique pour les sciences de la vie et de la santé, après consultation des commissions parlementaires permanentes compétentes et de l'Office parlementaire d'évaluation des choix scientifiques et technologiques. L'avis des commissions compétentes et de l'Office parlementaire d'évaluation des choix scientifiques et technologiques inclut une appréciation sur l'opportunité, pour le Gouvernement, de mobiliser, dans les conditions prévues à l'article L. 121-10 du code de l'environnement, le concours de la Commission nationale du débat public [al. 1er]. À la suite du débat public, le comité établit un rapport qu'il présente devant l'Office parlementaire d'évaluation des choix scientifiques et technologiques, qui procède à son évaluation, en faisant ressortir les éléments*

procédure législative extraparlementaire[1360] et, partant, dans l'interprétation constitutionnelle. S'agissant du HCFP, Jérôme Charpentier a démontré que « *la mobilisation [de l'expertise] par le juge* » constitutionnel[1361] conduit à l'étonnante réalité de l'« *accession de l'expertise à la normativité*[1362] ».

Mais les analyses scientifiques dans l'interprétation constitutionnelle conduisent à certaines interrogations. Ainsi, on peut se demander, avec Jacques Commaille, si le juge constitutionnel peut utilement s'appuyer, comme « *un État Léviathan [...] sur les sciences psychologiques et médicales*[1363] » pour la production interprétative du droit. Jacques Commaille laisse à penser que se remettre dans les mains d'experts de la science, médicale ou autre, s'agissant du juge-interprète, relève du jeu normal de l'interprétation juridique dans une démocratie. Selon cet auteur, en effet, il y a une « *position épistémologique générale*[1364] » de la production des lois.

Sur le plan biomédical, le Conseil constitutionnel juge en effet que la décision de considérer l'embryon comme une personne relève, certes, de la compétence du législateur, mais que cela dépend surtout des considérations d'ordre scientifique[1365]. Dans sa décision n° 94-343/344 DC, les requérants avaient

---

scientifiques indispensables à la bonne compréhension des enjeux de la réforme envisagée [al. 2]. En l'absence de projet de réforme, le comité est tenu d'organiser des états généraux de la bioéthique au moins une fois tous les cinq ans [al. 3]. » Certes, l'Office parlementaire d'évaluation des choix scientifiques et technologiques évalue les travaux scientifiques du Comité, ce qui peut donner l'impression que c'est le Parlement qui décide. Mais, en réalité, le Parlement, dénué de compétences scientifiques nécessaires, ne peut que se remettre dans les mains du Comité, et le Conseil constitutionnel ne pourra pas procéder autrement. Ainsi, les compétences du législateur et celles du Conseil constitutionnel, lui-même, se trouvent, pour le moins, partagées avec le CCNE.

1360 Sur le rôle du CCNE dans l'élaboration législative, v. Bertrand Mathieu, « Rapport de Bertrand Mathieu », *in* Noëlle Lenoir, Bertrand Mathieu et Didier Maus (dir.), *Constitution et éthique biomédicale*, La Documentation française, Coll. : « Les cahiers constitutionnels de Paris I », 1998, pp. 45-47. Si cet auteur affirme que le CCNE ne détient pas « *de pouvoir juridiquement normatif* » (p. 46), au sens d'édicter de manière autonome une norme, il reconnaît, toutefois, que le rôle de cet organe dans la fabrication de « *la 'norme' éthique peut influencer le droit.* » (p. 45).

1361 Jérôme Charpentier, *Le recours à l'expertise en finances publiques*, Thèse, Université de Lorraine, Dalloz, 2018, pp. 559 s.

1362 *Ibid.*, pp. 483 s.

1363 Jacques Commaille, *L'esprit sociologique des lois*, PUF, Coll. : « Droit, éthique, société », décembre 1994, p. 30.

1364 *Ibid.*, p. 34.

1365 Décision n° 94-343/344 DC du 27 juillet 1994, Cons. 8. *Loi relative au respect du corps humain et loi relative au don et à l'utilisation des éléments et produits du corps humain, à l'assistance médicale à la procréation et au diagnostic prénatal.* Il faut bien reconnaître que tout juge qui interprète le droit doit, à un moment donné ou à un autre, du moins prêter une oreille attentive à l'expertise

reproché au législateur de « *reconnaître à la commission nationale de médecine et de biologie de la reproduction et du diagnostic prénatal un pouvoir d'avis conforme [au motif que cette reconnaissance violerait] le principe constitutionnel de séparation des pouvoirs d'autant plus qu'il a renvoyé au pouvoir réglementaire la détermination de la composition de cette commission ;*[1366] » Le Conseil constitutionnel a répondu « *qu'il [ne lui] appartient pas [...], [lui] qui ne détient pas un pouvoir d'appréciation et de décision identique à celui du Parlement, de remettre en cause,* ***au regard de l'état des connaissances et des techniques****, les dispositions ainsi prises par le législateur ;*[1367] » Ainsi, « *au regard de l'état des connaissances et des techniques* », qui renvoient aux travaux de nature scientifique, le Conseil constitutionnel limite ses compétences interprétatives. Il en est de même sur le plan environnemental où le Conseil affirme : « *Il n'appartient pas au Conseil constitutionnel [...] de remettre en cause, au regard de l'état des connaissances, l'appréciation par le législateur des conséquences susceptibles de résulter pour l'environnement et pour la santé publique de l'utilisation de ces produits*[1368] ». On comprend la position du juge, mais, dans un système de justice constitutionnelle assumée, le Conseil constitutionnel aurait

---

scientifique, notamment médicale, sinon s'adonner purement et simplement à cette expertise. Ainsi, les affaires Lambert, qui ont fait la une des journaux en France et en Europe, voire dans le monde, ont permis d'observer cet aspect de l'interprétation juridique. Sur ce point, v. CE 24 juin 2014, *Mme F...I...et autres*, n° 375081, 375090, 375091 et CEDH 5 juin 2015, *Affaire Lambert et autres c. France*, Requête n° 46043/14. Dans chacune de ces affaires, le juge-interprète s'est toujours saisi de l'expertise scientifique qui s'impose à lui. « *Dans sa décision n° 375081 du 14 février 2014, le Conseil d'Etat, statuant au contentieux a invité l'Académie de Médecine, le Comité Consultatif National d'Ethique, le Conseil National de l'Ordre des Médecins ainsi que Monsieur Jean Leonetti à lui présenter 'avant la fin du mois d'avril 2014 des observations écrites d'ordre général de nature à l'éclairer utilement sur l'application des notions d'obstination déraisonnable et de maintien artificiel de la vie au sens de l'article L. 1110-5 du code de la santé publique, en particulier à l'égard des personnes qui sont, comme Monsieur Lambert, dans un état pauci-relationnel.'* » C'est par ces mots que le CCNE a commencé ses observations à la demande du Conseil d'État (5 mai 2014), observations qui illustrent parfaitement le rôle décisif joué par les expertises scientifiques dans l'interprétation juridique prononcée par le juge. L'attention prêtée aux expertises médicales, notamment par le juge constitutionnel, est d'autant plus compréhensible que, dans des cas comme celui du droit à la mort artificielle, la conscience et la responsabilité des médecins se trouvent en jeu, ce qui explique les relations complexes entre droit et science médicale, deux disciplines qui ne peuvent coexister que sur la base d'une relation de confiance mutuelle.

[1366] *Ibid.*

[1367] *Ibid.*, Cons. 10. Et, dans une moindre mesure, la décision dite IVG (Décision n° 74-54 DC du 15 janvier 1975, Cons. 1. *Loi relative à l'interruption volontaire de grossesse*) va dans le même sens ; v. aussi Décision n° 2020-808 DC du 13 novembre 2020, §§. 6 et 23. *Loi autorisant la prorogation de l'état d'urgence sanitaire et portant diverses mesures de gestion de la crise sanitaire.*

[1368] Décision n° 2018-771 DC du 25 octobre 2018, §. 11. *Loi pour l'équilibre des relations commerciales dans le secteur agricole et alimentaire et une alimentation saine, durable et accessible à tous.*

dû disposer de moyens propres à lui permettre de rétablir lui-même la réalité en vue de juger en toute connaissance de cause. C'est d'ailleurs cette jurisprudence, tant habile qu'ambiguë, qui permet à Elisabeth Zoller d'affirmer, avec l'accent d'un rare cynisme, que le constitutionnalisme français est un constitutionnalisme législatif (ou démocratique), au sens où c'est le Parlement qui dispose du pouvoir d'appréciation (sans d'ailleurs se préoccuper du fait qu'il ne s'agit que d'un stratagème utilisé par le Conseil constitutionnel), contrairement, selon l'auteur, au constitutionnalisme d'autres systèmes juridiques, tel celui de l'Allemagne qui serait un constitutionnalisme fondé sur l'État de droit et non sur la démocratie comme s'il n'y avait aucun lien entre démocratie et État de droit[1369]. Mais, par la même occasion, le Conseil semble limiter également les compétences du législateur lorsqu'il juge « *qu'enfin, s'agissant des décisions individuelles relatives à des études à finalité médicale, **l'exigence de l'avis conforme d'une commission administrative**, dont les règles générales de composition sont définies par l'article L. 184-3 nouveau du code de la santé publique et qui doit notamment s'assurer qu'il n'est pas porté atteinte à l'embryon, **pouvait être prévue par le législateur sans qu'il méconnaisse par là sa propre compétence** ;* » En effet, les connaissances scientifiques de cette nature sont inaccessibles tant au juge constitutionnel qu'au législateur[1370], que celui-ci soit constituant, organique ou ordinaire ; il n'est donc pas surprenant, de ce point de vue, de voir l'interprétation constitutionnelle subordonnée à des travaux d'expertise de nature scientifique et technique. Cette décision du Conseil constitutionnel illustre parfaitement « *les rapports difficiles, mais parfois fructueux et toujours nécessaires*[1371] » entre le droit et la science, entre

---

[1369] V. Elisabeth Zoller, « Le constitutionnalisme français », *Revue de Droit Henri Capitant*, Lextenso, n° spécial (article unique), Octobre 2018.

[1370] En un sens, l'interprétation scientifique peut-elle être qualifiée de réaliste ? Il semble que le juge construit son propre réalisme (Michel Troper, « Le réalisme et le juge constitutionnel », in *Dossier : Le réalisme en droit constitutionnel*, Cahiers du Conseil constitutionnel, n° 22, Juin 2007, p. 6/9). Ainsi, « *en dépit des apparences, [la réalité] est construite non par la science ou les experts, mais par le juge lui-même.* » (*Ibid.*). Mais l'interprétation scientifique et celle des experts s'imposent bien au juge en réalité, comme dans l'affaire Lambert (Conseil d'État) et des finances publiques (Conseil constitutionnel), même si l'on peut feindre de croire que c'est le juge-interprète qui, en définitive, décide. D'ailleurs, on l'a vu, le Conseil constitutionnel n'hésite pas à dire qu'il n'est pas compétent pour décider, s'agissant de domaines scientifiques particulièrement pointus, tel en matière médicale et macroéconomique.

[1371] Bertrand Mathieu, « Rapport de Bertrand Mathieu », *Op. cit.*, p. 37. Cependant, il faut admettre que l'interprétation scientifique ne s'impose pas toujours au juge qui applique le droit. Ainsi, la Cour administrative d'appel de Lyon (CAA Lyon 6 novembre 2014, *n° 14LY00384*, Lebon) et la CJUE (CJUE 21 juin 2017, *affaire C-621/15*, §43) ont pu reconnaître un lien de causalité entre le vaccin contre l'hépatite B et la sclérose en plaque contractée par un patient sur la simple base d'« *un faisceau d'indices graves, précis et concordants* » contre toute les études scientifiques qui concluaient à l'absence d'un tel lien. Une telle jurisprudence n'est pas surprenante. En effet, le

le juriste et le médecin, à travers la contestation du rôle scientifique de la commission nationale de médecine et de biologie de la reproduction et du diagnostic prénatal dont les requérants reprochaient l'emprise sur le pouvoir législatif auquel il revient de faire le droit.

Outre le rôle de cette commission dans le processus législatif extraparlementaire et dans l'interprétation constitutionnelle, la loi n° 2004-806 du 9 août 2004 relative à la politique de santé publique[1372] confie également un rôle consultatif à l'Académie nationale de médecine (ANM) et au Haut Conseil de la santé publique (HCSP) en matière de politique vaccinale, notamment les politiques relatives à la vaccination antipoliomyélitique obligatoire. Le principe de cette vaccination a été contestée *a posteriori* devant le Conseil constitutionnel. Dans sa décision n° 2015-458 QPC[1373], il est vrai, le Conseil n'a pas abrogé la disposition législative contestée devant lui. Cependant, son argumentation, dans cette décision, n'est pas moins intéressante à observer, s'agissant des avis du HCSP qui n'est pourtant pas un organe dont le rôle dans la procédure législative extraparlementaire est prévu par la Constitution. C'est ainsi que l'on peut

---

juge ne peut pas à chaque fois toujours se fier à des analyses scientifiques dont il ne dispose aucun moyen de vérifier l'objectivité et la sincérité, dans un contexte où des grands laboratoires peuvent déployer d'immenses moyens dans l'objectif de faire taire les recherches alternatives qui pourraient conduire à des résultats contraires aux leurs. Par conséquent, le droit semble pouvoir l'emporter sur la science dans des cas précis.

[1372] C'est ce texte législatif qui, d'ailleurs, a créé le Haut conseil de la santé publique (HCSP). Cet organe se divise en commissions, quant à ses travaux, et se compose de personnalités qualifiées, dont des juristes. Nous avons eu l'occasion de nous entretenir avec un médecin qui participe régulièrement à des séances du HCSP. Celui-ci confirme le fonctionnement régulier de cet organisme, mais, semble-t-il, les personnalités qualifiées, dont les juristes, qui en sont membres, n'ont pas toujours un avis juridiquement éclairé des questions que traite l'organe, notamment sur le caractère sensible de certaines informations ; si bien que certains rapports de l'organisme qui sont rendus publics peuvent se trouver à la limite, voire même complètement dans l'illégalité, sans qu'il n'ait été averti en amont par l'expertise, notamment, des « *juristes* ». Cela n'est hélas guère étonnant car beaucoup trop souvent les « personnalités » dites « qualifiées », dont la nomination dans les instances administratives relève d'un effet de mode, ne disposent de « qualifications », quant aux missions de ces instances dont elles font partie, que leur renommée. Elles n'y sont, bien souvent, nommées et n'acceptent cette nomination que pour accroître leur niveau de prestance, et non pas pour en apporter une expertise issue d'un savoir dont elles seules connaîtraient le secret. Fait notoire, lorsque nous avons avisé ce médecin de l'usage, par le Conseil constitutionnel, la plus haute juridiction de France, des travaux du HCSP dans sa jurisprudence, l'étonnement que cette information a suscité chez lui n'est pas sans valeur ; il aura, on peut l'espérer, peut-être un impact sur le sérieux des avis et rapports de cet organisme chargé d'éclairer le Parlement dans la confection des normes.

[1373] Décision n° 2015-458 QPC du 20 mars 2015, Cons. 1, 9 et 10. *Époux L. [Obligation de vaccination].*

observer, avec inquiétude ou avec assurance, que le Conseil constitutionnel poursuit sa tendance à remettre sa fonction interprétative aux expertises scientifiques dans certaines affaires spécifiques. C'est le cas dans cette décision où le Conseil constitutionnel semble affirmer – comme il l'avait déjà fait en 2013 et en 2014, s'agissant des travaux du HCSP – que dès lors que le gouvernement (le ministre de la santé) décide de la politique des vaccinations obligatoires « sous couvert » du HCSP et de l'ANM, il ne porte pas atteinte au onzième alinéa du Préambule de la Constitution de 1946 relatif à la protection de la santé. Et le Conseil va plus loin encore, en affirmant qu'il n'est pas compétent pour contrôler la *scientificité* de la question de l'efficacité ou pas, de l'opportunité ou pas, de la dangerosité ou pas de certains vaccins rendus obligatoires pour les enfants, et qu'il revient aux experts scientifiques (le HCSP et l'ANM) de le faire par l'avis qu'ils doivent fournir au gouvernement sur ces questions. En effet, le Conseil constitutionnel a jugé que le législateur « *a confié au ministre chargé de la santé le soin de définir et mettre en œuvre la politique de vaccination après avoir recueilli l'avis du haut conseil de la santé publique ;*[1374] » et qu'il « *n'appartient pas au Conseil constitutionnel, qui ne dispose pas d'un pouvoir général d'appréciation et de décision de même nature que celui du Parlement, de remettre en cause, au regard de l'état des connaissances scientifiques, les dispositions prises par le législateur ni de rechercher si l'objectif de protection de la santé que s'est assigné le législateur aurait pu être atteint par d'autres voies, dès lors que les modalités retenues par la loi ne sont pas manifestement inappropriées à l'objectif visé ;*[1375] » Le Conseil constitutionnel adopté la même position au regard de la soumission par le législateur de certains enfants à des tests osseux : « *Les dispositions contestées autorisent le recours à un examen radiologique osseux aux fins de contribuer à la détermination de l'âge d'une personne. En l'état des connaissances scientifiques, il est établi que les résultats de ce type d'examen peuvent comporter une marge d'erreur significative.*[1376] » Ainsi, dès lors que le législateur prend en compte l'état des connaissances scientifiques dans ses décisions, le Conseil constitutionnel ne peut que constater ce fait et ne se reconnaît aucun pouvoir d'appréciation[1377].

[1374] *Ibid.*, Cons. 9.

[1375] *Ibid.*, Cons. 10.

[1376] Décision n° 2018-768 QPC du 21 mars 2019, §. 7. *M. Adama S. [Examens radiologiques osseux aux fins de détermination de l'âge].* Cette jurisprudence maintenant bien établie est étendue aux questions environnementales traitées par le Parlement : v. Décision n° 2019-808 QPC du 11 octobre 2019, §. 8. *Société Total raffinage France [Soumission des biocarburants à base d'huile de palme à la taxe incitative relative à l'incorporation de biocarburants].*

[1377] *Ibid.*, §. 14. V. aussi : Décision n° 2020-803 DC du 9 juillet 2020, §. 13. *Loi organisant la sortie de l'état d'urgence sanitaire* (covid-19).

De manière plus générale, le Conseil constitutionnel semble accorder en principe une place assez importante à tout organe chargé d'une expertise technique quelconque en vue de déterminer des politiques publiques. C'est ainsi que dans sa décision n° 2012-653 DC, il a jugé : « ***qu'il aura à exercer [son] contrôle [de constitutionnalité] en prenant en compte l'avis des institutions indépendantes préalablement mises en place***[1378] ». Certes, il ne s'agit ici que du contrôle de constitutionnalité de lois spécifiques relatives aux finances, mais il n'est pas interdit de penser que cette jurisprudence pourrait revêtir un caractère plus général, s'appliquant ainsi à l'ensemble des mécanismes d'expertise intervenant, d'une manière ou d'une autre, dans la procédure législative extraparlementaire.

S'agissant du caractère scientifique des travaux du HCSP et de l'ANM, et ceux de tout autre organisme participant, de manière active, dans la procédure législative extraparlementaire, il y a un lien entre les travaux de ces derniers organes et ceux du Haut Conseil des finances publiques (HCFP)[1379]. En effet, ce dernier apporte un soutien de nature scientifique et technique, du moins en matière financière, et décisif au législateur dans l'élaboration des lois de finances, de même que le HCSP et l'ANM apportent un soutien scientifique et technique qui ne semble pas moins décisif dans l'interprétation constitutionnelle, tant pour le législateur que pour le juge constitutionnel lui-même. En tout cas, c'est une manière possible d'interpréter et de mesurer l'impact de cette reconnaissance

---

[1378] Décision n° 2012-653 DC du 09 août 2012, *Op. cit.*, Cons. 27. On le voit bien, le Conseil constitutionnel ne dit pas que ces « *institutions indépendantes préalablement mises en place* » doivent être prévues par la Constitution ; ceci remet en cause là encore l'affirmation de Guy Carcassonne qui estimait que seuls les avis requis par la Constitution peuvent attenter à la régularité de la procédure législative.

[1379] Certains juristes s'interrogent de manière critique sur l'usage de l'expertise scientifique du HCFP dans l'interprétation du droit : « *La place grandissante des "savants" au détriment du politique. La compétence des premiers manifeste le dépassement du second. La technicité de la matière financière et la complexité de la gouvernance publique justifieraient que la logique politique laissât sa place à une logique bureaucratique, déjà acceptée dans de nombreuses décisions budgétaires. La Question du contrôle démocratique est donc plus que jamais actuelle, dernier rempart de la légitimité des pouvoirs politiques budgétaires, et notamment du Parlement. Si l'impératif de la prise de la bonne décision s'impose désormais aux pouvoirs publics, le "gouvernement des experts" doit accompagner la transformation du parlementarisme, il ne doit pas la précipiter* » (Katia Blairon et Christophe Fardet, « Avant-propos », in Jérôme Charpentier, *Le recours à l'expertise en finances publiques*, Thèse, Université de Lorraine, Dalloz, 2018, (pp. XVII-XIX), p. XIX). Ce constat se retrouve également jusque dans la jurisprudence financière du Conseil constitutionnel. En effet, celui-ci, compte tenu de ses carences en termes de compétences techniques en matière financière, n'a d'autres choix que de se livrer aux résultats des expertises financières pour contrôler la constitutionnalité de la procédure d'élaboration des lois de finances.

jurisprudentielle constitutionnelle, s'agissant des processus de délibération législative extraparlementaire, à travers les travaux préparatoires extraparlementaires fournis par ces types d'organismes dont le rôle n'est même pas de nature constitutionnelle. Ainsi, la liberté interprétative du juge constitutionnel spécial et final, qu'est le Conseil constitutionnel, s'arrête à la porte de la scientificité et de la technicité que revêtent les matières qu'il a à connaître au niveau contentieux.

Mais la question de la qualité et de la fiabilité de l'expertise scientifique se pose à l'interprète constitutionnel spécifique et aux observateurs de l'interprétation constitutionnelle. Il ne faut pas occulter le fait que cette jurisprudence du Conseil constitutionnel, englobant tous ces organes et institutions dans le mécanisme de production normative, fait peser une responsabilité conséquente sur ces derniers. En effet, le gouvernement et le Parlement *doivent* s'appuyer sur leur expertise scientifique, professionnelle, voire éthique, en vue de mener à bien le processus législatif. Sur ce point, il n'est pas possible d'affirmer avec certitude qu'une relation de confiance parfaite s'établit entre le juge constitutionnel et les différents organes et institutions intervenant dans le processus de production des normes, tant au sein des assemblées législatives qu'à l'extérieur de celles-ci. Seule la vigilance de ces derniers, qui doivent veiller les uns sur les autres, permettra de déceler et donc amoindrir, sinon éradiquer, les irréductibles imperfections que peut revêtir tout système juridique d'un État de droit.

Enfin, ces décisions du Conseil constitutionnel semblent former une jurisprudence constitutionnelle spécifique à l'interprétation scientifique, telle que celle-ci est appréhendée dans le cadre de cette thèse, et montrent clairement la nécessaire complémentarité qui existe entre les travaux préparatoires intraparlementaires et les travaux préparatoires périphériques auxquels la Constitution et la loi soumettent le gouvernement et le Parlement sous le contrôle du Conseil constitutionnel.

Ces travaux législatifs issus d'organes autres que le Parlement lui-même entrent, à la lumière de la jurisprudence constitutionnelle, dans la définition de la notion de travaux préparatoires des normes législatives. Ainsi, cette ouverture du champ de la notion de travaux préparatoires contribue-t-elle aux relations d'équilibre des différents organismes et institutions qui président au bon fonctionnement du débat démocratique et de l'État. Dès lors, il était nécessaire que le Conseil constitutionnel les considère comme s'intégrant pleinement dans le processus du débat parlementaire, bien que se tenant en dehors du Parlement ;

il en va de la sincérité même du contenu de la Constitution et celui des textes de nature législative et même réglementaire qui les ont institués.

SECTION 2 : LE CONTRÔLE PAR LE CONSEIL CONSTITUTIONNEL DE LA « SINCÉRITÉ » DE LA CONDUITE DES TRAVAUX PRÉPARATOIRES EXTRAPARLEMENTAIRES

À travers le contrôle concret de la régularité de la procédure de consultation des organismes juridiquement prévus à cet effet, dans le cadre des procédures législatives extraparlementaires, le Conseil constitutionnel tend à contrôler la sincérité procédurale qui s'attache nécessairement à la production de toute norme juridique. Ainsi, si la Constitution et des normes de nature législative prévoient des organismes d'expertise pour éclairer le débat parlementaire, la sincérité qui s'attache à ces textes doit conduire également à un mécanisme de consultation sincère de ces organismes.

C'est d'ailleurs dans cette optique, par sa décision n° 2005-512 DC, que le Conseil constitutionnel a posé le principe d'une exigence constitutionnelle de clarté et de sincérité des débats parlementaires[1380]. Mais « *Qu'est-ce que la sincérité ?*[1381] », s'est, à juste titre, demandé Olivier Le Bot qui révèle, par ses analyses, plusieurs aspects de cette notion, et surtout la difficulté qui s'attache à sa compréhension en droit. En effet, la définition juridique de cette notion est une question bien difficile à cerner. Pourtant, depuis au moins cette décision n° 2005-512 DC du Conseil, il a bien fallu s'attaquer à l'analyse du sens et de la portée de cette notion du point de vue juridique et au regard du débat parlementaire.

Nonobstant les différentes facettes que revêt la notion de sincérité[1382], cette analyse ne portera que sur l'aspect de cette notion qui est lié au débat parlementaire, tout en se focalisant sur la sincérité des procédures législatives

[1380] Décision n° 2005-512 DC du 21 avril 2005, Cons. 2 et 4. *Op. cit.*

[1381] Olivier Le Bot, « La sincérité, une exigence juridique en diffusion », *in* Olivier Le Bot (coord.), *La sincérité en droit*, Larcier, 2011, pp. 9 s.

[1382] V. tableau dressé par Olivier Le Bot, *Ibid.*, pp. 15-20.

extraparlementaires que le Conseil constitutionnel a fait entrer dans le principe de la délibération législative au sens large, procédures qui constituent un pan entier des travaux préparatoires à l'édiction normative, du moins pour ce qui concerne les normes de nature parlementaire. Ainsi, l'accent sera mis sur la sincérité des procédures de consultation d'institutions et d'organes extraparlementaires intervenant dans la procédure parlementaire, que le rôle de ces organes et institutions tienne sa place directement ou indirectement dans la Constitution ou dans des textes de nature législative, dès lors que la jurisprudence constitutionnelle permet de reconnaître ce rôle dans la production normative.

Ainsi, l'étude portera, d'abord, sur le contrôle par le Conseil constitutionnel de la sincérité de la consultation des institutions et organes intervenant dans la procédure législative extraparlementaire (§1). Dans la mesure où ce contrôle de sincérité paraît particulièrement pratique pour le Conseil constitutionnel, celui-ci tend à l'étendre à la volonté législative exprimée dans un projet de loi non encore adoptée par le Parlement. C'est ce qui ressort de l'esquisse d'une jurisprudence constitutionnelle née en 2016 dont il faudra, ensuite, analyser la portée, quant aux interrogations qu'elle soulève, au regard, notamment, du principe de séparation de pouvoirs (§2).

§1. Le contrôle de la sincérité de la consultation par le Conseil constitutionnel

Plus qu'un simple contrôle de la sincérité du débat intraparlementaire, au sens, de prime abord, restrictif des dispositions de l'article 33 de la Constitution, le contrôle de la sincérité de la consultation des organes et institutions de production de travaux préparatoires de nature extraparlementaire est un principe (A) à visée étendue (B) qui est posé par la jurisprudence constitutionnelle.

A) Le principe

Le principe de sincérité est souvent vu comme un « *idéal démocratique*[1383] », du point de vue de la confiance du citoyen et acteur social dans les normes qui s'imposent à lui. Du point de vue du citoyen, en effet, Annie Héritier affirme :

[1383] Annie Héritier, « Le droit et la sincérité. À la recherche d'un couple ignoré », *in* Olivier Le Bot (coord.), *Ibid.*, p. 32.

« *Le consentement donné ou le mandat politique confié à autrui doit répondre à l'exigence de la sincérité. L'individu doit pouvoir revendiquer la liberté de ses choix et l'exercer à sa guise, en toute indépendance.*[1384] » Cette affirmation relève de ce qu'Oliver Le Bot qualifie, sans doute avec un apriori négatif, de courant minoritaire visant à « *promouvoir la place des valeurs dans le droit*[1385] ». Le sens du terme « valeur » ici renverrait à des considérations d'ordre moral et éthique, contraires donc au droit. C'est en ce sens d'ailleurs que Michel Bouvier semble orienter la notion de sincérité : « *La question de la sincérité en soi est typiquement une question philosophique désincarnée et discutable à l'infini.*[1386] » Quoi que l'auteur voie un contenu plus ferme de cette notion en matière budgétaire : « *Mais dès que l'on y associe les termes "budgétaire" et "comptable", il semble que la connotation philosophique disparaisse et que l'on entre dans le concret, le solide, le certain.*[1387] » Annie Héritier, elle aussi, affirme que « *La sincérité relève a priori de la morale, science pratiquée plus volontiers par les philosophes que par les juristes.*[1388] » Mais la sincérité, du moins au regard de la jurisprudence constitutionnelle, ne paraît se limiter ni à l'ordre moral et éthique, ni à l'étude philosophique, entendue comme élément nul en droit, et cela au-delà de la seule matière budgétaire ; elle est ontologique à l'effectivité même du droit.

Ainsi, lorsque le Conseil constitutionnel juge qu'il faut que le gouvernement pose l'ensemble des questions, qu'il souhaite ensuite soumettre au Parlement, au Conseil d'État[1389], sous peine d'être déclaré comme ayant voulu fausser la sincérité du débat parlementaire, il ne fait que révéler un principe de nature constitutionnelle fondé par l'article 39, al. 2, de la Constitution. Il en est de même des autres processus de même nature mis en place par la Constitution ou par la loi et qui, pour certains, ont été passés en revue plus haut[1390]. Ce principe de

---

[1384] *Ibid.*

[1385] Olivier Le Bot, *Ibid.*, p. 11. Après tout, le droit ne peut-il pas être considéré comme un ensemble de valeurs visant promouvoir le vivre-ensemble plus qu'un ensemble de règles qui s'imposent comme il est habituellement défini ?

[1386] « Michel Bouvier : "La décision de dépenser n'est ni absolument sûre ni sous contrôle" », Entretien avec Bastien Scordia, *Acteurs publics* [en ligne], 13 juillet 2017.

[1387] *Ibid.*

[1388] Annie Héritier, *Op. cit.*, p. 24.

[1389] Décision n° 2003-468 DC, *Op. cit.*

[1390] Ainsi, s'agissant des mécanismes de consultation de nature constitutionnelle, à l'article 39, al. 2, pour le Conseil d'État ; à l'article 47-2 de la Constitution, s'agissant du rôle de la Cour des comptes dans le processus législatif externe au Parlement à travers le Haut conseil des finances publiques ; à l'article 70, pour ce qui concerne le rôle du Conseil économique, social et environnemental ; ou encore aux articles 72 à 77, à propos du rôle des assemblées délibérantes des collectivités territoriales dans la procédure législative extraparlementaire, etc. ; la jurisprudence du

sincérité imposé au législateur, ne se limitant pas aux seuls mécanismes prévus dans des dispositions de nature constitutionnelle, vise également à exiger du législateur le respect des obligations qu'il s'est lui-même posé, en confiant un rôle consultatif préalable et obligatoire à des instances d'expertise.

En effet, comme il a été démontré, le rôle consultatif de l'Académie nationale de médecine (ANM) et du Haut Conseil de la santé publique (HCSP), en matière de politique vaccinale, ne leur a été conféré que par la loi n° 2004-806 du 9 août 2004 relative à la politique de santé publique. Et pourtant le Conseil constitutionnel semble s'être soumis, et, partant, y soumettre le législateur ordinaire, à cette procédure législative extraparlementaire que celui-ci a lui-même « souverainement » créée. C'est la manifestation parfaite du principe de sincérité des mécanismes consultatifs mis en place dans le but d'un meilleur éclairage du Parlement dans sa tâche d'élaboration des normes. Ainsi, on peut considérer, à la lecture de cette jurisprudence constitutionnelle, extensive et inclusive, que les dispositions législatives qui permettent à des organismes d'expertises d'éclairer en amont le débat parlementaire sont un prolongement du principe démocratique posé par la Constitution, dans la mesure où ce principe démocratique implique nécessairement que le législateur, qui établit des normes ayant vocation à s'imposer à tous, doive pouvoir décider de ces normes en toute connaissance de cause en disposant d'avis éclairés.

C'est ce principe de sincérité que le Conseil constitutionnel vise, en particulier, lorsqu'il a jugé, dans sa décision n° 2005-512 DC, « *[...] que, dès le dépôt du projet dont est issue la loi déférée sur le bureau de la première assemblée saisie, le rapport annexé à celle-ci se rattachait à la catégorie des lois de programme ; qu'en effet,* ***bien qu'ayant fait l'objet de nombreux amendements parlementaires au cours de son examen, il a toujours eu pour objet de faire approuver par le Parlement des dispositions dénuées d'effet juridique, mais fixant des objectifs qualitatifs et quantitatifs à l'action de l'Etat en matière éducative*** *; que, dès lors, en vertu de l'article 70 de la Constitution,* ***il aurait dû être soumis pour avis au Conseil économique et social*** *; que l'omission de cette formalité substantielle a entaché la régularité de la procédure mise en oeuvre pour son approbation ;* » Ainsi, l'objectif du législateur ne doit pas être *camouflé* ; il doit être clairement exposé afin que chacun puisse s'en saisir, que ce soit pour proposer de le modifier ou

Conseil constitutionnel qui leur assure protection ne fait que rappeler la sincérité qui s'attache à l'ensemble des débats législatifs, tant au sein du Parlement qu'en dehors de celui-ci. En l'absence de cette sincérité, l'effectivité de ces mécanismes de consultation exigés par la Constitution ne serait qu'une lettre morte.

pour le critiquer. Cela relève en effet d'une forme de moralité, non pas au sens philosophique, mais au sens *juridique* ; cette sincérité est aussi le respect de la procédure prévue, procédure qui, en droit, revêt un caractère essentiel en vue de lutter contre le risque permanent d'arbitraire qui pèse sur l'action des autorités publiques. C'est, d'ailleurs, en ce sens que Michel Troper considère qu'« *On peut facilement imaginer qu'une cour décide que serait inconstitutionnelle une loi qui n'aurait pas été adoptée selon la procédure requise*[1391] ». En effet, le constituant n'a pas pu prévoir une telle formalité procédurale tout en permettant au législateur de la contourner, ce qui aurait vidé le principe qu'elle constitue de son sens véritable.

Le principe de sincérité de cette consultation s'observe davantage en matière de contrôle de constitutionnalité des lois de finances. En effet, dans le prolongement du dernier alinéa de l'article 47 de la Constitution, l'article 32 de la loi organique relative aux lois de finances de 2001, dite LOLF, dispose : « *Les lois de finances présentent de façon sincère l'ensemble des ressources et des charges de l'État. Leur sincérité s'apprécie compte tenu des informations disponibles et des prévisions qui peuvent raisonnablement en découler.* » Le Conseil constitutionnel juge « *qu'il en résulte que la sincérité de la loi de finances de l'année se caractérise par l'absence d'intention de fausser les grandes lignes de l'équilibre qu'elle détermine ;*[1392] » Ainsi, plus qu'une simple allusion à une moralité floue des relations juridiques[1393], le principe de sincérité de la consultation est une manière de « *discipliner* » le législateur dans l'établissement des budgets et comptes publics[1394]. En ce sens, on peut faire le lien entre l'exigence de sincérité et le rôle du HCFP. Celui-ci est en quelque sorte un organe de pré-contrôle de la sincérité financière des budgets et comptes publics, du moins sur le plan macroéconomique. C'est d'ailleurs en ce sens que Michel Bouvier estime que « *Le rôle d'expertise qu'assure le HCFP débouche incontestablement sur une transparence accrue en matière d'information financière publique.*[1395] ». En effet, pour apprécier cette clarté et sincérité des normes législatives de nature financière, le Conseil constitutionnel réclame

---

1391 Michel Troper, *Le gouvernement des juges, mode d'emploi*, Les Presses de l'Université de Laval, Coll. : « Mercure du Nord / Verbatim », 2006, p. 31.

1392 Décision n° 2014-707 DC, *Op. cit.*, Cons. 4.

1393 V. Brunessen Bertrand, « L'exigence de clarté et de sincérité du débat parlementaire. Etude sur un concept régulateur de la procédure législative sous la Ve République », *RDP*, octobre-novembre 2010, n° 2, p. 431 et s. et Olivier Le Bot, *Op. cit.*, pp. 11 s.

1394 Sur ce point, v. François Barque, « La sincérité des budgets et comptes publics », *in* Olivier Le Bot (coord.), *Ibid.*, 61 s.

1395 « Michel Bouvier : “La décision de dépenser n'est ni absolument sûre ni sous contrôle” », *Op. cit.*

régulièrement les avis fournis au gouvernement par le HCFP[1396] afin de pouvoir lui-même mesurer cette sincérité des projets de loi de finances au regard du principe de sincérité du débat parlementaire. C'est là tout le poids des travaux de nature scientifique dans l'interprétation constitutionnelle et dans l'interprétation juridictionnelle des normes juridiques en général. Il est inimaginable que le Conseil constitutionnel puisse remettre en cause une analyse du HCFP[1397], du CCNE ou encore du HCSP, par exemple, du fait du caractère hautement scientifique, et donc difficilement accessible, sur le plan intellectuel et technique, des travaux de ces derniers organismes ; d'où la place de choix des travaux de ces derniers dans l'interprétation constitutionnelle.

Dans cette situation particulière de l'interprétation constitutionnelle, face à certaines questions d'ordre hautement scientifique, le rôle du Conseil constitutionnel se trouve limité à un double titre. En effet, non seulement celui-ci ne s'attribue pas un pouvoir d'appréciation et de décision de même nature que celui dont dispose le législateur, car il se limite au strict contrôle de constitutionnalité de la loi, il ne rentre pas non plus dans les questions d'opportunité réservées au Parlement, quant aux détails de la politique budgétaire et financière de l'État approuvée par celui-ci[1398]. Mais, en outre, la place qu'il accorde aux travaux des experts dans l'interprétation constitutionnelle lui permet de surmonter cette double limite de ses compétences interprétatives, quitte à subordonner celles-ci aux expertises techniques et scientifiques.

Enfin, ainsi conçue dans la jurisprudence constitutionnelle, cette procédure de consultation obligatoire des organes et institutions intervenant dans la procédure législative extraparlementaire ne se limite pas au seul cadre

---

[1396] Les avis du HCFP sont régulièrement publiés sur son site internet, mais au moment où le Conseil constitutionnel statue, ils peuvent ne pas encore être publiés, d'où la démarche de celui-ci de les réclamer au HCFP.

[1397] Sur ce point, le rapport de la Cour des comptes de juin 2017 est particulièrement intéressant. Alors que le Conseil constitutionnel déclarait sincère la loi de finances pour 2017, la Cour des comptes a pourtant déclaré en 2017 : « *Les textes financiers soumis à l'approbation de la représentation nationale (PLF pour 2017) ou à l'examen des instances européenne (Programme de stabilité) étaient ainsi manifestement entachés d'insincérités.* » (Audit de la Cour des comptes, *La situation et les perspectives des finances publiques*, Juin 2017, p. 99). Cette analyse de la Cour semble signifier que le Conseil constitutionnel n'est même pas en mesure de lire et comprendre les rapports d'experts comme ceux du HCFP sur les projets de loi de finances. C'est d'ailleurs dans cet esprit que Martin Collet souligne « *la difficulté [du Conseil constitutionnel] à prouver l'intention du pouvoir politique de mentir.* » (*Op. cit.*).

[1398] Décision n° 2014-707 DC, *Op. cit.*, Cons. 12.

extraparlementaire, le Conseil constitutionnel veille à son respect sincère jusqu'au sein des deux assemblées législatives.

B) Un principe à visée étendue

L'étendue de ce principe de sincérité renvoie aux conséquences du défaut et du non-respect de la procédure de consultation des organes extraparlementaires prévus dans tout le processus législatif. Cet aspect extensif du principe signifie que le Conseil constitutionnel ne se limite pas à contrôler la sincérité de cette procédure au stade extraparlementaire, il contrôle également son impact dans toute la chaîne du processus de production législative.

En effet, le Conseil constitutionnel étend son contrôle de la sincérité de la procédure de consultation à la pratique du débat parlementaire au sein des assemblées législatives afin de vérifier que la procédure législative extraparlementaire n'a pas été détournée par le gouvernement[1399] en vue de conclure des accords politiques ou d'écourter le débat au détriment de l'effectivité et de la sincérité des textes. Le Conseil constitutionnel assure ainsi la continuité du débat démocratique par la complémentarité qu'il a fait naître entre la phase extraparlementaire et la phase intraparlementaire de la procédure législative.

Le contrôle de la sincérité de la procédure de consultation extraparlementaire interroge et renvoie au final à un devoir de transparence des représentants politiques et des gouvernants en général. La publication et la diffusion de manière sincère des travaux préparatoires des textes juridiques et des décisions politiques répond au droit de savoir du citoyen, composant du peuple souverain, qui aurait dû être lui-même aux commandes de ses affaires, mais se trouvant contraint de déléguer sa fonction à une *classe* représentative. Ainsi, une exigence de sincérité dans la conduite des travaux préparatoires extraparlementaires peut aussi être vue comme un rappel que l'exercice de la souveraineté par les représentants n'est qu'une délégation de la part du peuple détenant la souveraineté, nationale et populaire. Certains diraient avec raison qu'il ne s'agit là que d'une analyse purement théorique, voire moraliste, du fait, notamment, qu'en pratique, le

---

[1399] En effet, le Conseil constitutionnel aurait pu se cantonner au contrôle de la sincérité de la procédure de consultation seulement au stade du débat extraparlementaire, sans établir aucun lien entre la phase extraparlementaire et la phase intraparlementaire de la procédure législative, en laissant s'exprimer librement la souveraineté du Parlement. Mais force est de constater que sa jurisprudence va au-delà, en ce sens qu'il fait naître une irrégularité du travail intraparlementaire pour non-respect, et donc irrégularité, du travail extraparlementaire qui sont complémentaires.

peuple n'est en rien souverain, eu égard, notamment, à son manque d'autonomie ; en effet, son autonomie n'est que ponctuelle et ne peut être permanente, sous peine d'une destruction de la nation qui n'est fondée que sur le pacte de la « *volonté [...] d'être uni[s] malgré la variété*[1400] » des mœurs. Ainsi, le Conseil constitutionnel joue un vrai rôle d'arbitre entre le citoyen, qui a le droit de savoir et même de contribuer à la création normative en participant activement et physiquement au processus de fabrication de ses normes, et sa représentation, en faisant le lien entre clarté et sincérité des débats parlementaires à tous les stades de la procédure législative.

C'est exactement en ce sens que le Conseil constitutionnel a jugé : « *Considérant, en premier lieu, que le premier alinéa de l'article 3 de la Constitution dispose : « La souveraineté nationale appartient au peuple qui l'exerce par ses représentants et par la voie du référendum » ; que, par suite,* ***l'exigence de clarté et de sincérité des débats parlementaires, qui résulte notamment du premier alinéa de l'article 3 de la Constitution, s'impose aux débats devant le Parlement*** *constitué en Haute Cour ;*[1401] ». C'est aussi en ce sens que l'institution a pu mettre fin à la pratique de rattrapage du train qui roule, consistant à intégrer des cavaliers législatifs dans un projet de loi dont le débat paraît bien s'enclencher, en rappelant sans cesse les exigences des alinéas 1er et 3, de l'article 45, de la Constitution[1402].

Dans cette même optique, le Conseil constitutionnel procède à une vérification assidue des procédures législatives extraparlementaires (décisions n° 80-119 DC, n°

[1400] Benjamin Constant, *De la liberté des anciens comparée à celle des modernes* [1819], Préface de Gil Delannoi, Berg International, avril 2014, p. 25.

[1401] Décision n° 2014-703 DC du 19 novembre 2014, Cons. 6 et 8. *Loi organique portant application de l'article 68 de la Constitution.* Le Conseil constitutionnel précise, dans cette décision, que la Haute Cour prévue à l'article 68 de la Constitution n'est pas « *une juridiction chargée de juger le président de la République* », mais une assemblée parlementaire (*Ibid.*, Cons. 5) dont les débats doivent respecter les exigences de clarté et de sincérité, au regard du peuple souverain (*Ibid.*, Cons. 8). Il en va de même dans la décision n° 2016-745 DC : « *Aux termes de l'article 6 de la Déclaration de 1789 : « La loi est l'expression de la volonté générale... ». Aux termes du premier alinéa de l'article 3 de la Constitution : « La souveraineté nationale appartient au peuple qui l'exerce par ses représentants... ». Ces dispositions imposent le respect des exigences de clarté et de sincérité des débats parlementaires.* » (§. 4).

[1402] V. Décision n° 2015-719 DC du 13 août 2015, *Op. cit.*, Cons. 8-40 ; Décision n° 2015-715 DC du 05 août 2015, *Op. cit.*, Cons. 165-168. Les cavaliers budgétaires et les cavaliers sociaux ne sont pas non plus en reste, comme le montre la décision n° 2017-759 DC du 28 décembre 2017 (*Loi de finances rectificative pour 2017*, §§. 18-21), s'inscrivant dans une longue lignée, où le Conseil constitutionnel a encore invalidé des dispositions qui ne présentaient aucun lien avec les domaines des lois de nature financière ((Décision n° 2019-795 DC du 20 décembre 2019, §. 25. *Loi de financement de la sécurité sociale pour 2020* ; Décision n° 2019-796 DC du 27 décembre 2019, §. 122. *Loi de finances pour 2020*).

2003-468 DC, n° 2005-512 DC...) afin de s'assurer que le débat parlementaire est nourri de tous les avis juridiquement exigés et que le citoyen est, de ce fait, en mesure d'accéder à un débat qui ne soit pas un simulacre, mais un débat sincère. Ainsi, le Conseil étend le contrôle de la sincérité de la consultation des organismes prévus, tant par la Constitution que par la loi, dans la procédure législative, jusqu'au sein des assemblées législatives. Cette opération signifie que le débat législatif externe impacte et conditionne même le bon déroulement du débat législatif interne au Parlement.

En sus de ce constat, enfin, il semble qu'il y a un phénomène nouveau qui apparaît dans la jurisprudence constitutionnelle, s'agissant du contrôle de la sincérité des travaux préparatoires des normes législatives en discussion au Parlement. Le juge de la rue de Montpensier a, en effet, fait le choix de s'appuyer sur un projet de loi seulement en discussion, et donc non encore adopté par le Parlement, pour moduler dans le temps l'effet d'une disposition législative dans le cadre du contrôle de constitutionnalité *a posteriori*. Ce nouveau phénomène, s'il est intéressant à observer, ne suscite pas moins certaines interrogations, au regard notamment du principe de séparation des pouvoirs.

§2. L'extension du contrôle de sincérité aux travaux préparatoires intraparlementaires à travers les projets de loi en discussion

On sait que les projets de loi font d'emblée partie des travaux préparatoires des normes juridiques de toutes natures (législative, organique ou constitutionnelle). Ils constituent même l'essentiel des travaux préparatoires de ces normes, du moins, au départ. À l'instar du contrôle de sincérité de la consultation d'organes extérieurs[1403] au Parlement, il semble que le Conseil constitutionnel opère également un contrôle de sincérité des travaux préparatoires intraparlementaires au travers des projets de loi[1404] étant seulement au stade discursif. Jusqu'à la décision n° 2016-543 QPC, on pouvait observer dans la jurisprudence constitutionnelle une référence à des projets

[1403] Pour le constater, il suffit de regarder la publication des normes adoptées par le Parlement, fût-ce en Congrès, au *Journal officiel*, qui, bien que de manière irrégulière, à la fin du texte publié, fait état de leurs travaux préparatoires dont le projet de texte initial se trouve au premier rang, tel celui de la loi constitutionnelle du 3 juin 1958.

[1404] Décision n° 2016-543 QPC du 24 mai 2016, §§. 19, 20 et 21. *Section française de l'observatoire international des prisons [Permis de visite et autorisation de téléphoner durant la détention provisoire].*

de loi définitivement votés et qui se trouvaient en instance devant lui[1405], mais pas une référence à des projets de loi en discussion, c'est-à-dire non définitivement votés et qui ne sont même pas déférés devant lui pour examen de constitutionnalité. Cette nouvelle perspective jurisprudentielle du Conseil, si elle lui permet de nouer davantage de lien avec la démocratie parlementaire, dans le sens où il anticipe les effets « positifs » d'une loi future (A), paraît, à bien des égards, et pour le moins, intrigante, au regard du principe de séparation des pouvoirs (B).

A) Le contrôle indirect de la sincérité des travaux préparatoires intraparlementaires

Dans sa décision n° 2016-543 QPC, en vue de moduler dans le temps l'inconstitutionnalité qu'il a prononcée, le Conseil constitutionnel a décidé : « *D'une part, les dispositions du 9° du paragraphe I de l'article 27 quater* ***du projet de loi*** *renforçant la lutte contre le crime organisé, le terrorisme et leur financement, et améliorant l'efficacité et les garanties de la procédure pénale, prévoient de modifier l'article 145-4 du code de procédure pénale et notamment ses troisième et quatrième alinéas.* ***Il est en particulier prévu*** *d'ajouter des conditions de délivrance de l'autorisation de téléphoner à une personne placée en détention provisoire ainsi que des motifs pouvant être pris en compte pour refuser de délivrer un permis de visite ou une autorisation de téléphoner à une telle personne.* ***Il est également prévu*** *d'imposer aux magistrats compétents pour répondre à ces demandes un délai pour prendre ces décisions et d'aménager une voie de recours à leur encontre.* ***Le 4° du paragraphe I de l'article 27 ter du même projet de loi prévoit enfin*** *qu'en l'absence d'un recours spécifique prévu par les textes, l'absence de réponse du ministère public ou de la juridiction dans un délai de deux mois à compter d'une demande permet d'exercer un recours contre la décision implicite de rejet de la demande.* ***Toutefois, ces dispositions ne sont pas encore définitivement adoptées par le Parlement au jour de la décision du Conseil constitutionnel.*** » (§. 19).

[1405] Décision n° 2000-426 DC du 30 mars 2000, JO du 6 avril 2000, p. 5246, Cons. 19, Rec. p. 62. *Loi relative à la limitation du cumul des mandats électoraux et des fonctions et à leurs conditions d'exercice* (rappr. Décision n° 2000-427 DC du 30 mars 2000, JO du 30 mars 2000, p. 5246, Rec. p. 60. *Loi organique relative aux incompatibilités entre mandats électoraux*) ; Décision n° 2014-688 DC du 13 février 2014, Cons. 8. *Loi interdisant le cumul de fonctions exécutives locales avec le mandat de représentant au Parlement européen.* Dans ces deux décisions, en effet, le Conseil constitutionnel a pris appui sur des (projets de) lois définitivement votés, se trouvant en instance devant lui et sur lesquels il s'apprêtait à statuer ou sur lesquels il avait déjà statué, sans toutefois avoir rendu publique sa décision. C'est là une forme d'anticipation des effets, de l'interprétativité, de ses décisions, et on peut le comprendre. Cependant, on comprend beaucoup moins le fondement du juge constitutionnel sur un projet de loi en discussion et non définitivement voté.

Après un tel constat, le Conseil a pu conclure : « *Afin de permettre au législateur de remédier à l'inconstitutionnalité constatée, il y a donc lieu de reporter la déclaration d'inconstitutionnalité ainsi que d'**éviter que cette déclaration affecte les modifications législatives en cours d'adoption par le Parlement**. […].* » (§. 21). Cette décision est à comparer avec deux autres plus récentes rendues par le Conseil constitutionnel en 2018 qui paraissent aller dans le même sens[1406].

Autrement dit, il ressort de cette décision n° 2016-543 QPC que, pour moduler dans le temps l'effet de l'inconstitutionnalité que celle-ci révèle, le Conseil constitutionnel s'est fondé, en partie, du moins, mais c'est essentiel, sur certaines dispositions du contenu d'un projet de loi, parce que lesdites dispositions vont dans le sens de la correction de l'inconstitutionnalité qu'il a ainsi prononcée. Le terme « législateur », selon l'approche adoptée ici, ne renvoie pas seulement au Parlement, il renvoie à tous les organes qui, directement ou indirectement, ont une emprise sur les initiatives législatives. Parmi ces organes, le Parlement, composé des deux assemblées législatives, et le gouvernement occupent une place privilégiée. En fondant sa décision de modulation dans le temps futur, en partie, sur un projet de loi « *en cours d'adoption* », le Conseil constitutionnel semble contrôler indirectement la sincérité des dispositions contenues dans ce projet de loi non définitivement voté. Le Conseil a, pour ainsi dire, pris le législateur au mot[1407]. La volonté affichée du gouvernement d'améliorer « *l'efficacité et les garanties de la procédure pénale*[1408] » oblige, le Parlement doit ainsi suivre de manière sincère, dans le sens de vouloir sincèrement améliorer la situation des individus concernés. Autrement dit, le Conseil constitutionnel procède par le syllogisme suivant, ce qui est inouï, afin de parvenir à une telle modulation des effets de sa décision : le juge constitutionnel déclare inconstitutionnelle une disposition législative A (***majeur***). Le législateur est sur le point d'adopter une disposition législative B, laquelle remédie à l'inconstitutionnalité de la disposition législative A que le juge constitutionnel a prononcée (***mineur***). Donc le législateur est obligé de ne pas faire machine arrière quant à l'adoption définitive de la disposition législative B, et ce dans les mêmes termes que son projet qui a été exposé (***conclusion***) ». Mais une telle décision du juge constitutionnel ne transforme-t-elle pas les chambres du Parlement en de simples chambres d'enregistrement ? Cette décision du Conseil

---

[1406] Décision n° 2018-715 QPC du 22 juin 2018, §§. 11. *Section française de l'Observatoire international des prisons [Restrictions des communications des personnes détenues]* ; Décision n° 2018-717/718 QPC du 6 juillet 2018, §§. 23 et 24. *M. Cédric H. et autre [Délit d'aide à l'entrée, à la circulation ou au séjour irréguliers d'un étranger].*

[1407] V. L'exposé des motifs du projet de loi renforçant la lutte contre le crime organisé, le terrorisme et leur financement, et améliorant l'efficacité et les garanties de la procédure pénale dans les commentaires aux Cahiers.

[1408] C'est le titre même du projet de loi dont s'agit.

constitutionnel paraît curieuse lorsque l'on sait que celui-ci refuse même de statuer sur un problème relatif à la recevabilité d'un amendement, au regard de l'article 40 de la Constitution, sous prétexte que ce problème n'a, au préalable, pas été soumis à l'organe parlementaire compétent devant la première assemblée saisie. Mais voilà que le même Conseil constitutionnel semble conditionner l'expression parlementaire à ses décisions de constitutionnalité, en limitant, pour le moins, de manière inédite et anticipée, la souveraineté parlementaire.

Néanmoins, sur le plan purement technique, il faut constater que l'appui du Conseil sur ce projet de loi en discussion semble conforter sa décision de renvoyer l'effet de cette inconstitutionnalité à une date ultérieure. *Conforter*[1409], et non pas « conduire » le Conseil constitutionnel à cette décision, car il paraît que celui-ci, d'ailleurs il l'a lui-même exprimé, en a ainsi décidé compte tenu du fait que « *l'abrogation immédiate des dispositions contestées aurait pour effet de faire disparaître des dispositions permettant à certaines des personnes placées en détention provisoire d'exercer un recours contre certaines décisions leur refusant un permis de visite.*[1410] » Par conséquent, on pourrait considérer, compte tenu de ce risque d'un effet de masse des recours fondés sur l'inconstitutionnalité prononcée, que ce seul motif était suffisant pour renvoyer dans le futur l'effet lié à l'entrée en vigueur de cette inconstitutionnalité. Mais le Conseil constitutionnel a préféré *conforter* cet argument en s'appuyant sur cet autre élément du fondement de sa décision, un projet de loi en discussion au Parlement, et, ainsi, en ouvrant une perspective jurisprudentielle pouvant paraître, pour le moins, curieuse, sinon dangereuse, au regard du principe de séparation des pouvoirs.

[1409] En effet, en ce qui concerne la modulation dans le temps des effets des décisions du Conseil constitutionnel, bien que cette compétence lui soit conférée par le constituant lui-même, à l'article 62 de la Constitution, celui-ci se sent quelque peu inconfortable dans l'exercice de cette compétence qui lui donne le pouvoir « *redoutable* » (Dominique Rousseau et Julien Bonnet, *Op. cit.*, p. 108) de dire au justiciable et au peuple français le moment qu'ils peuvent invoquer un principe de nature constitutionnelle devant un juge, alors même que ce pouvoir paraît arbitraire puisqu'il n'est encadré par aucuns critères objectifs. Ainsi, le Conseil constitutionnel recherche par tout moyen à fonder sa décision de modulation dans le temps des effets des inconstitutionnalités qu'il prononce sur des éléments les plus objectifs possibles, comme ce projet de loi sur lequel il prend curieusement appui.

[1410] Décision n° 2016-543 QPC, *Op. cit.*, §. 20. Sur ce point, cette décision semble corriger en quelque sorte une tentative de dérive du pouvoir de modulation dans le temps de certaines inconstitutionnalités prononcées par le Conseil constitutionnel, sur le fondement de l'article 62 de la Constitution, à l'instar de celle qu'il a prononcée à propos du délit de harcèlement sexuel en 2012. En effet, l'entrée en vigueur immédiate de l'inconstitutionnalité du délit de harcèlement sexuel, prononcée dans sa décision n° 2012-240 QPC, a été accueillie avec beaucoup de critiques de la part de la doctrine. Sur cette décision, Yves Mayaud, « Le délit de harcèlement sexuel : histoire d'une abrogation fatale ! », *Revue de science criminelle et du droit pénal comparé*, avril-juin 2012, n° 2, pp. 380-387 ; François Koch, « Harcèlement sexuel : la loi annulée, et maintenant ? », *L'Express*, 4 mai 2012.

B) Une perspective jurisprudentielle en prise avec le principe de séparation des pouvoirs

L'effet anticipateur de la décision n° 2016-543 QPC pose un problème juridique constitutionnel majeur. En effet, il semble attaquer, de manière profonde, voire même méconnaître, le principe de séparation des pouvoirs car il peut, en somme, signifier que le Parlement n'a pas le choix de sa décision et que ce dernier doit aller dans le sens de la perspective jurisprudentielle tracée par le Conseil constitutionnel. Pourtant, le principe de séparation des pouvoirs, en l'occurrence la séparation des autorités juridictionnelles, dont le Conseil constitutionnel est censé faire partie, et du pouvoir législatif qui est censé être détenu par le Parlement. Ce principe de séparation des pouvoirs aurait dû conduire le Conseil constitutionnel à ne pas s'immiscer dans la fonction législative tant qu'une disposition législative, même définitivement votée par le Parlement, mais non encore entrée en vigueur, n'a pas été déférée devant lui pour le contrôle de sa constitutionnalité[1411]. Mais force est de constater que le Conseil va au-delà de ce principe. Ainsi, celui-ci opère un contrôle indirect de la sincérité de la volonté législative ; ce contrôle, on peut le supposer, est opéré au mépris du principe de séparation des pouvoirs dont il a lui-même la charge de protéger, sachant que cette « nouvelle » manière de procéder n'est fondée sur aucun texte. Dans cette perspective, une fois de plus, le Parlement qui est censé être souverain, indépendant, autonome… ne l'est finalement pas tant, devant le principe de constitutionnalité qu'assure le juge constitutionnel et qui exige de lui une très lourde responsabilité.

Néanmoins, le sens de la décision peut être aussi compris au regard de l'objectif de démocratisation de la justice constitutionnelle. En effet, il semble que, par cette décision, le Conseil constitutionnel opère ce contrôle indirect de sincérité de la volonté législative en vue, peut-être, de la promotion du caractère populaire et démocratique de ses décisions. Le Conseil pousserait ainsi la démocratie constitutionnelle jusqu'au bout, au-delà de sa seule « *construction progressive*[1412] ».

[1411] Cette perspective jurisprudentielle du Conseil constitutionnel paraît incompréhensible et ambiguë. En effet, le Conseil, alors même qu'il oblige le Parlement à agir, contre son gré, d'un côté (Décision n° 2016-543 QPC), il se rétracte, de manière surprenante, de l'autre : « *Le Conseil constitutionnel ne tient pas des articles 61 et 62 de la Constitution le pouvoir de rétablir un article irrégulièrement supprimé au cours des débats parlementaires. Il lui revient, en revanche, de s'assurer que l'irrégularité constatée n'a pas rendu la procédure législative contraire à la Constitution.* » (Décision n° 2016-745 DC, §. 5).

[1412] Guillaume Drago, cité par Emmanuel Jeuland, *Droit processuel général*, *Op. cit.*, 2014, p. 54 ; sur la construction de la démocratie constitutionnelle par le juge constitutionnel, v. aussi Guillaume Drago, *Op. cit.*, p. 114.

C'est comme si le Conseil constitutionnel se plaçait au-dessus des pouvoirs, non pas en tant que *superpouvoir*, mais en tant qu'arbitre impartial entre les pouvoirs et en tant que protecteur des droits et libertés fondamentaux. Ainsi, lorsque l'on parle de séparation des pouvoirs, le Conseil constitutionnel serait à l'« écart[1413] » de ce principe. Et lorsque le Conseil affirme encore qu'il « *ne dispose pas d'un pouvoir général d'appréciation de même nature que celui du Parlement*[1414] », il ne viserait pas tant le principe de séparation des pouvoirs que le fait qu'il serait au-dessus, ou du moins à l'écart de ce principe[1415], alors qu'il pouvait être vu comme « *s'inscrivant lui-même dans cette hiérarchie [des normes] en tant que producteur d'une norme de type 'juridictionnelle', dont l'existence et la légitimité proviennent de l'habilitation donnée par le texte de la Constitution.*[1416] » En tout cas, c'est une interprétation possible de cette étonnante décision du Conseil constitutionnel. Mais cette interprétation pose un autre problème majeur, celui du pouvoir du juge constitutionnel, s'il est mis à l'écart des pouvoirs de l'État[1417].

Enfin, le contrôle de la sincérité de la consultation des organes et institutions intervenant dans la procédure législative extraparlementaire se mesure d'autant plus dans les mécanismes de consultation non prévus par la Constitution, dans la mesure où ce contrôle permet au Conseil constitutionnel de donner corps à ces mécanismes qui sont tout sauf anodins. Ainsi, est-il permis de poser la question de savoir pourquoi la Constitution a mis en place un Parlement souverain, indépendant, du moins en théorie, autonome, etc., d'un côté, et une multitude d'organismes périphériques au Parlement, de l'autre, alors que, à l'évidence, ces organismes prennent une part très importante dans le mécanisme de production des normes de nature parlementaire. La réponse à une telle interrogation se retrouve en filigrane dans la jurisprudence constitutionnelle qui contrôle la sincérité de ces mécanismes intervenant dans les procédures législatives extraparlementaires.

[1413] Cela renvoie ainsi à l'idée de « Constitution-écart » comme « *Constitution-garantie des droits fondamentaux* » esquissée par Dominique Rousseau (« Constitutionnalisme et démocratie », *La vie des idées*, septembre 2008, p. 7 [en ligne]).

[1414] V. Décisions n° 74-54 DC, Cons. 1 et n° 2010-108 QPC du 25 mars 2011, Cons. 6.

[1415] C'est cette idée d'écart du juge constitutionnel, par rapport aux autres pouvoirs, que semble exprimer Michel Troper lorsque, en s'appuyant sur le mythe d'Ulysse, il affirme : « *Ce n'est pas lui [le juge constitutionnel] que le pouvoir attache, mais les autres.* » (Michel Troper, *Le gouvernement des juges, mode d'emploi*, *Op. cit.*, pp. 39-40).

[1416] Jean-Christophe Le Coustumer, *Liberté d'expression, souveraineté nationale et justice constitutionnelle. Recherches sur une théorie de la fonction du juge constitutionnel en démocratie*, Thèse, Université de Caen, décembre 2002, p. 337.

[1417] Il ne convient cependant pas de poursuivre sur ce problème ici. Cela nous conduirait, en effet, trop loin, eu égard à notre sujet. Néanmoins, la question méritait d'être soulevée.

Conclusion du chapitre

L'objectif de ce chapitre fut de démontrer que l'usage des travaux préparatoires extraparlementaires au service de l'interprétation constitutionnelle relève d'une manœuvre du juge constitutionnel qui est en permanence à la recherche d'une légitimité démocratique à son œuvre interprétative. L'intérêt démocratique de cet aspect particulier de cette méthode d'interprétation constitutionnelle est très subtil dans la jurisprudence constitutionnelle. Pour le révéler, il a fallu analyser le contrôle concret qu'opère le Conseil constitutionnel tant au regard du respect de la procédure législative ayant lieu à l'extérieur du Parlement qu'au regard de la sincérité de la consultation des organismes juridiquement prévus dans le cadre de cette procédure. Mais ce mode de procédé paraît être en prise avec le parlementarisme, tel que celui-ci a été conçu en 1958 et tel qu'il est aujourd'hui généralement perçu. Ainsi, la question de la finalité des procédures législatives extraparlementaires se pose d'amblée.

Dans cette perspective, il paraît possible d'admettre que le bicaméralisme législatif français n'est qu'un principe théorique. Une lecture poussée et une analyse logique de l'œuvre du constituant de 1958 permettent de constater que celui-ci a mis en œuvre un pluralisme délibératif parlementaire. Cette analyse systémique des différents organes participant à la production des normes législatives permet de s'interroger sur la notion même de Parlement[1418] qui, à certains égards, ne se résumerait pas au Palais Bourbon et au Palais du Luxembourg.

*****

[1418] La notion de Parlement est ici prise dans son acception classique, c'est-à-dire au sens de l'unique organe détenteur du pouvoir d'édiction des normes de nature législative. Mais l'analyse attentive et logique du texte constitutionnel de 1958 conduit à une possibilité de repousser les frontières de cette notion dans son acception généralement admise.

Chapitre 2. La dynamique démocratique de la production normative à travers l'usage des travaux préparatoires extraparlementaires

> « *La justice est la première vertu des institutions sociales comme la vérité est celle des systèmes de pensée. Si élégante et économique que soit une théorie, elle doit être rejetée ou révisée si elle n'est pas vraie ; de même, si efficaces et bien organisées que soient des institutions et des lois, elles doivent être réformées ou abolies si elles sont injustes. [La justice] n'admet pas que les sacrifices imposés à un petit nombre puissent être compensés par l'augmentation des avantages dont jouit le plus grand nombre*[1419] » (John Rawls).

L'intérêt démocratique que représente l'usage des travaux préparatoires des normes juridiques, et notamment les travaux préparatoires extraparlementaires, est né de ce qu'on peut qualifier d'une dynamique démocratique[1420] particulièrement visible dans la Constitution de

[1419] John Rawls, *Théorie de la justice*, Trad. Catherine Audard, Points, Coll. : « Points Essais », avril 2009, pp. 29-30.

[1420] Qu'entend-on par dynamique démocratique et comment s'articule-t-elle avec cette méthode d'interprétation juridique ? Selon le Larousse, le terme dynamique renvoie à un « *Ensemble de forces qui entraînent, provoquent un mouvement, une évolution à l'intérieur d'une structure en développement* », avec, pour illustration, « *La dynamique révolutionnaire.* » Se focalisant essentiellement sur les travaux préparatoires extraparlementaires et sur le comportement du Conseil constitutionnel à leur égard, il est possible d'aller plus loin dans la signification de cette méthode d'interprétation juridique consistant à se référer aux et / ou prendre appui sur les travaux préparatoires, et notamment ceux qualifiés ici de travaux préparatoires extraparlementaires, au

1958. Cette dynamique repose sur le tissu que représente l'ensemble des mécanismes devant contribuer sincèrement à la production pluraliste des normes juridiques. Cette dynamique démocratique posée par la Constitution s'inscrit dans le cadre d'une tradition politique, juridique et décisionnelle de la France. Cette tradition se résume par le fait qu'« *En France, les rois ne font rien sans conseil.*[1421] » En effet, le principe de continuité sur lequel repose l'État dépasse la forme étatique. Ainsi, l'État républicain ne pouvait pas, par un simple mouvement, aussi révolutionnaire et aussi radical qu'il eût été, se défaire de manière abrupte de l'ensemble des pratiques de gouvernement de la monarchie ; du Moyen Âge à nos jours, le principe de continuité de l'État explique une forme de mimétisme par l'État républicain de certaines pratiques des formes antérieures de l'État, ce que certains qualifieraient de palimpseste[1422]. C'est, semble-t-il, dans le cadre de cette tradition que doivent être appréhendés les différents mécanismes, externes au Parlement bicamériste, intervenant dans le processus de fabrication des normes juridiques. L'État républicain perpétue ainsi la tradition qui consista, pour l'ancien souverain, le roi, à prendre conseil des experts de son royaume avant de décider.

Dans ce contexte, ce mécanisme de conseil des gouvernants dans le processus de création et d'expression juridique, mécanisme qui n'est nullement un simple conseil, eu égard à ce qu'en indique la jurisprudence constitutionnelle qui en révèle une « *formalité substantielle* », permet de percevoir un autre aspect, jusque-là non théoriquement esquissé, de la Constitution de 1958. Ce nouvel aspect de la Constitution est celui de la diversité des pouvoirs, ou autorités, prenant part, de manière effective, à la fonction législative de l'État.

---

regard de la volonté même des constituants de 1958. La définition que donne Amartya Sen à la démocratie permettra peut-être mieux d'apercevoir ce qu'elle recouvre. Selon cet auteur, en effet, « *Il ne faut pas confondre démocratie et gouvernement de la majorité. La démocratie a des exigences complexes, qui bien sûr comprennent le droit de vote et le respect du résultat des élections, mais requièrent aussi la protection des droits et de la liberté, le respect de la légalité, ainsi que la garantie de libre discussion et de circulation non censurée de l'information et la liberté de la commenter.* » (Amartya Sen, *La démocratie des autres*, Trad. Monique Bégot, Rivages poche / Petite Bibliothèque, août 2006, pp. 69-70). C'est sur cette complexité de forces divergentes que se fonde la dynamique démocratique.

[1421] François Saint-Bonnet et Yves Sassier, *Histoire des institutions avant 1789*, LGDJ, Coll. : « Droit public », 5ème édition, 2015, p. 333.

[1422] Mathilde Kamal, « La Constitution comme palimpseste. Genèse et fortune du texte constitutionnel sous la Vème République », *IXe Congrès français de droit constitutionnel*, AFDC, Lyon, 26-28 juin 2014. L'auteure voit dans l'écriture des constitutions modernes des palimpsestes où l'on écrit des textes récents sur des textes anciens, si bien que l'on peut voir à travers le texte le plus récent, soi-disant moderne, le reflet, la marque ou l'empreinte des textes qui lui ont précédé.

L'heure n'est cependant pas à l'idéologie. Il ne s'agit pas de prendre position sur le rôle de co-législateur d'un Conseil d'État. Il s'agit de prêter une attention éclairée au texte de la Constitution, aux différents mécanismes que celle-ci fait intervenir dans l'édiction du droit et le regard du juge constitutionnel sur le fonctionnement de ces mécanismes au regard du texte constitutionnel. La question se pose ainsi de savoir quelle signification peut être prêtée, du point de vue démocratique, à l'articulation entre un Parlement bicamériste et l'ensemble des mécanismes extraparlementaires contribuant à la production des normes juridiques au côté de ce dernier. Une réponse hâtive à cette interrogation pourrait consister à dire simplement que ces mécanismes extraparlementaires, s'ils interviennent, à un moment donné, dans le processus d'élaboration des normes, ne sont pas des mécanismes de la procédure législative ; en ce sens, ils n'auraient donc pour rôle que d'apporter un soutien, peut-être expert et éclairé, au « législateur » ou au travail parlementaire. Mais, une telle conception, si elle est en partie vraie, ne mesure pas toute la dimension politique et juridique de tels mécanismes.

Ainsi, il convient de compléter cette solution par une lecture plus extensive, mais non excessive, du rôle de ces mécanismes dans la production normative juridique. D'une part, il semble que la Constitution de 1958 et, à certains égards, le bloc de constitutionnalité, ne remettent pas un pouvoir absolu de production législative dans les mains des membres des deux chambres du Parlement. La Constitution semble avoir mis en place un pluralisme délibératif, sinon un pluralisme parlementaire, afin de permettre une production plurielle des normes juridiques (Section 1). Dans cette même optique, force est de constater que le Conseil constitutionnel, en s'assumant pleinement en tant que Cour suprême, du moins au regard de son rôle ultime dans l'interprétation constitutionnelle, a pu se permettre de soutenir sans conteste le principe de ce pluralisme qui caractérise désormais le processus d'élaboration normative juridique (Section 2).

SECTION 1 : NAISSANCE D'UN PLURALISME DÉLIBÉRATIF DANS LA CONCEPTION JURISPRUDENTIELLE DES NORMES JURIDIQUES

À première vue, du moins en France, le terme « Parlement » renvoie au Palais Bourbon et au Palais du Luxembourg. Le terme « législateur », quant à lui, peut être entendu de manière plus large, au regard du système dynamique de production législative mise en place par la Constitution. D'ailleurs, le législateur renvoie aussi au gouvernement qui déclenche et conduit, parfois de manière assez autoritaire, la procédure législative. Le terme législateur renvoie surtout à une multitude de structures qui prennent part à la confection de la norme parlementaire. Cette conception du législateur questionne celle de la démocratie. Ainsi, le député Patrice Gélard a pu arguer que l'on pouvait croire que la troisième chambre du Parlement était le Conseil constitutionnel, mais qu'en réalité il s'agit du Conseil d'État[1423] qui semble occuper cette place. Or, les deux institutions interviennent dans la procédure législative de manière substantielle ; le Conseil d'État intervient en amont et le Conseil constitutionnel en aval. Dans ce contexte, comment qualifier le rôle de chacune de ces deux institutions dans le mécanisme de production normative ? Il ne suffit pas de pointer du doigt l'une des deux institutions comme étant coupable de tuer la loi, ou, au contraire, de jouer un rôle salutaire pour le maintien de celle-ci au détriment de principes de nature constitutionnelle. Adopter une telle conception serait nier le pluralisme délibératif et normatif qu'a mis en place la Constitution. On l'a vu, le Conseil constitutionnel et le Conseil d'État ne sont pas les seules institutions extérieures au Parlement à intervenir de manière concrète dans le processus de conception normative législative, il y a une pluralité de concepteurs de la loi qu'on peut aussi considérer comme étant des branches du législateur. Ainsi, le Conseil constitutionnel a fait du Conseil d'État un législateur négatif, comme il le paraît lui-même[1424] lorsqu'il a abrogé une disposition législative comme non conforme à la Constitution au motif que cette disposition allait à l'encontre de ce que le Conseil d'État estimait comme pouvant être admissible et donc valide[1425]. En

---

[1423] Cité par Guillaume Drago, « La loi contrôlée », in *Vive la Loi !*, Actes de colloque, Sénat, mai 2004 [en ligne].

[1424] Certains juristes, dans les pas de Kelsen, estiment, en effet, que le juge (constitutionnel) est un législateur négatif, ce qui n'est pas de nature à permettre de qualifier sa fonction de gouvernement des juges. Sur ce point, v. notamment Michel Troper, *Le gouvernement des juges, mode d'emploi*, Les Presses de l'Université de Laval, Coll. : « Mercure du Nord / Verbatim », 2006, p. 27.

[1425] 1. C'est là un aspect à ne pas occulter de la décision n° 2003-468 DC. En effet, le Conseil constitutionnel n'y pas opéré un simple contrôle du respect de la procédure de saisine obligatoire du Conseil d'État par le gouvernement ; il a en outre constaté que le Conseil d'État avait proposé au gouvernement d'élaborer le projet de loi sur les élections régionales de manière conforme au principe du pluralisme politique issu de l'article 4 de la Constitution ; il a constaté ensuite que le gouvernement (le Conseil des ministres) n'a non seulement pas suivi l'avis du Conseil d'État, mais encore qu'il a adopté un projet de loi qui, de manière flagrante, remet en question le principe du pluralisme politique. 2. Le dernier alinéa de l'article 4 de la Constitution, dans sa rédaction résultant de la réforme constitutionnelle du 23 juillet 2008, disposent en effet : « *La loi garantit les expressions pluralistes des opinions et la participation équitable des partis et groupements politiques à la vie démocratique de la Nation.* » Si ce principe de pluralisme n'existait pas explicitement au moment où

effet, en 2003, le Conseil constitutionnel a validé l'analyse du Conseil d'État en invalidant celle du Parlement qui avait dit « non » à celle du Conseil d'État.

Ainsi, est né un pluralisme délibératif, s'agissant du processus de confection des normes, dans le sillage du pluralisme politique issu de l'article 4 de la Constitution. Le principe de pluralisme délibératif s'explique par la diversité, sinon la multiplicité, des lieux du débat démocratique, ce qui conduit à s'interroger sur la signification du contrôle de la régularité puis de la sincérité des consultations extraparlementaires obligatoires par le juge de la rue de Montpensier (§1), et qui s'exprime à la fois à l'intérieur comme à l'extérieur du Parlement (§2), ce qui n'est pas dénué de certaines conséquences sur le système constitutionnel français (§3).

§1. Signification possible du contrôle de la sincérité de la consultation extraparlementaire par le Conseil constitutionnel

Le contrôle de la régularité et de la sincérité de la consultation extraparlementaire par le Conseil conduit à s'interroger sur sa possible signification, au regard des textes imposant un tel mécanisme de consultation obligatoire dans le cadre de la procédure législative extraparlementaire.

Tout d'abord, il faut noter que le Conseil constitutionnel, du moins pour ce qui concerne la procédure de consultation prévue directement (ou indirectement) par la Constitution, n'a pas inventé la procédure législative extraparlementaire, puisque celle-ci est d'abord l'œuvre du constituant. Mais, au regard du texte constitutionnel, le Conseil semble accorder une place si importante à cette procédure de consultation obligatoire que sa jurisprudence, sur cette question,

---

le Conseil tranchait en 2003, il était implicitement palpable compte tenu du rôle démocratique des partis et groupements politiques qui « *concourent à l'expression du suffrage* » (art. 4, al. 1er, de la Constitution). Le projet de loi en question ayant adopté un taux de 10% des électeurs inscrits sur les listes électorales, et non pas un taux de 10% des suffrages exprimés, comme l'avait proposé le Conseil d'État, le Conseil constitutionnel a donc considéré que l'atteinte ainsi portée à ce principe constitutionnel de pluralisme politique est disproportionnée. 3. À ce titre, il faut remarquer que le CESE ne bénéficie pas d'une telle considération de la part du Conseil constitutionnel, quant à la qualité de ses avis. Et c'est en cela qu'il est plus que nécessaire que cette institution se forme à la légistique générale et à l'analyse des décisions du Conseil constitutionnel le concernant et concernant les normes dont au moins elle a contribué à la production.

peut être interprétée comme excessive, notamment du point de vue du Parlement bicamériste. En procédant à la reconnaissance et en imposant le respect, de manière sincère, de cette procédure de consultation, le juge constitutionnel précise, en le justifiant, ce que la Constitution elle-même impose (A) en vue de permettre une meilleure interaction entre les différents organes de débats publics qui, de ce fait, participent à la production du droit (B).

A) Le caractère constitutionnel de la pluralité des lieux du débat démocratique

Le principe de sincérité de la consultation obligatoire, dans le processus législatif extraparlementaire, au regard de la jurisprudence constitutionnelle, signifie, en effet, que la Constitution l'exige. De ce point de vue, le pluralisme délibératif, s'agissant de la production des normes qu'interprète le Conseil constitutionnel, est une conséquence de ce principe. Cette exigence constitutionnelle dans la procédure de production normative s'inscrit dans le souci de la qualité de la législation dont il incombe au Conseil constitutionnel de veiller à la sécurité[1426]. Le principe de sécurité juridique est un principe constitutionnel qui, certes, n'est pas clairement exprimé dans le texte de la Constitution. C'est le Conseil constitutionnel qui révèle cette sécurité juridique et qui assure sa sauvegarde, en s'appuyant sur des outils que la Constitution met à sa disposition. Le principe du respect sincère des procédures de fabrication des normes est l'un de ces outils révélés, sinon créés, par le Conseil constitutionnel en vue de lui permettre de protéger la sécurité juridique.

Mais, si l'on peut affirmer que le Conseil constitutionnel a façonné, sinon créé, la méthode d'interprétation consistant à se fonder sur les travaux préparatoires des normes pour mieux interpréter celles-ci, il ne l'a pas inventé à partir de rien. On l'a vu, une interprétation à peine étendue, notamment du point de vue historique, des dispositions de l'article 33 de la Constitution permet d'affirmer que la Constitution exige, du moins de manière implicite, une telle méthode d'interprétation du droit qui, *a fortiori*, s'impose à l'interprétation constitutionnelle.

[1426] Sur ce point, v. Damien Chamussy, « Procédure parlementaire et qualité de la législation : la contribution du Conseil constitutionnel à la sécurité juridique », *in* Conseil d'État, *Rapport public 2006. Sécurité juridique et complexité du droit*, La Documentation française, 2006, pp. 349 s.

Dans cette perspective, au risque de paraître plus théorique que pratique, l'analyse du caractère pluraliste du processus de production normative, au regard de cette méthode d'interprétation, sera éclairée à la lumière d'une vision philosophique du droit, discipline qui, nécessairement, constitue l'un des éléments, du moins sur le plan intellectuel, permettant de nourrir la pensée constitutionnelle moderne. En effet, il est possible d'affirmer que le Conseil constitutionnel n'a pas admis dans ses modes opératoires une telle méthode d'interprétation de manière hasardeuse. Celle-ci s'inscrit, en effet, dans la philosophie même du droit et du but final de celui-ci, du point de vue politique. Sur ce point, John Rawls écrivait : « *Les fins de la philosophie politique dépendent de la société à laquelle elle s'adresse. Dans le cas d'une démocratie constitutionnelle, une de ses fins les plus importantes consiste à offrir une conception politique de la justice qui ne se contente pas de fournir un fondement à la justification des institutions politiques et sociales sur lequel l'opinion publique doit s'accorder, mais qui contribue aussi à en garantir la stabilité d'une génération à l'autre.*[1427] » Pour Rawls, « *démocratie constitutionnelle* » est équivalente à « *régime politique*[1428] ».

Dans ce contexte, la place particulière d'un juge constitutionnel n'est pas à démontrer : « *[dans un régime démocratique constitutionnel] il existe au moins une doctrine compréhensive raisonnable qui ne rejette pas les éléments essentiels d'un régime démocratique. Bien entendu, une société peut comporter des doctrines irrationnelles ou même délirantes. Le problème est alors de les limiter pour qu'elles ne détruisent pas l'unité et la justice de la société.*[1429] » C'est ce qu'il appelle un « *consensus par recoupement*[1430] » « *des doctrines profondément opposées*[1431] » qui n'est que très difficilement compatible avec « *la conception politique représentée par la démocratie constitutionnelle*[1432] ». Le juge constitutionnel est ainsi là pour éviter de telles dérives sociétales[1433]. Et « *c'est 'le fait du pluralisme' qui est la marque*

[1427] John Rawls, *Justice et démocratie*, Trad. Catherine Audard, Seuil, Coll. : « Points Essais », 1993, p. 245.

[1428] *Ibid.*, p. 248.

[1429] *Ibid.*, Préface, p. 9.

[1430] *Ibid.*, p. 10.

[1431] *Ibid.*

[1432] *Ibid.*

[1433] La Constitution américaine a été adoptée avec une Cour suprême forte pour rejeter une fois pour toute le colonialisme anglais ; sans pour autant oublier les errements de ce juge constitutionnel qui a longtemps bloqué toutes les tentatives de réforme visant à abolir l'esclavage et la traite négrière ; sur ce point, v. Stephen Breyer, *La Cour suprême, l'Amérique et son histoire*, Odile Jacob, février 2011, pp. 71 s. De même, la Constitution allemande a été adoptée avec une Cour constitutionnelle forte pour éviter ou limiter le risque d'un retour de la barbarie du type nazi.

caractéristique de la démocratie[1434] ». Dans cette optique, « *Les législateurs ainsi que les magistrats ne jouent plus pleinement leur rôle. Ils sont trop esclaves de l'opinion publique, des sondages, de leur réélection, des lobbies variés qui les soutiennent, on ne pourrait donc pas du tout leur faire confiance à leur jugement pour trancher en faveur de l'intérêt commun.*[1435] » Cependant, si ce point de vue est intéressant, il soulève une interrogation complexe, celle de la définition même de la notion d'intérêt commun dans la justice constitutionnelle, s'agissant de ses limites et de son contenu précis. Aucune réponse ne semble être satisfaisante, tant les points de vue peuvent diverger sur la conception de cette notion. En effet, on peut considérer, d'une part, que l'opinion publique, les sondages, les lobbys, qui interfèrent indéniablement dans l'interprétation constitutionnelle, sont des « *intérêts catégoriels*[1436] », et, de ce point de vue, opposés à l'intérêt commun de Rawls ; mais, d'autre part, on peut aussi considérer ces franges d'intérêts catégoriels, c'est-à-dire particuliers, comme étant tout autant compatibles à l'intérêt commun que doit refléter le droit. En effet, Dicey montrait que l'opinion publique d'un groupe d'individus, qui n'est pas forcément l'opinion commune de toute une société, pouvait être la condition *sine qua non* de l'acceptabilité globale d'une norme juridique[1437].

Commentant la théorie de la justice comme équité de Rawls, Catherine Audard affirme : « *Il n'y a plus de critère unique d'arbitrage des conflits, mais une démarche mentale, individuelle et volontaire, à refaire chaque fois que besoin est, et qui conduit à un certain résultat, équitable puisque les conditions du choix comme la*

[1434] V. Catherine Audard, « Introduction », *in* John Rawls, *Op. cit.*, p. 22. Elle ajoute « anglo-saxonne » car Rawls décrit essentiellement la situation politique américaine, mais cette position est transposable au pluralisme délibératif pris en compte dans le corpus constitutionnel français, pluralisme dans lequel le Conseil constitutionnel semble bien souhaiter se réserver une place.

[1435] *Ibid.* pp. 24-25. À propos de la décision politique de nommer un juge, Clarence Thomas, à la Cour suprême « *pour des raisons électorales et pour satisfaire l'opinion publique (enfin un juge conservateur et noir), sans que soit pris en considération sa 'philosophie constitutionnelle' telle qu'elle apparaissait dans ses déclarations antérieures sur l'interruption de grossesse ou la protection de la vie privée.* » (*Ibid.*, p. 25). Sur ce dernier point, v. Ronald Dworkin, « Justice for Clarence Thomas », *New York Review of Books*, 7 novembre 1991.

[1436] Grégory Houillon, *Le lobbying en droit public*, Bruylant, 1ère édition, mai 2012, Thèse sous la direction de Jean-Bertrand Auby, préface de Frédéric Rouvillois, p. 5. L'auteur définit l'activité de lobbying comme « *un ensemble de pratiques variables mises en œuvre par divers organismes, qu'il est possible de synthétiser comme une action d'influence motivée par un intérêt particulier, catégoriel, fractionnel, qui s'exerce sur un auteur ou auprès d'un organe producteur de normes juridiques impératives, sans contrepartie.* »

[1437] Albert Venn Dicey, *Leçons sur les rapports entre le droit et l'opinion publique en Angleterre au cours du dix-neuvième siècle*, Max Boucard et Gaston Gèze (dir.), Trad. Gaston Gèze et *ali*, Paris, 1906 [Cujas].

procédure suivie l'ont été également, et qui ensuite, guidera législateurs et magistrats dans leurs décisions.[1438] » Cette affirmation rejoint celle de Claude Lefort pour qui « *Le totalitarisme est tout à la fois envahissement de la société civile par un pouvoir monolithique, destruction forcée de la diversité et des conflits qui animent toute société vivante, écrasement les uns sur les autres des différents registres du social.*[1439] » Ainsi, il ne faut pas craindre la diversité des lieux du débat démocratique, encore que cette diversité donnerait lieu à des conflits, s'agissant des conceptions de chacun de ces lieux de débats au regard des solutions à apporter aux problèmes sociaux. Par conséquent, l'une des définitions classiques de la démocratie, et qui est aujourd'hui plébiscitée, est « *la recherche de solutions négociées, non violentes, conflits sans cesse renaissants au sein de la société et même amplifiés par les libertés qui y règnent.*[1440] »

Dans ce contexte, Rawls considère justement « *comme inséparable des démocraties l'existence d'un monde définitivement divisé. Mais cela ne doit pas nous amener à renoncer à l'idée d'un but commun, de valeurs partagées qui sont au cœur de notre 'identité publique' et lui donnent son sens.*[1441] » De ce point de vue-là, il ne peut y avoir d'intérêts particuliers viables sans intérêts collectifs et *vice versa.* Cette aporie est ontologique à l'humanité et, *a fortiori*, à l'exercice démocratique non vicié, c'est-à-dire sans leurre, des pouvoirs.

La démocratie constitutionnelle, en tant que régime politique fondé sur une Constitution et pouvant favoriser un trop grand essor de l'État et ses attributs essentiels, tel le suffrage universel qui peut être brandi sans le moindre respect du principe d'égalité de participation effective de *tous* dans la production des normes sociales, est critiquée et jugée insuffisante pour assurer la justice comme équité par le libéral Rawls[1442]. Pour celui-ci, qui confond volontairement justice politique avec justice de la Constitution, la justice constitutionnelle est celle-là même qu'on appelle démocratie constitutionnelle[1443]. De là surgissent deux aspects particuliers de la notion de démocratie constitutionnelle. D'une part, la démocratie comme « *gouvernement par la discussion* », et, d'autre part, la

---

[1438] Catherine Audard, « Introduction », *in* John Rawls, *Op. cit.*, p. 30.

[1439] Claude Lefort, *L'invention démocratique. Les limites de la domination totalitaire*, Fayard, 1981, Quatrième de couverture.

[1440] Catherine Audard, « Introduction », *in* John Rawls, *Op. cit.*, p. 33.

[1441] *Ibid.*

[1442] V. John Rawls, *Théorie de la justice*, *Op. cit.*, pp. 262 *in fine*-263.

[1443] *Ibid.*

démocratie comme « *raisonnement public*[1444] ». À cet égard, l'usage des travaux préparatoires extraparlementaires par le Conseil constitutionnel dans sa fonction interprétative permet d'atteindre l'un des objectifs principaux de la démocratie constitutionnelle, à savoir le dialogue entre les différents acteurs de la société qui prennent part à la conception des normes ; c'est ce qu'Amartya Sen appelle la « *démocratie comme gouvernement par la discussion*[1445] ». En effet, l'usage des travaux préparatoires des normes juridiques, en tant qu'éléments matériels et concrets pouvant parler à tous et être consultés et compris, généralement avec un peu d'effort, par tous, devient un sujet de discussion scientifique sur la question de savoir si le Conseil constitutionnel a été fidèle ou pas à ces travaux ou encore s'il était opportun qu'il en fasse usage. Ainsi, convient-il de définir la notion de démocratie constitutionnelle selon une double acception. La première acception renvoie à un mode d'organisation politique fondé sur le principe de participation et de liberté, lequel mode d'organisation tient son essence dans une constitution[1446] ; la seconde, plus juridique, renvoie plutôt à un mode de justice fondée sur le respect des droits et des libertés fondamentaux – d'où la théorie de la « *démocratie par le droit* » mise en mouvement dans les années 1990 au sein de la Commission de Venise et dont Guy Canivet en fait l'éloge pour son rôle dans la promotion du concept de l'État de droit ou *Rule of Law*[1447]. Cependant, si ces deux conceptions de la démocratie (constitutionnelle) sont louables, il leur manque certains éléments essentiels.

Exposant la différence entre la Cour suprême américaine où les opinions dissidentes[1448] sont admises et le Conseil constitutionnel français, Guy Canivet, à

[1444] V. ces notions *in* Amartya Sen, *L'idée de justice*, Trad. Paul Chemla, Flammarion, Coll. : « Champs essais », février 2012, pp. 383 s.
[1445] *Ibid.*
[1446] John Rawls, *Théorie de la justice, Op. cit.*, pp. 257-258.
[1447] Guy Canivet, *in* Stephen Breyer, *La Cour suprême, le droit américain et le monde*, *Op. cit.*, p. 14. Sur la notion de *Rule of Law*, v. pp. 285 s. Des travaux de la Commission de Venise, auxquels l'auteur fait référence, découle le postulat selon lequel le principe du pluralisme et le renouvellement régulier des dirigeants, à tous les niveaux du système politique et social, dans tous les domaines, politiques et apolitiques, sont des attributs essentiels et nécessaires à la vie démocratique.
[1448] S'agissant des opinions dissidentes, si certains, comme Dominique Rousseau, souhaitent qu'elles se pratiquent devant le juge (constitutionnel) français, d'autres, comme Elisabeth Zoller, sont particulièrement réservés, quant à leur pratique dans le système juridictionnel français. En effet, pour Elisabeth Zoller (« La motivation des décisions du Conseil constitutionnel à l'épreuve des modèles étrangers », Conférence-débat du CDPC, Paris II, 1er décembre 2016), qui constate que certains juges de la Cour suprême américaine (Ginsburg) déplorent les tournures partisanes, au détriment du débat, de cette pratique, les opinions dissidentes relèvent d'une « *question culturelle aux États-Unis* », culture qui n'est pas propre au système français. Et c'est d'autant plus que les

propos des décisions de celui-ci, conclut : « *le débat déterminant la solution demeure ignoré et la révélation du cheminement intellectuel, impossible autrement que par la computation spéculative des décisions établies en termes abstraits et inaccessibles à un public non initié. Tout cela empêche évidemment un récit substantiel, critique et vivant des évolutions de notre justice constitutionnelle.*[1449] » Si cette affirmation est fondée à court et moyen termes, elle ne l'est cependant pas à long terme, dans la mesure où les délibérés des décisions du Conseil constitutionnel sont accessibles, tardivement, il est vrai, mais c'est une réalité, à l'expiration d'un délai de vingt-cinq ans selon le Code du patrimoine[1450]. Les deux décisions n° 77-82 DC et 71-44 DC, respectivement étudiés précédemment, à partir des archives, désormais ouvertes et accessibles, de leurs délibérés, montrent que l'intérêt des travaux préparatoires même plusieurs années plus tard est toujours grand, du moins du point de vue scientifique et analytique. À cela, il faut ajouter le fait que le Conseil constitutionnel, à travers les commentaires aux cahiers qu'il présente depuis le début des années 2000 (2004), se montre, sinon plus transparent, du moins plus explicatif, quant aux motifs qui l'ont conduit à conclure à telle ou telle interprétation, même si l'explication ou l'effort de transparence qui en sont issus peuvent paraître insatisfaisants. Là où l'affirmation de Guy Canivet interroge, c'est quand il aborde la question de ce qu'il appelle « *l'éloge à l''explicite'*[1451] » de Stephen Breyer, dans la mesure où, cela est incontestable, la motivation des décisions du Conseil constitutionnel peut paraître particulièrement « *'brève'*[1452] », voire ésotérique.

---

opinions dissidentes favorisent souvent des clivages inutiles et conduisent les juges à davantage alimenter les surenchères médiatiques pour redorer leur image plutôt que de permettre les conditions d'un débat constructif et serein dans l'opinion publique.

[1449] Guy Canivet, *Op. cit.*, pp. 15-16.

[1450] V. le débat sur les archives du Conseil constitutionnel qui a fait basculer le délai de conservation des archives de l'institution, avant leur accessibilité au public non averti, d'un délai de soixante ans à un délai de vingt-cinq ans. Sur ce point, v. Martine de Boisdeffre, « Ouverture des archives du Conseil constitutionnel », *Cahiers du Conseil constitutionnel*, Hors-série, 2009 (25 ans de délibérations), 30 janvier 2009. En outre, en l'état actuel de la doctrine juridique française, il n'est pas certain qu'une majorité de ses membres soit d'accord avec le mécanisme des opinions dissidentes, tant la pratique de l'exégèse abstraite et inaccessible aux néophytes, comme le dit Guy Canivet, est forte en France, sans compter la crainte d'une partie de cette doctrine de perdre le confort des privilèges qu'elle détient (une sorte de *passe-droit*) au sein de certains tribunaux pour leurs recherches « scientifiques », tel le rapport d'un rapporteur public, à l'image de rapports d'anciens commissaires du gouvernement, jadis, très influents dans les décisions des tribunaux administratifs.

[1451] Guy Canivet, *Op. cit.*, p. 16.

[1452] *Ibid.*, p. 15. Cependant, cette pratique d'explication des décisions du Conseil constitutionnel dans des documents à part est critiquée par Denis Baranger qui se demande, alors, où exactement se trouve l'interprétation constitutionnelle (v. Denis Baranger, « Sur la manière française de rendre

La question des motivations de la justice constitutionnelle est particulièrement importante car elle affecte, outre les résultats de son activité interprétative, la légitimité et l'autorité même du juge constitutionnel. Guy Canivet, suivant la philosophie constitutionnelle de Stephen Breyer, affirme que « *La Cour suprême [...] a finalement conquis une légitimité lui permettant de trancher des questions les plus sensibles dans les crises les plus graves par des décisions exécutées par les autres pouvoirs et respectées par la communauté des citoyens.*[1453] » Et cela grâce au « *génie de la Cour [qui] fut d'entretenir la confiance du peuple afin de conquérir l'autorité propre à assumer la responsabilité de garantir la pérennité des institutions.*[1454] » Cette légitimité et cette autorité des décisions du juge constitutionnel n'ont pas de meilleur fondement que le rôle d'arbitre impartial de celui-ci assurant l'équilibre des pouvoirs entre toutes les institutions politiques, comme le fait le Conseil constitutionnel par l'attention particulière qu'il porte au respect de l'ensemble des procédures normatives prévues par les textes en dehors du cadre des deux assemblées parlementaires.

Mais le Conseil constitutionnel s'autolimite, quant au contrôle de constitutionnalité de certaines procédures législatives particulières. Il ne se reconnaît pas, par exemple, compétent pour contrôler les lois référendaires[1455], alors que dans d'autres grands pays démocratiques ce contrôle se pratique, tel en Italie où s'est développée la théorie de la *supra constitutionnalité* ; mais cette théorie a été largement rejetée par la doctrine juridique française à la fin des années 1980[1456]. C'est peut-être là le signe d'un respect de la parole du législateur direct par rapport à celle du législateur indirect dont le Conseil constitutionnel contrôle le moindre geste dans la conduite de ses travaux conduisant à la norme à travers les exigences de clarté et de sincérité des débats parlementaires[1457]. Ainsi, le Conseil constitutionnel trace les limites de la démocratisation de la justice

---

la justice constitutionnelle. Motivations et raisons politiques dans la jurisprudence du Conseil constitutionnel », *Jus Politicum*, n° 7, 2012 [en ligne], p. 36).

[1453] *Ibid.*, pp. 8-9.

[1454] *Ibid.*, p. 9.

[1455] Pour une analyse plus approfondie sur ce point, v. Patrick Gaïa, Richard Ghevontian, Ferdinand Mélin-Soucramanien, Éric Oliva et André Roux, *Les grandes décisions du Conseil constitutionnel*, Dalloz, Coll. : « Grands textes », 17ème édition, p. 150, n° 10. Le Conseil constitutionnel ne s'est vu reconnaître que tardivement une compétence pour contrôler la « procédure » de l'initiative législative partagée prévue à l'article 11 de la Constitution ; il est à noter que cette compétence se limite au contrôle de la seule procédure et non pas du contenu de la norme référendaire définitivement adoptée.

[1456] Sur ce débat doctrinal, v. Dominique Rousseau, *Droit du contentieux constitutionnel*, LGDJ, septembre 2013, 10ème édition, n° 224 s., p. 219 s.

[1457] Décisions n° 2005-512 et n° 2005-526 DC.

constitutionnelle comme si l'ensemble des pouvoirs politiques et publics et lui-même étaient des contingents du peuple-décidant dont les décisions s'imposent à tous. De ce point de vue, à travers les décisions du Conseil, il faudrait voir la marque du peuple-décidant.

Enfin, si le mécanisme de production des normes de nature parlementaire nécessite l'intervention d'organismes extérieurs au Parlement, c'est ainsi le fait du constituant lui-même au-delà des considérations théoriques autour du pluralisme politique qui implique un gouvernement par la discussion[1458] à tous les niveaux de l'État. Un tel mécanisme, assez complexe, s'il en est, signifie une interaction nécessaire des différents organismes intervenants dans les débats visant à la production des normes également à tous les niveaux de l'État.

B) L'interaction nécessaire des organes intervenant dans le débat public et dans la production du droit

L'usage des travaux préparatoires pose une autre question fondamentale au regard de la notion même de démocratie. Les exigences de clarté et de sincérité des débats parlementaires, et donc, *a fortiori*, de tous les travaux préparatoires, et l'usage même de ces derniers dans l'interprétation juridique par le juge constitutionnel, ne remettent-ils pas en cause, au contraire, la démocratie ou la décision démocratique au lieu de contribuer à la promouvoir ? Cette question est loin d'être inconséquente ; mais plusieurs arguments inverses peuvent lui être opposés. D'abord, la Constitution de 1958 n'a pas reconnu la seule démocratie élective[1459] ; elle a créé et favorisé des mécanismes originaux, et nécessairement concurrents du Parlement, afin de permettre une production pluraliste des normes juridiques. Les organismes intervenant dans cette procédure concurrentielle de la production de la norme sont désignés par la Constitution comme des coauteurs des normes produites dans la mesure où ils participent aussi à l'expression démocratique, alors même qu'ils ne sont pas élus. D'autre part, nul ne saurait ignorer qu'il y a une réelle crise de la démocratie élective dans la quasi-totalité des États du monde[1460], ce qui conduit à des nouvelles formes de

---

[1458] C'est sans doute en ce sens que Friedrich parlait d'« *Un Gouvernement par le Parlement et non seulement un Gouvernement contrôlé plus ou moins effectivement par le Parlement.* » (Carl Joachim Friedrich, *La démocratie constitutionnelle*, Préface de Marcel Prélot, PUF, 1958, p. 297).

[1459] Car lorsque l'on parle de démocratie, dans ce contexte, il s'agit bien de la démocratie élective du Parlement élu et représentant du peuple.

[1460] Sur ce point, v. Thomas Amadieu et Nicolas Framont, *Les citoyens ont de bonnes raisons de ne pas voter. Pour mieux comprendre*, Le Bord de l'Eau, Octobre 2015, 160 p. À lire ces auteurs, en

démocratie en dehors du mécanisme électoral. Ensuite, le juge (constitutionnel), lui aussi, qui rend la justice « au nom du peuple (français, allemand, italien, américain...) »[1461], le fait pour le compte et par le fait du peuple français, allemand, italien, américain... Enfin, la collaboration nécessaire entre les différents pouvoirs dans un État de droit, du moins au sens rawlsien du terme, est une condition essentielle du bon fonctionnement de la démocratie ; et c'est justement ce principe que le juge constitutionnel a vocation à faire respecter en embrassant l'ensemble des travaux préparatoires des normes, y compris ceux produits à l'extérieur de l'enceinte des Palais Bourbon et du Luxembourg. Ainsi, le principe du pluralisme, dans la confection des normes, se montre particulièrement complexe. Cette complexité représente justement un danger pour le principe du pluralisme démocratique lui-même. C'est, d'ailleurs, pour cette raison que certains affirment que « *la démocratie est un régime insuffisant, perpétuellement menacé par lui-même*[1462] ». Le constituant de 1958 n'avait-il pas anticipé cet état de fait en ayant choisi de disperser la fonction de production

---

effet, dans un État de droit, on ne peut pas concevoir « *la démocratie comme limitée au vote.* » (*Ibid.*, p. 25).

[1461] Bien que le Conseil constitutionnel n'adopte toujours pas la mention « au nom du peuple français » dans ses décisions. Mais certaines voix s'élèvent, jusque dans les rangs du Conseil constitutionnel, pour que cette mention apparaisse dans les décisions de l'institution, à l'instar de celle de Nicole Belloubet qui a évoqué cette idée lors d'une conférence en Sorbonne sur le thème « Le Conseil Constitutionnel : vers une cour constitutionnelle ? » le 10 septembre 2014. Néanmoins, il semble que l'idée de l'adoption de cette formule par le Conseil se heurte à un conservatisme avéré. En effet, selon Jean-Louis Debré, le 10 juillet 2014, « *En cours de séance, Nicole Belloubet émet le souhait que soit inscrit au début de nos décisions : 'Au nom du peuple français et de la République'.* » (*Ce que je ne pouvais pas dire*, Robert Laffont, avril 2016, p. 272). L'auteur déclare : « *Je suis naturellement d'accord avec cette proposition. [...]. Mais [celle-ci] se heurte au conservatisme de ceux qui ne veulent rien changer ou entendent évoluer avec prudence. Si bien que je préfère reporter cette décision à plus tard. Il serait inutile de se diviser à ce sujet.* » (*Ibid.*). Toutefois, on peut se demander si Jean-Louis Debré ne nourrit pas lui-même ce conservatisme dans la mesure où, jusqu'à la fin de son mandat à la présidence du Conseil constitutionnel, il semble qu'il n'a jamais remis la question à l'ordre du jour.

[1462] Thomas Amadieu et Nicolas Framont, *Op. cit.*, p. 29. Le référendum constitutionnel italien du 4 décembre 2016 illustre parfaitement le danger que représente la démocratie pour elle-même. Cette réforme, heureusement avortée pour certains, visait en effet à réduire considérablement le champ du pluralisme politique par la suppression de l'égalité, dans la confection de normes, entre les deux chambres parlementaires italiennes, à savoir le Sénat. Ce fut là une attaque si frontale au pluralisme démocratique que Gustavo Zagrebelsky, lors d'un débat télévisé avec le Premier ministre Italien d'alors, comparait ce projet au projet impérial de Bokassa en République centrafricaine à la fin des années 1970 (1976-1979). Pourtant, le Premier ministre Italien, Mateo Renzi, à l'initiative de ce projet, pensait pouvoir le faire au nom de la démocratie, du fait de sa simple élection au suffrage universel, peut-être sans même savoir que réduire le pouvoir concurrent d'une institution, dans un système démocratique, revient à réduire la démocratie elle-même.

normative entre différentes institutions à côté du Parlement ? Il semble que le constituant de 1958 souhaitait un mécanisme de contrôle externe du Parlement, non seulement par le juge constitutionnel, mais aussi par toutes les institutions qu'il désigne comme étant des co-législateurs ou, du moins, des soutiens actifs du Parlement dans le processus de production normative.

Ainsi, en faisant usage des travaux préparatoires dans l'interprétation constitutionnelle des normes, le Conseil constitutionnel fait intervenir les parlementaires dans le débat délibératif constitutionnel qui se déroule devant lui sur les normes qu'ils ont définitivement adoptées. Et cela même s'il s'agit de normes anciennes à l'élaboration desquelles les parlementaires actuellement en office n'ont pas participé[1463]. L'intérêt porté aux travaux préparatoires de ces normes délibérées par l'institution parlementaire est en quelque sorte un respect obligé du juge à l'égard du Parlement qu'incarnent toutes les générations de parlementaires. Selon Stephen Breyer, en effet, « *lorsque les termes [de la loi] ne sont pas clairs, les juges devraient prêter une grande attention à l'objectif poursuivi par la loi.*[1464] » Il ajoute que cette « *démarche téléologique [d'interprétation] est plus respectueuse de la 'démocratie représentative' que veut mettre en place notre Constitution.*[1465] »

Par ailleurs, le principe de sincérité de la consultation extraparlementaire implique une analyse matérielle du mécanisme de la procédure législative extraparlementaire. Ainsi, il convient de s'intéresser au temps et au budget alloués aux organismes dont la consultation est requise pour la confection d'un projet de réforme parlementaire. Qu'un tel mécanisme soit mis en place par le législateur constituant, organique ou ordinaire, il incombe au gouvernement et à l'organe ou l'institution dont l'avis est requis de consacrer du temps (discussions, auditions, débats, etc.) et des moyens budgétaires (copies, impressions, envois postaux, etc.). En d'autres termes, si l'on se réfère à l'analyse économique du droit, on peut admettre que la procédure de consultation coûte au budget de l'État, et elle retarde et rallonge la chaîne de la procédure législative. De ce point

---

[1463] Ainsi, si la fonction crée l'organe, tous les membres de l'organe demeurent liés à la fonction ; c'est-à-dire que la loi votée, qu'elle soit constitutionnelle, organique ou ordinaire, est, quoi qu'il en soit, l'œuvre du Parlement et donc des parlementaires, que ces derniers aient pris ou non part à l'élaboration de celle-ci ; on pourrait en dire autant, s'agissant du gouvernement qui défend quasiment tous les textes contestés devant le Conseil constitutionnel. C'est ainsi davantage l'institution qui est privilégiée que les membres qui la composent.

[1464] Stephen Breyer, *Pour une démocratie active*, Odile Jacob, janvier 2007, Ch. 6 : « L'interprétation de la loi », p. 121.

[1465] *Ibid.*

de vue-là, il n'est pas inintéressant de se poser la question de l'efficacité et de la cohérence d'une telle procédure extraparlementaire. Le principe de sincérité de la consultation posé par la jurisprudence constitutionnelle semble affirmer que si de telles procédures sont mises en place, c'est pour au moins éclairer et aider sincèrement le Parlement dans le processus de confection des normes. Le gouvernement auquel il incombe de déclencher ces procédures de consultation ne peut donc pas s'en affranchir, sous peine de voir l'acte adopté par le Parlement invalidé par le Conseil constitutionnel[1466]. Cela signifie que cette procédure obligatoire de consultation extraparlementaire n'est pas un « jeu » auquel le gouvernement peut jouer lorsque cela l'arrange ; c'est une procédure qui exige de la sincérité de sa part et qui implique un engagement sincère du débat public visant à la confection des normes dans un cadre pluraliste et coopératif à travers l'interaction des différents organes devant intervenir dans le cadre de la procédure législative.

Mais si l'on pousse un peu plus loin l'idée du pluralisme délibératif dans la production normative, on observe qu'elle ne se limite pas au stade d'une simple interaction d'ordre purement formel et *dérogeable* ; elle conduit à une conception nouvelle des lieux physiquement reconnus comme constitutifs du Parlement « législateur ».

§2. L'extension des lieux officiels du débat démocratique hors du Parlement

Si l'extension des lieux du débat démocratique est un principe visible dans le texte de la Constitution (A), l'interprétation de celle-ci n'a pas toujours été en ce

[1466] Sur ce point, il est fort à parier que, si le Conseil national de l'éducation populaire et de la jeunesse et le Conseil national de la jeunesse, que le Conseil constitutionnel a déclaré relever de la compétence réglementaire (Décision n° 2016-263 L du 16 juin 2016, §1 et 2. *Nature juridique des dispositions relatives au conseil national de l'éducation populaire et de la jeunesse et au conseil national de la jeunesse*), relevaient de la compétence législative, compte tenu du rôle consultatif qui leur est attribué, celui-ci aurait invalidé une disposition législative qui aurait été adoptée dans le champ d'activité de ces conseils sans qu'ils aient été préalablement consultés. C'est là l'effet de la décision n° 2012- 653 DC, par laquelle le Conseil constitutionnel affirme que, « *chargé de contrôler la conformité à la Constitution des lois de programmation [,] il aura à exercer ce contrôle en prenant en compte l'avis des institutions indépendantes préalablement mises en place* » (Cons. 27). Ainsi, les travaux de tous les organes et institutions préalablement mis en place, comme coproducteurs de la norme avec le Parlement, seront ou pourront être considérés dans le contentieux constitutionnel de cette norme.

sens ni même à la hauteur de ce qu'elle implique. Il a fallu que la jurisprudence constitutionnelle vienne préciser, peut-être même de manière inconsciente, ce principe pour permettre d'appréhender son contour (B).

A) Une extension des lieux de délibération parlementaire née de la Constitution

La simple lecture du texte constitutionnel de 1958 permet de déceler le principe du pluralisme des débats[1467] visant à construire la destinée commune exprimée dans les différentes normes produites. Les procédures de consultation obligatoire dans la conception même des projets de loi sont nées de la Constitution. Et les organismes de consultation obligatoires créés, non plus par la Constitution, mais par de simples textes de nature législative, en vue d'assurer une expertise éclairée et de contribuer à des débats démocratiques sincères, sont un prolongement du pluralisme constitutionnel de la délibération normative.

Sur ce point, Jacques Commaille est peut-être l'un de ceux qui ont le mieux compris ce mécanisme pluriel de débat démocratique en France. En effet, cet auteur a pu analyser finement le tissu de ce débat pluraliste qui l'a conduit à parler d'une « *position épistémologique générale*[1468] » de la loi. Cette position épistémologique de la norme législative place celle-ci dans un bassin de connaissances si complexes qu'il ne peut, en effet, pas se résumer aux seuls débats intraparlementaires. Ainsi, selon l'auteur, « *L'analyse des versions successives d'un texte, des débats parlementaires, des extraits de presse, des positions publiques de partis politiques ou de groupes sociaux divers, des conflits éventuels avec le Conseil d'État, avec la Cour de cassation, de l'influence des intérêts professionnels, des groupes de pression, de l'Église catholique, de l'Élysée, des habiletés techniques en cours de débat parlementaire [qui] devient, dans cette perspective, le support d'une recherche de la place de la loi dans la régulation des sociétés industrielles avancées [...]*[1469] ».

C'est dans cette même optique, d'ailleurs, que Dominique Rousseau parle d'une Constitution-écart, faisant une large place à la société civile à côté des

---

[1467] C'est en effet la Constitution qui prévoit expressément l'intervention du Conseil d'État, du CESE, de la Cour des comptes, etc. dans la production normative avant le Parlement bicamériste qui, lui-même, s'oblige à travers la consultation d'une série d'organes extraparlementaires qu'il a lui-même créés, comme le HCSP, le CCNE, etc.

[1468] Jacques Commaille, *L'esprit sociologique des lois : essai de sociologie politique du droit,* PUF, 1994, p. 34.

[1469] *Ibid.*, pp. 34-35.

représentants élus, et que Claude Lefort affirme : « *Le pouvoir démocratique, par l'écart qu'il maintient entre le symbolique et le réel, ne remplit sa fonction qu'en laissant concevoir la division de l'espace politique et de l'espace social, la division au sein de l'espace politique et, enfin, sous l'effet de cette dernière, la division sociale interne.*[1470] » Ainsi, dans ce contexte, le pluralisme des lieux de délibération de la norme commune est inhérent à toute société politique fondée sur le droit et, *a fortiori*, à la démocratie constitutionnelle.

La décision n° 71-44 DC est l'illustration même de ce pluralisme délibératif dans la production normative. En effet, l'étude du délibéré de cette décision révèle parfaitement le rôle démocratique du pluralisme délibératif. D'abord, le juge administratif a pu annuler la décision du préfet de police de Paris qui visait à encadrer le principe de la liberté fondamentale d'association sans aucune discussion. Ensuite, toujours au niveau extraparlementaire, la section de l'intérieur du Conseil d'État a donné son feu vert au gouvernement pour agir tout simplement par voie réglementaire. Puis l'Assemblée générale du Conseil d'État a rectifié le tir en recommandant la voie législative au gouvernement. Au stade intraparlementaire, l'Assemblée nationale a voté le texte sans difficulté quand le Sénat l'a rejeté à 127 voix pour, 106 voix contre et 40 abstentions[1471]. Et, enfin, au niveau contentieux, le Conseil constitutionnel devait retracer tout le débat intraparlementaire et extraparlementaire pour donner le sens final du texte au profit de la protection des droits et des libertés.

Ainsi, le passage du débat législatif au Conseil d'État, à la Cour de cassation, mais aussi dans la presse, dans les différentes couches socio-professionnelles, etc. sont les conditions essentielles de l'acceptabilité de la norme législative. C'est là un aspect important du pluralisme délibératif constitutionnel, pluralisme qui n'aurait aucun sens pratique si la jurisprudence constitutionnelle n'était pas disposée à lui reconnaître un caractère substantiel.

[1470] V. Claude Lefort, « L'impensé de l'Union de la gauche », *in* Claude Lefort, *L'invention démocratique. Les limites de la domination totalitaire*, *Op. cit.*, p. 152.

[1471] Devrait-on dire « vive le Sénat » pour autant au nom du sens de l'État ? Il semble qu'on pourrait plutôt dire « vive le Sénat d'opposition » par rapport l'Assemblée nationale majoritaire et « vive le pluralisme délibératif » qu'a voulu le constituant de 1958.

B) Une extension délibérative normative découverte par le Conseil constitutionnel de manière coïncidente

La décision n° 2003-468 DC a mis en lumière un aspect très important de l'interprétation constitutionnelle à travers les travaux préparatoires. Elle montre que le Conseil constitutionnel ne se réfère pas seulement aux travaux préparatoires intraparlementaires, mais également aux travaux préparatoires extraparlementaires, au-delà du simple contrôle du respect des processus de consultation obligatoire. En ce sens, cette décision de 2003 est différente de celle de 1971 dans la mesure où elle s'est explicitement référée à l'avis du Conseil d'État sur la loi examinée ; cette décision de 2003 a donc permis de démontrer que les deux types de travaux préparatoires, intraparlementaires et extraparlementaires, contribuent à éclairer la norme à laquelle ils ont présidée. Cet aspect de la production normative conduit à parler de ce que Michel Couderc appelle la « *périnatalité de la loi*[1472] ». En effet, la norme législative, n'étant pas née dans le seul cadre intraparlementaire, connaît au moins une période d'incubation intellectuelle[1473] pluraliste et institutionnelle, d'abord, tel le passage au Conseil d'État, et une période *postnatale* devant le juge constitutionnel qui lui confère sa validité définitive. Le Conseil constitutionnel ne néglige donc pas cet aspect de la fabrication de la loi qui en fait partie intégrante.

Au-delà de la recherche de légitimité, le Conseil constitutionnel est conscient que son rôle n'est pas toujours bien accepté dans une société où les pouvoirs issus du système électif dominent, malgré tout, la scène démocratique où, de ce fait, son œuvre jurisprudentielle est jugée de manière continuelle[1474]. C'est pourquoi, il a recherché tout au long des années à se faire une place dans la démocratie en tant que l'un des acteurs de la promotion de celle-ci et en tant que son garant.

L'ambigüité et l'ambivalence qui accompagnent parfois l'usage des travaux préparatoires par le Conseil constitutionnel tiennent en partie du fait que ce dernier cherche à *démocratiser* ou *désacraliser* la justice constitutionnelle dans

---

[1472] Michel Couderc, « La difficile parole du législateur » Chronique Dalloz, 1977, p. 183.

[1473] Savigny (*Traité de droit romain*, 1855, notamment p. 194) et Gény (*Méthode d'interprétation et sources en droit privé positif : essai critique*, 1ère édition, 1899, p. 24 et 27) soulignèrent tous deux une phase nécessairement intellectuelle de la production normative.

[1474] René de Lacharrière, « Opinion dissidente » [Avril 1980], Rééd. *Pouvoirs* n°13, *Le Conseil constitutionnel*, juillet 1991, (pp.141-159), p. 142 ; v. également Roger Pinto, « Les excès du Conseil constitutionnel », *Le Monde*, 24 janvier 2001.

l'objectif de rendre l'interprétation constitutionnelle qui en est issue à la portée de tous ; l'ambiguïté de l'usage des travaux préparatoires, qui revêtent indéniablement un caractère populaire du fait notamment qu'ils sont, dans un État de droit, normalement produits directement ou indirectement par le public et / ou sous les yeux du public pour lequel les normes sont produites, est générée par la difficulté liée à l'exploitation du contenu de ces derniers qui ne sont pas toujours assez clairs. Malgré cette difficulté, le juge constitutionnel se trouve contraint de soigner son image en termes d'autorité et de légitimité. Sa volonté de démocratiser la justice constitutionnelle, à travers l'usage des travaux préparatoires dans l'interprétation constitutionnelle, s'explique en partie du fait que, bien qu'on puisse considérer qu'il représente également le peuple au même titre que les représentants élus, il doit en permanence s'auto-construire une légitimité et une autorité représentatives, en dehors du cadre électoral. Michel Troper explique parfaitement cette difficulté du juge constitutionnel, difficulté liée au fait que celui-ci n'est pas élu. Selon cet auteur, en effet, « *On peut ou bien affirmer que le juge exerce une forme de représentation différente de celle qui résulte de l'élection ou bien invoquer une sensibilité particulière aux contraintes de la réalité et montrer qu'elle garantit la production d'un droit de qualité.*[1475] » Il semble que ces deux conceptions peuvent être considérées et même conciliées dans l'analyse constitutionnelle. On peut donc considérer que la nomination du juge par une autorité élue est la continuité des effets inconditionnels de cette élection[1476]. En effet, la nomination du juge par l'élu est l'un des effets inconditionnels du résultat des élections ; cet effet inconditionnel suppose que, même si le juge est, par sa nomination, lié au pouvoir élu, il n'existe aucun lien de subordination du pouvoir nommé au pouvoir élu. Ainsi, les juges constitutionnels nommés par le président de la République représentent le peuple français et veillent aux intérêts nationaux au même titre que ce dernier. La même considération est valable pour ceux nommés par les présidents du Sénat et de l'Assemblée nationale. Cette continuité

[1475] V. Michel Troper, « Le réalisme et le juge constitutionnel », in *Dossier : Le réalisme en droit constitutionnel*, Cahiers du Conseil constitutionnel, n° 22, juin 2007.

[1476] La démocratie élective continue donc à s'exprimer sous plusieurs formes, dont la forme jurisprudentielle. En ce sens, la démocratie est continue devant le juge constitutionnel sous plusieurs aspects. Elle est continue parce que le débat parlementaire est prolongé jusqu'au Conseil constitutionnel (v. Julie Benetti, *Droit parlementaire et fait majoritaire à l'Assemblée nationale sous la Ve République*, Thèse de doctorat, Bibl. Cujas et PMF, pp. 381 et s.), elle est continue parce que le Conseil constitutionnel confronte les textes juridiques qu'il interprète, applique et dont il contrôle la constitutionnalité par rapport au corpus constitutionnel, dans le respect des droits et libertés fondamentaux, elle est continue parce que le Conseil constitutionnel, en se référant aux travaux préparatoires de ces textes, donne une indication sur la manière dont il forme l'esprit normatif et désigne un lieu privilégié au citoyen et au justiciable pour rechercher le sens de l'interprétation constitutionnelle.

de la démocratie élective devant le juge constitutionnel trouve son illustration la plus parfaite dans l'ouverture en 1974 de la saisine du Conseil constitutionnel aux parlementaires insatisfaits au sein de leurs propres assemblées[1477].

Mais, si l'on peut considérer que la juridiction constitutionnelle agit comme institution démocratique dans le prolongement de l'élection des représentants élus qui nomment ses membres, la justice constitutionnelle ne présente pas de lien naturel avec la démocratie ; de ce constat est née une critique du juge constitutionnel de la part des acteurs, autres que les seuls juristes, qui observent les interprétations que celui-ci prononce au nom de la démocratie. À ce titre, bien que les décisions du Conseil constitutionnel, pour les raisons ci-dessus évoquées, ne portent pas la mention « au nom du peuple français », nul doute que l'institution considère, de fait, qu'elle agit au nom du peuple détenteur de tout pouvoir. Cette situation s'explique par le fait que le juge constitutionnel, loin d'être accepté comme un messie prêchant la bonne parole acceptée par tous, n'est qu'une institution du système politique de l'État qui doit accepter sa situation sous le feu des critiques. Thomas Piketty, qui fait l'éloge de l'interdisciplinarité dans ses travaux économiques, ne mâche pas ses mots vis-à-vis du juge constitutionnel. Cet auteur commente : « *Aux États-Unis, la Cour suprême a longtemps bloqué l'impôt sur le revenu à la fin du XIX*e *et au début du XX*e *siècle [...] tout en jugeant l'esclavage puis la discrimination raciale parfaitement compatibles avec les droits fondamentaux pendant près de deux siècles.*[1478] » Cette réflexion

---

[1477] Sur ce point, v. Dominique Rousseau, « La réforme de 1974, ou le big bang de la démocratie constitutionnelle », in *Vingt ans de saisine parlementaire*, Economica, 1995. Dans ce même ordre d'idées, une anecdote particulièrement importante inspire réflexion. Le Conseil constitutionnel a commencé à mettre les noms des députés et sénateurs requérants dans l'en-tête de ses décisions à partir des années 1970 après la réforme constitutionnelle de 1974 ayant ouvert sa saisine aux membres des deux chambres du Parlement. Nul doute que ce fut dans un souci de transparence, mais cela produit un effet pluraliste non indéniable de l'interprétation constitutionnelle. Les noms des députés qui sont affichés et les numéro et titre de la loi adoptée par le Parlement tels qu'ils ont été écrits par les parlementaires donnent l'impression que la décision du Conseil constitutionnel est au final celle des parlementaires qui l'ont saisi. Cet état de fait, quoi qu'anecdotique, constitue aussi un élément d'appui dont le Conseil constitutionnel se saisit pour asseoir sa légitimité (démocratique).

[1478] Thomas Piketty, *Le capital au XXI*ème *siècle*, Seuil, Coll. : « Les livres du nouveau monde », 2013, v. note de bas de page, p. 732. La critique de Thomas Piketty au regard de cette jurisprudence constitutionnelle illustre parfaitement le problème de l'interprétation constitutionnelle. En effet, la seule explication exposée, face au débat démocratique soulevé sur le seuil des prélèvements obligatoires pouvant être jugé excessif, est que « *Pour estimer si un niveau de taxation est ou non excessif, il faudra aussi prendre en compte l'impôt sur le revenu, le montant des prélèvements sociaux...* » (Jean-Louis Debré, *Ce que je ne pouvais pas dire*, *Op. cit.*, p. 144). Il est à noter que cette explication intervenait juste après la décision du Conseil constitutionnel contre la taxation de certains hauts revenus à 75%, compte tenu de la chronologie suivie par l'auteur dans cet ouvrage.

montre que le juge constitutionnel doit être prudent quant à ce qu'il fait, tout au long de son histoire, de manière à assurer le plus possible une cohérence de ses interprétations, car il est attendu au tournant par les générations futures qui ne manqueront pas de lui reprocher toute maladresse. À ce propos, Thomas Piketty n'est pas plus tendre avec le juge constitutionnel français. À propos de celui-ci, en effet, il affirme : « *Aux dernières nouvelles, le juge constitutionnel français aurait développé une théorie exceptionnellement précise du niveau du taux supérieur d'imposition compatible à ses yeux avec la Constitution : au terme de raisonnements juridiques de haute volée et connus de lui seul, il hésiterait entre 65% et 67%, et se demanderait s'il faut ou non prendre en compte la taxe carbone.*[1479] » Ainsi, pour Thomas Piketty, « *figer des critères budgétaires dans le marbre juridique ou constitutionnel*[1480] » reviendrait à « *Laisser à un juge constitutionnel (ou à des comités d'experts) le soin de juger au cas par cas de l'opportunité de telles décisions*[1481] », ce qui « *constituerait une forme de régression démocratique.*[1482] » On voit bien, du moins pour cet auteur, que la fonction du juge (constitutionnel) ne présente pas, en tout cas pas naturellement, de lien avec la démocratie. Par conséquent, le juge constitutionnel doit, à travers son action interprétative, se montrer comme étant, lui aussi, le fruit de la démocratie[1483]. Bien que, compte tenu de la défense de Thomas Piketty du principe d'égalité à travers la réduction des inégalités sociales, son point de vue à propos du juge constitutionnel soit tout à fait compréhensible, il semble qu'il faut rectifier son analyse qui semble mettre le juge constitutionnel complètement hors du champ démocratique. D'abord, le juge constitutionnel assure la garantie des droits et libertés fondamentaux dont les droits économiques

---

[1479] Thomas Piketty, *Op. cit.* ; v. aussi Décision n° 2012-662 DC du 29 décembre 2012, Cons. 19. *Loi de finances pour 2013.*

[1480] *Ibid.*, p. 931.

[1481] *Ibid.*

[1482] *Ibid.* Sans doute conscient que la décision du Conseil sur la taxe à 75% en 2013 n'a pas d'explication juridique ou, du moins, que l'explication juridique mise en avant ne tient pas, ce qui a suscité ces critiques de la part de Thomas Piketty, Jean-Louis Debré, ancien président de l'institution, a tenté d'en apporter une réponse, mais celle-ci ne pouvait que conforter les critiques. En effet, ce dernier explique : « *La décision du Conseil ne se résume pas à l'annulation de la taxe. Pour estimer si un niveau de taxation est ou non excessif, il faudra aussi prendre en compte l'impôt sur le revenu, le montant des prélèvements obligatoires…* » (*Ce que je ne pouvais pas dire*, *Op. cit.*, p. 144). Du point de vue juridique, cette explication n'en est, à proprement parler, pas une ; elle se présente comme un argument dont l'objectif est de voiler l'absence de fondement juridique évident de cette décision.

[1483] Cette idée émet une différence complémentaire entre légitimité textuelle et légitimité auto-construite de l'interprétation constitutionnelle qui, toutes deux, convergent vers l'aspect démocratique de l'existence même du juge constitutionnel.

et sociaux[1484], et, de ce point de vue, il joue un rôle démocratique de premier plan, bien que des écarts puissent être constatés, ce qui est propre à toute association humaine, d'où l'importance et la nécessité même de la critique. Ce qui pose problème à la démocratisation de cette justice constitutionnelle est peut-être un défaut de transparence quant au mode opératoire du juge qui en est responsable. Sans aller jusqu'à la défense des opinions dissidentes en droit français, il semble que les méthodes interprétatives du Conseil constitutionnel français auraient pu être davantage transparentes. Néanmoins, celui-ci recherche cette transparence dans les travaux préparatoires dont il a discrètement, sinon inconsciemment, étendu le champ définitionnel depuis les années 2000 dans sa jurisprudence. Mais cette action n'est pas suffisante. Le Conseil constitutionnel devrait institutionnaliser l'existence d'instances de débat public[1485], même en son sein, dans toutes les disciplines scientifiques, afin de ne pas laisser entrevoir cette forme d'ésotérisme, du moins pas si ouvertement, que décrit à juste titre Thomas Piketty.

À propos de l'expression « utilité commune » de l'article 1er de la DDHC de 1789, Thomas Piketty affirme que, par cette expression, « *Les rédacteurs de l'époque visent avant tout l'abolition des ordres et privilèges de l'Ancien Régime [...]. Mais on peut choisir de l'appliquer de façon plus large.*[1486] » Quant aux « *désaccords*[1487] » sur cette expression qui renvoie aux droits économiques et sociaux parmi les commentateurs, l'auteur remet la chose aux mains de la « *délibération démocratique*[1488] » et de la « *confrontation politique*[1489] ». Cette

---

1484 Bien que, et ce n'est pas au crédit du Conseil constitutionnel, certains droits économiques et sociaux, tel le droit au travail et à l'emploi, soient relégués, par l'effet de la jurisprudence de celui-ci, au rang de simples objectifs, fût-ce de nature constitutionnelle, qui ne requièrent du législateur que des obligations de moyens et non pas de résultats, si bien que ces *droits* (c'est le terme utilisé par la Constitution !) constitutionnels ne se présentent plus que comme des coquilles vides, du point de vue juridique. Cette jurisprudence peut en effet paraître juridiquement incompréhensible car si le constituant avait voulu des simples objectifs et non des droits constitutionnels, il les aurait qualifiés d'objectifs. On peut comprendre que le Conseil constitutionnel ne dispose pas des moyens nécessaires au contrôle du respect effectif et concret de ces droits. Mais au lieu d'exiger des moyens lui permettant d'assurer ce contrôle, il a préféré disqualifier, de manière assez critiquable, ces droits, au prix de se débarrasser du rôle que le constituant lui a pourtant expressément confié.

1485 De fait, « institutionnaliser » suppose que le Conseil constitutionnel consulte des experts juridiques pour l'aider dans ses fonctions. En effet, des maîtres de conférences et des professeurs de droit sont nommés comme chargés de mission au sein du Conseil. Il est possible de rendre ce mécanisme public et de le présenter de manière plus organisée.

1486 Thomas Piketty, *O. cit.*, p. 767.

1487 *Ibid.*, p. 768.

1488 *Ibid.*, p. 769.

1489 *Ibid.*

analyse de Thomas Piketty relève, certes, d'une approche purement appliquée à la matière économique, il le concède lui-même[1490], mais elle ne soulève pas moins les difficultés démocratiques dont souffrent l'interprétation constitutionnelle.

On l'a vu, si le Conseil constitutionnel contribue à la délibération démocratique, au même titre que tout représentant élu, directement ou indirectement, du peuple, il n'est pourtant pas souvent inclus, en tout cas pas de manière naturelle et complète, loin s'en faut, dans le processus démocratique, comme organe représentant du peuple[1491]. Thomas Piketty exprime parfaitement cet état de fait lorsqu'il dénonce une délibération du Conseil constitutionnel pour son empiètement sur un domaine, selon lui, qui relève du débat politique et démocratique, à savoir le taux maximal de prélèvements obligatoires, « *au terme de raisonnements juridiques [qui ne sont] connus [que] de lui seul* ». C'est cet aspect difficile de l'activité juridictionnelle et, *a fortiori*, de l'interprétation constitutionnelle, qui motive le Conseil constitutionnel à rechercher la dimension démocratique qui, à première vue, lui échappe ailleurs que dans le seul développement de ses arguments et raisonnements juridiques par lui-même seul, aussi justes et impartiaux que ceux-ci puissent paraître. Ainsi, sans pour autant l'exprimer clairement, et peut-être même sans le savoir, le Conseil constitutionnel découvre et révèle l'extension de la délibération normative hors du seul champ des assemblées législatives, ce qui lui permet de prendre à témoin l'ensemble des lieux où la délibération normative se pratique pour combler son vide démocratique et, *a fortiori*, celui de ses décisions.

[1490] *Ibid.*, v. note de bas de page, pp. 767-768. Cela n'est pas étonnant compte tenu de l'importance de l'interdisciplinarité dont se revendique l'auteur et l'EHESS dont il est issu (v. Moritz Hunsmann et Sébastien Kapp (dir.), *Devenir chercheur, écrite une thèse en sciences sociales*, Editions de l'EHESS, 2013, Encadré, p. 82).

[1491] René Coty, ancien président de la République, alors membre de droit du Conseil constitutionnel, paraît même s'être « *toujours opposé à ce que le Conseil devienne une Cour constitutionnelle, changement qu'il jugeait incompatible avec la démocratie* » (Jean-Louis Debré, *Op. cit.*, p. 125). C'est dans ce même contexte que Jean Foyer déclara : « *Point n'est besoin d'un texte pour que le Conseil constitutionnel invente des principes à valeur constitutionnelle.* » (Jean Foyer, « Pour la suppression du Conseil constitutionnel », *La Revue administrative*, 51ème année, n° 301, janvier-février 1998, p. 99). Ainsi, « *lorsqu'il décide de déclarer une loi non conforme à la Constitution, le Conseil formule lui-même la règle, l'adaptant à la disposition législative qu'il a résolu de censurer.* » (*Ibid.*, p. 99). En ce sens, le Conseil se présente « *à la fois comme législateur constituant et juge constitutionnel.* » (*Ibid.*). Dans ce même ordre d'idée, Jean Foyer estima que « *La technique de la réserve d'interprétation lui donne la facilité d'éviter d'annuler au motif que le texte a, selon le Conseil, une signification à laquelle le législateur n'avait pas toujours pensé.* » (*Ibid.*, p. 100). Ainsi, le juge constitutionnel est vu comme un penseur de la norme à la place du Parlement qui serait alors réduit à néant comme une chambre d'enregistrement. Par conséquent, le Conseil constitutionnel, selon ces arguments, agit contre la démocratie.

Enfin, si la jurisprudence du Conseil constitutionnel a fait naître un pluralisme délibératif de la production des normes juridiques, par l'usage de tous les travaux préparatoires de celles-ci produits à l'extérieur du Parlement, ce n'est que de manière coïncidente, voire même inconsciente. En effet, ce que le Conseil constitutionnel semble d'abord chercher à construire, à travers l'usage des travaux préparatoires extraparlementaires, c'est sa légitimité démocratique en tant qu'interprète ultime des normes juridiques, alors même qu'il ne revêt pas la qualité d'élu du peuple. Néanmoins, ce pluralisme délibératif paraît salutaire pour la survie tant de la qualité des normes que de l'interprétation constitutionnelle dans une société fondée sur le principe démocratique. Il convient alors de pousser la réflexion sur ce pluralisme délibératif jusqu'à en cerner les conséquences possibles au regard de la fonction législative du Parlement bicamériste.

§3. Conséquences du pluralisme délibératif

Ce ne serait pas suffisant de pointer l'idée d'un pluralisme délibératif, à travers l'usage des travaux préparatoires (notamment extraparlementaires) par le juge constitutionnel, si l'on ne pouvait pas attribuer à son principe, qui est de permettre un processus pluriel de débat démocratique, en vue d'une conception tout aussi plurielle des normes juridiques, quelque conséquence, du point de vue pratique. Dans la mesure où le principe de la délibération démocratique renvoie au processus de discussion en vue de prendre des décisions au sens normatif, il convient d'approfondir l'idée du pluralisme délibératif au regard de la fonction parlementaire. Ainsi, dès lors que cette fonction ne s'exerce plus dans le seul cadre intraparlementaire, il est permis de voir une extension des chambres du Parlement qui ne se résument peut-être plus aux Palais Bourbon et du Luxembourg (A) ; le débat parlementaire (ou plus précisément *législatif*) se manifeste au sein de tous les organes et institutions intervenant juridiquement dans les pourparlers conduisant aux normes juridiques définitivement votées au Parlement, quoique ces pourparlers, en dehors des chambres parlementaires, puissent paraître plus ou moins déterminants dans le processus législatif et dans les résultats de celui-ci. Enfin, étant donné que ces pourparlers à la périphérie du Parlement bicamériste entrent dans le champ de définition de la notion de travaux préparatoires, dont l'usage constitue un élément central pour la transparence de l'interprétation constitutionnelle, il est aussi permis d'y voir un pluralisme interprétatif constitutionnel (B).

A) L'extension des chambres du Parlement par l'extériorisation du débat démocratique

Le rôle d'épicentre du Parlement bicamériste dans le processus d'élaboration concrète des normes juridiques[1492] est un fait incontestable. Cependant, cet épicentre n'est peut-être qu'une force de convergence attractive qui a pour rôle principal de recevoir et canaliser les idées issues d'instances délibératives hors des murs du Parlement bicamériste. En ce sens, ce mécanisme représente un facteur de réalisation pluraliste des normes juridiques. Le principe de ce pluralisme du processus de confection normative (1) est calqué sur le principe même du pluralisme politique issue de manière expresse de la volonté du constituant de 2008 (2).

1. Le principe de la production pluraliste des normes parlementaires

L'usage des travaux préparatoires, comme « *mode de preuve*[1493] » de la recherche de la volonté intentionnelle de législateur, édulcore, du moins,

---

[1492] D'ailleurs, le rôle des deux chambres du Parlement s'apparente, au regard de l'article 88-4 de la Constitution, au rôle consultatif du Conseil d'État, ou encore celui du Conseil économique, social et environnemental (sur ce point, v. aussi décisions n° 92-314 DC et 92-315 DC, et Philippe Josse, *Le rôle de la notion de travaux préparatoires dans la jurisprudence du Conseil constitutionnel*, Editions Panthéon-Assas, LGDJ, 1998, pp. 58-59). En ce sens, Jacques Larché, sur la réforme constitutionnelle de 1992 ayant créé l'article 88-4 de la Constitution, déclara : « *La procédure instituée par l'Assemblée nationale est intéressante. Cependant, il est souhaitable que les propositions de directives élaborées par la commission, lorsqu'elles sont de nature législative - et je souligne, à l'intention du Gouvernement, que notre conception du domaine législatif est extrêmement large : est législatif ce que nous mettons dans la loi, et non pas ce qui est affirmé comme tel par la Constitution – soient transmises à l'Assemblée nationale et au Sénat avant que le conseil des ministres ne prenne une décision définitive. [...]. En ce domaine, mes chers collègues, nous ne pouvons nous contenter d'un avis. Nous ne sommes pas une assemblée consultative. [...]. Un avis nous « comparerait » [...] au Conseil d'Etat ou au Conseil économique et social ! Nous sommes, au contraire, une assemblée élue, qui doit pouvoir clairement manifester sa volonté, sur quelque problème que ce soit. [...]. Je pense que la manifestation de cette volonté pourrait prendre la forme d'une résolution.* » (Jacques Larché, Sénat, Compte-rendu intégral, Séance du 2 juin 1992, JORF du 3 juin 1992, p. 1428). Compte tenu des propos, à certains égards condescendants vis-à-vis du rôle consultatif du Conseil d'État et celui du CESE, de ce parlementaire, on ne peut ne pas noter son attachement à la volonté législative, mais, hélas, ni la Constitution, ni la participation de la France à la construction européenne ne plaident en ce sens. Néanmoins son analyse est intéressante en ce sens qu'il montre que le rôle du Parlement bicamériste national dans la conception du droit de l'Union européenne s'apparente à un rôle consultatif.

[1493] Peter Wardell Hogg, *Constitutional law of Canada*, Thomson/Carswell, 2007, Ch. 60 : "Proof" (pp. 797-814), pp. 806 et s.

d'objectivité et d'impartialité l'interprétation constitutionnelle. Mais le champ des travaux préparatoires intraparlementaires est un peu restreint pour permettre l'accomplissement complet de cette fonction de l'usage de cette méthode d'interprétation juridique. De ce fait, émerge l'ouverture aux travaux préparatoires extraparlementaires. Sur ce point, Dominique Rousseau résume assez bien cet état de fait. Celui-ci estime, en effet, qu'« *une démocratie sociale émerge à côté du Parlement* [1494] » qui n'est plus « *le lieu le plus pertinent pour élaborer l'intérêt général*[1495] ». Un tel constat conduit à interroger le rôle du Parlement bicamériste dans le débat public et dans la confection des normes juridiques qu'il édicte. Le Parlement perd-il de sa superbe ? Force est de constater que le déclin de la démocratie élective, et, plus généralement, de la représentation politique qui émane d'elle, auprès des électeurs[1496] et de l'opinion publique en général, favorise d'autant plus l'interrogation sur l'autorité du Parlement. Cet état de fait conduit au constat et au développement du principe d'un pluralisme délibératif qui s'exprime, au Parlement, bien sûr, mais également au sein des organes institutionnels consultatifs auxquels renvoient la Constitution et la loi dans le processus d'élaboration des normes juridiques d'origine parlementaire.

Dans ce contexte, le bicamérisme à la française[1497], s'il incarne le parlementarisme officiel, la Constitution ne semble pas lui conférer un rôle exclusif dans la confection des normes, loin s'en faut. Celle-ci semble, en effet, avoir mis en place, à côté de lui, plusieurs organes et institutions capables de mener des débats publics[1498] tendant à l'implication et à la *participation* de la

---

[1494] V. Dominique Rousseau, « Une démocratie sociale émerge à côté du Parlement », *Libération*, 23 décembre 2013.

[1495] *Ibid.*

[1496] Sur ce point, v. Thomas Amadieu et Nicolas Framont, *Les citoyens ont de bonnes raisons de ne pas voter. Pour mieux comprendre, Op. cit.*

[1497] Titre d'un colloque du GEVIPAR qui a eu lieu au Sénat en avril 2014 : *Le bicamérisme à la française : un enjeu pour la démocratie*, Actes de colloque n° 4, 17 novembre 2014 [site du Sénat]. Certains ont beau souligné l'intérêt de ce bicamérisme à la française, mais d'autres n'ont pas manqué de souligner que le pouvoir législatif est quelque peu écrasé par le jeu exécutif. L'élection des députés dans la foulée de l'élection présidentielle, sans compter, d'ailleurs, que ceux-ci se trouvent parfois pressés à coup de 49.3 (article 49, al. 3, de la Constitution), relègue le Parlement au rang d'une simple chambre d'enregistrement sans pouvoir réel d'opposition ni d'autorité ; ainsi, ce n'est pas le contrôle de constitutionnalité qui fabrique un Parlement « *esclave* », mais l'organisation et le fonctionnement de l'élection des députés. Sur le Parlement esclave, v. François Luchaire, « Souvenirs du 16 juillet 1971 », in *La liberté d'association et le droit*, Conseil constitutionnel, vendredi 29 juin 2001 [en ligne, site internet du Conseil constitutionnel], p. 20.

[1498] Sur ce point, l'article L. 1412-1-1 du Code de la santé publique, modifié par l'article 46 de la loi bioéthique de 2011, qui confie au Comité consultatif national d'éthique (CCNE) l'organisation d'un débat public, sous forme d'états généraux, sur « *Tout projet de réforme sur les problèmes éthiques*

société tout entière[1499] dans le processus normatif. C'est là la naissance d'un pluralisme parlementaire, avec le Parlement bicamériste, certes, mais incluant aussi le Conseil constitutionnel, le Conseil d'État, la Cour de cassation, la Cour des comptes, le Conseil économique, social et environnemental, le Haut Conseil de la santé publique, l'Académie nationale de médecine, le Comité consultatif national d'éthique, le Haut conseil des finances publiques, le Défenseur des droits, etc. , bien que, il est vrai, ces différents organismes n'interviennent pas dans la procédure législative de la même manière ni avec un pouvoir décisionnel d'apparence identique, ils constituent, par leur simple participation à la pensée ou à l'écriture du projet ou de la proposition, une activité démocratique importante conduisant à la norme définitivement produite. Une telle extension de la notion de travaux préparatoires conduit à la conclusion que le juge constitutionnel, s'il a un réel pouvoir de créateur de droit, notamment à travers sa fonction interprétative, n'assume pas seul cette responsabilité ; les travaux conduits dans toutes les instances délibératives (non exhaustives) précitées y contribuent aussi ; et le Conseil les prend en quelque sorte à témoin dans l'interprétation constitutionnelle qu'il attribue aux normes juridiques qu'il interprète en dernier ressort. D'ailleurs ce pluralisme de la production des normes semble remonter à l'Empire romain. En effet, François Saint-Bonnet et Yves Sassier affirment : « *Il existe aussi un mode 'social' ou 'communautaire' d'élaboration du droit qu'ont entendu reconnaître les jurisconsultes de l'époque classique comme les rédacteurs plus tardifs*[1500] ».

---

et les questions de société soulevés par les progrès de la connaissance dans les domaines de la biologie, de la médecine et de la santé », est assez illustratif.

[1499] Il n'est pas ignoré que ces institutions et organes extraparlementaires, intervenant dans le débat public et, *a fortiori*, dans la production des normes, sont décriés au point que, on l'a vu plus haut, Dominique Rousseau a pu proposer la suppression pure et simple du Conseil d'État. Sur ce point, il semble que, s'il est crucial que la justice administrative soit retirée de la compétence de l'aile droite du Palais Royal, il n'est ni nécessaire ni efficient de priver l'État de son conseil historique dont l'inspiration remonte à l'Empire romain. Le rôle consultatif du Conseil d'État qui lui conduit à prendre part de manière active dans la production normative s'avère nécessaire pour l'État (de droit) et pour la qualité et l'efficacité des normes juridiques, bien que ce rôle puisse parfois susciter des discussions justement quant à son efficacité.

[1500] François Saint-Bonnet et Yves Sassier, *Op. cit.*, p. 29. Ces auteurs soulignent ainsi que « *l'empereur n'est pas la seule source du droit, et n'est pas non plus seul à donner vigueur au droit* ». Bien que la participation du peuple, dans la production du droit, à cette époque, fût devenue symbolique, du fait de la suppression des anciennes assemblées populaires qu'étaient les *comices*, « *les lois elles-mêmes n'[avaie]nt pas d'autres raisons de nous contraindre que le fait d'avoir été reçues par un judicium (jugement) du peuple* » (propos du *Digeste* de Justinien rapportés par les mêmes auteurs, *Ibid.*). Ce jugement du peuple, à n'en pas douter, compte tenu du caractère relativement autoritaire du pouvoir impérial romain, relève de l'ordre purement symbolique ; mais l'idée au moins d'une production plurielle des normes de la cité est bien présente dans les consciences.

Ainsi, le rôle de troisième chambre qu'on prête tantôt au Conseil d'État, tantôt au Conseil constitutionnel, s'il ne s'exerce pas de la même manière au sein de ces deux institutions que dans les deux chambres traditionnelles du Parlement, paraît réel. Et il ne s'agit pas d'une invention d'ordre doctrinal ; il s'agit d'une exigence constitutionnelle qui s'inscrit dans une tradition juridique profondément romaine et dans l'essence même de la démocratie. De ce point de vue, eu égard à cette conséquence de l'usage de cette méthode d'interprétation juridique, le Conseil constitutionnel se met dans le rôle d'un rassembleur de tous les organes constitutifs du parlementarisme français[1501], dans le sens où il prend du recul, en prenant en compte l'ensemble des mécanismes productifs de la norme en vue de mieux mesurer sa qualité et de mieux assurer, si nécessaire, fût-ce par une réserve d'interprétation, sa survie sociale. Ainsi, l'usage des travaux préparatoires permet au juge constitutionnel de réaliser une interprétation *conséquentialiste* (ou téléologique) des normes juridiques, ce qui renforce aussi bien la popularité nécessaire à sa légitimité que la qualité et la survie des normes produites par le Parlement. D'ailleurs c'est ce que Dominique Rousseau semble partager lorsqu'il affirme : « *la nouvelle définition de la loi donnée par le Conseil [constitutionnel] dans sa décision du 23 août 1985 est celui d'une confection de la loi par une pluralité d'acteurs*[1502]. » Si la loi est produite par une pluralité d'acteurs, alors chacun de ceux-ci a un rôle *parlementaire* au même titre que les deux chambres du Parlement, quoique ce rôle ne s'exerce pas de la même manière devant chacun de ses acteurs. Ainsi, la Constitution de 1958 n'a pas confié la réalisation de la loi aux seuls députés et sénateurs, mais à plusieurs acteurs, ce que révèle le pluralisme délibératif dans le processus de fabrication de la loi par le jeu de la délibération jurisprudentielle constitutionnelle.

Cependant, si ces acteurs jouent le même jeu, celui de la confection normative, ils sont nécessairement en concurrence. S'il devait en être autrement, le pluralisme délibératif n'aurait aucun intérêt ni effet positif sur les normes

---

[1501] Ce que l'on entend par-là, c'est que le juge constitutionnel mesure les différents enjeux constitutionnels de l'interprétation des normes juridiques, ce qui le conduit, non seulement à reprendre les travaux préparatoires intraparlementaires pour permettre les conditions d'une certaine forme d'objectivité et d'impartialité interprétatives autour de lui et de l'interprétation constitutionnelle, mais aussi à tenir compte d'autres travaux, comme d'autres contraintes constitutionnelles, menés par des instances extérieures au Parlement, instances dont le rôle est reconnu par la Constitution ou par la loi dans le processus d'élaboration législative. Ce mode de procédé protège donc l'autorité interprétative du Conseil constitutionnel.

[1502] Dominique Rousseau, « Constitutionnalisme et démocratie », *La vie des idées*, septembre 2008, p. 11 [en ligne]. V. aussi « Introduction » *in* Dominique Rousseau, *Droit du contentieux constitutionnel, Op. cit.*, p. 11.

produites. C'est le souci de cette nécessaire concurrence qui conduit le Conseil constitutionnel à convoquer l'ensemble des institutions dont le rôle est requis dans la production normative. Cette idée est particulièrement appuyée par Dominique Rousseau qui affirme : « *Les missions, la place et le rôle du Conseil constitutionnel ont radicalement changé depuis 1958 : il était un nain institutionnel, il est aujourd'hui l'élément décisif du régime concurrentiel de la fabrication de la volonté générale.*[1503] » Ce « *régime concurrentiel de la fabrication de la volonté générale* » renvoie justement à l'idée de conflit qui est inhérent à la science juridique et à toute société humaine.

Le pluralisme délibératif est ainsi un pluralisme des lieux de débats démocratiques qui rassemblent dans une dynamique contributive ; ainsi, les observateurs qui suivent les travaux préparatoires produits au Conseil d'État, ceux qui vont voir les débats en séance publique depuis les tribunes de l'Assemblée nationale et du Sénat, ceux qui, régulièrement, à des moments qu'ils trouvent importants et nécessaires, vont aux séances du Conseil économique, social et environnemental, etc., s'informent, dans ces divers lieux, sur ce qui se prépare et se fait dans la vie pratique de la cité ; autant d'endroits qui visent à mettre tout individu en condition, du moins d'écouter, sinon de participer, à titre citoyen ou professionnel, au processus de confection normative. Ces différents lieux de débats permettent ainsi à tout un chacun de vérifier que ceux qui ont été élus assument leur responsabilité. Là se diffuse ce qu'on pourrait appeler l'affect politique ou démocratique qui constitue un facteur important, du moins symbolique, de la dynamique démocratique et qui conditionne également la recevabilité, la soutenabilité, l'acceptabilité et la respectabilité des normes conçues. Certes, ces considérations ne se préoccupent pas de la contribution réelle ou pas des individus qui suivraient ces lieux de débats publics, ce qui relève d'un autre débat, mais elles permettent au moins d'apercevoir l'effet, même éventuel, du pluralisme délibératif[1504], à savoir la transparence et l'accessibilité des normes

---

[1503] V. Dominique Rousseau, *Radicaliser la démocratie. Propositions pour une refondation*, Seuil, avril 2015, p. 190. Mais il convient d'emblée de faire remarquer que le Conseil constitutionnel n'est pas toujours vu comme un organe favorable à la volonté générale. Ainsi, ses délibérations peuvent conduire à y voir un organe agissant « *contre la transparence* » (Thomas Perroud, « Le Conseil constitutionnel contre la transparence fiscale », Blog du *Jus Politicum*, 3 janvier 2017, Consulté le 17 février 2017), au détriment de la volonté générale.

[1504] Les institutions et organes intervenant dans la production des normes juridiques ne sont pas appréciés de manière identique par tous. Ceux qui suivent les travaux du Conseil d'État n'apprécient pas forcément les travaux du CESE de la même manière, et *vice versa*. Ainsi, la perception d'une fabrication plurielle de la norme peut permettre, du moins symboliquement, on peut l'espérer, une meilleure acceptation de celle-ci qui, au demeurant, sera perçue comme ayant

juridiques nées de cette dynamique de production qui, selon Dicey, conditionne la bonne application de celles-ci.

Par ailleurs, l'extension des éléments constitutifs de la notion de travaux préparatoires par la jurisprudence constitutionnelle emporte aussi celle de la notion de débat parlementaire issue de l'article 33 de la Constitution. En effet, cette disposition constitutionnelle s'étend nécessairement au-delà des deux chambres du Parlement. La doctrine commence à peine à s'intéresser au sens étendu de l'article 33 de la Constitution de 1958 au terme d'un réquisitoire de transparence visant « *le bon déroulement du débat démocratique*[1505] ». Ainsi, on se trouve face à une réelle diversité des sources créatrices du droit fondé sur la volonté du peuple souverain et « *mandant du législateur*[1506] » à travers la Constitution – ce qui suppose, de manière continue, « *l'existence de débats argumentés entre les citoyens.*[1507] »

Savigny aussi, en son temps, releva que la confection de la loi requiert, dans certains pays, comme la France et l'Angleterre, le concours de « *plusieurs pouvoirs politiques*[1508] » jaloux « *du maintien de [leur] autorité législative*[1509] ». Cette affirmation conduit à interroger le rôle des organismes qui, bien qu'externes au Parlement, interviennent, à un moment donné, dans le processus de confection des lois comme « *autorité législative* ». Le Conseil d'État, le CESE, le HCSP, etc. sont-ils des organes politiques dotées d'une « autorité législative » ? À première vue, ce qualificatif ne paraît pas adapté à ces organes qui s'apparentent davantage à des simples instances administratives ou de conseil. Mais si l'on considère le qualificatif « politique » comme renvoyant « *aux affaires de l'État et à leur conduite*[1510] », alors on peut considérer que tout organe qui contribue, de près ou de loin, au fonctionnement de l'État, est de nature politique ; et, ainsi défini, ce

---

été produite, non pas par le seul Conseil d'État, dont on n'apprécie pas forcément le rôle dans la procédure législative extraparlementaire, mais aussi par d'autres organes et institutions qu'on apprécie davantage. La production plurielle de la norme permet ainsi une assise plus étendue et plus confortable de celle-ci.

1505 Georges Bergougnous, « Le Parlement et la transparence », *in* Bertrand Mathieu et Michel Verpeaux (dir.), *Transparence et vie publique*, Dalloz, Coll. : « Thèmes et commentaires », 2015, p. 55.

1506 Jean-Claude Bécane et Michel Couderc, *La loi*, Dalloz, Coll. : « Méthodes du droit », 1994, p. 169.

1507 Alban Bouvier, « Démocratie délibérative, démocratie débattante, démocratie participative », *Revue européenne des sciences sociales*, t. XLV, 2007, n° 136 (pp. 5-34), p. 5.

1508 V. Savigny, *Traité de droit romain*, *Op. cit.*, pp. 196-197.

1509 *Ibid.*, p. 197.

1510 Définition issue du CNRTL.

qualificatif de politique n'exclut pas le rôle des organismes intervenant dans l'élaboration normative en dehors du cadre parlementaire bicaméristе[1511].

Ainsi, le Parlement, comme assemblée élue, se présente davantage en une instance de représentation qu'en une assemblée souveraine de décision. Les décisions normatives sont à l'évidence prises aussi bien ailleurs qu'au Parlement. À ce titre, ce n'est peut-être pas par hasard que le travail parlementaire soit dirigé par le gouvernement plutôt que par le Parlement, malgré la promotion concédée à celui-ci dans la fixation de l'agenda parlementaire par la réforme constitutionnelle de 2008.

2. *Un pluralisme de production normative calqué sur le principe du pluralisme politique*

Le fait de décider, s'agissant du gouvernement dans l'initiative législative, de ne pas se référer au Conseil d'État, ou de ne pas sincèrement poser à celui-ci toutes les questions relatives à un projet de loi[1512], s'apparente à une forme de détournement de pouvoir[1513]. Il s'agit là d'une atteinte flagrante au principe de sincérité des consultations obligatoires extraparlementaires et de celui du pluralisme politique. La compréhension de cette affirmation nécessite une reconsidération du contexte historique de la Constitution de 1958. En effet, il ne faut pas omettre que cette Constitution s'inscrit dans la mouvance des constitutions post-totalitaires adoptées après la Seconde Guerre mondiale partout en Europe de l'Ouest. En ce sens, il faut noter que les termes « *expressions*

[1511] Dans ce contexte et à l'heure où plusieurs membres de la doctrine affirment qu'il faut créer d'autres organes en lieu et place du CESE (Dominique Rousseau, par exemple, lui préfère une « *Assemblée sociale délibérative* », in *Radicaliser la démocratie. Op. cit.*, pp. 139 s.) en vue de permettre un débat démocratique plus participatif et plus productif et qui puisse déboucher sur un consensus plus acceptable, s'agissant des normes sociales, il semble qu'il suffirait de lire attentivement la Constitution et d'appliquer ce qu'elle dit tout en adaptant le contexte historique qui est le sien avec le temps présent pour parvenir à un fonctionnement idéal sans supprimer ou rajouter d'autres structures qui ne peuvent que surcharger le système et la dynamique de production normative. En ce sens, Guillaume Tusseau affirme que « *l'obsession légiférante* » que nous connaissons aujourd'hui n'a pas lieu d'être, il suffit de changer les pratiques des institutions que la Constitution permet, le comportement et les méthodes des dirigeants (Conférence, *in* « Vie politique : Quoi de neuf ? », Sciences Po Paris, Newsletter du 31 mai 2017, Consulté le 7 juin 2017).

[1512] Décision n° 2003-468 DC, *Op. cit.*

[1513] L'usage de l'expression « détournement de pouvoir » paraît, ici, fort et lourd de sens, mais elle n'est pas exagérée ; le Conseil constitutionnel n'en dit pas moins lorsqu'il s'est résolu à invalider une disposition législative pour non-respect d'une formalité substantielle du fait de l'absence de saisine du CESE (Décision n° 2005-512 DC).

pluralistes » employés au dernier alinéa de l'article 4 de la Constitution n'est pas anodine. Il convient de s'arrêter quelques instants sur le terme « *pluralistes* ». Issu de la doctrine philosophique[1514], celle du « pluralisme », ce vocabulaire est assez nouveau dans le langage courant. En effet, s'il apparaît dans des textes littéraires dans les années 1890 / 1910[1515], c'est après la Seconde Guerre mondiale qu'il va connaître son essor[1516]. Bien qu'il soit considéré que le principe du pluralisme politique est acquis depuis la Constitution de 1848[1517], c'est l'article 2 de la loi constitutionnelle n° 2008-724 du 23 juillet 2008 de modernisation des institutions de la Vème République qui a fait entrer de manière explicite le principe du pluralisme politique dans la Constitution. Et ce n'est pas un hasard si ce principe a été développé dans les années 1950, compte tenu du contexte politique qui a conduit au conflit mondial et le tournant totalitaire qui sévissait encore au sein des peuples de l'Union soviétique. Ainsi, lorsque le constituant de 1958 affirme : « *Les partis et groupements politiques concourent à l'expression du suffrage. Ils se forment et exercent leur activité librement. Ils doivent respecter les principes de la souveraineté nationale et de la démocratie* » (article 4, al. 1er, de la Constitution), il vise, à travers le déterminant défini au pluriel « *Les* », à contourner un tournant totalitaire d'un pouvoir univoque et écrasant, comme ce fut le cas en Italie et en Allemagne, et surtout en Union soviétique dont le système de parti politique unique ne prendra fin, du moins du point de vue formel, qu'à la fin des années 1990. Ce contexte permet d'affirmer que « *Les partis et groupements politiques* » reconnus par la Constitution en 1958 exprimaient donc déjà ce principe du pluralisme politique. Mais, comme pour marquer l'importance de ce principe, le constituant de 2008 a trouvé nécessaire de l'affirmer expressément de manière à éviter tout détournement de pouvoir. C'est dans ce contexte que doit être analysée et comprise la jurisprudence constitutionnelle française qui attribue une large place au mécanisme pluraliste de production normative. Bien que le Conseil constitutionnel ne suive pas toujours les analyses du Conseil d'État dans ses avis adressés au gouvernement, lorsque de telles analyses contribuent à l'expression des principes constitutionnels, comme en 2003, s'agissant du principe du pluralisme politique dans les élections régionales, il trouve un intérêt élevé à les conforter afin de ne pas assumer seul le mécanisme jurisprudentiel de création

---

1514 Le CNRTL donne ainsi le sens philosophique du pluralisme : « *Doctrine qui admet la nécessité de postuler plusieurs principes pour expliquer la constitution du monde, et affirme que les êtres qui le composent sont irréductibles à une substance unique et absolue.* »

1515 V. Maurice Maeterlinck, « Introduction », in *Les disciples à Saïs et fragments de Novalis* [Trad.], 1895, p. 206 et Gabriel Marcel, *Journal métaphysique* (1914-1923), Paris, Gallimard, 1914, p. 94.

1516 V. Andrei Marmor, *Law in the Age of Pluralism*, Oxford University Press, 2007 et Bernard Lahire, *L'homme pluriel. Les ressorts de l'action* [Nathan, 1998], Pluriel, août 2011.

1517 V. « Cours de droit constitutionnel » sur le site *lemondepolitique.fr* [consulté le 26 août 2016].

normative, et ainsi de créer un sentiment de solidarité des acteurs intervenant dans la production du droit.

Par ailleurs, dans la même optique, il ne faut pas non plus perdre de vue que le Conseil constitutionnel a lui-même été créé dans les années 1960, une période où le totalitarisme étatique[1518] a tant sévi en Europe qu'il était devenu possible, non seulement de le voir, mais aussi de l'appréhender et de le contourner par le principe même de la justice constitutionnelle diffusé partout en Europe[1519]. Par conséquent, le Conseil constitutionnel, en adoptant cette jurisprudence protectrice de la procédure législative extraparlementaire, empêche, par la même occasion, « *d'occulter d'une manière ou d'une autre la pluralité, la fragmentation, l'hétérogénéité des processus de socialisation*[1520] ». Dans ce contexte, le rôle du juge constitutionnel est alors d'éviter que « *l'institution judiciaire apparaisse comme [l'une] des organisations spéciales, subordonnées aux fins*[1521] » d'un État déconnecté des préoccupations de la population au service de laquelle il devrait se trouver. Ainsi, en multipliant les organismes intervenant dans la procédure législative, le constituant de 1958 n'a pas procédé à une tentative de division pour mieux régner au profit du gouvernement, ou même du Parlement, mais à une réelle concurrence constructive de forces normatives qui reflètent les aspirations sociales et citoyennes.

Ce pluralisme politique tend également à appréhender, sinon résoudre, ce que Claude Lefort appela le « *problème de la représentativité*[1522] ». Ce problème conduit d'emblée à refuser toute confusion de la démocratie avec la

---

[1518] Claude Lefort a donné une assez juste définition du totalitarisme étatique. Celui-ci affirmait, en effet, que l'État totalitaire « *élimine toutes les formations politiques rivales, puis se subordonne, quand il ne les supprime pas, tous les organes révolutionnaires – soviet, comités d'usine, comités de quartiers, comités de soldats, milices ouvrières, jeune garde rouge – jusqu'à concentrer entre ses mains, ou plutôt entre les mains de sa direction, tous les moyens de décision et de coercition.* » (Claude Lefort, « La logique totalitaire », *in* Claude Lefort, *L'invention démocratique. Op. cit.*, p. 96). Certes, l'auteur décrit la situation de l'Union soviétique, mais le principe du pluralisme politique gravé dans le marbre constitutionnel français et incarné par l'expression pluraliste des normes juridiques vise justement à prévenir ce genre de concentration et de détournement de pouvoir.

[1519] Sur ce point, v. Dominique Rousseau, *La justice constitutionnelle en Europe*, Montchrestien, Coll. : « Clefs politiques », 3ème édition, 1998. Pour cet auteur, en effet, « *Le XXème siècle est celui des Cours constitutionnelles* » (*Ibid.*, quatrième de couverture).

[1520] V. Claude Lefort, « Droits de l'homme et politique », *in* Claude Lefort, *Op. cit.*, p. 82.

[1521] *Ibid.*, p. 99 fin.

[1522] *Ibid.*, p. 192.

représentation ; car la démocratie « *suppose une différenciation des sources d'autorité et un jeu entre des droits spécifiques.*[1523] »

Enfin, certains organismes extérieurs au Parlement bicamériste qui ont aussi un rôle à jouer dans la procédure législative peuvent s'imposer comme *lanceurs d'alerte* sur les réformes à entreprendre en vue d'améliorer la vie des citoyens qui sont la raison d'être de toute association politique. Contrairement au Conseil d'État ou encore au Conseil économique, social et environnemental, certains de ces lanceurs d'alertes, du point de vue formel, ne disposent même pas d'une autorité procédurale substantielle dans le processus de confection normative. C'est le cas du Défenseur des droits dont le rôle réflexif (dans le feu de l'action concrète) permet autant de réformes nécessaires que celui du Conseil d'État, du CESE, etc. Le cas du Défenseur des droits, sur ce point, est intéressant à analyser. L'article 71-1 de la Constitution ne fait pas du Défenseur des droits une institution devant intervenir obligatoirement dans la production normative, mais il lui donne, en effet, un rôle d'alerte en ce qu'il exige, en son dernier alinéa, que celui-ci établisse un compte rendu de son activité à l'adresse du président de la République et du Parlement. Dans son activité, le Défenseur des droits, qui recense, se saisit, traite et propose des solutions à un nombre conséquent de problèmes rencontrés[1524] par des groupes d'individus, tant sur le plan administratif que juridique, participe aussi à la fabrication du droit en dehors du cadre parlementaire[1525]. Ce mécanisme de traitement « amiable », non

---

[1523] *Ibid.*

[1524] À titre d'illustration, le prédécesseur du Défenseur des droits, dans sa délibération n° 2008-211 du 29 septembre 2008 [en ligne], comme un législateur négatif, avait permis de remettre en cause la limite d'âge qui, jusque-là, était imposée à de jeunes chercheurs (28 ans au maximum) ou de moins jeunes (65 ans au maximum) pour pouvoir exercer les fonctions d'enseignants vacataires, après que la question a donné lieu à une réponse ministérielle favorable (V. Réponse ministérielle à la Question n° 29507 du 18 juin 2013 posée par la députée Marie-Françoise Bechtel, AN, 13 août 2013).

[1525] Bien que, il est vrai, les faibles moyens humains et matériels dont dispose cette institution ne lui permette pas de répondre efficacement aux besoins et difficultés des citoyens dans leurs relations avec autrui. Nombre de personnes que nous avons rencontrées et qui révèlent que le Défenseur des droits classe souvent des affaires sans suite, alors même que la justice a pu satisfaire les demandes par la suite. Dans la même optique, les rapports et études annuels du Conseil d'État sont rendus, bien que ce ne soit pas écrit dans un texte juridique précis, au nom d'une exigence constitutionnelle très importante, celui du droit à l'information du peuple individuel, supposant par-là l'individu composant du peuple souverain et pour la protection duquel tout gouvernement politique existe. Il en va de même de tout organe ou institution chargée par un texte juridique, même infra-constitutionnel, ou même par aucun texte. Il faut distinguer ici le rôle obligatoire du Conseil d'État dans la procédure législative extraparlementaire prévu à l'article 39, al. 2, de la Constitution, et ce rôle d'éclaireur des citoyens par le biais de ses études et rapports annuels qui n'est fondé sur aucun

contentieux, de questions très sérieuses, mécanisme créé par le constituant lui-même, témoigne d'une conception pluraliste des lieux destinés à la prise de décision publique. Ainsi, contrairement à ce que certains peuvent penser du contenu de la Constitution de 1958, le constituant a lui-même posé les conditions d'un débat démocratique ouvert à plusieurs sphères sociales en vue de tenter de satisfaire le mieux que faire se peut les attentes.

Mais, s'il existe un pluralisme délibératif au stade de la confection normative, celui-ci est nécessairement accompagné d'un corollaire au stade de l'interprétation normative. Ainsi, à l'instar du pluralisme délibératif, l'usage des travaux préparatoires extraparlementaires par le juge constitutionnel permet d'observer la naissance d'un pluralisme interprétatif.

B) La naissance d'un pluralisme interprétatif juridique

Il n'est pas ignoré que la seule interprétation qui vaille juridiquement est l'interprétation constitutionnelle définitivement prononcée par le Conseil constitutionnel en tant que juge spécial de la constitutionnalité. Mais cette interprétation définitive est conditionnée par toutes les interprétations auxquelles ont procédé les différentes parties prenantes de la production des normes. On peut ainsi parler d'une interprétation systémique engageant l'ensemble des acteurs du système juridique intervenant juridiquement dans le processus de production normative. Ce qui est important à observer dans le principe de ce pluralisme interprétatif juridique[1526] (1), c'est le conflit, nécessaire au dialogue social et à l'acceptation des normes juridiques, qu'il crée (2).

---

texte juridique, et cela, même si les rapports et études annuels produits par l'institution sont élaborés avec la contribution et l'association étroite des différents organes (les sections administratives) qu'elle regroupe et qui sont chargés de rendre les avis obligatoires dans leur champ d'activité respectif. Ainsi, les deux types d'activités sont bien différents. Dans la mesure où l'organe se donne pour objectif d'informer le public sur ce qui le concerne, il peut être considéré comme participant à la procédure législative extraparlementaire, car l'information qu'il délivre au public est une source de réflexion citoyenne et même de conflits sans violences, au sens rawlsien et senien du terme, conflits qui sont nécessaires à la vie de toute société.

[1526] Ce *pluralisme interprétatif* du droit n'est pas à confondre avec le *pluralisme juridique* (v. Hugues Moutouh, « Pluralisme juridique », *in* Denis Alland et Stéphane Rials (dir.), *Dictionnaire de la culture juridique*, PUF, 2007, pp. 1159-1161) qui renvoie au monisme, dualisme, etc. en droit international et dans certains systèmes juridiques d'États fédéraux. Mais d'autres auteurs envisagent le pluralisme juridique de manière différente. Sur ce point, v. Boris Barraud, *Théories du droit et pluralisme juridique*, t. I (*Les théories dogmatiques du droit et la fragilité du pluralisme juridique*) et t.

1. *Le principe du pluralisme interprétatif juridique*

Guy Carcassonne avait estimé l'« *examen [des projets de texte par le Conseil d'État] globalement efficace*[1527] », tout en soulignant, toutefois, que « *le Conseil d'État, assez souvent, n'ait rien trouvé à redire à des dispositions [législatives issues de projets qui lui sont soumis] qu'ensuite le Conseil constitutionnel a censurées.*[1528] » Dans ce contexte, il est permis de se poser la question de l'efficacité du rôle de conseil du gouvernement que joue le Conseil d'État dans le processus législatif extraparlementaire. Pour autant, il ne suffit pas de répondre que le rôle du Conseil d'État serait nul du fait qu'il ne permettrait pas toujours au gouvernement d'éviter une censure constitutionnelle. Il convient de regarder l'interprétation du Conseil d'État invalidée par le Conseil constitutionnel comme étant inscrite dans une chaîne interprétative[1529] et de la considérer dans le cadre de cette chaîne qui a un sens du point de vue normatif. Au regard de la chaîne interprétative, il est possible de considérer que le processus d'interprétation constitutionnel n'est, *a priori*, pas ou plus l'apanage d'un juge constitutionnel, fût-il le seul spécialiste juridiquement désigné et reconnu ; il devient un processus éclaté faisant, du moins dans un premier temps, place à toute forme d'interprétation possible, d'où qu'elle vienne, à condition qu'elle paraisse rationnelle et respecter certaines formes en termes de fondement et d'argumentation. De ce point de vue, cette interprétation constitutionnelle systémique pourrait s'apparenter au mécanisme d'opinions dissidentes applicables dans d'autres systèmes juridiques, dans la mesure où elle permet de constater que le Conseil constitutionnel paraît rejeter ce que Wanda Mastor qualifie de « *dogme de la solution unique*[1530] » émanant de lui seul, ce qui conduit à une meilleure transparence de l'interprétation constitutionnelle atténuant ainsi

---

II (*La théorie syncrétique du droit et la possibilité du pluralisme juridique*), PUAM, Coll. : « Internormes », 2016. Cet auteur aborde le pluralisme juridique sous l'angle de la production pluraliste du droit tant par des acteurs publics que privés, y compris en droit interne.

[1527] Guy Carcassonne, *La Constitution introduite et commentée*, *Op. cit.*, p. 202.

[1528] *Ibid.*

[1529] Sur ce point, v. Ronald Dworkin, *L'empire du droit*, PUF, février 1994, v. spécialement Chap. 7 : « La chaîne du droit » où l'auteur développe l'idée d'un droit écrit à plusieurs comme un roman continue dans le temps.

[1530] Wanda Mastor, « Essai sur la motivation des décisions de justice. Pour une lecture simplifiée des décisions des Cours constitutionnelles », *Annuaire international de justice constitutionnelle*, vol. XV, 1999, p. 60.

« *l'opacité [de celle-ci qui] n'a pas bonne presse en démocratie.*[1531] » C'est en ce sens, d'ailleurs, toujours dans l'esprit de cette exigence de démocratisation de la justice constitutionnelle, que Marie-Claire Ponthoreau appelle à « *prendre en compte l'auditoire*[1532] » qu'elle qualifie d'« *auditoire réel*[1533] » complémentaire d'un auditoire idéal ou universel, au sens perelmanien, visant à créer les conditions d'une « *prise de décision impartiale*[1534] ». L'auditoire réel est davantage intéressant ici puisqu'il inclue différents corps sociaux car « *composé de plusieurs groupes : la communauté juridique (d'une part les tribunaux ordinaires et, d'autre part, les représentants de la doctrine), l'exécutif, le législateur et l'opinion publique*[1535] » pouvant éclairer le juge constitutionnel dans sa mission interprétative.

Cela étant dit, si certaines interprétations constitutionnelles émanant du Conseil d'État ne sont pas toujours validées par le Conseil constitutionnel, d'autres le sont, comme le montre la décision n° 2003-468 DC du 3 avril 2003. D'autres décisions du Conseil constitutionnel illustrent parfaitement cette analyse. Il apparaît que Nicolas Sarkozy a été particulièrement mécontent du fait que le Conseil constitutionnel, dans sa décision n° 2009-599 DC du 29 décembre 2009, ait invalidé la taxe carbone. Pour se défendre, le président du Conseil constitutionnel a souligné que « *Toutes les inconstitutionnalités que nous avons soulevées figurent dans les débats parlementaires ou dans le rapport Rocard à la page 28. Nous n'avons rien inventé.*[1536] » En effet, ce rapport cité par l'ancien président du Conseil, dans un point intitulé « *Facteurs de tension potentiels : unicité du prix du CO2 et coexistence de la CCE [Contribution climat-énergie] avec le marché de permis* », relève que « *[...] la situation antérieure à l'introduction de la CCE, où seules les installations sous quotas sont soumises à une tarification du CO_2, provoque une inégalité de traitement entre celles qui y sont soumises, dépassant le seuil de*

[1531] Wanda Mastor, « Opiner à voix basse... et se taire : réflexions critiques sur le secret des délibérés », in *Le dialogue des juges. Mélanges en l'honneur du Président Bruno Genevois*, Dalloz, 2008, p. 725.

[1532] Marie-Claire Ponthoreau, *La reconnaissance des droits non écrits par les cours constitutionnelles italienne et française. Essai sur le pouvoir créateur du juge constitutionnel*, Economica, Coll. : « Droit public positif », 1994, p. 170. Cet ouvrage a fait l'objet d'une excellente note de lecture de Nicolas Molfessis, « M. C. Ponthoreau, *La reconnaissance des droits non écrits par les Cours constitutionnelles italienne et française* », *RIDC*, Vol. 47, n°1, janvier-mars 1995, pp. 282-284 [www.persee.fr/doc/ridc_0035-3337_1995_num_47_1_5051], Consulté le 14 juin 2018.

[1533] *Ibid.*

[1534] *Ibid.*, p. 171.

[1535] *Ibid.*, p. 170. Cette déclaration de l'auteure est à rapprocher de la conception de l'opinion publique, qui est au cœur des actions de tout gouvernement légitime, chez Dicey.

[1536] Jean-Louis Debré, *Ce que je ne pouvais pas dire*, *Op. cit.*, pp. 68-69. V. aussi Ludovic Vigogne, « Debré, l'épine dans le pied de Sarkozy », *L'Express*, 21 janvier 2010.

puissance à partir duquel l'inclusion est obligatoire, et les installations de plus faible puissance non incluses dans le système. Avec la mise en œuvre de la CCE, cette inégalité sera remplacée par une autre, certes moins importante, mais vraisemblablement de sens inverse, si le taux de la CCE diffère du prix de marché des quotas de CO_2 et ce d'autant plus qu'il lui serait durablement supérieur.[1537] » Les auteurs du rapport soulignent encore qu'« *Un expert de la fiscalité l'a souligné, l'inégalité de traitement entre installations d'un même secteur – effet du seuil de soumission au système européen de quotas -, ou entre concurrents – par exemple le bois concurrent du ciment et de l'acier dans la construction - pourrait poser un problème de constitutionnalité car les différences de traitement ne sont admises par la jurisprudence du Conseil constitutionnel que lorsqu'elles trouvent leur fondement précis dans la finalité d'une mesure. En l'occurrence les différences de contributions à payer devraient être justifiées par la finalité incitative environnementale, ce qui ne serait pas le cas du maintien de deux régimes de prix du CO_2.*[1538] » Récemment encore, dans sa décision n° 2016-611 QPC du 10 février 2017, le Conseil constitutionnel s'est une fois de plus appuyé sur les travaux préparatoires[1539] pour déclarer inconstitutionnelle le délit de consultation habituelle de sites internet terroristes[1540]. Cette décision a fait l'objet d'un commentaire intéressant de la part de Xavier Dupré de Boulois qui estime que « *[...] cette censure n'est pas vraiment une surprise. Le Conseil d'Etat avait déjà exprimé des doutes sur la constitutionnalité d'une disposition formulée dans les mêmes termes dans un avis de 2012 tout comme le rapporteur du projet de loi à l'Assemblée nationale, Pascal Popelin.*[1541] » Ainsi, l'interprétation constitutionnelle définitive se trouve simplement alignée sur des interprétations prononcées par d'autres organes et, du même coup, renforcée par celles-ci, ce qui laisse entrevoir une interprétation constitutionnelle pluraliste, plus à même de susciter l'adhésion que si elle n'a été dictée que par le seul juge spécial de la constitutionnalité[1542].

[1537] Michel Rocard (pdt), *Rapport de la conférence des experts et de la table ronde sur la contribution Climat et Énergie*, La Documentation française, juillet 2009, p. 27.

[1538] *Ibid.*, p. 28.

[1539] Décision n° 2016-611 QPC du 10 février 2017, §. 15. *M. David P. [Délit de consultation habituelle de sites internet terroristes].*

[1540] *Ibid.*, §. 16.

[1541] « 3 questions à Xavier Dupré de Boulois sur la censure de délit de consultation de sites internet terroristes par le Conseil Constitutionnel », *Blog du Club des juristes*, février 2017, Consulté le 10 février 2017.

[1542] Dans le contexte d'une interprétation constitutionnelle pluraliste, toutes les interprétations, *a priori*, valent, quel que soit la qualité de l'individu ou de l'organe dont elles émanent ; le simple fait d'être citoyen, avec un minimum de rationalité et de capacité d'analyse, suffit à permettre à tout un chacun d'être un interprète constitutionnel. Dans cette logique, si les interprétations qui n'émanent pas du juge constitutionnel spécial ne s'imposent pas à celui-ci, ni à personne d'autre que celui qui les prononce, le juge constitutionnel spécial ne peut pas, pour autant, les ignorer,

De ce point de vue, l'interprétation constitutionnelle, avant d'atteindre son stade définitif, se retrouve nécessairement en concurrence avec les autres interprétations constitutionnelles. Cette configuration de l'interprétation constitutionnelle est l'illustration même du fonctionnement d'un système démocratique. Ainsi, Marcel Gauchet a pu affirmer que « *la démocratie, c'est la concurrence des démagogies !*[1543] ». Si l'on écarte le vocabulaire volontairement caricatural, à travers l'usage du terme « *démagogies* », cette affirmation signifie que l'interprétation émanant du Conseil constitutionnel n'est, au moins dans un premier temps, pas plus valable que celle d'un Conseil d'État, d'un CESE, ou encore d'une HCFP. En ce sens, il peut être considéré que le juge constitutionnel, dans l'accomplissement de sa tâche interprétative, « *est soumis, à l'instar de tout juge, à un ensemble de contraintes qui réduisent sa marge de liberté*[1544] ». Parmi ces contraintes, les autres interprètes, qui sont aussi légitimes que l'interprète constitutionnel spécial, dont la décision interprétative s'impose à tous, trouvent toute leur place. En effet, le juge constitutionnel ne peut simplement ignorer ces interprétations pouvant être divergentes par rapport à la sienne, sinon les réfuter de manière méthodique et convaincante[1545]. Cette conception pluraliste de l'interprétation constitutionnelle rompt d'emblée avec la conception quelque peu caricaturale du réalisme juridique qui prétend que l'interprétation juridique prononcée par le juge authentique est la seule qui vaille, non pas du fait que ce juge authentique est le seul juridiquement reconnu dans cette fonction mais plutôt du fait que les textes juridiques ne seraient que des mots sans aucune valeur avant le processus de leur libre interprétation. Sur ce point, lorsque certains auteurs, à l'instar d'Étienne Picard[1546], se prononcent contre la théorie réaliste de l'interprétation juridique, ils ne se prononcent peut-être pas contre cette théorie en général mais contre la caricature qui en est faite.

---

quitte à les réfuter par des arguments susceptibles de susciter l'adhésion. C'est d'ailleurs ce qui s'est passé dans la décision n° 81-132 DC du 16 janvier 1982 (*Loi de nationalisation*) où le Conseil constitutionnel a décidé que « *les principes mêmes énoncés par la Déclaration des droits de l'homme ont **pleine** valeur constitutionnelle* » (Cons. 16) pour réfuter un argument qui consista à dire que ce texte révolutionnaire était devenu caduc avec le temps.

[1543] Marcel Gauchet, « Entretien sur le populisme », *Causeur* n° 29, novembre 2010.

[1544] Jacques Chevallier, « L'argument sociologique dans l'étude du droit constitutionnel », in Dominique Fenouillet (dir), *L'argument sociologique en droit. Pluriel et singularité*, Dalloz, Coll. : « Thèmes et commentaires », 2015, p. 251.

[1545] Ainsi, dans sa décision n° 81-132 DC précitée, la contrainte qui a poussé le Conseil à préciser son interprétation finaliste, par l'adjectif « pleine », signifie qu'il reconnaît la force interprétative concurrente venant d'ailleurs, même s'il l'a, *in fine*, invalidée, comme lui seule pouvait le faire en dernier ressort en droit interne, en vertu de l'article 62 de la Constitution.

[1546] Étienne Picard, « Contre la théorie réaliste de l'interprétation juridique », *in* Colloque : « L'office du juge », Sénat, 29-30 septembre 2006 [en ligne].

Dans cette perspective, le pluralisme interprétatif suppose l'interprétation des normes juridiques à travers les faits et le droit existant, mais aussi à travers l'état d'esprit de l'opinion publique ou du peuple actuel dont les préoccupations divergent nécessairement de celles du peuple ancien[1547]. Ainsi, chaque acteur intervenant dans le débat public sur les normes à produire ne fait pas que débattre, il procède également, à travers ce débat, à l'interprétation juridique avec les moyens techniques et intellectuels dont il dispose. C'est d'ailleurs en ce sens que Boris Barraud définit le pluralisme juridique comme étant « *la situation dans laquelle coexistent effectivement, à l'échelle d'une branche du droit et d'un espace étatique donnés, des sources étatiques et des sources privées de la règle de droit.*[1548] » Parmi les sources étatiques du droit, il importe de ranger les différents institutions et organes précédemment étudiés qui jouent un rôle majeur dans la procédure législative extraparlementaire. En effet, cet auteur estime qu'« *il y a pluralisme juridique lorsque des ensembles d'organes [...] indépendants les uns des autres [...] contribuent dans des proportions équivalentes à l'enrichissement normatif d'une branche du droit donnée.*[1549] » Il s'agit là d'une nouvelle approche, pluraliste et plus *démocratisante*, de la confection du droit, sinon du droit lui-même, qui, nécessairement, affecte l'interprétation de celui-ci.

Ces préoccupations divergentes sont particulièrement marquées, s'agissant des interprétations juridiques fondées sur les études scientifiques. Le rôle du Comité consultatif nationale d'éthique dans le mécanisme de production des normes a déjà été esquissé, mais il convient de démontrer la manière dont les avis successifs de cet organisme peuvent influencer non seulement le sens des normes produites, mais aussi l'interprétation constitutionnelle de celles-ci. En 1991, l'organisme désapprouvait complètement l'idée de permettre légalement la mort d'un malade[1550]. En 1998, le Comité s'est déclaré « *favorable à une discussion publique sereine sur le problème de l'accompagnement des fins de vies comprenant notamment la question de l'euthanasie*[1551] ». En 2000, le CCNE a complètement changé sa position sur l'euthanasie en proposant la notion « *d'engagement solidaire et d'exception d'euthanasie*[1552] ». Enfin, en 2013, la contribution du CCNE a pu

---

[1547] Benjamin Constant, *De la liberté des anciens comparée à celle des modernes* [1819], Préface de Gil Delannoi, Berg International, avril 2014.

[1548] Boris Barraud, *Mesurer le pluralisme juridique. Une expérience*, L'Harmattan, Coll. : « Le droit aujourd'hui », 2017, p. 13.

[1549] *Ibid.*

[1550] CCNE 1991, *Avis n° 26.*

[1551] CCNE 1998, *Avis n° 58.*

[1552] CCNE 2000, *Avis n° 63.*

éclairer le Parlement sur la loi du 2 février 2016 sur la fin de vie[1553]. Cette loi n'a malheureusement pas été soumise au Conseil constitutionnel dans le cadre du contrôle *a priori*. On peut supposer, et même espérer, qu'une question prioritaire de constitutionnalité permettra peut-être au Conseil constitutionnel de se prononcer sur la constitutionnalité de cette loi. Une saisine *a posteriori* pourrait en effet permettre d'observer le degré de considération que le Conseil constitutionnel accorderait à ce dernier avis du CCNE. Mais, à n'en pas douter, le Conseil constitutionnel ne pourrait que se référer une fois de plus à cet avis d'expert pour lui permettre de trancher. Ainsi, par ces différents avis, le CCNE procède à l'interprétation juridique, à son niveau, en s'appuyant sur l'état d'esprit de la population à un moment donné[1554] en vue de délivrer son conseil aux autorités normatives. Ce pluralisme interprétatif est aussi, on le verra, le foyer d'un conflit, nécessaire, dans l'interprétation des normes juridiques.

Le caractère pluriel de l'interprétation du droit est nécessaire pour éviter autant que cela se peut le risque d'arbitraire. L'interprétation donnée par le Conseil d'État à une situation ou un texte juridique et qui ensuite se voit rejetée par le Conseil constitutionnel[1555] s'inscrit dans le jeu normal de l'interprétation pluraliste. Le citoyen de base qui estime qu'un texte réglementaire qui applique une disposition législative est contraire à la Constitution contribue aussi à l'interprétation constitutionnelle à son niveau. D'ailleurs c'est lui qui entraîne la contestation de cette disposition devant le juge constitutionnel en vue d'une interprétation définitive du juge constitutionnel spécial. Cette interprétation du simple citoyen ne constitue pas une interprétation illégitime ; elle est aussi légitime que l'interprétation qui sera définitivement retenue par le Conseil

---

[1553] V. Avis n° 121 : « *Fin de vie, autonomie de la personne, volonté de mourir* », juin 2013 et « *Rapport du CCNE sur le débat public concernant la fin de vie* ».

[1554] On pourrait en dire autant sur la loi relative au mariage en France. Lorsque, en 1999, le Parlement s'est prononcé pour une union civile, à travers le pacte civil de solidarité, entre les personnes de même sexe, et non pour le mariage entre celles-ci, il a procédé à l'interprétation de l'état de l'opinion publique parmi les Français. En 2013, cette opinion publique était différente car elle avait évolué depuis 1999, ce qui explique que le Parlement, avec le concours nécessaire d'une grande partie de l'opinion et des organes et institutions intervenant dans le débat législatif, a pu dépasser le stade de l'union civile, en se prononçant pour l'ouverture du mariage à tous. Malheureusement, l'avis du Conseil d'État datant d'octobre 2012 sur cette loi n'a pas été rendu public, et le CESE ne s'est prononcé qu'*a posteriori* (avis de novembre 2013, la loi a été adoptée en mai 2013).

[1555] V. Décision n° 2015-715 DC du 05 août 2015, Cons. 2. Selon Marie Visot, en effet, « *Saisi pour avis préalable dans le cadre des travaux préparatoires de l'ordonnance du 12 mars 2014, le Conseil d'Etat avait jugé qu'une telle éviction risquait l'inconstitutionnalité.* » (« Le Conseil d'État porte un coup à la loi Sapin 2 anti-blanchiment », *Le Figaro*, 27 mars 2016).

constitutionnel. C'est en ce sens qu'il est possible d'affirmer que toute forme d'interprétation juridique, d'où qu'elle vienne, est légitime et nécessaire à la construction du droit, même si le juge constitutionnel spécial adopte une autre interprétation qui, en définitive, s'impose à tous. En ce sens, les avis que doivent rendre les différents organismes intervenant dans le cadre de la procédure législative extraparlementaire sont chacun une interprétation possible de la situation juridique du système juridique à un moment donné. Ainsi, lorsque le Conseil constitutionnel s'appuie sur l'un ou l'autre de ces avis pour trancher et retenir *in fine* une interprétation du texte[1556] dont s'agit, il prononce une interprétation empreinte de ce pluralisme interprétatif juridique qui renforce de manière considérable la légitimité et l'autorité de cette interprétation[1557].

Mais ce pluralisme interprétatif pose problème. En effet, dans le contexte d'une telle conception de l'interprétation constitutionnelle, il n'est pas incongru de se demander « *où se trouve en réalité l'interprétation constitutionnelle*[1558] ». Est-ce dans la décision DC ou QPC du Conseil constitutionnel ou dans les rapports et avis d'organismes d'expertises auxquels cette décision se réfère ? Que l'on soit d'accord ou non, dès lors que le Conseil constitutionnel, par manque de connaissances scientifiques, et donc rationnelles, suffisantes, peut se défaire de ses

---

[1556] Si l'on reprend l'argument qui a conduit le Conseil constitutionnel à préciser la « pleine » valeur constitutionnelle des principes posés par la DDHC de 1789, dans sa décision n° 81-132 DC, celui-ci a, non seulement permis au Conseil de s'interroger sur la coexistence de plusieurs textes contenant de droits et libertés fondamentaux, il lui a également permis de fonder un principe jurisprudentiel, celui de l'égalité de valeur de l'ensemble de ces différents textes composant le « bloc de constitutionnalité » avec une autorité qui augmente nettement sa légitimité interprétative.

[1557] À certains égards, l'interprétation juridique peut (devrait même) être l'œuvre de tous, dans un système démocratique. Aux États-Unis, par exemple, où la chaîne parlementaire américaine *C-Span*, qui invite régulièrement les auditeurs et citoyens Américains, à travers tout le pays, à exprimer publiquement et en direct leur interprétation de certaines normes, y compris de nature constitutionnelle, et l'évolution que la Cour suprême devrait apporter au sens desdites normes, on a le sentiment que l'interprétation constitutionnelle, explicitement motivée tant par des arguments juridiques que doctrinaux et même sondagiers, est l'affaire de tous et non pas seulement l'œuvre d'un juge constitutionnel déconnecté du tissu social. Ce mode citoyen de procéder, s'agissant d'une certaine forme du processus d'interprétation juridique par tout un chacun, ne peut être simplement qualifié de démagogie, s'il est fait avec méthode et sincérité. Il peut ainsi créer une réelle dynamique de l'interprétation juridique qui, au demeurant, aura davantage de chance d'être acceptée et soutenue du fait qu'elle ne sera pas vue seulement comme celle d'un juge-interprète assis dans son fauteuil, loin du peuple pour l'organisation et le bien-être duquel le droit est normalement conçu, et dictant ainsi son interprétation à tous.

[1558] Sur ce point, v. Denis Baranger, « Sur la manière française de rendre la justice constitutionnelle. Motivations et raisons politiques dans la jurisprudence du Conseil constitutionnel », *Jus Politicum*, n° 7, 2012 [en ligne], p. 34.

compétences professionnelles et se confier à des avis d'experts, il permet, par la même occasion, de voir l'interprétation constitutionnelle qu'il a prononcée ailleurs que dans le contenu de sa décision. Là se révèle de manière manifeste la limite de la fonction de juge (constitutionnel) suprême. Cette limite révèle que celui-ci, quel que soit le degré de suprématie qui s'attache à son rôle[1559], ne peut pas tout. C'est ainsi qu'il doit faire appel à la dynamique de la production des normes qui implique l'ensemble des acteurs décisionnels à prendre avec lui ou tout simplement à se substituer à sa place, au moins pour un temps, le temps de l'affaire dont le caractère scientifique le dépasse. C'est peut-être de cette manière-là que les critiques du genre de celles proférées par Thomas Piketty à l'endroit du Conseil constitutionnel[1560] peuvent, peut-être, s'estomper.

Enfin, selon Claude Lefort, il est « *Impossible de détacher l'énoncé de l'énonciation, dès lors que nul ne saurait occuper la place, à distance de tous, d'où il aurait autorité pour octroyer ou ratifier des droits.*[1561] » Dans le cas contraire, « *se trouve[raie]nt mises en échec la notion d'une société qui engloberait, ou mieux inclurait les hommes comme des membres et celle d'un organe qui déciderait de leurs propres mouvements.*[1562] » Il ne convient pas ici de remettre en cause le principe même de la représentation parlementaire ; mais force est de constater que ce principe ne correspond pas tout à fait à l'idéal démocratique, dans la mesure où l'organe « Parlement » est bien étroit, tant dans sa composition que dans son mode de fonctionnement, pour prétendre édicter seul des normes juridiques s'imposant à tous. C'est là que le pluralisme délibératif mis en place par la Constitution trouve toute sa raison d'être, tout son intérêt et toute son importance dans un État de droit. Suivant cette logique, le pluralisme interprétatif est intimement lié au pluralisme délibératif révélé par l'étude des normes constitutionnelles. En ce sens, « *la Constitution n'est pas un obstacle à l'expression démocratique, [au contraire] elle est la condition de son enrichissement et*

[1559] À l'instar du caractère presque *totalitaire* de l'autorité des décisions du Conseil constitutionnel français gravé dans le marbre de l'article 62 de la Constitution. Le Conseil constitutionnel lui-même va plus loin que les termes de cette disposition en jugeant que « *les décisions prises en application de l'article 61 de la Constitution revêtent un caractère* ***absolu et définitif****, ainsi qu'il résulte de l'article 62 qui fait obstacle à la promulgation et à la mise en application de toute disposition déclarée inconstitutionnelle* » (Décision n° 74-54 DC du 15 janvier 1975, Cons. 4).

[1560] Thomas Piketty reproche notamment au Conseil constitutionnel de « *figer des critères budgétaires dans le marbre juridique ou constitutionnel* » sans en avoir les compétences et surtout sans en avoir l'autorité démocratique nécessaire (V. *Le capital au XXIème siècle, Op. cit.*, p. 931).

[1561] Claude Lefort, *L'invention démocratique, Op. cit.*, 1981, p. 65.

[1562] *Ibid.*, p. 66.

de son approfondissement.[1563] » À travers ce principe, étendu mais non excessif, du pluralisme, c'est toujours l'idée de conflit, paisible lorsque le jeu d'écoute interactive est activé, qui est recherchée afin permettre un climat plus favorable à la réception des normes produites.

2. *La nécessité du conflit créé par le pluralisme interprétatif juridique*

Il ne faut pas perdre de vue que le concept même du droit est né et se nourrit de conflits[1564]. Le conflit est une divergence des opinions, mais, selon Rawls, celle-ci « *peut se réduire de manière suffisante pour conserver une coopération politique fondée sur le respect mutuel.*[1565] » Pour Rawls, « *on n'élimine pas des problèmes de l'ordre du jour politique, sous le seul prétexte qu'ils seraient sources de conflit.*[1566] » Cette présentation révèle, *a priori*, un aspect faussement contradictoire de la nécessité du conflit dans la confection du droit. Sous cet aspect faussement contradictoire du conflit se cache, en réalité, la condition de réalisation de la vie démocratique. Rawls ne dissimile pas l'ambiguïté de l'idée de conflit. Il met en évidence celle-ci en s'interrogeant : « *Comment devrait-on tracer [...] les frontières entre les libertés fondamentales quand celles-ci entrent en conflit ?*[1567] ». De cette interrogation, le conflit se présente aussi comme étant nécessaire à la résolution de problèmes sociaux. Ainsi, on peut considérer que « *certaines questions sont si fondamentales que, pour s'assurer qu'elles seront correctement réglées, un conflit civil serait nécessaire.*[1568] » Ce conflit civil renvoie aux différentes formes de revendications sociales qu'incarne l'État démocratique et non l'État de droit, lesquels, on l'a vu avec Claude Lefort, sont deux concepts différents.

[1563] Dominique Rousseau, « Constitutionnalisme et démocratie », *La vie des idées*, septembre 2008, p. 12 [en ligne].

[1564] Gaston Richard, *L'origine de l'idée de droit*, Thorin et fils, Paris, 1892 [Gallica] ; Émile Durkeim, « À l'origine de l'idée de droit », Bibl. Les classiques des sciences sociales, Coll. : « Les auteur(e)s classiques », 1893 [en ligne]. Pourvu que ces conflits, quoique nécessaires et essentiels à la vie en société, soient, selon Amartya Sen, « *non violents* ». Mais la question de savoir à quel degré on peut considérer un groupement social, qui mène un conflit légitime, comme violent ou non violent n'est pas simple à définir.

[1565] John Rawls, *Justice et démocratie, Op. cit.*, pp. 209-210.

[1566] *Ibid.*, p. 266.

[1567] *Ibid.* S'agissant du Conseil constitutionnel français, ce problème se résout en ignorant, dans certains cas, le caractère décisif des travaux préparatoires, même lorsque ceux-ci expriment clairement la volonté du législateur ou du constituant (71-44 DC).

[1568] *Ibid.*, p. 267.

On retrouve cette idée de conflit qui anime le concept de droit également chez Sen à travers l'approche des raisons. Pour Amartya Sen, en effet, une théorie de la justice doit nécessairement intégrer « *la pluralité des raisons*[1569] ». Celle-ci renvoie à ce qu'il qualifie de « *gouvernement par la discussion* ». C'est, peut-être, d'ailleurs, en ce sens que l'on doit comprendre l'affirmation d'Albert Camus selon laquelle « *Penser, ce n'est pas unifier [...], c'est réapprendre à voir.*[1570] » Cette conception de la justice n'est pas une simple idée d'ordre philosophique, au sens de vide de sens et de portée pratiques, elle est au cœur de l'interprétation constitutionnelle. En effet, dans sa fonction interprétative, le juge constitutionnel est placé dans un rôle d'arbitre entre une pluralité d'opinions, d'interprétations, de raisonnements..., tous issus de différentes composantes de la société, tâche qui est tout sauf facile, quant au choix définitif à adopter. Comment décider dans ce contexte ? Selon Amartya Sen, « *La quasi-totalité des appréciations effectuées dans la vie courante consistent à classer par ordre de priorité et d'importance des préoccupations distinctes.*[1571] » Le rôle d'arbitre du juge constitutionnel, dans ce contexte, semble se placer dans ce cadre, dans la mesure où celui-ci se doit d'évaluer ces différences en vue d'unifier[1572], par conciliation, les différentes situations et d'afficher un raisonnement interprétatif qui vaille pour l'ensemble

---

[1569] Amartya Sen, *L'idée de justice, Op. cit.*, p. 468. C'est dans le sens de cette pluralité des raisons que l'article 26 de la Déclaration des droits de l'homme et du citoyen, placée en tête de la Constitution du 24 juin 1793, retrouvé à l'article 3 de la DDHC de 1789 et repris par l'article 3 de la Constitution de 1958, disposa : « *Aucune portion du peuple ne peut exercer la puissance du peuple entier ; mais chaque section du souverain assemblée doit jouir du droit d'exprimer sa volonté avec une entière liberté.* » Suivant cette même optique, Michel Troper a pu écrire : « *Il n'y a pas de lien entre représentation et élection. Certains élus qui ne contribuent pas à l'expression de la volonté générale ne sont pas des représentants. D'autres autorités, non élues mais qui contribuent à l'expression de cette volonté, doivent être appelées représentants.* » (« Comment la Constitution de 1958 définit la souveraineté ? », in *La Constitution en 20 questions*, Question n° 5 [en ligne sur le site internet du CC, Consulté le 27 juin 2017]). C'est d'ailleurs dans ce même ordre d'idée qu'Olivier Cayla parle d'un « *État de droit souverain* », ou d'un « *État souverainement 'de droit'* » où « *chaque organe, chaque acteur étatique, le législateur, l'administration, la juridiction, etc. doit aussi jouer son rôle souverainement bien* » (Olivier Cayla, *La notion de signification en droit. Contribution à une théorie du droit naturel de la communication*, Thèse, Paris II, Tome II, novembre 1992, p. 1036).

[1570] Albert Camus, *Le mythe de Sisyphe. Essai sur l'absurde*, Gallimard, Coll. : « Folio Essai », 1942, p. 65. « *Réapprendre à voir* ». En effet, le législateur ou le constituant, et le juge constitutionnel lui-même, doivent réapprendre à voir ce que les autres acteurs de la société, y compris les acteurs individuels, ont à proposer et souhaitent comme principe commun avant de décider.

[1571] Amartya Sen, *L'idée de justice, Op. cit.*, pp. 468-469.

[1572] Le caractère *unifié* de l'interprétation constitutionnelle n'est pas contradictoire avec l'affirmation d'Albert Camus qui refuse l'unification de la pensée. En effet, dès lors que l'interprétation constitutionnelle a été conçue dans le respect du principe du contradictoire, qui suppose la confrontation de toutes les autres interprétations possibles, et qu'elle n'est pas figée *ad vitam aeternam*, elle reste démocratiquement supportable.

de ces différences[1573]. Cette « *évaluation doit [nécessairement] se collecter avec des priorités concurrentes.*[1574] » Ainsi, le Conseil constitutionnel accueillera et confortera une interprétation du Conseil d'État dans certaines circonstances, on l'a vu, s'agissant du principe du pluralisme politique (accès des partis au second tour des élections régionales)[1575], mais rejettera l'interprétation de cette même institution dans d'autres circonstances[1576], telle celle qu'elle avait retenue dans son

---

[1573] C'est, d'ailleurs, peut-être, en ce sens que l'on peut affirmer que le Conseil constitutionnel retrouve le rôle d'un juge de paix : « *Voilà le Conseil promu juge de paix des querelles internes des socialistes et de leurs contradictions, de l'incapacité du gouvernement à faire régner une discipline dans les rangs de sa majorité.* » (Jean-Louis Debré, *Ce que je ne pouvais pas dire, Op. cit.*, p. 314).

[1574] Amartya Sen, *L'idée de justice, Op. cit.*, p. 469.

[1575] Décision n° 2003-468 DC, *Op. cit.*

[1576] Mais malheureusement certaines interprétations inconstitutionnelles du Conseil d'État, dans sa formation contentieuse, sont insusceptibles d'être invalidées par le Conseil constitutionnel, à cause du dualisme juridictionnel. En effet, ce double ordre juridictionnel à la française, qui permet, d'un côté, une justice administrative fondée essentiellement sur la dictée du prétoire et, de l'autre, une justice judiciaire, pose problème à l'interprétation constitutionnelle et aux missions même du Conseil constitutionnel. Cela pose problème parce que la justice prétorienne du Conseil d'État, qui, trop souvent, n'est fondée sur aucun texte, permet un arbitraire du juge insusceptible de conciliation avec des principes de valeur constitutionnelle, et, dans ces cas, le Conseil constitutionnel ne pourra pas se prononcer sur ces interprétations du juge administratif, même dans le cadre du contrôle de constitutionnalité *a posteriori*, car lesdites interprétations ne sont fondées sur aucun texte, or, pour saisir le Conseil constitutionnel par le biais d'une question prioritaire de constitutionnalité (QPC), il convient nécessairement d'invoquer une disposition législative qui porte atteinte à un droit ou une liberté que la Constitution garantit. Le problème posé par le double ordre de juridiction est particulièrement visible dans deux cas de la justice administrative qu'on peut invoquer en exemple. D'une part, la représentation des agents publics devant le juge administratif dans le cadre d'un conflit du travail qui ne diffère en rien d'un conflit du travail salarié et, d'autre part, la jurisprudence administrative qui permet arbitrairement au juge administratif de substituer, même d'office, une base légale ou des motifs à une décision administrative contestée, laquelle a été prise sur une base légale erronée ou pour des motifs qui n'étaient pas les bons. Dans le cas d'un conflit du travail opposant les agents publics à leur employeur public, une interprétation, pour le moins erronée, donnée aux articles R. 431-2 et R431-4 du Code de justice administrative (CE 30 mai 1973, *Syndicat intercommunal des eaux de Casserousse*, n° 84794) a pu avoir pour effet de neutraliser toute représentation des agents publics devant le juge administratif par leurs collègues agents publics ou par des délégués syndicaux. Ainsi, seul l'agent public lui-même ou le ministère d'avocat peut intervenir devant le juge administratif pour plaider sa cause. Cette interprétation neutralisante de ces textes règlementaires par le juge administratif lui-même est d'autant plus choquante que ces textes sont issus de décrets pris en Conseil d'État. Or, devant le Conseil de prud'hommes, les salariés du secteur privé peuvent se faire représenter par un délégué syndical ou par un collègue du même secteur d'activité qu'eux. Cette interprétation prétorienne du juge administratif porte de manière flagrante une atteinte à au moins deux principes constitutionnels. D'une part, elle crée une rupture du principe d'égalité, injustifiée par un motif d'intérêt général suffisant, entre salariés du secteur privé et ceux du secteur public qui, pourtant, se trouvent dans une situation identique, celui du conflit du travail ; d'autre part, elle porte atteinte à ce que le

avis relatif à la loi Macron où il avait conclu au risque d'inconstitutionnalité de l'éviction des actionnaires récalcitrants à un plan de redressement[1577]. L'essentiel, dans le contexte de ce pluralisme des interprétations, n'est, *in fine*, pas tant le choix de celle qui paraît la plus fondée, la plus juste, la plus acceptable, etc. que l'expression de l'ensemble de ces interprétations et leur prise en compte, de manière décisive ou non décisive, dans la délibération constitutionnelle. Cette particularité de la justice constitutionnelle a pour objectif et effet que « *l'administration de la justice sera plus efficace si chacun voit que les juges font leur métier sérieusement, qu'ils ne bâclent pas le travail. [Et que] si un jugement inspire confiance et soutien, il sera très probablement plus facile de l'exécuter.*[1578] »

Conseil constitutionnel qualifie d'objectif de valeur constitutionnelle d'intelligibilité et d'accessibilité du droit (Décision n° 2006-541 DC du 28 septembre 2006, Cons. 8. *Accord sur l'application de l'article 65 de la convention sur la délivrance de brevets européens (Accord de Londres)*). S'agissant de la pratique du juge administratif de substitution de base légale ou de motifs à une décision administrative fondée sur des textes ou des motifs faussement erronés, la gravité du problème est encore plus avérée. En effet, si certains se contentent de décrire et de venter les effets (positifs ?) d'une telle pratique (Francis Donnat et Didier Casas, « La substitution de base légale et l'office du juge de l'excès de pouvoir », *AJDA* 2004, p. 202 ; Pierre Tifine, « La substitution de motifs devant le juge administratif » (Commentaire sous CE Sect. 6 février 2004, n° 240560, *Hallal*, Rec. p. 48), *Revue générale du droit* [en ligne], mars 2008), ils ne se penchent jamais sur le problème juridique et, partant, constitutionnel de cette pratique. Il n'est nul besoin de s'appesantir sur les cas d'usage par le juge administratif de cette pratique pour comprendre que celui-ci s'est reconnu un pouvoir arbitraire qui s'avère attentatoire au principe de sécurité juridique qui est un principe constitutionnel dans tous les systèmes politiques fondés sur le principe d'État de droit et au principe même de séparation des pouvoirs. Certes, dans certains cas où l'administration s'est trompée de base légale à une décision qu'elle prend, il pourrait être admis que le juge administratif donne la vraie base légale à la décision, mais même dans ce cas, cela paraît choquant du point de vue juridique et de la sécurité (le juge n'étant pas l'administration). Mais s'agissant des motifs, le juge administratif ne devrait en aucun cas pouvoir agir à la place de l'administration, en substituant un motif ou une base légale à une décision administrative prise et contestée pour son caractère évident de détournement de pouvoir. C'est pourtant ce qu'on peut constater dans la jurisprudence administrative (v. par exemple, Ord. TA de Paris, 30 août 2016, n° 1612577/9, confirmée par TA de Paris, 28 septembre 2017, n° 1612576). Ces deux cas de figure ne pourront jamais se voir contester devant le Conseil constitutionnel, du fait de leur absence de fondement juridique, étant issus du pouvoir arbitraire du juge administratif. Pourtant, on voit bien le caractère néfaste pour les droits et les libertés de cette cacophonie générée par ce double jeu juridictionnel français dont beaucoup, à l'instar de Dominique Rousseau, souhaitent la disparition par une réforme de grande ampleur. Sur ce dernier point, il semble qu'un débat sur la réunification du système juridictionnel français est ouvert entre la Cour de cassation et le Conseil d'État (celui-ci, sans surprise, défendant le dualisme) : v. Marie-Christine Montecler, « Duel à distance sur le dualisme juridictionnel », *Site internet de Dalloz*, 28 juillet 2017 [Consulté le 24 août 2017].

1577 Décision n° 2015-715 DC, *Op. cit.*

1578 Amartya Sen, *L'idée de justice*, *Op. cit.*, p. 467.

Cependant, si l'idée de conflit est aussi essentielle à la vie sociale qu'elle imprègne le processus de l'interprétation constitutionnelle, ce conflit doit en même temps être maitrisé afin d'éviter qu'il ne se transforme en violences ; la meilleure manière de contenir la violence du conflit social, on a vu la nécessité de celui-ci, n'est pas la répression, mais plutôt la libre expression de celui. En fin de compte, la justice constitutionnelle, qui arbitre entre les différents mécanismes de production pluraliste des normes juridiques, aura pour tâche d'apaiser le conflit en écoutant tous les arguments à son origine. C'est dans ce contexte que l'interprétation constitutionnelle retrouvera confiance, adhésion et soutien[1579]. Ainsi, le droit se constitue du conflit social autant qu'il a vocation à le résoudre. En effet, la possibilité offerte par le droit de contester un acte administratif ou le comportement d'un voisin devant un juge-arbitre en convoquant le droit est un conflit créé par le droit lui-même qui, du même coup, vise à résoudre ce conflit qui est le sel de la vie humaine et sociale. En toute logique, le conflit dont il s'agit, dans le cadre du processus de l'interprétation constitutionnelle, est bien sûr « *le conflit des opinions*[1580] » devant disposer de la possibilité de s'exprimer librement.

Évidement il convient de distinguer les conflits sociaux relatifs à différentes réformes juridiques, non totalement canalisées, des conflits des opinions et des interprétations des organismes intervenant dans le processus pluraliste de production normative. Mais la pluralité de ces organismes à la fois producteurs et interprètes des normes juridiques permet, peut-être, une meilleure perception des difficultés des individus dont les situations sont régies par ces normes. À cet égard, les juges ont une place privilégiée du fait de leurs relations avec les justiciables. En effet, comme le constate Dominique Rousseau, « *Sollicités par les justiciables à l'occasion d'affaires concrètes, les juges sont, par ce mode d'accès, proches des 'problèmes' rencontrés par les gens dans leur vie quotidienne : un licenciement, un avortement, une expulsion, un accompagnement de fin de vie, etc. ; et cette proximité met les juges en situation de voir l'évolution de la société, l'évolution des mœurs, l'évolution des attentes de la société et de faire évoluer en conséquence l'interprétation des règles.*[1581] » C'est l'observation de la dynamique du conflit nécessairement né

[1579] Exemples des conflits particulièrement marqués à propos de la loi ouvrant le mariage entre personnes de même sexe (2012 / 2013) et de la loi Travail (2015 / 2016).

[1580] Claude Lefort, *Op. cit.*, p. 31.

[1581] Dominique Rousseau, *Radicaliser la démocratie. Propositions pour une refondation*, *Op. cit.*, p. 169. Cette affirmation pourrait constituer la base d'un argument en faveur du double rôle de juge et de conseil du gouvernement que joue le Conseil d'État, au sens où son activité juridictionnelle lui permettrait de mieux connaître les problèmes sociaux en vue d'un meilleur conseil du gouvernement. Cependant, force est constater, on l'a vu plus haut, notamment avec Jacques Commaille, que la Cour de cassation contribue également à la production normative, notamment

entre les différentes interprétations normatives dans l'opinion publique des acteurs sociaux, que ceux-ci soient institutionnels, collectifs ou individuels, qui permettent au juge d'être ainsi en phase avec l'évolution sociétale.

Le conflit des interprétations juridiques est également nécessaire parce qu'il se trouve au centre de la dynamique démocratique. Il permet une construction éclairée des normes juridiques, dans la mesure où celles-ci deviennent plus acceptables lorsqu'elles ont été moulées dans le jeu du pluralisme interprétatif. Sur ce point, l'avis du Conseil d'État relatif à l'avant-projet de loi constitutionnelle sur la déchéance de nationalité[1582] est particulièrement illustratif et intéressant à analyser. En effet, lorsque le Conseil d'État a donné son feu vert au gouvernement pour introduire la déchéance de nationalité dans le texte de la Constitution, il a procédé, à son niveau, à une analyse juridique, autrement dit, à l'interprétation de la situation contextuelle de ce projet et de l'ordonnancement juridique, ce qui lui a permis de parvenir à la conclusion « *que la disposition proposée n'a pas sa place dans le titre premier de la Constitution consacré aux grands principes de la souveraineté, mais qu'elle devrait être insérée à l'article 34 qui mentionne déjà la nationalité.*[1583] » Mais cette interprétation de la situation par le Conseil d'État est entrée en conflit avec une partie de l'opinion publique. Ainsi, Pierre Rosanvallon a pu dénoncer une « *déchéance-exorcisme [qui] donne ainsi un mauvais signal symbolique*[1584] », en concluant que l'indignité nationale qui devait accompagner la déchéance de nationalité « *n'aurait en effet de sens que pour des personnes bien intégrées pour lesquelles la bonne réputation est un capital social. Elle serait par exemple adaptée pour un Jérôme Cahuzac qui a trahi la confiance publique et s'est déshonoré en commettant l'équivalent d'un crime de 'lèse-démocratie', pas pour ceux qui s'enorgueillissent de leur position de rupture radicale.*[1585] » Il est vrai que le Conseil constitutionnel ne pourrait pas trancher ce conflit interprétatif si le projet venait à être adopté par le Congrès de Versailles. Mais l'opinion publique, très critique à l'égard de ce projet, a pu conduire à son abandon.

Ce projet de réforme constitutionnelle avait aussi fait l'objet d'un avis de la Commission européenne pour la démocratie par le droit, dite Commission de

---

par ses rapports annuels qui rapportent au Parlement les difficultés d'application de certaines normes dont la portée est trop réduite ou trop étendue, peu claire, etc. Il n'est donc nul besoin d'être à la fois juge et conseil du gouvernement pour mieux conseiller celui-ci.

[1582] CE Ass., Sect. de l'intérieur, 11 décembre 2015, *Avis sur le projet de loi constitutionnelle de protection de la Nation.*

[1583] *Ibid.*

[1584] Pierre Rosanvallon, « Consternation et vive inquiétude », Blog *Mediapart*, 24 décembre 2015.

[1585] *Ibid.*

Venise. Si celle-ci reconnaît le droit pour tout état de se défendre contre le terrorisme, elle n'en soulève pas moins que « *la lutte contre le terrorisme doit garantir les valeurs européennes communes de liberté, de démocratie, de respect pour les droits de l'homme et les libertés fondamentales, ainsi que le respect de l'Etat de droit.*[1586] » Or la déchéance de nationalité allait justement à l'encontre de l'État de droit qui suppose l'égalité devant la loi de chaque citoyen de l'État. La Commission ne s'est pas pour autant prononcée contre la déchéance de nationalité. Elle « *estime que l'introduction d'un régime de déchéance de la nationalité ou des droits attachés à celle-ci, commun à tous les Français, d'origine ou naturalisés et mononationaux ou bi- ou multinationaux, n'est pas contraire per se aux normes internationales.*[1587] » Elle précise, toutefois, que « *Toute décision de déchéance doit respecter les principes du procès équitable et de la proportionnalité.*[1588] » Mais force est de constater qu'entre nationaux d'origine et naturalisés, il ne pourra jamais y avoir de procès équitable, puisque ce sont clairement les nationaux naturalisés qui sont visés par le projet de réforme constitutionnelle qui, de ce fait, est un projet de circonstance. Mais si le principe de la déchéance vise l'ensemble des Français, on peut considérer que l'inégalité entre nationaux est acceptable, bien que son esprit se focalise sur les naturalisés[1589]. Néanmoins, on

---

[1586] Commission européenne pour la démocratie par le droit (dite Commission de Venise), 14 mars 2016, *Avis n° 838 / 2016 sur le projet de loi constitutionnelle « de protection de la nation » de la France*, p. 4.

[1587] *Ibid.*, p. 28.

[1588] *Ibid.*

[1589] Cependant, une difficulté d'ordre conceptuel, s'agissant de l'essence même de l'État, se pose. La déchéance de nationalité vantée comme si c'était la seule solution possible contre la radicalisation des jeunes dans le djihadisme et le terrorisme n'est autre que la déchéance de l'État républicain lui-même. En effet, le principe fondateur de la République réside dans la Déclaration des droits de l'homme et du citoyen de 1789 qui prône l'égalité devant la loi, que celle-ci vise à protéger ou à punir. La loi doit être entendue ici comme tout type de loi, y compris, et surtout la loi fondamentale qu'est la Constitution. Ainsi, mettre deux catégories de Français dans le cadre de la Constitution, c'est détruire le principe fondateur de l'État au détriment du vivre-ensemble car la nationalité, avant d'être rattachée à la personne à qui elle est délivrée, et c'est quel que soit le mode d'acquisition, est d'abord rattachée à l'État. De ce point de vue-là, déchoir un individu de sa nationalité, c'est arracher un membre du corps de l'État, comme on aurait arraché une dent de sa bouche juste parce qu'elle avait mordu sa langue ou tout autre membre de son corps dès lors qu'il a fait mal au reste du corps. Ainsi, l'État n'est plus un État solide, mais un État liquide, voire gazeux. Malgré un manque de débat de fond sur ce projet d'insérer la déchéance de nationalité dans la Constitution, l'opinion a su faire entendre sa voix, au-delà des surenchères médiatiques. Mais cette absence de débat sur la question a donné logiquement lieu à un déficit de réflexion jusque dans l'avis favorable et assez contestable du Conseil d'État relatif à ce projet de loi constitutionnelle qui, au départ, n'avait jamais pour objectif de constitutionnaliser la déchéance de nationalité, loin s'en faut, il suffit d'écouter avec un peu d'attention le discours de François Hollande du 16 novembre 2015 devant le Congrès de Versailles pour s'en convaincre. Enfin, dans cette même optique, l'article 15 de la Déclaration

voit bien, dans ces circonstances, que les autorités institutionnelles qui interviennent dans la production et, *a fortiori*, dans l'interprétation des normes juridiques peuvent parfois entrer en conflit avec l'opinion dominante dans la masse des individus qui compose la société, et que, sur le terrain politique, la position de cette opinion dominante peut l'emporter sur celle des autorités institutionnelles.

Ce conflit, dans l'interprétation de la situation du contexte de cette réforme constitutionnelle, était nécessaire pour permettre de pointer ses conséquences négatives sur le fondement même de l'État et pour permettre aux autorités politiques[1590] de prendre conscience que cette réforme est si dangereuse et inutile qu'elle est rejetée par une grande majorité de l'opinion. Et le Conseil constitutionnel observe, toujours avec une attention particulière, ces différentes interprétations anticipées de la situation, ce qui aura toujours un impact sur ses propres interprétations des normes juridiques qui lui sont soumises[1591].

Dans ce contexte, si « *'dire le droit', c'est donner un sens à telle ou telle disposition de la Constitution ou des déclarations par un travail d'interprétation des mots dont la logique est de mettre le juge d'une part en face de plusieurs significations possibles, d'autre part dans l'obligation professionnelle d'en choisir une*[1592] », ce dit du droit ne doit pas être une dictée du Conseil constitutionnel ; il doit être pesé, motivé, justifié, etc. ; et là est tout le dilemme ; comment motiver les décisions ? Le Conseil constitutionnel s'adapte à la pratique controversée des motivations à sources multiples[1593], en confrontant toutes les interprétations des normes qui lui sont soumises, du début du processus de leur production jusqu'à leur ultime procès constitutionnel devant lui. D'où la nécessité du conflit interprétatif, bien

---

universelle des droits de l'homme du 10 décembre 1948 stipule : « *Tout individu a droit à une nationalité. Nul ne peut être arbitrairement privé de sa nationalité, ni du droit de changer de nationalité* ». Cette norme internationale est non seulement d'une ambiguïté flagrante, elle n'est pas consciente de ce qu'implique le fait pour un État de pouvoir déchoir de sa nationalité l'un de ses nationaux.

[1590] Comme l'ancien président de la République, François Hollande, qui a finalement annoncé l'abandon de cette réforme constitutionnelle, faute de consensus pour atteindre la majorité des trois cinquièmes au Congrès de Versailles.

[1591] Les délibérés de la décision n° 71-44 DC témoignent parfaitement de l'impact que l'opinion publique, dans toute sa généralité, peut avoir sur le juge constitutionnel. Ainsi, François Luchaire et d'autres invoquaient tant la presse que le regard des homologues étrangers du Conseil constitutionnel sur ce qu'il convenait de faire, en tant que juge constitutionnel, afin de persuader ses collègues d'invalider la loi qui visait à remettre en question le principe de la liberté d'association.

[1592] Dominique Rousseau, *Radicaliser la démocratie. Propositions pour une refondation*, *Op. cit.*, p. 64.

[1593] Denis Baranger, *Op. cit.*

que celui-ci ne soit pas agréable et qu'il soit porteur d'agressivité entre les membres de l'instance de décision[1594]. Comme pour parachever ce nécessaire conflit des interprétations normatives, Dominique Rousseau a pu affirmer qu'« *aujourd'hui, l'organisation constitutionnelle de l'espace politique est un mur sur lequel viennent se fracasser les aspirations démocratiques, un bouclier qui protège les gouvernants contre les gouvernés, une forteresse derrière laquelle les politiques jouent entre eux leurs jeux de positionnement.*[1595] »

Enfin, l'arbitrage du conflit né entre toutes les interprétations possibles des normes s'avère une démarche propre au juge constitutionnel en particulier dans un État de droit. Ainsi, le Conseil constitutionnel, dans une démarche herméneutique[1596] de l'interprétation juridique[1597], doit opérer dans ce pluralisme interprétatif juridique afin de tenter d'asseoir son rôle de juge suprême de l'interprétation constitutionnelle dans l'ordre juridique interne.

[1594] Pour illustrer l'importance de l'idée de conflit dans une instance de prise de décision, le témoignage d'un ancien membre d'une institution comme le Conseil constitutionnel s'avère particulièrement intéressant. Jean-Louis Debré, expliquant l'atmosphère des séances de l'institution qu'il a présidée pendant neuf ans, affirme : « *Nos séances donnent souvent lieu à des discussions intéressantes et se terminent parfois dans une atmosphère un peu tendue. La personnalité de certains membres, ou pour d'autres leur spécialité, les pousse à intervenir pour contester le choix d'un mot, l'absence d'une virgule… Et il s'ensuit des passes d'armes qui peuvent devenir agressives.* » (*Ce que je ne pouvais pas dire, Op. cit.*, p. 218). Il ajoute : « *L'atmosphère autour de la table [peut mettre] un moment à devenir plus sereine.* » (*Ibid.*). De ce point de vue-là, le conflit conduit à la sérénité décisionnelle, et non au non-sens de l'État comme certains voudraient le faire croire, d'où son importance constante dans toute instance de décision publique.

[1595] Dominique Rousseau, *Radicaliser la démocratie. Propositions pour une refondation, Op.cit.*, pp. 197-198.

[1596] L'usage de tout le processus préparatoire par le juge constitutionnel dans l'interprétation constitutionnelle rejoint en effet ce qu'on appelle la méthode herméneutique. Expliquant le processus de l'herméneutique de certains courants postmodernes du christianisme, Mark Alizart, soutient qu'« *il convient pour éviter la mécompréhension d'un texte de reconstruire l'intention originelle de l'auteur, il faudra régresser, de manière génétique, généalogique ou archéologique, jusqu'aux intentions d'un individu, de ses auteurs, de son Auteur, ou de la nature. […] L'herméneutique devient ainsi […] le modèle d'une compréhension globale du monde, qui aspire […] à expliquer la dynamique des événements et des hommes à laquelle peuvent se rattacher tour à tour la psychologie, l'histoire et la sociologie.* » (Mark Alizart, *Pop théologie*, PUF, Coll. : « Perspectives critiques », p. 71 ; sur ce point, v. également Denis Viennet, *Il y a malêtre. Essai sur le temps et la constitution du soi contemporain*, L'Harmattan, 2009, p. 65).

[1597] Sur l'herméneutique dans le discours juridique, v. Xavier Bioy, « Une approche herméneutique du droit », Colloque : *Quelles doctrines constitutionnelles aujourd'hui pour quel(s) droit(s) constitutionnel(s) demain ?* Institut Maurice Hauriou, 29 et 30 septembre 2016, QsQ 6-17 (https://www.dailymotion.com/video/x5h8sco), Consulté le 2 novembre 2017.

SECTION 2 : LE CONSEIL CONSTITUTIONNEL FRANÇAIS : UNE COUR SUPRÊME PAR UN HÉRITAGE DÉVOYÉ

Bien que cette caractéristique ne lui ait pas été reconnue en 1958 et lui est encore contestée aujourd'hui[1598], le rôle de Cour suprême dont a hérité le Conseil constitutionnel se trouve particulièrement affirmé au 4° de l'article unique de la loi constitutionnelle du 3 juin 1958 portant dérogation transitoire aux dispositions de l'article 90 de la Constitution de 1946 : « *L'autorité judiciaire doit demeurer indépendante pour être à même d'assurer le respect des libertés essentielles telles qu'elles sont définies par le préambule de la Constitution de 1946 et la Déclaration des droits de l'homme à laquelle il se réfère ;* ». Au moment où l'on écrit ces mots, l'autorité judiciaire inclut la Cour suprême de l'Union française. Celle-ci, contrairement au Conseil constitutionnel finalement substitué à sa place, devait revêtir toutes les caractéristiques d'une Cour suprême, avec davantage de pouvoir, notamment interprétatif[1599], surtout au regard de l'exécutif. Ainsi, au

[1598] Pour une analyse actualisée et synthétique de la question du caractère juridictionnel du Conseil constitutionnel, v. Xavier Magnon, « Retour sur quelques définitions premières en droit constitutionnel : que sont une « juridiction constitutionnelle », une « cour constitutionnelle » et une « cour suprême » ? Proposition de définitions modales et fonctionnelles », in *Long cours. Mélanges en l'honneur du Professeur Pierre Bon*, Dalloz, 2014, pp. 305-321. Cependant, si cet auteur reformule le débat autour de cette question, à travers ses trois grilles de lecture sur les trois notions étudiées (pp. 313 s.), il ne semble pas privilégier l'importance de l'interprétation constitutionnelle du juge constitutionnel spécial dont la solution suprême s'impose pourtant à tous en dernier ressort. Sur la même question, v. également Louis Favoreu, Patrick Gaïa, Richard Ghevontian et *al*, *Droit constitutionnel*, Dalloz, Coll. : « Précis », 2014, 14ème édition, pp. 235 et s ; et Guillaume Tusseau, *Contre les « modèles » de justice constitutionnelle. Essai de critique méthologique*, LGDJ, Coll. : « RdC - Richerche di diritto comparato », mars 2009, pp. 71 s.

[1599] Il n'est pas exagéré d'affirmer que cette méthode d'interprétation du droit écrit prend, en effet, une importance particulière lorsqu'elle est actionnée par un juge suprême, comme le Conseil constitutionnel. Cette importance particulière de l'usage des travaux préparatoires tient au fait que le juge (constitutionnel), en quelque sorte, en en ayant recours, s'assimile au législateur au sens où il se donne les moyens de rediscuter les travaux de celui-ci au lieu de se cantonner au texte régulièrement écrit et posé et que la décision interprétative qui en sortira s'imposera définitivement à tous dans l'ordre juridique dont s'agit. Pour illustrer ce point, la période d'application du mécanisme de *référé législatif* est assez intéressante. Lorsque le Tribunal de cassation dut s'adresser aux membres du Corps législatif pour qu'ils précisassent le sens et la force interprétatifs d'un texte édicté par le législateur, ces derniers se retournèrent vers leurs travaux préparatoires pour comprendre la portée interprétative de leurs propres écritures. Dans le même sens, lorsque la Cour de cassation, seul juge suprême en France, du moins jusqu'en 1872, a remplacé le Tribunal de cassation en 1804, elle a très vite hérité de cette méthode d'interprétation, qui s'inscrit dans la

regard de la place que le Conseil constitutionnel a pris depuis les années 1970, il semble avoir repris le rôle initial qui aurait dû lui être conféré afin de recouvrer sa place de Cour suprême de la République française[1600]. Cette place de Cour suprême du Conseil constitutionnel est particulièrement visible au regard des méthodes interprétatives qu'il adopte, notamment celle consistant en l'usage des travaux préparatoires des normes qu'il interprète.

En effet, le rôle du Conseil constitutionnel français, depuis la fin des années 1970, n'est plus celui d'un simple juge constitutionnel, au sens d'un « juge de constitutionnalité », gardien de la Constitution, c'est-à-dire un juge dont le rôle serait cantonné au seul contrôle de la constitutionnalité des normes inférieures à celles de la Constitution. Ainsi, le rôle du Conseil constitutionnel face à la Constitution, de nos jours, va au-delà de cette conception classique du juge constitutionnel ; il est d'assurer une cohérence d'ensemble des règles juridiques, quelle que soit leur rang dans la hiérarchie des normes, et quelle que soit leur origine, en faisant du Conseil constitutionnel un réel arbitre démocratique entre les préoccupations du citoyen et l'action des gouvernants[1601].

---

tradition du droit romain de la liberté interprétative, que détenait jusque-là le législateur par l'effet de l'article 21, du chapitre V, du titre III, de la Constitution de 1791.

[1600] Selon Jean-Louis Debré, en effet, le Conseil constitutionnel est, de fait, devenu une Cour suprême, bien que cette qualification de l'institution soit difficile à exprimer au regard et compte tenu de la position jalouse de la Cour de cassation et du Conseil d'État (*Ce que je ne pouvais pas dire*, *Op.cit.*, p. 169).

[1601] Sur ce point, on sait que le juge constitutionnel, en général, à l'instar du Conseil constitutionnel français, ne peut se saisir d'office des normes adoptées par les organes de l'Etat. Cela étant, seules les normes déférées devant lui pour examen de constitutionnalité entrent dans le cadre de l'interprétativité constitutionnelle, et, par le mécanisme récent de la QPC, les normes déférées devant lui incidemment par les citoyens ; les autres normes étant passées au travers de ces filtres constitutionnels demeurent applicables malgré leur potentielle inconstitutionnalité, ce qui pose problème. Sur ce dernier point, v. Bertrand Mathieu et Michel Verpeaux, *Droit constitutionnel*, PUF, 2004, p. 744. L'argument avancé par ces auteurs date, certes, d'avant l'entrée en vigueur de la QPC, mais il ne reste pas moins pertinent dans la mesure où l'exception d'inconstitutionnalité n'est pas toujours invoquée à bon escient ou n'est pas toujours invoquée là où des questions constitutionnelles majeures se posent. Partant de là, la Constitution de l'État ne peut être le simple texte qu'on appelle « constitution », « norme suprême » ou « loi fondamentale » ; elle est ce qu'on peut appeler un « *corpus d'interprétativité constitutionnelle* », fabriqué de toutes pièces par le juge constitutionnel, parfois indépendamment de la norme posée. Cela signifie qu'au-delà des textes, le juge constitutionnel, par sa fonction interprétative, fait entrer toute norme, du moins appliquée, sinon applicable, dans le champ de la Constitution ; c'est dans un tel contexte que le Conseil constitutionnel a pu ériger une loi ordinaire en norme « constitutionnelle » de référence en ce qui concerne les règlements des assemblées parlementaires (Décision n° 95-368 DC du 15 décembre 1995, *Résolution modifiant le règlement du Sénat*, Cons. 1 ; décision n° 2009-582 DC du 25 juin 2009, *Résolution tendant à modifier le règlement du Sénat pour mettre en œuvre la révision*

Cet aspect du rôle du juge constitutionnel est illustré par sa capacité à interpréter les normes qui lui sont soumises toujours dans le sens d'une meilleure protection des droits et libertés fondamentaux et de la démocratie en se donnant les moyens de dépasser le contrôle de constitutionnalité pour pénétrer le quotidien des individus composant le système juridique dans lequel il opère. Dans ce contexte, s'agissant du Conseil constitutionnel français, qui a été conforté dans son rôle protecteur des droits et libertés fondamentaux, il n'est plus suffisant de voir en ce dernier un simple juge de constitutionnalité. Celui-ci s'apparente davantage à une Cour suprême[1602]. Cet aspect du travail du Conseil constitutionnel s'illustre parfaitement par la manière dont celui-ci se comporte face à la méthode d'interprétation consistant à se référer aux travaux préparatoires des normes qu'il interprète ; cela est d'autant plus affirmé lorsque le Conseil constitutionnel refuse de suivre les travaux préparatoires lorsque ces derniers révèlent une interprétation issue de la volonté constituante mais qui est défavorable à la protection des droits et libertés fondamentaux (décision n° 71-44 DC). Cet usage stratégique, et surtout aléatoire, des travaux préparatoires semble favoriser l'accès du Conseil au rang d'une réelle Cour suprême (§2). Pourtant, ce n'était nullement la volonté du constituant de 1958 de lui conférer un tel rang[1603]. Si l'usage stratégique de cette méthode d'interprétation juridique constitue une explication possible de la stature de Cour suprême du Conseil constitutionnel, celle-ci a une autre explication tout aussi plausible ; il s'agit de celle de l'héritage immédiat et direct, quoi que *manqué*, du Conseil constitutionnel, le projet de Cour suprême du fédéralisme à la française qui a été envisagé et élaboré par l'Assemblée de l'Union française en juillet 1958 (§1).

---

constitutionnelle, conforter le pluralisme sénatorial et rénover les méthodes de travail du Sénat, Cons. 2 ; décision n° 2009-581 DC du 25 juin 2009, *Résolution tendant à modifier le règlement de l'Assemblée nationale*, Cons. 2 ; décision n° 2018-767 DC du 5 juillet 2018, §. 2. *Résolution relative aux obligations déontologiques et à la prévention des conflits d'intérêts des sénateurs*).

[1602] Ce point est d'ailleurs confirmé par Dominique Schnapper, ancienne membre du Conseil constitutionnel de 2001 à 2010, *in* « Le Conseil constitutionnel, pas si sage ! », *France culture*, 2 mars 2019, https://www.franceculture.fr/emissions/politique/le-conseil-constitutionnel-pas-si-sage, Consulté le 6 mars 2019.

[1603] Il ressort clairement, en effet, des travaux préparatoires de la Constitution de 1958 (*Travaux préparatoires de la Constitution. Avis et débats du Comité consultatif constitutionnel*, La Documentation française, 1960) et du texte constitutionnel définitivement adopté, un *Titre VII* intitulé « *Le Conseil constitutionnel* » et un *Titre VIII* portant le titre « *De la justice* ». Cette présentation distinguée des deux institutions témoigne de la volonté du constituant de faire du Conseil constitutionnel davantage un organe politique qu'un organe juridictionnel. D'ailleurs, Michel Debré, lui-même concéda que le Conseil constitutionnel se dirigea vers une Cour suprême, bien que ce ne fût « *pas son dessein* » (Jean-Louis Debré, *Ce que je ne pouvais pas dire, Op.cit.*, p. 227).

§1. L'idée de la Cour suprême de l'Union française dans le premier projet du constituant de 1958

Le rôle du juge constitutionnel dans le mécanisme du contrôle de constitutionnalité n'est pas tant de juger que d'interpréter[1604], d'une part, la Constitution par rapport à des normes qui lui sont théoriquement extérieures et qui, potentiellement, peuvent lui porter atteinte et, d'autre part, ces dernières normes, à savoir les lois nationales ordinaires, les traités, les conventions et autres normes internationales ratifiées ou approuvées par la France et qui auront à s'appliquer en droit interne. Dans cette fonction, le Conseil constitutionnel français se rapproche davantage d'une Cour suprême[1605] qu'un simple juge de constitutionnalité, dans la mesure où il a en charge l'harmonisation, par son interprétation conciliatrice, sinon unificatrice, des différents textes, du droit applicable sur le territoire national. L'unité du droit que le juge constitutionnel doit rechercher est l'un des aspects prétoriens de la théorie de l'interprétation constitutionnelle. Cet aspect se retrouve aussi bien dans le contrôle *a priori* que dans le contrôle *a posteriori*. Malgré l'opposition faite, en 1958 encore, au contrôle de constitutionnalité de la loi, il n'est pas difficile de constater que, dans l'esprit des concepteurs de la Constitution de 1958, il y avait certains traits des propositions du projet constitutionnel élaboré par la *Commission de législation* de l'Assemblée de l'Union française, clairement conçu dans l'esprit de constituer un État fédéral, avec une Cour suprême à sa tête ; ce projet n'était évidemment pas sans effet sur l'idée finalement retenue de création d'un Conseil constitutionnel à la française[1606] et sur la fonction même de celui-ci. Selon ce projet constitutionnel, en effet, le rôle de ladite Cour suprême aurait été d'unifier, sinon d'harmoniser, au niveau fédéral, à l'instar de la Cour suprême des États-Unis ou

---

[1604] Même si le jugement assuré par les juges ordinaires, du moins dans le cadre du contrôle de constitutionnalité *a posteriori*, dépend de l'interprétation constitutionnelle – ce qui, en quelque sorte, montre celle-ci sous un autre aspect, celui d'une interprétation constitutionnelle née de la pratique la plus concrète des normes.

[1605] Sur ce point, v. Pierre Delvolvé, « Le Conseil d'Etat, Cour suprême de l'ordre administratif », *Pouvoirs*, 2007/4, n° 123, (pp. 51-60), p. 54. Selon cet auteur, le Conseil d'État et la Cour de cassation ne sont pas des cours suprêmes « *dès lors qu'elles n'ont pas compétence à l'égard de toutes les juridictions et à l'égard de tout l'ordre juridique.* » Dans ce contexte, le rôle de Cour suprême ne peut revenir qu'au Conseil constitutionnel dont l'interprétation de toute norme juridique, au regard de l'article 62 de la Constitution, s'impose à tous.

[1606] V. *Documents pour servir à l'histoire de l'élaboration de la Constitution du 4 octobre 1958*, notamment le chapitre IV (pp. 574-578) de l'Etude sur les relations de la France avec les pays d'outre-mer du 5 juillet 1958, présenté par Lucien Junillon, Vol. I, La Documentation française, Paris, 1987, pp. 557-578.

encore de celle du Canada, les systèmes de droit qui auraient animé les États fédérés.

Ce projet clairement en faveur de la création d'un fédéralisme à la française, bien qu'il n'ait pas été adopté en tant que tel, a trouvé une certaine concrétisation dans le projet finalement retenu. Ainsi, en est-il de la participation active des collectivités territoriales d'outre-mer dans l'élaboration des textes qui les concernent. En effet, l'Assemblée de l'Union française, qui, dans une étude du 5 juillet 1958[1607], avait procédé à l'esquisse de ce projet fédéraliste, déclarait : « *Sans doute, serait-il nécessaire de placer, outre-mer, auprès de chaque commissaire de la République d'un territoire non groupé, une section administrative appelée à participer à la préparation des textes légaux et réglementaires d'intérêt local.*[1608] » La visée de cette étude se montra particulièrement ambitieuse. Cette étude concluait, en effet, qu'« *En agissant ainsi, à l'écart de l'immobilisme et de l'utopie, nous aurons démontré au monde – et d'abord à tous nos concitoyens – une volonté novatrice telle qu'elle devrait contribuer à faire taire les armes en Algérie, à rassurer ailleurs les sceptiques, à décourager partout les convoitises.*[1609] » Le rôle de la Cour suprême, finalement abandonnée, dans les relations entre ces différentes entités de la Fédération, n'est, sur ce point, pas difficile à comprendre.

Quant au caractère juridictionnel de cette Cour suprême[1610], dans sa conception, il ne s'illustrait pas seulement par sa dénomination. En effet, outre cette dénomination (« Cour suprême »), ses penseurs avaient mis en avant son « *rôle juridique fondamental*[1611] ».

[1607] V. « Etude sur les relations de la France avec les pays d'outre-mer du 5 juillet 1958 », in *Documents pour servir, Ibid.*, pp. 557-583.

[1608] *Ibid.*, p. 582.

[1609] *Ibid.*, p. 583.

[1610] *Ibid.*, p. 582.

[1611] *Ibid.* Il faut entendre, par « *rôle juridique* », le rôle juridictionnel de l'institution, avec toutes les caractéristiques nécessaires à une juridiction, notamment les principes d'indépendance et d'impartialité. D'autres éléments permettent d'illustrer le rôle juridictionnel de cette Cour. Elle a été par exemple pensée comme « *juge de la constitutionnalité des lois et arbitre [d]es conflits pouvant surgir entre les Assemblées, notamment pour l'application respective des lois fédérales et des lois locales.* » (*Ibid.*). S'agissant de la composition de la Cour, ses concepteurs avaient eu l'idée assez originale d'y inclure de manière obligatoire un membre du Conseil d'État et un membre de la Cour de cassation – ce qui renvoyait au système de *juges référendaires* d'autres juridictions de cette nature dans le monde, telles les Cours constitutionnelles italienne et allemande ; ce point témoigne également du caractère juridictionnel de l'institution. Il a été également prévu une nomination à vie des membres de la Cour – ce qui laisse à penser que l'Assemblée de l'Union française était, sur ce point, sous l'influence de la Cour suprême américaine dont les membres sont nommés à vie par le président américain depuis le début du fonctionnement de celle-ci.

Si, selon l'analyse de Michel Verpeaux, le Comité constitutionnel, rejeté au référendum le 5 mai 1946, puis remis sur pied avec un succès relatif, cette fois, dans le second projet de Constitution de 1946, est l'« *ancêtre immédiat*[1612] » du Conseil constitutionnel, son ancêtre direct, quoique *manqué* sur le plan opérationnel, est ce projet de Cour suprême de l'Union française, bien que l'idée ait été très vite enterrée par les vagues de décolonisation de masse qui ont secoué la France en Asie puis en Afrique dès la fin des années 1950.

Pensée comme Cour suprême de l'Union française en 1958[1613], l'instance prendra finalement le nom de « *Cour d'arbitrage*[1614] » de la Communauté française qui remplaça l'Union française en 1958. Enfin, ce projet fédéraliste, qui remonte au discours de Bayeux en 1946[1615], s'est retrouvé dans le discours de Charles de Gaulle, place de la République, le 4 septembre 1958, mais sous une forme volontariste et beaucoup moins affirmée. De Gaulle déclara ainsi : « *Qu'un comité constitutionnel, dégagé de toute attache, ait qualité pour apprécier si les lois votées sont conformes à la Constitution et si les élections diverses ont eu lieu régulièrement.*[1616] » Là est né le rôle actuel du Conseil constitutionnel dans les

---

[1612] Michel Verpeaux, *Le Conseil constitutionnel*, *Op. cit.*, p. 21. L'auteur a dressé un historique des idées et ancêtres d'un juge de constitutionnalité en France, en commençant par les propositions révolutionnaires, dont celle de Sieyès qui avança l'idée d'un « *Jurie constitutionnaire* », jusqu'au Comité constitutionnel de 1946, en passant par l'échec des sénats d'empire et les simples débats sous la IIIème République (*Ibid.*, pp. 17-22), mais il n'a pas mentionné ce projet de Cour suprême dans le système fédéraliste proposé en juillet 1958. Mais il est vrai que l'idée du fédéralisme a toujours été, en France, une question sensible, tant l'attachement à la forme unitaire de l'État est fort ; il est donc possible que cette idée de Cour suprême soit vue comme un cauchemar dont on voudrait bien se passer et ne plus en entendre parler. Néanmoins, dans une analyse scientifique de cette nature, il a semblé intéressant de s'arrêter sur ce point d'histoire contextuelle du système constitutionnel français.

[1613] L'Union française, créée par la Constitution de 1946, s'est effondrée en 1958 pour laisser place à la Communauté française qui a été préférée au fédéralisme esquissé le 5 juillet 1958 ; celle-ci sera à son tour abandonnée à partir de la vague de décolonisation des années 1960. Pour une vision complète de ces deux instances, v. « Communauté française » in *Dictionnaire d'histoire de France*, Perrin, 2002, p. 245 et « Union française », in *Ibid.*, p. 1045.

[1614] V. *Dictionnaire d'histoire de France*, Perrin, 2002, p. 245.

[1615] Dans ce discours, Charles de Gaulle déclare : « *L'avenir des 110 millions d'hommes et de femmes qui vivent sous notre drapeau est dans une organisation de forme fédérative, que le temps précisera peu à peu, mais dont notre Constitution nouvelle doit marquer le début et ménager le développement.* » (*Discours de Bayeux*, 16 juin 1946). Cette déclaration montre que ce projet fédéraliste anime l'ancien chef de l'État depuis longtemps.

[1616] Charles de Gaulle, « Discours prononcé place de la République », Paris, 4 septembre 1958, *Fondation Charles de Gaulle* [en ligne]. Il convient de préciser que ce rôle de juge électoral confié au Conseil constitutionnel, et constatable dans le discours de de Gaulle, est né du choc suscité par l'annulation en 1956 de l'élection de plusieurs députés poujadistes par l'Assemblée nationale qui,

processus électoraux au niveau national (présidentielles et législatives). Charles de Gaulle continue son discours en affirmant : « *Qu'entre la métropole, la nation française, et les territoires d'outremer qui le veulent, soit formée une Communauté où chaque territoire deviendra un État qui se gouvernera lui-même, tandis que la politique étrangère, la défense, la politique économique et financière, la monnaie, le contrôle de la justice, l'enseignement supérieur et les communications lointaines, constitueraient un domaine commun dont ont à connaître les organes de la Communauté : Président, Conseil exécutif, Sénat, Cour d'arbitrage. C'est ainsi que sera profondément rénové l'ensemble humain groupé autour de la France. […]. En effet,* ***chaque territoire aura la faculté, par son vote au référendum, soit d'accepter la proposition de la France, soit de la refuser*** *et, par là même, de rompre avec elle tout lien. […].* » Certes, sur la base du volontarisme, mais c'est une Constitution clairement fédéraliste que propose Charles de Gaulle au peuple français le 4 septembre 1958.

Enfin, en adoptant à l'unanimité, dès le début de son fonctionnement, cette méthode d'interprétation consistant en l'usage des travaux préparatoires des textes, le Conseil constitutionnel a stratégiquement fait le choix de se comporter comme une Cour suprême qu'il aurait dû être *de facto* comme *de jure*, mais qu'il n'est, en définitive, que *de facto*. C'est dans cet esprit que l'institution a canalisé son évolution vers le juge constitutionnel à part entière qu'il est.

§2. L'évolution du Conseil constitutionnel dans l'ombre du projet de Cour suprême de l'Union française

Le Conseil constitutionnel a ainsi hérité de l'idée de cette Cour suprême manquée, que n'a finalement pas connu la France, et il va s'en servir pour retrouver le rôle juridictionnel[1617] que celle-ci devait détenir. Fort de cet héritage

---

jusqu'en 1958, en avait compétence. L'idée fut alors de confier ce rôle à un organe différent de cette Assemblée.

[1617] À supposer que le Conseil constitutionnel y est inclus et en devient la Cour suprême, « *L'institution judiciaire avait été sciemment marginalisée par les révolutionnaires, pour qui la légitimité politique s'incarnait dans les représentants du peuple qui seuls exprimaient la volonté générale.* » (Jean-Louis Debré, *Ce que je ne pouvais pas dire*, *Op. cit.*, p. 212). Sachant qu'à l'époque révolutionnaire, la magistrature ne fait clairement pas partie des représentants. Ce constat a conduit l'auteur à la conclusion que, bien que « *la Constitution invoque l'« autorité judiciaire », démentant la thèse des trois pouvoirs – législatif, exécutif, judiciaire – et affirme l'idée d'une subordination de la justice à l'autorité politique, il est manifeste aujourd'hui que le juge a su accéder à une véritable autorité.* » (*Ibid.*, p. 213).

juridictionnel de la Cour suprême des entités fédérées de l'Union française, malgré son abandon entre juillet et septembre 1958 au profit d'un organe plus politique, l'héritier, le Conseil constitutionnel, peut dépasser son rôle purement politique pour se donner son nouveau rôle de juridiction suprême de la Vème République. Cette évolution du rôle du Conseil constitutionnel est particulièrement marquée par sa politique jurisprudentielle avant (A) et après (B) 1971.

A) Jusqu'en 1971

L'observation des décisions du Conseil constitutionnel ayant fait explicitement référence aux travaux préparatoires des normes[1618] que celui-ci interprète, qu'il s'agisse de normes (constitutionnelles) de référence ou de normes déférées devant lui, montre qu'un nombre assez réduit de décisions[1619] de l'institution a explicitement fait référence aux travaux préparatoires de ces normes entre les années 1960 et 1970. À partir des années 1970, notamment après la décision n° 71-44 DC, mais aussi après l'ouverture en 1974 de la saisine de l'institution aux parlementaires, la référence aux travaux préparatoires des normes par le Conseil a, pour ainsi dire, éclaté. Ainsi, bien que le Conseil constitutionnel se trouve inscrit dans cet héritage juridictionnel de la Cour suprême avortée en 1958, du fait du caractère politique qu'il a acquis par la volonté du constituant, il a dû conquérir l'autonomie juridictionnelle par la construction de sa propre légitimité interprétative au fil des années, conquête dont la première victoire devait être « *la révolution constitutionnelle*[1620] » ou « *le tournant jurisprudentiel*[1621] » de 1971 qui a donné lieu à une « *seconde naissance*[1622] » de l'institution. Mais ce comportement du Conseil constitutionnel s'inscrivit dans une ère propice. Sur ce point, Dominique Rousseau n'a-t-il pas dédié le XXe siècle au constitutionnalisme en affirmant que « *Le XXème siècle est celui des Cours*

Pour autant, l'auteur ne semble pas remettre en cause l'idée selon laquelle l'autorité judiciaire signifie subordination de la justice à la volonté politique.

1618 V. *Liste des décisions du Conseil constitutionnel ayant fait référence aux travaux préparatoires* en fin de bibliographie : un peu plus de cent cinquante décisions à ce jour (décembre 2017).

1619 En effet, seules quatre décisions du Conseil constitutionnel ont fait référence aux travaux préparatoires entre 1960 et 1970.

1620 V. Aharon Barak, « La révolution constitutionnelle : la protection des droits fondamentaux », *Pouvoirs*, n° 72, 1995, pp. 17-35.

1621 Dominique Rousseau, *Droit du contentieux constitutionnel, Op. cit.*, p. 32.

1622 Léo Hamon, *Les juges de la loi. Naissance et rôle d'un contre-pouvoir : le Conseil constitutionnel*, Fayard, 1987, p. 159 s.

constitutionnelles[1623] » ? D'ailleurs, Jean Foyer, bien que de manière ironique, constata également que « *La mode des juridictions (ou quasi juridictions) constitutionnelles est née après la première guerre mondiale.* »

Dans ce contexte, la référence aux travaux préparatoires par le juge constitutionnel se présente comme la méthode d'interprétation juridiquement la plus fondée et objectivement la plus fiable. Le fondement juridique de cette méthode d'interprétation, on l'a vu, peut être rattaché, selon une approche extensive, mais non excessive, aux dispositions de l'article 33 de la Constitution, qui exigent la publicité, la publication et la conservation des débats parlementaires, et à la jurisprudence constitutionnelle qui accorde une importance particulière à cette méthode d'interprétation juridique. Les autres méthodes et techniques d'interprétation juridique n'ont, pour ainsi dire, aucun fondement ; leur usage relève d'un simple réflexe conduisant à un pur comportement épistémologique du juge à la recherche de connaissance quant au sens et à la portée des normes juridiques qu'il doit interpréter et appliquer. Ainsi, la méthode d'interprétation consistant en l'usage des travaux préparatoires présente une fiabilité assurée, notamment au regard des analyses exégétiques des décisions du juge constitutionnel. À ce propos, on se souvient que Robert Badinter, mais il n'est pas le seul à le penser, interdit au juge la fonction même d'interpréter le droit[1624]. Mais, sa position, si elle pourrait s'avérer minoritaire, n'est hélas pas propre à l'auteur, elle est partagée par nombre d'individus. Ainsi, en 2003, le Sénat italien, sous le gouvernement de Silvio Berlusconi, prévoyait de punir pour « *faute disciplinaire*[1625] » le juge dont l'interprétation s'écarterait de trop du contenu matériel de la norme posée. Dans un tel contexte, il paraît fort compréhensible que le juge (constitutionnel) veuille intégrer les motivations et arguments des auteurs des normes – donc des travaux préparatoires de celles-ci qui, parfois, révèlent leurs propres contradictions – dans son interprétation prétorienne de ces normes comme éléments justificateurs de cette interprétation. Mais l'essentiel s'avère le degré d'autonomie, d'indépendance et de distance que le Conseil constitutionnel s'accorde face aux résultats que cette méthode d'interprétation révèle, s'agissant du sens et de la portée juridique d'une norme. En effet, depuis la décision de 1971 sur la liberté d'association, le Conseil

---

1623 Dominique Rousseau, *La justice constitutionnelle en Europe*, Montchrestien, Coll. : « Clefs politique », 3ème édition, 1998, Quatrième de couverture.

1624 V. sa préface in *Des délits et des peines de Cesare Beccaria*, GF Flammarion, 1991, p. 27.

1625 V. Isabelle Boucobza, *La fonction juridictionnelle. Contribution à une analyse des débats doctrinaux en France et en Italie*, Dalloz, Coll. : « Nouvelle bibliothèque des thèses », mars 2005, « Introduction », p. 1.

constitutionnel ne s'inflige pas le respect systématique de la volonté (ou la liberté) des anciens, pas plus d'ailleurs que celle des modernes[1626], mais assure une conciliation entre les deux, lorsque cela s'avère possible[1627] ou s'en écarte lorsque la conciliation n'est pas possible[1628]. C'est là un comportement de Cour suprême, plus que celui d'une simple Cour constitutionnelle[1629] dont les fonctions paraissent se réduire au seul contrôle de constitutionnalité[1630]. C'est ce

---

[1626] Sur ces deux notions, v. Benjamin Constant, *De la liberté des anciens comparée à celle des modernes* [1819], *Op. cit.* et Noémie Porte, *Le Conseil constitutionnel, gardien de la liberté des Anciens*, Thèse 2013, Université de Montpellier, sous la direction de Dominique Rousseau.

[1627] V. Décision n° 2012-297 QPC où le Conseil constitutionnel assure une conciliation entre la volonté du constituant de 1958 avec celle du constituant de 1946, alors même que, comme l'exprimait si bien Vincent Auriol lors de la séance de délibération du Conseil sur la décision n° 59-5 DC, la Constitution de 1958 est censée abolir et remplacer celle de 1946.

[1628] V. Décision n° 71-44 DC où le Conseil constitutionnel a ignoré les travaux préparatoires dans le but d'opérer une autre conciliation entre la liberté du législateur des modernes (son droit de remettre en cause la liberté d'association) et celle du législateur des anciens (le haut respect dû à une liberté d'association qualifiée de principe fondamental reconnu par les lois de la République et dont les conditions ne peuvent pas être remises en cause par la loi simple), celle entre une situation de flou juridique et l'exigence d'une haute protection des droits et libertés fondamentaux.

[1629] Sur la qualification de cour constitutionnelle du Conseil constitutionnel français, v. Marie-Claire Ponthoreau, *Op. cit.*

[1630] Il n'y a pas de critères juridiques clairement établis permettant de distinguer de manière nette la nature d'un juge de dernier ressort dans un système juridique donné. Ainsi, pour procéder à cette distinction, il importe de s'intéresser à la profondeur des fonctions réelles du juge. Dans ce contexte, le rôle d'une simple cour constitutionnelle semble se réduire au simple contrôle de constitutionnalité, contrairement à celui d'une Cour suprême dont le rôle consiste à trancher, en dernier ressort dans l'ordre juridique interne, l'ensemble des litiges, tant sur le plan interprétatif que sur le plan factuel. Cet argument, pourrait-on dire, ne plaide pas en faveur d'un rôle de Cour suprême du Conseil constitutionnel, dans la mesure où le rôle de celui-ci ne consisterait pas en l'analyse de faits, mais seulement de la constitutionnalité abstraite de règles de droit s'appliquant à un litige donné. Mais, compte tenu de la logique, souvent empreinte d'une analyse herméneutique, de l'interprétation juridique qui se déroule au Conseil constitutionnel, cette objection ne tiendrait pas pour au moins deux raisons. La première est que l'interprétation constitutionnelle opérée par le juge de la rue de Montpensier, notamment depuis le 1er mars 2010 avec l'avènement du contrôle *a posteriori*, est une interprétation fondée sur des faits pendants devant les juges ordinaires, et sans l'analyse de ces faits le Conseil constitutionnel ne pourrait certainement pas se rendre compte de l'inconstitutionnalité d'une disposition législative déférée devant lui. Et, pour preuve, certaines dispositions législatives qui étaient censées être déclarées conformes à la Constitution dans le cadre du contrôle *a priori* peuvent se retrouver au centre du contentieux constitutionnel *a posteriori*, par l'effet de l'application concrète, et donc de faits concrets, de la norme. En second lieu, la sentence des juges *a quo* dépend exclusivement de l'interprétation constitutionnelle prononcée par le Conseil constitutionnel dans l'ordre juridique interne, ce qui montre une fois de plus que celui-ci a, de fait, à connaître des faits du litige pendant, et si le filtre des juges *a quo* n'existait pas ou ne faisait pas écran, les faits auraient été particulièrement visibles devant l'institution. C'est en sens que le rôle de celui-ci dépasse celle d'une simple Cour constitutionnelle, il joue, de fait, le rôle d'une Cour

comportement du Conseil qui explique qu'en janvier 2013, lors de ses vœux à l'institution, François Hollande, alors président de la République, a pu affirmer : « *D'organe régulateur de la Constitution, vous êtes devenus une cour constitutionnelle, considérée comme telle par les autres juridictions constitutionnelles en Europe*[1631] ». Bien que la notion de « Cour constitutionnelle » ait, au regard de ses missions, une connotation plus restrictive que celle de « Cour suprême », le lien entre les rôles de celles-ci est plus étroit qu'il ne l'est entre un Conseil constitutionnel et le reste des juridictions ordinaires.

La décision n° 71-44 DC du 16 juillet 1971 est une belle illustration de l'usage discontinu ou, plus exactement, polysémique que fait le Conseil constitutionnel des travaux préparatoires. En effet, dans cette décision, malgré la claire volonté du constituant de 1958, connue du Conseil constitutionnel en 1971, celui-ci s'est permis de s'écarter de cette volonté. Une interprétation téléologique, ou systémique, était pourtant possible dans le cas de 1971, or le Conseil constitutionnel a choisi une autre solution. Avant cette décision *post mortem* en 1971, le Conseil fut un simple juge de constitutionnalité ; à partir de 1971, il a repris naissance pour devenir une Cour suprême fonctionnant de manière libre comme toutes les instances juridictionnelles de son rang.

Le dépassement du simple rôle de juge de constitutionnalité est l'un des traits du caractère démocratique de l'interprétation constitutionnelle. Pierre Avril, mais il n'est pas le seul, parvient à la conclusion que « *l'auteur [juridique par rapport à l'auteur intellectuel] de la Constitution du 4 octobre 1958 est le peuple français qui l'a approuvée par référendum. Dès lors présentent seuls un caractère pertinent pour l'interprétation de la Constitution les éléments dont les électeurs avaient connaissance le 28 septembre 1958.*[1632] » Or, mises à part « *les seules intentions des rédacteurs dont le peuple fût informé [et qui] se limitait à l'avis du C.C.C. reproduit au Journal officiel du 20 août 1958 et à 'l'exposé général des motifs contenu dans le discours prononcé le 4 septembre 1958, place de la République, par le chef du Gouvernement'*[1633] », le peuple français n'avait pas connaissance des autres travaux préparatoires, pourtant cruciaux, de la Constitution. Il a déjà été démontré, du point de vue pratique et scientifique, que le peuple ne peut pas, à proprement parler, être véritablement l'« auteur » de la Constitution de 1958, il n'a pu que

suprême qui tranche l'ensemble des conflits interprétatifs juridiques, d'ailleurs tant de droit public que de droit privé.

[1631] Extrait in *Correspondance économique*, mardi 8 janvier 2013, p. 13.

[1632] Pierre Avril, « Le piano mécanique », *Op. cit.*, p. 17.

[1633] *Ibid.*

lui donner, *fragmentairement*, son approbation purement formelle en aval. Face à une telle instrumentalisation du peuple, le juge constitutionnel paraît le seul rempart pour celui-ci. En ce sens, le Conseil constitutionnel semble désapprouver la position de Pierre Avril en ouvrant le plus largement possible la notion de travaux préparatoires de la Constitution dont il fait un usage très irrégulier afin de servir son pouvoir d'interprète et de permettre véritablement au peuple de *devenir* l'auteur pratique de la Constitution. Ainsi, bien que, à l'instar d'autres auteurs, Pierre Avril persiste dans l'illusion visant à reconnaître le peuple français comme l'unique auteur de la Constitution de 1958 au point d'affirmer que « *La conclusion est qu'il faut donc refuser toute valeur juridique aux autres travaux préparatoires (au sens matériel) de la Constitution de 1958 en raison de l'ignorance dont ils étaient l'objet de la part des électeurs*[1634] », c'est le Conseil constitutionnel qui, au stade de l'interprétation constitutionnelle, redonnera la fonction d'auteur de la Constitution au peuple[1635]. Et lorsque Pierre Avril affirme que « *les autres sources, peut-être essentielles du point de vue intellectuel ou historique, mais juridiquement dépourvues de pertinence*[1636] », il semble feindre, sous le masque du positivisme, d'ignorer le poids de l'histoire et du processus intellectuel dans la construction et dans l'interprétation du droit.

Enfin, en écartant toute forme d'illusion, il faut constater que c'est le juge constitutionnel qui ouvre l'accès de la Constitution au peuple qui ne savait que très peu de chose de ce texte le 28 septembre 1958. Par sa popularité historique[1637], Charles de Gaulle, comme n'importe quel personnage, dans le

---

[1634] *Ibid.*

[1635] D'ailleurs, Charles de Gaulle, lui-même, ne dissimulait pas le fait que le peuple ne fut pas l'auteur (au sens de celui qui l'a conçue par la pensée et écrite) de la Constitution de 1958. En effet, celui-ci, en 1965, déclara : « *Nous avons fait, **j'ai proposé au pays de faire la Constitution de 58**, après les drames que vous savez et dans l'intention [...] de mettre un terme au régime des partis. [...] Et c'est dans cet esprit que la Constitution a été faite et **c'est dans cet esprit que je l'ai proposée au peuple qui l'a approuvée**, et **je suis sûr qu'il l'a approuvé dans cet esprit**.* » (Charles de Gaulle, « Entretien avec Michel Droit », 3ème partie, 15 décembre 1965 [en ligne sur le site internet de l'INA]). On voit bien que l'esprit de la Constitution n'est, du moins au départ, pas celui du peuple, mais celui de ses véritables auteurs que sont Charles de Gaulle et ses partisans. Sur ce point, Pierre Avril a rapporté que Charles de Gaulle disait, en parlant de lui-même, « *Étant moi-même le principal auteur de la Constitution [...]* » (Pierre Avril, *Ibid.*). Par conséquent, si l'on veut aborder l'esprit constitutionnel issu de la Constitution de 1958, il faut analyser tous les discours de ses véritables auteurs sur le plan concret et pratique, en laissant de côté le peuple qui n'est qu'un auteur théorique et symbolique de cette Constitution.

[1636] Pierre Avril, *Op. cit.*

[1637] Notoriété qui, semble-t-il, a été fomentée par le biais de chantages par Charles de Gaulle lui-même. Sur ce point, Henri Guillemin, paraphrasant Pierre Mendès France, affirme : « *De Gaulle a pris le pouvoir par le biais d'un chantage militaire* » (Henri Guillemin, *La trajectoire de Charles de*

contexte de l'époque, aurait pu faire approuver par ce peuple n'importe quel projet présenté comme nouveau. Dans ce contexte, il n'est pas forcément excessif d'affirmer que « *la démocratie est le nom que nous donnons au peuple toutes les fois que nous avons besoin de lui.*[1638] » Comme une réponse à cette dernière déclaration que l'on pourrait qualifier de *cynique*, Alain Supiot, analysant les relations entre gouvernants-représentants et gouvernés-représentés, affirme : « *Beaucoup de choses se jouent en effet dans l'écart entre ces représentations formelles et l'état réel du monde. Si cet écart est trop grand ou s'élargit, la réalité disqualifie l'ordre normatif et sape sa crédibilité. C'est ce qui risque d'advenir par exemple si, derrière la façade d'une loi égale pour tous, règne en fait un système de passe-droits et d'allégeances personnelles.*[1639] » Le Conseil constitutionnel, en tant que Cour suprême tranchant les conflits juridiques dans tous les domaines du droit, dans l'ordre juridique interne, est le seul à pouvoir éviter la manipulation politique de la fragile souveraineté du peuple[1640]. Ce rôle du Conseil a fonctionné de manière ininterrompue après la décision de 1971.

B) Après 1971

Après la décision du Conseil constitutionnel sur la liberté d'association en 1971, son rôle devait encore s'affirmer par la fin des saisines blanches[1641] et, du

---

Gaulle, Conférence, 1984, https://www.youtube.com/watch?v=JncAtLZN6J0, Consulté le 9 septembre 2019, à partir de 2:17:30).

[1638] Réplique de Monsieur Durand (dans le rôle d'un vice-président de la Chambre des députés, futur président de la République), in *L'Habit vert*, Pièce de théâtre de Robert de Flers et Gaston Arman de Caillavet [1912], Adaptation cinématographique, 1937, Archives INA, à partir de la 35ème minute.

[1639] Alain Supiot, *La gouvernance par les nombres*, Fayard, 2015, p. 18.

[1640] La fragilité de la souveraineté populaire rend, en effet, le peuple particulièrement vulnérable face aux gouvernants, tel que l'illustre la mise en scène de cette conversation mondaine entre un duc, une duchesse et un futur président de la République, République qui bat encore de l'aile, quant à son acceptabilité, dans les années 1910 : « **Monsieur le duc.** – *Monsieur Durand, vice-président de la Chambre, député du Calvados, mon collègue au Conseil général. Je ne partage pas ses opinions, mais comme je ne suis pas sûr qu'il les partage lui-même, je fais de lui le plus grand cas. Je ne lui reproche qu'une chose, c'est son goût pour le peuple.* **Monsieur Durand.** – *Disons au moins pour la démocratie.* **Madame la duchesse.** – *Quelle est la différence des mots [peuple et démocratie] ?* **Monsieur Durand.** – *Mon Dieu, Madame la duchesse, la démocratie est le nom que nous donnons au peuple toutes les fois que nous avons besoin de lui.* » (Extrait de *L'Habit vert*, *Ibid*).

[1641] Mais la pratique de la saisine blanche semble perdurer pour les saisines institutionnelles obligatoires. Par exemple, le Conseil constitutionnel accepte la saisine blanche du Premier ministre. En effet, il a jugé que sa saisine blanche par le Premier ministre dans le cadre du contrôle de constitutionnalité *a priori* des lois organiques n'appelle pas un examen de la loi sur le fond, mais seulement un examen succinct de sa procédure d'adoption éventuellement éclairée par les travaux

même coup, le début du caractère contentieux de la justice constitutionnelle avec la réforme constitutionnelle de 1974 qui, de manière conditionnée, a ouvert la saisine de l'institution aux parlementaires. De là est né un usage beaucoup plus stratégique des travaux préparatoires des normes, lesquels ne servent plus à confirmer ou infirmer une interprétation constitutionnelle, mais à servir en fonction des besoins du Conseil constitutionnel.

Certains font l'apologie d'un retour à la monarchie, avec un souverain stable dans le temps long, qui ne dépendrait de personne et qui serait ainsi « *au-dessus de la mêlée*[1642] », en vue de résoudre les bouleversants problèmes sociaux. Mais cette position est particulièrement dangereuse ; elle témoigne même d'un certain mépris à l'égard du juge (constitutionnel) dont le rôle est justement à la fois d'être dans et au-dessus de la mêlée en écoutant et en rassemblant les différences qui animent nécessairement toute communauté de vie[1643]. Ce mépris du rôle du juge constitutionnel français semble aussi s'expliquer par le choix de celui-ci de s'émanciper du gaullisme. Sur ce point, certains témoignages sont assez édifiants. Jean Foyer déclara que « *le père Hauriou, à la fin du XIXe siècle, avait introduit chez les professeurs de droit public le culte de la latrie du Conseil d'État, nous connaissons aujourd'hui le culte de la latrie du Conseil constitutionnel.*[1644] » Après avoir appelé à la suppression du Conseil constitutionnel[1645], cet auteur estima

---

parlementaires (Décision n° 2019-793 DC du 28 novembre 2019, §. 2. *Loi visant à clarifier diverses dispositions du droit électoral*).

[1642] « Frédéric Rouvillois : pourquoi les Français sont nostalgiques de la monarchie », *Figaro Vox / Grand entretien. Débats, opinions, controverses*, 4 septembre 2016.

[1643] De ce point de vue, les travaux préparatoires permettent au Conseil constitutionnel de mieux exercer son rôle d'interprète *finaliste*. Ainsi, dans le contrôle *a priori*, ces derniers revêtent une importance particulière. Dans sa décision n° 2016-730 DC du 21 avril 2016 (*Loi de modernisation de diverses règles applicables aux élections*), par exemple, le Conseil a jugé que « *la loi déférée a été adoptée selon une procédure conforme à la Constitution ; qu'au demeurant, aucun autre motif particulier d'inconstitutionnalité ne ressort des travaux parlementaires ; qu'il n'y a pas lieu, pour le Conseil constitutionnel, d'examiner spécialement des dispositions de la loi déférée d'office ;* » (Cons. 4). Ainsi, dans la mesure où le juge ne peut imaginer à l'avance l'ensemble des questions juridiques pouvant découler d'un texte qu'il interprète de manière plus ou moins abstraite, le pluralisme des points de vue que revêtent les travaux préparatoires permettent au juge constitutionnel de saisir certaines interrogations que ses membres n'auraient pas pu, faute notamment de temps, soulever de manière spontanée.

[1644] Jean Foyer, *in* Didier Maus et Olivier Passelecq (dir.), *Témoignages sur l'écriture de la constitution de 1958 autour de Raymond Janot. Actes de la journée organisée le 1er octobre 1993 à la Maison de l'Europe de Paris*, La Documentation française, Coll. : « Les Cahiers constitutionnels de Paris 1 », Sous-coll. : « Notes et études documentaires », 1997, p. 64.

[1645] Jean Foyer, « Pour la suppression du Conseil constitutionnel », *La Revue administrative*, 51ème année, n° 301, janvier-février 1998, pp. 97-101.

qu'« *Il faudrait quand même réfléchir sur [cette] institution au regard du principe démocratique*[1646] » car il considéra que le renforcement du contrôle de constitutionnalité en 1971 fut un « *excès*[1647] » au regard du rôle limité qui, au départ, a été attribué au Conseil. Pour l'auteur, en effet, ce renforcement excessif du contrôle de constitutionnalité risquait de permettre au Conseil d'« *envoyer [...] au panier*[1648] » certaines réformes législatives démocratiquement votées par le Parlement. C'est dans cet esprit que Jean Foyer a finalement déclaré : « *Je ne considère pas qu'il soit parfaitement conforme à l'idée démocratique d'avoir placé le Parlement qui exerce la souveraineté nationale en vertu de la Constitution, dans le domaine législatif, et qui l'exerce parce qu'il tient son pouvoir de l'investiture du suffrage universel, sous la tutelle d'**un organisme technocratique**.*[1649] » Anne-Marie Le Bos-Le Pourhiet enfonça le clou en ajoutant : « *Le juge qui intervient dans le respect de nos libertés ne fonctionne pas bien, actuellement ; on détourne l'attention vers **les juges aristocratiques, constitutionnels ou internationaux**, mais on néglige les juges de base et la séparation des pouvoirs.*[1650] » Un juge constitutionnel, auquel il revient la charge de l'interprétation constitutionnelle dans un système juridique, ne peut demeurer inerte face à de telles critiques. C'est là l'un des aspects particuliers de l'activité juridique et juridictionnelle qui a conduit le Conseil constitutionnel à s'accrocher aux travaux préparatoires, tant intraparlementaires qu'extraparlementaires, afin de renouer son œuvre interprétative avec la démocratie en réduisant autant que faire se peut son image d'apparence *technocratique* et *aristocratique*, entendue comme étant profondément antidémocratique. En effet, bien que le droit puisse être considéré comme d'essence dogmatique, voire religieux (pour ne pas dire déiste) [1651], il est inconcevable que le juge chargé de *dire* le droit ne dissimule pas cette caractéristique encombrante du droit derrière des justifications solides et convaincantes.

[1646] Jean Foyer, in Didier Maus et Olivier Passelecq (dir.), *Op. cit.*, p. 65.

[1647] *Ibid.*

[1648] *Ibid.*

[1649] *Ibid.*

[1650] Anne-Marie Le Bos-Le Pourhiet, in *Ibid.*, p. 69.

[1651] Sur ce point, v. Alain Supiot, *Op. cit.*, p. 16 : « *Le droit est l'équivalent séculier des systèmes de règles impératives qui, en d'autres temps ou cultures, ont procédé ou procèdent encore de croyances ou de rituels religieux. Tout système juridique repose ainsi sur ce que la Déclaration d'indépendance des États-Unis appelle des « vérités évidentes par elles-mêmes », c'est-à-dire sur une base dogmatique qui confère un sens à ce système et autorise son interprétation* »

Dans ce contexte, le juge constitutionnel est celui qui, malgré les critiques[1652] au regard desquelles il doit se justifier de manière convaincante et constante dans son action interprétative, ose décider d'une interprétation qui s''impose à tous. À ce titre, le Conseil constitutionnel ne reçoit pas de critiques venant des seuls juristes. Son action interprétative est scrutée par toute la société. Ainsi, des sociologues ont vu dans la composition fortement politisée du Conseil constitutionnel le signe d'« *une République [gouvernée par un petit nombre dénuée du sens de l'intérêt général] qui s'auto-examine*[1653] ». Malgré ces critiques relatives à sa composition fortement politisée, le Conseil constitutionnel a, en pratique, pu s'inventer le rôle de Cour suprême qui, en droit interne, ne reçoit d'ordre que du *droit* dont l'interprétation et l'application sont, en toute franchise, guidées par les faits sociaux, économiques, politiques, etc. auxquels s'attachait tant Gaston Jèze afin de cerner la science juridique. Sur ce point, Dominique Rousseau a pu affirmer que le Conseil constitutionnel « *est [devenu] la figure inversée*[1654] » de l'intention du constituant de 1958, c'est-à-dire qu'il est devenu « *le gardien de la Constitution et des droits et libertés des citoyens plus que l'arbitre des conflits de compétences entre les grands organes de l'État*[1655] ». Bien que dans le « *silence de la Constitution*[1656] », notamment avant la réforme constitutionnelle de 2008 qui a mis en place un réel « *procès constitutionnel*[1657] » devant le Conseil, celui-ci a non seulement fait preuve de sa nature juridictionnelle, mais s'est, également, au-delà du seul caractère processuel de son activité juridictionnelle, construit un rôle de

---

[1652] En effet, si le juge constitutionnel doit éviter le plus possible les critiques, il ne doit pas les craindre outre mesure. Comme l'écrivait Albert Camus, « *commencer à penser, c'est commencer d'être miné* » (*Le mythe de Sisyphe. Op. cit.*, p. 19). Miner, selon le *Larousse*, peut signifier *attaquer*. Donc *être miné* serait *être attaqué*. Ainsi, le juge constitutionnel qui doit penser la société dans ses interprétations doit nécessairement accepter, tout en défendant celles-ci de manière convaincante par la persuasion et en tenant compte des reproches qui lui sont adressés, d'être attaqué. Cette logique dynamique est la condition même de l'État démocratique.

[1653] Thomas Amadieu et Nicolas Framont, *Les citoyens ont de bonnes raisons de ne pas voter. Pour mieux comprendre, Op. cit.*, p. 145. Les auteurs ont pris le soin de relever, de manière à peine caricaturale et incomplète, que « *les membres de cette instance [le Conseil constitutionnel] susceptible de censurer des textes de loi sont les anciens présidents de la République, puis des membres choisis par le président de l'Assemblée nationale et celui du Sénat.* » (*Ibid.*).

[1654] V. Dominique Rousseau, *Droit du contentieux constitutionnel, Op. cit.*, p. 28, n° 18.

[1655] *Ibid.* Ce constat a d'ailleurs conduit l'auteur s'interroger sur cette nouvelle figure de l'institution : « *le Conseil constitutionnel est-il devenu ce qu'il est par un coup de force ou par le simple développement de la logique institutionnelle qui avait présidé à son invention ?* » (*Ibid.*).

[1656] Michel Verpeaux, *Le Conseil constitutionnel, Op. cit.*, pp. 52 sqq.

[1657] C'est ainsi qu'après avoir observé tous les critères du procès juridictionnel devant le Conseil constitutionnel, Dominique Rousseau a pu affirmer avec assurance que « *la chose qui se déroule au Conseil constitutionnel est bien un procès constitutionnel* » (« Le procès constitutionnel », *Pouvoirs* n°137, *La question prioritaire de constitutionnalité*, avril 2011, (pp. 47-55), p. 50).

Cour suprême en pratiquant l'ensemble des méthodes d'interprétation juridique existantes en vue de démontrer sa capacité à pénétrer la règle de droit jusque dans ses aspects les plus concrets, comme en 1971 avec la liberté d'association, soit près de quarante ans avant l'avènement du mécanisme de la QPC.

Dans ce même ordre d'idée, s'agissant de la légitimité, cette fois, des juges constitutionnels, Dominique Schnapper écrit : « *Malgré la singularité de son histoire, en effet, les conseillers français se posent les mêmes questions que les juges des autres Cours constitutionnelles sur leur compétence et leur rôle face aux assemblées parlementaires, expression directe de la souveraineté du peuple. Tous s'efforcent de juger en fonction de raisonnements et d'argumentaires juridiques qui doivent entraîner la conviction. La neutralité juridique apparente fonde la légitimité des Cours constitutionnelles, qui ne disposent pas de moyens de coercition. Leur autorité repose sur l'acceptation de leurs décisions par les autres instances du monde politique. Force et faiblesse dans un univers démocratique… Le Conseil, étant donné son histoire, soulève de manière plus visible des interrogations qui sont celles de toutes les Cours constitutionnelles.*[1658] » Ne pouvant pas s'engager seul dans un tel chantier, le Conseil constitutionnel, s'appuyant sur tous les organes producteurs des normes qu'il interprète, semble « *mettre en évidence le rôle joué par les différentes forces en présence et […] étudier les conditions de leur interaction.*[1659] »

Enfin, si le rôle de Cour suprême du Conseil constitutionnel, en l'état juridique actuel de l'institution, peut être sujet à discussion, il convient de préciser que ce rôle n'est pas une invention de la présente thèse. Michel Troper affirmait en 2007 que « *le Conseil constitutionnel,* ***comme toutes juridictions suprêmes*** *et en général comme tous les acteurs du droit, subit des contraintes diverses provenant du système juridico-politique et qu'il est conduit à adopter des stratégies dans l'exercice de son pouvoir.*[1660] » Et parmi, ces stratégies, « *On peut distinguer*

[1658] V. Dominique Schnapper, *Une sociologue au Conseil constitutionnel*, Gallimard, Coll. : « NRF Essais », mars 2010, pp. 367-368.

[1659] Jacques Chevallier, « L'argument sociologique dans l'étude du droit constitutionnel », in *L'argument sociologique en droit. Pluriel et singularité*, *Op. cit.*, p. 250. L'auteur affirme, encore, que « *Cette dynamique des normes constitutionnelles conduit à élargir les perspectives, en s'attachant aux règles qui, si elles ne bénéficient pas de la force attachée aux énoncés constitutionnels, n'en sont pas moins présentes, en tant que contraintes, dans l'interaction politique.* » (*Ibid.*). Mais cette analyse n'est pas relative aux seules normes constitutionnelles, elle est valable pour toutes les normes produites dans un contexte forcément politique.

[1660] V. Michel Troper, « Le réalisme et le juge constitutionnel », *Op. cit.* L'auteur ajoute, cependant, qu'« *il n'y a pas d'avantage à parler ici de réalisme, car il faudrait appeler réalistes toutes les conduites qui s'inscrivent dans une stratégie* ». Néanmoins, force est de constater qu'entre réalisme et stratégie, il existe nécessairement, et à certains égards, un lien de similarité.

celles qui visent à accroître ce pouvoir et celles qui consistent à en faire un usage modéré [...].[1661] ». C'est en ce sens que l'usage des travaux préparatoires par le Conseil constitutionnel relève davantage d'une stratégie jurisprudentielle que du réalisme juridique. En outre, pour qui voudrait encore la preuve que le Conseil constitutionnel n'est plus, ou plutôt, ne se considère plus que comme un juge constitutionnel plein et entier, on ferait remarquer que la décision n° 2016-538 QPC du 22 avril 2016 (*Époux M. D. [Exclusion des plus-values mobilières placées en report d'imposition de l'abattement pour durée de détention]*) est la dernière décision qui termine par la mention « *Délibéré par le Conseil constitutionnel [...]* ». En effet, comme pour affirmer son rôle de juridiction constitutionnelle à part entière, le Conseil a, à partir de la décision n° 2016-539 QPC du 10 mai 2016 (*Mme Ève G. [Condition de résidence fiscale pour l'imposition commune des époux en Nouvelle-Calédonie]*), adopté la formule « *Jugé par le Conseil constitutionnel [...]* ». Ainsi, si le terme « délibération » pouvait être entendu comme un simple conseil émané d'un organe non juridictionnel dont la force serait moins imposante que celui de « jugement », le doute n'est plus permis.

Mais, dans la mesure où la majorité des acteurs du droit et de la politique ont une vision de la notion de démocratie assez centrée sur le mythe de l'élection, le rôle de plus en plus affirmé du Conseil constitutionnel peut agacer au point d'interroger sa conciliation avec le processus démocratique parlementaire. Ainsi, Dominique Schnapper se pose la question de savoir si le Conseil constitutionnel est « *Une instance de la démocratie post-représentative*[1662] ». Il semble que Michel Troper répond de manière assez convaincante à cette interrogation lorsqu'il affirme que « *le juge constitutionnel qui participe à la fonction législative, contribue à l'expression de la volonté générale, une volonté imputée au souverain. Il est lui aussi un représentant du peuple souverain.*[1663] »

En ce sens, le Conseil constitutionnel représente à la fois l'État de droit et l'État démocratique. Selon Claude Lefort, en effet, ces deux notions qui sont souvent confondues sont en réalité deux notions différentes. L'État de droit est celui dont le cadre juridique est fixé avec des droits garantis (droit de grève, liberté d'expression, liberté d'association, droit de renverser un gouvernement illégitime, etc.), alors que l'État démocratique, contrairement à l'État de droit, « *ne se réduit*

[1661] *Ibid.*

[1662] Dominique Schnapper, *Op. cit.*, pp. 366-378.

[1663] Michel Troper, « Démocratie continue et justice constitutionnelle », *in* Dominique Rousseau (dir.), *La démocratie continue*, LGDJ-Bruylant, Coll. : « La pensée juridique moderne », 1995, p. 133.

pas à la conservation d'un pacte[1664] » de droits acquis, il a vocation à revendiquer en permanence de nouveaux droits. C'est, d'ailleurs, au sens de cet État démocratique qu'Alain Supiot affirme : « *La règle de droit, à la différence de la norme biologique ou économique, ne procède pas exclusivement de l'observation des faits. Elle ne donne pas à voir le monde tel qu'il est, mais tel qu'une société pense qu'il devrait être, et cette représentation est l'un des moteurs de sa transformation.*[1665] ». L'interprétation constitutionnelle incarne parfaitement ces deux types d'État qui intègrent et replacent de manière concrète le citoyen au centre du processus démocratique.

Néanmoins, l'usage des travaux préparatoires extraparlementaires, notamment dans l'interprétation constitutionnelle, ne consiste nullement en la simple recherche par le Conseil constitutionnel de l'objectif, de l'intention ou de la volonté du législateur ou du constituant. Il y a un lien serré entre l'usage de ce type particulier de travaux préparatoires et la notion de démocratie constitutionnelle. Le juge étant le premier acteur, central, à la fois sujet et objet de cette démocratie constitutionnelle, le respect des assemblées extraparlementaires et de leurs travaux qu'il impose au législateur, et, partant, au pouvoir constituant lui-même[1666], constitue un élément supplémentaire servant à la protection, au confort et à la légitimité de son rôle de créateur de droit au côté du législateur et même du constituant, dans les fonctions desquelles il doit, bien des fois, se substituer, en vue de pallier leur carence.

Conclusion du chapitre

Orienté vers la dynamique démocratique que révèle l'usage des travaux préparatoires, ce chapitre a mis en évidence deux éléments particulièrement importants du mécanisme productif et interprétatif d'une norme juridique. Tout d'abord, il y a été démontré que le juge constitutionnel, en faisant usage des travaux préparatoires des normes qu'il interprète, fait naître un processus

[1664] Claude Lefort, *Op. cit.*, p. 67.

[1665] Alain Supiot, *Op. cit.*, p. 18.

[1666] En effet, il est impensable que le gouvernement, bien que le Conseil constitutionnel s'interdise le pouvoir de se prononcer sur la constitutionnalité, ou la *supra-constitutionnalité*, d'une réforme constitutionnelle, ne respecte pas le principe du respect des procédures législatives extraparlementaires que celui-ci a posé dans sa décision n° 2003-468 DC, s'agissant du rôle consultatif obligatoire du Conseil d'État, principe qui s'étend à l'ensemble des organes et institutions ayant un rôle du même type dans la procédure parlementaire, que cette procédure ait pour objectif de déboucher sur une norme de nature ordinaire, organique ou constitutionnelle.

pluraliste de la production normative. Ensuite, on voit que ce mécanisme pluraliste de la production des normes s'accompagne d'une certaine interprétation en amont des normes juridiques dont s'agit. Ce pluralisme des acteurs intervenant dans la production des normes est considéré par le Conseil constitutionnel en vue de consolider sa propre interprétation de celles-ci, ce qui constitue un moyen privilégié de justification et de légitimation de son œuvre interprétative[1667] à travers ce qu'on peut qualifier d'un pluralisme interprétatif dans la mesure où une norme ou plutôt ses conséquences anticipées sont pluri-interprétées par tous les organes étant intervenus dans sa confection avant le stade de son contentieux constitutionnel. Enfin, cet usage stratégique des travaux préparatoires par le Conseil constitutionnel met en exergue le rôle de Cour suprême que l'institution s'est construit de manière progressive depuis 1958, et cela, dans l'esprit de son ancêtre immédiat que fut la Cour suprême de l'Union française qu'il a finalement remplacé. En ce sens, s'il peut être admis que « *le Conseil [constitutionnel] est un rempart plus que jamais nécessaire pour défendre les grands principes constitutionnels et assurer une stabilité juridique indispensable*[1668] », c'est que son rôle de Cour suprême[1669] est désormais pratiquement visible à travers tant son activité interprétative que l'imposante portée des décisions qu'il rend.

[1667] Soulignant la légitimité que le recours à la notion de démocratie par le juge apporte à celui-ci, l'argumentaire scientifique d'un colloque (« Le recours à la notion de démocratie par les juridictions », Université de Caen, Colloque 23-24 mars 2017) a pu soulever l'interrogation suivante : « *Forts de cette légitimité, les juges n'ont-ils pas tendance à utiliser la notion de démocratie en vue de la circonscrire et de la soumettre à celle d'Etat de droit et, par là même, de renforcer leur autorité ?* » Cette interrogation ne peut aboutir à une critique négative du rôle créateur du juge que si l'on feint de croire que le travail du juge, sous prétexte qu'il n'est pas élu, est antidémocratique ; mais, comme il est souligné que « *le juge 'constate le droit et rétablit l'ordre perturbé par l'illégalité ou l'agissement dommageable'* », il est possible d'affirmer que la conclusion ne peut être le rejet du rôle du juge dans l'assurance et le bon fonctionnement même de la démocratie entendue comme gouvernance fondée sur « *l'opinion des gouvernés* » (A. V. Dicey, *Leçons sur les rapports entre le droit et l'opinion publique en Angleterre au cours du dix-neuvième siècle, Op. cit.*, p. 3) et où « *toute personne ait la possibilité de s'en approprier, de manière libre et égale* » (même argumentaire).

[1668] Jean-Louis Debré, *Ce que je ne pouvais pas dire, Op. cit.*, p. 241.

[1669] Il semblerait même que Michel Debré se demanda « *si on ne se dirigeait pas vers une 'Cour suprême, coiffant en tous domaines le pouvoir législatif et le pouvoir judiciaire et pourquoi pas le pouvoir exécutif'* » (*Ibid.*, p. 227), bien que ce ne fût « *pas son dessein* » (*Ibid.*).

Conclusion du Titre II de la Seconde partie

La conclusion de ce titre appelle à préciser d'abord que la démocratisation de la justice constitutionnelle est stimulée par l'usage de l'ensemble des travaux préparatoires. En effet, le juge constitutionnel, ayant recours à des éléments qui ne sont pas directement contenus dans les textes juridiques qu'il interprète, fût-ce les travaux préparatoires ayant eu lieu au sein des deux chambres du Parlement, fait, par ce biais, participer celles-ci à l'interprétation constitutionnelle. Ainsi, cette interprétation sera considérée comme n'étant pas rattachée au seul fait du juge constitutionnel, mais aussi à celui des deux chambres législatives dont les travaux préparatoires constituent un élément de construction de l'interprétation finalement retenue. En ce sens, du moins en apparence, l'interprétation constitutionnelle prononcée par le Conseil constitutionnel se démocratise.

Mais l'accent, dans ce titre, a été mis sur les travaux préparatoires extraparlementaires en particulier parce que ceux-ci ont ouvert le champ de cette démocratisation dans la mesure où les travaux préparatoires produits par des institutions et organes autres que le Parlement, tels le Conseil d'État ou encore le Conseil économique, social et environnemental, viennent davantage consolider l'interprétation constitutionnelle en ouvrant la notion de « Parlement » dans l'« élaboration » d'un texte normatif. Enfin, par la révélation de ce nouveau pluralisme du parlementarisme et de ce pluralisme interprétatif, on peut conclure, avec Vedel, que le Conseil constitutionnel joue le rôle d'« *une institution qui [...] renforce et rénove la démocratie.*[1670] »

[1670] V. « Préface de Georges Vedel », *in* Dominique Rousseau, *Droit du contentieux constitutionnel, Op. cit.*, p. 9.

Conclusion de la Seconde partie

Cette seconde partie de la thèse avait pour objectif de montrer l'impact de l'usage des travaux préparatoires, tant intraparlementaires qu'extraparlementaires, sur la justice constitutionnelle. Il y a été démontré en particulier que cette méthode d'interprétation juridique constitue un moyen de démocratisation de l'interprétation constitutionnelle. En ce sens, la démocratisation du processus interprétatif contribue également à la démocratisation de la justice constitutionnelle qui, de ce fait, ne se présente plus comme l'œuvre du seul juge constitutionnel, mais, au contraire, celle d'une pluralité d'organes qui, en amont de l'interprétation constitutionnelle de la norme, ont également procédé à une interprétation, quoique non officielle, de celle-ci. C'est ce que Hans Kelsen qualifiait d'interprétation scientifique[1671] qui renvoie à la notion d'interprétation privée développée par Aubry et Rau[1672] au XIXe siècle. Mais ces interprétations non officielles ne sont pas pour autant sans valeur, la preuve en est que, comme cela a été démontré, le Conseil constitutionnel les considère toutes dans son ultime interprétation prétorienne des normes qui lui sont soumises.

*****

[1671] Hans Kelsen, *Théorie pure du droit*, Trad. Charles Eisenmann, Bruylant-LGDJ, Coll. : « La pensée juridique », 1999, pp. 335 s. et pp. 341 s.

[1672] Charles Aubry et Charles Rau, *Cours de droit civil français*, t. 1, Paris, 1856, 3ème édition, §9, pp. 13, n°2 [en ligne sur Gallica].

CONCLUSION GÉNÉRALE

CONCLUSION GÉNÉRALE

En conclusion de cette recherche, il convient, tout d'abord, de mettre en exergue la thèse défendue. Les travaux préparatoires sont un type d'instruments, parmi d'autres, qui permettent au juge constitutionnel à la fois de s'éclairer quant au sens des règles de droit qu'il interprète (normes législatives et normes constitutionnelles) et de mesurer ainsi la normativité de celles-ci. Cette normativité découverte, si possible, grâce à l'usage des travaux préparatoires ne s'impose pas pour autant au Conseil constitutionnel qui peut délibérément décider de se démarquer d'elle en vue d'en adopter une autre plus cohérente, plus adéquate et mieux à même de répondre aux besoins et à l'objectif que l'institution s'est elle-même posé au départ en vue de protéger un droit ou une liberté fondamentale, de créer une règle nécessaire mais inexistante ou de se conférer un pouvoir qu'il ne détient pas du point de vue formel[1673].

En ce sens, l'usage des travaux préparatoires se présente bien complexe. Ce mécanisme complexe qui entoure l'interprétation constitutionnelle n'a, comme écrivait Renan, de justification que le principe même de justice au profit de « *L'homme [qui] est tout dans la formation de cette chose sacrée qu'on appelle un peuple*[1674] ». Pour Ernest Renan, en effet, l'existence des nations, du moins à la fin du XIXe siècle, « *est la garantie de la liberté, qui serait perdue si le monde n'avait qu'une loi et qu'un maître.*[1675] » Cette assertion de Renan ne présente aucune ambiguïté, quant à la nécessité du principe du pluralisme qu'elle exprime. Dans cette optique, si, comme l'écrivait Claude Lefort, contrairement à l'État de droit dont le rôle est la conservation de droits établis, acquis et garantis, l'État démocratique s'inscrit dans une mouvance revendicative, au sens où il consiste

[1673] Cette conception renvoie à une célèbre phrase de Montaigne selon laquelle « *Le jugement doit tout partout maintenir son droit : c'est raison qu'il voie en ce sujet, comme ailleurs, ce que la vérité lui présente.* » (Montaigne, *Essais*, Chap. VI, Livre III : « *De la présomption* », Grands Écrivains, 1986, p. 117.

[1674] Ernest Renan, *Qu'est-ce qu'une nation ?*, Préface de Nicolas Tenzer, Mille et une nuits [1882], novembre 1997, p. 30.

[1675] *Ibid.*, p. 33.

en la réclamation de manière systématique de nouveaux droits[1676], alors l'interprétation constitutionnelle peut être considérée comme la forme la plus achevée de l'expression de la fonction de l'État démocratique en ce que, à l'aide de l'usage stratégique de cette méthode d'interprétation, le juge constitutionnel met en pratique le pluralisme de Renan. Et, de ce point de vue, le juge constitutionnel est non seulement un représentant du peuple souverain au même titre que les représentants élus[1677], mais encore son œuvre interprétative est l'expression même de toute société de vie fondée sur le principe démocratique et de l'État de droit[1678].

Ensuite, il convient de répondre aux interrogations posées au départ. L'usage des travaux préparatoires, dans l'interprétation constitutionnelle, est une stratégie du Conseil constitutionnel en vue d'asseoir, d'accroître et de promouvoir sa propre légitimité sur le plan démocratique, technique et intellectuel, en tant qu'interprète définitif des normes juridiques dans l'ordre interne. Cette stratégie jurisprudentielle permet notamment de dévier les critiques de l'interprétation constitutionnelle. En effet, les membres du Conseil constitutionnel sont individuellement l'objet de critiques dès lors qu'une décision de cette institution semble s'écarter des canons positivistes dont les racines demeurent profondes dans la tradition juridique française[1679]. Cela s'explique notamment du fait que la fonction d'interpréter, qui est purement intellectuelle et donc mentale, n'a pas de mode opératoire encadré par le droit, ni suffisamment objectif, permettant de comprendre aisément le raisonnement du juge-interprète. Ainsi, l'usage des

---

[1676] Claude Lefort, *L'invention démocratique. Les limites de la domination totalitaire*, Fayard, 1981, p. 67.

[1677] Michel Troper, « Démocratie continue et justice constitutionnelle », in Dominique Rousseau (dir.), *La démocratie continue*, LGDJ-Bruylant, Coll. : « La pensée juridique moderne », 1995, p. 133.

[1678] En effet, comme cela a été démontré par Michel Troper, lorsque l'on parle de gouvernement des juges, on fait allusion, de manière « péjorative », à un excès de pouvoir du juge contre l'expression démocratique (Michel Troper, *Le gouvernement des juges, mode d'emploi*, Les Presses de l'Université de Laval, Coll. : « Mercure du Nord / Verbatim », 2006, p. 15), en excluant celui-ci de la sphère démocratique, mais il n'en est rien. En tant qu'institution de la société politique, le juge (constitutionnel) participe également à la fonction de gouvernance au même titre que l'exécutif et le législatif. Cette conception renvoie à une autre acception du vocable « gouvernement » qui ne se limite plus au seul exécutif, mais à tout organe de l'État qui a un pouvoir de décision d'une certaine portée. Sur ce point, il peut être considéré que « *participe au gouvernement toute autorité qui dispose d'un pouvoir discrétionnaire pour prendre des décisions susceptibles d'avoir des conséquences pour l'organisation et le fonctionnement de la société* » (*Ibid.*, Quatrième de couverture ; v. aussi et p. 32).

[1679] Sur ce point, v. Dominique Rousseau, *Droit du contentieux constitutionnel*, LGDJ, 2013, 10ème édition, pp. 549-550.

travaux préparatoires par le juge constitutionnel, en tant que ceux-ci sont des éléments concrets et accessibles à tout un chacun, interpelle l'exégèse, laquelle se focalisera davantage sur le bon ou mauvais usage des travaux préparatoires, et beaucoup moins sur les membres du Conseil constitutionnel individuellement. De ce point de vue, outre son rôle de caution justificatrice ou motive[1680], l'usage des travaux préparatoires se présente comme une stratégie salutaire, du moins à certains moments, pour la légitimité du juge (constitutionnel) qui y a eu recours dans son interprétation constitutionnelle.

Cependant, l'usage de cette méthode d'interprétation par le juge constitutionnel n'est pas sans présenter une certaine ambigüité. En effet, lorsque l'interprétation issue des travaux préparatoires va dans le sens voulu par le Conseil constitutionnel, celui-ci peut se focaliser exclusivement sur ces derniers en vue de justifier son interprétation[1681]. Le problème est que, lorsque les travaux préparatoires vont dans un sens contraire à celui voulu par le Conseil, celui-ci s'écarte volontiers d'eux. D'où l'ambiguïté de cette méthode d'interprétation dans l'interprétation constitutionnelle. En effet, le Conseil procède ainsi quitte à paraître sélectif quant au choix précis de l'usage décisif qu'il fait de certains types de travaux préparatoires par rapport à d'autres. Ainsi, dans sa décision n° 71-44 DC, le Conseil a utilisé les travaux préparatoires de la norme contrôlée[1682] dont la finalité était de lui permettre d'opérer un contrôle de séparabilité, mais il a ignoré les travaux préparatoires de la Constitution. Cependant, une réalité évidente permet, du moins d'expliquer, sinon de justifier, cette ambiguïté dans l'usage de cette méthode d'interprétation dans l'interprétation constitutionnelle. Cette réalité est celle de la protection des droits et libertés fondamentaux[1683]. En effet, en 1971, le Conseil constitutionnel ne pouvait pas ignorer la volonté du constituant de 1958, clairement dévoilée dans les travaux préparatoires de la Constitution, de ne pas conférer valeur constitutionnelle au Préambule de cette

---

[1680] La décision n° 2004-499 du 29 juillet 2004 sur la réforme de la loi de 1978 relative aux libertés informatiques est particulièrement illustrative. En effet, le Conseil constitutionnel y a pu donner l'impression qu'il a déclaré contraire à la Constitution la disposition critiquée pour incompétence négative du législateur en arguant que ladite disposition a été « *éclairée par les débats parlementaires* » (Cons. 12), alors même que l'incompétence négative reprochée au législateur découle de la simple confrontation entre le contenu de l'article 34 de la Constitution et celui de la disposition en question.

[1681] Décision n° 77-82 DC, Cons. 2.

[1682] Décision n° 71-44 DC, Cons. 5.

[1683] Sur ce point, v. Aharon Barak, « La révolution constitutionnelle : la protection des droits fondamentaux », *Pouvoirs*, n° 72, 1995, pp. 17-35 ; et, dans le même sens, Jean Rivero, « Rapport de synthèse » de la table ronde *Les techniques jurisprudentielles du contrôle de constitutionnalité des lois*, in *AIJC*, t. I, 1985, p. 123.

Constitution[1684]. Il l'a fait dans l'objectif de donner une base protectrice plus importante à une liberté fondamentale, celle de la liberté d'association[1685].

En outre, rappelons qu'Henri Capitant considéra que l'abstraction complète des travaux préparatoires dans la jurisprudence renforcerait les décisions de justice. Outre les contradictions qui rognent les arguments avancés par Henri Capitant, c'est pourtant bien le contraire de sa position que l'on constate dans la jurisprudence du Conseil constitutionnel qui se réfère assez abondamment aux travaux préparatoires dans l'interprétation constitutionnelle du droit. Le juge constitutionnel en particulier tire profit de la référence aux travaux préparatoires dont l'usage stratégique qu'il en fait vise à protéger sa légitimité et à renforcer l'autorité de ses décisions face aux critiques pouvant provenir de parlementaires dont l'œuvre aurait été défaite ou recadrée.

Il convient à présent de s'intéresser à l'apport de cette recherche. L'apport de cette thèse se résume en plusieurs points. Elle a permis une reconsidération de l'article 33 de la Constitution portant sur les débats parlementaires qui forment la partie émergée des travaux préparatoires comme un début de fondement juridique de l'usage de ces derniers dans l'interprétation constitutionnelle (Chapitre 2, Titre II, Première partie). Elle a aussi permis de démontrer la limite des arguments fondant l'hostilité d'Henri Capitant au début du XXe siècle à l'égard de l'usage des travaux préparatoires dans l'interprétation juridictionnelle et, *a fortiori*, constitutionnelle, des normes juridiques, notamment à travers une lecture constitutionnaliste des dispositions des articles 1156 anciens et s. [1188 nouveau] du Code civil qui, pourtant, formaient l'un des arguments phares de la position de Capitant[1686].

Dans ce même ordre d'idée, l'élargissement de la notion de travaux préparatoires dans sa définition et dans sa conception même a permis de détecter, dans la jurisprudence constitutionnelle, un « pluralisme délibératif » de la production des normes[1687]. Ce pluralisme délibératif signifie que le Parlement

---

[1684] *Travaux préparatoires de la Constitution du 4 octobre 1958 : avis et débats du Comité consultatif constitutionnel*, La Documentation française, 1960, p. 101.

[1685] Quoique le Conseil constitutionnel ait surtout profité de cette occasion pour se faire « juge constitutionnel » plein et entier plutôt que de la simple protection de la liberté d'association.

[1686] Sur ce point, v. François Luchaire, « Fondements constitutionnels du droit civil », Avant-propos, in *Revue trimestrielle de droit civil*, n° 2, 1982, pp. 248 s.

[1687] C'est dans ce contexte pluraliste de la confection de la normativité juridique que Nader Hakim et Fabrice Melleray estiment que « *la source de l'autorité [qui s'affranchit de l'unité d'un ordre*

bicamériste n'est pas la seule instance à pouvoir débattre des normes, quelles qu'elles soient, le « législateur » étant en réalité un organe pluriel qui s'exprime à travers différentes institutions comme le Conseil économique, social et environnemental, le Conseil d'État, le Défenseur des droits ou encore la Cour des comptes. Le Conseil constitutionnel s'appuie sur ce pluralisme délibératif pour asseoir sa légitimité technique face au Parlement bicaமériste élu. Cette situation se présente comme une forme de division pour mieux régner du Conseil, dans la mesure où il éclate la conception classique du Parlement bicaமériste auquel l'article 25 de la Constitution confie pourtant le rôle de « *voter la loi* ». Ce comportement du Conseil, issu d'une abondante jurisprudence (notamment en matière de contrôle de lois de finances), confirme que ce dernier ne recherche pas tant une simple aide à la découverte de la clarté, de la pensée, de l'intention du législateur, que d'autres vertus, notamment celle du confort de sa légitimité prétorienne dans l'interprétation ultime et, hormis les cas de révisions constitutionnelles possibles, définitive du droit. En effet, comme on a pu le voir avec la décision n° 77-82 DC, les travaux préparatoires peuvent s'apparenter si fortement aux règles de droit elles-mêmes que le Conseil constitutionnel peut s'autoriser à fonder quasiment toute son interprétation d'une norme sur eux. Dans ce cas, les travaux préparatoires se substituent à une norme nécessaire mais inexistante ou à un vide normatif et, du même coup, dictent l'interprétation constitutionnelle au Conseil constitutionnel.

Par ailleurs, force est de constater que la jurisprudence constitutionnelle française ne donne plus à voir dans le Conseil constitutionnel un simple organe assurant le principe de séparation des pouvoirs entre un article 37 et un article 34 de la Constitution. Le Conseil constitutionnel est devenu, de fait, une Cour constitutionnelle dont le rôle, du moins en matière d'interprétation normative, se rapproche davantage de celui d'une Cour suprême à compétence générale que de celui d'un simple juge de constitutionnalité. En effet, depuis 1971, le Conseil constitutionnel s'est construit une place considérable dans le paysage juridique et politique français. Si bien que l'on peut se poser la question de savoir si le Conseil constitutionnel a pu s'imposer au-delà de son simple rôle d'arbitre entre pouvoirs législatif et exécutif au profit du premier ou s'il n'a pas tout simplement suivi son destin historique de Cour suprême, tel que le montrent les travaux préparatoires de la genèse de la Constitution de 1958. En effet, la liberté interprétative du Conseil constitutionnel, notamment à travers la méthode d'interprétation consistant en l'usage des travaux préparatoires, conduit à voir en celui-ci une

---

juridique] apparaît partout » (*Le renouveau de la doctrine française. Les grands auteurs de la pensée juridique au tournant du XX*e *siècle*, Dalloz, Coll. : « Méthodes du droit », novembre 2009, p. 3).

Cour suprême ayant adopté le mode de fonctionnement qu'aurait dû avoir son ancêtre immédiat[1688].

On a pu le constater avec l'étude du cas anglais, les débats juridiques et doctrinaux nés en Grande Bretagne depuis au moins le XVe siècle autour de l'intérêt attaché à l'usage des travaux préparatoires dans l'interprétation prétorienne du droit ont donné à cette méthode d'interprétation juridique sa lettre de noblesse. En effet, il n'est nul doute que cette méthode d'interprétation juridique se présente comme la plus objective qui soit dans la mesure où, même si elle peut être considérée comme une simple « *démarche intellectuelle*[1689] », comme toute entreprise interprétative, elle paraît la moins intellectuelle, et cela a une signification et une valeur très importantes, s'agissant de l'acceptabilité, de la soutenabilité, de la respectabilité... de l'interprétation constitutionnelle. Tout d'abord, le processus intellectuel d'interprétation est un exercice purement personnel et mental qui ne peut être connu d'individus extérieurs, car le cerveau du juge est inaccessible ; ensuite, les travaux préparatoires, lorsque ceux-ci ont pu jouer un rôle majeur dans l'interprétation constitutionnelle, se présentent ainsi comme les seuls éléments concrets permettant de comprendre la démarche du juge constitutionnel. Même la démarche conciliatrice consistant à comparer des normes de valeur égale, mais littéralement à contenus contradictoires, en vue d'éviter des interprétations concurrentes, s'apparente en réalité à celle consistant en l'usage des travaux préparatoires ; en effet, parmi les textes concurrents, certains ont été adoptés avant d'autres ; le juge constitutionnel peut alors être tenté, à l'instar de la technique adoptée par le Conseil d'État, de prioriser le dernier texte adopté en date ; ainsi, le législateur ou le constituant nouveau l'emporte sur l'ancien ; dans ce cas, le texte ancien peut être considéré comme un élément constitutif des travaux préparatoires du texte nouveau[1690] car il permet d'appréhender ce que le législateur ou le constituant nouveau a souhaité rejeter des productions normatives de l'ancien. Ainsi, se vérifie l'affirmation de Claude Lefort selon laquelle « *les droits acquis sont nécessairement appelés à soutenir des droits nouveaux*[1691] » dont le terrain a été *préparé* par les droits anciens. Mais le juge constitutionnel peut aussi, comme le démontre la décision de 1971,

---

[1688] Sur ce point, v. la Section 2, du Chapitre 2, du Titre II, de la Seconde partie de la présente thèse.

[1689] Jean-Louis Debré (v. *Réponses à un questionnaire* en annexe).

[1690] Sur cet élargissement des éléments constitutifs de la notion de travaux préparatoires, v. Peter Wardell Hogg, *Constitutional law of Canada*, Thomson/Carswell, 2007, Ch. 60 : "Proof" (pp. 797-814), p. 798.

[1691] Claude Lefort, *L'invention démocratique. Les limites de la domination totalitaire*, Fayard, 1981, p. 67.

considérer que tous les textes sont réputés avoir été adoptés à la même date et sont donc de valeur égale ; pour départager et permettre d'apprécier leur sens, les travaux préparatoires de chacun de ces textes sont donc des outils nécessaires. C'est en ce sens que cette méthode d'interprétation déplace le terrain des critiques de l'interprétation constitutionnelle. En effet, l'exercice mental de l'interprétation est moins visible sous l'effet de l'usage des travaux préparatoires. Ainsi, le Conseil constitutionnel profite de l'absence de consensus sur une question de droit débattue et dont les reflets ressortent des travaux préparatoires en vue de s'épargner la foudre des critiques. À titre d'illustration, l'usage des travaux préparatoires dans la décision n° 2012-297 QPC sur le financement des cultes en Alsace-Moselle est particulièrement intéressant. Dans cette décision, le Conseil constitutionnel a constaté qu'il ne ressort pas de consensus dans les travaux préparatoires relatifs au financement des cultes et au principe de laïcité en 1946. Il a donc profité de cette faille pour se placer au-dessus des débats issus de ces travaux préparatoires, tout en donnant l'impression de s'appuyer sur ces derniers, et décider de maintenir le financement public des cultes en Alsace-Moselle au mépris de l'article 1er de la Constitution qui ne comporte aucune ambigüité quant au caractère laïque de l'État. Dès lors, les critiques ne portent que sur l'usage ambigu de ces travaux préparatoires et non sur l'exercice mental et donc subjectif de l'interprétation constitutionnelle par les membres du Conseil constitutionnel.

Mais l'ambiguïté que révèle l'usage des travaux préparatoires par le juge constitutionnel peut se présenter sous d'autres formes, telle celle de maquiller une justice constitutionnelle rendue en équité au grand dam de la doctrine positiviste du droit[1692]. Sur ce point, les travaux de John Rawls s'avèrent particulièrement éclairants. La justice prônée par Rawls est « la justice comme équité » qui est au cœur de la *Théorie de la justice* de 1971[1693]. Cette idée d'équité, si elle est acceptée dans la plupart des pays de tradition de *Common law*, n'est pas facilement appréhendée en droit interne ; si bien que le juge, à l'instar de la Cour suprême du Canada[1694], doit quelque peu maquiller ses interprétations avec des arguments

---

[1692] Bien que cette doctrine du positivisme juridique, bien moins que le jusnaturalisme, fût, jusque dans les années 1990 encore, méconnu, du moins sur le fond, dans sa dimension conceptuelle, des juristes. Sur ce point, v. Christophe Grzegorczyk et Michel Troper, « Introduction générale », *in* Christophe Grzegorczyk, Françoise Michaut et Michel Troper (dir.), *Le positivisme juridique*, LGDJ, 1992, [535 p.], p. 21.

[1693] Coïncidence ou pas, la révolution constitutionnelle française née de la décision n° 71-44 DC a été opérée à quelques mois de l'œuvre maîtresse de John Rawls, *Théorie de la justice*, en 1971.

[1694] V. Pierre-André Côté, « Le souci de la justice dans l'interprétation de la loi au Canada », in Jean-Yves Chérot et *ali* (coord.), *Le droit entre autonomie et ouverture : Mélanges en l'honneur de Jean-Louis Bergel*, Bruylant-LGDJ, Coll. : « Penser le droit », juillet 2013, Chap. V, pp. 91 s.

autres que des arguments d'équité qui, pourtant, sont les véritables fondements desdites interprétations. Cette situation inconfortable du juge, qui officie dans une forme de déni, est particulièrement visible dans le système juridique français où le positivisme est encore bien ancré dans les usages. Face à cette situation, certains courants de la doctrine juridique plaident pour une interprétation dynamique du droit, par opposition à une interprétation statique fondée sur le droit posé, sans aucun aménagement, bien que cette interprétation puisse paraître injuste[1695]. Cette situation inconfortable du juge explique le rôle de caution motive souvent joué par les travaux préparatoires dans ses interprétations. Le juge constitutionnel aurait pu se limiter au fait qu'il est détenteur d'une compétence expresse pour le contrôle de constitutionnalité des normes législatives pouvant déboucher sur une abrogation pure et simple de celles-ci. Cependant, force est de constater que le juge constitutionnel français est de plus en plus pressé de se justifier quant à ses interprétations, en adoptant un certain comportement s'apparentant à ce que certains qualifient d'« *éthique du jugement*[1696] ». En effet, parce que non élu, le juge est souvent décrié lorsqu'il invalide une disposition législative ; d'où vient que celui-ci craint souvent de se placer « *en censeur du législateur*[1697] ». Mais il faut admettre que le rôle du juge constitutionnel est bien

---

1695 Sur l'idée de la distinction entre interprétation statique et interprétation dynamique, v. Jerzy Wromblewski, « L'interprétation en droit : théorie et idéologie », *Archives de philosophie du droit*, 1972, n° 17, p. 51 (cité par Pierre-André Côté, *Ibid.*, p. 94).

1696 V. Dominique Rousseau, *Radicaliser la démocratie. Propositions pour une refondation*, Seuil, avril 2015, p. 193 ; Denis Baranger, « Sur la manière française de rendre la justice constitutionnelle. Motivations et raisons politiques dans la jurisprudence du Conseil constitutionnel, *Jus Politicum*, n° 7, 2012 [en ligne] ; Pierre-André Côté (*Op. cit.*, p. 96) a montré que la motivation des décisions de justice au Canada commence d'abord par une explication convaincante du choix de l'interprétation retenue au final. On l'a vu également avec les critiques dont le Conseil constitutionnel a été l'objet dans les commentaires de sa décision n° 2012-297 QPC sur le financement des cultes en Alsace-Moselle. En France, une conversation avec un agent de l'État à propos de la décision n° 2015-718 DC relative à la loi sur la transition énergétique permet de comprendre que la question de la motivation des décisions du Conseil constitutionnel français va bien au-delà du simple cadre des universitaires et des commentateurs habituels des décisions de ce juge. Face à cette situation, Denis Baranger a pu pointer les « *inconvénients* » des documents qui accompagnent souvent les décisions du Conseil constitutionnel, les communiqués de presse, les commentaires aux cahiers, etc. ; il a pu ainsi se poser la question : « *si le rôle d'une institution telle qu'une cour constitutionnelle est 'dire le droit', cette pratique [celle d'accompagnement de la décision constitutionnelle d'une multitude d'autres documents] n'aide pas à clarifier le lieu précis où s'accomplit cette fonction. Est-ce dans la décision elle-même que le droit 'est dit', ou dans ce qui l'entoure (le communiqué de presse, le commentaire aux cahiers) ?* » (*Op. cit.*, p. 34).

1697 Pierre-André Côté, *Op. cit.*, p. 96. C'est sans doute cette crainte, entre autres, qui a conduit le Conseil constitutionnel français à inventer la formule selon laquelle il ne disposerait pas d'un pouvoir d'appréciation et de décision de même nature que celui du Parlement ; mais il ne faut pas s'y tromper, tout est dans « *de même nature que* » qui mérite de passionnants commentaires, dont

d'être le censeur du législateur face aux principes constituants qui le guident dans l'interprétation constitutionnelle[1698]. De ce point de vue, il semble qu'il faut sortir de ce tabou qui oblige le juge constitutionnel à demeurer muet, quant aux motifs réels l'ayant conduit à adopter telle ou telle interprétation, par crainte de critiques.

Enfin, et c'est là la première vision que l'on a des travaux préparatoires comme instruments de l'interprétation juridique, la méthode d'interprétation dont ceux-ci sont la base renvoie à celle d'intention ou de volonté législative, le *ratio legis*. Même dans un système juridique empreint de *Common law*, comme le Canada, le positivisme juridique attaché à l'intention législative, on l'aura compris, reste vivant. Ainsi, dans une décision rendue en 1977 par la Cour suprême du Canada, il ressort que « *Pour admettre une telle interprétation de la loi [plus favorable que celui que reflétait le texte], il faudrait que l'intention du législateur d'imposer un résultat aussi inéquitable soit absolument manifeste [...]*[1699] ». Or, le caractère manifeste de l'intention du législateur ressorti d'une loi peut avoir été combattu dans la phase préparatoire de l'élaboration de celle-ci (tel est, par exemple, le cas de la loi Travail de juillet 2016) sans pour autant que le Parlement en ait tenu compte. Il revient alors au juge constitutionnel de rechercher dans les travaux préparatoires du texte une telle intention. Mais il semble que si le juge constitutionnel peut se permettre de laisser passer une injustice législative, lorsqu'il s'agit de rapports entre institutions, tel le droit d'amendement des membres du Parlement face aux prérogatives gouvernementales, il ne peut pas en aller ainsi lorsque sont en jeu des droits et libertés fondamentaux dans les rapports des individus entre eux et, surtout, dans les rapports entre individus et institutions, publiques comme privées. Dans ce dernier cas, le juge constitutionnel a le devoir de concilier les intérêts en jeu dans sa considération de l'intention du législateur. Ainsi, le Conseil constitutionnel, dans sa décision n° 77-82 DC, a pu, pour décliner sa compétence, aller chercher l'intention du constituant de 1958 dans les travaux préparatoires de celle-ci, alors même qu'il

---

l'un est que si la nature du pouvoir du Conseil constitutionnel est d'une nature différente de celui du législateur face à la loi, il n'est pas pour autant nul, loin de là, puisque le Conseil constitutionnel peut rendre une décision du législateur nulle et non avenue ; la formule a été inventée par le Conseil constitutionnel pour amortir sa perception par le Parlement et ainsi éviter de voir dans son pouvoir presqu'absolu face à la loi un absolutisme juridictionnel pouvant s'apparenter à une forme de gouvernement des juges.

[1698] Bien que la chose soit différente pour ce qui concerne certains juges constitutionnels, tels ceux de la Cour suprême du Canada, qui ne disposent pas d'une autorité fondée sur une disposition constitutionnelle formelle quant à leur rôle face aux décisions normatives des législateurs.

[1699] *Commerce and Industry Insurance c. West End Investment Co.*, [1977] 2 RCS. 1036, 1045 (cité par Pierre-André Côté, *Op. cit.*).

s'est abstenu de le faire dans sa décision n° 71-44 DC. Ce choix du juge constitutionnel est justifié par le fait que, en 1977, l'enjeu n'était pas si important, puisqu'il s'agissait de rapports purement institutionnels, alors qu'en 1971, il s'agissait plutôt de rapports entre individus et institutions, du fait de la révision par l'État-législateur des conditions jugées essentielles d'une liberté, tant individuelle que collective, celle d'association. C'est là une forme de rééquilibrage démocratique par l'effet de l'interprétation constitutionnelle. Par conséquent, l'intention législative, si elle est l'un des objectifs de l'usage des travaux préparatoires par le juge constitutionnel, n'est finalement qu'un moyen supplémentaire de promouvoir le processus démocratique au stade du contentieux des normes juridiques produites par le Parlement et, ainsi, permettant de limiter ce que certains appellent la « *démocratie de l'entre-soi*[1700] ».

Pour autant, il ne faut pas occulter l'importance de l'intention du législateur au regard de la jurisprudence constitutionnelle, dans la mesure où celle-ci paraît rendre plurielle cette intention, toujours dans cette optique de démocratisation de l'interprétation constitutionnelle. En effet, selon Denis Baranger, « *Tout ce que 'dit' l'institution possède une charge d'autorité importante, y compris ce qu'elle 'dit' en dehors de ses décisions.*[1701] » Ainsi, lorsque le Conseil constitutionnel assoit l'interprétation constitutionnelle qu'il prononce sur les travaux préparatoires

---

[1700] Pascal Perrineau et Luc Rouban (dir.), *La démocratie de l'entre-soi*, Presses de Sciences Po, Coll. : « Académique », 1ère édition, mars 2017, 224 p. Les auteurs entendent par-là une privatisation de l'espace démocratique par les élites et la professionnalisation de la politique. Mais il faut être vigilant quant à une telle conception théorique de l'état de la société à un instant donné. En effet, cette privatisation de l'espace public, dans un système social qui ne donne pas la même chance à tout un chacun, peut donner naissance à des groupes d'individus présentant une certaine homogénéité qui, de ce fait, légitimement, recherchent à se construire un espace particulier, au sein de l'espace public, pour se faire entendre en tant que composantes, souvent oubliées, du système social, comme l'a montré la polémique, quelque peu inutile, soulevée par le festival afroféministe Nyansapo en mai 2017.

[1701] Denis Baranger, « Sur la manière française de rendre la justice constitutionnelle. Motivations et raisons politiques dans la jurisprudence du Conseil constitutionnel, *Jus Politicum*, n° 7, 2012 [en ligne], p. 37. Il est vrai que Denis Baranger n'entend par « *ce qu'elle 'dit' en dehors de ses décisions* » que ce que le juge constitutionnel français dit dans les commentaires et autres discours qu'il joint avec ses décisions ; mais on peut considérer, de manière plus large, que tout ce que disent les membres d'une cour constitutionnelle, y compris en dehors des décisions juridictionnelles que l'institution rend, tel dans les colloques, conférences, etc., connaît une certaine importance ; d'ailleurs c'est dans le cadre de ces événements qu'on peut essayer de percer les secrets des mots couchés dans les décisions du juge constitutionnel en faisant parler les « individus » qui le composent.

produits tant au Parlement qu'ailleurs[1702], il faut non seulement y voir une source interprétative crédible servant ainsi de fondement à cette interprétation, mais aussi un travail de démocratisation de la justice constitutionnelle qui, de ce fait, techniquement et intellectuellement, ne dépend plus et ne se présente plus comme l'œuvre du seul juge constitutionnel spécial, elle devient une œuvre plurielle davantage accessible aux observateurs extérieurs[1703].

Par ailleurs, un emprunt a été fait, à partir de la perception d'Henri Capitant, fervent détracteur de l'usage des travaux préparatoires dans l'interprétation du droit, à la doctrine anglaise qui, sauf quelques exceptions liées à l'activisme ponctuel des juges anglais[1704], quoique non négligeable, a toujours interdit, jusque dans les années 1990[1705], l'usage de cette technique d'interprétation juridique. Cette doctrine anglaise a eu des conséquences sur la quasi-totalité des systèmes juridiques des pays de tradition de *Common law*.

Dans les pays de culture britannique, en effet, Royaume-Uni, certes, mais aussi Canada[1706], Australie, Nouvelle-Zélande, Irlande..., sous l'influence du premier, il y a toujours eu une pratique de lois interprétatives ou lois d'interprétation[1707]. Cette pratique est née au Royaume-Uni dont le système

---

[1702] Au Conseil d'État, au Conseil économique, social et environnemental, au Haut conseil des finances publiques, etc. (v. Chapitre 2, Titre I, Première partie de la présente thèse).

[1703] Cela ne signifie pas pour autant que l'interprétation constitutionnelle est parfaitement accessible à ce que Dominique Rousseau appelle « *le peuple tout-un-chacun* », mais elle est susceptible de l'être dans la mesure où les sources de cette interprétation sont diversifiées, ce qui permet plus largement son appréhension.

[1704] Stéphane Beaulac, « Parliamentary Debates in Statutory Interpretation: A Question of Admissibility or of Weight? », *McGill Law Review*, Vol. 43, pp. 287-324.

[1705] Dans les années 1960, en effet, un débat a eu lieu au Royaume-Uni sur la question de savoir si le juge devait s'abstenir d'utiliser *Hansard* (non officiel et historique des rapports parlementaires britanniques et des pays de la *Common law* depuis la fin du XVIIIe siècle) dans l'interprétation juridique. De ce débat, Francis Bennion, l'auteur de *Statutory interpretation* (1984), a rapporté cette note datée de 1964 : « *Si, dans l'application d'une loi, un tribunal se trouve dans le doute quant à l'intention du Parlement exprimée dans la loi, le tribunal peut avoir recours à des documents qui, portant sur l'origine de la loi avant son adoption, lui paraissent utiles pour l'éclairer sur cette intention, y compris les rapports des délibérations du Parlement, les documents présentés ou déposés devant lui, et toute autre document pertinent ; et si , de l'avis du tribunal, ces matériaux lui permettent d'enlever le doute, celui-ci applique la loi ainsi éclairée.* »

[1706] Lucie Lauzière, « L'interprétation des lois », Site de la Chaire de rédaction juridique Louis-Philippe-Pigeon (http://www.redactionjuridique.chaire.ulaval.ca/fileadmin/files/documents/Travaux_de_la_Chaire/interpretation_des_lois.pdf), Août 2012 [consulté le 16 septembre 2015], pp. 2 sqq.

[1707] V. *Magistrates' Courts Act 1980*. La partie consacrée à « *Interpretation* » de cette loi donne beaucoup d'indications quant au sens à donner à certains expressions et termes juridiques. V. aussi

juridique avait exclu la possibilité pour le juge d'utiliser les travaux préparatoires des *statutes* (lois votées par le Parlement) aux fins d'interprétation de celles-ci. Étant donné que, du point de vue juridique, les juges anglais ne pouvaient pas recourir aux travaux préparatoires pour tenter d'établir le sens, le mobile, l'objectif… d'une norme, il a donc fallu leur donner une sorte de guide pour comprendre et donc interpréter les textes qu'ils devaient appliquer à travers ce type de dispositif. Mais cette pratique d'interdiction n'a jamais été stable ; elle a été tant observée que réfutée au fil des siècles, si bien qu'elle a fini par être atténuée, sinon définitivement abandonnée, notamment du fait d'une prise de conscience que, conceptuellement, logiquement et techniquement, elle ne correspondait plus à la fonction de juger dans un État démocratique.

Il convient à présent de terminer sur un constat relativement d'actualité, quoiqu'assez éphémère, relatif à l'usage des travaux préparatoires dans l'interprétation constitutionnelle. Pendant une courte période, entre mars et décembre 2016, dans le sillage du changement de présidence de l'institution, il semblait que le Conseil constitutionnel ne se référait plus aux travaux préparatoires, du moins pas de manière explicite, dans ces décisions. Mais il a par la suite renoué avec cette méthode d'interprétation[1708]. Ce constat, bien qu'il ne soit plus fondé, conduit à une réflexion quant à l'hypothèse d'un abandon de cette méthode d'interprétation par le Conseil constitutionnel. En refusant une référence explicite, dans le cadre de ses décisions, aux travaux préparatoires, il semble que le Conseil se serait privé d'une source argumentaire considérable de l'interprétation constitutionnelle. Cela est d'autant plus vrai lorsqu'il s'agit d'une interprétation conduisant à l'inconstitutionnalité d'une disposition particulièrement populaire. Partons d'un cas concret. De nos jours, il est incontestable que la transparence de la vie publique et politique est devenue une exigence citoyenne. Lors des débats parlementaires, à l'Assemblée nationale, portant sur la loi du 9 décembre 2016 relative à la transparence, à la lutte contre

---

Interpretation Act 1978 (mise à jour depuis 1889). Pour consulter ces textes en ligne, V. *The National Archives*: (www.legislation.gov.uk).

[1708] La reprise par le Conseil constitutionnel de l'usage explicite dans ses décisions des travaux préparatoires a été observée après l'interrogation de Nicole Belloubet, sur ce point, lors d'un événement scientifique en décembre 2016. Celle-ci avait promis de poser la question au Service juridique du Conseil constitutionnel. À la suite de cet épisode, dès le début de l'année de 2017, il a été de nouveau constaté l'usage explicite des travaux préparatoires, assez régulièrement depuis lors, dans les décisions du Conseil constitutionnel. Mais il est impossible d'affirmer avec certitude que l'interrogation qui a été soulevée sur ce point est l'unique facteur de la reprise de cette méthode d'interprétation par le juge constitutionnel.

la corruption et à la modernisation de la vie économique[1709], plusieurs députés[1710] se sont prononcés pour l'adoption d'un amendement visant à renforcer l'obligation de *probité* des candidats aux élections législatives. Pour défendre cet amendement, la députée Chantal Guittet déclara que celui-ci « *vise à changer les conditions d'éligibilité des personnes qui se présentent à une fonction de représentant du peuple* » en soutenant que « *Nous proposons que tout candidat à une élection fournisse un exemplaire du bulletin n° 2 de son casier judiciaire, dit B2, et qu'il ne puisse se présenter que s'il n'y a aucune condamnation pour manque de probité.* » Après d'âpres débats, cet amendement a finalement été adopté ; et le Conseil constitutionnel, qui en avait été saisi, a justement déclaré inconstitutionnelles les dispositions de l'article 19 de la loi précitée qui avaient repris ses termes. Dans cette décision, le Conseil a lui-même relevé que l'inconstitutionnalité de cette disposition « *ressortait des débats parlementaires.*[1711] » En effet, le rapporteur du texte soutenait le rejet de l'amendement au motif qu'« *[...] il y a quelques obstacles juridiques [...], ces dispositions, si elles étaient adoptées, ne concerneraient que les élus locaux, et non les députés et les sénateurs parce qu'il faudrait pour cela une loi organique.*[1712] » Sur le plan juridique, l'argument est implacable puisque le 1er alinéa de l'article 25 de la Constitution de 1958 dispose : « *Une loi organique fixe la durée des pouvoirs de chaque assemblée, le nombre de ses membres, leur indemnité, les conditions d'éligibilité, le régime des inéligibilités et des incompatibilités.* » Cependant, bien que l'interprétation du Conseil constitutionnel soit juridiquement fondée, la référence expresse de celui-ci à ces débats parlementaires, bien que dans un simple communiqué de presse, rend son interprétation plus confortable, dans la mesure où il montre, indirectement mais fermement, dans sa décision, que les parlementaires eux-mêmes furent informés et conscients de ce risque d'inconstitutionnalité. Cette référence aux travaux préparatoires a le mérite de rendre l'interprétation qui en a été retenue aussi populaire que juridiquement fondée. Mais, dans ce contexte particulier, on peut considérer que le communiqué de presse qui renvoie aux débats parlementaires peut être regardé comme ayant une valeur juridique qui se rapproche de celle de la décision du Conseil constitutionnel. C'est dans cette logique, d'ailleurs, que

---

[1709] V. Débats du 29 septembre 2016, 2ème séance du 28, AN, Nouvelle lecture, Art. 10, Amendement n° 303.

[1710] Tels Chantal Guittet, Fanny Dombre-Coste (qui a déposé l'amendement) ou encore Charles de Courson.

[1711] V. *Communiqué de presse* accompagnant la décision n° 2016-741 DC.

[1712] Il en va de même d'ailleurs de l'article 57 de la loi qui a été déclaré inconstitutionnelle pour avoir imposé au gouvernement, en méconnaissance du principe de séparation des pouvoirs, « *de recueillir l'avis de commissions parlementaires avant l'intervention de l'arrêté ministériel modifiant la liste des États et territoires non coopératifs* ».

Denis Baranger estime que ce que dit la juridiction même en dehors du cadre de ses décisions dispose également d'« *une charge d'autorité*[1713] ».

Enfin, comme cela a maintes fois été précisé, la conception retenue dans cette thèse de la notion de travaux préparatoires[1714] s'avère particulièrement étendue. Une telle conception de la notion de travaux préparatoires, si elle est plus difficilement observable dans la pratique juridictionnelle française, se présente différemment dans d'autres systèmes juridiques. Dans une analyse assez juste de la jurisprudence des décrets politiques du président américain Donald Trump sur l'immigration, Idris Fassassi affirme : « *Les juges américains prennent Trump au piège de ses propres déclarations qui, politiquement et dans le cadre de la campagne, ont pu le servir mais qui, devant les juges, jouent maintenant en sa défaveur.*[1715] » Les déclarations dont il s'agit sont celles du président lors de sa campagne électorale qui ont conduit des juges fédéraux à déceler l'intention *réelle* de celui-ci à travers ces décrets, ce qui, juridiquement, au regard du principe constitutionnel de l'égale protection de toutes les religions, explique leur suspension[1716]. Bien que la Cour suprême des États-Unis ait fini par valider ces décrets dans un arrêt du 26 juin

---

[1713] Denis Baranger, « Sur la manière française de rendre la justice constitutionnelle. Motivations et raisons politiques dans la jurisprudence du Conseil constitutionnel », *Jus Politicum*, n° 7, 2012 [en ligne], p. 36.

[1714] Au-delà de la définition de la notion de travaux préparatoires, s'il fallait ouvrir cette recherche sur un espace plus étendu, ce serait une investigation sur les débats qui, de la fin du XIXe siècle à la première moitié du XXe siècle, ont déchainé dans la doctrine à la fois philosophique (Auguste Comte, *positivisme juridique*), juridique (Henri Capitant, *abstraction complète des travaux préparatoires*) et historique (conception anglosaxonne, *Historical interpretation*) entre les pays de tradition juridique romano-germanique et ceux de tradition de *Common law* sur la place des travaux préparatoires dans la construction jurisprudentielle des normes juridiques. Celle-ci consisterait à explorer les champs de plusieurs interrogations. La progression de cette méthode-technique d'interprétation juridique dans tous les systèmes juridiques représentatifs du monde aujourd'hui semble témoigner, du moins, d'un recul, sinon d'un effacement total, de la position anglaise (tel que le montrent les débats entre juristes anglais auprès de l'Assemblée générale des Nations unies au début du XXe siècle) de faire « *abstraction complète* » (Henri Capitant) de l'usage des travaux préparatoires dans l'interprétation juridique. Une telle suggestion suppose autant de compétences ou, du moins, de curiosités historiques que juridiques. Car, en premier lieu, les travaux préparatoires sont d'abord l'histoire contextuelle, politique, sociologique et philosophique des normes juridiques qu'ils précèdent ; en second lieu, ce poids historique ne devrait pas éclipser les connaissances juridiques nécessaires à la reconnaissance de l'enjeu juridique de la recherche afin d'éviter le piège d'une thèse d'histoire déguisée.

[1715] « 3 questions à Idris Fassassi sur les dernières évolutions relatives au décret anti-immigration aux Etats-Unis », *Blog du Club des juristes*, 24 mars 2017.

[1716] STATE OF HAWAI'I and ISMAIL ELSHIKH, vs. DONALD J. TRUMP, et al. 15 mars 2017.

2018[1717], cette validation ne remet pas en cause l'usage des déclarations présidentielles comme éléments de preuve et arguments permettant aux juges de décider, d'autant que cet arrêt de la Cour intervient dans un contexte où elle paraît fortement politiquement polarisée[1718]. Ainsi, les travaux préparatoires que représentent ces déclarations électorales du président, bien qu'explicitement insaisissables et inexploitables devant le juge constitutionnel français, le sont devant le juge constitutionnel des États-Unis. Cette différence, peut-être de culture juridique, suscite réflexion au regard de l'exigence justificatrice de l'interprétation constitutionnelle. Le juge constitutionnel, chargé de cette mission d'interprétation, peut-il se cacher derrière cette forme de positivisme en vue de faire l'économie de la recherche de la « vérité » justificatrice de l'intentionnalité de l'auteur d'une norme juridique ? Cette interrogation, particulièrement osée, semble trouver au moins un début de réponse avec Idris Fassassi qui, à juste titre, affirme qu'« *il est difficile, et quelque peu hypocrite, de demander au juge de s'en tenir au texte et de ne pas regarder « derrière le rideau », quand l'Exécutif lui-même a révélé ce qu'il y a derrière le rideau.*[1719] » Cependant, si, en l'état actuel du droit français, il paraît difficile que l'usage explicite de telles déclarations politiques, issues d'une campagne électorale, par le Conseil constitutionnel fasse consensus, notamment dans la doctrine et surtout dans la classe politique, cela ne signifie pas, pour autant, que celui-ci n'en fait pas usage de manière implicite. C'est là toute la difficulté du silence du juge qui semble constituer un élément obscur de son pouvoir inaccessible aux observateurs extérieurs.

*****

[1717] TRUMP, PRESIDENT OF THE UNITED STATES, ET AL v. HAWAII ET AL, N°. 17-965. 585 U.S., 26 juin 2018 (https://www.supremecourt.gov/opinions/17pdf/17-965_h315.pdf), Consulté le 18 juillet 2018.

[1718] Idris Fassassi, « Travel ban, étendue du contrôle des juges, nomination de Brett Kavanaugh : que retenir des récentes actualités de la Cour suprême américaine ? », *Blog du Club des juristes*, 17 juillet 2018 (http://blog.leclubdesjuristes.com/que-retenir-des-recentes-decisions-de-la-cour-supreme-americaine/), Consulté le 18 juillet 2018.

[1719] « 3 questions à Idris Fassassi sur les dernières évolutions relatives au décret anti-immigration aux Etats-Unis », *Op. cit.*

BIBLIOGRAPHIE

BIBLIOGRAPHIE

Il est précisé que certains écrits cités dans la thèse ne sont pas forcément répertoriés dans cette bibliographie générale. Ceci est dû notamment au fait que certains auteurs publient parfois un même écrit à plusieurs endroits ; dans ce cas, une seule édition est privilégiée en bibliographie. Ainsi, les lectrices et lecteurs peuvent trouver des éléments cités dans le corps de la thèse qui ne se retrouvent pas repris dans cette bibliographie. Mais ces cas restent extrêmement rares.

I. Dictionnaires et encyclopédies généraux

CNRTL : *Centre national de ressources textuelles et lexicales* [en ligne].

Dictionnaires de français *Littré* et *Larousse.*

Dictionnaire d'histoire de France, Éditions Perrin, 3ème édition, 2002.

Encyclopaedia Universalis.

II. Dictionnaires et encyclopédies juridiques

ALLAND Denis et RIALS Stéphane (dir.), *Dictionnaire de la culture juridique*, PUF, Coll. : « Quadrige », 2007, 1640 p.

ARNAUD André-Jean et *al.* (dir.), *Dictionnaire encyclopédique de théorie et de sociologie du droit*, LGDJ, Coll. : « Droit et Société », 2ème édition, 1993, 757 p.

BISSARDON Sébastien, *Droit et justice en citations et adages*, LexisNexis, 2011, 3ème édition, 291 p.

CORNU Gérard (Association Henri Capitant), *Vocabulaire juridique*, PUF, Coll. : « Quadrige », $9^{\text{ème}}$ édition, 2011, 1093 p.

DE VILLIERS Michel et LE DIVELLEC Armel, *Dictionnaire du droit constitutionnel*, Sirey, 8 édition, 2011, 400 p.

GARNER Bryan A. (éd.), *Black's Law Dictionary*, Thomson Reuters, $10^{\text{ème}}$ édition, 2014, 2018 p.

LAW Jonathan et MARTIN Elisabeth A., *Dictionary of Law*, Oxford University Press, $7^{\text{ème}}$ édition, 2009, 604 p.

III. Ouvrages généraux (droit, science politique, histoire, sociologie et philosophie du droit)

AMADIEU Thomas et FRAMONT Nicolas, *Les citoyens ont de bonnes raisons de ne pas voter. Pour mieux comprendre*, Le Bord de l'eau, octobre 2015, 160 p.

ATIAS Christian, *Épistémologie juridique*, Dalloz, Coll. : « Droit privé », octobre 2002, 230 p.

AVRIL Pierre et GICQUEL Jean, *Droit parlementaire*, Montchrestien, 2010, $4^{\text{ème}}$ édition, 482 p.

AVRIL Pierre, GICQUEL Jean et GICQUEL Jean-Éric, *Droit parlementaire*, LGDJ, Coll. : « Droit public », $5^{\text{ème}}$ édition, septembre 2014, 403 p.

BALKIN Jack, *Le constitutionnalisme américain. Au-delà de la Constitution des origines et de la Constitution vivante*, Dalloz, Coll. : « Droit politique », $1^{\text{ère}}$ édition, décembre 2016, 480 p.

BARRAUD Boris, *Théories du droit et pluralisme juridique. Les théories dogmatiques du droit et la fragilité du pluralisme juridique*, t. I, PUAM, Coll. : « Inter-normes », 2017, 584 p.

BARRAUD Boris, *Théories du droit et pluralisme juridique. La théorie syncrétique du droit et la possibilité du pluralisme juridique*, PUAM, Coll. : « Inter-normes », 2017, 692 p.

BARRAUD Boris, *Mesurer le pluralisme juridique. Une expérience*, L'Harmattan, Coll. : « Le droit aujourd'hui », 2017, 308 p.
BÉCANE Jean-Claude et COUDERC Michel, *La loi*, Dalloz, Coll. : « Méthodes du droit », 1994, 301 p.

BÖCKENFÖRDE Ernst-Wolfgang, *Le droit, l'État et la Constitution démocratique. Essais de théorie juridique, politique et constitutionnelle*, Trad. Olivier Jouanjan, Bruylant-LGDJ, octobre 2000, 320 p.

BOGDANOR Vernon, *The New British Constitution*, Hart Publishing, Oxford and Portland, Oregon, 2009, 319 p.

BOUVIER Michel, ESCLASSAN Marie-Christine et LASSALE Jean-Pierre, *Finances publiques*, LGDJ, Coll. : « Manuels », 15ème édition, septembre 2016, 960 p.

BREYER Stephen, *La Cour suprême, l'Amérique et son histoire*, Odile Jacob, février 2011, 370 p.

BREYER Stephen, *La Cour suprême, le droit américain et le monde*, Odile Jacob, octobre 2015, 381 p.

BREYER Stephen, *Pour une démocratie active*, Odile Jacob, janvier 2007, 231 p.

CAMPAGNA Norbert, *Le droit, la nature et la volonté. Essai sur les fondements de la normativité*, L'Harmattan, 2006, 228 p.

CARCASSONNE Guy, *La Constitution introduite et commentée*, Seuil, Coll. : « Points Essais », 10ème édition, Paris, 2011, 477 p.

COHENDET Marie-Anne, *Droit constitutionnel*, LGDJ, Coll. : « Cours », septembre 2013, 768 p.

COHENDET Marie-Anne, *Les épreuves en droit public. Conseils et modèles*, 4ème édition, avril 2009, 288 p.

COMMAILLE Jacques, *L'esprit sociologique des lois : essai de sociologie politique du droit,* PUF, Coll. : « Droit, éthique, société », décembre 1994, 275 p.

CONSTANT Benjamin, *De la liberté des anciens comparée à celle des modernes* [1819], Préface de Gil Delannoi, Berg International, avril 2014, 52 p.

COPPENS Yves, *Histoire de l'homme et changements climatiques,* Collège de France / Fayard, 2006, 97 p.

CÔTÉ Pierre-André, *The interpretation of legislation in Canada,* Les Éditions Yvon Blais, Inc, 1992, 623 p.

COURNOT Antoine-Augustin, *Essai sur les fondements de nos connaissances et sur les caractères de la critique philosophique*, Paris, 1851, t. 2, 182 p.

DEBRÉ Jean-Louis, *Ce que je ne pouvais pas dire,* Robert Laffont, avril 2016, 400 p.

DEBRU Claude, BILLET Philippe, DELMAS-MARTY Mireille et *al.*, *Sciences et Société, les normes en question*, Actes Sud / IHEST, Coll. : « Questions vives », mars 2014, 320 p.

DEFFAINS Bruno et FEREY Samuel, *Agir et juger. Comment les économistes pensent le droit*, Éditions Panthéon-Assas, LGDJ, 2010, 124 p.

DEUMIER Pascale, *Introduction générale au droit,* LGDJ, 2011, 436 p.

DEUMIER Pascale (dir.), *Le raisonnement juridique. Recherche sur les travaux préparatoires des arrêts,* Dalloz, 2013, Coll. : « Méthodes du droit », p. 270 p.

DICEY Albert Venn, *Introduction to the study of the law of the Constitution,* Londres / New York, Macmillan St. Martin's Press, 8ème édition, 1959, 535 p.

DICEY Albert Venn, *Leçons sur les rapports entre le droit et l'opinion publique en Angleterre au cours du dix-neuvième siècle,* Max Boucard et Gaston Gèze (dir.), Trad. Gaston Gèze et *ali*, Paris, 1906, 521 p.

DRAGO Guillaume, *Contentieux constitutionnel français,* PUF, Coll. : « Thémis droit », 4ème édition, 2016, 792 p.

DUGUIT Léon, *Manuel de droit constitutionnel. Théorie générale de l'État. Libertés publiques. – Organisation politique*, Fontemoing et Cie, 2ème édition, 1911, 489 p.

DURAND Jean-Marie, *1977, Année électrique*, Robert Laffont, janvier 2017, 288 p.

DWORKIN Ronald, *L'empire du droit*, PUF, février 1994, 480 p.

FABRE-MAGNAN Muriel, *Introduction au droit*, PUF, Coll. : « Que sais-je ? », 3ème édition, août 2016, 128 p.

FAVOREU Louis, GAÏA Patrick, GHEVONTIAN Richard et *al.* (dir.), *Droit constitutionnel*, Dalloz, Coll. : « Précis », 2014, 14ème édition, 1100 p.

GAÏA Patrick, GHEVONTIAN Richard, MÉLIN-SOUCRAMANIEN Ferdinand, OLIVA Éric et ROUX André, *Les grandes décisions du Conseil constitutionnel*, Dalloz, Coll. : « Grands textes », 17ème édition, 2013, 656 p.

GRZEGORCZYK Christophe, MICHAUT Françoise et TROPER Michel (dir.), *Le positivisme juridique*, LGDJ, 1992, 535 p.

GUCHET Yves, *Droit parlementaire*, Economica, 1996, 203 p.

HABERMAS Jürgen, *Théorie de l'agir communicationnel. Rationalité de l'action et rationalisation de la société*, t. 1, trad. J.-M. Ferry, Fayard, Coll. : « L'espace du politique », avril 1987, 450 p.

HABERMAS Jürgen, *Théorie de l'agir communicationnel. Pour une critique de la raison fonctionnaliste*, t. 2, trad. J.-M. Ferry, Fayard, Coll. : « L'espace du politique », avril 1987, 480 p.

HAMON Francis et WIENER Céline, *La loi sous surveillance*, Odile Jacob, 1999, 285 p.

HAMON Léo, *Les juges de la loi. Naissance et rôle d'un contre-pouvoir : le Conseil constitutionnel*, Fayard, 1987, 300 p.

HART Herbert Lionnel Adolphus, *Le concept de droit*, Publications des Facultés universitaires Saint-Louis, 2ème édition, 2006, 344 p.

HAURIOU Maurice, *Précis de droit constitutionnel*, Sirey, 2ème édition, réimpr. CNRS, 1965, 759 p.

HAURIOU Maurice, *Précis élémentaire de droit constitutionnel*, Sirey, 2ème édition, 1930, BNF [Gallica], 346 p.

HOGG Peter Wardell, *Constitutional law of Canada*, Thomson/Carswell, 2007, 1436 p.

JEULAND Emmanuel, *Droit processuel général*, LGDJ, Coll. : « Droit privé », 3ème édition, 2014.

JÈZE Gaston, *Les principes généraux du droit administratif. La technique juridique du droit public français* [1925], Réimpr. Dalloz, 3ème édition, 2005, 443 p.

JOUVENEL Robert (de), *La République des camarades*, 1914, Lingua Franca, 2008, 140 p.

KELSEN Hans, *Théorie pure du droit*, Trad. Charles Eisenmann, Bruylant-LGDJ, Coll. : « La pensée juridique », 1999, 367 p.

KIRAT Thierry, *Économie du droit*, La Découverte, Coll. : « Repères », 1999, 128 p.

LE GOFF Jacques, *Saint Louis*, Folio Histoire, 1999, 1280 p.

LEJEUNE Aude, *Le droit au Droit. Les juristes et la question sociale en France*, Editions des Archives contemporaines, juin 2011, 130 p.

MAGNON Xavier, *Théorie(s) du droit*, Ellipses, Coll. : « Universités Droit », 2008, 167 p.

MANIN Bernard, *Principes du gouvernement représentatif*, Flammarion, Coll. : « Champs »,1996, 160 P.

MATHIEU Bertrand, MACHELON Jean-Pierre, MÉLIN-SOUCRAMANIEN Ferdinand, ROUSSEAU Dominique et PHILIPPE Xavier (dir.), *Les grandes délibérations du Conseil constitutionnel, 1958-1986*, Dalloz, Coll. : « Grands textes », 2ème édition, 2014, 598 p.

MATHIEU Bertrand et VERPEAUX Michel, *Droit constitutionnel*, PUF, Coll. : « Droit fondamental », 2004, 874 p.

MATHIEU Bertrand et VERPEAUX Michel (dir.), *Transparence et vie publique*, Dalloz, Coll. : « Thèmes et commentaires », 2015, 144 p.

MONTESQUIEU, *De l'esprit des lois*, Livre XI, Chap. 4.

MORABITO Marcel, *Histoire constitutionnelle de la France (1789-1958)*, Montchrestien, 9ème édition, 2006, 432 p.

ODENT Raymond, *Contentieux administratif*, Cours IEP 1965-1966, t. 1, Dalloz, 2007, 1051 p.

PERRINEAU Pascal et ROUBAN Luc (dir.), *La démocratie de l'entre-soi*, Presses de Sciences Po, Coll. : « Académique », 1ère édition, mars 2017, 224 p.

RAWLS John, *Justice et démocratie*, Trad. Catherine Audard, Seuil, Coll. : « Points Essais », 1993, 398 p.

RAWLS John, *Théorie de la justice*, Trad. Catherine Audard, Points, Coll. : « Points Essais », avril 2009, 666 p.

RANCIÈRE Jacques, *La haine de la démocratie*, La fabrique, 2005, 111 p.

RENAN Ernest, *Qu'est-ce qu'une nation ?*, Préface de Nicolas Tenzer, Mille et une nuits [1882], novembre 1997, 48 p.

RIALS Stéphane et BOUDON Julien, *Textes constitutionnels français*, PUF, Coll. : « Que sais-je ? », 128 p.

RICHARD Gaston, *L'origine de l'idée de droit*, Thorin et fils, Paris, 1892 [en ligne], 308 p.

ROSANVALLON Pierre, *La démocratie inachevée. Histoire de la souveraineté du peuple en France*, Gallimard, septembre 2000, 440 p.

ROSANVALLON Pierre, *Le peuple introuvable. Histoire de la représentation démocratique en France*, Gallimard, mars 1998, 396 p.

ROUSSEAU Dominique, *Droit du contentieux constitutionnel*, LGDJ, 2013, 10ème édition, 592 p.

ROUSSEAU Dominique, *Radicaliser la démocratie. Propositions pour une refondation*, Seuil, avril 2015, 240 p.

ROUSSEAU Dominique et BONNET Julien, *L'essentiel de la QPC. Mode d'emploi de la question prioritaire de constitutionalité*, Lextenso, 2012, 128 p.

ROUSSEAU Dominique et VIALA Alexandre, *Droit constitutionnel*, Montchrestien, juillet 2004, 480 p.

ROUSSEAU Jean-Jacques, *Du contrat social*, Flammarion, Coll. : « GF », Paris, 2001, 258 p.

ROUVILLOIS Frédéric, *Le droit*, Flammarion, Coll. : « GF », février 1999, 240 p.

SAINT-BONNET François et SASSIER Yves, *Histoire des institutions avant 1789*, LGDJ, Coll. : « Droit public », 5ème édition, 2015, 496 p.

SALAS Denis (dir.), *Le procès politique. XVe-XXe siècle*, La Documentation française, Coll. : « Histoire de la justice », t. 27, mai 2017, 308 p.

SCHNAPPER Dominique, *Une sociologue au Conseil constitutionnel*, Gallimard, Coll. : « NRF Essais », mars 2010, 464 p.

SEILLER Bertrand, *Droit administratif*, t. II : « *L'action administrative* », Flammarion, Coll. : « Champs Université », 4ème éd., 358 p.

SEILLER Bertrand, *Droit administratif*, t. I : « *Les sources et le juge* », Flammarion, Coll. : « Champs Université », 4ème éd., 346 p.

SEN Amartya, *L'idée de justice*, Trad. Paul Chemla, Flammarion, Coll. : « Champs essais », février 2012, 562 p.

SEN Amartya, *La démocratie des autres*, Trad. Monique Bégot, Rivages poche / Petite Bibliothèque, août 2006, 96 p.

SUPIOT Alain, *La gouvernance par les nombres*, Fayard, 2015, 520 p.

TROPER Michel, *Le gouvernement des juges, mode d'emploi*, Les Presses de l'Université de Laval, Coll. : « Mercure du Nord / Verbatim », 2006, 52 p.

TÜRK Pauline, *Les institutions de la Ve République*, Mémentos LMD, Gualiano / Lextenso, 10ème édition, août 2017, 256 p.

VERDIER Raymond (textes rassemblés par), *Jean Carbonnier : 1908-2003. Écrits*, PUF, 2008, 1613 p.

VERPEAUX Michel, *La Constitution*, Dalloz, octobre 2008, Coll. : « Connaissance du droit », 138 p.

VERPEAUX Michel, MONTALIVET (de) Pierre, ROBLOT-TROIZIER Agnès, VIDAL-NAQUET Ariane, *Droit constitutionnel. Les grandes décisions de la jurisprudence*, Paris, PUF, Coll. : « Thémis », 1ère édition, 2011, p. 272.

WEBER Max, *Sociologie du droit*, PUF, Coll. : « Quatrige », 2007, 242 p.

ZOLLER Élisabeth, *Le droit des États-Unis*, Les études du CDPC (Paris II), 2014, 97 p.

IV. Ouvrages, articles de revue et autres sur les relations entre les institutions et les différents pouvoirs, la justice constitutionnelle, l'interprétation du droit et les nouveaux discours démocratiques

Tous les textes ne traitent pas que de la question de l'interprétation constitutionnelle de manière spécifique, mais l'aborde parfois en creux à travers la critique de certains aspects de l'interprétation juridique en général.

ARDANT Philippe, *Décisions du Conseil constitutionnel*, PUF, Coll. : « Que sais-je », novembre 1990, 128 p.

ARLETTAZ Jordane, « L'inégalité conciliée aux libertés : le compromis critiquable de la décision QPC sur le droit local d'Alsace-Moselle », *Revue des droits et libertés fondamentaux*, 2011, Chronique n° 1.

ARLETTAZ Jordane, « E-démocratie et processus normatif », *in* Bertrand Mathieu, Anne-Marie Le Pourhiet, Dominique Rousseau et Alain Delcamp (dir.), *Nouvelles questions sur la démocratie*, Dalloz, Coll. : « Thèmes et commentaires », octobre 2010, pp. 95-99.

ARISTOTE, *De l'interprétation*, Trad. J. Tricot (1936), Éditions Les Échos du Maquis, Vol. 1, janvier 2014, 31 p.

AVERROÈS, *Discours décisif*, Flammarion, Coll. : « Garnier Flammarion / Philosophie », janvier 1999, 247 p.

AVRIL Pierre, « Qui fait la loi ? », *Pouvoirs*, 2005/3, n° 114, pp. 89-99.

BARAK Aharon, « La révolution constitutionnelle : la protection des droits fondamentaux », *Pouvoirs*, n° 72, 1995, pp. 17-35.

BARANGER Denis, « Sur la manière française de rendre la justice constitutionnelle. Motivations et raisons politiques dans la jurisprudence du Conseil constitutionnel, *Jus Politicum*, n° 7, 2012.

BÉCHILLON (de) Denis, *Réflexions sur le statut des « portes étroites » devant le Conseil constitutionnel*, Les notes du Club des juristes, janvier 2017, 73 p.

BERGOUGNOUS Georges, « La présence des ministres en commission : l'adaptation du bicaméralisme rationalisé à la révision de 2008 », *Constitutions*, n° 3, juillet-septembre 2011.

BERNARD Michel, « Le renouveau de la fonction consultative du Conseil d'Etat sous la Ve République », *EDCE*, 1994, n° 46, p. 439.

BERTRAND Brunessen, « L'exigence de clarté et de sincérité du débat parlementaire. Etude sur un concept régulateur de la procédure législative sous la Ve République », *RDP*, octobre-novembre 2010, n° 2, p. 431 et s.

BESNIER Jean-Michel, « La norme entre conformisme et autonomie », *in* Claude Debru, Philippe Billet, Mireille Delmas-Marty et *al.*, *Sciences et Société, les normes en question*, Actes Sud / IHEST, Coll. : « Questions vives », mars 2014, pp. 63-86.

BESSON Samantha et GÄCHTER-ALGE Marie-Louise, « L'interprétation en droit européen – Quelques remarques introductives », *in* Samantha Besson, Nicolas Levrat, Evelyne Clerc, Marie-Louise Gächter-Alge, *Interprétation en droit européen*, 2011, 234 p., pp. 3-35.

BOUVIER Alban, « Démocratie délibérative, démocratie débattante, démocratie participative », *Revue européenne des sciences sociales*, t. XLV, 2007, n° 136, pp. 5-34.

CARCASSONNE Guy, « Le trouble de la transparence », *Pouvoirs*, n° 97, 2001, pp. 17-23.

CASSARD-VALEMBOIS Anne-Laure, « De l'usage de la gomme, comme du crayon, par le Conseil constitutionnel face aux malfaçons législatives », *Constitutions*, n° 3, juillet-septembre 2011.

CHEVALLIER Jacques, « L'argument sociologique dans l'étude du droit constitutionnel », *in* Dominique Fenouillet (dir.), *L'argument sociologique en droit*, Dalloz, Coll. : « Thèmes et commentes », Sous-coll. : « Actes », 2015, pp. 241-253.

CONSEIL CONSTITUTIONNEL, « État de la jurisprudence du Conseil constitutionnel sur le droit d'amendement », *Services du CC*, juillet 2007.

DEGIRMENCI Selim, « Principe de laïcité : quand le Conseil constitutionnel veut éviter toute discorde sur le front alsacien-mosellan », *Lettre Actualités Droits-Libertés du CREDOF*, 29 mars 2013.

DENQUIN Jean-Marie, « Que veut-on dire par « démocratie » ? L'essence, la démocratie et la justice constitutionnelle », *Jus Politicum*, n° 2, 2009.

DÉROSIER Jean-Philippe, « Des techniques de participation issues d'un seul gène : la démocratie », *in* Bertrand Mathieu, Anne-Marie Le Pourhiet, Dominique Rousseau et Alain Delcamp (dir.), *Nouvelles questions sur la démocratie*, Dalloz, Coll. : « Thèmes et commentaires », octobre 2010, pp. 107-115.

DELVOLVÉ Pierre, « Le Conseil d'Etat, Cour suprême de l'ordre administratif », *Pouvoirs*, 2007/4, n° 123, pp. 51-60.

DISANT Mathieu, « L'autorité de la chose interprétée par le Conseil constitutionnel. Permanence et actualité(s) », *Les Cahiers du Conseil constitutionnel*, n° 28, 2010, pp. 197 s.

DRAGO Guillaume, « Fonction consultative du Conseil d'Etat et fonction de Gouvernement : de la consultation à la codécision », *AJDA*, 2003, p. 948.

DUBOUT Edouard, « Interprétation téléologique et politique jurisprudentielle de la Cour européenne des droits de l'homme », *RTDH*, 74/2008, pp. 384-418.

DUBUT Thomas, « Le juge constitutionnel et les concepts. » Réflexions à propos des « exigences constitutionnelles », *RFDC*, 2009/4, n° 80.

DUGUIT Léon, « Le droit constitutionnel et la sociologie », Extrait de la *Revue internationale de l'Enseignement*, 15 novembre 1889, Reprod. in *Revue générale du droit*, 2014, n° 16365.

DUPLÉ Nicole, « L'article 7 de la Charte canadienne des droits et libertés et les principes de justice fondamentale », *Les Cahiers de droit*, vol. 25, n° 1, 1984, p. 99-124.

DURKEIM Émile, « À l'origine de l'idée de droit », *Bibl. Les classiques des sciences sociales*, Coll. : « Les auteur(e)s classiques », 1893.

DWORKIN Ronald, « La théorie du droit comme interprétation », *Droit et Société*, 1-1985, pp. 99-114.

FAVOREU Louis, *Les Cours constitutionnelles*, PUF, Coll. : « Que sais-je ? Le point des connaissances actuelles », 3ème édition, 1986, 127 p.

FRYDMAN Benoît, *Le sens des lois, histoire de l'interprétation et de la raison juridique*, Bruylant, Coll. : « Penser le droit », 3ème édition, Octobre 2011, 720 p.

FOYER Jean, « Pour la suppression du Conseil constitutionnel », *La Revue administrative*, 51ème année, n° 301, janvier-février 1998, pp. 97-101.

GÉNY François, *Méthode d'interprétation et sources en droit privé positif : essai critique*, LGDJ, 1899, 600 p.

GONOD Pascale, « Le Conseil d'État, conseil du Parlement », *RFDA*, 2008, pp. 871 s.

GOYARD-FABRE Simone, « Jusnaturalisme », *Encyclopedia Universalis.*

HAUSER Jean, « Le juge et la loi », *Pouvoirs*, septembre 2005, n° 114, pp. 139-153.

HOURQUEBIE Fabrice et PONTHOREAU Marie-Claire (dir.), *La motivation des décisions des cours suprêmes et cours constitutionnelles*, Bruylant, juin 2012, 310 p.

ISAMBERT, DECRUSY, JOURDAN (MM., Avocats à la Cour royale), *Recueil général des anciennes lois françaises, depuis l'an 420 jusqu'à la Révolution de 1789 contenant la notice ou le texte des principaux monuments des Mérovingiens, des Carlovingiens et des Capétiens qui ne sont pas abrogés, ou qui peuvent servir, soit à l'interprétation, soit à l'histoire du droit public et privé*, janvier 1824, 372 p.

JANNE Xavier, « Les sources du droit au point de vue général de la pédagogie », in *Recueil d'études sur les sources du droit en l'honneur de François Gény*, Recueil Sirey, rééd. 1977, pp. 85-90.

JEANNOT-GASNIER Anne, « La contribution du Conseil d'Etat à la fonction législative », *RDP*, 1998, p. 1131.

KELSEN Hans, « La notion d'Etat et la psychologie sociale. A propos de la théorie freudienne des foules », Imago, *Revue de psychanalyse appliquée aux sciences humaines*, 1922, pp. 134-165.

LAFFAILLE Franck, « La neutralisation du principe de laïcité au profit du droit cultuel alsacien mosellan à propos d'une décision... dénuée de fondements juridiques pertinents (« Vu la Constitution et notamment Raymond Janot ») », *La Semaine juridique. Administrations et collectivités territoriales*, 15 avril 2013, n° 16, p. 22-25.

LE BOT Olivier, « Démocratie électronique et droits fondamentaux », *in* Bertrand Mathieu, Anne-Marie Le Pourhiet, Dominique Rousseau et Alain Delcamp (dir.), *Nouvelles questions sur la démocratie*, Dalloz, Coll. : « Thèmes et commentaires », octobre 2010, pp. 101-106.
Le Conseil constitutionnel français et son évolution actuelle. Cinq ans de QPC, Recueil d'articles, Préface de Claire Bazy-Malaurie, *Jurist*, Moscou, avril 2015, 268 p.

LEFORT Claude, *L'invention démocratique. Les limites de la domination totalitaire*, Fayard, 1981, 336 p.

LEGENDRE Pierre, « Droit, communication et politique », Entretien avec D. Dayan et J-M. Ferry, *Hermès*, CNRS, 1989/2, n° 5-6, pp. 21-32.

LENOIR Noëlle, MATHIEU Bertrand et MAUS Didier (dir.), *Constitution et éthique biomédicale*, La Documentation française, Coll. : « Les cahiers constitutionnels de Paris I », 1998, 236 p.

LE POURHIET Anne-Marie, « L'encadrement juridique de la liberté d'expression en France », *Assemblée parlementaire de la francophonie*, Région Europe, XXVIIIème Assemblée régionale, Saint-Hélier (Jersey), 14 octobre 2015.

LONG Marceau, « Le Conseil d'Etat et la fonction consultative : de la consultation à la décision », *RFDA* 1992, p. 787.

LONG Marceau, « Mon expérience de la fonction consultative du Conseil d'Etat de 1987 à 1995 », *Les 40 ans de la Ve République*, *RDP*, 1998, p. 1421.

LUCHAIRE François, « De la méthode en droit constitutionnel », *RDP*, 2-1981, pp. 276-329.

LUCHAIRE François, *La constitution et son interprétation*, PUF, 1995, 222 p.

LUCHAIRE François, « Le Conseil constitutionnel est-il une juridiction ? », *RDP*, 1979, pp. 27-52.

LUCHAIRE François, « Procédures et techniques de protection des droits fondamentaux. Conseil constitutionnel français », *Revue internationale de droit comparé*, vol. 33, n° 2, avril-juin 1981, pp. 285-334.

MACRON Emmanuel, *Révolution. C'est notre combat pour la France*, XO Éditions, novembre 2016, 270 p.

MAGDELAIN André, *La loi à Rome, histoire d'un concept*, Les Belles Lettres, 1978, BNF, 94 p.

MAILHER DE CHASSAT M. Antoine, *Traité de l'interprétation des lois*, BNF (Gallica), 1845, 412 p.

MALAURIE Philippe, « L'intelligibilité des lois », *Pouvoirs*, septembre 2005, n° 114, pp.131-137.

MARMOR Andrei (éd.), *Law and interpretation: essays in legal philosophy*, février 1997, 480 p.

MARMOR Andrei, *Law in the age of pluralism*, Oxford University Press, 2007, 312 p.

MASSOT Jean, « Le Conseil d'État et le régime de Vichy », Vingtième Siècle, *Revue d'histoire*, 1998, Vol. 58, n° 1, Persée, pp. 83-99.

MASTOR Wanda, « Essai sur la motivation des décisions de justice. Pour une lecture simplifiée des décisions des Cours constitutionnelles », *Annuaire international de justice constitutionnelle*, vol. XV, 1999, pp. 35-63.

MATHIEU Bertrand, « Rapport de Bertrand Mathieu », *in* Noëlle Lenoir, Bertrand Mathieu et Didier Maus (dir.), *Constitution et éthique biomédicale*, La Documentation française, Coll. : « Les cahiers constitutionnels de Paris I », 1998, pp. 45-47.

MAUS Didier, « Les travaux préparatoires de la Constitution de 1958 », *RFDC* n° 40, 1999.

MAUS Didier, *Les grands textes de la pratique constitutionnelle de la Ve République*, Documentation française, Coll. « Retour aux textes », 1998, 429 p.

MAYAUD Yves, « Le délit de harcèlement sexuel : histoire d'une abrogation fatale ! », *Revue de science criminelle et du droit pénal comparé*, avril-juin 2012, n° 2, pp. 380-387.

MELIN-SOUCRAMANIEN Ferdinand (dir.), *L'interprétation constitutionnelle*, Dalloz, Coll. : « Thèmes et commentaires », 2005, 248 p.

MESSAGE Hervé, BERMOND Michel et MATT Jean-Luc (rééd.), *Lois de finances et lois de financement à l'Assemblée nationale*, Première partie, *Connaissance de l'Assemblée*, n° 3, 1ère édition 1996, 2ème édition 2000 ; 3ème édition 2007.

MILET Marc, « L'argument sociologique au Parlement », *in* Dominique Fenouillet (dir.), *L'argument sociologique en droit*, Dalloz, Coll. : « Thèmes et commentes », Sous-coll. : « Actes », 2015, p. 151-164.

MOLFESSIS Nicolas, « M. C. Ponthoreau, *La reconnaissance des droits non écrits par les Cours constitutionnelles italienne et française* », *RIDC*, Vol. 47, n°1, janvier-mars 1995, pp. 282-284.

MONTECLER (de) Marie-Christine, « Duel à distance sur le dualisme juridictionnel », *Site internet de Dalloz*, 28 juillet 2017.

NEUFFER Philippe Temauiarii, *Les méthodes du Conseil constitutionnel*, Rapport, *Cahiers du Conseil constitutionnel*, 2003.

OPPETIT Bruno, « Droit et économie », *Archives de philosophie du droit*, t. 37, Sirey, 1992.

PARDINI Jean-Jacques, « Réalisme et contrôle des lois en Italie », *Cahiers du Conseil constitutionnel* n° 22 (Dossier : *Le réalisme en droit constitutionnel*), juin 2007.

PÉRITCH Jivoïn-M., « Quelques observations sur le problème des sources du droit et la fonction de la loi », in *Recueil d'études sur les sources du droit en l'honneur de François Gény*, Recueil Sirey, rééd. 1977, pp. 227-241.

PFERSMANN Otto, « Le sophisme onomastique : changer au lieu de connaître l'interprétation de la Constitution », *in* Ferdinand Mélin-Soucramanien (dir.), *L'interprétation constitutionnelle*, Dalloz, 2005, pp. 33-60.

PONTHOREAU Marie-Claire, *La reconnaissance des droits non écrits par les cours constitutionnelles italienne et française. Essai sur le pouvoir créateur du juge constitutionnel*, Economica, 1994, Coll. : « Droit public positif », 280 p.

RIVERO Jean, « Rapport de synthèse » de la table ronde *Les techniques jurisprudentielles du contrôle de constitutionnalité des lois*, in *AIJC*, t. I, 1985, pp. 122-124.

ROBLOT-TROIZIER Agnès, « L'interprétation du principe constitutionnel de laïcité à la lumière des travaux préparatoires de la Constitution », *Nouveaux Cahiers du Conseil constitutionnel*, n° 40, Chronique de jurisprudence constitutionnelle, juin 2013.

ROBLOT-TROIZIER Agnès, « Le principe constitutionnel de laïcité et la prétendue volonté du pouvoir constituant », *RFDA*, mai-juin 2013, n° 3, pp. 663-667.

ROSENFELD Michel, *Les interprétations justes*, Bruylant-LGDJ, Coll. : « La pensée juridique », novembre 2000, 238 p.

ROUSSEAU Dominique, « Constitutionnalisme et démocratie », *La vie des idées*, septembre 2008.

ROUSSEAU Dominique, « La Constitution ou la politique autrement », in *Dossier : Le droit contre la politique*, Le Débat, n° 64, 1991/2, pp. 176-180.

ROUSSEAU Dominique, *La justice constitutionnelle en Europe*, Montchrestien, Coll. : « Clefs politique », 3ème édition, 1998, 160 p.

ROUSSEAU Dominique, « Le procès constitutionnel », *Pouvoirs*, n° 137, *La question prioritaire de constitutionnalité*, avril 2011, pp. 47-55.

SAUVÉ Jean-Marc, « Le rôle du Conseil d'Etat dans la mise en œuvre des études d'impact », Intervention lors de la conférence *L'impact du droit : l'évaluation économique comparée de la norme juridique*, Université Paris Ouest Nanterre La Défense, Cercle France Amériques, 29 novembre 2010.

SAVIGNY (de) Friedrich Carl, *Traité de droit romain*, trad. Guenoux, t. I, Paris, 1855, BNF (Gallica), 413 p.

SÉRIEUX Paul et CAPGRAS Joseph, « Le délire d'interprétation et la folie systématisée », in *L'année psychologique*, 1910, vol. 17, n° 1, pp. 251-269.

SIMONIAN-GINESTE Hélène, « Nouveau regard sur l'avis consultatif », *RDP*, 1999, p. 1121.

TROPER Michel, « Positivisme juridique », *Encyclopedia Universalis.*

TROPER.Michel, « Le réalisme et le juge constitutionnel », in *Dossier : Le réalisme en droit constitutionnel*, Cahiers du Conseil constitutionnel, n° 22, juin 2007.

TUSSEAU Guillaume, *Contre les « modèles » de justice constitutionnelle. Essai de critique méthodologique*, LGDJ, Coll. : « RdC - Richerche di diritto comparato », mars 2009, 200 p.

VERPEAUX Michel, « Contrôle de constitutionnalité des actes administratifs », *AJDA*, janvier 2011 [MAJ juin 2014].

VIALA Alexandre, « L'interprétation du juge dans la hiérarchie des normes et des organes », *Nouveaux Cahiers du Conseil constitutionnel*, n° 6, janvier 1999.

WAHNICH Sophie, « Fragments d'institutions parlementaires. Faire circuler la parole du Souverain », *Politix*, Vol. 5, n°20, Quatrième trimestre 1992, pp. 119-128.

ZAGREBELSKY Gustavo, « La doctrine du droit vivant », *AIJC*, II, 1986, pp. 55-77.

ZOLLER Elisabeth, « Le constitutionnalisme français », *Revue de Droit Henri Capitant*, Lextenso, n° spécial (article unique), Octobre 2018.

V. Ouvrages, articles de revues et autres textes ciblés sur les travaux préparatoires des normes juridiques (y compris ceux de la Constitution de 1958)

AVRIL Pierre, « Le piano mécanique », in *Itinéraires : études en l'honneur de Léo Hamon*, Economica, 1982, pp. 13-18.

AVRIL Pierre, *Les conventions de la Constitution*, PUF, Coll. : « Léviathan », 1997, Chap. II « Retour au texte », pp. 53-87 (v. pp. 54-57).

CAPITANT Henri, « Les travaux préparatoires et l'interprétation des lois », *Recueil d'études sur les sources du droit en l'honneur de François Gény*, Dalloz-Sirey, 1977 (1ère éd. 1934), pp. 204-216.

CAPITANT Henri, « L'interprétation des lois d'après les travaux préparatoires », *Recueil Sirey*, Chronique, 1935, pp. 77-80.

COUDERC Michel, « Les travaux préparatoires ou la remontée aux enfers », Dalloz, 1977, p. 249-256.

COUDERC Michel, « La difficile parole du législateur » Chronique Dalloz, 1977, pp. 183-184.

Documents pour servir à l'histoire de l'élaboration de la Constitution du 4 octobre 1958, La Documentation française, plusieurs vol., 1987-2001.

JOSSE Philippe, *Le rôle de la notion de travaux préparatoires dans la jurisprudence du Conseil constitutionnel*, Éditions Panthéon-Assas, LGDJ, 1998, 140 p.

TOURME-JOUANNET Emmanuelle, « Les travaux préparatoires de la Charte des Nations Unies », *in* Jean-Pierre Cot, Mathias Forteau et Alain Pellet, *La Charte des Nations Unies. Commentaire article par article*, Vol. I, 3ème édition, Paris, Economica, avril 2005, pp. 1-24.

Travaux préparatoires de la Constitution du 4 octobre 1958. Avis et débats du Comité consultatif constitutionnel, La Documentation française, 1960, 225 p.

VI. Mélanges / chapitres issus de mélanges

BÉCHILLON (de) Denys, BRUNET Pierre, CHAMPEIL-DESPLATS Véronique et MILLARD Éric, *L'architecture du droit. Mélanges en l'honneur de Michel Troper*, Economica, 2006, 1028 p.

BRAIBANT Guy, « Le rôle du Conseil d'Etat dans l'élaboration du droit », in *Mélanges René Chapus*, Droit administratif, Montchrestien, 1992, pp. 91 s.

CHÉROT Jean-Yves, CIMAMONTI Sylvie, TRANCHANT Laetitia, TREMEAU Jérôme (coord.), *Le droit, entre autonomie et ouverture : Mélanges en l'honneur de Jean-Louis Bergel*, Bruylant-LGDJ, Coll. : « Penser le droit », juillet 2013, 800 p.

DEVIN Guillaume (dir.), *Méthodes de recherche en relations internationales*, Les Presses de Sciences Po Paris, mars 2016, 270 p.

DRAGO Roland, « Incidences contentieuses des attributions consultatives du Conseil d'État », in *Mélanges Marcel Waline*, LGDJ, 1974, p. 379.

GAUDEMET Yves, « La Constitution et la fonction législative du Conseil d'État », in *Mélanges Jean Foyer*, PUF, 1997, p. 61 s.

JAN Pascal, MOUZET Pierre et TELLIER-CAYROL Véronique, *Mélanges en l'honneur du professeur Jean Rossetto*, LGDJ, Coll. : « Les mélanges », juillet 2016.

MAGNON Xavier, « Retour sur quelques définitions premières en droit constitutionnel : que sont une « juridiction constitutionnelle », une « Cour constitutionnelle » et une « Cour suprême » ? Proposition de définitions modales et fonctionnelles », in *Long cours. Mélanges en l'honneur du Professeur Pierre Bon*, Dalloz, 2014, pp. 305-322.

MASTOR Wanda, « Opiner à voix basse… et se taire : réflexions critiques sur le secret des délibérés », in *Le dialogue des juges. Mélanges en l'honneur du Président Bruno Genevois*, Dalloz, 2008, pp. 725-751.

POIRMEUR Yves, « La doctrine administrative et le juge administratif. La crise d'un modèle de production du droit », *in* Jacques Chevallier (dir.), *Le droit administratif en mutation*, PUF, 1993.

Recueil d'études sur les sources du droit en l'honneur de François Gény [1934], rééd. Dalloz-Sirey, 1977, 546 p.

ROUSSEAU Dominique, « Une décision non commentée existe-t-elle ou commenter est-ce délirer ? », in *L'architecture du droit. Mélanges en l'honneur du professeur Michel Troper*, Economica, 2006, pp. 897-905.

VII. Actes de colloques

AMELLER Michel, « Principes d'interprétation constitutionnelle et autolimitation du juge constitutionnel », *OCDE*, Istanbul, mai 1998.

BRUNET Pierre et MILLARD Éric (dir.), *Le réalisme scandinave en question*, Actes de colloque, Rouen 17-18 mai 2002, PUR, 2004.

DISANT Mathieu, TÜRK Pauline et LEWKOWICZ Grégory, *Les standards constitutionnels mondiaux*, Bruylant, Coll. : « Penser le droit », décembre 2017, 480 p.

DRAGO Guillaume, « La loi contrôlée », in *Vive la Loi !,* Actes de colloque, Sénat, mai 2004.

DUTHEILLET DE LAMOTHE Olivier, « L'autorité de l'interprétation constitutionnelle. 'Le cas de la Cour suprême des États-Unis' », Intervention, Table ronde AIDC, 15 et 16 octobre 2004, Université Montesquieu-Bordeaux IV.

FENOUILLET Dominique (dir.), *L'argument sociologique en droit. Pluriel et singularité*, Dalloz, Coll. : « Thèmes et commentaires », Sous-coll. : « Actes », 2015, 330 p.

GAUDEMET Yves, « Le Conseil constitutionnel et le Conseil d'Etat dans le processus législatif », *in* Université Paris II (org.), *Conseil constitutionnel et Conseil d'Etat*, LGDJ-Montchrestien, 1988, p. 87 s.

GENEVOIS Bruno, « Comment tranche-t-on au Conseil d'État ? », Colloque : « L'office du juge », Sénat, 29-30 septembre 2006.

GENEVOIS Bruno, « L'enrichissement des techniques de contrôle », *Colloque du Cinquantenaire du Conseil constitutionnel*, 3 novembre 2008 (site internet du Conseil constitutionnel).

La Déclaration des droits de l'homme et du citoyen et la jurisprudence. Colloque des 25 et 26 mai 1989 au Conseil constitutionnel, PUF, novembre 1989, 259 p.

La liberté d'association et le droit, Conseil constitutionnel, vendredi 29 juin 2001 [site internet du Conseil constitutionnel].

LATOURNERIE Roger, « Essai sur les méthodes juridictionnelles du Conseil d'État », *Jubilaire des 150 ans du Conseil d'État*, Rec. Sirey, Paris, 1952, n° 385, pp. 193-219.

LE BOT Olivier (coord.), *La sincérité en droit*, Larcier, février 2011, 284 p.

L'écriture de la loi, Sénat, Actes de colloque n° 3, 31 juillet 2014 [colloque du 12 juin 2014].

MATHIEU Bertrand et VERPEAUX Michel, *La réforme du travail législatif*, Actes de colloque, Dalloz, Coll. : « Thèmes et commentaires », Sous-coll. : « Cahiers constitutionnels de Paris 1 », 2006, 104 p.

MAUS Didier (réd.), *L'écriture de la Constitution de 1958 : actes du colloque du XXXe anniversaire*, Aix-en-Provence les 8, 9 et 10 septembre 1988, Economica–PUAM, septembre 1992, 852 p.

MAUS Didier, *Témoignages sur l'écriture de la Constitution de 1958.* Actes de la journée du 1er octobre 1993 à l'occasion du XXXVe anniversaire de la Constitution de 1958, La Documentation française, 1997.

MAUS Didier, *Les archives constitutionnelles de la Vème République* (2 vol.), La Documentation française, 2008.

MAUS Didier et PASSELECQ Olivier, *Témoignages sur l'écriture de la Constitution de 1958 autour de Raymond Janot. Actes de la journée organisée le 1er octobre 1993 à la Maison de l'Europe de Paris*, La Documentation française, Coll. : « Les Cahiers constitutionnels de Paris 1 », Sous-coll. : « Notes et études documentaires », 1997, 118 p.

PICARD Étienne, « Contre la théorie réaliste de l'interprétation juridique », Colloque : « L'office du juge », Sénat, 29-30 septembre 2006.

RENAUDIE Olivier et CAILLOSSE Jacques (dir.), *Le Conseil d'Etat et l'Université*, Dalloz, mars 2015, 226 p.

ROUSSEAU Dominique (dir.), *La démocratie continue*, LGDJ-Bruylant, Coll. : « La pensée juridique moderne », 1995, 165 p

TROPER Michel, CHAMPEIL-DESPLATS Véronique et GRZEGORCZYK Christophe (dir.), *Théorie des contraintes juridiques*, LGDJ, Coll. : « La pensée juridique », 2005, 208 p.

VERPEAUX Michel, « La valeur constitutionnelle du droit au travail », in *La pauvreté saisie par le droit*, Actes de colloque (1999), Dominique Gros et Sophie Dion-Loye (dir.), Seuil, Coll. : « Le genre humain », 2002, pp. 177-197.

VIII. Colloques, conférences et autres manifestations scientifiques (sans publication d'actes)

Colloque portant sur *L'Assemblée nationale et les avis du Conseil d'État*, Assemblée nationale, 25 novembre 2016 (compte rendu in *La Semaine juridique*).

Colloque portant sur *La question prioritaire de constitutionnalité (QPC) : quel renouveau pour le droit constitutionnel ?*, Conseil constitutionnel, 24 janvier 2014.

Colloque portant sur *L'argument sociologique en droit – pluriel et singularité*, 9 et 10 janvier 2014, Sorbonne.

Conférence portant sur la *Théorie et pratique d'une révolution constitutionnelle : le cas israélien*, 6 décembre 2013, CRDC, Université Paris 1 Panthéon-Sorbonne.

Colloque du Comité de réflexions sur la qualité de la loi (CRQL – IEP de Paris), *Agir pour la qualité de la loi en France*, lundi 27 mai 2013, Assemblée nationale.

Journée d'étude du Centre de recherches contemporaines Villa Gillet, *Les neurosciences ont-elles quelque chose à nous apprendre sur le réel ?*, Festival « Mode d'emploi », Lyon, décembre 2012.

Colloque de la *Chaire Gutenberg sur les études d'impact*, University College London et École nationale d'administration (ENA), Paris, juin 2012.

Colloque du *GEVIPAR* portant sur *L'opposition parlementaire*, Assemblée nationale, 8 décembre 2011.
GUILLEMIN Henri, *La trajectoire de Charles de Gaulle*, Conférence, 1984.

IX. Avis, rapports publics, livres blancs et discours officiels

ACADÉMIE NATIONALE DE MÉDECINE, *Réponse à la saisine du Conseil d'État* [affaire Vincent Lambert], 22 avril 2014, 9 p.

ARCEP, Avis n° 2015-0291 du 5 mars 2015 de l'ARCEP sur le projet de loi relatif au renseignement.

AUBRY Régis (rapp.), *Fin de vie, autonomie de la personne, volonté de mourir*, CCNE, Avis n° 121, juin 2013, 79 p.

AYRAULT Jean-Marc, MOSCOVICI Pierre et CAHUZAC Jérôme, *Projet de loi de finances rectificative pour 2012*, partie 2 : *Évaluations préalables*, AN, n° 71, juillet 2012, pp. 145-264.

BALLADUR Édouard (pdt), *Une Vème République plus démocratique*, Rapport du Comité de réflexion et de proposition sur la modernisation et le rééquilibrage des institutions de la Ve République, octobre 2007, 181 p.

BARTOLONE Claude et WINOCK Michel (prés.), *Refaire la démocratie*, Rapport du groupe de travail sur l'avenir des institutions, Assemblée nationale, *Rapport n° 3100*, octobre 2015, 963 p.

COMMISSION EUROPÉENNE, *Gouvernance européenne – Un livre blanc*, COM(2001) 428 final, 29 p.

CNIL, Délibération n° 2015-078 du 5 mars 2015 portant avis sur un projet de loi relatif au renseignement (demande d'avis n° 15005319).

CONSEIL CONSTITUTIONNEL, *Rapport annuel d'activité*, octobre 2016, 68 p.

CONSEIL D'ÉTAT, *Rapport public annuel 1991. De la sécurité juridique*, La Documentation française, Coll. : « Études et documents », n° 43, 1991.

CONSEIL D'ÉTAT, *Rapport public 2006. Sécurité juridique et complexité du droit*, La Documentation française, 2006, 411 p.

CONSEIL D'ÉTAT, *Simplification et qualité du droit*, La Documentation française, Coll. : « Etudes et documents, Conseil d'État », septembre 2016, 256 p.

COUR DES COMPTES, *La mise en œuvre de la loi organique relative aux lois de finances (LOLF) : un bilan pour de nouvelles perspectives*, Rapport public thématique, La Documentation française, novembre 2011, 231 p.

COUR DES COMPTES, *La situation et les perspectives des finances publiques*, Audit, juin 2017, 253 p.

DEFLESSELLES Bernard (prés.), *Rapport d'information* pour la Délégation de l'Assemblée nationale pour l'Union européenne, n° 1372, AN, janvier 2004, 192 p.

Étude d'impact sur le projet de loi de financement de la sécurité sociale pour 2012, AN, octobre 2011, p. 17 s.

GISCARD D'ESTAING Valéry, « Allocution à l'occasion du centenaire du Sénat », Palais du Luxembourg, 27 mai 1975 [*Vie publique*].

GRECO, *Prévention de la corruption des parlementaires, des juges et des procureurs*, Rapport d'évaluation sur la France, 27 janvier 2014, 64 p.

HOLLANDE François, « Discours à l'occasion des vœux aux Corps constitués et aux bureaux des Assemblées », Paris, *Palais de l'Élysée*, 20 janvier 2015.

JOSPIN Lionel (pdt), *Pour un renouveau démocratique*, Rapport de la Commission de rénovation et de déontologie de la vie publique, La Documentation française, novembre 2012, 820 p.

MARCOU Gérard et AKANDJI-KOMBÉ Jean-François, *La Charte européenne de l'autonomie locale et l'impact du droit communautaire sur les collectivités locales des Etats membres*, Rapport pour le Comité européen sur la démocratie locale et régionale et pour le Congrès des pouvoirs locaux et régionaux, Novembre 2011, 33 p.

MARTIN Philippe (dir.), *Rapport du groupe de travail sur la rédaction des décisions des juridictions administratives*, Conseil d'État, avril 2012, 221 p.

NADAL Jean-Louis (pdt), *Renouer la confiance publique. Rapport au Président de la République sur l'exemplarité des responsables publics*, HATVP, janvier 2015, 190 p.

PORTELLI Hugues et SUEUR Jean-Pierre (rapp.), *Sondages et démocratie : pour une législation plus respectueuse de la sincérité du débat politique*, Sénat, Commission des lois, Rapport d'information n° 54 (2010-2011), 20 octobre 2010.

VEDEL Georges (pdt), *Propositions pour une révision de la Constitution : rapport au Président de la République*, Rapport du Comité consultatif sur la révision de la Constitution, JORF du 16 février 1993, La Documentation française, février 1993, 106 p.

X. Interviews, entretiens et consultations divers

Ordre chronologique croissant.

DEBRÉ Jean-Louis, Interview sous forme écrite, en ses qualités de juriste et de *président du Conseil constitutionnel*, Réponses à un questionnaire, janvier 2012.

GICQUEL Jean, Entretien, en ses qualités de professeur et spécialiste du droit constitutionnel et du droit parlementaire et en ses fonctions de *déontologue de l'Assemblée nationale*, AN, janvier 2012.

MAUS Didier, Entretien et consultation, en ses qualités de professeur de droit constitutionnel et de *membre du Comité chargé de la publication des travaux préparatoires des institutions de la Ve République*, en son bureau parisien, novembre 2013.

GENEVOIS Bruno, Entretien et consultation, en ses qualités de spécialiste du droit public et de *membre du Comité chargé de la publication des travaux préparatoires des institutions de la Ve République*, en son bureau parisien de président de l'AFLD, décembre 2013.

BELLOUBET Nicole, Entretien, en ses qualités de professeure de droit public et de *membre du Conseil constitutionnel*, Conseil constitutionnel, mars 2014.

COHENDET Marie-Anne, Entretien, en ses qualités de *professeure spécialiste du droit constitutionnel* et de directrice de l'École doctorale de droit public et de droit fiscal de l'Université Paris 1 Panthéon-Sorbonne, en son bureau de directrice de l'École, avril 2014.

PFERSMANN Otto, Entretien, en ses qualités de spécialiste et *critique de l'interprétation des normes juridiques*, en Sorbonne, avril 2014.

SCHNAPPER Dominique, Entretien, en ses qualités de *sociologue* et ancienne *membre du Conseil constitutionnel*, novembre 2015.

RRAPI Patricia, Entretien, en ses qualités de docteure en droit constitutionnel et de maître de conférences en droit public, novembre 2015.

MONTALIVET (de) Pierre, Entretien, en ses qualités de *professeur spécialiste du droit constitutionnel*, Centre de recherche en droit public de la Faculté de droit de l'Université Paris-Est-Créteil-Val-de-Marne, juin 2017.

OLLION Michel, Entretien, en ses qualités de *conservateur général du patrimoine, chargé des archives du Parlement de Paris*, Archives nationales, Site de Paris, juin 2017.

XI. Thèses

BARBÉ Vanessa, *Le rôle du Parlement dans la protection des droits fondamentaux. Étude comparative : Allemagne, France, Royaume-Uni*, LGDJ, Coll. : « Thèses », Sous-coll. : « Bibliothèque constitutionnelle et de science politique », Tome 131, Avril 2009, 542 p.

BENETTI Julie, *Droit parlementaire et fait majoritaire à l'Assemblée nationale sous la Ve République*, Thèse, Paris 1, 2004, 468 p.

BÉNÉTULLIÈRE Sébastien, *La démocratie d'opinion. Contribution à une étude constitutionnelle de l'opinion publique*, thèse, Université Lyon 3, 2007, 837 p.

BEZZINA Anne-Charlène, *Les questions et les moyens soulevés d'office par le Conseil constitutionnel*, Dalloz, 1ère édition, mai 2014, 832 p.

BOUCOBZA Isabelle, *La fonction juridictionnelle : contribution à une analyse des débats doctrinaux en France et en Italie*, Dalloz, Coll. : « Nouvelle bibliothèque des thèses », mars 2005, 449 p.

BOUGRAB Jeanette, *Aux origines de la Constitution de la IVème République*, Dalloz, Coll. : « Nouvelle Bibliothèque de Thèses », janvier 2002, 784 p.

CAYLA Olivier, *La notion de signification en droit. Contribution à une théorie du droit naturel de la communication*, Thèse, Paris II, Tome I, novembre 1992, 550 p.

CAYLA Olivier, *La notion de signification en droit. Contribution à une théorie du droit naturel de la communication*, Thèse, Paris II, Tome II, novembre 1992, (551-1112 p.), 538 p.

CHARPENTIER Jérôme, *Le recours à l'expertise en finances publiques*, Thèse, Université de Lorraine, Dalloz, avril 2018, 742 p.

COMBRADE Bertrand-Léo, *L'obligation d'études d'impact des projets de loi*, Dalloz, Coll. : « Nouvelle Bibliothèque des Thèses », 2017, 520 p.

COSTE Christian, *La violation de la Constitution. Réflexions sur les violations des règles constitutionnelles relatives aux pouvoirs publics en France*, Thèse, Paris II, 1981, 549 p.

DISANT Mathieu, *L'autorité de la chose interprétée par le Conseil constitutionnel*, Thèse, LGDJ, 2008, 868 p.

ECK Laurent, *L'abus de droit en droit constitutionnel*, Logiques Juridiques, L'Harmattan, 2010, 593 p.

GUETTIER Christophe, *Le Conseil constitutionnel et le droit parlementaire*, Thèse, Paris 1, t. II, 1986, 730 p.

HALPERIN Jean-Louis, *Le tribunal de cassation et les pouvoirs sous la Révolution (1790-1799)*, LGDJ, 1987, 294 p.

HOUILLON Grégory, *Le lobbying en droit public*, Thèse, Préface de Frédéric Rouvillois, Bruylant, 1ère édition, mai 2012, 1150 p.

HOURQUEBIE Fabrice, *Sur l'émergence du contre-pouvoir juridictionnel sous la Vème République*, préface de Slobodan Milacic, Bruylant, 2004, 678 p.

HUFTEAU Yves, *Le référé législatif et les pouvoirs du juge dans le silence de la loi*, Thèse, PUF, 1965, 159 p.

LE COUSTUMER Jean-Christophe, *Liberté d'expression, souveraineté nationale et justice constitutionnelle. Recherches sur une théorie de la fonction du juge constitutionnel en démocratie*, Thèse, Université de Caen, décembre 2002, 585 p.

MILLARD Éric, *Famille et droit public. Recherches sur la construction d'un objet juridique*, Thèse, décembre 2004, 715 p.

MONTALIVET (de) Pierre, *Les objectifs à valeur constitutionnelle*, Dalloz, Coll. : « Bibliothèque parlementaire et constitutionnelle », Sous-coll. : « Thèmes et commentaires », 2006, 680 p.

OLIVA Éric, *L'article 41 de la Constitution du 4 octobre 1958. Initiative législative et Constitution*, Thèse, Economica, Coll. : « Droit public positif », 1997, 603 p.

PORTE Noémie, *Le Conseil constitutionnel, gardien de la liberté des Anciens*, Dominique Rousseau (dir.), Université de Montpellier 1, 2013.

RRAPI Patricia, *L'accessibilité et l'intelligibilité de la loi en droit constitutionnel. Étude du discours sur la « qualité de la loi »*, Dalloz, 2014, 300 p.

SPONCHIADO Lucie, *La compétence de nomination du président de la Cinquième République*, Dalloz, Coll. : « Bibliothèque parlementaire et constitutionnelle », février 2017, 692 p.

TÜRK Pauline, *Les commissions parlementaires permanentes et le renouveau du Parlement sous la Ve République*, Dalloz, 2005, 780 p.

VIDAL-NAQUET Ariane, *Les « garanties légales des exigences constitutionnelles » dans la jurisprudence du Conseil constitutionnel*, Thèse, Éditions Panthéon-Assas, LGDJ, 2007, 672 p.

VINTZEL Céline, *Les armes du gouvernement dans la procédure législative*, Dalloz, 2011, 862 p.

XII. Articles de presse, billets de blogs, débats sur supports papiers et / ou vidéographiques

ATTALI Jacques, « Jacques Attali : 'Donner le pouvoir aux générations futures', Interview, *Les Échos*, 10 septembre 2014.

BONI (de) Marc, « Pour le député Ruffin (LFI), 'l'Assemblée, c'est du flan' », *Le Figaro*, 16 août 2017.

BOURDIEU Pierre, « L'essence du néolibéralisme », *Le Monde diplomatique*, mars 1998.

BOUVIER Michel, « Michel Bouvier : "La décision de dépenser n'est ni absolument sûre ni sous contrôle" », Entretien avec Bastien Scordia, *Acteurs publics*, 13 juillet 2017.

CHAGNOLLAUD de SABOURET Dominique, « Le projet de loi de moralisation de la vie politique est-elle vraiment constitutionnelle », *Les Blogs du Huffpost*, 4 septembre 2017.

COLLET Martin, « 3 questions à Martin Collet sur les constats du rapport d'audit de la Cour des comptes », *Blog du Club des juristes*, 3 juillet 2017.

DE GAULLE Charles, « Entretien avec Michel Droit », 3ème partie, *Archives vidéographiques INA*, 15 décembre 1965.

DUPEYROUX Olivier, « La loi de 1901 et le destin du Conseil constitutionnel », *Le Monde*, 16 juillet 1971.

DUPRÉ de BOULOIS Xavier, « 3 questions à Xavier Dupré de Boulois sur la décision rendue par le Conseil Constitutionnel concernant les assignations à résidence longue durée en état d'urgence », *Blog du Club des juristes*, 20 mars 2017.

FASSASSI Idris, « 3 questions à Idris Fassassi sur les dernières évolutions relatives au décret anti-immigration aux Etats-Unis », *Blog du Club des juristes*, 24 mars 2017.

FASSASSI Idris, « Travel ban, étendue du contrôle des juges, nomination de Brett Kavanaugh : que retenir des récentes actualités de la Cour suprême américaine ? », *Blog du Club des juristes*, 17 juillet 2018.

FRIEDMAN Jean-Pierre, « Un politique se remet plus facilement des coups que Monsieur Tout le monde », *Le Figaro*, 6 novembre 2014.

HAROCHE Emilie, « L'éviction des actionnaires validée par le Conseil constitutionnel au nom du droit à l'emploi », *Option Finance n° 1332*, Lundi 14 septembre 2015, p. 36 s.

« Hépatite B: la justice reconnaît le lien entre la vaccination d'une puéricultrice et sa maladie », *Sciences et avenir*, 10 mai 2016.

HONORÉ Renaud, « Le Conseil constitutionnel valide le budget mais écorne sa crédibilité », *Les Echos*, 29 décembre 2016.

JAN Pascal, « 3 questions à Pascal Jan sur une éventuelle réforme du contrôle parlementaire », *Blog du Club des juristes*, 12 mai 2017.

JOHANNÈS Franck, « Dominique Rousseau : il faut radicaliser la démocratie », *Le Monde*, 25 avril 2015.

KOCH François, « Harcèlement sexuel : la loi annulée, et maintenant ? », *L'Express*, 4 mai 2012.

« La Constitution de 1958 », Émission France Culture, *La Fabrique de l'histoire*, 3/4, 24 septembre 2008, Émission commentée par Didier Maus et Jean Massot.

« La motivation des décisions du Conseil constitutionnel à l'épreuve des modèles étrangers », Conférence-débat du CDPC, Paris II, 1er décembre 2016. Participants : Thomas Hochmann (Allemagne), Alexis Le Quinio (Espagne et monde hispanique), Elisabeth Zoller (États-Unis), Nicole Belloubet (Conseil constitutionnel, France).

MILLARD Éric, « Contre les typologies ? », Conférence-débat, EDS Paris 1, 22 novembre 2016.

« Matteo Renzi e Gustavo Zagrebelsky con Enrico Mentana - dibattito referendum costituzionale » [Mateo Renzi et Gustavo Zagrebelsky avec Enrico Mentana débattent le référendum constitutionnel], *La 7*, septembre 2016 (https://www.youtube.com/watch?v=ztCCpyBsNCU).

NOBLECOURT Michel, « 'L'égalité réelle' écorne l'unité du Parti socialiste », *Le Monde*, 10 novembre 2010.

PINTO Roger, « Les excès du Conseil constitutionnel », *Le Monde*, 24 janvier 2001.

« Plusieurs mesures portées par Taubira sabrées par le Conseil constitutionnel », *Le Figaro*, 15 août 2015.

« Primaire à droite : comparez les programmes des candidats », *Le Figaro*, 17 novembre 2016 [tableau comparatif des programmes des candidats aux primaires du parti Les Républicains, *Institut Thomas More*].

ROSANVALLON Pierre, « Consternation et vive inquiétude », *Blog Mediapart*, 24 décembre 2015.

ROUSSEAU Dominique, « Une démocratie sociale émerge à côté du Parlement », *Libération*, 23 décembre 2013.

TASSEL Fabrice, « Trois experts « notent » les juges : Louis Favoreu, Pierre Avril, Georges Vedel. La lettre et l'esprit de la Constitution passés au crible. Le débat sur l'irresponsabilité pénale du président de la République », *Libération*, 20 mars 1999.

« Vaccin contre l'hépatite B et sclérose en plaques : une étrange décision de justice », *Sciences et avenir*, 28 juin 2017.

VERPEAUX Michel, « 3 questions à Michel Verpeaux sur les demandes des élus de la nouvelle majorité de l'Assemblée territoriale de Corse », *Blog du Club des juristes*, 20 décembre 2017.

VIGOGNE Ludovic, « Debré, l'épine dans le pied de Sarkozy », *L'Express*, 21 janvier 2010.

VISOT Marie, « Le Conseil d'État porte un coup à la loi Sapin 2 anti-blanchiment », *Le Figaro*, 27 mars 2016.

XIII. Analyses portant sur le débat relatif à l'usage des travaux préparatoires comme méthode et technique d'interprétation du droit dans des pays anglophones

BAKER John, « Statutory Interpretation and Parliamentary Intention », *Cambridge Law Journal* (Cambridge University Press) 52 (3), 1993.

BATES T., « The Contemporary Use of Legislative History in the United Kingdom », *Cambridge Law Journal* (Cambridge University Press) 54 (1), 1995.

BEAULAC Stéphane, « Parliamentary Debates in Statutory Interpretation: A Question of Admissibility or of Weight? », *McGill Law Review*, Vol. 43, pp. 287-324.

BRUDNEY James J., « Below the Surface: Comparing Legislative History Usage by the House of Lords and the Supreme Court », *Washington University Law Review*, Vol. 85, Issue 1, 2007, 72 p. (pp. 28, 29, 30).

FOELIX Jean-Jacques Gaspard, DUVERGIER Jean-Baptiste Marie et VALETTE Claude Denis Auguste (pub.), *Revue étrangère et française de législation, de jurisprudence et d'économie politique*, t. VII, Paris, Joubert, 1840, pp. 591-592.

GARDINER Richard K., *Treaty Interpretation*, Oxford University Press, *The Oxford International Law Library*, 2ème édition, 2015, 523 p.

GIRVIN Stephen D., « Hansard and the Interpretation of Statutes », *Anglo-American Law Review* (Tolley Publishing) 22 (497), 1993.

NYMAN Bernard M., « Interpretation: courts may refer to Hansard as an aid to interpretation in ambiguous cases », *Entertainment Law Review* (Sweet & Maxwell) 4 (3), 1993.

STALLWORTHY Mark, « Construing Acts of Parliament in the United Kingdom: reference to Parliamentary debates – Pepper v. Hart », *International Company and Commercial Law Review (Sweet & Maxwell)*, 1993.

The interpretation of statutes, The Law Commission (Law Com. N° 21) and the Scottish Law Commission Report (Scot. Law Com. N° 11), 1969, pp. 31-36, en ligne [consulté le 27 juillet 2017].

WILSON Roy et GALPIN Brian, *On the interpretation of statutes*, Paris, 1962, 11ème édition, 448 p.

XIV. Textes officiels (traités, Constitutions, lois, décrets, arrêtés, Codes…)

Charte européenne de l'autonomie locale et rapport explicatif, Éditions du Conseil de l'Europe, mars 2010, 50 p.

Code civil, édition 2009 (complété par des mises à jour *Légifrance*) : not. art. 1156 ancien [1188 nouveau] (interprétation des contrats).

Code de justice administrative.

Code de l'organisation judiciaire.

Code des relations entre le public et l'administration.

Constitution du 4 octobre 1958 (not. art. 33, 39, 47-2, 53, 55, 64, 65, 70, 71-1, 72, 72-2, 73, 74).

Convention de Vienne sur le droit des traités de 1969 (not. art. 31 et 32).

Décret du 26 juillet 1958 portant nominations au Comité consultatif constitutionnel, JORF du 27 juillet 1958, p. 7007.

Décret n°58-599 du 16 juillet 1958 concernant le Comité consultatif constitutionnel, JORF du 17 juillet 1958, p. 665.

Décret n° 2007-679 du 3 mai 2007 portant publication de la Charte européenne de l'autonomie locale, adoptée à Strasbourg le 15 octobre 1985, ensemble *Déclarations françaises* à la fin de ce décret.

Loi constitutionnelle du 3 juin 1958 portant dérogation transitoire aux dispositions de l'article 90 de la Constitution et prévoyant un référendum, JORF du 4 juin 1958, p. 5326

La loi organique du 17 décembre 2012 relative à la programmation et à la gouvernance des finances publiques : Chap. III, article 11 (création et rôle du HCFP).

Loi n° 2004-800 du 6 août 2004 relative à la bioéthique (rôle du CCNE).

Loi n° 2004-806 du 9 août 2004 relative à la politique de santé publique (rôle du HCSP).

Loi n° 2013-660 du 22 juillet 2013 relative à l'enseignement supérieur et à la recherche : not. article 110 (rôle de l'ANM).

XV. Décisions juridictionnelles (Conseil constitutionnel, Conseil d'État et Cour de cassation)

A) Liste des décisions du Conseil constitutionnel faisant référence aux travaux préparatoires (non exhaustives)

Pas moins de cent quatre-vingt-quinze décisions du Conseil constitutionnel (dont QPC) ont (au 16 novembre 2020), plus ou moins explicitement, fait référence aux travaux préparatoires des normes juridiques. Cela concerne tant les normes de référence que les normes contrôlées ou interprétées. Certaines[1720] de ces décisions peuvent être consultées dans les *Tables analytiques des décisions du*

[1720] Seulement certaines décisions car celles n'ayant pas explicitement cité les notions « travaux préparatoires » ou « débats parlementaires » ne sont pas recensées dans la rubrique correspondante dans les *Tables*.

Conseil constitutionnel mise à jour régulièrement par son service juridique, notamment dans la partie consacrée à la « *Référence aux travaux préparatoires* ». Ces tables analytiques comportent une rubrique intitulée *Examen de la constitutionnalité* dont l'une des déclinaisons est *Conditions de prise en compte d'éléments extrinsèques au texte*, elle-même subdivisée en deux sous-rubriques que sont *Approche exégétique* et *Référence aux travaux préparatoires*.

Il convient d'entendre par travaux préparatoires au sens de la conception qui est adoptée de cette notion de la présente thèse en incluant à la fois les travaux préparatoires intraparlementaires et les travaux préparatoires extraparlementaires.

Les décisions de cette liste montrent que le Conseil constitutionnel, dans son rôle d'interprète, se réfère tant aux travaux préparatoires de textes de nature constitutionnelle (1) que ceux de textes de nature organique ou ordinaire déférés devant lui (2).

1. Référence aux travaux préparatoires d'un énoncé constitutionnel

1. Décision n° 60-11 DC du 20 janvier 1961, JO du 24 janvier 1961, p. 982, Rec., p. 29, Cons. **2**. *Loi relative aux assurances maladie, invalidité et maternité des exploitants agricoles et des membres non salariés de leur famille.*
3. Décision n° 74-53 DC du 30 décembre 1974, Cons. 2. *Loi de finances pour 1975.*
4. Décision n° 75-57 DC du 23 juillet 1975, Cons. 2. *Loi supprimant la patente et instituant une taxe professionnelle.*
5. Décision n° 75-60 DC du 30 décembre 1975, Cons. 4. *Loi de finances pour 1976 et notamment ses articles 41-III et 47.*
6. Décision n° 77-82 DC du 20 juillet 1977, JO du 22 juillet 1977, p. 3885, Cons. 2, 4 et 5, Rec. p. 37. *Loi tendant à compléter les dispositions du code des communes relatives à la coopération intercommunale et notamment de ses articles 2, 4, 6 et 7.*
7. Décision n° 95-368 DC du 15 décembre 1995, JO du 19 décembre 1995, p. 18396, Cons. 12, Rec. p. 246. *Résolution modifiant le règlement du Sénat.*
8. Décision n° 99-410 DC du 15 mars 1999, JORF du 21 mars 1999, p. 4234, Cons. 33, Rec. p. 51. *Loi organique relative à la Nouvelle-Calédonie.*
9. Décision n° 2000-429 DC du 3 mai 2000, JO du 7 juin 2000, p. 8564, Cons. 7 et 8, Rec. p. 84. *Loi tendant à favoriser l'égal accès des femmes et des hommes aux mandats électoraux et fonctions électives.*

10. Décision n° 2003-475 DC du 24 juillet 2003, JO du 3 juillet 2003, p. 13038, Cons. 13 et 18, Rec. p. 397. *Loi portant réforme de l'élection des sénateurs*
11. Décision n° 2003-482 du 30 juillet 2003, JO du 28 août 2003, p. 13303, Cons. 7, Rec. p. 414. *Loi organique relative au référendum local.*
12. Décision n° 2010-611 DC du 19 juillet 2010, JO du 23 juillet 2010, p. 13583, Cons. 15. *Loi organique relative à l'application de l'article 65 de la Constitution.*
13. Décision n° 2012-297 QPC du 21 février 2013, Cons. 6. *Association pour la promotion et l'expansion de la laïcité [Traitement des pasteurs des églises consistoriales dans les départements du Bas-Rhin, du Haut-Rhin et de la Moselle].*
14. Décision n° 2014-705 DC du 11 décembre 2014, Cons. 19. *Résolution tendant à modifier le règlement de l'Assemblée nationale.*
15. Décision n° 2015-712 DC du 11 juin 2015, Cons. 50. *Résolution réformant les méthodes de travail du Sénat dans le respect du pluralisme, du droit d'amendement et de la spécificité sénatoriale, pour un Sénat plus présent, plus moderne et plus efficace.*

2. *Référence aux travaux préparatoires de la loi déférée*

1. Décision n° 59-5 DC du 15 janvier 1960, JORF du 27 janvier 1960, p. 940, Rec., p. 15, Cons. 1 et 4. *Résolution modifiant les articles 95 et 96 du règlement de l'Assemblée nationale.*
2. Décision n° 62-20 DC du 06 novembre 1962, JORF du 7 novembre 1962, p. 10778, Rec., p. 27, Cons. 2. *Loi relative à l'élection du Président de la République au suffrage universel direct, adoptée par le référendum du 28 octobre 1962.*Décision n° 63-21 DC du 12 mars 1963, Cons. 5. *Loi portant réforme de l'enregistrement, du timbre et de la fiscalité immobilière.*
3. Décision n° 67-31 DC du 26 janvier 1967, Cons. 6. *Loi organique modifiant et complétant l'ordonnance n° 58-1270 du 22 décembre 1958 portant loi organique relative au statut de la magistrature.*
4. Décision n° 70-40 DC du 9 juillet 1970, Cons. 6. *Loi organique relative au statut des magistrats.*
5. Décision n° 71-44 DC du 16 juillet 1971, JO du 18 juillet 1971, p. 7114, Cons. 5, Rec. p. 29. *Loi complétant les dispositions des articles 5 et 7 de la loi du 1er juillet 1901 relative au contrat d'association.*
6. Décision n° 75-57 DC du 23 juillet 1975, Cons. 3, 4 et 5. *Loi supprimant la patente et instituant une taxe professionnelle.*

7. Décision n° 78-97 DC du 27 juillet 1978, JO du 29 juillet 1978, p. 2949, Cons. 3, Rec., p. 31. *Loi portant réforme de la procédure pénale sur la police judiciaire et le jury d'assises.*
8. Décision n° 78-100 DC du 29 décembre 1978, JORF du 30 décembre 1978, Cons. 3, 5 à 10. Rec., p. 38. *Dernière loi de finances rectificative pour 1978 (prise de participation de l'Etat dans la société A.M.D. - BA ; adaptation de la législation sur la T.V.A. à la sixième directive du Conseil des Communautés européennes.*
9. Décision n° 79-105 DC du 25 juillet 1979, JO du 27 juillet 1979, Cons. 4, Rec. p. 33. *Loi modifiant les dispositions de la loi n° 74-696 du 7 août 1974 relatives à la continuité du service public de la radio et de la télévision en cas de cessation concertée du travail.*
10. Décision n° 80-127 DC du 20 janvier 1981, Cons. 51. *Loi renforçant la sécurité et protégeant la liberté des personnes.*
11. Décision n° 80-122 DC du 22 juillet 1980, JO du 24 juillet 1980, p. 1869, Rec., p. 49, Cons. 3. *Loi rendant applicable le code de procédure pénale et certaines dispositions législatives dans les territoires d'outre-mer.*
12. Décision n° 80-119 DC du 22 juillet 1980, JO du 24 juillet 1980, p. 1868, Cons. 2, Rec. p. 46. *Loi de validation d'actes administratifs.*
13. Décision n° 81-132 DC du 16 janvier 1982, JO du 17 janvier 1982, p. 299, Cons. 19 et 43, Rec. p. 18. *Loi de nationalisation.*
14. Décision n° 84-181 DC du 11 octobre 1984, JO du 13 octobre 1984, p. 3200, Cons. 41 et 99, Rec. p. 78. *Loi visant à limiter la concentration et à assurer la transparence financière et le pluralisme des entreprises de presse.*
15. Décision n° 85-191 DC du 10 juillet 1985, JO du 12 juillet 1985, p. 7888, Cons. 3 à 5, Rec. p. 46. *Loi portant diverses dispositions d'ordre économique et financier.*
16. Décision n° 85-192 DC du 24 juillet 1985, JO du 26 juillet 1985, p. 8510, Cons. 8, Rec. p. 56. *Loi portant diverses dispositions d'ordre social.*
17. Décision n° 86-223 DC du 29 décembre 1986, JO du 30 décembre 1986, p. 15802, Cons. 4, Rec. p. 184. *Loi de finances rectificative pour 1986.*
18. Décision n° 86-220 DC du 22 décembre 1986, JORF du 23 décembre 1986, p. 15500, Cons. 5 et 7, Rec., p. 174*Loi relative à la limite d'âge et aux modalités de recrutement de certains fonctionnaires civils de l'Etat.*
19. Décision n° 87-240 DC du 19 janvier 1988, JO du 21 janvier 1988, p. 1024, Cons. 5, Rec. p. 28. *Loi sur les bourses de valeurs.*
20. Décision n° 88-250 DC du 29 décembre 1988, JO du 30 décembre 1988, p. 16700, Cons. 17 et 18, Rec. p. 267. *Loi de finances rectificative pour 1988.*
21. Décision n° 94-350 DC du 20 décembre 1994, JO du 24 décembre 1994, p. 18387, Cons. 4, Rec. p. 134. *Loi relative au statut fiscal de la Corse.*

22. Décision n° 95-366 DC du 8 novembre 1995, JO du 11 novembre 1995, p. 16658, Cons. 11, Rec. p. 226. *Résolution modifiant le règlement de l'Assemblée nationale.*

23. Décision n° 96-383 DC, 6 novembre 1996, JO du 13 novembre 1996, p. 16531, Cons. 22, Rec. p. 128. *Loi relative à l'information et à la consultation des salariés dans les entreprises et les groupes d'entreprises de dimension communautaire, ainsi qu'au développement de la négociation collective.*

24. Décision n° 97-388 DC du 20 mars 1997, JO du 26 mars 1997, p. 4661, Cons. 32 à 34, Rec. p. 31. *Loi créant les plans d'épargne retraite.*

25. Décision n° 97-389 DC du 22 avril 1997, JO du 25 avril 1997, p. 6271, Cons. 5, Rec. p. 45. *Loi portant diverses dispositions relatives à l'immigration.*

26. Décision n° 97-393 DC du 18 décembre 1997, JO du 23 décembre 1997, p. 18649, Cons. 15, Rec. p. 320. *Loi de financement de la sécurité sociale pour 1998.*

27. Décision n° 98-401 DC du 10 juin 1998, JO du 14 juin 1998, p. 9033, Cons. 28 fin, Rec. p. 258. *Loi d'orientation et d'incitation relative à la réduction du temps de travail.*

28. Décision n° 98-402 DC du 25 juin 1998, JO du 3 juillet 1998, p. 10147, Cons. 7, Rec. p. 269. *Loi portant diverses dispositions d'ordre économique et financier.*

29. Décision n° 98-403 DC, 29 juillet 1998, JORF du 31 juillet 1998, p. 11710, Cons. 47, Rec. p. 276. *Loi d'orientation relative à la lutte contre les exclusions.*

30. Décision n° 99-410 DC du 15 mars 1999, JORF du 21 mars 1999, p. 4234, Cons. 3, 30 à 35, Rec. p. 51. *Loi organique relative à la Nouvelle-Calédonie.*

31. Décision n° 99-419 DC du 09 novembre 1999, JO du 16 novembre 1999, p. 16962, Cons. 26, Rec. p. 116. *Loi relative au pacte civil de solidarité* (PACS).

32. Décision n° 99-421 DC du 16 décembre 1999, JO du 22 décembre 1999, p. 19041, Cons. 14, Rec. p. 136. *Loi portant habilitation du Gouvernement à procéder, par ordonnances, à l'adoption de la partie législative de certains codes.*

33. Décision n° 99-424 DC du 29 décembre 1999, JO du 31 décembre 1999, p. 19991, Cons. 38 et 40, Rec. p. 156. *Loi de finances pour 2000.*

34. Décision n° 2000-426 DC du 30 mars 2000, JO du 6 avril 2000, p. 5246, Cons. 19, Rec. p. 62. *Loi relative à la limitation du cumul des mandats électoraux et des fonctions et à leurs conditions d'exercice.*

35. Décision n° 2000-427 DC du 30 mars 2000, JO du 30 mars 2000, p. 5246, Rec. p. 60. *Loi organique relative aux incompatibilités entre mandats électoraux.*

36. Décision n° 2000-434 DC du 20 juillet 2000, JORF du 27 juillet 2000, p. 11550, Cons. 26, 27 et 31, Rec. p. 107. *Loi relative à la chasse.*

37. Décision n° 2001-445 DC du 19 juin 2001, Cons. 47, 48, 57 et 58. *Loi organique relative au statut des magistrats et au Conseil supérieur de la magistrature.*

38. Décision n° 2001-447 DC du 18 juillet 2001, JO du 21 juillet 2001, p. 11743, Cons. 26, Rec. p. 89. *Loi relative à la prise en charge de la perte d'autonomie des personnes âgées et à l'allocation personnalisée d'autonomie.*
39. Décision n° 2001-455 DC du 12 janvier 2002, JO du 18 janvier 2002, p. 1053, Cons. 16, 19-21, Rec. p. 49. *Loi de modernisation sociale.*
40. Décision n° 2002-461 DC du 29 août 2002, JO du 10 septembre 2002, p. 14953, Cons. 14, Rec. p. 204. *Loi d'orientation et de programmation pour la justice.*
41. Décision n° 2003-467 DC du 13 mars 2003, JO du 19 mars 2003, p. 4789, Cons. 104, Rec. p. 211. *Loi pour la sécurité intérieure.*
42. Décision n° 2003-468 DC du 03 avril 2003, JO du 12 avril 2003, p. 6493 Rec., p. 325, Cons. 7, 8. *Loi relative à l'élection des conseillers régionaux et des représentants au Parlement européen ainsi qu'à l'aide publique aux partis politiques.*
43. Décision n° 2003-475 DC du 24 juillet 2003, JO du 31 juillet 2003, p. 13038, Cons. 22 et 26, Rec. p. 397. *Loi portant réforme de l'élection des sénateurs.*
44. Décision n° 2003-477 DC du 31 juillet 2003, JO du 5 août 2003, p. 13464, Cons. 3 et 5, 13, 17 et 19, Rec. p. 418. *Loi pour l'initiative économique.*
45. Décision n° 2003-483 DC du 14 août 2003, JO du 22 août 2003, p. 14383, Cons. 34 et 35, Rec. p. 430. *Loi portant réforme des retraites.*
46. Décision n° 2003-485 DC du 4 décembre 2003, JO du 11 décembre 2003, p. 21085, Cons. 52, Rec. p. 455. *Loi modifiant la loi n° 52-893 du 25 juillet 1952 relative au droit d'asile.*
47. Décision n° 2004-499 DC du 29 juillet 2004, Cons. 12. *Loi relative à la protection des personnes physiques à l'égard des traitements de données à caractère personnel et modifiant la loi n° 78-17 du 6 janvier 1978 relative à l'informatique, aux fichiers et aux libertés.*
48. Décision n° 2005-512 DC du 21 avril 2005, JO du 24 avril 2005, p. 7173, Texte n°2, Cons. 2, 4, Rec. p. 72. *Loi d'orientation et de programme pour l'avenir de l'école.*
49. Décision n° 2005-531 DC du 29 décembre 2005, JO du 31 décembre 2005, p. 20730, Texte n°6, Cons. 6, Rec. p. 186. *Loi de finances rectificative pour 2005.*
50. Décision n° 2006-538 DC du 13 juillet 2006, JO du 20 juillet 2006, p. 10894, Texte n°2, Cons. 15, Rec. p. 73. *Loi portant règlement définitif du budget de 2005.*
51. Décision n° 2006-540 DC du 27 juillet 2006, JO du 3 août 2006, p. 11541, Texte n°2, Cons. 50, Rec. p. 88. *Loi relative au droit d'auteur et aux droits voisins dans la société de l'information.*
52. Décision n° 2007-555 DC du 16 août 2007, JO du 22 août 2007, p. 13959, Texte n°3, Cons. 19 et 20, 31, Rec. p. 310. *Loi en faveur du travail, de l'emploi et du pouvoir d'achat.*

53. Décision n° 2007-556 DC du 16 août 2007, JO du 22 août 2007, p. 13971, Texte n°6, Cons. 18, Rec. p. 319. *Loi sur le dialogue social et la continuité du service public dans les transports terrestres réguliers de voyageurs.*
54. Décision n° 2007-557 DC du 15 novembre 2007, JO du 21 novembre 2007, p. 19001, Texte n°2, Cons. 9, Rec. p. 360. *Loi relative à la maîtrise de l'immigration, à l'intégration et à l'asile.*
55. Décision n° 2008-564 DC du 19 juin 2008, JO du 26 juin 2008, p. 10228, Texte n°3, Cons. 28 et 36, Rec. p. 313. *Loi relative aux organismes génétiquement modifiés.*
56. Décision n° 2009-578 DC du 18 mars 2009, JO du 27 mars 2009, p. 5445, Texte n°2, Cons. 25, Rec. p. 73. *Loi de mobilisation pour le logement et la lutte contre l'exclusion.*
57. Décision n° 2009-584 DC du 16 juillet 2009, JO du 22 juillet 2009, p. 12244, texte n° 2, Cons. 31, Rec. p. 140. *Loi portant réforme de l'hôpital et relative aux patients, à la santé et aux territoires.*
58. Décision n° 2009-588 DC du 6 août 2009, JO du 11 août 2009, p. 13319, Texte n° 6, Cons. 12, Rec. p. 163. *Loi réaffirmant le principe du repos dominical et visant à adapter les dérogations à ce principe dans les communes et zones touristiques et thermales ainsi que dans certaines grandes agglomérations pour les salariés volontaires.*
59. Décision n° 2010-607 DC du 10 juin 2010, JO du 16 juin 2010, p. 10988, Texte n°2, Cons. 6. *Loi relative à l'entrepreneur individuel à responsabilité limitée.*
60. Décision n° 2010-613 DC du 7 octobre 2010, JO du 12 octobre 2010, p. 18345, Texte n°2, Cons. 4. *Loi interdisant la dissimulation du visage dans l'espace public.*
61. Décision n° 2011-628 DC du 12 avril 2011, JO du 19 avril 2011, p. 6836, Texte n° 4, Cons. 24. *Loi organique relative à l'élection des députés et des sénateurs.*
62. Décision n° 2011-639 DC du 28 juillet 2011, JO du 30 juillet 2011, p. 13011, Texte n° 6, Cons. 10 (objectif d'intelligibilité et d'accessibilité de la loi). *Loi tendant à améliorer le fonctionnement des maisons départementales des personnes handicapées et portant diverses dispositions relatives à la politique du handicap.*
63. Décision n° 2012-653 DC du 09 août 2012, Cons. 27 et 28. *Traité sur la stabilité, la coordination et la gouvernance au sein de l'Union économique et monétaire.*
64. Décision n° 2012-660 DC du 17 janvier 2013, JO du 19 janvier 2013, p. 1327, Texte n°2, Cons. 17, 30. *Loi relative à la mobilisation du foncier public en faveur du logement et au renforcement des obligations de production de logement social.*

65. Décision n° 2013-669 DC du 17 mai 2013, JO du 18 mai 2013, p. 8281, Texte n° 10, Cons. 2, 3, 4, 6, 7, 85. *Loi ouvrant le mariage aux couples de personnes de même sexe.*
66. Décision n° 2013-682 DC du 19 décembre 2013, JO du 24 décembre 2013, p. 21069, Texte n° 4, Cons. 4, 5, 25, 75. *Loi de financement de la sécurité sociale pour 2014.*
67. Décision n° 2013-684 DC du 29 décembre 2013, JO du 30 décembre 2013, p. 22232, Texte n° 7, Cons. 11, 13, 19, 22, 23. *Loi de finances rectificative pour 2013.*
68. Décision n° 2013-685 DC du 29 décembre 2013, JO du 30 décembre 2013, p. 22188, Texte n° 3, Cons. 22, 36, 45, 51, 55, 78-79, 142-143, 152. *Loi de finances pour 2014.*
69. Décision n° 2013-687 DC du 23 janvier 2014, JORF du 28 janvier 2014, p. 1622, Texte n° 7, Cons. 7-13, 15-18, 25, 31, 33, 44 fin, 48, **79**. *Loi de modernisation de l'action publique territoriale et d'affirmation des métropoles.*
70. Décision n° 2014-690 DC du 13 mars 2014, Cons. 49, 68. *Loi relative à la consommation.*
71. Décision n° 2014-691 DC du 20 mars 2014, JO du 26 mars 2014, p. 5925, Texte n° 2, Cons. 23, 49-53, **54**, **70**. *Loi pour l'accès au logement et un urbanisme rénové.*
72. Décision n° 2014-692 DC du 27 mars 2014, Cons. 40. *Loi visant à reconquérir l'économie.*
73. Décision n° 2014-688 DC du 13 février 2014, Cons. 8. *Loi interdisant le cumul de fonctions exécutives locales avec le mandat de représentant au Parlement européen.*
74. Décision n° 2014-695 DC du 24 juillet 2014, Cons. 11. *Loi relative à la sécurisation des contrats de prêts structurés souscrits par les personnes morales de droit public.*
75. Décision n° 2014-696 DC du 07 août 2014, Cons. 28. *Loi relative à l'individualisation des peines et renforçant l'efficacité des sanctions pénales.*
76. Décision n° 2014-698 DC du 06 août 2014, Cons. 3, 4. *Loi de financement rectificative de la sécurité sociale pour 2014.*
77. Décision n° 2014-699 DC du 06 août 2014, Cons. 1-6. *Loi de finances rectificative pour 2014.*
78. Décision n° 2014-700 DC du 31 juillet 2014, Cons. 8, 9, 13. *Loi pour l'égalité réelle entre les femmes et les hommes.*
79. Décision n° 2014-703 DC du 19 novembre 2014, Cons. 6, 8, 20, 24, 25, 29 II al. 4 et 8 s, 31, 33, 34, 36, 37, 40. *Loi organique portant application de l'article 68 de la Constitution.*

80. Décision n° 2014-705 DC du 11 décembre 2014, Cons. 15, 19, 42, 45. *Résolution tendant à modifier le règlement de l'Assemblée nationale.*
81. Décision n° 2014-709 DC du 15 janvier 2015, Cons. 4, 5, 15. *Loi relative à la délimitation des régions, aux élections régionales et départementales et modifiant le calendrier électoral.*
82. Décision n° 2015-716 DC du 30 juillet 2015, Cons. 5. *Loi organique relative à la consultation sur l'accession de la Nouvelle-Calédonie à la pleine souveraineté.*
83. Décision n° 2015-715 DC du 05 août 2015, Cons. 2, 3, 5 et 32. *Loi pour la croissance, l'activité et l'égalité des chances économiques.*
84. Décision n° 2015-718 DC du 13 août 2015, Cons. 58 et 61. *Loi relative à la transition énergétique pour la croissance verte.*
85. Décision n° 2015-719 DC du 13 août 2015, Cons. 6 et 7. *Loi portant adaptation de la procédure pénale au droit de l'Union européenne.*
86. Décision n° 2015-720 DC du 13 août 2015, Cons. 6. *Loi relative au dialogue social et à l'emploi.*
87. Décision n° 2015-721 DC du 12 novembre 2015, Cons. 3, 4 et 5. *Loi organique portant diverses dispositions relatives à la collectivité de Saint-Barthélemy.*
88. Décision n° 2015-724 DC du 17 décembre 2015, Cons. 2, 3 et 4. *Loi organique portant dématérialisation du Journal officiel de la République française.*
89. Décision n° 2015-723 DC du 17 décembre 2015, Cons. 3. *Loi de financement de la sécurité sociale pour 2016.*
90. Décision n° 2015-725 DC du 29 décembre 2015, Cons. 8 et 27. *Loi de finances pour 2016.*
91. Décision n° 2015-727 DC du 21 janvier 2016, Cons. 15. *Loi de modernisation de notre système de santé.*
92. Décision n° 2016-730 DC du 21 avril 2016, Cons. 4. *Loi de modernisation de diverses règles applicables aux élections.*
93. Décision n° 2016-738 DC du 10 novembre 2016, §§. 30 et 31. *Loi visant à renforcer la liberté, l'indépendance et le pluralisme des médias.* [Contrôle de la violation de l'article 45 de la Constitution].
94. Décision n° 2016-741 DC du 8 décembre 2016, §137. *Loi relative à la transparence, à la lutte contre la corruption et à la modernisation de la vie économique.*
95. Décision n° 2016-742 DC du 22 décembre 2016, §§. 2, 5, 6 et 8. *Loi de financement de la sécurité sociale pour 2017* [TPE].
96. Décision n° 2016-743 DC du 29 décembre 2016, §§. 2-6. *Loi de finances rectificative pour 2016.*
97. Décision n° 2016-744 DC du 29 décembre 2016, §§. 2-10. *Loi de finances pour 2017.*

98. Décision n° 2016-745 DC du 26 janvier 2017, §§. 4, 6, 7, 8, 36, 70, 89, 155, 165, 190. *Loi relative à l'égalité et à la citoyenneté.*
99. Décision n° 2017-747 DC du 16 mars 2017, §. 7. *Loi relative à l'extension du délit d'entrave à l'interruption volontaire de grossesse.*
100. Décision n° 2017-751 DC du 7 septembre 2017, §§. 5,8, 9, 57. *Loi d'habilitation à prendre par ordonnances les mesures pour le renforcement du dialogue social.*
101. Décision n° 2017-752 DC du 8 septembre 2017, §§. 2, 3, 80. *Loi pour la confiance dans la vie politique.*
102. Décision n° 2017-752 DC du 8 septembre 2017, §§. 10, 55, 69, 70, 71, 72-73. *Loi organique pour la confiance dans la vie politique.*
103. Décision n° 2017-755 DC du 29 novembre 2017, §§. 2, 3, 4, 5, 6, 8, 9, 10, 11, 12, 13, 14, 18, 19. *Loi de finances rectificative pour 2017.*
104. Décision n° 2017-759 DC du 28 décembre 2017, §§. 2, 4 et 5. *Loi de finances rectificative pour 2017.*
105. Décision n° 2017-758 DC du 28 décembre 2017, §§. 2-5, 23-25, 28, 34-35, 90, 96, 107, 108. *Loi de finances pour 2018.*
106. Décision n° 2018-761 DC du 21 mars 2018, §. 87. *Loi ratifiant diverses ordonnances prises sur le fondement de la loi n° 2017-1340 du 15 septembre 2017 d'habilitation à prendre par ordonnances les mesures pour le renforcement du dialogue social.*
107. Décision n° 2018-764 DC du 19 avril 2018, §§. 3, 6, 17. *Loi organique relative à l'organisation de la consultation sur l'accession à la pleine souveraineté de la Nouvelle-Calédonie.*
108. Décision n° 2018-766 DC du 21 juin 2018, §. 6. *Loi relative à l'élection des représentants au Parlement européen.*
109. Décision n° 2018-770 DC du 6 septembre 2018, §. 43. *Loi pour une immigration maîtrisée, un droit d'asile effectif et une intégration réussie.*
110. Décision n° 2018-771 DC du 25 octobre 2018, §§. 10 et 11. *Loi pour l'équilibre des relations commerciales dans le secteur agricole et alimentaire et une alimentation saine, durable et accessible à tous.*
111. Décision n° 2018-772 DC du 15 novembre 2018, §. 39. *Loi portant évolution du logement, de l'aménagement et du numérique.*
112. Décision n° 2018-776 DC du 21 décembre 2018, §. 17. *Loi de financement de la sécurité sociale pour 2019.*
113. Décision n° 2018-775 DC du 10 décembre 2018, §§. 6, 10, 13 et 14. *Loi de finances rectificative pour 2018.*
114. Décision n° 2018-777 DC du 28 décembre 2018, §§. 5, 6, 11. *Loi de finances pour 2019.*

115. Décision n° 2019-778 DC du 21 mars 2019, §. 11. *Loi de programmation 2018-2022 et de réforme pour la justice.*
116. Décision n° 2019-781 DC du 16 mai 2019, §. 36. *Loi relative à la croissance et la transformation des entreprises.*
117. Décision n° 2019-793 DC du 28 novembre 2019, §. 2. *Loi visant à clarifier diverses dispositions du droit électoral.*
118. Décision n° 2019-795 DC du 20 décembre 2019, §§. 4, 5-9, 10, **61**, **64**. *Loi de financement de la sécurité sociale pour 2020.*
119. Décision n° 2019-796 DC du 27 décembre 2019, §§. 11, 46, 66, 86, 111. *Loi de finances pour 2020.*
120. Décision n° 2020-798 DC du 26 mars 2020, §2. *Loi modifiant la loi n° 2010 838 du 23 juillet 2010 relative à l'application du cinquième alinéa de l'article 13 de la Constitution et prorogeant le mandat des membres de la Haute autorité pour la diffusion des œuvres et la protection des droits sur internet.*
121. Décision n° 2020-800 DC du 11 mai 2020, §. 6. *Loi prorogeant l'état d'urgence sanitaire et complétant ses dispositions.*
122. Décision n° 2020-801 DC du 18 juin 2020, §. 17. *Loi visant à lutter contre les contenus haineux sur internet.*
123. Décision n° 2020-803 DC du 9 juillet 2020, §§. 15 et 25. *Loi organisant la sortie de l'état d'urgence sanitaire.*
124. Décision n° 2020-808 DC du 13 novembre 2020, §§. 6 et 23. *Loi autorisant la prorogation de l'état d'urgence sanitaire et portant diverses mesures de gestion de la crise sanitaire.*

3. Référence aux travaux préparatoires dans les décisions QPC

1. Décision n° 2010-2 QPC du 11 juin 2010, JO du 12 juin 2010, p. 10847, Texte n°69, Cons. 14. *Mme Vivianne L. [Loi dite "anti-Perruche"].*
2. Décision n° 2010-31 QPC du 22 septembre 2010, JO du 23 septembre 2010, p. 17290, Texte n°39, Cons. 5. *M. Bulent A. et autres [Garde à vue terrorisme].*
3. Décision n° 2012-233 QPC du 21 février 2012, JO du 22 février 2012, p. 3023, Texte n° 71. *Mme Marine LE PEN [Publication du nom et de la qualité des citoyens élus habilités ayant présenté un candidat à l'élection présidentielle].* (V. audience vidéo-diffusée sur le site du Conseil constitutionnel).
4. Décision n° 2012-251 QPC du 08 juin 2012, Cons. 6. *COPACEL et autres [Taxe sur les boues d'épuration].*
5. Décision n° 2013-370 QPC du 28 février 2014, Cons. 9, 10, 11. *M. Marc S. et autre [Exploitation numérique des livres indisponibles].*

6. Décision n° 2014-391 QPC du 25 avril 2014, Cons. 8. *Commune de Thonon-les-Bains et autre [Rattachement d'office d'une commune à un EPCI à fiscalité propre].*
7. Décision n° 2014-410 QPC du 18 juillet 2014, Cons. 6. *Société Roquette Frères [Rémunération de la capacité de production des installations de cogénération d'une puissance supérieure à 12 mégawatts].*
8. Décision n° 2014-413 QPC du 19 septembre 2014, Cons. 5. *Société PV-CP Distribution [Plafonnement de la cotisation économique territoriale en fonction de la valeur ajoutée].*
9. Décision n° 2014-417 QPC du 19 septembre 2014, Cons. 8. *Société Red Bull On Premise et autre [Contribution prévue par l'article 1613 bis A du code général des impôts].*
10. Décision n° 2015-458 QPC du 20 mars 2015, Cons. 9 et 10. *Époux L. [Obligation de vaccination].*
11. Décision n° 2015-470 QPC du 29 mai 2015, Cons. 7. *Société SAUR SAS [Interdiction d'interrompre la distribution d'eau dans les résidences principales].*
12. Décision n° 2015-473 QPC du 26 juin 2015, Cons. 4, 5. *Époux P. [Imposition des dividendes au barème de l'impôt sur le revenu - Conditions d'application de l'abattement forfaitaire].*
13. Décision n° 2015-475 QPC du 17 juillet 2015, Cons. 13. *Société Crédit Agricole SA [Règles de déduction des moins-values de cession de titres de participation - Modalités d'application].*
14. Décision n° 2015-477 QPC du 31 juillet 2015, Cons. 4. *M. Jismy R. [Incrimination de la création de nouveaux gallodromes].*
15. Décision n° 2015-482 QPC du 17 septembre 2015, Cons. 6. *Société Gurdebeke SA [Tarifs de la taxe générale sur les activités polluantes portant sur les déchets non dangereux].*
16. Décision n° 2015-489 QPC du 14 octobre 2015, Cons. 16. *Société Grands Moulins de Strasbourg SA et autre [Saisine d'office et sanctions pécuniaires prononcées par le Conseil de la concurrence].*
17. Décision n° 2015-492 QPC du 16 octobre 2015, Cons. 7. *Association Communauté rwandaise de France [Associations pouvant exercer les droits reconnus à la partie civile en ce qui concerne l'apologie des crimes de guerre et des crimes contre l'humanité].*
18. Décision n° 2015-495 QPC du 20 octobre 2015, Cons. 8. *Caisse autonome de retraite des médecins de France et autres [Compensation entre les régimes obligatoires de base d'assurance vieillesse].*
19. Décision n° 2015-504/505 QPC du 4 décembre 2015, Cons. 12. *Mme Nicole B. veuve B. et autre [Allocation de reconnaissance II].*

20. Décision n° 2015-511 QPC du 7 janvier 2016, Cons. 7. *Société Carcassonne Presse Diffusion SAS [Décisions de la commission spécialisée composée d'éditeurs en matière de distribution de presse].*
21. Décision n° 2015-516 QPC du 15 janvier 2016, Cons. 6. *M. Robert M. et autres [Incompatibilité de l'exercice de l'activité de conducteur de taxi avec celle de conducteur de VTC].*
22. Décision n° 2015-521/528 QPC du 19 février 2016, Cons. 10 et 11. *Commune d'Éguilles et autre [Répartition des sièges de conseillers communautaires entre les communes membres de la métropole d'Aix-Marseille-Provence].*
23. Décision n° 2015-522 QPC du 19 février 2016, Cons. 10 et 11. *Mme Josette B.-M. [Allocation de reconnaissance III].*
24. Décision n° 2015-523 QPC du 2 mars 2016, Cons. 8. *M. Michel O. [Absence d'indemnité compensatrice de congé payé en cas de rupture du contrat de travail provoquée par la faute lourde du salarié].*
25. Décision n° 2015-525 QPC du 2 mars 2016, Cons. 7. *Société civile immobilière PB 12 [Validation des évaluations de valeur locative par comparaison avec un local détruit ou restructuré].*
26. Décision n° 2016-543 QPC du 24 mai 2016, §§. 19, 20 et 21. *Section française de l'observatoire international des prisons [Permis de visite et autorisation de téléphoner durant la détention provisoire].*
27. Décision n° 2016-605 QPC du 17 janvier 2017, §. 8. *Confédération française du commerce de gros et du commerce international [Obligation de reprise des déchets issus de matériaux, produits et équipements de construction].*
28. Décision n° 2016-610 QPC du 10 février 2017, §. 11. *Époux G. [Majoration de 25 % de l'assiette des contributions sociales sur les rémunérations et avantages occultes].*
29. Décision n° 2016-611 QPC du 10 février 2017, §. 15. *M. David P. [Délit de consultation habituelle de sites internet terroristes].*
30. Décision n° 2017-633 QPC du 2 juin 2017, §. 8. *Collectivité territoriale de la Guyane [Rémunération des ministres du culte en Guyane].*
31. Décision n° 2017-634 QPC du 2 juin 2017, §. 8. *M. Jacques R. et autres [Sanction par l'AMF de tout manquement aux obligations visant à protéger les investisseurs ou le bon fonctionnement du marché].*
32. Décision n° 2017-636 QPC du 9 juin 2017, §. 8. *Société Edenred France [Amende sanctionnant le défaut de production ou le caractère inexact ou incomplet de l'état de suivi des plus-values en sursis ou report d'imposition].*
33. Décision n° 2017-637 QPC du 16 juin 2017, §§. 8 et 13. *Association nationale des supporters [Refus d'accès à une enceinte sportive et fichier d'exclusion].*

34. Décision n° 2017-640 QPC du 23 juin 2017, §. 8. *M. Gabriel A. [Condition d'éligibilité du conseiller communautaire représentant une commune ne disposant que d'un seul siège au sein d'un EPCI]*.
35. Décision n° 2017-644 QPC du 21 juillet 2017, §. 5. *Communauté de communes du pays roussillonnais [Validation de la compensation du transfert de la TASCOM aux communes et aux EPCI à fiscalité propre]*.
36. Décision n° 2017-653 QPC du 15 septembre 2017, §. 31. *Confédération générale du travail - Force ouvrière [Dispositions supplétives relatives au travail effectif et à l'aménagement du temps de travail sur une période supérieure à la semaine]*.
37. Décision n° 2017-655 QPC du 15 septembre 2017, §. 7. *M. François G. [Accès aux archives publiques émanant du Président de la République, du Premier ministre et des autres membres du Gouvernement]*.
38. Décision n° 2018-698 QPC du 6 avril 2018, §. 7. *Syndicat secondaire Le Signal [Exclusion de la procédure d'expropriation pour risques naturels majeurs en cas d'érosion dunaire]*.
39. Décision n° 2018-700 QPC du 13 avril 2018, §. 7. *Société Technicolor [Report en avant des déficits des entreprises soumises à l'impôt sur les sociétés en cas d'abandons de créances]*.
40. Décision n° 2018-728 QPC du 13 juillet 2018, §. 6. *Association hospitalière Nord Artois clinique [Indemnité de résiliation ou de non-renouvellement du contrat de prévoyance pendant la période transitoire]*.
41. Décision n° 2018-729 QPC du 7 septembre 2018, §. 12. *Société Tel and Com [Sanction de la nullité d'un licenciement économique]*.
42. Décision n° 2018-733 QPC du 21 septembre 2018, §. 7. *Société d'exploitation de moyens de carénage [Exonération de certains ports de la cotisation foncière des entreprises]*.
43. Décision n° 2018-748 QPC du 30 novembre 2018, §. 7. *Société Zimmer Biomet France Holdings [Limitation de la déduction des charges financières afférentes à l'acquisition de titres de participation]*.
44. Décision n° 2018-750/751 QPC du 7 décembre 2018, §. 38. *Société Long Horn International et autre [Régime juridique de l'octroi de mer]*.
45. Décision n° 2018-754 QPC du 14 décembre 2018, §. 8. *Société Viagogo et autre [Délit de vente ou de cession irrégulière de titres d'accès à une manifestation sportive, culturelle ou commerciale ou à un spectacle vivant]*.
46. Décision n° 2018-757 QPC du 25 janvier 2019, §. 9. *Société Ambulances-taxis du Thoré [Prise en charge des frais de transport sanitaire]*.
47. Décision n° 2018-761 QPC du 1er février 2019, §. 11. *Association Médecins du monde et autres [Pénalisation des clients de personnes se livrant à la prostitution]*.

48. Décision n° 2018-767 QPC du 22 février 2019, §. 11. *Société ODDO BHF [Exclusion de l'assiette des cotisations sociales des actions attribuées gratuitement].*
49. Décision n° 2019-778 QPC du 10 mai 2019, §. 8. *Époux B. et autres [Vente ou changement d'usage des biens d'une section de commune décidé par le conseil municipal].*
50. Décision n° 2019-806 QPC du 4 octobre 2019, §. 9. *M. Gilbert A. [Taux dérogatoires des cotisations sociales des assurés sociaux non fiscalement domiciliés en France].*
51. Décision n° 2019-808 QPC du 11 octobre 2019, §§. 7 et 8. *Société Total raffinage France [Soumission des biocarburants à base d'huile de palme à la taxe incitative relative à l'incorporation de biocarburants].*
52. Décision n° 2019-816 QPC du 29 novembre 2019, §. 17. *Fédération nationale des syndicats du spectacle, du cinéma, de l'audiovisuel et de l'action culturelle CGT et autre [Restructuration des branches professionnelles].*
53. Décision n° 2019-819 QPC du 7 janvier 2020, §. 18. *Société Casden Banque populaire [Plafonnement de la déductibilité fiscale des frais généraux des entreprises ayant leur siège social ou leur direction effective en dehors de la Nouvelle-Calédonie].*
54. Décision n° 2019-824 QPC du 31 janvier 2020, §. 11. *M. Thierry A. [Régime fiscal de la prestation compensatoire].*
55. Décision n° 2020-834 QPC du 3 avril 2020, §. 13. *Union nationale des étudiants de France [Communicabilité et publicité des algorithmes mis en œuvre par les établissements d'enseignement supérieur pour l'examen des demandes d'inscription en premier cycle].*
56. Décision n° 2020-846/847/848 QPC du 26 juin 2020, §. 12. *M. Oussman G. et autres [Violations réitérées du confinement].*

4. Références aux travaux préparatoires dans d'autres décisions (FNR, L, LOM, REF, etc.)

La thèse ne s'intéressant qu'aux travaux préparatoires dans le contentieux constitutionnel normatif, les décisions qui sont reportées ici ne l'ont été que par le fait que, par hasard, nous les avons lues et décidé de les noter. Et, de ce fait, elles ne sont pas prises en compte dans les calculs statistiques.

1. Décision n° 2014-12 FNR du 01 juillet 2014. *Présentation du projet de loi relatif à la délimitation des régions, aux élections régionales et départementales et modifiant le calendrier électoral.*
2. Décision n° 2015-9 LOM du 21 octobre 2015, Cons. 8. *Pacte civil de solidarité en Polynésie française.*

3. Décision n° 2005-33 REF du 7 avril 2005, Cons. 6 et 9. *Décision du 7 avril 2005 sur une requête présentée par Messieurs Philippe de VILLIERS et Guillaume PELTIER.*
4. Décision n° 2005-35 REF du 19 mai 2005, Cons. 10. *Décision du 19 mai 2005 sur des requêtes présentées par Monsieur René Georges HOFFER et Monsieur Jacques GABARRO-ARPA.*
5. Décision n° 2020-286 L du 2 juillet 2020, §. 5. *Nature juridique de certaines dispositions du paragraphe IX de l'article 6 de la loi n° 2020-289 du 23 mars 2020 de finances rectificative pour 2020.*

5. *Analyses statistiques des références aux travaux préparatoires dans les décisions du Conseil constitutionnel*

Les données statistiques ci-après ne sont établies qu'à titre indicatif afin de donner une idée des orientations générales de l'usage des travaux préparatoires dans l'interprétation constitutionnelle ; elles ne présument en rien des analyses effectuées dans la thèse.

Après le rassemblement, non exhaustif, de différentes décisions du Conseil constitutionnel, on peut dégager cinq grandes catégories ou familles de lois, que celles-ci soient de nature constitutionnelle, organique ou ordinaire, dont les travaux préparatoires ont servi à l'interprétation d'au moins certaines de leurs dispositions. Ces cinq grandes familles sont :

- Finances publiques, bourses, financement de la sécurité sociale, budgets…
- Économie, finance, emploi, social, sociétal, logement, éducation…
- Droit des étrangers, diplomatie, affaires étrangères, immigration…
- Règlements des assemblées législatives
- Institutionnel, représentation politique, politiques de l'Etat, collectivités territoriales…

À côté de ces cinq grandes familles de décisions du Conseil constitutionnel, une place à part doit être accordée aux décisions issues du mécanisme de la question prioritaire de constitutionnalité, faisant référence aux travaux préparatoires, dont le nombre, à notre connaissance, à ce jour (février 2019), ne dépasse pas une cinquantaine. Il est entendu que cette place particulière des décisions QPC ne vaut que pour ces analyses statistiques, aucun aspect particulier ne permettant de considérer un usage spécifique des travaux préparatoires dans ce type de décisions.

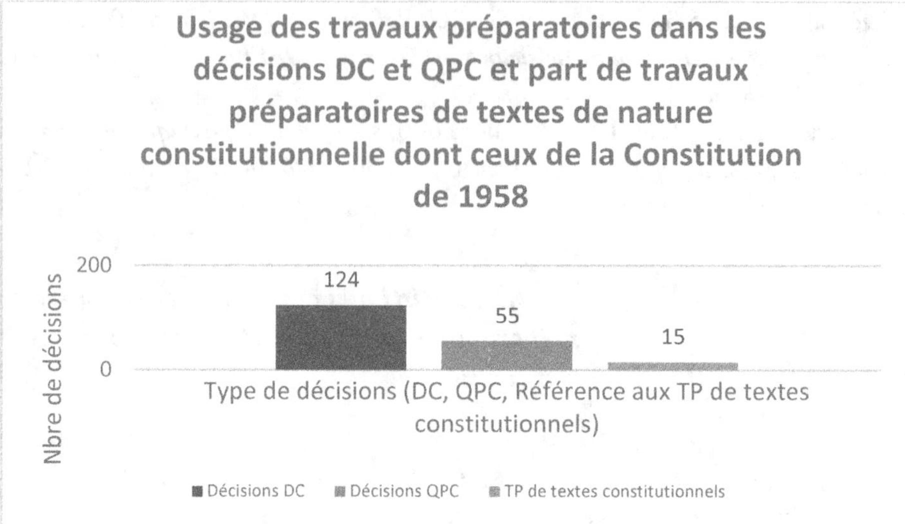

B) Décisions du Conseil d'État

CE Ass. 18 décembre 1998, *Blotzheim*, n° 181249, Rec. Leb.

CE Sect. 27 octobre 1978, *Debout.*

CE Ass. 7 février 1947, *D'aillières*, n° 79128, Rec. Leb., p. 50.

CE Sect. 25 mai 1962, *Dame veuve Duhail.*

CE 13 décembre 1889, *Cadot*, n° 66145, Leb.

CE Ass. 9 juin 1978, *SCI du 61-67 boulevard Arago.*

CE Ass. 12 mars 2015, *Sections de l'intérieur et de l'administration*, *Avis* n° 389.754.

CE 16 novembre 1979, *Syndicat national de l'éducation physique et de l'enseignement public*, Dalloz, 1980, IR, p. 123.

CE 24 juin 2014, *Mme F…I…et autres*, n° 375081, 375090, 375091.

CE Sect. 6 février 2004, n° 240560, *Hallal*, Rec. p. 48.

C) Décisions de la Cour de cassation

Cass., 2 février 1808, GAJC, 11ème édition, n° 159.

Cass. civ. 4 juin 1889, DP 91-1-351.

Cass. civ. 22 juin 1898, DP 99, 1, 5.

Cass. civ. 22 novembre 1932, DH 1933, p. 2.

Civ. 1ère, 6 mars 1979, Bull. civ. I, n° 81.

Cass. com., 9 novembre 2010, pourvoi n°10-10937, *SAS Distribution Casino de France*.

Civ. 1ère, 28 septembre 2011, pourvoi n° 09-72.057, Bull. 2011, I, n° 153.

Civ. 1ère, 28 mars 2013, pourvoi n° 10-25.938, Bull. 2013, I, n° 62.

Civ. 1ère, 28 mars 2013, pourvoi n° 11-10.450, Bull. 2013, I, n° 63.

Civ. 1ère, 28 mars 2013, pourvoi n° 11-13.323, Bull. 2013, I, n° 64.

XVI. Principaux sites et liens internet régulièrement consultés

A. Français

Académie nationale de médecine : (http://www.academie-medecine.fr/).

Assemblée nationale (*Palais Bourbon*) : (http://www.assemblee-nationale.fr/).

Comité consultatif national d'éthique : (http://www.ccne-ethique.fr/).

Commission nationale de l'informatique et des libertés : (https://www.cnil.fr/).

Commission nationale des comptes de campagne et des financements politiques : (http://www.cnccfp.fr/).
Conseil constitutionnel (*Palais Royal*) : (http://www.conseil-constitutionnel.fr/).

Conseil d'État (*Palais Royal*) : (http://www.conseil-etat.fr/).

Conseil économique, social et environnemental (*Palais d'Iéna*) : (http://www.lecese.fr/).

Fondation Charles de Gaulle : (http://www.charles-de-gaulle.org/).

Haut conseil des finances publiques : (https://www.hcfp.fr/).

Haut conseil de la santé publique : (http://www.hcsp.fr/).

Haute autorité pour la transparence de la vie publique : (http://www.hatvp.fr/).

Institut national de l'audiovisuel : (http://www.ina.fr/).

Présidence de la République (*Palais de l'Élysée*) : (http://www.elysee.fr/).

Premier ministre (*Hôtel Matignon*) : (http://www.gouvernement.fr/).

Sénat (*Palais du Luxembourg*) : (http://www.senat.fr/).

B. Étrangers

The National Archives, Royaume-Uni : (http://www.nationalarchives.gov.uk/).

The British Library, Royaume-Uni : (http://www.bl.uk/).

BAILII, Royaume-Uni : (http://www.bailii.org/).

Arts and Humanities Research Council, Royaume-Uni : (http://copy.law.cam.ac.uk/).

The Incorporated Council of Law Reporting for England and Wales : (http://www.lawreports.co.uk/).

Courts and Tribunals Judiciary, Royaume-Uni : (https://www.judiciary.gov.uk/).

The Supreme Court, Royaume-Uni : (https://www.supremecourt.uk/).

Parliament, Royaume-Uni : (http://www.parliament.uk/).

La Cour suprême du Canada, Jugements : (*http://scc-csc.lexum.com/scc-csc/en/nav.do*).

XVII. Bases de données

BPI – Bibliothèque publique d'information

BIU Cujas – Bibliothèque interuniversitaire Cujas

Sudoc – Système universitaire de documentation

ANNEXES

LISTE DES ANNEXES

Annexe 1 – Micro-trottoir (perception populaire des travaux préparatoires)

Réflexions sur les institutions de la Vème République avec l'art, in *Tartuffe : première et deuxième partie*, Émission de France Inter, 6 avril 2014, à écouter sur : (http://www.franceinter.fr/emission-3d-lejournal-tartuffe-premiere-et-deuxieme-partie), Consulté le mardi 22 avril 2014, à partir de la 36ème minute. Cette mini-étude auprès de citoyens *lambda* sur leur perception des travaux préparatoires des normes juridiques permet de déceler l'importance de ces travaux aux yeux des citoyens qui regardent – plus ou moins d'un bon œil – l'action politique et celle des décideurs sociétaux en général.

Micro-trottoir sur la perception du travail parlementaire par les citoyens
(Q : question ; R : réponse)

Q1. – Dans le travail parlementaire, il y a ce que l'on voit et ce qu'on ne voit pas. Que pensez-vous de ce qu'on voit ?

R1. – *Cela m'arrive de m'attarder sur LCP et quand c'est la séance, je m'attarde pas justement.*

R2. – *Souvent ils ont plusieurs mandats donc… Et ce qui est voté, on n'est pas forcément très bien informé sur le pourquoi, tout ce que ça va changer.*

Q2. – Et ce que l'on ne voit pas ?

R1. – *C'est en général bien fait, il y a un bon travail qui est fait dans les commissions.*

R2. – *Ce n'est pas forcément le plus intéressant, mais on n'est pas forcément jugé apte à pouvoir l'écouter sans doute.*

Q3. – Quelle est la valeur de la voie parlementaire ?

R1. – *C'est un endroit de discussion, d'amendement […].*

R2. – *La séance télévisée ça n'est pas important, le débat parlementaire est très important.*

Annexe 2 – Lettre de 2011 de Jean-Louis Debré (président du Conseil constitutionnel)

CONSEIL CONSTITUTIONNEL

LE PRÉSIDENT

C.C./J. n° 21340

PARIS, le 13 janvier 2011

Monsieur,

J'ai bien reçu votre lettre du 26 décembre 2011, par laquelle vous sollicitez un entretien dans le cadre de la rédaction d'un mémoire de Master 2 sur l'interprétation de la loi par le Conseil constitutionnel à travers les travaux préparatoires.

Bien que ne pouvant répondre favorablement à votre demande d'entretien, j'ai souhaité apporter au questionnaire que vous aviez joint à votre lettre des éléments de réponse qui, je l'espère, contribueront à enrichir votre recherche et vous inciteront à poursuivre votre réflexion.

Je vous prie d'agréer, Monsieur, l'assurance de ma considération distinguée.

P.J. : réponses au questionnaire

Jean-Louis DEBRÉ

Monsieur Serge SURIN
2 rue des Gravilliers
75003 PARIS

Annexe 3 – Réponses à un questionnaire (Jean-Louis DEBRÉ)

Réponses à un questionnaire

1. Le Conseil constitutionnel fait en effet référence, dans ses décisions, tantôt aux travaux parlementaires (ou aux travaux préparatoires), tantôt aux débats parlementaires. La différence qu'il introduit tient au support dans lequel le Conseil constitutionnel trouve des précisions sur le sens que le législateur a entendu donner à une décision : les débats parlementaires sont ceux qui se déroulent en commission et en séance publique dans les deux assemblées du Parlement et font l'objet d'un compte-rendu (compte-rendu des commissions et compte-rendu au Journal officiel). Les travaux parlementaires sont plus larges, puisqu'ils incluent, outre les débats, les rapports législatifs de l'Assemblée nationale et du Sénat.
2. Les travaux parlementaires interviennent dans le cadre de la procédure d'élaboration et de vote de la loi. Ils sont régis tant par des règles de niveau constitutionnel ou législatif que par le règlement de chaque assemblée.
3. Comme les décisions qui font référence aux travaux parlementaires ou aux débats parlementaires en attestent, le Conseil constitutionnel est conduit à prendre en considération ces travaux ou ces débats pour éclairer le sens d'une disposition législative dont l'interprétation n'est pas évidente ou dénuée d'ambiguïtés.
4. Les exigences de clarté et sincérité du débat parlementaire se déduisent de la combinaison de l'article 3 et de l'article 6 de la Déclaration des droits de l'homme et du citoyen de 1789. Par conséquent, il s'agit d'exigences qui n'ont pas seulement pour vocation d'assurer l'intelligibilité et l'accessibilité de la loi mais également d'assurer à tous les citoyens la connaissance précise des délibérations de l'Assemblée nationale et du Sénat. Ces exigences sont notamment contrôlées lorsque le Conseil constitutionnel est saisi des modifications apportées aux règlements des assemblées. Elles peuvent également l'être dans le cadre d'une loi déférée en vertu de l'article 61 de la Constitution, lorsque les requérants soulèvent un tel grief.
5. Les travaux parlementaires peuvent éclairer le sens qu'il convient de donner à une disposition législative, laquelle doit, en tout état de cause, respecter les normes constitutionnelles.
6. Les travaux parlementaires n'ont pas de valeur juridique en soi ; ils permettent de préciser le sens d'une norme qui peut être soit constitutionnelle (s'il s'agit des travaux préparatoires d'une loi

constitutionnelle), soit organique (s'il s'agit des travaux préparatoires d'une loi organique), soit ordinaire (s'il s'agit des travaux préparatoires d'une loi) et en aucun cas ils ne remettent en cause la hiérarchie des normes.

7. Les décisions du Conseil constitutionnel sont en lien avec le droit parlementaire à un double titre : directement, par le contrôle qui est obligatoirement effectué sur les modifications des règlements des assemblées et des dispositions organiques applicables à la procédure parlementaire ; indirectement, par l'examen de griefs afférents à la procédure d'examen parlementaire dans le cadre du contrôle de constitutionnalité a priori des lois.
8. Lorsque la lettre d'un texte ne suffit pas à l'interpréter, il est nécessaire de se référer à son contexte pour pouvoir procéder à cette interprétation. A ce titre, les juges judiciaire et administratif peuvent être conduits à se référer aux débats parlementaires pour apprécier l'interprétation qu'il convient de donner à une disposition législative. La démarche intellectuelle ne diffère pas de celle pratiquée par le Conseil constitutionnel dans le cadre du contrôle de constitutionnalité.

Annexe 4 – Historique des TPICN* (Royaume-Uni)

Historique du débat sur l'usage des travaux préparatoires dans l'interprétation juridique en Angleterre en 7 dates

1215 (*Magna Carta*). Création du Parlement primitif anglais. 25 barons constitués en *Grand conseil*. Privilège du Parlement (souveraineté, indépendance, impartialité).

1678. Décision favorable du juge anglais (*Ash v. Abdy*) à l'usage de *Hansard* [archives des travaux préparatoires] dans l'analyse juridique. Cela montre qu'entre 1215 et 1678, il y a eu des remous sur la question.

1769. Décision du *King's Bench* (*Millar v. Taylor*) interdisant formellement la référence à *Hansard* de manière générale. Levée de l'interdiction de publication des travaux du Parlement (v. 1770-1775).

1839. Décision de la *Queen's Bench* (*Stockdale v. Hansard*) traitant la question de la publication des travaux du Parlement au grand public au nom du droit et de la liberté de l'information.

1971. Levée partielle de l'interdiction (*Sagnata Investments Ltd v. Norwich Corporation*). Les travaux préparatoires peuvent être utilisés pour retrouver l'intention du législateur, mais pas pour interpréter la norme (!).

1989. Admission des travaux préparatoires par la Chambre des Lords (*Pickstone v. Freemans plc*) pour la compréhension de la législation déléguée. Mais la règle d'interdiction soulève une vive contestation.

1992. Décision de la Chambre des Lords (*Pepper v. Hart*) autorisant de manière stable et générale les travaux préparatoires dans l'analyse juridique par et devant les tribunaux. Regain d'intérêt pour la fonction interprétative du juge constitutionnel. Référence à *Hansard* ne remet pas pour autant en cause le privilège du Parlement.

*TPICN : Travaux préparatoires dans l'interprétation constitutionnelle des normes.

Annexe 5 – *Référé législatif* (loi interprétative en France)

Mailher Antoine de Chassat, *Traité de l'interprétation des lois,* Paris, 1836, Note 1, pp. 260-262

Fonctionnement du mécanisme de « *référé législatif* »

« Voici l'état de la législation française relativement à la forme dans laquelle sont rendues les lois interprétatives.

La loi du 1er décembre1790, qui crée la cour de cassation [*En réalité le Tribunal de cassation, la Cour de cassation ne sera créée qu'en 1804 pour substituer au Tribunal*], porte, art. 21 : « Lorsqu'un jugement aura été cassé deux fois, et qu'un troisième tribunal aura jugé en dernier ressort de la même manière que les deux premiers, la question ne pourra plus être agitée au tribunal de cassation, qu'elle n'ait été soumise au corps législatif, qui, en ce cas, portera un décret déclaratoire de la loi, et le tribunal de cassation s'y conformera dans son jugement. »

L'art. 256 de la constitution de l'an 3 énonce la même disposition, avec cette seule différence, que « la question doit être immédiatement soumise au corps législatif, si, après une première cassation, un second tribunal juge la question comme l'a jugée le premier. »

Enfin, l'article78 de la loi du 21 ventôse an 8 porte : « Lorsque, après une première cassation, le second jugement sur le fond sera attaqué par les mêmes moyens que le premier, la question sera portée devant toutes les sections réunies de la cour de cassation. »

Mais cette dernière loi n'avait pas prévu le cas où, après une seconde cassation, une troisième cour d'appel jugerait comme les deux premières ; or, il arriva souvent, depuis cette loi, que les cours d'appel rendirent un troisième arrêt en opposition directe avec le premier et le second arrêt de la cour de cassation.

C'est dans cet état qu'intervint la loi du 16 septembre 1807 ; elle est ainsi conçue :
« Art. 1er. Il y a lieu à interprétation de la loi, si la cour de cassation annule deux arrêts ou jugemens en dernier ressort, rendus dans la même affaire, entre les mêmes parties, et qui ont été attaqués par les mêmes moyens.
2. Cette interprétation est donnée dans la forme des réglemens d'administration publique.
3. Elle peut être demandée par la cour de cassation avant de prononcer le second arrêt.
4. Si elle n'est pas demandée, la cour de cassation ne peut rendre le second arrêt que les sections réunies, et sous la présidence du grand-juge.

5. Dans le cas déterminé en l'article précédent, si le troisième arrêt est attaqué, l'interprétation est de droit, et il sera procédé comme il est dit à l'article 2.
La chambre des députés avait pris, le 21 septembre1814, une résolution relative à l'interprétation de la loi. Mais l'effroyable catastrophe du 20 mars empêcha que cette résolution eût aucune suite.

Quelques inductions que l'on veuille tirer aujourd'hui de la Charte ou autres lois, relativement à l'interprétation authentique, comme elles n'énoncent aucune disposition formelle, il est évident que la législation positive en cette matière est la loi du 16 septembre 1807, rattachée aux dispositions antérieures qu'elle laisse subsister : une preuve certaine de cette opinion se tire de la nécessité qui parut démontrée à la chambre des députés en 1814, de proposer la résolution dont j'ai parlé. »

Annexe 6 – Convention de Vienne de 1969, interprétation des traités et conventions internationaux

Convention de Vienne sur le droit des traités du 23 mai 1969, ONU, *Recueil des Traités*, vol. 1155, *Extrait*, p. 372-373 :

SECTION 3. INTERPRÉTATION DES TRAITÉS

Article 31. Règle générale d'interprétation

1. Un traité doit être interprété de bonne foi suivant le sens ordinaire à attribuer aux termes du traité dans leur contexte et à la lumière de son objet et de son but.
2. Aux fins de l'interprétation d'un traité, le contexte comprend, outre le texte, préambule et annexes inclus :

a) tout accord ayant rapport au traité et qui est intervenu entre toutes les parties à l'occasion de la conclusion du traité ;

b) tout instrument établi par une ou plusieurs parties à l'occasion de la conclusion du traité et accepté par les autres parties en tant qu'instrument ayant rapport au traité.

3. Il sera tenu compte, en même temps que du contexte :

a) de tout accord ultérieur intervenu entre les parties au sujet de l'interprétation du traité ou de l'application de ses dispositions ;

b) de toute pratique ultérieurement suivie dans l'application du traité par laquelle est établi l'accord des parties à l'égard de l'interprétation du traité ;

c) de toute règle pertinente de droit international applicable dans les relations entre les parties.

4. Un terme sera entendu dans un sens particulier s'il est établi que telle était l'intention des parties.)

Article 32. Moyens complémentaires d'interprétation

Il peut être fait appel à des moyens complémentaires d'interprétation, et notamment aux travaux préparatoires et aux circonstances dans lesquelles le traité a été conclu, en vue, soit de confirmer le sens résultant de l'application de l'article 31, soit de déterminer le sens lorsque l'interprétation donnée conformément à l'article 31 :

a) laisse le sens ambigu ou obscur ; ou

b) conduit à un résultat qui est manifestement absurde ou déraisonnable.

Annexe 7 – Décision n° 2003-468 DC

Extrait de la décision n° 2003-468 DC du 3 avril 2003. Loi relative à l'élection des conseillers régionaux et des représentants au Parlement européen ainsi qu'à l'aide publique aux partis politiques.

[...] ;
. En ce qui concerne la consultation du Conseil d'État :

5. Considérant que les députés et les sénateurs requérants soutiennent que la procédure législative serait viciée du fait que le texte du projet de loi déposé sur le bureau de l'Assemblée nationale aurait été différent tant de celui soumis au Conseil d'État que de celui adopté par lui ;
6. Considérant qu'aux termes du deuxième alinéa de l'article 39 de la Constitution : "Les projets de loi sont délibérés en Conseil des Ministres après avis du Conseil d'État et déposés sur le bureau de l'une des deux assemblées" ;
7. Considérant que, si le Conseil des ministres délibère sur les projets de loi et s'il lui est possible d'en modifier le contenu, c'est, comme l'a voulu le constituant, à la condition d'être éclairé par l'avis du Conseil d'Etat ; que, par suite, l'ensemble des questions posées par le texte adopté par le Conseil des ministres doivent avoir été soumises au Conseil d'Etat lors de sa consultation ;
8. Considérant, en l'espèce, qu'en substituant, pour l'accès au second tour des élections régionales, un seuil égal à 10 % du nombre des électeurs inscrits au seuil de 10 % du total des suffrages exprimés retenu par le projet de loi soumis au Conseil d'État, le Gouvernement a modifié la nature de la question posée au Conseil d'État ; que ce seuil de 10 % des électeurs inscrits n'a été évoqué à aucun moment lors de la consultation de la commission permanente du Conseil d'État ; que les requérants sont dès lors fondés à soutenir que cette disposition du projet de loi a été adoptée selon une procédure irrégulière ;
9. Considérant qu'il y a lieu, par voie de conséquence, de déclarer contraires à la Constitution, au a) du 2° de l'article 4, les mots : "" 5 % du total des suffrages exprimés " et", "respectivement" et "" 10 % du nombre des électeurs inscrits" et" ;
10. Considérant que ces dispositions sont séparables des autres dispositions de la loi ;
- Sur les dispositions relatives à l'élection des conseillers régionaux :
. En ce qui concerne l'article 4 :
11. Considérant, en premier lieu, que, du fait de la déclaration d'inconstitutionnalité des dispositions précitées de l'article 4 de la loi déférée relatives au seuil nécessaire à une liste

pour se maintenir de façon autonome au second tour, il n'y a pas lieu d'examiner les autres griefs dirigés contre ces dispositions et notamment celui tiré de l'atteinte au principe du pluralisme des courants d'idées et d'opinions ;
12. Considérant, en second lieu, que, s'il est loisible au législateur, lorsqu'il fixe les règles électorales relatives aux conseils régionaux, d'introduire des mesures tendant à inciter au regroupement des listes en présence, en vue notamment de favoriser la constitution d'une majorité stable et cohérente, il ne peut le faire qu'en respectant le pluralisme des courants d'idées et d'opinions, lequel est un des fondements de la démocratie ;
13. Considérant, à cet égard, que le seuil de 5 % des suffrages exprimés au premier tour pour avoir la possibilité de fusionner avec une autre liste au second tour, seuil déjà retenu par d'autres dispositions du code électoral lorsqu'il s'agit d'assurer la conciliation entre représentation proportionnelle et constitution d'une majorité stable et cohérente, ne porte atteinte par lui-même ni au pluralisme des courants d'idées et d'opinions, ni à l'égalité devant le suffrage, ni à la liberté des partis politiques ;
14. Considérant qu'il s'ensuit que les dispositions subsistantes du a) du 2° de l'article 4 ne sont pas contraires à la Constitution ;
[...] ;

Annexe 7 bis – Commentaire aux Cahiers Décision n° 2003-468 DC

Extrait du commentaire (aux cahiers) de la décision n° 2003-468 DC faisant du Conseil d'État un co-législateur de droit comme de fait

[...].

La consultation du Conseil d'Etat

Le a) du 2° de l'article 4 de la loi déférée relevait les seuils nécessaires à une liste respectivement pour se maintenir de façon autonome au second tour et pour faire alliance à ce second tour avec une liste remplissant les conditions pour s'y présenter de façon autonome.

A son encontre, les deux saisines soulevaient un grief de procédure inédit.

Ce grief était tiré de l'irrégularité de la consultation du Conseil d'Etat.

Ni le texte soumis à ce dernier par le Gouvernement, ni celui établi par la commission permanente du Conseil d'Etat le 27 janvier 2003 ne font en effet mention d'un seuil égal à 10 % du nombre d'électeurs inscrits. Ils se réfèrent tous deux à un seuil égal à 10 % des suffrages exprimés (soit le double du seuil antérieur).

Par ailleurs, la référence au nombre d'inscrits n'a pas été évoquée au Conseil d'Etat. Ce n'est qu'entre la délibération du Conseil d'Etat et le Conseil des ministres tenu le surlendemain que la référence au nombre d'électeurs inscrits a été substituée à celle relative aux suffrages exprimés. Cette substitution a été entérinée par le Conseil des ministres par sa délibération.

En vertu du deuxième alinéa de l'article 39 de la Constitution : « Les projets de loi sont délibérés en Conseil des Ministres après avis du Conseil d'État et déposés sur le bureau de l'une des deux assemblées ».

La consultation du Conseil d'État ne satisferait pas à ces prescriptions (et le Conseil des ministres ne serait pas éclairé, comme l'a voulu le constituant, par l'avis du Conseil d'Etat) si le texte déposé sur le bureau de celle des deux assemblées parlementaires appelée à en délibérer la première soulevait une question essentielle que le Conseil d'État n'aurait pas été mis à même d'examiner.

Par suite, dans le cas où, après avoir recueilli l'avis du Conseil d'Etat, le Premier ministre envisage d'apporter au projet de loi des modifications substantielles, il lui appartient :

• soit de consulter à nouveau le Conseil d'État si le projet n'a pas été déjà déposé,

• soit, si le projet est déjà déposé, de lui soumettre pour avis une « lettre rectificative » (laquelle, comme pour un projet de loi autonome, sera ensuite délibérée en Conseil des ministres puis déposée sur le bureau de l'assemblée saisie du projet initial, que la « lettre rectificative » vient ainsi compléter),

• soit de faire ultérieurement usage du droit d'amendement que l'article 44 de la Constitution accorde au Gouvernement devant le Parlement.

L'importance, au regard de l'article 39 de la Constitution, de la consultation du Conseil d'Etat sur les projets de loi, comme les règles de ce fait applicables au procédé dit de « la lettre rectificative », ont été précisées par le Conseil constitutionnel dans les considérants 3 à 6 de sa décision n° 90-285 DC du 28 décembre 1990 [Loi de finances pour 1991, Rec. p. 95. Voir aussi n° 2000-433 DC du 27 juillet 2000, cons. 2 à 4, Rec. p. 121].

Sans doute n'était-il pas illégitime de s'interroger sur le caractère de « question nouvelle » du remplacement des 10 % des suffrages exprimés par les 10 % des électeurs inscrits.

Dans le sens du Gouvernement, on pouvait soutenir que le texte soumis au Conseil d'Etat comportait bel et bien une disposition rendant plus stricte la condition imposée aux listes pour se maintenir au second tour d'une élection régionale. Cette disposition doublait la proportion minimale de voix nécessaire au premier tour antérieurement retenue. De ce fait, la modification en cause n'aurait pas introduit dans le projet une disposition de nature étrangère à celles sur lesquelles s'était prononcée la commission permanente du Conseil d'Etat

Cette solution se heurtait toutefois à des considérations objectives difficilement contournables.

On sait en effet que le taux d'abstention a atteint un niveau très élevé en France. Il s'agit là malheureusement d'un phénomène massif, structurel et indiscutable, de ceux dont le juge des lois ne peut faire abstraction.

La référence au nombre d'inscrits (plutôt qu'au total des suffrages exprimés) modifie donc radicalement la portée de la disposition en cause. En pratique, selon diverses simulations réalisées sur la base des résultats de 1998, elle ne permettrait, dans la majorité des cas, qu'à une seule liste d'opposition de se maintenir au second tour face à la liste arrivée en tête.

En conséquence, il n'est nullement évident que la position du Conseil d'Etat eût été la même, du point de vue de l'opportunité comme de la constitutionnalité, s'il avait été appelé à se prononcer sur cette question.

La jurisprudence administrative sur les procédures consultatives exige à cet égard que l'organisme consulté ait connaissance de l'ensemble des questions posées par le projet.

Il est ainsi jugé que « dans le cas où, après avoir recueilli l'avis (de l'organisme obligatoirement consulté), l'autorité compétente envisage d'apporter à son projet des modifications qui posent des questions nouvelles, elle doit le consulter à nouveau » [Conseil d'Etat, 15 mai 2000, Territoire de Nouvelle-Calédonie c/ Mme Colombani].

Cela vaut a fortiori pour le Conseil d'Etat, puisque, dans ses fonctions consultatives, il « chapeaute » toutes les autres instances consultatives, que son avis (le dernier rendu) est prévu par la Constitution et qu'il concourt, par son intervention, à la qualité et à la constitutionnalité de la loi, comme à la sécurité juridique, dans laquelle on peut voir une des expressions de la « garantie des droits » proclamée par l'article 16 de la Déclaration de 1789.

En raison des effets considérables de la substitution dénoncée par les recours, il y avait lieu de considérer que le Conseil d'Etat n'avait pas été mis à même, en l'espèce, de débattre d'un élément essentiel du projet de loi déposé au Parlement.

Les instructions figurant dans la circulaire du Premier ministre du 30 janvier 1997 « relative aux règles d'élaboration, de signature et de publication des textes au Journal officiel et à la mise en oeuvre de procédures particulières incombant au Premier ministre » énoncent au demeurant (§ 3.7.1.1): « S'agissant des projets de loi, l'exigence d'un avis du Conseil d'Etat, qui résulte de l'article 39 de la Constitution, impose que toutes les dispositions de fond aient été soumises au Conseil d'Etat, mais laisse au Gouvernement une marge d'appréciation et d'ajustement en ce qui concerne la rédaction définitive du texte ».

Le Conseil constitutionnel s'est donc déterminé dans le sens suivant :

• S'il entre dans les prérogatives éminentes et évidentes du Conseil des ministres de modifier un projet de loi par ses délibérations, c'est à la condition que l'ensemble des questions posées par le texte qu'il adopte ait été soumis au Conseil d'Etat lors de la consultation de celui-ci. A défaut, le Conseil des ministres ne serait pas éclairé par le Conseil d'Etat comme le veut l'article 39 de la Constitution ;

• En l'espèce, le texte soumis au Conseil d'État faisait référence, s'agissant des conditions auxquelles une liste pouvait se maintenir au second tour d'une élection régionale, à 10 % des suffrages exprimés au premier tour, alors que le texte déposé au Parlement, après délibération du Conseil des ministres, fixait ce seuil à 10% du nombre des électeurs inscrits ;

• Or ce seuil de 10 % des électeurs inscrits n'avait été à aucun moment évoqué lors de la consultation du Conseil d'Etat [En raison de l'urgence, c'est la commission permanente du Conseil d'Etat qui a délibéré] ;

• Par sa portée, la modification en cause a introduit dans le projet de loi une disposition de nature étrangère à celles examinées par le Conseil d'Etat ;

- Par suite, la loi déférée était entachée, sur ce point, d'un vice de procédure ;
- Les dispositions ainsi viciées étaient cependant séparables des autres dispositions de la loi.

Cette censure, sur le seul terrain de la procédure, dispensait le Conseil constitutionnel d'examiner les nombreux moyens de fond dirigés contre le nouveau seuil conditionnant le maintien d'une liste au second tour.

La censure sur le terrain de l'article 39 de la Constitution n'a pas tranché les questions ainsi soulevées.

Elle ne laisse pas le pouvoir exécutif et le Parlement dépourvus de moyens de réagir, le cas échéant en modifiant l'appréciation portée jusque là par eux sur ces questions de fond.

Trois possibilités s'offrent a priori à cet égard :

• Soit laisser les choses en l'état. Aux prochaines élections régionales de 2004, le même seuil de 5 % des suffrages exprimés permettrait alors à une liste de se maintenir de façon autonome ou de faire alliance avec une autre liste (remplissant la même condition) ;

• Soit, après promulgation de la loi déférée (ainsi amputée d'une partie du a) du 2° de son article 4), voter une loi spéciale modifiant les seuils ;
• Soit amender l'article 4 dans l'hypothèse où le Président de la République ferait usage du droit qu'il tient du deuxième alinéa de l'article 10 de la Constitution de demander une nouvelle délibération. La « marche à suivre » en pareil cas a été précisément explorée par le Conseil constitutionnel dans sa décision n° 85-197 du 23 août 1985 [Loi sur l'évolution de la Nouvelle-Calédonie, cons. 2 à 29, Rec. p. 70].
Dans les deux derniers cas, l'option est ouverte entre différents seuils possibles. La gamme des choix est plus ou moins large selon la valeur juridique accordée aux griefs de fond articulés contre un seuil élevé.
Quoi qu'il en soit, la censure de la partie du a) du 2° de l'article 4 relative au seuil de 10 % des inscrits ne dispensait pas le Conseil constitutionnel d'examiner les divers moyens soulevés par les deux saisines à l'encontre du relèvement (de 3% à 5% des exprimés) du seuil au-dessus duquel une liste peut faire alliance avec une autre liste.
Il a été jugé à cet égard que le nouveau seuil de 5% des suffrages exprimés conditionnant la possibilité pour une liste de faire alliance avec une autre liste au second tour, déjà institué pour d'autres élections locales [L. 264 du code électoral (communes de 3500 habitants et plus)], ne porte atteinte ni à la liberté des partis politiques, ni à l'égalité devant le suffrage, ni au pluralisme.
[...].

Annexe 8 – Décision n° 2005-512 DC

Extrait de la décision n° 2005-512 DC du 21 avril 2005. Loi d'orientation et de programme pour l'avenir de l'école.

[...] ;

10. Considérant qu'aux termes de l'avant-dernier alinéa de l'article 34 de la Constitution : " Des lois de programme déterminent les objectifs de l'action économique et sociale de l'Etat " ; que la loi organique du 1er août 2001 susvisée a abrogé l'article 1er de l'ordonnance du 2 janvier 1959 susvisée qui prévoyait que " les autorisations de programme peuvent être groupées dans des lois dites "lois de programme" " ; qu'en vertu de l'article 70 de la Constitution, " tout projet de loi de programme à caractère économique ou social " est soumis pour avis au Conseil économique et social ;

. En ce qui concerne l'article 12 :

11. Considérant qu'aux termes de l'article 12 de la loi déférée : " Les orientations et les objectifs de la politique nationale en faveur de l'éducation ainsi que les moyens programmés figurant dans le rapport annexé à la présente loi sont approuvés " ;

12. Considérant que ce rapport annexé fixe des objectifs à l'action de l'Etat dans le domaine de l'enseignement des premier et second degrés ; que, si les engagements qui y figurent ne sont pas revêtus de la portée normative qui s'attache à la loi, ses dispositions sont de celles qui peuvent trouver leur place dans la catégorie des lois de programme à caractère économique ou social prévue par l'avant-dernier alinéa de l'article 34 de la Constitution ; que, dans cette mesure, elles pouvaient être approuvées par le législateur ; que le grief tiré du défaut de portée normative ne peut donc être utilement soulevé à l'encontre de l'ensemble du rapport approuvé par l'article 12 de la loi déférée ;

13. Considérant, néanmoins, que, s'il était loisible au Gouvernement d'associer le Parlement à la politique qu'il entend mettre en oeuvre dans le domaine de l'éducation par une loi de programme plutôt qu'en faisant usage des prérogatives qui lui sont reconnues par les premier et dernier alinéas de l'article 49 de la Constitution, il devait, dès lors, respecter la procédure prévue à cet effet ;

14. Considérant, en l'espèce, que, dès le dépôt du projet dont est issue la loi déférée sur le bureau de la première assemblée saisie, le rapport annexé à celle-ci se rattachait à la catégorie des lois de programme ; qu'en effet, bien qu'ayant fait l'objet de nombreux amendements parlementaires au cours de son examen, il a toujours eu pour objet de faire approuver par le Parlement des dispositions dénuées d'effet juridique, mais fixant des objectifs qualitatifs et quantitatifs à l'action de l'Etat en matière éducative ; que, dès lors, en vertu de l'article 70 de la Constitution, il aurait dû être soumis pour avis au Conseil économique et social ; que l'omission de cette formalité substantielle a entaché la régularité de la procédure mise en oeuvre pour son approbation ;

15. Considérant qu'il résulte de ce qui précède que l'article 12 de la loi déférée, qui approuve le rapport annexé, est contraire à la Constitution ;

[…] ;

Annexe 8 bis – Commentaire aux Cahiers Décision n° 2005-512 DC

Extrait du commentaire (aux cahiers) de la décision n° 2005-512 DC du 21 avril 2005. Loi d'orientation et de programme pour l'avenir de l'école.

[...].

Est donc aujourd'hui caduque la jurisprudence qui combinait l'ordonnance organique du 2 janvier 1959 et les articles 34 et 70 de la Constitution pour définir les lois de programme à caractère économique et social (n° 86-207 DC des 25 et 26 juin 1986, cons. 6 et 7).

La définition des lois de programme est aujourd'hui purement constitutionnelle : c'est l'avant-dernier alinéa de l'article 34.

Enfin, s'agissant d'une loi de programme d'initiative gouvernementale, l'avis du Conseil économique et social s'imposerait.

[...].

B) La loi d'orientation et de programme pour l'avenir de l'école

" *La nouvelle loi doit permettre au Parlement d'affirmer ce que la Nation attend de son école* " : d'emblée, l'exposé des motifs du projet de loi d'orientation affiche son ambition et, dans le même temps, ses limites.

1) L'article 12 et le rapport annexé

Dans ses décisions des 22 et 29 août 2002, le Conseil a jugé que les orientations présentées sous forme d'annexe programmatique étaient dépourvues de la normativité qui s'attache à la loi et ne relevaient d'aucune des catégories de textes législatifs prévues par la Constitution [8].

Mais aucune censure n'a été prononcée en 2002.

Tel n'a pas été le cas pour l'article 12.

Les dispositions du rapport annexé sont rédigées en termes généraux. Beaucoup relèvent du souhait, voire du simple constat.

S'il est assorti d'objectifs qualitatifs ou chiffrés (dont beaucoup figuraient déjà dans le texte du Gouvernement), complétés lors de la discussion par des prévisions de dépenses pluriannuelles introduites par voie d'amendement, le rapport se borne le plus souvent à prendre date et à tracer des perspectives.

Le Conseil constitutionnel pouvait certes faire, en faveur de ce rapport et de l'article qui en approuvait les orientations, un effort analogue à celui qu'il avait consenti en qualifiant de " disposition de la nature de celles qui trouvent leur place dans une loi de programme à caractère économique et social " l'article 57 (issu d'un amendement) de la loi de programme pour l'outre-mer du 21 juillet 2003, article qui approuvait les orientations contenues dans le document intitulé " *Stratégie de développement durable du territoire de Wallis-et-Futuna* " signé à Mata-Utu le 20 décembre 2002 [9].

Encore aurait-il fallu, comme dans le précédent " Mata Hutu " du 17 juillet 2003, que le Conseil économique et social (CES) ait été consulté.

En l'espèce, le défaut de consultation du CES viciait l'intégralité du rapport annexé, car, quoique fortement amendé par les membres du Parlement, sa substance se trouvait déjà dans le projet déposé par le Gouvernement sur le bureau de l'Assemblée nationale le 12 janvier 2005.

Il était donc impossible de considérer l'article 12 et le rapport annexé, même s'ils présentaient le caractère matériel d'une loi de programme à caractère économique et social, comme une loi de programme d'initiative parlementaire.

On n'aurait pu admettre l'inverse que si le rapport avait procédé de la seule initiative du Parlement (par exemple si le rapport ne se trouvait pas déjà dans le projet et qu'il était issu d'un amendement parlementaire).

[...].

Annexe 9 – Décision n° 71-44 DC

Extrait de la décision n° 71-44 DC du 16 juillet 1971. Loi complétant les dispositions des articles 5 et 7 de la loi du 1er juillet 1901 relative au contrat d'association.

« [...] ;

1. Considérant que la loi déférée à l'examen du Conseil constitutionnel a été soumise au vote des deux assemblées, dans le respect d'une des procédures prévues par la Constitution, au cours de la session du Parlement ouverte le 2 avril 1971 ;

2. Considérant qu'au nombre des principes fondamentaux reconnus par les lois de la République et solennellement réaffirmés par le préambule de la Constitution il y a lieu de ranger le principe de la liberté d'association ; que ce principe est à la base des dispositions générales de la loi du 1er juillet 1901 relative au contrat d'association ; qu'en vertu de ce principe les associations se constituent librement et peuvent être rendues publiques sous la seule réserve du dépôt d'une déclaration préalable ; qu'ainsi, à l'exception des mesures susceptibles d'être prises à l'égard de catégories particulières d'associations, la constitution d'associations, alors même qu'elles paraîtraient entachées de nullité ou auraient un objet illicite, ne peut être soumise pour sa validité à l'intervention préalable de l'autorité administrative ou même de l'autorité judiciaire ;

3. Considérant que, si rien n'est changé en ce qui concerne la constitution même des associations non déclarées, les dispositions de l'article 3 de la loi dont le texte est, avant sa promulgation, soumis au Conseil constitutionnel pour examen de sa conformité à la Constitution, ont pour objet d'instituer une procédure d'après laquelle l'acquisition de la capacité juridique des associations déclarées pourra être subordonnée à un contrôle préalable par l'autorité judiciaire de leur conformité à la loi ;

4. Considérant, dès lors, qu'il y a lieu de déclarer non conformes à la Constitution les dispositions de l'article 3 de la loi soumise à l'examen du Conseil constitutionnel complétant l'article 7 de la loi du 1er juillet 1901, ainsi, par voie de conséquence, que la disposition de la dernière phrase de l'alinéa 2 de l'article 1er de la loi soumise au Conseil constitutionnel leur faisant référence ;

5. Considérant qu'il ne résulte ni du texte dont il s'agit, tel qu'il a été rédigé et adopté, ni des débats auxquels la discussion du projet de loi a donné lieu devant le Parlement,

que les dispositions précitées soient inséparables de l'ensemble du texte de la loi soumise au Conseil ;

6. Considérant, enfin, que les autres dispositions de ce texte ne sont contraires à aucune disposition de la Constitution ;

[...] ; »

Nota bene :

Cette décision n° 71-44 DC (Cons. 5) ne mentionne et ne fait état que d'un aspect des travaux préparatoires – en l'occurrence « *la discussion d'un projet de loi* » – qui étaient en jeu devant le Conseil constitutionnel. Pourtant, un grand débat a eu lieu devant le Conseil sur la question de savoir si le Préambule de la Constitution du 4 octobre 1958 avait valeur constitutionnelle – et donc juridique. Malgré l'expression claire des travaux préparatoires de la Constitution qui montrait que le constituant de 1958 ne voulait pas consacrer une valeur juridique à ce texte, le Conseil constitutionnel s'est écarté desdits travaux pour reconnaître la pleine valeur constitutionnelle au Préambule de 1958 en vue, entre autres, de donner vie aux droits et libertés fondamentaux contenus dans la Déclaration des droits de l'homme et du citoyen du 26 août 1789 et dans le Préambule de la Constitution de 1946, mais aussi, et surtout, de se créer le pouvoir d'un juge constitutionnel plein et entier.

Annexe 9 bis – Déclaration de Gaston Palewski Décision n° 71-44 DC

Déclaration de Gaston Palewski, président du Conseil constitutionnel
(Décision n° 71-44 DC, Séance du 16 juillet 1971, JORF du 18 juillet 1971)
Analyse des travaux préparatoires de la Constitution de 1958
(Délibéré, *Archives du Conseil constitutionnel*, pp. 22-23)

« *[...] il me semble difficile de soutenir valablement que la liberté d'association, bien qu'il ne soit pas spécifié [...], ne figure pas parmi les principes fondamentaux reconnus par les lois de la République ; ces principes au sujet desquels le préambule de la Constitution de 1958 épouse celui de la Constitution de 1946. [...] le remplacement du contrôle a posteriori [...] constitue un changement du régime même de ces associations. [...] ce contrôle est fait a priori avant même que l'association déclarée ait fonctionné [...]. Les amendements ont rendu sa forme plus acceptable [...]. Dans une question où des principes fondamentaux sont en cause, pouvons-nous nous contenter de juger du degré de l'égratignure qu'ils reçoivent ? [...] je semble donner raison à des campagnes dont le sous-entendu politique est évident ! [...] il y a une sorte d'assaut généralisé contre un certain nombre de valeurs essentielles que je demanderai au Conseil d'affaiblir [...] c'est la valeur de nos institutions qui est en cause. [...] c'est au Conseil constitutionnel, à lui seul, qu'il appartient de dire ce qui est acceptable et ce qui ne l'est pas. [...]. C'est dans la mesure où notre refus marquera le caractère rigoureux de notre défense de la Constitution que nous pourrons un jour puiser la force et l'autorité nécessaires pour prendre les décisions les plus graves que comporte notre statut. [...] ce n'est pas sans regret, mais sans hésitation que je me prononce pour l'inconstitutionnalité du texte qui nous est soumis [...].* » **(Délibéré, pp. 22-23)**.

Annexe 10 – Décision n° 77-82 DC

Extrait de la décision n° 77-82 DC du 20 juillet 1977. Loi tendant à compléter les dispositions du code des communes relatives à la coopération intercommunale et notamment de ses articles 2, 4, 6 et 7.

« [...]

1. Considérant que les signataires de la demande susvisée fondent uniquement leur contestation de la conformité à la Constitution de la loi tendant à compléter les dispositions du code des communes relatives à la coopération intercommunale sur le fait que plusieurs dispositions d'initiative parlementaire contenues dans cette loi auraient été adoptées en méconnaissance de l'article 40 de la Constitution, aux termes duquel "les propositions et amendements formulés par les membres du Parlement ne sont pas recevables lorsque leur adoption aurait pour conséquence soit une diminution des ressources publiques soit la création ou l'aggravation d'une charge publique" ;

2. Considérant que, des travaux préparatoires de la Constitution, et notamment du fait que l'article 40 de cette dernière n'a pas repris les dispositions de l'article 35 de l'avant-projet de Constitution soumis au Comité consultatif constitutionnel le 29 juillet 1958, aux termes desquelles le Conseil constitutionnel aurait été appelé à intervenir avant l'achèvement de la procédure législative en cas de désaccord entre le Gouvernement et le président de l'assemblée intéressée, il résulte qu'un contrôle de la recevabilité de ces initiatives doit être mis en oeuvre au cours des débats parlementaires et effectué alors par des instances propres à l'Assemblée nationale et au Sénat ;

3. Considérant qu'en effet le Conseil constitutionnel a déclaré conformes à la Constitution les dispositions des articles 81, 86, 92 et 98 du Règlement de l'Assemblée nationale, ainsi que celles des articles 24 et 45 du Règlement du Sénat, dispositions par lesquelles un contrôle de la recevabilité des propositions et amendements au regard de l'article 40 de la Constitution a été organisé dans le cadre des prérogatives appartenant au Parlement ;

4. Considérant en conséquence que le Conseil constitutionnel ne peut être saisi de la question de savoir si une proposition ou un amendement formulé par un membre du Parlement a été adopté en méconnaissance de l'article 40 de la Constitution que si la question de la recevabilité de cette proposition ou de cet amendement a été soulevée devant le Parlement ;

5. Considérant qu'il est constant qu'aucune disposition de la loi tendant à compléter les dispositions du code des communes relatives à la coopération intercommunale, telle qu'elle a été adoptée par le Parlement, n'a fait l'objet devant celui-ci, au cours de la procédure parlementaire, d'une demande d'irrecevabilité en application de l'article 40 de la Constitution ; qu'en particulier aucun des députés signataires de la demande adressée au Conseil constitutionnel n'a fait usage en ce sens de la faculté qui lui était donnée par le premier alinéa de l'article 92 du Règlement de l'Assemblée nationale ; que, dès lors, l'irrecevabilité instituée par l'article 40 de la Constitution ne peut être directement invoquée devant le Conseil constitutionnel à l'encontre de la loi dont il s'agit ;

[...] ; »

Annexe 10 bis – Rapport de François Goguel Décision n° 77-82 DC

Rapport de François Goguel
(Décision n° 77-82 DC, Séance du 20 juillet 1977, JORF du 23 juillet 1977)
Analyse des travaux préparatoires de la Constitution de 1958
(Délibéré, *Archives du Conseil constitutionnel*, pp. 8-15)

« L'avant-projet soumis au Comité Consultatif constitutionnel le 29 juillet 1958 comportait un article 35 ainsi rédigé : 'les propositions et amendements formulés par les membres du Parlement ne sont pas recevables lorsque leur adoption serait contraire aux dispositions de l'article 33 (c'est-à-dire lorsqu'ils porteraient sur une matière réglementaire) ou à la délégation prévue à l'article 34 (prévoyant la possibilité pour le gouvernement d'agir par ordonnance, pendant une durée limitée, sur autorisation du Parlement) ou lorsqu'elle aurait pour conséquence, soit une diminution des ressources, soit une aggravation des charges publiques [al. 1er]. En cas de désaccord sur la recevabilité entre le gouvernement et le président de l'Assemblée intéressée, le Conseil constitutionnel est appelé à statuer à la demande de l'un ou de l'autre' [al. 2]. Autrement dit, selon l'avant-projet de Constitution [...] – ce dispositif entraînant l'intervention du Conseil constitutionnel au cours des débats parlementaires aurait été également applicable dans l'hypothèse qui fait l'objet de l'article 40 [...] Mais cet avant-projet a été modifié, et les travaux préparatoires ont abouti à scinder en deux l'ancien article 35 de l'avant-projet, qui a donné naissance d'une part, à l'article 40 et d'autre part, à l'article 41 du texte définitif de la Constitution. L'article 40 ne prévoit pas l'intervention du Conseil constitutionnel en cours de débats parlementaires en cas de désaccord sur la recevabilité entre le gouvernement et le président de l'assemblée intéressée. L'article 41, au contraire, prévoit cette intervention. Devant le Comité [...], la discussion avait porté surtout sur la rédaction de la formule 'soit une diminution des ressources, soit une aggravation des charges publiques' – le pluriel employé à propos des charges ayant paru dangereux à Paul RAYNAUD dans la mesure où il aurait permis 'les propositions où des augmentations et des réductions de dépenses se compensent'. M. André MIGNOT avait cependant posé la question de savoir s'il était vraiment utile de soumettre au Conseil constitutionnel les cas d'irrecevabilité d'ordre financier, et s'il n'aurait pas mieux valu limiter l'intervention du Conseil à l'irrecevabilité au titre des articles 33 (devenu 37) et 34 (devenu 38). [...] Paul RAYNAUD avait fait valoir auprès des personnalités chargées de préparer le texte de projet de Constitution à soumettre au Conseil d'État, que les Commissions des Finances des Assemblées et spécialement sans doute celle de l'Assemblée nationale qu'il avait présidée, avaient toujours fait respecter scrupuleusement, sous la IVè République, les irrecevabilités fondées sur la loi des maxima. [...] devant le Conseil

d'État, le gouvernement a présenté un projet de Constitution où l'ancien article 35 était scindé en deux articles 35 et 35bis qui sont devenus les articles 40 et 41 du texte définitif de la Constitution. Il résulte donc clairement des documents publiés sur la préparation de la Constitution qu'après avoir envisagé de faire intervenir le Conseil constitutionnel, au cours des débats pour statuer sur les irrecevabilités d'ordre financier, les auteurs de la Constitution y ont renoncé et ont limité ce mécanisme aux irrecevabilités tenant à la définition du domaine de la loi [...] : ce qui implique que la procédure d'appréciation des irrecevabilités au regard de l'article 40 devrait être fixée par les Règlements des assemblées. J'ai pu avoir connaissance du procès-verbal de de la séance du Conseil d'État au cours de laquelle les articles 35 et 35 bis ont été examinés. M. JANOT, commissaire du gouvernement, s'était exprimé en ces termes : 'il est apparu qu'il n'y avait pas d'intérêt à maintenir la consultation du Conseil constitutionnel, dont il faut bien le dire, à la vérité, que les compétences seront plus juridiques ou politiques que financières. [...] comme le système de la loi des maxima fonctionnait jusqu'à ce jour sans intervention d'un Conseil constitutionnel, il a paru qu'il n'y avait pas d'inconvénient à ce qu'il continue de fonctionner ainsi.' Autrement dit, ce procès-verbal – non public – [...] confirme ce qui ressort de la comparaison de l'article 35 de l'avant-projet avec les articles 40 et 41 du texte définitif de la Constitution : c'est volontairement que l'intervention éventuelle Conseil constitutionnel [...] a été écartée en ce qui concerne les initiatives susceptibles de diminuer les ressources publiques, ou de créer ou d'aggraver une charge publique : ce qu'a voulu le Constituant, c'est qu'en ce cas on continue à procéder en cours de débat comme sous la IVè République, en confiant le contrôle de la recevabilité à des instances parlementaires – commission des finances ou éventuellement Bureau ou Président de l'Assemblée nationale. [...] À dire vrai, le Conseil constitutionnel aurait sans doute été fort embarrassé, en 1959, si les règlements adoptés par l'Assemblée nationale et par le Sénat n'avaient comporté aucune disposition en ce sens : car il lui aurait été difficile de sanctionner cette lacune autrement qu'en déclarant non conformes à la Constitution l'ensemble des Règlements qui lui étaient soumis... [...] l'expérience a prouvé que le Constituant avait eu raison de faire confiance aux Assemblées, car l'une et l'autre ont introduit dans leur règlement un dispositif de contrôle de la recevabilité des propositions de loi et des amendements au regard de l'article 40 de la Constitution. [...] il y a un élément commun dans tous ces textes [règlements des assemblées législatives] : l'appréciation de la recevabilité appartient à des instances propres à chaque Assemblée. Il y a là une prérogative des assemblées parlementaires, qui leur appartient au regard des 'lois des maxima' avant 1958, et dont les travaux préparatoires de la Constitution, je vous l'ai montré, montrent que les auteurs de la Constitution de 1958 ont tenu délibérément à la leur conserver. [...] les Règlements de l'Assemblée nationale et du sénat, tels qu'ils ont été établis en 1959, et déclarés conformes à la Constitution par le Conseil constitutionnel, ont établi [...] une procédure qui ne peut pas être esquivée. Mais le Conseil constitutionnel peut ultérieurement être saisi de la question de savoir si l'application de cette procédure a été correcte. [...] Il est donc de l'intérêt de tous [...] que le Conseil constitutionnel puisse être appelé à contrôler la manière dont les instances parlementaires compétentes ont appliqué l'article 40. Mais encore faut-il [...] que la procédure parlementaire d'appréciation de la recevabilité ait été approuvée : or, dans le cas qui nous occupe, elle ne l'a pas été. C'est la raison pour laquelle je considère comme irrecevable la demande dont nous avons été saisis [...]. Pour résumer mon argumentation, je dirais que le Conseil constitutionnel n'a pas à appliquer l'article 40, mais à vérifier son application par les autorités qui ont compétence pour le mettre en œuvre. [...] comme je l'ai dit, dans le cas des lois sur lesquelles ont porté ces décisions [60-11 DC et 75-57 DC] l'article 40 avait été invoqué au cours des débats parlementaires. [...] Je me suis cependant posé la question de savoir si cette décision d'irrecevabilité ne comporterait pas une certaine contradiction avec un autre Décision du Conseil constitutionnel. [...] celle du 11 août 1960 [60-8 DC] concernant la taxe radiophonique. Le Sénat avait introduit dans une loi de finances rectificative, en article additionnel [...]. Cet article additionnel avait été combattu par le Gouvernement mais celui-ci, devant le Sénat, ne lui avait pas opposé d'exception d'irrecevabilité. Cependant, le Premier Ministre, après le vote de la loi, avait saisi le Conseil constitutionnel, en invoquant l'article 4 de l'ordonnance portant loi organique relative aux lois de finances [...] et le Conseil constitutionnel, par une décision du 11 août 1960, lui a donné raison [...] la saisine du Conseil constitutionnel par le Premier Ministre qui a eu lieu en 1960 aurait dû être déclarée irrecevable. [...] en effet, en 1960, le Règlement du Sénat ne comportait aucune disposition concernant l'appréciation des exceptions d'irrecevabilité fondée sur l'ordonnance [...] il n'avait donc pas d'autre ressource que de saisir le Conseil constitutionnel après le vote définitif de la loi. [...] Enfin, si le Conseil devait apprécier la recevabilité de l'article 40 sans exiger un tel préalable, il tomberait dans le défaut du gouvernement des juges. » (**Délibéré, pp. 8-15**).

Annexe 11 – Décision n° 80-122 DC

Extrait de la décision n° 80-122 DC du 22 juillet 1980. Loi rendant applicable le code de procédure pénale et certaines dispositions législatives dans les territoires d'outre-mer.

« [...] ;
1. Considérant qu'aux termes de l'article 74 de la Constitution : "Les territoires d'outre-mer de la République ont une organisation particulière tenant compte de leurs intérêts propres dans l'ensemble des intérêts de la République. Cette organisation est définie et modifiée par la loi après consultation de l'assemblée territoriale intéressée" ;

2. Considérant que la loi soumise à l'examen du Conseil constitutionnel fixe la composition et la compétence des juridictions pénales dans les territoires d'outre-mer et, par voie de conséquence, modifie les règles du code de procédure pénale qu'elle rend applicables dans ces territoires ; que, pour tenir compte des particularités insulaires de ces territoires, de leur dispersion sur de grandes étendues, de leur faible densité démographique et des difficultés de communication, l'organisation des juridictions pénales retenue par cette loi diffère de celle de la métropole ; qu'ainsi, par exemple, dans certains ressorts, la juridiction correctionnelle est, sauf si le prévenu demande à être jugé par une juridiction collégiale, constituée par un juge unique ; que, de même, dans certains ressorts, il est donné compétence à un seul magistrat pour exercer successivement, dans la même affaire, des fonctions qui, en métropole, sont réparties entre un magistrat du ministère public, un juge d'instruction et une formation collégiale de jugement ;

3. Considérant que cette loi, qui établit pour la justice pénale dans les territoires d'outre-mer une organisation spécifique tenant compte des conditions propres à chacun d'eux, constitue un élément de l'organisation particulière de ces territoires et aurait dû, en application de l'article 74 de la Constitution, être précédée d'une consultation des assemblées territoriales intéressées ; que, dès lors, une telle consultation n'ayant pas eu lieu, ces dispositions n'ont pas été adoptées selon une procédure conforme à la Constitution ;

4. Considérant que les dispositions relatives à l'organisation de la justice pénale ne sont pas séparables des autres dispositions de la loi soumise à l'examen du Conseil constitutionnel ; que, dès lors, cette loi doit être déclarée non conforme à la Constitution ;
[...] ; »

INDEX

INDEX THÉMATIQUE

A

B

C

D

E

F

G

H

I

J

L

M

T

U

V

TABLE DES MATIÈRES

Structures éditoriales du groupe L'Harmattan

L'Harmattan Italie
Via degli Artisti, 15
10124 Torino
harmattan.italia@gmail.com

L'Harmattan Hongrie
Kossuth l. u. 14-16.
1053 Budapest
harmattan@harmattan.hu

L'Harmattan Sénégal
10 VDN en face Mermoz
BP 45034 Dakar-Fann
senharmattan@gmail.com

L'Harmattan Cameroun
TSINGA/FECAFOOT
BP 11486 Yaoundé
inkoukam@gmail.com

L'Harmattan Burkina Faso
Achille Somé – tengnule@hotmail.fr

L'Harmattan Guinée
Almamya, rue KA 028 OKB Agency
BP 3470 Conakry
harmattanguinee@yahoo.fr

L'Harmattan RDC
185, avenue Nyangwe
Commune de Lingwala – Kinshasa
matangilamusadila@yahoo.fr

L'Harmattan Congo
67, boulevard Denis-Sassou-N'Guesso
BP 2874 Brazzaville
harmattan.congo@yahoo.fr

L'Harmattan Mali
ACI 2000 - Immeuble Mgr Jean Marie Cisse
Bureau 10
BP 145 Bamako-Mali
mali@harmattan.fr

L'Harmattan Togo
Djidjole – Lomé
Maison Amela
face EPP BATOME
ddamela@aol.com

L'Harmattan Côte d'Ivoire
Résidence Karl – Cité des Arts
Abidjan-Cocody
03 BP 1588 Abidjan
espace_harmattan.ci@hotmail.fr

Nos librairies en France

Librairie internationale
16, rue des Écoles
75005 Paris
librairie.internationale@harmattan.fr
01 40 46 79 11
www.librairieharmattan.com

Librairie des savoirs
21, rue des Écoles
75005 Paris
librairie.sh@harmattan.fr
01 46 34 13 71
www.librairieharmattansh.com

Librairie Le Lucernaire
53, rue Notre-Dame-des-Champs
75006 Paris
librairie@lucernaire.fr
01 42 22 67 13

www.ingramcontent.com/pod-product-compliance
Lightning Source LLC
LaVergne TN
LVHW011214061026
849535LV00001BA/28
* 9 7 8 2 3 4 3 2 1 4 4 2 9 *